Zwölf Monate im Garten

Paul Gerhard Wilhelm / Edgar Wilhelm

Zwölf Monate im Garten

Planen · Pflanzen · Pflegen · Ernten

23., völlig neu bearbeitete Auflage

www.knaur.de

Vorwort zur 23. Auflage

Die neu bearbeitete Auflage ist die schönste, praktischste und anspruchsvollste, seit das Werk vor 45 Jahren herauskam.

Das großformatige Gartenbuch mit drei Spalten macht den modernen Ratgeber übersichtlicher und angenehmer nutzbar als bisher.

Texte und Illustrationen wurden erweitert und schaffen nützliche Vertiefungen in die Gartenpraxis und deren optische Vielfalt.

Viele Neuheiten sowie neueste Erkenntnisse wurden aufgenommen und die Register noch mehr der Praxis geöffnet als bisher, ganz besonders für die sehr wichtigen Kurzhinweise.

Das farbenfrohe Erscheinungsbild ist zeitgemäß und dürfte den inhaltlichen und ästhetischen Ansprüchen vieler Leser entsprechen.

Mit dieser Ausgabe gedenken wir unseres Schwieger- und Großvaters, Johannes Höhne – des Mitbegründers der „Zwölf Monate". Er verstarb vor 35 Jahren. Da sich so viele Fakten, Auffassungen, Arbeitsweisen und manches mehr gewandelt haben, erscheint sein Name nicht mehr als Autor. Verantwortlich zeichnen jetzt Vater und Sohn in wünschenswerter Ergänzung und in Erinnerung an den aufgeschlossenen Gartenliebhaber und Naturfreund, der schon vor dem Zweiten Weltkrieg für das „Grüne Berlin" schrieb.

Für die vielseitige Unterstützung danken wir meiner Frau/meiner Mutter, Gisela Wilhelm, sehr herzlich. Nicht zuletzt danken wir dem Knaur Verlag für diese Jubiläums-Pracht-Ausgabe, die unserem Wunsch Ausdruck verleiht, viele Menschen an die Faszination der Blumen- und Pflanzenwelt heranzuführen. Die Beschäftigung mit ihr führt zu mehr Friedlichkeit und gibt den Menschen einen Halt, der in der Freude begründet ist. Beides brauchen wir so sehr, angesichts der übrigen aktuellen Herausforderungen!

Bleibt nur noch, allen unseren Lesern ein gutes Gelingen mit den vielen Möglichkeiten zu wünschen, die sich im Garten bieten. Das Nachwort des beherzten Gärtners Karl Foerster kann Ihnen dabei vielleicht eine Hilfe sein:

„Die Welt ist nicht so, sondern noch ganz anders. Sie ist auch denkbar viel zugänglicher für jede Art der Begärtnerung. Man begegne ihr mit vorsichtigem Draufgängertum und unbeirrbarer, also für andere rätselhafter Ausdauer. Die Ausdauer ist die Ernte. Mangel an Ausdauer lässt die Frucht auf dem Halme verfaulen."

(Foerster, Karl: Ferien vom Ach. Berlin 1990)

Berlin und Münster, im Sommer 2003

Paul Gerhard Wilhelm
Prof. Edgar Wilhelm

Inhalt

Januar

Februar

März

April

Allgemeines 110

Im Blumen- und Ziergarten 115

Im Obstgarten 141

Im Gemüsegarten 150

Mai

Allgemeines 160

Im Blumen- und Ziergarten 165

Im Obstgarten 184

Im Gemüsegarten 188

Juni

Allgemeines 200

Im Blumen- und Ziergarten 203

Im Obstgarten 216

Im Obstgarten 266

Im Gemüsegarten 277

September

Allgemeines 284

Im Blumen- und Ziergarten 286

Im Obstgarten 299

Im Gemüsegarten 307

Oktober

Allgemeines 312

November

Einleitung

Unser Standardwerk für Hobbygärtnerinnen und Hobbygärtner gibt übersichtliche, verständliche und gründliche Hinweise für einen „gemäßigt-biologischen" Anbau mit der entsprechenden Pflege, die die Umwelt wenig belastet. Aus den vielen Anregungen und eigenen praktischen Erfahrungen ist in den 45 Jahren seines Bestehens ein praxiserprobter Ratgeber geworden.

Die Einteilung nach Monaten und innerhalb dieser nach Sachgebieten ermöglicht es jedem Interessierten, einen Überblick über die jahreszeitlichen Pflanzenschönheiten als auch über die anfallenden Arbeiten und deren Ausführungen zu gewinnen. Wir haben Wert darauf gelegt, das Notwendige zu benennen, so dass weder Leerlauf noch Überlastungen entstehen, die den Gartenerfolg und die Freude daran beeinträchtigen könnten.

Was erwartet Sie in den Sachgebieten eines jeden Monats?

Allgemeines

Unter **„Allgemeines"** finden Sie Angaben über gestalterische Grundfragen, den Gartenboden, seine Bearbeitung und Pflege, über zweckmäßige Geräte, Hilfsmittel und Zubehör, über sparsame Bewässerungsmethoden, Nährstoffe, Humus, Düngemittel, über Kompostierungsmethoden und

gartenfreundliche Abfallverwertung, über Vogelschutz und Vogelabwehr, Nützlinge und Schädlinge, Pflanzenkrankheiten, integrierten Pflanzenschutz, Kräuterauszüge, Unkrautbeseitigung und einiges mehr.

Im Blumen- und Ziergarten

„Im Blumen- und Ziergarten" werden alle Pflanzen vorgestellt, die in unterschiedlichster Art die Schönheit Ihres Gartens bestimmen können. Blühende Oasen über alle „Zwölf Monate" verteilt, wie sie sich auch Bertolt Brecht in seinem harmonischen Buckower Garten in der Märkischen Schweiz immer gewünscht hat. Dazu zählen insbesondere Blüten-, Laub- und Nadelgehölze, Kletterpflanzen, Beet- und Wildstauden, Knollen- und

Zwiebelgewächse, Wasser- und Sumpfpflanzen, Farne, Gräser, Ein- und Zweijahrsblumen, Kübel-, Schalen- und Balkonkastenpflanzen. In den Monaten April bis Oktober sind unsere Stauden, entsprechend der Blütezeit, in Tabellen zusammengefaßt, in den Zwischenmonaten die Blütengehölze. Diese Übersichten erleichtern die Pflanzenauswahl, selbst für naturnahe, arbeitssparende Anlagen, und geben wertvolle Tips für Standort und Pflege. Nicht zu kurz kommen Hecken aller Art. Auf die Sonderwünsche von Rosen und Rhododendren und geeignete Nachbarpflanzen wird ausführlich eingegangen. Nicht zuletzt findet der Rasen mit seinen Ansprüchen und Problemen seine Würdigung.

Im Obstgarten

„**Im Obstgarten**" sind alle Voraussetzungen präsentiert, Qualitätsobst zu erzeugen. Vorgestellt werden die Obstarten, bewährte und neuere Sorten, geeignete Baumformen und Unterlagen. Pflanzhinweise, Bodenpflege, Bewässerung, Düngung und Pflanzenschutz entsprechen dem heutigen Erkenntnisstand. Der Schnitt der Obstgehölze wird, von den Wachstumsgesetzen ausgehend, durch Wort und Bild, vor allem durch eine Vielzahl an Lehrzeichnungen, verständlich gemacht. Bei den Sortenbeschreibungen werden Vorzüge und Nachteile gleichermaßen herausgestellt.

Im Gemüsegarten

„**Im Gemüsegarten**" steht die ganzjährige Erzeugung von Frischgemüse und Gewürzkräutern im Vordergrund. Dafür werden geeignete, bewährte und neuere Sorten genannt, die günstigsten Aussaat- und Pflanzzeiten aufgezeigt und die modernen Saat- und Anbauhilfen herausgestellt. Die „Planungs-Tabelle: Von der Saat bis zur Ernte" (im Januar) enthält für jede Gemüseart die wichtigsten Anbaudaten einschließlich der mittleren Nährstoffansprüche und erleichtert somit eine vorausschauende Beeteinteilung und -bestellung nach wirtschaftlichen Gesichtspunkten. Nicht zuletzt beraten wir Sie zur Nitratminderung in Anbau und Erntegut.

Wenn die Neuauflage eines bewährten Sachbuches in dem nützlichen Dialog zwischen Vater und Sohn entsteht, so birgt dies den Vorteil, dass Bewährtes bewahrt bleibt, aber auch das aktuelle Streben um eine veränderte Betrachtungsweise unserer Umwelt mehr Berücksichtigung findet als vorher. Weil vielen Hobbygärtnern oft die Kenntnis naturnaher „milder Lösungen" fehlt, wollen wir dazu beitragen, die natürlichen Kreisläufe besonders zu berücksichtigen und angepaßt zu unterstützen.

Januar

Allgemeines

Am Jahresanfang steht die Planung

Jedes Gartenjahr sollte zeitig geplant werden, wobei es sich lohnt, die Erfahrungen des abgelaufenen Jahres zu berücksichtigen. Die langen Winterabende bieten dafür die beste Gelegenheit. Wenn der Januar mit Frost und Schnee aufwartet, fällt es nicht schwer, die Unterhaltung mit dem Garten in die gemütliche Sitzecke des warmen Wohnzimmers zu verlegen. Anhand von Gartenbüchern, Zeitschriften, Katalogen und eigenen Notizen, die einander ergänzen, kann nun auch die ganze Familie viele Möglich-keiten zur Ausgestaltung, Nutzung und Verbesserung besprechen. Dabei darf der Gartenplan (eine Grundrisszeichnung des Gartens) nicht fehlen. Zur Auffrischung der Erinnerung bleibt uns noch der Gang durch den Garten.

Alle Wünsche werden zu Papier gebracht und gut aufeinander abgestimmt; denn ein Garten vereint viele unterschiedliche Bedürfnisse. Soweit möglich und finanzierbar, übertragen wir die Wünsche im Laufe des Jahres in die Praxis. Dabei erfordert jeder Teil des Gartens – ob Zier-, Obst- oder Gemüsegarten, ob Sitz- oder Geräteecke besondere Überlegungen.

Ein **Gartenbuch** wie dieses, nach Monaten und Sachgebieten gegliedert, vereinfacht das Pläneschmieden. Die ersten Monate des Buches enthalten grundsätzliche Ausführungen über Gartengestaltung, Boden, Nährstoffe, Düngung, Geräte, Pflanzenschutz; Blumen und Zierpflanzen als Gestaltungselemente; Grundlagen und Aufgaben des Liebhaberobstbaues; Voraussetzungen für den Gemüseanbau und eine Planungstabelle. Ab März gibt dann jeder Monat Auskunft darüber, wann man was und wie säen, pflanzen, pflegen und ernten kann. – Außerdem hält der Buchhandel für jedes Gebiet *Spezialliteratur* bereit.

Eine **Gartenzeitschrift** sollte den Gartenbesitzer durchs Jahr begleiten. Sie legt das Bild des modernen Gartens vielseitig dar und weitet so den Blick für das eigene grüne Reich.

Besonders anregende Einblicke vermitteln auch **Gartenreisen** mit ausgewählten Schwerpunkten. Wer sich unter sachkundiger Führung in die englische oder französische Gartenwelt einführen läßt, nimmt viele Ideen und manche seltene Pflanze für seinen Garten mit. Im Internet finden sich Veranstalter, die Gartenreisen im Programm führen. Begeisterte Hobbygärtner und Gartenanfänger von 35 – 76 Jahre haben bisher die Chance solcher inspirierender Angebote genutzt.

Zu Hause ist der Blick in die **Kataloge** der Gartencenter, Samenfachgeschäfte, Baumschulen, Staudenbetriebe sowie der größeren oder extravaganteren Versandfirmen für unsere Gartenplanung wichtig. Kataloge rechtzeitig anfordern!

Durch farbige Abbildungen können wir uns ruhig begeistern lassen. Wenn es aber ans Bestellen geht, so empfiehlt es sich doch, etwas nüchterner vorzugehen. Kataloge sind Werbemittel. Also kann es nichts schaden, sich zusätzlich in Büchern und Zeitschriften zu informieren oder erfahrene Gartenfreunde zu befragen. Wer keine

Wer in der warmen Jahreszeit einen schönen Garten genießen möchte, sollte frühzeitig im Januar mit Hilfe von Fachliteratur, Gartenzeitschriften und Katalogen gut planen.

Der Berliner Architekt Stephan Heise spricht von der „Eingangsgeste", die den Ankommenden und auch die Besitzer empfängt. Schöne Vorgärten können unser Herz öffnen!

Enttäuschung erleben will, halte sich an *bewährte Sorten* und sei *Neuheiten* gegenüber aufgeschlossen, da sie eine Verbesserung älterer Sorten bedeuten. Wie so oft bringen „Superimporte" oder „fantastische Neuheiten" dagegen selten das gewünschte Ergebnis.

Rechtzeitige Bestellung oder Auftragerteilung ist die beste Gewähr dafür, auch das zu bekommen, was wir uns vorgestellt haben.

Der vielseitige Hausgarten

Unsere Gärten erfüllen viele Aufgaben. Allen voran stehen bei den meisten Menschen **Erholung und Entspannung.** Sie drücken sich bei manchen überwiegend in beschaulicher Ruhe aus, bei anderen mehr durch leichtes Betätigen und bei Kindern vor allem in spielerischer Lebendigkeit. Berufstätige setzen in ihren Gärten andere Schwerpunkte als jemand, der viel Zeit hat und sie auch im Garten verwenden möchte. Fast alle wünschen sich einen schönen Garten und gestalten diesen Anspruch sehr verschieden. Dabei ist die **Ästhetik** von vielen Faktoren abhängig. Sehr wesentlich ist unser **Verhältnis zur Natur.**

Wir erhöhen unsere **Lebensfreude,** wenn wir unseren Garten als einen gestalteten Teil der Natur erleben, mit Kreisläufen von Wachsen und Sterben, von Blüte und Frucht, von Licht und Schatten, von trocken und feucht, von tief und hoch. Die Lebendigkeit des Gartens verschafft uns einen Kontakt zum Leben, der im Laufe der Jahre durch naturferne Berufe und die Veränderungen unserer Zivilisation mehr und mehr verschwunden ist. Es gibt unzählige Untersuchungen und literarische Beispiele, wie wichtig Naturerlebnissse aus erster Hand sind, für Kinder und für alle Menschen. Der Garten kann die Quelle dieser tiefen Freude und Lebendigkeit sein, die unserem Alltagshandeln mehr Ausgeglichenheit verschafft, als wir anfänglich ahnen.

Die dritte Aufgabe, die der Garten deshalb erfüllen sollte, ist der Anbau von **Obst und Gemüse.** Hier bestehen zwei gegenläufige Tendenzen. Bei einem Teil der Gartenbesitzer nimmt der Wunsch nach mehr eigenem biologischen Obst- und Gemüseanbau zu. Da jedoch die durchschnittlichen Gartengrößen kleiner werden, ist oft für den „alten Nutzgarten" kein Platz mehr. Dennoch wird hier die Auffassung vertreten, auf etwas Obst, auf Kräuter, auf zwei Zucchini, Möhren und vielleicht Rharbarber auch im kleinsten Garten nicht völlig zu verzichten. Die Freude am Wachsen, Pflegen und Ernten berührt uns sehr, und eine selbst gezogene Zucchinifrucht erfüllt uns mehr als alle gekauften.

In unseren Gärten können wir unserem **Gestaltungswillen** Ausdruck verleihen. Durch die Frage: „Was ist mir

Sitzplätze fördern Ruhe, Genuss oder auch Geselligkeit. Sonnige und schattige Lagen sind einzuplanen. Mehrere Sitzplätze bringen viel Abwechslung.

Die Schaukel ist für Kinder oft der Mittelpunkt ihrer Spiele. Ob sie für die Eltern einsehbar stehen sollte oder eher in lärmfreundlicher Entfernung, ist eine wichtige Entscheidung.

funktionelle Vorgaben: Eingang, Garage, Kellerzugang, Fahrrad-Abstellplatz, Terrasse, usw. Bei der Neuplanung bedeutet der „Sonnenlauf" den vorrangigsten Planungsfaktor. Schließlich ist die weitere Umgebung zu berücksichtigen. Wie ordne ich mich den Nachbarn zu? Zwischen Sichtschutz oder Gesprächen, den Zaun partiell zu beseitigen, gibt es viele Möglichkeiten. Welche Funktionen ordne ich der Straße zu? (Die Müllentsorgung im Eingangsbereich ist nicht die geeignete Empfangsgeste für den Ankommenden!) Folgende Elemente der Gartengestaltung stehen am Anfang: Der Verlauf von Wegen, Treppen und Mauern, Anlage

künstlicher Böschungen (Bauphase), Standort der Terrasse und Pergola.
Die aktuelle Gestaltung. Nachdem die Vorgaben zu einer ersten Struktur der Nutzungsorte geführt haben, ergänzen wir unsere aktuellen Wünsche. Wenn uns die alten Eiben im Eingangsbereich gefallen, aber zu monoton sind, gesellen sich etwa farbenfrohe Rhododendren gut dazu. Welchen Prinzipien wir folgen, kann jeder für sich entscheiden. Anregungen und zweckmäßiges Wissen zu sammeln, ist eine empfehlenswerte Beschäftigung. Liegt uns z.B. die gerade Achse mit symmetrischen Zuordnungen und dem herausgestellten Blickfang der klassischen französischen Gartenge-

und meiner Familie im Garten wichtig?", entstehen die Prioritäten, die manchen Funktionen mehr und anderen Funktionen weniger Raum geben. Diese Beschäftigung kommt dem kreativen Bedürfnis vieler Menschen nahe, ihre gestalterischen Phantasien ausleben zu können.

Drei Entwicklungsphasen bei der Planung

Die Vorgaben. Unsere Gestaltung ist nicht ganz frei. Sie steht zunächst im Verhältnis zu den Vorgaben, die wir an einem Ort vorfinden. „Den Geist des Ortes aufspüren" heißt es in der klassischen Gartenplanung. Neben diesem intuitiven Zugang geht es auch um Fakten. Gibt es alte Bäume und einen weiteren eingewachsenen Bestand? Sollen diese oft wertvollen Vorgaben in die neue Planung integriert werden? Oder möchte ich mehr Luft schaffen und einiges beseitigen? Welche Bäume darf ich fällen?
Der Standort des Hauses ist von großer Bedeutung. Er gliedert die umliegenden Grünflächen und macht

Familien-Gartenanlage (ca. 750 m²) mit den wichtigsten Nutzungs-Grundfunktionen.

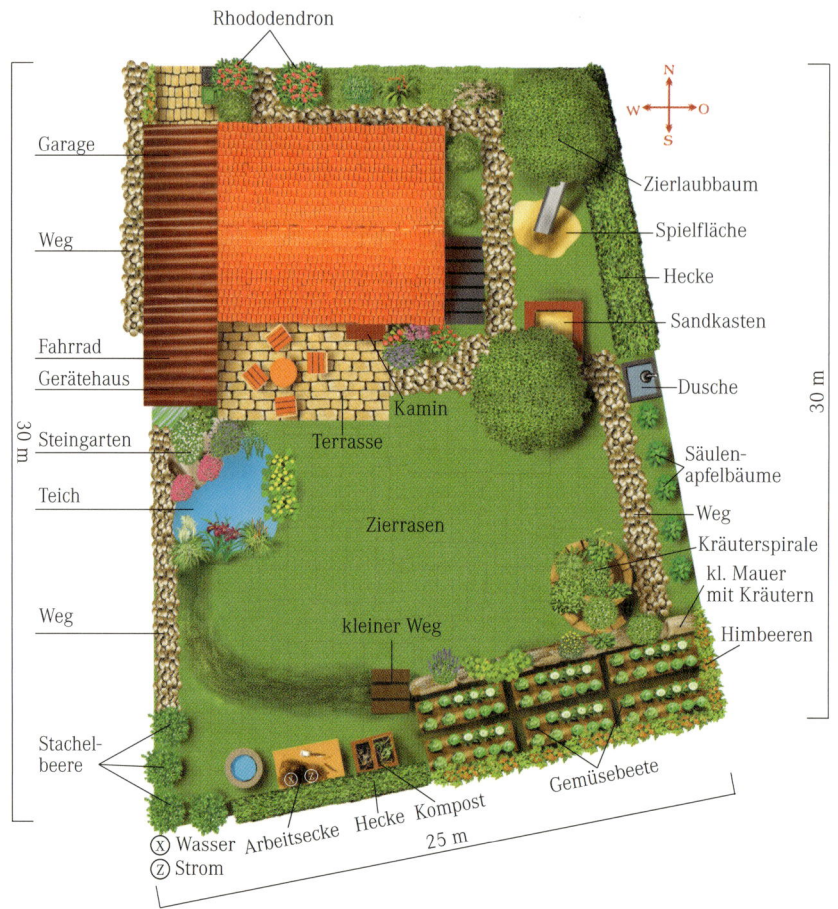

stalter mehr als die Auflösung der Geometrie in englischen Gärten mit ihren Kontrasten von Ton, Licht und Schatten? Der Barocke Garten spielt mit dem Wasser. Verwenden Sie Zeit, um für sich herauszufinden, wovon Sie sich am meisten anrühren lassen. Ihr Garten bietet Ihnen die Chance dazu.

Die langfristige Entwicklung. So wie Kinder im zweiten Lebensjahr noch nicht schreiben, braucht der Garten auch Zeit. Vorbereiten und Verfolgen erfreuen genauso wie ein Resultat. Zu berücksichtigen sind dabei die Wachstumseigenschaften an den Standorten, damit die Proportionen längerfristig ohne besondere Eingriffe stimmen.

Beim Steingarten oder den Polsterstauden denken wir daran automatisch, aber ob der Knöterich im 5. Jahr nocht nicht zu üppig ist? Die Schnellwucherer freuen uns schnell, aber auf begrenztem Entfaltungsraum sind behutsame Kletterer oft angemessener. Auch Bäume, die uns nach mehreren Jahren die Innenräume verdunkeln, besser gar nicht oder woanders pflanzen.

Drei Gartenbeispiele

Die erste Gartenanlage mit rund 700 m² bietet Raum für eine Familie mit zwei Kindern unter 10 Jahren. Eine großzügige Rasenfläche beruhigt das Auge und bietet gute Bewegungsmöglichkeiten für die Kinder, Eltern und Freunde. Der Beschäftigungsfläche für die Kinder entspricht der Terrassensitzplatz für die Eltern. Von dort aus wird eine vielseitige Mischbepflanzung von ästhetischem Reiz sichtbar. Als Schattenspender für die Spielfläche könnte eine mäßig wachsende Birke stehen, kompakte Säulenapfelbäume am Rande, begrenzt von einer Kräuterspirale, die in eine dekorative Trockenmauer übergeht.

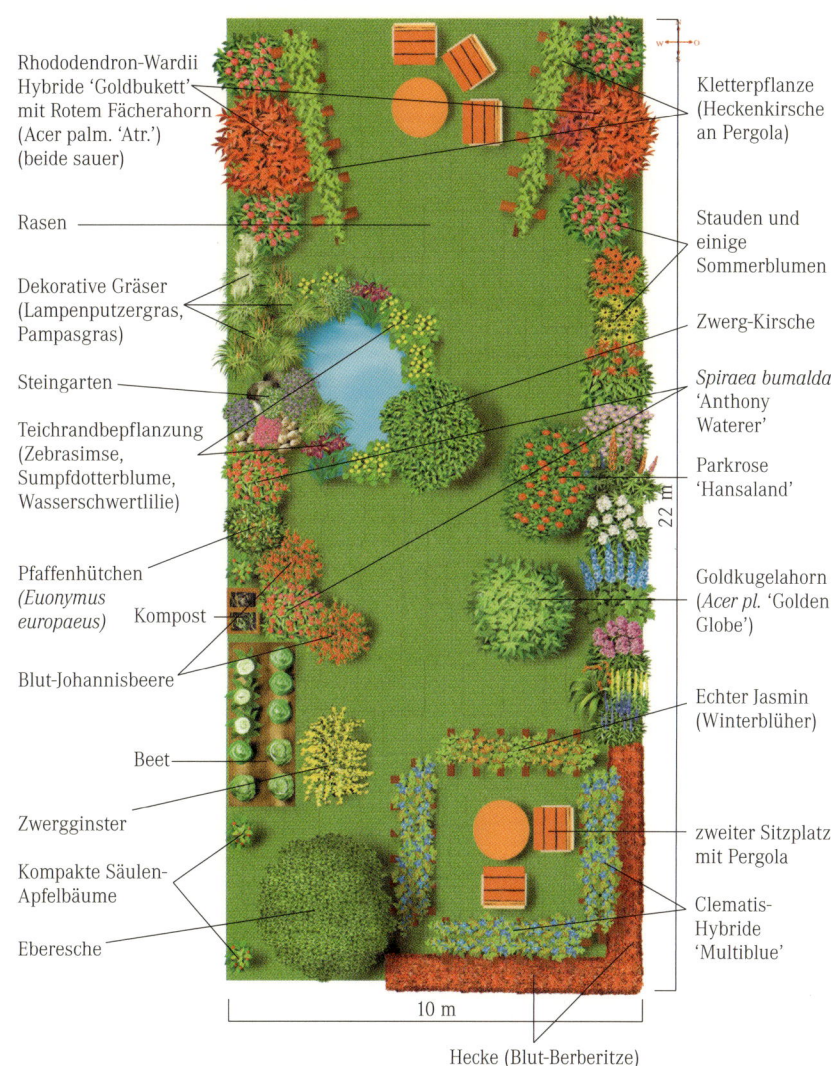

Schrebergarten (220 m²) mit dominierender Entspannungsfunktion.

Diese bildet einen Teil der Abgrenzung zu einigen Beeten, der Kompost- und Hobbyecke mit Himbeeren und Stachelbeerstämmen. Den anderen Teil der Abgrenzung schafft eine gemischte Staudenbepflanzung auf leicht modelliertem Gelände (künstlich während der Bauphase angelegt). Ein kleiner Teich mit Randbepflanzung, Blickfang von der Terrasse, geht in einen Steingarten über. Den Vorgarten prägt eine immergrüne Mischbepflanzung aus Taxus und Rhododendron, neben Stauden und Bodendeckern und einem Laubbaum aus altem Bestand.

Funktional sind folgende Details beachtet worden: Um provisorische Fahrradständer im Gartenbild zu vermeiden, ist eine Fahrrad-Garage geplant, verbunden mit einem Geräte-Schuppen. Von dort führt ein weitgehend verdeckter (Wirtschafts-) Weg zum Hobby- und Gemüseteil. Am

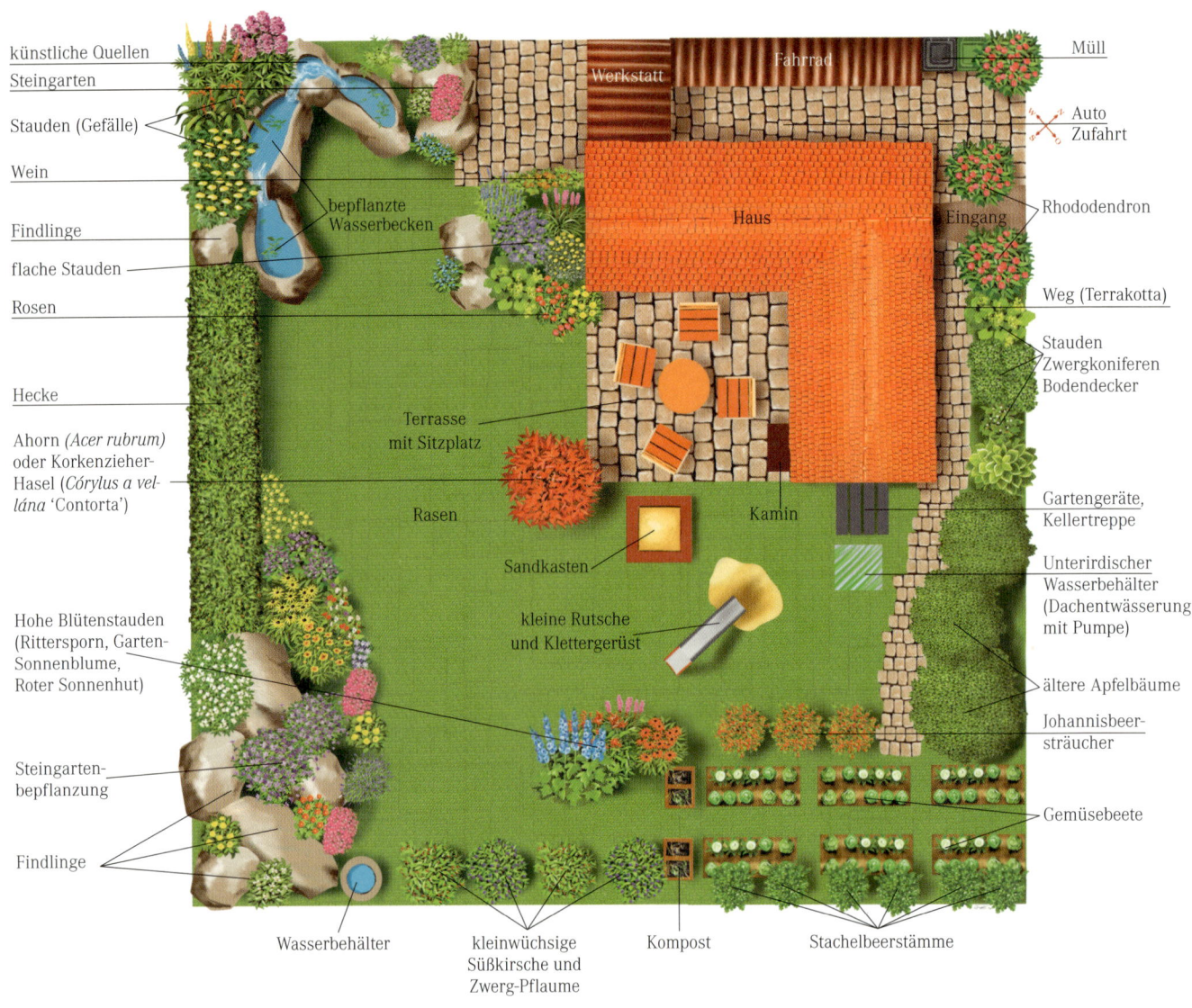

künstliche Quellen
Steingarten
Stauden (Gefälle)
Wein
Findlinge
flache Stauden
Rosen
Hecke
Ahorn *(Acer rubrum)*
oder Korkenzieher-
Hasel *(Córylus a vel-
lána* 'Contorta')
Hohe Blütenstauden
(Rittersporn, Garten-
Sonnenblume,
Roter Sonnenhut)
Steingarten-
bepflanzung
Findlinge

Müll
Werkstatt
Fahrrad
Auto
Zufahrt
Haus
Rhododendron
Eingang
Weg (Terrakotta)
Stauden
Zwergkoniferen
Bodendecker
bepflanzte
Wasserbecken
Terrasse
mit Sitzplatz
Rasen
Kamin
Sandkasten
kleine Rutsche
und Klettergerüst
Gartengeräte,
Kellertreppe
Unterirdischer
Wasserbehälter
(Dachentwässerung
mit Pumpe)
ältere Apfelbäume
Johannisbeer-
sträucher
Gemüsebeete

Wasserbehälter
kleinwüchsige
Süßkirsche und
Zwerg-Pflaume
Kompost
Stachelbeerstämme

Kleiner Familien-Garten (400 m²) mit überwiegender Erholungsfunktion.

Haus befindet sich zur Dachentwäs- serung ein unterirdischer Auffang- behälter (ca. 3000–5000 l), dessen Regenwasser bei Bedarf als Spreng- wasser abgepumpt werden kann. Ein Überlauf in eine Sickergrube (oder in die Kanalisation) ist dabei zu berück- sichtigen. Zusätzlich steht ein Wasser- auffang für kalkempfindliche Pflan- zen in der Hobbyecke. Dort, wie am Haus (Terrasse und Gerätehaus) und im Vorgarten sind Wasserhähne und abschaltbare Steckdosen.

Den Hausmüll vom Eingangsbereich fernhalten!
Die zweite Gartenanlage mit 400 m² bietet ebenfalls Raum für eine Familie mit zwei kleinen Kindern. Sie passt gut in eine Gegend mit natürlichem Gefälle, dem die bepflanzten Wasser- becken mit künstlicher Quelle als auch die Findlinge entsprechen. Terrasse und Kinderspielfläche ermöglichen Sichtkontakt (im ersten Beispiel für die etwas größeren Kinder nicht). Die kleinere Gartenanlage lässt noch

immer Platz für wenige Gemüsebeete, die optisch durch hohe Blütenstauden und Johannisbeerstämme begrenzt werden. Kompost- und Wasserbehäl- ter dürfen nie fehlen. Kleinwüchsige Obstbäume erfreuen die Kinder und zieren zugleich. Die dominierende Wirkung geht von den deutlich sicht- baren Findlingen rechts und links des Rasens aus (von der Terrasse betrach- tet), die einmal in eine kleine Wasser- beckenlandschaft, und auf der ande- ren Seite in eine Steingartenbepflanzung übergehen. Mit den Zwergkoniferen im Eingangsbereich wird dieses Merkmal wieder aufgegriffen, jedoch durch Stauden und Bodendecker variiert. Apfelbäume aus altem Bestand wurden integriert, weil sie am Rande günstig positioniert sind.

Die Funktionen sind ähnlich berücksichtigt wie im ersten Beispiel. (Das Zimmer neben der Terrasse mit breitem Fenster bis zum Fußboden) hat eine besonders beschauliche Aussicht über Stauden, an Rosen vorbei auf die Wasserlandschaft.

Die dritte Gartenanlage, der Schrebergarten mit 220 m², dient der Entspannung für Erwachsene ohne Kinder. Trotz zweier Sitzplätze erholt man sich auch bei leichter Gartenpflege in der beruhigenden natürlich gestalteten Umgebung. Deshalb gibt es auch hier ein Beet, einen Kompostbehälter, zwei kompakte Obstbäume sowie zwei zierende Johannisbeersträucher. Ansonsten besticht die Anlage durch ideenreiche Mischanordnung (Sichtbrechung) mit jahreszeitlich gestaffeltem Blühverhalten (vom Winterblüher bis zur späten Aster). Räumliche Wirkung entsteht durch Gruppenpflanzungen und unterschiedlicher Höhenstaffelung.

Zuerst den Gartenboden kennen lernen

Der Erfolg im Garten hängt in erster Linie vom Boden ab. Mineralische Böden sind das Ergebnis von Gesteinsverwitterungen und bestehen vorwiegend aus **Sand, Lehm** und **Ton.** Zu gedeihlichem Pflanzenwuchs kommt es nur bei bestimmten Mischungen. Um vor Enttäuschungen bewahrt zu bleiben, lohnt es sich, seinen Gartenboden so gut wie möglich kennen zu lernen und zu verbessern.

Mit der Feststellung der Bodenart kann man z.B. ein *Institut für Boden-*

untersuchungen beauftragen, um zu einem verlässlichen Ergebnis zu kommen. Bei Grundstücksübernahme ist dies besonders zu empfehlen. Eine einfache Überprüfung kann man auch selbst vornehmen. Ein hohes, schlankes (Mess-)Glas wird $\frac{1}{4}$ mit humusfreier oder -armer Erde (aus 20–50 cm Tiefe) und bis zu $\frac{3}{4}$ mit Wasser aufgefüllt. Nach kräftigem Durchschütteln lässt man die Bodenbestandteile absinken. Grober Sand lagert sich zuerst ab, darüber Lehm und schließlich der feine Ton. Humusstoffe schweben noch länger im Wasser. – Folgende **Hauptbodenarten** sind zu unterscheiden:

Sandboden (Tongehalt bis 10%) ist körnig bis scharfkantig und rinnt schnell durch die Finger. Wasser und mineralische Nährstoffe versickern zu rasch. Braucht lehmige Erde oder *Bentonit* und reichlich Humus in Form von Kompost, Plantahum usw.

Lehmiger Sand (Tongehalt bis 20%) läßt noch deutlich Sandkörner fühlen, klebt anfangs etwas, krümelt beim Formen langsam weg. In Verbindung mit Humus guter Gartenboden.

Sandiger Lehm (Tongehalt bis 30%) fühlt sich noch körnig an, lässt sich bereits ein bisschen formen, zerfällt aber ziemlich rasch. Wird durch Humus zu sehr gutem Gartenboden.

Lößboden (etwa 35% Tongehalt) besteht aus feinstem Quarzsand, Lehm und Kalk. Körnchen lassen sich nicht fühlen. Er hält nicht zusammen. Humuszufuhr günstig.

Reiner Lehm (Tongehalt bis 40%) hat noch Sandbestandteile, die beim Reiben knirschen, backt, solange feucht, zusammen und bröckelt auseinander. Neigt etwas zur Verdichtung, bei Nässe zur Klumpenbildung, bei Trockenheit zum Platzen. Bearbeitung und ständige Humuszufuhr wichtig.

Schwerer Lehm (Tongehalt bis 60%) schmiert beim Reiben. Einzelkorn

kaum fühlbar, bereits formbar. Wird durch Umgraben im Herbst durch reichlich Sand und Humus kulturfähig.

Tonboden (über 60% Ton) ist fein, glatt, seifig bis schlüpfrig, klebt zusammen, gut formbar, luft- und wasserundurchlässig. Erfordert tiefes Umgraben im Herbst, Sand, Humus, Dränage.

Kalk- oder Mergelboden besteht aus verschiedenen Bodenarten und mehr oder weniger hohem Gehalt an kohlensaurem Kalkstein. Schmiert bei Nässe. Durch Holzfasersubstrate lässt sich Kalküberschuss binden.

Steinige Böden sind nur dann zu kultivieren, wenn zwischen dem Steingrus genügend feiner Boden lagert. Größere Steine aussammeln und Boden nur flach bearbeiten. Ihr Wert steigt durch Aufbringen von reichlich Humus(erde).

Humus- oder Moorböden enthalten mindestens 30% organische Substanz. Wichtig ist ein Grundwasserstand von 50 cm. Bei höheren Werten können Kalkgaben, Lehm und Sand die Bodenqualität verbessern helfen.

Mutterboden wird die oberste belebte Bodenschicht genannt, die durch Pflanzenwuchs und sonstige organische Rückstände eine mehr oder weniger starke Humusschicht aufweist. Da Humusstoffe bräunlich, bei Anfeuchtung schwarz erscheinen, ist die Mutterbodenschicht recht gut abzuschätzen. Sie sollte bei **Bauland** sichergestellt und bei der Gartenbearbeitung nicht vergraben werden. Da Humus ständig abgebaut wird, ist jährliche Ergänzung wichtig.

Gesunder Gartenboden – unser Ziel

Gesunder, leistungsfähiger Gartenboden ist gut durchlüftet, hält Feuchtigkeit und Nährstoffe für die Wurzeln bereit, bietet den Wurzeln lockeren Mutterboden mit gutem Übergang in die Unterschicht und sorgt für harmonische Pflanzenernährung. In der Fachsprache heißt das: Der Boden besitzt nicht nur eine **gute Struktur,** sondern auch **Dauer- und Nährhumus** sowie einen ausgewogenen **Nährstoffvorrat.**

Zum Verständnis der *inneren Vorgänge in der obersten Bodenschicht,* der Krume oder dem Mutterboden, wenden wir uns einmal der unberührten Natur zu. Boden und Pflanzenwuchs sind ein lebendiger Organismus, in dem Algen, Pilze, Bakterien, Urtierchen, Regenwürmer usw. gleich Heinzelmännchen wirken und den Boden in einen Zustand versetzen, der als „gar" bezeichnet wird. Humusschicht etwa 25 cm.

Zu ihrem Stoffwechsel brauchen *Kleinstlebewesen* Humus, der sich beim Verrotten pflanzlicher und tierischer Abfälle bildet. Humus und Sandkörner werden von Kolonien von Kleinstlebewesen überzogen und mit ihrem Schleim zu porösen Krümeln verkittet.

Humushaltige Böden sind warm, locker, von dunkler Farbe und bewahren Wasser und Nährstoffe vor schnellem Versickern. Der für das Bodenleben und die Pflanzenwurzeln benötigte Sauerstoff erhält leicht Zutritt. Die Kohlensäure des Bodens kann entweichen und wird von den Blättern gleich begierig „verspeist". Wo der Kreislauf Boden/Pflanze geschlossen ist, gibt es unerschöpfliche Fruchtbarkeit.

Im Garten ist dieser Kreislauf gestört. Da hier jeder Boden Pflanzen tragen muss, sollte man zunächst die *Bodenstruktur* in Ordnung bringen. Außerdem muss jede Hauptdüngung den Boden mit **humusbildenden Stoffen** versorgen.

Die durch Ab- und Umbau freiwerdenden **Nährstoffe** aus organischer Substanz und mineralischem Boden reichen für eine gute Versorgung vieler Gartenpflanzen nicht aus, so dass eine *Ergänzung durch Handelsdünger* unumgänglich ist, vor allem für anspruchsvolles Obst und Gemüse, aber auch für reichen Blütenflor.

Gezielt lenken und steuern lässt sich der Pflanzenwuchs am besten durch *mineralisch-organische Dünger,* selbstverständlich als Ergänzung zur organischen Grunddüngung. Fertofit-Garten-Dünger hat eine unbelastete Zusammensetzung. In humusreichen Böden ist der Bedarf an Mineraldüngern nur gering. Darüber vermag eine *Bodenuntersuchung* genauen Aufschluss zu geben. Sie sollte bei Übernahme eines Grundstücks und alle weiteren vier bis fünf Jahre durchgeführt werden.

Die Hauptnährstoffe und ihre Aufgaben

Zu den Hauptnährstoffen zählen Stickstoff, Phosphat, Kali, Kalk, Magnesia und Schwefel. (Über Düngemittel siehe im Februar.)

Stickstoff (abgekürzt: N) ist der Treibstoff des Pflanzenwachstums. Große, dunkelgrüne Blätter und üppiger Wuchs lassen auf reichliche Stickstoffversorgung schließen. – *Stickstoffmangel* äußert sich durch hellgrüne Färbung der ganzen Pflanze. Ältere Blätter werden gelb bis hellbraun und vertrocknen. Kümmerwuchs und Notreife sind die Folgen.

Der zu 79% in der Atmosphäre und mindestens 40% in der Bodenluft vorhandene Luft-Stickstoff kann nur von Schmetterlingsblütlern (Hülsenfrüchtlern) nach Bildung der Knöllchenbakterien an den Wurzeln genutzt werden. Im Übrigen sind alle Pflanzen auf *Salpeter* oder *Nitrat* (NO_3) und *Ammoniak* (NH_3) bzw. *Ammonium* (NH_4) angewiesen. Der **Bedarf** an Reinstickstoff in Höhe von $8-30$ g/m^2 im Jahr, je nach Boden und Pflanze, wird durch stete Umwandlung aus dem Bodenhumus und durch Düngung gedeckt. *Salpeter* wirkt besonders rasch und wird leicht ausgewaschen. **Ammonium** kann nur zum Teil direkt aufgenommen werden, wird von den Bodenteilchen festgehalten, wirkt also nachhaltig, doch erfolgt gleichzeitig eine Umwandlung zu Nitrat.

Andere Stickstoffformen, wie das **Amid** (NHS_2) im Harnstoff, das **Cyanamid** im Kalkstickstoff und der organisch gebundene Stickstoff in Hornabfällen usw., haben nur Düngewert, wenn sie auf humushaltige, tätige Böden kommen, wo Bakterien die Umwandlung vornehmen, und wirken folglich langsam und nachhaltig. Als Blattdünger kann **Harnstoff** sofort aufgenommen werden.

Auch die neueren synthetisch-organischen *Langzeit-Stickstoff-Formen* (wie *Crotodur, Isodur*) können von den Pflanzen nur verwertet werden, wenn Wärme, Bodenbakterien und Feuchtigkeit die Umwandlung vornehmen. Sie ermöglichen eine echte Vorratsdüngung für $1/2$ bis 1 Jahr. Meist erfolgt der Ab- und Umbau entsprechend dem Pflanzenwachstum, so dass dieser Stickstoff gut genutzt wird.

Phosphorsäure oder **Phosphat** (P_2O_5, kurz: P) hat für die Pflanzen und für den Boden Bedeutung. In Verbindung mit Kalk werden Krümelbildung und Bodengare verbessert. Phosphat ist unentbehrlich bei der Bildung von Wurzeln, Blütenknospen, Früchten und Samen.

Phosphormangel zeigt sich in einer anfangs schmutzig grünen, später häufig rot-gelben Verfärbung der Blätter, die nicht selten unter Braunfärbung vertrocknen. Da die Phosphate, Salze der Phosphorsäure, kaum ausgewaschen werden, ist eine Düngung vorsichtig und sparsam zu empfehlen.

Ein Phosphatüberschuss tritt wesentlich häufiger auf als ein Mangel. Phosphate gehen oft schwer lösliche Verbindungen im Boden ein, so dass immer nur ein kleiner Teil von den Pflanzen genutzt werden kann. Je mehr Mikroorganismen und verzweigtes Wurzelwerk vorhanden sind, umso leichter ist das Phosphor verfügbar. Jährlicher **Bedarf** 6–15 g/m². Wenn überhaupt, nur im Herbst eine geringe Dosis ausbringen.

Kali (K_2O, kurz: K), eine Oxidform des Kaliums, findet man in allen Pflanzen gelöst. Gute Kaliversorgung erhöht die Standfestigkeit, Winterhärte und Widerstandskraft gegen Krankheiten und Schädlinge, wirkt wassersparend und begünstigt den Kreislauf, sorgt für Blüten- und Fruchtbildung. – *Geringer Kalimangel* bleibt oft unbemerkt, vermindert aber bereits Ertrag und Qualität. Bei *starkem Kalimangel* verfärben sich ältere Blätter vom Rand her gelbbraun, verdorren und fallen ab. Im Freiland tritt Kali-Mangel nur sehr selten auf.

Kali wird auf Sandböden leicht ausgewaschen, in lehmhaltigen oder humosen Böden länger festgehalten. Die Kali-Ausbringung wird am besten in Form von Mehrnährstoffdüngern oder Kompost durchgeführt. Ein idealer Dünger (15-5-20-2) ist beispielsweise „Nitrophoska perfekt".

Spezielle *Kalidünger* gibt es in Form von *Kaliumsulfat, Kaliumchlorid,* oder *Kalimagnesia.* Meist ist eine gesonderte Kalidüngung nicht mehr nötig. Im Herbst kann eine zusätzliche Kaligabe das Ausreifen frischer Triebe fördern und dadurch die Winterhärte verbessern.

Durch zu hohe Kali-Gaben wird in der Pflanze der Calcium- und Magnesiumgehalt reduziert, es kommt zu Mangelerscheinungen.

Der **Bedarf** an reinem Kali beträgt im Jahr 10–25 g/m².

Kalk (CaO, kurz: Ca) verbessert in erster Linie die Eigenschaften des Bodens. Er bindet schädliche Säuren, insbesondere Oxalsäure, fördert die Umsetzung organischer Substanzen, macht Nährstoffe aus Tonkolloiden verfügbar und verbessert durch Krümelbildung die Bodengare. In der Pflanze steigert Kalk die Zellteilung, begünstigt die Wurzelbildung, hilft beim Aufbau von Kohlehydraten, schützt die Zellwände und fördert den Keimungsvorgang. – Bei *Kalkmangel* erscheinen die jungen Blätter der Spitzentriebe hakenförmig, Blattspitze und -ränder trocknen ein und reißen auf, Endknospen sterben ab, Stengel sind schwach und die Pflanzen anfällig gegen Krankheiten und Schädlinge.

Jährlich werden 40–70 g/m² Reinkalk (CaO) benötigt, fehlender Kalk wird ersetzt durch kalkhaltige Düngemittel, kalkhaltiges Leitungswasser oder durch Kalkdünger, die man in Form von kohlensaurem oder kieselsaurem Kalk im Abstand von 2 bis 3 Jahren im Herbst gibt (s. November).

Magnesia (MgO, kurz: Mg) oder Magnesium wird zum Aufbau von Blattgrün (Chlorophyll) verwendet, das für die Assimilation – den Aufbau von Kohlehydraten und Eiweiß – unersetzlich ist. – *Mangel* verringert die Assimilation, so dass sich die Pflanzen ungenügend entwickeln, die Früchte kleiner bleiben und von schlechter Qualität sind. *Mangelerscheinungen,* die nach nassen Wintern verstärkt auftreten, äußern sich zuerst an älteren Blättern. Zwischen den Blattrippen kommt es zu gelber, später brauner Tigerung. Meist bleibt der Blattrand grün. Blattspitze und -rand sind aufwärts gewölbt. Erkrankte Blätter fallen vorzeitig ab. Oftmals tritt Mg-Mangel mit Kupfer-Mangel zusammen auf.

Jährlicher **Bedarf** etwa $^1/_5$ des Kaliums, jedoch nicht mehr als 3–10 g/m². Magnesiumhaltige Dünger sind: Kalimagnesia, Bittersalz, Kieserit, Magnesiumkalk.

Schwefel (S) wird von den Pflanzen für verschiedene Zwecke benötigt, so zum Aufbau von Vitaminen, Senföl und Eiweißarten. Auch begünstigt er die Atmung und Zellteilung. *Schwefelmangel* ist erkennbar am hellgrünen Ton junger Blätter einschließlich der Adern, am gestauchten Wuchs und an der starken Wurzelverzweigung.

In den Boden gelangt Schwefel meist als *Sulfat* (SO_4), das leicht ausgewaschen wird, besonders auf leichten Böden. Da aber sehr viele Dünger (z. B. Kalisulfat) in Sulfatform ausgebracht werden und der saure Regen auch seinen Beitrag leistet, tritt Schwefelmangel in Industrieländern nicht auf.

Nebennährstoffe und Spurenelemente

Außer den 6 **Hauptnährstoffen** (s. vorher) benötigen die Pflanzen aus dem Boden noch einzelne **Nebennährstoffe** - wie *Silizium, Natrium, Chlorid* - und die **Spurennährstoffe** *Mangan, Eisen, Bor, Kupfer, Zink, Molybdän.* Diese befinden sich nur in kleinen Mengen im Boden und werden auch nur in geringen Mengen (in Spuren) von den Wurzeln aufgenommen.

Für gesunde Pflanzenernährung ist wichtig, dass auch Neben- und Spurennährstoffe ständig verfügbar sind, damit sie aufgenommen werden können.

Die *Grunddüngung* sollte deshalb recht oft mit Kompost, Stallmist, organischen oder organisch-mineralischen Handelsdüngern erfolgen. Zur Nachdüngung sind Volldünger mit

Spurenelementen zu bevorzugen, auf leichten Böden öfter als auf schwereren. Biologische Pflanzenhilfsmittel, wie „Algan" von Neudorff, ein Extrakt aus der Braunalge, enthalten auch viele Spurenelemente, Vitamine, Enzyme, Hormone, Aminosäuren und Proteine. Findet dann noch von Zeit zu Zeit ein *Düngerwechsel* statt und wird alle 2–3 Jahre im Herbst der Kalkhaushalt in Ordnung gebracht (s. November), dann dürften keine besonderen Maßnahmen nötig sein.

Öfter ein Gang durch den Garten

Zu dieser Jahreszeit ist es ratsam, dem Garten von Zeit zu Zeit einen Besuch abzustatten. Bei frostfreiem, trockenem Wetter lassen sich manche Arbeiten, zu denen man im Dezember nicht mehr gekommen ist, jetzt noch nachholen. Erinnert sei an *Gehölzschnitt,* *Bodenbedeckung, Kompostierung* (kein Umsetzen), *Reparaturen* usw.

Bringt der Januar viel **Schnee,** so ist das der beste Winterschutz für die Gartenpflanzen. Nur wo der Schnee auf Koniferen und anderen Gehölzen die Formen verdirbt oder Schneebruch droht, muss man ihn abschütteln. Schnee von Wegen wird im Garten verteilt.

Fehlt es an Schnee und gibt es viel Frost und Sonne, dann wird der **Winterschutz** wichtig. Boden mit Laub oder Mulch bedecken, stark der Sonne ausgesetzte immergrüne Pflanzen, die noch nicht genügend eingewurzelt sind, mit Koniferenreisig, Jutestoff und Schattierfolie beschatten.

Zäune auf undichte Stellen kontrollieren, damit *Wild* nicht an Bäume, Sträucher, Stauden, Gemüse herankommt. Andernfalls ist direkter Schutz der gefährdeten Pflanzen notwendig. Bleibt der *Abfall vom Gehölzschnitt* liegen, lassen sich Hasen damit von Gehölzen oft ablenken.

Im Blumen- und Ziergarten

Gehölze schaffen Gartenräume

Von den Zierpflanzen des Gartens sollen Gehölze hier an erster Stelle stehen. Höhere Arten sind besonders dazu geeignet, **Gartenräume** zu schaffen, die dann zusammen mit Grünflächen, Beetrosen, Blütenstauden und Sommerblumen den stimmungsvollen Garten bilden. Schon bei der Auswahl der Gehölze ist ihre spätere Größe zu berücksichtigen. Jeder Baum und Strauch soll seinen Zweck erfüllen. Auch die Bodenansprüche und das Lichtbedürfnis sind zu bedenken.

Räumliche Wirkung entsteht durch Bildung schöner Gruppen, durch Grenz- und Sichtschutzpflanzungen, durch niedrige **Hecken** zur Gliederung des Gartens und durch *Gehölzauflockerung* zwischen Stauden. Ne-

Zusätzliche Anmerkungen

Vogelfütterung ist bei Schnee und bei Frost erforderlich. Der Futterplatz soll wind- und schneegeschützt liegen. *Meisen* und *Kleiber* lieben zerkleinerte ölhaltige Samen (Nüsse), tierisches und pflanzliches Fett (ungesalzen!). Bestens bedient sind sie mit Futterglocke und Meisenring. *Finken* und Ammern sind für jede Art von Sämereien dankbar, auch Hirse und Haferflocken. *Rotkehlchen* und *Amseln* bevorzugen Obststückchen, getrocknete Wild- und Weinbeeren.

Der Komposthaufen, der bis zum Herbst aufgesetzt wurde, darf im Winter nicht umgestochen werden. Es käme zu einer so starken Unterkühlung, dass es im Frühjahr lange dauert, ehe die Bakterien ihre nützliche Tätigkeit wie-der aufnehmen. Ist man bisher jedoch nicht zu sachgemäßem Aufschichten der Gartenabfälle gekommen, so kann das bei milderem Winterwetter geschehen, jedoch ohne Schnee, Eis oder gefrorene Schollen mit einzuarbeiten.

Küchenabfälle, Müll, Papier usw. sind in einem geschlossenen Kompostbehälter am besten aufgehoben (s. auch Dezember).

Mutterboden, der vor dem Hausbau auf „Halde" gefahren wird und hier länger als ein Jahr liegt, ist in mehr als 20 cm Tiefe tot, da die Bakterien abgestorben sind.

Durch Zufuhr Humus bildender Stoffe, wie Gründüngungspflanzen, Kompost, verrodetem Rinderdung, Rindenhumus, Humusdünger, ist Erneuerung gut möglich.

Im Geräteraum können manche nützlichen Arbeiten erledigt werden. Sind die Gartengeräte auf ihre Brauchbarkeit geprüft und gesäubert und die nicht einsatzfähigen Geräte ausgebessert, so kann für deren sachgemäße Unterbringung gesorgt werden. Jedes Gerät erhält einen festen Platz, nichts steht herum. (Näheres s. im Dezember.)

Eisenbahnschwellen, die mit Teerölen imprägniert sind, dürfen aus gesundheitlichen Gründen im Garten keinerlei Verwendung mehr finden. Wiederholte Hautkontakte führen zu Teerwarzen, Ekzemen und Hauttumoren. (Teerölverordnung vom 27.5.1991).

Die Nachbarmonate Dezember und Februar geben viele praktische Hinweise, die auch im Januar oft hilfreich sein können.

Die Schlangenhaut-Kiefer, Pinus leucodérmis, *hat Solitärcharakter. Ihre Rinde ist apart gemustert; die Äste steigen bogenförmig an und sind mit 8 cm langen Nadeln bekleidet.*

gehölzen bepflanzt werden. Die schönsten sind Clematis, Kletterrosen, Glyzine.

Zur Ausschmückung von Terrasse und Sitzplätzen kommen unter anderem **Kübelpflanzen** in Frage. Sie erfordern Pflege und brauchen einen Winterschutzraum.

Bäume prägen das Aussehen der Gärten

Aber auch das Bild der Straße, des Ortes und der Landschaft. Gärten ohne höhere Bäume wirken nicht. Wenigstens ein aufragender Baum, der „Hausbaum", sollte in Gebäudenähe stehen. Für kleinere Gärten berücksichtige man weniger wüchsige Arten, aber auch größere schmalkronige Bäume, meist Nadelgehölze. Für größere Gärten kommen fast alle Bäume in die engere Wahl.

Der Fächerblattbaum, Ginkgo bíloba, *wirkt fremdartig und dekorativ. Die fächerartigen Blätter färben sich im Herbst gelb.*

ben immergrünen Laub- und Nadelgehölzen finden vor allem sommergrüne Blüten- und Schmuckgehölze Verwendung. Begrenzungen können durch anspruchslose Gehölze, die nicht viel Pflege benötigen, gestaltet werden.

Wer bestimmte Stellen im Garten betonen und markante Punkte schaffen möchte, der kann Schattenspender pflanzen. Dafür eignen sich besonders dekorative Sträucher, baumartige Gehölze oder Bäume. Der in Hausnähe emporragende Hausbaum – meist nur noch mittlerer Größe – gibt jedem Anwesen etwas Charakteristisches. Auch *Obstbäume* könnten in den Wohngarten vereinzelt einbezogen werden.

Zwergige Gehölze finden zur Vorpflanzung Verwendung und bringen Abwechslung in den Steingarten. Eine

beachtliche Zahl kriechender Gehölze, sommer- wie immergrün, eignet sich zur **Bodenbedeckung,** wo Rasen nicht mehr gedeiht.

Die **immergrünen Laub-** und **Nadelgehölze,** die heute mehr als früher verwendet werden, sorgen dafür, dass der Garten auch im Winter nicht kahl und ungemütlich wird. Dazu sind viele mäßig anspruchsvoll.

Einen bevorzugten Platz verdienen **Beetrosen.** Sie werden gern flächig gepflanzt und sind sozusagen eine Konkurrenz zu den Blütenstauden.

Sonderbehandlungen verlangen **Rhododendron,** Freilandazaleen und einige Heidekräuter (außer Schneeheide), die sauren, lockeren Boden brauchen. Pflanzstellen nicht zu klein bemessen.

Wände, Zäune, Klettergerüste usw. können mit verschiedenen **Kletter-**

Die Stern-Magnolie, Magnólia stelláta, *ist ein langsam wachsender, bis 3 m hoher Baum. Weithin leuchten im März/April die weißen sternförmigen und duftenden Blüten. Sie bevorzugt einen warmen, sonnigen Standort auf humusreichem Boden.*

Große Bäume, die im Alter etwa 15 m hoch werden, haben nur für größere Gärten Bedeutung. Laubbäume: Eschen-Ahorn *(Ácer negúndo),* raschwüchsig; Sand- oder Weißbirke *(Bétula péndula),* lichtkronig, flachwurzelnd; Gingkobaum *(Gíngko bíloba),* anspruchslos, fremdländisch wegen des fächerartigen Laubes, männliche Pflanze bevorzugen. – Blütenbäume: Trompetenbaum *(Catálpa bignonioídes),* blüht im Juni/Juli kastanienähnlich; Amberbaum *(Liquidámbar styracíflua),* rosa bis blutrote Herbstfärbung, braucht tiefgründigen, guten Boden, wächst langsam; Falsche Akazie *(Robínia pseudoacácia),* dazu gehören mittelhohe, säulen- und kugel-

artige Formen, Blüte weiß oder rosa, von betäubendem Duft.

Große schmalkronige Bäume: Serbische Fichte *(Picea omórica),* besonders schmal; Grau-Tanne *(Ábies cóncolor),* unempfindlich; Zirbelkiefer *(Pínus cémbra),* feuchtigkeitsliebend; Lebensbaum *(Thúja occidentális),* feuchtigkeitsliebend; Scheinzypresse *(Chamaecýparis lawsoniána* 'Columnaris Glauca', Säule; 'Ellwoodii', lockere Säule; 'Lanei' (auch 'Lane'), Kegelform), für wintermilde Gebiete; Atlas-Zeder *(Cédrus atlántica* 'Glauca'), breit-kegelförmig, nicht für raue Lagen; Säulen-Birke *(Bétula péndula* 'Fastigiata'), anmutige Form; Säulenhainbuche *(Cárpinus bétulus)* mit den

Formen 'Columnaris', langsamwachsend, und 'Fastigiatus', jährlicher Triebzuwachs bis 1 m; Säulen-Fächerblattbaum *(Gíngko bíloba* 'Fastigiata'), anspruchslos; Säulen-Tulpenbaum *(Liriodéndron tulipífera* 'Fastigiata'), geschützte Lage, guter Boden; Säulen-Robinie *(Robínia pseudoacácia* 'Pyramidalis'), völlig anspruchslos, schöner Pappelersatz.

Mäßig hohe Laubbäume (7/10 m): Hainbuche *(Cárpinus bétulus);* Salweide *(Sálix cáprea),* Kätzchenweide; Gelbblättriger Eschenahorn *(Ácer negúndo* 'Aureo-Variegatum'); Weißblättriger Eschenahorn *(Ácer negúndo* 'Variegatum'), alle anspruchslos.

Mittelhohe Gartenbäume (5-6 m): Gold-Erle (*Álnus incána* 'Aurea'), lachsfarbige Blütenkätzchen im Februar/ März, braucht wenig feuchten Boden; Eichenblättrige Hainbuche (*Cárpinus bétulus* 'Quercifolia'), breitkronig; Katsura- oder Kuchenbaum (*Cercidiphyllum japónicum*), mehrstämmig besonders schön, Falllaub duftet nach Kuchen; Rotdorn (*Cratáegus laevigáta* 'Paulii'), blüht mit Flieder und Goldregen, Vogelschutzgehölz; Schmalblättrige Ölweide (*Elaeágnus angustifólia*), für Sandböden, Laub silbergrau; Stechpalme (*Ílex aquifólium* 'J. C. van Tol'), immergrün, Blätter gezähnt, rote Beeren; Goldregen (*Labúrnum watéreri* 'Vosii'), strauch- bis baumartig, blüht im Mai; Prunk-Magnolie (*Magnólia x soulangiána*), die weiß-roten bis weinroten Blüten im April/Mai sind ein Blickfang; Blut-Pflaume (*Prúnus cerasífera* 'Atropurpurea'), rosa Blüten, rotes Laub, guter Vorgartenbaum; Japanische Zierkirsche (*Prúnus serruláta*, in vielen Sorten), rosa oder weiß; Essigbaum (*Rhus typhina*), gelbrote Herbstfärbung.

Fruchtbäume (4-6 m hoch): Neben Pflaume, Sauerkirsche und Quitte stehen folgende zur Wahl: Großfrüchtige Kornelkirsche (*Córnus mas* 'Macrocarpa'), blüht gelb vor der Belaubung, rote Früchte, verwertbar; Zieräpfel (*Málus*, verschiedene Arten und Sorten), schön in Blüte und Frucht; Schwarzer Holunder (*Sambúcus nígra* 'Riese von Voßloch'), Strauch oder Baum für Windschutz und Kompostplatz, weiße Blüten im Juni, große, schwarze Früchte; Mährische Eberesche (*Sórbus aucupária var. edúlis*), bis 8 m.

Strauchartige Gartenbäume (etwa 4 m hoch): Japanische Aralie (*Arália eláta*), bestachelt, ornamentale Belaubung, weiße Blüten; Schneeflockenbaum (*Chionánthus virgínicus*), 3 m, weiße Blütenrispen im Juni; Blumen-

Hartriegel (*Córnus flórida* und *C. koúsa*), weiße Sternblüten im Mai, rotes Herbstlaub, für leichten Humusboden und Gehölzgruppen. *C. fl.* 'Rubra' blüht rosarot; Schneeglöckchenbaum oder Silberglocke (*Halésia carolína*), breitwüchsig, blüht im Mai. *Córnus* und *Halésia* brauchen kalkarmen Boden.

Hänge- oder Trauerbäume (3-5 m hoch): Hänge-Birke (*Bétula péndula* 'Gracilis'), zierlicher als die Stammart, 5 m; Schirm-Birke (*Bétula péndula* 'Youngii'), Schirmkrone mit hängenden Zweigen; Jap. Hänge-Zierkirsche (*Prúnus serruláta* 'Kikushidare-sakura'), 4 m, gefüllte rosa Blüten; Jap. Hänge-Duftkirsche (*Prúnus subhirtélla* 'Pendula'), 3 m, schirmartig überhängend, zartrosa; Hänge-Salweide (*Sálix cáprea* 'Pendula'), Uferbaum.

Kleine Zierbäume (bis 3 m): Japanischer Ahorn (*Ácer palmátum* mit vielen Formen), 1-3 m hoch; Stern-Magnolie (*Magnólia stelláta*), große weiße Blüten im März/April; Zierpflaume (*Prúnus x blireána*), rosa Blüten, dunkelrotes Laub; Mandelbäumchen (*Prúnus tríloba* 'Multiplex'), gefüllte rosa Blüten, braucht jährlich starken Rückschnitt.

Stauden und Sommerblumen – die buntesten Farbträger

In die aus Gehölzen geschaffenen Garten räume lassen sich Stauden wirkungsvoll einfügen. Auch in der freien Natur finden wir die dauerwirksamen Gehölze mit den zeitlich wirksamen Stauden vielfach verbunden. Vieles davon lässt sich im Garten nachmachen. Dafür stehen Wild- und Beetstauden zur Verfügung.

Wildstauden sind züchterisch gar nicht oder nur wenig bearbeitet, vertragen bedeckten Boden (durch Bodendecker) und beanspruchen wenig Pflege. Zu bevorzugen sind solche

mit hohem Gartenwert, der in den meisten Staudenkatalogen extra vermerkt ist. Die Überprüfung und Bewertung erfolgen in Sichtungsgärten durch den „Arbeitskreis Stauden" (Weihenstephan). Außer vielen reizvollen Blütenstauden gehören hierzu zahlreiche Zwiebelgewächse, Farne und Gräser. Hinsichtlich der Düngung sind sie bescheiden.

Beetstauden sind farbenprächtige Hochzüchtungen und werden gern als Prachtstauden bezeichnet. Sie eignen sich für bunte Staudenrabatten, Gruppenpflanzungen, Terrassenbeete, aber auch Einfassungen, künstliche Steingärten und Trockenmauern (wie z. B. Blaukissen). Sie erfordern offenen Boden, der von Zeit zu Zeit bearbeitet, bei Trockenheit gewässert und wenigstens einmal im Frühling organisch gedüngt wird (z. B. mit Ful-Humin oder Fertofit-Gartendünger). Unmittelbar nach der Blüte muss der Rückschnitt erfolgen, damit keine Samen ausgestreut werden, was zu einer Sortenverfälschung führt. Alle paar Jahre wird geteilt und umgepflanzt, von Ausnahmen abgesehen. Insgesamt brauchen Beetstauden viel Pflege und Aufmerksamkeit. Ihre Tauglichkeit wird ebenfalls in Sichtungsgärten geprüft. In Katalogen findet man sie mit *Sternen* gekennzeichnet. *** = „Ausgezeichnet"; ** = „Sehr gut"; * = „Gut"; Li = „Liebhabersorte"; Lo = „Lokale Sorte" und ø = „Entbehrliche Sorte".

Schwierige Stauden, die in der Kultur einige Erfahrung voraussetzen oder erhöhte Pflege brauchen, gehören zu den **Liebhaberstauden** (wie Erdorchideen) und können nur besonders interessierten Gartenfreunden empfohlen werden.

Allen Stauden gemeinsam ist, dass sie zu den mehrjährigen, krautigen Pflanzen gehören. Ihre oberirdischen Teile sterben jährlich ab, und aus dem Wur-

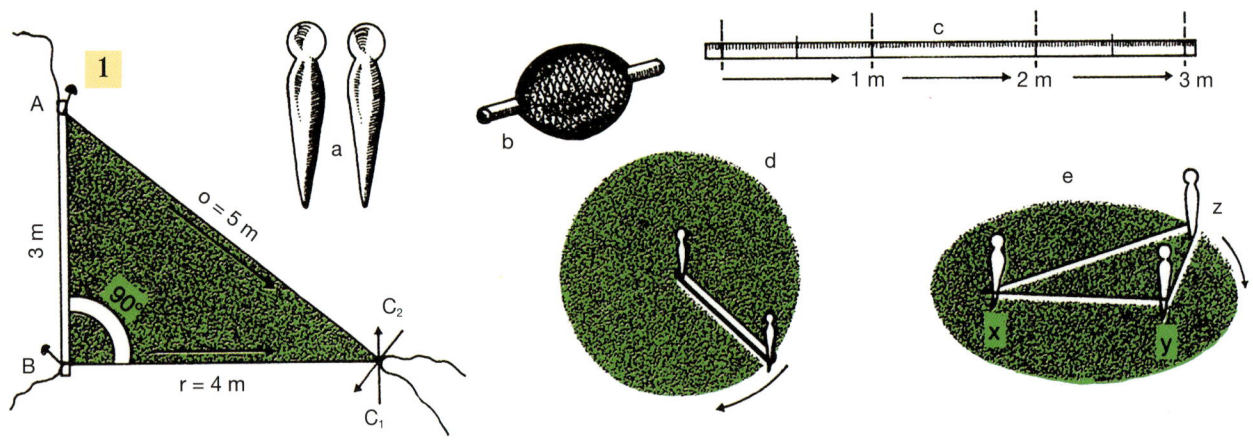

Anlage von rechteckigen, kreisrunden oder ovalen Flächen.

zelstock entwickeln sich im Frühjahr wieder neue Triebe, manchmal auch schon zum Herbst, und überwintern dann mit grünen Teilen, besonders hochalpine Stauden.

Gewisse Ergänzung finden Stauden durch die sehr reich und lange blühenden **Sommerblumen, Knollen**gewächse, **Ein- und Zweijahrsblumen,** die jedes Jahr erneut gesät oder gepflanzt werden müssen; das verursacht Zeitaufwand, schafft aber schnelle und wirksame Veränderungsmöglichkeiten. Für Schalen- oder Kastenbepflanzungen sind einige Dauerblüher aber unentbehrlich.

Strenggeformte Gartenflächen

Rechteckige, kreisrunde und ovale Flächen lassen sich leicht selbst anlegen. Hier wird gezeigt, wie dies möglich ist (Abb. 1). An Arbeitsgeräten zur Formgestaltung der Beete benötigt man: Steckhölzer a, Pflanzschnur b

Zusätzliche Anmerkungen

Steingärten brauchen am Südhang Winterschutz, wenn es an Schnee fehlt. Von Januar bis März kann die Sonne den Boden so aufheizen, dass die Pflanzen zu früh treiben und einem nachfolgenden Frost erliegen. Größere Fichten- und Tannenzweige halten die Erwärmung zurück und schützen vor Frosttrocknis. **Jüngere immergrüne Laub- und Nadelgehölze,** die der Sonne oder austrocknenden Winden stark ausgesetzt sind, sollten in den Monaten Januar bis März zusätzlich geschützt werden. Dazu deckt oder hängt man Koniferenreisig, Schilf, Stroh oder Staudenstengel darüber oder stellt an der Süd- oder an der Windseite eine Rohrdecke auf oder einen mit Juteleinen bespannten Rahmen mit einer Stütze.

Säulenwacholder hat wie kaum ein anderes Gehölz unter der Schneelast zu leiden. Vorteilhaft ist es, das Gehölz mit grüner Kordel zu umbinden oder mit einem Pfahlgerüst zu überbauen, was sich für schneereiche Lagen empfiehlt. Sonst den Schnee ständig abschütteln, damit die dünnen Zweige nicht auseinander gedrückt werden und der Strauch seine Form verliert. Auch von anderen Nadelgehölzen und Rhododendron ist Schnee wiederholt abzuschütteln.

Sommergrüne Hecken, sei es, dass sie zu hoch, zu breit sind oder unten aufzukahlen beginnen, können in Abständen von einigen Jahren bei mildem Winterwetter zurückgeschnitten werden, nach Möglichkeit schrägwandig. Dadurch wird der Austrieb im unteren Teil verbessert (siehe Dezember).

Die Sitka-Fichtenlaus ist oft schon im Januar sehr rege und kann durch Abklopfen der Äste auf untergelegtes weißes Papier leicht festgestellt werden. Wenn auch nur einzelne Läuse gefunden werden, sollte jetzt mit Promanal 3%ig gespritzt werden, nach Anstrich mit dem nützlingsschonenden Neudosan. Nützlinge wie Marienkäfer fördern. Bei Mangelerscheinungen Koniferen-Balsam spritzen und Brennnesseljauche gießen. **Tulpen** und andere Blumenzwiebeln in Gefäßen dürfen anhaltenden Frösten nicht ausgesetzt werden. Die Erde gefriert rasch und behindert das Einwurzeln. Solche Zwiebelblüher versagen im Frühjahr alsbald. Gefäße am besten in einen kühlen Keller stellen, Erde feucht halten. Anfang März können die bepflanzten Gefäße ihren Platz einnehmen.

und Messlatte c, einen (gehobelten) Stab von 3,10 m Länge, Mindesteinteilung von 50 zu 50 cm. 5 cm stehen an jedem Ende über.

Um ein **kreisförmiges Beet** (d) herzustellen, schlägt man ein Steckholz in die Erde, legt eine Schnurschlaufe herum und zieht mit einem zweiten Holz bei straffer Schnur den Kreis.

Wer ein **ovales Beet** (e) wünscht, stößt zwei Steckhölzer in einiger Entfernung voneinander in den Boden. Dann legt man die Schnur (e) dreieckähnlich um die Hölzer x, y, z und bewegt das Ziehholz z bei straff gespannter Schnur in Pfeilrichtung. Größe des Ovals richtet sich nach der Entfernung der Brennpunkthölzer x und y und der Schnurlänge.

Will man große, **rechteckige Beete** für Rasen oder Stauden anlegen, müssen die Eckwinkel der großen Fläche genau rechtwinklig werden. Man legt die Messlatte von 3,1 m Länge laut Skizze auf die ebene Erde an die Fluchtlinie einer Kante und schlägt rechts und links bei 0 und 3 m der Messlatte Holzpflöcke oder starke, große Nägel ein (A und B).

An den Stellen A und B befestigt man zwei Schnüre o und r. Die Schnur o hat bei genau 5 m und die Schnur r bei genau 4 m Entfernung je einen Markierungsknoten, C1 und C2. Jetzt zieht man die beiden Schnüre straff und richtet es so ein, dass die beiden Knoten C1 und C2 aufeinander liegen. Dann erhält man bei B einen rechten Winkel.

Reichblühender Apfel(busch)baum im April/Mai. Eine gute Ernte hängt von zusagenden Pollenspendern, gutem Blühwetter, etwas Bienenflug und feuchtem Boden ab. Wo es bisher nur Blüten und keine Äpfel gab, lässt sich ein Pollenspender mit blühenden Apfelzweigen aus entfernteren Gärten sicher finden.

Im Obstgarten

Obst aus dem eigenen Garten ist wertvoll

Nach wie vor schätzen viele Gartenbesitzer den Wert des Eigenanbaus hoch ein. Wo der Ehrgeiz besteht, nicht nur Naschfrüchte zu ernten, sondern auch Obst zum Einmachen zu haben, sollten verschiedene Arten und Sorten gepflanzt werden, um die Ernte, besonders für den *Frischverzehr*, über die Vegetationszeit zu verteilen.

In erster Linie kommen solche Sorten in Betracht, die vollreif und frisch am besten munden, im Handel kaum erhältlich oder teuer sind und sich im Haushalt vielseitig verwenden lassen. Wer *Winteräpfel* anbauen möchte, braucht einen geeigneten Lagerraum, um den Verlust so klein wie möglich zu halten. Vor der Pflanzung ist deshalb zu überlegen, was in Frage kommt und ob der Platz für die Entwicklung günstig ist und später ausreicht.

Verhältnismäßig wenig Raum beanspruchen *Erdbeeren* und **Beerenobstgehölze.** Man pflanzt sie aber nicht einzeln zerstreut, sondern zwecks bester Befruchtungsergebnisse jede Art mit mehreren Sorten für sich zusammen, am besten in Reihen. Im Allgemeinen ist mit einem Streifen von 1–2 m Breite auszukommen. *Johannisbeeren* sind möglichst in Strauchform, *Stachelbeeren* als Stämmchen zu pflanzen. Werden sie spalierartig am Draht gezogen, braucht man den geringsten Platz. *Himbeeren* und *Brombeeren* können als hoher Grenzabschluss übliche Hecken und Ziergehölzpflanzungen ersetzen. Auch die *Jostabeere* lohnt den Anbau.

Vom **Steinobst** leicht unterzubringen sind *Sauerkirsche, Pflaume* und *Pfirsich*, weil sie keine zu großen Kronen bilden. Sauerkirsche und Pfirsich sind auch für Wandspaliere geeignet.

'Elstar' ist eine neuere, sehr gut beurteilte Apfelsorte mit roten Backen, knackig und wohlschmeckend. Sie wünscht Sonne und guten Boden. Befruchtersorten sind 'James Grieve' und 'Cox Orangenrenette'. Diese Pollenspender gehören zu wohlschmeckenden Sorten. 'James Grieve' (s. S. 330) fruchtet sehr reich und wird Anfang September geerntet; 'Cox' trägt mittelhoch und ist Anfang Oktober erntereif (s. S. 331).

Süßkirschen (wenig geschnitten) entwickeln meist sehr große Kronen, die nicht in kleine Gärten passen, sind selbstunfruchtbar und bringen nur Erträge, wenn eine passende Bestäubersorte in der Nähe steht oder in die Krone einveredelt wird. Inzwischen gibt es auch kleinwüchsige und selbstfruchtbare Sorten, die ideal für kleine Gärten sind.

Aprikosen gelten als wärmeliebend und wachsen zu großen Bäumen heran. Da die Früchte vollkommen ausreifen können, erreichen sie eine bessere Qualität als Handelsware, die bereits vor der Vollreife geerntet wird – wie auch Pflaumen, Zwetschen, Pfirsiche, Kirschen, Beerenobst.

Apfel und *Birne* haben als Kernobst hohe Bedeutung für den Garten. Da beide bei den meisten Sorten und auf Blütenstaub passender Sorten angewiesen sind, müssen von jeder Obstart mehrere Sorten gepflanzt werden, die generativ (befruchtungsmäßig) zueinander passen. Das ist nicht schwierig: Veredlungen auf schwächer wachsenden Unterlagen bleiben klein und kommen mit einem 2 m breiten Streifen aus. Bei wenig Platz sind Einzelbäume mit 2–3 Sorten besonders empfehlenswert.

Je schwächer der Wuchs eines Kernobstbaumes infolge Veredlung ist, desto besser muß der *Boden* beschaffen sein. Geeignete *Baumformen* sind Spindel und Buschbaum. Für Hobbygärtner haben Säulen-, Spalier- und Kunstformen Bedeutung. **Äpfel** bevorzugen ein freistehendes Spalier und gedeihen noch an *Ost- oder Westwänden*. Dagegen reifen anspruchsvolle (französische) **Birnen** am besten an *Südwänden* aus. Wo keine Lagermöglichkeit für *Winterobst* vorhanden ist, sollten nur Früh-, Sommer- und Herbstsorten gepflegt werden, vielleicht auch noch frühe Winteräpfel wie 'Ingrid Marie' (s. S. 331).

Qualitätsobst stellt *Ansprüche* und braucht *Pflege*, wozu Schnitt, Düngung, Bewässerung, Unkrautbeseitigung, Pflanzenschutz regelmäßig gehören. Eine wichtige Rolle spielen außerdem robuste, widerstandsfähige Obstsorten, die wenig Spritzmaßnahmen erfordern, windgeschützte, besonnte *Standorte* und zuträgliche Klimaverhältnisse. Völlig ungeeignet für Obstbau sind höhere raue Gebirgslagen, kalte, schattige Täler und für das meiste Obst auch nasse Niederungsgebiete, außer für Beerenobst und Pflaumen.

Wer noch wenig Erfahrung hat und einen vollen Nutzen anstrebt, halte sich an **bewährte Obstarten,** *etwa in folgender Reihenfolge: Erdbeeren (ein paar Reihen), Johannisbeersträucher, rote (3) weiße (1), schwarze (2-3), Stachelbeerstämmchen (3), Himbeeren (10), Sauerkirschen (1-2), Pflaumen und Zwetschen (2), Apfelspindeln (6-10), Birnenspindeln (3-4), Pfirsich (1-2).*

Sicher sind die Vorstellungen und Wünsche verschieden. So braucht man für folgende Arten neben einer großen Vorliebe auch noch viel Platz. Gedacht ist an Brombeeren, Haselnuss (3-4), Quitte (1), Aprikose (1), Süßkirsche (1), Walnuss (1). Hinzu kommen ausgefallene Arten wie Eberesche und Holunder und Raritäten, wie Feige, Heidel- und Preiselbeere, Kiwi (im Weinklima) usw.

Unsere wichtigsten Baumformen

Allgemein kann gelten: Je höher der Stamm eines Pflanzbaumes vom Baumschulgärtner vorgesehen ist, desto wüchsiger ist die Veredlungskombination. Starker Wuchs zögert den Ertragsbeginn hinaus; das ist selten erwünscht. *Niedrige Baumformen* wachsen mäßig, bilden kleine Kronen und setzen schon nach wenigen Jahren mit der Fruchtbarkeit ein. Schnitt, Pflege und Ernte lassen sich hier leichter durchführen als bei höheren Baumformen. Wo es auf Unterkulturen, Schattenplätze oder Sichtschutz ankommt, pflanzt man zweckmäßig *Bäume mit höherem Stamm.* Doch kommen dafür Apfel und Birne am wenigsten in Frage, da diese Obstarten ein hohes Maß an Pflege brauchen. Weniger Bedenken bestehen bei kleinkronigen Pflaumenbäumen und bei großkronigen Walnussbäumen, wenn der Garten hierfür Platz bietet.

Einjährige Veredlungen gelten als halbfertige Pflanzbäume ohne eigentliche Krone. *Apfel* und *Birne* bilden im ersten Jahr einen kräftigen Mitteltrieb und kaum vorzeitiges Seitenholz. Nur bei einigen Apfelsorten findet man schon starke vorzeitige Triebe, so dass eine Verwendung als Busch oder Spindel möglich ist (Abb. 2 a). Für einen guten Kronenaufbau ist fachmännischer Schnitt nötig.

Einjährige Veredlungen von *Sauerkirsche* und *Pfirsich* (Abb. 2 d) besitzen eine große Zahl vorzeitiger Triebe. Da sie alle in einem spitzen Winkel ansetzen, schneidet man sie nach dem Pflanzen weg und erzieht aus den neuen Trieben einen Viertelstamm, der für diese beiden Steinobstarten besonders günstig ist.

Die **Spindel** (auch Spindelbusch) hat für Apfel und Birne Bedeutung (Abb. 2 b). Höhe des gesamten Baumes im Ertragsalter etwa 2 m. Die unteren Leitäste lässt man etwa 1 m lang werden. Nach oben verjüngt sich die Krone. Auch aus dem Niederstamm (Buschform) kann man einen Spindelbusch entwickeln. (Siehe auch nächstes Kapitel.)

Der **Niederstamm** (Buschbaum) mit etwa 60 cm Stammhöhe (Abb. 2 c) ist neben der Spindel die bedeutendste Baumform und sollte zweijährig bezogen werden. Eine Buschbaumkrone, die mit 3-4 Leitästen erzogen wird, füllt später einen größeren Standraum aus als die Spindel. Apfel und Birne sind auf schwach- bis mittelstarkwachsende Unterlagen veredelt, Sauerkirschen auf der Weichsel-Kirsche.

Der **Viertelstamm** (Meterstamm, Hochbusch) mit 80-100 cm Stammlänge (Abb. 2 e) findet Verwendung bei Pfirsich, Sauerkirsche, Pflaumen, Süßkirschen, Walnussveredlungen auf *Júglans nígra*, aber auch für Äpfel auf starkwachsenden Unterlagen und Birnen auf Sämling. Kronenformen etwa wie beim Buschbaum, nur etwas höher. Man kaufe zwei- bis dreijährige Veredlungen.

Der **Halbstamm** (Abb. 2 f), 120-150 cm, wird mit einigen Leitästen mehr erzogen als der Niederstamm. Für den Garten sind Halbstämme für Pflaumen, Aprikosen, Sauer- und Süßkirschen auf Vogelkirsche zu empfehlen. Baumschulen ziehen aber auch Apfel und Birne als Halbstamm heran, doch ist diese Baumform für den Privatgarten entbehrlich. Wegen des erst spät einsetzenden Ertrages kaufe man drei- bis vierjährige Veredlungen, um bald die ersten Früchte zu bekommen.

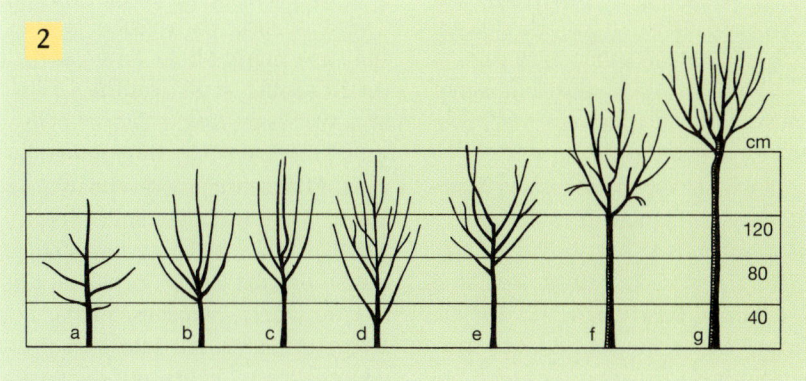

Die wichtigsten Stamm- und Baumformen.

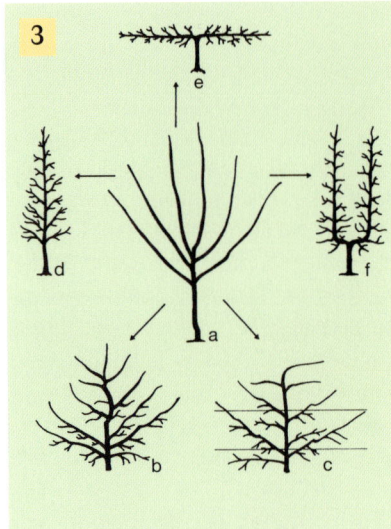

Aus der Spindel abgeleitete Baumformen.

Der **Hochstamm** (Abb. 2 g), 170 bis 200 cm hoch, sollte im Hausgarten nur noch selten zur Anpflanzung kommen, z. B. als Süßkirsche, Pflaume oder Sämlingswalnuss. Für Apfel, Birne, Sauerkirsche, Pfirsich sind niedrige Baumformen zu bevorzugen.

Kleine Baumformen aus der Spindel erzogen

Die **Spindel** (Abb. 3 a) ist ein Niederstamm mit 40–50 cm Stammhöhe beim Apfel und 60–80 cm bei der Birne. Für den Apfel kommt als Unterlage (Wurzelsystem) im Allgemeinen der Typ M9 in Betracht. Er braucht sehr guten Boden, bremst den Wuchs der Edelsorten stark und regt zu frühen Erträgen an. Es gibt einige Apfelsorten, die von Natur aus schwach wachsen wie 'James Grieve', 'Cox', 'Alkmene', 'Klarapfel' u. a. Hier kann man besonders auf leichten Böden auch etwas stärker wachsende Unterlagen wählen, wie M4, M7, M26, MM106. Für Birnenspindeln kommen nur schwach- bis mittelstarkwachsende Sorten auf Quitte MA zur Anpflan-

zung. Diese bevorzugt gute, warme Böden, da sie frostempfindlicher ist.

Die **Spindel** ist für den Anbau von Äpfeln die ertragreichste niedrige Baumform. Unterer Kronendurchmesser und Baumhöhe 1,75–2,25 m (Abb. 3 b). Alle Arbeiten sind vom Boden aus möglich. Im 2.–3. Jahr gibt es bereits Früchte. Nach 8–10 Jahren und allen weiteren 5 Jahren wird verjüngt. Zur Anpflanzung genügen 2–2,5 m breite Landstreifen. Birnenspindeln auf Quitte MA brauchen mindestens 2,5 m und kommen auch später in Ertrag als Äpfel. Zur Unterstützung erfordert der Spindelbusch auf schwacher Unterlage immer einen Baumpfahl.

Eine **Obsthecke** bei Apfel und Birne ist überall dort angebracht, wo der Spindelbusch zu breit ist. Es gibt viele Formen der Obsthecke. Die hier besprochene Längskrone (Abb. 3 c) wird nach 2 Seiten an Drähten formiert und kann auf schmalen Streifen vor Wänden, an Grenzzäunen oder zur Schaffung von Gartenräumen Verwendung finden. Man pflanzt so, dass 2 kräftige Seitentriebe als Leitäste nach rechts und links zeigen. Sie werden im Winkel von 60 Grad zum Mittelast an einen gespannten Draht angeheftet. Leittriebe und Mitteltrieb werden während der ersten 4–5 Jahre wenig zurückgeschnitten. Die übrigen Triebe – außer dem Konkurrenztrieb, der entfernt wird – bindet man waagerecht und lässt sie zunächst ungeschnitten, damit sie früh fruchten. Im nächsten Sommer werden einige weitere schwächere obere Triebe waagerecht gebunden, die starken dagegen weggeschnitten. Nach einem weiteren Jahr erzielt man 50–60 cm über den beiden unteren Leittrieben ein zweites Astpaar, das man 2–3-mal mäßig zurückschneidet. Während oben der Wuchs durch Herunterbinden der Mittelastverlängerung be-

schränkt wird, lässt man die Obsthecke im Übrigen wachsen, bis eine Verjüngung notwendig erscheint.

Der **Senkrechte Schnurbaum** (Abb. 3 d), auch Kordon genannt, ist zur Ausnutzung etwa 1 m breiter Beetstreifen für Apfel und Birne auf schwachwachsenden Unterlagen (M9; Quitte A) eine geeignete Baumform. Bei einem Pflanzabstand von 60 cm erfordert der Schnitt Sachkenntnis, sonst verwildert der Baum und bringt kaum Früchte. Nach dem Pflanzen wird das Seitenholz unten auf 3, oben auf 1 Auge zurückgenommen. Sehr zeitaufwendig ist der Grünschnitt von Ende Mai bis August. Im Winter wird das Seitenholz nachbehandelt und die Stammverlängerung auf 20–30 cm zurückgeschnitten. Höher als 2 m (Apfel) bis 3 m (Birne) sollte man den Kordon nicht wachsen lassen. – Pflanzt man mit 1 m Abstand, dann kann man den Grünschnitt sparen, muss aber die Jungtriebe Ende Juli waagerecht an Drähte binden. Eine solche Spindelpyramide ist leicht zu behandeln.

Der **Waagrechte Schnurbaum** (Abb. 3 e) wird ein- oder zweiarmig gezogen, längs eines ansteigenden Weges mit einem Arm hangaufwärts. Mindestpflanzabstand: einarmig 4 m, zweiarmig 5 m. 40–50 cm über dem Boden spannt man einen Draht zum laufenden Anheften der Arme. Baumschulen bieten 3–4-jährige Waagerechte Schnurbäume an. Nach dem Pflanzen erfolgt ein Rückschnitt aller Teile. In den folgenden Jahren sind Grünschnitt und Winterschnitt nötig. Senkrechte Schösslinge, die sich auf den Armen bilden, werden laufend entfernt. Den Endtrieb des Armes lässt man ansteigend wachsen, bindet ihn im Winter waagerecht und schneidet ihn im Frühjahr zurück.

Die **U-Form** (Abb. 3 f) hat wieder Bedeutung. Die Erziehung beginnt mit

2 einjährigen Basistrieben, die U-förmig aufgebunden werden und sich zu dicken „Armen" entwickeln. Normalabstand 40 cm. Jeder Arm wird im Schnitt wie ein senkrechter Schnurbaum behandelt. U-Formen finden Verwendung an Wandspalieren, zur Einfassung schmaler Fenster und an freistehenden Spalieren. Wählt man einen Armabstand von 80 cm, dann gleicht der Schnitt jedes Armes der Spindelpyramide.

Die **Verrier-Palmette** ist eine U-Form mit 2–3 Etagen, deren Abstand untereinander 40–80 cm beträgt. Es lassen sich jedoch nur Apfel und Birne auf schwachwachsenden Unterlagen ziehen. Beträgt der Abstand der „Arme", wie die starken Äste genannt werden, nur 40 cm, dann muss man den Grünschnitt und Winterschnitt durchführen, um kurzes Fruchtholz

zu bekommen. Kann man dagegen den Armabstand auf 80 cm bringen, so ist der Grünschnitt nicht nötig, da reichlich Platz für langes Fruchtholz vorhanden ist. Gleichzeitig wird die Pflege vereinfacht. Um die Fruchtbarkeit zu erhöhen, bindet man die jungen Langtriebe gegen Ende Juli waagerecht.

Im Gemüsegarten

Fruchtwechsel – Voraussetzung für den Gemüsebau

Wo es die Zeit erlaubt, sollte man dem Gemüsebau viel Platz einräumen; denn beetfrisches Gemüse ist an Vitaminen besonders reich. Bei kleiner Anbaufläche wird man dem roh zu verwendenden Feingemüse wohl den Vor-

zug geben, doch lohnt sich auch der Anbau von Kochgemüse, wenn man den Überschuss in einer Gefriertruhe haltbar machen kann. Der Anbauerfolg setzt natürlich Kenntnisse voraus.

Fruchtwechsel ist besonders wichtig, damit der Boden nicht müde wird. Sonst stockt das Wachstum und die Erträge sinken. *Höchstens jedes 3. bis 4. Jahr darf dieselbe Gemüseart auf die gleiche Fläche kommen.* Bei Frühkartoffeln, Möhren, Petersilie, Gurken, Erbsen ist die Einhaltung eines etwa 6-jährigen Wechsels ratsam. Eine so *weite Fruchtfolge* könnte wie folgt festgelegt werden: 1. Jahr: Kohlgemüse, 2. Jahr: Wurzelgemüse, 3. Jahr: Fruchtgemüse (Gurken), 4. Jahr: Blatt- und Zwiebelgemüse, 5. Jahr: Kartoffeln oder Tomaten, 6. Jahr: Hülsenfrüchte und Küchenkräuter (7. Jahr: Erdbeeren).

Januar

Zusätzliche Anmerkungen

Schnitt älterer Apfel- und Birnbäume kann man bei frostfreiem Wetter fortsetzen, im Anschluss an eine längere Frostperiode jedoch nicht sofort. (Genaue Anleitung im Februar, November, Dezember.)

Aststümpfe waren bislang verpönt. Wo bei älteren Bäumen nicht mehr mit der Verheilung der Wunde (über 8 cm Ø) zu rechnen ist, ist der Aststumpf bis 50 cm Länge zu bevorzugen, besonders am Mittelast. Er schützt die Ansatzstelle besser als eine verstrichene Sägewunde.

Edelreiser schneiden. Für Spätwinter- und Frühjahrsveredlungen ist die Beschaffung der Edelreiser von guten Obstsorten jetzt vordringlich. Für Steinobst ist die beste Zeit von Januar bis Anfang Februar, für Kernobst Mitte Januar bis Mitte Februar. Man wählt letztjährige bleistiftstarke, gesunde Triebe von gut besonnten Stellen des Baumes aus und schlägt sie an einer schattigen,

windgeschützten Stelle in den Boden ein. Bis zum Beginn der Veredlung dürfen die Reiser weder trocken werden noch austreiben. (Siehe auch unter Einschlag.)

Obstgehölze an Südwänden, insbesondere Birnen, Pfirsiche und Weinreben, deren Früchte hier am besten ausreifen, sind im Spätwinter durch starke Sonneneinstrahlung und nachfolgende Frostnächte oftmals gefährdet. Schon Jutestoff, den man vor die Gehölze spannt, vermag die Temperaturgegensätze so zu mildern, dass es zu keinerlei Schäden kommt. Auch Stämmchen brauchen Schutz. Hier kann man anhäufeln oder Reisig davorstellen. Etwa Mitte März, bei trübem Wetter wird der Sonnenschutz wieder abgenommen.

Düngung der Obstbäume im Rasen auf schwerem Boden sollte im Januar und Februar erfolgen. Man streut im Abstand von 2 bis 3 Wochen 2- bis 3-mal im Bereich der Kronentraufe einen

mineralischen Mehrnährstoffdünger, wie z.B. Euflor Volldünger blau, je 25 g/m² (s. November).

Unterschlupf für nützliche Tiere. Kleine Stein-, Strauch- und Holzhaufen (jeweils 1/4 bis 1/2 m², einer für 150 bis 250 m²,) bilden ideale Unterschlupf- und Nistplätze für im Garten oft fehlende nützliche Tiere, wie Kröte (Jagd auf Nacktschnecken), Igel, Eidechse, Spitzmaus (Insektenvertilger), Wiesel (Mäusejäger) u.a. Komposthaufen sind nicht ideal, da es hier ständige Störungen gibt.

Weiße Baumstämme machen Obstbäume gegen Frostschäden widerstandsfähig. Das Weißen sollte Mitte Januar erfolgen und genügt an der Süd- und Westseite eines Baumes. Zu empfehlen ist der Bio-Baumanstrich von Neudorff oder der Weißanstrich für Obstbäume von Schacht. Der noch verwendete Kalkanstrich hat sich weniger bewährt, da er der Rinde Wasser entzieht.

TABELLE DER FAMILIENZUGEHÖRIGKEIT – UNGÜNSTIGE NACHBARSCHAFT

Doldenblütler
Möhre, Sellerie, Petersilie, Pastinake, Fenchel, Dill, Kerbel(rübe)

Gänsefußgewächse
Spinat, Gartenmelde, Mangold, Rote Rübe

Gurkengewächse
Gurke, Kürbis, Zucchini, Melone

Baldriangewächs
Feldsalat

Hülsenfrüchtler
Erbse, Buschbohne, Stangenbohne, Puffbohne, Sojabohne

Korbblütler
Kopfsalat, Schnittsalat, Pflücksalat, Endivien, Schwarzwurzel, Schikoree, Löwenzahn, Artischocke, Cardy

Kreuzblütler
(Kohlgewächse) Kohlrabi, Blumenkohl, Brokkoli, Kopfkohl, Rosenkohl, Grünkohl, Speiserüben, Kohlrübe, Stielmus

(Senfgewächse), Gartenkresse, Radieschen, Rettich, Chinakohl, Stielmus, Meerrettich

Lippenblütler
Basilikum, Bohnenkraut, Majoran Salbei, Thymian

Liliengewächse
Speisezwiebel, Schalotte, Porree, Schnittlauch, Knoblauch, Spargel

Nachtschattengewächse
Tomate, Paprika, Eierfrucht, Kartoffel

Bodenmüdigkeit entsteht hauptsächlich durch toxische Zwischenabbauprodukte der Wurzelrückstände. Deshalb befriedigt der artgleiche Nachbau nicht. Außerdem geraten bestimmte Nährstoffe ins Minimum, es kommt zu verstärktem Auftreten von *Krankheiten* (Salatfäule, Wurzelschwärze, Kohlhernie usw.) und *Schädlingen* (Gemüsefliegen, Nematoden, Bodenschnecken, Kohltriebrüssler usw.), die im Boden auf „ihre" Gemüseart sozusagen warten.

Verwandte Gemüse, d. h. Arten derselben Pflanzenfamilie, *dürfen nicht nebeneinander stehen oder direkt aufeinander folgen.* Nur Porree, Sellerie, Blumen- und Rosenkohl, Buschbohne und Tomate können schon mal - nach bisheriger Erfahrung - nach sich selbst angebaut werden. Im Übrigen brauchen Gemüsearten derselben Familie grundsätzlich weite Fruchtfolge. Der oben stehenden Übersicht kann die Familienzugehörigkeit entnommen werden.

Weitere ungünstige Nachbarn: Hülsenfrüchtler - Zwiebelgewächse; Erbsen - Nachtschattengewächse; Tomaten - Fenchel oder Gurken; Gurken - Radies; Kartoffeln - Knollengemüse; Kopfsalat - Sellerie oder Petersilie; Mais - Sellerie oder Rhabarber.

Mischkultur hält Boden und Pflanzen gesund

Während beim Fruchtwechsel die zeitliche Anbaufolge von Jahr zu Jahr beachtet wird, kümmern wir uns bei der Mischkultur um räumliche

Weißkohl hat an Ansehen gewonnen, seit er als Krebs-Killer enttarnt werden konnte. Ernte nachmittags bei Sonnenschein, da der Nitratspiegel dann niedrig ist.

Pflanzengemeinschaften, die zur selben Wachstumsperiode in gesunder Nachbarschaft gedeihen. Mischkulturen folgen einem natürlichen Prinzip; denn viele Wildpflanzen bilden Gemeinschaften, in denen sie auf lange Sicht an ihrem Standort bestehen können. Ein Grund dafür ist die unterschiedliche Wurzelbildung und Nährstoffaufnahme, die sie nicht in Konkurrenz zueinander geraten lässt. Aus unseren (alten) Bauerngär-ten verfügen wir schon lange über gute Erkenntnisse dieser Lebensgemeinschaften, zu denen auch typische Tiere gehören.

Die Mischkultur bringt Vorteile: Aus dem Boden werden aufgrund der unterschiedlichen Pflanzenansprüche verschiedene Nährstoffe gelöst, so dass er nicht so stark und einseitig ausgelaugt wird. Typische Schädlinge aus einseitigen Monokulturen verbreiten sich hier weniger. Außerdem steigern wir die Vielfalt, die Pflanzen bleiben gesünder, und der Fruchtwechsel verkürzt sich.

Pflanzen mit langer Kulturzeit kann man in der Beetmitte, solche mit kürzerer in Randnähe unterbringen. Außerdem nutzt man freie Streifen zwischen langsamwachsendem Spätgemüse durch raschwüchsige Frühsorten, um den Boden fast lückenlos auszunutzen und zu beschatten. Breit- und schlankwachsende Partner

TABELLE DER MISCHKULTUREN – GÜNSTIGE NACHBARSCHAFT

Buschbohnen
Bohnenkraut, Gurken, Kartoffeln, Kohl, Kohlrabi, Radies/Rettich, Rote Rüben, Salat, Sellerie, Spinat, Tomaten

Schikoree (Chicoree)
Fenchel, Kopfsalat, Möhren, Stangenbohnen

Endivien
Fenchel, Kohlrabi, Porree, Stangenbohnen

Erbsen
Fenchel, Gurken, Möhren, Kartoffeln, Kohl, Kohlrabi, Mais, Radies, Salat, Sellerie, Zucchini

Erdbeeren
Buschbohnen, Feldsalat, Knoblauch, Kohl, Kopfsalat, Lauch, Petersilie, Radies/Rettich, Rote Bete, Spinat, Zwiebeln

Feldsalat
Erdbeeren, Kohl, Kohlrabi, Lauch, Spinat, Zwiebeln

Fenchel
Endivien, Feldsalat, Gurken, Salat

Gurken
Fenchel, Kohlrabi, Kopfsalat, Radies/Rettich, Spinat, Tomaten

Kartoffeln
Buschbohnen, Kohlrabi, Spinat, Puffbohnen

Kohlarten
Buschbohnen, Endivien, Erbsen, Gurken, Porree, Salat, Sellerie, Spinat

Lauch
Endivien, Feldsalat, Fenchel, Gurken, Kohl, Kohlrabi, Kopfsalat, Möhren, Radicchio, Sellerie, Tomaten

Kohlrabi
Buschbohnen, Erbsen, Kartoffeln, Porree, Radies, Rote Rüben, Salat, Schwarzwurzeln, Sellerie, Spinat, Tomaten

Kopfsalat
Buschbohnen, Erbsen, Fenchel, Gurken, Möhren, Kohl, Kohlrabi, Porree, Radies/Rettich, Rote Rüben, Schwarzwurzeln, Tomaten, Zichoriensalat, Zwiebeln

Mangold
Buschbohnen, Kohl, Möhren, Radies/Rettich, Salat

Möhren
Buschbohnen, Erbsen, Knoblauch, Porree, Radies/Rettich, Salat, Spinat, Tomaten, Zwiebeln

Petersilie
Erdbeeren, Gurken, Radies/Rettich, Tomaten

Porree
Endivien, Kohl, Möhren, Salat, Sellerie, Schwarzwurzeln, Tomaten

Radicchio
Fenchel, Kohl, Lauch, Stangenbohnen

Radies/Rettich
Buschbohnen, Erbsen, Kohl, Möhren, Mangold, Salat

Radies/Rettich
Spinat, Salat, Petersilie, Tomaten

Schwarzwurzeln
Salat, Kohlrabi, Porree

Sellerie
Buschbohnen, Erbsen, Gurken, Kohl, Porree, Stangenbohnen, Tomaten

Spinat
Buschbohnen, Kartoffeln, Kohl, Möhren, Radies/Rettich, Tomaten

Stangenbohnen
Endivien, Gurken, Kohl, Salat, Radies/Rettich, Sellerie, Spinat, Zucchini

Tomaten
Buschbohnen, Kohl, Möhren, Porree, Radies/Rettich, Salat, Sellerie, Spinat, Zwiebeln

Zucchini
Stangenbohnen, Zwiebeln

Zwiebeln
Gurken, Möhren, Pastinake, Rote Rüben, Salat, Tomaten, Zucchini

ergänzen sich besonders gut, z.B. Kopfsalat + Porree, Tomate + Buschbohne, Kopfsalat + Kohlrabi, Zuckermais + Kopfkohl, Puffbohne + Spinat, Erbse + Möhre, Rosenkohl + Buschbohne, Zwiebel + Schnittsalat, Gurke + Kohlrabi, Kopfsalat + Rettich, Spinat + Kohlrabi, Buschbohne + Mangold, Gurke + Rosenkohl, Rosenkohl + Kopfsalat usw.

Bei Mischkulturen kommen zwei Gemüsearten in dieselbe Reihe, wie Radieschen + Möhren, Petersilie, Salat, Schwarzwurzel oder Feldsalat; Mohn zwischen Möhren, Dill zwischen Pflücksalat oder Gurken.

Selbst *lückenloser Anbau* entkräftigt den Boden nicht, wenn man ihn mit Humus versorgt, düngt, wässert und unkrautfrei hält. Ja, die Bodenqualität steigt sogar, da die Bodenoberfläche vor Sonnenbestrahlung und Austrocknung bewahrt bleibt. Den Mikroben ist es dadurch möglich, ihre nützliche Tätigkeit bis nahe an die Bodenoberfläche auszudehnen, wo Wärme, Sauerstoff und Feuchtigkeit die Vermehrung steigern. Das Ergebnis ist ein lockerer, leistungsstarker, eben „garer" Boden, mehr als nur Schattengare. Nicht zuletzt verbessert die Masse der Wurzelrückstände den Humusanteil.

Kein Beet sollte deshalb in der Vegetationszeit brachliegen bleiben. Für ungenutzte Teilflächen ist die Gründüngung das beste Mittel zur Gesunderhaltung des Bodens. Es lohnt sich, die Gründüngung als Nachfrucht regelrecht einzuplanen, nur dürfen Schmetterlingsblütler usw. nicht nach sich selbst stehen.

Anbauplan für Gemüse

Wer zeitig für die neue Gartensaison plant und die Arbeiten für viele Monate festlegt, hat die Gewähr, dass das Land richtig bewirtschaftet wird, um aus ihm den größten Nutzen zu ziehen.

Für die mehrjährige *Eintragung der Fruchtfolge* genügt ein Plan des Gemüsegartens mit den Beetumrissen im Maßstab 1:50 (2 cm auf dem Papier entsprechen 1 m im Garten). Für alle weiteren Eintragungen und *Berechnungen* braucht man dann noch ein Heft, in dem man für jedes Beet mindestens eine Seite vorsieht. Man stellt jedes Beet beliebig groß dar, trägt Reihen- und Pflanzenabstände, Arten, Sorten, Kulturweise (Vor-, Haupt- und Zwischenkultur, Misch- und Zwischenanbau, Blumeneinfassung), Ter-

Junge Lupine zur Gründüngung. Sie erschließt den Boden tief und sammelt mit Hilfe sogenannter Knöllchenbakterien Luftstickstoff in den Wurzeln. Durch Abbau der organischen Stoffe steht der Stickstoff dann den nachfolgenden Kulturen zur Verfügung. Hier empfiehlt sich der Anbau von Starkzehrern, wie Kohlgemüse, Kürbis, Knollenfenchel, Knollensellerie. Lupinen und andere Schmetterlingsblütler dürfen nicht nach sich selbst stehen.

PLANUNGS-TABELLE: VON DER SAAT BIS ZUR ERNTE – TEIL I

Erläuterung: + = Kalkung im Vorjahr günstig, * = Chlorid wird vertragen, ** = Chlorid wird bevorzugt, N = Stickstoff, P = Phosphat, K =Kali (**Grunddüngung** kann auf der Basis von **6–8 g/m² Stickstoff** erfolgen), A = Anfang, M = Mitte, E = Ende, () = mögliche Saat oder Pflanzung, a = auf gutem Boden 50% weniger.

Gemüsearten	Samenbedarf in g/10 m²	Reinnährstoffe[a] N+P+K in g/m²	Endstand in cm	Aussaatmonat halbwarme Vorkulturen	Freilandbeet	Pflanzmonat (Freiland)	Kulturzeit nach dem Auflaufen oder Pflanzen in Monaten
Fruchtgemüse							
Artischocke	1,5	10 + 12 + 16	80 x 80	M–E2		E5–A6	$2^1/_2$–4
Stabtomate	0,2	20 + 18 + 30	80 x 40	E –A3		M5–A6	$2^1/_2$–4
Buschtomate	0,2	16 + 14 + 25	50 x 50	A3–M3		M5–A6	2–$3^1/_2$
Gemüsepaprika	0,6	12 + 10 + 15	40 x 50	E2–A3		E5–A6	$2^1/_2$–$3^1/_2$
Eierfrucht+	0,3	12 + 10 + 20	40 x 40	E2–A3		E5–A6	3
Landgurke+	6	16 + 14 + 20	90 x 25	E4–A5	(M5)	E5–M6	2–$3^1/_2$
Kürbis, rankend	4	20 + 16 + 24	4 m²	E4–A5	(M5)	E5–A6	4–5
Zucchini	3	12 + 10 + 16	90 x 90	E4–A5	(M5)	E5–A6	2–3
Freilandmelone	20	16 + 15 + 20	90 x 70	A5		A6	$3^1/_2$
Zuckermais	50	12 + 12 + 16	60 x 30		E5–E6		$2^1/_2$
Hülsenfrüchte							
Puffbohne	250	10 + 12 + 18	50 x 10	M2–A3	A3–A4	3	$2^1/_2$–3
Erbse, Pal-*	150				E2–E4		2–3
Erbse, Zucker-*	bis	10 + 10 + 14	30 x 4		E3–M4		2–3
Erbse, Mark-*	200				M4–E6		$2^1/_2$–3
Buschbohne	120	10 + 12 + 14	40 x 50		A5–A7		2–$2^1/_2$
Stangenbohne	80	15 + 12 + 20	80 x 60		E5–A6		3–4
Feuerbohne	150	10 + 12 + 14	90 x 60		E5–A6		$3^1/_2$–$4^1/_2$
Sojabohne	100	10 + 8 + 12	25 x 20	(E4)	E5–6		$2^1/_2$–3
Knollen- und Wurzelgemüse							
Frühkartoffel	4000	15 + 15 + 24	50 x 30	E2–A3		M – E4	2–$2^1/_2$
Topinambur	1500	10 + 12 + 20	60 x 60			3, 11	8–12
Karotte+*	6	12 + 10 + 20	25 x 2		E2–7		$3^1/_2$
Radieschen+	30	6 + 8 + 10	10 x 3		3–7		1–$1^1/_2$
Frührettich*	10	10 + 12 + 16	20 x 5		3, 6–8		$1^1/_2$–2
Schwarzwurzel+	15	12 + 10 + 20	30 x 4		E2–A4		8
Pastinake	6	14 + 12 + 20	30 x 10		3–5		$5^1/_2$
Petersilie+*	5	12 + l0 + 15	25 x 5		ab 3		5–9
Mohrrübe+*	4	18 + 18 + 30	30 x 4		3–6		5–7
Mairübchen	10	9 + 8 + 12	20 x 15		3–4		$1^1/_2$ –2
Spätrettich*	6	14 + 16 + 24	20 x 10		5–7		3–4
Knollensellerie**	0,1	20 + 18 + 34	40 x 40	M–E3		E5–M6	$4^1/_2$–5
Rote Rübe+**	15	16 + 16 + 25	30 x 10		M4–6	5–M7	$3^1/_2$–4
Kohlrübe, gelbe	0,5	15 + 15 + 25	40 x 50		E4–A5	6–A7	$4^1/_2$
Knollenfenchel	7	20 + 10 + 15	40 x 30		A– M7	M8	3
Herbstrübchen	5	6 + 8 + 10	30 x 20		7–8		2–$2^1/_2$
Kohlgemüse							
Frühkohlrabi	1	16 + 16 + 20	25 x 25	2–3	4–7	ab E3	2–$2^1/_2$
Frühblumenkohl	0,5	18 + 16 + 30	50 x 40	E2–E4	4–M6	A4–E7	2–$2^3/_4$
Brokkoli	0,5	22 + 18 + 26	50 x 50		E4–5	A–E6	$2^1/_2$–5
Kopfkohl+**	0,6	20 + 15 + 30	50 x 50	E2– A3	E3–4	4–5	$2^1/_2$–4
Rosenkohl	0,4	20 + 16 + 30	50 x 50		A – M4	E5– A6	5–7
Spätkohlrabi	0,5	18 + 18 + 25	40 x 30		4– M5	E6– A7	5
Grünkohl	0,5	15 + 12 + 20	50 x 40		5–7	E6– A8	4–7
Butterkohl	0,5	16 + 14 + 20	50 x 50		5–6	7– A8	4–8
Chinakohl+	4	18 + 12 + 24	40 x 30	A8	M – E7	E8	$2^1/_2$–$3^1/_2$

PLANUNGS-TABELLE: VON DER SAAT BIS ZUR ERNTE – TEIL II

Erläuterung: + = Kalkung im Vorjahr günstig, * = Chlorid wird vertragen, ** = Chlorid wird bevorzugt, N = Stickstoff, P = Phosphat, K =Kali (**Grunddüngung** kann auf der Basis von **6–8 g/m² Stickstoff** erfolgen), A = Anfang, M = Mitte, E = Ende, () = mögliche Saat oder Pflanzung, a = auf gutem Boden 50% weniger.

Gemüsearten	Samenbedarf in g/10 m²	Reinnährstoffe[a] N+P+K in g/m²	Endstand in cm	Aussaatmonat halbwarme Vorkulturen	Freilandbeet	Pflanzmonat (Freiland)	Kulturzeit nach dem Auflaufen oder Pflanzen in Monaten
Salatgemüse							
Gartenkresse	100	3 + 4 + 5	10 x -	11–2	3–10		$\frac{1}{2}$–1$\frac{1}{2}$
Pflücksalat	4	8 + 8 + 10	30 x 5		3–4		1$\frac{1}{2}$–4
Schnittsalat	15	6 + 8 + 6	15 x 1		E2–8		1–1$\frac{1}{2}$
Kopfsalat	1	15 + 10 + 20	30 x 25	3–4	4–7	4–8	2–2$\frac{1}{2}$
Eissalat	0,5	12 + 10 + 16	30 x 30		E4– A6	E5– A7	2$\frac{1}{2}$–3
Bindesalat	0,4	8 + 10 + 12	30 x 30		4–6	5–7	2$\frac{1}{2}$–3
Portulak	5	4 + 8 + 10	20 x -		M5–8		1
Winterendivie	0,2	12 + 10 + 18	40 x 30		6– A7	E7– M8	3
Zuckerhutsalat	2	12 + 12 + 18	35 x 25		M6– M7		4–4$\frac{1}{2}$
Treib-Schikoree	8	8 + 8 + 12	40 x 10		E4– A6		4$\frac{1}{2}$–5
Feldsalat	15	8 + 8 + 10	15 x 1		E7– M9		2$\frac{1}{2}$–8
Stielmus	50	6 + 6 + 8	20 x -		3, 8		1$\frac{1}{2}$–2
Spinatgemüse							
Spinat**	60	10 + 10 + 16	20 x 2		E2– M9		1$\frac{1}{2}$–2
Gartenmelde	20	8 + 6 + 10	30 x 5		E2–9		2–6
Gartenampfer	20	12 + 12 + 16	25 x 15		(3)	8	8
Sauerampfer	20	10 + 10 + 14	25 x 14		(4)	8	8
Schnittmangold**	20	8 + 6 + 12	30 x 5		3–8		2–2$\frac{1}{2}$
Stielmangold**	10	12 + 10 + 18	30 x 40		E4–6		3–4
Neuseel. Spinat	3	10 + 8 + 16	90 x 80	3	(A5)	5	1$\frac{1}{2}$–4
Stielmus	40	6 + 6 + 8	15 x -	2–3	3–4		1–1$\frac{1}{2}$
Zwiebelgewächse							
Zwiebel, Saat+	10	10 + 15 + 20	20 x 8		E2– A4		5$\frac{1}{2}$–6
– , durch Stecken+	800	8 + 12 + 18	20 x 10			3–4	4$\frac{1}{2}$–5
Schalotte	1000	12 + 16 + 20	20 x 15			2–3	4$\frac{1}{2}$
Knoblauch-Zehen	500	6 + 10 + 12	20 x 10			3–4	4$\frac{1}{2}$
Porreegemüse+	2–5	20 + 14 + 30	30 x 10	3	3–5	5– M7	4–7
Schnittlauch+	20	8 + 8 + 12	20 x -	3–4	4–5	5	2$\frac{1}{2}$–12
Steckzwiebeln+	50	4 + 6 + 8	15 x -		4–5	4	
Winterzwiebeln	6	8 + 10 + 15	20 x 15		4	6	6–12
–, durch Stecken	1000	6 + 8 + 14	20 x 15			3–4	5–12
Frühlingszwiebel	12	7 + 10 + 15	15 x 5		8–9	(3)	9–10 (3)
Silberzwiebel	100	10 + 12 + 16	7 x -		3–4		2$\frac{1}{2}$–3

mine, Dünger, Beetgröße usw. ein und ermittelt den Samen- und Pflanzenbedarf. Die Aussaatmenge wird unter Zugrundelegung des üblichen Reihenabstandes berechnet.

Die benötigten Angaben hierfür können der obigen *Planungstabelle: Von der Saat bis zur Ernte,* entnommen werden.

Bevor man die *Samenbestellung* auf-gibt, wird man den noch keimfähigen Samenrest berücksichtigen. (Im Zweifelsfall sind Keimproben ratsam.) Den Vorzug beim Kauf verdienen verbraucherfreundliche, keimfrisch versiegelte Samenpackungen mit Haltbarkeitsdatum und Kornzahl je Portion. Darüber hinaus halte man sich an bewährte Sorten, versuche gute Neuheiten, bevorzuge dabei F[1]-Hybriden, von denen man bis fünfmal mehr ernten kann als von üblichen Sorten, und verwende für feine Sämereien (Möhren, Salat usw.) Saatband, Saatplatte, Pillensamen. Vielfach genügt eine Portion oder Kleinpackung von jeder Sorte. *Düngerbestellung:* Für die Grunddüngung braucht man Humusspender, wie Plantahum, Bio-Garten-Azet und einen organischen oder organisch-mineralischen Humus- oder NPK-Dünger. Für Nachdüngungen einen NPK-Dünger oder mineralischen Volldünger in Salzform oder flüssig. Nicht vergessen: *ein Mittel gegen Gemüsefliegen.*

Hilfsmittel für die Vorkultur anspruchsvoller, empfindlicher Gemüsearten am Zimmerfenster oder im Frühbeet ab März sind beizeiten zu beschaffen. Benötigt werden: Anzuchtschalen (günstig mit durchsichtiger Haube), Anzuchttöpfe (z.B. Multiplatten, Torf[quell]töpfe) und geeignete Aussaat- und Anzuchterde (frux, NeudoHum, TKS).

Der *Freilandanbau* lässt sich verbessern und gleichzeitig verfrühen, aber auch verlängern durch: „Wachsende" Folie, schwarze Anti-Unkraut- oder Mulchfolie, die keine Wartung erfordern, und durch Folientunnel.

Ältere Samenreste überprüfen

Zur Beurteilung der Keimfähigkeit hält man sich an das Haltbarkeitsdatum auf der Packung oder an folgende Übersicht. Mit guter Keimfähigkeit ist zu rechnen:

1–2 Jahre: bei Porree, Schwarzwurzel, Pastinake, Schnittlauch, Bohnenkraut.
2–3 Jahre: Zwiebeln, Petersilie, Neuseeländer Spinat, Erbsen (bis 5 Jahre).
3–4 Jahre: Bohnen, Endivien, Gartenkresse, Kopfsalat, Möhren, Sellerie, Feldsalat, Spinat, Mangold, Puffbohne, Tomaten (bis 6 Jahre).
4–5 Jahre: Kohl jeder Art, Kohlrübe, Rote Bete, Radies, Rettich, Schikoree.
5–6 Jahre: Gurke, Kürbis, Melone.

Gut ausgereifte, trocken und kühl gelagerte Samen behalten ihre Keimdauer mitunter noch länger. Schlecht ausgereifte verlieren sie dagegen früher. Bei zu langer oder ungünstiger Lagerung sollte man Keimproben

machen, für Saatgut aus eigener Ernte stets, weil der Freizeitgärtner den richtigen Zeitpunkt der Samenreife nicht immer erkennt. (Grundsätzlich darf von F_1-Hybriden kein Samen gewonnen werden, da die nächste Generation ihre hohe Qualität wieder verliert.)

Zur *Keimprobe* zählt man eine bestimmte Anzahl Körner ab: von den größeren (Erbse, Schwarzwurzel, Mais, Bohne, Gurke) 10, von den mittleren (Feldsalat, Zwiebel, Tomate) 25, von den kleinen (Möhre, Petersilie, Salat) 50. Die größeren Samen drückt man in durchfeuchteten Sand oder Torf und stellt die Gefäße ins warme Zimmer (gegen 20 Grad C). Die kleineren Samen kommen auf Lösch- oder Fließpapier, das man auf feuchten Sand oder in einen flachen Teller mit etwas Wasser legt. Vorteilhaft ist es, die Keimgefäße mit Glas oder Folie zu bedecken.

Sind mehrere Keime einige Millimeter lang, so fällt die Entscheidung. Haben 75% gekeimt, dann ist das Saatgut einwandfrei. Bei 50% ist die Keimkraft vermindert, so dass doppelt so dicht zu säen ist.

Samen mit etwa 25% Keimfähigkeit taugen nichts mehr. Man sollte sie an Vögel verfüttern, sofern keine chemische Vorbehandlung erfolgt ist.

Vitaminkost vom Fensterbrett

Die vitaminreiche **Gartenkresse** kann im Winter nitratarm herangezogen werden. Für die Aussaat werden im Fachhandel Kultur- oder Wasserschalen angeboten, dazu 5 Portionen Samen (gleich 5 Ernten). Durch einen Stutzen füllt man so viel Wasser ein, dass es durch das Sieb etwas aufsteigt. Nun Inhalt einer Samentüte auf dem Sieb verteilen. Schalen sonnig und bei 15 bis 20 °C aufstellen.

Als nitratarmes und gesundes Gemüse gelten Paprika, Tomate, Gurke und Zwiebeln. Grüner Salat ist zwar nitratreicher, doch möchten wir auf ihn nicht ganz verzichten.

Wasserstand bis zum Sieb halten. Schon in knapp einer Woche ist die Kresse 2 bis 3 cm hoch und kann mit einer Schere abgeschnitten werden. Sieb und Schale reinigen und wie vorher besäen. Kresse kann zu Brot gegessen oder wie grüner Salat zubereitet werden, ist reich an Vitamin C, appetitanregend und blutreinigend, – gleiche Verwendung findet die Salat-Rauke mit nussartigem Geschmack.

Weitere Vitamine bringt die *Keimsprossenkultur* mit dem Bio-Set. Ideal für die Anzucht ist ein Fensterbrett in Wohnräumen ohne Heizung. Früheste Ernte nach 3 bis 4 Tagen, spätestens nach 8 bis 10 Tagen. Sprossen enthalten Vitamine, Mineralien, Pflanzeneiweiß, Kohlehydrate und Ballaststoffe, aber wenig Kalorien. Vielleicht beginnen Sie mit „Alfalfa" (salatartig) oder „Sperli-Mischung pikant". Weitere Keimsprossensamen bietet der Handel an.

Zusätzliche Anmerkungen

Rhabarber, der sich in der kalten Jahreszeit zum Treiben eignet, lässt sich mit geringer Vorarbeit schon früh ernten. Bei nicht gefrorenem Boden werden einige Stauden (Klumpen) vorsichtig ausgegraben und in einem dunklen, mäßig warmen Keller in Erde oder Torf gesetzt. Sorgt man dann für mäßige Feuchtigkeit und bei mildem Wetter auch für frische Luft, stehen uns in sechs Wochen die ersten Rhabarberstiele zur Verfügung. Nach der Ernte pflanzt man die Klumpen wieder in den Garten in aufgefrischten Boden. Hier werden die Pflanzen bis zum Sommer gut gewässert und gedüngt. Ernten darf man dann im Sommer nicht mehr, damit sich die Stauden erholen.

Freilandgemüse sollte den ganzen Winter über zur Verfügung stehen. *Grünkohl* liefert nach und nach seine Blätter. Bleiben die Strünke stehen, dann gibt es zeitig im Frühling noch einmal „Sprossenkohl". *Schwarzwurzel* und *Winterporree* halten sich im Boden am besten frisch. Unter einer dicken Laubdecke bleibt der Boden frostfrei, so dass man bei einsetzendem Tauwetter sofort wieder ernten kann. Zweckmäßig legt man sich dann für frostige Tage einen kleinen Vorrat im Kellereinschlag an. *Feldsalat* und *Spinat* liefern bei mildem Winterwetter manche Blatternte. Bei Kahlfrost legt man unbedingt Koniferenreisig auf die Beete oder bedeckt sie mit einem Winter-Vlies oder mit einem Folientunnel, was jedoch für schneereiche Gebiete nicht gilt.

Umweltgründe sind maßgebend dafür, dass möglichst viel Wintergemüse auf den Beeten bleibt und Nährstoffe bindet.

Lagergemüse im Keller muss frische Luft erhalten. Am besten lüftet man an trüben, feuchten Tagen, um die Luftfeuchtigkeit im Lagerraum zu verbessern.

Petersiliensaat am Fenster lohnt sich noch Anfang Januar, später nicht mehr, da ab Mitte März bereits im Freiland überwinterte Petersilie wieder zu treiben beginnt. Die Nitratbelastung ist im Freiland geringer als am Zimmerfenster.

Mondeinflüsse Aus esoterischer Sicht bestehen Zusammenhänge zwischen den Mondphasen und dem Pflanzenwachstum. Jedem bleibt natürlich vorbehalten, welchen Glauben er diesen schwer zu klärenden Sachverhalten beimisst. Da es kaum gesichertes Wissen dazu gibt, können wir aus gärtnerischer Sicht keine nachweisbaren Empfehlungen über bestimmte Anbaupraktiken geben.

Februar

Allgemeines

Wirtschaftseigene Dünger sollten genutzt werden

Um die Bodenfruchtbarkeit zu erhalten, muss der jährliche Schwund an Humus, Haupt- und Spurennährstoffen regelmäßig ersetzt werden. Dafür kann man Abfälle aus Garten, Haus und Hof kompostieren und nutzen.

Der **Kompostbereitung** kommt allergrößte Bedeutung zu. Angerottete organische Substanzen eignen sich als *Mulch-, Grob- oder Frischkompost* vorzüglich zur Bodenbedeckung zwischen eingewurzelten Pflanzen. Nach längerer Rotte entsteht *Kompost- oder Humuserde*, die man **gesiebt** zur Verbesserung von Beeten, für die Aussaat oder Pflanzung oberflächig verwendet oder flach einbringt, auch in Saatrillen.

Falllaub, das alle wichtigen Pflanzennährstoffe enthält, aber nur wenig Stickstoff, sollte im Herbst reichlich genutzt werden, möglichst zur Bodenbedeckung im Winter, aber auch zur Kompostierung mit Grünabfällen. Geschieht dies erst im Frühjahr, so geht die Verrottung besonders rasch vor sich. Flaches Untergraben im Herbst ist in geringer Menge möglich. Alle Laubarten, gemischt, sind geeignet, auch von Eiche, Nussbaum usw.

Frischer oder angerotteter **Stallmist** ist im Herbst flach unterzugraben. Zur Grunddüngung sind alle 2–3 Jahre 3 kg Mist/m² ausreichend. Während sich *Rinderdung* für alle Böden eignet, sollte *Pferdedung* wegen seiner schnellen Zersetzung und seinem hohen Ammoniakgehalt nur für schwere Böden sparsam verwendet werden. – *Geflügel-* und *Kleintierdung* wird am besten mitkompostiert.

Klärschlamm und Müllkompost. Gelegentlich wird dem Hausgärtner Dünger aus städtischen Abfallstoffen

Ein dünner Schneemantel im Garten ist der beste Winterschutz. Schneemassen, vor allem nasser Schnee, belasten viele Pflanzen. Heruntergedrückte Äste abschütteln! Bei Verharschung zum besseren Luftaustausch die Schneedecke mit einer Harke aufreißen.

angeboten. Es handelt sich dabei um Klärschlämme, die in verschiedener Weise zubereitet sind, oder um sogenannte Stadt- oder Müllkomposte, bei denen aufbereitete Siedlungsabfälle allein oder mit vorbehandelten Klärschlämmen gemischt verkompostiert werden. Zweifellos handelt es sich hierbei um wertvolle organische Stoffe, die wieder in den Kreislauf eines Naturzusammenhanges gelangen müssen. Die außerordentlich vielfältige und von Standort zu Standort auch wechselnde Zusammensetzung lässt es jedenfalls nicht zu, diese Substanzen für die Verwendung im Hausgarten zu empfehlen. Dies gilt auch dann, wenn sie als hygienisch unbedenklich ausgewiesen werden.

Wirtschaftseigene Dünger vermögen den Boden mit wertvollen Humus- und Nährstoffen zu versorgen, doch sollte man *bei ihrer Anwendung und Mischung auf ein günstiges Nährstoffverhältnis achten und keinesfalls einseitig düngen.* Anzustreben ist **ein**

Verhältnis von N:P:K wie 1:(0,6–1): (1,2–1,5), wobei sich in der ersten Vegetationsperiode ein Übergewicht von N günstig auswirkt. Je nach Pflanzenart werden 5–15 g/m² Stickstoff und entsprechende Mengen der anderen Nährstoffe benötigt.

Bodenhilfsstoffe

FulHumin ist ein streubares Dauerhumus-Konzentrat aus fossilen organischen Stoffen. Der wertvolle Dauerhumus sorgt für eine lang anhaltende Bodenfruchtbarkeit. Belüftung und Wasserhaushalt werden verbessert, was besonders schweren und leichten Böden zugute kommt. Dünger werden besser ausgewertet. Die Auswaschung von Kalium, Kalzium und Magnesium wird verringert. Phosphate und Eisen im Boden werden pflanzenverfügbarer. Durch FulHumin kommt es auch zu einer weiteren Verbesserung der organischen Substanz. Einmal im (Früh-)Jahr genügen 100 bis 150 g/m².

Rindenhumus wird als brauchbarer Torfersatz gewertet. Er entsteht aus kompostierter, gemahlener Nadelholzrinde, enthält hauptsächlich Nährhumus und Dauerhumus. Der hohe Kaligehalt kann durch stickstoffbetonte Düngung ausgeglichen werden. Durch Zugabe von Kompost lässt sich auch die Wasserkapazität verbessern. Rindenhumus hat vor allem Bedeutung für Pflanzerden und zur Bodenverbesserung bei Gehölzpflanzungen. Der Nährstoffgehalt ist bis auf Kali niedrig, der pH-Wert liegt über 6. – Rindenmulch wird nicht zu den Bodenhilfsstoffen gezählt, sondern ist ein grobes Mulchmaterial zur Bodenbedeckung. Vor Anwendung bis 100 g/m² Hornspäne streuen.

Torf, als Dünge-, Edel- und Gärtnertorf im Handel, mit einem pH-Wert von 3,5, soll so wenig wie möglich verbraucht werden, um die wenigen Torfvorkommen zu schonen. Auf leichten Sandböden ist Torf als Humusspender zur Verbesserung des Wasserhaushalts und zur Bewahrung der Nährstoffe vor raschem Versickern geeig-

net. Obere Torfarten kommen ohne Nährstoffzusatz in den Handel.

Bentonit, auch Tonminerale genannt, kommt als gekörntes Tonmineralmehl in den Handel und dient der Strukturverbesserung leichter Böden. In Verbindung mit organischer Substanz ermöglicht Bentonit den Aufbau krümeliger Ton-Humus-Komplexe und reguliert so den Wasser- und Nährstoffhaushalt. Anwendung jährlich 100 bis 500 g/m². Ausstreuen und einfräsen.

Urgesteins-Mehl ist vor allem zermahlener Basalt und Granit. Fein- und Feinstmehle sind am günstigsten. Sie bringen zwar kaum übliche Nährstoffe in den Boden, tragen aber zusammen mit Humus zur biologischen Erneuerung stark beanspruchter Böden bei. Für alle Böden, besonders schwere geeignet. Jährliche Aufwandmenge 150 bis 500 g/m².

Sand zu Lehm und Ton sowie Lehm zu Sandboden sorgen schon für eine bessere Bodenstruktur. – Sand darf jedoch nicht schmieren, sondern muss sich zwischen den Fingern scharf kristallin anfühlen wie bei Fluss-

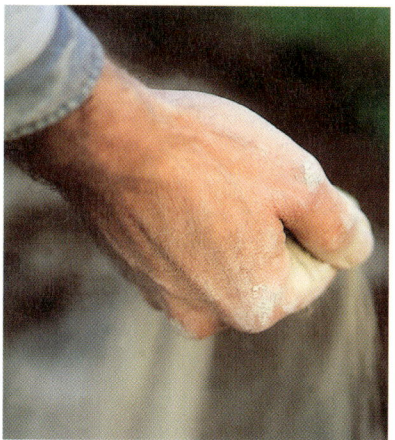

Urgesteinsmehl jährlich einmal ausstreuen. Es ersetzt im Boden die verloren gegangenen Mineralstoffe. Auf schweren Böden verbessert es gleichzeitig die Bodenstruktur.

Sand. Zusätzlich lockernd wirkt Branntkalk (bis pH 7). – Lehm klumpt meist und ist dann untauglich. Frost macht ihn mürbe und krümelig.

Durch sinnvolle Anwendung der Bodenhilfsstoffe werden Umwelt und Grundwasser weniger belastet als sonst.

TABELLE DER WIRTSCHAFTSEIGENEN DÜNGER

Werte in g (= %), N = Stickstoff, P = Phosphat (P_2O_5), K = Kali (K_2O), Ca = Kalk (CaO), Mg = Magnesia (MgO), + = vorhanden.

Düngerart je 100 g	Organ. Stoffe	N	P	K	Ca	Mg	Bemerkungen
Kompost	70	0,5	0,3	0,4	1–3	+	aus Pflanzenabfällen ohne Düngerzusatz
Falllaub	85	,9	0,2	0,3	1,4	0,3	reich an Spurennährstoffen
Sägemehl	+	0,5	0,2	0,4	1,5	+	pH 3, mit Torf und Kalk aufsetzen
Holzasche	5	–	7–9	3–5	30	5	wasserlöslich für Kopfdüngung, pH 12,5
Kaffeesatz	90	2	0,4	0,5	–	+	reagiert sauer, für Rhododendron
Stallmist	25	0,5	0,3	0,6	0,4	0,1	Rinder- und Pferdemist, gemischt
Schafmist	30	0,8	0,3	0,8	0,3	0,2	hitzig und rasch wirkend wie Pferdemist,
Ziegenmist	30	0,4	0,5	1,1	0,7	+	möglichst kompostieren
Schweinemist	25	0,4	0,2	0,5	0,1	0,1	kalter Dung, kompostiert verwenden
Kaninchenmist	25	0,5	0,5	1	0,6	+	gut verrottet, für alle Pflanzen
Taubendung	30	1,8	1,8	1	1,6	0,6	zum Jauchen: 1 kg auf 50 Ltr. Wasser
Hühnerdung	25	1,6	1,5	0,9	2,4	0,7	für Jauche und zum Kompostieren
Entendung	25	1	1,4	0,6	1,7	0,3	reich an Phosphat, kompostieren
Gänsedung	15	0,6	0,5	0,9	0,8	0,2	kalibetont, möglichst kompostieren
Federn	+	8	+	–	+	+	Aufschließen durch Kompostierung
Stalljauche	5	1,6	0,2	1,6	–	+	2 Ltr. in 10 Ltr. Wasser für 2–3 m²

Organisch-mineralische Humus- und NPK-Volldünger

Diese Düngemittel enthalten Humus bildende Stoffe und die Hauptnährstoffe in einem für die Pflanzen günstigeren Verhältnis, so dass es möglich ist, in einem Arbeitsgang ausgewogen zu düngen, insbesondere vor der Bestellung und bei Wachstumsbeginn. *NPK-Dünger* eignen sich auch zur Kopf- oder Nachdüngung.

Es gibt viele Möglichkeiten der Düngung. Wer sie **organisch und mineralisch** – kombiniert oder getrennt (s. nächstes Kapitel) – vernünftig handhabt, kann das Wachstum am besten steuern und befindet sich auf dem *goldenen Mittelweg*. Einseitige Düngergaben wirken sich nachteilig aus.

Anhänger der biologischen (ökologischen) Anbauweise lehnen Mineraldünger als „Kunstdünger" ab. Pflan-

ORGANISCHE („BIOLOGISCHE") HANDELSDÜNGER

Es handelt sich um reinorganische Humus-Nährstoff-Kombinationen verschiedener Herkünfte. Mehrnährstoffdünger sind meist kaliarm und sollten zu Beginn der Vegetation gegeben werden. Während des Wachstums kalireich nachdüngen. **Grunddüngung** (im Frühjahr) auf der Basis von 6–9 g/m² Stickstoff.
Bedeutung der Abkürzungen: Organ. = Organische, N = Stickstoff, P = Phosphat (P_2O_5), K = Kali (K_2O), Mg = Magnesium (MgO), Ca = Calcium, Kalk (CaO), Spur = Spurenelemente, Zahl = Anzahl, + = vorhanden, leeres Feld = unbekannt.

Mehrnährstoffdünger	Organ. Stoffe	N %	P %	K %	Mg %	Ca %	Spur Zahl	Bemerkungen
Fertofit-Garten-Dünger	65	7	3	6	+	+	6	Universaldünger, Frühjahr 75–150 g/m², von Schwermetallen unbelastet
BioTrissol	100	3	2	5	+	+	+	Flüssigdünger für Zierpflanzen
Oscorna-Animalin	60	7	9	2	+	+	6	wirkt langsam, beizeiten streuen, – zur Zeit verboten
Echter Guano	50	6	12	2	3	+	+	Vogeldünger, flach einarbeiten
Hornphos	50	6	6–9			+		Horn- und Knochenmehl (s. unten)
Rizinusschrot	80	6	2,5	1,5	+	+	+	für alle Gartenpflanzen geeignet
Cuxin plus 90	75	5–6	3–4	2,5	1,2	7,2	90	kompost. Hühner- und Rinderdung
Terragon	70	5	4–5	3	1	8	7	8 Tage vor der Saat oder Pflanzung
Florinchen	70	5	4,5	3	1	+	+	gekörnt, zur Frühjahrsbestellung
Mannahum	100	3	3	2	+	6	+	getrockneter deutscher Stallmist
agricorn	60–70	4	4,5	2	1	6–8	6	Stalldung-Humusdünger, einfräsen
Wa-Dü-Humus-Volldünger	76	2,9	3,7	1,7	0,9	5,7	+	kann zur Grund- und Nachdüngung Verwendung finden
Humusit-Natur, Berohum	45	2,5	3	0,2	1	8	+	wirkt rasch, nachhaltig, als Vorratsdünger geeignet, pH 6,8
Biotrissol		2,5	3,5	5	+		+	Flüssigdünger, fördert Blütenbildung
California-Rinderdung	45	2,2	1,6	4,3	+	7		für die Frühjahrsdüngung, zur Pflanzerde und in Saatrillen
Hornoska-Aktiv-Humus	50	2	1	1		+		mit Bodenbakterien, jederzeit streubar, guter Vorratsdünger für Oberschicht
Cofuna	50	1,5	0,7	1,2	+	2	6	Trockenmist, zur Frühjahrsdüngung

Einzeldünger	Organ. Stoffe	N	P	K	Ca	Bemerkungen
Blutmehl	80	10–14	1	0,7	0,8	wirkt rasch, Anwendung bis 50 g/m² - **zur Zeit verboten**
Hornmehl, -grieß, -späne	80	10–14	5		6	Hornmehl wirkt schnell, gröbere Dünger werden nur langsam aufgeschlossen, 5–10 kg/100 m²
Nitralit N	100	10				Stickstoffdünger, 50–200 g/m²
Knochenmehl, entleimt	50	3	30	2	+	als Vorratsdünger für die obere Bodenschicht geeignet, 5 kg/100 m² - **zur Zeit verboten**
Knochenmehl, gedämpft	50	4–5	20	2	+	ist in seiner Wirkung auffälliger, wirkt also rascher, Anwendung 7 kg/100 m² - **zur Zeit verboten**
Algen-Phosphat			15		+	enthält Algomin, Mg-Kalk, Spurenelemente
Pflanzen-Kali	100			25		chloridfrei, 50–150 g/m²

TABELLE DER ORGANISCH-MINERALISCHEN HUMUS- UND NPK-VOLLDÜNGER

Bedeutung der Abkürzungen: Organ. = Organische, N = Stickstoff, P = Phosphat (P_2O_5), K = Kali (K_2O), Mg = Magnesium (MgO), Ca = Calcium, Kalk (CaO), Spur = Spurenelemente, Zahl = Anzahl, + = vorhanden, leeres Feld = unbekannt.

Torfmischdünger (Auswahl)	Organ. Stoffe	N %	P %	K %	Mg %	Ca %	Spur Zahl	Bemerkungen
Nettolin	35	3	2	4	+	+	+	bis 25 kg/100 m², flach einarbeiten
Perlhumus Dünger-Granulat	45	3	1	1	+	+	+	Anwendung ab Frühjahr, 20–30 kg/100 m² Düngerwirkung 3–4 Monate
Super Manurat 3 plus	35	2	1	2	0,2	+	+	zu jeder Jahreszeit, da Nährstoffe auch länger wirken
Huminal extra	35	2	1	1,5	0,2	5	5	1 Ballen reicht für 100 m²
Humobil	30	1	1	1	+	+	+	Torfmischdünger, 1 Teil auf 20 Teile Erde oder 500 g/m²
Compo-Torf- volldünger	35	1	1	1,5	+		5	flach einbringen und gut wässern oder zum Mulchen verwenden
Euflor „Super"	35	1	1	1,5				zur Bodenverbesserung und Düngung
Organisch-mineralischer NPK-Dünger (Auswahl)								
Kama-Orgamin Super	+	12	12	17	6			im Frühjahr 5 kg/100 m² leicht einarbeiten und wässern
Orgamin	+	10	5	5	2	+	+	Chloridarmer Universaldünger, 50–70 g/m²
Hornoska spezial	40	8	7	10	1,5	+	3	wirkt rasch und nachhaltig, unbelastet
Manna-Spezial	80	7	7	9	1	+	7	vor der Bestellung 10 kg/100 m²
Humusit spezial	45	3,5	3	5,5	1	8	+	zu Obstbäumen und Zierpflanzen

zen sind nur in der Lage, mineralische Düngesalze, als Ionen in Wasser gelöst, aufzunehmen. Organische Dünger müssen erst durch Mikroben abgebaut, also mineralisiert werden. So nehmen die Pflanzen bei beiden Düngemethoden nur mineralische Stoffe auf.

Warmbeet ohne Umweltbelastung

Wer über einen Frühbeetkasten mit Fensterbedeckung verfügt, kann sich leicht ein Warmbeet zur Vorkultur von Gemüse- und Blumenpflanzen anlegen, die dann im April/Mai ins Freiland versetzt werden können. Auch der Anbau von Treibgemüse ist gut möglich. Im Herbst, nach Entfernung der Wärmepackung, eignet sich der Kasten zum Einwintern von

In einem Warmbeet kann man schon in der zweiten Februarhälfte Treibgemüse heranziehen. Bei mildem Wetter muss in den Mittagsstunden gelüftet werden. Denken Sie auch an einen Sonnenschutz! Kalken der Scheiben reicht in den meisten Fällen aus.

MINERALISCHE MEHRNÄHRSTOFF- ODER VOLLDÜNGER – AUSWAHL

Zur Kopf- oder Nachdüngung ist mit den genannten oder mit entsprechenden Volldüngern auszukommen. Daneben gibt es für einzelne Kulturen (z. B. Erdbeeren, Rosen usw.) noch *Spezialdünger,* die oft keine andere Zusammensetzung haben. Durch diese Dünger erhalten die Pflanzen sofort aufnehmbare Nährstoffe.

Bedeutung der Abkürzungen: N = Stickstoff, P = Phosphat, K = Kali, Mg = Magnesium, Ca = Calcium, Kalk, Spur = Spurenelemente, Zahl = Anzahl, + = vorhanden.

Düngesalz	N %	P %	K %	Mg %	Spur Zahl	Bemerkungen
Euflor Volldünger blau	15	5	20	2	6	Nachdüngung mit je 25 g/m² aus Umweltgründen nicht mehr
Blaukorn	12	12	17	2	5	Universal-Gartendünger zum Ausstreuen, beide sind
Nitrophoska sp.	12	12	17	2	+	chloridfrei. Nur für Böden mit Phosphatmangel.
Nitrophoska perfekt	15	5	20	2	+	für mit Phosphat gut versorgte Böden
Nitrophoska Permanent	15	9	15	2	+	Universaldünger mit Isodur-Langzeit-N, ist z. B. zur Spinat-Düngung vorteilhaft
Mannalin-A	18	6	12	0,7	7	voll wasserlöslich, zur Düngung über Boden und Blätter,
Hakaphos blau	15	11	15	1	5	besonders zur Förderung der Blatt-, Blüten- und Fruchtent-
Mairol	14	12	14			wicklung, auch zur Lanzendüngung geeignet
Poly-Crescal	14	10	14	0,7	6	
Mannalin B	8	15	20	0,7	7	vollöslich, für Blüten- und Fruchtbildung.
Poly-Fertisal	8	14	18	0,7	6	Anwendung 2–4 g/1 l Wasser. Auch für Lanzendüngung
Rustica spezial	14	7	14	4	5	für leichte Böden mit niedrigem Mg-Gehalt
Alkrisal	20	5	10	1	6	vollöslich, sauer, bes. für Rhododendron
Flüssigdünger (Blattdünger)						
Complesal fluid	5	8	10	0,2	6	kalireich, für Blüte und Frucht
I-T Flüssigdünger	8	6	8	+	+	ausgeglichen, jederzeit
Mannalin-F	8	8	6	+	7	besonders für Wuchs und Blüte
Wuxal normal	12	4	6	+	6	stickstoffreich, triebfördernd
Depot-Dünger TOP	16	8	12	4	4	20g/m² in den Boden flach einarbeiten, nach 2 Monaten nochmals; chloridfrei

Bemerkungen (Flüssigdünger): Düngung übers Blatt wöchentlich 2 ml/Ltr. Wasser

Gemüse, so dass er das ganze Jahr Nutzen bringt.

Mitte bis Ende Februar, bei frostfreiem Wetter, wird das Frühbeet gepackt. Zur Erwärmung der Kastenerde sehr gut geeignet ist frischer strohiger Pferdemist. Innerhalb des Kastens wird die Erde 60 cm tief ausgeschachtet. Damit aus dem frischen Stallmist nicht zu viel an gelösten Nährstoffen ausgewaschen wird, bedeckt man den Boden 3 cm hoch mit Herbstlaub oder mit einer wenig durchlässigen Folie (als Sperre). Darüber gibt man 3 bis 5 cm hoch Gärtnertorf (als Saugschicht). Nun erst wird der Strohpferdemist, der vorher drei Tage auf einem Haufen gelegen hat, recht gleichmäßig eingelegen hat, recht gleichmäßig einge-

bracht und bis auf 35 cm Höhe festgetreten. Fenster werden aufgelegt und erst nach drei Tagen abgenommen. Man tritt nochmals fest, breitet eine dünne Lage Herbstlaub (bis 2 cm) darüber aus, damit sich die Wärme besser hält, und bringt 15 cm hoch Frux-Aussaaterde auf. Steht reife, drei Jahre alte Komposterde zur Verfügung, so ist diese nach dem Sieben und Beimischen von Gärtnertorf (3:1) ebenfalls geeignet. Der fertig gepackte Kasten, der am unteren Ende 15 bis 20 cm Freiraum hat, kann sofort eingesät werden.

Wenn zum Packen des Kastens kein Pferdedung zur Verfügung steht, verschafft man sich Mieten- oder Häckselstroh, Spreu (Kaff), trockenes Fall-

laub oder Kartoffelkraut, mischt etwas Gartentorf bei und setzt Wärme erzeugende Substanzen zu, wie frischen Trester einer Brauerei, Melasseschnitzel, Kakaoschalen, Rizinusschrot und/der Kleintier- bzw. Taubendung. Bei Bedarf ist anzufeuchten. Die Mischung wird sofort schichtweise in den Kasten gebracht und lagenweise mit Spezial-Kalkstickstoff gleichmäßig bestreut. Da dieser Dünger geperlt ist, lässt er sich ohne Gefahr ausstreuen. Für einen Quadratmeter ist mit zwei Kilo auszukommen. Der Kasten wird nun zugedeckt. Nach 8 bis 10 Tagen ist die Erwärmung bereits so weit fortgeschritten, dass die Erde aufge-

MINERALISCHE EIN- UND ZWEINÄHRSTOFFDÜNGER AUSWAHL

Anwendung nur in Ausnahmefällen, etwa um einen fehlenden Nährstoff zu ergänzen, die Winterhärte von Gehölzen (durch Kali) zu erhöhen, den Boden mit Phosphat anzureichern, im Herbst zu kalken, oder Unkraut durch Kalkstickstoff zu bekämpfen usw.

Dünger	N	P	K	Mg	Ca	Bemerkungen
Ammonsulfatpeter	26					$^1/_4$ Salpeter, wirkt rasch und nachhaltig, saure Reaktion, bis 25 g/m²
Schwefelsaures Ammoniak	21					wirkt langsam und anhaltend, Anwendung 15–30 g/m², starksaure Reaktion (pH 3,5)
Kalkammonsalpeter	24			3	30	$^1/_2$ Salpeter, wirkt rasch, nachhaltig, für kalkliebende Pflanzen, bis 40 g/m²
Kalksalpeter	15				28	wirkt sofort, für kalkarme Böden, 40 g/m²
Spezial-Kalkstick-stoff	20				55	wirkt sehr langsam, vernichtet Unkraut- und Krankheitskeime, 30–40 g/m²
Superphosphat		17				90% wasserlöslich, wirkt rasch, 50 g/m²
Thomasphosphat		14		2,2	45	wirkt sofort und lange, für Vorratsdüngung geeignet
Thomaskali		10	20	2	30	chloridhaltig, im Herbst 75–100 g/m² geben, nicht jährlich
Thomaskali mit Magnesium		8	15	5	23	+ 6% Kieselsäure, Spurenelemente, 80–150 g/m²
Thomassulfatkali		8	14	4	25	+ 6% Kieselsäure, Spurenelemente, 70–150 g/m²
Kalimagnesia grob			30	10		bei Kalium- und Magnesiummangel, 25–75 g/m²
40er Kali			40			enthält Chlorid und Natrium, Herbstdüngung, nicht jährlich
Kieserit				27		rasch wirkendes Magnesiumsulfat, 20 g/m²
Bittersalz				15		Magnesiumsulfat 49% bzw. Magnesia 15%
Kohlensaurer Kalk					45–53	entspricht 80–95% kohlensaurem Kalk
Hüttenkalk	0,5		1	6	47	⎱ gemahlene Rückstände der Stahlgewinnung, enthalten
Konverterkalk	3,5			3	42	⎰ Kieselsäure und wichtige Spurenelemente
Thomaskalk	5–7			5	42	(Mangan ca. 3%), besonders für Mangelböden
Magnesiumkalk, Dolomit				25	70	für kalk- und magnesiumarme (Sand-)Böden, 80–130 g/m²/Jahr
Branntkalk					70–95	für schwere, rohe Böden, zur Krümelbildung

bracht wird. Nach drei weiteren Tagen kann man säen oder pflanzen. Gibt man dem Kasten noch einen Umschlag aus Laub, Erde, Dung oder Rindenmulch, kann die Wärme seitlich kaum entweichen. Bis zur Keimung bleibt der Kasten bedeckt und wird nachts noch durch Rohr- oder Strohmatten geschützt. Nach dem Auflaufen der Saat lüftet man über Mittag, damit die verbrauchte Luft abziehen kann. Im Übrigen ist fein zu überbrausen, bei schönem Wetter zu lüften und bei zu starker Sonne zu schattieren, z. B. mit Kalkmilch. Der Handel bietet **fertige Frühbeet-kästen** an, die sich auch als Warmbeete herrichten lassen. Eine *Elektro-*

Heizung hilft viel Mühe sparen. Wer sich dann noch eine *automatische Belüftung* leisten kann, vereinfacht die

15 cm | 25
20 cm Erde
2 cm Laub
30 cm Pferdemist
3 cm Laub

Statt Pferdedung können Sie auch andere organische Substanzen verwenden, die Wärme erzeugen, z. B. Häckselstroh oder trockenes Fallaub.

Wartung wesentlich. Ein solcher Kasten eignet sich auch für abgelegene (Klein-)Gärten.

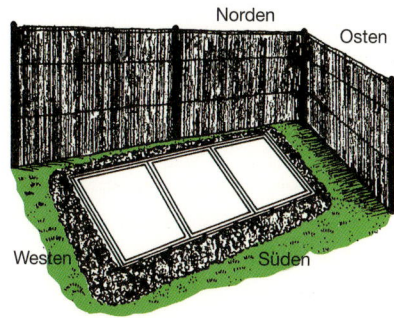

Bei starker Sonneneinstrahlung ist zu schattieren. Hierzu eignet sich z. B. Kalkmilch. Strohmatten halten kalte Winde ab.

Zusätzliche Anmerkungen

Unkrautbekämpfung mit Spezial-Kalkstickstoff ist im Februar/März günstig. Abgetötet werden *keimende Unkrautsamen, flachwurzelnde kleine Unkräuter* im Jugendstadium über die Wurzel und *breitblättrige etwa bis zum 4-Blatt-Stadium* über das Blatt. Man streut 30–40 g/m² *auf feuchten Boden* oder *auf taufrische Pflanzen*. Günstig ist auch die Anwendung am frühen Morgen nach einer Frostnacht. Dann lassen sich sogar *Vogelmiere* und andere lästige Unkräuter vernichten. Die unkrautbekämpfende Wirkung des Kalkstickstoffs beruht auf der vorübergehenden Bildung von Cyanamid. Diese Phase ist von der Kalkstickstoffmenge, der Bodenart, Feuchtigkeit und Temperatur abhängig. Als Anhalt gelten folgende **Wartezeiten:** bei 20 g/m² 4–6 Tage, 30 g/m² 6–10 Tage,

bei 40 g/m² 10–14 Tage. Umsetzung wird auf warmen, tätigen Böden beschleunigt, auf trocknen, kalten, toten verlangsamt. In tätigen Böden liefert Kalkstickstoff pflanzenverwertbaren Stickstoff, den man bei der Gesamtdüngung berücksichtigen muss.

Humuserde sieben. Für Saat- und Pflanzbeete ist Kompost- oder Humuserde geeignet. Gewonnen wird sie von einem Komposthaufen, der mindestens 1 Jahr gelagert hat und als Reifkompost gilt. Man wirft ihn durch ein Standsieb von 1 cm Maschenweite, um unverrottete, größere Pflanzenteile zurückzuhalten. Wird gesiebte Erde nicht gleich gebraucht, so bedeckt man sie z. B. mit Schwarzfolie.

Kompost-Häcksler eignen sich zur Zerkleinerung aller in Haus und Garten anfallenden organischen Abfallstoffe und erleichtern so ihre Verwendung als

Mulch- oder Kompostmaterial, wodurch die Humusversorgung wesentlich verbessert wird. Verarbeitet werden nicht nur Schnittabfälle bis Fingerstärke, sondern auch Papier, Pappe, Laub, Staudenstengel, Stroh und andere Stoffe. Neue Leise-Häcksler (z. B. von Brill) arbeiten mit einer Schneide-Quetsch-Technik, was die Verrottung beschleunigt.

Schwermetall-Verbindungen sind besonders umweltbelastend und können von den Pflanzenwurzeln aufgenommen werden. Bei größerer Anreicherung in Obst und Gemüse sind Blei, Cadmium, Quecksilber, Chrom usw. gefährliche Körpergifte. Neben verkehrsreichen Straßen ist die Gefahr groß, humusreiche, kalkhaltige Böden helfen, die Aufnahme von Schwermetallverbindungen zu verringern. Unbelastete Dünger verwenden.

Die Berg- oder Schneeheide, Eríca cárnea, *bluht ab Februar weiß, rosa oder rot. Sie bevorzugt kalkhaltigen Boden.*

Im Blumen- und Ziergarten

Gehölze blühen im winterlichen Garten

Eine Sonderauszeichnung verdienen Gehölze, die mitten im Winter im Freiland blühen, selbst wenn ringsum Schnee und Eis liegen. Um ihre Blüten in der rauen Natur entfalten zu können, müssen sie jetzt viel Sonne einfangen. Dazu brauchen sie einen nach Norden geschützten Platz. Am Eingang oder Wohnzimmerfenster hat man die Blüten oft vor Augen. *Günstige Pflanzzeit ist das Frühjahr.*

Unbeeindruckt vom Frost blüht die **Schneeheide,** *Eríca cárnea,* mit roten, rosa oder weißen Blüten zwischen Dezember und März. Die nur 15–25 cm hohen Kleinsträucher sind ausgezeichnete Bodendecker in Sonne oder lichtem Halbschatten und bevorzugen

kalkhaltigen (!), nicht zu schweren, durchlässigen Boden. Obwohl recht anspruchslos, benötigen sie nach dem Pflanzen eine gewisse Anlaufzeit, bis sich im Boden bestimmte Kleinlebewesen genügend vermehrt haben. Da die Knospen schon zeitig Farbe annehmen, hat man den ganzen Winter über Freude an diesen Bergsträuchlein. Ältere, zu hohe Pflanzen kann man vor dem Austrieb um ein Drittel zurückschneiden.

Zu den attraktiven Winterblühern gehören die **Zaubernüsse** mit bizarren Blüten, deren fadenartige Blütenblätter aus Kelchen weit herausragen. Die 3–4 m hoch wachsenden Sträucher bevorzugen mittelschweren, tiefgründigen, etwas feuchten Boden und erwachen bereits im Januar oder Februar. Zuerst schmückt sich *Hamamélis japónica* mit goldgelben, zitronengelben oder kräftigroten Blüten. *Hamamélis móllis* beginnt ein wenig

Die Zaubernuss, Hamamélis móllis, *blüht ab Februar mit goldgelben, fein duftenden Blüten. Die Sorte 'Feuerzauber' blüht rot. Die Zaubernuss ist ein langlebiger Großstrauch auf tiefgründigem Boden.*

später mit etwas breiteren Blütenfahnen in Tiefgelb oder Orangerot und feinem Duft. Großblütig ist 'Winter Beauty', gelb.

Aus der Gattung **Schneeball** gibt es duftende Winterblüher: *Vibúrnum x bodnanténse* 'Dawn' mit tiefrosa Knospen und hellrosa Blüten in Büscheln. *V. farreri* mit röhrenförmigen, rosaweißen Blüten in dichten Rispen. Erste Blüten dieser über 2 m hohen Sträucher sind bereits im Spätherbst, bzw. ab Februar zu erwarten. Frost gebietet dem Flor Einhalt. Leichter Halbschatten wird vertragen.

Auch eine **Schmuckkirsche,** *Prúnus subhirtélla* 'Autumnalis', hat die unwirtliche Jahreszeit zum Blühen ausgewählt. Die halbgefüllten, weißen Blüten erscheinen bei frostfreiem Wetter von November bis April am kahlen Gezweig. Das 3–5 m hohe Gehölz bevorzugt Sonne, guten, kalkhaltigen Boden und Einzelstellung.

Der **Winter-Jasmin,** *Jasmínum nudiflórum*, ist mit seinen überhängenden, ginsterartigen Trieben als Hänge- und

Kletterstrauch geeignet. Er blüht bis März mit gelben, primelähnlichen Blüten an kahlen Trieben. Wichtig ist ein sonniger, geschützter Standort an einer Südwand, wo die gut 2 m langen Ruten *an einem Spalier angeheftet* wer-

den müssen. Er passt auch zwischen höhere sommergrüne Sträucher, die ihn stützen, oder auf eine *Böschungsmauer,* von der seine Ruten kaskadenartig herabhängen. Er wächst auch als Einzelstrauch. Ohne Stütze wird er nur 1 m hoch. Friert der Strauch einmal zurück, so treibt er wieder aus. Jeder Schnitt nach der Blüte wird vertragen. Die **Winterblüte,** *Chimonánthus práécox*, ein bis 2 m hoher Strauch, braucht wintermilde Gebiete (Weinbauklima), zur Blütenvorbereitung lange, warme Sommer und geschützte Standorte. Von Dezember bis März zeigen sich an langen, kahlen Zweigen schön geformte, außen wachsgelbe, innen rötliche Glockenblüten mit vanilleartigem Duft.

Staudenblüte im Schutz der Gehölze

Das erste Blühen am Boden beginnt an lichten, geschützten Gehölzstellen, wo die Sonne, durch das kahle Gezweig kaum behindert, die Winterbesieger hervorlockt.

Der Winterling, Eránthis hyemális, *gehört mit zu den allerersten Vorfrühjahrsblühern. Die goldgelben bodennahen Blüten leuchten weit. Er liebt Sonne und besiegt den Schnee.*

Ein (sicherer) Februarblüher ist das **Amur**-Adonisröschen, *Adónis amurénsis*. Sobald der Boden offen ist, kämpfen sich die Triebe kraftvoll an die Oberfläche und öffnen an ihren Spitzen gelbe, schalenartige Blüten. Etwas später erscheinen die farnartigen Blätter. Auf normalem, frischem Boden und an geschütztem teilschattigem Platz vor Gehölzen gedeiht die Staude am besten. Gepflanzt wird nach der Blüte, jeder einzelne bewurzelte Trieb wächst an. Ende Juli zieht die Pflanze ein.

Die Christ- oder **Schneerose**, *Helléborus níger*, ist ein echter Winter- und Vorfrühlingsblüher. Über wintergrünem Laub trägt sie auf etwa 20 cm hohen Stielen große, weiße Blüten. Hinzu gesellen sich bunte Hybriden (s. Stauden im April), die bei mildem Winterablauf schon früh in Blüte gehen.

Der gelbe **Winterling** kommt meist früher heraus als das **Schneeglöckchen**. Auch einige frühe **Wildkrokusse** öffnen bei Sonne ihre Blütenkelche. Hier und da zeigt sich die **Frühlingslichtblume**, *Bulbocódium vernum*. Von den Primeln sind es gelbe, lila und lilarose Abarten der **Kissen-Primel**, die im letzten Drittel des Februars zu blühen beginnt.

Viel zu wenig bekannt sind die reizvollen **Zwiebeliris**, sehr früh blühende Arten, wie *Íris bakeriána* und *Íris histrioídes* mit knallblauen Blüten. Etwas später, in milden Lagen Ende Februar, beginnt die Blüte von *Ìris danfórdiae*, schwefelgelb, und *Ìris reticulata*, hell- oder dunkelblau, purpur- oder rotviolett.

Alle diese vorwitzigen Blüher brauchen jetzt *ungefrorenen Boden* und fühlen sich bei drohendem Frost im Schnee oder zwischen altem Falllaub wohl. Fehlt es daran, so schützt eine Decke aus Frisch- oder Grobkompost vor tieferem Eindringen des Frostes und düngt gleichzeitig.

Sommerflieder friert bei strengem Frost stark zurück. Nach einem kräftigen Rückschnitt bringt er wieder blühfähige Triebe hervor.

Sommerblühende Halbsträucher brauchen starken Rückschnitt

Sind keine stärkeren Fröste mehr zu erwarten, brauchen die im Sommer und Herbst blühenden Halbsträucher, die am diesjährigen Holz blühen, ziemlich starken Rückschnitt. Dabei werden die letztjährigen Blütentriebe bis auf wenige Knospen eingekürzt. Man darf dann mit kräftigen Neutrieben und besonders reichem Blühen rechnen. Wo der Rückschnitt unterbleibt, können sich nur schwache Kurztriebe mit kleinen Blüten bilden. Sind frostempfindliche Arten bis zum Boden zurückgefroren, so braucht man nur das tote Holz zu entfernen.

In milden Gegenden ist es möglich, größere Sträucher heranwachsen zu lassen. Man schneidet in den ersten Jahren dann nur etwa auf die Hälfte zurück. Später sollte auch hier der letztjährige Zuwachs stark eingekürzt werden. Dichte Sträucher oder Halbsträucher sind von Zeit zu Zeit noch auszulichten.

Rückschnitt der vorjährigen Triebe auf wenige Knospen: Schmetterlingsstrauch *(Buddléja davídii)*, Säckelblume *(Ceanóthus)*, Färber-Ginster *(Genísta tinctóra)*, Strauch-Eibisch *(Hibíscus syríacus)*, Rispen-Hortensie *(Hydrangéa panicultáta)*, Johanniskraut *(Hypéricum pátulum* 'Hid-

Die Gartenhortensie (Hydrangea macrophylla) *verträgt jetzt keinen Schnitt. Hier werden lediglich trockene Blütenstände entfernt.*

cote'), Sommer-Tamariske *(Támarix pentándra)*.

Auch Folgende erfordern jährlich sehr starken Rückschnitt, selbst ins alte Holz (wovon vorstehende Arten zum Teil nicht ausgenommen sind): Bartblume oder Strauchverbene *(Caryópteris)*, Hornnarbe *(Ceratostígma plumbaginoídes)*, Elsholtzie *(Elshóltzia stauntónii)*, Garten-Fuchsie *(Fúchsia magellánica* 'Gracilis'), Indigostrauch *(Indigófera gerardiána)*, Buschklee *(Lespedéza thúnbergii)*, Silberstrauch *(Peróvskia)*, Spierstrauch *(Spiráéa x bumálda)*.

Nach Jahren oder bei Frostschäden werden *zurückgeschnitten*: Heidekraut *(Callúna*, hohe Sorten), Johanniskraut *(Hypéricum*, kleine Arten), Lavendel, Heiligenkraut *(Santolína)*.

Die oben genannte **Rispen-Hortensie** darf nicht mit der Topf-, Kübel- oder Garten-Hortensie *(Hydrangéa macrophylla)* verwechselt werden. Diese Art zeichnet sich durch kugelige Blütenstände in Rosa, Rot, Weiß oder Blau aus. Die Triebe dürfen weder im Winter noch im Frühjahr zurückgeschnitten werden. Entfernt werden trockene Blütenstände, und man lichtet aus, indem man ältere, raurindige Zweige am Boden herausschneidet. Starke Jungtriebe mit guter Endknospe sind zu schonen.

Für eine gute Entwicklung der Sträucher braucht der Boden neue Kraft. Deshalb ist jetzt die **Düngung** wichtig. Am besten geeignet ist Frischkompost oder 75g/m^2 Fertofit-Garten-Dünger. Im Anschluss ist zu wässern.

Pflegeschnitt der Clematis und anderer Klettergehölze

Dem Aufkahlen der **Waldrebe** *(Clématis)* von unten her lässt sich durch jährlichen Rückschnitt vorbeugen. Dieser muss bei den Sommer- und Herbstblühern im Februar bis März

Schneiden muss man Geißblätter nicht. Alte, unten verkahlte Pflanzen lassen sich jedoch durch einen Rückschnitt zur Verzweigung und Verjüngung anregen.

nach der Frostperiode, aber noch vor Austriebsbeginn erfolgen.

Im 2. und 3. Jahr letztjährige Triebe auf 10-20 cm einkürzen, damit sich die Pflanzen von unten gut verzweigen. In den nächsten Jahren wird weniger stark geschnitten, dafür aber zunehmend ausgelichtet. Für **großblütige Sorten** ist jährlicher Rückschnitt der *Haupttriebe des letzten Jahres* auf 30-60 cm günstig.

Kleinblumige Wildarten des Spätsommers werden zurückgeschnitten, wenn sie über die vorgesehene Fläche hinausgewachsen sind. Außerdem entfernt man totes Holz und lichtet gelegentlich aus. Seitentriebe können jährlich auf 7-10 cm zurückgesetzt werden. Wildarten vertragen aber auch starken Rückschnitt, *C. viticélla* sogar bis auf wenige Zentimeter über dem Boden. *Fruchtansätze* entfernt man jetzt bei allen Arten und Sorten.

Gedüngt wird vom zweiten Jahr an, zwischen März und Juni, anfangs monatlich 15-20 g Volldünger je Pflanze, später jedesmal 5 g mehr.

Man streut das Düngesalz um die Pflanze herum auf den Boden, vermischt es flach mit der Krume und wässert durchdringend. Der Fuß der *Clématis* bedarf der Beschattung.

Bei der **Trompetenwinde** werden abgeblühte Seitentriebe im Nachwinter stark zurückgeschnitten, bei Bedarf auch Spitzentriebe. – **Schlingknöterich** verträgt starken Rückschnitt, bei Aufkahlung bis dicht über dem Boden. Gleiche Behandlung gilt für **Geißblätter, Efeu, Jungfernrebe, Baumwürger** u.a.: Einkürzen der Spitzen- und Seitentriebe.

Zierrasen ist jetzt empfindlich

Zierrasen sollte im Winter möglichst nicht betreten werden. Bei *Kahlfrost* sind die Gräser besonders gefährdet, da die gefrorenen Halme beim Betreten brechen und absterben. So kommt es zu hässlichen Flecken, die nur langsam verwachsen.

Auch bei *Tauwetter* und nassem Boden sollte man die Rasenfläche nicht benutzen. Ist nämlich nur eine dünne Schicht aufgetaut und darunter der Frost noch im Boden, dann kann bei starker Beanspruchung die dünne Oberschicht einfach beiseite geschoben werden. mehr Vorsicht ist geboten. Deckt *trockener Schnee* den Gartenboden zu, dann ist der Rasen geschützt. *Nasser,* luftarmer Schnee hingegen bringt Nachteile mit sich. *Schneeaufwehungen* sollten rechtzeitig ausgebreitet werden, damit die Fläche möglichst gleichmäßig abtauen kann. Friert tauender Schnee wieder, dann verharscht er und lässt keine Luft mehr durch. Dieser Nachteil lässt sich durch vorsichtiges Aufreißen der Schneedecke mit einer Harke verringern. Schneebedeckter Rasen ergrünt spät.

Im Obstgarten

Frostschäden bei Obstbäumen vorbeugen

Im Februar bis März können durch starke Sonneneinstrahlung und nachfolgende tiefe Nachttemperaturen an der Südwestseite der Stämme und Äste so starke Spannungen entstehen, dass Rindenrisse **(Frostrisse)** die Folge sind. Bei älteren Stämmen kann es sogar zum Aufreißen des Holzes kommen, manchmal mit lautem Knall verbunden. Am stärksten gefährdet sind jüngere Apfelbäume auf schwächer wachsenden Unterlagen und Kirschbäume. Der Zellsaft, der im Winter eingedickt ist, wird durch die Sonnenstrahlen dünnflüssig und kann sich nicht so schnell wieder eindicken; so bildet der Frost Eiskristalle, die die Rinde sprengen. Eingerissene Rinde hebt sich nach und nach vom Holz ab, trocknet aus und rollt sich nach innen ein, so dass die Ernährung gestört wird und gefährliche Pilzsporen (Krebs und Brand) in die Wunden eindringen können. Größere Schäden lassen sich verhüten, wenn man möglichst nach jeder Frostnacht, die auf einen sonnigen Tag folgt, einen Kontrollgang zu den Obstbäumen macht. Schon schwache Rötung der Rinde zeigt Gefahr an. Frische Frostrisse umwickelt man fest mit kräftigem Bindfaden und verstreicht sie luftdicht mit Bayleton oder Malusan-Wundverschlussmittel.

Zusätzliche Anmerkungen

Hasen und Wildkaninchen schätzen viele krautige Gartenpflanzen (Nelke, Goldlack, Steinkraut) und die Rinde von Gehölzen als Leckerbissen. Gemieden werden vor allem Wacholder und dornige Sträucher wie Berberitzen. Zäune deshalb dicht halten.
Vorwitzige Tulpen, die bei mildem Wetter bereits ihre Blattspitzen zeigen, sind gegen Frost und Sonne etwas empfindlich. Als Schutz dienen Grobkompost oder locker liegendes Nadelreisig.
Die Canna, das indische Blumenrohr, gibt es in Sorten von etwa 1–2 m Höhe für größere Rabatten und Kübel und solche von 50–80 cm Höhe zur Bepflanzung von Beeten, Schalen und Kübeln. Jede Pflanze kommt im Februar in einen geräumigen Topf mit lockerer, nährkräftiger Erde, wie Plantahum. An einem warmen, hellen Platz und bei mäßiger Erdfeuchtigkeit beginnen Knollen zu treiben. Sobald die ersten Blätter da sind, ist mehr Feuchtigkeit nötig, da die *Cánna* ein **Sumpfgewächs** ist. Für flüssige Pflanzennahrung in wöchentlichen Abständen dankbar.
Balkon-Geranien können durch Aussaat im Zimmer herangezogen werden, so dass man auf die oft umständliche Überwinterung älterer Pflanzen oder bewurzelter Stecklinge verzichten kann. Robuste Sorten, wie Fl-Hybride 'Red Express' (Fleuroselect-Gewinner), sind zu bevorzugen. Die Pflanze wird 40 cm hoch und blüht kirschrot über dem Laub. Aussaat Februar/März in Plantahum, einmal in Töpfe pikieren, nach Mitte Mai auspflanzen.
Einige Sommerblumen ruhen seit dem Herbst im kalten Keller; vor allem: *Pelargonie (Geranie), Fuchsie, Pantoffelblume (Calceolaria), Wandelröschen (Lantana), Strauchmargerite (Argyranthemum weiß-, Euryops gelbblühend).* Sie zeigen neuen Trieb. Dies ist das Zeichen, die Pflanzen wieder in Pflege zu nehmen. Wichtig ist zunächst ein stärkerer Rückschnitt, damit der Austrieb mehr von unten kommt. So erhalten wir schöne, buschige Pflanzen. Voraussetzung ist ein heller und wärmerer Platz. Sofort nach dem Rückschnitt kann in frische Erde (z. B. Geranienerde) eingetopft werden, besser aber 14 Tage später.
Frühlingsblumen in einer Schale oder einem Körbchen bringen im Winter doppelte Freude. Problemlos sind Kissenprimeln, Hyazinthen, Narzissen, die zu den beliebtesten Treibkulturen zählen. Im Blumenhandel findet man schon jetzt ein reiches Angebot. Zur Pflege gelegentlich etwas BioTrissol dem Gießwasser zusetzen. Nach der Blüte in den Garten pflanzen.
Blumentopferde kann von einem $1^1/_2$ Jahre alten Laubkomposthaufen ausgesiebt werden. Man füllt sie in flache Obsthorden mit lückigem Leistenboden, bedeckt sie mit Schwarzfolie und stellt sie in die Sonne, damit sich die Regenwürmer in den kühlen Erdboden zurückziehen. Im Mai hat man dann für Kästen, Schalen und Kübel gute Blumenerde, der man nur noch 100 g Alzocote-Blumendünger mit Langzeitwirkung je Balkonkasten Erde beizumischen braucht.

*Ein weißer Stammanstrich verhindert Spätfrost-
schäden an Obstbäumen.*
*Im Februar/März eine sehr wichtige Maßnahme,
besonders in eingeschlossenen Gärten.*

Wird bei gleichen Witterungsgegen-
sätzen das Sonnenlicht durch den
Schnee auf den Stamm geworfen, so
können **Frostplatten** entstehen. Anfangs zeigt die Rinde deutliche Blasen, schließlich werden zusammen-
hängende Rindenpartien plattenweise
abgesprengt, so dass sie zu Boden fallen. Wichtig ist hier, die Wundränder
auszuschneiden und mit Bayleton zu
verstreichen, damit sie verheilen.
Der **Weißanstrich** verhindert Spät-
frostschäden. Gut geeignet ist ein Fer-
tigmittel wie der „BIO-Baumanstrich"
von Neudorff oder der „Weißanstrich
für Obstbäume" von Schacht. Übliche
Kalkmilch (auf 10 l Wasser 3 kg Lösch-
kalk und 250 g Kaseinpulver) entzieht
junger Rinde Wasser, so dass Trockenschäden zu befürchten sind. Vor dem
Weißanstrich lose Borke abkratzen,
sonst erst im Frühjahr. – Auch durch
Beschattung der Südseite von Stämmen lassen sich Frostschäden ver-

hüten. Man stellt Bretter davor oder
bringt Wellpappe, Karton, Stroh, Fichtenreisig usw. an.

Februar und März sind günstige Schnittmonate

Werden Obstbäume 6–8 Wochen vor
Austriebsbeginn sachgemäß geschnitten, dann ist mit *rascher Wundverheilung* zu rechnen. Allerdings gehen bei
vorgeschrittenem Saftaufstieg wertvolle *Reservestoffe* verloren. Jüngere,
wüchsige Bäume werden dadurch in
ihrem Wuchs willkommen gebremst,
triebschwache, ältere Bäume oft so geschwächt, dass sie sich nur schwer
wieder erholen.
Da **Winterschnitt** ab Mitte November
(siehe dort) möglich ist, sollten triebschwache, alte Apfel- und Birnbäume
bereits im Spätherbst geschnitten
(verjüngt) werden, spätestens bis Anfang Februar. Für den *Auslichtungsschnitt* wüchsiger, älterer Kernobstbäume steht die Zeit von Dezember
(siehe dort) bis Februar zur Verfügung. *Starke Wachser*, die nicht zum
Blühen kommen wollen, sollten so
spät wie möglich, im März/April, vor
Blühbeginn, einer mäßigen Schnittbehandlung unterzogen werden.
Ab Ende **Februar** können alle Bäume
geschnitten werden, die mindestens
4–5 Jahre an ihrem Platz stehen. Für
den *Walnussbaum* ist dieser Termin in
milder Lage günstiger als der Sommer.
Das Wetter soll **trocken** und **frostfrei**
sein. Wundbehandlung bei „Bluten"
mit einem Wundbehandlungsmittel.
Steinobstbäume sind möglichst in be-
laubtem Zustand zu schneiden: Süßkirschen im Juli, Sauerkirschen, Pflaumen, Pfirsich, Aprikose August bis
Mitte September. Unterlassener Sommerschnitt lässt sich im Februar/März
nachholen. Je mehr die Triebfähigkeit
nachgelassen hat, desto früher sollte
(im Februar) geschnitten werden.

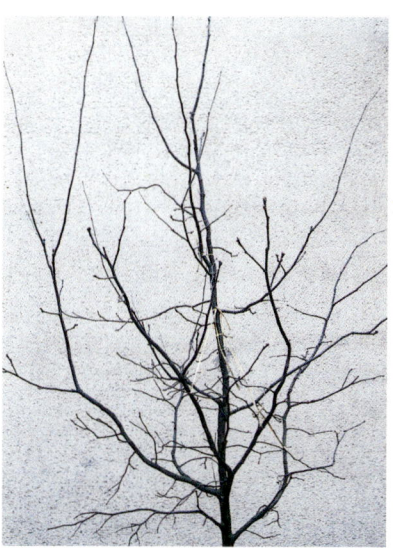

*Pflaumenbuschbaum vor dem Aufbauschnitt.
Ein Mittelast und drei Leitäste sind stark
verzweigt.*

*Leitäste auf gleicher Höhe schneiden, den Mittel-
ast scherenlang darüber. Seitenholz im Spitzenbereich etwas kürzen.*

Jüngere Bäume schneidet man am
besten im März (siehe dort) bis April,
vor Austrieb und nach Winterab-
schluss sowie auf aufgetautem Boden. Erfolgt der Schnitt zu früh, so
kommt es bei nachfolgendem Nacht-

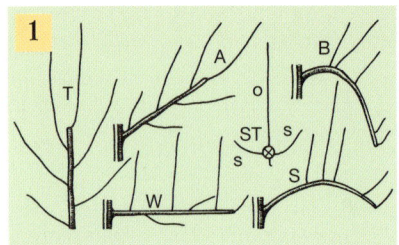

Spitzenförderung durch Terminal- und Oberseitenknospen.

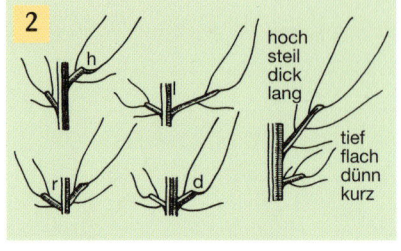

Spitzenförderung in der Baumkrone.

frost und Sonnenschein leicht zu Rindenschäden (Frostrissen, s. vorher), die meist sehr schlecht verheilen. Im Juli/August sind Konkurrenz- und Oberseitentriebe zu entfernen bzw. zu binden, am besten waagerecht.

Der Obstbaumschnitt erfüllt mehrere Aufgaben

Hauptziel des Obstbaumschnitts ist es, ausgeglichenes Wachstum zwischen Holztrieben und Blütenholz zu erreichen. Dieses sogenannte **physiologische Gleichgewicht** ist *bei jungen Bäumen* noch nicht vorhanden und soll während des Aufbauschnittes alsbald erreicht werden. Je wüchsiger ein Baum, desto später blüht er.

Im Hauptertragsalter kommt es darauf an, das physiologische Gleichgewicht durch Überwachungs- und Auslichtungsschnitt so lange wie möglich zu erhalten.

Alte Bäume, die zuviel Blühholz produzieren und dadurch rasch vergreisen, sind durch Intensivierung des Schnittes (Verjüngungsschnitt) zu verstärkter Holztriebbildung anzuregen.

Durch **richtigen Schnitt** wird die Leistungsfähigkeit des Obstbaumes vergrößert und verlängert. Die Bäume sollen nur mittelhoch, aber regelmäßig tragen. Besonders gefördert werden Fruchtgröße und Fruchtqualität. Außerdem lässt sich verhindern, dass Bäume zu hoch und die unteren Par-

tien in unerreichbare Höhe verlagert werden. *Licht und Luft,* die reichlich ins Kroneninnere gelangen, verbessern Widerstandskraft und Gesundheit von Baum und Erntegut.

Gesetz der Spitzenförderung

Um Obstbäume richtig schneiden zu können, ist die Kenntnis dieses **Wachstumsgesetzes** wichtig. Es besagt: Knospen an höchster Stelle eines Kronenteils (Triebes, Zweiges, Astes) besitzen die größte Triebkraft. Je tiefer eine Knospe steht, desto geringer treibt sie aus.

Bei einem **aufrechten, senkrechten** Kronenteil (Abb. 1 T) geht aus der End- oder Terminalknospe ein sehr starker, steiler Trieb hervor. Zur Basis hin nimmt die Trieblänge ab, der Austriebswinkel zu.

Ein **waagerecht gerichteter** Zweig (W) bringt auf der *Oberseite* (oberen Saftbahn) die stärksten Neutriebe hervor. *Seitenknospen* treiben mittelstark durch, während *unterseits* nur kurze, schwache Triebe entstehen. Ein senkrechter Schnitt (ST) veranschaulicht dies deutlich.

Bei **schräg aufwärts gerichteten** Trieben (A) ist der Endtrieb etwa so kräftig wie der nachfolgende Oberseiten-Konkurrenztrieb, da *Oberseitenwirkung* hinzukommt.

Bogenartig überhängende Zweige (S) lassen auf der höchsten Stelle,

dem *Scheitel,* den stärksten Neuwuchs erwarten, auf den man z. B. Fruchtbögen zurückschneidet.

Senkt sich ein Trieb (B) **unter die Waagerechte,** so entsteht an der *basisnahen höchsten Stelle* Neuwuchs. Er ermöglicht z. B. bei Schattenmorellen die Verjüngung hängender Fruchtzweige (Peitschentriebe).

Das **Gesetz der Spitzenförderung** macht sich **in der Baumkrone** überall bemerkbar, jedoch sehr unterschiedlich, da fördernde oder hemmende Wachstumskräfte auftreten. Dies soll an schräg aufwärts gerichteten Trieben, Zweigen oder Ästen verdeutlicht werden (Abb. 2). – 1. Je **höher** ein Trieb (unter sonst gleichen Bedingungen) steht, desto stärker ist die Spitzenförderung (h). – 2. Je **steiler** ein Kronenteil gerichtet ist (r), desto stärker ist die Austriebsfähigkeit. – 3. Ein **längerer** Trieb (l) hat gegenüber einem kürzeren mehr Reserven und deshalb größere Triebkraft. – 4. **Dickes** Holz (d) verfügt gleichfalls über mehr Reservestoffe als dünnes und ist deshalb triebkräftiger.

Im Wachstum *gefördert* werden demzufolge alle Kronenteile, die **hoch, steil, dick** oder **lang** sind, *gebremst* dagegen solche, die **tief, flach, dünn** oder **kurz** sind. Wo sich diese Faktoren ungünstig summieren, wie in der rechten Abbildung, ist das Wachstum unausgeglichen.

Wenn ein Kronenteil tief steht und flach gerichtet ist, sollte er wenigstens dick und lang sein. Ein höherer Kronenteil lässt sich im Wuchs zurückhalten, wenn er flach ausläuft, dünner und kürzer ist als der untere Kronenteil.

Jeder Schnitt regt das Wachstum an

1. Schwacher oder langer Schnitt hat schwachen Trieb, *starker oder kurzer Schnitt* starken Trieb zur Folge. – Bei

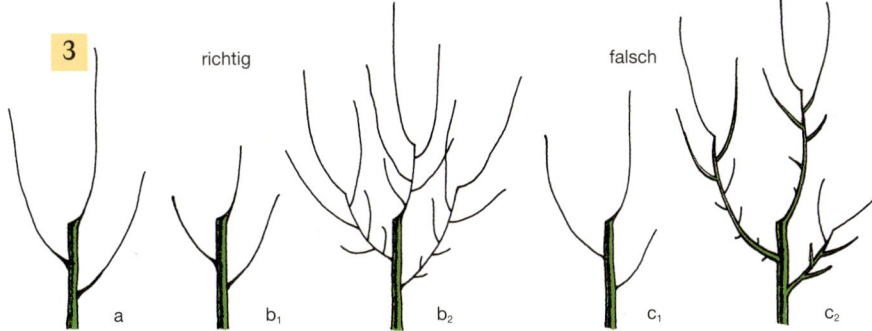

3 richtig   falsch

a   b₁   b₂   c₁   c₂

Unterschiedliche Schnittmaßnahmen innerhalb der Krone.

schwachtreibenden Gehölzen ist stärker zu schneiden, bei starkem Wuchs dagegen schwächer, um das physiologische Gleichgewicht baldmöglichst zu erreichen, zu erhalten oder wieder herzustellen.

2. Innerhalb der Krone, wo das Wachstum sehr unterschiedlich ist, sind wachstumsbegünstigte, obere Kronenteile *stark*, benachteiligte, untere Äste, Zweige und Triebe *schwach* zu schneiden (Abb. 3 a, b₁, b₂). Dadurch kehrt sich das erste Schnittgesetz um. – Lässt man oben zuviel stehen, so wird die Krone bald zu hoch oder einseitig (a, c₁, c₂) und kahlt unten auf.

Werkzeuge für den Gehölzschnitt

Gutes, scharfes Werkzeug ist zum sachgemäßen Schnitt von Obstbäumen erste Vorbedingung. Für alle größeren Schnittarbeiten in der Krone eignet sich am besten eine **Baumsäge** *mit großem Bügel* aus Stahlrohr und drehbarem, 35–45 cm langem, grobgezähntem Blatt aus bestem Stahl. Man achte darauf, dass die Nieten der Blatthalterung einwandfrei sitzen (Abb. 4 a).

Zum Entfernen dünnerer Äste und starker Zweige eignet sich gut eine **Astsäge** *mit kleinem Bügel* (b), schmalem, *verstellbarem*, feingezähn-

tem, etwa 35 cm langem Blatt. Gut gespannt, bleibt das Blatt fest im Lager. Man kann fast jeden Kronenteil sachgemäß entfernen und kommt gut *in enge Astgabeln* hinein.

Wer nur eine größere Bügel-Baumsäge besitzt, sollte noch eine **Gartensäge** *ohne Bügel* (c) – nach Art einer Stichsäge – dagegen haben, um damit Zweige abzusägen.

Bei Sträuchern können Zweige bis 3 cm Durchmesser mit einer **Astschere** (5 A) entfernt werden. Man achte auf leichte Ausführung. Astscheren von etwa 75 cm Länge sind leistungsfähiger als solche von nur 55 cm. Solche mit doppelter Hebelübersetzung schneiden ohne größeren Kraftaufwand.

Für kleinere Schnittarbeiten braucht man eine **Gartenschere** (B) von etwa

20 cm Länge. In der Praxis hat sich eine solche *mit zwei geschliffenen Klingen* besser bewährt als eine *einschneidige,* da diese die Rinde zu sehr quetscht und man oft verleitet wird, zu starke Triebe zu schneiden. Handliche Ausführungen bestehen aus Leichtmetall und Plastik-Kälteschutz. Zweischneidige Scheren ermöglichen durch Nachstellen der Klingen, die aus Spezialstahl sein müssen, lange einen sauberen Schnitt.

Einige weitere Schnittarbeiten lassen sich nur mit einem gebogenen **Gärtnermesser** (C), einer *Hippe,* sachgemäß ausführen, da sie einen ziehenden Schnitt gestattet. Die schwere Hippe ist stärker gekrümmt und für den Baumschulgärtner gedacht. Für das Nachschneiden von Baumwunden, die etwas verunglückt sind, ist dieses Messer nicht zu ersetzen.

Bei hohen Bäumen haben noch *Stielsäge* (D) und *Raupenschere* (E) Bedeutung, um wüchsige Zweige und Triebe aus dem Kronengipfel wegzuschneiden. Diese Geräte werden mit langer Stange vom Boden oder von einer Leiter aus eingesetzt. – Besser ist es, die Baumkronen so niedrig zu halten, dass solche Werkzeuge entbehrlich sind.

Februar

Sägen für den Gehölzschnitt.   *Scheren und Messer.*

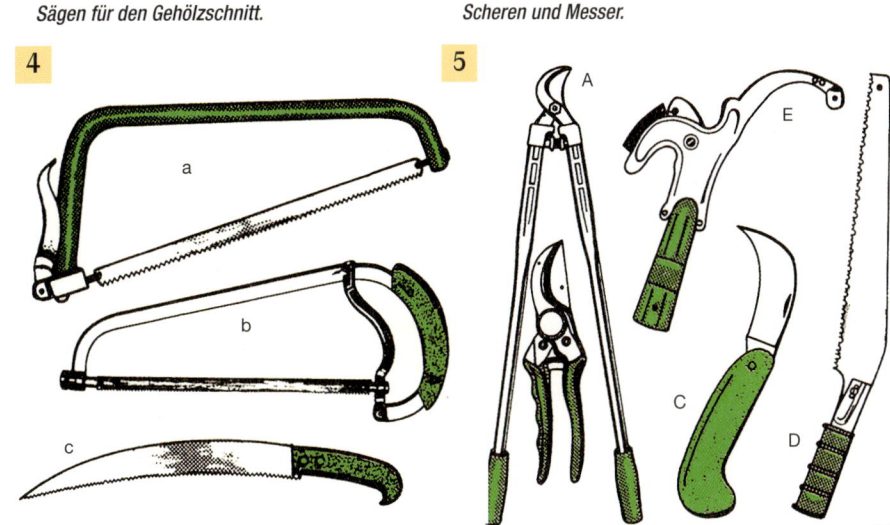

4   a   b   c

5   A   E
              B
                                     C
                                     D

Letzter Schnitt-Termin für Beerenobst

Beerenobstgehölze können noch ausgelichtet werden, jedoch sollte der Schnitt ins alte Holz bis zur Monatsmitte beendet sein, da der Saft schon früh aufsteigt.

Stachelbeeren erfahren nach dem Herausnehmen alter Boden- und Basiszweige Rückschnitt der Seitentriebe, die sich nicht als Zweige entwickeln sollen, auf 2–3 cm lange Stummel, was bei Stammkronen besonders wichtig ist. Triebspitzen aller Zweige werden weggeschnitten, wenn der Amerikanische Stachelmehltau auftritt.

Bei **Johannisbeeren** sollten Boden- und Basiszweige nicht zu alt werden, damit immer wieder junge Triebe von unten zuwachsen können. Gute Verzweigung, die für die Höhe des Ertrages wichtig ist, erreicht man durch Rückschnitt der letztjährigen Haupttriebe um ein Drittel, bei Stämmchen auf die Hälfte und mehr. Schwarze Johannisbeersträucher brauchen diesen Rückschnitt im Allgemeinen nicht, Stammkronen stets, da sie sonst zu schwer werden. – Auf schweren Böden sollte die erste *Düngung* bereits im Februar erfolgen (siehe im März).

Qualitätstrauben nur durch Schnitt

Spalierwein hat sich in vielen Gärten zu einem fast undurchdringlichen Dickicht entwickelt und bringt nur kleine, wenig beliebte Trauben. Um Qualitätstrauben zu ernten, muss *stark ausgelichtet* werden. Dazu ist der Spätwinter geeignet.

Die Triebe brauchen nach dem Schnitt mindestens 20 cm Abstand und sollten sich nicht kreuzen.

Fruchtbar sind frühestens Reben (Triebe), die im 3. Jahr erscheinen. Sie

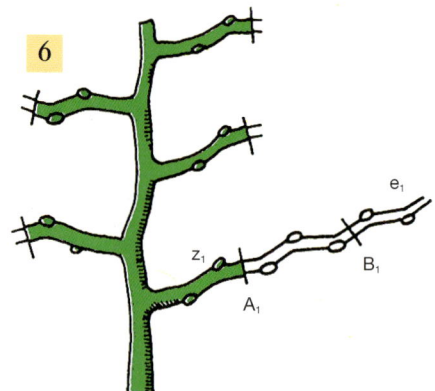

Senkrechter Schnurstock mit Zapfenschnitt im 2. Jahr. Mitte August alle Ersatzreben wie e_1 vorbereitend bei B_1 einkürzen. Februar erfolgt Zapfenschnitt wie bei A_1.

müssen am vorjährigen Holz stehen, das aus nicht älterem als dreijährigem hervorgegangen ist. Reben aus oberen Knospen (Augen) treiben und fruchten besser und eignen sich deshalb gut als Fruchttriebe. Da der Schnitt nach einem Schema vorgenommen wird, betrachtet man ihn am besten an einem jungen Weinstock.

Abb. 6 zeigt einen senkrechten Schnurstock im 2. Jahr nach dem Pflanzen. Nur die rechte untere Rebe (e_1 = Ersatzrebe) ist länger dargestellt, um an ihr den Schnitt zu besprechen, der auch für alle anderen Reben gilt.

Schwachwüchsige Sorten verlangen den *reinen Zapfenschnitt*. Spätestens Ende Februar schneidet man bei A_1 und erhält den Zapfen z_1 mit 2 Augen, die kräftig sein müssen. Deshalb sollte jede für einen Zapfen geeignete Rebe bereits Mitte August auf 5–6 Augen vorbereitend eingekürzt werden (Schnittstrich B_1).

Aus dem Zapfen (z_1) entwickeln sich im Frühling 2 Triebe (Abb. 7). Bei schwachwüchsigen Weinsorten ist die obere Rebe r_1 bereits fruchtbar. Nach der Ernte hat sie ausgedient und wird im Spätwinter mit einem Stück vorjährigen Zapfens bei C_1 weggeschnitten. Rebe e_2 behandelt man wie Rebe e_1 im Vorjahr.

Mittelstark- bis starkwachsende Sorten fruchten beim reinen Zapfenschnitt nicht und sind ein Jahr später auf *Zapfen und Strecker* zu schneiden. Gemäß Abb. 8 wird Rebe r_2 im Spätwinter nicht entfernt, sondern im August bei E_1 auf 10–12 Augen und im Februar bei D_1, auf Strecker s_1, mit 5–6 Augen geschnitten. Ersatzrebe e_3 ist identisch mit e_2 in Abb. 15 und ergibt den Zapfen z_2.

Abb. 9 zeigt die Entwicklung im anschließenden Frühling und Sommer. Der Strecker s_1 bringt 6 Fruchtreben (a–f) hervor und wird im Nachwinter bei C_2 entfernt. Die aus dem Zapfen z_2 entsprossenen Reben (r_3 und e_4) ergeben wieder einen Strecker (s_2) und einen Zapfen (z_3).

Bei sehr wüchsigen Weinsorten wird es oft nötig sein, (obere) Reben (r_2, r_3 usw.) länger zu belassen, also auf 10–12 Augen einzukürzen. Dadurch erhält man die sogenannte **Bogrebe,** die aus jedem Auge eine Fruchtrebe treibt.

Bogrebe und Strecker treiben in waagerechter bis leicht schräger Lage am gleichmäßigsten aus. Man schneidet 1–2 cm über einem Auge, damit es nicht austrocknet.

Nach dem Schnitt wird der Boden *gedüngt*. Von zusagender Wirkung sind organisch-mineralische Dünger, wie z. B. Manna Spezial. Davon gibt man im zeitigen Frühjahr, bei schwerem Boden und bei alten Weinstöcken schon im Spätherbst, etwa 100–150 g/m² Standfläche, grubbert den Dünger ein und wässert ausgiebig.

Aus einem Zapfen: Eine Fruchtrebe und eine Ersatzrebe. Diese Mitte August vorbereitend bei B_2 einkürzen. Februarschnitt bei C_1 und A_2.

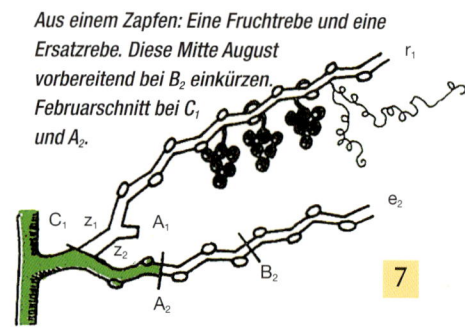

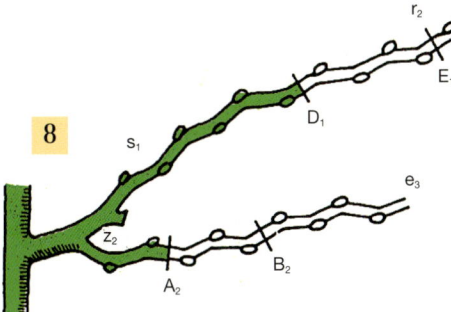

8

2 Ersatzreben: Mitte August vorbereitend (für den Strecker) bei E_1 und (den Zapfen) bei B_2 einkürzen. Mitte Februar Schnitt auf Strecker und Zapfen.

Umveredeln schlechter Träger

Immer wieder findet sich ein Baum, dessen Ertrag oder Fruchtqualität nicht befriedigt. Verbesserung durch Umveredeln kann Erfolg bringen. Wenn auf einer starkwachsenden Unterlage eine stark- bis sehr starkwachsende Edelsorte steht und nicht zum Blühen kommt, so veredelt man am besten eine schwachwachsende Sorte auf. Zeigt sich eine Obstsorte besonders frostanfällig oder empfindlich gegen Krankheiten und Schädlinge, so kann Umveredeln abhelfen.

Bei vergreisten Bäumen ohne Triebzuwachs lohnt sich Umveredeln nicht mehr. Einen ungewöhnlich starkwachsenden jüngeren Baum guter

Sommerentwicklung mit Trauben und 2 Ersatzreben. Diese werden Mitte August vorbereitend bei E_2 und B_3 eingekürzt, um die Basisknospen zu kräftigen. Februar-Schnitte bei C_2, D_2, A_3.

9

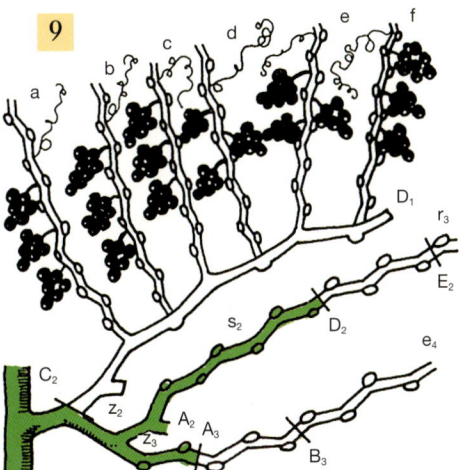

Sorte kann man zur Fruchtbarkeit bringen: Einschränken der Stickstoffgaben, Abstechen von Wurzeln in Kronentraufe, Aussetzen des Rückschnitts, Schaffen künstlicher Fruchtbögen Ende Juli. Dann beginnt die Fruchtbarkeit schon nach zwei Jahren, beim Umveredeln erst nach mindestens drei Jahren. Mitunter führt das Pflanzen eines neuen Bäumchens schneller zum Ziel. Für das Umveredeln sind nur gute Pollenspender zu wählen, die auch vegetativ zu den Unterlagen passen.

Zu den wichtigsten Vorarbeiten gehören **Beschaffung der Edelreiser** bis Anfang Februar und **Rückschnitt der Krone** Ende Februar/Anfang März. Der Rückschnitt erfolgt sehr stark, bei Birne und Steinobst auf einen Abwurfwinkel von 80–90, bei Äpfeln von 100–120 Grad. Die Spitze des Kronenwinkels legt man am Mittelast möglichst tief an, damit die Restkrone ziemlich klein wird. Kann die Umveredlung nicht gleich erfolgen, dann bedenke man beim Einkürzen der Äste, dass sie später um weitere 5–10 cm zurückgesetzt werden müssen, damit die Pfropfköpfe frisch sind. Die Schnittfläche liegt senkrecht zum Ast und muss am Rand zweigfrei sein. Bei Bedarf wird ausgelichtet. Dic Äste dürfen weder zu eng stehen noch sich überlagern. Außerdem duldet man unterhalb des untersten Pfropfkopfes einige schwächere Zweige und Triebe als sogenannte Zugäste für bessere Saftzirkulation bei Triebbeginn (Abb. 10).

Das Umveredeln geschieht beim Steinobst Ende Februar/Anfang März, beim Kernobst Ende März/Anfang April durch Pfropfen ins Holz (Geißfuß, Kopulation). Bestes Zusammenwachsen bringt das Geißfußpfropfen. Es erfordert besondere Sorgfalt. Dem Anfänger wird deshalb das **Rindenpfropfen nach Wenck** im April/Mai empfohlen.

10

Kronenrückschnitt zur Umveredlung.

An einem frostfreien, nicht sonnigen Tag nimmt man die eigentliche Pfropfarbeit vor. *Scharfes Werkzeug* ist wichtig. Wie man ein Messer schärft, zeigt Abb. 11: Die Klinge wird mit der Schneide nach vorn flach auf dem Stein (a) abgezogen, anschließend auf dem Streichleder mit dem Rücken nach vorn (b).

Die **Kopulation** (siehe im August) ist anzuwenden, wenn Edelreis und Unterlage gleich stark sind. Sollte beim Geißfußpfropfen der Erfolg ausbleiben, was dem Anfänger öfter passiert, so lassen sich die aus der Unterlage hervorgebrochenen Schösslinge im Sommer oder im folgenden Frühjahr noch durch Kopulation veredeln. Nachstehend wird das **Geißfußpfropfen** (Abb. 12) erklärt. Falls die Pfropfköpfe nicht mehr frisch sind, werden sie nachgesägt, schräg (d) bei Aufset-

Schärfen eines Messers.

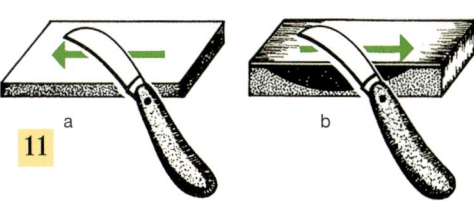

11

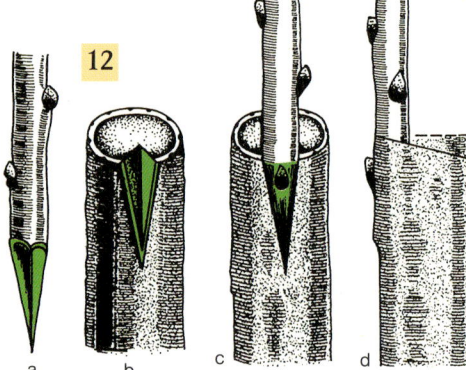

Geißfußpfropfen

zen nur eines Reises. Die Rinde muss jeden Pfropfkopf rings umschließen. Nun schneidet man ein Reis zurecht. Es wird aus dem Mittelteil der Triebe genommen, da sich hier die besten Knospen befinden. 3–4 gut entwickelte Augen sind ausreichend. Mit zwei ziehenden, 4 cm langen Schnitten wird jedes Edelreis unten schräg keilförmig zugeschnitten (a). Das untere Auge liegt zwischen diesen Schnittstellen. Unmittelbar darauf schneidet man mit einer Hippe einen entsprechenden Keil am Pfropfkopf heraus (b). Die Schnittflächen müssen hier etwa 3 mm kürzer sein, damit der angeschnittene Teil des Edelreises zur besseren Verheilung den Pfropfkopf ein wenig überragt. Äste von 3–4 cm Durchmesser erhalten 1–2 Edelreiser (c), Äste von 5–7 cm Durchmesser 2–3 Edelreiser. Ist nur 1 Reis erforderlich, so setzt man es an die Oberseite des Astes.

Hat man die Edelreiser eingesetzt, so werden sie, von oben beginnend, fest umwickelt, mit *Bast* lückig. Darauf verstreicht man die Wunden (der Reiser und der Verbände über den Wunden, nicht aber das untere Auge) mit Bayleton Rindenwundverschluss.

Für größere Wunden, wie die Pfropfköpfe, ist ein Wundwachs (z.B. „Schacht" oder „Lauril") vorzuziehen.

Vom luftdichten Abschluss aller Wunden hängt oft der Erfolg ab. Außerdem müssen die lebenden Kambiumschichten zwischen Rinde und Holzkörper bei Unterlage und Edelreis dicht aneinander liegen.

Stammpflege ohne Nachteile

Ende Februar/Anfang März, nach der Frostperiode und vor der Austriebsspritzung, ist noch Zeit, **Leimringe** abzudecken, um lose **Borkenschuppen** sowie Algen, Moose und Flechten an Stämmen und Ästen abzukratzen. Man fängt den Abfall auf Tüchern auf und entsorgt ihn über den Hausmüll. Die Leimringe werden nach der Stammpflege *neu beschichtet*, z.B. mit Aurum-Insekten-Leim. Damit lassen sich Ameisen, die im Frühling und Sommer Blattläuse verbreiten, von Bäumen fernhalten.

Ein älterer Baumstamm wird von der sich ablösenden Borke befreit, um Schädlingen keinen Unterschlupf zu bieten.

Bei der **Bearbeitung der Baumstämme** darf man die lebende Rinde nicht verletzen. Jüngere Kernobstbäume und das gesamte Steinobst mit glatter Rinde dürfen auch mit keinem scharfen Kratzgerät bearbeitet werden. Bei geringem Baumalter und mäßiger Verborkung (Beschuppung) bedient man sich am besten eines kantigen *Hartholzstückes*. *Baumkratze* und *Stahlbürste* sind daher nur für alte, dickborkige und starkschuppige Kernobstbäume zu empfehlen.

Verletzungen der Rinde und des Splintholzes sind zu vermeiden, entstandene Wunden alsbald mit Bayleton Rindenwundverschluss zu behandeln. – Feste Borke sollte nicht entfernt werden, da sie natürlichen Schutz gibt.

Der **graugrüne** Belag, der sich in feuchten Lagen auch an jungen Stämmen und dünnen Zweigen immer wieder zeigt, schadet zwar nicht direkt, bewirkt aber, dass sich Feuchtigkeit in der Krone länger hält als bei sauberer Rinde und so die Ausbreitung von Pilzkrankheiten (Schorf!) begünstigt. Deshalb muss die „Vermoosung" beseitigt werden. Zur Beseitigung des Algen- und Flechtenbelags werden im Fachhandel verschiedene Präparate angeboten, die im März zusammen mit der Austriebsspritzung ausgebracht werden.

Obstbäume in Kübeln

Zwergig wachsende Obstbäume werden zur Kübelbepflanzung oder schon in Töpfen angeboten. Die Kleinheit ist die Folge einer schwach bis sehr schwach wachsenden Unterlage. So gibt es Apfel- und Birnbäume, die nur 1,5–2 m hoch werden, Spindelschnitt erfordern und normalgroße Früchte tragen.

Im Handel befinden sich auch säulenförmige Ballerina-Apfelbäume, die über 2 m hoch werden und 30 cm breit, dazu kaum Schnitt benötigen. Etwa alle zwei Jahre im Frühjahr sollte verpflanzt werden. Verwenden Sie möglichst ein torffreies Kultursubstrat wie NeudoHum-Kübelerde aus nachwachsenden Rohstoffen, Rindenhumus, Holzfasern, Kokosfasern, Blähton. Speichert gut, fällt nicht zusammen, vorgedüngt. Töpfe stets etwas größer wählen. Standort sonnig auf Balkon oder Terrasse. Bei Steinobst selbstfruchtbare Sorten wählen, bei Kernobst auf gute Befruchtersorten achten, möglichst in der Nähe. Erde feucht halten, bei Bedarf alle 2 Wochen düngen. Erreichbares Alter 15 Jahre.

Im Gemüsegarten

Das Nitratproblem beachten

Wer im eigenen Garten Gemüse anbaut, strebt vor allem eine gute Qualität an. Davon kann aber nicht die Rede sein, wenn das Gemüse hohe - Nitratwerte aufweist. Nitrat ist zwar ein wachstumsbeschleunigender Stickstoffdünger, den alle Pflanzen zur Eiweißbildung bevorzugt aufnehmen. Nicht umgewandeltes Nitrat kann bei zu hoher Konzentration unsere Gesundheit jedoch ernsthaft gefährden. Ein Teil des Nitrats wird in unserem Körper zu Nitrit umgewandelt. Dieses blockiert im Blut den Sauerstoffaustausch, so dass die roten Blutkörperchen in Mitleidenschaft gezogen werden. Babys haben dann unter der sogenannten Blausucht zu leiden. Die Weltgesundheitsorganisation (WHO) hat deshalb für Babynahrung sehr niedrige Nitratwerte festgelegt. Seit vor rund 20 Jahren der Gemüseanbau für Babykost aus den humusreichen Tiefmoorgebieten Bayerns in norddeutsche Mineralböden verlegt wurde, wird weniger belastetes Gemüse geerntet, so dass seitdem die Blausucht in Deutschland nicht wieder aufgetreten ist.

Nitrit wird außerdem nachgesagt, dass es sich mit körpereigenen Aminen zu sogenannten Nitrosaminen verbindet. Diese Stoffe gelten als stark krebserregend. Nachgewiesen wurde dies allerdings nur in Tierversuchen. Vorbeugend hat die WHO jedoch die *duldbare Menge an Nitrat in unserer Nahrung auf 3,6 mg/kg Körpergewicht und Tag* festgesetzt. Bei 50 kg Körpergewicht sind das 180 mg Nitrat. Die Speicherfähigkeit im Gemüse ist sehr unterschiedlich. Höchste Werte enthalten die vegetativen Pflanzenteile, wie Stängel, Stiele, Blattrippen und Wurzeln. Nur wenig Nitrat befindet sich in den generativen Teilen, den Blüten, Früchten und Samen. Durch nitratmindernden Anbau lassen sich die Nitratwerte senken, was die WHO für jedes Gemüse empfiehlt.

Ungefähre Nitrat-Einstufung der Gemüsearten

Sehr niedrig, d. h. bis 250 mg Nitrat/kg Gemüse: Artischocke, Trockenbohnen und -erbsen, Mais, Bleichschikoree (Schwankungsbreite 20 bis 50 mg/kg), Kartoffeln (ca. 100 mg/kg), Melone, Rosenkohl, Bleichspargel, Speisezwiebeln, Tomaten (10 bis 90 mg/kg), Getreide, Obst.

Niedrig, d. h. 250 bis 1000 mg Nitrat/kg Gemüse: Aubergine, grüne Bohnen, Zuckererbsen, Gurken (100 bis 500 mg/kg), Kohlrabiknollen, Blumenkohl, Brokkoli (30 bis 1000

Zusätzliche Anmerkungen

Obstspaliere an Südwänden mit Reisig oder Sacktuch behängen, um die Sonnenstrahlen noch abzuhalten. Gefährdete Stämme wird man an der Südseite beschatten,

Erdbeeren früher Sorten können ab Februar mit Folientunneln überdeckt werden. Dann blühen sie Anfang April und bringen in den ersten Maitagen bereits Früchte. Zur Blütezeit sind die Stirnseiten der Tunnel zu öffnen, um die Befruchtung zu ermöglichen.

Zur Frühjahrspflanzung sucht man schon jetzt geeignete Bäume usw. aus und bestellt sie. Für die Auswahl beachte man insbesondere die Anregungen im Januar und Oktober. Für die Bodenverbesserung beschaffe man sich noch Thomaskali mit Magnesium und Komposterde oder Fertofit-Garten-Dünger, um den Start zu erleichtern.

Gummifluss an Stämmen von Kirschen usw. entsteht mitunter an Scheuerstellen, die durch hartes Bindematerial oder lose aufgestellte Drahthosen verursacht werden. Schneidet man harzende Stellen etwa Ende Februar tief aus und verstreicht sie, so ist mit guter Wundverheilung zu rechnen. - Auch **Krebs** an Apfelbäumen kann zu dieser Jahreszeit - bei frostfreiem Wetter - mit guter Aussicht auf Heilung behandelt werden.

Brombeerfruchtstände, an denen zur Erntezeit rot-schwarze Beeren festgestellt wurden und auf Befall durch die Brombeermilbe schließen lassen, sollten beizeiten abgeschnitten und aus dem Garten entfernt werden. So vermeidet man erneut starken Befall und kann umständliche Pflanzenschutzmaßnahmen unterlassen.

Bleichspargel ist ein sehr gesundes Frühlingsgemüse, weil der Nitratspiegel ganz niedrig liegt. Grünspargel enthält nur wenig mehr Nitrat, ist aber nicht belastet. Spargel entwässert den Körper, stärkt das Herz, hilft gegen Müdigkeit und Krebs. In der Ernährung wird Spargel als ein Volltreffer bezeichnet.

mg/kg), Rotkohl, Kürbis, Paprika, Pastinake (20 bis 400 mg/kg), Römer- und Zuckerhutsalat, Schwarzwurzeln.

Mittelhoch, d.h. 1000 bis 2000 mg Nitrat/kg Gemüse: Winterendivie, Weißkohl, Lauch, Möhren, grüne Schlotten, Eisberg- und Pflücksalat (200 bis 1500), Sellerieknollen (60 bis 2000), Zucchini.

Hoch, d.h. 2000 bis 3500 mg Nitrat/kg Gemüse: Knollenfenchel, Chinakohl (200 bis 2600), Grünkohl (10 bis 3500), Wirsing, Gartenkresse (600 bis 2400), Mangold, Spinat, Blattpetersilie, Radies, Rettich, Feld-, Kopf- und Schnittsalat.

Sehr hoch, d.h. 3500 bis 5000 mg Nitrat/kg Gemüse: Stielmangold, Bleich- und Staudensellerie, Rhabarber, Rote Rüben (150 bis 4800 mg/kg), Wurzelpetersilie, Winterportulak.

Noch höhere Nitratwerte hat alles Winter-Treibhausgemüse wie Treib-Feldsalat, -Kohlrabi, -Porree, -Kopfsalat, -Petersilie, -Radieschen, -Rettich, -Spinat, -Schlottenzwiebeln. Vom eigenen Anbau wie vom Kauf von Unterglasgemüse muss grundsätzlich abgeraten werden.

Samenkauf ist Vertrauenssache

Wenn der Anbauplan für Gemüse mit Mischkultur und Folgeanbau erstellt ist, geht es unverzüglich an die Beschaffung der Sämereien, möglichst fürs ganze Jahr. Samenkauf ist Vertrauenssache. Vor allem geht es um gute Keimfähigkeit. Unbedingt zu empfehlen ist ein Samenfachgeschäft oder Gartencenter, wo neben lokalen und bewährten Sorten auch neuere Züchtungen angeboten werden.

Wie so oft ist das Bessere der Feind des Guten. Denn *Neuzüchtungen* bringen gegenüber älteren Sorten erhebliche Vorteile, wie geringere Anfälligkeit gegen Krankheiten, höhere Erträge und bessere Qualität.

Zuverlässig sind sogenannte *Züch*terpackungen mit *Keimschutz* und Haltbarkeitsdatum. Nach dem Öffnen sollte der Samen dann aber innerhalb eines Jahres verbraucht werden. Selbstverständlich haben solche Verpackungen ihren Preis. Billiges Saatgut in einfachen Papiertüten ist vielfach enttäuschend. Unbedingt frisch muss Samen von Salaten und Zwiebelgewächsen sein, deren Keimfähigkeit sich schon nach 1 bis 2 Jahren verliert.

Zu den Spitzenerzeugnissen gehören die Hybridsorten (hybrid = gemischt), insbesondere die F_1-Hybriden. Diese erste Tochter- oder Filial-Generation stammt aus Kreuzungen zwei verschiedener Pflanzen, die durch Inzucht gewonnen wurden und wesentlich mehr leisten als jeder Elternteil in Wuchs und Ertrag, Vitamingehalt und Geschmack, aber auch in der Widerstandsfähigkeit (Resistenz) gegen Witterungsunbilden und Krankheiten. F_1-Hybriden reifen zur selben Zeit und werden gleich groß. Letzteres hat für den Erwerbsanbau mehr Bedeutung als für Hobbygärtner. Wer aber höchste Qualität auf den Beeten sehen will, ist mit Hybridsorten bestens bedient. Bei Samennachbau allerdings verliert sich die außerordentliche Hybridwirkung.

Gemüsesamen kommt naturrein, d.h. ohne chemisches Pflanzenschutzmittel, also *ungebeizt,* in den Handel. Beizmittel sind mittlerweile für den Hobbygärtner verboten. Wer naturgemäß gärtnert, sei auf die Bio-START-Packungen (Sperli) aufmerksam gemacht. Dieses Saatgut ist für ein besseres Aufgehen mit natürlichen Kräuterextrakten und Wärme behandelt worden, so dass sich viele Spritzungen erübrigen. Bei Duft-, Gewürz- und Heilkräutern befinden sich Packungen mit „Nur-Natur"-Samen im Angebot. Im Übrigen sind die aufgedruckten Informationen sorgfältig zu beachten.

Moderne Saathilfen

Feine Samen fallen beim Säen nicht nur zu dicht, sondern auch zu tief. Ältere Saatmethoden, wie das Strecken der Samen mit trockenem Sand, haben das Problem nicht zu lösen vermocht. Erst die neuere Saattechnik mit Pillensamen, Saatband und Samenteppich bietet zufrieden stellende Lösungen an.

Bei **Pillensamen** und kalibriertem Saatgut macht eine Hüllmasse feine Samen mittelgroß, so dass sie weitläufig fallen oder auf *Endabstand* ausgelegt werden können. Da nur Spitzenzüchtungen – wie sonst für Berufsgärtner – pilliert oder kalibriert werden und jedes Korn sicher keimen soll, liegen die Vorteile auf der Hand. Außerdem entfällt mühevolles Verziehen. Saattiefe 1 cm, auf leichtem Boden 2 cm. Braucht höhere Bodenfeuchtigkeit!

Saatband ist für alle feinen bis mittleren Sämereien beste Saathilfe. Zwischen zwei schmalen Bändern sind in günstigen Abständen Samen verschiedener Gemüse und Küchenkräuter eingeschlossen. So besteht z. B. das Sperli-Saatband (System Eschwege)

aus weißem, im Boden leicht zersetzbarem Papier, das aber so fest ist, dass es 2–3-tägiges Vorkeimen (s. dort) übersteht. Rillen von 1–2 cm Tiefe ziehen, **Saatband** zuschneiden, einlegen, Enden fest eindrücken, leicht überbrausen, mit Erde bedecken, andrücken, feucht halten. Da auch hier Spitzensämereien Verwendung finden, verdient diese Methode Beachtung.

Saatplatten und **Samenteppiche** sind nach dem gleichen Prinzip hergestellt, enthalten die Samen in Reihen und in günstigem Abstand. Für kleine Freilandflächen, Balkonkästen, Saatkisten, Kinderbeete usw. sind sie ideal. Nach dem Auslegen überbrausen, dünn mit Erde bestreuen und wie andere Saat behandeln.

Gemüse ist anspruchsvoll

Unsere Gemüsesorten sind auf Leistung gezüchtet und stellen an den **Standort** recht hohe Ansprüche. Für die gesamte Entwicklung ist eine *besonnte Fläche* wichtig. Allerdings werden *prallsonnige Standorte* auf leichten Böden oder an Südhängen von fast keiner Gemüseart richtig vertragen. Hier ist ein *leichter Schatten über*

Mittag vorteilhaft. Völlig beschattete *Flächen unter Bäumen* sind abzulehnen, weil hier keine gute Qualität heranwachsen kann. Wenn Sonnenlicht schon nicht ausreichend zur Verfügung steht, muss die Anbaufläche wenigstens von oben Licht erhalten.

Wegen ihrer *abgeschlossenen Lage* werden Gärten geschätzt. Sie fangen viel Wärme ein, halten aber Niederschläge bei kühlem Wetter auch zu lange fest, so dass sich Pilzkrankheiten leicht ausbreiten können. Gewisse **Luftbewegung** ist deshalb wünschenswert. *Nach Süden und Westen sollten Gärten möglichst „offen" gehalten werden.* Dagegen sind kalte Winde von Norden und Osten abzuwehren, durch Bauten, immergrüne Hecken *usw.*

Die Ansprüche an den **Nährstoffgehalt** des Bodens sind verschieden, aber bekannt, so dass es jedem Gartenbesitzer möglich ist, durch maßvolle Düngung zu einer guten Qualität zu kommen. (Siehe Planungstabelle im Januar.)

Die *Fruchtbarkeit des modernen Gemüsegartens* beruht auf der Verwendung von Kompost, Stalldung, Humus- und Volldüngern. Bis auf *frischen* Stallmist werden diese Düngemittel von jedem Gemüse vertragen. Deshalb kann die gesamte Fläche (vor der Bestellung) hiermit einheitlich versorgt werden. Man hat dann mehr Möglichkeiten für Misch- und Zwischenanbau.

Wer seine Gemüsebeete in dieser Weise versorgt, und es auch sonst an Pflege nicht fehlen lässt, erntet gesundes, hygienisch einwandfreies Gemüse, das man mit gutem Appetit essen kann.

Frischer Stallmist, im Herbst flach untergegraben, wird **vertragen** von: Kohl, Gurken, Kürbis, Tomaten, Paprika, Sellerie, Spätkartoffeln. **Nicht vertragen** von: Wurzelgemüse, Zwiebeln, Hülsenfrüchten und dem meisten Salat- und Spinatgemüse.

Rhabarber schmeckt obstartig, ist anspruchsvoll und sehr hoch mit Nitrat belastet. Um den Nitratgehalt zu senken, braucht man eine rotfleischige Sorte wie 'Holsteiner Blut' und volle Sonne.

Samen Züchter-Innovationen

Wenn unsere Gemüsepflanzen von Schädlingen und Krankheiten befallen werden, dann liegt das an den äußeren Bedingungen, z. B. Bodenbeschaffenheit, Düngung, Vernässung oder Trockenheit, und an den natürlichen Eigenschaften der Pflanzen. Neue Züchtungen, wie „Sperli's Züchter-Innovation" haben resistente und tolerante Eigenschaften gegenüber Krankheiten und Schädlingen entwickelt. Salatsorten mit Blattlausresistenzen, Möhren mit Toleranz zu Möhrenfliegen oder Spinat und Gurken mit Mehltauresistenz lassen sich sicher und erfolgreich kultivieren. Sowohl das frühere Beizen der Samen ist nicht mehr erforderlich als auch weitestgehend der Einsatz von Pflanzenschutzmitteln.

Bei der Vorkultur am Zimmerfenster hilft sterile Anzucht-Erde, etwa Neu-doHum. Dadurch kann das Saatgut besser auflaufen. Auf leichten bis mittelschweren Böden im Garten können die Saatreihen mit gesiebter Komposterde verbessert werden. Auf schweren Böden ist es sinnvoll, eine tiefere Furche mit steriler Komposterde oder fertiger Aussaaterde zu füllen, sacken lassen und nach einer Woche einsäen.

Treibgemüse so früh wie möglich

Welche Freude für den Gärtner, wenn der erste *Treibsalat* und *Treibkohlrabi* aus dem Frühbeet oder Folientunnel auf den Tisch kommt. Setzlinge bezieht man vom Fachmann. Gleichzeitig sät man *Radieschen, Rettich, Kastengurke* und *Kresse*.
Treibradies: 'Frühwunder', 'Hilmar', 'Juwazauber', 'Neckarperle', 'Saxa Sperlings Knacker', 'Novired', 'Isabell'

Mit Qualitätssamen neuester Züchtungen können Krankheiten und Schädlinge vermieden werden.

(auch unter Folie). *Treibrettich:* 'Halblanger weißer Treib und Freiland', 'Frühlingsgruß', rosa, 'Hilds Pax', sehr lang, und 'Rex', auch unter Folie. *Kastengurken:* 'Green Stick', 'Sweet Slice' (F_1-Hybriden), 'Hoffmanns Produkta'. *Gartenkresse:* 'Mega'.

Salat- und Kohlrabipflänzchen setzt man flach in Reihen mit 25 cm gegenseitigem Abstand auf Luke. Zum Zwischenanbau eignen sich **Kresse, Radieschen** (5 x 5 cm) oder **Rettich** (für sich 20 x 10 cm). Alle Pflanzen brauchen viel Licht, etwas Volldünger (2 x 15–20 g/10 l Wasser)**,** genügend Feuchtigkeit und bei zunehmender Größe weniger Wärme. Nur mit lauwarmem Wasser gießen, im März zur Mittagszeit lüften, damit das Laub abtrocknet.

Gurken sät man in 6 cm weite Anzuchttöpfe, je 2–3 Samen. Nach dem Keimen kneift man das schwächste Pflänzchen weg. Haben sich 4–6 Blätter gebildet, so wird mit dem Papier- oder Torftopf, der sich allmählich zersetzt, in das obere Drittel des Frühbeetes ausgepflanzt. Der freie Raum lässt sich mit anderem Gemüse vorteilhaft nutzen.

Früher, zarter Rhabarber im Freien

Sobald der Boden frostfrei ist, stülpt man über einzelne mehrjährige Pflanzen Eimer, Tonnen oder Kisten und umpackt sie mit Laub, Stallmist oder Kompost. Warme, sonnige Lage

Für Treibgemüse ist ein Warmbeet erforderlich. Die Ernte fällt schon in die mildere Jahreszeit. Man muss dann länger lüften und kann die Fenster auch abnehmen.

ist besonders günstig. Bei mildem Wetter und Regen kann der Schutz über Mittag abgenommen werden, damit die Pflanzen etwas Licht und reichlich Feuchtigkeit erhalten. Auch Wanderkästen lassen sich zum Verfrühen verwenden. Der Erdboden im Kasten wird etwa 10 cm hoch mit Graskompost bedeckt. Zum Überdecken des Kastens eignen sich Fenster, Strohmatten usw.

Frühkartoffeln vorkeimen

Für den Frühkartoffelanbau bieten viele Gärten beste Voraussetzungen. Um frühe, hohe Erträge zu bekommen, muss man gesunde Knollen einer (sehr) *frühen Treibsorte* vorkeimen und im April pflanzen. Zusätzliches Vorbewurzeln bringt weitere Verfrühung bis zu acht Tagen. Bei Verwendung von Schlitzfolie kann schon Anfang April gepflanzt werden.

Unübertroffen im *Geschmack* ist die altbekannte, sehr frühe Sorte 'Erstling', sie braucht guten, feuchten Boden, bleibt aber im Ertrag hinter neueren Sorten zurück, wie Arkula, Karatop N, Rosara N (rotschalig), gelbfleischig, vorwiegend fest kochend.

Frühe Sorten, meist vorwiegend fest kochend: Amika N, Atica, Karleria (mehlig kochend), Leyla, Sieglinde (festkochend). Alle stellen mittlere Ansprüche. *Man kaufe jährlich neue, anerkannte Pflanzkartoffeln.*

Mit dem **Vorkeimen** beginnt man ab Ende Februar, etwa 6 Wochen vor dem Pflanztermin. Zum Vorkeimen eignen sich flache Obsthorden, Sprottenkisten usw. Zum Übereinanderstellen, falls erforderlich, versieht man sie mit doppelt so hohen Eckleisten. Man legt die Knollen einschichtig, Nabelstelle nach unten, Krone nach oben, da sich hier die Triebaugen befinden. An einem hellen Platz bei 10–12 °C bilden sich all-

mählich gedrungene, verzweigte, grüne Lichtkeime. Erhält ein Teil der Kartoffeln zu wenig Licht, Kisten umstellen. Knollen mit längeren, weißen Schattenkeimen erfüllen noch ihren Zweck, wenn sie beim Pflanzen nicht abbrechen. Bei höherer Temperatur oder bei mehr als acht Wochen Vorkeimzeit verhärten die Keime.

Mit dem **Vorbewurzeln** in feuchter Aussaaterde bei 15 °C 14 Tage vor dem Pflanzen beginnen. Da Würzelchen beim Auspflanzen leicht abbrechen können, lohnen sich Papier- oder Torftöpfe, die man dicht nebeneinander in flache Kisten stellt.

Bei trockener Luft ist auf die flaschengrüne *Kartoffelkellerlaus* zu achten. Sofortige Bekämpfung mit einem Insekten-Stäubemittel (Spruzit-Staub) bewahrt vor Schäden.

Puffbohnen schon zeitig säen

Die älteste Bohne der Alten Welt, die Puff-, Dicke, Große oder Saubohne, hat auch heute noch ihre Freunde, nicht nur im Rheinland, wo Dicke Bohnen „zu Hause" sind, sondern auch in anderen Gebieten. Denn die Große Bohne besitzt einen hohen Eiweiß- und Nährwertgehalt.

Beste Erfolge hat man durch Vorkultur in acht Zentimeter weiten Töpfen mit Aussaaterde (z. B. von Frux). In jeden Topf drückt man zwei Samen 4 cm tief ein, gießt reichlich und hält die Töpfe am Fenster eines mäßig warmen Raumes. Schon nach wenigen Tagen gibt es die ersten Keime und bald auch die ersten richtigen grünen Blätter. Nun sollte wöchentlich schwach gedüngt werden, stickstoffarm, da die Puffbohne den Luftstickstoff zu nutzen vermag.

Bei 20 cm hohen Pflanzen wird an einem trüben Tag auf eine sonnig liegende Fläche gepflanzt, mit 60 mal 20 cm Abstand. Frühe Kulturen ha-

ben den großen Vorteil, dass sie von der Schwarzen Bohnenlaus weitgehend verschont bleiben.

Den typischen, würzigen Puffbohnengeschmack haben nur Sorten mit schwarzgefleckten Blüten und meist braunkochenden Samen. Bewährte Sorten sind 'Hedosa', viertriebig, 'Con Amore', bis dreitriebig. Die beste weißkochende Sorte mit mildem Geschmack ist die 'Dreifachweiße'.

Artischocken für die feine Küche

Die Kultur beginnt man Ende Februar durch **Aussaat** in kleinere Töpfe mit einer torfreduzierten Anzuchterde (NeudoHum), je Töpfchen 2 Samen, und stellt die Gefäße *warm und hell* auf. Bei mäßiger Feuchtigkeit ist mit guter Keimung zu rechnen. Das schwächste Pflänzchen schneidet man bald weg.

Ende März wird in 8 cm weite Papiertöpfe **verpflanzt.** Stoßen die ersten

Die Artischocke ist eine attraktive Distel und kann auch im Ziergarten stehen.
Die Blütenknospen sind eine Delikatesse.

Wurzelspitzen durch die Topfwände, muss wöchentlich einmal gedüngt werden.

Nach bisherigen Erfahrungen wachsen *aus Samen recht unterschiedliche Pflanzen* heran, solche mit **Blütenköpfen** von halber bis *doppelter Faustgröße*. Nur letztere verdienen Weiterpflege im kommenden Jahr. Um das herauszufinden, wird im Garten zunächst viel Platz gebraucht, da jede Pflanze 1 m² beansprucht.

Wer bereits im Keller oder Frühbeet großblütige Pflanzen eingewintert hat, kann die stärksten **Nebensprosse** vorsichtig abtrennen und einpflanzen. Der Rest wandert auf den Komposthaufen. Im Freiland unter einer Schutzdecke überwinterte Artischocken lassen sich 3 bis 4 Jahre nutzen. Seitensprosse nimmt man davon ab, sobald die Frostperiode vorüber ist, und pflanzt sie in Töpfe. **Jungpflanzen** - Sämlinge wie Seitensprossen - brauchen für die Anfangsentwicklung *viel Wärme,* aber nur mäßige Feuchtigkeit.

Die **Spanische Artischocke** *(Cynara cardunculus),* auch **Cardy** oder Gemüsekarde genannt, wird vor allem in Spanien als Gemüse angebaut, hat aber auch wegen des dekorativen Wuchses Zierwert. Genossen werden die gebleichten Stiele, die man in Stücke schneidet und schmort. Sie schmecken ähnlich wie Schwarzwurzeln und können den Speisezettel bereichern. Allerdings ist in unseren Breiten der Nitratgehalt recht hoch. Die großen blauen Korbblüten sind ein schöner Schmuck und auch in der Vase haltbar. Da die Cardy-Pflanze insgesamt sehr dekorativ ist, braucht sie nicht im Gemüsegarten zu stehen, sondern kann einen Platz im Ziergarten erhalten. Für die Gemüseernte ist jährliche Aussaat erforderlich. Im zweiten Jahr blüht die Pflanze und hat dann nur noch Zierwert. Die Stiele sind bastig und in der Küche nicht mehr zu verwenden. Cardy kann auch bei uns angebaut werden. Samen befindet sich im Handel, z. B. in der Original-Sperli-Züchterpackung.

Zusätzliche Anmerkungen

Samenkäfer befallen im Überwinterungsraum Erbsen und Bohnen; sie verraten sich durch *fensterartige Einbohrstellen.* Für Saatzwecke lassen sich solche Samen noch verwenden, wenn man die Käfer vorher zum Ausschlüpfen veranlaßt. Man stellt das befallene Saatgut in einen warmen Raum, um den Schädlingen Frühlingswärme vorzutäuschen. Bald schlüpfen sie, können abgesiebt und über den Hausmüll entsorgt werden.

Selbstgeerntete Bohnen und Erbsen für Saatzwecke enthalten oft viele *kleine Samen*, die man am besten entfernt, da sie keine wüchsigen Pflanzen erwarten lassen. Brauchbares Saatgut sollte vorgekeimt werden (siehe unter Buschbohnen, Mai), damit es weniger gefährdet ist. Andernfalls ist *Beizen* eine gute Sache.

Winterheckzwiebel, Ewige Zwiebel, *(Allium fistulosum)* bildet aus unscheinbarer Zwiebel ein dichtes Bündel wintergrüner Schalotten, die im Winter und Frühjahr willkommenes Schnittgrün liefern. Zu umfangreiche Pflanzen im April teilen, zurückschneiden und in sonniger Lage in frischen Boden pflanzen.

Vorkeimen ist bei herkömmlichem feinen Saatgut schwierig und hat sich nicht durchsetzen können. Seit Einführung von Saatbändern ist Vorkeimen einfach und praktisch geworden. Saatband aus Keim-Frisch-Packungen entnehmen, 24 Stunden in Wasser vorquellen, weitere 24 Stunden in eine Schale ohne Wasser legen und mit Papier locker bedecken. Oder: Schachtel mit einliegendem Saatband, das bei Nässe nicht klebt, wird mit Wasser gefüllt, geschlossen, in Zeitungspapier eingewickelt und für einen Tag im warmen Zimmer auf einen tiefen Teller gelegt. Danach auspacken, Spule behutsam entnehmen, Band sofort in vorbereitete, 1-2 cm tiefe Rillen auslegen, mit Erde bedecken und wässern. Vorteile: Samen keimen schneller, gleichmäßiger und bringen frühere und höhere Erträge.

Freiland-Aussaaten sind in manchen Gebieten und Jahren bei milder Witterung und frostfreiem, genügend abgetrocknetem Boden bereits im Februar möglich. In Frage kommen Feldsalat, halblange Möhren oder Karotten, Porree, Zwiebeln, Puffbohnen, Schwarzwurzeln, Palerbsen, Spinat, Gartenmelde, Schnittsalat (s. März).

Auf Hügelbeeten (s. Dezember), wo alles rascher wächst, sollte die Aussaat schon zeitig beginnen, im 1. Jahr mit Blattgemüse, wie Gartenkresse, Spinat, Schnittsalat, Schnittpetersilie, in den nächsten Jahren auch Wurzelgemüse. Bei vorgeschrittener Jahreszeit pflanzt man Kohl, Gurken, Tomaten, Paprika usw. - Zunächst legt man entlang einer gespannten Schnur die Mittelreihe fest. In üblichem Abstand folgen langovale Reihen um den Hügel herum. Gesät oder gepflanzt wird in Furchen mit üblichem Abstand und angegossen. Gegen Witterungsrückschläge schützt am besten „wachsende" Folie. In den Folgejahren empfiehlt sich eine Auffrischung der Oberschicht mit gesiebter Komposterde oder durch Handels-Humusträger.

März

Allgemeines

Integrierter Pflanzenschutz

Auf Krankheiten und Schädlinge sollten Gartenliebhaber permanent achten, damit es nicht zu biblischen oder mittelalterlichen Plagen kommt. Im Vordergrund sollte das Bemühen um gesunde Entwicklung unserer Nutz- und Zierpflanzen stehen, um sie gegen Krankheiten und Schädlinge widerstandsfähig zu machen. Hier wird derjenige die besten Erfolge haben, der den Gartenpflanzen günstigste Lebensbedingungen verschafft, was Kenntnisse, Zeit und Mühe voraussetzt. Doch ist es immer noch besser, vorzubeugen, als hinterher, wenn Parasiten überhand nehmen, mit biologischen oder chemischen Mitteln einzugreifen.

Die Ursache einer Pflanzenkrankheit oder -schädigung richtig zu erkennen ist nicht immer leicht. Bei ersten Anzeichen eines Befalls wird man zunächst versuchen, selbst eine Diagnose zu stellen. Wenn man aber die Ursache einer Krankheit oder Schädigung nicht selbst klären kann, besteht die Möglichkeit, bei seinem Gärtner oder beim zuständigen Pflanzenschutzamt Auskunft einzuholen.

Biologischen und *mechanischen* Pflanzenschutz wird der naturbewusste Gartenbesitzer an den Anfang stellen, aber auch, falls der Erfolg ausbleibt, aber auch Kräuterauszüge (Forschungsgebiet der Uni Bonn), z. B. von Salbei, helfen bei Pflanzenkrankheiten usw. Sonst muss man mit chemischen Mitteln, die Nützlinge schonen, maßvoll eingreifen. Die wirksame Verbindung von Kulturmaßnahmen, biologischem und chemischem Pflanzenschutz wird unter „integriertem Pflanzenschutz" zusammengefasst.

Um gesundes und hochwertiges Gemüse aus unseren Gärten zu erhalten, wenden wir Kulturmaßnahmen des biologischen Pflanzenschutzes in Verbindung mit chemischen Methoden an.

Resistentere Pflanzen durch bessere Kulturbedingungen

Durch richtige Kulturmaßnahmen ist es möglich, Pflanzen so zu kräftigen, dass sie in vielen Fällen Parasiten selbst abwehren. Dazu folgende Anregungen.

Die (jährlichen) Anbaupläne müssen den **Fruchtwechsel** mit weiter Fruchtfolge vorsehen, und zwar für alle Kulturpflanzen.

Der Anbau von **Hochzucht-Sämereien** und **widerstandsfähigen** Pflanzen aus anerkannten Betrieben verringert den Krankheitsbefall.

Pflanzenansprüche sind zu berücksichtigen: Bei zusagendem Klima,

Standort, Boden, Kleinklima, Sonnenlicht gedeihen Pflanzen am besten.

Die **Bodenstruktur** sollte bei Bedarf verbessert werden. Regelmäßige Zufuhr von organischen Stoffen, Tonmineralen (Bentonit) und/oder Urgesteinsmehl, sorgt für lebendigen, garen, fruchtbaren Boden.

In der **Humusschicht** entstehen Bodenpilze, die die Abwehrkräfte der Pflanzen steigern. So werden *Kartoffeln* hier beispielsweise weder vom Kartoffelkäfer noch von der Braunfäule befallen. Durch **Mischkultur** helfen sich die Pflanzen gegenseitig, teils wird der Wuchs gefördert, teils die Widerstandskraft.

Unkraut laufend entfernen, möglichst kompostieren. **Kranke Pflanzen** alsbald beseitigen, einem Humusbereiter einverleiben oder 60 cm tief vergraben.

Allgemeine Pflege: Boden nicht nur mit Humus versorgen, sondern auch mit Bodenhilfsstoffen, wässern, vielseitig und ausgewogen düngen, alle paar Jahre kalken.

Verschiedene Pflanzenschutzmittel

Ein neues *Pflanzenschutzgesetz* gilt seit Juli 2001. Es erlaubt nur noch, was in der Gebrauchsanleitung steht. In Betracht kommen im Haus- und Kleingarten, wofür dieses Buch gedacht ist, nur Pflanzenschutzmittel mit dem Aufdruck: *„Anwendung im Haus- und Kleingarten zulässig".* Jedes Pflanzenschutzmittel darf nur dort eingesetzt werden, wofür es erlaubt ist.

Ein Beispiel: Ein Blattlausmittel für Zierpflanzen darf weder gegen andere Schädlinge noch an Obst- und Gemüsepflanzen verwendet werden.

Pflanzenschutzmittel werden von der *Biologischen Bundesanstalt* in Braunschweig (durch Dreieckszeichen mit Ährenkranz) zugelassen.

Je nach **Anwendungsbereich** wer-

den unterschieden: Mittel gegen Insekten *(Insektizide),* gegen Milben *(Akarizide),* gegen Schadpilze *(Fungizide),* gegen Schnecken *(Molluskizide),* gegen Unkräuter *(Herbizide).*

Anwendungsformen: Gebrauchsfertig sind Streu-, Stäube- und Sprühmittel (Spray). Gieß- und Spritzmittel erfordern genaue Dosierung, auch bei Dosierbeuteln.

Gefahrensymbole (Abb. 1), neue und bisherige, zum Teil mit neuer Kennzeichnung und Einstufung, schwarz auf orangefarbenem Grund. Die Symbole gelten ab 30.07. 2004, teils auch schon früher. *Hochentzündlich:* Flamme mit Kennbuchstabe F+ betrifft Treibgas in Sprays, nicht aber Druckluft (Laptol-Spray). *Leichtentzündlich:* Flamme F (Cirrus). *Brandfördernd:* Kennbuchstabe O. *Sehr giftig:* Totenkopf T+, z.B. für Wasserorganismen längerfristig schädlich. *Giftig:* Totenkopf T. T+ und T beim Verschlucken (Arzt!), reizen die Augen. Schutzkleidung und Gesichtsschutz!!! *Gesundheitsschädlich:* Andreaskreuz Xn, beim Verschlucken, reizt die Augen (s. T). *Ätzend:* Austropfen chemischer Flüssigkeit aus Reagenzgläsern. Kennzeichen C. *Reizend:* Andreaskreuz Xi, Augen/Haut. *Umweltgefährlich:* Toter Baum & toter Fisch N, etwa 80 % der Mittel kommen dafür in Betracht. T+ & T gefährden bei Abdrift die Gewässerorganismen.

Gegen *saugende* **Insekten** (Blattläuse, Zikaden, Milben, Blattwanzen) werden meist andere Mittel angewendet als gegen *beißende* (Raupen, Afterraupen, Maden, Käfer). Gegen Gemüsefliegen vorbeugen mit Streumittel, Insektenschutz-Vlies oder Schädlingsschutz-Netz.

Pilzkrankheiten möglichst vorbeugend bekämpfen, mehrmals in 7–10 Tagen. Zwischen Schorf, Rost, Falschem Mehltau einerseits und Echtem unterscheiden.

Warte- oder **Karenzzeit** (= Zeitraum

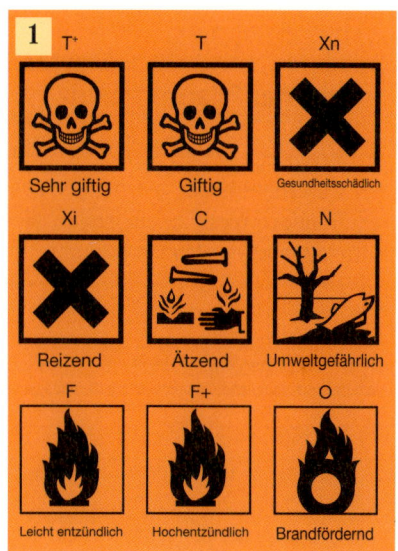

der letzten Anwendung eines Mittels bis zur Ernte) ist auf jeder Packung aufgedruckt. Es gibt Mittel ohne, mit kurzer, mittlerer oder langer Wartezeit. Im eigenen Interesse ein Mittel so zeitig einsetzen, dass die Wartezeit bis zur Ernte eingehalten werden kann.

Die **Bienengefährlichkeit** der Pflanzenbehandlungsmittel ist auf den Packungen vermerkt und unbedingt zu beachten. *Bienengefährliche Mittel* dürfen nicht auf blühende Pflanzen, einschließlich Unkräuter gelangen. Mittel, die als *bedingt bienengefährlich* gelten, können nach Beendigung des täglichen Bienenfluges, spätestens bis 23 Uhr, ausgebracht werden. *Nichtbienengefährliche Pflanzenschutzmittel* sollten bei blühenden Pflanzen eingesetzt werden, um Bienenschäden durch Insektizide zu vermeiden.

Bei vernünftigem Einsatz chemischer Pflanzenschutzmittel braucht der Gartenbesitzer für seine Gesundheit und für die Umwelt nichts zu befürchten.

Vom Umgang mit chemischen Pflanzenschutzmitteln

Für die Anwendung muss hier gelten: So wenig wie möglich, so viel wie nötig. Doch darf man dabei die Tätigkeit nützlicher Insekten usw. nicht vergessen. **Die Gebrauchsanweisung** dient dem Schutz des Verbrauchers, ist aufmerksam zu lesen, genau zu befolgen, auch hinsichtlich Konzentration und Wartezeit *(Karenzzeit)*.

Aufbewahrung in Originalpackung unter Verschluss. Nicht mit Lebens- oder Futtermitteln zusammen lagern. Spritzbrühe usw. beaufsichtigen.

Giftige Mittel führen bei unsachgemäßer Anwendung rasch zur Vergiftung: Bei hohen Temperaturen werden Dämpfe durch schwitzige Haut und Atemorgane aufgenommen. Deshalb nie mit entblößtem Körper und nicht ohne Mundschutz arbeiten!

Schutzkleidung, Gummihandschuhe und Schutzmaske (Atemschutz) beugen Vergiftungen vor, besonders bei größeren Spritzvorhaben. Kinder und Haustiere von Spritzungen fern halten.

Spritztermine auf Tage mit *bedecktem Himmel* und *Windstille* legen, um die Gefahr vorzeitiger Verdampfung und ungleichmäßiger Verteilung infolge Windabdrift einzuschränken. Bei schwachem Wind mit oder seitlich zum Wind spritzen, nie gegen den Wind. Nachfolgender Regen macht eine Behandlung oft unwirksam.

Bienenschutz beachten. Möglichst außerhalb des Bienenfluges spritzen, am besten in den Abendstunden. Bei größeren Behandlungsmaßnahmen und bienengefährlichen Mitteln Imker in der Nähe rechtzeitig verständigen.

Während der Pflanzenbehandlung weder essen, trinken noch rauchen. Verstopfte Düsen nie mit dem Mund durchblasen, sondern mit einem dünnen Draht säubern.

Leere Packungen sind Sondermüll und einer geordneten Mülldeponie zuzuführen. Spraydosen nur völlig entleert wegwerfen.

Nach der Arbeit benutzte Geräte gründlich ausspülen. Danach Tank mit Wasser füllen, dem man Aktivkohle

(10 g/10 l) zugesetzt hat, über Nacht einwirken lassen, Düse und Filter herausnehmen, Spritze in Gang setzen und klar nachspülen. Hände und Gesicht zunächst mit Wasser abspülen, anschließend mit Seife waschen.

Gieß- und Spritzbrühe richtig ansetzen

Spritzpulver und Spritzflüssigkeit verdünnt anwenden. Die Konzentration ist der Packung zu entnehmen, z. B. bedeutet 0,03% = 3 g oder cm³ (M1) in 10 Liter Wasser.

Bedarf an Gieß- oder Spritzbrühe gut abschätzen, nicht mehr als nötig ansetzen.

Besondere **Vorsicht** ist mit konzentrierten Phosphorsäureestern und mit systemischen Insektiziden geboten. Vor allem darf nichts auf die Haut gelangen.

Spritzpulver wird abgewogen (Briefwaage), mit wenig Wasser angeteigt, um Klumpenbildung zu vermeiden, und dann dem Wasser unter Rühren zugesetzt.

Flüssige Präparate werden abgemessen und in den mit Wasser gefüllten Behälter gegeben. Man spült den Messbecher gut aus und rührt dann um.

Sollen **mehrere Mittel** gemischt werden, so ist die Mischbarkeit vorher zu prüfen. Bei Mitteln derselben Firma lässt sich das meist leicht feststellen, nicht aber bei Mitteln verschiedener Firmen. Bei Bedenken sollte die Mischung unterbleiben.

Fertige Spritzbrühe vor Gebrauch kräftig durchrühren und sofort verwenden.

Saubere Quartiere für Singvögel

Auch Vögel lieben eine saubere Wohnung, ganz besonders für das Brutgeschäft. Wo sich in Nistkästen noch

Nur ein gesäuberter Nistkasten wird von Singvögeln angenommen. Das Einflugloch sollte nach Osten weisen.

die alten, verschmutzten, oft mit Ungeziefer **(Flöhe)** besiedelten Nester befinden, werden solche Nistangebote von den Singvögeln instinktiv gemieden. Machen Sie den Vögeln deshalb ein annehmbares Angebot, indem Sie ihnen gesäuberte Nistkästen überlassen.

Zunächst müssen die Kästen abgenommen werden, am besten bei trockenem, etwas frostigem Wetter. Dies geschieht vor allem wegen der Flöhe, die sich möglicherweise im Nest befinden, wo sie gut ein Jahr überleben können. Bei Frost sind sie nicht sprungfähig, sonst aber in der Lage, bis zu 30 cm weit zu springen, um beim Menschen Unterschlupf zu finden. Der Kasteninhalt wird direkt in die Mülltonne geschüttet. Ihn auf den Komposthaufen zu geben ist wegen der Flöhe usw. nicht ratsam.

Hinterher wird der Nistkasten mit Wasser gründlich ausgespritzt. Er muss dann mehrere Tage austrocknen, ehe man ihn wieder schließt und aufhängt. Reparaturbedürftige Kästen bringt man vorher selbstverständlich in Ordnung. Durch überwinternde Vögel in den Kästen können diese wieder verschmutzt werden. Es empfiehlt sich deshalb, Ende Februar nochmals zu kontrollieren und notfalls zu säubern. Achten Sie beim Aufhängen der Nistkästen darauf, dass die **Fluglöcher nach Osten** weisen.

Gartengeräte für die Bodenbearbeitung

Im Frühling stehen Bodenbearbeitung und Beetherrichtung im Vordergrund. Je nach Bodenbeschaffenheit und Nutzung des Gartens legt man sich eine Grundausstattung handlicher Geräte zu, mit denen die Arbeit Freude macht. Bei Handgeräten mit

Werden Spaten und Grabegabel nicht aufgehängt, stellt man sie auf Holz, damit die Schärfe nicht leidet.

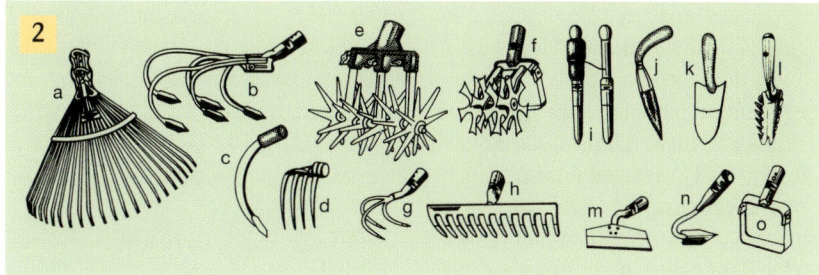

Gartengeräte zur Bodenbearbeitung. Der Handel bietet noch weitere praktische Handgeräte zur Bodenbearbeitung an.

konischer Tülle ist mit nur einem Stiel auszukommen.

Zur Säuberung des Gartens leisten moderne **Gartenbesen** aus flachen Federstahlzinken (Abb. 2 a) oder Nylon gute Dienste. Der Stahldrahtbesen mit runden Zinken eignet sich mehr zum scharfen Durchharken des Rasens und Lockern der Saatbeetoberfläche.

Das im Herbst gegrabene oder auch nicht gegrabene Land kann mit einem Kultivator tief gelockert und grob eingeebnet werden. Es gibt starre dreizinkige Kultivatoren und verstellbare **Kombi-Kultivatoren** (b), die sich in kleinere Geräte verwandeln lassen und die Arbeit erleichtern. Die Schare an den Zinken sollte nicht zu breit sein.

Der biologische Landbau empfiehlt den **S-Z-Wühler** oder **Sauzahn** (c) zur tiefen Bodenlockerung. Zuerst bearbeitet man das Beet in Längsrichtung mit 5 cm Abstand, streut einen Humusdünger, wie z. B. Mannahum, und zieht den Boden dann nochmals diagonal durch, wobei der Dünger flach in den Boden kommt.

Auf schwerem Boden bewährt sich immer wieder ein **Kreil** (d) zum Zerkleinern von Schollen. Gerät ähnelt einer Kartoffelhacke mit 3 oder 4 senkrecht abgebogenen Zinken.

Zum feinen Krümeln der Oberschicht eignet sich das **Gartenwiesel** (e). Man braucht es nur über den Boden zu schieben: 48 rostfreie Scherenzinken

laufen kreuzweise ineinander und sind an mehreren Rollen befestigt, die sich einzeln entfernen lassen. Von ähnlicher Beschaffenheit und Leistung ist der **Spintiller**-Kultivator.

Den gleichen Zweck erfüllt eine **Bodenfräse** oder ein **Rollkrümler** mit sternartigen Rädern (f). Zum Einarbeiten von Dünger, Grassamen usw. wird es gern verwendet. Zur Unkrautbeseitigung dient ein Pendelmesser, das man auch ausschalten kann.

Eine wichtige *Ziehhacke* mit 3 gekrümmten, gespitzten Zinken zur Lockerung der oberen Bodenschicht ist der **Grubber** (Stielhandgrubber) oder **Krümmer** (g). Er eignet sich auch zum flachen Einbringen von Düngemitteln. Noch etwas robuster für die Lockerung schwerer Böden ist die **Gartenkralle.**

Der **Stahlrechen** (h) dient zum Planharken der Beete. Praktisch ist ein 25 cm breiter Rechen, mit dem man die Tretsteige ausgleichen kann. Eine Harke mit geradem Haupt findet bei der Saat Verwendung: Mit dem *Harkenrücken* schließt man die Saatrillen und sorgt, bei senkrechter Stielhaltung, durch leichten Druck mit den Zinken auf die Saatreihen für den nötigen Bodenschluss. Im Übrigen dient der Rechen auch zum Zusammenharken von Pflanzenrückständen.

Entlang der straff gespannten **Gartenschnur** oder Pflanzleine (i) werden Beete abgesteckt, Steige getreten, Saatrillen (mit dem Harkenstiel) ge-

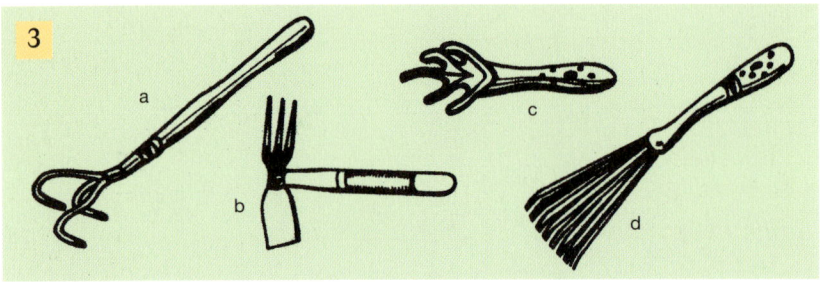

Kleine Handgeräte zur Bodenpflege: a = Jäteknirps, b = Jätehäckchen, besonders für schwere Böden, c = Wühleisen, d = Kleinfeger, die gern im Steingarten, aber auch auf dem Hochbeet Verwendung finden.

zogen. Durch Hin- und Herziehen der gestrafften Schnur auf dem Beet markiert man Pflanzreihen.

Für Setzlinge ohne Ballen aus dem Saatbeet bohrt man Löcher mit einem **Ganzstahl-Pflanzer** (j) oder einem **Pflanzholz** vor. Für nicht zu große Ballenpflanzen stellt man die Löcher mit einer **Pflanzkelle** (k) her. Eine solche mit seitlichen Zacken (l) dient gleichzeitig zur Lockerung harter Seitenwände. Zur Pflanzung von Bäumen und Sträuchern und zum Teilen umfangreicher Stauden eignet sich der **Spaten** am besten.

Hacken dienen zum Auflockern der Bodenoberfläche und zur Unkrautbeseitigung. Neben der älteren Schlag-

hacke, wie der **Unkrauthacke** (m), gibt es verschiedene Ziehhacken, die sich leicht handhaben lassen. Für fortlaufendes ziehendes Hacken auf Beeten eignet sich besonders die eigentliche Ziehhacke, der **Grubber** (g) oder **Kleinjäter** und der **Lüfter** (n). Wo man ziehend und stoßend arbeiten kann, wie unter Sträuchern und zwischen Stauden, haben sich **Pendelhacke** (o) und **Sägeschuffel** bewährt, letztere auch auf Wegen. – Mit einer **Herzhacke** kann man Furchen ziehen und Pflanzen anhäufeln.

Zur Bodenpflege im Blumengarten zwischen kleineren oder eng stehenden Stauden und im Steingarten sind außerdem noch **kleine Handgeräte**

(Abb. 3) von Vorteil, wie ein **Jäteknirps** (a) oder ein **Jätehäckchen** (b) auf schwerem Boden zur Unkrautbeseitigung, ein **Wühleisen** (c) vorwiegend zum Lockern und ein **Kleinfeger** (d) zur Säuberung oder die bewährte Blumenkralle.

Erst den Boden testen, dann düngen

Die richtige Bodenuntersuchung sollte wie folgt ablaufen. Zuerst muss der Kalkhaushalt überprüft und optimiert werden. Nur wenn dieser stimmt, können auch aktuelle Werte für die übrigen Pflanzennährstoffe ermittelt werden, und was fehlt, wird ergänzt.

Mit Hilfe des Primus-Calcitests wird der pH-Wert bestimmt und anhand einer Tabelle die benötigte Erhaltungskalkung in Form von AZ-Kalk gegeben. Nach gleichmäßigem Ausstreuen wird der Kalkdünger mit der oberen Bodenschicht vermischt. Geschieht dies recht bald im Februar, so können schon Anfang März weitere Bodenuntersuchungen folgen und sofort ausgewertet werden (vgl. S. 347).

Zusätzliche Anmerkungen

Sauberkeit im Garten ist erste Voraussetzung für gesunde Pflanzen. Sobald der Boden einigermaßen abgetrocknet ist, kehrt man das alte Laub unter Obstbäumen, Beerensträuchern, Rosen usw. zusammen und kompostiert es möglichst, doch sollte man über jede nicht zu starke Schicht etwas Spezial-Kalkstickstoff streuen (s. Oktober).

Pillensamen oder kalibriertes Saatgut wird für bewährte Blumen- und Gemüsesorten, auch für *Rasen* angeboten. Zum Pillieren wird bestes Saatgut verwendet, so dass jedes Korn aufgeht. Des-

halb kann auf **Endabstand** gesät werden, das macht Verziehen entbehrlich. Pillensamen wird 1–2 cm hoch mit Erde bedeckt und benötigt reichlich Wasser.

Wildernde Katzen dulde man nicht. Jeder Katzenhalter hat die Pflicht, sein Tier vom 15. März bis zum 15. August im Haus zu halten, um Vögel und ihre Brut zu schützen.

Eine Schubkarre ist unentbehrlich. Man achte darauf, dass das *Rad möglichst unter dem Schwerpunkt* der Mulde angebracht ist. *Gummibereifte* Karren werden gern verwendet. Auf weichem Gartenboden und auf Rasen lohnt sich die Anschaffung einer *Ball- oder Kugel-*

Rad-Schubkarre, da das Rad nicht einsinken kann.

Mechanischer Pflanzenschutz ist äußerst wichtig. *Krankes Falllaub* spätestens im Frühjahr beseitigen, *mehltaukranke Triebspitzen* und *Raupennester* sofort abschneiden, *Fruchtmumien* einsammeln, *lose Borke* abkratzen, *grünen Belag* nicht dulden, Bäume und Sträucher licht halten, beizeiten verjüngen, *Schnittwunden* verstreichen, *Krebsstellen* behandeln, *Befeuchtung der Blätter* vermeiden, *Käfer* am frühen Morgen auf Tücher abschütteln und entsorgen, *Raupen, Käfer, Schnecken absammeln,* Schneckenfallen einrichten usw.

Der Fachhandel bietet für die Hauptnährstoffe Stickstoff (Nitrat), Phosphorsäure und Kalium weitere Bodentest-Sets an. Die Handhabung ist unkompliziert. Die erforderlichen Düngermengen kann man anhand einfacher Tabellen ablesen. So lässt sich gezielt und bedarfsgerecht düngen. Zweifellos wird dadurch die Umwelt geschont.

Verwenden Sie für die Frühjahrsdüngung möglichst organische Einzel- oder Mehrnährstoffdünger. Sie geben die Nährstoffe nicht sofort ab – wodurch viel im Unterboden verschwinden würde –, sondern erst nach 2 bis 4 Wochen, wenn also aufnahmefähige Wurzeln da sind.

Die oft als „Mandelbäumchen" angebotenen Ziergehölze sind keine echten Mandelbäume, sondern Zierkirschen (Prúnus tríloba). *Sie fruchten nicht. Für den Garten zu empfehlen ist die gefüllte Sorte ,Multiplex' mit wunderschönen „Mandelröschen", die nicht nur im Garten, sondern auch in der Vase alle Blicke anziehen.*

Im Blumen- und Ziergarten

Bezaubernde Gehölzblüte im Frühjahr

Im März endet die Gehölzblüte der Winterblüher. Doch schon setzt der Blütenflor einiger anderer, meist noch unbelaubter Ziergehölze ein. Für die zahlreichen kleinen Vorfrühlingsboten aus dem Reich der Zwiebelgewächse und Stauden sind sie die besten Partner. Sie lassen noch die Sonnenstrahlen hindurch, spenden im Sommer Schatten und sorgen im Winter durch Falllaub für Bodenschutz.

Zu den ersten Märzblühern gehören Seidelbast und Kornelkirsche. Die **Kornelkirsche** *(Córnus más)* trägt kleine gelbe Blütendolden, wächst langsam, wird 4 m hoch, kann baumartig gezogen werden. Der (giftige!) **Seidelbast** *(Dáphne mezeréum)* entwickelt sich vorzugsweise im Teilschatten größerer Gehölze oder an absonnigen Stellen im Steingarten, wo er rosarote, angenehm duftende Blüten trägt. Boden frisch, humusreich, kalkhaltig.

Gleich liebenswert ist die wintergrüne **Alpenrose** *(Rhododéndron x praécox)* mit lilarosa Blüten. Der 1 m hohe Strauch bevorzugt Halbschatten und schwachsauren Boden. Viel zu selten sieht man die **Scheinhasel** *(Corylópsis)* mit gelben Blüten in Trauben. Die Sträucher werden 1–2 m hoch und bevorzugen humosen Boden im Halbschatten. Die Blüten brauchen Schutz gegen Frühjahrsfröste.

Zu den wirkungsvollen Blühern gehört die bis 3 m hohe **Stern-Magnolie** *(Magnólia stelláta)* mit reinweißen Schalenblüten, die sternartig verblühen. Das Gehölz gedeiht in normalem Gartenboden, braucht windgeschützten Standort ohne Morgensonne, eignet sich als Solitär, da Schnitteingriffe nicht zwingend notwendig sind.

Dagegen braucht das aparte **Mandelbäumchen** *(Prúnus tríloba 'Multiplex')* nach der Blüte sehr starken Rückschnitt der Blütentriebe auf wenige Zentimeter. Man darf dann mit langen Trieben rechnen. Nur diese sind im nächsten Jahr mit gefüllten, rosa „Mandelröschen" voll besetzt. Zur Blütezeit

und während des Wachstums reichlich wässern, Ende März düngen. Bodentriebe aus der Unterlage (Pflaume, Pfirsich) an der Ursprungstelle ausreißen. Das Bäumchen wird etwa 2 m hoch, bevorzugt sonnigen, geschützten Standort und verträgt Industrieluft.

Der **Mandelduft** *(Abeliophyllum distichum)*, ein gut 1 m hoher, langsamwachsender Strauch, erinnert an Liguster, in der Blütenform an Forsythie, doch sind die Blüten gelblichweiß bis blaßrosa und duften stark. Verträgt Sonne und Halbschatten, wünscht geschützten Standort, guten Gartenboden. Falls nötig, nach der Blüte auslichten.

Lavendelheide *(Píeris japónica)*, gut 2 m, immergrün, blüht von März bis Mai mit maiglöckchenähnlichen Blüten, weiß bis rosa. Gesunde Entwicklung nur in humosem, kalkarmem Boden in mäßig beschatteter Lage! Passt zu Rhododendron, Kiefern und Lärchen.

Mit gelbstäubenden Kätzchenblüten ist die **Wald-Hasel** *(Córylus avellána)* schon sehr zeitig im Frühjahr auf dem

Die Kätzchen-Weide, Sálix cáprea 'Mas', ist die beste Kätzchenweide für Schnitt und Bienenweide. Starker Rückschnitt zur und nach der Blüte bringt wieder lange Triebe, die sich im Frühjahr mit großen Kätzchen reich schmücken.

Der Märzbecher, Leucójum vérnum, zeigt seine Glocken vor der Baumbelaubung, so dass die Sonne ihn weckt.

Plan. Die **Blut-Hasel** *(C. máxima* 'Purpurea') fällt mit ihren roten Kätzchen besonders auf . Gleichzeitig blüht die **Golderle** *(Álnus incána* 'Aurea') mit lachsfarbenen Kätzchen bei gelbem, vergrünendem Austrieb.

Die Kätzchenweiden legen ihren Schmuck im März/April an. Zu empfehlen ist die männliche **Kätzchen-Weide** *(Sálix cáprea* 'Mas'). Alle diese Kätzchenblüher wachsen zu hohen Sträuchern oder kleinen Bäumen heran, gedeihen in normalem Gartenboden und vertragen lichten Schatten. Die Bluthasel wünscht mehr Sonne. Bodenauffrischung mit Grobkompost oder Rindenhumus.

Beliebte Frühjahrs- oder Märzblüher am Boden

Ob Sonne oder Schnee – im „Märzen" ist das Blühen nicht mehr aufzuhalten. **Schneeglöckchen** drängen sich hervor, um das Nahen des Frühlings „einzuläuten". Die heimische Art *Galánthus nivális* breitet sich besonders willig aus. Eine reizende, gefülltblühende Form ist 'Hortensis'. In einem

Teppich aus **Blaustern**, *Scílla bifólia*, geben Schneeglöckchen ein besonders hübsches Bild. Die goldgelben Blüten des **Winterlings,** *Eránthus hyemális*, bilden gleichfalls einen schönen Kontrast zu den weißen Glöckchen. Die Art *E. cilicica* blüht etwas später in dunklerem Gelb. Durch Kreuzung beider entstand *E. x tubergénii*, deren Blüten ohne Pollen

Der Winterling, Eránthis hyemális, mit gelben Schalenblüten blüht ab Februar, E. cilicica ab März. Beide Arten haben starke Leuchtkraft.

sind. Sie passen zur tieflila *Íris reticuláta.*

An geschützten Stellen des **Steingartens** in Humusboden und an **Gehölzrändern** blühen verschiedene Blausterne, blaue Azur-Hyazinthen, lila-rosa Frühlingslichtblumen und Vorfrühlingsalpenveilchen, blau-weißer Schneestolz und die Scheinszilla, *Puschkínia*, dazu bunte Berg-Anemonen, großblütige Wildtulpen, gelbe Zwerg-Narzissen, tieflila bis altrosa, aber auch gelbe Zwerg-Iris und das bunte Heer der **Wildkrokusse,** die erst in großer Zahl und in verschiedenen Farben wirken. Große Vermehrungskraft besitzt der Elfen-Krokus, *Crocus tommsinianus*, zart lavendellila, großblütig und robust. Wenn seine Zeit gekommen ist, kämpft er sich unbeschadet durch die Fichtenzweige, die für frostemfindliche Pflanzen ausgelegt wurden.

Zur Vogelabwehr bewährt haben sich im Fachhandel angebotene Geräte, die optische und akustische Reize kombinieren. Auch Folienstreifen oder aufgehängte Glitzerobjekte zeigen eine gute Wirkung zum Schutz der Beete.

Zu den bezaubernden frühen **Wald-blumen** gehören bläuliche Leber-blümchen. Im lichten Gehölzschatten auf feuchtem, humusreichem Boden erscheint der **Märzbecher** mit breiten Glocken und grünen Spitzen. Das zierliche dunkelviolette **Duft-Veil-chen**, *Víola odoráta*, fühlt sich als Unterpflanzung in Gehölzpartien sehr wohl. Während die **Schneerose** halb-schattige Nischen an Gehölzrändern und kalkhaltigen Boden bevorzugt, sind **Frühlingsprimeln** ziemlich an-spruchslos. Mit Ballen kann man sie selbst während der Blüte verpflan-zen.

Frühjahrsblüher sind überaus ro-bust, vermehren sich leicht durch Sa-men oder Brutzwiebeln und können viele Jahre am selben Platz stehen. Gleich nach der Blüte streut man Komposthumus oder Fertofit-Garten-Dünger zwischen die Pflanzen.

Den kommenden Blüten-sommer vorbereiten

Für hübschen Gartenschmuck im Sommer sorgen verschiedene **Knol-lengewächse.** Einige Vorarbeiten be-ginnen drinnen bereits *Anfang März.* Die *großblütigen* **Knollenbegonien** eignen sich nicht nur für schattige Lagen, sondern bei guter Bewässe-rung auch für volle Sonne. Die alten Grandiflora-Sorten mit hohem Wuchs und riesigen Blüten (Ø 10 cm) werden zunehmend durch die F_1-Hybriden und die Grandiflora-Compacta-Sor-ten verdrängt. Diese zeichnen sich aus durch einheitlichen, mittelhohen Wuchs, *mittelgroße* Blüten (Ø 6 cm) in

Knollenbegonien sind ein großartiger Blumen-schmuck für Beete und Gefäße in teilschattiger Lage. Sie blühen von Mai bis Oktober.

Crócus siéberi var. átticus ist ein außerordentlich schöner Frühblüher. Er wird zwar nur 6 cm hoch, erfreut uns aber durch seine Kugelknospen und das Violett der Blüten. Es gibt wertvolle Sorten, die sich durch klare Farben unterscheiden.

Das Indische Blumenrohr der **Cánna-Indica-Hybriden** *macht im Garten viel her.*
Es gibt verschieden hohe Sorten.

leuchtenden Farben und reiches, anhaltendes Blühen, wie z. B. 'Nonstop' und 'Pfitzers gefüllte Sonnenbegonien'. Daneben sind die *Ampel-Knollenbegonien* für Kästen und Schalen von großem Reiz. Als *Gruppenpflanzen* vorwiegend fürs Freiland verdienen die niedrigen, viel- und mittelblütigen Multiflora-Maxima-Sorten vor den kleinblumigen wohl den Vorzug.

Man reinigt die Knollen, legt sie eine Stunde in die Brühe eines Mittels gegen Echten Mehltau (Bio-Mehltau-Mittel) und lässt sie danach etwas abtrocknen. Inzwischen füllt man handbreithohe Kästen zu Dreiviertel mit Frux-Einheitserde, legt die Knollen, vertiefte Seite oben, mit etwa 5 cm Abstand aus und bedeckt sie nur unwesentlich mit Erde. Es kann auch gleich einzeln in Töpfe mit Einheitserde gelegt werden. In einem warmen, hellen Raum und bei anfangs mäßiger Feuchtigkeit bilden sich Wur-

zeln und Triebe. Mitte April wird umgetopft.

Riesenknollen können nach dem Durchtrieb *senkrecht zerschnitten* und so in mehrere Teilpflanzen zerlegt werden. Danach wird eingepflanzt, aber ein paar Tage nicht gegossen.

Das **Indische Blumenrohr,** *Cánna,* eine spätblühende Beet- und Kübelpflanze, gibt es in Sorten von 1 m Höhe für Rabatten und Kübel und von 50 cm für kleine Beete und Schalen. Anfang März pflanzt man in lockere, nährkräftige Humuserde unter Verwendung eines geräumigen Topfes ein. An einem warmen, sehr hellen, sonnigen Platz und bei anfangs mäßiger Erdfeuchtigkeit beginnen die Knollen bald zu treiben. Sobald die ersten Blätter da sind, ist mehr Feuchtigkeit nötig, da die *Cánna* eine Sumpfpflanze ist und wöchentlich etwas flüssige Pflanzennahrung braucht. Bei langem, geilem Wuchs darf man mit Rückschnitt nicht zögern.

Die kletternde **Ruhmkrone,** *Gloriósa rotschildiána,* ist eine Liebhaberpflanze, die an warmen, geschützten Stellen Anfang Juni im Garten ausgepflanzt werden kann und wie eine auflodernde Flamme blüht. Fleischi-

ge Rhizome jetzt 2–3 cm tief in humose Erde pflanzen. Den kaum sichtbaren Keim (in der äußeren winkelförmigen Biegung) richtet man nach oben. Töpfe bis zum Austrieb warm halten, danach hell und sonnig stellen und den Spross an einen Stab heften. Im April bei Bedarf in einen größeren Topf umpflanzen.

Blumen für Kästen und Schalen sollte man schon Anfang März aus dem Winterquartier holen. *Pelargonien* (Geranien), *Fuchsien, Pantoffelblumen* und *Strauch-Margeriten* werden zurückgeschnitten und einzeln in marktübliches Substrat usw. eingetopft. Standort hell, mäßig warm, damit der Trieb langsam beginnt.

Wohlriechende Wicken aus Samen

Diese beliebte einjährige Kletterpflanze wird auch **Edelwicke** (*Láthyrus odorátus*) genannt. 'Sperlings Super-Riesen' zeichnen sich durch gesunden Wuchs, große Blüten, lange Stiele, reiches Farbenspiel, herrlichen Duft, frühe und lange Blütezeit aus, wenn im Sommer häufig geschnitten wird. Erhältlich in Einzelfarben und als

Edelwicken, Láthyrus odorátus *'Sperlings Überriesen', sind im Sommer ein Blüten- und Duftschatz. Die einjährigen Pflanzen eignen sich als Zaunschmuck und zeigen ein reiches Farbenspiel an längeren Stielen.*

Prachtmischung. Gleich gut für den Schnitt sind 'Pfitzers vielblütige Riesen-Edelwicken' in der Karneval-Mischung.

Die neuere *Busch-Edelwicke,* 50–60 cm hoch, ist gleichfalls als Vasenblume geeignet, da sie an langen Stielen große Blüten in verschiedenen Farben trägt. *Zwerg-Edelwicken,* wie 'Kleiner Liebling' werden nur halb so hoch.

Beste Entwicklung erreichen Edelwicken auf gutem Boden, an sonnigen, luftigen Plätzen, etwa einem Drahtzaun, den sie bis zu einer Höhe von 150 cm bekleiden. Boden mit gesiebter Komposterde oder einem Humusdünger wie Mannahum oder Humobil verbessern. Gesät wird Mitte März bis Ende April. Man legt die großen Samen in 5 cm tiefe Rillen mit 5 cm Abstand und bedeckt sie 4 cm hoch mit lockerer Erde. Bis zum Keimen ist mäßige Feuchtigkeit wichtig. Es lässt sich beschleunigen, wenn die Samen 12 Stunden vorher in zimmerwarmes Wasser gelegt werden.

Nach dem Auflaufen auf 10–15 cm ausdünnen. Sind die Pflanzen fingerlang, brauchen die hohen Wicken Klettermöglichkeit (Maschendraht, Schnüre, Reisig).

Beliebte Trockenblumen

Manche **einjährigen Sommerblumen,** die sich wegen ihrer papierartigen Blütenstruktur leicht trocknen lassen, kann man zu hübschen Sträußen und Gestecken arrangieren.

Besonders geschätzt ist die großblumige **Gartenstrohblume,** *Helichrysum bracteátum* 'Monstrosum', 80 cm. Wesentlich niedriger bleibt die **Zwerg-Strohblume,** *H. b.* 'Bikini', beide blühen in verschiedenen Farben, die Fleuroselect-Sorte 'Hot-Bikini' feuerrot.

Reizend ist auch die **kleine Strohblume,** *Helípterum róseum,* 50 cm, vor-

wiegend rosa, rot, weiß. Der verwandte **Sonnenflügel,** *Helípterum manglésii,* hat seidenartig rosa schimmernde Blüten. Das weiße **Papierknöpfchen,** *Ammóbium alátum,* 50 cm, gehört genauso zu den Standardtrockenblumen wie die **Papierblume,** *Xeránthemum ánnuum,* 60 cm, mit rosa, roten oder weißen Blüten.

Noch wenig bekannt, aber sehr apart ist die weiße **Muschelblume,** *Moluccélla láévis;* ebenso neu der karminrot blühende **Zwerg-Kugelamarant,** *Gomphréna globósa.*

Zu den beliebten Beigaben für Trockensträuße zählt neben **Schleierkraut,** *Gypsóphila,* besonders der einjährige **Strandflieder,** die **Statice,** *Limónium sinuátum,* klein- und vielblütig, mit mehreren Farbensorten. Als weiteres Beiwerk eignen sich einjährige **Ziergräser** (über Freilandaussaat siehe an anderer Stelle).

Wo nur wenig Platz zur Verfügung steht ist die „Einjährige Strohblumen-Liebhabermischung" von W. Pfitzer, Stuttgart, zu empfehlen. Weiterhin verdienen die vielen Prachtmischungen Beachtung.

Durch halbwarme **Vorkultur** in steriler Aussaaterde im März/April gewinnt man kräftige Sämlinge. Einmal wird in Vermehrungstöpfe oder Multiplatten pikiert, niedrige Gräser in kleinen Büscheln. Nach Mitte Mai wird mit 20–40 cm Abstand ausgepflanzt.

Gut geeignet für Trockensträuße sind auch **Fruchtstände,** z. B. vom **Ziermais,** *Zéa máys,* mit Züchtungen, wie 'Amero-Hybriden' mit verschieden gefärbten Körnern und 'Erdbeer-Ziermais', der durch tennisballgroße, dunkelrote Fruchtkolben auffällt. Aussaat Anfang April in kleine Töpfe, Pflanzung gegen Ende Mai mit 60 x 30 cm. Auch Freilandaussaat im Mai ist möglich. – Der **Silberling,** *Lunária ánnua,* im März ins Freiland gesät, fruchtet

Die Lampionpflanze ist mit ihren orangeroten ballonartigen Kelchhüllen ein altbekannter Winterschmuck.

noch im selben Jahr. Bei zweijähriger Kultur: Aussaat Mai/Juni. Ähnlich, doch etwas hübscher ist das staudige **Silberblatt,** *L. redivíva.*

Auch die **Lampionblume,** besser **Lampionpflanze,** *Physalis alkekéngi* var. *franchétii,* ausdauernd, sollte ein sonniges Plätzchen erhalten, in einem Gartenwinkel, wo sie wuchern kann. Ansiedlung durch Jungpflanzen, Samen oder Wurzelausläufer. Letztere, mindestens in 10 cm langen Stücken, im April/Mai 3 cm tief legen. Die orangeroten ballonartigen Kelchhüllen sind ein altbekannter Schmuck winterlicher Trockensträuße. Die eingeschlossene „Judenkirsche" ist weder giftig noch schmackhaft.

Die ersten Sommerblumen werden am Fenster gesät

In wenigen Monaten lässt sich mit **einjährigen Sommerblumen** eine Farbenpracht erzielen, die den Gesamteindruck des Gartens ungemein erhöht. Auf **resistente Sorten** achten! Nicht nur bei Astern, bei denen *Astern-*

Sobald die Sämlinge zu dicht stehen, wird pikiert, kleine Arten mit 3–5 cm Abstand in Handkästen, mittelgroße in Multiplatten, größere in Anzuchttöpfe aus Papier oder Weißtorf (6–8 cm). (Regelmäßig gießen, über Mittag bei Sonne etwas lüften und/oder schattieren).

welke hohe Ausfälle verursacht. Einjahrsblumen eignen sich für Beete, Kästen und Schalen, aber auch Steingärten. Außerdem bekommt man reichlich Schnittblumen. Die einjährigen Kletterpflanzen bekleiden rasch Wände, Spaliere, Zäune.

Gesät wird in Handkästen mit keimfreier Aussaat- und Anzuchterde (Euflor, Frux), auch direkt in einen Frühbeetkasten. Man übersiebt dünn mit Erde, drückt leicht an und hält die Aussaaten, je nach *Temperatur-Ansprüchen* (**Temp.**) *warm* (**w**), *halbwarm oder temperiert* (**t**) bzw. *kühl* (**k**). Bis zur Keimung schattiert man und sorgt für Feuchtigkeit.

Sobald man die **Sämlinge** fassen kann, werden sie mit kleinem Erdballen auf 3–5 cm Abstand in andere Handkästen pikiert (verpflanzt), mittelgroße Arten am besten gleich in Multiplatten, größere Arten in Kulturtöpfe (z. B. aus Papier). Günstig für die Weiterzucht ist ein mäßig warmer Frühbeetkasten mit Fensterschutz oder ein Folienzelt ab Mitte April. Wüchsige Sorten in Handkästen müssen noch einmal gegen Ende April verpflanzt werden. Ehe sie ins Freie kommen, härtet man sie durch längeres Lüften ab.

In **Samenkatalogen** findet man unter den botanischen Namen meist mehrere Arten und Sorten. Die *Fleuroselect*-Medaillengewinner kennzeichnen schöne, erprobte Neuheiten, die nach Prüfung in etwa 20 Probegärten von Finnland bis Italien ihren Anbauwert unter Beweis stellen konnten und eine Auszeichnung erhielten. Die meisten Einjahrsblumen kann man auch *im Mai als Jungpflanzen* kaufen. Vorkultivierte Pflanzen sind meist frostempfindlich und dürfen erst nach Mitte Mai ausgepflanzt werden.

Früher Blütenflor in Schalen und Kästen

Die Bepflanzung von Schalen, Kübeln und Kästen braucht nicht erst nach den Eisheiligen im Mai zu beginnen. Ab März gibt es bereits leuchtkräftige Blütenpflanzen für solche Zwecke. Allein schon unter den *Primeln* ist die Auswahl groß. *Stiefmütterchen, Tausendschön* und *Goldlack* kommen hinzu. Von den Zwiebelgewächsen verdienen wegen ihrer langen Blütezeit *Hyazinthen, Narzissen* und *Tulpen* unsere Aufmerksamkeit. Und nicht zuletzt eignet sich manche *Staude des Gartens* für eine abwechslungsreiche Schalenbepflanzung. Für die Pflanzgefäße braucht man eine lockere, nährkräftige Erdmischung. Geeignete Handelsprodukte: Torffreie Blumenerde oder Kokohum aus Feinfasern der Kokosnuss.

Während der zwei- bis dreimonatigen Blütenschau muss die Erde gut feucht gehalten werden. Jede Woche etwas Dünger ins Gießwasser fördert eine noch schönere, längere Blüte. Verblühtes ist auszuputzen, Samenbildung zu unterdrücken.

Während **Zweijahresblumen** nach ihrer hohen Zeit ausgedient haben, können **Stauden** einschließlich *Primula vulgaris*-Sorten wieder in den Garten gepflanzt werden. **Zwiebelblüher** brauchen besondere Pflege. Etwa zwei Tage vor dem Herausnehmen aus den Gefäßen sollte noch einmal gedüngt werden, damit das Umpflanzen besser überstanden wird. Solange die Blätter grün sind,

Stiefmütterchen, hier Vióla-Wittrockiana-Hybriden, sind in den letzten Jahren zu prächtigen Farbträgern geworden.

EINJAHRSBLUMEN-AUSWAHL FÜR VORKULTUR

Deutscher und botanischer Name	Saat-monat	Tempe-ratur	Pflanzweite in cm	Höhe in cm	Blütenfarbe; Besonderes, Verwendung
Leberbalsam, *Agératum houstoniánum*	2–3	t	20–25	10–20	blau; für bunte Beete, Schalen u. Kästen
Fuchsschwanz, *Amaránthus caudátus*	3–4	w	40–50	100	amarantrot; gute leichte Erde
Papierknöpfchen, *Ammóbium alátum*	3–4	t	20–25	50–60	weiß; leichter Boden, Trockenblume
Hundszunge, *Anchúsa capénsis*	3–4	t	15–20	25	blau; Sommervergissmeinnicht
Löwenmaul, *Antirrhínum május*	2–4	t	20–30	20–70	bunt; für Beete und Schnitt
Bärenohr, *Arctótis*-Hybriden	2–3	w	20–30	35–40	klare Farben, guter Boden
Sommeraster, *Callistephus chinénsis*	3–5	t	20–30	15–75	bunt; Beet, Schnitt, Topfkultur
Hahnenkamm, *Celósia argéntea var. cristáta*	2–4	w	20–25	15–25	rot, gelb; warme Lage, Beet
Margerite, *Chrysánthemum ségetum*	3–4	k	20–25	50–90	weiß, gelb, bunt; Beet, Schnitt
Spinnenpflanze, *Cleóme spinósa*	3–4	w	40–60	100	rosa, weiß, lila; bunte Beete
Buntnessel, *Cóleus (Sole nostémon)*	2–3	w	20–25	25–35	buntlaubig; Beet, Kasten, Schale
Schmuckkörbchen, *Cósmos bipinnátus*	3–4	t	25–40	100	rot, weiß; bunte Beete, Schnitt
Pippau, Roter, *Crepis rubra*	2–3	k	15–20	40	rosa, 6–7; normaler Humusboden
Mignon-Dahlie, *Dáhlia*-Hybriden	3–4	w	20–30	25–50	bunt; Gruppenpflanze, Beete
Chinesernelke, *Diánthus chinénsis*	3–4	k	15–20	25–35	rosa, rot, weiß; Beet, Schale
Wolfsmilch, *Euphórbia margináta*	3–4	w	25–30	60–70	weiß-grün-laubig; giftig, Einf.
Mittagsgold, *Gazánia rigens*	3	t	20–25	20–25	bunt; warmes, sonniges Beet
Strohblume, *Helichrysum bracteátum*	3–4	t	20–30	30–80	bunt; vollsonnig, Trockenblume
Sonnenwende, *Heliotrópium arboréscens*	2–3	t	25–30	40–50	lila, violett; starker Duft
Fleißiges Lieschen, *Impátiens walleriána*	3–4	t	20–25	25–40	bunt; für Beete und Schalen
Besen-Radmelde, *Kóchia scopária*	4–5	t	30–70	100	grüne Büsche, Gruppe, Solitär
Statice, *Limónium suworówii*	3–4	t	25–30	60–80	bunt; Beet, Trockenblume
Männertreu, *Lobélia erínus*	2–3	w	10–15	10	blau, weiß; Beet, Schale, Topf
Levkoje, *Matthíola incána*	3	t	15–25	30–50	bunt; guter Boden, Beet, Schnitt
Gauklerblume, *Mimulus lúteus*	3–4	t	20–30	20–40	gelb – braun; für feuchten Boden
Ziertabak, *Nicotiána sánderae*	3	t	20–30	60–80	bunt; Gruppenpflanze, Beet
Bartfaden, *Penstémon hartwégii (gent.)*	2–3	w	20–25	40–70	bunt; Gruppenpflanze, Windschutz
Petunie, *Petúnia*-Hybriden	2–3	w	20–25	25–40	bunt; guter Boden, Beet, Schale
Flammenblume, *Phlox drummóndii*	3	t	20	20–50	bunt; keine Nässe, Beet, Einf.
Wunderbaum, *Ricinus commúnis*	3–4	w	(100)	175	bester Boden, dekorative Pflanze
Sonnenhut, *Rudbéckia hírta*	3	t	30–40	50–90	gelb – braun; bunte Beete, Schnitt
Feuersalbei, *Sálvia spléndens*	2–3	w	20–25	25–40	rot; guter Boden, Beet, Schale
Spaltblume, *Schizánthus*-Wisetonensis-Hybr.	2–3	t	15–25	40–60	bunt; gute Erde, Beet, Schale
Studentenblume, *Tagétes*	3–4	t	20–30	15–75	gelb, orange; Beet, Schnitt
Eisenkraut, *Verbéna*-Hybriden	2–3	w	15–25	20–40	bunt; bunte Beete, warme Lage
Zinnie, *Zinnia élegans u. a.*	4	w	20–30	30–90	bunt; guter Boden, Beet, Schnitt
Kletterpflanzen					
Glockenrebe, *Cobáea scándens*	2–3	w	50–80	400	lila, weiß; klettert an Spalieren
Zierkürbis, *Cucúrbita pépo var. ovífera*	4	w	100	250	gelb; Gitterspalier zum Ranken
Jap. Hopfen, *Húmulus scándens*	3–4	w	60–90	400	klettert an Wänden und Bäumen
Prunkwinde, *Pharbítis nil*	3–4	t	20–40	300	bunt; Draht, Stäbe zum Winden
Kalebassen-Kürbis, *Lagenária sicerária*	3–4	w	75	400	haltbare Früchte zum Basteln
Edelwicke, *Láthyrus odorátus*	3–4	t	10–15	150	bunt; Spalier aus Draht, Fäden
Schwarzäugige Susanne, *Thunbérgia aláta*	3–4	w	30–40	150	orange; Spalier, Gitter, Zaun
Kapuzinerkresse, *Tropáeolum majus*	4	t	40–60	300	bunt; Bodendecker, klettert kaum

März

sorgen sie dafür, dass die Zwiebeln auch im nächsten Jahr wieder blühen. Das Umpflanzen in den Garten muss deshalb mit gutem Ballen und an eine helle, halbschattige Stelle erfolgen.

Pflegearbeiten zwischen Stauden und Gehölzen

Bei trockener, milder Witterung beginnt man damit, die Spuren des Winters zu beseitigen und für Sauberkeit und Ordnung zu sorgen. Gleichzeitig sind günstige Voraussetzungen für die neue Vegetationsperiode zu schaffen.

Von den **Blütenstauden** und **Staudengräsern** wird der letzte Winterschutz je nach Witterung nach und nach entfernt. Vom Vorjahr noch vorhandene *Staudenreste* sind dicht über dem Boden oder über dem jungen Austrieb abzuschneiden, bei Staudenpolstern am besten mit einer Heckenschere. Um die Beetflächen nicht direkt zu betreten, empfiehlt es sich bei breiteren Rabatten und Steingärten, *Trittplatten* zu verlegen.

Im April/Mai blühende Stauden können noch *geteilt und versetzt* werden, jedoch so zeitig, dass sie vor der Blüte befriedigend einwurzeln; sonst fällt der erste Blütenflor *zu* spärlich aus. Gedacht ist an Gemswurz, Tränendes Herz, Blaukissen und andere. – Freie Stellen lassen sich mit Zweijahrsblumen bepflanzen. Für *Farne* und *Lilien* ist ab Mitte März Pflanzzeit, für *Sommer- und Herbststauden* der April (s. dort).

Sobald der Austrieb der **Stauden** sichtbar ist, wird *gedüngt*. Bei *Beetstauden*, die höhere Ansprüche als Wildstauden stellen, streut man z. B. 5 cm hoch Grobkompost, 60 g/m² Hornspäne, darüber Rindenmulch oder einen Humusdünger (6 bis 9 g N/m²) aus. Diesen vermischt man mit der Krume. *Wildstauden* begnügen sich mit der Hälfte der Düngergaben.

Beim Säubern der Beete achte man auf *Schnecken* und vernichte sie. Manche Schäden durch saugende Schädlinge und Pilzkrankheiten lassen sich vermeiden, wenn man die Pflanzen in einem guten Ernährungszustand hält. Das unter **Gehölzen** liegen gebliebene **Herbstlaub** wird abgeharkt und kompostiert oder an Ort und Stelle mit einer Grabegabel flach untergegraben oder auch mit Kompost schwach bedeckt. Dies ist zu empfehlen, wo Schneeglöckchen, Blaustern, Primeln, Leberblümchen usw. angesiedelt sind. Der **Rückschnitt** der Spätsommerblüher, wie Schmetterlingsstrauch und Rispenhortensie, kann noch bis Ende

Die Feuer-Lilie, Lílium bulbíferum ssp. cróceum, *ist eine sehr alte, pflegeleichte Gartenlilie und sollte trotz der vielen Neuzüchtungen nicht ganz vergessen werden. Sie blüht im Juni/Juli gelborangefarben, braun gepunktet auf 60 bis 100 cm hohen Stängeln.*

des Monats vorgenommen werden. Unerwünschte Schösslinge oder Gehölzsämlinge sticht man mit dem Spaten etwa 10 cm tief ab.

Für eine **Düngergabe** sind Gehölze dankbar. Auf humusarmen Böden ist ein Humusdünger angebracht; wo Falllaub liegen bleibt, ein mineralischer Volldünger oder Nitrat N.

Lilien kann man auch im Frühjahr pflanzen

Die meisten Lilien pflanzt man im Oktober (s. dort). Versäumtes lässt sich nachholen. Spätblühende, empfindliche Arten und Sorten kommen besser im Frühjahr in den Boden. Das gilt für Goldband-Lilie, Pracht-Lilie und ihre Hybriden.

Die **Goldband-Lilie,** *Lílium aurátum,* trägt im Juli/August an etwa 150 cm hohen Stängeln sehr große, bis 25 cm breite, weit geöffnete Blüten, deren Blütenblätter in der Mitte ein gold-

gelbes Band tragen und durch rote oder gelbe Tupfen gezeichnet sind. In ihrer Heimat wächst diese Lilie auf porösem Vulkanboden und blüht aus lichtem Gehölz heraus. Bei uns bevorzugt sie sehr durchlässigen, lehmig-humosen, kalkarmen Boden in heller, halbschattiger luftfeuchter Lage. Pflanztiefe etwa 25 cm.

Die **Pracht-Lilie,** *L. speciósum,* etwa 100 cm, erfreut uns mit großen, weißroten, türkenbundähnlichen, duftenden Blüten, die als Schnittblumen sehr wertvoll sind.

Verlässlicher als die Art blühen *L. sp. var. rúbrum* und viele Hybriden. Am besten wachsen sie auf sandig-humosem, kalkarmem Boden mit Planta Rhodo verbessert. Pflanztiefe 20 cm. Besonders empfehlenswert wegen ihrer Schönheit sind amerikanische Hybriden (Strains), wie 'Jamboree', 'Imperial Crimson', 'Imperial Silver', 'Imperial Gold' und einige mehr. Schon 3 Zwiebeln mit 25 cm Abstand ausgelegt, lassen eine gute Wirkung erwarten. Besonderen Reiz vermitteln die großblumigen Oriental Hybriden von Kiepenkerl: 'Mediterrana' (dunkelrosa), 'Sierra Nevada' (weiß und gelb), 'Louvre' (zartrosa).

Die meisten Farne lieben kühlen Schatten

Farne, die zu den blütenlosen Sporenpflanzen gehören, wirken durch die schlichte Schönheit der Blattwedel. Als Wildstauden eignen sie sich zur Begrünung kahler Flächen unter hohen Bäumen, zwischen Sträuchern, an Gehölzrändern und der Nordseite von Gebäuden. Der Boden soll frisch bis feucht, durchlässig, humusreich, aber nährstoffarm sein. Einige wenige vertragen Sonne. Wuchernde Arten, in Massen verwendet, unterdrücken jedes schwächere Gewächs. Andere hohe bis mittelhohe Arten verwendet man in Gruppen oder fügt sie Teppichpflanzungen zu.

Hohe Farne (70–100 cm) sind von stattlicher Erscheinung. Der sommergrüne **Frauenfarn,** *Athyrium fílix-fémina,* zeichnet sich durch hellgrüne, feingefiederte Wedel aus. Weniger Feuchtigkeit wünscht der widerstandsfähige, wintergrüne **Wurmfarn,** *Dryópteris fílix-mas.* Der stattliche **Straußenfarn,** *Mattéúccia struthióptris,* ein starker Wucherer, verträgt viel Feuchtigkeit. Wohl zu den schönsten gehört der **Königsfarn,** *Osmúnda regális,* mit stark gefiederten Wedeln. Er möchte im lichten Schatten stehen. Schön ist auch der Filigran- oder **Schildfarn,** *Polystichum setíferum;* er weist viele wintergrüne Formen mit dicht gegliederten, frischgrünen, weichen Wedeln auf und liebt Waldboden in lichtem Schatten. Wintergrün ist der **Riesenschildfarn,** P. *aculeátum* 'Dahlem', Wedel 60–80 cm lang, 3fach gefiedert.

Unter den **mittelhohen Farnen** (40–50 cm) zeigt der **Frauenhaarfarn,** *Adiántum pedátum,* grazile Form und bevorzugt sauren Humusboden. Wintergrün, wenig anspruchsvoll ist der **Rippenfarn,** *Bléchnum spícant,* der an feuchten, schattigen Stellen heimischer Wälder vorkommt. Als anpassungsfähig gilt der wintergrüne **Perlfarn,** *Onocléa sensibilis,*

Vorsicht vor dem stattlichen, wuchernden Straußenfarn, Mattéúccia. *Er braucht Platz und viel Wasser, da er aus den sumpfigen Wäldern Nordamerikas stammt.*

mit gelappten Fiederchen. Er verträgt Sonne und Schatten, jeden Boden und wuchert. Von abweichender Form ist die wintergrüne **Hirschzunge,** *Phyllítis scolopéndrium,* mit ganzrandigen, zungenförmigen Blättern (Wedeln). Sie braucht frischen Humusboden und verträgt Kalk.

Zu den **niedrigen Farnen** (20–30 cm) gehören recht anspruchsvolle Arten. Am genügsamsten ist die **Steinfeder,** *Asplénium trichómanes,* mit schwarzbraun gestielten Wedeln. Sie kommt gut in leichtem Humusboden voran, verträgt Trockenheit und Kalk. Trockene, sonnige Stellen braucht der **Schriftfarn,** *Céterach officinárum,* nur in wintermilden Gebieten ausdauernd. Beide eignen sich für Mauerfugen und sind wintergrün. **Engelsüß,** *Polypódium vulgáre,* liebt Halbschatten und etwas sauren Boden.

Die beste **Pflanzzeit** ist das Frühjahr. Vorher gräbt man die Stellen und verbessert sie mit Rindenhumus, Komposterde, verrottetem Laub und ei-

Vom Schildfarn, Polýstichum setíferum, *gibt es aufrechte und überhängende Sorten.*

nem Zuschlag an organischem Dünger, wie Fertofit Gartendünger. In einer waldbodenähnlichen Mischung wachsen die meisten Farne. Jedes Jahr gibt man eine handhohe Auflage aus Nadelkompost, kurzgehacktem Reisig und angerottetem Laub. Feuchtigkeitsliebende Arten sind bei anhaltender Trockenheit zu wässern.

Welche Gehölze werden im Frühjahr gepflanzt?

Für die meisten *sommergrünen Laubgehölze ohne Ballen* ist der Herbst zum Pflanzen am besten geeignet. Bei Frühjahrspflanzung kann die Rinde eintrocknen. Man muss also für stets feuchten Boden sorgen und kann bei sonnigem Wetter nasse Tücher über die Triebe hängen. Was man im Herbst nicht geschafft hat, kann im März noch gepflanzt werden. Besonders günstig ist dieser Monat für die Pflanzung von *Halbsträuchern,* die in jedem Frühjahr einen mehr oder weniger starken Rückschnitt brauchen und erst im Hochsommer bis Herbst blühen. Sie bevorzugen ge-

Das zur Zierde gepflanzte Johanniskraut, Hypéricum pátulum, *ist großblütig und kommt in vielen Arten weltweit vor.*

schützte Standorte und leichtere, kalkhaltige Böden. Bei der Bodenvorbereitung sollten gesiebte Komposterde oder/und NeudoHum Pflanzerde beigemischt werden. Ob mit oder ohne Wurzelballen gepflanzt wird, die Triebe müssen nach der Pflanzung etwa 20 cm über dem Boden zurückgeschnitten werden. Sie treiben dann stark durch und blühen besonders reich und schön, noch im selben Jahr. Zu den **Halbsträuchern** zählen (siehe auch Gehölz-Tabelle im September):

Schmetterlingsstrauch oder **Sommerflieder** (*Buddléja davídii*), in vielen Sorten, 2,5 m hoch, bildet üppige Büsche. **Bartblume** (*Caryópteris incána*) bis 1 m, violettblau, August/September, *C. monghólica*, bleibt kleiner, blüht lila, Juli/August. Kreuzung aus beiden *C. x chidonensis* mit mehreren Sorten. **Säckelblume** (*Ceanóthus*), Juli bis Oktober, weiße, rosa oder blaue Blütenrispen. *Fúchsia magellanica*, Halbschatten, karminrosa, Juli bis Oktober. **Johanniskraut** (*Hypéricum*), in mehreren Arten, Juli bis Oktober, gelb. **Elshozia** (*Elshóltzia stauntonii*), karminrosa, September. **Buschklee** (*Lespedéza thunbérgii*), September/Oktober, purpurrosa. **Silberstrauch** (*Peróvskia*), silbergraue Triebe, violette Blüten von August bis Oktober (Blauraute).

Einige bekannte **Blütensträucher** *ohne Ballen* sollten nur im Frühjahr gepflanzt werden. Der Schönheitsstrauch oder **Kolkwitzie** (*Kolkwítzia amábilis*), über 2 m, im Juni mit weißlichrosa Blüten wie übersät, wünscht guten Boden. **Blauglockenbaum** (*Paulównia tomentósa*), bis 12 m, großblättrig, lilablaue, duftende Glockenblüten, braucht durchlässigen, nahrhaften, kalkhaltigen Boden. Schnur- oder **Pagodenbaum** (*Sophóra japónica*), bis 20 m. Im Sommer hellgelbe Blüten in langen Rispen, wünscht leichteren, kalkhaltigen Boden und mildes Klima.

Für **Flieder** ist Pflanzung im späten Frühjahr am sichersten. Veredelte Büsche oder Bäume sind so *tief zu pflanzen*, dass sich die Edelsorte selbst bewurzelt. Unsere schönsten Edelsorten, die 2,5–4 in hoch werden, einfach oder gefüllt blühen, sind die Sorten von *Syrínga vulgáris*. Weiß gefüllte Rispen bringen 'Madame Lemoine' und 'Madame Perrier'. Weiße einfache Blüten 'Marie Legraye'. Lila blüht: 'Ruhm von Horstenstein', lilarot:

Der Sommerflieder, Buddléja davídii, *auch Schmetterlingsstrauch genannt, blüht im Spätsommer violett oder weiß. Seine Blüten sind ein attraktiver Landeplatz für Schmetterlinge.*

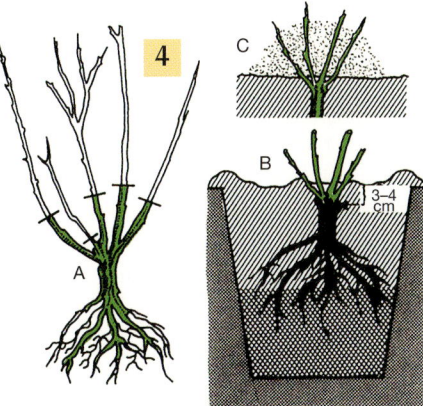

4A Buschrose guter Qualität mit Pflanzschnitt (-Strichen). 4B Veredlungsstelle 3–4 cm tief. 4C Behäufeln mit Mutterboden.

'Charles X', beide einfach. Unübertroffen sind die Sorten 'Andenken an L. Späth' und 'Fürst Bülow', beide rotviolett und einfachblühend. Gut gefüllte Sorten: 'Charles Joly', purpurrot, 'Madama A. Buchner', lilarosa, 'Président Grévy', blau.

Verschiedene *Wildfliederarten* verlängern die Fliederblüte zum Teil bis Juli. **Schling- und Klettergehölze** ohne Ballen wie *Glyzine, Pfeifenwinde, Wilder Wein, Kletterrosen u. a.* werden ab Mitte März gepflanzt (s. April).

Rosen wünschen tief gelockerten Boden

Von Mitte März bis April ist für Rosen Pflanzzeit. Nach Möglichkeit sucht man sich die Rosenstöcke in einer anerkannten Baumschule aus. *Vom Frost geschädigte Pflanzen* (mit trockenen, bis unten hin gebräunten oder geschwärzten Trieben) sind abzulehnen, da sie oft versagen. **Gesunde Rosen haben frische, meist grüne bis grünrötliche Rinde.** Eine Beetrose guter Qualität zeigt Abb. 4 A (mit Schnittstrichen).

Beim **Kauf** lässt man sich die Rosen gut verpacken oder steckt sie selbst in Folienbeutel, damit die *Wurzeln nicht*

austrocknen. Eine eintreffende **Rosensendung** wird sofort ausgepackt. Man stellt die Rosen einige Stunden in Wasser, um Trockenschäden vorzubeugen. Eine vom Frost überraschte Sendung lässt man in einem kühlen Raum allmählich auftauen.

Günstig ist ein **Standort** in freier, luftiger, überwiegend sonniger Lage, mehr kühl als heiß, damit die Rosen weniger unter Krankheiten und Schädlingen zu leiden haben. Jeder **Gartenboden** ist geeignet, wenn er nur tiefgelockert, nahrhaft und genügend feucht ist. Schwerer Lehm sollte durch 1/5 Sand durchlässiger gemacht werden. Sandboden braucht reichlich Humus, Bentonit und Dünger.

Man gräbt mindestens zwei Spatenstiche tief und lässt die **Unterschicht** unten. Ihr setzt man als Vorrat Thomaskali mit Magnesium, etwa 75 g/m², und verbessert die Struktur. Der **Oberschicht** mischt man hauptsächlich organische Substanz bei, wie Komposterde, jedoch keinen frischen Stallmist oder Frischkompost. Auf Sandboden noch etwas organischer

oder organisch-mineralischer Dünger wie Bio-Garten-Azet oder Manna Spezial einzuarbeiten. Der pH-Wert sollte um 6,5 liegen.

Gepflanzt wird abends oder bei bedecktem Himmel. Unmittelbar davor erfolgt der **Pflanzschnitt.** Nachdem man schwächliche Triebe entfernt hat, kürzt man die Haupttriebe der Buschrosen auf 3 bis 4 (Abb. 4 B), die der Stammrosen auf 2 bis 3, der Kletter- und Strauchrosen auf 8 bis 10 Augen ein. Beschädigte dicke *Wurzeln* werden glatt geschnitten, ohne dass viel Substanz verloren geht.

Das **Pflanzloch** soll so tief und weit sein, dass das Wurzelwerk Platz hat und senkrecht in den Boden kommt, Veredlungsstelle (Pfeil) 3–4 cm unter die Erdoberfläche. Als *Pflanzerde* dient mit Humus angereicherter Gartenboden. Beim Einfüllen der Erde tritt man mehrmals vorsichtig an, schafft einen Gießrand, ohne die Erde vom Rosenstock unmittelbar zu entfernen, und gießt jede Rose gut an. Bald nach dem Versickern des Wassers werden Buschrosen und Kletter-

Zu zweit geht die Arbeit munter voran. Rosen brauchen tief gelockerten Boden, mäßigen Wurzelschnitt, sind tief zu pflanzen, gut anzugießen und sofort anzuhäufeln.

rosen 15–20 cm hoch behäufelt (C). *Hochstammkronen* sollte man zur Erde niederbiegen, festhaken und mit Mutterboden bedecken (vgl. Abb. 4 a). Abgehäufelt wird erst, wenn die Augen schwellen und sich röten, etwa Ende März. Der Pfahl zum Anbinden muss mindestens 20 cm in die Krone reichen.

Passende Partner für Beetrosen

Beetrosen kommen sowohl auf einem Rosenbeet als auch in gemischter Pflanzung zur Geltung. Unterpflanzung mit *Wildtulpen* oder *Eríca cárnea* rückt das Rosenbeet schon früh ins Blickfeld.

Gute Erfahrungen wurden auch mit **Einjahrsblumen** gemacht, vor allem mit dem **Duftsteinrich**, *Lobulária marítima (Alyssum marítimum)*. Bei enger Bepflanzung des Rosenbeetes lohnt sich nur eine *Einfassung,* sonst auch ein Teppich. Je nach Sorte blühen die Pflanzen violett, tiefrosa oder weiß. Gesät wird im April breitwürfig oder mit 15 x 15 cm Abstand. Später ist auszudünnen. Die Pflanzen werden 20 cm breit und 6–8 cm hoch, blühen von Juni bis September. Lässt der Flor in der Zwischenzeit nach, so sichelt man ein Drittel ab, gibt etwas Dünger und wässert, um den Durchtrieb zu fördern. Vorkultur ab März in Töpfchen möglich.

Für **eine gemischte Pflanzung** eignet sich besonders gut **Lavendel,** der gleichzeitig die *Blattläuse* verscheucht. Von den niedrigen **Sträuchern** passen Scheinquitte und Zwergmispel, von den **Immergrünen** Berberitzen und Buchsbaum, von den Nadelgehölzen Eiben und Wacholder zu heller blühenden Rosen.

Versuchen sollte man auch, sommerblühende **Stauden** (Rittersporn, Lilien, Kissen-Aster, Sonnenhut und

Beetrosen werden am häufigsten gepflanzt. Verwendung finden hauptsächlich vielblütige, gut gefüllte, auch duftende Floribunda-Sorten. Edelrosen wachsen meist auf Stämmchen.

langblättriger Kerzen-Ehrenpreis.) als Farbkontraste neben Rosen zu pflanzen. Als natürliche Partner dürften ein paar **Gräser,** wie Blaustrahlhafer, Moskito-, Perl- oder Rispengras, nicht fehlen.

Rosen abdecken und düngen

Das *Deckreisig* wird entfernt, sobald der Boden frostfrei ist und sich etwas erwärmt hat. Das *Abhäufeln* ist an der Reihe, wenn sich die Augen röten oder an der Spitze der Trieb zeigt, etwa Ende März. Für diese Arbeiten braucht man *bedeckten* Himmel. **Stammrosen** lässt man noch ein paar Tage in geneigter Stellung und bindet die Krone dann an ihren Stab an.

Mit der Bodenbearbeitung verbindet man das *Düngen.* Wenn man es sorgfältig machen will, streut man die Hälfte des Düngers in die Furchen, lockert sie vorsichtig, häufelt ab, streut den Rest des Düngers um die Sträucher und arbeitet ihn flach ein. Für die Grunddüngung, die **alle Rosen** im März/April brauchen, muss man et-

wa 6 g/m² Stickstoff rechnen, zuzüglich die übrigen Nährstoffe. Das entspricht z. B. 75 g/m² Manna-Spezial oder 100 g/m² Azet-Rosendünger, 600 g/m² Humobil (für leichte Böden) oder 100 g/m² Euflor-Rosendünger. Bei fehlendem Regen wässern.

Rosenschnitt lässt sich verschieden handhaben

Bei viel Platz ist es möglich, sonst **kleinere Büsche** zu prachtvollen, reichblühenden *Rosensträuchern* heranwachsen zu lassen. Man beseitigt dann nur überaltertes Holz, dünne Triebe im Innern und kürzt die kräftigen vorjährigen Triebe, Schnitthöhe ausgeglichen, etwa um die Hälfte ein. Zu hoch gewordene Rosenstöcke kann man auf tiefere junge Seitentriebe absetzen, die entsprechend einzukürzen sind.

Je weniger Platz zur Verfügung steht, desto stärker muß der Frühjahrsschnitt erfolgen. Abb. 5 A zeigt eine mehrjährige **Beetrose.** Bei üblichem Pflanzenabstand und mittelstarkem

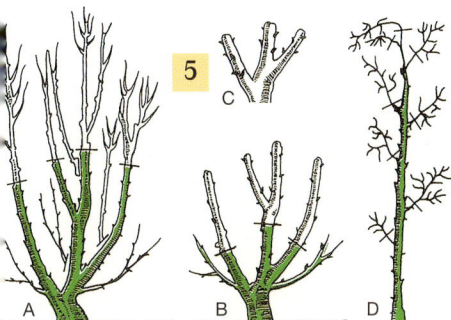

Schnittmaßnahmen bei Rosen.

Wuchs werden die letztjährigen Triebe auf 3–6 Augen eingekürzt (Abb. B), dünnere stets kürzer als dickere. Schnitt leicht schräg, etwa 0,5 cm über einem äußeren Auge. Vorher schwaches, trockenes, erfrorenes Holz beseitigen. *Schwache äußere Triebe zur Bodenbeschattung stehen lassen.*

Edelrosen können etwas kürzer geschnitten werden, um schöne lange Stiele zu bekommen. Schnittstriche in Abb. B zeigen den starken Eingriff auf 2–3 Augen. Abb. C stellt dieselbe Rose nach dem Schnitt vor. Meist wird sich der Rückschnitt der Beetrosen zwischen diesen beiden Beispielen bewegen.

Stammrosen sind im Prinzip wie Buschrosen zu schneiden. Man richtet sich dabei mehr nach Abb. C und achtet auf gleichmäßige Form. **Trauerrosen** kann man wie Kletterrosen behandeln, also altes Holz auslichten, zu lange Triebe kürzen und Seitentriebe auf Zapfen von etwa zwei Augen zurückschneiden. Bei **Kletterrosen** Bodenzweige, älter als 4 Jahre, entfernen. Seitenholz der 2- bis 4-jährigen Bodenzweige auf 2–4 Augen schneiden (Abb. D). Zu lange Ruten können eingekürzt werden, letztjährige sogar ziemlich stark, um auch unten mehr Blütentriebe zu bekommen. Danach Bodenzweige verteilen und anheften. Bei **Strauch- und Wildrosen** ("Heckenrosen") schneidet man einzelne der ältesten, dicksten Zweige

heraus, möglichst nahe am Erdboden. Außerdem sind die Sträucher in Form zu bringen und dabei jährlich um etwa $1/3$ zurückzuschneiden. **Zwergrosen** um $1/3$ der Höhe zurückschneiden. – *Rosenabfälle* können für die unterste Schicht in einem *Hügelbeet* verwendet werden.

Blumeninseln für Nützlinge

Jedes Jahr aufs Neue muss sich der alternative Pflanzenschutz auf die großen Aufgaben der Schädlingsbekämpfung einstellen und auch neue Wege bieten. Sie tragen dazu bei, die „chemische Keule" in Form von umweltbelastenden Spritz- und Stäubemitteln immer weiter auszuschalten. Dies gelingt aber nur, wenn in möglichst vielen Gärten für die vielen natürlichen Feinde der Schädlinge die Lebensmöglichkeiten verbessert werden.

Wenn dies mit hübschen blühenden Sommerblumen gelingt, wie es der Original Sperli-Samen mit „Blüten für Nützlinge" anbietet, so ist das ein doppelter Gewinn für den Garten. Unzählige bunte Blüten erfreuen seinen Besitzer und viele Blumenfreunde ebenso wie das Heer der Nützlinge. Im Angebot befindet sich eine wohlabgestimmte Mischung einjähriger Sommerblumen, die 40 bis 120 cm hoch werden, sich willig verzweigen und von Juni bis zum Frost blühen. Der Inhalt einer Samentüte reicht für 4 bis 5 m². Ab April kann gesät werden. Samen leicht einharken, Boden feucht halten, später etwas düngen. Vielleicht bringt man vorher noch einen kleinen Zierbaum im Zentrum unter, wie etwa die schmucke Goldulme, *Ulmus minor* mit goldgelben Blättern, die vor dem Abfallen im Herbst noch intensiver leuchten. Der kleine Zierbaum, der in Europa heimisch ist, liebt kräftigen Boden und Sonne.

Werden solche Inseln in sehr vielen Gärten geschaffen, bieten sie einen Lebensraum für nützliche Insekten und Kleinlebewesen, die zum Weiterleben im Sommer Blütenpollen und Nektar brauchen. Ihre Larven ernähren sich dagegen von Blattläusen, Weißen Fliegen, Milben, Schneckeneiern und anderen Schädlingen. – Boden mit gesiebter Komposterde (5–10 l/m²) oder mit 500 g/m² Humobil auffrischen. Bei Extremböden Bodenhilfsstoffe anwenden.

Zu den Nützlingen zählen auch viele Schmetterlinge, an deren bunter Pracht wir Menschen die Natur von ihrer faszinierenden Seite erleben können. Besonders Kinder beachten und verfolgen die leise flatternden Farbtupfer, die auf den stickstoffgedüngten Nutzweiden keinen geeigneten Lebensraum mehr finden. Die Sperli-Samenmischung „Schmetterlingswiese" könnte in unseren Gärten schon zur Aussaat kleiner Inseln

Für Schmetterlingswiesen gibt es im Handel fertige Samenmischungen. Sie erleichtern den Faltern das Überleben und erfreuen uns.

von 2–3 m² dienen. Diese reizvollen Flächen können eine ökologisch wertvolle Brücke zwischen Nutz- und Zierfläche schlagen. Die angelockten Schmetterlinge fördern unsere innere Ruhe, wenn wir einmal nichts anderes tun, als diese munteren Tiere einige Zeit zu beobachten.

Belüftung regt den Graswuchs an

Im Frühjahr braucht der Rasen *gute Durchlüftung.* Sind die Gräser (infolge milder Witterung) inzwischen zu lang geworden, empfiehlt es sich, erst zu *schneiden,* dann zu *lüften* und damit gleich das *Düngen zu* verbinden (s. April). Sobald die Fläche abgetrocknet ist, wird sie mit einer **Eisenharke** oder einem **Stahldrahtbesen** kräftig durch- und abgeharkt, was bei jüngerem Rasen meist genügt.

Bei *älteren, verfilzten, vermoosten Flächen* auf verfestigtem Boden empfiehlt sich der Einsatz einer **Schneidharke** (Abb. 6 a, b), auch Messerharke, Rasenkamm oder **Vertikutierrechen** genannt (vertikutieren = senkrechtes Einschneiden, Abb. 6 e). Mit den kurzen, weit gestellten Messerzinken (a) werden Grasnarbe und Boden längs und quer aufgeritzt (vertikutiert), mit den langen, engen Zinken (b) Mährückstände, Moos, flach wurzelnde Unkräuter abgeharkt.

Leichter arbeitet es sich mit einem **Vertikutierroller,** der die Arbeiten einer Messerharke übernimmt, auch

Mit einem Vertikutierroller lässt sich die Belüftungsarbeit erleichtern, doch muss das Gerät ständig bewegt werden.

Je leichter der Boden, desto eher ist mit einer Vertikutierharke auszukommen. Sie eignet sich gut zum Abharken.

das Abharken. Wer sich der Motorkraft bedienen will, braucht nur das Mähmesser eines leistungsfähigen Benzin-Motormähers durch ein **Vertikutiermesser** zu ersetzen. Die „Kraftharke" arbeitet nur dann einwandfrei, wenn der Mäher auf der Rasenfläche in ständiger Bewegung gehalten wird. Schon bei kürzerem Anhalten werden größere Rasenstücke ausgerissen. Verhindern lässt sich dies nur durch Ankippen des Mähers, erforderlichenfalls bereits beim Anlassen. Noch leistungsfähiger ist eine Motor-Vertikutiermaschine, die man ausleihen kann. Für normale Hausgartenflächen ist der neue **Lüftermäher** Brill Hattrick BH 36 am geeignetsten (Elektro oder Benzin), wenn der Rasen im Frühjahr nicht zu stark verfilzt ist. *Stark verdichtete, feste Böden* bedürfen einer tieferen **Belüftung** oder **Ärifi**-

zierung (Abb. 6 f). Auf leichteren Böden und kleinen Flächen genügt oft schon die **Grabegabel,** mit der man alle 10 cm bis 10 cm tiefe Einstiche macht. Einfacher ist das Stacheln mit einer **Stachelwalze** (c), deren 10–15 cm lange Stacheln sich in den Boden drücken. Vor dem Bewässern ist das Stacheln besonders günstig. Der Wiesel-Rasenlüfter vertikutiert und ärifiziert gleichzeitig.

Starke Bodenverdichtungen auf schweren Böden lassen sich nur durch eine Hohlgabel oder einen **Ärifizierungsstecher** (d) beheben. Dieses Spezialgerät mit 2 bis 3 Hohlstacheln, die man alle 10 bis 15 cm in den Boden tritt, wirft kleine Erdpfropfen aus und sorgt wieder für besseres Wachstum. Ein **Bio-Bodenlüfter** (siehe übernächste Seite), auch **Biogabel** genannt, belüftet lehmige Böden ganz

6

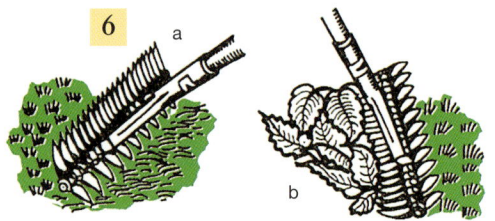
a
b

c

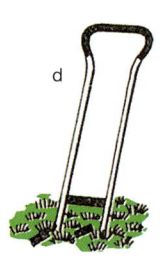
d

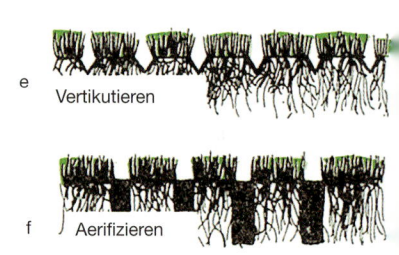
e Vertikutieren
f Aerifizieren

Geräte zur Rasenpflege.

anders. Das Gerät wird tief eingetreten und mehrmals ruckartig hin- und herbewegt, so dass Hohlräume entstehen, besonders in den belebten Schichten, und ein besserer Luftaustausch. Andererseits wird aber Boden nachhaltig zusammengedrückt.

Das **Sanden,** das der Engländer **Top-Dressing** nennt, verbessert, besonders in Verbindung mit dem Vertikutieren oder Ärifizieren, die Struktur schwerer oder schmieriger Böden und macht sie für den notwendigen Luft- und Wasseraustausch poröser.

Nach dem *Abharken der Erdpfropfen* usw. überzieht man die Fläche etwa $1/2$ cm hoch mit *Rasensand* (z. B. Hornoska Lawn-Sand), den man mit einem Fächerbesen in die Rillen oder Löcher einkehrt. Dabei lassen sich kleinere Unebenheiten ausgleichen.

Zusätzliche Anmerkungen

Steckholz wird, sobald der Boden offen ist, zugeschnitten und an halbschattiger Stelle in vorbereiteten Boden gesteckt, und zwar am besten *hinter das Spatenblatt,* um das Kambium nicht zu beschädigen. Die besten Knospen hat der mittlere Teil eines Triebes. Aus jedem gewinnt man mehrere 10-20 cm lange Stücke mit je 4-6 Augen. Da sich unter einem Auge besonders willig Wurzeln bilden, macht man den Schnitt dicht unter einem Einzelauge oder Augenpaar. Auch oben kann nahe über dem Auge geschnitten werden. Wird das Steckholz vorher 24 Stunden in *Honigwasser* (1 Teelöffel Bienenhonig auf 1 Glas Wasser) gestellt, so soll das die Wurzelbildung fördern. Man steckt mit 10 cm Abstand und tritt die Erde an. Eine Mulchdecke sorgt für gleichmäßige Feuchtigkeit, bei Trockenheit muss mäßig gewässert werden. Im Lauf des Frühlings und Sommers bilden sich Wurzeln und Laubtriebe.

Junge Hecken sind nur langsam in die Höhe zu führen. Die oberen Spitzentriebe, die beim Sommerschnitt ungeschnitten blieben, damit sie gut ausreifen, werden nun auf 25-30 cm über der vorjährigen Schnittebene eingekürzt.

Pflanzschnitt. Die Triebe aller im Herbst oder Frühjahr gepflanzten laubabwerfenden Ziersträucher und -bäume, Hecken- und Schlingpflanzen *ohne Ballen* werden im März mindestens um ein Drittel ihrer Höhe zurückgeschnitten, Rosen sogar wesentlich mehr. - Bei Ballenpflanzen ist der Rückschnitt im Allgemeinen entbehrlich, bei Koniferen entfällt er.

Abgeblühte Gehölze sollte man sofort einem entsprechenden Schnitt unterziehen und damit nicht zu lange warten. Um so kräftiger und gesünder kommt der Neutrieb. Eine Düngergabe und Bewässerung bei Trockenheit unterstützen den Trieb.

Kübelpflanzen (s. Mai) werden alle paar Jahre im zeitigen Frühjahr in größere Gefäße umgesetzt. Der äußerste Termin ist dann gekommen, wenn die Wurzeln den Ballen bereits hochdrücken. Die Pflanze wird dann vorsichtig aus dem alten Gefäß genommen. Der Ballen bleibt erhalten, wird am Rand etwas aufgelockert. Nicht durchwurzelte Erde drückt man ab. Bevor die Pflanze in das neue Gefäß kommt, legt man über die Bodenlöcher einige Tonscherben. Die meisten Pflanzen wünschen lehmhaltige, brockige Erde. Ein solches Handelsprodukt ist z. B. Kokohum.

Grauschimmel an Pfingstrosen und anderen Stauden führt zum Absterben junger Sprosse. Unverrottete organische Substanz (Bodendecke) vor dem Austrieb abräumen und Befeuchtung junger Triebe unterlassen. Befallene Pflanzenteile sofort vernichten! Gefährdete Stauden vor dem Austrieb mit Neudosan angießen oder spritzen. Bei Austrieb rings um die Päonie 25 g/m² Euflor Volldünger blau ausstreuen, einfräsen ohne die empfindlichen Wurzeln zu beschädigen.

Brutknöllchen. Viele Knollen- und Zwiebelgewächse sind durch Brutknöllchen oder -zwiebeln leicht zu vermehren. Wird die Brut jetzt ins Frühbeet gelegt

und gut gepflegt, dann blühen die größten Knollen oder Zwiebeln noch im selben Jahr. Das gilt für Gladiolen, die Abessinische Gladiole, Tochterknollen der Montbretien, Tigerblume, Gloriosa u. a.

Unkrautbekämpfung vor Raseneinsaat. Fläche so früh wie möglich vorbereiten. Unkraut mehrmals vernichten. Gegen Samenunkräuter lohnt sich flaches Einarbeiten von Spezial-Kalkstickstoff, 40 g/m². Wurzelunkräuter muss man mit Rhizomen ausheben.

Rhododendren vertragen Schnittmaßnahmen zwischen März und Juni nach der Blüte, ältere, im Innern aufgekahlt, sogar stärkeren Rückschnitt. Blüht wieder nach 2 Jahren.

Frühe Freilandaussaat ab Mitte März ist für einige Einjahrsblumen (siehe Tabelle im April) günstig. Die Pflanzen entwickeln sich kräftiger, blühen früher und länger.

Stecklingsvermehrung von *Eibe, Scheinzypresse, Wacholder* ist im März/April möglich. Bei Säulenformen braucht man Gipfeltriebe, sonst genügen Seitentriebe. Bewurzelung erfolgt am besten in einem kalten Kasten oder unter einem Folientunnel.

Nahrung für Nadelgehölze. Immergrüne Laub- und Nadelgehölze sind für jährliche Düngung im Frühling dankbar. Zu bevorzugen sind Spezialdünger wie Tannen-Fluid, das gleichzeitig eine Nährschutz-Lösung mit zweifacher Sofortwirkung bedeutet. Die Nährstoffe werden über Nadeln und Wurzeln aufgenommen. Im Mai sollte die Düngung wiederholt werden. Blatt- und Nadelvergilbungen werden dadurch weitgehend eingeschränkt und behoben.

März

Die Bio-Gabel ist ein Spezialgerät zur Boden-belüftung. Eine übliche Grabegabel reicht oft schon aus.

Als „Rasensand" eignet sich auch eine Mischung aus scharfem Sand und Lauberde.

Noch verbliebene **größere Unkräuter** sollten (mit einem *Wurzelstecher*) ausgestochen werden, da es zur chemischen Unkrautbekämpfung noch zu früh ist.

Gegen **Moosreste** wendet man ein Antimoos-Mittel an oder mischt je m² 50 g Sand, 10 g pulverisiertes Eisenvitriol, 12 g Schwefelsaures Ammoniak. Mischung auf leicht feuchten Boden gleichmäßig streuen. Hände durch Gummihandschuhe schützen!

Kahlstellen bedeckt man mit Kompost, den man feucht hält, damit die lebenskräftigen Wurzeln bald wieder austreiben und die Lücken schließen.

Rotbraune Gräser mit weißem Schimmel bei Nässe sind von **Schneeschimmel** befallen und sofort mit einem breitwirkenden Fungizid (z. B. Euparen) zu spritzen.

Absterbender Rasen, der durch immer größer werdende braune Stellen auffällt, kommt meist aufs Konto der **Wiesenschnake.** Im Spätsommer legen Weibchen Eier flach unter die Erde. Schlüpfende Tipulalarven oder **Wiesenwürmer,** bis zu 4 cm lang, steigern im Frühling ihre Fraßtätigkeit, so dass vom Rasen nichts übrig bleibt. Deshalb Bekämpfung im März z. B. mit Spruzit flüssig (5 cm³ auf 6 Liter Wasser/100 m²) spritzen. **Nematoden** (Wurzelgallälchen) sind am Werk, wenn sich in geschlossenem Grasbestand schütterer Bewuchs zeigt. Da sich großflächige Bekämpfung zu teuer stellt, wird zu frühzeitiger Bodenuntersuchung geraten.

Im Obstgarten

Strauchbeerenobst braucht zeitig neue Kraft

Sobald der Boden frostfrei ist und wieder betreten werden kann, ist die Düngung des Beerenobstes vordringlich. Schwere Böden sollten schon im Februar, spätestens Anfang März die erste Düngerate erhalten. Mittlere und leichte Böden Anfang bis Mitte März, zum zweitenmal nach der Ernte.

Man rechnet jedesmal die Hälfte des Jahresbedarfs. Dieser beträgt im Mittel je m² 10 g Stickstoff, 6 g Phosphat, 15 g Kali, 3 g Magnesium. Auf schweren und leichten Böden liegt der Bedarf 25 bzw. 50 % höher. Geeignet sind Düngemittel, die die Nährstoffe angemessen enthalten, rasch und nachhaltig wirken. Zur Verbesserung der Bodenstruktur wende man außerdem Bodenhilfsstoffe an, wie FulHumin und Bentonit (leichte Böden) oder Urgesteinsmehl, je 100 bis 150 g/m², einmal im Frühjahr.

Auf **offenem Boden,** wo sich also keine organische Bodendecke befindet, wird vorteilhaft ein organischer Dünger ausgestreut und eingefräst, z. B. Azet-Beeren-Dünger (60 g/m²) oder ein organisch-mineralischer, wie Manna-Spezial oder Hornoska-Spezial. Hinzu kommen Bodenhilfsstoffe. Dies gilt für alles Beerenobst.

Kletterbrombeeren erhalten fürs Jahr 100 g/m² Azet-Beeren-Dünger. Der Weinstock braucht diese Düngermenge als erste Rate.

Auf **bedecktem Boden,** wo eine organische Mulchdecke ausgebreitet liegt, wie bei Himbeeren, aber auch bei anderem Strauchbeerenobst, dürfte die organische Versorgung recht gut sein. Notfalls werden die groben Bestandteile erst abgeharkt und kompostiert. Danach wendet man einen mineralischen Mehrnährstoffdünger wie z. B. Volldünger blau an. Mit 20 bis 25 g/m² ist auszukommen, da weitere Nährstoffe noch aus der organischen Bodenreserve freigesetzt werden. Man kann aber auch wie oben organisch-mineralisch düngen. Bodenhilfsstoffe sollten nicht fehlen.

Raschwirkende Düngemittel in Kombination mit Bodenhilfsstoffen sind die Mittel der Wahl zur Versorgung von Strauchbeerenobst.

Heidelbeeren und *Kiwi* brauchen sauer reagierenden Volldünger, wie Alkrisal. Davon gibt man jetzt mindestens 30 g/m² und im Juni nochmals die gleiche Menge. Hinterher wässern. Bodendecke aus Gärtnertorf, Laubkompost. FulHumin und Gesteinsmehl jährlich ergänzen.

Düngung der Obstbäume

Auf offenem Boden ist die Hauptdüngung im März fällig, schwere Böden stets zuerst düngen. Ende März muss der Stickstoff bereits bei den Wurzeln sein, da dann die verstärkte Aufnahme beginnt. An Bodenfeuchtigkeit sollte es nicht fehlen.

Der mittlere Jahresbedarf an Hauptnährstoffen beträgt je m² 12 g Stickstoff, 8 g Phosphat, 16 g Kali, 3 g Magnesium. Wurden schwere Böden bereits früher gedüngt, entfällt die Nährstoffzufuhr jetzt. Zusätzlich sollten offene Baumscheiben je 100–150 g/m² Bentonit (leichter Boden) oder Urgesteins-Mehl und FulHumin, ein Dauerhumuskonzentrat, erhalten.

Leichte oder schwere und humusarme Böden sollten grundsätzlich organisch gedüngt werden, z. B. mit Fertofit-Garten-Dünger, 75 g/m², oder Mannahum (200 g/m²). Hinzu kommen die Bodenhilfsstoffe.

Mit Humus (dunkle Erde) recht gut versorgte Böden sollten zusätzlich zu den Bodenhilfsstoffen mineralisch gedüngt werden, z. B. mit Euflor Volldünger blau, 20 g/m², oder auch organisch-mineralisch, z. B. Manna-Spezial (50 g/m²). Verbesserungsstoffe eingrubbern. Auf eine Bodenbedeckung wird bis Ende Mai verzichtet, damit sich der Boden normal erwärmen kann.

Obstbäume im Rasen oder Grasland brauchen die erste große Düngerzumessung (bis zu ³/₄ des Jahresbedarfs) im Spätherbst und Winter, da-

mit die Nährstoffe zwischen den Gräserwurzeln versickern. Was versäumt wurde, lässt sich nur bedingt nachholen. Am raschesten können Nährstoffe mit einer *Düngelanze* oder *Düngersonde* (Abb. S. 187) den Baumwurzeln zugeführt werden. Andernfalls streut man 2–3-mal in Abständen von 14 Tagen 25 g/m² Volldünger aus, möglichst vor einem Regen. Zahlreiche Einstiche mit der Grabegabel beschleunigen das Versickern. Nach erfolgter Winterdüngung genügen jetzt einmal 15 g/m² Volldünger blau.

Bessere Erdbeererträge bei richtiger Pflege

Sobald der Boden abgetrocknet ist, werden die *alten Blätter* weggeschnitten, abgeharkt und kompostiert, um Schädlinge und Krankheitskeime zu vernichten, überstreut man den Abfall mit Spezial-Kalkstickstoff. Wer altes Laub abreißt, lockert die Pflanzen, verursacht Wurzelschäden und verringert die Ernte.

Im letzten Sommer gepflanzte Erdbeeren können in torfreichem Boden *vom Frost gehoben* sein und sind wieder anzudrücken. Zur guten Entwicklung muss der Boden vor allem **feucht und unkrautfrei** sein. Mit der Düngung sei man zurückhaltend, auf guten Böden und bei wüchsigen Pflanzen ist sie entbehrlich. Für mittlere und leichtere Böden eignet sich jetzt noch ein rasch wirkender Voll- oder Erdbeerdünger. 3–4 g/m² Stickstoff dürften im Allgemeinen genügen; zuviel Stickstoff vermindert Ertragshöhe und Fruchtgröße. Nach flachem Einarbeiten gut einwässern (s. im Juli).

Mit geringem Aufwand ist es möglich, frühe Sorten um 3 Wochen zu **verfrühen.** Ab Anfang März bei mindestens + 6 °C überbraust man die Fläche mit lauwarmem Wasser und bedeckt sie nach dem Abtrock-

nen mit „wachsender" Folie, damit die Sonne den Boden rasch erwärmt und die Entwicklung der Pflanzen fördert. Gegen Ende April, bei Blühbeginn, wird die Folie abgenommen und nach der Blüte wieder über die Pflanzen gelegt, um gleichzeitig Vögel und Frost abzuwehren (siehe Abb. S. 110 b und c).

Auch ein *Folienzelt* oder ein *Wanderkasten* ist zur Verfrühung geeignet, doch muss man an sehr warmen Tagen um die Mittagszeit etwas lüften. Zur Blütezeit sind zumindest die Stirnseiten des Tunnels oder die Fenster des Kastens zu öffnen. Bei warmem Wetter kann der Schutz vorübergehend auch ganz entfernt werden.

Von einer Behandlung der Erdbeerpflanzen mit *chemischen Spritzmitteln* sehe man im März ab. Zwar schaden die sonst wirkungsvollen Austriebsspritzmittel den Stauden nicht, doch kann es zu Geschmacksbeeinträchtigung kommen.

Schnecken und **Tausendfüßler, Grauschimmel** und **Unkräuter** lassen sich durch Ausstreuen und Einarbeiten, bis 2 cm tief, von 30 g/m² Spezial-Kalkstickstoff abwehren.

Frühjahrspflanzung im Obstgarten

Was im Herbst nicht geschafft wurde, sollte zeitig nachgeholt werden. Frostempfindliche Obstarten schließen sich an. Frühtreibende Obstbäume, wie Aprikose und Pfirsich, pflanzt man gegen Ende März; Quitte, Walnuss, Brombeere, Kiwi, Kulturpreiselbeere im April. (Über Bodenvorbereitung siehe im Oktober.)

Der Pflanzung muss sofort der Rückschnitt folgen, damit nicht zuviel Vorratsstoffe weggeschnitten werden. Außerdem unterwirft man im Frühjahr gepflanzte Gehölze einem etwas stärkeren Rückschnitt als sol-

Immer häufiger wird Ballenware gepflanzt. Behandeln Sie den Ballen wie ein rohes Ei, um die Wurzeln zu schonen. Treten Sie statt darüber daneben! So können keine Wurzeln innerhalb des Erdballens abgerissen werden.

chen aus der Herbstpflanzung. Sobald mildes Wetter einsetzt, kann gepflanzt und geschnitten werden.

Kommt danach noch ein **Kälterückschlag,** so ist es gut, wenn man den Boden rings um die Gehölze mit organischen Stoffen dick bedeckt hat, um Frost vom Wurzelbereich abzuhalten, damit das Anwachsen nicht gestört wird.

Kann die *Pflanzung erst kurz vor Austrieb* erfolgen, dann sind **Reservestoffe** aus dem Holzkörper bereits zu den Triebspitzen vorgedrungen. Günstig wäre es, wenn der Baumkäufer dann bereits in der Baumschule geschnittene Pflanzbäumchen vorfände. Ist der Pflanzschnitt jedoch unterblieben, so sollte man ihn erst im nächsten Frühjahr zusammen mit dem ersten Aufbauschnitt vornehmen.

Setzt bald nach der Pflanzarbeit **lufttrockenes Wetter** ein, so sind Pflanzbäume gefährdet. Vor allem verdunsten sie durch Stamm und Äste. Diese Teile brauchen deshalb *Verdunstungsschutz.* Während eine Stammpackung aus nassem Moos oder Torf, die man umbindet, täglich angefeuchtet werden muss, bleibt eine Lehm-

Torf-Mischung länger feucht (s. Mai: „Pflanzbäumchen", „Zus. Anm.").

Aprikosen aus dem eigenen Garten

Die vorzüglich schmeckende Frucht hat hohen gesundheitlichen Wert und eignet sich, voll ausgereift, für den Frischverzehr, als Backobst und zum Einmachen.

Eine bewährte, gern verwendete Sorte ist 'Nancy'. Früchte groß, orangegelb, rotbackig, saftig süß. Essreife August. Anfällig für Monilia, an ungünstigem Standort: Gummifluss, Schrotschuss, Scharka. – Neuheiten: 'Hangrand' (aus Kanada), 'Orangered' (USA). Köstlich mundende Aprikosen, bis 60 g schwer. Reife Juli/August. – Nach jüngstem Test aus Halle sind folgende alte Aprikosensorten scharkafest: 'Brevia', 'Kuresia', 'Virosa'.

Standort windgeschützt und sonnig. Für leichtere, warme Böden wählt man als Unterlage starkwüchsige Aprikosensämlinge, für kräftigere Böden mittelstarke Pflaumensämlinge.

Junge Aprikosenbäume werden bei beginnendem Austrieb geschnitten.

Wichtig ist dabei der Rückschnitt der Leittriebe und die restlose Entfernung der Konkurrenztriebe. Bei Aprikosen hat sich eine naturgemäße Krone mit Leitaststreuung und Mittelast bewährt. Nach 4 Jahren wird der Aufbauschnitt beendet. Danach ist aber immer noch der Wegschnitt der Konkurrenztriebe nötig.

Sonnenplätze für Pfirsich und Nektarine

Die Pfirsichfrucht mit samtartiger Haut ist bekannter als die glatthäutige Nektarine. Sie stammt vom Pfirsich und entstand als Knospenmutation. Der Hinweis in Katalogen auf „Pflaume + Pfirsich = Pflausig" ist ein Werbegag. Pfirsich- und Nektarinenbäume stellen etwa gleich hohe Ansprüche, doch sind Nektarinen etwas empfindlicher. Der Standort muss warm und sonnig sein und gegen kalte Nord- und Ostwinde geschützt liegen. Günstig ist eine Süd-West-Wand.

Mit weniger empfindlichen mittelfrühen bis mittelspäten **Pfirsichsorten**

6-jähriger Aprikosenbusch. Beim Pflanzschnitt der 1-jährigen Krone entfernt man Konkurrenztriebe und kürzt die Zweige.

wird man den besten Erfolg haben. Bewährte Sorten sind: 'Amsden', 'Rekord aus Alfter', 'Anneliese', 'Roter Ellerstädter' (= 'Kernechter vom Vorgebirge'), 'Rudolph'. Als wertvolle Nektarinensorte gilt 'Nectarose', wenig empfindlich, saftig und süß. Eine weniger empfindliche **Nektarinensorte** ist die 'Goldfleisch-Edel-Nektarine'.

Pfirsichbäume sollten möglichst als **Hochbusch** mit 80 cm Stammhöhe gezogen und mit 4 m Abstand gepflanzt werden. Als Fächer am Wandspalier genügt eine Stammhöhe von 60 cm. Auf leichten, geringwertigen Böden nimmt man als **Unterlage** starkwüchsige *Pfirsichsämlinge,* auf kräftigen, lehm- oder lösshaltigen, keinesfalls nasskalten Gartenböden mittelstark wachsende *Pflaumensämlinge.*

Auf humusreichen, warmen **Böden,** die genügend nahrhaft und kalkhaltig sind, ist die Entwicklung am besten. Etwa 14 Tage vor der Pflanzung wird für jeden Baum eine Fläche von mindestens 1 m^2 zwei Spatenstiche tief gegraben und verbessert. Der *Unterschicht* mischt man 75 g/m^2 Thomaskali bei, der *Oberschicht* nach dem Umgraben Bentonit und FulHumin. Einarbeitung bis 10 cm tief.

Einjährige Veredlungen mit reichlich Faserwurzeln wachsen am besten an. Um einen starken Mitteltrieb stehen zahlreiche vorzeitige Seitentriebe. Beim Pflanzen kommt die *Veredlungsstelle* gut handbreit über den Boden. Senkrechter Stand des Baumes ist wichtig, nur der Fächer sollte leicht zum Spalier geneigt sein. Erde fest andrücken oder mittelstark antreten. Abschließend formt man einen Gießrand, gibt etwa 10 Liter Wasser und bedeckt den Boden mit Pflanzenabfällen.

Bei Triebbeginn schließt sich ein sehr starker **Pflanzschnitt** an. Dabei werden sämtliche vorzeitigen Triebe auf Astring weggeschnitten und der Mitteltrieb wird um Scherenlänge eingekürzt. Wundverschluss mit Bayleton-Rindenwundverschluss ist besonders wichtig. Nach so starkem Schnitt entwickeln sich kräftige, ziemlich flachgerichtete Triebe, die tragfähige Leitäste bilden (Abb. 18 a und b, S. 96). Der *Stummelschnitt gilt als überholt.*

Gegen die Kräuselkrankheit hilft die Austriebsspritzung.

Pflanzschnitt der Pyramidenkrone (Rundkrone)

Jüngere Bäume sollten im Frühjahr geschnitten werden. Das gilt für Pflanz- und Aufbauschnitt. Durch Umpflanzen verliert der Baum einen Teil seiner Wurzeln und fast alle Faserwurzeln, so dass das Weiterwachsen erheblich gestört ist. Um zu verhindern, dass Bäumchen jahrelang kümmern, ist der Pflanzschnitt ratsam.

Eine **einjährige Krone** besteht bei *Apfel, Birne* und *Pflaume* (Zwetsche usw.) meist aus einem Mittelast und 8–12 Seitentrieben (Abb. 7 A), von denen die oberen am kräftigsten entwickelt sind. Da sie in einem zu *spitzen Winkel* ansetzen, die Krone zu eng und zu hoch machen, durch ihren *Steilwuchs* den Ertragsbeginn hinauszögern und bei starker Belastung zum Ausbrechen neigen, eignen sie sich nicht als Leitäste. Da Steiltriebe mit der Mittelastverlängerung (m) konkurrieren, werden sie als **Konkurrenztriebe** (k) bezeichnet. Bei normalem Baumwuchs schneidet man sie weg. Wenn die alte Schnittstelle aber Mängel aufweist oder der Baum sehr steil wächst, nimmt man den Mitteltrieb vielfach bis zum ersten oder zweiten Konkurrenztrieb heraus, was sich hier erübrigte (C).

Von den (mittel)starken *Seitentrieben* mit größerem Winkel wählt man als zukünftige **Leitäste** 3 (I_1- I_3), bei Pflaumen 4 Triebe, die in den Himmelsrichtungen gut verteilt sein müssen (Grundriss B). Überzählige Triebe dazwischen oder darunter werden nicht entfernt, sondern mit Fäden oder Klammern etwa waagerecht gerichtet, da sie die ersten Früchte erwarten lassen.

Beim Pflanz- und Aufbauschnitt werden Mittelast und Leittriebe gekürzt, bei Steinobst bis auf einen 1–2 cm langen Zapfen, der nach dem Austrieb im Mai entfernt werden muss. Bei Kernobst schneidet man „auf Auge" gemäß S. 97, Abb. 22 a.

Bevor man an den *Leittrieben* den nötigen Rückschnitt ausführt, überprüft man ihre Winkel zum Mittelast. Günstig für ein ausgeglichenes Wachstum ist ein Steigungswinkel von 30-45 Grad (I_1), von der Waagerechten aus gerechnet.

Wo Triebe *steiler* (I_3) oder *flacher* (I_2) stehen, muss **man zuerst formieren:** Ein zu steil gerichteter Trieb wird abgespreizt (a). Dafür verwendet man ein etwa 2 cm starkes Holz mit eingekerbten Enden. Ein hängender Trieb wird mit breitem Rand (b in Abb. D) höher gebunden. Nun erst erfolgt der Rückschnitt der Leittriebe.

Man beachte beim **Rückschnitt:** Der am tiefsten angesetzte oder schwächste Leittrieb (I_1), wird um $1/3$-$1/2$ eingekürzt. Die andern Leittriebe ($I_2 + I_3$) sind auf die gleiche Ebene (e_1) oder Saftwaage zurückzuschneiden, stets auf eine nach außen gerichtete Knospe. Der **Mitteltrieb** (m) soll die Leitäste um Scherenlänge überragen. Bei steilwüchsigen Bäumen etwas weniger. Man kürzt den Mitteltrieb über dem Auge ein, von dem zu erwarten ist, dass der neue Verlängerungstrieb der Mittelachse am nächsten kommt. Notfalls muss man schienen. Alle Wunden sollten sorgfältig verstrichen werden. Den Vorzug verdient „Bayleton-Rindenwundverschluss", ein Mittel, das auch Pilzinfektionen abwehrt,

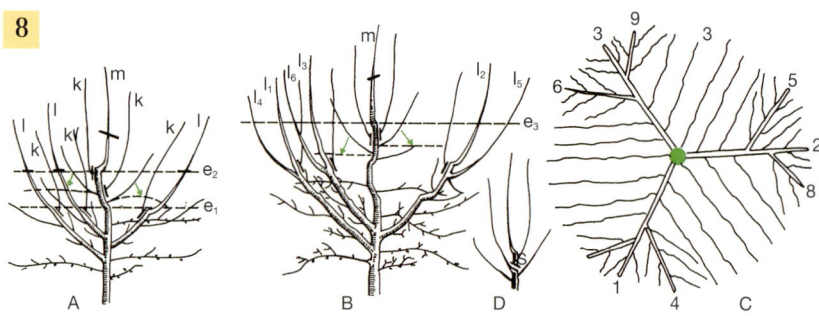

Erziehungsschnitt von Pyramidenkronen.

was das bisher gut beurteilte Baumwachs leider nicht vermag. Gleichzeitig wird die Kallusbildung gefördert. Malusan wirkt in gleicher Weise.

Erziehung von Pyramidenkronen bei Apfel, Birne, Pflaume

Ein Jahr nach dem Pflanzschnitt erfolgt der 1. Aufbauschnitt (vgl. Abb. 8 A), möglichst in der ersten Märzhälfte. Um ein starkes **Astgerüst** zu erzielen, sind *Konkurrenztriebe* (k) zu entfernen und der *Mittelast* (m) sowie die *Leitäste* (I) in den ersten 4-5 Jahren jährlich stark zurückzuschneiden. Seitenholz, das Früchte bringt, bleibt zunächst ohne Schnitt. Nicht zu starke Steiltriebe im Sommer waagerecht binden!

Die **Buschbaumkrone** darf am Mittelast über den 3-4 Leitästen keinen

weiteren Ast hinzubekommen. Abb. 8 A zeigt eine 2-jährige, Abb. B eine 3-jährige Buschbaumkrone mit Schnittstrichen. Die stärksten oberen Seitentriebe sind als Konkurrenztriebe (k) anzusehen und zu entfernen. Schwächere Triebe, die sich nicht als Leittriebe eignen, werden waagerecht gerichtet (Pfeile) und sind zukünftiges Fruchtholz. - Stets zu entfernen sind auch die Konkurrenztriebe (k) an Leitästen. Nun erfolgt der Rückschnitt.

Der *Endtrieb* des untersten **Leitastes** wird etwa um die Hälfte gekürzt, die übrigen Leittriebe werden auf die gleiche Ebene (Saftwaage) zurückgeschnitten (e_2), stets auf ein nach außen gerichtetes Auge. Die *Mittelastverlängerung* schneidet man auf Scherenlänge über der Saftwaage zurück (siehe auch Kapitel vorher).

Bei sehr steilem Wuchs oder bei schlechter Verheilung der vorjährigen Schnittstelle wählt man einen *Konkurrenztrieb als Mittelastverlängerung* (Nebenabb. D) und schneidet bei s. Auch in den nächsten Jahren wird so verfahren.

An den 3 Leitästen entwickelt man noch je 3 starke Gabel- oder Nebenäste, wobei jährlich nur je einer aufgebaut wird (N 1-3). Unter einem Winkel von 45 Grad, von der angeschnittenen Leitastspitze ausgehend, wird jeder Nebenast gekürzt. Im

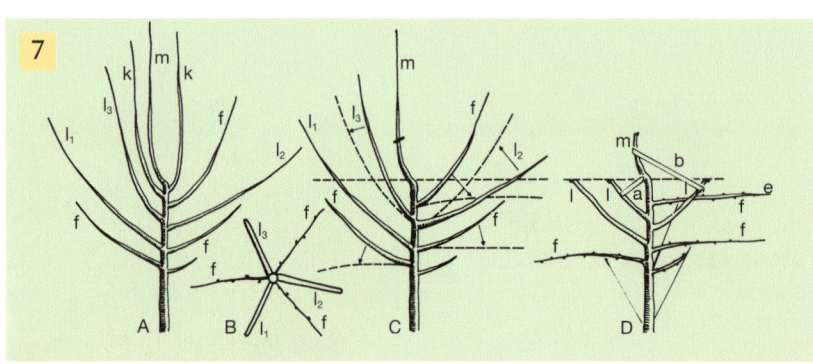

Schnitt der Rundkrone auf Saftwaage.

Beim Auslichten gilt es, alle nach innen wachsenden, schwachen, kranken und andere störende Triebe zu entfernen. Hierzu zählen starke Senkrechttriebe wie Wasserschosse, Konkurrenztriebe. Einen solchen Steiltrieb entfernt die Schere gerade mit Astring.

nächsten Jahr kommt eine weitere Gabel hinzu (N 4–6) usw. Abb. C zeigt den Grundriss einer 4-jährigen Krone mit den doppellinigen Leitästen L 1–3 und Nebenästen N 1–6. Seiten- oder Fruchtholz hat einfache Linien. Damit ist die Buschbaumkrone fertig.

Der **Halbstamm** bildet eine etwas größere Krone als der Buschbaum und sollte deshalb im mittleren Kronenteil noch 3 weitere Leitäste (besser: **Nebenäste**) hinzubekommen, nach dem 3. Standjahr jährlich einen. Man wählt dafür mittelstarke Triebe aus. Wichtig ist, dass die Nebenäste zu den unteren Leitästen auf Luke stehen. Eine Halbstammkrone sollte nach der Aufbauzeit 1 Mittelast, 3 Leitäste mit 6–9 Nebenästen und 3 weiteren Nebenästen am Mittelast haben.

Der *Rückschnitt der Leittriebe* erfolgt wie beim Pflanzschnitt. – Der *Verlängerungstrieb des Mittelastes* endet etwa eine Scherenlänge über der obersten Saftwaage, bei Bäumen mit Steilwuchs (besonders Birnen) etwas weniger. Die Nebenäste der Leitäste werden unter einem 45°-Winkel ange-

schnitten. Die Nebenäste am Mittelast lässt man am Kronenwinkel enden.

Bei einem wüchsigen **Hochstamm** kann man im oberen Kronendrittel noch 3 weitere Nebenäste zulassen, die kürzer und schwächer als die darunter befindlichen sein müssen und Überlagerung ausschließen. Der Aufbau dauert etwa 6 Jahre. Wird der Baum *zu hoch*, muss man ihn *mehr in die Breite* wachsen lassen, indem man oben immer wieder wüchsige Steiltriebe beseitigt.

An Leit-, Neben- und Gabelästen sollen, durch Schnitt bewirkt, *alle Knospen austreiben*, zur Spitze hin stark, zur Basis schwach. Unzureichende Triebbildung zeigt an, dass die Äste im letzten Jahr zu lang belassen wurden. Man schneidet dann diesmal kürzer.

Überwachungsschnitt nach beendeter Kronenerziehung

Dieser Schnitt kann bereits nach der Ernte bis Mitte September oder ab Februar erfolgen. *Nach beendeter Er-*

ziehung darf man die Krone nicht sich selbst überlassen, sonst kommt es zu Fehlentwicklungen. Die Eingriffe können meist mit einer Schere ausgeführt werden. Nach Jahren stürmischen Wachstums soll der Baum nun in eine ruhigere Periode mit reicheren Erträgen kommen.

Beim **Buschbaum** müssen *Leitastverlängerungen* weiterhin eingekürzt werden, um $1/4$-$1/3$, um die Seitentriebbildung zu fördern, bei **Halb-** und **Hochstamm** nicht.

Droht eine Krone *zu umfangreich* oder *einseitig* zu werden, nimmt man Astverlängerungen weg und gibt durch Ab- oder Aufleiten (S. 93 Abb. 12 F_1 + F_2) Seitentrieben die Führung.

Die *Kronenhöhe* ist zu begrenzen, indem man den jährlichen Zuwachs entfernt (wie es S. 92 Abb. 9 darstellt). Man vermeidet so nachträgliche Bildung starker Äste, die die Krone überbauen.

Konkurrenz- und Senkrechttriebe (Reitertriebe, Wasserschosse) auf den Ästen sollte man stets entfernen, damit es nicht vorzeitig zum Absterben des seitlichen Fruchtholzes kommt.

Bei der Überwachung Krone licht halten, überaltertes Fruchtholz und Konkurrenztriebe entfernen. An den Astenden bleibt nur ein Trieb. Im oberen Kronendrittel keinen Ast zulassen.

Da nach der Aufbauzeit die *Vergreisung des Fruchtholzes* beginnt, muss an ständige Erneuerung gedacht werden. Fruchtbögen nach 3-4-maligem Ertrag um die Hälfte oder bis zu einem Scheiteltrieb einkürzen. Wo Seitenholz zu dicht steht, ältestes Fruchtholz teilweise oder ganz entfernen. Bildung von überaltertem Quirlholz und vergreisten Ringelspießen nicht zulassen.

Pflanzschnitt der Spindel

Kleinbleibende *Apfelbäume* auf der Unterlage M9, 7, 4 oder 2 und *Birnen* auf der schwach wachsenden USA-Birnenunterlage OHF (Näheres siehe unter Birnen im Oktober) oder auf Quitte MA erzieht man vorteilhaft als Spindelbusch. Im Gegensatz zur Pyramidenkrone des Buschbaumes besteht das Astgerüst nur aus dem Mittelast, der mit flach gerichteten, 50 bis 100 cm langen Fruchtzweigen besetzt ist. Der Ertrag setzt früher ein, der Schnitt ist einfacher als beim Buschbaum.

Ob man 1- oder 2-jährige Veredlungen pflanzt (Abb. 9 A und B), in jedem Fall wird das *Stämmchen* 40 bis 50 cm über dem Boden von Trieben freigeschnitten, bei wüchsigeren Spindeln (Birnen) auch höher (80 cm) „aufgeputzt".

Eine **einjährige Veredlung** (Abb. A) sollte seitlich mit vorzeitigen Trieben, die sich zu Fruchtholz umbilden, gut garniert sein. Der Mittelast (m) wird 75-100 cm über dem Boden eingekürzt. Eine **zweijährige Veredlung** (B) verdient den Vorzug, wenn sie unterhalb der oberen 2 bis 4 Konkurrenz- oder Steiltriebe (k_1-3) mehrere nahezu waagerechte Fruchttriebe (f) aufweist. Zu lange obere Fruchttriebe werden etwas eingekürzt.

Mittelastverlängerung und Konkurrenz- oder Steiltriebe erfahren je nach Entwicklung eine Sonderbehandlung.

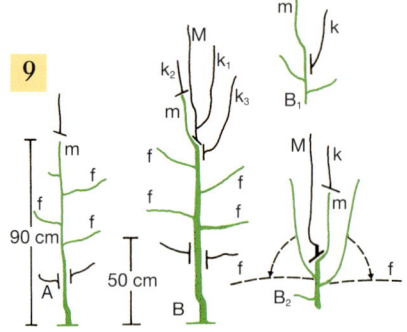

Pflanzschnitt der Spindel.

1. Bei wüchsigen Bäumen wird der Mitteltrieb (M) bis zu einem geeigneten Steiltrieb (hier k_2) entfernt und dieser auf 6 bis 8 Augen als neuer Mitteltrieb (m) eingekürzt. 2. Dagegen bleibt der Mitteltrieb (m) bei schwachem Wuchs (B_1) stehen und kann auf 30-40 cm Länge begrenzt werden. 3. Bei steilwüchsigen Sorten, besonders bei Birnen (B_2), wo es an flachgerichtetem Fruchtholz fehlt, entfernt man den Mitteltrieb (M) bis zum Konkurrenztrieb (k), kürzt diesen auf 5 bis 6 Augen ein und erhält so die neue Mittelastverlängerung (m). Die nachfolgenden, etwas schwächeren Steiltriebe bindet man als zukünftiges Fruchtholz (f) waagerecht, am besten schon Ende Juli (s. dort).

Diese 3 Punkte sind auch bei späteren Schnittbehandlungen zu beachten. *Jede Wunde* mit Baumwachs sofort verschließen.

Erziehungsschnitt der Spindel

Der Aufbau- oder Erziehungsschnitt wird 4 bis 5 Jahre durchgeführt. Danach hat der Spindelbusch eine Höhe von etwa 2 m erreicht und ist somit hoch genug aufgebaut. Die untere Breite sollte nicht über 2 m hinausgehen. Anzustreben ist ein Kronenwinkel von 50-60 Grad, bei Birnen auch kleiner. Durch die flachverlaufenden Fruchtzweige wird die Fruchtbarkeit verfrüht und erhöht.

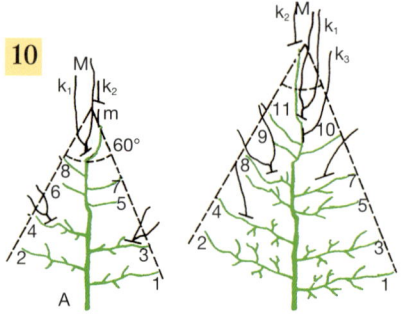

Erziehungsschnitt der Spindel.

Abb. 10 A zeigt eine **dreijährige** Spindel, die zweijährig gepflanzt wurde und ein Jahr im Garten steht. Untere Fruchtzweige haben sich verzweigt, darüber stehen schwächere Triebe und im Spitzenbereich Mittelast (M) und Konkurrenztriebe (k_1 und k_2).

Der Schnitt beginnt oben. Um das Spitzenwachstum zu bremsen, wählt man als Mittelastverlängerung (m) einen Konkurrenz- oder sonstigen Steiltrieb (k_2). Er wird auf 7 bis 8 Augen gekürzt. An den Fruchttrieben 1 + 2 erübrigt sich zunächst der Schnitt. Bei 3 + 4 wird die Triebverlängerung einschließlich Konkurrenztrieb entfernt. Fruchttriebe 5-7 stehen gut, 8 könnte flacher gerichtet werden (im August).

Abb. 10 B zeigt die Spindel **vierjährig.** Sie hat (beim Apfel) bereits erste Früchte gebracht. Neben der Mittelastverlängerung (M) haben sich ein Konkurrenztrieb (k_1) und zwei Steiltriebe (k_2 + k_3) gebildet. Man weicht auf k_2 aus, kürzt die neue Mittelastverlängerung (m) auf 7-8 Augen ein, entfernt k_3.

Triebe 9-11 könnten durch Waagerechtbinden flach gestellt werden. Bei 8 werden Triebverlängerungen und Konkurrenztrieb entfernt, bei 7 + 4 Konkurrenztriebe.

Sinngemäß ist auch in den nächsten 2 bis 3 Jahren der Aufbauzeit zu verfahren. Ist ein oberer Fruchtzweig (wie 11) einmal etwas zu lang, so nimmt man die Korrektur erst ein

Jahr später vor, wenn sich Verzweigungen gebildet haben.

Der Ertrag kann nur dann früh und hoch einsetzen, wenn der Schnitt in den ersten Jahren auf das Allernotwendigste beschränkt wird. Von den oberen Steiltrieben sollte man die weniger wüchsigen durch Herabbinden zu Fruchtholz machen, nur *zu* starke nicht.

Spindelschnitt nach der Aufbauzeit

Nach 4–5 Jahren Erziehung erreicht die Spindel ihre volle Kronenhöhe. Damit sie nicht höher wächst, müssen sämtliche **Steiltriebe** im Gipfel (Abb. 11 A) bei Winterausgang entfernt werden. Zweckmäßig schneidet man über einem schwachen Seitentrieb (s). Dadurch wird das Wachstum des Fruchtholzes begünstigt.

Die stärkeren Zweige im unteren Kronendrittel werden – wie Leitäste – als Fruchtholzträger angesehen und nicht eingekürzt. Das **Fruchtholz** an ihnen muss ständig verjüngt werden, bei Äpfeln nach 4, bei Birnen nach 6 Jahren.

Im mittleren und oberen Kronenteil ist Fruchtholz bis zu einem Jungtrieb einzukürzen. Bei Aufkahlung (z. B. Ringelspießen) hat sich Wegschnitt bis auf Astring (am Mittelast) bewährt, um Neutrieb zu erzwingen.

Schon 8–10 Jahre nach der Pflanzung, sobald junger Zuwachs an unteren Zweigen in Stammnähe ausbleibt, ist erste **Verjüngung** angebracht. Der Mittelast wird etwa um $1/3$ (50–60 cm) zurückgeschnitten (Abb. 11 B). Verbleibende Fruchtzweige sollten unter einem größeren Winkel (80–90 Grad) zurückgenommen werden, damit die unteren Zweige so wenig wie möglich von ihrer Länge einbüßen.

Wenn möglich wählt man, wie es Abb. 12 zeigt, im mittleren Kronenteil als Verlängerung der Fruchtzweige einen waagerecht verlaufenden Trieb

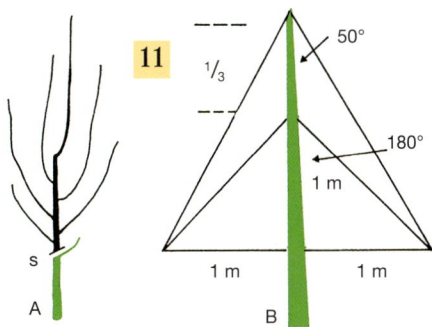

A Der oberste Kronenteil wird entfernt.
B Spindelschnitt nach der Aufbauzeit.

(f_1) und im unteren Kronendrittel einen ansteigenden kräftigen Trieb oder Zweig (f_2) aus.

Innerhalb von etwa zwei Jahren wird die Krone dann wieder bis zur ursprünglichen Höhe aufgebaut, 2–3 Jahre in diesen Grenzen gehalten (wie nach der Aufbauzeit) und abermals verjüngt. Bei guter Pflege und gutem Wuchs lohnt sich 3-maliges Verjüngen.

Schnitt junger Sauerkirschenbäume

Wer einen Sauerkirschbaum 20 Jahre und länger nutzen möchte, kommt um ein Minimum an Schnitt nicht herum. Ungeschnittene Bäume dürften kaum älter als 10 Jahre werden. Als Pflanzbäume nimmt man ein- oder zweijährige Veredlungen.

Einjährige Veredlungen (Abb. 13 A) bestehen aus einem Mittelast und einer Anzahl vorzeitiger Seitentriebe, die in einem *zu* spitzen Winkel ansetzen. Deshalb werden vorzeitige Triebe weggeschnitten. Früher ließ man 3–4 Zapfen stehen. Heute bleibt nur der Mitteltrieb, den man 80–100 cm über dem Boden entspritzt (Abb. 13 B).

Aus noch vorhandenen Knospen bilden sich kräftige Seitentriebe. Sie verlaufen ziemlich flach, bis auf wenige Steiltriebe, und sind als Leitäste geeignet (Abb. 13 C).

Eine **zweijährige Veredlung** (Abb. 13 C) hat eine einjährige Krone. Beim Kauf achte man darauf, dass – außer Steiltrieben – mindestens 3–4 flacher gerichtete, gut verteilte Seitentriebe vorhanden sind. Man schneidet diese auf gleiche Höhe (Saftwaage) zurück, wobei man den am tiefsten angesetzten Trieb um $1/4$–$1/3$ seiner Länge zurücknimmt. Schnitt 1–2 cm über einer äußeren Knospe. Obere Steiltriebe werden ohne Rest weggeschnitten. Der oberste Trieb, der den Mittelast meist in schräger Richtung verlängert, wird auf kaum zwei Scherenlängen über der Saftwaage eingekürzt. Die schräg gerichtete Verlängerung des Mittelastes darf nicht stören, da man schon nach wenigen Jahren auf sie verzichten kann (Abb. 15 A). Sauerkirschenbäume *ohne Mittelast* lassen rege Jungtriebbildung erwarten und sind ertragreicher.

An den Pflanzschnitt schließt sich ein Jahr später der **Erziehungsschnitt** an. Wurde eine einjährige Veredlung gepflanzt, dann entspricht der erste Erziehungsschnitt etwa dem Pflanzschnitt einer zweijährigen Veredlung. Während des 2. Standjahres entwi-

Erster Verjüngungsschnitt.

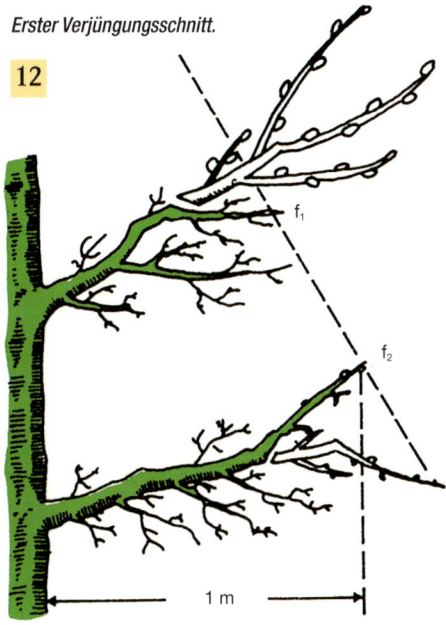

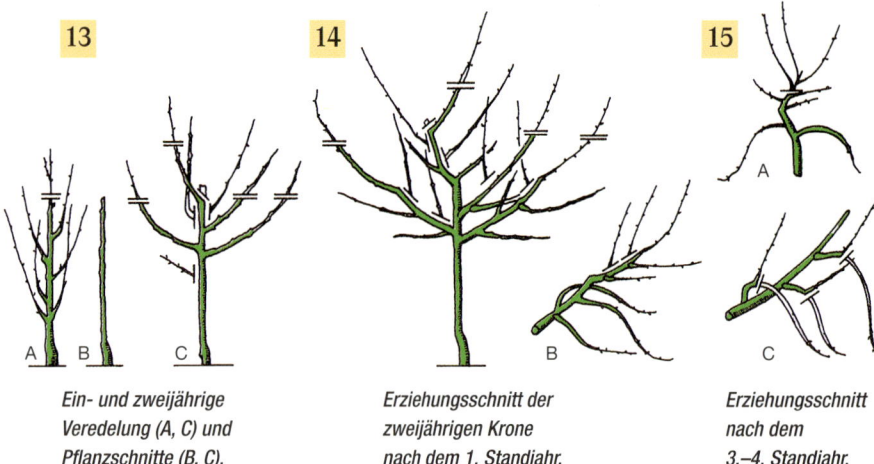

13
14
15

Ein- und zweijährige
Veredelung (A, C) und
Pflanzschnitte (B, C).

Erziehungsschnitt der
zweijährigen Krone
nach dem 1. Standjahr.

Erziehungsschnitt
nach dem
3.–4. Standjahr.

ckelt sich das Bäumchen üppiger als im 1. Jahr. Im darauf folgenden Frühjahr entfernt man gemäß Abb. 14 die starken Oberseiten- und Konkurrenztriebe auf den Leitästen und Steiltriebe im oberen Kronenteil. Oberhalb der Leitäste lässt man am Mittelast nur schwächere Triebe als spätere Fruchtzweige stehen. Leitäste schneidet man wieder auf Saftwaage zurück, indem man etwa $1/3$ des neuen Zuwachses entfernt. Der Mitteltrieb wird um mehr als die Hälfte zurückgesetzt.

Nach dem 3.–4. Standjahr kann man auf Weiterführung des Mittelastes verzichten, indem man den Gipfel aus starken Trieben über einem schwächeren Seitentrieb wegschneidet (Abb. 15 A). Damit wird der Höhenwuchs begrenzt und an den Leitästen können sich mehr junge Triebe bilden, von denen man die kräftigsten als Gabeläste auswählt, bis zu zwei je Leitast. Rückschnitt auf Saftwaage erfolgt bis zum 4. Standjahr. Konkurrenztriebe und andere starke Senkrechttriebe werden alljährlich entfernt (Abb. 15 B). Dagegen schont man das etwas ältere Seitenholz (Fruchtholz), auch wenn es bereits peitschenartig überhängt.

Im 4.–5. Standjahr bilden sich auf den herabhängenden Fruchtzweigen junge Triebe, bis zu denen man das hängende Fruchtholz zurückschneidet (aufleitet), um es zu verjüngen (Abb. 15 C). Auch in den Folgejahren wird diese Fruchtholzverjüngung immer wieder angewendet. Im Übrigen entfernt man Konkurrenz- und Reitertriebe auf Leitästen und steile Starktriebe im obersten Kronenbereich.

Vom 5. Standjahr an kann das Auslichten Ende August bis Mitte September erfolgen. Genügend ausgelichtete und gut versorgte Sauerkirschenbäume widerstehen auch der *Monilia* hinreichend, so dass es nicht zum vorzeitigen Absterben von Trieben und Zweigen zu kommen braucht. Nach 4–5 Jahren werden zu dicht stehende Äste und Zweige entfernt, die verbliebenen Leitäste, etwa 4 (ohne Mittelast), auf Seitentriebe auf- oder abgeleitet und die Peitschentriebe nach und nach dem Fruchtbogenschnitt unterworfen. Zu viele sollten auf einmal nicht herausgeschnitten werden. **Vom 6. Standjahr an** ist möglichst jährlich auszulichten. Man beseitigt Konkurrenz-, Reiter- und andere, nach innen wachsende Triebe. Ältere „Peitschen" bis zu einem Jungtrieb einkürzen.

Wenn sich trotz dieser Behandlung, trotz Bewässerung, Düngung, Bodenpflege und Pflanzenschutz die Frucht-

ruten nicht mehr mit Jungtrieben beleben, ist der Zeitpunkt für einen **Verjüngungsschnitt** gekommen. Das ist nach 10–15 Jahren zum ersten Mal der Fall und dann alle weiteren 5–6 Jahre. Malusan-Wundverschluss ist bei Steinobst ganz besonders wichtig.

Süßkirschenkrone durch Schnitt klein halten

Süßkirschen werden meist als Kopfveredelung herangezogen. Eine einjährige Veredelung (Abb. 16 a) hat außer dem Mitteltrieb noch 1 bis 3 Seitentriebe, die in einem so spitzen Winkel ansetzen, dass sie als zukünftige Leitäste ungeeignet sind. Beim Pflanzschnitt nimmt man sie deshalb am besten weg und kürzt den Mitteltrieb auf etwa 8 Augen ein. Der Schnitt erfolgt fingerbreit über einer Knospe, die die Gewähr bietet, dass der neue Endtrieb der Mittelachse recht nahe kommt (Abb. 16 b). Wundverschluss nicht unterlassen.

Im 1. Standjahr treiben die Augen aus und bilden kräftige Seitentriebe, von denen sich die unteren wegen des geringen Steigungswinkels am besten als zukünftige Leitäste eignen (Abb. 16 c). Man wählt 3–4 aus und schneidet sie im Mittel um $1/3$ auf Saftwaage

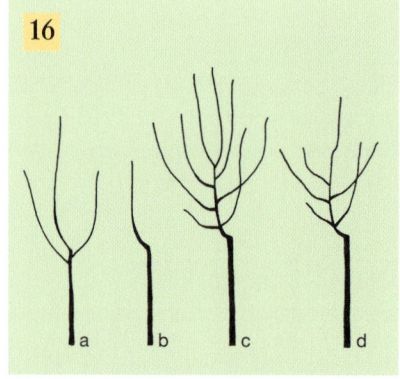

16

a   b   c   d

Schnitt der Süßkirsche im 1. Standjahr.

zurück (16 d). Die Triebe sollen in verschiedene Himmelsrichtungen weisen und am Mittelast in verschiedenen Höhen ansetzen. Wo das im ersten Jahr nicht der Fall ist, verteilt man den Aufbau des Leitastgerüstes auf 2–3 Jahre. Denn eine quirlartige Anordnung der Leitäste führt zu Saftstauungen und *Gummifluss.*

Im 2. Jahr verzweigen sich Mitteltrieb und Leittriebe (Abb. 17 a). Im kommenden Frühjahr werden Konkurrenz- und starke Oberseitentriebe entfernt. Das flacher gerichtete Seitenholz bleibt dagegen erhalten und ohne Rückschnitt, außer es ist zu lang. Die steil ansetzenden oberen Triebe am Mittelast werden wieder entfernt (Abb. 17 b). Dagegen lässt man die tiefer stehenden, flach gerichteten und schwach entwickelten Seitentriebe als zukünftige Fruchtzweige stehen. Werden zum Aufbau der Krone noch Leittriebe gebraucht, so wählt man einen stärkeren von ihnen als Ersatz für einen unteren oder als Ergänzung für einen fehlenden aus. Man schneidet die Leittriebe etwa um die Hälfte des Neutriebes zurück und wieder auf Saftwaage. Die Mittelastverlängerung wird auf etwa 7 Augen zurückgenommen.

Nach dem 3.–5. Standjahr werden Leitäste kaum noch zurückgeschnit-

ten, bei zu steilem Wuchs auf einen flach gerichteten Seitentrieb abgeleitet. Wichtig ist, dass Leittriebe in gleicher Höhe enden. Konkurrenztriebe sind auch weiterhin wegzuschneiden, andere Steiltriebe möglichst waagerecht zu binden. Der Mittelast endet etwa 20 cm über der Saftwaage der Leitäste. Bei den unteren Leitästen lässt man die Bildung von je 2 starken **Gabelästen** zu, die die Saftwaage nicht überragen. Am Mittelast kann jährlich ein weiterer Leit- oder Nebenast hinzugenommen werden, beginnend etwa 75 cm über der unteren Astserie. Diese Nebenäste dürfen die Saftwaage etwa 10–20 cm überragen.

Nach dem 5.–6. Standjahr empfiehlt es sich, die Spitze mitsamt der Steiltriebe über einem schwächeren Seitentrieb wegzuschneiden (Abb. 15 A), Leitäste kaum noch einzukürzen und Konkurrenztriebe zu entfernen. Dadurch, dass sich der obere Kronenteil nur noch schwach entwickeln kann, bleibt die Krone auch fürs Licht weit geöffnet, so dass sich eine gute Fruchtqualität ausbildet. Sämtliche Wunden sind vorsorglich zu verschließen.

Schnitt und Pflege der Haselnusssträucher

Beim Pflanzschnitt werden Setzlinge auf etwa 20 cm Länge zurückgeschnitten. Neutriebe verwendet man zum Aufbau einer lockeren **Hohlkrone** mit 6–8 Leittrieben. Da nur junge Triebe fruchten, muss durch Schnitt dafür gesorgt werden, dass sie sich reichlich bilden. Dazu kürzt man die Leittriebe ein und entfernt älteste Seitentriebe. Wo Haselnusssträucher als Sichtschutz dichter wachsen, gibt es weniger Früchte.

Haselsträucher wünschen als Waldpflanzen *bedeckten Boden.* Kann ab Mai mehrmals Frischkompost im Jahr

aufgebracht werden, dann wird auch für ausreichende Nährstoffzufuhr gesorgt. Sonst düngt man im März mit mindestens 6 g Stickstoff, 4 g Phosphat, 8 g Kali je m², entsprechend z. B. 200 g/m² Mannahum. Zusätzliche Humusversorgung durch gleichzeitiges Einarbeiten von ungesiebtem Kompost oder Ful-Humin. Haselsträucher gedeihen auch im Rasen, doch muss regelmäßig geschnitten werden und die Mahd liegen bleiben. Düngergaben sind dann oft entbehrlich.

Geschnittene Pfirsichbäume leben länger

Dem Pfirsich sagt unser Klima nicht völlig zu, ihm fehlt es an Wärme und Vegetationszeit, so dass weniger Nährstoffe umgesetzt werden als im Mittelmeergebiet. Deshalb muss man die Krone recht klein halten. Bei starkem, sachgemäßem Schnitt erreicht der Pfirsichbaum ein Lebensalter von 20 Jahren. Wenig oder überhaupt nicht geschnittene Pfirsichbäume werden kaum älter als 8 Jahre und haben unter Schädlingen und Krankheiten zu leiden.

Einjährige Veredlung (Abb. 18 a). Das Pflanzbäumchen besteht aus einem Mitteltrieb und zahlreichen spitzwinklig angesetzten, vorzeitigen Trieben (V). *Diese sind als zukünftige Leitäste nicht geeignet und werden beim Pflanzschnitt entfernt.*

Früher schnitt man einige vorzeitige Triebe auf fingerlange Zapfen zurück; das hat sich nicht bewährt. Den Mitteltrieb kürzt man um 10–20 cm ein. Alle Wunden mit Bayleton-Rindenwundverschluss verstreichen!

Schon im 1. Standjahr (Abb. 18 b) bildet sich eine Anzahl kräftiger, flacher gerichteter Seitentriebe, von denen 3 kräftige als zukünftige Leitäste auszuwählen (L) sind. Sie sollen nicht zu steil stehen und in verschiedener Hö-

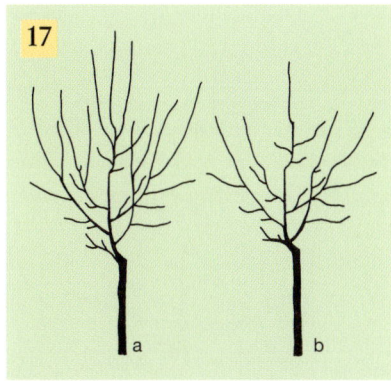

Schnitt der Süßkirsche im 2. Jahr.

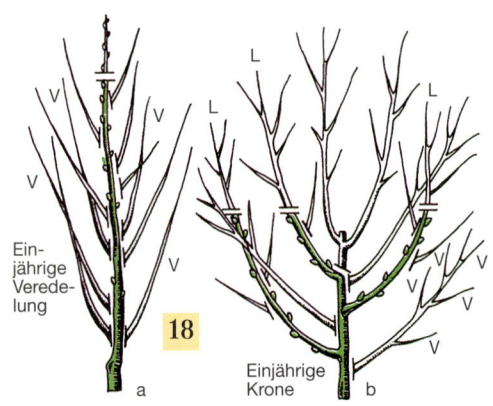

*Pfirsichbaumschnitt nach dem Pflanzen (a),
nach dem 1. Standjahr.*

he sowie Himmelsrichtung ansetzen. Alle übrigen Seitentriebe werden dicht am Stamm entfernt. Man kann den Pfirsichbaum ohne Mittelast (als **Hohlkrone**) oder mit Mittelast (als Pyramidenkrone) erziehen. Im Hinblick auf den starken Höhenwuchs sollte man jedoch auf eine Weiterführung des Mittelastes verzichten und diesen dicht über dem obersten Leittrieb wegschneiden, damit die Wunde gut verheilt. Lässt man den Mittelast weitergehen, so ist darauf zu achten, dass er die Leitastenden nur wenig überragt. *Während der ersten 4–5 Jahre sind Leitastverlängerungen im Frühjahr zurückzuschneiden,* um das Dickenwachstum und die Bildung kräftiger Seitentriebe zu fördern.

Beim 1. Erziehungsschnitt schneidet man den untersten Leittrieb etwa um $^1/_3$ seiner Länge zurück. Die übrigen werden auf gleiche Höhe (Saftwaage) geschnitten, über einer nach außen gerichteten Knospe. Schnitt zwischen den Knospen, so dass ein Zapfen stehen bleibt. Dieser sollte im Mai entfernt werden, damit die Wunde rasch verheilen kann. Vorzeitige Triebe (V), die sich an Langtrieben befinden, werden entfernt.

Im 2. Standjahr (Abb. 20) werden außer Blatt- und Triebknospen auch Blütenknospen gebildet, die im 3. Stand-

jahr Früchte bringen können. Um den Erziehungsschnitt richtig durchzuführen, muss man die verschiedenen Triebe kennen (Abb. 19).

Holztriebe (H) sind stark und mit spitzen Blatt- oder Triebknospen besetzt, die, ein Jahr lebensfähig, sich nicht zu Blütenknospen umbilden. Als Seitentriebe schneidet man sie deshalb auf 2 Augen zurück, damit in Basisnähe wahre Fruchttriebe entstehen.

Wahre Fruchttriebe (W), ebenfalls kräftig, tragen Blatt- und Blütenknospen. Fast auf der gesamten Trieblänge wird jede Blattknospe von 1–2 kugeligen Blütenknospen flankiert. An den wahren Fruchttrieben entwickeln sich die besten Früchte. *Nur stark geschnittene Pfirsichbäume bringen ausreichend wahre Fruchttriebe hervor.*

Falsche Fruchttriebe (F) sind schwach entwickelt und haben außer einer End-Triebknospe nur Blütenknospen. Da Blattknospen fehlen, können sich keine vollwertigen Früchte bilden. Je weniger ein Pfirsichbaum geschnitten wird, desto mehr schwaches Holz bekommt man, so dass schon früh die Vergreisung beginnt.

Die junge (zweijährige) Krone (Abb. 20 a) wird zunächst ausgelichtet. Man entfernt starke Senkrechttriebe (S) auf den Leitästen, falsche Fruchttriebe (F) (ohne Basis-Holz-

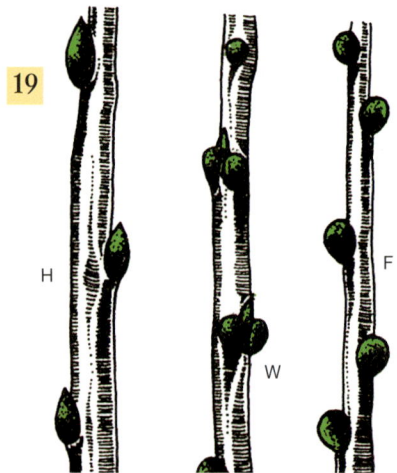

*Unterschiedliche Triebformen beim Pfirsich,
H = Holz-, W = wahrer -, F = falscher Fruchttrieb.*

knospe) und vorzeitige Triebe (V). Wahre Fruchttriebe (W) werden geschont, Holztriebe auf 2 Augen, also sehr stark, zurückgeschnitten, alte Zapfen (wie Z) sauber entfernt. Anschließend sind die Verlängerungen der Leitäste (L) um ein Drittel bis zur Hälfte einzukürzen. Rückschnitt fördert Dickenwachstum und sorgt für wahre Fruchttriebe.

Auch **nach dem 3.–4. Standjahr** (Abb. 20 b) führt man den Schnitt in der gleichen Weise durch, doch kommen noch Besonderheiten hinzu. Leitastverlängerungen sollen möglichst nicht blühen, aber auf keinen Fall Früchte tragen. Abgetragenes Holz

Pfirsichbaumschnitt nach dem 3.–4. Standjahr.

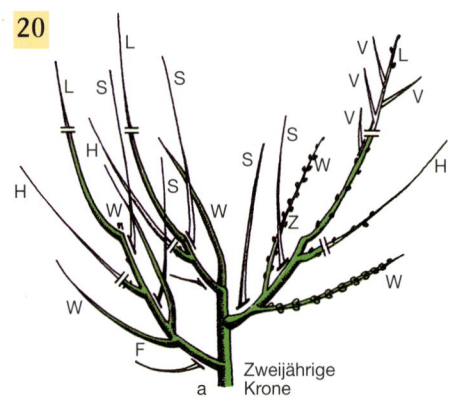

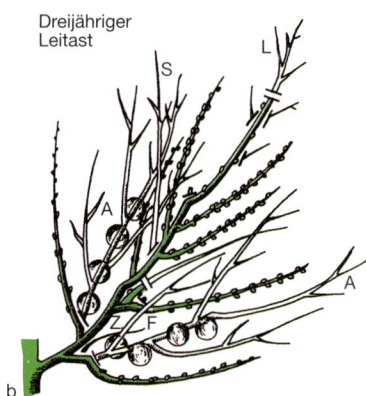

(A) wird bis zu demjenigen wahren Fruchttrieb entfernt, der der Basis am nächsten steht, am besten gleich nach der Ernte, bei Spätsorten im Frühjahr. Wo sich aus einem vorjährigen Zapfen (Z) 2 wahre Fruchttriebe gebildet haben, lässt man den vorderen stehen und schneidet den hinteren auf 2 Augen zurück.

Hat man genügend Platz in der Krone, so kann vom 2. oder 3. Jahr an jeder Leitast einen gleichwertigen Gabelast behalten und im 3.–4. Jahr nochmals, so dass die Krone dann 9 Leitäste hat, die bis zum 5. Jahr dem Rückschnitt unterworfen werden.

Handhabung der Gartenschere

Die Schere (Abb. 21) soll so in der Hand liegen, dass die vier Finger die breite Klinge (a) bewegen. Soll ein Oberseitentrieb (Wasserschoss) weggeschnitten werden (b), so führe man die Schere *von außen an die Gabel* heran, nicht aber in die Gabel hinein. Denn die Klingen wirken hier wie ein Keil und reißen die Schnittwunde ein. Außen angesetzt, ist das wegen der Holzmaserung nicht möglich. Da die dünne Klinge (a) den Schnitt macht, kann ohne Rest geschnitten werden, wenn die Außenseite dem verbleibenden Holz (c) anliegt.

Es bleibt also kein Astring stehen (s. u.). Dies hat bei Wasserschossen Bedeutung, da dann die Beiaugen an der Basis zerstört werden und kein Trieb nachwachsen kann. Sonst schneidet man besser auf **Astring:** einen kleinen Fuß, der oben 1–2 mm, unten 2–3 mm hoch ist (wobei die zweite Zahl mehr für Sägeschnitte gilt). Vorteile: Beiaugen bleiben erhalten, Wunden verheilen rascher. Da die Innenseite mit ihrer ebenen Fläche den besten Schnitt hinterlässt, sollte diese Seite auch dem verblei-

21

Handhabung der Gartenschere beim Schnitt eines Oberseitentriebes. Die Schneideklinge liegt dabei auf dem Ast.

benden Holz anliegen – im Gegensatz zum Wegschnitt von Oberseitenschösslingen.

Zum **Einkürzen von Trieben** hält man die Schere so, dass die Innenseite der breiten Schneidklinge dem verbleibenden Holz, der Knospe, zugewandt ist. Beim Kernobst kann dicht über einem Auge geschnitten werden (Abb. 22). Dazu setzt man die Schere der Knospe gegenüber an (s. Pfeilrichtung). Schnittfläche soll leicht schräg liegen, obere Kante in Höhe der Knospenspitze, untere gegenüber der Knospenbasis. Diese Begrenzungen sind durch zwei dünne Linien gekennzeichnet. Bei richtigem Schnitt liegt die Schnittfläche günstig zur Saftbahn und verheilt meist innerhalb einer Wachstumsperiode.

Liegt die Schnittfläche dagegen *zu schräg* und zu nah (b) an der Knospe, so muss mit ihrem Austrocknen gerechnet werden. Bei Kernobst und stärkeren Pflaumentrieben ist deshalb wie bei a zu schneiden, der Fachmann sagt *„auf Auge".*

Beim übrigen *Steinobst,* beim *Schalen-* und *Beerenobst* wird mindestens 1 cm über der Knospe geschnitten, entwe-

der senkrecht oder leicht schräg (c). Wer mit dem Schnitt „auf Auge" beim Kernobst unsicher ist, kann wie bei c schneiden. Bleibt der Zapfen jedoch zu lange stehen, so geht von ihm die Erkrankung des gesunden Holzes aus (Pfeile!). Deshalb sind Zapfen schon bald nach dem Austrieb wegzuschneiden. Bei richtig sitzendem Schnitt darf mit guter Verheilung gerechnet werden. Wichtig ist diese Sorgfalt am Mittelast und an den Leitästen, die ein Baumleben lang gesund sein sollten. Schwierigkeiten hat man meist mit **alten abgestorbenen Zapfen** oder Stummeln, da sich nach Wegschnitt meist totes Gewebe zeigt. Der Rückschnitt muss möglichst *bis ins gesunde Holz* erfolgen. Wo das nicht gelingt, ist auf sorgfältigen Wundverschluss zu achten.

Um den sperrigen Winterschnitt nutzbringend wegzuschaffen, haben sich viele Gartenbesitzer einen eigenen Häcksler angeschafft, teils auch in nachbarschaftlicher Kooperation. Mit ihm lassen sich holzige Schnittreste bis zu 4 cm Durchmesser mühelos zerkleinern. Der entstehende hochwertige Kompost liegt mit einem pH-Wert von 6,0–7,5 unter dem normalen Gartenkompost. Er eignet sich vorzüglich als Bodenbedeckung unter Sträuchern und (Obst-)Bäumen oder zur

Richtige Schnittführung (a), zu schräg (b), bei Steinobst (c).

22

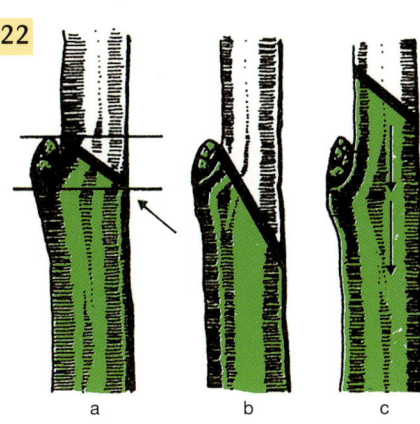

a   b   c

Mischung mit dem stickstoffreichen, luftundurchlässigen Rasenschnitt im Sommer.

Neue Häcksler-Modelle (wie z.B. die Leise-Häcksler des Herstellers „Brill") arbeiten mit einer Schneide-Quetsch-Technik, weil ein aufgequetschter Zweig schneller verrottet. Ein wesentlicher Vorteil gegenüber früheren Modellen besteht auch in der deutlich geringeren Lautstärke. Nicht nur der Nachbar wird es danken, auch der Gesprächspartner bei der Gartenarbeit, mit dem wieder Unterhaltungen möglich sind. Die Geräte sind sicher. Der aufgesetzte Trichter verhindert den Eingriff von oben, und die tansportable Sicherheitsfangbox (64 l) schaltet das Gerät beim Herausziehen automatisch ab, so dass niemand bei laufendem Motor von unten hineingreifen kann. Insgesamt ein lohnendes Hilfsmittel.

Austriebsspritzung verhindert Frühbefall

Viele Schädlinge und Krankheiten erwachen mit den Pflanzen und können empfindliche Schäden an Knospen und Blättern verursachen. Um den Frühbefall zu verhüten, lohnt sich die Austriebsspritzung an Obstbäumen, Beerensträuchern und dem Weinstock. Durch Mischbrühe lassen sich alle Parasiten weitgehend ausschalten. Je nach Austrieb zwischen Anfang März und Anfang April spritzen.

Gegen tierische Schädlinge: Sogenannte Austriebsspritzmittel wie Promanal haben eine gute Wirkung gegen *Frostspannerraupen, Gespinstmotten, Knospen- und Fruchtschalenwickler, San José-Schildlaus* und andere *Schildläuse, Woll- und Blattläuse, Johannisbeerblasenlaus, Frühlings-Apfelblattsauger, Apfelblütenstecher* und andere. Die Wirkung ist kurz vor oder unmittelbar nach dem Schlüpfen der Schädlinge am besten. Man spritzt deshalb allgemein erst während des Knospenschwellens, beim Kernobst auch noch im so genannten **Mausohrstadium**, wenn die ersten Spitzen der grünen Blättchen sichtbar sind.

Zur Bekämpfung der *Kirschblütenmotte*, deren Räupchen die Fruchtknoten der Blüten zerstören, muss allerdings spätestens bei Beginn des Knospenschwellens gespritzt werden. Wir-

---

Zusätzliche Anmerkungen

Holzveredlungen können Anfang März bei Pflaumen und Kirschen, Ende März bei Äpfeln und Birnen (siehe Februar) vorgenommen werden.

Monatserdbeeren werden im März im Zimmer oder Frühbeet in Schalen mit torfreduziertem Aussaatsubstrat dünn ausgesät und bei 15–22 °C mäßig feucht gehalten. Keimung nach 2–3 Wochen. Im 5-Blatt-Stadium in Vermehrungstöpfchen pikieren und Mitte Mai auspflanzen. Erste Ernte 6 Monate nach Aussaat, in den nächsten Jahren ab Juni bis Herbst.

Pflanzschnitt beim Beerenobst. Stachel-, Johannis- und Jostabeeren werden um die Hälfte und mehr der Trieblänge eingekürzt. Hirn- und Brombeeren entwickeln sich besser, wenn der Pflanzschnitt unterbleibt. Bei Kultur-Heidelbeere und -Preiselbeere entfällt der Pflanzschnitt; nur beschädigte Teile entfernt man.

Obstbaumlaub, das über Winter offen gelegen hat, sollte im Frühjahr sorgfältig zusammengekehrt und (mit Spezial-Kalkstickstoff) kompostiert werden. Bleiben auch nur wenige kranke Blätter liegen, erfolgt von diesen die Infektion des gesunden Austriebs.

Obsthecken werden am besten belichtet und erwärmt, wenn man in Ost-West-Richtung pflanzt. Die Früchte sind intensiver gefärbt, weisen einen höheren Zuckergehalt, aber einen niedrigeren Säuregehalt auf.

Unkraut unter Obstgehölzen veranlasst den Gartenbesitzer, den Boden wiederholt zu bearbeiten. Durch Spezial-Kalkstickstoff, 50g/m², kann viel Hackarbeit eingespart werden. Kalkstickstoff düngt gleichzeitig.

Bei schlechten Kernobst-Blühern kommt man manchmal mit einem Radikalmittel zum Ziel. Man sticht im Frühjahr Wurzeln, die über die Kronentraufe hinausreichen, mit einem Spaten senkrecht ab, und zwar 40 cm tief. Im ersten Jahr kümmert der Baum etwas, im folgenden setzt er Blüten an.

Wildschutz-Spiralen sollten nun abgenommen werden, spätestens vor der Austriebsspritzung. Da der eng anliegende Kunststoff die Atmung der Rinde beeinträchtigt, können krebsartige Pilzschäden auftreten, die zum Absterben junger Bäume führen. Auch ein Schädling, die **Ampferblattwespe**, stellt sich ein und macht die Obstbäume zu ihrer Wirtspflanze, indem sie statt der Unkrautpflanzen die Rinde anbohrt. So kann es in Apfelanlagen zu stärkerem Auftreten dieses Schädlings kommen, der noch kurz vor der Ernte kurze Gänge in die Äpfel bohrt. Da die Wunden zu so später Jahreszeit nicht mehr vernarben, dringen Fäulnispilze ein und zerstören die Früchte.

Sonnenschutz an Wandspalieren bei bedecktem Himmel und nachts lüften und gegen Ende März schließlich entfernen, damit die Gehölze nicht verweichlicht werden.

Narren- oder Taschenkrankheit. Dabei handelt es sich um verformte Früchte, die langgezogen, flach, lederartig und ungenießbar sind. Sie müssen mit den Trieben vernichtet werden. Schutz ist möglich durch Austriebsspritzung mit Zusatz von Antracol im März.

Neudorffs Frühbeet besteht aus einem vielseitigen Stecksystem. Die Bügel können leicht mit einer Folie, Garten-Vlies als Frost- oder Insektenschutz oder einem Gemüsefliegen-Netz überspannt werden.

kung gegen den *Apfelblütenstecher* hat man nach Aufbruch der Knospen. Johannis- und Stachelbeeren mit beginnendem Austrieb, Pfirsich spätestens beim Sichtbarwerden der rosa Blütenblätter, Anfang bis Mitte März, also wesentlich früher als die übrigen Obstbäume, für die der geeignete Spritztermin gewöhnlich erst Ende März bis Anfang April kommt.

Gegen Pilzkrankheiten: Zur vorbeugenden Bekämpfung setzt man der Spritzbrühe ein Kupfermittel, (z.B. Cupravit) zu, oder Kupferkalk-Atempo 0,3%ig, ein kupferfreies Fungizid (z.B. Neudo-Vital 1%ig) oder bei Kernobst Netzschwefel. Die Mittel wirken gegen *Schorf, Zweiggrind, Kräuselkrankheit, Schrotschusskrankheit, Apfelmehltau, Narren- oder Taschenkrankheit, Krebs* und andere.

Gegen grünen Belag: Unerwünschter Belag aus Algen, Flechten, Moosen an Gehölzen lässt sich durch Zusatz von im Fachhandel erhältlichen Präparaten beseitigen.

Spritzmittel und Menge auf 10 l Wasser: 300 ccm Promanal + 100 g Neudo-Vital (oder 50 g Netzschwefel bei Kernobst).

Brühebedarf je Baum errechnet man überschlägig nach Alter des Baumes seit der Pflanzung, für jedes Standjahr 1 Liter. Ausnahmen machen Spindeln, Schnurbäume, Spalierobst, Sträucher. Hier dürfte mit 1–3–5 Litern auszukommen sein. Mit grober Düse werden die Gehölze triefend nass gespritzt. Gespritzt werden außer laubabwerfenden Gehölzen auch Fichten und Tannen. Frühjahrsblüher und Gemüse dürfen dabei nicht benetzt werden, sie sind gegebenenfalls vor der Spritzung zu bedecken.

Im Gemüsegarten

Pflanzgemüse durch warme Vorkultur

Wer sich für die Pflanzung im April/ Mai bestimmte Sorten heranziehen will, beginne Anfang bis Mitte März mit warmer Vorkultur im Frühbeet, Gewächshaus oder am Zimmerfens-

ter. Soweit im Angebot, nutze man Pillensamen und keimfreie Aussaaterde (z.B. frux oder NeudoHum).

Früher Blumenkohl mit weißer Blume: 'Alverdes', 'Beauty F1', 'Erfurter Zwerg', 'Igloory'. **Brokkoli** vorzugsweise mit dunkelgrünen Sorten: 'Corvet', 'Green Valiant', 'Nippon Sprint', 'Spring A1'. **Chinakohl** schossfester Sorten wie 'Hongkong', 'Kaboko', 'Nerva', 'One Kilo SB F1', 'Springin' bei 18 bis 22 °C aussäen. **Früher Rotkohl:** 'Marner Frührot, 'Schwarzkopf 2', 'Sombrero'. **Früher Wirsing:** 'Promasa F1', 'Vertus'. **Frühkohlrabi:** 'Azur', 'Blaro' (blau), 'Avanti', 'Kohyro', 'Lanro' (weiß-grün). – 'Superschmelz' muss bis Mitte März gesät werde, hat lange Kulturzeit, bis 10 Kilo schwer, sehr zart. **Eis(berg)salat, Kopf-Eissalat** liegt im Trend, ist knackig und speichert wenig Nitrat: 'Alvaro', 'Barcelona', 'Sperlings Resi', 'Sperl. Timo', 'Kellys'. **Frühkopfsalat** im Frühling beliebt: 'Dynamite', 'Maikönig Freiland', 'Mona', 'Ovation', 'Sander', 'Ultra'.

Tomaten, Liebesapfel, Paradiesapfel, Paradeiser: Auf ein Teil der Sortenfülle soll hier verzichtet werden. Hauptbeachtung dürften folgende Gruppen verdienen:

a) Balkon- oder Buschtomate, die weder Stab noch Ausgeizen erfordert und ziemlich große, wohlschmeckende Früchte bringt.

b) Übliche Stabtomaten, die man aufbinden und entgeizen muss. Viel angeboten wird der qualitativ gute Hellfrucht-Typ mit dunkelrosa Farbe.

c) Aromatische Fleischtomaten werden sehr groß, brauchen einen Stab und einen warmen, sonnigen Standort.

d) Cocktail- oder Kirschtomate süß, klein bis kaum mittelgroß.

Aubergine, Eierfrucht (dunkel-violett) etwas wärmer liebend als Tomate: 'Black Beauty', 'Black Torpedo', 'Bonica', 'Marfa'. Unter Glas oder Vlies weiter kultivieren, sonnig.

Gemüsepaprika, Paprika mit großen, blockigen, mild schmeckenden Schoten zum Füllen. Sie färben sich von Grün, Gelb, Orange nach Rot um: 'Californica Wonder', 'Golden Bell', 'Gourmet', 'Neusiedler Ideal', 'SperlingsMerit'.

Im Frühbeet (Vorbereitung s. im Februar). Auf der waagerechten Saatfläche markiert man in Nord-Süd-Richtung im Abstand von 10 cm etwa 1 cm tiefe Saatrillen mit Hilfe eines kantigen Holzes gemäß Abb. 9. In die eingedrückten Rillen sät man unverzüglich dünn Pillensamen mit 1 cm Abstand oder legt Saatband aus, bedeckt die Samen mit fein gesiebter Komposterde, drückt mit einem Brettchen etwas an, versieht die Reihen mit einem Sortenetikett, überbraust mit abgestandenem Wasser aus einer Frühbeetkanne. Nun legt man die Fenster auf und hält sie bis zum Auflaufen geschlossen. Eine leichte Beschattung anfangs durch Papier hält die Erde feucht und die Sonnenstrahlen fern. Sobald die Keimlinge sichtbar sind, wird das Papier am Nachmittag oder bei trübem Wetter abgenommen.

Vom späten Nachmittag bis zum Vormittag bedeckt man den Kasten täglich wegen **Kälte** mit Matten. Bei **Sonnenschein** erhitzt sich der Luftraum zwischen Glas und Saat manchmal so stark, dass man verbrauchte, warme Luft durch geringes Anheben der Fenster über Mittag abziehen lassen muss. Zum Keimen sind 16–18 °C günstig. Wenn die Pflänzchen zwei richtige Blätter ausgebildet haben, ist bei schönem, frostfreiem Wetter um die Mittagszeit zu schattieren und zu lüften. Man schiebt dazu auf der dem Wind abgekehrten Seite flachkantig ein „Luftholz" unter die Fenster. Je wärmer der Tag, desto höher darf das Luftholz gestellt werden. **An rauen Tagen** mit Sturm darf man – selbst bei heißer Sonne – nicht

Hält man den Harkenstiel hoch, wird kaum Boden verschoben, was nach der Düngung anzustreben ist. Bei tiefer Haltung lässt sich der Boden leicht verschieben. Mit dem Harkenrücken (wie hier gezeigt) kann man die Fläche auch egalisieren.

lüften, muss aber schattieren, für etwa drei Stunden über Mittag. Die Pflänzchen brauchen viel Licht, damit sie sich gedrungen und kräftig entwickeln. An milden Tagen dürfen die Fenster über Mittag abgenommen werden, meist nicht vor Ende März. Bei Trockenheit der Oberfläche wird leicht überbraust, da die Erde im Innern noch genügend feucht ist.

Am Zimmerfenster. *Tomaten, Tomatillo, Paprika, Eierfrucht* in Schalen oder Handkästen säen und für die Anfangsentwicklung am Fenster eines geheizten Raumes (gegen 20 °C aufstellen). *Auberginensamen* keimt bei 20–26 °C (zwischen Nacht und Tag) in 14 Tagen. Man streut den Samen recht dünn aus, siebt etwas Sand oder Erde darüber, drückt leicht an, überbraust und deckt eine Glasscheibe darüber, unter die man kleine Hölzchen legt, um für Belüftung zu sorgen. Problemloser sind *Anzuchtschalen mit durchsichtiger Kunststoffhaube.*

Sobald sich Sämlinge beengen, verpflanzt *(pikiert)* man sie auf 5 cm Abstand in Handkästen oder Torftöpfe

mit nahrhafter Erde. Sonst muss man ein paar Tage vorher flüssig düngen, z.B. mit Bio Trissol.

Vorbereitung der Gemüsebeete

Sobald das Wetter es gestattet und der Boden frostfrei sowie genügend abgetrocknet ist, werden Beete hergerichtet, wozu jeder schöne Tag gegen Monatsende genutzt werden sollte. Verlaufen die *Reihen in Ost-West-Richtung,* so kann der Wind meist gut hindurchstreichen, so dass weniger **Pilzkrankheiten** auftreten und die windscheuen **Gemüsefliegen** gestört werden.

Allgemein macht man **Beete** 1,20 und **Tretsteige** 30 cm breit, ohne sie besonders zu vertiefen. Auf Sandboden ist mäßige Erhöhung vorteilhaft. Zum Abstecken braucht man mindestens eine Gartenschnur. Die Steige werden mit Trippelschritten festgetreten und mit einer (25 cm breiten) Harke ausgeglichen. Danach erfolgt das *Lockern, Grobkrümeln, Düngen, Feinkrümeln* und *Einebnen* oder *Feinplanieren.*

Erhaltung der Bodenschichten ist für die Fruchtbarkeit wichtig. Zur **Tiefenlockerung** wird das Land nicht mehr gewendet. Man kann alle 15–20 cm die Grabegabel in den Boden treten und sie ruckartig anziehen. Auch mit Hilfe eines *Sauzahns* oder S-Z-Wühlers, den man längs und quer durch den Boden zieht, wird gute Tiefenlockerung erreicht. Auf leichteren Böden genügt der *Verstell-Kultivator*. Bei schölligem Boden muss man die Oberfläche noch mit einem *Krail* bearbeiten.

Richtige Grund- oder Startdüngung

Richtig düngen bedeutet die Pflanzen so ernähren, dass sie während des Wachstums aus dem Vollen schöpfen können und zur Erntezeit das Nährstoffangebot, vor allem an leicht löslichem Stickstoff (Nitrat), fast Null ist. Dadurch erntet man nitratärmeres, also gesundes Gemüse und belastet die Umwelt, vor allem das Grundwasser, nur unwesentlich.

Vor der Aussaat kommt nur eine **organische Düngung** in Betracht, aus der den Pflanzen nach dem Auflaufen nach und nach etwa 6 g/m² Stickstoff zufließen. Geeignete Startdünger sind z. B. Fertofit-Gartendünger (80 g/m²) oder Trockenmist Mannahum (200 g/m²). Keinesfalls darf vor der Saat ein rasch wirkender mineralischer Volldünger gegeben werden. Ehe nämlich die Samen keimen und aufnahmefähige Wurzeln haben, versickert der Stickstoff in unerreichbare Tiefen und belastet sowohl das Grundwasser wie unsere Geldbörse. Organischer Dünger stellt dagegen pflanzenverfügbare Nährstoffe frühestens nach 2 bis 3 Wochen zur Verfügung, wenn die Keimlinge gerade die ersten Wurzeln in den Boden gesenkt haben. Bei der Startdüngung sollte gleichzeitig für die Bodenstruktur einiges ge-

tan werden. Dafür stehen **Bodenhilfsstoffe** zur Verfügung, wie Ful-Humin, ein Dauerhumus-Konzentrat, Bentonit (für leichte Böden) oder Urgesteins-Mehl. Man rechnet in jedem Frühjahr je 100 bis 150 g/m².

Bevor man die Startdüngung ausbringt, sollte überlegt werden, ob sie auch erforderlich ist. Dies ist nicht der Fall, wenn von der Vorkultur reichlich Wurzelrückstände zurückgeblieben sind. Wintergemüse auf den Beeten und Gründüngungspflanzen hinterlassen meistens so viel organische Substanz, dass die Nachfolgekulturen voll versorgt werden können. Bei Schwach- und Mittelstarkzehrern sollte dann auf eine Startdüngung verzichtet werden, auf die Bodenhilfsstoffe aber nicht. Langzeitgemüse sollte jedoch auf leichten und schweren Böden stets die volle Startdüngung erhalten.

Volle Startdüngung ist aber auch notwendig, wenn Gartenböden im Herbst umgegraben wurden und in rauer Scholle überwintert sind. Dann enthalten die Böden nämlich kaum noch Reserven. Das gilt auch für leichte unbedeckte Böden. Erhält abgeerntetes Land im Herbst eine dicke Bodendecke aus Grünabfällen und Herbstlaub, gehen nur unwesentliche Nährstoffreserven verloren.

Berücksichtigen sollte man auch, dass Schwachzehrer nur etwa 5 g/m² Stickstoff hinterlassen, Mittelzehrer bis 10 g und Starkzehrer bis 15 g. Auf solchen Böden brauchen beispielsweise Radieschen, Schnittsalat und Spinat keine Startdüngung, nach Schwachzehrern vielleicht eine erste Nachdüngung nach vier Wochen. Am besten geeignet hierfür ist ein mineralischer Mehrnährstoffdünger wie ein blauer Volldünger, 20–25 g/m². Mittelzehrer (Möhren, Kopfsalat, Schwarzwurzeln usw.) erfordern 2 bis 3 Nachdüngungen,

Starkzehrer (Kohl, Tomaten, Gurken usw.) 4 bis 5 mineralische Nachdüngungen in Abständen von 2 bis 4 Wochen. Jedesmal werden dann 3 bis 4 g/m² Stickstoff gegeben, den die Pflanzen in 2 bis 3 Wochen aufnehmen können, so dass es kaum zu einer Belastung der Umwelt kommt. Letzte Düngung spätestens 10 Tage vor der Ernte, damit der Nitratgehalt im Gemüse nicht unnötig ansteigt. – Dung und Verbesserungsstoffe sind grundsätzlich in die Krume einzufräsen.

Frühe Saat bringt frühe Ernte

Erleichtert wird die Aussaat feiner Sämereien durch **Saatband**, so dass das Vereinzeln der Pflänzchen entfällt. In die krümelige Erde werden Rillen von 1 cm Tiefe gezogen. Dann schneidet man das Saatband zu, legt es ein und drückt die Enden fest in die Erde. Es wird leicht gebraust, mit lockerer Erde bedeckt, diese angedrückt und bis zur Keimung feucht gehalten. Beim **üblichen Säen** kann man einen Samenstreuer zu Hilfe nehmen oder den Samen mit der dreifachen Menge trockenen Sandes vermischen, damit die Samen nicht zu dicht fallen.

Auch beim direkten Säen aus der Tüte können Saatkörner günstig fallen,

Säen aus der Tüte.

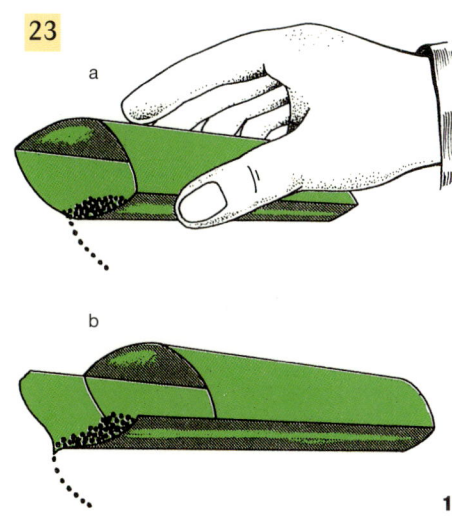

23

Egal, ob Bohnen oder feinere Samen gesät werden: Nach dem Ziehen der Rille muss es beim Säen, Bedecken der Samen zügig gehen, damit die Erde nicht austrocknet. Reihenabstand 50 cm, Tiefe 3 cm, Abstand 10 cm.

wenn man ihr Vorrollen beobachten und dadurch kontrollieren kann. Zunächst löst man die festgeklebte Lasche (Abb. 23 b) oder reißt die Tüte am nichtbeschrifteten Ende (a) auf, damit der Sortenname nicht verloren geht und versieht die Unterseite in der Mitte der Öffnung mit einem kleinen Kniff. Nun fasst man die Tüte von oben, hält sie vorne etwas höher und drückt die Seiten leicht zusammen. Durch kurzes Hin- und Herbewegen der Tüte über der Saatrille in Längsrichtung rollen die Samen langsam vor und fallen gut kontrolliert heraus, ausgenommen feinere Sämereien wie Möhren, Petersilie, Kopfsalat, Eissalat, Pflücksalat usw. Samen ohne Verzögerung mit Erde bedecken. Entweder zieht man die Saatrillen mit dem Harkenrücken zu oder streut gesiebte Humuserde, vermischt mit zerriebenem Torf, darüber. Für Bodenkontakt sorgt man durch mäßiges Andrücken der Reihen mit der Harke bei senkrechter Stielhaltung. Abschließend werden die Saatreihen befeuchtet, auf leichterem Boden die Beete insgesamt überbraust oder fein gesprengt.

Folien, Vliese und Netze

Frühe Aussaat auf Freilandbeeten lässt sich vor Kälte schützen und im Wachstum fördern. Schaderreger von außen lassen sich fernhalten, was eine bedeutende Errungenschaft ist und den üblichen Pflanzenschutz einschränkt.

„Wachsende" Folie ist auf Grund der bis zu 30000 Schlitze/m² dehnbar. Mit zunehmendem Pflanzenwuchs weiten sich die Schlitze und lassen immer mehr Luftaustausch, Regen-, Gieß- und Sprengwasser hindurch. Schwache Düngerlösungen kann man über die Folie geben. Sonnenwärme wird eingefangen. Die Folie schützt vor Kälteschocks, Platzregen, Bodenverkrustung, Vögeln, Schmetterlingen (Raupen), Schnecken, die von außen kommen. Bei schonender Behandlung mehrmals verwendbar.

Garten-Vlies besteht aus einer Kunststoff-Endlosfaser mit unzähligen kleinen Öffnungen, die Luft, Regen-, Gieß- und Sprengwasser ebenso hindurchlassen wie schwache Nährlösung. Lochfolie und Vlies müssen an einer

Seite gerafft, aufgelegt und später mehrmals nachgelassen werden.

Frostschutz-Vlies „Robin" (weiß, 2,2 oder 4 m x 10 oder 100 m, wiegt 17 g/m²) erlaubt frühes Säen und Pflanzen, sichere Ernten. Schutz bis minus 5 ˚C, auch vor Wild- und Vogelfraß. Über feuchtem Boden bilden zwischen den Fasern gefrierende Tautröpfchen eine isolierende Eisschicht, die keine Kälte durchlässt. Dieses Vlies bei Frostgefahr über gefährdete Beete legen. Kurz vor der Blüte z.B. Erdbeeren, Gurken, Kürbis, Melone u.a. aufdecken, Kartoffeln bei Frostende.

Insektenschutz-Vlies „Robin" (grün, 2,5 x 10 oder 100 m, 10 g/m²) schützt z.B. Möhren, Radieschen, Rettich, Kohl, Zwiebeln, Porree vor Gemüsefliegen, von der Saat bis zur Ernte.

Unkrautschutz-Vlies (schwarz, 1,5 x 10 m) auf gedüngte Beete legen, Ränder beschweren oder eingraben. Kleine Löcher zum Säen, 10 x 10 cm Kreuze zum Pflanzen.

Gemüsefliegen-Netze sind giftfreier Pflanzenschutz. Auch andere Schadinsekten werden so ausgesperrt.

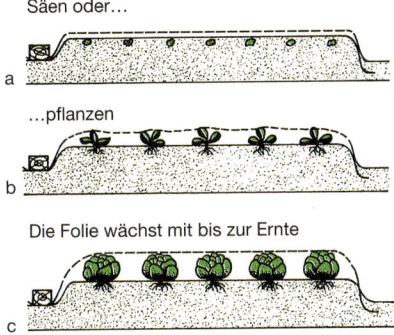

Säen oder...

a

...pflanzen

b

Die Folie wächst mit bis zur Ernte

c

Anwendung „wachsender Folie".

Gemüsefliegen-Netz oder Kultur-schutznetz, mehrfach verwendbar, schützt sicher vor den verschiedenen Gemüsefliegen, so bei Kohl, Radies, Rettich, Porree, Zwiebel, Möhre. Der Madenbefall wird also verhütet. Ausgesperrt werden außerdem Kohlweißling, Kohleule, Kohlschabe, Kohlfliege, Lauchmotte und viele andere, die von außen kommen. Vermindert werden Schäden durch Hagel und Wolkenbruch, verhindert Wild- und Vogelfraß. Vorzugsweise im Sommer. Licht, Luft und Wasser können ungehindert zu den Pflanzen. Das Netz kann entweder flach oder tunnelförmig ausgelegt werden, möglichst gleich nach der Saat oder Pflanzung und je nach Kultur 1–4 Wochen vor der Ernte abgenommen werden. Eine Fülle früherer Pflanzenschutzmaßnahmen bzw. Schäden bleiben uns nun erspart.

Wurzelgemüse braucht tief gelockerten Boden

Möhren oder **Karotten, Mohrrüben, Gelbe Rüben** entwickeln sich am besten auf leichteren, tiefgründigen, humusreichen Böden. Lehmböden sind noch geeignet, wenn sie tief gelockert werden, gute Wasserführung besitzen und in der Wurzelzone keine Verdichtungen aufweisen, da die Rüben sonst beinig werden. Für die Nähr-stoffversorgung wenig Stickstoff, viel Kali (s. Tabelle Seite 46 unten).

Zur natürlichen Abwehr der **Möhrenfliege,** die ab Mitte Mai auftritt, ist eine Fruchtfolge von etwa 6 Jahren einzuhalten, einschließlich Petersilie und Sellerie. Reihen an offenen Stellen in Hauptwindrichtung anlegen und bei mittellangen Sorten mit 25 cm Abstand ziehen. Sehr frühe Aussaaten werden am wenigsten gefährdet. Außerdem hat sich Zwischenanbau von Zwiebeln, Porree, Schalotten, Knoblauch, Schwarzwurzeln, eine Mittelreihe je Beet, verschiedentlich bewährt.

Es ist weitläufig genug zu säen. Herkömmliches **Saatgut** eignet sich wenig dafür, da es zu dicht und zu tief fällt; auch begünstigt späteres Verziehen den Befall. Hier hilft uns *Pillensamen* oder *Saatband* weiter. Pillensamen wird 1–2 cm tief und auf etwa 2 cm *Endabstand* ausgelegt. Saatband sollte *vorgekeimt* Verwendung finden. „Wachsende" Folie fördert die Keimung, passt sich dem Wuchs an, hält aber nicht Gemüsefliegen fern wie Inseketenschutz-Vlies oder Netze.

Für frühe Aussaaten und für *Folgesaaten* bis Anfang Juli sind halblange 'Marktgärtner'- und frühe 'Nantaise'-Typen zu bevorzugen, z. B. 'Bolero', 'Frühbund', 'Finette', 'Nandor' (Fl-Hybr.), 'Roland', 'Sytan', 'Tantal' und andere.

Radieschen entwickeln sich am besten auf kräftigem, mittelfeuchtem Boden in vorwiegend sonniger Lage. Auf Sandboden nehmen die Knollen meist einen scharfen Geschmack an. Schöne runde Radieschen gibt es bei flacher und genügend weiter Saat. Saattiefe 1–1,5 cm, Kornabstand 4–5 cm, bei Mischanbau, z.B. zwischen Salat, Möhren, Petersilie, 10 cm, Reihenabstand 10–15 cm. Kleine Folgesaaten alle 14 Tage. Zu dichte Saat muss bald nach dem Auflaufen ausgedünnt werden, sonst unterbleibt Knollenbildung.

Besonders zart werden Radieschen in **Mischkultur** (siehe Januar). Wichtig sind dafür *kurzlaubige Sorten*, z.B. 'Haubners Frühwunder', 'Sperlings Cyros', 'Cherry Belle', 'Treff'. Für Alleinanbau eignen sich auch Sorten mit

Damit sich schöne runde Radieschen bilden können, den Samen 4–5 cm auseinander legen. Bei Mischanbau, z.B. zwischen Petersilie, 10 cm und 1–1½ cm tief. Dazu Sonne und Wasser!

längerem Laub, wie 'Certina', 'Eterna', 'Rota', 'Rundes halbrot-halbweiß', 'Eiszapfen' (mit langen weißen Wurzeln). Als Saatband ist z. B. 'Cyros' zu beziehen.

Rettiche früher Sorten können ab März gesät werden. Man hält 20 cm Reihenabstand und mindestens 5 cm Abstand in der Reihe. Früheste Sorten: 'Hilds Neckarruhm', 'Ostergruß Typ Frühlingsgruß', 'Schifferstädter Mai', 'Sechswochen blauer'. In der Pflege unterscheiden sie sich kaum von Radieschen, nur dass sie etwas mehr Dünger erfordern.

Schwarzwurzeln brauchen einen steinfreien, leichteren, durchlässigen, genügend feuchten, bis 35 cm tiefgelockerten Boden, damit sich glatte Wurzelstangen bilden können. Bei einjährigem Anbau (Frühjahr bis Spätherbst) sind die Wurzeln am zartesten. Düngergaben werden erst ab Juni/Juli ausgewertet, so dass vor der Aussaat nur Humus bildende Stoffe wie Komposterde, 5–10 1/m², in die Oberschicht einzubringen sind. Man zieht im Abstand von 25–30 cm 2 cm tiefe Rillen, legt alle 2–3 cm ein langes Korn aus und schließt die Saatreihen.

Die **Sorte** 'Einjährige' bildet nach unten etwas zugespitzte Wurzeln, 'Hoffmanns schwarze Pfahl' ist walzenförmig, abgestumpft.

Mairübchen (Speiserüben) werden zeitig im März/April in 20–25 cm entfernte Reihen gesät.

Man legt alle 10–15 cm ein paar Körnchen auf den Boden ab, stupft sie 1–2 cm tief in die Krume, hält feucht und verzieht bald nach dem Auflaufen auf je eine starke Pflanze. Meist genügt die Grunddüngung, bei verzögertem Wuchs ist eine Kopfdüngung angebracht. 20 g/m² blauer Volldünger genügen. Zur Rübenbildung werden 6 bis 8 Wochen benötigt.

Dicke Bohnen früh säen oder pflanzen

Puffbohnen, Große oder Dicke Bohnen, gelten in einigen Gebieten als Delikatesse. Wenn die Kultur mit frühen Sorten an luftiger Stelle, z. B. in **Einzelreihen** auf Randbeeten, früh beginnt, kommt es kaum zum Befall der Spitzentriebe durch die Schwarze Bohnenlaus. Da die Pflanzen etwas Frost vertragen, so zeitig wie möglich ins Freiland säen. Puffbohnen gedeihen *bei guter Wasserversorgung* auf allen Gartenböden. Sandboden ist gut zu düngen und mit Humus zu versorgen. Samen werden in 5–6 cm tiefe Furchen gelegt, von standfesten Sorten alle 10 cm 1 Korn, weniger standfesten alle 20 cm 2 Körner. Reihen nebeneinander brauchen mindestens 60 cm Abstand.

Erlaubt das Wetter Freilandaussaat Anfang März nicht, empfiehlt sich *Vorkultur in einem warmen hellen Raum*, Anfang März. Man füllt 8 cm weite **Töpfe** mit torffreier NeudoHum Pflanzerde, drückt je 2 Samen 2 cm tief hinein, stellt sie dicht nebeneinander auf eine wasserdichte Unterlage, gießt reichlich an.

Wenn bald nach den Keimblättern richtige Blätter erscheinen, Erde gut feucht halten. Haben sich erste Würzelchen durch die Topfwand gebohrt, wöchentlich einmal düngen, Flüssigdünger 2 ml, Düngesalz 1 g/l Wasser. Bei 20 cm Pflanzenhöhe mit 60 x 20 cm Abstand *auspflanzen*, abends oder bei trübem Wetter.

Den typischen *würzigen Puffbohnengeschmack* haben **Sorten** mit schwarzgefleckten Blüten und meist braunkochenden Samen, wie 'Hedosa', 3–4-triebig; 'Con Amore', 2–3-triebig, obwohl niedrig, mäßig standfest; 'Major' und 'Sito', 3–4-triebig, fast gleichzeitig reifend: 'Hangdown grünkernige', mittelfrüh, Korn bleibt grün. – Weiß-

blühende Sorten *mit mildem Geschmack*: 'Sterntaler', 'Staygreen', 'Dreifach Weiße', deren Körner beim Kochen weiß bleiben.

Pal- oder Schalerbsen werden im März/April gesät. Für Reisererbsen zieht man in der Beetmitte zwei 5 cm tiefe Furchen im Abstand von 25–30 cm und legt die Samen mit 3–4 cm Abstand aus. Erfolgt der Anbau ohne Stütze, so ist es besser, im Abstand von 30 x 40 cm jeweils 8–10 Erbsen auszulegen. (Siehe im April.)

Spinat gehört zu den frühen Aussaaten

Frühe Aussaat von **Spinat** bringt größte Blattmasse mit geringstem Oxalsäuregehalt. Höchsterträge liefern monözische (einhäusige) weibliche **Sorten,** die frei von frühschossenden männlichen Pflanzen sind, wie 'Monnopa', 'Montaku'. Andere spätschießende Züchtungen: 'Hippie', 'Hiverna', 'Norveto', 'Symphonie' (F_1-Hybr.), 'Vital'. *Gesät* wird in Reihen mit 20 cm Abstand 4 cm tief. Bei 10 cm Reihenabstand nimmt man schon zeitig jede zweite Reihe heraus, am Rand beginnend.

Damit Spinat zügig wächst und sich gesund entwickelt, braucht er *mittelhohe Düngung* und gleichmäßige Feuchtigkeit. (Nitratgehalt ist bei Langzeitdüngern mit Crotodur- oder Isodurstickstoff geringer als bei Düngung mit Salpeter.) Gut verträglich mit Puffbohne, Schwarzwurzel, Kohlrabi.

Überwinterter Spinat wird durch schwache Düngung, Bewässerung, flache Bodenlockerung zum Wachsen angeregt. Gesamtstickstoffbedarf 6–8 g/m². Wieder entdeckt wurde Erdbeerspinat. Dieses Gemüse lässt sich jung als Spinat verwenden, aber auch als Salat. Nach der Blüte bilden sich leuchtend rote, saftige Früchte, die Monatserdbeeren gleichen und

Erdbeerspinat fand schon zu Großmutters Zeiten Verwendung. Jung isst man ihn als Spinat und Salat. An älteren Pflanzen reifen Früchte wie Monatserdbeeren, die man mitisst. Die Sorte 'Dolphin' hat eine hohe Resistenz gegen den Falschen Mehltau.

ähnlich schmecken. Aussaat März bis August. Angebot bei Sperli-Samen.

Gartenmelde liefert ein würziges Spinatgemüse. Von den gelb-, rot- und grün-blättrigen Sorten ist die gelbe am zartesten. Gesät wird zeitig, sehr dünn in flache Reihen von 30–40 cm Abstand, um von den herangewachsenen Pflanzen laufend Blätter ernten zu können, oder ziemlich dicht mit 20 cm Reihenabstand für zeitigen Schnitt der ganzen Pflan-ze. Bis zum Sommer sind Folgesaaten möglich.

Gartenampfer oder Englischer Spinat liefern im Herbst und Winter Blattspinat. Aussaat im Frühjahr sehr weitläufig in 25 cm entfernte Reihen. Später auf 15 cm verziehen. Alle 4 Wochen bis August nachdüngen. Auf feuchtem, nährstoffreichem Boden kann Gartenampfer 5 Jahre am selben Platz bleiben.

Stielmus, Rübstiel. Sät man Mairüben im März ziemlich dicht, mit 20 × 3 cm Abstand, so wachsen Stiele und Blätter kräftig und liefern „Stielmus". Besonders zu empfehlen ist 'Rheinisches Maistielmus'. Bei etwa 20 cm Höhe werden die Pflanzen über dem Boden abgeschnitten. Verwendung finden Blattstiele und Blattrippen (sparsam verbrauchen, hohe Nitratbelastung).

Für grünen Salat zeitig sorgen

Täglich gehört Salat auf den Tisch. Im Garten lässt sich leicht für Abwechslung sorgen.

Gartenkresse ist wegen der raschen Entwicklung besonders wertvoll und sollte in Abständen von 2 bis 3 Wochen dicht in flache Rillen, die 10 cm Abstand haben, gesät werden. Bei einer Saattiefe von 1–2 cm bleiben die harten Samenschalen im Boden. Kresse braucht vor allem Feuchtigkeit. Ergiebig sind: kraus- und breitblättrige Sorten, wie 'Sperlings Mega'.

Feldsalat hat nicht nur für den Herbst-, sondern auch für den zeitigen Frühjahrsanbau Bedeutung. Gesät wird dünn in Rillen mit 10–15 cm Abstand und das Saatgut 1 cm hoch mit Erde bedeckt, die man leicht andrückt. Zu *dichte Saat* wird bei feuchter Witterung leicht von *Falschem Mehltau* vernichtet.

Schossfeste Sorten wie 'Gala', 'Juwahit' und 'Vit' für Frühlingssaat. Unter „wachsender" Folie bilden sich große Pflanzen von äußerster Zartheit.

Schnittsalat (Lattich), der keine Köpfe bildet, gibt die erste echte Salaternte. 2–3-mal kann man Blätter abschneiden. Gute Sorten: 'Hohlblättriger Butter', 'Grünetta' und 'Krauser gelber'. Gesät wird nicht zu dicht in Reihen mit 15 bis 20 cm Abstand, auch in die Zwischenreihen von Spätmöhren und Schwarzwurzeln. Im Frühbeet oder unter Folie, wo man dünner säen muss, kann schon nach drei Wochen geerntet werden, unter

Wer am würzigen Feldsalat Geschmack gefunden hat, kann ihn auch im zeitigen Frühjahr säen und im Frühling ernten. Wüchsige Sorten sind 'Elan' und 'Holländischer Breitblättriger'.

Überwinterungszwiebeln 'Senshyu Yellow' wachsen aus Wintersteckzwiebeln. Sie liefert gelbe, große, feste, flachrunde Speisezwiebeln und im zeitigen Frühling erstes Lauchgrün. Winterzwiebeln werden früher als übliche Speisezwiebeln geerntet und halten sich 2–3 Monate.

freiem Himmel dauert es doppelt so lange.

Pflücksalat wird etwa 70 cm hoch und liefert zarte Blätter, die bis kurz vor der Blüte abgepflückt werden können. 'Gelber Eichblattsalat', 'Salat Lollo' oder 'Sperlings Salli' mit gekrausten, knackig zarten Blättern erlaubt eine Erntezeit von bislang nicht gekannter Länge, nämlich Mai bis Ende Juli. Reihenabstand 30 cm, nach und nach in der Reihe auf 20-30 cm verziehen und Jungpflanzen ganz verwenden. Rotlaubige Sorten sind nitratreicher als grünlaubige.

Stielmus, Sorte 'Namenia' kann wie grüner Salat oder Endivien zubereitet werden. Aussaat dünn in 25-30 cm entfernte Reihen. Frühe und späte Aussaaten (August) bleiben von der Rübenfliege verschont.

Kopfsalat kann ab Ende März mit 25 cm Reihenabstand direkt gesät werden, möglichst dünn, Pillensamen mit 2-3 cm Abstand. Die Ernte beginnt durch allmähliches Verziehen auf 5-15 und schließlich 25 cm, damit die letzten Pflanzen Köpfe bilden können. Voraussetzung sind volle Sonne,

gute Wasserversorgung, lockerer Boden und wenigstens eine Nachdüngung zu Beginn der Kopfbildung. – Optimale Saattiefe 2-3 cm. Sorten: 'Attraktion', 'Dynamite', 'Karola'. - **Eissalat** wie 'Sperlings Resi', 'Timo', 'Rouge Grenobloise' brauchen 40 cm Abstand.

Zwiebeln für unsere Gesundheit

Speisezwiebeln, aus Samen oder Steckzwiebeln, entwickeln sich auf mittelschwerem, nicht zu feuchtem Boden in sonniger Lage am besten. 15-20 cm Reihenabstand.

Zwiebelsamen streut man weitläufig in 2-3 cm tiefe Rillen und verzieht später auf 6-8 cm. Ernte: August/ September. Beste Erträge bringen F_1-Hybriden, wie 'Allround' (auch Pillensamen), 'Hygro', vollrund, mittelgroß, chromgelb, lagerfähig. Andere *bewährte Säzwiebeln:* 'Braunschweiger dunkelblutrote', plattrund; 'Juwarund', gelb, mittelgroß, lagerfähig, ersetzt flachrunde 'Stuttgarter Riesen', die sich jedoch zur Heranzucht von

Steckzwiebeln bestens eignen; 'Zittauer gelbe Sperlings Börde' (Saatband), runde, gelbe Lagerzwiebeln; 'Birnförmige', hochoval, gelb, mild bis süß, lagerfähig. Wenig Stickstoff, weil Licht und Luft Falschen Mehltau und Graufäule verhindern.

Steckzwiebeln bringen frühere Ernte (Juli/August) von guter Qualität, wenn man die kleinste Sortierung wählt. *Hauptsorten:* 'Stuttgarter Riesen' und 'Stuttgarter runde gelbe'. Legt man Zwiebeln 24 *Stunden vorher in Wasser,* so werden sie im Boden nicht hochgedrückt und wurzeln rasch ein. Gesteckt wird mit 20 x 10 cm etwa 1 cm tief, so dass die Spitze gerade noch sichtbar bleibt.

Zur Gewinnung von **Perl- oder Silberzwiebeln** kann 'Weiße Königin' im März in 7-8 cm entfernte Reihen ziemlich dicht gesät werden. Die kleinen weißen Zwiebeln brauchen feuchten Boden und gute Düngung. Ernte im Juni.

Die übergroße, mild schmeckende **Gemüsezwiebel,** wie sie aus südlichen Ländern und vom Gemüsestand be-

Es gibt fein-, mittelgrob- und grobröhrigen Schnittlauch. Zur Reduzierung der Nitratspeicherung sollten Sie ein sonniges Beet wählen.

kannt ist, gedeiht auch in unseren Breiten, ohne übermäßig zu schießen, wenn man z. B. die Sorte 'Yellow Sweet spanish, Sperl. Jumbo' wählt. Aussaat zeitig, damit die Zwiebeln bis September groß genug werden. Gesät wird in Reihen mit 30 cm Abstand, in der Reihe auf 12 cm ausgedünnt. Bis Ende Mai möglichst unter „wachsender" Folie halten. Vor der Saat Düngung mit 5 Ltr./m² gesiebter Komposterde; Ende Mai und Anfang Juli je 50 g/m² Azet-Tomaten-Dünger (7:3:10). – Wo zeitige Freilandaussaat nicht möglich ist, im Februar/März in eine Schale unter Glas säen, einmal pikieren und Anfang bis Mitte Mai auspflanzen (30 x 12 cm).

Schalotten, die sich durch milden Geschmack auszeichnen, entwickeln aus kleinen Pflanz-Schalotten (Teilzwiebelchen) ganze Zwiebelbüschel. Da sie gegen kühle Witterung unempfindlich sind, kann schon zeitig gesteckt werden. Sie brauchen 20-mal 12–15 cm Abstand und kommen bis zum Hals in Erde. Ertragreich: 'Golden Gourmet'.

Knoblauch wird von September bis Ende März an sonniger Stelle in guten (lehmhaltigen) Boden mit 20 x 10 cm Abstand mindestens 4 cm tief gelegt. Verwendet werden wie bei Schalotten die Teilzwiebeln (Zehen). Für 1 m² braucht man mindestens zwei große Knoblauchknollen zu je 25 Zehen. Zu feuchter Boden wird nicht vertragen. (Siehe auch Seite 310.)

Knoblauch-Schnittlauch 'Knolone' wächst wie Schnittlauch und schmeckt wie Knoblauch, ohne Ausdünstungen. Ganzjährig zu schneiden, aromatische Würze.

Schnittlauch kann man säen und pflanzen. Da zeitige Aussaat möglich, sollte direkt ins Freiland gesät werden; 2 cm tief, nicht zu dicht, sonst werden die Spitzen der Schlotten gelb. Reihenabstand 20 cm. Nach dem Heranwachsen wird laufend geschnitten.

Überwinterte Petersilie beginnt zu treiben. Säen Sie jährlich Wurzelpetersilie mit glattem Laub. Diese ist weniger mit Nitrat belastet als mooskrause Sorten. Nach Überwinterung kann Wurzelpetersilie noch bis Mai genutzt werden.

Es gibt *drei Typen:* feinröhrigen, mittelgrobröhrigen, wie 'Welta' und grobröhrigen, wie 'Grolau', der sich zum Treiben im Zimmer besonders eignet.

Porree oder Lauch, der als Gemüse später gepflanzt wird, eignet sich auch zum Würzen, so dass eine kleine Aussaat (wie Schnittlauch) ab März anzuraten ist.

Mehr „Glück" mit Petersilie

Wer jahrein, jahraus Petersilie auf dieselbe Fläche bringt, muss mit sehr starkem Schädlings- und Krankheitsbefall rechnen, was zu frühem Vergilben und Absterben führt. Frühestens nach Ablauf von 3–4 Jahren darf wieder am selben Platz gesät werden. Der Boden sollte tiefgelockert und im Herbst bereits gekalkt werden. Günstiger pH-Wert 6 (auf leichtem Boden) bis 7 (auf schwerem Boden). Mit Rücksicht auf die tief gehenden Wurzeln und das schwache Wurzelwerk sollte der **Boden** mittelschwer, tiefgelockert, nährstoffreich und feucht sein. An der Nordseite eines Beetes

mit Teilschatten bildet sich mehr Blattmasse, aber auch Spinat als an stark besonnten Stellen. Am Tag vor der Saat bei Trockenheit durchdringend wässern. Durch frisches Saatgut und wüchsige Sorten für gute Keimbedingungen sorgen.

Unterschieden werden **Blatt-** und **Wurzelpetersilie.** *Zur Grüngewinnung* bevorzugt man glattblättrige, aromatische Sorten (1 g Samen/m²), wie 'Einfache Schnitt', 'Hamburger Schnitt'; mit dunkelgrünen, dicht gefüllten, schweren Blättern: 'Clivi' (kompakt), 'Grüne Perle' (langstielig). – Zum *Garnieren und Würzen* gibt es krausblättrige Sorten, wie z. B. 'Bravour', 'Mooskrause Sperlings Anja' und 'Gärtnerstolz'.

Wurzelpetersilie (0,5 g/m²), als Gemüse und zum Treiben Bedeutung, stellt höhere Ansprüche als Schnittpetersilie. Für alle Zwecke: 'Halblange Wagners Perfekta'.

Gesät wird 2–3 cm tief; Reihenabstand für Blattpetersilie 15–20 cm, Wurzelpetersilie 25–30 cm; diese ist bald nach dem Auflaufen auf 5 cm zu verziehen.

Je nach Witterung braucht Petersilie 3–5 Wochen zum Auflaufen. In dieser Zeit müssen Saatreihen ständig feucht gehalten werden: „wachsende" Folie schafft beste Keimbedingungen. Als Markiersaat haben sich Radieschen bewährt.

Saaten nicht ohne Pflege lassen

Bis zum Auflaufen sind *Saatreihen feucht zu* halten. Wird keimender Samen trocken, so stirbt der Keim ab. Bei Trockenheit deshalb täglich mehrmals vorsichtig wässern, bei schwerem Boden nur die Saatreihen – mit der Gießkanne bei abwärts gedrehter Brause –, sonst das ganze Beet. Am besten hält sich die Feuchtigkeit unter **Folie oder Vlies,** gleichzeitig schützt sie das junge Grün, dem Vögel gern nachstellen.

Sobald sich Sämlinge bedrängen, muss *ausgedünnt* oder verzogen werden. Danach ist zu wässern, um die Löcher zuzuspülen. Mit guten Erträgen darf man nur rechnen, wenn Pflanzen stets ausreichend *Wasser* und *Nährstoffe* vorfinden, verkrustete Oberfläche locker gehalten wird und es an nötigem Pflanzenschutz nicht fehlt. *Unkraut* darf nicht groß werden. Auf Schutzmaßnahmen gegen Gemüsefliegen kann im März noch verzichtet werden.

Nützlinge im Hobby-Gemüsebau

Auf den Nützlingseinsatz im Gemüsegarten bereite man sich aber schon vor. Im Erwerbsgemüsebau ist dieser Einsatz bereits selbstverständlich. Nur in wenigen Fällen wird von rückläufiger Entwicklung berichtet, und zwar aufgrund nicht ausreichender Nützlingsqualität und zu hoher Kosten. In solchen Notfällen ist die Anwendung nützlingsschonender, selektiv wirkender Mittel unumgänglich und vertretbar.

Auch Hobbygärtner sollten ihr Gemüse im Garten durch Einsatz von Nützlingen zu schützen versuchen. Hier tritt die Kostenfrage weniger in den Vordergrund; vielmehr gibt das Umweltbewusstsein den Ausschlag und Antrieb. Gewiss, aller Anfang ist schwer. Wer sich jedoch zum biologischen Pflanzenschutz entschlossen hat, sammle genügend Erfahrungswerte, um bald zum Erfolg zu kommen.

Der gärtnerische Fachhandel weiß, wo Sie Nützlinge bestellen können. Beispielsweise bietet Neudorff ein umfangreiches Programm an. Beginnen Sie schon zu dieser Jahreszeit, damit sich die Nützlinge alsbald stark vermehren können, um dem Schädlingsdruck ab Frühsommer standhalten zu können (Adresse s. S. 400).

Zusätzliche Anmerkungen

Herbstkulturen, wie Feldsalat, Spinat, Frühlingszwiebeln, Adventskohl, beginnen mit dem eigentlichen Wachstum und brauchen nun 25–30 g/m² mineralischen (blauen) Volldünger. Folienschutz beschleunigt die Entwicklung, vereinfacht die Pflege.

Schnittlauch aus dem Freiland kann für die Küche eingetopft werden. Man nimmt einzelne Büschel auf, gibt ihnen ein Warmwasserbad (bis 30 °C), topft ein und stellt die Töpfe ans Südfenster. Zum Gießen nimmt man warmes Wasser.

Löwenzahn kann hier durch Überstülpen mit größeren Töpfen, um die man Laub packt, sobald der Boden frostfrei ist, zum frühen Austrieb angeregt werden. Gleichzeitig werden Blätter gebleicht, sind dann frei von Bitterstoffen und ergeben einen frühen Salat.

Knollen der Topinambur *(Heliánthus tuberósus),* die zur Diätkost Zuckerkranker gehören, bringen bei mittlerer Nährstoffversorgung gute Erträge. Da die Pflanze wuchert und als Sonnenblume unscheinbar blüht, ist sie als Gartenpflanze problematisch, doch kann sie dem Diabetiker empfohlen werden. Man legt die Knollen mit 60 cm Abstand 10 cm tief und kann dem Wuchern durch Einlassen von starken Plastikplatten begegnen. Bis 80 cm Tiefe ist anzuraten.

Ein Saatbeet zur Anzucht von Pflanzgemüse, auf dem im April Aussaaten vorgenommen werden, kann man Ende März bereits vorbereiten. (Näheres im April.)

Kohlrabi und Kopfsalat können in vielen Gebieten bereits Mitte März ausgepflanzt werden, am besten bei trübem bis regnerischem Wetter. (Näheres im April.)

Knollensellerie braucht eine Anzuchttemperatur von 21 °C im Mittel, nicht unter 18 °C, sonst entstehen auf dem Beet viele Schosser, und die Knollenbildung unterbleibt. Warme Vorkultur kann Mitte März beginnen. Eine schossarme Sorte ist z. B. 'Oderdörfer', die schon früh große Knollen bildet.

Der Große Kohltriebrüssler gefährdet frühen Kohlrabi. Jungkäfer verlassen Anfang März ihr Winterquartier in Rapsfeldern. Das Weibchen legt Mitte März bis April unter das Triebherz von ungeschützten Kohlrabipflanzen je ein Ei ab. Ausschlüpfende Larven verursachen starke Schäden an den Pflanzen. Gemüsefliegen-Netze sind zwingend notwendig, sonst müsste nach Feststellung der Gefahr durch Fang in einer mit Wasser gefüllten Gelbschale sofort ein Kontaktinsektizid, z. B. Spruzit flüssig, gespritzt werden.

April

Allgemeines

Abfallverwertung durch Kompostierung

Das ganze Jahr über gibt es Abfälle, die sich zur Kompostwirtschaft eignen. Guter Kompost, durch den sich der Zukauf teurer Handelsdünger einsparen lässt, kann in jedem Garten gewonnen werden, ob Zier- oder Nutzgarten, ob groß oder klein.

Der kluge Gartenbesitzer wird organische Abfälle aus Garten, Haus und Hof *nicht in Mülltonnen oder Laubsäcke füllen,* wodurch er sich selbst schadet, sondern durch Kompostierung **für hochwertigen Kompost sorgen.** Seine Humus-, Wirk- und Mineralstoffe erhöhen die Fruchtbarkeit und tragen zu gesundem Pflanzenwuchs bei.

Beim Kompostieren kommt es darauf an, *Fäulnis im Innern* und *Austrocknung* am Rand zu vermeiden, die *Rottezeit* kurz zu halten und unkrautfreien Kompost zu gewinnen. Faulgärung führt zu unzumutbarer *Geruchsbelästigung,* die der Nachbar (laut Gesetz) nicht hinzunehmen braucht. Deshalb mit Überlegung kompostieren.

Es gibt viele Möglichkeiten. **Komposthaufen** üblicher Art, die einen geräumigen Kompostplatz im *Schatten* hoher Sträucher oder Bäume erfordern, eignen sich wohl nur noch für große Gärten und für Herbstabfälle. Für die vielen kleineren Gärten, bis hin zum Reihenhaus- und Vorgarten, gibt es Platz sparende **Kompostsilos,** die teils *sonnig,* teils *schattig* aufgestellt werden, auch in Hausnähe, und in wenigen Monaten verwendungsfähigen guten Kompost liefern.

Um auch **Hausabfälle** nutzen zu können, gehören in die Küche **drei Mülleimer.** Einer für die Wertstoffsammlung des Dualen Systems, einer für Mischabfälle wie Holz, Draht und Essensreste und schließlich einer, in dem man kompostierbares Material wie Kehricht, Obst- und Gemüseabfälle sammelt. Von Krankheiten und Schädlingen befallenes Obst, Wurzelgemüse usw. ist nur für den *Humusbereiter* (siehe im Oktober) geeignet.

Kompostsilos gehören in den modernen Garten

Kompostbehälter sind Raum sparend und sorgen für saubere Abfallbeseitigung. In kurzer Zeit reift hier guter Kompost heran.

Der Preis eines Behälters wird durch Einsparung von Düngerkauf bald wettgemacht.

Das Angebot ist umfangreich und verwirrend zugleich. Ausgewählt werden sollte nach der Leistung, die konstruktionsbedingt ist. Oftmals ergänzen sich *zwei Behälter verschiedener Gruppen* besser als zwei derselben. Drei Hauptgruppen seien herausgestellt:

1. Der fast geschlossene Behälter – mit Deckel, Bodenrost, gelochten Seitenwänden –, wie z. B. die *Mücke-Komposttonne DBP,* viereckig, 55 x 55 x 90 cm (Abb. 1 a), schützt 100%ig gegen Ratten, Mäuse, Vögel und sorgt für beste Belüftung und Abfließen der Sickerwässer. Erfinder: K.-H. Mücke (Vertrieb: Joseph Pflügl, Austr. 11–13, 85088 Vohburg-Donau).

Verwertet werden gesunde *Garten- und Küchenabfälle sowie bis 20% Papier und Wellpappe.* Nach vollkommener Füllung der Komposttonne und einer Wartezeit von 3–4 Wochen wird die Tonne geleert und das angerottete Material zur Nachrotte zu einem 50–60 cm hohen Haufen aufgesetzt, notfalls befeuchtet und bedeckt, am besten sonnig. In Abständen von acht Tagen wird zweimal umgearbeitet und gröberes Material zerkleinert. Nach insgesamt 6–8 Wochen steht Frisch-, Grob- oder Mulchkompost zur Verfügung, den man bis 2 cm hoch als Bodendecke auf Beete bringt. Eine Komposttonne für 400 m² Gartenland dürfte im Allgemeinen ausreichen.

Thermo-Komposter mit Wärmedämmung werden von Neudorff angeboten (Abb. s. Seite 284). Eine schnelle Kompostherstellung aus Küche und Garten ist dadurch gewährleistet. Während drei Modelle außen dunkelbraun sind, hat das Modell „Handy" ein mittleres Grün und ist doppelwandig mit eingeschlossener Luft, die ausgezeichnet isoliert, auch der Deckel ist doppelwandig. Besonders praktisch ist die Entnahme von Kompost gelöst.

2. Der unten offene Behälter – mit Deckel und gelochten Seitenwänden – hat den Vorteil, dass Rottebakterien und Regenwürmer vom Boden in den Kompost und wieder zurück können. Schutz gegen Ratten und Mäuse nur dann, wenn der Behälter auf engmaschigem Drahtgeflecht steht. Fehlende Belüftung vom Boden her kann sich nachteilig auswirken.

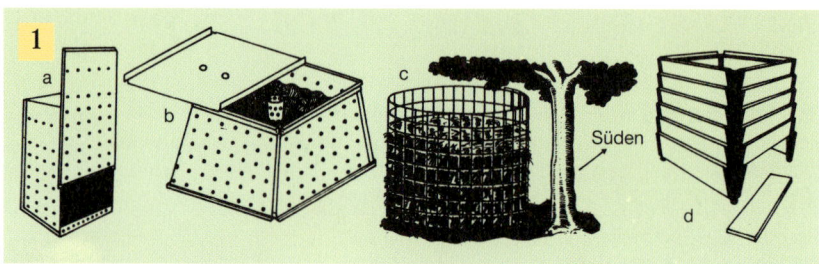

Kompostsilos unterschiedlicher Bauart.

Dieser Mangel ist z. B. beim *Express-Komposter* von Normstahl, 85 x 85 x 60 cm (b), durch zusätzliche Belüftungsrohre, die die Luft ins Innere führen, bestens behoben, so dass Fäulnis und Geruchsbelästigung unterbunden werden (Postfach 240, 85368 Moosburg). Gemischte Abfälle, gut zerkleinert, werden in dünnen Schichten unter Zusatz von (Lehm-) Erde kompostiert. Weitere Zugaben von Mist und Kräutern sind wertvoll. Einmaliges Umsetzen wird angeraten. Frühestens nach vier Monaten kann **Humus**- oder **Komposterde** ausgesiebt werden.

Machen Sie den **Kressetest**. Kresse keimt sehr rasch, schon ab 5 °C und begrünt sich in 5–7 Tagen, vorausgesetzt die Komposterde ist reif. Dann ist sie überall im Garten zu verwenden. Stockt die Keimung, befinden sich in der Humuserde noch unverträgliche Abbaustoffe. Unter gelochter Schwarzfolie ist Nachreife möglich.

3. Der offene Behälter – ohne Boden, ohne Deckel (c) – sorgt hauptsächlich für Ordnung auf dem Kompostplatz. Lassen Seitenwände zu viel Luft hindurch, dann sind die Rottevorgänge nicht besser als im Komposthaufen. Auch fehlt jeglicher Schutz gegen Ratten, Mäuse, Fliegen, Vögel usw. Durch *Folienbedeckung* lässt sich nachteiliges Austrocknen oder Vernässen im Innern weitgehend ausschalten. Luftzufuhr von unten lässt sich durch grobes Reisig erreichen. – Der Silo 80 x 80 cm (d) mit schräg eingehängten Brettern und schmalen Belüftungsschlitzen sorgt für schnelle Verrottung.

Wasser für die Gartenpflanzen

Natürliche Niederschläge und Grundwasser reichen für die Versorgung anspruchsvoller Gartenpflanzen nicht aus. **Wassermangel** führt zum Welken, so dass Wuchs, Blüte und Ertrag

Hochregner mit klappbarem Stativ eignet sich besonders bei unterschiedlich hohen Pflanzen. Er sollte Impuls-, Kreis- und Sektorenregner sein. Für 30–490 m².

geschmälert werden. Bewässerung richtet die Pflanzen wieder auf, füllt ihre Zellen und löst Nährstoffe im Boden. **Dauerberieselung** vermeiden, wäscht Nährstoffe aus, lockt Unkräuter hervor und vergrößert die Schneckenplage. *Im Jahr sind je Quadratmeter 300 bis 500 Liter Wasser zusätzlich von Vorteil.* Ein Feuchtigkeitsmesser ist hilfreich.

Zum **Gießen** sollte im Idealfall *luftwarmes Wasser* verwendet werden, vorzugsweise *Regenwasser,* selbst von extensiv oder intensiv genutzten Dachflächen, aber auch Graben-, Teich- und Flusswasser. Brunnen- und Leitungswasser spätestens am Vortag ins Gießwasserbecken füllen. Für einen Garten mittlerer Größe braucht man mindestens *zwei Gießkannen von 10 Liter* Fassungsvermögen und für Frühbeet und Steingar-

ten *eine kleine Kanne mit langem Rohr und feiner Brause.*

Vorteilhaft ist Bewässerung mit Hilfe eines **Gartenschlauches.** Sehr leicht (20 m wiegen 1,3 kg), flexibel, knick- und verrottungsfrei ist der Desmopan-Schlauch „Hydrolette", der auf einer Trommel von 27 cm Durchmesser Platz hat. Als sehr haltbar erwiesen und seit Jahren bewährt haben sich auch doppelwandige Ausführungen aus PVC-Kunststoff oder aus Gummi mit Cordeinlage (wie Conti-Formflex oder Goldschlange). Für kleinere Gärten und Zieranlagen genügt ein $\frac{1}{2}$"-(Zoll-)Schlauch, größere Nutzflächen erfordern einen $\frac{3}{4}$"-Schlauch. Ein rost- und korrosionsfreier **Schlauchwagen mit Wasserdurchlauf** erleichtert den Transport langer, dicker Schläuche und die Bewässerung.

Viereck-Regner eignen sich am besten für rechteckige Flächen. Die Reichweite kann meist bequem eingestellt werden.

Gießt man *mit dem Schlauch in der Hand,* so richte man den scharfen Strahl nie direkt auf die Pflanzen, auch dann nicht, wenn der Daumen als Verteiler dient. Vorteilhaft benutzt man ein *Schlauchaufsatzgerät mit Gießbrause und Absperrventil* und hat dann eine nie leer werdende Gießkanne zur Verfügung.

Besonders *Wasser sparend* (zu 50-70%) sind **Tropfschläuche** mit **Leerlauf-Stopp** (z.B. Hydro PC ND), besonders für Staudenbeete, flachwurzelndes Beeren- und Baumobst. Bei einem Druck von weniger als 0,1 bar sind alle Tropfstellen geschlossen, so dass sich das Rohr nie komplett entleert.

Kaltes Wasser aus Brunnen oder Leitung sollte in hohem Bogen fein verteilt werden, damit es den Pflanzen so gut bekommt wie ein milder Regen.

Sprenger (Regner) oder/und **Sprühschlauch** helfen Zeit und Mühe sparen und sind bei allgemeiner Trockenheit unerlässlich. Ein *Sprühschlauch* von 7,5 m Länge bewässert etwa 50 m² und eignet sich für Rasen und niedrige Pflanzungen.

Regner gibt es für jeden Bedarf. Besonders preiswert sind *Sprühregner*

und einfache *Rundsprenger,* die eine Kreisfläche von 100 m² berieseln. Da Gärten meist rechteckig sind, kommt dem **Viereckregner** auf kleinem Schlitten besondere Bedeutung zu. Er bewässert bis 350 m², doch lässt sich der Schwenkbereich stufenlos verkleinern, auch einseitig. *Sprenger auf einem Schlitten* kann man bei Standortwechsel am Schlauch aus dem nassen Bereich herausziehen. Über weitere Möglichkeiten unterrichtet der Fachhandel.

Für die Verbindung zwischen Wasserhahn und Schlauch sowie Schlauch und Regner oder Gießgerät, Spritze bzw. Brause gibt es rost- und korrosionsfreie **Stecksysteme,** die nicht tropfen sollen, geeignet für $^1/_2$"- und $^3/_4$"-Schlauch.

Achtung! *Jeder Sprenger hat ein Sieb, das leicht verloren gehen kann.* Es hält Schmutz zurück und sollte bei gestörtem Durchfluss ausgespült werden.

Da **Wasser,** auch luftwarmes, den Boden **kühlt,** beginnt man mit dem Beregnen erst nach allgemeiner Erwärmung, *in den ersten Wochen mäßig am Vormittag, im Sommer möglichst abends oder nachts,* um Wasser zu sparen.

Falsch ist es, eingewurzelte Pflanzen in der *Mittagshitze* oder *täglich nur etwas* zu sprengen: Wasser wird vergeudet! Außerdem ziehen sich Wurzeln an die Oberfläche, wo sie schließlich vertrocknen. Unkrautsamen erhalten günstige Keimbedingungen, was unversehens zur Verunkrautung führt, auch beim Rasen (Ehrenpreis).

Richtig ist es, in *größeren Abständen* zu den *günstigen Tageszeiten* reichlich zu bewässern. Beginn: etwa nach 7 bis 10 Tagen Trockenzeit. Wiederholung: auf leichterem Boden frühestens nach 3 bis 4, auf mittlerem nach 5 bis 6, auf schwerem nach 7 bis 10 Tagen. Nach längerer Trockenheit mäßig beginnen.

Wasser sollte wenigstens *20 cm tief* eindringen. Dafür sind *20 Liter je m²* (entsprechend: 20 mm/Stunde) erforderlich. Wird die Leistung eines Schwachregners mit 0,5 m³/h oder 5 mm/h angegeben, so muss er vier Stunden laufen. Im Zweifelsfall sollte die Leistung mit Kanne und Stoppuhr getestet werden.

Bei **Obstbäumen** rechnet man etwa die doppelte Eindringtiefe und damit Literzahl, außerdem Bewässerungsabstände von 2 bis 4 Wochen.

Unbedeckte Aussaaten brauchen bei Trockenheit täglich mehrmals mäßige Befeuchtung. **Setzlinge** in Trockenzeiten bis zum Weiterwachsen täglich einmal gießen. Bedeckung mit „wachsender" Folie verringert Wasserbedarf und Pflege.

Abgestandenes Wasser bekommt Wärme liebenden Pflanzen am besten, Regenwasser auch solchen, die mehr oder weniger sauren Boden brauchen.

Im Gartenschlauch reichern sich *Schadstoffe wie giftige Schwermetalle* an. Wer **Gemüse sprengen** oder Kindern **Duschvergnügen** gönnen möchte, sollte den Schlauch vorher freispritzen!

Unkrautbeseitigung durch Hacken, Jäten, Mulchen

Wo Kulturpflanzen wachsen, sprießt oft auch Unkraut. Damit es nicht lästig wird, blüht und Samen ausstreut, muss es frühzeitig und wiederholt bekämpft werden. – Unkraut sollte nicht nur als böser Mitzehrer angesehen werden, sondern es stiftet auch einigen Nutzen. Durch frühzeitige Beschattung des Bodens wird die wertvolle Schattengare gefördert und die Feuchtigkeit länger festgehalten, wovon die Kulturpflanzen profitieren. Die organische Masse im und über dem Boden liefert zusätzlich Humus und hat den Wert von Gründüngungspflanzen. Wer dies einkalkuliert, wird Unkraut nicht nur als störend empfinden.

Hacken zur Unkrautbekämpfung geschieht mit einer Zieh-, Stoß- oder Pendelhacke nur 1–3 cm tief. Bei sonnigem Wetter nach einem Regen ist der Erfolg am besten.

Einjährige Samenunkräuter können leicht entfernt werden. Nur in unmittelbarer *Nähe der Kulturpflanzen* hackt man besser nicht, sondern zieht die Unkräuter vorsichtig heraus, wobei eine Hand den Boden um die Kulturpflanze andrückt.

Eine **Bodendecke** macht Hacken und Jäten meist entbehrlich. *Frischkompost*, 5 cm hoch aufgebracht, verhindert den Wuchs einjähriger Unkräuter und bringt Ertragssteigerungen. Zwischen Wildstauden und Gehölzen können dichtwachsende, stark wuchernde *Bodendeckpflanzen* Unkrautwuchs eindämmen.

Von der Möglichkeit, den Boden im Nutzgarten mit geschlitzter **Schwarzfolie** (Anti-Unkraut- und Mulchfolie)

Beim Hacken zwischen den Pflanzenreihen darf nur die Krume gelockert werden.
Eine Hacke befördert keine Unkrautsamen in Keimhöhe und arbeitet wurzelschonend.

zu bedecken, besonders bei Wärme liebendem Fruchtgemüse und bei Erdbeeren, kann auch Gebrauch gemacht werden.

Ausdauernde Wurzelunkräuter lassen sich durch Hacken und Jäten nur dann ausrotten, wenn man sie dauernd stört, tief abreißt oder absticht, meist frühzeitig, damit die Wurzelstöcke (Rhizome) aushungern. Samenbildung unbedingt verhindern. Manche Unkräuter, die erst vor Blühbeginn tief entfernt werden, sind dann so geschwächt, dass kaum noch Triebkraft zur Verfügung steht, wie bei Ackerdisteln. Dies gilt auch für die gewöhnliche Kratzdistel.

Ackerschachtelhalm und manche anderen Dauerunkräuter gehen auch zurück, wenn Licht fehlt. Deshalb Nutzpflanzen gut ernähren, Gründüngungspflanzen aussäen, um durch ständige Beschattung die Lebensbedingungen der Kräuter einzuschränken. Der *Kartoffelanbau* kommt uns hier sehr zu Hilfe. Auch *Tagétes-Patula*-Hybriden unterdrücken Dauerunkräuter.

Sind **Dauerpflanzungen** (Rabatten) von Rhizomen ausdauernder Unkräuter durchwuchert, muss man die Kulturpflanzen ausgraben, damit man die Rhizome herausziehen kann. Das gilt für *Quecke, Winde, Giersch, Große Brennnessel*. Auf chemische Unkrautbekämpfung sollte aus Umweltgründen weitestgehend verzichtet werden.

Wenn Wespen zur Plage werden

Hier kann und sollte der Gartenbesitzer mehr tun. Zwar gibt es auch Verfechter, die für diese Plagegeister und Obstschädlinge des Sommers „eine Lanze brechen"; dabei haben sie aber mehr das Tier als den Menschen im Blickfeld. Und dieser Auffassung dürften wohl die allerwenigsten folgen.

Der Sauzahn erlaubt es, den Boden tief zu lockern ohne ihn zu wenden. Für Wurzelgemüse bei der Beetvorbereitung ein sehr wichtiges Gerät.

In den Frühlingsmonaten, hauptsächlich April und Mai, fliegen die überwinterten, ziemlich großen Wespenköniginnen schwerfällig und wenig vorsichtig umher, sicher auch durch Ihren Garten. Vorzugsweise lassen sie sich an verwittertem Holz nieder, das ihnen ermöglicht, feinste Späne für den Nestbau abzuschaben. Hierbei können Sie das gelbschwarz gestreifte Insekt ohne Gefahr beseitigen. Jede jetzt aus dem Verkehr gezogene Wespe bedeutet, dass uns im Sommer mindestens 10 000 Wespen weniger zur Last fallen.

Planen Sie deshalb die Bekämpfung dieser gefährlichen Störenfriede zielstrebig ein, und zwar jetzt, nicht erst im Sommer, weil Sie sich dann einer unüberschaubaren Übermacht gegenübersehen und meist nur unbedeutende Teilerfolge erringen können. Bedenken Sie stets: Wespenstiche bringen große Gefahren mit sich, vor allem für Kinder und ältere Menschen. Viele Birnen und Weintrauben werden ebenfalls zum Opfer.

Locken Sie die Königinnen an eine bestimmte Stelle in Ihrem Garten, indem Sie hier eine grauverwitterte Holzstange (Bohnenstange, Aststütze) in den Boden rammen oder unter einen Ast klemmen, damit sie hier fest steht. Auch eine alte, schon etwas verwitterte Rohrmatte ist das Ziel der frühen Wespenflüge.

Bald werden sich hier Wespenköniginnen einfinden, etwa einen Meter über dem Boden niederlassen und seelenruhig schaben. In diesen Sekunden muss sie Ihr Schlag treffen. Fehlende Zeit lässt sich mit Fangflaschen überbrücken, die an verschiedenen Stellen im Garten aufgehängt oder hingestellt werden. Besonders weithalsige Flaschen und größere Gläser werden zur Hälfte mit Fangflüssigkeit gefüllt. Sie muss angesäuert sein, um Bienen nicht in Gefahr zu bringen. Verwendung finden können verdünnte Fruchtsäfte mit einem Schuss Essig. Da sich der Lockduft nach und nach verliert, muss auch an Erneuerung gedacht werden. Was im Frühling gegen die Wespen getan wird, zahlt sich im Sommer zehntausendfach aus.

Ameisen stören sehr im Garten

Ameisen kommen bereits zum Vorschein. Durch Anlage neuer Nester unterminieren sie Pflanzen und bringen sie zum Kümmern. Beteiligt sind Ameisen auch an der Verbreitung von *Blattläusen,* deren süßer Kot (Honigtau) ihnen als Leckerspeise dient. Mit der Bekämpfung der Ameisen darf man nicht warten, sonst breiten sie sich stark aus, auch unter Schwarzfolie und Trittplatten, wo man sie dann schlecht erreicht.

Auf die von Ameisen belaufenen Stellen (Ameisenstraßen) und die Nester tropft man Loxiran-Ameisen-Tropfen, sehr sparsam. Die Ameisen verlieren die Orientierung und finden ihre Nester nicht wieder. Das Mittel wird aus Pflanzen extrahiert, ist für Mensch und Tier unbedenklich und biologisch voll abbaubar. Behandlung nach 3 bis 4 Tagen wiederholen.

Der Maulwurf ist unerwünscht

Besonders im Frühling ist der Maulwurf durch flachkegelförmige Erdauswürfe oft lästig bis schädlich, vor allem im Rasen oder auf Beeten. Verwechslungen mit der *Wühlmaus* kommen vor. Diese drückt die Erde jedoch in langen Bändern mäßig hoch und frisst Pflanzenwurzeln ab. (Bekämpfung siehe an anderer Stelle.) Der Maulwurf stellt *Bodenschädlingen* und *Regenwürmern* nach. Durch Vertilgung von Bodeninsekten stiftet er Nutzen. Trotzdem ist es angebracht, ihn zu vertreiben, obwohl er unter Naturschutz steht. Dazu wen-

Der Maulwurf ist unerwünscht, da er mit Vorliebe frisch bepflanzte Beete unterwühlt.

det man im Ziergarten ein handelsübliches *Vergrämungsmittel* an.

Damit sich Maulwürfe bei der Nahrungssuche nicht so rasch wieder in den Garten verirren, muss man **Bodenschädlinge** bekämpfen.

Zusätzliche Anmerkungen

Singvögel werden heimisch und helfen bei der Schädlingsbekämpfung, wenn man eine Tränke nebst Bad aufstellt, schon im Frühling. – Das Bad hat eine sich allmählich senkende Bodenfläche, ist aber so flach, dass sich die Vögel ohne Scheu im Wasser tummeln können. Die Tränke muß tiefer sein, damit dieses Wasser durch Baden nicht verschmutzt wird.

Jungvögel vor Katzen schützen. Da Katzen meist vom Dach eines Nistkastens aus nach Jungvögeln greifen, hilft das Aufnageln von Dachpappe, aus der die Spitzen von Pappnägeln

oder längeren Reißzwecken herausragen. Durch leere Weinflaschen, in etwa 1 m Höhe um den Stamm gelegt, und durch eine feste Bindung in der Mitte (b) wird Katzen der Weg in die Krone versperrt, so dass auch Freibrüter geschützt sind. Von gleich guter Wirkung ist das Ausstreuen von Katzen-Schreck oder eine sog. Stachelmanschette, wie sie der Fachhandel anbietet. Übrigens lässt sich durch Zaunmaschendraht jedes Vogelnest schützen, sogar vor **Spechten,** die mitunter Holzkästen aufhämmern, um der Jungen habhaft zu werden. – Übrigens sind Nistkästen, an Drähten frei schwebend, vor Katzen sicher.

Im Blumen- und Ziergarten

Vielfältige Ziergehölzblüte

Blühende Ziergehölze finden im April manchmal weniger Beachtung als ihnen zukommen müsste, wenn die üppige Blüte unserer Obstbäume das Bild der Gärten prägt. Dennoch ergänzen sie den Charakter des Frühlingsgartens um beachtliche Akzente. Wegen ihres dekorativen Erscheinungsbildes sind *Forsythien, Mandelbäumchen* und die *Tulpen-Magnolie* weithin verbreitet und beliebt.

Die goldgelb blühende **Forsythie** vermittelt uns besonders eindrucksvoll das Gefühl, dass nun Frühling ist. Die Blüte beginnt oft schon Ende März und hält bis Mai an. Die wichtigste Kreuzungsart ist *Forsythia x intermedia* und deren Sorten. Sie wird bis 2,5 m hoch. Der Strauch liebt Sonne und passt sich jedem Boden an. Für vollen Flor wird gute Bewässerung und Düngung benötigt. Die abgeblühten Triebe stark zurückschneiden.

Zu starker Rückschnitt führt oft zu Langtrieben, die erst im übernächsten Jahr blühen. Um reiches Frühlingsgold vorzubereiten, ist in trockenen Sommern unbedingt zu wässern, mindestens wöchentlich 20 l je Strauch. Auf Sandböden zusätzlich kalireich und stickstoffhaltig düngen.

Auch die zarte rosa Blüte des **Mandelbäumchens** (*Prúnus trilóba* 'Multiplex') ist ein empfehlenswerter Frühlingsbote. Der letztjährige Austrieb ist ringsum mit Blüten besetzt. Je länger sich diese Triebe entwickeln konnten, umso dichter ist der Blütenschmuck. Wer zur Blütezeit seinen Freunden schon einen Strauß schneidet, sorgt für starkes Wachstum im nächsten Jahr. Spätestens nach der Blüte erfolgt ein kräftiger Rückschnitt bis auf Fingerlänge.

Bei der **Tulpen-Magnolie** (*Magnólia soulangiána*) ist häufig zu beobachten, dass Spaziergänger voller Bewunderung vor der Blütenpracht stehen bleiben. Der Baum verfügt über eine fesselnde Ausstrahlung. Die Fülle der sehr großen kelchförmigen weiß-roten Blüten vor der Belaubung schaffen diese Faszination. Der 5–7 m hohe Baum kann nicht in allen Vorgärten gepflanzt werden, weshalb er uns auch seltener begegnet. Nicht in sturmreichen Gebieten pflanzen und möglichst Schutz nach Norden geben. Neben diesen drei Prachtblühern haben Gartenliebhaber noch weitere Gestaltungsmöglichkeiten. Dazu zählen insbesondere *Zier-Johannisbeere, Felsenbirne, Scheinquitte, Elfenbeinginster* und *Mahonie*.

Die **Zier-Johannisbeere** (*Ríbes sanguinéum*) gilt mit ihren rosa bis roten, langen Blütentrauben als gute Nachbarschaftspflanze zu Forsythien. Sie vertragen Sonne und Halbschatten. Bei geringem Rückschnitt werden sie bis 3 m hoch.

Die **Felsenbirne** (*Amelánchier láévis*) ist ein bis zu 5 m hoher Großstrauch mit weißen Blüten, purpurnen, verwertbaren Früchten und orangescharlachfarbenem Laub im Herbst. Als Sichtschutzpflanze geeignet.

Die **Scheinquitte** (*Chaenomeles*) trägt rosa, rote oder weiße Blüten an meist bedornten Zweigen. Als beste Sorte gilt 'Feuertanz', tiefblutrot. Im Herbst reifen quittegelbe, verwertbare Früchte. Alle 3 Jahre auslichten.

Der **Elfenbeinginster** (*Cytísus práécox*) bringt elfenbeinfarbene Blüten hervor, die in den Heidegarten passen. Er wünscht keine Einengung.

Die **Mahonie** (*Mahónia aquifólium*) überrascht uns mit einem reichen gelben Blütenflor. Sie verträgt Schatten, eignet sich somit als Unterholz und verträgt Schnitteingriffe zu jeder Zeit. Achtung: Die Blätter sind bedornt.

Folgende Blütensträucher gelten schon eher als *Geheimtip: Schneeglöckchenbaum, Lavendelheide* und *Scheinhasel*.

Der **Schneeglöckchenbaum** (*Halésia carolína*) entwickelt weiße Blütenglocken in dichter auffallender Fülle. Strauchartiger Wuchs bis 4 m Höhe. Bevorzugt sonnige Einzelstellung in gutem, etwas feuchtem Boden.

Das Goldglöckchen, Forsythia x intermedia 'Lynwood Gold', wächst aufrecht bis 2,5 m und blüht mit zahlreichen goldgelben Glöckchen entlang aller Zweige im April/Mai.

Die malerische Felsenbirne, Amelánchier spicáta, bis 2 m hoch, blüht weiß und bringt kleine essbare Früchte.

Die **Lavendelheide** (*Piéris japónica*) mit weißen, aufrechten Blütenständen wünscht sauren Boden und Halbschatten. Sie erreicht 1,50 m Höhe und ist ein verträglicher Partner zu Rhododendron.

Die **Scheinhasel** (*Corylópsis pauciflora*), ist eine sehr wertvolle Frühlingsblüherin mit zartgelben, hängenden Blüten an allen Zweigen. Sie wünscht Humusboden in halbschattiger und mäßig feuchter Lage. Sie wächst sehr langsam.

Bunte Staudenblüte

Weitere Blütenakzente setzen jetzt einige wüchsige Polsterstauden, vor allem *Blaukissen, Gänsekresse, Steinkraut, Schleifenblume, Moossteinbrech.* **Blaukissen** weist schöne Züchtungen auf, wie 'Neuling' (Lavendel), 'Schloss Eckberg' (tiefviolett), 'Rosengarten' (rosa). Von der **Gänsekresse** verdient 'Schneehaube' (weiß, großblütig) den Vorzug.

Steinkraut erblüht schwefel-, gold- oder leuchtend gelb. Die großblütige **Schleifenblume** 'Findel' hat die beste Beurteilung, **Steinbreche** blühen karminrosa ('Blütenteppich'), weiß ('Schneeteppich'), schwefelgelb ('Schwefelblüte'), rubinrot ('Triumph'). – Ende April steckt der farbenfrohe **Teppich-Phlox** (*Phlox subuláta*) erste Blüten auf, bei durchlässigem Boden. Ungeteilten Beifall findet die **Gelbe Frühlingsmargerite** (Gemswurz), eine langstielige Staude, die hübsche Schnittblumen liefert. Teilung nach etwa vier Jahren, sobald Wirkung nachlässt. Partner am Gehölzrand: **Kaukasusvergissmeinnicht,** blau, **Kissen-** und **Gartenprimeln, Bunte Schneerosen, Bergenien.**

April ist auch ein Monat wirkungsvoller Zwiebel- und Knollenblüher: Herausragend ist die prächtige **Kaiserkrone** (*Fritillária imperiális*). Schon wenige blühende Exemplare berechtigen zum Stolz. Fast rasant baut die Zwiebel ihren 75 cm hohen Schaft auf und krönt ihn mit einem großartigen Kranz ziegelroter oder gelber Glocken und darüber mit grünem Blattschopf. Es ist auch der Monat der großblütigen **Garten-Krokusse,** der **Frühen Garten-Tulpen** und der **Hyazinthen,** die am meisten Sonne und Wärme lieben. Dagegen bevorzugen die gelben **Narzissen** (Osterglocken) leichten Teilschatten; blaue *Muscári* heben ihre Wirkung.

Zwiebelblüher und Stauden brauchen frischen bis feuchten, nährstoffreichen Boden. Nach Entfernung des letzten Deckmaterials und nach Rückschnitt der Herbstblüher wird der Boden flach gelockert. Zweckmäßig streut man danach 5 cm hoch Grobkompost oder 60–90 g/m² Manna-Spezial und darüber Rindenmulch.

Wald- und Wildstauden, die kaum Wartung verursachen, sind ideale Helfer zur Begrünung sonst kahler, zur Verunkrautung neigender Flächen.

Waldstauden brauchen humosen Boden, auf dem Falllaub liegen bleibt. In mildem Gehölzschatten erblühen: Leberblümchen, Immergrün, Duft-Veilchen, Buschwindröschen, Sauerklee, Lerchensporn und andere.

Von den *Bodendeckern* für kleine Flächen blühen: Ungarwurz, Gedenkemein, Elfenblume; von den wuchern-

Zu den bekanntesten Polsterstauden des Frühlings gehört das Blaukissen, Aubriéta-Hybriden. *Es ist in vielen Blautönen, Violett, Karminrot, Rosa, Lavendel u.a. erhältlich.*

TABELLE DER BLÜTENSTAUDEN IM APRIL

Die Symbole bedeuten: ○ = sonnig, ◑ = halbschattig, ● = schattig, ☉ = absonnig.

Deutsche und botanische Namen	Lage	Höhe (cm)	Blüte; Besonderes
Beetstauden			
Steinkraut, *Alyssum saxátile*-Sorten	○	25	gelb, 4–6 ⎫
Gänsekresse, *Árabis caucásica*-Sorten	○	20	weiß, 4–5 ⎬ normaler Humusboden, Steingarten, Trockenmauer,
Blaukissen, *Aubriéta*-Hybriden	○	10	farbig, 4–5 ⎭ Rabatte
Bergenie, *Bergénia cordifólia*-Sorten u. B.-Hybr.	○ ◑ ●	30	rosa-rot, 4–5; verträgt Trockenheit
Kaukasusvergissmeinnicht, *Brúnnera macrophylla*	◑ ● ☉	50	blau, 4–5; Boden humos, feucht
Gemswurz, *Dorónicum orientále*	○ ◑ ☉	40	gelb, 4–5; frischer Humusboden
Niedrige Bart-Iris,	○ ◑ ● ☉	20	bunt, 4–5; Steingarten, Rabatte
Íris-Barbata-Nana-Gruppe	○		
Schleifenblume, *Ibéris sempérvirens*	○	20	weiß, 4–5; immergrün, breitwüchsig
Jakobsleiter, *Polemónium caerúleum*	○ ◑	40	blau, 4–5, 6–7; Humusboden, frisch
Gartenprimel, *Prímula*-Elatior-Hybriden	◑ ☉	25	bunt, 4–5 ⎫ guter, kräftiger Gartenboden
Garten-Aurikel, *P. x pubéscens*	◑	20	zweifarbig ⎬ mit viel Torf
Polster-Primel, *P. vulgáris*-Sorten	◑ ☉	10	bunt, 3–4 ⎭ und Lauberde, feucht
Moorsteinbrech, *Saxífraga*-Arendsii-Hybr.	◑ ☉	15	bunt, 4–5; immergrün, Mauerkronen
Wildstauden			
Amur-Adonisröschen, *Adónis amurénsis*	○ ◑	20	gelb, 2–4; normaler Humusboden
Adonisröschen, *A. vernális*	○	20	goldgelb, 4; Heidegarten, Kalk
Buschwindröschen, *Anemóne nemorósa*	◑ ●	10	weiß, 4–5; zu Gehölzen, Laubhumus
Schaumkresse, *Árabis procúrrens*	◑ ● ☉	10	weiß, 4–5; immergrün, wuchert
Zwerg-Grasnelke, *Arméria juniperifólia (caesp.)*	○	10	rosa, 4–5; Felsfugen, Boden frisch
Blaukissen, *Aubriéta* 'Tauricola'	○	5	dunkelblau, 4–5; normaler Humus
Bergenie, *Bergénia liguláta*	○ ◑ ● ☉	35	weiß-rosa, 3–4; erträgt Trockenheit
Hornkraut, *Cerástium arvénse*	○	15	weiß, 4–5; normaler Boden, Polster
Lerchensporn, *Corýdalis cáva*	◑ ● ☉	20	rot-weiß, 4–5; Laubhumusboden
Hungerblümchen, *Drába*-Arten	○	5	gelb, 4–5; durchlässiger Boden
Elfenblume, *Epimédium*- Arten	◑ ●	25	bunt, 4–5; trockenheitsverträglich
Frühlingsschneerose, *Helléborus*-Hybriden	◑ ☉	25	bunt, 3–4; normaler Humusboden
Leberblümchen, *Hepática*-Arten	◑ ●	10	blau, 3–4; Lehm-Waldhumus, warm
Japan. Mohn, *Hylomécon japónicum*	◑ ☉	25	gelb, 4–5; unter lichten Bäumen
Felsenschneekissen, *Ibéris saxátile*	○	10	weiß, 4–5; immergrün, Steinspalten
Waldwicke, *Láthyrus vérnus*	◑ ●	30	rot, 3–4; zu Gehölzen, Laubhumus
Blauglöckchen, *Merténsia virginica*	◑	40	blau, 4–5; luft- und bodenfeucht
Gedenkemein, *Omphalódes vérna*	◑ ● ☉	10	blau, 4–5; zu Gehölzen, Laubhumus
Sauerklee, *Oxális acetosélla*	◑ ●	8	weiß, 4–5; saurer Laubhumusboden
Ysander, *Pachysándra terminális*	◑ ●	25	weißlich, 4–5; wuchert, Humusboden
Gänse-Fingerkraut, *Potentílla vérna*	○ ◑	5	gelb, 4–8; für Heidegärten
Ball-Primel, *Primula denticuláta*	○ ◑ ☉	20	lila, 3–4; humos, frisch bis feucht
Hohe Schlüsselblume, *Pr. elátior*	◑ ☉	20	schwefelgelb, 4; Waldboden, feucht
Rosen-Primel, *Pr. rósea 'Gigas'*	◑ ☉	15	rosarot, 4; dauerfeuchter Humus
Schlüsselblume, *Pr. véris*	☉	15	goldgelb, 3–4; normaler Humusboden
Kissen-Primel, *Pr. vulgáris (acáulis)*	◑ ☉	10	gelb, 3–4; Waldhumus, schwierig
Lungenkraut, *Pulmonária*-Arten	◑ ● ☉	30	blau, rot, 4–5; feuchter Laubhumus
Küchenschelle, *Pulsatílla vulgáris*	○	20	violett, weiß, 4–5; Heide, Kalk
Alpenglöckchen, *Soldanélla alpina*	○ ◑	8	lila, 3/4; Boden kühl, humos
Kleines Immergrün, *Vinca mínor*	◑ ●	10	blau, 4/6; trockenheitsverträglich
Duft-Veilchen, *Víola odoráta*	◑ ●	8	blauviolett, 3/4; zu Sträuchern
Ungarwurz, *Waldstéinia geoídes*	◑ ● ☉	20	gelb, 4–5; Humusboden, zu Gehölzen
Golderdbeere, *W. ternáta*	○ ◑ ●	10	gelb; erträgt Trockenheit, robust

Die hübschen Kissen-Primeln, Prímula vulgáris, *bilden den ganzen April über reichblühende Polster.*

den Arten für große Flächen: Immergrün, Ysander, Golderdbeere.

Besonders gute Erfolge beim Auspflanzen lassen sich mit dem neu entwickelten und patentierten ETERA-Anzucht-Verfahren von Kiepenkerl erreichen. Die **ETERA**-Stauden wachsen in biologisch abbaubaren, leicht zu durchwurzelnden Kokosfasertöpfen. Sie können auf engem Raum direkt eingepflanzt werden.

Der große Garten-Krokus, Crócus vérnus, *ist ein reizender Aprilblüher mit vielen Farbensorten.*

Das Wurzelsystem bleibt dabei ungestört. So erreichen die Stauden einen optimalen Start. ETERA garantiert ein rasantes Wachstum und sichere Blüte.

Weiterbehandlung der Knollenbegonien

Knollen- oder Rosenbegonien sind Mitte April (Abb. 27) so weit entwickelt, dass ihr *Einpflanzen in große Töpfe* notwendig wird. Nicht zu lange warten, sonst leidet die untere Belaubung. Zum Eintopfen eignet sich torffreie NeudoHum-Blumenerde. Junge Begonien werden einzeln mit gutem Ballen vorsichtig aus der Anzuchtkiste genommen und genau so tief wieder eingepflanzt, wobei man die Erde etwas andrückt. Mit handwarmen Wasser angießen.

Eingetopfte Begonien brauchen mäßige Wärme, viel Licht, frische Luft, Schutz vor zu starker Sonne und Durchzug. Bei sonnigem Wetter wiederholt spritzen. Wenn die Erde durchwurzelt ist und die Pflanzen weiterwachsen, gießt man stärker und gibt jede Woche ins Wasser etwas BioTrissol. Bis Ende Mai bekommt man dann stattliche Pflanzen, die sich gerade anschicken zu blühen.

Anspruchsvolle Zwiebelblüher

Garten-Tulpen, Hyazinthen, Narzissen (Osterglocken) und *Kaiserkrone* gehören zu den anspruchsvollen Zwiebelblühern des Frühlingsgartens.

Kaiserkronen brauchen gute Ernährung durch einen rasch und anhaltend wirkenden mineralischen Mehrnährstoffdünger wie Euflor Volldünger blau, 30 g/m². Statt Torf zur Bodenbedeckung sollte Grobkompost genommen werden. Das Laub am Schaft muss vergilbt sein, ehe Wegschnitt erfolgt.

Einfache Garten-Tulpe 'Mickey Mouse'.

Lilienblütige Tulpe 'Marylin'.

Einfache Garten-Tulpe 'Maureen'.

Crispa-Tulpe 'Fringed Beauty'.

Triumph-Tulpe 'New Design'.

Die übrigen **Zwiebelblüher** erfordern, sobald sie ihre Blätter entfalten, einen rasch und nachhaltig wirkenden Humusdünger, wie Universaldünger Orgamin (50 g/m²) oder Mannahum (200 g/m²) , den man flach einarbeitet (einwieselt). Bei anhaltender Trockenheit reichlich wässern.

Tulpen stammen aus Gebieten, in denen im Frühling sehr viel Regen fällt. Sie sind deshalb in der Wasserversorgung zu bevorzugen. Vorteilhaft ist eine Decke aus Rindenmulch, der Unkraut unterdrückt.

Tulpen für die Vase knospig schneiden; mindestens zwei große Blätter verbleiben, die für die Ersatzzwiebel sorgen. *Verblühte Tulpen* sollten dicht unterhalb des Blütenkelches abgeschnitten werden. Behält die Tulpe dann noch alle Blätter, so kann sich eine große blühfähige Zwiebel ausbilden. Entsprechend ist auch bei **Hyazinthen** und **Narzissen** zu verfahren. Wichtig ist, unnötige Samenbildung zu verhindern, da sie auf Kosten der neuen Zwiebeln geht.

Zwiebelblüher sollen an Ort und Stelle ausreifen und abwelken (einziehen). Ist das z. B. bei **Tulpen** nicht möglich, dann hebt man sie unter Zuhilfenahme eines Spatens mit Erde aus und schlägt sie an halbschattiger Stelle zum Nachreifen ein.

Schöne Stauden selbst vermehren

Lassen Stauden nach 5 bis 10 Jahren in ihrer Wirkung nach, so kann man sie durch **Teilung** vermehren und verjüngen. Geteilt wird vor dem Austrieb, nach der Blüte oder im zeitigen Herbst. Entweder zieht man ausgegrabene Stauden auseinander, zerlegt sie mit einem Messer oder Spaten. Da die äußeren Teile am wüchsigsten sind, werden sie vorzugsweise verwendet. Vor dem Einpflanzen den Boden mit

Komposterde oder Plantahum verbessern. Unkrautwurzeln und Wurzelfilz sorgfältig auslesen.

Stecklinge kann man machen, sobald junge Triebe etwa 5 cm lang sind. Man trennt sie vom Wurzelstock ab. Mit dem unteren Drittel, das man blattfrei macht, wird in Töpfe oder Schalen mit Plantahum gesteckt. Unter Glas oder Folie ohne Mittagssonne vollzieht sich die Bewurzelung in wenigen Wochen.

Stauden mit Wildcharakter kann man von April bis Juni aus **Samen** heranziehen. Man sät in Töpfe mit keimfreier Frux-Aussaaterde und stellt sie in einen Frühbeetkasten, den man anfangs schattig und geschlossen hält. Töpfe, deren Samen keimen, versetzt man in einen helleren Frühbeetkasten und lüftet täglich. Stehen Sämlinge zu dicht, werden sie auseinander gepflanzt (pikiert), in Kisten, Schalen oder Multiplatten, die größeren in Vermehrungstöpfe. Man schützt pikierte Pflanzen anfangs vor direkter Sonne.

Für Staudenpflanzung ist der April günstig

Für die gesamte Blütezeit können jetzt auch Frühlingsstauden, wie die Gemswurz (*Dorónicum orientále*) aus Töpfen mit gut erhaltenem Ballen gepflanzt werden.

Sommer- und Herbststauden (siehe Tabellen im August und Oktober) können gepflanzt werden, abgeblühte *Frühjahrsstauden* nach der Blüte. *Stauden, die die Herbstpflanzung schlecht vertragen*, sind mit zu berücksichtigen, wie Lupinen, Bunte Margerite, Blaukissen, Polster-Phlox, andere Kleinstauden, Bodendecker und staudenartige immergrüne Zwergsträuchlein. Zu umfangreiche Pflanzen kann man teilen.

Ausgezehrte **Böden** erhalten auf die

Die gelbe Kaiserkrone, Fritillária imperiális 'Lutea', bildet einen hübschen Kontrast zur rotblühenden Sorte 'Rubra maxima'.

Unterschicht 75 g/m² Thomaskali mit Magnesium und in die Oberschicht 5 l/m² Komposterde oder 100 g/m² Ful Humin.

Kleinstauden und **Bodendecker** (s. die nächsten 2 Kapitel) werden meist in Töpfen herangezogen und können auch zu anderen Zeiten gepflanzt werden. Zur Bekleidung des Bodens setzt man 9–16 je m². Selbstverständlich dürfen höhere Stauden nicht zu eng stehen, sonst bleibt für Kleinstauden zu wenig Platz.

Auch mit der Bepflanzung von **Steingärten** und **Trockenmauern** wird begonnen. Man verwendet hauptsächlich Polster- und Hängepflanzen aus dem Reich der Blütenstauden: *Achilléa clavénae, Árabis caucásica, Alyssum montánum, Arméria, Aubriéta, Campánula carpática, Cerástium bieberstéinii, Diánthus deltoides, Gypsóphila-Hybride* 'Rosenschleier', *Hypéricum polyphyllum, Ibéris sempervírens, Phlox subuláta, Saxífraga, Sédum, Sempervívum* und viele mehr.

Schattige Stellen unter Bäumen und

Prachtspieren, Astílbe-Arendsii-Hybriden, sind besonders schmucke Stauden, die Farbe in die schattigen Ecken des Gartens bringen.

vor Nordwänden brauchen keine Schandflecke zu bleiben und können durch Farne (s. März) und geeignete Stauden mit Grün und Blüten geschmückt werden. Doch muss man für genügend Feuchtigkeit sorgen.
Schöne Schattenblüher: Astilbe, Bergenie, Glockenblume, Funkie, Waldgeißbart, Wachsglocke *(Kirengeshóma)*, Silberkerze, Tafelblatt, Amstelraute, Fingerhut und andere. Wenn sie mehrmals Kompost bekommen, schaffen sie prachtvolle Gartenmotive.

Bodendeckstauden für überwiegend sonnige Flächen

Kahle Bodenstellen, die der Gartenbesitzer nicht begrünt, werden von Unkräutern überwuchert, deren Samen für den ganzen Garten eine Gefahr bedeuten. Deshalb kann man

nur raten, kahle Stellen vor Gehölzen, an Wegrändern, über Blumenzwiebeln usw. mit bodendeckenden Stauden zu beleben. Werden beim Pflanzen die **Stückzahlen je m²** berücksichtigt, so ist die Fläche nach 2-3 Jahren zu 90% zugesponnen. „i" bedeutet immergrün. Bei der „Höhe" bezieht sich die 1. Zahl auf den Blattwuchs, die 2. auf die Blüte.
Wo die Fläche gelegentlich betreten werden soll, sind **trittfeste Teppichstauden** zu bevorzugen, wie *Acáéna, Antennária, Cótula, Paronychia, Sagína, Thýmus serpýllum.*

Schattenpflanzen für Bodenbedeckung und Rasenersatz

Zwischen Sträuchern unter Bäumen und vor Nordwänden gibt es oft Flächen, auf denen *Rasen* schwer zu mä-

hen ist oder nicht mehr gedeiht und Unkräuter lästig werden. Solche Stellen lassen sich dauerhaft begrünen, mit bodendeckenden Waldstauden und Gehölzen. *Ausdauernde Unkräuter* mit Wurzeln sorgfältig entfernen.
Für einen guten Start kann es nötig sein, dichtes Buschwerk zu lichten, weniger wertvolle Sträucher zu roden. Boden mindestens 30 cm tief umgraben, reichlich Kompost- und Lauberde oder einen Handels-Humusträger, wie z.B. Humobil, bis 500 g/m², oder Mannahum, 200 g/m² einbringen.
Auf vorbereiteten Flächen bringen nachstehende Pflanzen viel Freude, wenn gleichzeitig für genügend *Feuchtigkeit* gesorgt wird. Werden die Bedarfszahlen („**Stück je m²**") zugrunde gelegt, ist nach 2-3 Jahren zu 90% mit geschlossener Grünfläche zu

BODENDECKSTAUDEN FÜR SONNENLAGEN

Deutsche und botanische Namen	Stück je m²	immer-grün	Blatt, Blüte und Besonderes (U = stark unkrautverdrängend)	Höhe in cm
Stachelnüsschen, *Acáéna buchanánii*	12	i	Rasenbildner, rote Früchte, U	5/5
Schafgarbe, *Achilléa tomentósa*	12		grauwollig, goldgelb V–VI, U	5/15
Steinkraut, *Alyssum saxátile*, Sorten	16		üppige Mauerpflanze, gelb V–VI	20/25
Katzenpfötchen, *Antennária dioíca*	20		silbrig, rosarot, trockene Lage	3/10
Gänsekresse, *Árabis caucásica*	20		üppige Polster, weiß III–IV	10/20
Strandnelke, *Arméria maritíma*	16	i	grüne Polster, rosarot VI–IX	5/10
Edelraute, *Artemísia schmidtiána*	12		silbrige Polster, gelb VI–VII, U	10/15
Teppich-Aster, *Áster andersónii*			dichter Rasen, lila V–VI, warm	3/10
Tragant, *Astrágulus angustifólius*			Polster aschgrau, weiß V–VI	15/15
Blaukissen, *Aubriéta deltoídea*			Steinüberspinner, leicht absonnig	3/8
Bergenie, *Bergénia*-Arten	7	i	großlaubig, IV–V rosa, Südhang	20/40
Hornkraut, *Cerástium tomentósum*	12	i	silbergraue Polster, weiß V–VI	15/20
Flockenblume, *Centauréa bélla*	12		silbrige Polster, rosa VI–VII, U	15/25
Fiederpolster, *Cótula squálida*	20	i	trittfest, für Blumenzwiebeln	5/10
Heide-Nelke, *Diánthus deltoides*	16		zierlich, Gehölzrand, rosa VI–VIII	3/15
Pfingst-Nelke, *D. gratian. (cáésius)*	12	i	stahlblaue Polster, rosa V–VII	5/15
Silberwurz, *Dryas suendermánnii*	12	i	Steinüberspinner, weiß V–VI	5/10
Wolfsmilch, *Euphórbia polychróma*	7–20		rundliche Horste, gelb IV–VI	30/35
Geranie, *Geránium macrorrhízum*	12	i	Polster, rosa V–VI, auch trocken	20/30
Schleierkraut, *Gypsóphila répens*	7		Polster, weiß, rosa V–VII Hitze und trocken	10/15
Bruchkraut, *Herniária glábra*	12		Teppich für Blumenzwiebeln	2/3
Hartheu, *Hypéri calycinum*	9	i	VI–IX gelb, verträgt Trockenheit	25/25
Schleifenblume, *Ibéris sempérvirens*	12	i	wüchsiger Zwergstrauch, weiß	20/25
Kamille, *Matricária caucásica*	12	i	grüner Bodendecker, weiß VI–VIII	10/10
Katzenminze, *Népeta x faassénii*	12		wuchert, lilablau VII–IX, U	30/30
Polster-Phlox, *Phlox subuláta*		i	Boden durchlässig, bunt V–VI	10/15
Sternmoos, *Sagína subuláta*		i	Moosrasen, trittfest, weiß VI–VIII	3/5
Seifenkraut, *Saponária ocymoídes*	25		flache Polster, rot VI–VII Hitze und trocken	15/20
Steinbrech, *Saxífraga aizóon*	12		Polsterbildner, weiß, rosa V–VII	5/15
Schneepolster-Sedum, *Sédum álbum*		i	Rasen wüchsig, dicht, weiß VI–VII	5/10
Fetthenne, *S. sexanguláre*	25	i	verträgt sehr heiße Stellen, U	0,05
Leimkraut, *Siléne marítima*			üppige Polster, weiß VI–IX	15/20
Woll-Ziest, *Stáchys byzantína (olympica)*	12		Laub weißfilzig, rosa VI–VII, U	15/30
Silberteppich, *S. 'Silver Carpet'*	9		für größere Fläche, ohne Blüte, U	
Kriech-Thymian, *Thymus serpyllum*	16	i	dichtrasig, rosa, weiß VII–IX	3/5
– , – *citriodórus* 'Golden Dwarf'	16		goldbunt, lila, auch trocken, U	25/25
Ehrenpreis, *Verónica surculósa*	16		graufilzige Polster, rosa V–VII	5/10

BODENDECKSTAUDEN FÜR SCHATTENLAGEN

Günsel, *Ájuga réptans*-Sorten 16 grün, braunrot, IV–V blau; feucht 3/10
Buschwindröschen, *Anemóne nemorósa* 20 grün, IV–V weiß; kühler Waldboden 8/10
Schaumkresse, *Árabis procúrrens* 20 i grün, IV–V weiß; unter Sträuchern 5/15
Haselwurz, *Ásarum*-Arten 16 i mittelgrün; Laubhumus, Vollschatten 7/7
Waldspiere, *Astílbe chinénsis var. púmila* 12 IX lilarosa; auch sonnig, trocken 10/20
Schaumkraut, *Cardámine trifólia* 16 i VI weiß; feucht, auch Steingarten 10/15
Maiglöckchen, *Convallária majális* 20 V weiß, rosa; verträgt Wurzelfilz 15/17
Elfenblume, *Epimédium x rúbrum* 12 i IV–V rot, Blüte graziös,
– , – × *versícolor* 'Sulphureum' 12 i IV–V gelb, dekorativ, Gartenboden humos 25/30 Waldmeister, *Gálium*
odorátum 16 V weiß; Waldhumusboden, kühl 15/15
Gundermann, *Glechóma hederácea* 16 i IV–VI violett; lockerer Boden 15/20

BODENDECKSTAUDEN FÜR SCHATTENLAGEN

Deutsche und botanische Namen	Stück je m²	immer-grün	Blatt, Blüte und Besonderes (U = stark unkrautverdrängend)	Höhe in cm
Efeu, *Hédera hélix* 9		i	grün mit braun; anspruchslos 15/15	
Leberblümchen, *Hepática angulósa*	16		III–IV blau; anspruchsloseste Art 5/8	
Goldnessel, *Lamiástrum galeóbdolon*	9		silbrig-grün, V–VI gelb; wuchert 20/20	
Claytonie, *Móntia sibírica* 12		i	V rosa; vor allem unter Koniferen 10/15	
Gedenkemein, *Omphalódes vérna*	16		IV–V himmelblau; frischer Boden 10/15	
Perlfarn, *Onóclea sensíbilis* 16			üppiger Teppich, unter Bäumen 40/-	
Sauerklee, *Oxális acetosélla* 25			V–VI weiß; genügend feucht, humos 6/10	
Ysander, *Pachysándra terminális*	16	i	IV–V weiß, nicht zu trocken, sauer	25/25
Knöterich, *Polygonum affine* 12			frischgrün, VII–X rosa; feucht 10/20	
Braunelle, *Prunélla x webbiána*	16		VI–IX lila, weiß, rosa; feucht 10/25	
Steinbrech, *Saxífraga cuneifólia*	12	i	VI–VII weiß; verträgt auch Sonne 5/15	
Porzellanblümchen, *S. umbrósa*	12	i	V–VI weiß; Boden frisch, kalkhaltig	8/30
Helmkraut, *Scutellária altíssima*	12		VI–VIII lila; wuchert sehr stark 25/35	
Teppich-Sedum, *Sédum spúrium*-Sorten	16	i	VII rosa, rot; lockerer Teppich 15/20	
–, *Sédum hybridum* 'Immergrünchen'	16	i	im Winter rötlich, VII–VIII gelb 10/20	
Schaumkerze, *Tiarélla cordifólia*	16		V–VI weiß; lockerer (Wald-)Humus	10/20
Kleines Immergrün, *Vínca mínor*	16	i	IV–V, blau 10/10	
Golderdbeere, *Waldstéinia ternáta*	12	i	IV–V, gelb 15/15	

rechnen. Das kleine „i" weist auf immergrüne Arten hin. Bei „Höhe" bezieht sich die erste Zahl auf den Laubteppich, die zweite auf die Blüte.

Staudengräser lockern auf (Auswahl)

Für **Staudenziergräser** ist der April der günstigste *Pflanzmonat*. Ansprüche an den Boden sind verschieden. Die meisten Gräser lieben Sonne und vertragen Halbschatten. Einige wenige brauchen beschattete Plätze. Ziergräser wirken auflockernd graziös. Jährliche Bodenauffrischung mit einem organischen Dünger. Vermehrung durch Teilung. Rhizomstücke mit 2–3 Augen; Samen.

Weißbuntes Knollenbandgras, *Arrhenátherum elátius ssp. bulbósum* 'Variegatum', weißgrün gestreift, 50 cm, wuchert, sonnig, Beetstaude.

Pfahlrohr, *Arúndo dónax*, 3 m, daumenstarke Halme mit 30–60 cm langen, 5–7 cm breiten Blättern, imposante Büsche, blüht in warmen Gebieten. Kräftiger, feuchter Boden, Winterschutz, Rückschnitt im Frühjahr.

Segge, *Cárex morrówii* 'Variegata', 40 cm, dunkelgrün mit hellem Rand, blüht III V, feuchter Standort, halbschattig bis schattig, Boden feucht. Von der Steifen Segge, *Carex elata*, sind die goldgelben Formen zu empfehlen.

Pampasgras, *Cortadéria selloána*, VII–X, 'Sunningdale Silver' trägt silberweiße, 'Rosea' rosa Blütenrispen, über 2 m hoch. Guter Boden, Beetstaude. Winterschutz.

Blauschwingel, *Festúca gláúca*, blaugrüne Polster, 20 cm, vollsonnig. Blüte VI–VII.

Die steife Segge, Cárex eláta, *treibt bis zu 1 m lange Stengel. Die Blüte ist Anfang Mai zu erwarten. Für eine Uferbepflanzung in unseren Gärten eignen sich goldbunte Sorten.*

Montbretie, Crocósmia x crocosmiflóra, blüht ab August orangegelb. Die Zwiebeln deckt man im Winter mit Falllaub.

Bärenfell-Schwingel, *Festúca scopária,* frischgrüne Polster, 5 cm, halbschattig, absonnig.

Blaustrahlhafer, *Helictótrichon (= Avéna) sempérvirens,* schönstes Blaugras, dem 40 cm hohen Horst entspringen im August 100 cm hohe Blütenhalme, kalkliebend.

Wald-Marbel, *Lúzula nívea,* 40 cm, immergrün, Schattengras für Unterpflanzung, weißblühend, VI–VII. Kräftiger, feuchter, humushaltiger Boden. In kleineren Gruppen.

Chinaschilf, *Miscánthus sinénsis* 'Silberfeder', 1,8 m. Sicher blühendes Gras mit silberweißen, breiten Ähren, VIII–X. Neben der frischgrünen Form gibt es buntlaubige Vertreter: 'Gracillimus' mit feinen weißen Mittelstreifen, 'Vittatus' mit mehreren weißen Längslinien, 'Zebrinus-Strictus' mit weißlichen Querbändern.

Lampenputzergras, *Pennisétum alopecuroídes (= compréssum)* 'Hameln', aus 40 cm hohen Horsten erheben sich im VII–IX 60 cm hohe, rotbraune Blütenähren. Kräftiger Boden.

Garten-Bambus, *Fargelia (Sinarundinária muríelae),* 2 m, dunkelgrüne Blätter an rohrartigen harten Stengeln; *S. nítida,* 3 m, Blatt zierlicher,

Stengel glänzend purpur. Sonnig bis halbschattig, feuchter Boden. Einzelstellung, immergrün, blüht nach 100 Jahren und stirbt dann ab.

Federgras, *Stípa barbáta, S. pennáta* u. a., 60–80 cm, lange Grannen, VI–VIII, kalkliebend.

Reizende Knollenblüher bereichern den Sommerflor

Während man mit Dahlien und Gladiolen besser bis Mai wartet, können andere Arten schon gepflanzt werden. In nicht zu schwerem Boden sind sie unter einer Schutzdecke winterhart.

Die **Garten-Anemone** *(Anemóne coronária)* mit dunklem, verzweigtem Wurzelstock (Rhizom), Pfötchen oder Klaue genannt, blüht in kräftigen Farben. Empfohlen werden großblumige Edelanemonen, wie 'St. Brigid', halbgefüllt, und 'De Caen', einfach.

Knollen der **Ranunkel** *(Ranúnculus asiáticus)* ähneln zwergigen Dahlien. Besonders hübsch sind Afrikanische Riesen-Ranunkeln mit großen, dichtgefüllten Blüten.

Das Lampenputzergras, Pennisétum, fällt im Garten angenehm auf. Auch in Trockensträußen sieht es hübsch aus.

Gepflanzt wird 5 cm tief mit 10–15 cm Abstand. Geschrumpfte Knollen 24 Stunden in handwarmes Wasser legen. Beide bevorzugen sonnige, geschützte Plätze und gehaltvollen, humosen, durchlässigen Boden. Da für die erste Blüte alle Kräfte gespeichert sind, genügt es, beim Austrieb Grobkompost als Bodendecke zu geben.

Montbretien *(Crocósmia)* mit 10–20 cm Abstand 8–10 cm tief pflanzen. Durch Ausläufer bilden sie dichte Kolonien und zeigen von Juli bis September an 50–70 cm langen Stielen einseitswendige Ähren mit orangeroten, gelben oder rötlichen Blüten.

Inkalilie *(Alstroeméria aurantíaca),* 50 cm hoch, blüht von Juli bis August orangegelb, purpurgestreift. Für warme, trockene Lagen, humusreiche, nährkräftige, sehr durchlässige Böden. Knollenbüschel pflanzt man 20–25 cm tief.

Riesen- oder **Sommerhyazinthe 100** *(Galtónia cándicans)* trägt im Spätsommer an 130 cm hohen Blütenständen cremeweiße Glockenblüten. Günstig steht sie in voller Sonne hinter Phlox oder Goldrute, die das unschöne Vergilben der Blüten verdeckt. Zwiebeln kommen mit 30–40 cm Abstand 10–15 cm tief in den Boden.

Das winterharte **Freiland-Alpenveilchen** *(Cyclamen persicum x purpurascens)* ist eine Erfurter Züchtung, blüht wie Zimmeralpenveilchen im Spätsommer und Frühherbst mit großen, leuchtenden Blüten.

Einjahrsblumen für direkte Freilandsaat

Viele einjährige Sommerblumen kann man an Ort und Stelle aussäen, entweder auf (Sommerblumen-)Beete oder (Stauden-)Rabatten. Nur in klimatisch ungünstigen Gebieten lohnt sich für empfindlichere Arten die Mühe halbwarmer Vorkultur.

Einjahrsblumen entwickeln sich am besten an sonnigen Stellen und in lockerem, gehaltvollem, humusreichem Boden. Bei der Vorbereitung der Flächen arbeitet man vor allem gesiebte Komposterde, 5 l/m² oder torffreies käufliches Substrat in die Krume ein. Drei Wochen nach dem Auflaufen erste Nachdüngung erforderlich, z. B. 20 g/m² Volldünger blau oder 75 g/m² Fertofit-Garten-Dünger.

Blumensorten wählt man nach einem Samenkatalog aus oder am Samenstand. Wer Neuheiten wünscht, bevorzuge **Fleuroselect-Gewinner.** Auf sie ist Verlass; ihre Überprüfung erfolgte in 22 Probegärten innerhalb Europas. – Beliebte ältere Sorten können als *Pillensamen* oder *Saatband* bezogen werden, was sich bei feinen Samen empfiehlt.

Die meisten Sommerblumen wirken erst in **Gruppen.** Man sät breitwürfig oder legt Saatband aus, das sich leicht zerteilen lässt, so dass aufgelockerte bis verspielte Beetgestaltung möglich ist. Für **Schnittblumenbeete** weitläufig in Reihen (s. Tabelle) säen, *feine Sämereien, Pillensamen* und *Saatband* 1 cm hoch mit Erde be-decken, größere Samen etwas tiefer legen. Bis zum Auflaufen Saatstellen feucht halten. Dies gelingt am besten unter „wachsender" Folie. Blumen mit einem Stern (*) in der Liste in ungünstigen Lagen vorkultivieren.

Einjährige Sonnenblumen

Zu den wüchsigen und wirkungsvollen Einjahrsblühern gehören die Sonnenblumen (*Heliánthus ánnuus*). Neben riesigen bis zwergigen Exemplaren gibt es Neuzüchtungen zwischen ein und zwei Meter Höhe mit Blüten in Augenhöhe. Dekorativ ist der Kontrast der dunklen Mitte zu den Randblüten in verschiedenen Gelbtönen und mit braunrotem Ring der Sorte 'Ring of Fire' von Benary. Alle wünschen Sonne, Windschutz, viel Wasser und Nährstoffe, nicht zu schweren, zu wasserhaltenden Boden. Standortwechsel. Keine frischen Pflanzen untergraben. Weder bei kühl-feuchter Witterung noch zu dicht pflanzen. Nur morgens bewässern. Alles schützt vor Echtem und Falschem Mehltau. Krankes Laub entfernen.

Die Sonnenblume, Heliánthus ánnuus *'Hallo', eine solitäre Schnitt- und Beetpflanze, wächst gut verzweigt.*

Kletter- und Schlinggehölze wachsen hoch hinauf

Diese Lianen, eine wichtige Pflanzengruppe zur Ausschmückung der Gärten, verdecken und bekleiden Mauern, Wände, Zäune, Baumstämme, abgestorbene Bäume, Pfähle, Spaliere, Gitter, Pergolen, Felsen usw. Nach den Klettereigenschaften muss man die Auswahl treffen. Ansprüche an Standort, Lage und Boden berücksichtigen.

Für jede Pflanze den **Boden** 50 cm weit und tief lockern (Abb. 2, S. 129), Unterschicht (A) graben und mit Thomassulphatkali, 75 g/m², einem wichtigen Blühdünger, durchsetzen. Schweren Boden durch Sand auflockern. Die Oberschicht (B) braucht organische Substanz, z. B. Komposterde, bis 5 l/m², oder Orgamin, 50 g/m², plus Rindenhumus. Später kalireich düngen (s. Seiten 43 bis 45).

Die mit Topfballen gelieferten Gehölze

Die Bechermalve, Lavatéra triméstris, *ist eine 50–60 cm hohe Sommerblume mit 10 cm breiten, schönen Blüten. Sorten: 'Mont Blanc' weiß, 'Silvercup' rosa, 'Ruby Regis' rosa mit roter Aderung.*

TABELLE DER EINJAHRSBLUMEN – TEIL I

Deutscher und botanischer Name	Saat-monat	Abstand in cm	Höhe in cm	Blütenfarbe; Besonderes, Verwendung
Blutströpfchen, *Adónis aestivális*	3–4	15–20	30–50	rot; Herbstsaat besser, Steingarten
Fuchsschwanz, *Amaránthus caudátus**	4	30–50	40–90	amarantrot; einzeln, kleine Gruppen
Goldmarie, *Bidens aurea**	3–4	10–20	30–40	gelb, überhängend, hoher Wasser- und Nährstoffverbrauch
Ringelblume, *Caléndula officinális*	3–4	20–30	40–60	gelb, orange; oft schneiden, Beete
Sommerastern, *Callístephus chinénsis**	4–5	20–40	20–70	bunt; Schnitt, Beete, Gefäße
Kornblume, *Centauréa cyanus*	3–4	15–20	40–70	bunt; Jungpflanzen köpfen, Beet
Margerite, *Chrysánthemum ségetum**	4–5	20–30	40–80	weiß, gelb, bunt; Beet, Schnitt
Niedrige Winde, *Convólvulus tricolor*	4	20	30	bunt; Rabatte, kalkliebend
Schöngesicht, *Coreópsis grandiflóra**	4–5	15–20	30–90	gelb-braun; Rabatte, Schnitt
Schmuckkörbchen, *Cósmos bipinnátus**	4–5	30–40	100	rosa, rot, weiß; Beet, Schnitt
Rittersporn, *Delphínium ajácis*	3–4	15–25	40–90	bunt; Herbstsaat, Beet, Schnitt
Goldblume, *Dimorphotéca sinuáta (aur.)**	4–5	15–20	30–40	orange; Beet sonnig, Lage warm
Goldmohn, *Eschschólzia califórnica*	3–4	20–30	30–40	gelb, orange; Herbstsaat, Beet
Kokardenblume, *Gaillárdia pulchélla**	4–5	25–30	50–60	gelb-rot; keine Nässe, Schnitt
Sommerazalee, *Godétia grandiflóra = Clarkia amvena*	3–4	25	40–70	bunt; keine Nässe, Beet, Schnitt
Schleierkraut, *Gypsóphila élegans*	3–4	15–20	30–50	weiß; trockne Lage, Beet, Schnitt
Sonnenblume, *Heliánthus ánnuus*	4–5	30–70	50–300	gelb, braunrot; einzeln, Schnitt
Strohblume, *Helichrysum bracteátum**	4–5	25–30	40–90	bunt; Beet, Trockenblume, Schnitt
Schleifenblume, *Ibéris umbelláta*	3–4	10–20	25–30	bunt; auch flächig säen, Beet
Zwerg-Duftwicke, *Láthyrus odorátus*	3–4	15	20	bunt; Beet, Einfassung, Beet, Gefäß
Bechermalve, *Lavatéra triméstris*	4–5	30–40	60–90	rosa, weiß; keine Nässe, Beet

werden im April gepflanzt, wie jeder andere Zierstrauch. Die Triebe heftet man an Stäbe und schneidet sie im 1. Jahr nicht zurück. Nötige Schnittmaßnahmen meist im Nachwinter.

Strahlengriffel, *Actinída argúta,* 5–7 m, braucht geschützten Standort, sauren, feuchten Boden. Zweige anheften, da nicht selbstkletternd. Mai/Juni weiße Blüten. Weibliche Pflanzen tragen 2 cm lange, essbare Früchte. „Kiwi" ist eine verwandte Nutzpflanze (s. April).

Pfeifenwinde, *Aristolóchia macrophylla,* 10–12 m hoch windend, braucht stabiles Gerüst, große hellgrüne Blätter, unscheinbare braunrote (Tabakspfeifen-)Blüten im Sommer. Bevorzugt etwas feuchten, gehaltvollen, humosen Boden, sonnig bis absonnig.

Schlingknöterich, „Klettermaxe", *Fallópia (Polygonum) aubértii,* 12 m, braucht Leitgerüst (Drähte), bildet Blüten mit Vorliebe auf Dächern aus,

Kiwispalier, 2 m: Hier wächst eine Verwandte des Strahlengriffels, Actinídia arguta, die 5–7 m Höhe erreicht, also enorm wüchsig ist. Die Früchte sind sehr vitaminreich.

Blauregen oder Glyzine, Wistéria, *5–6 m, spendet zur Blütezeit viel Freude.*

hängt dekorativ herab. Auch für abgestorbene Bäume. Anspruchslos. Weiße Blütenrispen von August bis Oktober. Verträgt Rückschnitt. Zurückgefrorene Pflanzen treiben wieder aus.

Trompetenwinde, *Cámpsis radícans,* 8–12 m, Haftwurzler, bevorzugt warmen, beschatteten Boden, milde, sonnige Lage (Weinbauklima), blüht im August und September orangerot, 'Yellow Trompet' gelb. Für Torbögen, kahle Stämme (Waldkiefern). Abgeblühte Seitentriebe im Frühjahr (auf etwa 6 Augen) zurückschneiden.

Baumwürger, *Celástrus,* 6–10 m, Schlinger, anspruchslos, braucht Leitgerüst, kann großen Bäumen nicht mehr gefährlich werden. Zweihäusig: Männchen und Weibchen pflanzen,

dann gibt es im Herbst schöne rot-gelbe Zierfrüchte. Falls zu hoch, Spitze wegschneiden. Standort halbschattig bis schattig, auch absonnig.

Großblütige Waldreben, *Clématis*-Hybriden, 2–4 m, anspruchsvoll, blühen besonders prachtvoll, meist im Spätsommer. Blütendurchmesser 10–15 cm. Vom 2. Jahr an (im Frühjahr) regelmäßig stark schneiden. (Weitere Ausführungen in den folgenden Kapiteln.)

Kleinblütige Waldreben, *Clématis*-Arten, genügsam, robust, blühen überreich. Während Frühsommerblüher im Frühjahr nur ausgelichtet werden, vertragen Sommer- und Herbstblüher kräftigen Rückschnitt, teilweise ins alte Holz. (Näheres anschließend.)

TABELLE DER EINJAHRSBLUMEN – TEIL II

Deutscher und botanischer Name	Saat-monat	Abstand in cm	Höhe in cm	Blütenfarbe; Besonderes, Verwendung
Frauenflachs, *Linária* Bipartita-Hybr.	4–5	15–20	30–50	bunt; anspruchslos, Steinbeet
Roter Lein, *Línum grdfl. grandiflórum*	3–5	15–20	40–60	rot; Herbstsaat, Beet, in Massen
Duftsteinrich, *Lobulária marítima* *	4–5	10–15	6–10	rosa, lila, weiß; Einfassung, Beet
Sommer-Lupine, *Lupínus* – Einjährige Hybriden	4–5	15–30	60–100	bunt, Beet, Boden kalkarm
Trichtermalve, *Malópe trífida* *	4	40–50	60–90	weiß, rosa, rot; Rabatte, Beet
Elfenspiegel, *Nemésia*-Hybriden*	4–5	15–20	20–35	bunt; Beet, Topf, Rückschnitt
Nierembergie, *Nierembergia hippomanica*	3–4	10–15	15–20	blauviolett, rot, weiß, Töpfe, zierlich
Jungfer im Grünen, *Nigélla damascéna*	3–4	15–20	40–50	blau, weiß; Herbstsaat, Beet
Seidenmohn, *Papáver rhóeas*	3–4	20–30	70–80	bunt; Herbstsaat besser, Beet
Bienenweide, *Phacélia tanacetifólia*	3–4	15–20	20–40	blau; Würzpflanze, Boden leicht
Sommer-Phlox, *Phlox drummóndii* *	4–5	15–20	15–40	bunt; Beet, Einfassung, Rabatte
Portulakröschen, *Portuláca grandiflóra* *	5	15–20	5–40	bunt; keine Nässe, vollsonnig
Sonnenhut, *Rudbéckia hírta* *	4–5	20–30	60–90	gelb, bronze-gelb; Beet, Schnitt
Trompetenzunge, *Salpiglóssis sinuáta* *	4	20–25	50–80	bunt; Beet, warmer Boden, Schnitt
Schwarzköpfchen, *Sanvitália procúmbens* *	4	15–20	15	gelb-braun; Alpinum, Einfassung
Seifenkraut, *Saponária calábrica*	3–5	10–25	20–60	rot, weiß; Herbstsaat, Steinbeet
Witwenblume, *Scabiósa atropurpúrea* *	4–5	25–50	40–80	blau, weiß; luftiges Beet, Schnitt
Spaltblume, *Schizánthus* Wisetonensis-Hybriden	4	20–30	40–60	bunt; Beet, Schale, Windschutz
Greiskraut, *Senécio bícolor* *	4–5	20–25	25–40	aschgraue Blätter, Blumenbeet
Himmelsröschen, *Siléne armeria* *	4	15–20	30–60	bunt; Beet sonnig, Lage trocken
Niedr. Sammetblume, *Tagetes*-Patula-Hybr.	4–5	20–25	15–30	gelb, orange, braun; Beet, Schale
Zwerg-Kapuzinerkresse, *Tropaeolum minus*	4–5	15–30	20–30	bunt; Steingarten, Einfassung, Beet
Kletterpflanzen				
Prunkwinde, *Ipomóea, Pharbitis*	4–5	20–40	300	bunt; klettert an Fäden und Drähten
Edelwicke, *Láthyrus odoratus*	3–4	15–20	150	bunt; Maschendrahtzaun, Spalier
Kapuzinerkresse, *Tropáeolum május* *	4–5	40–60	200	gelb, orange, rot; Zaun, Spalier, Beet

Efeu, *Hédera hélix,* 8-12 m, immergrün, klettert mit Haftwurzeln an Mauern und Bäumen, besonders dauerhaft an Nord- und Westhängen, eignet sich auch zur Bodenbegrünung, schattig, aber hell, bevorzugt etwas feuchten Boden. Blätter in der Jugend gelappt, im Alter nicht. Damit das Triebpolster nicht zu dick oder schwer wird, Triebspitzen und Seitentriebe im April abschneiden.

Kletter-Hortensie, *Hydrangéa anómala* ssp. *petioláris,* 8 m, klettert mit Luftwurzeln an Baumstämmen, Pfählen, Felsen usw. Benötigt anfangs Stützhilfe, bis sich Haftorgane gebildet haben. Als Bodendecker geeignet. Wünscht humosen Boden, Halbschatten, hat hohen Wasserbedarf. Blüht im Juni bis August mit weißen Dolden.

Winter-Jasmin, *Jasmínum nudiflórum,* 3-4 m am Spalier, Triebe anheften; bis 1 m als Einzelstrauch. (Weitere Ausführungen im Februar und November.)

Geißblatt, Lonicéra x tellmanniána, *orange-gelb blühend. Der Schlinger eignet sich u.a. zur Begrünung von Zäunen und Gerüsten.*

Geißblatt, *Lonícera caprifólium* **(Jelängerjelieber),** 4 m, Blüten gelblichweiß, außen rötlich, Mai/Juni, Frucht korallenrot; *L. x heckróttii,* 3 m, Blüten gelblich, außen purpur; *L. hénryi,* immergrün, 3 m, Blüten gelb-rot, Früchte blauschwarz; *L. x tellmanniána,* 4 m, orangegelb. Schlinger für Gerüste, Zäune, Pfähle, sonnig bis halbschattig. Boden mäßig feucht. Bei Bedarf auslichten, zurückschneiden, auch bis kurz über dem Boden.

Wilder Wein, *Parthenocíssus quinquefólia,* 8 m, für Pergolen, Lauben, Zäune, alte Bäume, muss anfangs angebunden werden. Laub im Herbst rot, Blätter 5-teilig.

Jungfernrebe, „Mauerkatze", *Parthenocíssus tricuspidáta* 'Veitchii', 10 m, selbstkletternd, zur Bekleidung von Hauswänden, orange-rote Herbstfärbung, Blätter 3-zipflig. Bevorzugt nicht zu trockenen Boden, verträgt Sonne bis Schatten.

Kletterrosen, *Rósa*-Arten und -Sorten, leiden vor Südwänden unter Mehltau. Empfindliche Sorten ausschließen (siehe im Juni). Spalier 15 cm von der Wand entfernt errichten. (Über Pflanzung und Schnitt siehe im März.)

Blauregen, Glyzine, *Wistéria floribúnda* 'Macrobotrys', 5 m, blauviolett, fast 1 m lange Blütentrauben; *W. sinénsis,* 10 m, Blütenstände 30 cm, duftend, Mai. Sonnig, auch absonnig, geschützt; braucht zum Hochschlingen stabiles Gerüst. Boden leicht, ziemlich feucht, kalkhaltig, stickstoffarm (Stickstoffsammler). *Keine Sämlingspflanzen verwenden,* blühen schlecht. Nach dem Pflanzen Rückschnitt auf Handlänge, zum Anwachsen schattieren. Im nächsten Jahr nochmals scharf schneiden, um gute Verzweigungen zu bekommen. Später Haupttriebe etwas hochwachsen lassen, dann waagerecht ziehen. Wo Glyzinen wuchern können, erübrigt sich weiterer Schnitt, da sie sehr wüchsig sind.

Die violettblaue Waldrebe, Clématis-Jackmannii-Hybr. 'Superba', *blüht im Juli und August. Sie klettert bis in 3–4 m Höhe.*

Dankbare Clematis-Arten und -Sorten

Zu den schönsten Kletterpflanzen gehört die Waldrebe *(Clématis).* Besonders prachtvoll blühen veredelte **großblumige Hybriden.** Sie sind anspruchsvoll, anfangs empfindlich, was bei der Pflanzung zu berücksichtigen ist (s. nächstes Kapitel). Die meisten Hybriden wachsen 2-2,5 m, einige 3-4 m hoch und breit (vermerkt).

'**Blue Gem**', zartlavendelblau, VII-IX; '**Comtésse de Bouchard**', 3-4 m, rosa, VII-VIII; '**Crimson King**', weinrot, VII-IX; '**Jackmannii**', 3-4 m, tiefviolettblau, VII-IX; '**Lady Betty Balfour**', dunkelblau mit weißer Mitte, VII-VIII, 4 m; '**Lasurstern**', tiefviolettpurpur, weiße Staubgefäße, V-VI, 3 m; '**Mme Le Coultre**', reinweiß, VII-IX; '**Nelly Moser**', lilarosa, rotes Mittelband, VII-IX; '**Superba**', violettblau, VI-VIII, 3 m; '**The President**', 3-4 m, dunkelblau, VI-VII;

Die Großblütige Waldrebe, Clématis x jackmánnii 'Hagley Hybrid', blüht tiefrosa von Juli bis September, später etwas heller. Es handelt sich um eine englische Sorte.

'Ville de Lyon', karmesinrot, VII-VIII.

Kleinblumige Wildarten zeichnen sich durch Blütenreichtum aus und sind leicht zu halten. Es gibt 250 Arten, doch werden nur wenige angeboten.

Alpen-Waldrebe, *Clématis alpína*, 1-3 m hoch, kriechend oder kletternd, violett, überhängend, duftend, V-VI/VII. Zum Überwachsen von Steinen und Kiefern, anspruchslos.

Hybride Waldrebe, *C. x bonstedtii* 'Mrs. Robert Brydon', bis 3 m, hellblau, VIII-IX, zwischen Laubgehölzen und Koniferen. Im II/III auf 30-50 cm zurückschneiden.

Herbst-Waldrebe, *C. maximowicziána (= paniculáta)*, 6-10 m, weiß, IX-X, robust, blüht nur an der Sonnenseite. Erfordert jährlich starken Rückschnitt.

Berg- oder **Anemonen-Waldrebe,** *C. montána*, 3-4 m, weiß, 'Rubens', rosarot, V-VI. Bedeckt jährlich bis 3 m². Für wintermilde Gebiete.

Gold-Waldrebe, *C. tangútica*, 4-5 m, kräftiggelb, VI-IX, im Herbst zierende silberhaarige Fruchtstände. Verträgt im Frühjahr starken Rückschnitt.

Italienische Waldrebe, *C. viticélla*, 2-3 m, purpurrosa bis violett, viele Farbensorten, VI-VIII. Im Winter auffallend silbrige Fruchtstände. Verträgt im Frühjahr Rückschnitt bis dicht über dem Boden. Wärmeliebend. Bevorzugt in ihrer Heimat Waldränder und Gebüsche auf frischem, sandiglehmigem, kalkhaltigem Boden.

Ansprüche und Pflanzung der Clematis

Waldreben lassen sich **vielseitig verwenden:** zur Belebung von Hauswänden, Pergolen, Gittern, zum Hineinwachsen in Sträucher, Koniferen, Bäume usw.

Da Waldreben mit ihren Blattstielen **klettern,** brauchen sie eine *dünne Haltevorrichtung,* wie Maschendraht, Netze, Leisten- oder Eisengitter, Zweige, Fäden. Nylonfäden halten viele Jahre, sollten aber alle 25 cm einen Knoten haben, damit die Triebe nicht herunterrutschen können.

Als Waldpflanzen lieben Clematis *kühlen „Fuß" und warmen „Kopf".* Halbschatten wird bevorzugt, Prallsonne über Mittag (vor Südwänden)

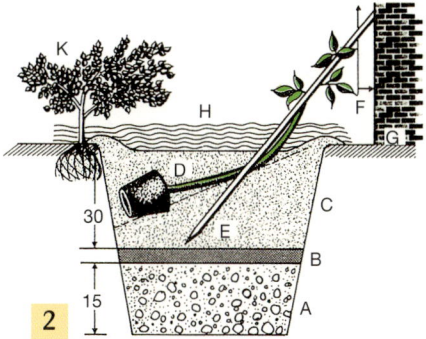

2

Richtiges Pflanzen von Kletterpflanzen, insbesondere der Clematis.

nicht vertragen. An Wänden: (Süd-) Ost- und Westseite, weder im Tropfenfall noch unter überdachten Mauern. Sonnige Pflanzstellen brauchen Bodenbeschattung.

Sommer- und Herbstblüher pflanzt man vorteilhaft im März/April, **Frühsommerblüher** September/Oktober, auch zu anderen Zeiten, wenn Waldreben mit Topfballen geliefert werden. Veredelte Hybriden, die als empfindlich gelten, können bei unsachgemäßer Pflanzung der *Clematiswelke* erliegen, indem sie plötzlich absterben. Es muss deshalb sorgfältig gepflanzt werden, am besten **schräg** (Abb. 2 D), wobei etwa 30 cm des Sten-

gels 5–15 cm unter die Erdoberfläche kommen. So kann die Edelsorte bewurzeln und wird von der Unterlage unabhängig. Da die Triebbasis nicht geknickt werden darf, entfernt man beigesteckte Stäbe erst nach der Bettung oder dem Anwachsen der Pflanze. Dabei sind Wurzelverletzungen zu vermeiden.

Bevorzugt werden leichtere, sandiglehmige, tiefgründige, kühle **Böden,** mäßig feucht. Da Wurzeln in die Tiefe streben, ist entsprechende Bodenbearbeitung erforderlich. Mit der Pflanzstelle bleibt man einen Fuß von der Wand (G) entfernt.

Auf schwerem, undurchlässigem Boden empfiehlt sich eine **Dränageschicht** von 15 cm (A). Dazu wirft man ein Pflanzloch 40 x 40 cm weit und 50 cm tief aus und lockert den Untergrund. Als Dränage eignet sich eine Mischung aus scharfem Sand, Kies, Schotter, Schlacke, etwas Kalkschutt usw. Darauf (B) kommt 5 cm hoch genügend durchlässiger lehmig-sandiger Boden mit 75 g/m² Thomaskali mit Magnesium. Als Pflanzerde (C) bevorzuge man z. B. eine Mischung

aus Mutterboden, Sand und gesiebtem Kompost.

Auf leichtem Boden Pflanzstelle 25 cm tief ausheben, auf die Unterschicht 75 g Thomaskali mit Magnesium streuen, Unterschicht umgraben, mit einem Kultivator alle Stoffe vermischen. Für die Oberschicht stellt man eine humose, nährstoffhaltige Mischung her, etwa $^1/_2$ Mutterboden, $^1/_2$ gesiebten Kompost und 50–60 g Hornspäne/m². Zunächst füllt man von der Pflanzerde etwa $^2/_3$ ein und drückt sie mäßig an, formt ein schräges Pflanzbett (gestrichelte Linie), legt die *Clématis* darauf, unterfüttert den Stengel mit Erde (und zieht vorsichtig die Haltestäbe heraus). Ein neuer langer Stab (E) wird schräg, in Richtung zum Kletterfaden (F), in den Boden gesteckt. Nun wird der Clematis-Stengel mit Erde bedeckt, ein Gießrand geformt, der Trieb an den Stab geheftet und gut angegossen. Eine Bodendecke (H) aus organischen Stoffen fördert das Einwurzeln. Es erfolgt kein Pflanzschnitt. Für gesunde Entwicklung muss der Boden im Wurzelbereich schattig und kühl gehalten werden. An sonnigen Stellen pflanzt man deshalb Stauden wie z.B. Storchschnabel, Pfingstrose oder Taglilie. Auch ein Findling kann geeignet sein.

Klimaempfindliche Nadelgehölze

Während zwergige Nadelgehölze (Koniferen) mit Erdballen zwischen Ende März und Ende Oktober gepflanzt werden können, entwickeln sich die großen, ebenmäßig wachsenden Fichten, Tannen und Kiefern bei früher Herbstpflanzung (ab Ende August) am besten, nur *Mähnen- und Omorika-Fichten* sollte man im Frühling pflanzen. Dabei reichlich Euflor-Rindenhumus voller spezielles Substrat verwenden.

April

Die Europäische Lärche, Lárix decídua, *wird bis 35 m hoch. Sie ist unempfindlicher als die japanische Lärche,* L. káempferi, *die bis 30 m Höhe erreicht und mehr Luft- und Bodenfeuchtigkeit benötigt.*

Die Hänge-Hemlockstanne, Tsúga canadénsis *'Pendula', wirkt besonders durch die lang herabhängenden Äste.*

Einige Koniferen, die in manchen Gebieten Mitteleuropas **klimaempfindlich** sind, pflanzt man mit bestem Erfolg im April (über Pflanzung siehe im September). Im Frühling gepflanzte Nadelgehölze brauchen an sonnigen Stellen **aufmerksame Pflege.** Nach dem Angießen Boden mulchen. Erde im Ballenbereich genügend feucht halten. Um die Verdunstung abzuschwächen, an der Südseite ein Sonnensegel errichten und bei warmer, trockener Witterung vor- und nachmittags spritzen, doch den Boden nicht in einen Sumpf verwandeln.

Klimaempfindliche **immergrüne Koniferen: Chilenische Schmucktanne** *Araucária araucána),* frostempfindlich, im Winter frostsicher umbauen. Boden durchlässig, nahrhaft, *kalkarm.* - **Atlas-Zeder** *(Cédrus atlántica),* bevorzugte Blauzedern: 'Glauca', 20 m, Säulenform, 'Fastigiata', 10 m, geschützte Lage, luftfeucht, Boden durchlässig, kalkhaltig. - **Himalaja-Zeder** *(C. deodára),* attraktiver, empfindlicher Baum für milde Lage und etwas feuchten, *kalkarmen* Boden. - **Libanon-Zeder** der Art *C. libani* var.

stenocóma, Laub silbrig, ist winterhart. - **Scheinzypressen** *(Chamaecyparis),* sehr vielgestaltig, jüngere Pflanzen frostempfindlich, Formen mit gelblichen Nadeln halbschattig, sandig-lehmiger Boden. - **Sicheltanne** *(Cryptoméria)* verlangt guten, feuchten Boden, Luftfeuchtigkeit, Schutz vor Wintersonne und Frost, Kübelpflanze. – **Spießtanne** *(Cunninghámia koníshii* 'Glauca'), ähnelt der Araukarie, braucht wie diese Winterschutz. Mittelschwerer Gartenboden. - **Schirmtanne** *(Sciadópitys),* bis 10 m, hübscher Solitärbaum für lockeren, leicht feuchten, *kalkarmen* Boden (im Rasen). - **Hemlockstanne** *(Tsúga),* bis 20 m, 'Pendula' bis 3 m, feinnadelig, windgeschützt, halbschattig, luftfeucht, Boden lehmhaltig, humusreich, durchlässig, feucht.

Sommergrüne Nadelgehölze pflanzt man im Frühling. Dazu folgende Auswahl: **Fächerblattbaum** *(Gínkgo bíloba* 'Fastigiata'), 12 m, schmale Pyramide, fremdartige Belaubung, goldgelbe Herbstfärbung. - **Europäische Lärche** *(Lárix decídua),* 25 m, im Herbst goldgelb. - **Japanische Lärche** *(L. káempferi),* 20 m, im Herbst beige, braucht mehr Luft- und Bodenfeuchtigkeit. – **Urwelt-Mammutbaum** *(Metasequóia),* 25 m, im Herbst

bronzegelb. Alle kalkverträglich. - **Sumpfzypresse** *(Taxódium),* 25 m, im Herbst braunrot, geschützte Lage, nasser bis sumpfiger Boden, *kalkarm.*

Wenn Koniferen erkranken

Als Ursachen kommen Bodenverdichtungen (Strukturschäden), Trockenheit, Ernährungsstörungen, Krankheits- und Schädlingsbefall in Frage. Auf schweren Böden sterben bei **Staunässe** Faserwurzeln ab, auf leichten Böden bei **Trockenheit,** wodurch *Altnadeln braun* werden und abfallen. Extremböden sind deshalb zu verbessern. In allen Fällen ist natürlicher Waldboden nachzuahmen. Staunässe sollte durch Dränung und/oder Durchstoßen der Verdichtungsschicht beseitigt werden.

Wo sich Schäden durch *Braunwerden und Abfallen alter Nadeln* nach langanhaltender **Trockenheit** zeigen, hat es dem Boden an Wasser gefehlt. Bei Trockenheit häufig durchdringend wässern 30–40 l/m².

Wenn *jüngste Nadeln braun oder gelb* gescheckt aussehen und schließlich abfallen, liegt **Magnesiummangel** vor. Abhilfe: je Meter Kronenradius $^{1}/_{2}$ kg Kieserit oder 1 kg Bittersalz zwischen Stamm und Kronentraufenrand

Grüne (rechts) und Rote Fichtengallenläuse (links) verursachen durch ihr Saugen gallenartige Wucherungen, die ananas- bzw. erdbeerartig aussehen. Die Verunstaltungen müssen weggeschnitten werden.

ausstreuen und leicht einarbeiten, besonders bei Serbischen Fichten.

Außerdem sind *Stickstoff* und *Phosphat*, je 50 g pro Baum, nützlich. An Handelsdüngern entspricht das 240 g Schwefelsaurem Ammoniak und 300 g Superphosphat. Kali und Kalk sollten zunächst nicht gegeben werden. Die meisten Koniferen lieben *leicht sauren Boden*, um pH 5. – **Gesunde Koniferen** zweimal im Frühling mit je 50 g/m² Azet-Tannen-Dünger versorgen, den man flach einarbeitet und wässert.

An **tierischen Schädlingen** treten **Pflanzenläuse** auf. Sie verursachen *gelbfleckige, verbogene, gekrümmte Nadeln oder Triebe*. Auf den Ausscheidungen der Läuse (Honigtau) siedeln sich schwarze Rußtaupilze an, die die Gehölze unansehnlich machen. Sommertrockenheit führt oft zu erstem Befall. Wiederholte Kontrolle ist wichtig, damit die Schädlinge frühzeitig bekämpft werden können.

Fichtengallenläuse reizen zur Bildung von *Wucherungen, die erdbeerartigen Gallen gleichen*. Bekämpfung Anfang April mit einem Austriebsspritzmittel. Triebunterseiten ebenfalls gut benetzen.

Die **Fichtenröhrenlaus** (Sitkafichtenlaus), die die *Altnadeln* verschiedener Fichten befällt, ist so zeitig wie möglich zu bekämpfen. Die kleinen grünen Läuse fallen durch ihre rotbraunen Knopfaugen und zwei Stielchen am Hinterleib auf. Stellt man sie jetzt fest, am besten mit einer Lupe, so ist mit Promanal 3%ig zu spritzen, im Sommer beispielsweise mit Neudosan 2%ig + Promanal 2–3%ig.

Wollläuse an Kiefern, Douglastannen, Lärchen, beim Auftreten wie vorher bekämpfen.

Wo **Spinnmilben** auftreten (Zuckerhutfichte), zeigen Nadeln orangerote Flecken, besonders an der Basis. Nadeln vertrocknen, bleiben aber noch lange an der Pflanze. Sofort mit einem Spezialmittel oder vor Austrieb mit Promanal 3%ig, nach Austrieb mit Neudosan 2%ig behandeln.

Pilzkrankheiten, besonders bei nassem Wetter, sind vorbeugend zu bekämpfen, spätestens beim ersten Anzeichen der Krankheit. Unter ungünstigen Bedingungen kann **Grauschimmel** den zarten jungen Austrieb befallen, so dass er plötzlich schlaff herabhängt (Abb. 65). Ein geeignetes Gegenmittel ist z.B. Teldor.

Kiefern haben mitunter unter einem Rostpilz, der **Kiefernschütte,** zu leiden. *Während des Austriebs fallen dann die alten, braun verfärbten Nadeln in Massen ab.* Durch Spritzung z.B. mit Antracol, lassen sich weitere Schäden im Sommer verhüten.

Bei Mangelerscheinungen Koniferen-Balsam 1%ig spritzen, eine Anwendung im April, eine zweite im Herbst. Oder: Tannenfluid 0,3%ig (30 ml/10 l Wasser) im April und Mai.

Immergrüne Hecken schützen immer

Einige immergrüne Gehölze lassen sich als Schnitthecken erziehen. Ihnen kommt als *Sicht-, Wind- und Staubschutz* erhöhte Bedeutung zu. Die Anlage ist zwar etwas teurer als die sommergrüner Hecken, ihre Pflege aber leichter, bis auf höhere Wasserversorgung. Man pflanzt im April/Mai oder September/Oktober. Es gibt preiswerte Heckenware ohne Erdballen, meist jüngere Pflanzen, die viel Aufmerksamkeit bis zum Anwachsen brauchen und nur allmählich zur gewünschten Höhe heranwachsen. Wer alsbald eine hohe grüne Wand haben will, muss große Gehölze mit festem Ballen kaufen.

Gern verwendet wird der mittelgrüne **Lebensbaum** (*Thúja*), der je nach Form **hohe bis mittelhohe Hecken** bildet. Er braucht vor allem feuchten

Liguster ist eines der schnittverträglichsten Gehölze und deshalb eine ideale Pflanze für Formschnitthecken. Ligusterhecken werden jedes Jahr im Sommer getrimmt.

Boden. Wüchsig, genügsam, völlig winterhart und schattenverträglich ist die **Eibe** (*Táxus*), neben der dunkelgrünen Art gibt es gelb-grüne Formen, die freundlicher wirken. Geringe Winterhärte besitzt die **Scheinzypresse** (*Chamaecyparis*), die wegen ihres feinschuppigen, frischgrünen, stahlblauen oder gelblichen Kleides etwas Anziehendes hat. Je nach Pflanzenhöhe benötigt man auf den laufenden Meter 2–4 Stück, um bald eine geschlossene Hecke zu bekommen. Außerdem sind interessant: **Berberitze** (*Bérberis gagnepáínii* var. *lanceifólia*), **Liguster** (*Ligústrum vulgáre* 'Atrovirens'), **Gemeine Fichte** (*Pícea ábies*), **Douglasfichte** (*Pseudotsúga menziésii*), **Feuerdorn** (*Pyracántha crenatoserráta*), **Hemlocktanne** (*Tsúga canadénsis*).

Für niedrige Hecken, bis 1 m: Berberitzen (*Bérberis buxifólia* 'Nana' – 50 cm, *B. juliánae, B. stenophylla, B. verruculósa*), Buchsbaum (*Búxus sempervirens*), Heckenkirsche (*Lonícera pileáta* –50 cm), Mahonie (*Mahónia aquifólium*), Zwergkiefer (*Pínus múgo* ssp. *múgo*), Kirschlorbeer (*Prúnus laurocérasus*).

Je nach Ballengröße hebt man einen 30–40 cm tiefen **Graben** aus, lockert die Unterschicht und mischt der Pflanzerde reichlich Rindenhumus bei. Der **Pflanzschnitt** ist verschieden zu handhaben. Immergrüne auf gleiche Höhe, jedoch mäßig zurückschneiden; Wurzelware ohne Erdballen auf halbe Höhe, Seitenwände leicht schräg. Koniferen erfahren zunächst keinen Rückschnitt.

Immergrüne Laubgehölze und ihre Verwendung

Der April ist günstig für die Pflanzung immergrüner Laubgehölze, kurz Immergrüne genannt. Ihr Hauptwert liegt darin, dass sie im Winterhalbjahr unseren Gärten ein grünes Bild geben. Wählt man einige prachtvolle Blüten- und Fruchtgehölze, so kommt ihre Schönheit auch zu anderen Zeiten noch zur Geltung.
Der **Standort** ist sorgfältig auszuwählen. Immergrüne brauchen *Windschutz* und überwiegend *Halbschat-*

ten. Gefährlich wird ihnen im Winter vor allem Prallsonne. Man wählt den Platz deshalb so, dass hohe Sträucher und Bäume als teilweise Schattenspender vorhanden sind. Allen diesen Gehölzen sagt mittelschwerer **Boden** zu, der kalkhaltig (außer Rhododendron, siehe nächstes Kapitel), genügend feucht, humus- und nährstoffreich ist.
Bodenbearbeitung bis 50 cm tief. In die Unterschicht (25–50 cm tief) gehört – besonders für Blütengehölze – eine Start- und Vorratsdüngung in Form von Thomassulfatkali, 75 g/m². In die Oberschicht kommen humusbildende Stoffe, vor allem gesiebter Laubkompost.
Immergrüne Gehölze werden mit Wurzelballen gepflanzt. Mehrere Stunden vorher müssen **Containerpflanzen** gut gegossen werden. **Ballenware** mit Jutetuch oder Drahtkorb stellt man ebenfalls *in Wasser*, soviel Minuten, wie der Ballendurchmesser in Zentimetern misst.
Unmittelbar vor dem Pflanzen hebt

Dickmännchen oder Ysander, Pachysándra ter-minális, *deckt den Boden gut und „verschluckt" viel Falllaub.*

man ein breites, mindestens 30 cm tiefes **Pflanzloch** aus, lockert den Untergrund und verbessert den Oberboden, wie vorher angegeben. (Für die Pflanzung Empfehlungen in vorstehendem Kapitel und im September bei Koniferen beachten.) Folgende Pflanzen eignen sich für normale Böden.
Bodendeckgehölze: Felsenmispel, *Cotoneáster dámmeri,* 10 cm, sonnig bis halbschattig, weiße Blüten, rote Früchte. **Nordische Felsenmispel,** *Cotoneáster dámmeri* 'Skogsholm', 30 cm hoch, starke Ausbreitungskraft, 4–5 Pflanzen je m². **Winterheide,** *Eríca cárnea,* sonnig bis halbschattig. **Kriechspindel,** *Euónymus fortúnei,* 20–50 cm, grün- bis grünweiß-laubig, mehrere Formen, lange Triebe, klettern mit Haftwurzeln an Bäumen bis 5 m hoch. **Efeu,** *Hédera hélix* 'Conglomerata', 15 cm, nicht kletternd, Boden gut deckend, halbschattig, 6/m². **Ysander,** *Pachysándra*

Schnee- oder Winterheide, Eríca cárnea *'Atrorubra', blüht dunkelrot, die Wuchshöhe ist 15–20 cm. Bei der Verwendung im Heidegarten ist zu beachten, dass sie Kalk verträgt.*

terminális, 25 cm, breitet sich durch unterirdische Rhizome aus, die man beim Pflanzen flach in den Boden legt, 9/m², wünscht wenig Kalk, verträgt Schatten unter Bäumen. **Kleines Immergrün,** *Vínca mínor,* 5 cm, wintergrün, blaue Blüten, alle Lagen, 9/m².

Steingartengehölze: Außer den vorgenannten sind noch geeignet: **Berberitze,** *Bérberis candídula,* 50 cm, blüht goldgelb, blauschwarze Früchte, stark bedornt. **Rosmarin-Seidelbast,** *Dáphne cneórum,* 30 cm, karminrosa, duftend, beschattete Plätze. **Strauchveronika,** *Hébe armstróngii,* 30–50 cm hoher Strauch, ziert durch olivgelbe, schuppenförmige Blätter, liebt Sonne.

Unterholz: Hierzu rechnen sich flach über dem Boden ausbreitende Gehölze und höhere, die mit wenig Licht auskommen. **Berberitzen:** *Bérberis gagnepáinii* var. *lanceifólia* (1,50 m), *juliánae* (2 m), *stenophylla* (1 m), *verruculósa* (1 m), Blüten goldgelb, Früchte blauschwarz. **Stechpalme,** *Ílex aquifólium,* 2–5 m, baumartiger Strauch mit bedorntem Blattschmuck und roten Früchten. **Heckenkirsche,** *Lonícera pileáta,* bis 50 cm hoch, breit. **Mahonie,** *Mahónia aquifólium,* 1 m, verträgt Schnitt, Laub bedornt, Blüten gelb, Früchte blauschwarz.

Solitärgehölze zeichnen sich durch schönen Wuchs, hübsches Laub, reichen Blütenflor oder auffallenden Fruchtbehang aus. Außer der **Stechpalme** (siehe oben) kommen in Betracht: **Weidenblättrige Zwergmispel,** *Cotoneáster salicifólius* var. *floccósus,* 2–3 m, Zweige überhängend, weiße Blüten, orangerote Früchte, Sonne bis Halbschatten. **Lorbeerkirsche,** *Prúnus laurocérasus,* 1–2 m je nach Sorte, glänzend grüne Blätter, weiße, aufrechte Blütentrauben, die im Herbst zum Teil nachblühen, und schwarze Früchte. Sonnig bis schattig. **Feuerdorn,** *Pyracántha fortune-*

ana 'Orange Glow', 2–3 m, weiße Blüten, orangeroter Fruchtschmuck, frei von Schorf. Sonnig bis halbschattig. **Golddorn,** *P. rogersiána,* 'Soleil d'Or', goldgelb. **Stranvaesie,** *Photinia davidiána,* gut 2 m, weiße Blüten, lackrote Früchte, bei uns aber nicht ausreichend winterhart, Halbschatten. **Schneeball**-Arten: *Vibúrnum x burkwóódii,* bis 2 m, rosa bis weiß, duftend, und *V. rhytidophyllum,* bis 4 m, lange, runzlige Blätter, rahmweiße Blütendolden, rote bis schwarze Früchte. Erster verträgt mehr Sonne, letzter mehr Schatten.

Böschungsbegrüner überwachsen den Boden undurchdringlich, so dass kaum Unkraut aufkommt und ein Minimum an Pflege ausreicht. Von den vorher beschriebenen Pflanzen sind geeignet: Berberitzen, Felsenmispeln, Winterheide, Kriechspindel, Efeu, Kirschlorbeer, Zwergkoniferen. **Erikagewächse** einschließlich immergrüner *Rhododéndron*-Arten und -Sorten benötigen meist *sauren Humus- bis Moorboden* und werden an-

Inkarho-Alpenrose, Rhododéndron-*Hybr.* 'Erato'. Schönste aller Tiefdunkelblutroten, Mai–Juni, 30–40 cm, kalktolerant, winterhart.

Inkarho-Alpenrose, Rhododéndron wardii 'Brasilia'. Neues Farbenspiel: orange-gelb-rot, Mai–Juni, 30–40 cm. Kalktolerant, winterhart.

schließend behandelt. Zu den **Ausnahmen** gehören **Winterheide,** *Eríca cárnea* (siehe vorher) und das immergrüne Berggehölz **Almenrausch,** *Rhododéndron hirsútum,* 1 m hoch, kalkhaltiger Boden, blüht im Mai/Juni rosenrot. **Vorfrühlingsrhododendron,** *R. x práecox,* schwachsauer bis neutral.

Rhododendron – die artenreichste Gattung der Blütengehölze

Wer in die maßlose Welt der Rhododendren eintauchen möchte, dem sei ein Ausflug in den „Rhododendron-Waldpark von Linswege" (26655 Westerstede) im Ammerland nachdrücklich empfohlen. Auf 65 ha können von Mitte April bis Ende Juni über 100.000 Exemplare in ihrer prächtigen Blüte bewundert werden. Nicht nur hunderte traditioneller und neuer Züchtungen sind entlang der vielen Pfade und Wege zu sehen, sondern auch viele Beispiele für die Pflanzung besonders attraktiver Gruppen. Die überreiche Anlage geht

April

auf Dietrich Hobbie (1899–1985) zurück, der hier vor 60 Jahren mit seinen erfolgreichen Züchtungen begann. Heute präsentiert die große „Hobbie Rhododendron Baumschule" unter der Leitung der Tochter Elisabeth Hobbie zusätzlich auf 4000 m² eine beschilderte Schaugarten-Anlage, um die Auswahl aus der Rhododendron – Vielfalt zu erleichtern.

Kurze Hybrid-Übersicht

Großblumige Hybriden: 1,5–4 m, überwiegend klassische Sorten
Williamsianum-Hybriden: 1,5–2 m, mittelstark wachsend, kugelförmig, dicht belaubt
Repens-Hybriden: 0,6–1,2 m, weltbekannte Hobbie-Züchtungsgruppe, kompakt, für kleinere Gärten, blühwillig, oft früh, robust
Yakushimanum-Hybriden: 0,7–1,5 m, flach wachsende, sonnenverträgliche, kompakte, reichblühende Sorten, dunkelgrüne Belaubung
Wardii-Hybriden: 0,5–1,5m, witterungsbeständige Blüten, kompakter, breiter Wuchs

Die **Blütezeit** der Hybriden beginnt **Mitte April** mit zwei frühen Sorten: 'Praecox', blüht überaus reich in purpurviolettrosa, ist aber wegen ihrer frühen Blüte spätfrostgefährdet. Wichtig: geschützte Lage. Insgesamt winterhart, wird bis 1 m hoch. Die Repens-Hybride 'Satin' blüht anilinrot, später rosarot. Mittelstarker Wuchs, bis 80 cm hoch.
Ende April erfreuen uns einige kissenartig niedrig-dichtwüchsige Sträucher durch enormen Blütenreichtum, wie die Williamsianum-Hybride 'Ondijks Sensation', korallenrosa, 1,5 m hoch und 'Jackwill', zartrosa, 1m hoch sowie die berühmte Repens-Hybride 'Scarlett Wonder' (Hobbie-Züchtung), blutrot, bis 0,5 m hoch.

Im Mai beginnt die größte Pracht überwiegend mit den traditionellen Hybriden, z.B. 'Cunninghams White', Anfang Mai, weiße Blüten, dichter Wuchs (für Hecken geeignet), breit, mittelhoch, kompakt und den Catawbiense-Hybriden, etwa 'Catawbiense Album', **Mitte Mai,** zartlila, 'Roseum Elegans', Ende Mai, purpurrosa, 'Catawbiense Grandiflora', **Mitte Juni,** kräftig, lila, starker Wuchs, sehr empfehlenswert. Feuchte Kühle und Halbschatten fördern das gesunde Aussehen.
Den immer kleiner werdenden Gärten entspricht die Gruppe Yakushimanum. Hervorzuheben: 'Fantasia', **Ende Mai,** weiß mit gelbrötlicher Zeichnung, höchstens 75 cm, und 'Kalinka', Ende Mai, hellrosa, purpurrosa, kompakter, runder Wuchs. Für Steingärten und als Friedhofsbepflanzung ist die Radicans-Hybride 'Radistrotum' zu empfehlen, reichblühend, purpurrot, dunkelgrüne, duftende Blätter, kompakter Wuchs bis 20 cm Höhe, sehr gute Winterharte.

Parallel entfalten die vielen pastellfarbenen **Azaleen-Hybriden** ihre Pracht. Laubabwerfende Mollis-Hybriden und Genter Azaleen, beide 1,5 m hoch sowie die hohen Pontica-Hybriden, 2 m. Als Spitzenzüchtungen setzen sich immer mehr die Knap-Hill-Hybriden durch. Die wohlgeformten und weit geöffneten Blütenstände leuchten deutlich stärker als die anderer Züchtungen. Hinzu kommt ihre intensiv orange Herbstlaubfärbung und ihre unerreichte Winterhärte. Laubabwerfende Azaleen fühlen sich an hellen, mehr sonnigen Plätzen wohl.
Halbimmergrüne Japan-Rhododendren und immergrüne Aronense-Hybriden blühen überreich in verschiedenen Farben und werden bis 50 cm hoch.

Kalktolerante Weltneuheit

Aus mehr als 1,8 Millionen Rhododendron-Sämlingen wurden nach fast 20-jähriger Forschungs- und Züchtungsarbeit in der „Bundesforschungsanstalt für gartenbauliche Zierpflanzenzüchtungen" in Ahrensburg Veredlungsunterlagen mit völlig neuen Eigenschaften entwickelt.
Diese **INKARHO®** Rhododendren wachsen auf Böden mit einem pH-Wert von 5,5–6,5, also um 1,5–2,0 pH-Stufen höher als bisher nötig. Auch wenn der Wert bis 8,0 ansteigt, kann unter geringer Beimischung von Hornspänen oder guter Pflanzerde das sichere Anwachsen gut gelingen. Angaben über Dauerhaftigkeit und Resistenz liegen bisher erst vereinzelt vor. Sie können – auch das ist neu – ganzjährig gepflanzt werden, solange der Boden offen und frostfrei ist. Auf der BUGA Potsdam 2001 wurde 'Preußens Gloria' aus der Taufe gehoben, blüht ab Mai weiß mit gelber Mitte. Wuchs kugelig, kompakt. Böden bis pH 7,5 verträglich. Weitere Angaben stehen auf den INKARHO®-Etiketten. Die Sortenvielfalt ist inzwischen groß. Viele Hybridarten sind auf der neuen Unterlage zu erhalten. Spezialisiert sind z.B. die Vorwerk Baumschule in Rastede oder die Schlüter Versandgärtnerei in Bokholt-Hanredder.

Begleitpflanzen für Rhododendron

Rhododendren wünschen ausgewählten Boden und lichten Schatten, den man durch Bäume und Sträucher erreicht, die mehr oder weniger sauren Boden brauchen. Neuere Untersuchungen zeigen, dass **lockerer Boden** für gesundes Wachstum noch wichtiger als der ph-Wert ist. (Institut für angewandte Genetik, Herrenhausen.) Je größer die Bodenfläche für

Rhododéndron yakushimánum 'Fantastica', niedrige, japanische Alpenrose mit großen, rosaroten Blüten. Saum rot, innen gelbrosa, völlig winterhart, braucht sauren Humusboden.

April

Rhododendren ist, desto besser gedeihen sie. Niedrige Gehölze und krautige ausdauernde Pflanzen können benachbart werden.

Geeignete Schattenspender, die tief wurzeln: Eibe, Hemlockstanne, Kiefer, Lebensbaum, Omorikafichte, Blumen-Hartriegel, Essigbaum, Fächerahorn, Felsenbirne, Judasbaum, Katsurabaum, Perückenstrauch, Zaubernuss; für größere Gärten: Amerikanische Rot-Eiche, Stiel-Eiche, Tulpenbaum, Waldkiefer, Zeder *(Cedrus deodára)* u. a. Der Rote Schlitz-Ahorn *Acer palmatum* 'Ornatum' gehört zu den feinsten Ziergehölzen. Im Herbst leuchtet die Farbe noch intensiver. Hinter dem Blattschmuck bleibt die Blüte im Juni zurück. Der kleine Baum wächst schwach, verträgt Rhododendronboden, Halbschatten, braucht geschützten Stand und erfordert kaum Schnitt.

Hecken: Eibe, Feld-Ahorn, Hainbuche, Lebensbaum, Schlitzahorn.

Blütenstauden: *Anémone japónica,* *Arúncus dioícus, Astílbe simplicifólia, Campánula lactiflóra, Cimicífuga, Dicéntra formósa, Hósta, Népeta x faassénii, Prímula japónica. Rodgésia, Sálvia nemorósa* 'Ostfriesland', *Verbáscum longifólium* u. a.

Lilien: *Lílium*-Orient-Hybriden, Goldband- und Pracht-Lilien, auch andere.

Farne: Frauenhaarfarn, Rippenfarn, Schildfarn, Steinfeder, Wurmfarn.

Bodendecker: Haselwurz, Heidekraut, Dickmännchen, kanadischer Hartriegel, Glanzheide, Scheinbeere, Sauerklee, Preiselbeere. (Siehe auch „Pflanzenschönheiten auf kalkarmem Boden", November.)

Gesunde und kranke Rhododendren richtig pflegen

Zusagend für herkömmliche Humuswurzler ist saurer Humus- bis Moorboden (pH-Wert 4–5). Am anspruchsvollsten sind immergrüne, großblumige Sorten. Je sonniger sie stehen, des-

to mehr Humus und Feuchtigkeit braucht der Boden.

Kalküberschuss erschwert die Eisenaufnahme, so dass sich obere Blätter bei grünbleibenden Adern *gelblich verfärben* (Kalkchlorose). Über Heilung siehe im März. Als Spezialdünger zur Säuerung des Bodens Aluminiumsulfat ausstreuen (3-mal jährlich 150 g/m²) und gut einwässern. Erfahrungsgemäß lässt sich der Anstieg des pH-Wertes vermeiden, wenn jährlich 3–4 cm hoch Edeltorf aufgebracht wird. Wer ungern Torf verwendet, kann als Ersatz auch spezielle Moorbeeterde (weniger Torf enthalten und sehr strukturstabil), im Garten anfallendes, abgelagertes Holzschredder-Material verwenden oder/und ein Holzfasersubstrat aus der Holz verarbeitenden Industrie.

Um den pH-Wert niedrig zu halten, bzw. zu senken, kann auch der Bodenhilfsstoff Rhodovital ausgebracht werden. Vor allem in Gegenden mit ungünstigen Bodenverhältnissen für Rhododendren und Azaleen erreicht man in relativ kurzer Zeit ein wesentlich grüneres Laub und einen üppigeren Blütenansatz.

Zur Nährstoffversorgung eignet sich am besten ein sauer reagierender Dünger. Für humusschwache Böden ist organisch zu düngen, z. B. mit Rhododendron-Azet. Im Frühjahr und Sommer verträgt jeder Strauch 6 Esslöffel, was 75 g/m² entspricht. Wenn reichlich organisches Material den Boden bedeckt, wie Monatskompost oder Gehäckseltes, kann auch mineralisch gedüngt werden, z. B. mit dem Spezial-Dünger Alkrisal. Wegen der Salzempfindlichkeit sind hier drei Düngergaben von jeweils 30 g im April, Mai und Juni ratsam. Steht ein üblicher Volldünger zur Verfügung, dann sollte die zweite Düngergabe (im Mai) mit 20–30 g/m² Ammonnitrat oder schwefelsaurem Ammoniak erfolgen. Anzustreben ist ein Nährstoffverhältnis von Stickstoff zu Phosphat zu Kali wie 3:1–1,5:2. Dünger nicht in die Sträucher, sondern ringsherum auf die Bodendecke streuen. Kalkholde IN-KARHO®-Sträucher kann man mit Fertofit-Garten-Dünger versorgen. Boden feucht halten.

Nur im August und September wirkt gewisse Trockenheit günstig auf den Blütenknospenansatz. Hartes Leitungswasser bei Erfordernis *entkalken*, 3–4 kg Düngetorf auf 100 Liter. Nach 12 Stunden nimmt man den Torf heraus und hat weiches, kalkarmes **Torfwasser.**

In nassen Sommern werden geschwächte oder zu schattig stehende Sträucher manchmal von **Schadpilzen** befallen. Auf Blättern treten bräunliche Flecken auf. Blüten- und Blattknospen können geschädigt werden, in manchen Fällen geht die Pflanze ein. Verschiedene Pilze (*Rost,*

Blauflecken, Knospenfäule, Zweigsterben u. a.) lassen sich durch Spritzungen in 14-tägigen Abständen ab Ende April mit Antracol, einem Maneb-, Zineb- oder Kupfer-Zineb-Mittel vorbeugend bekämpfen. Blattunterseiten gut benetzen. Das **Knospensterben** führt dazu, dass die geschlossenen Blütenknospen braun werden. Auf den abgestorbenen Knospen bilden sich kleine säulenförmige Fruchtkörper (Koremien) des Pilzes. Befallene Knospen aus den Sträuchern herausschneiden und vernichten. Verantwortlich für die Knospeninfektion ist die *Rhododendronzikade.* Ihre Bekämpfung sollte im Juli erfolgen, entweder durch Aufhängen von Gelbleimtafeln oder durch 2–3 Spritzungen im Abstand von 10 Tagen mit Metasystox R.

Gegen *Knospenfäule* ist zur Zeit kein Mittel zugelassen. Wo erlaubt, befallene Teile wegschneiden und verbrennen! Absterbende Sträucher lassen *Blätter herabhängen* und verfärben sie. Ähnliche Erscheinung im Winter bedeutet Schutz gegen Verdunstung.

Tierische Schädlinge. An sonnigen Stellen saugen *Rhododendron-Hautwanzen* und ihre Larven an der Blattunterseite, so dass die Blätter oberseits gelblich gefleckt werden und schließlich abfallen. Bekämpfung Mitte Mai bis Ende Juni mit dem nützlingsschonenden Neudosan 2%ig. Mittel helfen auch gegen den flugunfähigen *Dickmaulrüssler*, der Blätter vom **Rand** her anfrisst. Seine *Larven* fügen den Wurzeln oft schweren Schaden zu; das bleibt lange verborgen und führt zum Eingehen der Sträucher. Man kommt den unterirdischen Schädlingen am besten mit *parasitären Nematoden* bei, wenn der Boden mindestens 13 °C hat. Käfer im Frühsommer nachts absammeln.

Zur neuen Rasenmäher Generation gehört der (Akku-)Lüftermäher Brill Hattrick 36 EH. Eine zusätzliche Federhaken-Walze hilft Moos und Rasenfilz zu entfernen.

Schnittsaison für den Rasen beginnt

Wer auf dichte, unkrautarme Rasenflächen Wert legt, muss mit dem Mähen im April beginnen, damit die Gräser schon früh in die Breite wachsen. Wo *Zwiebelblüher* stehen, sollte das erste Mähen beim Vergilben der Blätter erfolgen.

Behördlicherseits sind bestimmte **Ruhezeiten** verordnet, in denen Rasenmähen meistens nicht erlaubt ist, und zwar an Sonn- und Feiertagen, an Werktagen in der Mittagszeit (13 bis 15 Uhr), vor 7 und nach 19 Uhr; bei leisen Rasenmähern allgemein ab 20 Uhr. **Schnitthöhe** hängt von Beschaffenheit und Aufgabe des Rasens ab: Luxus- oder Zierrasen (z. B. im Vorgarten) auf 2,5–3 cm, Gebrauchs- oder Strapazierrasen (Spielrasen) auf 3–4 cm. Der Schnitt ist fällig, wenn Grasspitzen das Doppelte der Schnitthöhe erreicht haben. Zu hoch gewordener Rasen sollte in Etappen zurückgenommen werden. Wird zu tief geschnitten, stockt das Wachstum, so dass Unkräuter die Oberhand gewinnen. Zögert man den Schnitt hinaus, so dass Gräser zu lang werden, sterben empfindliche Untergräser ab; der Boden wird sichtbar. Im April/Mai Gebrauchsrasen etwa alle 8 Tage, Zierrasen öfter schneiden.

Nach Möglichkeit schneidet man *bei bedecktem Himmel und abgetrocknetem Rasen.* Nasses Gras erschwert Mäharbeit, klebt, verstopft Rasenmäher und Auffangkorb. Als praktisch hat sich erwiesen, zunächst die Wendeflächen für den Mäher zu schneiden. Dies geschieht in je zwei Bahnen an zwei gegenüberliegenden Rändern. Man beginnt (Abb. 3) bei A, schneidet Streifen a + b, nun c, dann d + e. Danach folgt die Innenfläche in parallelen Streifen (f, g usw.). Bei C wird (in diesem Beispiel) die Fläche

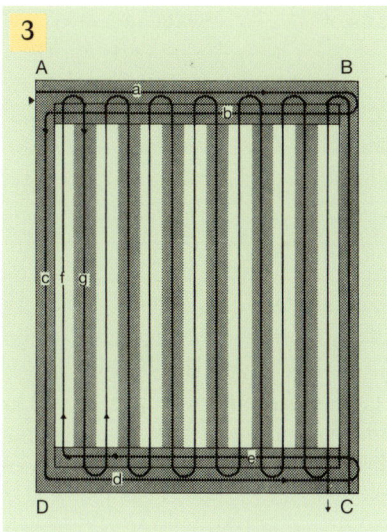

Bahnabfolge beim Rasenschneiden.

wieder verlassen. Beginnt man jedesmal an einer anderen Ecke – bei B, C, D und dann wieder bei A usw. –, so werden die Gräser gut erfasst, so dass Nachschnitte zu den Ausnahmen gehören.

Gefahren aus dem Weg gehen: **Gebrauchsanweisung** eingehend studieren. Rasen muss zum Mähen frei von *Steinen* und sonstigen festen Körpern sein. Zum Mähen *festes Schuhzeug* mit flachem, breitem Absatz anziehen, um Unglücksfälle auszuschließen und den Rasen nicht zu beschädigen. *Kabel* nicht überfahren. Elektro-Mäher niemals *Kindern* und Jugendlichen unter 16 Jahren überlassen. Bei Arbeiten am Mäher: Motor abstellen, Kabel herausziehen, Nachrotieren des Motors beachten!

Rasenkanten, die die Mähmaschine nicht erfasst, am Schluss mit einer *Grasschere* usw. nachschneiden. Für einige Rasenmäher gibt es Ansatzgeräte, die Rasenkanten mitschneiden. Da Rasenkanten viel Arbeit verursachen, hilft ein schmaler Plattenpfad, der an Wegrändern, Rabatten und Mauern dem Rasenmäher er-

möglicht, das Gras sauber wegzuschneiden. Hohe Rasenkanten bearbeitet man nach dem Schnitt mit einem *Rasenkantenstecher* (Abb. Seite 213, D).

Abgemähtes Gras sauber abkehren. Vorteilhaft ist ein Rasenmäher mit Grasfangbehälter oder eine Rasenkehrmaschine.

Grasabfall kann man zur *Bodenbedeckung* und als *Kompostmaterial* verwenden, stets in Schichten von wenigen Zentimetern Stärke unter Zusatz eines Kompostierungsmittels (biorott), Herbstlaub, geschredderte Zweige und feuchtem Gartenboden, damit die Grünabfälle nicht faulen. Man macht den Haufen nicht höher als 60 cm und bedeckt ihn mit schwarzer Loch- oder Schlitzfolie. Nach 2–3 Monaten steht Frischkompost zur Verfügung.

Umweltfreundliche, leise Rasenmäher bevorzugen

Beim Kauf achte man darauf, dass das Gerät mit einem *Gütesiegel gegen Lärm* versehen ist. Unterschieden werden: Messerwalzen- oder Spindelmäher und Sichelmäher.

Spindelmäher liefern den feinsten Schnitt. Je mehr Messer und je kleiner der Schneidzylinder, desto leistungsfähiger ist das Gerät. Nach etwa 100 Arbeitsstunden sollten die Messer nachgeschliffen werden. – *Handrasenmäher* sind für kleine Flächen. Eine Abdeckscheibe über der Messerwalze schützt Sträucher und Blumen. – *Elektro- und Akkumäher* gestatten den Einsatz auf größeren Flächen.

Sichelmäher lohnen sich auf mittleren bis großen Flächen bei Gebrauchsrasen. Bei preiswerter **Ausführung** bewegt der Motor nur den waagerecht rotierenden Messerbalken. Geräte mit *Rad- und Messerantrieb* sind teurer und auf ebenen Flächen ebenso geeignet wie an Hängen. Messer lassen sich leicht auswechseln und schärfen. Bequem ist ein Gerät mit Grasfangkorb. Auf steinhaltigem Boden bannt ein *Sicherheitsmesser aus Kunststoff* die Gefahr von Verletzungen. Antrieb durch Benzin- oder Elektromotor.

Zwei- oder Viertaktmotoren sind leistungsfähig, teils wenig umweltfreundlich. Billigste Geräte verursachen nicht selten Lärm. Bessere Benzinmotoren sind mit einem verfeinerten Auspuff, einer schalldämpfenden Motorabdeckung und einer Regelautomatik für die Drehzahlbegrenzung ausgestattet und ermöglichen bei mäßig hoher Drehzahl leises Mähen. Nach 30–40 Arbeitsstunden empfiehlt es sich die Zündkerzen zu wechseln, um leichtes Anspringen zu gewährleisten.

Akku-Rasenmäher ohne Kabel

Auch wer bisher sein Kabel beim Mähen noch nicht zerfetzt hat, kennt die Plage, stets darauf achten zu müssen. Das kann nun ein Ende haben; denn es gibt (laut Stiftung Warentest 5,97) gute Geräte mit dem die Rasenpflege deutlich leichter geworden ist. Der Wolf 6.42 AC hat bei einer Schnittbreite von 40 cm sehr gute Schneide- und Fangeigenschaften. Die getestete Akkuleistung beträgt bei normalem Schnitt (von 8 auf 4 cm) knapp 200 m². Ein Wechselakku verdoppelt die Reichweite.

Akkumäher sind auch zu empfehlen, weil sie leiser als Netzgeräte arbeiten.

Mähen, Mulchen, Lüften

Zur neueren Rasenmäher-Generation zählen auch die **Mulchmäher** mit dem Vorteil, dass sie das geschnittene Gras so verteilen, dass es als natürlicher Dünger auf dem Boden liegen bleiben kann. Das geschnittene Gras bereitet also keine Probleme mehr.

Eine Nachsaat im Rasen ist angebracht, wenn sich Kahlstellen bilden und breitblättrige Kräuter breit machen.

Mulchen funktioniert jedoch nur, wenn die Grasschnitte so kurz sind, dass sie wirklich zwischen die Halme auf den Boden fallen. Dies klappt (nach Stiftung Warentest 3, 96) nur bei den beiden Benzin-Modellen Roth Toro 438 sowie bei dem Sabo-Mulcher 43 S 4.

Gute Erfolge für ausgewogenes Rasenwachstum sind mit neuartigen **Lüftermähern** zu errreichen. Durch eine zuschaltbare Walze mit 34 Federhaken helfen sie Moos und Rasenfilz wirkungsvoll zu entfernen. Ein Lüftereffekt stellt sich ein, der zwar nicht mit dem Vertikutieren vergleichbar ist, weil das Ziehen von Längsrillen (Dränageeffekt) und das Durchtrennen von flach wurzelnden quer wachsenden Unkräutern nicht so optimal bewirkt werden können. Wer im Frühjahr und Herbst einmal vertikutiert, erreicht dann mit dem kontinuierlichen lüftenden Mähen wohl den optimalen Erfolg. Einzig empfehlenswerte Modelle (Benzin wie Elektro) sind Bill Hattrick BH 36 oder BH 40, lieferbar auch mit besonders großem Fangkorb (64 Liter). Der Elektromäher hat auch den Vorteil, mit leistungsfähigem Akku zu arbeiten.

Rasen wird geflickt

Haben sich Lücken bis Ende April nicht wieder geschlossen, muss man Fehlstellen „flicken", durch Nachsaat oder Rasensoden, sonst breiten sich Unkräuter aus.

Vor dem **Nachsäen** Lücken aufrauen oder Boden 10 cm tief ausheben und mit einer Mischung aus Sand, gesiebter Komposterde, Mutterboden und etwa 50 g/m² Mannadur füllen. Fest antreten oder anwalzen. Man sät die gleiche Rasenmischung aus, kratzt den Samen leicht ein oder streut Komposterde darüber. Danach festtreten und täglich 2–5-mal überbrausen.

Schneller kommt man zu einer geschlossenen Rasenfläche, wenn man von einem Reservestück etwa 30 mal 30 cm große **Soden** nehmen kann. Man legt sie auf die Kahlstellen, umsticht die Soden, hebt alten Boden aus, frischt ihn etwas auf und fügt die Soden ein, wobei man die Ränder zuerst festtritt. Durchdringend wässern!

Rasen-Erneuerung (-Regenerierung)

Schütteres Gras, Veralgung und Moos, Kahlstellen und Grasbüschel sind sichere Anzeichen für eine erneuerungsbedürftige Rasenfläche. Umzugraben braucht man heute nicht mehr. Der alte Rasen wird so tief wie möglich gemäht, gesäubert, mit einem Vertikutiergerät (ausleihbar) intensiv bearbeitet und nochmals abgeharkt. Schwerer Boden ist anschließend zu sanden, 1 cm hoch, damit er einen zufrieden stellenden Rasen hervorbringt. Als „Rasensand" eignet sich z. B. eine Mischung aus Komposterde oder SanguanoMV und scharfem Sand im Verhältnis 1:1. Leichtere Böden erhalten besser Komposterde und Dünger gemischt. Nach dem Ausstreuen wird das Substrat so gleichmäßig wie möglich mit der Krume vermischt, wofür sich ein Stahldrahtbesen oder ein Gartenwiesel gut eignet. (Über Rasenmischungen und Einsaat siehe an anderer Stelle.) Auf die eingeebnete, bei lockerem Boden schwach zu walzende Fläche nimmt man die Aussaat vor. Das Saatgut wird 2–3 cm tief eingearbeitet, etwas angewalzt und gleichmäßig feucht, aber nicht nass gehalten.

Rasendüngung – aber wann?

Auf diese Frage hat die „Rasengesellschaft" eine klare Antwort gegeben: Nicht vor Ende Mai/Anfang Juni. Dieser Termin, aus Tests hervorgegangen, hebt sich von anderen Empfehlungen stark ab, die manchmal schon bei Winterausgang zur Rasendüngung raten. Im Frühjahr haben die Rasengräser nach der winterlichen Ruhe eine enorme Wachstumskraft aus eingelagerten Reservestoffen. Diese reichen für ein flottes Wachstum bis in den Juni hinein. Wird nun noch frühzeitig zusätzlich gedüngt, fördert das den Wuchs unnötig stark und zwingt seinen Besitzer zu mehr Schnittarbeit, ohne dass die Rasenqualität verbessert würde. Der Rasen kommt demnach nicht zu kurz, wenn er frühestens Ende Mai/Anfang Juni gedüngt wird. Dann sind zusätzliche Nährstoffe erwünscht, so dass - bei richtiger Düngerwahl - nichts ungenutzt versickern kann. Aus Umweltgründen wird heute von Fachkreisen gefordert, nur spezielle Rasendünger zu verwenden, die den Stickstoff nicht zu rasch abgeben; denn in diesem Fall ist Auswaschung die Regel. Gute Rasendünger wirken langzeitlich und enthalten einen Nitrifikationshemmer, der den Stickstoff bei Bedarf freisetzt.

Bepflanzung von Miniaturgärten

Die Pflanzung und Pflege alpiner Kleinstauden und zwergiger Gehölze in Gefäßen aus Stein, Ton, Beton oder Kunststoff ist ein weitverbreitetes Hobby. Selbst Tuffsteine können in ihren Höhlungen reizvolle Pflanzen aufnehmen und zum Wachsen sowie Blühen bringen. Solche Miniaturgärten haben vor allem für Terrasse, Dachgarten und Balkon einen großen Reiz. Vor dem Einfüllen geeigneter Erde versieht man das untere Drittel des Behälters mit einer Dränageschicht aus grobem Kies, Koksschlacke, Splitt, Kiesel oder Styromull und breitet darüber eine Lage groben Düngetorfs aus. Wenn möglich, versieht man die tiefste Stelle des Pflanzgefäßes mit einem Wasserabzugsloch und bedeckt größere Öffnungen mit einem siebartigen Stück Blech.

Obwohl die Ansprüche an den Boden verschieden sind, genügt für die meisten Pflanzen eine Mischung aus reifer Kompost- oder Rasenerde, etwas mürbem Lehm, Sand und Steinsplitt. Kalkliebende Pflanzen brauchen einen Zuschlag von Kalkgrus. Kalkfeindliche Pflanzen bevorzugen eine Mischung aus Heideerde, kalkarmer Lauberde, scharfem Sand, etwas Lehm und Granitgrus.

Neben Stauden und Halbsträuchern (siehe unten) lassen sich Schneeglöckchen, Krokusse, Wildnarzissen

Das Düngen von Hand im Rasen erfordert großes Geschick und einen scharfen Blick. Ein Ausgleich mit einem Stahldrahtbesen ist immer nötig, damit der Wuchs gleichmäßig kommt.

und -tulpen, Freilandalpenveilchen, Zwiebeliris und andere Zwiebelblüher verwenden. Einzelne Liliputaner aus dem Reich der Koniferen, Rhododendren, Rosen, Ginster, Schleifenblume usw. dürfen nicht fehlen. Hier gibt es ein weites Betätigungsfeld.

Von den *Steingartenstauden und -halbsträuchern* für sonnige Plätze sind folgende schwachwachsende Pflanzen besonders geeignet. Die meisten Arten wünschen guten Boden, solche mit 1 Kreuz (+) vertragen auch kargen Boden, mit 2 Kreuzen (++) auch

sandig-humosen Boden, die mit 1 Stern (*) nur kargen Boden, mit 2 Sternen (**) nur sandighumosen Boden und solche mit 3 Sternen die letzten beiden Bodenarten.
Alyssum montánum⁺, Anáphalis triplinérvis⁺, Andrósace⁺⁺, Árabis billardierii,

Zusätzliche Anmerkungen

Clematis-Mehltau, oftmals an windgeschützten Wänden bei warmer, luftfeuchter Witterung, lässt sich z. B. mit Bio-Blatt-Mehltaumittel niederhalten, wenn die Behandlung kurz vor Austrieb beginnt. Weitere Spritzungen bei Mehltauwetter alle 2, sonst alle 3 Wochen. Ungeschnittene Pflanzen werden leichter befallen als geschnittene.

Nadelholz-Hecken aus Lebensbaum, Eibe, Douglasie, Fichte, Scheinzypresse, Kiefer usw. in strenger Form werden im Frühling vor dem Austrieb geschnitten. Ein Schnitt im Jahr genügt meist. Auch ein stärkerer Rückschnitt, von Zeit zu Zeit, wird im April vertragen. Der schrägwandige (konische) Schnitt entspricht dem natürlichen Wuchs und sorgt für bessere Belichtung der unteren Partien. Trübes, kühles Wetter ist am besten geeignet. Der Mitteltrieb bei Douglasie und Fichte darf erst eingekürzt werden, wenn die Hecke ihre vorgesehene Höhe überschritten hat.

Saatzeit für Rasen kann Anfang April beginnen, in weniger günstigen Lagen nach Mitte des Monats. Wenn der Boden im Herbst vorbereitet wurde, erfolgt die weitere Bearbeitung nur ganz flach, um die Winterfeuchtigkeit weitgehend zu erhalten. Gerät das junge Gras vorübergehend in eine Frostperiode, so besteht meist keine Gefahr. Ist jedoch noch mit starker Verunkrautung zu rechnen, kann die Aussaat bis Ende Mai verschoben werden.

Abgetretenes Gras braucht es am Sitzplatz, unter der Schaukel, am Schwimmbecken usw. nicht zu geben. Schutz bietet eine Matte (point 15) aus grünem Kunststoff in Gitterform. Man kann sie vor der Einsaat oder nach einem kurzen Schnitt auslegen. Das Gras wächst hindurch, so dass von der Matte schon bald nichts mehr zu sehen ist.

Rasenunkräuter können chemisch noch nicht bekämpft werden (zu kalt). Man hat die Möglichkeit, sie tief auszustechen oder mit SpezialKalkstickstoff anzugehen. *Löwenzahn* und *Wegerich* sterben ab, wenn man ¹/₂ Teelöffel Kalkstickstoff direkt ins Herz der Pflanzen streut. Eine Flächenbehandlung gegen Moos, *jüngere Gänseblümchen* und *Ehrenpreis* ist mit 30 g/m² möglich, doch muss man sehr exakt streuen.

Einjährige Ziergräser kann man im April/Mai direkt ins Freiland säen, breitwürfig in Tuffs (Sommerblumenbeete, Staudenrabatte), in Reihen mit 30 cm Abstand oder als Einfassung. Nach dem Auflaufen auf 5–10 cm verziehen. Sonniger Stand! Eine Mischung oder folgende Einzelgräser werden empfohlen: Zittergras *(Bríza)*, Straußgras *(Agróstis)*, Sammetgras *(Lagúrus)*, Silbergras *(Lamárckia)*, Lampenputzergras *(Pennisétum compréssum)*, Mähnengerste *(Hórdeum jubátum)*. Für Trockensträuße im Sommer nach der Blüte schneiden, im Schatten langsam trocknen.

Geschrumpfte Dahlienknollen im Keller in nassen Topf setzen, damit sie wieder prall werden. Vorgetriebene Knollen erst nach Mitte Mai pflanzen.

Herbstkrokus und Herbstzeitlose, die ohne Laubblätter blühen, entwickeln im Frühling ihr Laub, das geschont werden muss. Vergilben durch Vorpflanzen von Schleierkraut verdecken.

Der junge Austrieb mancher Stauden ist im April und Mai durch Frost mitunter gefährdet und kann durch Koniferenreisig geschützt werden. Gedacht ist an: Tränendes Herz, Madonnen- und Königs-Lilien, Steppenkerze, Federmohn, Schaublatt, aber auch Japan-Anemone, Astilben, Funkie, Kaukasusvergissmeinnicht, Rittersporn, Silberkerze und einige andere.

Winterharter Zierspargel. Freunde für Schnittblumengrün sollten sich um *Aspáragus officinális* var. *pseudoscáber* bemühen. Die Staude liefert im Sommer reichlich Spargelgrün das sich kaum von „Sprengeri" unterscheidet: Nach etwa 5 Jahren kann geteilt werden.

Samenkapseln an Kleinzwiebelblumen nicht entfernen, da sich diese Pflanzen durch Brutzwiebeln und Samen vermehren können und reizende Blütenteppiche bilden. Gartenkrokusse, Tulpen, Narzissen darf man nicht aussamen lassen.

Ziergehölze aus Ablegern. Nach der Blüte oder vor dem Austrieb lassen sich so Scheinhasel, Forsythie, Zier-Johannisbeere, Zwergmispel u. a. durch *Ablegen* einjähriger Triebe vermehren. **Absenker** sind günstig bei: Hortensie, Mahonie, Schneeball usw. Blätter an Stellen entfernen, die in den Boden kommen. (Siehe Abb. 4, S. 142.)

Hochalpine Pflanzen in Steintrögen, Tuffsteinen usw. kommen nicht mit torfreicher Industrie-Erde aus, sondern sollten in ein Gemisch aus Düngetorf (45%), Bimskies (45%) und Vermiculit (10%) plus 30–40 g Plantosan je 10 Liter Substrat gepflanzt werden. Selbst schwierige Pflanzen wachsen dann willig.

Arméria caespitósa⁺⁺, Aspérula níti-
da⁂, Áster alpínus, Campánula⁺⁺,
auch halbschattig, Cerástium colúm-
nae⁺, Drába⁺⁺, Géum, Helichrysum mil-
fórdiae, Íris (Zwiebel-)⁺⁺, Papáver alpí-
num⁺⁺, Paronychia⁺⁺, Petrorhágia (= Tú-
nica) saxífraga⁺, Potentílla nítida, Prímula aurícula⁑, halbschattig, Raóú-
lia hóókeri (austrális)⁂, Saponária⁺,
Sédum anacámpseros u. a.⁺, Sempervívum arachnoideum⁺, Sisyrínchium bra-
chypus⁺⁺, Thymus serpyllum⁺, Verónica
prostráta, spicáta, surculósa.

Kalkliebend: Acantholímon glumá-
ceum⁂, Achilléa tomentósa⁺, Aëthio-
néma grandiflórum⁺⁺⁺, Ánthemis bie-
bersteiniána⁂, Aubriéta 'Tauricola',
Diánthus gratianopolitánus, subacáú-
lis, Edraiánthus⁂, Érinus alpínus,
auch halbschattig, Gentiána acáúlis,
Globulária++, Gypsóphila répens⁺, Heliánthemum macedonicum, Hutchínsia
auerswáldii⁺⁺, feucht, Théris saxátilis⁺⁺,
Leontopódium⁺⁺.

Im Obstgarten

Pflanzenschutz vor und nach der Blüte

Um zu gesundem Obst zu kommen, ist
ohne vorbeugende Bekämpfung von
Obstschorf, Apfelmehltau und anderen Pilzkrankheiten vor und nach der
Blüte oftmals nicht auszukommen.
Gleichzeitig sind saugende und beißende Insekten zu vernichten. Sofort
nach der Blüte ist eine Spritzung gegen gefährliche Sägewespen an bestimmten Apfel-, Birn- und Pflaumenbäumen unaufschiebbar.

**Gegen Schadpilze. Gegen Schorf
und Echten Mehltau** bei feuchtem
Frühjahr bereits einmal vor der Blüte
spritzen, und zwar mit *Antracol WG*,
25 ml/10 Ltr. Wasser (Wartezeit 28 Tage), evtl. mit Zusatz von *Netz-Schwe-
fel (it)*; 0,7 % (Wartezeit 7 Tage). Ab Blü-

*Aubrieta ist eine kalkliebende Steingartenstaude, die sich mit wenig Platz zufrieden gibt und auch zur
Bepflanzung von Miniaturgärten geeignet ist.*

te *Baycor-Spritzpulver*, 1 Beutel/5 Ltr.
(Wartezeit 14 Tage), mehrmals bis
Walnuss-Stadium anwenden. Gegen
Birnengitterrost *Baycor*, 15 g/10 Ltr.,
und *Antracol* je eine Spritzung vor,
während und nach der Blüte. **Schrotschusskrankheit** an Steinobst bekämpft man mit *Antracol*, 25 ml/
10 Ltr., nach Austrieb und 14 Tage später nochmals. **Spitzendürre** an 'Schattenmorelle' mit *Baycor*, 3 Beutel/5 Ltr.,
bekämpfen: Vor Öffnen der Blüten
(Ballonstadium), bei 10% geöffneter
Blüten und bei Vollblüte. **Taschenkrankheit** an Pflaumen bekämpft
man mit *Baycor*, 3 Beutel/5 Ltr., oder
mit *Antracol*: Beim Heben der Knos-

penschuppen, bei Austriebs- und bei
Blühbeginn. **Kräuselkrankheit** an
Pfirsich und Nektarine mit *Euparen*,
1 Beutel/7 Ltr., bekämpfen: Bei Knos-
penschwellen, Beginn der Knospenöff-
nung, in die Blüte. **Lagerkrankheiten**,
zur Zeit kein Mittel zugelassen. Einmal zur Blüte.

Gegen Schadinsekten geeignetes
Insektizid zusetzen. Schäden durch
Knospen- und Blattfraß kommen
im Frühling auf das Konto von Rau-
pen des Frostspanners, Goldafters,
Schwammspinners und anderer **bei-
ßender Schädlinge,** zur Zeit kein
Mittel zugelassen. Wo gleichzeitig
Sägewespen und saugende Schädlin-

ge wie Apfelblattsauger, Spinnmilben, Blatt- und Blutläuse auftreten, wird man hiermit ebenfalls Erfolg haben. Wartezeit 7 Tage.

Sind nur **saugende Insekten** oder **Sägewespen** zu bekämpfen, wende man Neudosan (2%) oder Spruzit-flüssig (0,1%) an.

Wenn Äpfel frühzeitig „vermaden" (weiße Afterraupe) und Pflaumen im Juni in Massen abfallen, so ist das Fruchtinnere von den weißen Larven der **Sägewespen** zerfressen. Gefährdete Sorten sofort *nach Abfall der Blütenblätter* mit Metasystox R sp. (Wartezeit 28 Tage) spritzen, und zwar von unten in die Krone hinein.

Frostgefahr um die Zeit der Baumblüte

Geschlossene Knospen überstehen jetzt etwa minus 4 °C. In voller Blüte werden minus 2 °C vertragen, unmittelbar danach minus 1 °C, beim Apfel minus 2 °C.

Ein blühender Apfelspindelbusch ist bis 1,5 m Höhe in Bodensenkungen und eingeschlossenen Gärten frostgefährdet.

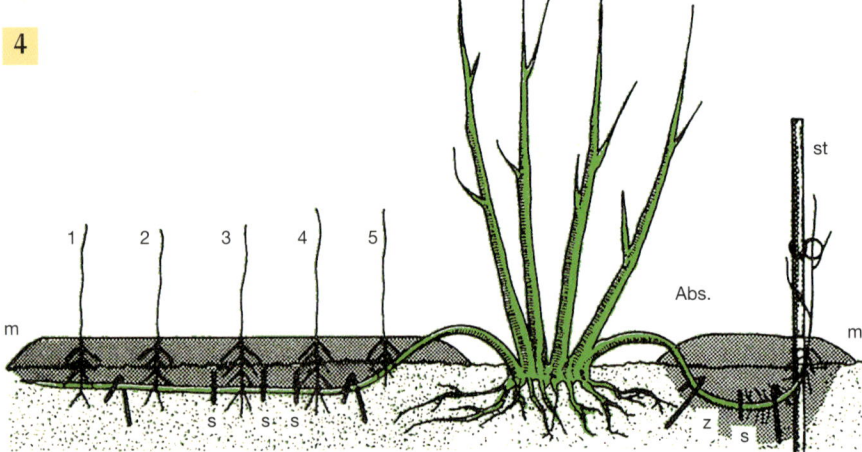

Vermehrung von Beerensträuchern.

Strömen Frostluftmassen aus Ost und Nord ein und fehlt es an schützender Nebel- oder Wolkendecke, kühlt der Luftraum aus. Nur durch teure Maßnahmen (Beheizung, Räuchern, Beregnung) läßt sich die Baumblüte schützen. Beregnen bis über 0 ˚C.

Zum Glück handelt es sich meistens um **Boden**- oder **Strahlungsfröste,** bei klarem Nachthimmel. Über *lockerem, feuchtem, bewachsenem Boden,* wo die Rückstrahlung am stärksten ist, entstehen die meisten Frostschäden.

Für die Praxis folgt daraus:

1. Boden im Obstgarten beizeiten (Anfang April) von *Unkräutern* säubern, bis zur Blüte nicht mehr lockern, so dass die *Bodenoberfläche* plan daliegt.

2. *Wassergaben* vor und während der Blüte unterlassen.

3. *Rasen* unter oder zwischen Obstbäumen unmittelbar vor der Baumblüte auf 2–3 cm Höhe schneiden, um die Bodenoberfläche zu verkleinern. Allerdings erhöht die *Bewässerung nach einer Frostnacht* mit Blütenschäden die Widerstandskraft der Blüten. Vor Sonnenaufgang in einzelne Löcher wässern.

Gärten in **Bodensenkungen** leiden am stärksten unter Frostluft. Bei Windstille sickert schwere Kaltluft in

tiefste Bodenstellen ein, so dass nachts Bodenfröste über minus 3 °C festzustellen sind, oft bis zu 1,50 m Höhe. Niederstämme sind am ehesten gefährdet. Frostlöcher sollten gemieden werden. Durch Anpflanzung von Hecken und Baumgruppen oder durch Errichtung von Dämmen und Mauern lässt sich Abfließen der Kaltluft verhindern oder verzögern.

Beerensträucher aus eigener Anzucht

Beerensträucher sind laut Abb. 4 durch **Ableger** (Abl.) oder **Absenker** (Abs.) leicht zu vermehren.

Ablegen: Ein kräftiger Vorjahrstrieb wird in ganzer Länge in eine flache Furche „abgelegt" und festgehakt. Wenn sich etwa 15 cm lange Triebe gebildet haben (Juni), Rille schließen und anhäufeln, mit Mutterboden (m), den man feucht hält. Bis zum Herbst wachsen mehrere bewurzelte Ablegerpflanzen heran (1–5), die man durch Zerschneiden der alten Rute (3 Schnittstriche – S – eingezeichnet) gewinnt und verpflanzt. Im 2. Jahr ist mit Früchten zu rechnen. Zu empfehlen bei Stachel-, Johannis-, Josta-, Himbeeren, Weinrebe.

Absenken: Einen letztjährigen Trieb mit den kräftigsten Augen im Bogen in eine kleine Erdvertiefung oder einen geräumigen Blumentopf senken, festhaken, mit Erde (m) bedecken. Die Triebspitze bindet man senkrecht an einen Stab (st). Bei gleichmäßiger Feuchtigkeit kann man im Herbst bereits eine kräftige Jungpflanze abtrennen (s) und pflanzen. Üblich bei *Johannis-*, *Stachel-* und *Jostabeere*.

Bei *Stämmchen* oder alten hohen Sträuchern führt der **Luft-Absenker** zum Ziel. Ein geeigneter Trieb wird in einen Blumentopf abgesenkt, dem man zwischen den Zweigen Halt gibt. Folienschutz sorgt dafür, dass die Erde nicht zu rasch austrocknet. Wurzelbildung lässt sich durch einen 2–3 cm langen **Zungenschnitt** (z), den man in Richtung zur Spitze schräg, fast bis zur Mitte eines Knotens macht, noch fördern.

Ein Walnussbaum braucht Platz

Der Walnussbaum hat nicht nur als Fruchtgehölz Bedeutung, sondern auch als großkroniger Hausbaum und Schattenspender. In windgeschützten Lagen lassen sich sowohl ebene Flächen als auch Hänge und Dämme nutzen. (Siehe auch Hangpflanzung.)

Für gesundes Wachstum und regelmäßige Fruchtbarkeit sind lehmigsandige, nährstoffreiche, humushaltige, feuchte Böden wichtig. Die *Pflanzerde* wird mit Kompost und/oder Rindenhumus sowie Gesteinsmehl verbessert.

Für die Pflanzung im Frühjahr kommen **Sämlingsbäume** (auf eigenen Wurzeln) und **Walnussveredlungen** auf *Júglans régia* in Betracht. Dagegen pflanzt man Veredlungen auf *Júglans nígra* besser im Herbst. Veredlungen bringen meist schon nach 3–4 Standjahren die ersten Früchte, die besonders wohlschmeckend sind, da sie von auserlesenen Sorten stammen. Walnussbäume aus Samen fruchten erst nach 10–15 Jahren und können dann enttäuschen. Zu den besten Nusssorten gehören: 'Nr. 26', 'Nr. 120', 'Nr. 139', 'Esterhazy II' (Weinbauklima) erhältlich in Geisenheimer Baumschule, Bartsch.

Als **Pflanzbäume** werden Hoch- und Halbstämme sowie Heister angeboten (Abb. 5). *Heister wachsen am besten an.* Sie haben einen Mitteltrieb, der fast auf der ganzen Länge mit vorzeitigen Trieben besetzt sein kann. Da Walnussbäume sehr groß werden, brauchen sie untereinander 9–11 m Abstand.

Nach tiefer Bodenvorbereitung hebt man ein 60 cm weites, 40 cm tiefes Pflanzloch aus und schlägt einen kräftigen Pfahl ein, den jeder Walnussbaum in den ersten 10 Jahren braucht, da Wurzeln überwiegend flach verlaufen. Nach dem

5

80 cm

Heister

Pflanzen tritt man vorsichtig an, um die fleischigen Wurzeln nicht zu beschädigen, wässert durchdringend und bedeckt den Boden. Der Baum wird locker an den Pfahl gebunden. Vorteilhaft gibt man dem Stamm bis Anfang Juni eine Lehm-Torf-Packung (siehe Mai), die man feucht hält.

Pflanzschnitt: Mitteltriebverlängerung und 4–5 gleichwertige Seitentriebe bleiben ungekürzt stehen. Beim Heister wird darunter befindli-

Junge Walnussbäume (Heister) kann man im April pflanzen, aber nicht schneiden. Der Saftverlust ist sonst zu groß. Nussertrag nach etwa 4 Jahren.

April

Die Portugiesische Quitte hat große birnenförmige Früchte mit weißgelbem, saftigem Fruchtfleisch und gelber Schale. Wertvoll für Gelee, Kompott, aber auch für Heilzwecke.

ches Seitenholz entfernt. 80 cm Stammhöhe genügen. Wunden mit Bayleton Rindenwundverschluss verstreichen.

Quitten sind Nutz- und Schmuckgehölze

Für Kompott, Saft und Gelee ist die Quitte eine *erlesene Frucht*. Dazu ist der Baum eine Zierde durch die weißrosa Schalenblüten Ende Mai. Da Quittenbäume *selbstfruchtbar* sind, braucht man nur einen Baum, möglichst einen Niederstamm mit 3-4 Leitästen. Die Entwicklung ist auf warmem, humosem, durchlässigem, etwas feuchtem *Boden* am besten. *Halbschatten* wird vertragen. *Unterlage:* Quitte MA.
Die Fruchtform kann apfel- bis birnförmig sein. Zu empfehlen sind 'Portugiesische Birnquitte' und die robuste, apfelförmige 'Riesenquitte von Leskovac'. Man führt einen strengen Pflanzschnitt durch und sorgt auch in den folgenden Jahren für eine gute Kronenform durch Rückschnitt der Leittriebe. Vom 3.-4. Jahr an unterbleibt der Rückschnitt der jungen

Triebe, da sich die Blüten an den Spitzen bilden. Von Zeit zu Zeit auslichten, im Abstand von 6-7 Jahren verjüngen. Düngung im Februar/ März und Mai/Juni mit Kompost oder Fertofit-Garten-Dünger, 75 g/m², und je 100 g/m² FulHumin plus Bentonit.

Brombeeren liefern köstliche Früchte

Zu Unrecht wird der Anbau vernachlässigt, obwohl die Früchte hohen Gehalt an Vitamin A, Mineralstoffen und Fruchtsäuren besitzen, sich zum Rohgenuss und zur Herstellung von Gelee, Süßmost, Dessertwein eignen. Der **Boden** soll warm und genügend feucht sein. Ein mittlerer Nährstoffgehalt und ein pH-Bereich von 6-7 sind anzustreben, desgleichen windgeschützte Lagen.
Von den **aufrecht wachsenden Sorten** ist 'Wilsons Frühe' frosthart und mäßig bewehrt. Sie braucht kräftigen Boden und wird wie Himbeeren an einem Drahtspalier gezogen. Pflanzabstand in der Reihe 80 cm. Viel Feuchtigkeit erforderlich.
Von den **rankenden Sorten** ist die

Sandbrombeere 'Theodor Reimers' (= 'Himalaya') weit verbreitet. Ihre großen, bei Vollreife süßsauren, angenehm aromatischen Früchte sind von vorzüglichem Geschmack. Die bis 8 m langen Triebe, die in rauen Lagen leider nicht frosthart genug sind, tragen scharfe Stacheln und brauchen ein festes Spalier. Bei 2 m Höhe pflanzt man mit 3 m Abstand. Die Haupttriebe können auf 2-5 m zurückgeschnitten werden. Für leichtere Böden und trockene Lagen besonders geeignet.
Stachellose rankende Brombeeren zeichnen sich aus durch „dornenlose", immergrüne Triebe, reichen Fruchtansatz und mittelgroße Beeren von etwas fadem, süßem, mild aromatischem Geschmack. Sie sind recht fest und lagerfähiger als die herkömmlichen Sorten. 'Thornless Evergreen' (= 'Blacki'), stark-wachsend, Pflanzweite 3 m *(Wurzelverletzungen* unbedingt vermeiden, sonst gibt es stachlige Triebe); 'Thornfree', noch wüchsiger, 3,5 m Abstand, reift etwas später, ab September. Pflanzware wird mit Ballen geliefert, braucht keinen

Brombeersorte 'Thornless Evergreen'.
Wenn alle Teilfrüchte schwarzglänzend sind,
erntet man gesunde Beeren.

Pflanzschnitt. Vielversprechende Neuheiten sind 'Loch Ness', mittelstark wachsend, dornlos, robust, gesund, reichtragend, große Früchte, aromatisch und 'Jumbo' mittelstark wachsend, reichtragend mit großen Früchten.

Aus **Kreuzungen** zwischen Him- und Brombeeren sind starkwüchsige *Sorten* hervorgegangen, die wegen ungenügender Winterhärte nur begrenzte Verbreitung gefunden haben, so die **Loganbeere** mit großen, roten, weichen, aromatischen Früchten, auch die **Boysen-, Laxton-** und die stachellose **Youngbeere** (Frucht weinrot). Die neue Riesen-Him-Brombeere 'Medana-Tayberry' mit langen, kräftig aromatischen Früchten reift Juni/Juli, Spaliere brauchen alle.

März/April ist die beste **Pflanzzeit.** Etwa zehn Tage vorher gräbt man den Boden um und bringt in die Unterschicht bis 75 g/m^2 Thomaskali mit Magnesium ein. Der Oberschicht mischt man gesiebte Komposterde, Rindenhumus, Bentonit oder Urgesteins mehl bei. In der Regel wird man einjährige Pflanzen verwenden. Sie kommen mit den Wurzelknospen 5 cm unter die Erde. Vom Nachbargrundstück Mindestabstand 1 m. Nach dem Pflanzen angießen, Boden mit grobem organischem Material bedecken.

Pfirsichbaum klein und gesund erhalten

Der Schnitt ist dazu ein wichtiges Mittel. **Vor Blühbeginn** zeigen die rosa Ballonknospen das Fruchtholz an. **An wahren Fruchttrieben** (siehe S. 96, 19 w) sind Blüten- und Blattknospen in guter Mischung vorhanden, wo sich die besten Früchte entwickeln. Da die langen Triebe zu viele Blüten besitzen, kürzt man auf die Hälfte der Blütenknospen ein.

Köstliche Feigen (Fícus cárica) *können Sie im eigenen Garten ernten. Der Busch braucht Sonne und Winterschutz.*

Kurze Blütentriebe (fast Falsche Fruchttriebe), die an der Basis eine Blattknospe zeigen, bleiben unbehelligt, sollten nicht mehr als 1–2 Früchte tragen.

Falsche Fruchttriebe (außer der Triebverlängerung nur Blütenknospen) auf einen 2 cm langen Stummel einkürzen. Man darf dann aus der Basis mit Neutrieb rechnen.

Vom 4. –5. Standjahr an dürfen Pfirsichbäume nicht größer werden. Jährlich im März, spätestens vor der Blüte **Endtriebe** mit **Konkurrenztrieben** entfernen und mittellange Verlängerung auf halbe Länge zurücknehmen (siehe S. 95 f.)

Senkrechte Schösslinge auf den Ästen werden entfernt, wenn sonst genügend wahre Fruchttriebe seitlich an den Leitästen stehen.

Während der Blüte nicht schneiden. Äste etwas schütteln, um Befruchtung zu fördern.

Nach der Blüte, sobald der Fruchtansatz haselnussgroß ist, weitere Schnittbehandlung. **Wahre Fruchttriebe** sollten nur 4–5 Früchte zur Reife bringen. – *Zweigenden ohne Fruchtansatz* auf 1 Blattaustrieb über

der obersten Frucht einkürzen. *Zweige ohne Fruchtansatz* auf die untersten beiden Austriebe zurücknehmen. Besitzt ein wahrer Fruchttrieb mehrere neue *Seitentriebe*, werden starkwüchsige an der Zweigoberseite entfernt.

Sinn all dieser Schnittmaßnahmen: Basistriebe so fördern, dass wieder starke wahre Fruchttriebe entstehen. Nur diese halten den Baum gesund und leistungsfähig. Wundbehandlung mit Bayleton-Rindenwundverschluss.

Köstliche Feigen aus dem eigenen Garten

Der schöne, dekorative Feigenbaum, *Fícus cárica*, wird weltweit angebaut. Für die Gärten in unseren Breiten eignen sich nur robuste Sorten wie die Bayernfeige 'Violetta'. Sie verträgt minus 15 ˚C und unter Frostschutz-Vlies auch tiefere Temperaturen.

Im April/Mai pflanzt man dreijährige Sträucher vor Südwände und hält die Erde im Sommer gut feucht. Der Boden wird mit Komposterde oder Ful-Humin vorbereitet und gedüngt, z. B. mit Fertofit-Garten-Dünger, 75 g/m^2. Feigensträucher sind selbstfruchtbar. Schon junge Triebe entwickeln in den Blattachseln ihre Früchte. Man darf meist zwei Ernten im August und Oktober erwarten. Schnitt erfolgt, falls erforderlich, nach erster Ernte.

Kiwi, die Chinesische Stachelbeere

Die köstliche Kiwi-Frucht, wie sie der Markt anbietet, wird u. a. aus Neuseeland eingeführt, wo das aus dem subtropischen China stammende dornenlose Schlinggehölz etwa wie Weinreben kultiviert wird. Die eigroßen Früchte schmecken überwiegend

145

Kiwifreunde können die Kiwipflanze an einem stabilen Wandspalier von 2 m Höhe im Garten vor einer Südwand ziehen. Auch hier ist ein Winterschutz erforderlich.

nach Stachelbeeren und heißen deshalb Chinesische Stachelbeeren.

Einige Baumschulen bieten den Kiwistrauch an. Botanisch handelt es sich um *Actinídia chinénsis* mit mehreren Sorten, die meist sehr hohe Wärmeansprüche stellen. In mildem **Weinbauklima** dürfte man mit der Sorte 'Hayward' Erfolg haben. Daneben hat sich 'Bruno' als sehr ertragreiche Sorte bewährt. In weniger günstigen Gebieten braucht man einen geschützt liegenden, warmen, sonnigen Platz und einen milden Herbst, da die Früchte nicht vor Ende Oktober reifen. Das Holz erfriert bereits bei minus 10 °C (Winterschutz). Unter ungünstigen Klimaverhältnissen wächst noch 'Weiki-Kiwi', eine widerstandsfähige bayerische Züchtung mit 2–3 m Ranklänge. Die Ernte beginnt im 3. Jahr. Die Früchte sind nur walnussgroß, fein und glattschalig.

Die **Kiwipflanze** ist wüchsig wie Kletterbrombeeren und macht 5–8 m lange Jahrestriebe. Bewährt hat sich ein 4 m breites, 2 m hohes Draht-spalier. Kiwis sind *zweihäusig*, d.h. die Geschlechtsorgane sind getrennt auf verschiedenen Pflanzen. Zu einer männlichen Pflanze können bis sechs weibliche gesetzt werden.

Beste **Pflanzzeit** ist der Frühling. **Boden** wie für Heidelbeeren oder Rhododendron vorbereiten. *Im sauren Bereich* (pH 4,5–5,5) ist auf sandig-lehmigem Boden mit gutem Gedeihen zu rechnen. Man lockert die Pflanzstelle mindestens zwei Spatenstiche tief, arbeitet in die Unterschicht je m² 100 g Superphosphat und Kalimagnesia ein, in die Oberschicht Gärtnertorf und Planta-Rhodo sowie FulHumin und Gesteinsmehl.

So pflanzt man eine Weinrebe

Wohl in den meisten Gärten können an Südost- bis Südwestwänden Weintrauben zum Rohgenuss, so genannte Tafeltrauben, gezogen werden, in milden Klimalagen auch an freistehendem Spalier, windgeschützt und sonnig.

Günstige Pflanzzeit ist April, für Topfreben auch noch Mai bis Juni. Jeder normale Gartenboden, der kalkhaltig und tiefgründig ist, sagt dem Rebstock zu, der nur mittelhohe Ansprüche stellt. Die starkwachsende Unterlage „Kober 5 BB" eignet sich für nährstoffarme, trockene Böden, „Kober 125 AA" nicht für magere Standorte, die mittelstark wachsende „SO 4" für nährstoffreiche Böden.

Zur **Bodenbearbeitung** hebt man 20 cm von der Mauer entfernt zunächst eine Grube etwa 1 x 2 m und 30 cm tief aus und lockert die Sohle durch Graben auf. Der Aushub wird zu zwei Drittel wieder verwendet und ergänzt durch Beimischen von gesiebter Kompost-Erde, Rindenhumus und Gesteinsmehl (auf leichtem Boden Bentonit, sonst Urgesteins-Mehl). Mischung in die Grube einfüllen, feucht halten. Bald danach pflanzen.

Zum **Pflanzen** hebt man innerhalb der bearbeiteten Stelle ein genügend langes Pflanzloch aus, das sich allmählich auf 30 cm vertieft, ähnlich wie bei der Waldrebe. Die *Pflanzrebe,* die auf ein bis zwei Augen zurückgeschnitten wird, legt man so hinein, dass das oberste Auge mit dem Pflanzloch abschneidet. Bei *Pfropfreben* kommt die Veredlungsstelle 2–3 cm über den Boden. Zunächst wird das Pflanzloch zur Hälfte gefüllt und die Rebe mit 3–5 Liter Wasser angegossen. Darüber kommt dann der Rest der Erde, die locker bleibt. Herausschauende Augen werden mit leichter Erde bedeckt, um das Austrocknen zu verhindern. Pflanzt man mehrere Reben: 2–3 m Abstand.

Ist der junge **Austrieb** handlang, heftet man ihn an einen Stab, häufelt ab und entfernt Würzelchen am Edelreis. Es sollte nur ein Trieb stehen bleiben, den man wiederholt anheftet. Bei Trockenheit muss mit handwarmem Wasser gegossen werden.

Die Wurzeln dringen weit in den Boden vor, durchziehen ihn aber sehr lückig, so dass **Nährstoffe** schlecht ausgewertet werden. Wichtig ist gute Versorgung mit organischen Stoffen, wie Frischkompost, Stalldung, Humusdüngern. Für die Hauptdüngung im Frühjahr, bei älteren Weinstöcken im Spätherbst, sollte ein Humus- oder NPK-Volldünger wie Fertofit-Garten-Dünger, 60 g/m², gegeben werden. 2. Düngung nach der Blüte, gegen Ende Juni. Unbedeckter Boden kann gehackt, schwerer im Herbst umgegraben werden.

Frühe Sorten, die nicht zu wüchsig sind, reifen überall aus.

Frühe weiße (gelbe bis grüne) Sorten: *'Weißer Gutedel':* Wuchs gut mittelstark; weißgrüne, ziemlich große Beeren in großen, lockeren Trauben. 'Huxelrebe': Wuchs stark, nicht zu schwerer Boden; große grüne Beeren in sehr großen Trauben. 'Königin der Weingärten': Wuchs kräftig; gelbe, große Beeren in großen Trauben. 'Madelaine royale': Wuchs stark; hellgelbe Beeren in ziemlich dichten Trauben, neigt zu Graufäule. 'früher Malinger': Wuchs mittelstark, noch für raue Lagen; gelbgrüne Beeren in lockeren Trauben. 'Perle von Csaba': Wuchs ziemlich schwach; weiß-gelbe, mittelgroße Beeren in großen Trauben, 'Dornfelder': kräftiger Wuchs, besonders hoher Ertrag, säure- und zuckerreich.

Frühe blaue bis rote Sorten: 'Roter Gutedel': Eigenschaften wie 'Weißer Gutedel'; rote bis rotgraue Beeren, etwas anfälliger gegen Graufäule. 'Perle von Alzey': Wuchs stark; blaurote, mittelgroße Beeren in kompakten Trauben. 'Blauer Portugieser': Wuchs stark, mittelfrüh; tiefblaue, mittelgroße Beeren in mittelgroßen Trauben. Folgende mehltaufeste Neuheiten haben geschmacklich besonders überzeugt. Weiße Sorten: 'Angela', 'Aurora', 'Fanny', 'Palatina', 'Theresa'; blaue Sorten: 'Boskoop Glory', 'Nero', 'Regent'. Wespen und Vögel abhalten.

Erdbeeren pflanzen und pflegen

Für die Pflanzung von **Monatserdbeeren** ist der April günstig. Es handelt sich um buschige Pflanzen mit kaum mittelgroßen Früchten von Juni bis Herbst. Früchte sind etwas größer als Walderdbeeren, erreichen aber nicht deren Geschmack. Pflanzabstand 30 cm, als Einfassung 25 cm. Es gibt mehrere hellrote Sorten, wie 'Benarys verbesserte Rügen', 'Perle von Schwaben' sowie 'Rimona humi' mit beachtlicher Fruchtgröße.
Wegen ihres einzigartigen Aromas hoch geschätzt ist die **Walderdbeere,**

die sich auch im Garten zwischen Gehölzen ansiedeln lässt. Sie sind inzwischen auch im Gartencenter erhältlich. In humusreichem Boden und an halbschattiger Stelle wird die Erdbeere bald heimisch. Sie breitet sich durch Samen aus und wird zu einer Bodendeckpflanze. Ihre Früchte entwickeln sich größer als im Wald. Für die Humusversorgung eignet sich besonders laubhaltige Erde.
Für die Anlage einer Erdbeerwiese gibt es eine Hybrid-Züchtung ('Spadeka'), die unter „Dr. Bauers Vescana Erdbeerwiese Non Stop" (von Ahrens & Sieberz, 53718 Siegburg-Seligenthal) angeboten wird. Hauptpflanzzeit ist das Frühjahr. Eine Mutterpflanze treibt im Umkreis von zwei bis drei Metern in 100–200 Ausläuferpflanzen, auch im Teilschatten von Gehölzen, so dass eine dichte *Bodendecke* entsteht.
Boden vorher ganzflächig zwei Spatenstiche tief umgraben, von *Wurzelunkräutern* besonders sorgfältig säu-

Die Blüten der Walderdbeere. Durch Gartenkultur werden die Früchte größer, büßen aber nichts von ihrem köstlichen Geschmack ein. Sie bevorzugen Humusboden zwischen lichten Gehölzen.

Zur Anlage einer Erdbeerwiese empfiehlt sich die Hybridzüchtung 'Dr. Bauers Vescana Non Stop'. Fragen Sie bitte im Handel.

bern und bei Bedarf mit reichlich gesiebter Komposterde oder Fertofit-Garten-Dünger verbessern. Gepflanzt wird in zwei gegenüberliegende Reihen mit 2 m Abstand und 0,25 m in der Reihe.
Im 1. Jahr ist dafür zu sorgen, dass *alle Ausläufer in den 2 m breiten Streifen* (Wiesenbereich) hineinwachsen. Bei 80–90 Pflanzen/m² treibt jede Pflanze vom 2. Jahr an eine **Blätterkrone,** 30 cm hoch, und **einen Blütenstiel** mit 5–12 Blüten, deren Früchte sich über dem Laub sauber und gesund entwickeln. Obwohl die Einzelpflanze nur einen sehr geringen Ertrag liefert, darf man aufgrund der Pflanzendichte je m² über 2 Kilo Früchte erwarten, die früh bis mittelfrüh (im Juni) reifen. Die *Frucht* ist kaum mittelgroß, breitrund, glänzend mittelrot, besitzt eine feste, elastische Haut, rosafarbenes, weiches, saftiges Fruchtfleisch und entwickelt in der Vollreife ein intensives *Walderdbeeraroma*. Zur Frostung geeignet.
Nach der Ernte kann das abgetragene Laub abgemäht werden. Gedüngt wird erst bei Nachlassen des Wuchses. – Weitere *Ausläufer* entstehen nur noch aus der Randzone und müssen, falls

sich die „Wiese" nicht weiter ausbreiten darf, bei der Entstehung entfernt werden.

Der April ist auch günstig für die Pflanzung **mehrmalstragender großfrüchtiger Erdbeersorten,** besonders für die sogenannte „Klettererdbeere", die man immer nur ein Jahr nutzen kann. Getopfte Pflanzen wachsen am sichersten an. (Näheres s. S. 244.)

Bei noch geschlossenen Blütenknospen legt der *Erdbeerstengelstecher* Eier ab und nagt Blütenstiele an, die umknicken. Wo größerer Schaden zu erwarten ist, 2 Wochen vor der Blüte mit einem Pflanzenschutzmittel spritzen. Mitunter befallen *Tausendfüßer* Erdbeerfrüchte, die dann fast so aussehen, als hätten sie Wurzeln. Solche Beeren sind ungenießbar. Gewissen Schutz erreicht man durch Unterlegen von Holzwolle.

Rindenpropfen während des Saftaufstiegs

Im April/Mai, wenn die Bäume vollsaftig sind, können Rindenpropfungen vorgenommen werden. Leicht anzuwenden ist das Verfahren nach **Wenck** (Abb. 6).

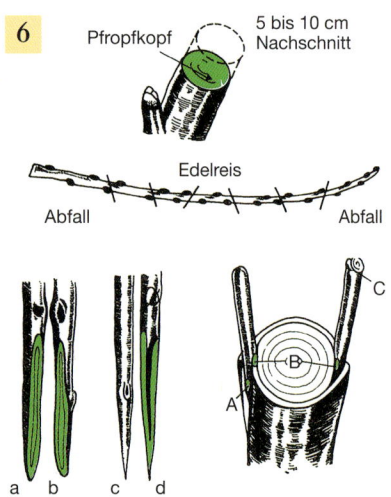

Rindenpropfen nach Wenck.

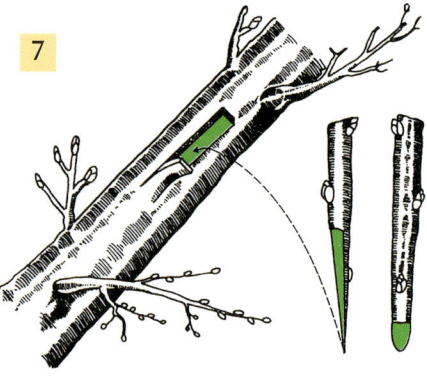

Tittelpropfen

Unmittelbar vor dem Veredeln wird jeder Pfropfkopf nachgesägt. Danach schneidet man Veredlungsreiser zu. Von jedem langen Reis verwendet man drei oder mehr Teile aus der Mitte mit je 3 Knospen.

Nun wird jedes Reis rechts und links neben der untersten Knospe mit zwei 3–4 cm langen Schnitten zugeschnitten. Dabei ist eine größere (a) und eine kleinere Schnittfläche (b) zu machen. Schnittflächen bleiben durch einen breiten (c) und einen schmalen Rindensteg (d) getrennt. Die schmale Rindenzunge liegt der Knospe gegenüber (c + d).

Für jedes zugeschnittene Reis macht man einen 4 cm langen Längsschnitt (Abb. 6 A) in die Rinde des Pfropfkopfes, lüftet einen Rindenlappen und schiebt das frisch zugeschnittene Reis so zwischen Rinde und Holzkörper, dass die große Schnittfläche dem Holz anliegt und die unterste Knospe (A) seitlich herausschaut. Die breite Schnittfläche des Reises soll wegen besserer Verheilung 2–3 mm über den Pfropfkopf ragen (B). Äste bis 2,5 cm Stärke erhalten je ein Reis an die Astunterseite, bei 3–4 cm Durchmesser 2 Reiser (A + C seitlich, bei noch stärkeren Ästen 3 Reiser, seitlich zwei und an die Unterseite eins.

Sind die Edelreiser in einen Pfropf-

kopf eingesetzt, so umwickelt man ihn, von oben beginnend, fest und lückig mit Bast. Im Anschluss Bastverband und Schnittstellen mit Bayleton Rindenwundverschluss verstreichen, wovon die Knospen freibleiben. Für den Pfropfkopf lässt sich auch Wundwachs verwenden. Man wähle zum Veredeln einen trüben Tag. Das Wenck-Rindenpropfen ersetzt das Tittelpropfen (Abb. 7).

Nicht nur Blüten, sondern auch Früchte!

Groß ist die Enttäuschung, wenn ein alljährlich blühender Baum nur wenig oder keine Früchte ansetzt. Meist handelt es sich um eine Sorte, für die in der Nähe kein passender Blütenstaubspender steht. Abhilfe ist gegeben, wenn man eine gute Vatersorte dazu pflanzt oder in die Krone 2 Reiser einer geeigneten Befruchtersorte durch Rindenpropfen (Abb. 7) einfügt (einspritzt), entweder an einem Pfropfkopf (siehe vorstehendes Kapitel) oder seitlich in einen mittelstarken Ast. Hier wird das Tittelpropfen gezeigt (Näheres im August). Auch durch Kopulation lassen sich Reiser verbinden.

In jahrelangen Versuchen wurde eine **Befruchtungsbiologie** erarbeitet, wonach Kern- und Steinobstsorten in schlechte und gute *Pollenspender* eingeteilt werden. Bei der **Übertragung des Blütenstaubs** leisten *Honigbienen* die beste Arbeit. Unterstützt werden sie von kleinen *Wildbienen*. Bei selbstfruchtbaren Sorten hat die Windbestäubung große Bedeutung. Solche Gehölze sollte man zur Blütezeit öfter schütteln.

Folgende **Äpfel** haben *schlechten Blütenstaub:* 'Boskop', 'Gravensteiner', 'Kaiser Wilhelm', 'Laxtons Superb', 'Prinzenapfel', 'Jacob Lebel', 'Bohnapfel', 'Kanada Renette', 'Blenheim'.

Zusätzliche Anmerkungen

Der **Frühlings-Apfelblattsauger** hinterlässt in Blatt- und Blütenbüscheln im Frühling unappetitliche Spuren, besonders in Waldnähe. Durch das Saugen sterben viele Blütenknospen ab. Eine Austriebsspritzung mit Promanal zur Zeit des Mausohrstadiums, spätestens Anfang April, zeigt bereits Wirkung.

Trockenes Frühjahr wirkt sich ungünstig auf den Blüten- und Fruchtansatz des folgenden Jahres aus. Deshalb ist bei fehlendem Regen zu sprengen, vor und nach der Blüte jeweils 30–40 Liter Wasser je m² Wurzelbereich. Fehlt es nach der Blüte an Bodenfeuchtigkeit, so leidet auch der diesjährige Fruchtansatz, und es kommt im Juni zu stärkerem Fruchtfall.

Harzende Stellen an Steinobstbäumen bis aufs gesunde Holz ausschneiden und mit einem Wundverschlussmittel wie Bayleton, das auch Infektionen verhütet, verstreichen. Bei Vegetationsbeginn ist mit guter Verheilung zu rechnen. *Alte Hausmittel,* wie **Lehmverband** oder **Essiglappenumwicklung,** lehnt man seit einiger Zeit ab. Mit einem sehr alten Baum sollte man keine Schnittexperimente mehr machen, sondern ihn noch einige Jahre nutzen und dann roden.

Die Birnengallmücke, die den Birnenertrag in Frage stellen kann, ist wirksam zu bekämpfen durch eine Austriebsspritzung, gefolgt von einer Vorblütespritzung.

Vorblütespritzung bei Pflaumen und Pfirsich muss sich gegen *Blattläuse* richten, die Überträger der virösen **Scharka-Krankheit.** Durch Viren können Fruchtmissbildungen (**Zerklüftungen**) entstehen, die zu empfindlichen Ernteverlusten führen. Bei Befall: Pflanzenschutzamt verständigen.

Schnitt starkwüchsiger Obstbäume kurz vor Blühbeginn bremst ungestümes Wachstum. Je nach Alter des Baumes nimmt man einen Überwachungs- oder Auslichtungsschnitt vor. Gleichzeitig entfernt man altes, kurzes Fruchtholz, das nicht blüht, und bei Pflaumenbäumen auch dünne, ausgezehrte, blühunfähige Triebe astunterseits. – Stärkerer **Saftfluss** *(Bluten)* kann durch Auftragen von Saft-Stop sofort gestoppt werden.

Frostplatten (siehe Februar) an den Rändern glatt schneiden und verstreichen. Größere Wunden heilen nach Brückenpropfung mit längeren Reisern derselben Sorte. Je nach Größe der Wunde mehrere „Brücken" schlagen. Man pfropft in senkrechter Stellung von unten nach oben in die Rinde ein, die man mit dünnen Stiften annagelt. Pfropfwunden mit Verband und Bayleton-Rindenwundverschluss gut abdichten. Die Frostplatte trocknet zunächst ein und die Wunde verwächst durch Überwallung. *Siehe Wenck-Rindenpfropfen S. 148.*

Garten-Preiselbeeren werden vorteilhaft im Frühjahr in torfreichen, sauren, etwas feuchten Boden mit 30–40 cm Abstand gepflanzt. Die großfrüchtige **Moosbeere** *(Vaccínium macrocárpon)* ist immergrün, wird 15 cm hoch, treibt bis 1 m lange Zweige, eignet sich als Bodendecker, vorwiegend sonnig, trägt 1–2 cm große, rote Früchte. Ernte September/Oktober. Die Sorte ‚**Koralle**' wächst aufrecht, 40 cm, trägt kirschgroße Beeren. Kleine Ernte Ende Juli, Haupternte Anfang Oktober. Verwertung wie hiesige Preiselbeere *(Vaccínium vítisidáea).*

Kugelig angeschwollene Knospen an der Schwarzen Johannisbeere sind von der **Johannisbeergallmilbe,** einem winzigen Schädling, befallen. In einer Rundknospe befinden sich über 10 000 Milben, die im Frühjahr die Knospen verlassen. *Die übrigen Johannisbeeren und die Stachelbeeren* haben auch unter dieser Milbe zu leiden, doch schwellen die Knospen nicht an, sondern vertrocknen. Kranke Knospen mit den Trieben beizeiten vernichten. Bei starkem Befall mehrmals in kurzen Abständen mit einem zugelassenen Pflanzenschutzmittel behandeln.

Brombeerschnitt. Altes Holz jetzt zerschneiden, herausharken, verbrennen. Erfrorene Triebe wegschneiden. Seitentriebe auf etwa 2 Augen zurücksetzen, wodurch Schlupfwinkel der Brombeergallmilbe größtenteils beseitigt werden. Bodentriebe am Spalier verteilen, festhaken. – Wurzelhals abhäufeln.

Gegen Monilia (Frucht- und Zweigmonilia) helfen Spritzungen mit Neudo-Vital 3%ig vor der Blüte, zweimal 1%ig in die Blüte. Mechanische Mittel sind Beseitigung von Fruchtmumien und regelmäßiger Schnitt, um Kronen licht zu halten. Mancher schwörte auf Begießen der Baumscheiben mit Jauche aus moniliakranken Früchten. Es soll wie eine Impfung die Widerstandskraft des Baumes verbessern. Meerrettich auf die Baumscheibe pflanzen.

Selbstfruchtbare Obstbäume und Beerensträucher zur Blütezeit vorsichtig **schütteln,** um die Befruchtung zu fördern; die Blüten stäuben dann intensiver.

Veredlungen des Frühjahrs wöchentlich auf Sitz des Verbandes und auf Baumwachsverstrich überprüfen. *Sommerokulation:* Unterlage Anfang April auf 20 cm über der Veredlungsstelle einkürzen, Austrieb des Edelauges leicht anbinden.

Feuerbrand ist eine sehr gefährliche bakterielle Krankheit der Kernobstbäume. Befallene Äste, die durch herabhängende, schwarz verfärbte Blätter auffallen, scheiden meist ein schleimiges Sekret aus. Gelangt es (durch Insekten) in die Blüte von Apfel, Birne oder Quitte, so wird die gefürchtete Krankheit weiter übertragen. Erkrankte Bäume roden, verbrennen. Die Krankheit ist meldepflichtig (Pflanzenschutzamt). Eine Maßnahme allein reicht nicht aus. So sind auch Wirtspflanzen wie *Cotoneaster Crataegus* im Umfeld von 100 m zu entfernen. Direkte Bekämpfung vorbeugend mit einem Kupfermittel und dem Präparat Firestop.

Kohlrabisetzlinge mit zwei großen Blättern können ausgepflanzt werden. Sonnenlage und guter Boden sind Voraussetzung!

Gute Pollenspender dagegen sind: 'Goldparmäne', 'Cox Orange', 'Klarapfel', 'Landsberger', 'Ontario', 'Gelber Bellefleur', 'Oldenburg', 'Zuccalmaglio', 'Roter Trierer Weinapfel', 'Gelber Edelapfel', 'Croncels', 'Charlamowsky', 'Ananasrenette', 'Baumanns Renette', 'Bismarckapfel'.

Ungeeignet zur Befruchtung von **Birnen** sind: 'Lucas', 'Gute Graue', 'Kongressbirne', 'Pastorenbirne', 'Olivier de Serres', 'Rote Bergamotte', 'Winterforellenbirne', 'Hofratsbirne'.

Gute Pollenspender: 'Bosc', 'Bunte Juli', 'Charneux', 'Clairgeau', 'Clapps Liebling', 'Gellert', 'Gräfin', 'Gute Luise', 'Guyot', 'Conference', 'Le Lectier', 'Verté', 'Poiteau', 'Trévoux', 'Williams'.

Bei den **Süßkirschen** sind *gute Vatersorten:* 'Werdersche Frühe', 'Kassins Frühe', 'Schneiders Späte', 'Hedelfinger Riesen', 'Große Germersdorfer', 'Fromms Herzkirsche', 'Büttners Knorpelkirsche', 'Weiße Spanische Knorpelkirsche'.

Von den **Sauerkirschen** ist die 'Schattenmorelle' ('Große Lange Lotkirsche') eine sehr gute Bestäubungssorte und dazu selbstfruchtbar.

Für *selbstunfruchtbare* **Pflaumen,** wie 'Altbaus', 'Zimmers Frühzwetsche',

'Lützelsachser', 'Große Grüne Reneklode', 'Jefferson' u. a. sind gute *Pollenspender:* 'Hauszwetsche' (Bauernpflaume), 'Königin Victoria', 'Bühlers', 'Wangenheims Frühzwetsche', 'Oullins', 'Czar'.

Kennt man den Namen der ertragschlechten Sorte nicht, so beschafft man sich aus einer Baumschule usw. von guten Befruchtersorten je einen vollblühenden, mäßig großen Zweig. Man tütet jeden in einen Plastikbeutel ein, bestäubt jeweils ein Blütenbüschel des unfruchtbaren Baumes und tütet auch dieses ein. In jedem Fall merkt man sich die Sorte, mit der bestäubt wurde. Meist wird man Erfolg haben, so dass man sich von der betreffenden Befruchtersorte Ende Juli, Anfang August ein Veredlungsreis beschafft und nun das Einspritzen in die Krone vornimmt – oder im Frühling.

Bis das Reis zur Blüte kommt, stelle man neben den blühenden Baum oder in die Krone blühende Zweige des betreffenden Pollenspenders in Gefäße mit Wasser, damit viele Blüten befruchtet werden können.

Im Gemüsegarten

Ein Saatbeet hilft Geld sparen

Unter „Saatbeet" wird eine kleinere Freilandfläche verstanden, auf der man Setzlinge für Pflanzgemüse (und Sommerblumen) heranzieht. Da Pflanzgut im Handel teuer ist und bestimmte Sortenwünsche nicht immer erfüllt werden können, lohnt sich die Aussaat durchaus, auch in den nächsten Monaten.

An geschützter, heller, mäßig sonniger Stelle wird im April *ein Beetstück feinkrümelig hergerichtet.* Dabei arbeitet man gesiebte Komposterde, bis 5 l/m², oder 100 g/m² FulHumin ein.

So wird das sonst notwendige flüssige Nachdüngen entbehrlich.

Gegen Gemüsefliegen an Kohl und Porree lohnt es sich, Neudorffs Bio-Gemüse-Streumittel oder Gemüsefliegen-Netz anzuwenden.

Der *Kohlgallenrüssler* verursacht bereits im Saatbeet **kugelige Anschwellungen** am Wurzelhals, so dass die Pflanzen an Wüchsigkeit verlieren. Durch das Gemüsefliegen-Netz lässt sich auch dieses Problem lösen.

In der ersten Aprilhälfte werden gesät: Frühsommerkopfsalat, Sommer Endivie, mittelfrüher Weißkohl, Früh- und Spätwirsing, Früh- und Spätkohlrabi, Rosenkohl; *in der zweiten Aprilhälfte:* Sommerkopfsalat, Weiß- und Rotkohl, *den ganzen April* über Porree und Blumenkohl.

Aussaat in 15–20 cm entfernte Reihen 2–3 cm tief, recht weitläufig, bei Pillensamen mit 2 cm Zwischenraum, so dass späteres Verziehen oder Pikieren entbehrlich ist. Auch Saatband und -platten sollten weitgehend genutzt werden.

Kohlrabi oder **Oberkohlrabi.** Zu bevorzugen sind raschwüchsige Sorten, wie 'Delikatess' (blau oder weiß), 'Sperlings Blaukopf', 'Blusta', tiefviolett, 'Galant', weiß, die vom Pflanzen bis zur Ernte 2 Monate brauchen. Folgesaaten bis Mitte Juli. Zur Wintereinlagerung: 'Blauer Speck', Entwicklungszeit über 4 Monate.

Blumenkohl oder **Karfiol.** Frühe bis mittelfrühe Sorten brauchen zwei Monate Entwicklungszeit. Bewährte Sorten: 'Alpha'-Typen ('Berga' 'Delfter Markt', 'Früher Globus', 'Merano'), 'Davona', 'Erfurter Zwerg'-Typen ('Cornada', F_1-Hybride) oder 'Mechelner'.

Brokkoli kann von April bis Juni auf ein Freilandsaatbeet zur Pflanzenanzucht gesät werden. Zeichnet sich durch guten Geschmack und hohen Gehalt an Vitaminen aus. Wirkt sich positiv auf unser gesundheitliches Wohlbefinden aus. Zu bevorzugen sind dunkelgrüne Sorten, wie 'Green Valiant' (kompakter Wuchs), 'Violet Queen' (grün kochend). Von 'Calabrais' kann man 4mal ernten.

Rosenkohl. Bewährte Sorten: 'Harola', 'Hossa F$_1$', 'Wilhelmsburger' (Herbstsorten), 'Abunda' (zum Tiefgefrieren) und 'Hilds Ideal' (beide für den Winter). Daneben F$_1$-Hybriden, wie 'Banner', mit bester Röschenqualität; Samen ist teuer. Allerdings kommt ein *geringer Prozentsatz zwergiger Setzlinge* vor, die man *vernichten* muss. Anbau sehr reichlich, da sehr arm an Nitrat.

Weiß- und **Rotkohl** später Sorten kommt jetzt zur Aussaat, wenn er sich im Winterlager lange halten soll. Sorten: 'Marner Lagerweiß', 'Marner Lagerrot'.

Wirsingkohl. Im Sommer können geerntet werden: Haubners 'Ferrus' (verbesserter 'Eisenkopf'), 'Praeco', 'Marner Frühkopf'. Für Herbsternte: 'Ostara', 'Havrosa Hamasa'. Gute Lagereigenschaften besitzen: 'Vertus'

Kopfsalatpflanzung: 25 x 30 cm Abstand sind erforderlich. Der Wurzelhals bleibt frei, die Blätter wackeln im Wind.

und 'Dauerwirsing Marner'. Mit geringem Schutz lässt sich 'Winterfürst' im Freien überwintern. (Winterwirsing s. Mai).

Kopfsalat. Pillensamen oder Saatband verwenden. Fürs Freiland braucht man in der *ersten Maihälfte* - da zunehmende Erwärmung nur durch richtige Sortenwahl ausgeglichen werden kann - Setzlinge schossfester Frühsommersorten, wie 'Attraktion Sperlings Garant' (Saatband), 'Wunder von Stuttgart', 'Hilde'. Für die Pflanzung *Mitte Mai* sind Sommersorten zu berücksichtigen, wie 'Duna' (verbesserter 'Kagraner Sommer'), 'Groso', 'Karola' (Typ 'Hilde'). Sommerhitze wird besonders gut vertragen von **Eis- oder Krachsalat:** 'Great Lakes Lüneburger Eis', 'Laibacher Eis Typ Eiswunder', 'Sperlings Timo', Batavia-Salat 'Dorée de Printemps'. Gegen Salatfäule keine frischen organischen Stoffe einbringen.

Pflücksalat hat einen sehr guten Ruf und kann jetzt zur Pflanzenanzucht gesät werden. Er ist zart und knackig und schmeckt vorzüglich.
Empfehlenswert sind: 'Grand Rapids', der ideale Pflücksalat; 'Concorde RZ', im Typ von 'Lollo Rossa', bildet schwere Köpfe mit zarten, glänzend roten, aromatischen Blättern; 'Red Salad Bowl', rote Schwesternsorte zu dem gelbgrünen Eichblattsalat ('Salad Bowl').

Sommer-Endivie oder (Römischer) Bindesalat wie **Kopfsalat** kultivieren. Selbstschießende Sorten: 'Kasseler Strünkchen', 'Saxenhäuser'. Folgesaat bis Ende Juli.

Porree oder Lauch. Für Sommer und Herbst: 'Fafner', 'Haubners Ekkehard' (verbesserter 'Elefant'), 'Titan' oder 'Tropita' (verbesserter Früher Sommer'). Gute Wintersorten: 'Blaugrüner Winter', Sperlings 'Natan', 'Alaska', 'Carentan' (Typ 'Winterriesen'), 'Siegfried'.

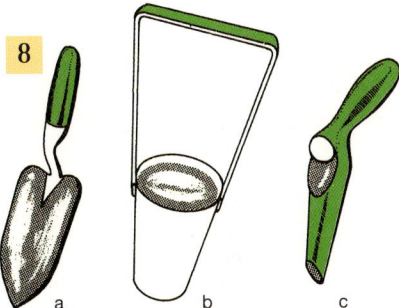

Hilfsgeräte für Pflanzarbeiten.

Hinweise für die Pflanzarbeiten

Wenn möglich verwende man **Topfballenpflanzen,** da sie ungestört weiterwachsen. Setzlinge aus dem Saatbeet (Frühbeet oder Freiland) büßen ein Teil Wurzeln ein und sollten, da sie nur langsam anwachsen, noch jung und wüchsig sein, außer den Keimblättern 3-4 Laubblätter haben und in gelockerten, gut abgesetzten Boden fest gepflanzt werden.

Ballenpflanzen einige Stunden vor dem Pflanzen angießen. *Setzlinge im Saatbeet* zur Kräftigung eine Woche vorher flüssig düngen (2 g Volldünger/1 l Wasser) und tags zuvor durchdringend überbrausen, damit sie reichlich Wasser speichern. Beim Herausnehmen der Pflanzen sticht man das Setzholz seitlich in die Erde und drückt die Setzlinge hoch. Dabei wird nicht nur das Wurzelwerk geschont, sondern es bleibt auch mehr Erde haften, so dass das Anwachsen erleichtert wird. Man nimmt immer nur soviel Setzlinge heraus, wie in kurzer Zeit gepflanzt werden können. Kommt man - meist bei gekauften - nicht gleich zum Einpflanzen, so schlägt man sie schattig ein und überbraust sie.

Bestes **Pflanzwetter** hat man an trüben Tagen und in den Abend- oder Morgenstunden. Nach der Beetvorbereitung (s. März) werden die Pflanz-

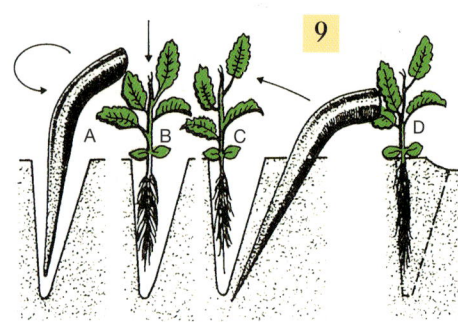

Verwendung eines Pflanzholzes.

reihen (an Hand einer Messlatte) festgelegt und an den Beeträndern durch
einen Strich in den Boden gekennzeichnet. Zum Markieren der Pflanzreihen ziehen zwei Personen eine ge-
straffte Gartenschnur, dicht an den
Boden gedrückt, mehrmals hin und
her.

Setzlinge mit Erd- oder Topfballen
pflanzt man vorteilhaft mit einer
Pflanzkelle (Abb. 8 a) oder einem pas-
senden *Hohlpflanzer* (b, c). Für **Setzlinge aus dem Saatbeet,** ohne we-
sentlichen Erdballen, macht man das
Loch (auf schwerem Boden) mit einem
kleinen Hohlpflanzer (c), einem üblichen Pflanzholz (Abb. 8 a) oder
Ganzstahlpflanzer und weitet es. Man
lässt das Pflänzchen in das Pflanzloch
gleiten und hält es mit den unteren
Keimblättern in Bodenhöhe. Wurzeln
müssen senkrecht herabhängen (B).
Nun fährt man neben dem Pflanzloch
mit dem Pflanzholz leicht schräg in
den Boden (C) und drückt von der
Seite her Erde gegen die Pflanze, indem man das Pflanzholz zur Pflanze
hin aufrichtet. Anschließend wird das
seitliche Loch bis auf eine kleine *Gießmulde* geschlossen (D). Auf trockenem
Boden sollte jedes Pflanzloch vorher
wenigstens einmal mit Wasser gefüllt
werden. Erst wenn dies versickert ist,
darf gepflanzt werden.
In lockerem Boden kommt man auch
mit den Händen gut zurecht. Man

macht mit der ganzen Hand oder
mit Zeige- und Mittelfinger ein ausreichend großes Loch, hält die Pflanze senkrecht hinein, scharrt Erde an
die Wurzeln heran, drückt mit beiden
Händen (Daumen und Zeigefinger)
fest und sorgt für eine flache Gießmulde. Auch bei Verwendung einer
Pflanzkelle sollten die letzten Pflanz-
griffe mit den Händen geschehen.
Wichtig ist, dass jedes Pflänzchen
mit möglichst vielen Wurzeln senkrecht in den Boden kommt. *Abkneifen
„zu langer" Wurzeln* führt zu Ertrags-
minderungen.
Hat man das Beet bepflanzt, so muss –
selbst bei leichtem Regen – jedes
Pflänzchen *einzeln angegossen* werden. Man füllt die kleine Mulde zweimal mit Wasser. Dabei darf man *den
Wasserstrahl nie auf eine Pflanze richten,* da man diese sonst ausspült. Bei
Trockenheit alle 1–2 Tage Wasser geben, unter Folie, Vlies oder Netz seltener.

Welches Gemüse pflanzt man im April?

Sobald es das Wetter erlaubt, sollten
Kopfsalat, Eissalat, Kohlrabi und Blumenkohl gepflanzt werden. Nur gesunde Setzlinge lohnen den Aufwand. Das erste Pflanzgut wird man
im Fachhandel kaufen, weiteres aber
selbst heranziehen.
Anfang April schon kann man **Kopfsalat** früher Sorten pflanzen, ganz
flach, Topfballen ragen 1 cm über den
Boden, damit sich Köpfe bilden.
Pflanzabstand 25 cm, Eissalat 40 cm.
Man düngt 2–3mal nach. – Salat hat
viele **Feinde,** Schnecken, Vögel, Bodenschädlinge, Blattläuse, die man
abwehren muss. Gegen Vögel und
Schnecken überspannt man das Beet
mit „wachsender" Folie. Salatfäule abwehren durch Sanden der Bodenoberfläche.

Frühen **Kohlrabi** pflanzt man mit
25 cm Abstand. Setzlinge (mit Topfballen) kommen bis zu den Samen-
läppchen in den Boden. Frühkohlrabi
kann zusammen mit *Spinat* kultiviert werden oder zwischen **Kopfsalat** stehen, dann mit 30 x 30 cm.
Gute Bewässerung und zwei Düngergaben zusätzlich zur Grunddüngung
sind ratsam. – Die Riesenkohlrabi-
sorte 'Superschmelz' pflanzt man bis
Ende April mit 60 x 50–60 cm. Was-
ser- und Nährstoffbedarf sind höher
als bei Frühsorten.
Frühblumenkohl pflanzt man mit
40–50 cm Abstand, etwas tiefer als
Kohlrabi. (Der in England in Mode
gekommene) *Miniblumenkohl* wird
mit 25 x 20 cm Abstand gepflanzt,
um kleine Köpfe zu bekommen. 14 Tage nach dem Pflanzen mit Nachdüngen beginnen, alle 2–3 Wochen mit
25 g/m².
Auch frühen **Wirsing-, Rot-** und
Weißkohl kann man ab April mit
50 x 40 cm Abstand pflanzen. Bei
Kohl achte man auf gesundes Pflanzgut. Vom **Kohlgallenrüssler** befallene Setzlinge weisen *am Wurzelhals bis
erbsengroße Anschwellungen* auf, die
man wegkneifen kann. Solche Pflanzen lassen sich noch verwenden,
wenn gesunde Setzlinge nicht ausreichen. Große Gefahr droht durch die
Maden der Kohlfliege, die die Wurzeln abfressen, so dass die Pflanzen
eingehen. Bald nach dem Auspflanzen Setzlinge mit einem dafür zugelassenen Pflanzenschutzmittel behandeln, oder mit Insektenschutzvlies
oder Kulturschutznetzen abdecken.

Folgesaaten bedürfen erhöhten Schutzes

Im März begonnene Freilandaussaa-
ten werden fortgesetzt. Hinzu kommen Folgesaaten von Gartenkresse,
Spinat, Radies, Schnittsalat usw.

Zwiebeln können noch gesät oder gesetzt werden. Da zwischen Ende April und Mitte Mai die *Zwiebelfliege* in windgeschützter Lage Eier in die Blattscheiden ablegt und ausschlüpfende Maden erhebliche Schäden verursachen, sind vorbeugende Maßnahmen zu treffen, wie Anwendung von Bio-Gemüse-Streumittel, von Vlies oder des Gemüsefliegen-Netzes.

Möhren aller Typen lassen sich im April anbauen, am besten durch Auslegen von Pillensamen mit 2–3 cm Abstand oder durch (vorgekeimtes) Sperli-Saatband. Saattiefe 1–2 cm, bei herkömmlichem Staatgut 3 cm. Nantaise- und Marktgärtner-Typen brauchen 25 cm Reihenabstand und können von März (s. dort) bis Anfang Juli gesät werden.

Runde Karotten vom Typ 'Pariser Markt' gehören zu den sehr frühen Liebhabersorten. Aussaat von April bis Juli in 20 cm entfernte Reihen. Verbesserungen mit runder Schulter ohne Einsenkung sind: 'Kundulus', 'Signal' und andere.

Spät- und **Lagermöhren,** besonders ergiebig, nach Mitte April säen, damit sie im Oktober/November erntereif sind. Auf kräftigem, lehmhaltigem Boden gedeihen sie am besten. Man sät in Reihen mit 30 cm Abstand und verzieht bei herkömmlichem Saatgut nach dem Auflaufen auf 3–4 cm. Pillensamen legt man gleich auf Endabstand aus. Da die Saat erst nach 3 bis 4 Wochen aufläuft, empfiehlt sich, besonders auf schwerem Boden, alle 5–10 cm ein Radieschenkorn (Frühsorte) beizustreuen, das schon nach wenigen Tagen die Reihen markiert.

Sorten: 'Juwarot', karotinreich, 'Lange rote stumpfe ohne Herz' mit Verbesserungen, wie 'Format', 'Hammer', 'Rosal', 'Winterperfektion', 'Zino', 'Rote Riesen' mit den Weiterzüchtungen: 'Atlas', 'Formula', 'Rothild', die schwere Böden am besten vertragen. Zur Abwehr der Möhrenfliege nach dem Auflaufen und alle weiteren 10 Tage Bio-Gemüse-Streumittel anwenden. Einfacher geht es mit dem Gemüsefliegen-Netz.

Radieschen und **Rettich** sollten ab April gegen Vermadung durch die *kleine Kohlfliege* vorbeugend geschützt werden. Dafür gibt es Bio-Streumittel, Vlies und Netz (s. vorher).

Sommerrettiche im April und Mai in Reihen mit 30 cm Abstand säen, alle 15 cm zwei Korn 2 cm tief. Nach dem Auflaufen bleibt das kräftigste Pflänzchen stehen. *Sorten:* 'Benarys Reform', 'Halblanger weißer Sommer', 'Halblanger weißer Freiland Sperlings Luna', 'Maikrone'; ab Mitte April: 'Hilds Pax', ein Langrettich. Netzschutz sinnvoll.

Weitere Aussaaten, für die der April günstig ist

Gemüse-Porree kann Mitte April direkt im Reihenabstand von 30 cm mit 5–10 cm in der Reihe mit Pillensamen, der 1 cm hoch mit Erde bedeckt wird, gesät werden. Vorteilhaft sind 6–10 cm tiefe Furchen, die man mit einer Herzhacke ziehen kann. Nach dem Auflaufen sanden die Furchen allmählich zu. Ab Juli/August anhäufeln, um lange gebleichte Schäfte zu bekommen. (Sorten siehe unter „Saatbeet".)

Pastinake, die mehr Nährwert als Möhren und Petersilienwurzeln hat, bevorzugt kräftige, humose, feuchte Böden. Frischen Samen mit 30 x 10 cm Abstand 3 cm tief säen. Da bis zum Auflaufen 4 Wochen vergehen, Markier- oder Keimsaat (Schnittsalat, Frühradies) beisäen. Trockenheit fördert die Schosserbildung.

Rote Rüben oder Rote Bete können bis Ende Juni gesät werden, 3 cm tief. Reihenabstand 20–30 cm. Etwa 10 cm hohe Pflänzchen werden auf 6–8 cm Abstand verzogen. Solche mit kleinem Erdballen lassen sich verpflanzen. 'Rote Kugel Sperlings Probat' und entsprechende Typen erreichen schon früh ihre runde Form und werden als Baby-Beets verwertet. Von der langen Form 'Loma' lassen sich mittelgroße Scheiben schneiden. Nicht färbend ist die weiße 'Albina Vereduna'.

Pflücksalat, der sehr zart und ergiebig ist, hat in vielen Gärten den Kopfsalat abgelöst. Eine Pflücksalatpflanze wird 70 cm hoch und erlaubt drei Monate lang die Ernte.

April

Blattmangold wird jetzt aus überwintertem Mangold geerntet. An anderer Stelle kann schon die Neusaat erfolgen.

Blattmangold enthält *weniger Oxalsäure als Spinat* und verdient deshalb Beachtung. Geeignete Sorte 'Grüner Schnitt'. Gesät wird dünn in 3 cm tiefe Reihen, die 20 cm Abstand haben. Spätestens nach zwei Monaten setzt die Ernte ein. *Pflanzen dürfen nicht zu groß werden*, sonst schmecken sie herb.

Butterkohl kann direkt auf Freilandbeete gesät werden, und zwar recht dünn in 20 cm entfernte Reihen. Blätter können nach einigen Wochen geschnitten und wie Spinat zubereitet werden. Besonders zart ist 'Gelber Butter'.

Mark- und Zuckererbsen, geschmacklich besser als Pal- oder Schalerbsen, werden von Mitte April (in rauen Lagen Ende April) bis Mitte Juni gesät, Zuckererbsen bis Mitte Mai. Saattiefe 4-5 cm, kleinkörnige Markerbsen 3-4 cm, Kornabstand 2-3 cm, bei hohen Sorten 4 cm, Reihenabstand 30-40 cm. *Das Markerbsenkorn ist runzelig. Zuckererbsen ha-*

ben ein glattes Korn, die Hülse wird mit verwertet. Pflanzen wachsen 40-140 cm hoch. Ab 60 cm Höhe Erbsen stützen, durch *Reiser* oder *Maschendraht.* Hohe Sorten bringt man zweckmäßig mit zwei Reihen auf der Beetmitte unter. Pflückreife nach dem Auflaufen in 55-70 Tagen. Vorkeimen des Saatguts ist zu empfehlen.

Zum **Schutz** gegen Bodenpilze keine Komposterde einarbeiten, sondern sterile Aussaaterde, besonders auf schweren Böden. Da *Vögel* Körner und Keime gern fressen, sind Schutzmaßnahmen (Schlitzfolie, Vogelschutznetze) vorzusehen.

Markenerbsen-Sorten, 130 cm hoch: 'Aldermann', halbhoch, 70-90 cm: 'Juwaperle', 'Kelvex', 'Lancet', 'Senator', niedrig, bis 60 cm: 'Arkel', 'Excellenz', 'Lorka', 'Sperlings Gravita', 'Sperlings Salout' (verb. 'Wunder v. Kelvedon'), 'Sprinter'.

Zuckererbsen-Sorten, sehr hohe: 'Riesensäbel' (140 cm), 'Schweizer Riesen' (130), mittelhohe: 'Früher Heinrich' (70), 'Suggy' (90); niedrige: 'Rheinischer Zucker' (60), 'Zuga' (60), können ohne Stütze angebaut werden.

Unsere wichtigsten Gewürzkräuter

Auf den Anbau unserer Küchenkräuter sollte im Garten nicht verzichtet werden. Fast alle folgenden Pflanzen lieben sonnige Stellen und mehr leichteren als schweren Boden, der wie für mittelstark zehrendes Gemüse vorbereitet wird (Februar). Bei Mischkultur erhöhen sich die Ätherischen Öle (Duftstoffe).

Einjährige Kultur: Dill, Bohnenkraut, Majoran, Basilikum.

Zweijährig kultiviert werden: Anis, Fenchel, Koriander, Kümmel, auch Petersilie.

Mehrjährig: Schnittlauch, Winterhecke, Zwiebel, Meerrettich, Liebstöckel, Estragon, Pfefferminze, Berg-Bohnenkraut, Pimpinelle, Thymian, Ysop, Beifuß, Wermut, Zitronenmelisse.

Dill: Durch Züchtung gewonnene Sorten: 'Sperlings Vierling', 'Elefant' und 'Tetradill', bringen hohen Blattanteil und sind aromatischer. Aussaat Ende März bis Juni in Abständen von 2-4 Wochen, Reihenabstand zur Ernte junger Pflanzen 15 cm, aufgeblühter 25 cm, in der Reihe weitläufig. Kann zwischen Gemüse gesät werden.

Borretsch oder Gurkenkraut (Bienenweide) im April/Mai säen, weitläufig in 30 cm entfernte Reihen, da Pflanzen 50 cm hoch. Nachdüngen bei 10-25 cm Höhe. Da Borretsch Pyrrolizidinalkaloide enthält, die giftig sind und die Leber schädigen (Krebs), hat das Bundesgesundheitsamt Anwendungsbeschränkung verfügt.

Bohnen- oder Pfefferkraut, Majoran und Basilikum sind frostempfindlich, günstig halbwarme Vorkultur ab März/April unter Glas. Aussaat flächig, da ab Mitte Mai jeweils 3-4 Pflänzchen zusammen ausgepflanzt werden. Bohnenkraut mit 20 x 20, Majoran 20 x 15, Basilikum 25 x 20 cm. Wenn nur weni-

Dill ist vieler Menschen Lieblingskraut und kann im Garten überall gesät werden, er sät sich aber auch von selbst aus.

Bohnenkraut eignet sich sowohl für Bohnengerichte als auch für Braten, Pilze, Salate, Tee, Wurst usw.

ge Pflanzen benötigt werden, kauft man sie beim Gärtner.

Anis, Koriander und Kümmel, hauptsächlich ihrer Samen wegen angebaut, sät man im März bis Anfang April in 25–30 cm entfernte Reihen. **Fenchel** im Mai auf ein Saatbeet mit 10 cm Reihenabstand, wird hier auf 8 cm ausgedünnt. Im nächsten Frühjahr pflanzt man mit 60 mal 40 cm aus. Da Gewinnung der Samen viel Aufmerksamkeit erfordert, werden diese Pflanzen selten angebaut. **Schnittlauch** wird, obwohl zweijährig, mehrjährig kultiviert, da eine ständige Erneuerung durch Zwiebelchen erfolgt. Anbaumethoden: Entweder sät man direkt an Ort und Stelle (s. März) oder ins Frühbeet und pflanzt im Mai in Büscheln mit 20 x 20 cm aus. Empfohlen werden mittelgrobröhrige oder grobröhrige Sorten, wie 'Sperlings Grolau', der sich auch zum späteren Treiben eignet. **Winterhecke-Zwiebel, Schnitt- oder ewige Zwiebel,** verträgt Halbschatten und Trockenheit, soll im Winter windgeschützt stehen. Aussaat in 25 cm entfernte Reihen, verzieht auf

20 cm. Mit den Jahren bilden sich dichte Horste. Zwiebeln und Schalotten finden Verwendung. Äußere Zwiebelchen dienen der Vermehrung.

Meerrettich kann in einer Gartenecke verwildern; für genügend feuchten Boden sorgen. – Um starke, glatte Wurzelstangen zu gewinnen, muss man die einjährige Kultur durchführen. Sie beginnt im Frühjahr mit dünnen, etwa 30 cm langen Seitenwurzeln (Fechsern), die im Abstand von 30 cm schräg in die Erde gelegt werden. Kopfende kommt nur wenig, unteres Ende 15 cm tief in den Boden. Vorher Mittelteil mit grobem Tuch abreiben, so dass die Pflanze nur unten Wurzeln treibt. Man kann den Boden dazu abheben (Abb. 10 A) oder Löcher vorbohren (10 B).

Liebstöckel, dekorative Staude, 1 m hoch, 50 cm breit, kann inmitten des Staudenbeetes stehen. Blätter sparsam verwenden. Bei Blattlausbefall: Pflanze herunterschneiden, mehr wässern und etwas düngen.

Estragon. *Deutscher* kann vegetativ, *Russischer* durch Samen vermehrt werden. Abstand 30 cm. Estragon wird 1 m hoch, breitet sich durch Wurzelausläufer aus. Triebe beizei-

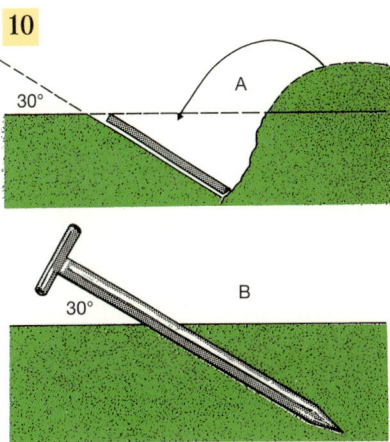

Pflanzung von Meerrettich.

ten durch Umbinden stützen. Nach 5 Jahren teilen und verpflanzen.

Pfefferminze, die auf feuchtem Boden in halbschattiger, warmer Lage am besten gedeiht, wird durch Samen oder Wurzelausläufer (beste Sorte 'Echte Mitcham') vermehrt. 20 x 30 cm Abstand. Ältere Pflanzen im April und nach dem 1. Schnitt etwas düngen. Nach einigen Jahren verpflanzen.

Folgende **Stauden** oder **Halbsträucher** lassen sich zwar durch Samen vermehren, doch lohnt sich die Aussaat für den Privathaushalt nicht.

Liebstöckel ist eine 1 m hohe, dekorative Staude, die irrtümlich auch „Maggikraut" genannt wird. Die Blätter würzen kräftig, deshalb sparsamer Verbrauch bei Suppen und Fleischgerichten.

Besser kauft man von jeder Art 1–3 Pflanzen, die man mit 30 bis 40 cm Abstand pflanzt. Dies gilt für **Bergbohnenkraut, Pimpinelle, Salbei** *(Sálvia officinális),* **Thymian** *(Thymus vulgáris),* **Ysop** *(Hyssópus officinális).* Selten gepflanzt werden **Beifuß und Wermut.** Erneuerung alle 4 Jahre.

Frühkartoffeln sind eine gute Vorfrucht

An einem geschützten Platz, der mindestens ab 10–11 Uhr Sonne bekommt, entwickeln sich Frühkartoffeln rasch. Leichtere Böden sind besser geeignet als schwerere. Anzustreben ist eine schwachsaure Bodenreaktion. Stark verunkrautete oder verqueckte Böden sollten bevorzugt genutzt werden. Durch mehrmaliges Hacken und Behäufeln und durch spätere Beschattung des Bodens wird Unkraut in seiner Entwicklung stark gehemmt. Mit ihrem reichen Wurzelwerk geht die Kartoffel bis 2 m tief in den Boden hinein, reichert ihn mit organischer Substanz an und verbessert seine physikalischen Verhältnisse, so dass die Kartoffel als **Vorfrucht** eine gute Wirkung hat.

In der 2. Aprilhälfte, wenn der Boden in 10 cm Tiefe mindestens 8 °C hat, bei trockenem Wetter vorgekeimte Frühkartoffeln **pflanzen,** vorbewurzelte mit gutem Erdballen (Torftopf), nicht vorgekeimte etwas früher, bei Verwendung von „wachsender" Folie oft schon Anfang April.

Pflanzstellen 8–10 Tage vorher vorbereiten. Beete von 1 m Breite mit einem Kultivator oder S-Z-Wühler tief lockern und düngen. Je m² müssen etwa 10 g Stickstoff, 8 g Phosphat, 16–20 g Kali vor dem Legen in den Boden kommen. Entweder je m² mit 10 l Komposterde oder 350 g Trockenmist Mannahum. Frischer Stallmist, im Herbst untergegraben,

kommt bei frühen Sorten kaum, bei mittelfrühen unzureichend zur Wirkung.

Zur **Pflanzung** Vorkeimkisten zu den Pflanzstellen bringen, damit kein Trieb abbricht. Gepflanzt wird mit 50 x 30 cm, mittelfrühe Sorten mit 60 x 30 cm. Die Knollen stellt man mit den Trieben oder Augen nach oben in 8–10 cm tiefe Furchen oder Löcher, die man hinterher zuzieht. Auch ein Hohlpflanzer ist geeignet.

Obwohl sich die ersten Triebe aus Reservestoffen bilden, ist zum Auflaufen bei Trockenheit alle 8 Tage 15–20 Liter Wasser je m² vorteilhaft, ohne dabei Blätter zu befeuchten. Andernfalls am Vormittag sprengen. Kartoffelkäfer und rote Larven beizeiten absammeln. Pflanzen mit Spruzit-Staub einstäuben oder mit Novodor *(Bacillus-thuringiensis*-Präparat) spritzen (nützlingsschonend).

Grünspargel wird noch viel zu selten in der Küche verwendet. Im Garten spart man verglichen mit Bleichspargel viel Arbeit.

Spargel aus dem eigenen Garten

Wer im März/April Spargelbeete anlegen möchte, hat die Wahl zwischen **Bleichspargel** und **Grünspargel.** Dieser braucht keine Dämme, erfordert weniger Arbeit, liefert aber gegenüber Bleichspargel etwas dünnere Stangen. Während sich der weiße Spargel über dem Boden blau färbt und frei von Provitamin A (Carotin) ist, ist das beim Grünspargel umgekehrt: blau färbende Stoffe fehlen, und er enthält reichlich Carotin infolge der hellgrünen Färbung. Grünspargel braucht nur am unteren Ende geschält zu werden und schmeckt nach kurzer Kochzeit kräftig und würzig.

Ansprüche etwa gleich. Sonne ist wichtig. Bevorzugt wird *lehmig-sandiger Boden,* tiefgelockert kalkhaltig (Sand pH 5,8–6,2, lehmiger Sand pH 6,2–6,8), nährstoff- und humusreich. Schwerer Boden ist geeignet, wenn er durchlässig wird und Grundwasser nicht höher als 60 cm steigt. *Grünspargel kann noch auf etwas steinigem Land angebaut werden.*

Grünspargel ist mühelos zu pflegen

Reihenabstand hat untergeordnete Bedeutung. Pflanzen können einzeln stehen, auch im Ziergarten, oder in einer Reihe mit 33¹/₃ cm Abstand (Abb. 11 A). Auf einem 1,5 m breiten Beet erlaubt die Doppelreihe (C) optimale Flächennutzung: Reihenabstand 50 cm, Pflanzung auf Luke mit 40 cm in der Reihe.

Bodenvorbereitung zwischen Herbst und Frühjahr 40–50 cm tief. Pflanzgraben 40 cm breit (B), für Doppelreihe 1 m breit, 20–25 cm tief ausheben (D). Auf die Unterschicht je m² 100 g Thomaskali mit Magnesium untergraben, bis 60 cm tief.

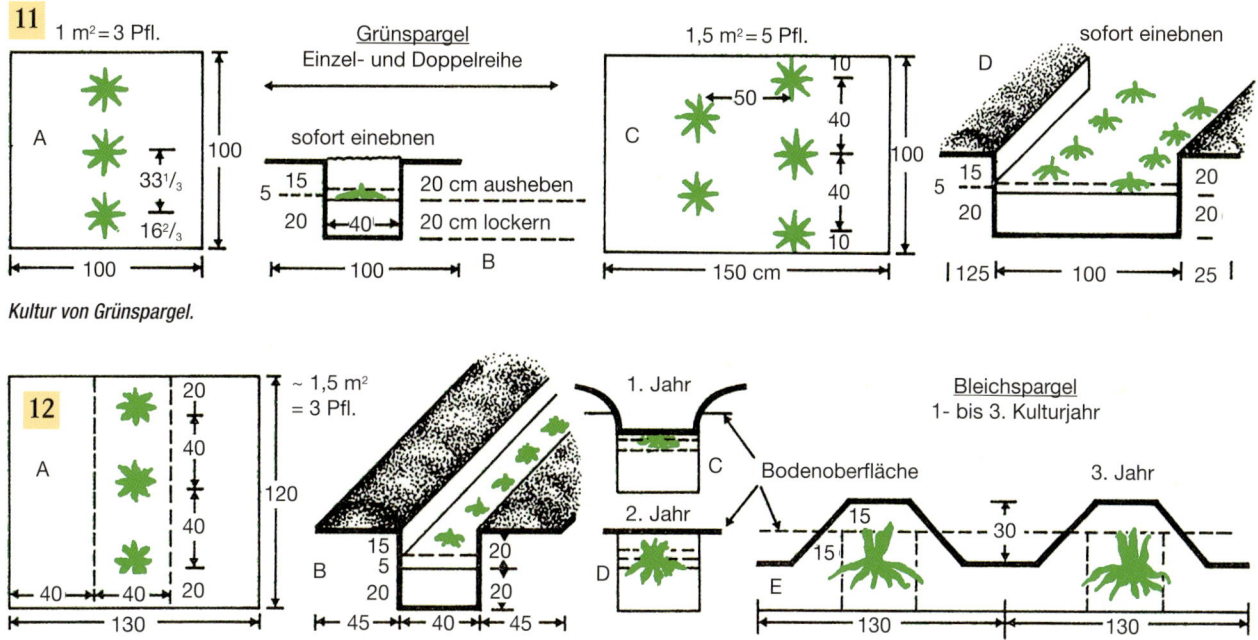

Kultur von Grünspargel.

Kultur von Bleichspargel.

Humusversorgung: 5 cm dicke Schicht aus Mutterboden, Kompost- und Misterde oder FulHumin aufbringen, mit oberer Unterschicht vermischen. Nach dem Austrieb Mitte Mai sind 9 g organischer Stickstoff je m² erforderlich, entsprechend 100 g/m² Horngrieß.

Pflanzarbeit. Nach Eintreffen der Setzlinge (Klauen) beschädigte Wurzeln etwas einkürzen. Entlang einer gespannten Schnur jede Pflanze mit sternförmig ausgebreiteten Wurzeln auf einen kleinen Hügel setzen. Danach Setzlinge (mindestens *5* cm hoch) mit humosem, leicht feuchtem Mutterboden bedecken.

Im 1. Jahr können Gräben bereits geschlossen werden (B). Zur Verkrustung neigender Boden sollte mit Kompost oder Humobil 2–3 cm hoch bedeckt werden.

Im 2. Jahr wird die Fläche vor dem Austrieb und nach dem Stechen gedüngt, flach gelockert, von den Strunkresten und vom Unkraut gesäubert. Zum Düngen eignet sich ein

Humus-Volldünger oder ein organisch-mineralischer NPK-Dünger (Stickstoffbemessung 2–6 g/m²).

Die **Spargelfliege** kann junge Anlagen vernichten. Deshalb Mitte April beim Durchtrieb mit Gemüsefliegen-Netze tunnelförmig überdecken.

Im 3. Jahr beginnt die **Ernte.** Sobald Triebe 20 cm lang sind, werden sie flach im Erdboden abgeschnitten, nicht täglich und zu keiner festen Tageszeit. Bei warmem, feuchtem Wetter wachsen die Stangen (Pfeifen) über Nacht bis zu 10 cm, bei kühlerem Wetter weniger. Frost wird bis minus 4 °C vertragen. Bedecken des Bodens mit „wachsender" Folie von Anfang April bis zum 10 cm langen Durchtrieb bringt eine frühere Ernte und schützt vor Vogelfraß und Frostschäden. Das 1. Erntejahr endet am 1. Juni. Ab 2. Erntejahr (4. Kulturjahr) wird bis Ende Juni geerntet. Es werden alle „Pfeifen" gestochen.

Während 'Spaganiva' nur schwachwüchsig ist, bringt 'Sperlings Merry-

green', mittelgrün mit geringem violetten Anflug, dickere Stangen, doch dauert die Kulturzeit bis zur ersten Ernte ein Jahr länger. Aussaat März/ April auf eine kleine Saatfläche mit 10–15 cm Abstand, nach dem Auflaufen auf 20 cm verpflanzen. Im nächsten Frühjahr vor dem Austrieb an Ort und Stelle setzen.

Bleichspargel verlangt viel Bodenbearbeitung

Erforderlich ist eine **geschlossene Fläche.** Man teilt sie in 1,30–1,50 m breite Streifen (in Nord-Süd-Richtung) ein und hebt in der Mitte eines jeden Beetes (Abb. 12 A) 40–50 cm breite Pflanzgräben aus (B). Bodenverbesserung usw. wie bei Grünspargel. Über Ansprüche siehe zwei Kapitel vorher. Pflanzenabstand in der Reihe 40–50 cm.

Sorten: 'Huchels Leistungsschau', 'Limburgia', 'Schwetzinger Meisterschuss'. Die Hybridsorte 'Lucullus', mit rein männlichen Pflanzen, bringt höhere Erträge.

Die **Pflanzarbeiten** unterscheiden sich nicht wesentlich vom Grünspargel. Es ist jedoch darauf zu achten, dass der junge Spross stets in die gleiche Grabenrichtung zeigt, damit die Pflanzen nicht seitlich herauswachsen. Im 1. Jahr (C) lässt man die Gräben offen, Pflanzen werden 5 cm hoch mit Mutterboden bedeckt. *Spargelfliege* bekämpfen (s. Kapitel vorher).

Im 3. Jahr beginnt die **Ernte.** Sobald der Boden abgetrocknet ist, die *Fläche lockern, morsche Strünke* entfernen. Erste Düngung auf der Basis von 6 g/m² Stickstoff (s. Grünspargel S. 157) und zweite nach der Ernte.

Zeigen sich die ersten Triebspitzen, geht es ans *Aufwerfen der Erdwälle.* Erleichtert wird die Arbeit, wenn jede Spargelreihe an den Enden durch einen dauerhaften Pflock gekennzeichnet ist und für die obere Wallbegrenzung zwei Schnüre gespannt werden. Wälle 15 cm hoch aufwerfen, so dass sich gegenüber den Furchen ein Höhenunterschied von 30 cm ergibt. Breite oben etwa 30 cm, Böschungswinkel 45 Grad (Abb. E). Wallflächen abschließend mit einer Schaufel leicht anklopfen.

Das Stechen beginnt etwa 10 Tage später. Zeigt sich eine kleine Bruchstelle auf dem Hügel, legt man mit den Fingern die Spargelpfeife tief frei und trennt sie über der Wurzelkrone mit scharfem (Spargel-) Messer ab, vorsichtig, um benachbarte Triebe nicht zu verletzen. Öffnungen sofort auffüllen (wozu sich eine breite Maurerkelle gut eignet) und anklopfen. Sämtliche die Oberfläche durchbrechende Spargelstangen stechen, morgens und abends.

Statt der Erdwälle ist es möglich, die Reihen mit *Schwarzfolietunnels* zu überbauen, mindestens 30 cm hoch und 50 cm breit, eine Längsseite aufklappbar. Etwa 20 cm lange Pfeifen 5 cm tief im Boden abschneiden.

Störendes *Unkraut* nach der Stechzeit kann durch 30 g/m² Spezial-Kalkstickstoff vermindert werden.

Zusätzliche Anmerkungen

Vorkultur am Zimmerfenster. Heranwachsende Jungpflanzen, pikiert in Töpfe, entwickeln sich nur an einem sehr hellen, mäßig warmen Platz gedrungen und widerstandsfähig. Besonders günstig ist ein Folientunnel oder ein Frühbeetkasten mit Fensterschutz, ohne besondere Wärmepackung. Jungpflanzen sollten etwa Mitte April unter diesen Schutz gestellt werden. Bei greller Sonne über Mittag schattieren, nach einigen Tagen auch lüften.

Neuseeländer Spinat braucht Vorkultur: Da seine Samen Dunkelkeimer sind, werden sie dunkel gehalten. Gesät wird in Töpfe, Pflanzung ins Freiland ab Mai.

Rhabarber liefert wöchentlich 2–3 Blattstiele je Pflanze. Entnommen wird nicht mehr als ein Drittel auf einmal. Der Stiel wird unten angefasst, durch geringes Hin- und Herdrehen gelockert und mit kurzem Ruck aus der Ansatzstelle gezogen. Stummel dürfen nicht stehen bleiben. Die ungenießbaren Blätter eignen sich zur Bodenbedeckung.

Möhren aus herkömmlichem Saatgut nach Bildung des 2.–3. Blattes verziehen, Frühmöhren auf Daumenbreite, Spätmöhren auf zwei Fingerbreite. Löcher schließen, Möhren leicht anhäufeln (ab Ende Mai), um Eiablagen durch Möhrenfliegen zu verhindern. Auch *Orangeleimtafeln* helfen! Furchen zum Einschlämmen nutzen.

Welkende Pflanzen kommen oft auf das Konto von *Drahtwürmern* (dunkelbraun), *Engerlingen* (weißlich) oder *Erdraupen* (schmutziggrau), die an Wurzeln bzw. am Wurzelhals fressen. Beim Ausgraben Schädlinge vernichten. **Süßkraut Stevia** ist 10mal süßer als Zucker und kalorienarm. Aussaat ab April im Garten. Blätter nach Bedarf ernten.

Bleichsellerie für Herbsternte weitläufig in einen Blumentopf säen, den man warm und sonnig aufstellt. 'Sperlings Goldener Schuss' bringt etwa 30 cm lange, hellgelbe Stiele, die sich durch Anhäufeln bleichen lassen. Bald nach dem Auflaufen in Multiplatten pikieren, wofür sich NeudoHum Aussaat und Anzuchterde eignet.

Gurke, Kürbis, Melone, deren Vorkultur man in der April-Mai-Wende beginnt, bringen frühere und höhere Erträge als Direktsaat. Aussaattöpfe, 6–8 cm weit für Gurken, 8–10 cm für Kürbis und Melone, füllt man bis zur Hälfte mit Plantahum, drückt je 2–3 Samen etwas ein und gießt gut an. Töpfe stellt man dicht beisammen, zunächst im Wohnzimmer auf. Bei etwa 20 °C und gleichmäßiger Feuchtigkeit keimen die Samen in wenigen Tagen, brauchen dann volles Licht und viel frische Luft, damit sie nicht vergeilen oder anfällig werden. Sobald die Keimblätter über den Topfrand hinausragen, lässt man das stärkste Pflänzchen stehen (bei Einlegegurken auch 2), kneift die übrigen weg. Nun füllt man die Töpfe fast randvoll mit Erde, damit sich am Stengel weitere Wurzeln bilden.

Vorjährige Petersilie liefert noch reichlich Grün, bevor sie im Juni/Juli in Blüte geht. Dies lässt sich verzögern, wenn große Blätter ständig abgepflückt werden und Humusdüngungen unterbleiben.

Mai

Allgemeines

Kräuterauszüge helfen den Kulturpflanzen

Das Kräuterangebot in der Natur verdient Beachtung. Wertvolle Inhaltsstoffe können durch Herstellung und Verwendung von *Jauche, Brühe* oder *Tee* für unsere Kulturpflanzen förderlich sein. Man kann die Arten einzeln oder gemischt verwenden, hierdurch erzielt man eine breitere Wirkung. Allerdings ist die Bedeutung solcher Auszüge umstritten.

Gesammelt werden abseits der Autostraßen junge Pflanzen, bevor sie Samen ansetzen. Für ein 100-Liter-Ge-

Die Große Brennnessel hat sowohl als Heilpflanze, wie auch für den biologischen Gartenbau einige Bedeutung.

fäß rechnet man etwa 10 kg frische Kräuter oder 1–2 kg Trockengut.

Kräuter-Jauche stellt man wie folgt her. Die grünen Pflanzen stopft man in einen Jutesack, den man beschwert in eine **Tonne** (aus Holz, Plastik oder Beton) hängt, die, mit (Regen-)Wasser gefüllt, zugedeckt wird. Täglich ist wenigstens einmal umzurühren. Die **Gärung** – und damit die Freisetzung der für die Pflanzen förderlichen Stoffe – vollzieht sich unter Bildung von *Schaum* und stechendem *Geruch*. Damit dieser nicht zu lästig wird, hilft ein Zusatz von Baldrianblüten oder Gesteinsmehl. Nach 4 bis 6 Wochen, wenn keine Blasen mehr aufsteigen, ist die Jauche alsbald zu verbrauchen. Anwendung etwa zehnfach mit Wasser verdünnt, am besten bei trübem, regnerischem Wetter nachmittags oder abends. Da Jauche das Pflanzenwachstum fördert, ist der Zeitpunkt der Düngung entsprechend zu wählen, bei Gemüse und Blumen in der Wachstumszeit, bei Gehölzen bis Juli.

Zur Herstellung *kleinerer Jauchemengen* eignet sich ein 10-l-Plastikeimer, den man mit frischen Pflanzen leicht vollstopft und mit Wasser anfüllt. An Trockengut wären 150 g nötig. Jauche durchsieben und verdünnen.

Kräuter-Brühe lässt sich leicht herstellen. Für 10 Liter weicht man 1 kg frische Pflanzen oder 200 g Trockengut 24 Stunden vor, kocht sie dann in zugedecktem Topf 20 Minuten langsam und lässt sie wieder abkühlen. Anwendung meist unverdünnt.

Kräuter-Tee kann verschieden zubereitet werden. Es genügt, zerkleinerte Pflanzen in heißem Wasser unter öfterem Umrühren ziehen zu lassen, in Steinguttöpfen oder emaillierten Gefäßen. – **Schachtelhalmtee** wird als Brühe hergestellt.

Die **Große Brennnessel** vermag die Pflanzen besonders zu *kräftigen*. Jauche auf den Erdboden 10fach, auf die

Pflanzen 20fach verdünnen. Brennnesselbrühe oder -tee soll unverdünnt gegen *Blattläuse* wirksam sein.

Löwenzahn (2 kg Blätter und Blüten auf 10 l Wasser) verbessert *Wachstum* und *Qualität*. Anwendung als Jauche, Brühe oder Tee unverdünnt.

Ackerschachtelhalm (1 kg frisch oder 150 g trocken auf 10 Liter) stärkt Pflanzen bei Pilzkrankheiten *(Schorf, Rost, Mehltau, Kräuselkrankheit)* und *Milbenbefall*. Brühe oder Tee, 5fach verdünnt, ganzjährig anwendbar, im Sommer morgens bei Sonnenschein.

Rainfarn (3 kg) hilft gegen tierische Schädlinge, wie *Erdbeerblütenstecher, Himbeerkäfer, Brombeermilbe, Blattwespen*, aber auch *Rost* und *Mehltau*. Jauche, Brühe, Tee, 2fach verdünnt.

Wermut (1 kg) zur Niederhaltung von *Blattläusen, Brombeermilben* und *Säulchenrost*. Bis 4fach verdünnt.

Wurmfarn (5 kg frisch, 0,5 kg trocken) anwenden bei *Blut-, Schild-* und *Schmierläusen*, bei *Kalimangel*. Jauche oder Brühe 10fach verdünnt.

Kamille (2 Teelöffel auf eine Tasse), als Brühe oder Tee zur Kräftigung der Pflanzen und als *Samenbeize*.

Salbei-Extrakt vermag Schadpilze an Pflanzen zu hemmen und die Widerstandskraft der Pflanzen zu stärken. Das ganze Kraut verwendbar.

Zwiebelschalen sammeln, 50–100 g in 1 Liter lauwarmem Wasser mehrere Tage ziehen lassen; geeignet als Spritzbrühe gegen *Pilzkrankheiten*, z. B. *Blattfallkrankheit* beim Beerenobst (von Anfang März bis Anfang August monatlich einmal tropfnass spritzen).

Nur die Kinder mögen Schnecken im Garten

Langer, milder, nicht zu trockener Herbst bedeutet vermehrte Eiablage und ein nachfolgendes Schneckenjahr. Von den Nacktschnecken ist es vor allem die Graue Ackerschnecke, bis zu 6

Der Bienenfreund, Phacélia tanacetifólia, *wird 60 cm hoch und blüht von Juni bis Oktober blauviolett. Geeignet als Bienenweide, Gründüngung und Bodenverbesserer.*

cm lang, die sehr schädlich ist. Drei Monate alte Tiere legen bereits ihre weißen Eier in Häufchen von 5 bis 20 Stück (im Jahr bis 400), in Erdlöcher, Komposthaufen oder Mulchdecken. Zuwandern kann die bis 10 cm lange **rotbraune oder schwarze Wegschnecke.** Sie verursacht kaum Schäden, ja gilt als nützlich, da sie Schneckeneier vertilgt. Dies trifft auch für **Gehäuseschnecken** zu, die vorwiegend an Gehölzen leben und durch Amseln dezimiert werden. Die große Weinbergschnecke darf nicht verfolgt werden.

Nachts und an regnerischen Tagen schaben **Ackerschnecken** mit ihren rauen, hornigen Mundwerkzeugen grubige Löcher in Jungpflanzen, Stängel, Blätter und Früchte. Silbrige Schleimspuren und graugrüner Kot deuten auf Schnecken hin. Sofort sollte ein ungiftiger Feldzug durch Ein-

sammeln der Schnecken erfolgen. Anfangs frühmorgens, spätabends und sogar nachts mit Taschenlampe, besonders zwischen Salat und Kohl. In der Nähe Bretter, Blätter, nasse Tücher und Säcke auslegen, wo Schnecken für den Tag unterschlüpfen und leicht zu finden sind.

Gefangen werden Schnecken durch alkoholhaltiges Bier, worin sie ertrinken. Joghurtbecher genügen, die man mit einem Blumenzwiebelpflanzer randtief in den Boden einlässt, zur Hälfte mit Bier füllt und dies alle paar Tage erneuert. Tote Schnecken täglich entfernen und zur Herstellung von Schneckenbrühe verwenden. Noch wirksamer ist die Fanglösung Biogard. Nützlinge sind nicht gefährdet. Etwa alle 5 m ein 10 cm weites, 5 cm tiefes Loch zur Hälfte mit diesem Lockmittel füllen. Sind reichlich Schnecken darin versunken,

mit Erde bedecken und neues Fangloch anlegen.

Andere Verfahren: Schneckenzaunprofile, 22 bis 34 cm hoch, 5-10 cm in den Boden einlassen, bilden jahrelang solide Beeteinfassungen. Als Schneckenzaun gibt es ein 6 cm hohes Kunststoffband mit zwei Drähten, die aus einer kleinen Batterie Strom beziehen. Kommt es trotzdem zu Fraßschäden, muss man die Schnecken innen absammeln.

Schneckenbrühe, von widerlichem Geruch, stößt selbst Schnecken ab. Damit den Komposthaufen begießen, um Eiablagen zu verhindern. Mit gefilterter Brühe Beetränder überbrausen, um junge Pflanzen zu schützen. Herstellung: Schnecken in einem 10-Liter-Eimer mit kochendem Wasser übergießen. Kaltes Wasser nachfüllen und nach wenigen Tagen verwenden. Die Abschreckung hält jedoch nicht lange an. Da Schnecken-brühe nicht jedermanns Sache ist, verwende man Auszüge von Holunder-blättern, Farnkraut, Eisblumen *(Be-gónia semperflórens)* usw., die man zwei Stunden in Wasser ansetzt.

Zunehmend verursacht die große **Spanische Wegschnecke** erhebliche Fraßschäden. Leider hat diese einge-wanderte Schnecke hier keine natür-lichen Feinde, weil sie von bitterem Geschmack ist. Da biologische Ge-genmaßnahmen kaum helfen, muss schon beim ersten Auftreten mit Schneckenkorn vorgegangen werden. Seit über 30 Jahren wurde 1998 zum ersten Mal wieder ein Schneckenkorn in Deutschland zugelassen. Das von Neudorff entwickelte **„Ferramol Schneckenkorn"** ist ein Schnecken-köder mit Eisenphosphat als natür-lichem Wirkstoff. Dadurch kommen weder andere Nützlinge, wie Regen-würmer, Igel, Laufkäfer oder Haus-tiere zu Schaden noch gefährdet es die Wasserqualität. Eine neue Ködertech-nologie macht das Korn besonders bei Feuchtigkeit attraktiv und führt zu ei-nem schnellen Fraßstop an Pflanzen. Die Schnecken ziehen sich bald in ih-re Verstecke zurück, wo sie aufgrund von Zellveränderungen nach einigen Tagen verenden. Sie bleiben nur sel-ten auf Feldern oder im Garten sicht-bar, was insbesondere für Kinder wichtig ist, die ja zu Schnecken ein po-sitiveres Verhältnis haben als viele Er-wachsene, denen das ungeschädigte Wachstum im Gemüse- und Ziergar-ten schließlich auch am Herzen liegt.

Von Schnecken gemieden werden Borretsch, Kerbel, Knoblauch, Peter-silie, Ringelblume, Salbei, Senf, Thy-mian, Ysop, die sich für Einfassungen und Schutzstreifen eignen. Abweis-end sind auch klein geschnittene Farne, Rainfarn, Schafgarbe, Thuja u. a., die man um gefährdete Beete streut. Bei trockenem Wetter helfen

Während Gehäuseschnecken kaum Schäden verursachen, fällt die graue Ackerschnecke an trüben Tagen und nachts über alles her, was grün ist. Die silbrige Schleimspur verrät sie.

Schutzstreifen von Spezial-Kalkstick-stoff, Branntkalk, Gesteinsmehl und Holzasche. Die Stoffe entziehen den Schnecken Feuchtigkeit, so dass sie sich totschleimen. Anwendung für Boden und Pflanzen begrenzt.

Auf grobscholligem Boden halten sich Schnecken bei Tage bevorzugt auf. Feinkrümelige Beete werden bei Tagesanbruch verlassen. Mulchdecke aus frischen Pflanzen lockt Schne-cken stark an. In nassen Jahren des-halb Mulchdecke vorübergehend ent-fernen. Flächenkompostierung im Herbst so spät wie möglich, damit Schnecken hier keinen Unterschlupf suchen. Rasenschnitt als Mulchmate-rial antrocknen lassen, damit keine Schnecken eingeschleppt werden.

Hilfe nützlicher Tiere ist wichtig, reicht aber oft nicht aus. Damit Vögel die Schnecken leichter finden, Rasen-flächen kurz halten. Blumenwiesen begünstigen die Schneckenvermeh-rung. Igel und Kröte jagen ebenfalls Schnecken. In größeren Gärten ist die Indische Laufente ein ausgezeich-neter Schneckenjäger. (Junge Pflan-zen muss man aber vor ihr schützen.)

Saugende Schädlinge übertragen Viren

Blatt-, Blut-, Schild-, Schmier- und Wurzelläuse, Blasenfuß (Schwarze Fliege oder Thrips), Weiße Fliege (Mottenschildlaus), Blattwanzen, Zi-kaden, Milben, Spinnmilben (Rote Spinne) und andere.

Durch Saftentzug stockt das Wachs-tum und leidet die Ausbildung von Blüten und Früchten. Die zuckerhalti-gen Ausscheidungen der Sauger über-ziehen die Pflanzen mit klebrigem **„Honigtau".** Auf ihm siedeln sich Schwärzepilze an, die den **„Rußtau"** verursachen. Beide Beläge hemmen Atem- und Assimiliationstätigkeit. Da-rüber hinaus übertragen besonders geflügelte Tiere Viruskrankheiten, ge-gen die es noch kein Mittel gibt. Sau-gende Schädlinge deshalb wiederholt durch Spritzen oder Stäuben dezi-mieren. Wintereier an Laub- und Na-delgehölzen lassen sich durch eine Austriebsspritzung mit Promanal be-kämpfen.

Während der Vegetation überlässt man das Feld zunächst den Nützlingen, wie Marienkäfer, Florfliege und ihren Larven (Blattlauslöwen). Reicht das nicht, helfen der scharfe Wasserstrahl, Schmierseifenlösung (auch mit etwas Spiritus), Brennnesseljauche, Wermuttee usw. (s. 2 Kapitel vorher) sowie Handelspräparate: Das nützlingsschonende Neudosan, Neudosan AF, Spruzit-flüssig, Spruzit-Staub oder andere.

Vorbeugung: Boden feucht halten, mit Stickstoff zurückhaltend sein, Kali muss im Sommer das Übergewicht erhalten, gegen Schwächestadien Algan einsetzen.

Mit *Gelbfallen* oder *-leimtafeln* lassen sich verschiedene Schadinsekten fangen, wie Blattläuse, Weiße Fliegen, Trauermücke, Minierfliegen, Kirschfruchtfliege, Zikaden und auch andere.

Aber auch für Nützlinge und Schmetterlinge ist das Gelb verfänglich. Solche Fallen sollten nicht länger als erforderlich hängen bleiben.

Ein Beet für unsere Kinder kann zur Erlebnisecke werden

Die **Naturerfahrungen** im elterlichen Garten prägen unsere Kinder nachhaltig. Schon Karl Foerster, der große beherzte, europäische Gärtner und Blumenzüchter (1874–1970), wusste davon zu berichten:

„Schon morgens vor der Schule stürmten wir immer gleich zu unserem Gärtchen hinaus, um zu sehen, ob die Pflanzen wieder größer geworden waren. Solche Stärke und Nachhaltigkeit der Leidenschaft für Garten und Pflanze, die sich in Kindern schon vom sechsten Jahre an einzunisten vermag, um nie wieder zu vergehen, kann von Erwachsenen ohne eigene Kindheits-Gartenerlebnisse kaum geahnt werden." (Karl Foerster: Ferien vom Ach. Neuausgabe Berlin 1990)

Ist ein Kind aus dem Buddelkastenalter herausgewachsen, dann möchte es wie Erwachsene säen, pflanzen, gießen und ernten. Dieses **Erleben und Entdecken** können wir unterstützen, wenn Kinder ihr eigenes Beet bekommen. Spielerisch erleben sie das Wunder des Wachsens, nachdem sie die ersten Samen oder die erste Blumenzwiebel in die Gartenerde gebracht haben. Ihr Forscherdrang lässt sie immer mehr ausprobieren und Fundstücke dort unterbringen, so dass aus dem Beet bald eine Erlebnisecke wird. Bald werden sich die Kinder auch mit den vielen kleinen Lebewesen beschäftigen, die sich in dieser Umgebung einfinden.

So fördern wir, dass unsere Kinder handelnd die Natur erfahren. Bei allen ratsamen Hilfestellungen sollten Erwachsene vor allem bereit sein, auf Initiativen von Kindern zu warten, in denen sich Eindrücke, Fragen und Interesse ganz von selbst artikulieren, also die Entdeckerfreude nicht vorher festlegen. Und auch, wenn wir schon wissen, dass mancher in die Erde gebrachte Trieb keine Wurzeln bilden wird, sollten wir die Kinder machen lassen.

Einige Quadratmeter in sonniger Lage (je nach Gartengröße) reichen für den ersten Start aus. Die kindlichen Geräte, wie eine kleine Schaufel, eine Jätekralle (zugleich Grubber), eine handliche Harke und die bunte Gießkanne werden bald voller Stolz benutzt und auch wieder ordentlich weggehängt; denn die Hersteller (Gardena, u.a.) bieten nämlich auch kindgerechte Hackensets an. Zwar geht die Bodenbearbeitung nicht immer ohne Schaden für manche jungen Pflänzchen ab; aber das braucht uns nicht zu beunruhigen, denn es wächst ohnehin noch genug.

Im Kinder-Gärtchen soll gleichzeitig viel geschehen, und das darf alles nicht so lange dauern. Ungeduld be-

Ein Beet für unsere Kinder im Garten kann die Leidenschaft für das „Grüne Paradies" nachhaltig stärken. Und selbst gepflückte Tomaten schmecken besonders gut!

Saatband wird von Kindern gern verwendet: Nur in eine Rille legen, gießen und wieder schließen.

gleitet die neugierigen Kinder. Der Mai bietet sich für *schnellwüchsige Pflanzen* an. So keimt etwa Gartenkresse schon nach wenigen Tagen. Freude haben Kinder, wenn wir mit den Samen ihren Namen schreiben, der bald aus Kresse sichtbar wird. Auch die großen, runden, purpurroten Radieschen ('Cyros') lieben viele Kinder. Ebenso wachsen Zuckererbsen schnell. Möhren setzen die Geduld schon etwas länger aufs Spiel. Es empfiehlt sich, die Saatbänder vorzukeimen. Nicht nur Samen, sondern auch junge Pflänzchen vom Wochenmarkt oder aus der Gärtnerei bringen sichtbare Erfolge für die Kinder. Kopfsalat und Tomaten bieten sich dafür an und auch junge Pflänzchen blühfähiger, immertragender Erdbeeren

mit möglichst großen Früchten. Das sollte für die Gemüse- und Obstabteilung reichen!

Jetzt kommen sicher keimende *Sommerblumensamen* an die Reihe. Von den vielen Möglichkeiten seien hier nur einige genannt, die gut zusammenpassen und zu verschiedenen Zeiten blühen: Ringelblume, Jungfer im Grünen, Lupine, Sommer-Rittersporn, Kornblume, Schöngesicht und natürlich nicht zu hohe Sonnenblumen, z.B. die Neuzüchtung (2001) 'Ring of Fire', mit reizvollen zweifarbigen Blütenblättern, gut verzweigt und einer Höhe von 1,20 m. Aus einer Samenpackung (Haltbarkeit beachten!) wird nur ein kleiner Teil verwendet. Zum Pflanzen für den Sommerflor eignen sich Astern, Löwenmaul, Kosmeen und die sich breit entfaltende Kapuzinerkresse. Wenn das Beet am Zaun liegt, zieren dekorative Kletterpflanzen, vor allem Kalebassen und Zierkürbisse, die später nicht nur Schmuckstücke, sondern auch Bastelobjekte sein können.

Kinderpackungen des Fachhandels (z.B. von Schlüter und Sperling) sind empfehlenswert, weil das Säen und Auflaufen besonders gut klappen und zu enge Saat auch nicht mehr vereinzelt zu werden braucht. Samenteppiche (Saatplatten), Saatband, Pillensamen und „wachsende" Folie gehören zu diesen Produkten. Mit einem organischen Dünger, wie Fertofit-Garten-Dünger von Neudorff lassen sich die Nährstoffansprüche unproblematisch befriedigen.

In diesem Buch sind viele Hinweise enthalten, die sich nach eigenem Ermessen und Geschmack in dem Kinder-Gärtchen anwenden lassen, auch wenn wir nicht immer darauf hinweisen. Viele Anregungen finden Sie beim Lesen ganz von selbst, wenn Sie Ihren Garten erst einmal aus den Augen der Kinder betrachten!

Naturbeobachtung für Kinder und Jugendliche

Einfache Beobachtungshilfen fördern das eigene Entdecken noch nachhaltiger. So ermöglicht beispielsweise eine Zweiweg-Deckellupe mit vierfacher Vergrößerung den Kindern, Tiere und Pflanzen zu beobachten, ohne sie zu verletzen. Sind die Kinder mit dem Garten schon vertrauter, so vergrößert sich ihr Aktionskreis und sie beobachten die Natur auch etwas weiter weg oder etwas genauer. Vielleicht haben sie schon Nistkästen im Garten beobachtet, und wenn die Kinder zu jugendlichen Forschern werden, dann freuen sie sich über ihr erstes Fernglas oder ein Monokular, um ihre Beobachtungen genauer zu machen. Ein Mikroskop steht vielleicht am Ende dieser Geräte. Der KOSMOS-Verlag bietet hierzu ein reichhaltiges pädagogisches Angebot für den forschenden Umgang mit der Natur an.

Kompost für das Sommerhalbjahr

Kompostgewinnung darf nicht stocken. Frisch-, Grob- oder Mulchkompost aus Herbstabfällen nach 6-7, im Frühling und im Sommer nach 3-4 Monaten 2 cm stark aufs Land bringen, zwischen wachsende Kulturen, sowohl bei Gemüse wie Stauden, unter Obstbäume, Beeren- und Ziersträucher. Boden vorher wässern, flach lockern, Samenunkräuter werden unterdrückt. Nichts für frische Beete!

Frischkompost ist eine *halbverrottete, dunkle Masse,* bei der man das Ausgangsmaterial kaum noch erkennt, und verbürgt *hohe Fruchtbarkeit.* Sie beruht vor allem auf dem Reichtum an aktiven Mikroorganismen und auf einer intensiven Regenwurmtätigkeit. Es werden Nährstoffe mobilisiert und es kommt zu starker Kohlensäureentwicklung.

Nicht zu viel ausbringen (max. 2 cm), da der Nährstoffgehalt im Frischkompost sehr hoch und nicht genau kontrollierbar ist.

Reifkompost, Humus- oder Komposterde kann nach 1–2 Jahren gewonnen werden. Wer sie gewinnen will, sollte den Haufen jetzt *umsetzen.* Wurde beim Stapeln z. B. 1 kg Spezial-Kalkstickstoff eingestreut, so berücksichtige man als Ergänzung 1,5 kg Thomaskali mit Magnesium oder im Wechsel mit Thomassulfatkali.

Frischer Rasenschnitt, der viel Wasser enthält, stickstoffreich und luftundurchlässig ist, sollte mit stickstoffarmem holzigem Schreddermaterial, trocknem Laub, Hobelspänen, Zeitungspapier im Verhältnis 2:1 kompostiert werden. Ein Zusatz von Bio-Komposter-Flocken beschleunigt die Rotte. Die neuen Thermo-Komposter mit Wärmedämmung von Neudorff liefern besonders rasch Humus.

Im Blumen- und Ziergarten

Maiglöckchen, Pfingstrosen…

Mit nicht zu übertreffender Blüten- und Farbenfülle begeistern uns auch in diesem Monat, vor allem im Steingarten, verschiedene, niedrige, üppig wachsende **Polsterstauden** (s. April). – Ergänzung findet diese Pracht durch **Zweijahrsblumen,** wie *Stiefmütterchen, Tausendschön, Vergissmeinnicht, Goldlack,* und **Zwiebelblüher,** besonders späte *Tulpen* und *Dichternarzissen.*

Eine Staude, die den Namen dieses Monats trägt, das Maiglöckchen, tritt bescheiden in den Hintergrund, obwohl seine weißen Blüten mit feinem Duft weithin beliebt sind. Als genügsame Schattenpflanze des Laubwaldes eignet sie sich im Garten zur Bodenbedeckung unter Gehölzen. Vorzug verdient das **Garten-Maiglöckchen** (*Convallária majális* 'Grandiflo-

ra'), das feuchten Humusboden bevorzugt. Die *wuchernde Ausdehnung* lässt sich durch das Einlassen von Platten in den Boden, bis 50 cm tief, begrenzen. Pflanzzeit ab Spätsommer.

Zu den Prunkblumen im Mai und Juni gehören die rosa, rot oder weiß blühenden, gefüllten **Pfingstrosen** oder Päonien, die im Halbschatten auf lehmhaltigem, nährkräftigem Boden nach einer Anlaufzeit von 2 bis 3 Jahren zufriedenstellend blühen. – Bei Austriebsbeginn und nach der Blüte streut man einen kalireichen *Volldünger* im weiteren Kreis um die Staude und arbeitet ihn flach ein. Bis zur Vollblüte reichlich *wässern.* Blätter nicht befeuchten, sonst können Blüten und Knospen noch an *Graufäule* erkranken. Pflanzenteile, die von diesem Schimmelpilz befallen sind, sofort entfernen und vernichten. Wo die schweren Blüten sich dem Boden zuneigen, empfiehlt sich das Anlegen eines *Staudenhalters.* An Schnittblumen entnimmt man immer nur wenige Stiele unter Schonung der Blätter.

Von außergewöhnlichem Farbenreichtum sind **Schwertlilien.** Während die niedrige (15–20 cm hohe) *Frühlingsiris* bereits im April blüht, folgt im Mai die *mittelhohe Vorläufer-iris* (30–45 cm). Den Höhepunkt bringt im Mai/Juni die *Hohe Garten-Iris* mit unzähligen, sehr schönen, anspruchslosen Sorten. Die 70–100 cm hohen Pflanzen werden unter „Barbata-Elatior-Gruppe" geführt und lieben besonders sonnige, windgeschützte Stellen. Für die Pflanzung im Juli/August sucht man sich schon jetzt Sorten aus.

Akeleien erfreuen uns in halbschattiger Lage mit verschiedenen zarten Farben. Langgespornte Arten und Sorten aus Nordamerika sind schöner und anspruchsvoller als kurzgespornte aus Europa und Asien. Alle passen ins bunte Staudenbeet.

Zusätzliche Anmerkungen

Maikäferplage. Obwohl in gefährdeten Gebieten kaum eine Kulturpflanze von Maikäfern und ihren Larven *(Engerlingen)* verschont bleibt, ist planmäßige Bekämpfung nicht notwendig. Abschütteln klammer Käfer in den Morgenstunden bringt einen Teilerfolg. Mit Spruzit-flüssig oder einem Dimethoat-Mittel sollte höchstens in Notfällen gespritzt werden.

Moos auf Gartenbeeten deutet auf sauren, festen Boden hin. Schädliche Bodensäuren lassen sich durch 30 bis 40 g/m² Spezial-Kalkstickstoff sofort binden. Außer Kalk erhält der Boden noch Stickstoff, der Moos ebenfalls angreift, so dass es verschwindet. Bis zur Wiederbepflanzung ist eine War-

tezeit von 2 bis 3 Wochen erforderlich. Durch flaches Einarbeiten und mäßige Bodenfeuchtigkeit werden gleichzeitig keimende Unkräuter, Bodenschädlinge und Pilzkrankheiten vernichtet.

Pflanzenschutz und Blattdüngung. Wird ein Spritzmittel zusammen mit einem Blattdünger ausgebracht, so ist die Wirkung besser als bei einer Verdünnung nur mit Wasser, da es leichter verdunstet und dabei Wirkstoffteilchen in die Atmosphäre mitnimmt. Wo Düngung über das Blatt erfolgt, lohnt sich die Kombination: Pflanzenschutzmittel plus Blattvolldünger in vorgeschriebener Verdünnung. Hinweise auf Mischbarkeit usw. in der Gebrauchsanweisung unbedingt beachten!

Die Pfingstrose, Paeónia lactiflóra, *und die Bauern-Pfingstrose,* P. officinális, *sind Prunkblumen um die Pfingstzeit. In lehmhaltigem Boden ist die Pflege leicht.*

Was verlangt das Staudenbeet im Mai?

Ältere *Sommer- und Herbststauden,* die im letzten Jahr nicht mehr befriedigt haben, sollten, wenn der Austrieb den Boden durchstoßen hat, ausgegraben, in mehrere Stücke zerlegt und in den mit torffreier Pflanzerde (NeudoHum) aufgefrischten Boden wieder gepflanzt werden.

Das **Tränende Herz** zieht bald nach der Blüte ein. Damit die Wurzeln nicht der Hacke zum Opfer fallen, wird die kahl werdende Stelle mit einem Stab gekennzeichnet. Das unschöne Vergilben der Blätter dieser Staude und anderer Frühblüher lässt sich durch Vorpflanzung höherer Sommerstauden, wie *Phlox,* wohltuend verdecken.

Von abgeblühten **Polsterstauden** werden verblühte Stiele weggeschnitten. Durch Abstechen der Ränder beschränkt man den Umfang, damit Polster im Innern nicht verkahlen. 14 Tage nach der Blüte kann man alte Polster teilen und neu aufpflanzen, falls das Innere der Pflanzen zu wünschen übrig lässt. *Blaukissen,* das tief wurzelt, lässt sich besser durch **Stecklinge** vermehren. Das gilt auch für andere Stauden, Klein- und Halbsträucher *(Schneeheide, Lavendel usw.).*

Andere wirkungsvolle Stauden dieses Monats sind die langstielige, gelbe **Gemswurz** *(Dorónicum plantagíneum),* **Tränendes Herz** *(Dicéntra exímia* und *D. spectábilis),* rosa-weiß; **Trollblumen,** gelb, orange; **Frühlings-Margerite** *(Leucánthemum vulgare),* weiß; **Alpen-Aster,** lavendelfarben; **Feder-Nelke,** rot, rosa, weiß; **Purpurglöckchen,** kräftigrot; **Phlox-Primel** *(Prímula siebóldii),* rosarot, für leichte Schatten.

Maienpracht durch Blütengehölze

Wenn der Garten mit seinem jugendfrischen Grün in den „Maien" geht und viele Gehölze sich mit leuchtenden Blütenfarben in Rosa, Rot, Purpur, Lilablau, Gelb oder Weiß schmücken, geht von ihnen ein paradiesischer Zauber aus, wie er von keinem anderen Monat erreicht wird. April/Mai mit Grobkompost Fertofit oder Mannahum düngen.

Was sich zwischen April und Juni an Blütengehölzen zur Schau stellen kann, vermittelt die Tabelle auf Seite 146. Sie ermöglicht eine gute Übersicht und erleichtert die Auswahl für mögliche Pflanzungen. Es werden Hinweise auf Höhe, Lage, Blütenfarbe, Blütemonat und Sonderansprüche gegeben. *Symbole* bedeuten: ○ = sonnig, ◑ = halbschattig, ● = schattig, ☉ = absonnig.

Wenn der Flieder (Syrínga vulgáris) *wieder blüht – dann ist Frühling. Eine schöne Weiterzüchtung zeigt die dunkelpurpurrote Sorte 'Andenken an L. Späth'.*

Verblühte Tulpen, Kaiserkronen, Frühlings-Margeriten usw. sind von **Samenständen** zu befreien, falls Selbstaussaat unerwünscht ist. Bei *kleineren Zwiebelblühern* (Schneeglöckchen, Winterling, Krokus, Blaustern u. a.) an Gehölzrändern usw. ist Aussamen dagegen erwünscht. Grüne Blätter bei Zwiebelgewächsen schonen.

Zwischen Beetstauden schweren Boden bei Verhärtung lockern; wo Blumenzwiebeln gelegt sind, nur flach. Gleichzeitig Unkraut beseitigen.Neuer **Unkrautwuchs** aus Samen lässt sich durch Frischkompost unterdrücken. *Wurzelunkräuter* kann man durch wiederholtes Abstechen loswerden; Betupfen der Herzblätter mit Spezial-Kalkstickstoff führt rasch zum Erfolg.

Günstige Zeit für Staudenaussaaten

Durch Aussaat von Wildstauden und solcher Beetstauden, die züchterisch noch wenig bearbeitet sind, lässt sich der Blumenbestand erheblich bereichern und man kommt preiswert zu wunderhübschen Neuheiten.

Ein geschützt liegendes Freilandbeet richtet man feinkrümelig her wie ein *Saatbeet* und sät weitläufig in 10-20 cm entfernte Reihen, damit die Pflänzchen hier bis zum Umsetzen stehen können. Die flachen Saatrillen drückt man mit einer kantigen Holzlatte und schließt sie nach der Einsaat wieder. Erde überbrausen und bis zum Keimen gleichmäßig feucht halten, was am besten unter „wachsender" Folie gelingt. Zu dicht stehende Pflänzchen alsbald vereinzeln, Unkräuter entfernen, wofür man einen trüben, milden Tag auswählt. Je nach Entwicklungsstand im Sommer einige Mal düngen, und zwar mit einem rasch wirkenden Volldünger. Nach 6 bis 15 Wochen an Ort und Stelle pflanzen.

Aussaat in einen **Kasten** mit Fensterbedeckung sowie in Schalen oder Töpfe unter **Glas**- oder **Folienschutz** gelingt auch bei anspruchsvolleren Arten und Sorten, doch ist mehr Wartung erforderlich. Als Aussaaterde eignet sich z. B. NeudoHum. Samen 3-4-mal so dick mit Erde bedecken, wie sie stark sind. Ganz feine Sämereien nur andrücken. Zur Befeuchtung braucht man eine feine

TABELLE DER BLÜTENGEHÖLZE IM MAI – TEIL I

Deutsche und botanische Namen	Höhe in m	Lage	Blüte; Besonderes (i = immergrün)
Felsenbirne, *Amelánchier láevis*	4-7	○ ◐	weiß, 5, luftfeucht ⎱ kalkfreundlich,
- , *Amelánchier canadénsis*	3-5	○ ◐	weiß, 4-5, genügsam ⎰ Frucht essbar
Rosmarinheide, *Andrómeda japónica*	2-3	◐ ●	weiß, rosa, 3-5, saurer Humusboden, i
Berberitze, *Bérberis*, Arten, Sorten	1-1,5	○ ◐ ● ◎	gelb, 5-6, teils luftfeucht, teils i
Erbsenstrauch, *Caragána arboréscens*	4-5	○ ◎	gelb, 5, noch für ärmste Böden
Judasbaum, *Cércis siliquástrum*	4-5	○	purpurrosa, 4-5, Boden etwas feucht
Alpen-Waldrebe, *Clématis alpína*	2-3	◐	violett, 4-6, berankt Felsen, kalkhold
Anemonen-Waldrebe, *C. montána*	5-8	◐	weiß, rosa, 5-6, besonders frosthart
Waldrebe, *C. patens* 'Lasurstern'	3	◐	lavendel, Staubgefäße weiß, i
Blumen-Hartriegel, *Córnus flórida*	3-4	◐	weiß, 5-6 ⎱ Lage warm, luftfeucht,
- , *C. f.* 'Rubra'			rosarot ⎰ Boden sauer, etwas feucht
Zwergmispel, *Cotoneáster*, Arten	0,1-3	○ ◐ ● ◎	weiß, 5-6, rote Beeren, teils i
Weißdorn, *Cratáegus monógyna*	3-4	○ ◐	weiß, 5-6 ⎱ anfällig für Obstbaumschädlinge,
Rotdorn, *C. laevigáta* 'Paulii'	4-5	○ ◐	rot, gefüllt ⎰ Feuerbrand
Besenginster, *Cytisus scopárius*	1-1,5	○	gelb, rot, 5-6, luftfeucht, sauer
Rosmarin-Seidelbast, *Dáphne cneórum*	0,3	○ ◐	karminrosa, 5-6, Sand - Lehm - Humus - Kalk, i
Taubenbaum, *Davídia involucráta*	8-15	○ ◐	weiß, 5-6, nicht für raue Gebiete, in allen Teilen giftig
Ölweide, *Elaeágnus commutáta*	3-4	○	silbrig-gelb, 5-7, für sandige Hänge
Prachtglocke, *Enkiánthus campanulátus*	2-4	◐	gelb-rosa, 5, Boden humos, etwas sauer
Perlbusch, Prunkspiere, *Exochórda racemósa*	2,5-4	○ ◐	weiß, 5, Boden durchlässig, kalkarm
Federbusch, *Fothergílla májor*	1,5-2	○ ◐	weiß, 5, Boden humos, frisch, sauer
Schneeglöckchenbaum, *Halésia*	3-4	○ ◐	weiß, 4-5, Strauch, Boden frisch, humos
Lorbeerrose, *Kálmia latifólia*	1,5	◐ ● ◎	rosa, 5-6, saurer Humusboden, i
Ranunkelstrauch, *Kérria japónica*	1-2	○ ◐ ◎	goldgelb, 5-7, Herbst, gefüllte 'Pleniflora' blüht durchgehend, luftfeucht
Schönheitsstrauch, *Kolkwítzia amábilis*	2,5	○ ◐	rosa, 5-6, bevorzugt leichteren Boden
Goldregen, *Labúrnum x watéreri*	3-5	○ ◐	gelb, 5-6, 'Vossii' hat lange Trauben

TABELLE DER BLÜTENGEHÖLZE IM MAI – TEIL II

Deutsche und botanische Namen	Höhe in m	Lage	Blüte; Besonderes (i = immergrün)
Heckenkirsche, *Lonícera*-Arten	1–4	○ ◐ ⊙	gelb-weiß, rosa, rot, 5–6, robust
Tulpen-Magnolie, *Magnólia-Soulangiana*-Hybriden	3–6	○ ◐	rot-weiß, 5–6, nahrhafter, kalkarmer Humusboden in geschützter warmer Lage
Mahonie, *Mahónia aquifólium*	1	○ ◐ ● ⊙	gelb, 4–5, verträgt viel Schnitt, i
Schmuckäpfel, *Málus*, Arten, Sorten	2–6	○	rosa, rosa-weiß, 5, Frucht rot, gelb
Strauch-Päonie, *Paéonia-Suffruticosa*-Hybr.	1,5	○ ◐	rosa, rot, weiß, 5, Winterschutz
Pfeifenstrauch, *Philadélphus*-Arten	1–4	○ ◐ ⊙	kremweiß, 5, 'Falscher Jasmin'
Japanische Zierkirschen, *Prúnus*	4–6	○	rosa, weiß, 5, viele Sorten, gefüllt
Lorbeer-Kirsche, *P. laurocérasus*	1,5–2	◐ ● ⊙	weiße „Kerzen", 4–5, milde Lage, i
Feuerdorn, *Pyracántha coccínea*	2–3	◐ ⊙	weißlich, 5–6, schorfanfällig, i
– , *P. fortuneána* 'Orange Glow'			weißlich, 5–6, schorffrei, i
Alpenrose, *Rhododéndron*-Hybriden	0,5–4	◐	viele Farben, 4–6, kalkscheu, meist i
Wildrosen, *Rósa*, Arten, Sorten	1,5–3	○ ◐	rosa, rot, weiß, 5–6, Hagebutten
Gold-Johannisbeere, *Ríbes áureum*	1,5–2	○ ◐ ● ⊙	gelb, 4–5, Deckstrauch, feucht
Blut-Johannisbeere, *R. sanguíneum*	2–3	○ ◐	blutrot, rosa, 4–5, guter Boden
Traubenholunder, *Sambúcus racemósa*	2–3	○ ◐	grüngelb, 4–5, Sand frisch, sauer
Eberesche, *Sórbus aucupária*	4–8	○ ◐	weiß, 5, Deckstrauch oder Baum
Schneespiere, *Spiráea x vanhóuttei*	1,5–2	○ ◐	weiß, 5–6, mehrere genügsame Arten
Flieder, *Syrínga-Vulgaris*-Hybr. u. Arten	3–5	○ ◐	lila, violett, purpur, weiß, 5–6
Tamariske, *Támarix parviflóra*	3–4	○	rosa, 4–5, durchlässiger Boden
Schneeball, *Vibúrnum ópulus*	3–4	◐ ●	kremweiß, 5–6, feucht, sonst Läuse
Weigelie, *Wéigela*-Hybriden	1,5–3	○ ◐	rosa, rot, 5–6, Nachblüte, 9–10
Blauregen, *Wistéria*-Arten	5–10	○ ⊙	blauviolett, 5–6, keine Südwand

Brause. Zeigen sich die ersten jungen Pflänzchen, täglich etwas lüften. Grelle Sonne durch Beschattung (mit Pergament) abhalten, besonders bei Primeln und anderen schattenliebenden Stauden. Zu dicht stehende Sämlinge pikiert man in Schalen oder Multiplatten, größere Stauden in Torftöpfe. Auspflanzen im Spätsommer oder Frühherbst.

Pikieren: Zu eng stehende Sämlinge mit einer Pikiergabel einzeln herausheben und in Löcher von Bleistiftstärke gleiten lassen. Ein Pikierhölzchen (bleistiftstark) hat vorgebohrt und drückt dann Erde an den Sämling.

Früh blüh'n die „Heckenrosen"

Bereits im Mai kann die Rosenblüte mit einigen Wildarten beginnen. Sie wachsen wie andere Blütensträucher, werden 1–3 m hoch, sind anspruchslos und in Katalogen unter **Wild-, Park- und Moosrosen** verzeichnet. Für naturnahe Pflanzungen eignen sich Wildrosen besonders. Ausläufer treibende Arten können Böschungen befestigen helfen. Wildformen setzen nach der Blüte rote bis orangerote Früchte **(Hagebutten)** an, die nicht nur Zierwert haben, sondern wegen ihres hohen Gehalts an Vitamin C auch Verwendung finden. Beste Pflanzzeit ist November. Pflanzweite, je nach Höhe und Zweck, 50 bis 150 cm, als Hecke etwa 60 cm. Folgende **Auswahl,** nach botanischem Namen alphabetisch geordnet,

Die begehrten Hagebutten der Kartoffelrose, groß wie Wildäpfel, sind konzentrierte Vitamin-C-Spender.

nennt wichtigste Vertreter, die im Mai oder auch später blühen:

Rósa aciculáris 'Dornröschen', 1,5 m, rosarot mit gelb, gefüllt, ab Mai dauerblühend.

Rósa canína, **Hecken**- oder **Hunds-Rose,** 2–3 m, rosarot, einfach, Juni/Juli, kl. Frucht.

Rósa centifólia 'Muscosa', **Moos-Rose,** 1,5 m' tiefrosa, stark gefüllt und bemoost, besitzt hervorragenden Centifolienduft, Juni bis August (centifolia = 100blättrig),

– 'Major', **Bauern-Rose,** 1 m, glänzendrosa, gefüllt, stark duftend, buschiger Wuchs,

– 'Crimson Globe', 1 m, karminrot, stark bemoost, kräftiger Centifolienduft.

Rósa fóetida (Lútea) 'Bicolor atropurpurea' **Kapuzinerröschen,** 1,5 m, innen kapuzinerrot, außen goldgelb, einfach blühend.

Rósa gállica 'Pompon de Bourgogne', **Burgunderröschen,** 60 cm, fleischrosa, am Rand weißlich, klein, gefüllt, duftend, Wuchs rundbuschig.

Rósa haemotodes, 2–3 m, rosa, einfach, duftend. Zur Auflockerung von Decksträuchern.

Rósa hugónis, Chines, **Gold-Rose,** Mai bis Juni, Triebe leicht bogenförmig überhängend, wenig bestachelt, 2 m.

Rósa moyésii, 2 m, blutrot, einfach, Schmuckfrüchte länglich, hellrot, schöne Art, 2–3 m.

Rósa nítida, 40 cm, rosa, einfach, Wurzelausläufer, für Böschungen.

Rósa pendulína, **Alpen-Heckenrose,** 1–2 m, Triebe meist rötlich, ohne Stacheln, blüht Mai/Juni kräftig rot, einfach, starker Duft, Früchte hellrot, überhängend, Schattenstrauch.

Rósa pimpinellifólia (spinossíssima), **Dünen-Rose,** 1 m, weiß bis hellgelb, einfach, alle ab Mai,

– 'Frühlingsgold', 1,5 m, goldgelb, groß, einfach, stark duftend, reichblühend,

– 'Maiwunder', 1,5 m, goldgelb, gefüllt, duftend, Herbstnachblüte.

Rósa rubiginósa, Apfel- oder Schottische **Wein-Rose,** 2,5 m, rosarot, einfach,

– 'Fritz Nobis', gelblichrosa, duftend, 'Goldbusch', hellgelb, 'Rosendorf Ufhoven', dunkelblutrot, duftend, edelrosengleich, alle 2 m, stark bestachelt.

Rósa rugósa, **Kartoffel**- oder **Jap. Apfel-Rose,** 1,5 m, rosarot, weiß, einfach, Frucht groß,

– 'Dagmar Hastrup', 60 cm, kräftigrosa, einfach, breitbuschig, für niedrige Hecken,

– 'C. F. Meyer', 2 m, kupfrigrosa, gefüllt, duftend, öfter blühend, großfrüchtig,

– 'Pink Grootendorst', 1 m, reinrosa, gefüllt, öfterblühende Heckenrose.

Rósa sweginzówii 'Macrocarpa', 3 m, hellrot, einfach, 5 cm lange, zierende Früchte, – 'Frühlingsmorgen', karminrosa, leicht gefüllte Blüten.

Umweltfreundliche Rasendüngung

Der Rasen ist eine anspruchsvolle Sonderkultur im Garten. Um zu einer dichten, tiefgrünen, trittfesten, unkrautarmen Rasenfläche zu kommen, muss angemessen und zeitgerecht gedüngt werden. Fehlt ein ausreichendes Nährstoffangebot, werden die ausgesäten Gräser zunehmend durch Ungräser (einjährige Rispe), Unkräuter (Ehrenpreis, Klee u.a.) und Moose ersetzt. Da die Gräser sehr eng stehen, miteinander stark konkurrieren und nur Grünmasse bilden, wird vor allem Stickstoff benötigt, der für das Wachstum unerlässlich ist.

Nicht jeder Stickstoff eignet sich zur Rasendüngung. Untauglich sind die mehr oder weniger rasch wirkenden Formen Nitrat und Ammonium, die in den mineralischen Einzel- und Volldüngern (blauen) enthalten sind. Diese bewirken einerseits stoßweises Wachstum der Gräser, was den Schnittaufwand erhöht. Andererseits kommt

Mai

Die Kartoffelrose (Rosa rugosa) bildet kräftige Sträucher mit stacheligen Trieben, die bis zu 2,5 m hoch werden.

Rasendünger wird mit einem Streuwagen wohldosiert ausgebracht. Überlappungen sind möglichst zu vermeiden.

Im Jahr sind je Quadratmeter mindestens 12 g Stickstoff erforderlich, bei stärkerer Belastung durch Bespielung oder häufigen Schnitt bis 20 g auch mehr. Die Nährstoffe sind dem Verhältnis entsprechend zu berücksichtigen. Infolge unterschiedlicher Zusammensetzung der Rasendünger ermöglicht Düngerwechsel alle paar Jahre einen hinreichenden Ausgleich.

Der mengenmäßige Bedarf an Hauptnährstoffen beträgt im Jahr je Quadratmeter 12–20 g Stickstoff, 4–6 g Phosphat, 6–10 g Kali, 2–3 g Magnesia. Diese Düngermengen können über verschiedene Düngungssysteme in drei Einzelgaben verabreicht werden, wobei die letzte etwas geringer zu bemessen ist:

1. Mineralischer Langzeit-Fertigdünger mit Nitrifikationshemmer wie Sanguano-Super (20 + 3 + 5 + 2 + 1% Fe): 60 bis 100 g/m², Einzel: 20 bis 35 g/m².
2. Organisch-mineralischer Rasendünger wie Mannadur (10 + 5 + 5 + 2): 120 bis 200 g/m², Einzelgaben: 40 bis 70 g/m².
3. Zur gleichzeitigen Unkrautvernichtung (UV) oder Moosvernichtung (MV) gibt es obige Dünger mit UV oder MV. Anwendung meist ab Mai (s. unten).
4. Organische Rasendünger wie z. B. Azet-Rasen-Dünger (8 + 3 + 5), granuliert: Mai, Juli, September je 60 g/m². Rasen-Start Dünger (7 + 9 + 3) bei der Aussaat 60 g/m².
5. Thomaskali mit Magnesium im Februar/März: 100 bis 150 g/m² (Vollgabe) und Manna-Hornmehl: 120 bis 200 g/m² (in drei Gaben aufgeteilt).
6. Komposterde (1 cm Höhe enthält etwa 5 g/m² Stickstoff), besonders für humusarme Böden. Auf schwerem Boden nach Vertikutierung mit Sand 1:1 einharken.

Dünger stets gleichmäßig ausstreuen, möglichst mit einem Streuwagen, ein bis zwei Tage nach einem Schnitt auf feuchten Boden und abgetrocknete Gräser. Düngestreifen dürfen nicht überlappen, sonst entstehen Verätzungen, die lange störend sein können.

Die erste Düngung im Jahr erfolgt meist zu früh. Die ausgeruhten Gräser treiben auch ohne Nährstoffzufuhr gut aus, so dass sich unnötig starker Wuchs und zu häufiger Schnitt im April und Mai vermeiden lassen. Ab Juni lässt das Wachstum deutlich nach. Leichte Böden sollten deshalb Ende Mai, schwere Anfang Juni die erste Düngergabe erhalten. Mitte August und Ende Oktober/Anfang November wird wieder gedüngt. Die letzte Jahresdüngung begünstigt das Wintergrün ebenso wie den frühen Austrieb und hat für Hausgärten in schneearmen Gebieten besondere Bedeutung.

Zur Einwaschung des Düngers wird am besten in drei Stufen bewässert, falls Niederschläge fehlen. Durch leichtes Wässern nach der Düngung werden die Nährstoffe zunächst an den Boden gedrückt. Am nächsten Tag kann man schon stärker beregnen, um ein wenig Dünger zu lösen. Schließlich sorgt eine volle Sprengung für das Versickern von Nährstoffen in den Wurzelbereich der Gräser.

Mit der *Unkrautbekämpfung* erst beginnen, nachdem die Temperatur mehrere Tage über +15 °C gelegen hat. Ein Rasendünger mit UV wird etwa 4 Tage nach einem Schnitt bei trocknem Wetter auf die Rasenfläche ausgebracht. Mindestens 2 Stunden nach der Behandlung darf es nicht regnen, damit der Wirkstoff von den breitblättrigen Kräutern aufgenommen werden kann. Bei hartnäckigen Unkräutern (ältere Gänseblümchen, Ehrenpreis, Knöterich, Günsel, Schaf-

es zu stärkeren Verlusten durch Auswaschung, wodurch das Grundwasser stark belastet wird.

Umweltfreundlich dagegen *sind die langzeitlich wirkenden Rasendünger.* Ihr langsam und ziemlich gleichmäßig fließender Stickstoff veranlasst ausgeglichenes Wachstum, so dass Auswaschungen kaum auftreten.

Zur gesunden Entwicklung der Gräserpflanzen sind alle Nährstoffe erforderlich einschließlich Spurenelemente, besonders Eisen (Fe). Für die Hauptnährstoffe Stickstoff, Phosphat, Kali, Magnesia ist ein Verhältnis von etwa 6:2:3:1 anzustreben.

Gladiolen, Gladíolus-Hybriden, wirken von Juni bis September im Garten wie leuchtende Fackeln.

garbe, Gundermann, Braunelle u. a.) Wiederholung nach 10 Tagen. – Etwa 1 Woche nach der Unkrautbekämpfung wieder mähen, abharken und mit einer Schneidharke absterbendes Unkraut entfernen. Beim Ausstechen größerer Unkräuter mit einem Wurzelstecher muss man so tief stechen, dass die Wurzelköpfe beseitigt werden. Kriechende Unkräuter lockert man mit einer Kleingabel, bis man sie an der Wurzel herausziehen kann. Boden hinterher festtreten.

Gladiolen lieben es sonnig und windgeschützt

Um lange Freude an den prächtigen Blütenfackeln zu haben, pflanzt man von Ende April bis Mitte Juni im Abstand von etwa 14 Tagen. Neben **großblütigen** Gladiolen, vielfach überzüchtet, weil sie kaum noch ohne Stütze auskommen, gibt es kleinblütige,

meist zweifarbige **Butterfly**-Gladiolen, die mit ihren leicht gewellten Blumenblättchen elegant wirken. Durch Einkreuzung konnte die zierlichere **Coronado**-Gladiole gewonnen werden, aus deren Knollen sich zwei Blütenstiele entwickeln. Als weiterer Typ präsentiert sich die **Steingarten**-Gladiole, die nur 50–60 cm hoch wird und überall verwendet werden kann.

Die Knollen legt man mit etwa 10 cm **Abstand** in unregelmäßigen Gruppen aus. Schon 10 Stück wirken großartig. *Zum Schnitt* pflanzt man in Reihen mit 20 cm Abstand. Pflanztiefe auf schwereren Böden 8–10 cm, auf leichteren 12 cm.

Nur gesunde Knollen verwenden! Nach Entfernung der trockenen Haut sieht man, was fleckig und krank ist. Bei schwachem Befall: Flecke ausschneiden, Wunden betrocknen lassen, ehe man pflanzt. **Standort:** Sonnig windgeschützt.

Auf mittelschwerem, durchlässigem, nährstoffreichem **Boden** von schwachsaurer Reaktion gedeihen Gladiolen am besten. Leichte Böden brauchen einen Zusatz von gesiebter Komposterde, FulHumin und Bento-

nit. Schwere, nasse Böden sind nur geeignet, wenn man reichlich scharfen Sand, Kiessplitt oder/und Styromull beimengt, außerdem Humuserde und Urgesteins-Mehl. Nach dem Pflanzen Komposterde oder feinen organischen NPK-Dünger wie Azet-Blumenzwiebeldünger, 50 g/m^2, ausstreuen und einfräsen. Später mineralisch nachdüngen, nach dem Sprießen und vor der Blüte zwei- bis dreimal mit 25 g/m^2 Volldünger blau.

Dahlien machen den Garten bunt

Farben- und Formenreichtum der Blüten haben diese schöne Mexikanerin zu einer bevorzugten Garten- und Schnittblume werden lassen. Alle unsere Dahlien (*Dáhlia*-Hybriden) stammen zumeist von *Dáhlia pinnata* ab. Da sie ungemein verwandlungsfähig ist, gibt es mehr als zwölf Klassen, mit deutlichen Unterschieden und über 5000 Sorten.

Seit Jahren werden *Neuerscheinungen* von der „Deutschen Dahlien-, Fuchsien- und Gladiolen-Gesellschaft" geprüft und bewertet. Sorten mit dem

Mai

Kaktus-Dahlie, Dáhlia 'Pianella'. Diese Klasse wird bevorzugt gepflanzt, weil von den feinstrahligen Blüten eine ganz ungewöhnliche Ausstrahlung ausgeht.

Schmuck-Dahlien, wie diese Sorte in Orange, sind ganz auf Prunk abgestellt. Größe und Farbe wirken zusammen.

Urteil „sehr gut" sind deshalb zu bevorzugen. Vielseitig verwenden lassen sich *niedrige bis mittelhohe* Dahlien, deren Blüten über dem Laub stehen. Sie blühen von Juli bis Oktober. *Stecklingspflanzen* sind gegenüber Bodenschädlingen sicherer als *Knollen.*

Kaktusdahlien, die mittelgroße, elegante, locker gefüllte Blüten mit spitzen, gerollten oder gedrehten Petalen haben, stehen im Vordergrund der Züchtung, gefolgt von der **Halb** - oder **Semi-Kaktusdahlie** mit etwas breiteren Petalen (weniger als die halbe Breite ist eingerollt).

Beliebt sind auch die **Dekorativen** oder **Schmuck-Dahlien,** deren Blüten mit breiten Petalen dicht gefüllt sind. Reizvolle Liebhabersorten: **Halskrause-, Ball-** und **Pompon-Dahlien** sowie **Orchideenblütige** und **Einfache Dahlien.** Jede Klasse präsentiert ausgezeichnete Sorten.

Die niedrigen, standfesten **Gruppensorten,** meist 40–80 cm hoch, wie sie in allen Klassen vertreten sind,

haben an Bedeutung zugenommen. Man pflanzt jeweils mehrere einer Sorte ohne Stützpfähle.

Für Massenpflanzungen, Einfassungen und Gefäße eignen sich die 30–40 cm hohen, halbgefüllten **Rigoletto-Dahlien** und die einfachblühenden **Mignon-Dahlien** sowie die **Zwerg-Mignon-Dahlien** und die **Baby-Dahlien** wie 'Top-Mix' mit nur 2 cm großen Blüten. Anzucht dieser Klassen aus Samen ab März möglich. Ende Mai gibt es bereits blühende Sämlingsdahlien zu kaufen.

Knollen zum Vortreiben kann man Ende April/Anfang Mai in geräumige Töpfe (Container) einpflanzen und bei mäßiger Wärme und Feuchtigkeit hell aufstellen. Nach Mitte Mai Töpfe in den Gartenboden oder Kübel einsenken. – Überwinterung in Containern erlaubt auch Unterbringung in weniger kühlen Räumen.

Mittelschwere, durchlässige, etwas feuchte **Gartenböden** in warmer, sonniger, luftiger **Lage** sichern den Dahlien gutes Gedeihen. *Jährlich den Platz wechseln oder den Boden austauschen.* Vor dem Pflanzen tief lockern. Danach in die Oberschicht gesiebte Komposterde

oder torffreie Pflanzerde (NeudoHum) einmischen. Auf leichten Böden noch Betonit-Sandboden-Verbesserer einbringen. Nach Austrieb organisch düngen, z.B. mit 100 g/m² Azet-Blumenzwiebel-Dünger, zur Blüte nochmals.

Günstiger **Pflanztermin** für Knollen Ende April/Anfang Mai, für vorgetriebene Knollen, für Sämlings- und Stecklingspflanzen zweite Maihälfte, nach den Eisheiligen. Für ein Knollenbüschel genügen etwa 4 lange Knollen. Größere Büschel kann man vorher teilen, indem man die Triebscheibe senkrecht durchschneidet. Angewelkte Knollen einen Tag vorher in Wasser legen.

Pflanzweite für höhere Dahlien 60–80 cm, Gruppendahlien 40–50 cm, Mignon- und Rigoletto-Dahlien 30–35 cm, Zwerg-Mignon-Dahlien 20–25 cm, für Jungpflanzen wie bei Knollen. Angegossen werden nur Pflanzen mit Blättern.

Vorteilhafte **Pflanzentiefe:** Knollen kommen bis handbreit, Wurzelballen zwei Fingerbreit unter die Erdoberfläche; Hohlräume werden ausgefüllt. Mittelhohe und höhere Dahlien brauchen einen Stab (mit Ring), den man

Die Ball- oder Pompon-Dahlie, Dáhlia 'Eveline', *ist eine ausgezeichnete Sorte, die viele Bewunderer hat. Auch Ihren Freunden dürfte 'Eveline' gefallen, und zwar rundum.*

DIE BESTEN DAHLIENZÜCHTUNGEN – AUSWAHL

Vor allem werden Sorten mit „sehr guter" Bewertung (*) vorgestellt, aber auch mit anderen hohen Auszeichnungen (Ehrenpreisen, Goldmedaillen). Die Auswahl ist geordnet nach den wichtigsten Klassen und nach Farben. Am Schluss befindet sich eine Zusammenstellung geeigneter Gruppensorten.

Kaktus-Dahlien

Gelb: 'Bodenseeperle', gelb, kleinblütig, 100 cm
'Sternschnuppe'*, goldgelb, 120 cm hoch

Orange: 'Sizilia'*, leuchtend orange, 120 cm
'Jubiläum'*, orange, 120 cm
'Marjo'*, orangerot, 100 cm

Rosa: 'Inge'*, lachsrosa, 100 cm
'Erika Köth'*, lilarosa, gute Schnittsorte
'Heidelied', reinrosa, 130 cm
'Nepal'*, larminrosa, 120 cm

Rot: 'Rudolf Weltken', blutrot, 110 cm
'Trumpf As', samtig dunkelrot, 120 cm
'Stadt Wiehl'*, weinrot, 130 cm

Violett: 'Blaulicht', dunkellila
'Aristokrat', violettlila, 130 cm
'Santa Ana'*, zartlila, 120 cm

Zweifarbig: 'Spaßvogel', rot-weiß, 130 cm

Semikaktus-Dahlien

Gelb: 'Hanna Hofbauer'*, gelb, 130 cm
'Lady Sunshine'*, gelb, 130 cm

Orange: 'Kleinod'*, lachsorange, 120 cm
'Franz Josef Strauß', orangerot, 120 cm
'Ökonomierat L. Helfert'*, orangerot, 120 cm
'Vulkan'*, 130 cm, Schnittsorte
'Königliche Hochzeit'*, goldbronze, 130 cm

Rosa: 'Venus, lachsrosa, französische Sorte
Peter Igelhof *, himbeerrosa, riesig, 140 cm

Rot: 'Bundeshauptstadt Bonn', feuerrot
'Heimatliebe', lachsrot, 140 cm, Schnittsorte
'Dorothea Teuscher', leuchtend rot, 120 cm, Schnitt
'Nevada'*, rot, 120 cm, gute Schnittsorte
'Roter Stern'*, kräftig rot, 130 cm
'Rotlicht'*, blutrot, 120 cm

Zweifarbig: 'Gerhard Winkler'*, rot, goldene Spitzen, 120 cm, auch Schnittsorte

Dekorative oder Schmuck-Dahlien (Dek)

Gelb: 'Sommerfülle'*, bernsteingelb, 120 cm
'Theresienbad'*, gelb, großblütig, Schnittsorte

Orange: 'Frau Anny Schmidt', orangerosa

Rot: 'Roussel', scharlachrot, 120 cm
'Frechdachs', leuchtend rot, 100 cm, Schnitt

Violett: 'Wolstad*, lila, 100 cm
'Cariolan'*, violettlila, 135 cm

Zweifarbig: 'Blithe Spirit', dunkelscharlach, mit weißen Enden

Seerosen- oder kleine Schmuck-Dahlien

'Twiggy', lachsrosa, 110 cm, auch Schnitt

Seestern- oder Orchideenblütige Dahlien

'Rosa Giraffe', rosa weiß marmoriert, 100 cm
'Rote Giraffe'*, rot-weiß marmoriert, 100 cm

Halskrausen-Dahlien (HK)

'La Gioconda', feuerrot, Krause gelb, 110 cm
'La Cierva', karminlila, Krause weiß, 110 cm

Einfache Dahlien (Ef), sind über 60 cm hoch

'Fellbacher Gold', gelb, 90 cm
'Feuerrad'*, leuchtend rot, 100 cm

Gruppensorten

Gelb: 'Sommerfülle'*, Dek, bernsteingelb, 100 cm
Orange: 'Einzi', C, bronze, 100 cm
'Kurdirektor Diekmann', C, orangerot, 90 cm
'WIG 74', C, orange, auch Schnitt
'Gartenparty', SC, gelborange, 60 cm
'Quel Diable'*, SC, orangerot, 100 cm
'Blühendes Barock', Dek, orange, klein, 80 cm

Rosa: 'Park Prinzess', C, rosa
'Pipers Pink*, SC, rosa, 90 cm

Rot: 'Pasadena'*, C, hellrot, 80 cm
'Karl Nutzinger', SC, erdbeerrot, 100 cm, Schnitt
'Feuermelder', Dek, leuchtend rot, 100 cm
'Parkfeuer', Balldahlie, feuerrot, 40 cm
'Alstergruß', Halskrausendahlie, rot-gelb, 35 cm
'Herzkönig', Halskrausendahlie, rot-gold, 60 cm

Mai

Die Schmuck-Dahlie 'Requiem', eine lilarote, mannshohe, standfeste und spät blühende Sorte.

vorher einschlägt. – Übrigens treiben abgebrochene Wurzelknollen nicht mehr aus und können zerkleinert kompostiert werden. Dahlien als *starke Zehrer* nicht neben Beerenobst oder junge bzw. schwachwüchsige Obstbäume setzen.

Reizende Blüten aus kleinen Knollen

Für die Pflanzung im Mai gibt es verschiedene Zwiebel- und Knollengewächse, die in kleineren Gruppen zur Wirkung kommen. Knöllchen mit 10–15 cm Abstand auslegen. Humushaltiger, durchlässiger, genügend frischer Boden mit mittlerem Nährstoffgehalt in warmer, sonniger Lage sagt diesen Gewächsen am meisten zu.

Der afrikanische **Milchstern** oder Stern von Bethlehem *(Ornithógalum thyrsoídes)* ist ein dankbarer Blüher mit weißen, duftenden Sternblüten von Juli bis September an 40 cm hohen Schäften in Knospenzustand geschnitten, blüht jede Einzelblüte auf und hält sich 4 Wochen in der Vase. **Schönhäutchen** *(Hymenocállis)* heißt ein exotisches Zwiebelgewächs mit schneeweißen, zart duftenden Blüten. Unter einer Schutzdecke überwintern die Zwiebeln im Garten. Die **Bernsteinblume** *(Tritónia)*, eine aparte Schönheit mit bernsteinfarbi-

gen Blüten, liebt ein besonders warmes Plätzchen und wird bis zu 40 cm hoch. Die **Abessinische Gladiole** *(Acidanthéra)* mit weißen, purpurgefleckten Blüten, Juli/August, wirkt wie fremdartige Schmetterlinge, wird 70 cm hoch, ist schmal belaubt. Die **Dreifarben-** oder **Zigeunerblume** *(Sparáxis)* erfreut uns durch die Buntheit ihrer Blüten. Vortrefflich für den Steingarten, 15–20 cm hoch. Blütezeit Mai bis Juli. **Garten-Freesien** verdienen wegen ihres zarten Duftes und der hübschen Pastellfarben ein Plätzchen auf dem Blumenbeet in leichtem Halbschatten. Werden die Knöllchen 5 cm tief gelegt, halten sich die bis 30 cm hohen Stiele besser aufrecht. Die **Pfauen-** oder **Tigerblume** *(Tigrídia pavónia)* überrascht uns mit prächtigem Farbenspiel. Die 50 cm hochwerdenden Pflanzen brauchen für ihre Knollen 8–10 cm Pflanztiefe.

Bunte Sommerblumen rings ums Haus

Farbenfroh und vielseitig ist die Schar der Sommerblüher für *Balkon* und *Fensterkästen*, für *Blumenschalen*, Terrasse und Vorgärten. Da diese Pflanzen meist frostempfindlich sind, kommen sie erst in der zweiten Maihälfte nach den Eisheiligen an ihren Platz. Wer keine geeigneten Pflanzen vorkultiviert hat, kann sie im Mai durch den Fachhandel beziehen, für Pflanzgefäße und Beete. **Die einjährigen Sommerblumen,** ein buntes Völkchen, umschließen viele beliebte Blüher und interessante Blattpflanzen. Als willkommene Ergänzung zu den frostempfindlichen ausdauernden Sommerblühern (s. unten) haben sich zur *Gefäßbepflanzung* gewisse **Gruppenpflanzen** vor allem bewährt: Gar-

Tigrídia pavónia, die Tigerblume, stammt aus Mexiko. Sie wächst aus langen Zwiebeln, die nicht winterhart sind, 60 cm hoch. Die Mitte der großen Blüten ist tigerartig gemustert.

ten-Petunien (*Petúnia*-Hybriden),die neueren, stark hängenden **Surfinias,** Minipetunien (Million Bells 'Carillon'), **Feuersalvien** (*Sálvia spléndens*), vielleicht als blaue Gegenfarbe *Salvia farinacea*, niedrige **Sammet-** oder **Studentenblumen** (*Tagétes*-Patula-Hybriden und *T. tenuifólia*), **Garten-Verbenen** (*Verbéna*-Hybr), **Leberbalsam** (*Agératum houstoniánum*), **Eisblumen** (*Begónia*-Semperflorens-Hybr.) u. a. Auflockern lassen sich die Zusammenpflanzungen durch einjährige **Hängepflanzen,** wie etwa **Schwarzköpfchen** (*Sanvitália procúmbens*), **Elfensporn** (*Diascia barberae*), **Hänge-Verbenen** (*Verbéna élegans* var. *aspérula*, regen- und mehltauunempfindliche *Tapien/ Temari*), **Männertreu** (*Lobélia erinus*), **Edellieschen** (*Impatiens-Neuguinea-Gruppe*), **Fleißiges Lieschen** (*Impátiens walleriána*), **Hänge-Begonien** (*Begonia* 'Richmondensis'), **Duftsteinrich** (*Lobulária marítima*), **Fächerblume** (*Scaevola calenduláceae*).

Zinnie, Zínnia angustifólia 'Elegance Double Red', *entfaltet im Juli ihre Blütenpracht und liefert bis Oktober lange haltbare Schnittblumen. Als Korbblütler ist sie wie andere Arten ein bewährter Nematodenschreck.*

Sammet- oder Studentenblume, Tagétes. Ihre hohen und niedrigen Sorten blühen lange und sind Nematoden-Killer.

Für leuchtende **Sommerblumenbeete** eignen sich vorgenannte Pflanzen genauso gut wie *Sommerastern, Löwenmaul, Kosmeen, Gartenfuchsschwanz, Spinnenpflanze, Sommerphlox, Levkojen, Duftsteinrich* und viele, viele mehr. Hübsche späte Blüher, auch zum Schnitt sind die **Zinnien** besonders *Zinnia elegans*. Man pflanzt tuff- und gruppenweise auf Beete, in Staudenrabatten, als Nachfolger für Zwiebel- und Zweijahrsblumen, als Blütenschmuck vor Gehölze, besonders Koniferen, aber auch zur Einfassung und auf Schnittblumenbeete.

Einjährige Blattpflanzen dienen zur Auflockerung, Neutralisierung von Blütenfarben und als Blickfang. Dekorativ sind **Greiskraut,** *Senécio bícolor*, 30 cm, Laub silbergrau, geschlitzt; **Buntnessel** (*Solenostémon scutellarioídes*), **Weihrauch** (*Plectranthus coleoides*), stark hängend, **Sommerzypresse,** *Kóchia*, 70–100 cm, frischgrün, feinlaubig; **Wunderbaum,** *Rícinus commúnis*, bis 2 m, Blätter breit, handförmig.

Einjährige Kletterer geben uns die Möglichkeit, kahle Wände, Zäune, Gitter, Spaliere usw. mit Grün und Blüten rasch zu bekleiden, die **Glockenrebe,** *Cobáéa*, klettert an Wänden mit Spalier mehrere Meter hoch. Nur 1,5 m in die Höhe wachsen wohlriechende **Edelwicken,** *Láthyrus odorátus*, und **Schwarze Susanne,** *Thunbérgia aláta;* diese braucht Halbschatten.

Unter den **ausdauernden Sommerblühern,** halbstrauchig bis staudig, gibt es für Kästen und Schalen die wirkungsvollsten Pflanzen, die in ihrem Blüheifer und in ihrer Blütenwirkung unübertroffen sind. Mit „Geranien" werden aufrechtwachsende *Zonalpelargonien* und hängende *Efeupelargonien* bezeichnet, die man durch Stecklinge vermehren und leicht überwintern kann. Das gilt auch für *Fuchsien, Pantoffelblume, Flammendes Kätchen (Kalanchoe blossfeldiana), Strauchmargerite (Argyranthemum frutescens*, weiß, *Euryops tenuissimus*, gelb*), Wandelröschen*.

Von den **Knollenblühern** werden *Knollen-Begonien* wegen ihrer dicht gefüllten Blüten auch *Rosen-Begonien*

Edelwicken, Láthyrus odorátus, blühen farben-
froh. Besonders wohlriechend sind 'Bieder-
meier-Duftwicken'.

genannt. Großblumige Formen bevorzugen Halbschatten, in Schalen oder
Kästen Nord- und Ostwände. Für
mehr sonnige Lage gibt es 'Pfitzers
gefüllte Sonnen-Begonien' mit mittelgroßen Blüten und klein- und vielblütige Gruppen-Begonien. Reizvoll ist
auch die Ampel-Knollenbegonie. Vorkultur ab März (s. dort).

Das indische Blumenrohr, *Cánna*, hat
sich als Dekorationspflanze bewährt.
Für Schalen wählt man die 50 cm hohe Zwerg-Canna, für Kübel auch hohe
Sorten. Sie kommen Ende Mai an ihren Platz.

Auf **Beeten** erfordern alle guten Boden, weder zu leicht noch zu schwer.
Vorteilhaft mischt man gesiebte Humuserde und Gesteinsmehl bei. Je
nach Größe pflanzt man mit 20–50
cm Abstand. Während des Wachsens
und Blühens monatlich 25 g/m² Volldünger blau einarbeiten.

Erde für Pflanzgefäße wird man
meistens kaufen. Es bietet sich die
neue, torffreie NeudoHum-Balkon-
und Geranienerde an, vorgedüngt
für 30 Tage. *Selbstherstellung gelingt
nicht immer:* Benötigt wird reife, gesiebte Komposterde, der man durchfeuchteten Torf und als Humusdünger z. B. Mannahum, 1 l auf 15 l Erdmischung, zusetzt. Gemisch zwei
Wochen lagern, wiederholt befeuchten, durcharbeiten. Alzocote-Blumendünger (5 g/l Erde) reicht für eine
Vegetationsperiode.

Kübelpflanzen: Bindeglied zwischen Haus und Garten

Kübelpflanzen schmücken Terrassen
und Hauseingänge. Ab Ende Mai
bringt man sie ins Freie, an einem
trüben, milden Tag. Winterstaub mit
scharfem Wasserstrahl abwaschen.
Schädlinge, besonders Schildläuse,
sofort bekämpfen. Man hält die Erde
feucht und düngt monatlich wenigstens einmal, z. B. mit BioTrissol oder
Surfinien-Dünger. Schutz gegen
Schadinsekten bieten Lizetan-Com-
bistäbchen, die man in den Wurzelbereich eindrückt.

Beliebt ist **Oleander** *(Nérium oleánder).* Er wächst buschiger, wenn er etwas zurückgeschnitten wird. In voller
Sonne ist die Entwicklung am besten,
und es fehlt dann im Hochsommer
auch nicht an Blüten. Alle Teile sind
giftig.

Die immergrüne **Schmucklilie** *(Agapánthus praecox, africánus),* auch
Blaue Lilie Afrikas genannt, treibt
aus fleischigen Wurzeln klivienähnli-
che Blattschöpfe und blüht von Juni
bis August. Da nur ältere Pflanzen
reich blühen, erst umtopfen, wenn
Gefäße wirklich zu klein sind, und
auf guten Wasserabzug achten. An
windgeschützten Stellen verwenden.

Die **Passionsblume** *(Passiflóra caerúlea),* ein ungewöhnliches Klettergе-
wächs, kann ein 1,50 m hohes und
breites Spalier über einem Kübel mit
Blättern und Blüten bekleiden, so
dass man an einem sonnigen Standort eine blühende Wand als Sonnenschutz besitzt. Die prachtvollen Blüten erscheinen von Juni bis September. In günstigen Lagen werden hüh-
nereigroße, saftige Beeren ausgebildet, die genießbar sind.

Der **Erdbeerbaum** *(Arbutus unédo),*
mehr Zier- als Nutzgehölz, kann, wo
nicht winterhart, als Kübelpflanze gezogen werden. Er gehört zu den Erika-
gewächsen, ist mit der Erdbeere nicht
verwandt. Früchte sind erdbeerähn-

Sommerblumenbeet: Rudbéckia hírta 'Sonora', gelb-braun, 100 cm; Tagétes pátula 'Honeycomb',
braungold; Verbéna bonariénsis, lila, 100 cm.

Kübelpflanze: Oleander, Nérium oleánder, *nicht auspflanzen. Er braucht zum Blühen Sonne, Warmwasser und Dünger.*

lich, enttäuschen im Geschmack. Die Pflanze braucht saure *(Rhododéndron)*Erde und kalkfreies Wasser. In der kalten Jahreszeit in einem hellen Raum bei plus 5 °C überwintern. Blüten erscheinen zwischen Dezember und Februar. Damit sich Früchte ansetzen, künstlich bestäuben.

Der **Echte Feigenbaum** *(Fícus cárica)*, ein frostempfindliches sommergrünes Gehölz, braucht ebenfalls einen kühlen Überwinterungsraum, der aber dunkel sein kann. Von Ende Mai bis Ende September liebt der Baum einen warmen Platz vor einer Südwand, wo er sich rasch begrünt. Fruchtsorten kommen für Freilandpflanzung in Mittel- und Nordeuropa kaum in Frage.

Die **Agave,** in Mitteleuropa eine Grünpflanze, die kaum zum Blühen kommt. Als Kübelpflanze hat sie mit ihren bedornten Blättern gewisse Bedeutung erlangt. Die wüchsige *Agáve americána* wird auch „Hundertjährige Aloe" genannt. Etwa alle vier Jahre in sandige Lehmerde umpflanzen. Verträgt keine Prallsonne.

Für sonnige Plätze eignet sich die stammbildende **Palmlilie** *(Yúcca aloifólia* und *gloriósa)*. Mit Blüten ist erst nach 10 Jahren zu rechnen. Aber auch als dekorative Grünpflanze wirkt sie. **Bleiwurz** *(Plumbágo auriculáta)* eignet sich für Gefäße. Überhängende Triebe schmücken sich mit hellblauen Blüten von Mai bis September. Aus Stecklingen kann man Kronenstämmchen ziehen. Im Sommer im Garten. Kühl überwintern.

Damit der einjährig gezogene **Wunderbaum** *(Rícinus commúnis* 'Zanzibariensis')* als Kübelpflanze innerhalb des Sommers etwa 2 m hoch und breit wird, braucht er sehr viel Wasser und wöchentlich Nahrung. Warme Vorkultur durch Aussaat ab März, alle drei Wochen bis Ende Mai in ein größeres Gefäß umtopfen, schließlich in einen geräumigen Kübel, den man windgeschützt aufstellt. Anspruchsvoll, aber nicht schwierig ist der **Chinesische Rosen-Eibisch** *(Hibíscus rósa-sinénsis)* mit handtellergroßen Blüten in Rot, Rosa, Gelb oder Weiß. Werden die Triebe im Frühjahr gestutzt, gibt es schöne buschige Pflanzen. Vorteilhaft wird jedes Frühjahr umgetopft. Bei dieser Pflanze handelt es sich nicht um den Freiland-Eibisch *(Hibíscus syríacus)*. Standort warm, sonnig, ohne Prallsonne.

Schönmalven *(Abutílon* x *hybridum)* sind durch ihre Blüten, hängende Glöckchen, reizvoll. Die wie aufgeblasen erscheinenden Kelche leuchten in Weiß, Gelb, Orange, Gelbrot, Rot oder in mehreren Farben zugleich. Jedes Frühjahr mäßiger Rückschnitt. Bevorzugt Halbschatten, windgeschützten Stand.

Die **Garten-Hortensie** *(Hydrangéa macrophylla)* fällt durch große, flachkugelige Blütenstände auf, die in Rosa wohl am schönsten sind. Oft Regenwasser zum Gießen verwenden.

Für die Nährstoffversorgung kommen Dünger in Frage, die das Eisen nicht festlegen; Blätter können sich sonst nicht intensiv färben. Gute Ergebnisse wurden mit Mannalin A $(18 + 6 + 12)$ erzielt, Anwendung bis August. Danach bis September Mannalin B $(8 + 15 + 20)$. Halbschatten ist günstig. Blüten lassen sich blau färben, geeignet dafür sind besonders rosa Sorten. Mindestens 4 Wochen vor der Blüte dem Gießwasser 2 mal wöchentlich $3-5$ g/l Ammoniak-Alaun zusetzen, so dass die Erde dadurch stark sauer reagiert, wodurch die Blüten eine blaue Farbe annehmen, die jedoch kaum erstrebenswert sein dürfte.

Die *Hymenocallis narcissiflora* **(Ismene, Spinnennarzisse)** vermittelt einen so bizarren Reiz, dass sie auf den Titelseiten so mancher Gartenbücher und -zeitschriften abgebildet ist. Ihr $60-120$ cm langer Schaft trägt $2-6$ Dolden duftend weißer Blüten. Es empfiehlt sich, die Zwiebeln zu kaufen und Ende März einzutopfen. Bei $8-12$ Grad angetrieben und zunächst mäßig gegossen, können sie ab Mitte Mai an

Die Schmucklilie, Agapánthus africánus, *ist mit ihren blauen Blüten in kugeligen Dolden herrlich anzuschauen.*

Seerose, Nympháéa-*Hybride 'Attraktion', ist in 40–60 cm Wassertiefe wüchsig und blüht rot mit weißen Spitzen.*

sonnige Plätze ins Freie gestellt werden. Als ursprüngliche Sumpfpflanze eignet sie sich auch für den Teichrand. Bei regelmäßigem Düngen und Entfernung der Brutzwiebeln wird die Ismene jährlich im Sommer ihre verzaubernde Blüte zu entfalten.

Grünpflanzen für Teilschatten: Aukube oder Schlächterpalme *(Aucúba japónica)*, Weihrauchbaum *(Boswéllia sácra)*, Zwergpalme *(Chamáérops húmilis)*, Dattelpalme *(Phóénix canariénsis)*, echter Lorbeer *(Láúrus nóbilis)*, Spindelbaum *(Euónymus japónicus)*.

Die Freude am Gartenteich

Teichanlagen sind in den letzten Jahren immer beliebter geworden. Schließlich verfügen sie auch über eine lange Tradition, die jetzt wieder auflebt. In den babylonischen „Hängenden Gärten der Semiramis", wie auch im alten China, Japan und Rom war Wasser immer ein Gestaltungsmerkmal der Gartenkunst. Viele Architekten europäischer Schlossanlagen schenkten den Teichen und Seen besondere Aufmerksamkeit. Auch in unseren Gärten können sie besonders anziehend wirken, wenn wir den Bau gründlich vorbereiten und uns auch rechtzeitig Gedanken über seine Bepflanzung machen. Die Pflanzen benötigen unterschiedliche Wassertiefen.

Der eigene Bau mit Folie lässt individuellen Spielraum zu, ist verhältnismäßig billig, aber recht aufwendig. Fertige Kunststoffbecken gibt es in vielen Varianten und inzwischen auch mit flach abfallenden Rändern. Anlage, Bau und Pflege erfordern viel Wissen und Arbeit, so dass zusätzliche Beschäftigung mit Spezialliteratur (vor allem für den Bau) erforderlich ist. Bei allen Raffinessen auch an den Kinderschutz denken. Auch wenn der Teich nach unserem Ermessen nicht tief ist, so verlieren Kleinkinder die Orientierung, wenn sie mit einem extremen Schreck ins Wasser stürzen und sind dann schon bei 25 cm Tiefe gefährdet.

Ob sich unsere Wasserflächen dann tatsächlich zu ökologisch wertvollen Biotopen entwickeln, hängt vor allem davon ab, wieweit wir sie ab einem bestimmten Zeitpunkt in Ruhe sich selbst überlassen können. Als erstes kommen dann die Mücken, wogegen Fische und Wasserläufer anzusiedeln sind. Sie dezimieren dann die Mückenlarven. Ein biologisches Präparat ist Neudomück-Stechmückenfrei.

Seerosen sind der schönste Schmuck für einen Gartenteich

Ein Gartenteich, ob natürlich oder künstlich, sollte vom Rand zur Mitte schräg verlaufen, damit Kleintiere und wassersuchende Vögel nicht hineinfallen. Außerdem bietet der flache Uferrand einigen Sumpfpflanzen gute Lebensbedingungen. Zur Mitte des

Teiches hin kann man dann die schönste Wasserpflanze setzen: die Seerose *(Nympháea)*. Zum reichen Blühen braucht sie am Tag 6–8 Stunden Sonne und ruhiges, nicht zu kühles Wasser.

Seerosen gibt es für verschiedene **Wassertiefen.** Schwachwüchsige Sorten lassen sich *behelfsmäßig* auch in 40–50 cm tiefen und 75–100 cm breiten Bottichen aus Plastik, Keramik, Beton oder Holz unterbringen. Sie werden teilweise oder ganz in den Boden eingelassen, zur Hälfte mit geeigneter Kulturerde gefüllt, bepflanzt und mit Wasser bis 20 cm über der Erde gefüllt. (Vergleiche folgendes Kapitel.)

Man verwende nur sauberes **Wasser.** Am sichersten ist wohl Leitungswasser. Wenn es zu viel Kalk enthält, schafft ein im Fachhandel erhältlicher Spezialentkalker Abhilfe, um den Kalküberschuss zu binden. Neue Betonbecken, die noch Kalk ans Wasser abgeben, dürfen nicht gleich bepflanzt werden, zumal Kalk auch die *Algenbildung* fördert.

Seerose, Nympháea marliacéa *'Albida',*
weißblühend mit rotgeaderten Blättern.
Für 50–80 cm Wassertiefe.

Pflanzerde muss möglichst frei von unverrotteten Bestandteilen sein, sonst kann Fäule entstehen, die zum Absterben der Seerose führt. Entweder verwendet man Euflor Wasserpflanzerde oder sandig-lehmige Rasenerde oder 2 Teile Lehmboden und 1 Teil gesiebte reife Komposterde. Für Pflanzen in einem Gefäß gibt man je Eimer Erde eine Handvoll Hornspäne zu, damit Seerosen nicht kümmern.

Bei der Auswahl von Seerosen muss man die Höhe des Wasserstandes berücksichtigen.

Die **Pflanzzeit** erstreckt sich von Mai bis Juni. Nach dem Eintreffen werden die Pflanzen (Abb. 1 a) sofort ausgepackt, einige Zeit in Wasser gelegt und danach gepflanzt. *In natürlichen Teichen* mit lehmhaltigem Untergrund können Seerosen direkt in die Schlammschicht gesetzt werden, wo man sie mit einem Holzhaken festklammert, damit sie nicht hochschwimmen können. Erdaufschüttungen umlegt man zweckmäßig mit Steinen oder befestigt sie durch kleine Pflöcke (Abb. 1 b).

Bei künstlichen Wasserbecken kommen die Pflanzen am besten in mit Erde gefüllte Gefäße von 20–40 cm Tiefe und 30–50 cm Breite, je nach Wüchsigkeit der Arten und Sorten. Geeignet sind Kisten, Schalen, Kübel, Eimer aus Plastik. Mindestens seitlich unten sollten sie mit Löchern versehen sein. *Die Rhizome kommen nur wenig unter die Erde und werden fest gepflanzt*, das ist für die spätere Blühwilligkeit von Bedeutung. Erde 3 cm hoch mit Kies bedecken. Dann stellt man die Gefäße auf den Boden des Beckens oder auf untergelegte Steine, falls der Wasserstand zu hoch ist, und beschwert sie mit Steinen (Abb. 62 c). Nun lässt man langsam Wasser einlaufen, zunächst 10 cm über die Pflanzerde, damit sich das Wasser bald erwärmt und den Wuchs

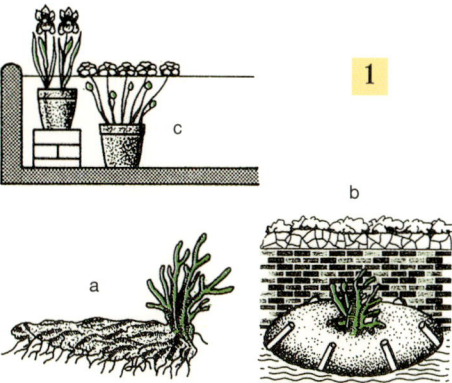

Pflanzung von Wasserpflanzen.

fördert. Mit zunehmender Entwicklung Wasserstand erhöhen. Seerosenblätter müssen auf dem Wasser schwimmen können.

Ältere Seerosen in Gefäßen sind in jedem Frühling zu **düngen,** wenn die Wurzeln wenig Erde zur Verfügung haben und sich nur beschränkt ausbilden können. **Düngung** soll vielseitig, aber phosphatarm sein, da Phosphor die *Algenbildung* begünstigt. Man kann organisch (Hornmehl) und mineralisch (Kalimagnesia) düngen. Organische Dünger vermischt man mit Lehm, formt kleinere Kugeln und drückt sie am Rand des Gefäßes in die Erde. Mineralische Dünger gibt man aufgelöst, je m³ etwa 20 g. Fertige Düngetabletten (z. B. Florasin) erleichtern die Düngung der Wasserpflanzen.

Umpflanzen in frische Erde ist in Abständen von etwa 5 Jahren zu empfehlen, wenn der Wuchs nicht mehr befriedigt. Dabei teilt man die Wurzelballen und verwendet eine äußere Teilpflanze. Das Teilen geschieht, sobald sich einzelne Blätter gebildet haben.

Allerlei Stauden fürs flache Wasser

Für Teichränder gibt es **Sumpf- und Wasserpflanzen.** Damit sie zufriedenstellend wachsen, muss man die Pflanztiefen beachten. – Die Pflanz-

Mai

Rohrkolben, Týpha latifólia, *wächst bis 2 m hoch, hat lange, braune Fruchtkolben, für eine Wassertiefe bis 30 cm.*

arbeit kann bereits Mitte April beginnen. Bewährt hat sich, etwa ²/₃ der Wasserfläche freizuhalten und einzelne *Pflanzenschwerpunkte zu* bilden. Kann man die Pflanzen weder in den natürlichen Boden noch in aufgeschüttete Erde (Abb. 1 b) setzen, so benutzt man mindestens 30 cm tiefe Gefäße und stellt sie auf den Grund oder unter Berücksichtigung des Wasserstandes auf untergelegte Steine (1 c). Starkwachsende Arten nur in Gefäßen verwenden!

Als **Pflanzerde** genügt lehmhaltiger Garten- oder Ackerboden, den man je Liter 1–2 g Hornspäne beimischt. Zur Bedeckung eignet sich eine 1–2 cm starke Kies- oder Splittschicht, damit das Wasser klar bleibt.

Nachdüngung wüchsiger Pflanzen in engen Gefäßen ist günstig. Volldünger, 10–15 g in 10 Liter Wasser, mehrmals in monatlichem Abstand geben.

Vermehrung durch Teilung mehrjähriger Wasser- und Sumpfpflanzen

bei Triebbeginn im Mai/Juni. Äußere Teilpflanzen bilden rasch Wurzeln.

Die anschließend aufgeführten Stauden eignen sich für gewöhnliches Wasser, schwachsauren Boden und sind überwiegend winterhart (siehe Abb. 2).

Bis 5 cm Wassertiefe: Sumpfdotterblume (a), *Cáltha palústris,* 20–30 cm hoch, wertvoll ist die gefüllte Form 'Multiplex', goldgelb, IV–V blühend. **Sumpf-Hahnenfuß** (b), *Ranúnculus língua,* wuchert 70 cm hoch, gelbe Blüten im Sommer.

5–10 cm Wassertiefe brauchen: Kalmus, *Ácorus cálamus* 'Variegata', grün-weiße, schwertförmige Blätter und gelbliche, später bräunliche Blütenkolben, bis 60 cm hoch. Wasserstand bis 10 cm. **Froschlöffel,** *Alísma plantágo-aquática,* Blätter wegerichartig, 40 cm hoch, weiße, schleierartige Blütenrispen, VII–IX, bis 80 cm hoch. **Blumenbinse** (c), *Bútomus umbellátus,* 80 cm, Blüte rosa, VII–VIII, für größere Gartenteiche. **Gelbe Sumpfiris** (d), *Íris pseudácorus,* 60–80 cm, Blüte gelb, schwarzbraun geadert, VI. **Zebra-Simse** (e), *Scírpus tabernaemontáni* 'Zebrinus', Halme weißgrün

geringelt, 1 m. **Zwerg-Rohrkolben** (f), *Typha mínima,* 80 cm, lange, schmale Blätter, weibliche Kolben langeiförmig, V–VI, liebt Kiesboden.

10–20 cm Wassertiefe: Tannenwedel (g), *Hippúris vulgáris,* wuchert, 40 cm hoch, Triebe ähnlich Ackerschachtelhalm, Blüten unscheinbar rötlich im V. **Zwerg-Seerosen** (h), *Nympháéa*-Hybride 'Helvola' schwefelgelb, *N. tetragóna* 'Pygmaea Alba', weiß, 'Pygmaea Rubra', weinrot, VI–VIII. **Pfeilkraut** (i), *Sagittária sagittifólia,* 30–50 cm hoch, obere Blüten weiblich, untere männlich, weiß mit purpurrotem Auge, VI–VII. **Rohrkolben,** *Typha angustifólia,* 120 cm, Kolben rotbraun, VII–VIII, wuchert wenig.

20–50 cm Wassertiefe: Garten-Seerosen (j), *Nympháéa*-Hybriden, 'Aurora', gelb-orangerot, 'Granat' granatrot, 'Graziella' orangerot, 'Indiana' kupfrigrot, 'Laydekri Liliacea' lilarosa, VII–IX. **Teich-Binse** (k), *Scírpus lacústris,* wuchert, für große Teiche, über 2 m hoch.

Pflanzen für die Uferzone, vertragen sowohl feuchte Bereiche wie üblichen Gartenboden. Diese Lebenskünstler am Teichrand hat W. Schirmana zu-

Die Sumpfschwertlilie, Íris pseudácorus, *blüht von Mai bis Juli gelb. Teichrand oder Sumpf bis 30 cm tief. Höhe 75 cm. Da stark wuchernd, in einen Korb setzen.*

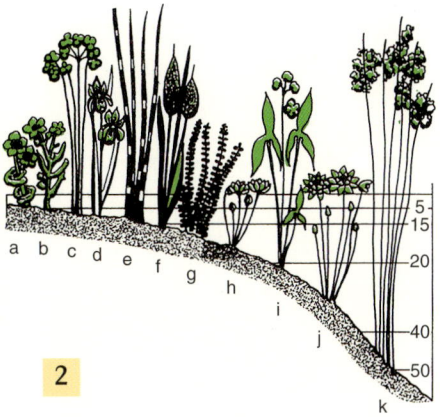

Uferbepflanzung und Zonierung.

sammengestellt: *Achillea ptarmica* (40 cm) und *Ajuga reptans* (10–15 cm) breiten sich aus, die rotlaubige Art harmoniert gut mit *Allium schoenoprasum* (25–30 cm) oder *Caltha palustris* 'Multiplex' (25 cm). Die weidenartigen Blättchen der schieferblauen *Amsonia tabernaemontana* (80–100 cm) in Kontrast zu den mächtigen Schildblatt-Blättern *(Darmera peltata,* 80 cm) werden durch breite *Hosta fortunei*-Blätter komplettiert. Eine viel versprechende Kombination ist *Carex grayi* (50 cm), *Eryngium yuccifolium* (80–120 cm) und *Ranunculus acris* 'Multiplex' (80 cm) mit Sumpfvergissmeinnicht als Unterpflanzung. Aus der Familie der *Iris* sind lt. Verf. vor allem ältere Sorten sowie die Wildformen *I. pseudacorus* (100 cm) und *I. versicolor* (70 cm) geeignet. Kontraste zu deren Laubcharakter lassen sich u. a. durch Ligularien (120 cm) herstellen. Die Blütezeit von *Trollius chinensis* (100 cm) und der *Tradescantia-Andersonniana*-Hybriden im Juli/August schließt sich an die der europäischen Trollblume an, als Nachbarin eignet sich *Veronica longifolia* 'Blauriesin' (40–80 cm). *Vernonia crinita,* eine violett blühende, je nach Bodenfeuchte bis 250 cm hoch werdende Staude aus den USA, die von August bis Oktober blüht, ergänzt das Sortiment für den Teichrand.

Gegen Algenbildung und Mückenbrut

Nährstoffüberschuss durch Düngung oder warmes Wetter regt zu starker **Algenbildung** („Wasserblüte") an. Übermäßige Algenvermehrung lässt sich z. B. durch „Algenstop" auf recht einfache Weise unterbrechen oder auf *biologische* Weise bekämpfen. Das erreicht man z. B. durch Froschbiss *(Hydrócharis mórsus-ránae),* eine Schwimmpflanze, die einer Miniaturseerose ähnelt. Mit seinen Haarwurzeln unter der Wasseroberfläche entzieht er den Algen die Nahrung. Auch durch Ansiedlung von *Unterwasserpflanzen,* wie **Armleuchtergewächsen** *(Chára frágilis),* **Laichkräutern** *(Potamogéton nátans),* und durch **Posthornschnecken** sowie **Frösche,** je m² ein Frosch, ist der Algenbildung zu begegnen. Auch **Wasserflöhe** helfen dabei. Trübes Wasser wird nicht abgelassen. Deshalb sollte auch der Ab- und Zufluß möglichst gering sein.

Da es im Gartenteich von **Mückenbrut** oft wimmelt, ist es zweckmäßig, **Fische** zu halten. Ein Fisch je Quadratmeter genügt. Goldorfe, die gern dicht unter der Wasseroberfläche schwimmen, verzehren reichlich Mückenbrut. Sie lieben tiefe, bepflanzte Becken, *mäßig warmes* Wasser und wühlen nur wenig den Boden auf. **Goldfische** sind anpassungsfähiger, bevorzugen aber *wärmeres* Wasser und tragen leider zur Wassertrübung bei. Deshalb erst ins Becken setzen, wenn die algenfeindlichen Unterwasserpflanzen gut herangewachsen sind, **Stichlinge,** deren Brutpflege am Ufer besonders interessant ist, fühlen sich in *kühlerem* Wasser am wohlsten, so dass für sie ein Teil des Beckens überschattet sein sollte. Bei schwachem Fischbestand braucht man ganzjährig nicht zu füttern. Werden bei Bedarf „schwimmende Fisch-happen" verwendet, so geht davon keine Trübung aus.

In kalkarmem Wasser lässt sich als **Mückenfalle** der **Wasserschlauch,** *Utriculária,* halten. Er ist wurzellos, schwimmt untergetaucht und blüht im Sommer gelb über dem Wasser. Man braucht ihn nur ins Wasser zu werfen, 4 Stück je m². Mückenlarven werden von Fangbläschen der fein zergliederten Blätter festgehalten. Im Herbst bilden sich Winterknospen, die auf dem Teichgrund überwintern.

Die ersten Zweijahrsblumen werden gesät

Der tüchtige Gärtner sorgt jetzt bereits für die Reichhaltigkeit des nächsten Blütenjahres und sät im Mai/Juni einige besonders schöne zweijährige Blumen aus.

Bart-Nelken *(Diánthus barbátus* 'Benary-Prachtmischung') übertreffen an Buntheit alle Nelken. Zur Blütezeit, Juni bis August, kann man herr-

Die Stockmalve, Álcea rósea, wird 2-jährig gezogen, Wuchs 2 m, blüht im Sommer einfach oder gefüllt.

liche Sträuße schneiden. Anzucht wie Landnelken.

Die gefüllten **Garten-** oder **Land-Nelken** *(Diánthus caryophyllus)* werden, da sie zu den kurzlebigen Stauden zählen, wie Zweijahrsblumen ausgesät, möglichst bis Mitte Mai. Empfehlenswert sind auch die Kiepenkerl-Mischungen 'barbatus' (Bart-Nelken, gefüllt und einfach blühend). Gesät wird in Schalen oder in einen kalten Kasten und bald nach dem Auflaufen pikiert.

Die **Stockrose** oder **-malve** *(Álcea rósea)* ist mit ihren bis 2 m hohen Blütenschäften von beachtlichem Schmuckwert. Den Vorzug verdienen gefüllte Sorten, die von Juni bis September blühen. Für die Aussaat wählt man am besten eine gefüllte Prachtmischung von Kiepenkerl. Gesät wird weitläufig auf ein Freilandbeet und einmal verpflanzt.

Die **Marien**-Glockenblume *(Campánula médium)*, Prachtmischung von Kiepenkerl, schönste aller Glockenblumen, hat imposante Blüten in Blau, Weiß oder Rosa. Neben ein-

China-Nelke, Diánthus chinénsis 'Himbeer Parfait', niedrige, rot-weiß blühende Nelke. Goldmedaille!

fachen und gefüllten Farbsorten, von denen die einfach blühenden die klarste Blütenform zeigen, gibt es die Kulturform 'Calycanthema' mit doppelter Krone; bis 80 cm hoch. Gesät wird recht dünn in Saatschalen, in einen kalten Kasten oder auf ein geschütztes Freilandbeet.

Roter Fingerhut *(Digitális purpúrea 'Sperlings Mervita')* verzaubert unsere Gehölzpflanzungen von Juni bis August mit einer Vielzahl Blüten an meterhohen Stielen. Samen kann man zwischen Sträuchern und unter Bäumen ausstreuen, wo sich die Pflanzen am besten entwickeln. Aussaat auf ein Saatbeet möglich; man drückt die feinen Samen nur an.

Königskerzen *(Verbáscum)* eignen sich für trockene, sonnige Lagen. Schmuckwert haben die breiten, weißwolligen Blätter und von Juni bis August die hohen Blütenstände, meist in Gelb. Man sät auf ein Saatbeet. *V. phoenicum* verträgt Hitze und Trockenheit.

Island-Mohn *(Papáver nudicáule)* wegen der Pfahlwurzeln an Ort und Stelle säen und bald nach dem Aufgehen auf 10–20 cm verziehen. Gehaltvoller, durchlässiger Boden in sonniger Lage ist wichtig. Bei Maisaat gibt es bereits eine Herbstblüte. Aussaaten im Juni/Juli blühen in einem Jahr. Neuere Züchtungen wachsen gedrungen und sind großblütig. Zu empfehlen: Benarys Mischung 'Illumination', Pfitzers 'Gartenzwerg', beide in vielen warmen Pastellfarben, und die scharlachrote Züchtung 'Matador', die bei Sonne faszinierend leuchtet.

Sorgsame Gehölzpflege im Frühsommer

Im Herbst oder Frühjahr **neu gepflanzte Gehölze** bedürfen aufmerksamer Beobachtung und Pflege. Mit dem Austrieb sind sie noch nicht

Der hübsche Elfenbeinginster, Cytisus x práecox 'Allgold', leuchtet weithin. Er kommt fast ohne Schnitt aus.

überm Berg. **Gutes Einwurzeln** ist lebenswichtig. Dafür brauchen Gehölze *festen Stand*. Dem Wind ausgesetzte größere Laub- und Nadelgehölze müssen an einen Pfahl gebunden oder durch eine dreiseitige Drahtverspannung gesichert werden. Der Boden braucht *mittlere Feuchtigkeit*.

Eine *Bodendecke* aus Mulchkompost, 5 cm hoch, bietet beste Voraussetzungen für rasches Einwurzeln. Bei fehlendem Regen braucht man dann nur einmal wöchentlich durchdringend zu gießen (10–20 l Wasser je Gehölz). Düngergaben sind im ersten Jahr unangebracht.

Blütensträucher vertragen nach der Blüte Rückschnitt abgeblühter Triebe und Auslichten alten Holzes. Bei **Forsythien** kann man verblühte Triebe bis auf wenige Blätter einkürzen. Da 2–3-jährige Bodenzweige am reichsten blühen, sollte älteres Holz am Boden entfernt werden. Junge Langschosse sind zu schonen. Ähnliches gilt für die **Blut-Johannisbeere.** Der hübsche **Elfenbeinginster** kommt lange ohne Schnitt aus, doch ist es ratsam, jährlich ein Teil der abgeblühten Ruten stark einzukürzen. Beim **Mandelbäumchen** sollte man schon zur Blütezeit einige Triebe für die Vase entfernen. Nach dem Verblühen kürzt man auch die übrigen vorjährigen Triebe auf 2–4 Blätter ein. Blütenreste bei *Rhododéndron* schneidet man nicht weg, sondern drückt sie seitlich heraus. Dadurch bleiben die Jungtriebe unverletzt und können sich kräftig entwickeln. Stark zurück nimmt man die abgeblühten Zweige der **Frühjahrs-Tamarisken.** Bei den **Frühjahrs-Spiräen** und **Prunk-Spieren** macht man den Rückschnitt bis zum nächsten Langtrieb.

Krummholz-Kiefern *(Pínus múgo* mit Unterarten) bringen kürzere, verzweigtere Jahrestriebe, wenn der junge Austrieb um die Hälfte zurückgeschnitten wird (Abb. 3).

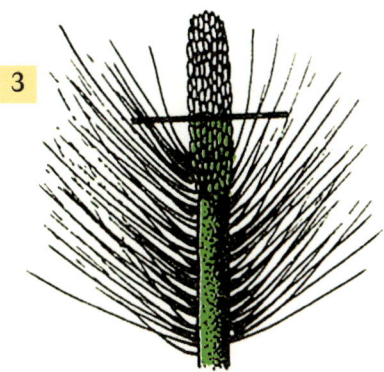

Krummholzkiefer; Rückschnitt des Jungaustriebs bringt kürzere Jahrestriebe.

Schädlinge und **Krankheiten** an Nadel- und Laubgehölzen durch gezielte Spritzungen bekämpfen, da sonst schwerer Schaden entstehen kann. Bei Befall spritzt man jetzt Neudosan 2%ig oder Spruzit-flüssig 0,1%ig gegen *Tannentriebläuse, Sitka-Fichtenlaus, Wollläuse* an Kiefern, *Blattwanzen* an Rhododendron, *Blattflöhe* und *Gallmücken* an Buchsbaum usw. Auch auf Pilzkrankheiten ist zu achten. Gegen *Douglasien-Schütte, Laubbräune*

Nadelholzzweig, Jungtrieb von Graufäule (Botrytis) befallen.

am Thuja, *Lärchennadelbräune, Mahonienrost,* verschiedene *Blattfleckenkrankheiten, Weiden-* und *Pappelrost* hilft z. B. Neudo-Vital 2%ig.

Graufäule an Nadelgehölzen (Abb. 4) kann in nassen Jahren den Jungtrieb befallen. Er erschlafft, wird von braungrünem Pilzrasen überzogen und stirbt unter Bräunung ab. Gefährdet sind vor allem frisch gepflanzte, geschwächte oder falsch ernährte Gehölze. Zu viel Stickstoff

Zusätzliche Anmerkungen

Teller-Hortensie *(Hydrangéa serráta)* eignet sich als Topf- und Kübelpflanze, aber auch für Gartenbeete an beschatteten Stellen. Die 20 cm breiten, schirmförmigen Blütenstände erscheinen Juni/August.

Zierkürbisse und Kalebassen (Flaschenkürbisse) Anfang Mai wie Gurken (s. S. 158) vorziehen, Ende Mai auspflanzen, sonnig, windgeschützt. Triebe an einem Spalier, Zaun usw. hochranken lassen. Dann reifen Früchte gut aus und halten sich lange.

Ausdünnen der Einjahrsblumen auf die in der April-Tabelle angegebenen Abstände nicht versäumen, wenn sich standfeste, reichblühende Pflanzen entwickeln sollen. Nach dem Ausdünnen

vorsichtig wässern. Düngen ein paar Tage vor- oder nachher.

Birkenrost äußert sich durch braune Flecken auf den Blättern, die vorzeitig abfallen. Abgefallene rostkranke Blätter infizieren im Frühjahr die **Lärche.** Von hier aus werden die jungen Birkenblätter wieder angesteckt. Vorbeugende Bekämpfung ist durch Spritzen mit Neudo-Vital 2%ig Anfang und Mitte Mai möglich. Bei Befall ab Juni alle drei Wochen Kupferkalk-Atempo 0,3%ig spritzen.

Kranke Blüten der Madonnen-Lilie. Aber auch Blätter sind bei regnerischer Witterung und bei größeren Schwankungen zwischen Tag- und Nachttemperaturen anfällig gegen *Grauschimmel,* der seuchenartig auftreten kann. Erkrankte Teile abschneiden und verbren-

nen. Damit Lilien erst gar nicht in Mitleidenschaft gezogen werden, ab Mai im Abstand von 14 Tagen mehrmals Neudo-Vital 1%ig spritzen.

Edelwicken. Laufend darum kümmern, dass die Ranken am Stützgerüst Halt finden. Bis zur Knospenbildung sorgt man für ausreichende Bodenfeuchtigkeit, danach für Nährstoffzufuhr durch einen Volldünger oder NPK-Dünger.

Die prachtvollste Gartenorchidee ist der **Königin-Frauenschuh,** *Cypripédium regínae.* Jeder Schaft trägt 1–2 große Blüten mit weißlichen Petalen und einem kugeligen, karminroten „Schuh". Die Art braucht mäßigen Halbschatten und feuchten bis sumpfigen, sauren Boden. In der Nähe von *Rhododéndron* lässt sich leicht ein Pflanzbett schaffen.

macht das Gewebe schwammig und anfällig. Beim ersten Anzeichen der Grauschimmelfäule hilft sofortiges Spritzen mit Neudo-Vital 2%ig.

Die **Fliedermotte,** deren Räupchen in die Blätter eindringen und braune, blasige Flecken verursachen, kann mit Unden vernichtet werden. Bei geringem Schaden genügt Herausschneiden befallener Blätter, die man vernichtet. – In gleicher Weise geht man gegen die *Blattminierfliege* der Stechpalme *(Ilex)* vor.

Rosen werden oft schon Ende Mai von *Echtem Mehltau* belästigt. Bei warmem, luftfeuchtem Wetter sollten empfindliche Rosen mit einem dafür zugelassenen Pflanzenschutzmittel gespritzt werden. Neudo-Vital 2%ig, das im Abstand von 7–14 Tagen angewendet wird, wirkt gegen *Rosenrost* und *Sternrußtau.* Gegen tierische Schädlinge, wie *Blattläuse, Rosenzikaden, Spinnmilben,* sind Behandlungen mit Neudosan 2%ig voll wirksam. Vorbeugend oder bei Befallsbeginn kann gegen Rosenblattläuse ein neues Rosen-Pflaster angewandt werden. An jedem Haupttrieb wird an der Basis ein Pflaster angebracht. Der enthaltene systemische Wirkstoff wird in der Rose nach oben transportiert, und am Blatt oder Stiel von den Läusen aufgenommen. Ein sofortiges Absterben der Läuse ist die Folge. – Außerdem ist Ende Mai die *zweite Düngung* fällig, entweder mit einem Blau-Volldünger, 30 g/m², oder einem Rosendünger nach Vorschrift. Wasser ist zur Lösung der Dünger nach Einmischung in den Boden unbedingt notwendig.

Hochstamm-Rosen werden zu einer besonderen Zierde, wenn sie nicht nur reich blühen, sondern auch eine wohlgeformte, rundliche Krone haben. Dies ist jetzt durch mäßigen Rückschnitt langer Schösslinge zu erreichen, die Seitentriebe bilden.

Im Obstgarten

Blühende Erdbeeren erfordern erhöhte Aufmerksamkeit

Da die Hauptblüte in den Mai fällt, der noch **Frostnächte** bringt, ist sie zu schützen. Über offenem, fein gekrümeltem, nicht frisch bearbeitetem Boden werden Nachtfröste gemildert. Zusätzlichen Schutz bringt Bedecken mit Folientunneln, Frostschutz-Vlies, Decken, Tüchern. Blühende Pflanzen am Tage unbedeckt halten, um Befruchtung zu sichern.

Zur Ertragssicherung brauchen Erdbeeren bis zur Vollblüte gute **Bodenfeuchtigkeit.** Bei Trockenheit sind wöchentlich mindestens 20–30 l Wasser je m² angebracht. *Laub und Blüten dabei so wenig wie möglich benetzen.* Wird übersprüht, sollen die Pflanzen abends wieder abgetrocknet sein.

Der **Erdbeerblütenstecher** legt zur Blütezeit je ein Ei an den Blüten ab und beißt den Stiel an, der abknickt. Zerstörte Blüten entfernen, um nächstjährige Schäden klein zu halten. Jetzt noch Spruzit stäuben.

In nassen Jahren, auf schwerem Boden, bei dichtem Stand oder lange feuchtem Laub können sich **Grauschimmel** *(Botrytis)* und **Lederfäule** verheerend auswirken. Hier sollte man mit Neudo-Vital 1%ig spritzen, sobald sich ¼ der Blüten geöffnet hat, eine Woche später in die Vollblüte und bei kühler Witterung nach 8 Tagen nochmals.

Nach der Hauptblüte, in ungünstigen Lagen und wenn die Pflanzen nicht in Schwarzfolie stehen, lohnt es sich, entlang der Erdbeerreihen *grobe Holzwolle, Holzhobelspäne, Stroh* und *Styroporwolle* auszubreiten und zum Teil unter die Blätter zu schieben. So bleiben Früchte sauber, trocknen rasch ab und sind – zusätzlich zur Spritzung – vor *Grau- und Lederfäule,* aber auch

vor *Schnecken, Tausendfüßern* und *Drahtwürmern* besser geschützt. Ungeeignet: Heu, feine Holzwolle, Papierwolle, die zuviel Wasser aufsaugen, Gras, das Fäulnisgefahr erhöht, oder Torf, dessen Fasern Früchte verschmutzen.

War die **Düngung** im Spätsommer oder Frühjahr unzureichend oder stehen die Pflanzen auf ausgezehrtem Boden und lassen im Wuchs zu wünschen übrig, so kann den Blütenspritzungen ein Blattvolldünger, 0,1–0,2%ig, zugesetzt werden, ganz besonders bei mehrmalstragenden Sorten, oder noch nach der Blüte eine mineralische Volldüngung, 25 g/m², gegeben werden.

Geschlitzte **Flachfolie** („wachsende" Folie) bei Blühbeginn abnehmen, während der Fruchtausbildung wieder übers Beet breiten. Schützt vor *Vogelfraß, Schnecken* und anderen Schädlingen. Folientunnel während der Blütezeit an den Stirnseiten öffnen, bei trocknem Wetter sowie bedecktem Himmel vorübergehend abnehmen.

Sollen **Jungpflanzen** entnommen werden, kennzeichnet man die besten Blüher und zur Erntezeit noch die fleißigsten Träger. Mutterpflanzen mit 2 Stäbchen liefern dann die leistungsfähigsten Ausläuferpflanzen. Sind geschmackliche Unterschiede oder andere Merkmale zu beachten, so kann ein 3. und 4. Stäbchen beigesteckt werden.

Weniger Früchte sind besser

Apfel-, Birn- und Pfirsichbäume geraten durch starken Behang in ein Schwächestadium: Krankheiten und Schädlinge nehmen zu, Früchte bleiben klein, der Blütenknospenansatz fürs nächste Jahr ist gering. Durch **Ausdünnen** Nachteile überwinden. Bei (ungeschnittenen) **Pfirsichbäumen** wartet man den natürlichen (physiologischen) Fruchtfall Ende Mai ab. Abgestoßen werden unbefruchtete, zurückgebliebene, kranke Früchte. Danach so ausdünnen, dass Früchte einzeln hängen, ein wahrer Fruchttrieb höchstens 5, ein falscher 1–2, ein Bukettzweig 2 behält. Anschließend Fruchtholzschnitt korrigieren: Triebe mit Früchten auf ein Blatt über der obersten Frucht, Triebe ohne Frucht auf 2–3 Basisblätter zurückschneiden.

Bei **Apfelbäumen,** die zu *periodischem Tragen* (zur Alternanz) neigen, müssen schon zur Blütezeit 2 von 3 Blütenbüscheln auf dem gesamten Baum entfernt werden. Das beste Ergebnis allerdings erzielte man bei halbseitiger Entfernung aller Blüten (so bei 'Elstar'). Bei 'Boskoop' war noch ein zusätzliches Ausdünnen überzähliger Früchte notwendig, um die Alternanz zu mindern. Schon 3 Wochen nach Blütenblattfall auf 1–2–3) Früchte je Fruchtstand ausdünnen, bei Sorten, wie 'Berlepsch', 'Boskoop', 'Gravensteiner', 'Laxtons Superb', noch vor dem physio-

logischen Fruchtfall im Mai, auch bei 'Golden Delicious' und 'Jonathan', da Früchte gleichzeitig reifen und die Leistungskraft des Baumes überfordern.

Bei den *übrigen Apfelsorten* und bei *Birnen* genügt es, den Überbehang nach dem natürlichen Fruchtfall im Juni durch Wegschneiden zu entfernen, aber auch noch später. Entfernt werden an erster Stelle in der Entwicklung zurückgebliebene, schadhafte, kranke Früchte. Bei kleinen Bäumen kann leicht ausgedünnt werden, bei großen Bäumen in den unteren Partien. Damit ist einem solchen Baum bereits etwas geholfen.

Apfelmehltau erfordert viel Aufmerksamkeit

Diese gefürchtete Pilzkrankheit kann nur erfolgreich bekämpft werden, wenn sich **Schnitt-** und **Spritzmaßnahmen** ergänzen. Um die Erstinfektion zur Blütezeit weitgehend auszuschalten, sind bereits im Frühjahr ge-

lockerte *Endknospen* wegzuschneiden, da in ihnen der Pilz überwintert. Ein Teil der Knospen wird jedoch übersehen. Deshalb sofort nach der Blüte kontrollieren und vom Mehltau Befallenes entfernen, um die Infektionsquelle klein zu halten. Danach erfolgt die 1. Nachblütespritzung (s. nächstes Kapitel).

Weitere Spritzungen alle 7–12 Tage mit Neudo-Vital 1%ig oder Netz-Schwefelit 0,4–0,2%ig – bis in den Juli hinein – ; bei warmem, luftfeuchtem **„Mehltau"-Wetter** die kleineren Abstände, bei nasskaltem, regnerischem **„Schorf"-Wetter** die größeren einhalten.

Nach der Blüte treten Schädlinge und Krankheiten stark auf

Gute Erträge sind nur zu erreichen, wenn gegen Schädlinge und Krankheiten zur rechten Zeit vorgegangen wird. *Unmittelbar nach der Blüte* ist ein wichtiger Spritztermin: **die erste Nachblütespritzung.**

Bei **Pflaumenbäumen** zerstören Afterräupchen (Abb. 5 a, b) der **Pflaumensägewespen** (c) oft bis zu 90% des Fruchtbehangs. Schon während der Blütezeit werden Eier einzeln an den Kelch (d 1, 2, 3) abgelegt. Der Schlupf fällt mit dem Ende der Blütezeit zusammen. Auch *Rote Spinne*, mehlige *Pflaumenlaus*, *Zwetschenschildlaus* und verschiedene *Raupen* machen den Bäumen sehr zu schaffen. Beim **Kernobst** schlüpfen Afterräupchen der **Apfelsägewespe** und bohren sich in junge Früchte ein. Zur gleichen Zeit erscheinen Junglarven des *Sommerblattsaugers* und *Birnblattsaugers*. Die **Rote Spinne** (Spinnmilbe), die aus Wintereiern schlüpft, beginnt bald mit der Sommereiablage. Damit setzt eine Vermehrung ein, die bei günstiger Witterung über-

Schon zur Erdbeerblüte kann Grauschimmel Fuß fassen, besonders in nassen Jahren und bei dichtem Stand auf schwerem Boden. Stroh- oder Holzwolle unterlegen!

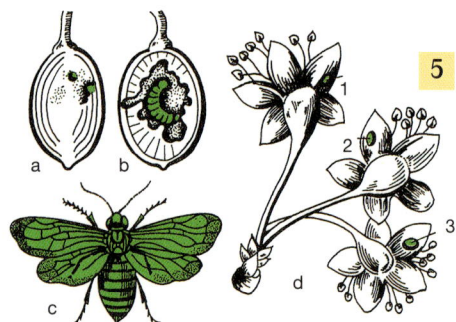

5

Die Pflaumensägewespe (c) legt ihre Eier schon zur Blütezeit an die Kelche (d) ab. Früher Pflaumenfall mit Befall (a, b,), bis 90%, ist die Folge.

fallartig vor sich gehen kann. Aber auch **Blattläuse** haben jetzt günstige Bedingungen. Auch befinden sich noch *Raupen* des Knospenwicklers, Frostspanners, Schlehenspinners und der Gespinstmotten an den Bäumen.

Stachel- und Johannisbeeren haben unter **saugenden Schädlingen** zu leiden, Stachelbeeren noch unter gefräßigen Afterraupen der **Stachelbeerblattwespe,** deren Fraßschäden im Strauchinnern verborgen beginnen.

Saugende und beißende Schädlinge lassen sich mit einem **Insektizid,** wie Metasystox R bekämpfen. Wo

gleichzeitig Spinnmilben und Sägewespen auftreten, verwendet man besser Neudorffs Raupenspritzmittel. Der Spritzbrühe gegen Schadinsekten sollte gleich ein **Fungizid** gegen *Schorf (Kernobst), Schrotschusskrankheit* (Steinobst), *Sprühfleckenkrankheit* (Kirschen), *Blattfallkrankheit* (Stachel- und Johannisbeeren) und *Säulchenrost* (Schwarze Johannisbeere) zugesetzt werden. Geeignete Fungizide: Antracol oder ein entsprechendes Mittel. Gegen den Apfelmehltau und Amerikanischen Stachelbeermehltau gibt es im Fachhandel auch Spezialmittel.

Weitere Fruchtschäden, die sich verhüten lassen

Vorwiegend an kleinfrüchtigen Sauerkirschen verursachen **Kirschkernstecher** (Rüsselkäfer) je ein Einstichloch bis in den Kern, so dass sich die Frucht einseitig entwickelt. Bekämpfung durch 2 Spritzungen mit Metasystox R *nach der Blüte* im Abstand von 14 Tagen.

Im **Pflaumenbohrer** erwächst den von der Pflaumensägewespe ver-

schont gebliebenen Früchten ein neuer Feind. Der kupferglänzende, 4 mm lange Käfer nagt *Mitte bis Ende Mai* Fruchtstiele junger Pflaumen fast durch und legt je ein Ei ab. Ein Weibchen kann bis zu 100 Früchte schädigen. Nach einer Woche schlüpfen die Larven und fressen sich bis zum Kern durch. Die Früchte fallen vorzeitig ab, die Larven entwickeln sich darin weiter und verpuppen sich schließlich im Boden (Juni). Etwa 14 Tage nach Abfall der Blütenblätter und nach weiteren 14 Tagen ist je eine Spritzung mit Metasystox R ratsam. Die zweite Behandlung richtet sich gleichzeitig gegen die **erste Pflaumenwicklergeneration,** deren Falter bereits 2–3 Wochen nach Beendigung der Blüte auftreten und nach weiteren 10 Tagen mit der Eiablage beginnen.

Rote Brombeeren, die sich zur Reifezeit nicht schwarz umfärben, sind von der **Brombeermilbe** befallen, die in großer Zahl an der Ansatzstelle der Früchte saugt. Der Schädling ist an den Brombeertrieben bis zur Blütezeit unterwegs und kann beispielsweise mit Oliocin oder Promanal bekämpft werden. *Erste Behandlung bei*

KLEINER SPRITZPLAN NACH DER BLÜTE

Obstart	Schädlinge, Krankheiten	Spritzmittel (Beispiele)	Wartezeit	Bemerkungen
Beerenobst (Stachel- und Johannisbeere)	Stachelbeerblattwespe, Läuse, Spinnmilben; Blattfall, Amerik. Stachelbeermehltau	Metasystox R sp. + Antracol WG	7–28 7–28 0–14	Blattfallspritzung nach 10–14 Tagen wiederholen
Steinobst (Pflaumen, Kirschen)	Sägewespe, Rote Spinne, Blattläuse, Raupen; Schrotschusskrankheit, Sprühfleckenkrankheit	Metasystox R sp. + Antracol	7–28 7–28 0–14	Pilzspritzung bei Nässe nach 8 Tagen wiederholen
Kernobst (Apfel, Birne)	Sägewespe, Rote Spinne, Läuse, Blattsauger; Schorfpilze, Rost, Apfelmehltau	Metasystox R sp. + Euparen	7–28 0–14	gegen Schorf alle 10–14 gegen Mehltau alle 5–10 Tage

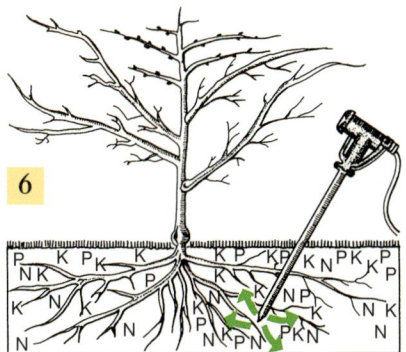

Düngung und Bewässerung in einem Arbeitsgang.

10 cm langen Seitentrieben, zweite nach 10–14 Tagen, dritte in der Vollblüte (Juni), dann mit Netz-Schwefelit WG 0,5%, Triebe von allen Seiten gründlich benetzen! Präparat nicht bienengefährlich.

Der **Himbeerkäfer** verursacht die *Vermadung der Himbeerfrüchte* und sollte bekämpft werden. Vorteilhaft spritzt man kurz vor der Blüte, bei Blühbeginn und noch 1–2 mal im Abstand von fünf Tagen. Da zur gleichen Zeit Bienen die Himbeeren befliegen, darf nur abends ein *nicht* bienengefährliches Mittel, wie Spruzit-flüssig, 0,1%, oder Spruzit-Staub, angewendet werden. Gleichzeitig wird der Himbeerblütenstecher vernichtet.

Der **Haselnussbohrer,** ein 6 mm langer Rüsselkäfer, hält sich im Mai an der Hasel auf. Weibchen legen Ende Mai bis Anfang Juni – je nach Klima – an noch weiche junge Früchte Eier ab. Ausschlüpfende Larven verursachen die wurmigen bzw. leeren Nüsse. Mitte Mai bis Ende Juni 2–3mal im Abstand von 10–14 Tagen spritzen. Durch Abklopfen der Äste in den kühlen Morgenstunden auf untergelegte weiße Tücher lässt sich der Befall leicht feststellen und ein Teil der Schädlinge vernichten. *Gemieden werden Zellernüsse,* weil die Frucht von einer kurzen Hülle umschlossen ist,

schnell eine harte Schale bildet und der Larve das Verlassen erschwert. Der Instinkt lässt die Käferweibchen solche Haselnüsse meiden. – Gelegentlich befällt die **Haselnussgallmilbe** Knospen, die dann kugelig anschwellen und nicht austreiben. Wo das der Fall ist, sollte von *Mitte Mai* an 4–5-mal im Abstand von 7 Tagen beispielsweise mit Salut gespritzt werden, um den Befall der jungen Knospen zu verhindern.

Bewässerung und Düngung nach der Baumblüte

Bei *Trockenheit* brauchen mittlere Böden alle 14 Tage 25 Liter Wasser je m² Baumscheibe, leichtere, sandige Böden bis zu 40 l/m². Wasser langsam geben, damit es versickert und nicht abfließt. Wo Blumen oder Gemüse als Konkurrenten der Baumwurzeln auftreten, gibt man das Wasser zweckmäßig in spatentiefe Löcher, die man mit etwa 1 m Abstand über die Baumscheibe verteilt. Vorteilhaft ist die Bewässerung im Anschluss an einen schwachen Regen.

Größere **Schwankungen in der Wasserversorgung** verursachen bei **Sauerkirschen** *Rötelfrüchte,* bei **Pflaumen** und **Pfirsichen** *Harzknötchen* in Früchten, bei **Birnen** vermehrte *Steinzellenbildung* um das Kerngehäuse. Nach der Blüte nutzen Bäume zunehmend Nährstoffe des Bodens. Bei Verarmung gerät das Wachstum ins Stocken, der Fruchtansatz wird vermehrt abgestoßen, und es können sich kaum neue Blütenknospen bilden.

In der 2. Maihälfte soll deshalb im Obstgarten **gedüngt** werden, insbesondere auf leichtem Boden, sowohl Beerenobst (s. S. 86) als auch Obstbäume mit gutem Fruchtansatz und solche, die zum Ertragswechsel neigen. Fällt in der Nachblütezeit viel Re-

gen, so ist auf leichten Böden im Juni noch eine Düngergabe zu empfehlen. Zweckmäßig fräst man ihn flach ein und wässert. Gute Bodenfeuchtigkeit macht die Nährstoffe bald verfügbar. Nach der Blüte – im Anschluss an die Düngung – ist eine **Bodendecke aus Frischkompost,** etwa 5 cm hoch, von Vorteil, besonders auf leichtem Boden (für Neupflanzungen Komposterde). Wuchs und Fruchtbarkeit werden sichtlich gefördert, Wasser und Dünger bis 50% eingespart. *Fruchtfleischerkrankungen* (Stippe bei Äpfeln, Steinzelligkeit bei Birnen, Harzknötchen und Halswelke bei Pflaumen (usw.) halten sich in Grenzen. Bei Himbeeren beugt eine ständige Bodendecke dem Rutensterben vor. Als *Mulchmaterial* eignet sich hier eine lockere Mischung aus Stroh, Gras, Trieben vom Grünschnitt und anderen zerkleinerten Pflanzenabfällen. *Hauptdüngezeit für Obstbäume mit grasbewachsenen Baumscheiben ist das Winterhalbjahr.* Zur Vegetationszeit sind Gräserwurzeln fast Alleinverbraucher. Nur bei Untergrunddüngung (mit Düngelanze oder -sonde, Abb. 6) sollten die Termine im Mai/Juni wahrgenommen werden.

Vom Frühsommer-Schnitt der Obstgehölze

Manche Fehlentwicklung lässt sich verhüten, wenn man schon zeitig im belaubten Zustand schneidet. Der **Wegschnitt der kleinen Stummel oder Zapfen** ist besonders vordringlich. Nur wenn die *Triebreste vom Frühjahrsschnitt* (S. 218) bald nach dem Austrieb schräg entfernt werden (e), kann die Wunde verheilen.

Bei allen Obstgehölzen kommt es darauf an, ungünstig stehende **Neutriebe** beizeiten zu entfernen. Der Saftstrom fließt dann verstärkt in die verbleibenden Knospen und Blätter, auch der älteren Kronenteile. – *Bei reichem Fruchtansatz jedoch, wo jedes Blatt gebraucht wird, halte man sich mit dem Wegschnitt sehr zurück, sonst bleiben die Früchte klein.*

Starke senkrechte Austriebe auf altem Holz, auch Reitertriebe oder **Wasserschosse** genannt, sind bei dichten Kronen bereits im krautigen Zustand *bei 15-20 cm Länge auszureißen.* Dabei werden die Basalknospen (Beiaugen) beschädigt, so dass hier kein weiterer Neutrieb kommt. Solche Wunden sind klein und verheilen rasch, ohne Wundverschluss.

Konkurrenztriebe werden dort entfernt, wo die Verlängerungstriebe des Mittelastes und der Leitäste einen kümmerlichen Eindruck machen. Wo die Triebverlängerungen ausgeblieben sind, braucht man einen *Ersatztrieb.* Dieser wird im Mai/Juni ausgewählt und bei ungünstiger Richtung aufgebunden oder abgespreizt.

Am Mittelast muss bei **Ausfall des Verlängerungstriebes** überlegt werden, welcher der konkurrenzähnlichen Triebe sich für die Mittelastverlängerung am besten eignet. Schnitt dicht über der Ansatzstelle, leicht schräg. Weicht der Ersatztrieb von der Mittelsenkrechten stark ab, so wird man ihn aufbinden. Dazu kann man einen längeren Zapfen bis zum Herbst stehen lassen. Ist das nicht möglich, so verwendet man einen Stab, den man unten zweimal festbindet. An ihn lässt sich der Trieb anheften.

Wurzelschösslinge, besonders unter **Pflaumenbäumen,** dürfen nicht einfach über dem Boden abgeschnitten werden, sonst entstehen immer mehr. Vielmehr öffnet man den Boden bis zur Ursprungsstelle vorsichtig, reißt die Schösslinge aus, wobei auch die triebfähigen Beiaugen zerstört werden, oder schneidet stärkere ohne Rest weg.

Wunden mit Bayleton-Rindenwund-verschluss verstreichen, Wurzeln mit Erde wieder bedecken. Treten Wurzelschösslinge bei *älteren Bäumen* stark auf, so kann Auslichten und Verjüngen der Krone Abhilfe schaffen. Oft wird Schosserbildung durch *Wurzelverletzungen* ausgelöst. Unter solchen Bäumen den Boden überhaupt nicht bearbeiten, sondern mulchen.

Zu Bodenschösslingen in Stammnähe kann es kommen, wenn Rindenteile des Stammes hier abgefault sind. Bis zur gesunden, festen Rinde säubern und Schösslinge durch Einspitzen über der Wunde, wo man einen senkrechten Schnitt in die Rinde macht und einen Rindenlappen lüftet, eine Brücke schlägt (vergleiche Seite 271, Abb. 9 b).

Wo junge Bodentriebe bei **Stachel-** und **Johannisbeeren** zu dicht gedrängt stehen und sich gegenseitig behindern, muss um mehr als die Hälfte ausgelichtet werden. Bei einmaltragenden Himbeeren sollten je laufenden Meter nur 10 junge Bodentriebe stehen bleiben.

Apfel- und Birnenbüsche können schon im 2. Jahr fruchten

Werden die untersten Zweige junger Buschbäume oder Spindelbüsche aus der letzten Herbst- oder Frühjahrspflanzung unter die Waagerechte gesenkt, wird das vegetative Wachstum in Form längerer Triebe sofort gestoppt und das generative Wachstum mit Blütenknospen setzt ein. An diesen Zweigen darf man also im nächsten Frühjahr Blüten erwarten. Stehen passende Befruchterpartner in der Nähe zur Verfügung, gibt es bereits im 2. Jahr nach der Pflanzung die ersten Früchte. Wenn diese Zweige als Fruchtbogen mindestens vier Ernten gebracht haben, kann man sie einkürzen oder wegschneiden. Aus den sich inzwischen oberhalb gebildeten Trieben entwickelte sich die neue Krone mit vier Leittrieben und einem Mittelast, die bereits Blüten ansetzt. Wichtig: Die gesenkten Zweige dürfen im März nicht angeschnitten werden; der Holztrieb wird dadurch angeregt.

Im Gemüsegarten

Kein Hungerdasein für Gemüse

Wo Gemüse Durst und Hunger leidet, fällt die Ernte schmal aus. Schon zur Bestellung sorgt die **Grund- oder Krumendüngung** für guten Start. Weniger anspruchsvolles Gemüse (Gartenkresse, Schnittsalat, Spinat, Radies) mit kurzer Entwicklungszeit kann damit auskommen. Über Nährstoffansprüche s. im Januar (Tabelle). Die meisten Gemüsearten brauchen noch **Kopf- oder Nachdüngungen.** Zu bevorzugen ist ein rasch wirkender mineralischer (blauer) Volldünger (15 g N), auf leichteren, humusarmen Böden auch ein organisch-mineralischer Dünger, wie Orgamin (10 g N) oder Manna-Spezial (7 g N) oder ein organischer Volldünger wie Fertofit-Garten-Dünger. 3-4 Wochen nach dem Auflaufen oder Pflanzen zum erstenmal nachdüngen. Wo die Grunddüngung fehlt, bereits nach 2-3 Wochen.

Weitere Düngergaben sind auf leichterem Boden, der rasch verarmt, alle 2 Wochen angebracht, auf schwererem alle 3-4 Wochen. Man rechnet jedesmal mit 30-40 g/m² bzw. 20-25 g/m² eines blauen Volldüngers. Letzte Düngung vor der Ernte organisch 3 Wochen, mineralisch 10 Tage.

Verwendung finden meist **gekörnte Streudünger,** die rasch und nachhaltig wirken. Man streut sie – bei abgetrockneten Pflanzen – gleichmäßig

Zusätzliche Anmerkungen

Keine Früchte im Pflanzjahr! Im letzten Herbst oder in diesem Frühjahr gepflanzte Obstbäume sollen noch keine Früchte tragen. Alle Kraft wird zur **Wurzelbildung** benötigt. Lässt man den Bäumen bereits ihren Blütenschmuck, dann werden hierfür die Baustoffe verbraucht, die sonst den Wurzeln zufließen könnten. Das zu früh fruchtende Bäumchen wird dadurch so geschwächt, dass es mehrere Jahre kümmert und sich nur schwer wieder erholt.

Fruchtmonilia, weißer Polsterschimmel, spielt bei manchen dicht hängenden Früchten eine zerstörerische Rolle, besonders in nassen Jahren. Von stark gefährdeten Sorten sollte man sich trennen. Sonst hilft Beseitigung erkrankter Früchte und Fruchtmumien. Bei feuchter Witterung ist vorbeugend mit Neudo-Vital 1%ig zweimal in die Blüte zu spritzen.

Die Eisheiligen vom 11.–13. Mai bringen meist noch gefährliche Nachtfröste. Diese Gefahr besteht sogar zwischen dem 9.–17. Mai.

Blühende Bäume nach einer Frostnacht früh morgens tüchtig *wässern* und mit dem Sprenger fein einnebeln.

Die Blutlaus an Apfelbäumen verschwindet im Lauf des Sommers, wenn man einige Körner **Kapuzinerkresse** in der Nähe des Stammes zur Entwicklung kommen lässt. Triebe an Stamm und Ästen anheften.

Birnengitterrost kann man von Mai bis Juli in Abständen von 10–14 Tagen z.B. mit Antracol bekämpfen. Sporen des Pilzes überwintern auf dem *Sadebaum und anderen Wacholderarten* und wechseln ab Mai auf die Birne über. Im Sommer erscheinen dann auf Blättern rötliche, klebrige Flecke, unterseits rote, gitterartige Pusteln. Zwischenwirt entfernen!

Pflanzbäumchen, die im Herbst oder Frühjahr gesetzt wurden und Ende Mai (Walnuss im Juni) noch *keinen Austrieb* zeigen, werden nochmals aus der Erde genommen und mit frisch angeschnittenen Wurzeln 24 Stunden in Wasser gelegt. Danach pflanzt man sie wieder. Günstig ist eine **Stammpackung** aus Lehm und Torf, die man vorher zu einem dicken Brei verrührt. Dieser wird bis 2 cm stark auf den Stamm aufgetragen und mit Jutestreifen oder altem Verbandsstoff umwickelt. Die Feuchtigkeit hält sich fast eine Woche, so dass es leicht fällt, die Packung ständig feucht zu halten. So behandelte Jungbäume treiben erfahrungsgemäß bald aus. – Lässt der Austrieb im Herbst gepflanzter Bäumchen nicht auf sich warten, werden sie jetzt an den **Pfahl** festgebunden.

Beerenobstgehölze düngen. Zum zweiten Male auf schwerem Boden sofort nach der Blüte, Anfang Mai, auf leichtem Boden Ende Mai, bei Stachelbeeren nach der Grünpflücke. (Düngermenge s. im März.) Bodendecke aus Frischkompost verstärken. Düngung nach der Ernte dann nur noch auf leichten, humusarmen Böden.

Fruchtfall bei Sauerkirschen verhüten. Im Juni, 5–7 Wochen nach der Blüte können vorzeitig rot gefärbte Kirschen (Rötelfrüchte) in Massen abfallen.

Rötelkirschen enthalten nur weiche Samenschalen mit verkümmertem Embryo. Entweder liegt Nährstoffmangel im Boden vor oder starke Konkurrenz durch Jungtriebe nach erfolgtem Sommer- oder Spätwinter-Schnitt. Vorbeugung durch *Düngung* mit Fertofit-Garten-Dünger, 75 g/m², sofort nach der Blüte und gute *Bewässerung.* Sehr *junge Steiltriebe* rechtzeitig beseitigen, um Konkurrenz auszuschalten.

Grünschnitt an Schnurbäumen und Kunstformen (Apfel, Birne) beginnt bei 15–20 cm Trieblänge, meist Ende Mai (Näheres siehe im S. 218).

Grünpflücke bei Stachelbeeren ab Ende Mai. Die Frucht ist dann noch klein, die Haut besonders zart, und hierauf kommt es beim Tortenbelag und Kompott an. Behang höchstens um die Hälfte verringern. Wenn alle 3–5 cm eine Beere bleibt, ist bis zur Vollreife mit bester Entwicklung zu rechnen.

Leimringe Ende Mai abnehmen, zerkleinern, kompostieren. Die Materialien (grünes Spezial-Papier, Raupenleim-Belag und Bindedraht, ohne Metall) sind 100%ig abbaubar. Verrottung gelingt am raschesten mit Bio-Komposter-Flocken und grünen Gartenabfällen.

Pfirsichbäume ohne Fruchtansatz, sei es, dass die Blüte erfroren ist oder nicht befruchtet wurde, sind sofort einem strengen Schnitt zu unterziehen. Seitentriebe ohne Fruchtansatz werden bis auf die untersten beiden Austriebe zurückgeschnitten. Man darf dann mit einer Fülle „Wahrer Fruchttriebe" rechnen. Oft ist der Ausfall des Fruchtansatzes die beste Gelegenheit, alte Pfirsichbäume zu verjüngen.

zwischen die Reihen, arbeitet sie flach ein und wässert nach Bedarf. Noch rascher wirken **pulverisierte oder flüssige Volldünger,** die mit dem Gießwasser ausgebracht werden, entweder mit Hilfe der Gießkanne, der Gartenspritze oder der Beregnungsanlage. Hinterher werden die Pflanzen abgebraust, wobei die Nährlösung in den Boden eingewaschen wird.

Blattdüngung wirkt sofort, da Nährstoffe von den Blättern direkt aufgenommen werden und nicht den langen Weg über Boden und Pflanzen zurücklegen müssen. Erforderlich sind Blattdünger, wie Kamasol, Mannalin, Wuxal. Anwendung: Boden zuerst durchfeuchten, verdünnte Nährlösung (0,1–0,2%) bei bedecktem Himmel auf die Pflanzen ausbringen, hinterher *nicht* mit klarem Wasser nachspülen.

Pastinake ist anbauwürdig. Gesät wird im Frühjahr. Bis zum Herbst wachsen lange, weiße Wurzeln, die über Winter im Boden bleiben können.

Die Blattdüngung, die die Bodendüngung nicht ersetzen kann, eignet sich *für dringende Versorgung* in Zeiten gestörter Nährstoffaufnahme, sei es bei extrem kühler, nasser Witterung, großer Trockenheit, akutem Wassermangel oder bei Wurzelschäden. – In gewissen Fällen lassen sich *Pflanzenschutzmaßnahmen und Blattdüngung* koppeln.

Nicht zuletzt sollte **Frischkompost** für Kulturen mit langer Entwicklung genutzt werden. Herbstkompost ist inzwischen für eine 5 cm hohe Bodenbedeckung bei gut angewachsenen Pflanzen gebrauchsfertig.

Die Humusdecke, die auf vorher gewässerten und gelockerten Boden kommt, gibt laufend Nährstoffe ab, hält den Boden locker und feucht, unterdrückt Unkraut. So lassen sich die oben genannten Kopfdüngungen weitgehend einsparen.

Für Frühkartoffeln einige Pflegetips

Nach dem Durchbruch der Triebe, **Anfang Mai,** hackt man den Boden flach, um Unkraut bereits im Keim zu vernichten. Bei *Frostgefahr* lässt sich der Trieb durch die dünne Erddecke auf den Blättern schützen.

Sind Kartoffeln etwa 10 cm hoch, düngt man bei trockenem Wetter mit einem mineralischen Volldünger, 25 g/m², und wässert gründlich. Bald nach dem Abtrocknen des Bodens häufelt man zum erstenmal an.

Bei doppelter Höhe des Kartoffelkrautes, kurz bevor sich die Reihen schließen, nochmals düngen, wässern, zum zweitenmal behäufeln, diesmal 15-20 cm hoch. Da sich innerhalb des Walles weitere Ausläufer mit Knollen bilden, steht ihnen Luft und Wärme für eine gesunde Entwicklung zur Verfügung.

Von **Mitte Mai** an, mit Beginn des Knollenwachstums, bis zur Ernte ab Ende Juni brauchen Frühkartoffeln *mittelhohe Niederschläge,* im Mittel täglich bis 3,5 mm (= 3,5 Liter/m²). Fehlt es an Regen, so gibt man wöchentlich bis zu 25 Liter Wasser/m². Wichtig ist auch ein ständiger Wechsel zwischen trockenem und feuchtem Boden. Nur so kann man zu guten Erträgen kommen. Dürre hemmt allerdings die Knollenentwicklung und kann zu einem 2. Durchtrieb der Ausläufer führen, wodurch missgestaltete Knollen entstehen.

Außer Frost und Dürre machen den Frühkartoffeln die **Kraut**- und **Knol**lenfäule *(Phytophthora),* tierische Schädlinge und Viruskrankheiten zu schaffen. Phytophthora tritt in feuchten Jahren auf und man sollte, um die Ernte zu retten, vorbeugend mit Neudo-Vital 2%ig, bei erstem Auftreten mit Kupferkalk-Atempo 0,5% spritzen. Man beginnt die Spritzung beim Schließen der Kartoffelreihen und wiederholt sie 1–2-mal im Abstand von 14 Tagen.

Blattläuse, Kartoffelkäfer und ihre Larven bekämpft man mit einem zugelassenen Insektizid, wie Spruzit-Staub, Kartoffelkäfer-Larven am besten mit Novodor (ohne schädigende Wirkung auf Nützlinge).

Nematodenausbreitung: Zur Vermeidung von Schäden darf man frühestens wieder nach 4–5 Jahren auf derselben Fläche Kartoffeln anbauen.

Aussaaten im Mai an Ort und Stelle

Nicht beendete Säarbeiten fortsetzen. Frostempfindliche Arten so säen, dass der Austrieb erst nach den Eisheiligen erscheint.

Freie Beete wie für Frühjahrsaussaat vorbereiten (s. S. 100 f.). Humusarmer Boden ist dankbar für Zufuhr von 150 g/m² FulHumin.

Sommer-Radieschen, wie 'Parat', 'Prinz Rotin', 'Sora', können bis August ins Freiland gesät werden, 1–2 cm tief, Reihenabstand 20 cm, in der Reihe 5 cm. Sperli-Saatband mit 'Parat' erspart Einzelauslegen. Gegen **Kohlfliege** nach dem Auflaufen ein Gemüsefliegen-Netz überspannen.

Sommer-Rettiche, wie 'Mainkrone', 'Halblanger weißer Sommer' (Typ 'Schillergruß') u. a. bis August 2 cm tief säen. Reihenabstand 20 cm, in der Reihe 8–10 cm. Gegen **Kohl**- oder **Rettichfliege** wie bei Radies.

Sommerspinat, wie 'Estivato' oder 'Montaku', kann wegen Schossfestigkeit bis Juli gesät werden. Reihenabstand 25–30 cm, Saattiefe 3 cm. Wo die Rübenfliege auftritt, ist von Mitte Mai bis August Spinat durch Vermadung der Blätter gefährdet. Man könnte junge Pflanzen mit einem Gemüsefliegen-Netz schützen.

Schnittsellerie Anfang Mai säen, eine Reihe von 1–2 in Länge. Die sehr feinen Samen weitläufig streuen, dünn bedecken, 3–4 Wochen gleichmäßig feucht halten. Später zu dicht stehende Pflänzchen verbrauchen, bis auf 10–15 cm Abstand.

Zuckermais wird ab Mitte Mai bei einer Mindestbodentemperatur von 12 °C gesät, Abstand 60 × 30 cm, jeweils 2–3 Korn 4 cm tief. Mehrere Reihen nebeneinander verbessern die Windbestäubung. Nach dem Auflaufen bleibt jeweils das kräftigste Pflänzchen stehen. Bei 10 cm Höhe gibt man 20 g/m² Volldünger und wiederholt die Düngung alle 14 Tage bis Mitte Juli. Danach jedesmal wässern, hacken und anhäufeln. Sorten: 'Sperlings Goldprinz', 'Golden Beauty' (F_1-Hybride). 'Aztek Hybriden', 'Earlybell', 'Commander', 'Goldcup' u. a.

Treib-Schikoree- oder -Zichoriensalat, den man im Winter in einem Raum treiben kann, wird im Mai in 40 cm entfernte Reihen gesät. Alle 10 cm drückt man 2 Samen 1–2 cm tief in den Boden und lässt später jeweils das stärkste Pflänzchen stehen. Wegen der langen Pfahlwurzeln ist tief gelockerter Boden wichtig. Für Feuchtigkeit ist zu sorgen und im Juli bis September mit je 25 g/m² Volldünger blau nachzudüngen. *Sorten* zum Treiben ohne Deckerde, warm, luftfeucht: 'Liber', 'Sperlings Mira', 'Rouge Carla', dekorativ, weiß, rote Spitze sowie Kiepenkerls 'Zuckerhut'. Mit Deckerde: 'Edelloof, 'Witloof'; 'Zwaans Delvo' (kühl).

Stielmangold als Nachfrucht im Mai/Juni anbauen, so dass die Ernte

im September beginnt. Stiele sind dann zarter und wohlschmeckender als bei Hochsommerernten. Damit die Pflanzen zügig wachsen, brauchen sie tiefgründigen, mittelschweren, nährkräftigen Boden in sonniger Lage. Erforderlich ist ein Abstand von 40 × 30 cm. Man wendet die Horstsaat an, indem man jeweils 2–3 Samenknäuel auslegt und 2–3 cm tief in die Erde drückt. Drei Kopfdüngungen: Nach dem Verziehen, Juli und August. In kühlen Sommern besteht leider die Gefahr, dass *Maden der Rübenfliege* die Blätter minimieren. Totaler Rückschnitt ist dann geboten.

An **Folgesaaten** wird erinnert: Gartenkresse, Schnittsalat, Möhren, Rote Bete, Blattmangold, Mark- und Zuckererbsen, Dill, Bohnenkraut, Kerbel.

Beinige Möhren kann es bei sehr geringer Bodenfeuchte geben. Auf zu nassen Böden mit über 12 % Stickstoff **platzen** Möhren leicht. Optimale Bewässerung kurz vor der Ernte einstellen.

Wichtige Pflanzarbeiten ab Maibeginn

Gepflanzt werden sollte nur so viel, wie zur Erntezeit verbraucht wird. Setzlinge nicht welken lassen. Bei mäßiger Feuchtigkeit werden vermehrt Wurzeln gebildet. Danach ist dann wieder mehr Wasser nötig. Um das Anwachsen zu fördern, kann das Beet von vornherein mit „wachsender" Folie bedeckt werden.

Kopfsalat gedeiht auf allen Böden, die genügend Feuchtigkeit speichern und abgeben. In der heißen Jahreszeit ist mehr Wasser nötig, damit es an den Blättern keine Brandschäden gibt. Am besten wachsen in Töpfen vorkultivierte Jungpflanzen. Pflanzweite 25–30, Eissalat 40 cm. Für gute Kopfbildung flach pflanzen (s. April).

Bindesalat (Sommer-Endivie) ist eine langblättrige Abart des Kopfsalats und gleicht diesem im Anbau. Pflanzenabstand 30 cm.

Kohlrabi. Bis Juni pflanzt man raschwüchsige Sommersorten, die bei höherer Wärme nicht schießen und deren Knollen nicht so leicht platzen. Am wüchsigsten sind 10–12 cm lange, nicht überständige Setzlinge. Sie sollen so geschmeidig sein, dass man sie um den Finger wickeln kann, ohne durchzubrechen. Man pflanzt mit 30 cm Abstand. Kohlrabi steht gut (s. auch April) auf dem Gurkenbeet, wo sich die langen Triebe über die Knollen legen, die dann länger zart bleiben.

Blumenkohl kann alle 2–3 Wochen gepflanzt werden. Er stellt höchste Ansprüche. Stehen keine Setzlinge zur Verfügung, so kann man auch an Ort und Stelle säen. Frühsommerarten: 'Delira', 'Sesam', 'Zwaans Delma', 'Erfurter Zwerg', mittelfrühe Alpha-Typen wie 'Delfter Markt', 'Hilds Neckarperle', 'Raket', 'Tornado', 'Alpha 3', u. a. Für die Pflanzung sind pikierte oder getopfte Setzlinge zu empfehlen. Pflanz- oder Saatweite 40 × 50 cm. Kulturzeit 2 Monate, nach Aussaat gut 3 Monate.

Rosenkohl mit sehr langer Entwicklungszeit, wie 'Abunda', oder 'Roodnerf' sollte Mitte bis Ende Mai gepflanzt werden, Pflanzweite 60 × 60 cm. Da der Befall durch *Kohlfliegenmaden* kaum bemerkt wird, ist es ratsam, ein paar Tage nach dem Auspflanzen um den Wurzelhals jeder Pflanze Bio-Gemüse-Streumittel oder (noch besser) Gemüsefliegen-Netz anzuwenden. Mischkultur: Kopfsalat, Spinat, Blattmangold, Radieschen, Schnittsalat.

Gemüseporree für Sommer und Herbst wird ab Mai gepflanzt. Geeignete Sorten: 'Elefant', 'Carentan 2', 'Fafner', 'Goliath', 'Tropita'. Porree braucht nährkräftigen Boden, ver-

*Winterporree 'Sperlings Genita' sollte spätestens Anfang Mai gesät werden.
Eine günstige Pflanzzeit ist Anfang Juli. Winterernte ist möglich (dicke Laubaufschüttung).*

trägt Halbschatten. Damit sich lange gebleichte Schäfte bilden, zieht man mit 30 cm Abstand Furchen etwa 10 cm tief. Am Grund der Furche bohrt man alle 10 cm enge Pflanzlöcher. Hier hinein steckt man einzeln die Porreepflänzchen bis zu $^2/_3$ ihrer Länge, ohne die Wurzeln einzukürzen. Es ist mäßig anzudrücken und anzugießen. Durch Regen und späteres Gießen – bei Trockenheit reichlich! – werden die Furchen zugespült. Später wird noch angehäufelt. 'Tropita' bleibt ohne Tiefpflanzen. Gegen die Lauchmotte Porreebeet mit Gemüsefliegen-Netz überspannen.

Rote Bete (Rübe) wird mit 30 x 10 cm ausgepflanzt, sobald die Jungpflanzen etwa 8 cm hoch sind. Fest pflanzen und nicht tiefer, als die Setzlinge im Saatbeet gestanden haben. (Direktsaat S. 168.)

Pfefferminze der Sorte 'Mitcham' kann ab Mai gepflanzt werden, 40 x 10 cm. Bei einer Gesamtdüngung auf der Grundlage von 8 g/m² Stickstoff erzielt man den besten Ertrag.

Gewürzkräuter sollten ihr Plätzchen erhalten. *Schnittlauch* pflanzt man in Büscheln mit 20 cm Abstand, *Pfefferkraut* und *Majoran* in kleinen Büscheln mit 30 x 20 cm. *Estragon* braucht 60 x 40 cm. *Basilikum* darf erst nach Mitte Mai ausgepflanzt werden und benötigt 30 cm Abstand. Andere ausdauernde Würzkräuter, die im Stein- und Ziergarten stehen können, sind: *Rosmarin, Thymian, Bergbohnenkraut, Wilder Majoran* (Dost).

Anzucht von Pflanzgemüse

Selbstheranzucht von Gemüsesetzlingen sollte nicht auf den April beschränkt bleiben, sondern weitergehen. Sommer-Kopfsalat, -kohlrabi und Frühblumenkohl können alle 3 Wochen gesät werden (s. April). Weitere Gemüse kommen hinzu.

Kohlrüben (Bodenkohlraben) wer-

den Anfang Mai gesät. Zu bevorzugen sind mittelgroße Sorten wie 'Sperlings Pandur'. Die Aussaat erfolgt recht weitläufig in 10-15 cm entfernte Reihen. Direktsaat an Ort und Stelle ist möglich.

Winterporree in den Sorten 'Blaugrüner Winter Stamm Nikolaus', 'Carentan', 'Sperlings Genita' sollte spätestens Anfang Mai ausgesät werden. Pflanzung Anfang Juli.

Brokkoli oder Spargelkohl ist mit Blumenkohl verwandt, weniger anspruchsvoll, liefert mehrere Ernten und schmeckt würziger. Gute Sorten: 'Green Valiomt', 'Fiesta', 'Lucky', 'Chevalier', 'Tender' zeichnen sich durch hohen Vitamingehalt aus. Da Zuwachs im Frühsommer nur gering ist, erst ab Mai säen.

Butterkohl, dem Wirsingkohl ähnlich, wird sehr weitläufig gesät. 'Goldgelber selbstschließender' ist zarter als grünblättriger. Gepflanzt wird im Juni.

Grünkohl. Ertragreiche Sorten sind: Kiepenkerls 'Lerchenzungen' (halbhoher feingekrauster), 'Frosty' (verbesserter 'Niederiger feingekrauster'), 'Hammer' (30 cm hoch). In schneereichen Gebieten niedrige Sorten verwenden.

Wirsing: 'Wirosa', F₁-Hybride, für Oktober bis Dezember; 'Marner Grüfewi', zur Freilandüberwinterung.

Spätkohlrabi der Sorte 'Blauer Speck', der sich zum Einlagern im Winter eignet, muss im Mai zur Pflanzenzucht ausgesät werden. Pflanzung Ende Juni.

Direktsaat macht Anzucht entbehrlich

Ob man auf ein Saatbeet oder an Ort und Stelle sät, die Kulturzeit ist gleich. Mit Direktsaat hat man weniger Arbeit, auch entwickeln sich die Sämlinge gesünder und brauchen keine Störung durch Umpflanzen mitzumachen, ausgenommen getopfte Setzlinge. Erste Düngung (z. B. mit Fertofit) 3 Wochen nach dem Auflaufen.

Kopfsalat, der durch Verpflanzen aus dem Saatbeet am meisten leidet, schlecht anwächst und leicht schießt, eignet sich besonders gut für Direktsaat. Gesät wird auf eine (kleine) Beetfläche in Reihen mit 15 cm Abstand, wobei *Pillensamen, Kiepenkerl-Saatband* oder *verdünntes Saatgut* (von Hild) hilfreich sind. Sobald sich die ersten echten Blätter ausgebildet haben, werden zu dicht stehende Salatpflanzen in der Küche verwendet. Mit fortschreitendem Wachstum wird immer weiter vereinzelt, schließlich jede zweite Reihe herausgenommen. Die zur Kopfbildung sich anschickenden Pflanzen benötigen 25 cm Abstand. Für die Aussaat im Mai und Juni eignen sich Sommersorten (s. Saatbeet im April). Kopfsalat muss zügig wachsen, braucht stets feuchten Boden, ist nach jeder größeren Teilernte zu düngen. Mit Beginn der Kopfbildung nicht mehr düngen, Wasser auf den Boden geben.

Kohlrabi raschwüchsiger *Sommersorten* kann bis Ende Juli gesät werden. Empfehlenswert sind Kiepenkerls 'Blauer Speck' und 'Delikatess Weißer'. Man legt im Abstand von 30 x 25 cm horstweise mindestens je 2 Körner aus, drückt sie 1–2 cm tief in den Boden und lässt jeweils das stärkste Pflänzchen zur Entwicklung kommen. Kohlrabi aus Direktsaat bleibt lange zart. Mischkultur: Radies, Salat, Kresse.

Rote Bete (Rübe) kann man bis Ende Juli säen. Man hält 30–35 cm Reihenabstand ein, sät weitläufig in 3 cm tiefe Rillen und verzieht nach und nach auf 6–10 cm. Die Sorte 'Rote Kugel Sperlings Probat' erreicht schon früh ihre runde Form und kann bei Sommerradiesgröße als zarte „Baby-Beets" verwendet werden.

Porree der Sorte 'Sperlings Tropita' erlaubt die Saat an Ort und Stelle. Reihenabstand 30 cm, in der Reihe 10 cm. Der raschwüchsige *Sommer- und Herbstporree* hat einen hohen Weißanteil.

Die Buschbohne ist unsere wichtigste Gartenbohne

Als Pflanzen tropischer Bergwälder sind Gartenbohnen frostempfindlich. Sie gedeihen vorzüglich in humosem, recht feuchtem Boden in lichtem *Halbschatten.* Als Hülsenfrüchtler (Leguminosen) bilden sie an den Wurzeln, die etwa 1 m tief gehen, Knöllchenbakterien, die Luftstickstoff binden, allerdings erst ab Blühbeginn, und speichern.

Aussaat ab 10. Mai, auf schwerem Boden oder in ungünstiger Lage Ende Mai, unter „wachsender" Folie, eine Woche früher als gewöhnlich. Folgesaaten im Verlauf von 2 bis 3 Wochen bis Anfang Juli. Vor der Saat und bei Blühbeginn je 4–5 g/m² Stickstoff (und die übrigen Nährstoffe) geben, z. B. Azet-Tomaten-Dünger, 75 g/m².

Bei **Horstsaat,** 40 mal 40–50 cm, macht man nacheinander flache Mulden, 2–3 cm tief, legt 5–6 Bohnen gut verteilt hinein, bedeckt sie mit Boden der nächsten Saatstelle, auf schwerem Erdreich besser mit torfreicher Erde.

Bei **Reihensaat** hält man 50 cm Abstand ein, legt in 3–4 cm tiefe Rillen alle 8–10 cm eine Bohne und bedeckt sie wie vorher angegeben.

Auflaufkrankheiten und **Bohnenfliegenbefall** (auf schwerem Boden, bei kaltem Wetter) erfordern sofort Bedeckung mit Gemüsefliegen-Netz. Wenig gefährdet sind **vorgekeimte Samen,** die man eine Woche später sät. Samen 24 Stunden in Wasser einweichen, weitere 24 Stunden in offenem Glas ohne Wasser aufstellen. Danach zeigen sich bis 1 cm lange Keime, sofort vorsichtig aussäen.

Für *Grünverbrauch* nimmt man **fadenlose Sorten ,** die wenig anfällig sind. Extra früh reifen: 'Sperlings Dufrix', 'Hilds Marona', 'Admires', 'Maxi'; für Folgesaaten: 'Pergousa', 'Solo', 'Sper-

Als Gärtner 1850 den Blumenkohl aus Italien einführten, war das Interesse am Brokkoli noch sehr gering. Wegen seiner wertvollen Inhaltsstoffe, besonders dunkelgrüner, hat er in den letzten Jahrzehnten schnell an Beliebtheit gewonnen.

Stangenbohnen an dünnen Metallstäben bringen höheren Ertrag als an dickem Holz: je mehr Windungen, desto mehr Bohnen.

lings Rubel'; Wachsbohnen: 'Erato', 'Goldjuwel', 'Hildora'.

Zur Gewinnung von *Trockenbohnen,* deren Hülsen auch fädig sein können, legt man ein besonderes Beet an, von dem keine grünen Hülsen geerntet werden.

Bei Stangenbohnen lohnt sich der Aufwand

Stangenbohnen stellen höhere Anforderungen als Buschbohnen, brauchen mehr Zeit zur Entwicklung, sind ergiebiger, bringen feinere Qualität. *Gesät wird nach Mitte Mai* bis Mitte Juni. Der Boden soll nährstoffreich und humos sein.

Die sich über 3 m hoch windenden Pflanzen brauchen lange Holzstangen, Drahtstäbe oder einen Drahtrahmen. Auf einem 120 cm breiten Beet sieht man zwei Reihen mit 80-90 cm Abstand und 60 cm in der Reihe vor. Um

jede Stange legt man außen 6-8 Bohnen in eine Hufeisenfurche, 10 cm von der Stange entfernt, deckt 2-3 cm hoch torfreiche Erde darüber und hält sie feucht.

Bei 10-15 cm Pflanzenhöhe **häufelt** man etwas an, damit die Triebspitzen (links windend) die Stangen finden und klettern können. Bis zur Blüte düngen, an Stickstoff bis zu 15 g/m². Vor der Saat z. B. 50 g/m² Orgamin, danach 2 x 25 g/m² Volldünger blau. Den Vorzug verdienen **Sorten,** die widerstandsfähig sind, nicht zu hoch wachsen und ihre Hülsen im unteren Bereich *leicht pflückbar* ansetzen, wie 'Ernteleicht', 'Markant', 'Rapid', 'Neckarkönigin'. Vorzügliche *Wachsstangenbohne:* 'Goldhilde', *Blauhülsige* Sorten wie 'Blauhilde' kochen grün und sind zart.

Feuerbohnen günstig für kühle Lagen

Feuer- oder Prunkbohnen gibt es starkkletternd und in Buschform. Da sie in Südamerika *feuchte Täler und Hänge* bevorzugen, kommen sie mit weniger Wärme aus und vertragen mehr Bodenfeuchtigkeit als Stangenbohnen. Anbau in Höhenlagen möglich. Auch als ein hervorragender Gartenschmuck ist die schlingende Feuerbohne geeignet.

Aussaat Ende Mai/Anfang Juni 4-5 cm tief, da die Bohnen unter der Erde keimen (im Gegensatz zur Gartenbohne). Fällt die Ernte in den kühleren Spätsommer, ist die Hülsenausbildung besonders gut. Heißes Sommerwetter wird oft mit krummen Hülsen beantwortet. Deshalb ist **Halbschatten** wichtig. Blüte rot, weiß oder rot-weiß. Zur Grünpflücke eignet sich die *fadenlose* 'Desirée' mit sehr langen, breiten, fleischigen Hülsen. 'Hestia' wächst nur 30 cm hoch, trägt Hülsen zum Schnippeln.

Sojabohnen aus dem eigenen Garten

Sojabohnen, von nussartigem Geschmack, sind wegen des hohen Eiweißgehalts wertvoll. Die Sorte 'Caloria' erlaubt den Anbau im eigenen Garten. Die Kultur gleicht der der Buschbohne. *Aussaat Ende Mai oder Juni* in Reihen von 25-30 cm Abstand, fortlaufend dünn oder alle 20 cm in Horsten zu 5-6 Bohnen. Saattiefe 2 cm.

Die **Ernte** setzt im August ein. Die Körner befinden sich zu mehreren in Hülsen, die etwas kleiner sind als Erbsen, und werden im reifen Zustand ausgepalt. Am leichtesten gelingt dies nach kurzem Aufkochen.

Tomaten brauchen Sonne und Wärme

Ins Freiland gepflanzt wird *erst nach dem 20. Mai,* nach den verspäteten Eisheiligen, bei Verwendung der „mitwachsenden" Tomatenhaube nicht viel früher, da Folie gegen Frost nicht schützt. Sonst aber entwickeln sich die Pflanzen in wüchsigem Kleinklima unter der Haube besser (Abb. 7 b). – Wird außerdem in Anti-Unkraut und Mulchfolie gepflanzt, sorgt ausgeglichene Bodentemperatur und -feuchtigkeit für zügiges Wachstum und sichere Erträge, auch in weniger günstigen Gebieten.

Ein sonniger, geschützter, etwas luftiger Platz dämmt die *Kraut- und Braunfäule* ein. Noch mehr Sicherheit gibt ein dünner *Kupferdraht,* mehrmals um den Ballen gewickelt, ohne gesundheitliche Bedenken.

An zu sonnig und warm stehenden Pflanzen färbt sich die Frucht um den Stiel mitunter ungenügend aus und verhärtet *(Gelb- oder Grünkragen).*

Ein *nahrhafter, kalkhaltiger Boden mit hohem Humusgehalt* trägt mit dazu bei, dass Pflanzen und Früchte gesund bleiben. Vorher in die Oberschicht reichlich gesiebte Komposterde (bei 10 l/m²) und 2–3 Wochen nach der Pflanzung erste Düngergabe mit 50 g/m² Azet-Tomaten-Dünger verabfolgen. Früchte bleiben dann selbst bei zuviel Sonnenlicht vor der *Blütenendfäule* verschont, die sich durch große, schwarze, eingesunkene Flecken äußert.

Stabtomaten pflanzt man mit 80 x 40–60 cm Abstand und schlägt vorher Pfähle ein. Zum Pflanzen braucht man warmes, trübes Wetter. Die Setzlinge kommen an die Südseite. Der Topfballen wird handbreit tiefer in den Boden gesetzt, bei gedrungen gewachsenen Pflanzen senkrecht, bei langaufgeschossenen schräg.

Tomate/Zucchini: Bei Mischkultur ist der Zweifel berechtigt, ob die Kombination der beiden Starkzehrer sinnvoll ist.

Sorgfältig pflanzen, um Wurzelverletzungen zu vermeiden und damit die Infektionsgefahr durch *Bakterienwelke.* Bei einer infizierten Pflanze erkranken bald unterste Blätter durch Aufwärtsrollen und Vertrocknen. Der Schaden hält sich in Grenzen, wenn die Krankheit nicht durch *falsches Ausgeizen* weiter übertragen wird. Jede Pflanze *sofort locker an ihren Pfahl binden* (in Form einer liegenden 8), gut angießen. Die **Folienhaube,** auf 1 m Länge geschnitten, wird über Stab und Pflanze gestülpt, oberhalb der Pflanze an den Haltestab gebunden, unten eingegraben (Abb. 7 a).

Als **Stabtomaten** werden meist mittelgroße, rundfrüchtige *Sorten* gepflanzt, die keine zu hohen Ansprüche stellen. Etwas mehr Wärme verlangt die große **Fleischtomate.** Unter **Balkontomate** wird eine gedrungen wachsende Hybride mit großen Früchten angeboten, die man in Kästen oder Eimern kultivieren kann. Zur Hauptpflege gehören Aufbinden, Entgeizen, Wässern, Düngen. – Die **Obst- oder Zuckertomate** trägt kleine, süße Früchte. Die Pflanze braucht einen Pfahl und wird nicht ausgegeizt. (Sorten s. März, S. 99.)

Die **Buschtomate** braucht weder hochgebunden noch ausgegeizt zu werden. Man pflanzt sie vorteilhaft auf breite, flache Hügel mit 50 cm Abstand.

So bringen Gurken gute Erträge

Freilandgurken werden Mitte Mai bis Anfang Juni gesät oder Ende Mai bis Mitte Juni gepflanzt. Vorkultivierte Setzlinge mit Erdballen (siehe S. 62) bringen die besten Erträge. Den Standort wählt man windgeschützt und vollsonnig, aber nicht völlig eingeschlossen. Der Boden soll warm, humus- und nährstoffreich sein. Man düngt die ge-

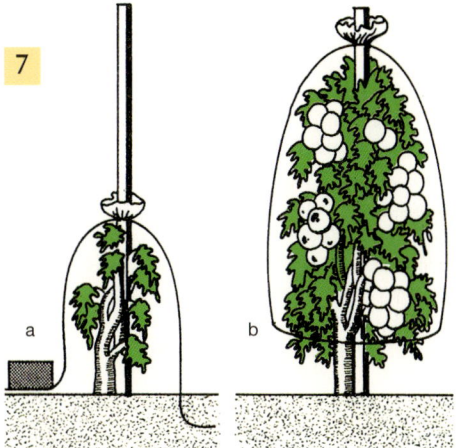

7

Folienhaube zum Schutz von Tomaten.

samte Beetfläche, obwohl nur die Mittelreihe Gurken trägt. Freie Stellen können mit Salat, Kohlrabi, Spinat, Radieschen usw. besetzt werden.

Die Kultur lässt sich auf folgende Weise verbessern und sicherer machen. **1.** Auf schwerem, kaltem Boden den Mittelstreifen des Beetes mit einer warmen **Humuspackung** versehen. Dazu hebt man einen 30 cm breiten, 20 cm tiefen Graben aus, füllt ihn 20 cm hoch mit einer Mischung aus angerottetem (Pferde-)Mist plus Komposthumus plus Trockenmist Mannahum. Die Aushuberde wird ebenfalls mit Mannahum vermischt und dient zum Aufwerfen eines etwa 40 cm breiten, flachen Erddammes über der Wärmepackung. Gurken kommen in eine flache Vertiefung der Erhöhung (Abb. 8 a). Auf leichtem Boden ist eine Wärmepackung entbehrlich (Abb. 8 b).

2. Entwicklung besonders gut über geschlitzter **Schwarzfolie** oder auch Unkrautschutz-Vlies. Nachdem man den Boden gut vorbereitet, mit Dünger versorgt und durchfeuchtet hat, rollt man Folie oder Vlies aus und gräbt die Ränder 10 cm tief ein. Nach 8 Tagen werden in der Beetmitte im Abstand von etwa 25 cm Kreuzschnitte von 6–7 cm gemacht. Hier hinein kommen

Mai

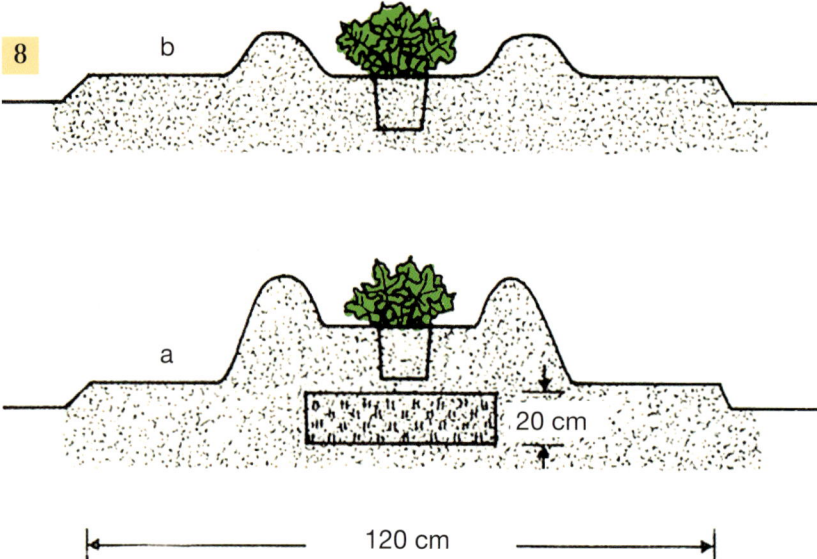

Kultur von Freilandgurken. a) Auf schwerem Boden ist eine Wärmepackung von Vorteil; b) auf leichteren Böden entbehrlich. Gepflanzt wird in eine Vertiefung der Erhöhung.

Samen oder Pflanzen. **3.** Da Gurken Kletterpflanzen sind, unterstützt ein senkrechtes, 1 m hohes, oder schräges, 1,50 m breites Spalier aus Maschendraht ihre natürlichen Wuchseigenschaften, wodurch die Pflanzen gesünder bleiben und oft den doppelten Ertrag bringen.

Aussaat: Alle 20–30 cm steckt man 2–3 Gurkensamen 2–3 cm tief in die Erde und lässt später bei Salat- und Schälgurken nur 1 Pflanze, bei Einlegegurken 2 Pflanzen stehen.

Pflanzung: Vorgezogene Setzlinge werden mit lauwarmem Wasser gegossen und mit dem gleichen Abstand ausgepflanzt. Damit sich am Gurkenstämmchen das Wasser nicht nachteilig stauen kann, wird sofort ringförmig *angehäufelt*.

Sorten: Als *Einlege- und Salatgurken* eignen sich besonders 'Delikatess'-Typen, wie 'Badenia' oder 'Mervita' mit kleinem Kerngehäuse, widerstandsfähig gegen Mehltau und bitterfrei. An kleinbleibenden *Einlegegurken* haben sich bewährt: 'Epram' und 'Sonja', F_1-Hybriden mit überwiegend weiblichen Blüten, widerstandsfähig

gegen Krätze und Mosaikvirus, bitterfrei. Zur Herstellung dickfleischiger *Senf- und Zuckergurken:* 'Riesenschäl Azia Sperlings Zeppelin', 'Hoffmanns Giganta', sie sind etwas wärmeliebender als die übrigen Sorten. Als *Gewächshaus- und Zimmergurke* hat sich 'Konsura 100% F_1-Hybride' besonders bewährt. – Samen von Hybridsorten eignen sich nicht zum Nachbau.

Kürbisse in vielerlei Gestalt

Kürbis gedeiht vorzüglich auf dem **Komposthaufen,** wenn er Sonne hat. Er stört allerdings die Kompostwirtschaft, falls man Frischkompost gewinnen will. Steht Platz zur Verfügung, kann man an sonniger Stelle für großfrüchtige Sorten einen kleinen Komposthaufen herrichten. Aber auch ein Platz zu ebener Erde ist geeignet. Zucchini verträgt Teilschatten.

Für Riesenbälle muss der *Boden* tiefgründig, nährstoffreich, humushaltig und feucht sein. **Pflanzstellen** tief bearbeiten und verbessern. *Abstand* rankender Sorten 2 m, rankenloser 1 m. Für jede Pflanze hebt man ein Loch

30 cm tief und 50 cm breit aus, füllt es 20 cm hoch mit angerottetem Stallmist oder Komposthumus mit Mannahum im Verhältnis 10:1. Darauf setzt man einen breiten, flachen Hügel aus gesiebter Komposterde, vermischt mit torffreier NeudoHum-Pflanzerde. Entweder steckt man Mitte Mai je 2–3 *Kürbiskerne* 4–5 cm tief in den Boden oder setzt Ende Mai *vorgezogene Pflanzen* bis an die Keimblätter ein.

Rankende Sorten: 'Riesenmelone gelber genetzter', bis 100 kg schwer, hat genetzte Schale, dunkelgelbes Fleisch, gilt als bester **Speisekürbis.** Ausweichsorten: 'Gelber Zentner', 'Grüner Zentner'. – Eine Spezialität ist der **Spaghettikürbis:** 'Sperlings Bologneser', zartgelb, oval, wird bei 15–20 cm Länge abgenommen. In Salzwasser gekocht, wird das Innere spaghettiähnlich. – Die **Herkuleskeule** *(Lagenária longissima)* bildet im warmen Sommer 1–2 m lange, schlanke Früchte aus, braucht für die 5–6 m langen Triebe ein hohes Spalier vor einer Südwand.

Rankenlose Sorten: 'Cocozelle von Tripolis', italienischer **Gemüsekürbis,** gurkenförmig, unter den Namen Zucchini (sprich: Suckini), *Zucchetti* (sprich: Sucketti) oder *Squash* (sprich: ßkwoschsch) bekannt. Deutsche F_1-Hybride: 'Diamant Sperlings Dessert', kann in jungem Zustand ab Juli, aber auch ausgewachsen geerntet werden. In gleicher Weise zu verwerten sind die Diskusfrüchte vom **Patisonkürbis,** die „Fliegenden Untertassen"; Sorten: 'Sperlings Ufo' 'Gelber Busch', 'Weißer Busch'.

Weitere Frostempfindliche können gepflanzt werden

In der 2. Maihälfte kommen Paprika, Aubergine, Sellerie u. a. ins Freiland. **Gemüsepaprika,** wie Kiepenkerls 'Yolo Wonder B', etwas wärmeliebender als die Tomate, wird – bei einer Mindestbodentemperatur von 15 °C – auf ein sonniges, geschütztes Beet gepflanzt, niedrige Sorten mit 50 x 40 cm Abstand, hohe mit 50 x 70 cm. Letztere brauchen Stützvorrichtungen und müssen laufend aufgebunden werden. Ihre Entwicklung ist *unter Folie oder Glas* am sichersten, auch unter der *„mitwachsenden" Tomatenhaube*. Niedriger Paprika kommt in günstigen Gebieten ohne Schutz aus. Entfernt man vor dem Pflanzen die Endknospe, so darf mit 20% Mehrertrag gerechnet werden.

Aubergine oder **Eierfrucht** stellt noch höhere Ansprüche an das Klima als Paprika. Am erfolgreichsten ist die Kultur unter Folie. Niedrige Sorten mit kleinen Früchten kommen mit einem Folientunnel aus, höhere, langfrüchtige Sorten entwickeln sich im *Hochtunnel* oder *Folienhaus* am besten. Aber auch die *„mitwachsende" Tomatenhaube* sorgt für ein wüchsiges Kleinklima. Anfangstemperatur 15–20 °C. Jeder Boden ist geeignet, doch muss er kalkreich und magnesiumhaltig sein. Verwendung von geschlitzter *Schwarzfolie* macht den Freilandbau sicherer. Pflanzabstand für niedrige Sorten 40 x 40 cm, für höhere 40 x 70 cm. Man lässt die Pflanzen mit 3–4 Trieben wachsen, die man an Stäbe bindet. Achseltriebe wie bei Stabtomaten entgeizen.

Knollensellerie ab 20. Mai bis 15. Juni pflanzen. Da neben einer guten Düngung eine Vorliebe für Bor und Chlorid besteht, werden 75 g/m² Thomaskali mit Magnesium und 50 g/m² Hornspäne eingemischt. Wurzelballen kommen so tief in den Boden wie im Saatbeet. Abstand 40 cm. Sellerie braucht nach dem Anwachsen viel Wasser und viermal alle 3 Wochen 25–30 g/m² Volldünger blau, Ende Juni bis Anfang September.

Neuseeländer Spinat kommt in der

Kürbisse gibt es in vielen Formen und Farben, zum Nutzen oder zur Zierde. Sommerkürbis wie Zucchini wird unreif verbraucht, Winterkürbis muss ausreifen. Er gibt feine Suppen und Beilagen.

2. Maihälfte mit 60–80 cm Abstand auf die Mittelreihe eines Beetes, auch zwischen Tomaten oder Kohlrabi, die die langen Triebe nicht behindern. Zur raschen Bodenbegrünung eignen sich Salat und Radies. Ergiebiger Sommerspinat mit Erntezeit ab Juli/ August, da üblicher Spinat im Juni und Juli kaum gesät wird.

Die **Artischocke** kann in günstigen Lagen schon Mitte Mai gepflanzt werden, sonst Anfang Juni. Die Pflanzen kommen auf ein gut vorbereitetes Beet und brauchen 80–100 cm Abstand. Während des Wachstums: fleißig gießen, mehrmals düngen.

Die Melone wünscht mildes Klima

Gute Freilandsorten werden angeboten, kommen aber nur in klimatisch begünstigten Gebieten und *in geschützter sonniger Lage* zur Vollreife. Gegen Unbilden der Witterung bietet

(vorübergehend) ein Frühbeet, Folienzelt oder Kleingewächshaus Schutz. Auch das Pflanzen in geschlitzte Anti-Unkraut- und Mulchfolie und das Bedecken mit „wachsender" Folie lässt Melonen vorzüglich wachsen. Man wähle eine F₁-Hybride, als *Wassermelone* z. B. 'Sperlings Sweety'; als *Netz-* oder *Zuckermelone* 'Sperlings Honigtopf', 'Melonenkönigin', 'Benarys Zuckerkugel'.

Ende Mai/Anfang Juni vorgezogene Pflanzen in *vorbereiteten Boden* mit 75 cm Abstand (unter Folienschutz) pflanzen. Bewährt hat sich hier brockige Mist- oder grobkrümelige Humuserde, vermischt mit Stalldung-Humusdünger, wie Mannahum. Man füllt die humose Mischung in eine 40 x 40 cm große Grube und setzt darauf einen flachen Hügel aus Mutterboden, der mit FulHumin oder gesiebter Humuserde plus torffreier NeudoHum-Pflanzerde versetzt wird. Auf *jeden Hügel* kommt eine Pflanze.

Bei Verwendung von schwarzer Anti-Unkraut- und Mulchfolie ist zu *ebener Erde* zu pflanzen. Über dem 4. Blatt kann man gleich bei der Pflanzung entspitzen. Mit wärmerem Wasser vorsichtig gießen, größere Nässe vermeiden. Organisch nachdüngen, z. B. mit Fertofit-Garten-Dünger.

Damit der **Fruchtansatz** nicht ausbleibt, muss man selbst **bestäuben.** Dazu pflückt man zur Blütezeit eine männliche Blüte und betupft mit dem Blütenstaub die Narbe in der weiblichen Blüte, die man an ihrem dicken Fruchtknoten erkennt. Wiederholung an mehreren Tagen über Mittag, möglichst bei sonnigem Wetter.

Zusätzliche Anmerkungen

Vereinzeln junger Pflanzen. Junge Gemüsesämlinge muss man vereinzeln oder verziehen, damit sie sich gut entwickeln können, sobald sich die ersten Laubblättchen berühren: Möhren nach Bildung des 3. oder 4. Blattes, frühe Sorten auf 2 bis 4, späte 8 bis 10 cm; Radieschen 3 bis 4, große oder späte 4 bis 6 cm; frühe Rettiche 10 bis 15, späte 20 cm; Rote Bete für den Sommer 7 bis 8, für den Winter auf 15 cm; Zwiebeln in Raten zuerst auf 4, später auf 8, schließlich auf 12 cm; ähnlich Saatporree; Chinakohl auf 30 cm verdünnen.

1. Kopfdüngung 2–4 Wochen nach dem Auflaufen oder Pflanzen. Einen Volldünger in Höhe von 4 g/m² Stickstoff geben, auf humusarmem Boden organisch mit Fertofit-Garten-Dünger, unbelastet.

Rhabarber. Von einer Pflanze alle 14 Tage etwa $1/3$ der Stiele ernten. Mit geringem Hin- und Herdrehen und kurzem Ruck aus der Ansatzstelle ziehen. Nicht brechen, nicht schneiden! **Blütenstiele** vorsichtig entfernen, Staude nicht auseinander reißen.

Beim Spargel in stechreifen Anlagen alle „Pfeifen" ernten, damit die Spargelfliege nicht eindringen kann. *Bleichspargel* täglich mindestens einmal, *Grünspargel* im Abstand von 1–2 Tagen stechen. In noch nicht stechreifen Anlagen muß die **Spargelfliege** weiterhin bekämpft werden (siehe S. 157).

Dicke Bohnen, die ausreichend Blüten gebildet haben, entspitzen, damit die Pflanzen nicht so leicht von der *Schwarzen Bohnenlaus* befallen werden. Zeigen sich erste Blattläuse, sofort entspitzen und gut wässern. Chemische Bekämpfung muss auf Bienenflug Rücksicht nehmen! Nützlingsschonend: Neudosan 2%ig.

Erbsen bei 10–15 cm Höhe **anhäufeln,** um Klettermöglichkeit oder Standfestigkeit zu verbessern. *Vogelschutz* nach Ergrünen abnehmen. Vor dem Anhäufeln auf armem Boden nachdüngen, stickstoffarm.

Meerrettich. Bei einjähriger Kultur legt man den mittleren Teil der Hauptwurzel vorsichtig frei, entfernt alle Seitenwurzeln und bedeckt die freigelegten Teile wieder.

Madige Zwiebeln kommen auf das Konto der Zwiebelfliege, die von Mai bis Juli auftritt und deren Maden *Speisezwiebeln* und *Porree* gefährden. Durch Bio-Gemüse-Streumittel ist die Bekämpfung möglich, das erste Mal, wenn die Pflanzen handhoch sind, das zweite Mal nach 8–10 Tagen.

Durchlöcherte Blätter an *Radies, Rettich, Kohl, Gurken* werden oft durch **Erdflöhe** verursacht. Die Pflanzen kümmern. Da die Plagegeister Trockenheit und Wärme lieben, kann man sie durch Feuchthalten vertreiben. Gewissen Schutz bieten *Zwischenkulturen von Schnitt- und Kopfsalat sowie Kartoffeln.* Zur Abtötung eignen sich Spruzit-Staub oder Spruzit Gartenspray. Wartezeit 3 Tage.

Blumen im Gemüsegarten tragen zur Verschönerung bei. Als farbenfrohe Umrandung für mehrere Beete eignet sich z. B. niedriger **Sommerphlox.** 'Sperlings Farbenpracht' gibt es im Saatband und kann Anfang Mai ausgelegt werden, Abstand zum Gemüse 25 cm. Niedrige **Studentenblumen** *(Tagetes),* z. B. Kiepenkerls Mischung 'Goldmunzen F1' oder 'Antigua Yellow F1', 'Antigua Orange F1', beide Profi-Line, bringen ebenfalls ein buntes Farbenspiel und vernichten zwischen Möhren usw. gefürchtete Fadenwürmer *(Nematoden),* die häufig an der *Beinigkeit der Möhren* schuld sind. Die 'Tabu-Mischung' befindet sich als Saatband im Handel und braucht zum Gemüse 40 cm Abstand.

Chinakohl aus warmer Vorkultur (s. S. 198) braucht nach der Pflanzung 12 °C, damit es nicht zu Ausfällen wegen erhöhter Schosserneigung kommt. Unter 12 Grad werden nur wenige Tage ohne Nachteil vertragen. Am besten gelingt der Anbau unter Unkrautschutz-Vlies.

Hügelbeete sind wie normale Beete zu bepflanzen. Unkraut wird durch Jäten oder Hacken beseitigt; eine Bodendecke aus Frischkompost oder Grasschnitt unterdrückt Unkrautwuchs. Nachdüngung entfällt, doch muss bei Bedarf gegossen werden. Pflanzenschutzmaßnahmen sind meistens entbehrlich. Fruchtwechsel und Mischkultur berücksichtigen!

Tomatillo *(Physalis ixocarpa),* eine Verwandte der Lampionpflanze, im März warm säen, Ende Mai an sonniger Stelle auspflanzen. Die 4 bis 5 cm großen Früchte, grün bis orangerot, reifen in einer Lampionhülle. Nur gegart genießbar.

Juni

Allgemeines

Die Terrasse rückt in den Mittelpunkt

Zum wohnlichen Garten gehört eine Terrasse. Schon bei teilweiser Überdachung ist der Aufenthalt im Freien nicht zu sehr vom Wetter abhängig. Als günstig gilt die **West**- bis **Südwestlage**. Auch wenn man von hier aus den Blick auf den Garten genießt, gehören zur Ausstattung der Terrasse Pflanzen und Blumen.

Die Töpfe und Kübel sollten jedoch den Platzbedarf guter Gartenmöbel nicht einschränken. Viele sitzen hier ab Juni öfter als im Wohnzimmer, so dass der Kauf anspruchsvoller Gartenmöbel eine wichtige Investition darstellt. Für das Auge und die gesamte Terrassengestaltung sind **Holzmöbel am attraktivsten.** Besonders hier lohnt es sich, Anbieter mit Qualitätsmöbeln aufzusuchen und nicht schnell drauflos zukaufen. Sie freuen sich intensiver und länger. Anspruchsvolle und schöne Möbel bietet „Sapristi" an. Das Holz der einheimischen Robinie mit der DIN-Norm „Resistenzklasse 1", also „sehr

dauerhaft" (10 Jahre Garantie gegen Fäulnis) ist die Grundlage der soliden Verarbeitung. Neben vielen klassischen Modellen ist die Seniorliege ein extravagantes Beispiel für die Verbindung von Eleganz und Gesundheit. Die Wirbelsäule kann sich „orthopädisch vorbidlich" entspannen.

Gartenmöbel mit Tradition kommen aus den „Weishäupl Werkstätten GmbH" in 83067 Stephanskirchen. Ob klassische Bistro-Klappstühle, bequeme Klappsessel oder Bänke mit Gestellen aus gebürstetem Edelstahl oder verzinktem Bandstahl, kombiniert mit Teak oder Akazie. „Varianten für Ästheten" – der Werbeslogan trifft! Auch Tische, die Wasser nicht scheuen und vor allem Schirme (zu bewundern in dem Film „Rossini") sind ausnahmslos geschmackvoll.

Ausgefallene und dennoch funktionale Qualitätsmodelle bietet auch „Manufactum" an („es gibt sie noch die guten Dinge", 45729 Waltrop). Die „Gartensessel Freischwinger" mit lackiertem Kiefernholz und Stahlrohr (stapelbar) sind auch gut „erschwinglich". Sie können wie andere Modelle über den Versand bestellt werden. Den Katalog anfordern lohnt sich.

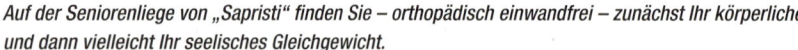

Die Freischwinger von „Manufactum" geben dem Sitzplatz eine gemütliche Leichtigkeit. Leichtes Schwingen beruhigt.

Um die Sitzgruppe können schon einige **Zimmerpflanzen** gruppiert werden, wie Grünlilie, Zierspargel, Tradeskantie, die den Sommer im Freien vertragen.

Auch **Kübelpflanzen** sind zu empfehlen. Sonne brauchen Oleander, Hibiscus, Bleiwurz, Passionsblume; Halbschatten Abutilon, Hortensie, Spindelstrauch.

Breite, nicht zu hohe Pflanzen stellt man auf die Brüstung, auch **bepflanzte Schalen.** Für sonnige Stellen eignen sich Edellieschen, Pelargonien, Petunien, Wunderbaum und andere Sommerblumen. Dagegen lieben Fuchsien, Knollenbegonien, Fleißige Lieschen Teilschatten. Diese blühen von Mai bis zum Frost.

Sehr reizvoll ist es, den Terrassenboden direkt zu bepflanzen. Einige Stellen werden nicht mit Platten belegt, sondern als **Terrassenbeet** vorbereitet. Der Boden sollte etwa 25 cm tief sein und wasserdurchlässigen Untergrund haben, damit die Pflanzerde nicht zu schnell versauert. Hierfür eignen sich viele niedrige Ge-

Auf der Seniorenliege von „Sapristi" finden Sie – orthopädisch einwandfrei – zunächst Ihr körperliches und dann vielleicht Ihr seelisches Gleichgewicht.

hölze, Stauden, Sommerblumen, Zwiebel- und Knollengewächse. Säulen und pergolaähnliche Gerüste wird man mit **Kletterpflanzen** schmücken. **Einjährige** Kletterer machen zwar mehr Arbeit, haben aber den Vorzug, dass man jedes Jahr etwas anderes pflanzen kann. Zu empfehlen sind Krallenwinde *(Cobáea)*, Prunkwinde *(Ipomóea, Pharbítis)*, Schwarzäugige Susanne *(Thunbérgia)*. Auch Feuerbohnen und einjähriger Japanischer Hopfen können an seitlichen Stellen noch Verwendung finden.

Wer seine offene Terrasse *laubenartig mit Grün überdachen* möchte, wird **ausdauernde** Kletterpflanzen wählen, wie Wilden Wein, Glyzine, Waldreben, Schling-Knöterich.

Vor der Terrasse sollte man sich den *Blick in den Garten* nicht versperren. Wo jedoch Sicht- oder Windschutz gebraucht wird, muss man höhere Anpflanzungen in Kauf nehmen, wie einen Baum, einen großen Strauch, eine Gehölzgruppe oder Hecke.

Für *Pflanzgefäße* eignet sich Einheitserde, in der sich Schmuckpflanzen gut entwickeln. Auch jede andere torffreie Blumen-Erde lässt sich verwenden. Pflanzstellen für Klettergehölze usw. sind mit torffreier Pflanzerde (z. B. NeudoHum) zu verbessern. Gedüngt wird stickstoffarm mit einem blauen Volldünger, wenigstens zweimal im Jahr.

Gartenpflanzen im Scheinwerferlicht

Wer seinen Garten an Sommerabenden recht genießen möchte, schaffe sich durch eindrucksvolle Beleuchtung schöne Szenerien. Dabei ist besonders an die Anstrahlung von Blumenbeeten, Koniferengruppen und Blütensträuchern gedacht.

Leuchtpilze mit halbkugeligen Metallabdeckungen können als Wegwei-

ser dienen und Gartenstufen sichtbar machen, um Unfälle auszuschließen. Dem gleichen Zweck dienen Gartenlaternen, meist in kunstvoller, schmiedeeiserner Ausführung.

Gartenscheinwerfer, die sich überall anbringen lassen, bettet man an geeigneten Stellen in den Boden, um Blumenbeete, Bäume, Blütengehölze, Teiche, Springbrunnen und dekorative Bauteile anzustrahlen.

Solarleuchten berücksichtigen!

Vor allem sparen Sie das aufwendige Verlegen von Kabeln.

Die grüne Rasenfarbe lässt sich durch Spezialleuchten genügend erhellen. Gärten mit wirkungsvoller Beleuchtung entfalten einen räumlichen Reiz mit verblüffender Behaglichkeit. Das „Wegleuchten Start-Set" von Gardena mit fünf Leuchten und Zubehör ist ein guter Beginn. Zusätzlich wirkt ein 10-W-Strahler zur dekorativen Ausleuchtung eines größeren Baumes. Er kann an den Trafo aus dem Set mit angeschlossen werden.

Achtung: Die Leuchten sollten weder für Insekten zur Todesfalle werden, noch Vögel und andere Kleintiere stören.

Hilfen für unsere Nützlinge

Ein blumenreicher Garten wird sehr gerne von Insekten aufgesucht. Viele von ihnen zählen zu den natürlichen Feinden von Blattläusen und anderem unerwünschten Getier. Man bezeichnet jene deshalb als Nützlinge. Marienkäfer, Florfliegen, Schlupfwespen und Schwebfliegen im Larvenstadium sind die bekanntesten Blattlausfeinde. Einige sind auf Nektar und Pollen blühender Pflanzen zum Überleben angewiesen. Schwebfliegen kann man besonders gut an blühender Petersilie beobachten, deshalb einen Teil Petersilie blühen lassen. Sie sehen Wespen zum Verwechseln ähnlich, eine Warntracht, die sie davor schützt, von Vögeln gefressen zu werden. Sicheres Unterscheidungsmerkmal ist indes ihr Schweben auf einer Stelle, beispielsweise vor Blüten.

Andere geeignete **Lockpflanzen** sind Dill, Kümmel, Fenchel, Bärenklau und viele weitere Doldenblütler. Die erwachsenen Schwebfliegen ernähren sich von Blütenstaub und Honigtau der Blattläuse; ihre Eier legen sie in

Bärenklau oder Herkuleskraut, Heracléum mantegazziánum, *ist nicht hautreizend und daher für den Garten geeignet. Phototoxische Reaktionen führen zu Verbrennungen zweiten Grades.*

die Nähe der Blattlauskolonien. Die eigentlichen Blattlausvertilger sind die larvenähnlichen Larven der Schwebfliege. Bis zu ihrer Verpuppung benötigen sie 260 bis 900 Blattläuse. Nützlinge kann man über den Fachhandel von der Fa. Neudorff beziehen.

Doldenblütler und die *Phacelia*, die sich auch als Bienenweidepflanze eignet sind wichtige Nahrungspflanzen der Schlupfwespen. Diese sind sehr nützlich, weil die Blattläuse auf parasitische Art reguliert werden. Eier werden einzeln in die Blattläuse abgelegt, dort schlüpfen die Larven und fressen die Blattlaus von innen her aus. 200 bis 1000 Blattläuse müssen durch die Nachkommen eines Schlupfwespenweibchens ihr Leben lassen.

In morschem Holz und in Staudenstängeln wohnen Wildbienen und Solitär-Wespen. Seitdem es in aufgeräumten Gärten und flurbereinigter Landschaft kaum noch totes Holz gibt, finden viele Hautflügler keine Nistplätze mehr. Für manche Arten können Sie Ersatz schaffen, z. B. mit Klötzen aus Hartholz, in die verschieden tiefe und weite Löcher gebohrt sind, oder durch Bündel von zurechtgeschnittenen, markgefüllten Staudenstängeln. Legen Sie sich im Herbst Stängel von Brennnesseln, Königskerze, Sonnenblumen und Holunder beiseite und hängen Sie sie im Frühjahr draußen in Bäume oder an die Hauswand.

Wahre Überlebenskünstler sind die Spatzen. Andere **Vogelarten** stellen höhere Ansprüche. Nur dort, wo sie artgemäße Wohnung und Nahrung finden, siedeln sie sich an. Alte Nester spätestens im Winter entfernen. Das possierliche Rotkehlchen liebt dichtes Gebüsch; zum Nestbau braucht es Moos und Blätter. Für Buntspecht und Kleiber sind alte Bäume wichtig. Der Stieglitz und andere Körnerfresser knabbern gern Sonnenblumen und

Hahnenfuß, Ranúnculus, *ist giftig. Man kennt etwa 300 Arten. Die goldgelben Blüten sind meist glänzend und verleihen manchem vernachlässigten Winkel Schönheit.*

holen sich von abgeblühten Stauden die Samen. Lassen Sie deshalb abgeblühte Wildstauden über Winter draußen stehen, auch Ziergräser. Nistkästen für Meisen, Rotschwanz u. a. Höhlenbrüter sind im Herbst und Frühjahr zu reinigen.

Laub und Reisig liegen lassen. Für den Müll sind diese Materialien viel zu wertvoll. Was nicht zu Kompost verarbeitet wird, sollten Sie an verschiedenen Stellen zu Häufchen und Haufen aufschichten. Hier finden sich gern Spitzmaus, Igel, Wiesel und Kröte ein. Übrigens baut der Zaunkönig sein Nest bevorzugt in einem Reisighaufen.

Gefährliche giftige Kräuter

Manche Kräuter können schwere Vergiftungen verursachen. Zwischen glatter *Petersilie* und *Kerbel* fällt die giftige **Hundspetersilie** nicht genügend auf. Doch besitzt sie sichere Erkennungsmerkmale: Die schon früh erscheinende zusammengesetzte Blütendolde trägt 10 kleine Döldchen, die aber nur nach einer Seite 3 herabhängende lineare Blättchen haben, etwas länger als die Döldchen. Ferner fehlt beim Zerreiben der würzige Geruch der echten Petersilie. Zwischen *krausblättrigen* Sorten wird das Auge nicht getäuscht.

Ein anderes giftiges Doldengewächs ist der **Gefleckte Schierling.** Trotz seines scharfen, harnartigen Geruchs kommt es zum Verwechseln mit *Kerbelblättern, Pastinak-* und *Meerrettichwurzeln, Anis-, Fenchel-* und *Kümmelfrüchten*, die angenehm duften.

Der **Schwarze Nachtschatten** mit weißen Blüten und schwarzen Beeren, die das giftige Solanin enthalten, das brecherregend und stark abführend wirkt, ist recht verbreitet. Noch gefährlicher ist das **Schwarze Bilsenkraut,** bei dem man sich vor den Samen und den Wurzeln in Acht nehmen muss. Der Gemeine **Stechapfel** hat trichterförmige, weiße Blumenkronen mit einem fünffaltigen Saum und als Frucht stachlige Kapseln, die an Kastanien erinnern. Blätter und Samen enthalten das narkotisch giftige Daturin. Junge Stechapfelblätter sind mit *Spinat* zu verwechseln. Nach

Berührung der Pflanze mit den Händen nicht ins Gesicht oder in die Augen fassen, sondern Hände sofort waschen.

Mehr oder weniger giftig sind **Wolfsmilchgewächse,** von denen einzelne im Garten als Unkraut vorkommen. Alle Teile führen weißen Milchsaft, der innerlich und den Augen schaden kann.

Der **Hahnenfuß** mit glänzend gelben, fünfblättrigen Blüten, vorwiegend auf Grasland, ist in frischem Zustand giftig und verursacht Geschwüre auf der Haut.

Die Schwarz- oder die Rotbeerige **Zaunrübe,** die in Wurzeln und Beeren ein bitteres, giftiges Glykosid enthält, hat efeuartig gelappte, hellgrüne Blätter und Ranken.

Im Blumen- und Ziergarten

Nur gesunde Rosen erfreuen uns

Rosenpracht braucht ihre Pflege. Vor allem darf es an Bodenfeuchtigkeit nicht fehlen. Bei Trockenheit sollte mindestens einmal in der Woche gründlich gewässert werden, möglichst am Vormittag, damit die Blätter bis zum Abend abtrocknen können. Da der Rosenblüte feuchte Luft besonders zusagt, empfiehlt es sich, den Boden nach einem warmen, sonnigen Tag abends zu überbrausen. Blätter dabei möglichst nicht benetzen, um Pilzkrankheiten fernzuhalten. Junge Rosen haben ein größeres Wasserbe-

dürfnis als stark eingewurzelte. Wichtig: Bodenoberfläche wenigstens einmal in der Woche lockern.

In der **Ernährung** sind Rosen anspruchsvoll. Sobald sich die ersten Blütenknospen entwickelt haben, ist eine zweite Düngung fällig. Dafür gibt es Mehrnährstoffdünger wie Fertofit-Garten-Dünger und speziell für Rosen Azet-Rosen-Dünger zum Ausstreuen. Auch Flüssigdünger wie Bio-Trissol sind geeignet. Mehr als 5 g/m^2 Stickstoff sollten auf einmal nicht gegeben werden (aufgedruckte Analyse beachten). Hinterher reichlich wässern, um die Nährstoffe einzuwaschen, aber nicht abfließen zu lassen.

Verblühtes ist sofort mit ein bis zwei Laubblättern abzuschneiden. So verhindert man die Samenbildung und

Zusätzliche Anmerkungen

Gehölze an Wänden haben oft an Wassermangel zu leiden. Sie erhalten deshalb mehr Wasser als die übrigen Gartenpflanzen. Legt man den Schlauch auf den Erdboden, um das Wasser langsam fließen zu lassen, so schützt eine Brettunterlage vor dem Ausspülen der Wurzeln.

Nachdüngungen sind für die meisten wüchsigen Pflanzen in der Hauptentwicklungszeit nötig. Steht **Frischkompost** zur Verfügung, so wird der Boden zwischen den Pflanzen damit bedeckt, eine dünne Bodendecke verstärkt, in erster Linie im Nutzgarten. Wo Frischkompost fehlt und das Wachstum nicht befriedigt, gibt man alle 2–4 Wochen 20–30 g/m^2 mineralischen **Volldünger** gekörnt oder flüssig. Auch organische Dünger wie Fertofit-Gartendünger oder BioTrissol (Flüssigdünger) eignen sich zum Nachdüngen. Sind die oberirdischen Pflanzenteile mit dem Dünger in Berührung gekommen, wird hinterher mit klarem Wasser überbraust. Da-

durch werden die Nährstoffe gleichzeitig schneller zu den Wurzeln gespült. Bei Anwendung eines **Blattdüngers** (0,2%) darf hinterher nicht bewässert werden.

Mit Sitzplätzen nicht sparsam sein. Man braucht sie in Sonne und Schatten, am Morgen, Mittag und Abend, im Zier-, Obst- und Gemüsegarten. Will man in der Nähe für Blumenschmuck sorgen, so hat man bei Verwendung von Saatband wenig Mühe.

Blattwanzen machen sich sehr unangenehm bemerkbar. Blätter bekommen durch Wanzenstiche *punktartige Flecke, unregelmäßige Löcher und verkrüppeln.* Junge Triebe haben besonders stark zu leiden. Blattwanzen wechseln von Unkräutern auf Gartenpflanzen über. Da sie sich meist an der Blattunterseite aufhalten und sehr scheu sind, entdeckt man sie selten. Die Bekämpfung der Vollinsekten ist schwierig, nicht dagegen die der jungen Larven oder Nymphen. Sobald sich der erste Schaden zeigt, der bei Dahlien besonders auffällig ist, hilft eine Sprit-

zung z. B. mit Neudosan Neu oder Neudosan AF. Bei kühler Witterung oder in der Morgenfrühe lassen sich die klammen Tiere auf untergelegte Tücher abschütteln.

Fraßschäden am Blattrand. Verschiedene graue Rüsselkäfer, wie der 6 mm große **Blattrandkäfer** und der 10 mm lange **Dickmaulrüssler,** fressen nachts vom Blattrand her halbkreisförmige Vertiefungen heraus. Am Tag halten sie sich am Erdboden verborgen. Zur Vernichtung der Schädlinge kann man den Boden mit Spruzit-Staub vorsorglich bestäuben.

Jungvögel, die ihr Nest verlassen, machen erste Flugversuche. An heißen Tagen finden sie oft nicht genug Nahrung; das gilt auch für die Vögel, die ihre Jungen noch im Nest haben. Es empfiehlt sich, ihnen Mehlwürmer, Zwieback, eingeweichte Brötchen usw. anzubieten; eine flache Schale mit Wasser stellt man zum Trinken in den Garten. Darüber hinaus gilt aber, Vögel im Sommer nicht zu füttern; sie sollen sich ihre Nahrung selbst suchen.

Juni

damit verbundene unnötige Schwächung. Aus kräftigem Auge in der Achsel eines großen Blattes fällt es dem Rosenstock leicht, erneut kräftig durchzutreiben. Von vielblütigen Rosen entfernt man zuerst die abgeblühte Mittelblüte ohne Blatt. Von gesunden reichblühenden Rosen ist es gut möglich, wöchentlich einen Strauß für die Vase zu schneiden. Basisnah sollte wenigstens noch ein größeres Blatt verbleiben, um einen neuen Blütentrieb zu gewährleisten.

Unter ungünstigen Kultur- und Witterungseinflüssen hat die Edelste der Blumen unter **Krankheiten** (wie Blattrost, Sternrußtau, Echtem Mehltau) und Schädlingen (Blattläusen, Rosen-Zikaden, Blattwespen u. a.) zu leiden. Gegen die wichtigsten saugenden Schädlinge wie Blattläuse und Zikaden eignet sich beispielsweise das nützlingsschonende Neudosan. Zur Bekämpfung der Schwarzen Rosenblattwespe wende man das bienenungefährliche Spruzit an.

Gegen **Pilzkrankheiten** lässt sich vorbeugend etwas tun. Bei Mangelerscheinungen können Sie wöchentlich einmal mit Algan spritzen. Dieses Braunalgenmittel regt die natürliche Widerstandskraft an. Bei beginnender Pilzerkrankung empfiehlt sich die Anwendung von Neudo-Vital. Bedeckter Boden und ausreichende Bewässerung sind günstig, die Abwehrkräfte zu stärken. Gegen Echten Mehltau gibt es Bio-Blatt-Mehltaumittel, das als Wirkstoff Lecithin aus der Sojabohne enthält. Anwendung alle acht Tage. Bei Rost hat sich Kupferkalk-Atempo bewährt. Gegen Sternrußtau genügen meist die vorbeugenden Maßnahmen.

Stark unter Mehltau leidende Rosen sollten alsbald durch **mehltaufeste Sorten** ersetzt werden. Sie werden in jeder Rosenklasse angeboten. Bei Strauchrosen sind es z. B. 'Dirigent' (dunkelrot), 'Romanze' (rosa), 'Westerland' (rot-gelb). Beetrosen: 'Lavaglut' (dunkelrot), 'Montana' (leuchtend rot), 'Alexander' (orange), 'Bonica' (rosa), 'Goldina' (gelb), 'Shocking Blue' (violett). Edelrosen: 'Duftzauber' (dunkelrot), 'Gloria-Dei' (rot-gelb), 'Jubile' (rosa), 'Duftgold', 'Mainzer Fastnacht' (violett) u. a.

Führung durch das Reich der Gartenrosen

Rosen gehören zu den beliebtesten Gartenblumen. Kein Wunder, dass an ihrer Vervollkommnung immer wieder mit großem Eifer gearbeitet wird. In den verschiedenen Rosenklassen gibt es alljährlich neue, bessere Sorten, so dass ältere zurücktreten müssen oder aus dem Handel verschwinden. Feinste Farbtönung, vollendete Blütenform, gesundes Laub und Resistenz gegen Witterungseinflüsse und Krankheiten zeichnen gute neuere Züchtungen und bewährte Sorten aus. In verschiedenen Gebieten der Bundesrepublik wurden Rosenprüfgärten eingerichtet, in denen neue Sorten auf ihren Wert für den Garten usw. geprüft werden. Eine Rosensorte, die wenigstens 75 Punkte (von 100 möglichen) erreicht, darf mit dem Wertzeugnis „ADR-Rose" geführt werden. (ADR bedeutet: All-Deutsche Rosenneuheitenprüfung.)

Beim Rosenkauf ist es besonders empfehlenswert, sich in qualifizierten Rosen-Betrieben ausführlich beraten zu lassen. Anders kann es schwer sein, sich zurecht zu finden.

Rosen kann man auch **zur Blütezeit pflanzen.** Sie werden in Containern bezogen, angegossen und einige Stunden später in frischfeuchten Boden gepflanzt; dabei darf der Erdballen nicht zerfallen. Der Boden ist einige Tage vorher mit gesiebter Komposthumuserde oder mit einem Humusdünger gut vorzubereiten. (Siehe im November.)

Vielblütige Beetrosen (Buschrosen)

Unterschieden werden vier Gruppen, von denen die *Floribunda-Rosen* weite Verbreitung gefunden haben. Sie blühen mit edelrosengleichen, mittelgro-

Die Rosensorte 'Rote Woge' ist vielblütig und macht bei Beetbepflanzung ihrem Namen alle Ehre. Standort sonnig bis halbschattig, luftig, Boden gut gedüngt.

ßen, gefüllten Blüten in Dolden. Den Edelrosen noch näher kommen die großblütigen *Floribunda-Grandiflora-Sorten*. Einige gibt es auch auf 90 cm hohe Stämme veredelt. *Polyantha-Hybriden* haben große, halbgefüllte Blüten in Büscheln.

Fast ganz zurückgetreten sind die klein- und vielblütigen *Polyantha-Rosen*, von denen einzelne als Steingarten- oder Topfrosen Bedeutung haben, wie 'Muttertag' (leuchtend rot, 35 cm hoch) und 'Vatertag' (lachsorangerot, 35 cm).

Rosen der **Floribunda-Gruppen** verbinden die Vielblütigkeit der Polyantharosen, die 15–20 Blüten je Stiel hervorbringen können, mit der edlen Blütenform der Teehybriden. Beetrosen lassen sich überall verwenden, wo es sonnig und luftig ist. Für geschlossene Beete wird man niedrige Sorten bevorzugen, für Einzelstellung oder in Verbindung mit Stauden oder anderen Gehölzen auch höhere Sorten pflanzen. Die angegebene Wuchshöhe, die vom Boden, Düngen, Bewässern und Schnitt abhängig ist, bezieht sich auf die Sommerzeit und sollte nicht wesentlich überschritten werden. In der nachstehenden Tabelle auf Seite 206 bedeuten: * = überwiegend mehltaufrei, ** = völlig oh-

Die Edelrose 'Las Vegas' hat zauberhafte Blüten in Orange mit gelber Unterseite. Sie ist stark gefüllt und wird 80 cm hoch.

Die Floribunda-Rose 'Elnis' gehört zu der am meisten gepflanzten Gartenrosen-Klasse. Gut gefüllt, verblüht sie in leichtem Halbschatten nicht zu rasch.

ne Mehltau, Fl = Floribunda, PH = Polyantha-Hybride.

ADR-Edelrosen (Tee-Hybriden) mit Duft

Aus frostempfindlichen Teerosen und robusten Remontantrosen entstanden die edelsten Gartenrosen, die Teehybriden. Sie besitzen genügend Frosthärte, duften fast ausnahmslos und entfalten auf langen Stielen gefüllte, edel geformte Blüten, die den Begriff „Rose" schlechthin verkörpern. Jeder Stiel bringt eine Blüte hervor, in Ausnahmefällen bis zu drei.

Tee-Hybriden werden durch Veredlung auf Wildarten als Busch- oder als Stammrosen herangezogen. Pflanzweite bei Buschrosen 30–35 cm, bei Stammrosen 1 m. Pflanzungen nicht nur im Frühjahr und Herbst, sondern auch zur Blütezeit.

Gelb: 'Anneliese Rothenberger' (sonnengelb), 'Goldkrone' (goldgelb), 'Susan' (orange-gelb).

Kupfer: 'Alexandra' (kupfrig-gelb), 'Frau Gertrud Schweitzer' (aprikosen-kupfrig-rosa), 'Lolita' (kupfrig-lachs).

Lila: 'Blue Parfum' (lila-violett), 'Mainzer Fastnacht' (flieder), 'Silver Star' (silberblau).

Lachsorange: 'Ave Maria'.

Lachsrosa: 'Folklore' (lachsrosa), 'Wiener Wald' (kräftig lachsrosa, Außenrand orange).

Rosa: 'Carina' (rosarot), 'Dehner Star' (leuchtend reinrosa), 'Kordes Perfecta superior' (tiefrosa), 'Pariser Charme' (kräftigrosa), 'Piroschka' (reinrosa), 'Shannon' (zartrosa).

Lachsrot: 'Alexander' (zinnoberlachs), 'Herzog von Windsor' (lachsrot), 'Lady Rose'.

Rot: 'Aenne Burda' (leuchtend blutrot), 'Alec's Red' (kirschrot), 'Duftwolke' (korallenrot), 'Erotica' (samtigdunkelrot), 'Ferry Porsche' (intensiv blutrot), 'Fritz Tiedemann' (ziegelmennigrot), 'Gruß an Berlin' (leuchtend rot), 'Inge Horstmann' (leuchtend kirschrot), 'Kordes' Rose Florentina' (samtig dunkelrot), 'Mainauperle' (dunkelrot), 'Maria Callas' (karmin), 'Melina' (hellblutrot), 'Sophia Loren' (blutrot).

Schwarzrot: 'Black Lady' (samtschwarzrot), 'Mildred Scheel' (tiefdunkelrot).

Juni

TABELLE DER BESTEN ADR- UND MEHLTAUFREIEN BEETROSEN

Sorten in Farbgruppen	Höhe (cm)	Farbe	Blüteneigenschaften Größe	Füllung	Duft	Laub, Sonstiges
Gelbe Tönung						
Friesia, Fl	70	goldgelb	mittel	halb	stark	selbstreinigend
Gelbe Holstein**, PH	90	hellgelb	groß	halb	etwas	hellgrün, Wuchs breit
Honigmond, Fl	60	hellgelb	mittel	dicht	etwas	Laub dunkelbronze
Rheingold, Fl	50	gelb	mittel	gut	etwas	klein, stark glänzend
Sahara, Fl	50	zitronengelb	mittel	gut	ohne	glänzend grün, robust
Orangerote Tönung						
Anabell*, Fl	50	lachsorange	groß	gut	nein	wüchsig, gesund
Belinda, Fl	60	kupferorange	groß	voll	etwas	für Schnitt, robust
Feuermeer, Fl	80	orangerot	groß	locker	etwas	tiefgrün, flachblumig
Finale**, PH	40	lachsorange	groß	halb	kaum	hellgrün, reichblühend
Hartina, Fl	80	orange	mittel	ja	etwas	frischgrün, großlaubig
Marlena, PH	40	orangerot	mittel	halb	ohne	für niedrige Beete
Meteor**, Fl	35	orangerot	mittel	gut	ohne	gelblichgrün, dicht
Montana, Fl	70	blutorange	groß	ja	stark	frischgrün, glänzend
Neues Europa, PH	50	orangerot	groß	dicht	ohne	tiefgrün, glänzend
Ponderos, Fl	50	blutorange	groß	locker	etwas	groß, derb, glänzend
Prominent, Fl	90	rotorange	groß	gut	etwas	tiefgrün, langstielig
Rosi Mittermaier, Fl	60	hellorange	groß	offen	nein	dunkelgrün, glänzend
Sangria, PH	70	orangerot	mittel	halb	etwas	hellgrün, dauerblühend
Schloss Mannheim, Fl	60	gelborange	mittel	gut	etwas	tiefgrün, reichblühend
Signalfeuer, Fl	40	orangerot	groß	gut	kaum	tiefgrün, reichblühend
Späth 250, Fl	60	lachsorange	mittel	gut	kaum	tiefgrün, reichblühend
Taora, Fl	35	lachsorange	groß	gut	ohne	sehr reichblühend
Tornado, PH	60	orangerot	mittel	halb	etwas	selbstreinigend
Träumerei, Fl	65	lachsorange	groß	ja	nein	verblüht sauber
Rosa Tönung						
Coppelia*, Fl	70	intensiv rosa	groß	halb	würzig	fast Strauchrose
Geisha, Fl	50	reinrosa	mittel	halb	kaum	tiefgrün, vielblütig
Komfort*, Fl	60	lachsrosa	mittel	halb	kaum	sattgrün, glänzend
Rosali, Fl	70	reinrosé	groß	gut	ja	kräftige Pflanze
Sylvia, FG	90	kräftigrosa	groß	gut	etwas	aufrecht, sehr robust
Taiga, Fl	60	fleischrosa	groß	ja		wuchs- und blühfreudig
Rote Tönung						
Atombombe, Fl	80	feuerrot	mittel	gut	kaum	große Blütenbüschel
Dalli-Dalli, Fl	40	blutrot	groß	ja		breit, treibt dauernd
Gruß an Bayern, PH	60	blutrot	mittel	halb	etwas	reich verzweigt
Hansestadt Bremen, Fl	60	hellrot	groß	gut	kaum	groß, glänzend grün
Happy Wanderer, Fl	40	tiefblutrot	mittel	gut	kaum	selbstreinigend
Horrido, PH	40	blutrot	mittel	locker	kaum	große Blütenbüschel
Insel Mainau, Fl	35	reinblutrot	mittel	dicht	ja	Laub dunkelgrün
Kommodore, Fl	70	blutrot	groß	dicht	kaum	dunkelgrün, dicht
Lagerfeuer, Fl	90	samtblutrot	mittel	gut	ohne	glänzend grün, dicht
Lampion, PH	40	blutrot	groß	einfach	kaum	tiefgrün, dauerblühend
Letkiss, Fl	50	tiefblutrot	mittel	locker	kaum	selbstreinigend
Lilli Marleen, Fl	40	dunkelrot	groß	locker	etwas	rötlich-grün, matt
Molde, Fl	50	geranienrot	mittel	gut	kaum	dunkelgrün, glänzend
Olala*, PH	60	feurigrot	groß	halb	ohne	tiefgrün, reichblühend
Praize of Jiro, Fl	50	zinnoberrot	groß	gut	etwas	mittelgrün, reichblühend
Pußta, Fl	70	dunkelrot	groß	ganz	etwas	dunkelgrün, derb
Rodeo, Fl	40	blutrot	mittel	gut	etwas	hellgrün, reichblühend
Schweizer Gruß*, Fl	60	dunkelrot	mittel	halb	etwas	dunkelgrün, blüht gut
Tornado, PH	60	blutrot	mittel	halb	etwas	sauber im Verblühen
Travemünde, Fl	50	tiefblutrot	mittel	gut	kaum	tiefgrün, dauerblühend
Walzertraum**, Fl	60	dunkelrot	mittel	halb	etwas	tiefgrün, glänzend
Wiener Walzer, Fl	50	zinnoberrot	groß	locker	ja	sattgrün, glänzend

TABELLE DER BESTEN ADR- UND MEHLTAUFREIEN BEETROSEN

Sorten in Farbgruppen	Höhe (cm	Farbe	Blüteneigenschaften			Laub, Sonstiges
			Größe	Füllung	Duft	
Violette Tönung						
Shocking Blue*, Fl	60	lila-violett	groß	gut		wüchsig, blüheifrig
Weiße Tönung						
Edelweiß**, Fl	50	kremweiß	mittel	locker	ohne	mittelgrün, glänzend
Zweifarbige Tönungen						
Attraktion*, Fl	60	innen bernstein, außen goldgelb	groß	ja	gut	bronze, glänzend
Escapade, Fl	80	hellrosa, Mitte weiß	groß	halb	etwas	Staubfäden goldgelb
Fidelio, Fl	50	innen orangerot, außen karminrot	mittel	ja	etwas	derb, reichblühend
Goldtopas, Fl	40	innen gelblich, außen rotorange	groß	dicht	ja	tiefgrün, reichblühend

Weiß: 'Schneeweißchen' (reinweiß).
Zweifarbig: 'Caramba' (innen rot, außen weiß), 'Freude' (lachsrot, gelb), 'Inge Horstmann' (kirschrot, rosa), 'Konfetti' (samtigrot, weiß), 'Königin der Rosen' (lachsorange, goldgelb), 'Lustige' (hellrot, gelb), 'My Fair Lady' (rosa, gelb), 'Neue Revue' (gelblichweiß mit rot), 'Rebecca' (rosenrot, gelb), 'Silvia' (rosa mit gelb).

Bunte Blütenwände durch Kletterrosen

Mit ihren langen Trieben eignen sich Kletterrosen zur Bekleidung von Wänden (nicht Süden!), Torbögen, Pergolen, Zäunen, Trennwänden, Felsen usw., doch ist ein Gerüst als Stütze und zum Anbinden erforderlich. Buschige Sorten können wie freiwachsende Sträucher (Strauchrosen) auf Böschungen und Mauerkronen Verwendung finden. Einige Sorten sind als Hänge- oder Trauerrosen, besser Kaskadenrosen auf etwa 150 cm hohe Stämmchen veredelt.
Die meisten Sorten zeichnen sich durch öfteres Blühen bis zum Herbst aus, durch gefüllte, duftende Blüten in Büscheln und gute Winterhärte.

Besonders zu empfehlen sind die wertgeprüften ADR-Rosen. Climbing-Sorten bringen wohl die schönsten Blüten, brauchen aber Winterschutz. Pflanzweite 1–2 m.
Gelb: 'Golden Showers', 2–3 m, zitronengelb, locker gefüllt, duftend, öfterblühend; 'Goldfassade', 3,5–4 m, goldgelb, intensiv duftend, neuere Sorte; 'Goldstern', 2,5–3 m, tiefgoldgelb, gut gefüllt, öfter-blühend; 'Leverkusen', 3–3,5 m, zartgelb, gefüllt, reich und lange blühend.
Rosa: 'Bantry Bay', 2–3 m, als Busch geeignet, intensiv rosa, halbgefüllt, duftend, öfterblühend; 'Compassion' (ADR), 2,5–3 m, salmrosa, Grund goldgelb, halbgefüllt, duftend, auch wie eine Strauchrose; 'Coral Satin', 2,5–3 m, korallenrosa, gefüllt, öfterblühend, für Rosenbögen: 'Malaga', 1,7–2 m, lachsrosa mit karminrotem Rand, gefüllt; 'Morning Jewel' (ADR), 2,5–3 m, karminrosa, duftend, verblüht sauber; 'Rosarium Uetersen', 2,5–3 m, rosa, gefüllt, duftend, öfterblühend.
Rot: 'Climbing Fritz Tiedemann' (ADR), 2–3 m, ziegelmennigrot, großblütig, einmalblühend; 'Flammentanz', 5–7 m, leuchtend blutrot, gut ge-

füllt, einmal reichblühend, aber sehr frosthart; 'Graudessa', 3 m, samtigfeurig-blutrot, edle Blütenform, reich und lange blühend; 'Grandhotel', blutrot, gut gefüllt, widerstandsfähig gegen Krankheiten, 'Gruß an Heidelberg', 2–3 m, feurigrot, gefüllt, duftend, öf-

Die Kletterrose 'Flammentanz' mit blutroten Blüten, die groß und gut gefüllt in Büscheln steht; einmal blühend, 3–4 m hoch.

Kletterrose 'Dortmund' hat wunderschöne Blüten in Blutrot mit großem weißen Auge, öfterblühend, 4 m.

terblühend (ADR); 'Gruß an Koblenz' (ADR), 2,5 in, feurigblutrot, groß, halbgefüllt, einmalblühend; 'Parkdirektor Riggers' (ADR), 3–4 m, samtigblutrot, halbgefüllt, öfterblühend; 'Rote Flamme', 3–4 m dunkelblutrot, dichtgefüllt, öfterblühend; 'Sympathie' (ADR), 2,5–3 m, samtigdunkelrot, gefüllt, duftend, öfterblühend.

Weiß: 'Fräulein Octavia Hesse', 6–8 m, reinweiß, gefüllt, einmalblühend; 'Ilse

Krohn superior', 2–3 m, reinweiß, gefüllt, duftend, öfterblühend; 'Schwanensee', 2–3 m, weißlich, gefüllt, leicht duftend, öfterblühend.

Die besten Strauchrosen

Je nach Abstammung blühen diese 1–2 m hohen Rosensorten zweimal, öfter oder dauernd von Juni bis zum Frost. Strauchrosen lassen sich wie andere Blütensträucher verwenden. Wegen der Bedeutung für den modernen Garten und naturnahe Anlagen werden die wichtigsten ADR-Strauchrosen vorgestellt.

Auf gute Pflege sprechen Strauchrosen durch reichere und längere Blüte willig an. Deshalb bei Trockenheit reichlich wässern, im Juni nochmals düngen. Verblühtes sofort mit nur einem Blatt abschneiden. Droht sich Echter Mehltau auszubreiten, erkrankte Blätter entfernen, unverzüglich spritzen z. B. mit Bio-Blatt-Mehltaumittel.

Blütengehölze wachsen aus Stecklingen

Im Sommer lassen sich Laubgehölze durch belaubte Triebspitzen, sogenannte **Spross- oder Triebstecklin-**

ge, vermehren. Auch Heckenpflanzen, die beim Schnitt jetzt reichlich Steckmaterial liefern, können durch Grünstecklinge vermehrt werden. Verwendet werden diesjährige Triebe, die meist noch keine Endknospe als Abschluss gebildet haben. Der Trieb soll mittelfest (halb verholzt) sein; zu hart: schlägt er schlecht Wurzeln; zu weich: fault er leicht. (Abb. 1 a)

Mai/Juni: Man schneidet Stecklinge von Ahorn, Azalee, Pfaffenhütchen, Perückenstrauch, Prachtspiere, *Rhododéndron* (kleinblütig), Spiräen, Waldreben (März bis Juli).

Mai/Juli: Forsythie, Heckenkirsche, Hibiskus, *Prúnus glandulósa* 'Alboplena'.

Juni: Bartblume, Hartriegel, Heckenkirsche, Holunder, Deutzie, Kerrie, Kolkwitzie, Weiden, Zier-Johannisbeeren, Kletterhortensie, *Kálmia*.

Juni/Juli: Berberitze, Geißklee, Fingerstrauch, Magnolie, Jasmin, Pfeifenstrauch, Rosen (Abb. 1 b), *Rhododéndron x práecox*, Schneeball, Schnee-Glöckchen, Weigelie, Zaubernuss, Zierquitte, Zwergmispel, Pfeifenwinde, Schling-Knöterich u. a.

Juli: Erbsenstrauch, Geißklee, Glyzine, Jap. Zier-Kirschen, Zwerg-Mandel.

Juli/August: *Buddléja, Cytisus, Córnus*

TABELLE DER ADR-STRAUCHROSEN

Sorte	Höhe (cm)	Blüteneigenschaften Farbe	Form	Füllung	Duft	Zeit	Laub, Sonstiges
Benvenuto	2	lachsrosa	flach	locker	etwas	öfter	tiefgrün, Glanz
Bischofsstadt Paderborn	1,5	orangerot	Schale	einfach	ohne	dauernd	sattgrün, Glanz
Charivari	2,5	gelb-orange	groß	halb	ohne	dauernd	edle Blütenform
Dirigent	1,5	blutrot	mittel	halb	ohne	dauernd	blüht in Dolden
Elmshorn	2	hellrot	klein	voll	ohne	öfter	hellgrün, runzlig
Fontaine	2	blutrot	groß	locker	gut	reich	tiefgrün, matt
Lichtkönigin Lucia	1,5	hellgelb	groß	halb	ohne	zweimal	starke Stacheln
Schneewittchen	1	schweeweiß	groß	gut	stark	dauernd	sattgrün, Glanz
Sparrieshoop	2	lachsrosa	groß	einfach	ja	öfter	rot-grün, Glanz
Stadt Rosenheim	1,5	lachsorange	mittel	gut	ohne	dauernd	hellgrün, groß
Westerland	2	gelb-orange	groß	halb	stark	öfter	breitwüchsig

flórida, Haselnuss, Seidelbast, Efeu, Skimmie, Stechpalme (bis Dez.) u. a.
August: *Cléthra, Enkiánthus, Eríca cárnea, Genísta,* Gamander, *Callúna* (bis X), Feuerdorn (bis IX), Kirschlorbeer (bis IX), Mahonie (bis IX), immergrüner Schneeball, immergrüne Zwergmispel (bis X), großblütige *Rhododéndron* (bis X), *Verónica.*
Geschnitten wird möglichst am frühen Vormittag. Schwache Seitentriebe, die mit Zunge von der Pflanze gerissen werden können (Abb. c), eignen sich oft besser als Spitzen-Teile starker (Haupt-)Triebe. Meist genügen *Längen* von 5–8 cm. Im unteren Drittel entfernt man die Blätter bis auf einen winzigen Stielrest und schneidet den Spross dicht unter dem 4. bis 6. *Blattknoten* glatt durch (Abb. a, b, d). Eine zu lange *Zunge* wird etwas eingekürzt (Abb. c). 1–2 Blattpaare oder 3–4 Einzelblätter brauchen nur stehen zu bleiben. Es kann mit oder ohne (Abb. d) Triebspitze gesteckt werden. Wurzelbildung lässt sich fördern, wenn man die untere Rinde mehrmals einritzt und den Steckling etwa 2 cm tief in ein *Bewurzelungsmittel* taucht, das man kurz abklopft. Schon vorher hat man ein Beetstück pflanzfertig vorbereitet und „wachsende" Schattierfolie mit genügend hoher Auflageunterstützung bereitgelegt. Im Hausgarten ist auch ein Frühbeetkasten mit Fensterbedeckung oder ein niedriger Folientunnel geeignet. Im Abstand von etwa 5 cm bohrt man 2–3 cm tiefe Löcher, setzt die Stecklinge einzeln ein und drückt die Erde an. Es wird fein überbraust und das Anzuchtbeet mit Folie bedeckt, so dass die Stecklinge in gespannter Luft stehen, nicht so leicht welken und rascher Wurzeln schlagen.
Für kleinere Vorhaben bereitet man Töpfe, Schalen oder Multiplatten mit Einheitserde vor. Auch hier ist Folienoder Glasschutz vorteilhaft. Bei Be-

Stecklingvermehrung von Blütengehölzen. Geschnitten wird meist unter einem Blattknoten (a + b), eine zu lange Zunge ist einzukürzen (c + d).

darf wird am Vormittag fein überbraust und bei Sonne schattiert. – Verschiedene Stecklinge treiben auch in Wasser willig Wurzeln.

Blühende Stauden im Frühsommer

Viele Frühsommerblüher überbrücken die Zeit bis zur sommerlichen Staudenpracht oder leiten sie ein. Nachstehende Übersicht gliedert die Stauden in „Beetstauden" für Rabatten und in „Wildstauden" für naturnahe Pflanzungen. Die Symbole bedeuten: ○ = sonnig, ◑ = halbschattig, ● = schattig, ☉ = absonnig. Die Beachtung der Stückzahl je m² ist in vieler Hinsicht vorteilhaft.

Gepflegte Beetstauden leben und blühen länger

Während Wildstauden kaum Ansprüche stellen, ist das bei Beetstauden anders. Als Hochzüchtungen bedürfen sie pfleglicher Behandlung, damit sie lange ordentlich aussehen, an

Gold-Garbe, Achilléa filipendulína, *'Coronation Gold'. Auf 60–70 cm hohen Stängeln mit feingefiedertem Laub erheben sich die goldgelben Blütendolden.*

TABELLE DER IN DIESEM MONAT BLÜHENDEN STAUDEN

Deutsche und botanische Namen	Lage		Höhe (cm)	Blüte (Farbe und Monat)	Stück je m²
1. Beetstauden					
Libellenakelei, *Aquilégia caerúlea*	◐		60	bunt V–VI, Selbstaussaat zulassen	12
Grasnelke, *Arméria marítima*-Sorten	○		15	karminrosa V–VI, jeder Boden	16
Schaf-Garbe, *Achilléa millefólium*	○		40	tiefrot VI–VII, kräftiger Boden	9
Alpenaster, *Áster alpínus*-Sorten	◐	☉	20	lila, rosa, weiß, V–VI, kurzlebig	16
Frühsommer-Aster, *A. tongolénsis*-Sorten	○ ◐		40	blau V–VI, nährkräftiger Boden	16
Glockenblume, *Campánula carpática*	◐	☉	25	blau VI–VII, wenig wasserbedürftig	16
Bunte Margerite, *Tanacetum coccíneum*-Sorten	○		70	rosa, rot, weiß V–VI, gleich nach der Blüte teilen, guter Boden	7
Frühlings-Margerite, *Levianthemum vulgare*-Sorten	○		50	weiß V–VI, einfach bis gefüllt, alle 3 Jahren teilen, verpflanzen	9
Mädchenauge, *Coreópsis grandiflóra*	○		80	goldgelb VI–VIII, danach Rückschnitt	9
Zwerg-Mädchenauge, *C. lanceoláta*	○		25	gelb VI–VIII, auch Steingarten	9
Netzblattstern, *C. verticilláta*	○		50	gelb VI–VIII, nadelartiges Laub	9
Rittersporn, *Delphínium*-Hybriden	○			blau, violett VI–VII, IX, beim 1. Verblühen stark zurückschneiden, im Herbst auf 30 cm	3
Feder-Nelke, *Dánthus plumárius*-Sorten	○		25	rosa, rot, weiß V–VI, guter Boden	9
Pfingst-Nelke, *D. gratianopolitánus*	○		15	rosa, rot V–VI, für Steingärten	12
Steppenkerze, *Eremúrus*-Hybriden	○		150	verschieden VI–VIII, 20 cm tief pflanzen, durchlässiger Boden	5
Feinstrahl, *Erígon*-Hybriden	○		40	bunt, VI–VIII, tief zurückschneiden	7
Spierstaude, *Filipéndula rúbra*	○ ◐		120	rosa VI–VII, Boden etwas feucht	5
Kokardenblume, *Gaillárdia*-Hybriden	○		60	braunrot-gold VI–IX, Schnittblume	12
Nelkenwurz, *Géum*-Hybriden	◐		50	orange, rot V–VII, Boden feucht	16
Schleierkraut, *Gypsóphila répens* 'Rosenschleier'			30	rosa VI–VII, auch Steingarten bildet üppige dekorative Polster	7
Sonnenröschen, *Heliánthemum*-Hybriden	○		25	viele Farben V–VIII, Steingarten	12
Taglilie, *Hemerocállis*-Hybriden	○ ◐		100	gelb, orange, braunrot VI–VIII	5
Purpurglöckchen, *Héuchera*-Hybriden	○ ◐		50	rosa, rot V–VII, etwas feucht	12
Hohe Bartiris, *Íris germánica* Barbata-Elatior-Gruppe	○		100	farbenfroh VI–VII ⎫ wenig gießen, Boden kräftig, warm ⎬ nur Stengel	7
Vorläufer-Iris,–Media-Gruppe	○		45	einige Farben, V–VI ⎭ abschneiden	9
Sibir. Iris, *Íris sibírica*- Sorten	○		80	blau VI, feucht, schöne Horste, nach der Blüte nicht zurückschneiden, Verblühtes entfernen	6
Garten-Lupine, *Lupínus*-Hybriden	○		80	bunt VI–VII, ganz zurückschneiden	7
Brennende Liebe, *Lychnis chalcedónica*	○		100	scharlach, VI–VIII, nur Dolden wegnehmen	9
Pfingstrose, *Paeónia*-Lactiflora-Hybr.	○		70	rot, rosa, weiß V–VII, kalkarm	1
Bauern-Pfingstrose, *P. officinális*	○ ◐		50	rot V–VI, kalkliebend, feucht	3
Garten-Mohn, *Papáver orientále*-Sorten	○		80	rot V–VII, Rückschnitt bodennah	3
Hoher Phlox, *Phlóx*-Paniculata-Hybr.	○		100	bunt VI–VIII, nahrhaft, feucht	5
Salbei, *Sálvia nemorósa* 'Mainacht'	○		60	tiefviolett V–IX, Rückschnitt	9
Dreimasterblume, *Tradescántia*-Hybriden	○ ◐		40	bunt VI–VIII, kalkarm, feucht	7
Trollblume, *Tróllius*-Hybriden	○ ◐		70	gelb, orange V–VI, Boden feucht	9
Ehrenpreis, *Verónica austríaca* 'Knallblau'	○		25	tiefenzianblau V–VII, kalkliebend	16
Horn-Veilchen, *Viola*-Cornuta-Hybriden	◐ ● ☉		15	bunt VI–VIII, feucht, kurzlebig	16
2. Wildstauden					
Schaf-Garbe, *Achilléa x taygétea*	○		30	schwefelgelb VI–VII, warme Lage	9
Eisenhut, *Aconítum vulpária*	◐		100	gelb VI–VII, braucht kaum Hilfe	7
Christophskraut, *Actáea*-Arten	◐ ●		60	weiß V–VI, Frucht rot, weiß	3
Frauenmantel, *Alchemílla móllis*	◐		50	gelb VI–VII, guter Boden, warm	5
Silbersteinrich, *Alyssum argénteum*	○		40	gelb VI–VII ⎫ bis ins Kraut	12
Steinkraut, *Alyssum montánum*	○		15	hellgelb V–VI ⎭ zurückschneiden	12
Perlkörbchen, *Anáphalis triplinérvis*	○		20	weiß VI–VII, Laub silbrig	9
Wald-Anemone, *Anemóne sylvéstris*	◐		30	weiß V–VI, Boden gut, trocken	12
Katzenpfötchen, *Antennária dioíca*	○		15	rosa, rot V–VI, trockene Lage	20

TABELLE DER IN DIESEM MONAT BLÜHENDEN STAUDEN

Deutsche und botanische Namen	Lage	Höhe (cm)	Blüte (Farbe und Monat)	Stück je m²
Akelei, *Aquilégia*-Arten	◑ ☉	60	bunt V–VI, elegant, anspruchslos	12
Edelraute, *Artemísia stelleriána*	○	40	weiß VI–VIII, Laub weißfilzig	12
Waldgeißbart, *Arúncus dioícus*	○ ◑ ●	120	weiß VI–VII, feucht, genügsam	3
Junkerlilie, *Asphódelíne*-Arten	○	80	gelb V–VI, schöne Fruchtstände	7
Affodill, *Asphódelus álbus*	○	100	weiß V–VI, geschützter Platz	5
Ochsenauge, *Buphthálmum salicifólium*	○	40	gelb VI–VIII, neben Gehölzen	9
Bergminze, *Calamíntha grandiflóra*	◑ ☉	50	rosa VI–VIII, humos, feucht	12
Glockenblume, *Campánula macrántha*	◑ ●	100	violett VI–VII, kühl, humos	9
Flockenblume, *Centauréa montána*	◑ ☉	50	blau V–VI, Boden kräftig, feucht	9
Spornblume, *Centránthus rúber*	○	60	karminrot V–VIII, trockene Lage	9
Hornkraut, *Cerástium*-Arten	○	20	weiß V–VI, Laub grau, wuchert	12
Tigerglocke, *Codonópsis clematídea*	○ ◑	50	hellblau VI–VII, guter Boden	12
Lerchensporn, *Corydalis lútea*	◑ ● ☉	30	gelb V–IX, feucht und kühl	25
Frauenschuh, *Cypripédium calcéolus*	◑ ☉	35	braun-gelb V–VI, feucht, Kalk	16
Nelke, *Diánthus carthusianórum*	○	30	purpurrot VI–IX, leichter Boden	12
Herzblume, *Dicéntra exímia*	◑ ☉	30	rosa V–VII, luft- und bodenfeucht	16
Diptam, *Dictámnus álbus*	○	70	rot, weiß V–VI, trockener Boden	9
Fingerhut, *Digitális x mertonénsis*	◑	80	salmrosa V–VII, Gehölznähe	9
Götterblume, *Dodecátheon*-Arten	○ ◑	35	lilarosa V–VI, saurer Lehm	16
Wolfsmilch, *Euphórbia polychróma*	○ ◑	35	gelb V–VI, kalkliebend, giftig	7
Dreiblattspiere, *Gillénia trifoliáta*	◑	80	weiß VI–VII, Humus, feucht	7
Hartheu, *Hypéricum calycinum*	○ ◑ ●	25	gelb VI–IX, wuchert, anspruchslos	9
Freilandgloxinie, *Incarvíllea*-Arten	◑	50	rosa VI–VII, nährstoffreich	12
Wildiris, *Íris*-Arten	○	50	gelb, blau, rot VI, genügsam	12
Lein, *Línum*, Arten und Sorten	○	20	blau, gelb, weiß V–VII, genügsam	12
Gold-Felberich, *Lysimáchia punctáta*	◑ ☉	80	gelb V–VII, nährstoffreich	12
Gauklerblume, *Mímulus lúteus*	○ ◑	25	gelb V–VIII, nasses Ufer	20
Island-Mohn, *Papáver nudicáule*	○ ◑	30	bunt VI–VIII, sofort Rückschnitt	25
Paradieslilie, *Paradísea liliástrum*	○ ◑	70	weiß V–VI, mild, Boden locker	16
Phlox-Primel, *Prímula siebóldii*	◑	20	rosa V–VI, Gehölzrand, feucht	20
Schaublatt, *Rodgérsia*-Arten	◑ ●	100	weißlich VI–VII, Humus, feucht	3
Seifenkraut, *Sapanária ocymoídes*	○	20	rosa V–VII, Boden feucht, kühl	20
Schatten-Steinbrech, *Saxífraga*-Arten	◑ ☉	40	weiß VI–VII, Boden feucht, kühl	12
Kreuzkraut, *Senécio dorónicum*	○	40	tiefgelb V–VI, leichter Boden	9
Duftsiegel, *Smilacína racemósa*	◑ ●	60	hellgelb V–VI, Humus, feucht	5
Woll-Ziest, *Stáchys olympica*	○	30	rosa VI–VII, trocken, wuchert	12
Pracht-Rindsauge, *Telékia speciósa*	◑ ☉	150	gelb VI–VII, luft- und bodenfeucht	3
Alraunwurzel, *Téllima grandiflóra*	◑ ● ☉	35	grün-rot V–VI, Humus, feucht	12
Amstelraute, *Thalíctrum aquilegifólium*	◑ ☉	100	lila VI–VII, Humus, feucht, kühl	3
Schaumblüte, *Tiarélla whérryi*	◑ ☉	25	kremweiß, V–VI, feuchter Humus	16
Trollblume, *Tróllius européus* u. a.	◑	70	gelb V–VI, nährstoffreich, feucht	9
Goldglocke, *Uvulária grandiflóra*	◑ ☉	30	gelb V–VI, boden- und luftfeucht	16
Baldrian, *Valeriána alliariifólia*	○ ◑ ●	100	rosa VI–VII, feuchter Boden	4
Vancouveria, *Vancouvéria hexándra*	◑ ●	40	weiß VI, geschützt, feucht	16
Ehrenpreis, *Verónica gentianoídes*	○	40	hellblau V–VI, bodenfrisch	16
Jochlilie, *Zigadénus élegans*	◑	80	weiß VI–VIII, guter Boden, feucht	5

Blühwilligkeit nichts verlieren und (kurzlebige Sorten) nicht zu früh absterben.

Regelmäßiges **Durchputzen,** einmal in der Woche, verbessert Aussehen und Gesamtzustand. Bei der *Schwert-lilie* sind Blütenreste vorsichtig auszubrechen, damit sich die nachfolgenden Knospen gut entfalten können. Stengel – ohne Blätter – werden erst herausgeschnitten, wenn die letzte Blume verblüht ist. Mit dem Laubvergilben muss man Geduld haben, auch bei *Tulpen* und anderen *Zwiebelblühern.* Ihre Blätter haben erst ausgedient, wenn die grüne Farbe verschwunden ist.

Das **Wegschneiden verblühter Blu-**

Stauden-Phlox, Phlóx paniculáta 'Landhochzeit'. Die warmen Blüten stehen in großen Dolden, Juli bis September. Wuchshöhe 90 cm. Prachtstaude.

chen später zu blühen. Kürzt man bei *Phlox* die abgeblühten Stiele sofort um ein Drittel ein, so bekommt man noch einen dritten Flor.

Nicht standfeste Stauden, die höher als 50 cm werden, bewahrt man vor dem Schiefwachsen durch Beistecken von Stäben (mit Ring) und lockeres Umbinden sowie Nachbinden. *Stützmaterial* bei zurückgeschnittenen Stauden entfernt man.

Unkraut einmal im Monat beseitigen. Zwischen Stauden aber nicht hacken: Viele Unkrautsamen bekommen günstige Keimbedingungen. Auch bleiben beim Ausgraben von Wurzelunkräutern triebfähige Stücke zurück. Besser ist es, während der Blüte durch Wegschnitt der oberirdischen Teile die Kräuter zu schwächen. Rübenbildende Samenunkräuter lassen sich herausziehen. – Boden zwei Zentimeter tief mit *Sternfräse* lockern.

Schnitt und Pflege sommergrüner Hecken

Zur guten Pflege einer Hecke gehört der 2-malige Schnitt im belaubten Zustand, im Juni (sobald hier nistende Vögel flügge sind) und im August. *Zuerst schneidet man die Oberseite waagerecht.* An beiden Längsseiten wird in gleicher Höhe je eine *Schnur* straff gespannt. Von einem Gerüst (zwei Bö-

men regt viele Stauden zu weiterer Blütenbildung an. Samenansatz verkürzt ihr Dasein. Günstig ist die Entnahme von **Schnittblumen** bei den nachfolgenden reichblühenden Stauden, die einen Nachflor erwarten lassen.

Die *Bunte Margerite* gehört zu den kurzlebigen Stauden. Wird sie nach der Blüte sofort **tief zurückgeschnitten,** geteilt und verpflanzt, so hat man viele Jahre Freude an ihr. Was beim *Rittersporn* verblüht, nimmt man bis auf 30 cm über dem Boden weg, auch das alte Laub. *Türken-Mohn*, *Feinstrahl* und *Lupine* sind nach dem Verblühen über dem Boden wegzuschneiden.

Bei der *Brennenden Liebe* werden verblühte Dolden entfernt, damit sich aus den Blattachseln neue Blüten bilden. Höhere Stiele sind an Stäbe zu heften. Das schlechte Aussehen dieser Staude wird oft durch **Wurzelläu-**

se verursacht, die man durch Angießen mit Neudosan Neu vernichtet. Bei *Glattblatt-Aster, Sonnenhut, Mädchenauge* und *Phlox* lässt sich die Blütezeit verlängern, wenn kurz vor Knospenbildung ein Teil der Triebe um 10 cm zurückgeschnitten wird. Während die nicht gekürzten Stiele normal blühen, machen die anderen Seitentriebe und beginnen drei Wo-

Schnitt sommergrüner Hecken.

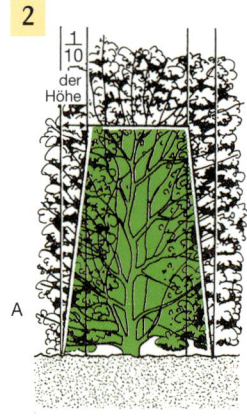
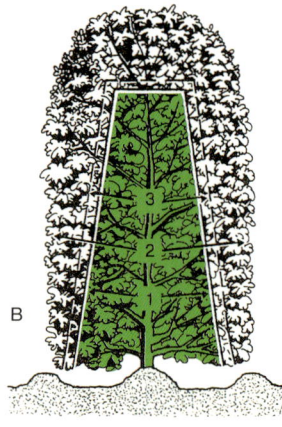
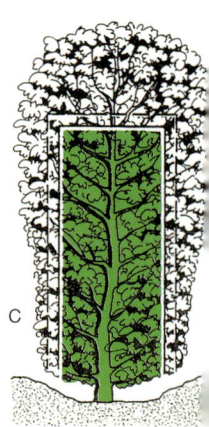

cken mit darüber gelegten Brettern) lassen sich Hecken leichter schneiden als von einer Bockleiter. Stark gekürzt wird der diesjährige Laubtrieb.

Eine **junge Schnitthecke** darf nie zu schnell in die Höhe geführt werden, sonst fehlt es in Bodennähe an Verzweigungen. Bewährt hat es sich, vom Neutrieb jährlich nur die halbe Trieblänge stehen zu lassen, höchstens 25–30 cm.

Seitenwände werden von unten nach oben geschnitten. Bei *schrägwandigen* Hecken weicht man je Meter Höhe oben links und rechts 5–10 cm von der Senkrechten ab, also bis 1/10 der Höhe (siehe Abb. 2 A). Das macht bei einer 1,5 m hohen Hecke auf jeder Seite 7,5–15 cm aus. Beträgt die untere Breite 90 cm, so kann sich die Hecke nach oben auf 65–75 cm Breite verjüngen.

Abb. 2 B veranschaulicht den vorjährigen Schnitt (1), den diesjährigen Zuwachs (2) und den jetzigen Schnitt (3). Danach soll die Hecke sich immer noch grün zeigen. Es bedarf schon einiger Übung, ebene Flächen zu bekommen. Löcher sind schnell hineingeschnitten, wachsen aber nur langsam zu.

Bisher *kastenförmig geschnittene Hecken (C)* sind auch im Sommer mit senkrechten Wänden zu schneiden. Eine Umstellung wäre im *Winterhalbjahr* günstig.

Als **Schnittgerät** erleichtert die neu entwickelte Getriebe-Heckenschere 560 (oder etwas kleiner: 520) von Gardena unsere Arbeit erheblich. Die patentierte Getriebe-Schneidtechnik erleichtert durch optimierte Hebelübersetzung den Kraftaufwand. Gehärtete Wellenschliff-Schneidmesser garantieren lange Lebensdauer. Gut gedämpfte Gummipuffer sind auch wichtig. Weitere Erleichterung bringt eine *Akku-Heckenschere*. Wer viel zu schneiden hat, sollte auf eine *Elektro-Schere* nicht verzichten. Sehr sicher ist

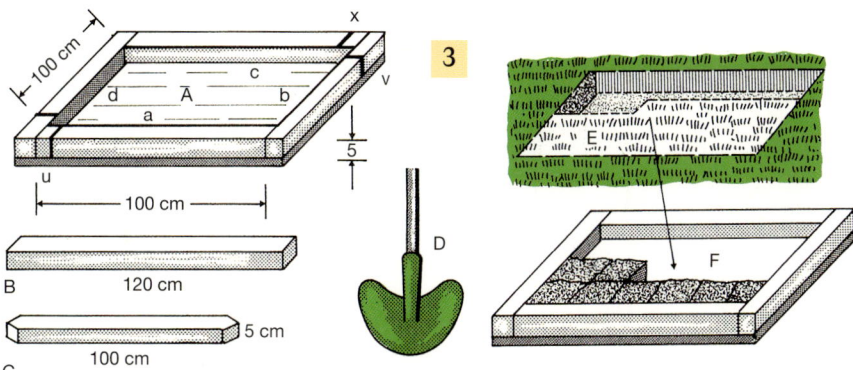

Einebnung von Rasenflächen.

eine *Zweihand-Sicherheitsschaltung*. Nur wenn beide Knöpfe gedrückt sind, funktioniert die Schere. Bei **Reparaturen** vorher Stecker ziehen!

Der **Schnittabfall** eignet sich zur Stecklingsvermehrung, Bodenbedeckung und Kompostierung. Hierfür wird der Abfall stark zerkleinert, möglichst mit Gras vermischt und unter Zusatz von Spezial-Kalkstickstoff, Biorott o. ä. kompostiert.

Der *Wasserbedarf* ist infolge der dichten Pflanzung sehr hoch. Bei Trockenheit wässert man durchdringend in Furchen. *Unkraut* darf nicht groß werden. Nach dem Hacken 5 cm hoch Grobkompost oder gelochte Schwarzfolie ausbreiten. Zum Schutz vor Wind die Ränder ca. 5 cm tief eingraben.

Wenn die Rasenfläche uneben ist

Unebenheiten sind störend und für Bewässerung und Düngung von Nachteil. Durch **Streumittel** lassen sich manche *Vertiefungen* ausgleichen. Kleine *Buckel* kratzt man mit einem Rechen oder Stahldrahtbesen ab und kehrt sie in benachbarte Dellen. Bei größeren Erdbuckeln muss das Abtragen mehrmals wiederholt werden.

Vertiefungen können auch mit durchlässigem Gartenboden oder einer Mischung von $1/3$ scharfem Sand und $2/3$ gesiebtem Mutterboden aufgefüllt werden. Durch Auslegen einer langen Latte wird die Auffüllung kontrolliert. Die Graspflanzen arbeiten sich durch dieses kleine Hindernis hindurch. Nach Wochen hat sich das lose Schüttmaterial gesetzt, und der gleiche Vorgang ist zu wiederholen.

Wer größere **Unebenheiten** ausgleichen will, benutze einen flachen, quadratischen Kasten (Abb. 3 A), von 1 m mal 1 m und 5 cm Höhe (Innenmaße). In diesen Kasten legt man die abgeschälten Rasensoden (25 x 25 cm) einer vorher umstochenen gleichgroßen Rasenfläche umgekehrt nebeneinander (Abb. 3 E – F).

Das Umstechen des Rasenquadrats gelingt am genauesten mit einem *Rasenkantenstecher* (D) entlang der Außenkante des Kastens (A), zunächst an zwei rechtwinklig aneinander stoßenden Seiten (a + b). Bei u + v werden die Einstiche am Boden markiert. Nun verschiebt man den Kasten diagonal, bis die Marke y über der Markierung von u und die Marke x über der von v liegt. Damit wird die doppelte Stärke der Seitenwände berücksichtigt und genau 1 m mal 1 m umgrenzt. Nun erfolgen die weiteren Einstiche entlang der Kanten c + d. Die im Kasten umgekehrt liegenden Soden werden mit Hilfe einer mindestens 120 cm langen Dachlatte (B) auf eine einheitliche Stärke von 5 cm gebracht, indem man die überstehenden Erd- und Wurzelteile abstreicht.

Der Boden des Loches wird eingeebnet, festgetreten, bei Bedarf aufgefüllt und auf richtige Sodentiefe gebracht. Um der Oberfläche der Sohle ihre endgültige Höhe und Glätte zu geben, verwendet man einen 100 cm langen, 5 cm dicken, an den Enden keilförmig zugespitzten Stab (C). Zugespitzt, damit er beim Schleifen über den Boden nicht so leicht an den Kanten des Loches hängen bleibt.

Ist das Sodenbett geglättet, genügend fest und 4,5 cm tief, dann werden aus dem Kasten die Rasensoden streifenweise wieder aufgelegt, jedes Rasenstück an die alte Stelle. Bei den letzten Randsoden sind die Kanten zuerst einzulegen. Zum Schluss wird festgetreten und bewässert. Das Ergebnis ist eine vollkommen ebene Fläche.

Klatschmohn, Papáver rhoéas, *ist in allen Teilen giftig. Hier hat die Schönheit der Blüte über die Giftgefahr gesiegt. Kultur einjährig, Selbstaussaat.*

Der Riesen-Fingerhut, Digitális purpúreus *'Sperlings Mervita', ist giftig. Dennoch freuen wir uns immer wieder über die schön geformten und gefleckten Blüten.*

Giftige Zierpflanzen im Garten

Manche Zierpflanzen locken Kinder, dies oder jenes in den Mund zu stecken. Größte Gefahr für Kinder geht von giftigen Zierfrüchten aus. Ihr Genuss ist quälend bis tödlich und äußert sich durch Brennen im Mund, Übelkeit, Koliken, Schwindel, Sehminderung, Krämpfe, Atemnot, Kreislaufstörung, Nervenlähmung usw.

Wo Kleinkinder im Garten spielen, sollte auf giftige Pflanzen verzichtet werden. Sonst aber sind solche Pflanzen nicht zu verbannen; denn nur bei Anwesenheit können Kinder sie kennen lernen.

Hilfe bei Vergiftungen: Sofort den Haus- oder Notarzt anrufen. Erste-Hilfe-Anweisung entgegennehmen. Den Arzt bitten, sofort zu kommen oder einen Notarztwagen zu bestellen. Hilfreich ist oft, wenn das Kind reichlich warmes Wasser trinkt, sich

dann auf den Bauch legt, Kopf nach unten hängen lässt. Mit einem Finger so lange auf Zungengrund drücken, bis es zum Erbrechen kommt. Mageninhalt für die Untersuchung auffangen. Erwachsene trinken besser $1/2$ Liter warmen Wassers mit einem Esslöffel voll Kochsalz und versuchen zu brechen.

Die letzten Zweijahrsblumen werden gesät

Wer billig zu Pflanzen kommen will, darf die Aussaat im Juni/Juli nicht versäumen. Die kleine Saatfläche kann wie ein Saatbeet (s. dort) vorbereitet werden. Weitläufige Saat, die am günstigsten ist, gelingt am ehesten durch Pillensamen, Saatband oder Saatplatten.

Garten-Stiefmütterchen (*Viola* x *Wittrockiána*) gehören mit zu den wohl beliebtesten Blumen des Frühlings. Den Vorzug verdienen solche

WICHTIGE GIFTPFLANZEN DES ZIERGARTENS

Grad der Gefährlichkeit:
!!!! = tödlich giftig, !!! = sehr giftig, !! = giftig,
! = schwach giftig.

!! Alpenrose, Rhododendron (Blatt, Blüte)
!!!! Aronstab, *Arum* (Beere, Blüte, Wurzel)
!!! Bärenklau, *Heracleum (alle* Teile)
! Berglorbeer, *Kalmia* (Blatt)
!! Blasenstrauch, *Colutea* (Blatt, Samen)
!!!! Bocksdorn, *Lycium* (alle Teile)
!! Buchsbaum, *Buxus* (Blatt)
!! Buschwindröschen, *Anemone* (alle Teile)
!!!! Christrose, *Helleborus niger* (alle Teile)
! Eberesche, Vogelbeere, *Sorbus* (Beere)
!! Efeu, *Hedera* (Beere, Blatt)
!!! Eibe, Taxus (alles außer rotem Samenmantel)
!!!! Eisenhut, *Aconitum* (alle Teile)
!! Erbsenstrauch, *Caragana* (Blatt, Frucht)
! Essigbaum, *Rhus typhina* (Blatt, Frucht)
! Feuerbohne, *Phaseolus* (rohe Hülse mit Samen)
!! Feuerdorn, *Pyracantha* (Beere)
!!!! Fingerhut, *Digitalis* (alle Teile)
!! Geißklee, *Cytisus* (alle Teile)
!! Ginster, Besen-, *Genista* (alle Teile)
!! Glycine, *Wisteria* (Frucht, Holz)
!!!! Goldregen, *Laburnum* (besonders Frucht)
!! Hahnenfuß, *Ranunculus* (alle Teile)
!! Hartriegel, *Cornus* (besonders Beere)
!! Heckenkirsche, *Lonicera* (Beere)
!!!! Herbstzeitlose, *Colchicum* (alle Teile)
!! Kermesbeere, *Phytolacca* (Fruchtstand)
!! Kirschlorbeer, *Prunus laur.* (Blatt, Samen)
!! Klatsch-Mohn, *Papaver rhoeas* (alle Teile)
!!! Küchenschelle, *Pulsatilla* (alle Teile)

!!! Lavendelheide, *Andromeda* (Blatt, Blüte)
!!! Lebensbaum, *Thuja* (Triebspitze, Zapfen)
!! Lupine, *Lupinus* (Frucht)
! Mahonie, *Mahonia* (Beere)
!!!! Maiglöckchen, *Convallaria* (alle Teile)
! Mauerpfeffer, *Sedum acre* (alle Teile)
!! Nachtschatten, *Solanum* (Frucht)
!!!! Oleander, *Nerium* (alle Teile)
! Perückenstrauch, *Cotinus* (alle Teile)
!!! Pfaffenhütchen, *Euonymus* (Frucht)
!! Pfingstrose, *Paeonia* (Blüte, Frucht)
!! Rainweide, *Ligustrum* (Beere, Blatt, Rinde)
!! Ranunkel, *Ranunculus* (alle Teile)
!!!! Rhizinus, *Ricinus* (Frucht)
!! Robinie, Akazie, *Robinia* (Rinde, Samen)
! Rosskastanie, *Aesculus hipp.* (Frucht)
!!! Sadebaum, *Juniperus sabina* (alle Teile)
!! Salomonssiegel, *Polygonatum* (alle Teile)
!!! Schlafmohn, *Papaver somnif.* (alle Teile)
! Schneeball, *Viburnum* (Beere, Blatt, Rinde)
! Schneebeere, *Symphoricarpos* (Beere)
!!!! Seidelbast, *Daphne (Beere,* alle Teile)
!!!! Stechapfel, *Datura* (alle Teile)
!!! Stechpalme, Hülse, *Ilex* (Beere)
! Trauben-Holunder, *Sambucus rac.* (Beere)
!!! Wacholder, Kriech-, *Juniperus* (alle Teile)
! Wacholder, Säulen-, *Juniperus* (Frucht)
! Waldrebe, *Clematis* (alle Teile)
! Wilder Wein, *Parthenocissus* (Beere, Blatt)
!!! Wolfsmilch, *Euphorbia* (Milchsaft)
!! Wurmfarn, *Dryopteris* (alle Teile)
! Ysander, *Pachysandra* (Blatt)
! Zwerg-Holunder, *Sambucus ebulus* (Beere)
! Zwergmispel, *Cotoneaster* (Beere)

Juni

Rassen und Sorten, die von März bis Ende Mai ihre Hauptblütezeit haben. Man wählt deshalb zweckmäßig früh- und winterblühende Klassen und achtet gleichzeitig auf ein reiches Farbenspiel, wie bei Benarys Überriesenmischung 'Bravissimo' oder die Benary-F2-Hybriden 'Joker Mix', 'Padparadja' oder 'Riesen-Vorbote Prachtmischung'. Später blühende Rassen, wie 'Schweizer Riesen' (mit der Prachtmischung 'Sperlings Elite') oder 'Sperlings Carnita' (Saatband), sind für den frühen Flor weniger geeignet, haben aber als Sommerblüher Bedeutung. Für raue Lagen werden besonders frostharte Sorten angeboten.

Die Anzucht erfordert Aufmerksamkeit. Zweckmäßig sät man zweimal im Abstand von 10 Tagen, um Auflaufschäden auszugleichen. Für die Aussaat eignet sich ein freigewordener Frühbeetkasten oder ein halbschattiges Plätzchen im Garten. Am besten keimt der Samen in mittelschwerem, nahrhaftem, mit Kompost vermischtem, stark feuchtem Boden bei nur 15 °C. Kurz vor der Aussaat ist deshalb die Erde nochmals durchdringend zu wässern. Nun sät man dünn aus und bedeckt Samen oder Saatband 0,5–1 cm mit Erde, die

Tausendschön, Béllis perénnis 'Blütenteppich Rot', blüht von April bis Juni. Aussaat im Juni, Pflanzzeit ist Herbst.

leicht überbraust wird. Während der ersten 5–6 Tage sollte man verdunkeln. Man bedeckt das Saatband mit einem nassen Sack. Nach 3 Wochen gewöhnt man die Kastensämlinge allmählich an Licht und mehr Luft und braust wenig.

Tausendschön (*Béllis perénnis*) mit der ausgezeichneten Benary-Mischung 'Habanera Mix') werden, obwohl ausdauernd, meist wie Zweijahrsblumen behandelt. Es gibt klein- bis großblütige, kurz- bis langstielige Sorten mit zungenartig, röhrig oder nadelförmig gefüllten Blüten in Rosa, Rot oder Weiß. Hauptblütezeit von April bis Juni. Damit der feine Samen weitläufig genug fällt, sollte er vorher mit trockenem Sand vermischt werden. Die Keimung setzt bei mäßiger Feuchtigkeit nach wenigen Tagen ein. Im Übrigen verfährt man wie bei Stiefmütterchen. Vermehrung ist auch durch Teilen nach der Blüte möglich.

Vergissmeinnicht (*Myosótis sylvática*) wird zweijährig gezogen. Da die Samen langsam und unregelmäßig keimen, sät man in einen Kasten, wo sich die Feuchtigkeit gleichmäßig hält und den man bis zum Keimen verdunkelt. Sind die Sämlinge etwas herangewachsen, so werden sie einmal pikiert. Sehr gute Freilandsorten sind: 'Zwerg Ultramarine', auffallend blau, sehr früh, 15 cm hoch; 'Blauer Strauß', großblumig, tiefblau, 30 cm; gute Sorten: 'Blaue Kugel', leuchtend blau, 15 cm; Benarys 'Compindi', dunkelstes Blau, 15 cm; 'Indigo Compacta', tiefblau, geschlossener Wuchs, 20 cm; 'Blauer Korb', tiefblau, aufrecht, 30 cm. Auch rosa Sorten gibt es.

Goldlack gehört wegen seines herrlichen Duftes zu den ältesten Gartenpflanzen, blüht von April bis Juni. Die gut durchgezüchtete Art *Cheiránthus chéíri* weist hohe und niedrige Sorten auf, die goldgelb, bräunlich, blut- oder karminrot, einfach oder gefüllt blühen. Die Art *Erysimum x alliónii* mit der Sorte 'Sperlings Ornato', orangegelb, sollte wegen der Winterhärte mehr verwendet werden.

Im Obstgarten

Rund um die Erdbeerernte

Zu den ersten köstlichen Früchten aus dem Garten gehören Erdbeeren. Ihr **Wohlgeschmack** hängt nicht nur von der *Sorte,* sondern auch vom Grad der *Bewässerung* ab. Bekommen die Pflanzen zu viel Wasser, so werden die Früchte übergroß, schmecken aber wässrig. Fehlt es an Regen, so gibt man nach etwa einer Woche, am Vormittag, bis 20 Liter Wasser je m². Am Abend sollen die Pflanzen abgetrocknet sein, damit sich die *Grauschimmelfäule* nicht ausbreiten kann. Auch *Schnecken* werden weniger angelockt. Ungebetene Gäste ernten manchmal mit. So beißen **Erdmäuse** unreife Früchte ab, um die Samen zu verzehren. Mäuse sind das ganze Jahr zu bekämpfen. Reife Früchte werden von **Schnecken** und **Tausendfüßern** erheblich verletzt. Über Bekämpfung siehe an anderer Stelle. Um naschhafte Vögel fernzuhalten, kann man

Der zweijährige Schöterich-Goldlack, Erýsimum x allióni, sollte wegen der Winterhärte bedeutend mehr Verwendung finden. Die Blütenfarbe ist auffallend orangegelb.

die Beete mit Netzen oder mit „wachsender" Folie bedecken. Gegen *Amseln und Drosseln* (Laufvögel) helfen bereits schwarze Zwirnsfäden, die man 5 cm hoch um das Erdbeerquartier spannt. Beim Anlaufen stoßen die Vögel dagegen, werden scheu und meiden die Fläche.

Einmal am Tag sollte durchgepflückt werden, möglichst morgens. Man fasst die weichen Früchte, um sie nicht zu drücken, am Stiel, den man durchkneipt, und legt sie einzeln und vorsichtig in ein (kleines) Gefäß. Je reifer die Erdbeerfrüchte, desto wohlschmeckender, aber auch empfindlicher sind sie. Überreife Früchte müssen sofort verbraucht werden. Zum Tief-

Zusätzliche Anmerkungen

Zimmerpflanzen erholen sich im Sommer im **Garten** am besten - ausgenommen zarte Tropengewächse, die außer Wärme auch hohe Luftfeuchtigkeit brauchen. Anfang Juni räumt man die robusteren Arten *an einem trüben Tag* an einen hellen Platz ein. Dazu bohrt man spitzkegelförmige Löcher vor, wozu sich ein dickes, bleistiftartig angespitztes Rundholz mit einer angeschraubten Querlatte als Griff am besten eignet. In die Kegellöcher werden die Töpfe hineingedreht. Der untere Hohlraum verhindert, dass Wurzeln hinauswachsen und Regenwürmer hineinkommen. An Wasser und Nahrung darf es nicht fehlen. Schädlinge und Krankheiten sind mit geeigneten, umweltverträglichen Mitteln auszuschalten.

Einjahrsblumen, wie *Sommerastern, niedrige Tagetes, Schmuckkörbchen* usw., kann man noch mit Ballen verpflanzen. Einfache Sommerastern, jetzt gesät, bringen eine Herbstblüte. Herausragend ist die Spitzenzüchtung von Kiepenkerl „Stella Mischung". Die meisten Astern stehen in voller Entwicklung und brauchen Wasser und Dünger, einige, wie *Rizinus* und *Edelwicken,* sogar sehr reichlich. Will man buschige Pflanzen haben, so braucht man z. B. bei *Godetien* und *Reseda* nur die Spitzen wegzukneifen. *Cosmeen* verzweigen sich besser, wenn man die ersten Blüten wegschneidet.

Blütengehölze nach der Blüte **auslichten.** Während es bei hohen *Deutzien* genügt, abgeblühtes Holz bis zur nächsten Abzweigung wegzunehmen, muss bei kleinen Formen das älteste Holz über dem Boden herausgeschnitten werden. Damit *Pfeifensträucher* nicht zu dicht werden, schneidet man bogenförmige Zweige über dem Boden heraus. Langtriebe sind zu schonen. Um bei *Kolkwitzie* und *Weigelie* junges Blütenholz zu bekommen, ist gelegentlich mäßig auszulichten. Das kann auch für den *Schneeball* gelten.

Die Fliederblüte zieht sich bis in den Juli hin. *Abgeblühte Rispen* sofort bis zu einem kräftigen Jungtrieb herausschneiden. Dabei kann zu dicht stehendes, *schwaches Holz* am Boden entfernt werden. Zu breit und zu groß gewordene Sträucher durch Schnitt ins alte Holz *verkleinern* und gleichzeitig *verjüngen.* Fehlende Wuchskraft durch einen Volldünger und durch Bewässerung anregen, was sich auch auf den Blütenknospenansatz günstig auswirkt.

Frisch gepflanzte Rosen, deren Wurzelwerk zunächst noch schwach ist, leiden stärker unter Trockenheit als ältere Bestände. Jene sind deshalb kräftiger zu wässern, bei fehlendem Regen jede Woche einmal durchdringend.

Sommerpflanzung von Gehölzen. Kleinere Laub- und Nadelgehölze können zu dieser Jahreszeit gepflanzt werden, wenn sie in Plastikbehältern (Containern) abgegeben werden. Nach dem Auspacken an schattiger Stelle wird sofort angegossen, alsbald gepflanzt, die Pflanzstelle nochmals gegossen und mit Mulchmaterial bedeckt. (Näheres siehe S. 81 und S. 351.)

Die Stechpalme hat nicht selten unter *Minierfliegen* zu leiden. Sie fressen Minen in die Blätter, die schließlich abfallen. Durch wiederholtes Spritzen mit Bulldock-Schädlingsvernichter gesunden die Pflanzen rasch. Befallene Blätter vernichten.

Kaiserkronen *(Fritillária imperiális)* können durch Brutzwiebeln leicht vermehrt werden. Brut nach ca. fünf Standjahren in der zweiten Junihälfte aufnehmen. Bis zur Pflanzung Ende August werden die Zwiebeln mit dem Boden nach oben dicht an dicht bei 20 Grad C gelagert und mit Sand bedeckt.

Schnittblumen aus dem Garten bringen lange Freude, werden sie zur richtigen Zeit geschnitten. Astern, Margeriten und andere Korbblütler am besten **morgens** bald nach dem Aufblühen. Alle übrigen, wie Nelken, Gladiolen, Mohn, Lilien, Rosen usw., schneidet man **abends,** wenn sie zum Teil erblüht sind und noch Knospen haben. *Ungünstig sind die heißen Mittagsstunden.* Vor dem Einstellen in Wasser das *untere Laub entfernen.*

Zwergrosen, auch Kussröschen oder Zwergbengalrosen genannt, sind zierliche Sträuchlein von etwa 25 cm Höhe, die den ganzen Sommer über gefüllte Blüten zur Schau tragen. Da Zwergrosen winterhart sind, eignen sie sich besonders für Steingärten, Terrassenbeete, Einfassungen, Gräber. Um eine gute Farbwirkung zu erreichen, sollten mindestens 3 Pflanzen einer Sorte beisammen stehen. Pflanzweite ca. 20 cm.

Knollenblüher, besonders **Dahlien** und **Gladiolen,** sind bald nach dem Austrieb aufmerksam zu wässern und zu düngen. Alle 2–4 Wochen eine kleine Volldüngergabe. Für Flüssigdüngung eignet sich z. B. BioTrissol. Bei wüchsigen Dahlien ist das Aufbinden erforderlich, wenn die Triebe etwa 25 cm lang sind. Sie dürfen weder zu fest umbunden noch zu dicht zusammengesetzt werden. Praktisch sind ringförmige Halter. Schneidet man wüchsige Dahlien bei etwa 30 cm Höhe um 10 cm zurück, so verzweigen sie sich stark und blühen besonders reich.

Juni

Haupterntemonat für Erdbeeren ist der Juni. Jetzt nicht mehr düngen und den Boden mäßig feucht halten – das gibt wohlschmeckende Erdbeeren. Pflanzzeit ist Juli/August.

kühlen sollen Erdbeeren gerade reif sein und bei trockenem Wetter geerntet werden. – Bei Anwendung eines Pflanzenschutzmittels halte man im eigenen Interesse die *Wartezeit* ein.

Erdbeerernte unter Flachfolie. Wenn man eine Längsseite eingräbt und die andere mit einer langen Stange verbindet, lässt sich die Folie leicht abheben und wieder über die Pflanzen ziehen. Flachfolie schützt gegen *Vögel*, *Schnecken* und geringen *Frost*.

Ausläufer der einmaltragenden Sorten werden gleich bei der Ernte entfernt, vorsichtig, um Blüten und Früchte nicht zu beschmutzen. Bei mehrmalstragenden Sorten sind die Ausläufer, da noch im selben Jahr fruchtbar, zu schonen.

Zur **Vermehrung** kennzeichnet man die besten Mutterpflanzen durch *Beistecken von Stäben* und schont wenigstens die ersten beiden Tochterpflanzen. Gleich nach der Ernte bringt man *feuchten Düngetorf* zwischen die Reihen, damit sich rasch Wurzeln bilden. Das Beet braucht dann etwa 14 Tage reichlich Feuchtigkeit. – **Schlechte**

Träger sind auszureißen und durch Hinleiten ausgewählter Tochterpflanzen zu ersetzen.

Durch Grünschnitt kurzes Fruchtholz

Unter Grünschnitt versteht man das Entspitzen oder Pinzieren junger Laubtriebe an Schnurbäumen und Spalierobst von Apfel und Birne, um kurzes Fruchtholz zu erzielen. Der Grünschnitt beginnt Anfang Juni und endet im Juli. Wer ihn versäumt und die Diesjahrstriebe erst im Winter stark zurückschneidet, bekommt wenig oder gar keine Blüten. Andererseits hat dieser Schnitt bei Spindel-

büschen und stärker wachsenden Kernobstbäumen, wo langes Fruchtholz in der Krone Platz hat, keine Berechtigung, so dass man diese Mehrarbeit einsparen kann.

Den **1. Grünschnitt** macht man, sobald die jungen Triebe 10–20 cm lang geworden sind oder etwa 6 Blätter getrieben haben, wie es Abb. 4 a zeigt. Bei kurzen Trieben pinziert man über dem 4.–5. Blatt, bei längeren über dem 6. Man kneift einfach die Spitze weg. Bald treiben die Knospen wieder aus, und man erhält in etwa 4 Wochen z. B. das Bild der Abb. b. Hier haben die letzten beiden Augen ausgetrieben. Da beides Holztriebe sind, wird der Endtrieb bei 2 entfernt und der verbleibende Trieb bei 3 pinziert. Bei diesem zweiten Grünschnitt braucht man nur 2 Blätter am Jungtrieb zu belassen. Hat man nur einen Austrieb bekommen, so wird dieser in gleicher Weise eingekürzt. Durch den Grünschnitt werden die rückwärtigen Knospen gekräftigt, so dass sie sich zu Blütenknospen umbilden. Abb. c zeigt den Trieb nach dem Laubfall. Die Schnittstellen 2 und 3 sind markiert. Schnittstelle 4 zeigt die Winterbehandlung (Stummelschnitt).

Reifende Kirschen schützen

Reifende Kirschen sind seit eh und je das Ziel der *Stare*. **Begrenzten Schutz** erzielt man durch *Lärmgeräusche (Peitschenknallen, Klapperwindmühlen, Trommelwirbel)*, die von Kindern

Grünschnitt bei Obstgehölzen (a–c); Stummelschnitt (d–e).

mit größtem Vergnügen ausgeführt werden. Allerdings darf man die Nerven der Nachbarn nicht strapazieren. In engbewohnten Gebieten wird man die Abschreckung deshalb auf *sichtbare Vogelscheuchen* beschränken, wie das drehbare Vogelabwehrgerät Windflügel, auf künstliche Habichte, Bussarde, Sperber, Katzenköpfe mit funkelnden Augen. Weniger günstig sind verkleidete „Puppen". Befriedigende Abwehr erzielt man auch durch glänzende *Stanniolstreifen*, die beim leisesten Windzug aneinanderschlagen. Da sich Vögel aber bald an die Scheuchen gewöhnen, bringt man sie erst bei beginnender Gefahr an und entfernt sie gleich nach der Ernte wieder.

Nicht zu hohe Bäume lassen sich durch **Netze** (mit 3 cm Maschenweite) **schützen.** Man rollt das Netz von beiden Seiten zur Mitte auf, hebt es (mittels Stangen) über die Kronenmitte und lässt es abrollen. Untere Enden werden zusammengebunden, damit tief anfliegende Schadvögel nicht in die Krone gelangen können. In nassen Jahren ab Gelbfärbung alle 14 Tage gegen die **Monilia-Fruchtfäule** spritzen, z.B. mit *Teldor*, 1 Dosierbeutel/5 Ltr. Wasser, bis in den Juli hinein. (Wartezeit 3 Tage).

In der zweiten Junihälfte reifen die ersten **Süßkirschen.** Obwohl **Frühsorten** nicht ganz die Güte der später reifenden Süßkirschen erreichen, haben sie doch den Vorteil, von den *Maden der Kirschfruchtfliege* verschont zu bleiben. So kann man frühe Kirschen ungespritzt essen, falls nicht die *Schwarze Süßkirschenblattlaus* zu einer Spritzbehandlung zwingt.

Mittelspäte bis späte Süßkirschen werden oft von der *Fruchtfliege* befallen. Ihre Maden (Abb. 5 a) fressen um den Stein herum und machen das Fleisch jauchig. Eier werden überwiegend in der ersten Junihälfte an die

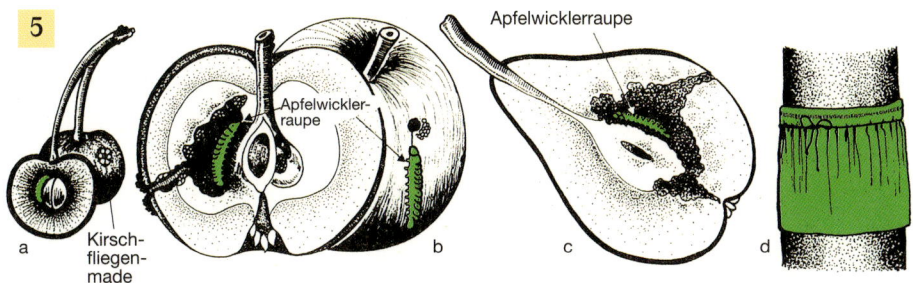

Schädlingsbefall bei Obst.

noch grünen Kirschen gelegt. Wenn 7–8 Tage später die Larven schlüpfen, beginnen sich die Kirschen gerade zu verfärben. Der Schaden sollte nicht durch eine chemische Spritzung verhütet werden, sondern durch Gelbtafeln gemindert oder durch ein Gemüsefliegen-Netz sogar unmöglich gemacht werden.

Da auch **Vogel- und Traubenkirschen** ständig befallen werden, sollte man sie in der Nähe von Süßkirschen nicht dulden oder in die Spritzung mit einbeziehen. Von den **Heckenkirschen** *(Lonícera)* geht dagegen keine Gefahr aus.

Madenfreie Äpfel und Birnen

Heranwachsende Äpfel und Birnen werden von der „Obstmade" (Abb. 5 b, c), der Raupe des Apfelwicklers, eines kleinen Nachtschmetterlings, ab Juni befallen und entwertet (s. unten). Durch termingerechte Spritzungen lässt sich die Vermadung oder Wurmstichigkeit verhüten. Gleichzeitig werden *Blatt- und Blutläuse, Spinnmilben, Miniermotten* usw. bekämpft.
Ein bewährtes Insektizid ist z.B. Bulldock-Schädlingsvernichter. Die kurze Wartezeit von 7 Tagen ist im Privatgarten wichtig. Noch besser ist die Verwendung von Granupom-N, einem biologischen Spritzmittel gegen Obstmaden. – Zur gleichzeitigen Bekämpfung von *Schorf und Lagerschorf* sollte der Spritzflüssigkeit noch ein

Fungizid zugesetzt werden, z.B. Euparen, 20 g/10 l Wasser.
Für den Erfolg der Obstmadenspritzung ist der richtige **Zeitpunkt** wichtig, den man beim zuständigen Pflanzenschutzamt durch Rückantwortkarte oder telefonisch erfragen kann. (Verbindung schon frühzeitig aufnehmen.)
Zur Ermittlung des günstigen Spritztermins eignen sich Apfelwickler-Fallen, die ab Ende Mai in die Kronen der Apfel- und Birnbäume gehängt werden. Die Fallen enthalten den Weibchenduft des Apfelwicklers und eine Leimschicht. Männchen werden angelockt und gefangen. Sobald in einer Woche mehr als 5 Apfelwickler auf den Leim gegangen sind, sollte 8–14 Tage später die erste Obstmadenspritzung erfolgen, bei überwiegend warmem Wetter zu frühem Zeitpunkt. Flugbeginn Mai/Juni ab 15 °C. Zwar wird durch Wegfangen der Männchen die Paarung im eignen Garten unterbunden, doch muss mit *Zuflug befruchteter Weibchen aus der Nachbarschaft* gerechnet werden. Sollen Sexfallen gleichzeitig als ausreichendes Bekämpfungsmittel wirken, so müssen sie *großräumig* eingesetzt werden, was letzten Endes eine Kostenfrage ist.
Alle Teile des Baumes sind gründlich zu **spritzen,** an warmen Tagen nur frühmorgens oder spätabends. Blühende oder zur Ernte anstehende Pflanzen muss man vorher bedecken.

Die lange Flugzeit der ersten Generation von Juni bis August erschwert die Bekämpfung, so dass mindestens zwei Spritzungen ratsam sind: Die erste erfahrungsgemäß 6–7 Wochen nach Abfallen der Blütenblätter, die zweite bei warmem Wetter nach 2, bei kühlem nach 3 Wochen.

Wo nicht gespritzt wird, muss man den *Obstmadenbefall* hinnehmen, doch können vorbeugende Maßnahmen fürs nächste Jahr getroffen werden. Dazu legt man Ende Juni **Insekten-Fanggürtel** aus Wellpappe um die Stämme (Abb. 5d). Gewellte Seite zum Stamm, oben erfolgt eine Bindung. Die reifen Wicklerraupen schlüpfen hier unter und verpuppen sich, so dass man die Puppen später vernichten kann. Außerdem ist **Fallobst** täglich zu entfernen.

Madige Äpfel und Birnen büßen ein Teil an Inhaltsstoffen ein. Da sich in Madengängen Pilze ansiedeln, kommt es zur Bildung schädlicher (giftiger) Stoffwechselprodukte, besonders nach längerer Lagerung. Deshalb in der Küche Falläpfel für Kompott ab Ende Juli sofort verwerten.

Frühsommerschnitt der Weinrebe

Sind die Blütenansätze (Gescheine) zu erkennen, so werden *Anfang Juni,* vor der Blüte, zunächst die **unfruchtbaren grünen Haupttriebe** (Abb. 6, Nr. 4) an der Tragrebe meist ausgebrochen. Bei schwacher Belaubung kürzt man die „faulen" Fruchtreben auf 4–5 Blätter ein. Dagegen sind unfruchtbare Nebentriebe (N), die die Doppeltriebigkeit verursachen, stets zu entfernen.

Ausgenommen von dieser Behandlung sind die *Verlängerungstriebe der Schenkel* (am jüngeren Rebstock), die *Ersatztragreben* (ET) und die *Ersatzzapfen* (EZ) am vorjährigen Zapfen.

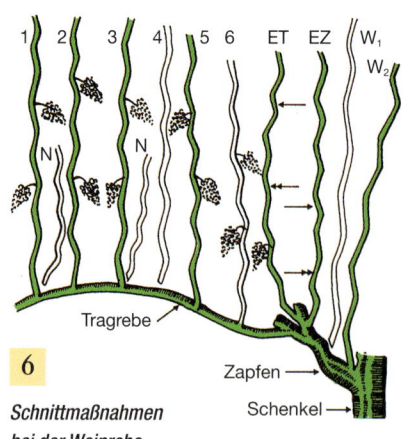

6

Schnittmaßnahmen bei der Weinrebe.

Rückschnitt erfolgt im August (Pfeil) und Februar (Doppelpfeil).

Haben sich aus altem Holz Jungtriebe, sogenannte **Wasserschosse,** gebildet, so ist von Fall zu Fall zu entscheiden, ob man sie erhält oder ausbricht. Fehlt ein *Ersatzzapfen* oder ist der alte Zapfen schon zu lang, ist ein Wasserschoss (W 2) willkommen. Auch zur Verjüngung eines Schenkels, des gesamten Stockes, sobald dieser im Wuchs stehen bleibt, sind Wasserschosse wertvoll. Ihr Rückschnitt erfolgt im August und Februar. W 1 bricht man aus.

Wichtig ist auch das **senkrechte Aufbinden** der grünen Laubtriebe (Abb. 7), und zwar so, dass sie günstig zum Licht stehen. Geschieht dies möglichst früh, so hat man mit weniger Geiztrieben zu rechnen. Im Sommer ist mehrmals nachzuheften.

Zur Blütezeit, die sich etwa von Mitte bis Ende Juni hinzieht und von einem feinen Duft begleitet wird, sind *keine Schnittarbeiten* vorzunehmen.

Unmittelbar *nach der Blüte* sollten die fruchtbaren Haupttreben (1, 2, 3, 5, 6) zwei bis vier Blätter über dem obersten Geschein (Abb. 6) **entspitzt** oder gekappt werden, indem man sie an einem Knoten ausbricht, besonders bei dichtlaubigen Sorten.

Schutz der Weinrebe

Damit sich die Trauben vollkommen ausbilden können, müssen die Blätter gut belichtet werden und gesund bleiben. Dies gelingt durch Spritzungen.

Eine typische Krankheit der Hausrebe ist der **Echte Mehltau** *(Oidium).* Er beginnt an der Blattunterseite mit weißlichem Belag, greift auf die Oberseite über und endet mit Blattfall und Vernichtung der Beeren. Im Juni sollte vor und nach der Blüte gespritzt werden. Geeignet ist Netzschwefelit von Neudorff, vor der Blüte 0,7–0,5%ig, nach der Blüte 0,4– 0,2%ig.

In nassen Jahren muss auch der **Falsche Mehltau** *(Peronospora)* bekämpft werden. Verursacht gelbliche Flecke auf Blättern, unterseits weißen Belag. Man setzt dann der Spritzbrühe noch 20 mg Antracol/10 Ltr. Wasser oder Neudo-Vidal 1%ig zu. Diese Mittel wirken auch gegen den Roten Brenner.

Da sich **beide Mehltauarten** im Anfang ähnlich sehen, spritzt man zweckmäßig Neudorffs neuen Cueva-Wein-Pilz-Schutz, 1 ml/10 Ltr. Wasser. Gegen **Grauschimmel** (Botrytis)

Aufbinden der Fruchtrebe beim Wein.

Fruchtrebe

7

und **Roten Brenner** wirkt Euparen (0,2%) ebenfalls gut.

Saure Weinbeeren werden durch den **Traubenwickler,** einen Kleinschmetterling verursacht, dessen winzige Räupchen in den Beeren fressen. Weil diese dadurch einen sauren Geschmack annehmen, bezeichnet man den Schädling auch als *Sauerwurm.* Die Bekämpfung muss bei Erbsengröße der Beeren erfolgen, wofür sich verschiedene Insektizide eignen. Auch die **Rote Spinne** muss mitunter bekämpft werden, z. B. mit Neudosan o. ä.

Zusätzliche Anmerkungen

Rasenflächen unter Obstbäumen sollten alle 6–7 Tage gemäht werden. Abgeschnittenes Gras lässt man unter den Bäumen liegen. Es verrottet, bildet Humus, gibt Nährstoffe ab, hält den Boden feucht, sorgt für Durchlüftung. Kurz gehaltener Rasen wurzelt flach.

Wasser sparen. In Trockenperioden brauchen Obstbäume zusätzliche Bewässerung. Im Juni bis August ist es ratsam, abends bis nachts zu wässern. Man kann dann im Juni und August 25% und im Juli sogar 50% Wasser sparen. Bei Tagesbewässerung wären in jedem dieser Monate mindestens 30 l Wasser pro Quadratmeter nötig. Diese Mengen ließen sich bei Nachtbewässerung auf 22,5 bzw. 15 Liter verringern.

Himbeeren brauchen gegen Ende der Blüte eine 2. Düngung, flüssig z. B. mit 60 ml Mannalin B oder als Streudünger 50 g blauen Volldünger je m². Bodendecke verstärken. Boden feucht halten, sonst bleiben die Früchte klein.

Grauschimmel an Himbeeren. Wo Himbeerfrüchte im letzten Jahr an Grauschimmelfäule (Botrytis) erkrankt sind, sollte vorbeugend mit Neudo-Vital 1%ig gespritzt werden. Erste Behandlung bei beginnender Vollblüte, zweite 8 Tage später, dritte bei verzögerter Blüte durch kalte Witterung nach weiteren 8 Tagen. Graufäule an **Brombeeren** lässt sich ebenfalls zur Blütezeit bekämpfen. Nach der Ernte sind die Halbsträucher stärker auszulichten als im Vorjahr, um den Grauschimmelbefall zu vermindern.

Pheromone sind Duft- und Lockstoffe weiblicher Schmetterlinge (siehe Apfelwickler), damit sich innerhalb derselben Art die Geschlechter finden, auch über größere Entfernungen. Durch den Einsatz der künstlich hergestellten Sexualduftstoffe in Leimfallen wird ein Teil der Männchen ausgeschaltet. Die Folge sind verringerte Eiablagen. Damit zeichnet sich eine umweltfreundliche Bekämpfung ab. Weitere Sexualpheromone werden erforscht, um sie dann einzusetzen.

Die schneckenähnlichen Larven der Kirschblattwespe verzehren ab Juni von der Blattoberseite her das Blattgrün und lassen nur die Oberhaut der Blattunterseite zurück, die sich bräunlich verfärbt. Bekämpfung durch Spritzen eines geeigneten Insektizids.

Larven der Birnengallmücke, 3 mm lange Maden haben junge, unreife Früchte auffallend dick werden lassen. Verdächtige Früchte sind zu beseitigen, damit die Schädlinge nicht in den Boden gelangen können, um sich hier in 5 cm Tiefe für den Winter zu verpuppen.

Pfirsichlangtriebe lassen aus den Blattwinkeln vorzeitige Triebe hervorbrechen, die die Ausbildung guter Blütenknospen an ihrer Basis unterbinden. Sie selbst bringen im Frühjahr meist unvollkommene Blüten. Darum sollten vorzeitige Triebe, vor allem im Mittelteil der Langtriebe, Ende Juni auf ein Blatt entspitzt oder entgeizt werden.

Spitzendürre oder Holzmonilia, Pilzkrankheit bei Süß- und Sauerkirschen, besonders ‘Schattenmorelle’, tritt bei ungeschnittenen und schlecht ernährten Bäumen auf. Triebe, die vertrocknen, sind sofort abzuschneiden und zu verbrennen oder sonstwie zu vernichten.

Der Junifruchtfall bei Baumobst setzt um Johanni (24.6.) ein und ist auf Schädlingsbefall, unzureichende Befruchtung, ungünstiges Blühwetter, Frostschäden oder zu starken Konkurrenzkampf in Verbindung mit Nahrungs- und Wassermangel zurückzuführen. Im Juni verringern die Bäume aber auch einen überreichen Fruchtbehang. Hilft man hier rechtzeitig durch Ausdünnen der Früchte nach, dann wirkt sich das auf die diesjährige Fruchtqualität und auf den Blütenknospenansatz fürs nächste Jahr günstig aus. (Näheres S. 184f.)

Fallobst. Noch unentwickelte Früchte kehrt man zusammen und vernichtet sie, um die „Maden“ der Sägewespen usw. auszuschalten. Faulendes Obst kann die Veredlungsstelle infizieren, so dass die Rinde wegfault (Kragenfäule) und der Baum eingeht.

Schnittabfälle von Bäumen und Sträuchern eignen sich sowohl zum Mulchen wie zum Kompostieren. Triebe und dünne Zweige werden vorteilhaft in kurze Stücke geschnitten und mit anderen zerkleinerten Gartenabfällen vermischt. Kompostiert wird zweckmäßig unter Zusatz von Spezial-Kalkstickstoff und Gartenboden. Der Einsatz eines Kompost-Häckslers lohnt sich.

Spreizhölzer und Bindungen, die bei mehrjährigem Holz ein Jahr in der Krone bleiben müssen, sind alle paar Monate etwas zu versetzen, um Rindenschäden zu vermeiden.

Kiwi. Um den Fruchtansatz zu erhöhen, pflückt man zur Vollblüte einige männliche Blüten und betupft mit den Staubgefäßen die Blüten der weiblichen Pflanzen.

Ringelung (Ende Juni/Anfang Juli) ist ein altes Mittel, um bei wüchsigen Kernobstbäumen die Blütenbildung zu erzwingen. Die Nachteile sind nach heutiger Erkenntnis jedoch zu groß.

Die Bodenfräse arbeitet wurzelschonend zwischen Pflanzenreihen. Sie dient auch zur Feinkrümelung. Je feiner die Samen, desto feinkrümeliger muss das Saatbett sein.

Im Gemüsegarten

Gesunde Pflanzen durch aufmerksame Pflege

In den Sommermonaten stehen Wässern, Düngen, Mulchen, Jäten, Hacken wohl an erster Stelle. Aber auch Verziehen, Behäufeln und Pflanzenschutz sind wichtig.

Da **Wasser** unersetzlich ist, muss bereits nach einer Woche Trockenheit reichlich gewässert werden, langsam beginnend. Im Anschluss an eine längere Trockenperiode sind öfter kleinere Wassergaben besser als auf einmal zu viel; dies könnte zum Platzen von Kohlrabi, Tomaten usw. führen. Für *Bohnen, Gurken, Tomaten* und andere wärmeliebende Gemüsearten ist *handwarmes Wasser* vorzuziehen. Kaltes (Leitungs-)Wasser sollte im hohen Bogen durch die Luft versprüht werden, damit es sich etwas erwärmt.

In der Entwicklung stehendes Gemüse braucht leicht lösliche und langsam wirkende **Nährstoffe** im Boden, die durch *Mulchen* (Frischkompost) oder/und *Kopfdüngung* mit dem mineralischen Volldünger blau, 20–25 g/m², alle 2–3 Wochen zugeführt werden. Bei Verwendung eines organisch-mineralischen NPK-Düngers wie Manna-Spezial genügen alle 3–4 Wochen 40–50 g/m². (Siehe auch Blattdüngung.)

Der **Bodenbedeckung,** dem *Mulchen,* kommt allergrößte Bedeutung zu. Sobald die Sämlinge aufgelaufen und verzogen oder Setzlinge angewachsen sind, ist der richtige Zeitpunkt zum Mulchen gekommen. Eine etwa 5 cm hohe Bodendecke aus Frischkompost hilft Wasser und Dünger sparen, lässt Unkraut kaum aufkommen. Anwendung vorzugsweise bei Pflanzen mit längerer Entwicklungszeit.

Unkraut muss durch Mulchen, Jäten oder/und Hacken so früh wie möglich beseitigt werden. Beim Ausziehen von Unkraut nahe einer Kulturpflanze muss man hier den Boden andrücken.

Hackarbeit, um den Boden an der Oberfläche locker zu halten, dürfte an Bedeutung verloren haben, seit aufgrund von Versuchsreihen feststeht, dass ein Grubbern oder Fräsen zur Bodenlockerung keinen Vorteil gegenüber unbearbeitetem Boden bringt. Auf unkrautfreien Beeten kann deshalb regelmäßiges Hacken unterbleiben. Von Nachteil ist sogar, dass durch zu tiefes Hacken Unkrautsamen in günstige Keimtiefe gelangen und Unkräuter vermehrt auflaufen.

Verziehen ist wichtig, sobald sich die ersten echten Blätter gebildet haben. Bei *Gurken* lässt man alle 20–30 cm 1–2 Pflänzchen stehen, 2 bei Einlegegurken. *Kopfsalat* ist an der Reihe, sobald die Pflanzen in der Küche verwertet werden können; allerdings verhindert zu spätes Ausdünnen die Kopfbildung. Beim **Ausdünnen durch Wegschnitt** werden die Nachbarpflanzen nicht gestört. Beim Verziehen von *Möhren, Rettich* usw. soll der Boden feucht sein. Hinterher wird gewässert, um die Löcher zu schließen. Das erschwert die Eiablage durch Gemüsefliegen.

Auch sofortiges **Anhäufeln** wirkt in dieser Richtung, verbessert die Standfestigkeit und regt zu weiterer Wurzelbildung an. Durch Heranziehen von Erde oder durch Ziehen von Bewässerungsfurchen werden angehäufelt: *Kartoffeln, Möhren, Bohnen, Erbsen, Tomaten, Paprika, Aubergine, Porree, Kopfkohl.* Herzblättchen bedeckt man nicht. Geeignete Geräte: Eisenharke, Herzhacke, Häufler.

Zur **Befruchtung** muss bei *Melone, Kürbis,* mitunter auch bei *Gurken* durch Betupfen der weiblichen Blüten mit männlichen für Fruchtansatz gesorgt werden. Im Freien besorgen das manchmal die Bienen, doch ist darauf kein Verlass. Deshalb muss der Gartenfreund die Blütenbestäubung selbst vornehmen. Näheres siehe bei Melone (Mai).

Tomate, Paprika und Aubergine sind anspruchsvoll

Gemeinsam lieben sie handwarmes, luftwarmes Wasser und feuchten, aber nicht nassen Boden. Düngen kann man alle 8–14 Tage, eher schwach als stark. Je wärmer der Sommer und je größer der Fruchtansatz, desto besser muss die Versorgung sein.

Stabtomaten können 1–2-triebig gezogen werden. Mehr Triebe an einem Stab sind ungünstig. Mit fortschreitendem Wachstum muss der Haupttrieb aufgebunden werden.

Die sich in den Achseln bildenden *Seitentriebe* (Geize) sind alle 8 Tage auszubrechen. Beim Entgeizen Wundstelle nicht berühren, sonst wird möglicherweise die gefürchtete Bakterienwelke verbreitet und führt zu Ausfällen. Deshalb: *Geiztrieb* an der Spitze fassen und ausbrechen, weder Messer noch Schere verwenden.

Tomaten sind selbstfruchtbar. Im Freien wird der *Blütenstaub* durch Wind übertragen. Unter Folienschutz muss man die Pflanzen am Haltestab öfter stark schütteln, am besten mittags. Mit fortschreitendem Wachstum ist die „mitwachsende" Tomatenhaube (Abb. 7 a, S. 195) der Pflanzenhöhe anzupassen.

Ausgeglichene *Bodenfeuchtigkeit* bekommt der Tomate am besten. Blätter so wenig wie möglich befeuchten. Anhaltende Nässe begünstigt *Kraut- und Braunfäule* (Folienschutz dann sehr wichtig). Düngen bis zur Bildung des 4. Blütenstandes (z. B. mit Azet-Tomaten-Dünger).

Gegen die *Kraut- und Braunfäule*, die sich in feuchten Jahren unangenehm bemerkbar macht, kann ab Mitte Juni etwa alle 2 Wochen z. B. mit Antracol oder Kupferkalk-Atempo gespritzt werden. Biologisch empfiehlt sich

wöchentliches Spritzen mit einem Tee aus Rhabarberblättern. (500 g zerkleinerte, frische Rhabarberblätter mit drei Liter Wasser überbrühen und mehrere Stunden stehen lassen. *Blattrollen* – besonders bei starker Besonnung und unnötig starkem Schnitt – kann als harmlos angesehen werden, wenn es an den unteren Blättern beginnt. Beginnt das Einrollen an den jüngsten Blättern, so fehlt es an Wasser und lässt sich rasch beheben.

Wenn **Paprika** nicht zügig wächst, ist mit Schädlingen zu rechnen (Weiße Fliege, Spinnmilbe, Thrips). Fehlt *schwarze Lochfolie*, dann sichert eine Mulchdecke aus *Frischkompost* gleichmäßige Wasserversorgung, die für die Gesunderhaltung wichtig ist. Herabgefallene Blütenreste müssen von den Blättern entfernt werden, da sich sonst Grauschimmelfäule ausbreiten kann. (Siehe auch S. 196 f.)

Auberginen können im Freiland 3, unter Folie 4 Triebe behalten. Aufbinden und Entgeizen unerläßlich. Blätter, die den Boden berühren, muss man ausbrechen. Nach dem Fruchtansatz, der sich ohne Befruchtung bildet, verwelkte Blüten abzupfen.

Regelmäßige Versorgung mit Wasser darf erst erfolgen, wenn die Tagestemperatur ständig über 18–20 °C liegt. Zu frühe, stärkere Wassergaben würden die Entwicklung hemmen. Bodenfeuchtigkeit bei Paprika und Aubergine darf nicht zu hoch sein.

Beete sofort wieder bepflanzen

Gemüsebeete dürfen jetzt noch nicht brachliegen bleiben, da entblößtes Land seine krümelige Struktur rasch verliert. **Abernten und Neubestellen** sollten im Sommer Hand in Hand gehen. Nach dem Säubern der Beetfläche wird der Boden mit einem Kultivator oder S-Z-Wühler tief gelockert, aber nicht gewendet. Nur bei schwerem, grobem Boden wäre Umgraben vertretbar, auch das flache Eingraben zerkleinerter Ernterückstände, außer bei nachfolgendem Wurzelgemüse. Wichtig ist die *Humusversorgung* mit gesiebter Komposterde (5 l/m²) oder Ful-Humin (100 g/m²) und auf leichtem Boden noch mit Bentonit-Sandboden-Verbesserer. Nach dem Einarbeiten wird geharkt und unter Beachtung des Fruchtwechsels gepflanzt (oder gesät). Erste *Düngergabe* 14 Tage nach dem Auspflanzen.

Für das Kohlgemüse z. B. Fertofit-Garten-Dünger ausstreuen, einfräsen, einwässern. Boden feucht halten.

Knollensellerie kann bis Mitte Juni gepflanzt werden. Er darf nicht tiefer in die Erde kommen als im Saatbeet, sonst bleiben die Knollen klein. Pflanzenabstand 40 cm. Nach dem Anwachsen braucht Sellerie sehr viel Bodenwasser, ab Juli bis September monatlich 30–40 g/m² blauen Volldünger, möglichst bor- und chloridhaltig, damit die Knollen nicht hohl bleiben oder schwarz kochen.

Bleichsellerie ist ein vorzügliches Rohkostgemüse. Gelbe Sorten reifen

Paprika 'Golden Bell' ist eine Sorte, die noch Anfang Juni an sonniger Stelle gepflanzt werden kann. Gemüsepaprika braucht mehr Wärme als Tomaten.

früher als weiße. Dichtes Pflanzen mit 30 x 20 cm begünstigt später das Bleichen. Die Hauptpflege besteht im Wässern und Düngen. Da alle Selleriekrankheiten auftreten können, sollten die Setzlinge nach feuchtem Wetter alle 14 Tage mit Antracol (Wartezeit 28 Tage) oder einem entsprechenden Fungizid gespritzt werden.

Kopfkohl mit langer Entwicklungsdauer wird Anfang Juni mit 60 cm Abstand gepflanzt. Dauerwirsing und Herbstkopfkohl den ganzen Juni über mit 50 cm Abstand, Kopfkohl stellt sehr hohe Ansprüche an Bewässerung, Düngung und Pflege.

Rosenkohl kommt in der ersten Junihälfte mit 60 cm Abstand an seinen Platz. Man berücksichtige Herbst- und Wintersorten und setze die Pflanze etwas tiefer als im Saatbeet, was auch für Kopfkohl gilt.

Brokkoli aus Maisaat wird auf 50 x 50 cm gepflanzt, auch teilschattig. Mit Humus gut versorgter Boden, kräftige Düngung (mehr als Blumenkohl) und gute Bewässerung sind wichtig. Nach knapp 2 Monaten kann die Hauptblume geerntet werden.

Blumenkohl, der in 7–9 Wochen reift, kann alle 2–3 Wochen gepflanzt werden. Direktsaat auf 40 x 50 cm Abstand ist möglich. Zwischenkultur: Radies.

Kohlrabi aller Sorten kommt zum Auspflanzen. Frühsorten brauchen 25–30 cm Abstand, späte Sorten, wie 'Blauer Speck', 40 cm. Pflanzen nicht tiefer setzen, als sie vorher gestanden haben. Mischanbau mit Kopfsalat Platz sparend.

Grünkohl für Herbsternte in der 2. Junihälfte pflanzen. Vorzügliche Sorte: 'Lerchenzungen'. Sie braucht 40 x 50 cm Abstand. Näheres im Juli.

Gemüseporree für Herbst und Winter (siehe im Mai) pflanzt man in 10 cm tiefe Furchen, die im Abstand von 30 cm gezogen werden. Pflanzenab-

stand in der Reihe 10 cm. Wurzeln nicht einkürzen! Kohl und Porree erhalten als besten Schutz gegen Schädlinge Bedeckung mit Gemüsefliegen-Netzen. Porree wie Kohl düngen.

Für Folgesaaten geeignete Sorten verwenden

Möglich sind Folgesaaten von Schnitt- und Pflücksalat, Blattmangold, Dill, Markerbsen, Radieschen, Rettichen, Möhren, Buschbohnen. *Erbsen* werden allerdings oftmals vom Echten Mehltau stark befallen, was vorher zu bedenken ist. *Dill*, im Juni gesät, eignet sich zum Einlegen von Gurken. Bei *Bohnenaussaaten* nach dem 15. Juni ist mit erheblichem Ertragsabfall zu rechnen. *Fruchtwechsel nicht vergessen!*

Radieschen gedeihen am besten auf kühlerem Boden in voller Sonne, auf leichtem Boden in lichtem Halbschatten. Saattiefe 1 cm, Abstand 15 x 4 cm bis 10 x 8 cm. Viel wässern! Sorten: 'Riesenbutter Sperlings Carnita', 'Sperlings Prinz Rotin' (feiner Wurzelansatz); starkwüchsig, festfleischig: 'Parat' (Saatband), 'Hilds Sora'. Juni-

saat bleibt von der kleinen Kohlfliege meist verschont.

Rettiche von Sommersorten kann man den ganzen Monat über säen, Herbst- und Winterrettiche erst ab 15. Juni. Im Abstand 25–30 x 10 cm drückt man je 2–3 Samen 1,5 cm tief in den Boden, hält feucht und lässt nach dem Auflaufen jeweils die kräftigste Pflanze stehen. Beim Versetzen für tiefes Pflanzloch sorgen.

Sommersorten: 'Halblanger weißer Sommer', 'Mainkrone', 'Rex', alle etwa 20 cm lang; 'Sommerwunder' ('Minowase Summer Cross', F_1-Hybride), bis 50 cm lang, alle mild-würzig. *Herbst- und Wintersorten:* 'Münchner Bier', weiß, 'Runder schwarzer Winter'.

Möhren halblanger Sorten bringen bei guter Nährstoff- und Wasserversorgung im Herbst vollentwickelte, lagerfähige Rüben. Auch runde Karotten können noch gesät werden. Pillensamen und Saatband (Vorteil des Vorkeimens!) verbessern die Erfolgsaussichten.

Um *madenfreie Möhren, Radieschen und Rettiche* ernten zu können, ist gleich bei der Aussaat ein ungiftiges

Winterendivie, Cichória endívia *'Frisée' ('Wallone'),* fein und dicht gekraust mit zartem mildem, aber doch kernigem Geschmack. Für eine Herbsternte aus dem Freiland. Gekrauste Sorten sind nitratreicher als glattblättrige.

Bio-Gemüse-Streumittel oder das Gemüsefliegennetz anzuwenden.

Knollenfenchel der Sorten 'Finale', 'Orion', 'Selma' kann man ab Mitte Juni säen (siehe S. 249).

Zichoriensalate für Herbst und Winter säen

Wichtige Zichoriengewächse, die im Juni und Juli angebaut werden, sind Winterendivie, Zuckerhutsalat und Radicchio (sprich: Radickjo). Sie enthalten weniger Nitrat als Kopf- und Pflücksalat und sind deshalb für die späte Jahreszeit wichtig.

Winterendivie (*Cichórium endívia*) liefert einen würzigen Salat, dessen Bitterstoffe appetitanregend wirken. Aussaat Mitte Juni bis Mitte Juli in humushaltige, mittelschwere, tiefgründige Böden. Der Nährstoffbedarf sollte zum Teil organisch durch Bio-Garten-Azet gedeckt werden. Mit 40 x 30 cm Abstand je 2-3 Korn auslegen, 1-2 cm tief eindrücken, später vereinzeln. Für sofortigen Verbrauch und kurzen Einschlag selbstbleichende Sorten bevorzugen, wie 'Frisee', 'Sperlings Yeti', 'Golda', 'Bubikopf', 'Solida'. Die Haltbarkeit im Einschlag ist bei 'Escariol grüne' besser, doch muss sie gebleicht werden.

Zuckerhut-Salat oder Fleischkraut ist kein Treibschikoree. Bereits auf dem Beet bildet er 30-40 cm hohe, dicht gewickelte Köpfe, die im Herbst und Winter wie Endivien zubereitet werden. In Gebieten mit kurzem Herbst sät man nach dem 20. Juni, sonst in der ersten Julihälfte mit 30-35 cm x 20-25 cm Abstand. An jeder Saatstelle 3 Samen auslegen, 1-2 cm tief eindrücken, bedecken und nach dem Auflaufen das kräftigste Pflänzchen stehen lassen, die anderen wegschneiden. Zur Grunddüngung in Höhe von 75 g/m² Fertohum gibt man im August und September noch je 20 g/m² blauen Volldünger. Zwischenkultur: Radieschen. Während sich die *Schweizer Züchtung* 'Vatters Zuckerhut' mehr für milde Lagen eignet, sind *deutsche Sorten*, wie Zichoriensalat 'Pluto', weniger empfindlich.

Radicchio ist ein rotblättriger, knusprig frischer Zichoriensalat aus Südeuropa, der auch bei uns angebaut werden kann. Ähnliche Sorten: 'Palla Rossa', 'Rosetta Verona', 'Roter von Verona' u. a. Gesät wird im Juni bis Mitte Juli auf ein sonnig liegendes Beet in 25 cm entfernte Reihen und auf 15 cm vereinzelt. Heranwachsende Pflanzen werden nach und nach verzogen und in der Küche verbraucht. August und September stickstoffarm nachdüngen. Anfang November auf 4 cm über dem Boden zurückschneiden, damit sich Winterrosetten bilden, die ab März geerntet werden.

Auf ein Saatbeet zur Pflanzenanzucht

Die Aussaat erfolgt auf ein gut vorbereitetes feingekrümeltes Beet. Auf Fruchtwechsel achten, damit kräftige Setzlinge heranwachsen. Unter „wachsender" Folie ist mit sicherem Keimen und guter Entwicklung zu rechnen. – Von Kopfsalat, Kohlrabi, Blumenkohl sollte man *alle 2-3 Wochen* kleine Aussaaten vornehmen. Der Erfolg hängt von der richtigen Sorte ab, Eissalat kann noch Anfang Juni gesät werden.

Kopfsalat keimt in zu warmem Boden schlecht. Deshalb sollten Temperaturen zwischen 20 und 24 Grad, wie sie von Juni bis August oft herrschen, nicht überschritten werden. Saatgut vorher kühl halten (Kühlschrank), Boden kurz vorher graben, damit kühler Boden nach oben kommt, mit kaltem Wasser gießen. Jetzt nur Sommer-Kopfsalat säen: 'Corelli', 'Kagraner

Pflücksalat 'Lollo', gelb-grüne Sorte, 'Lollo Rossa', grün mit roten Spitzen, spätschossend.

Sommer Sperlings Duna', 'Groso', 'Mondian', 'Resistent', 'Hilds Savio'. Pillensamen oder Saatband bevorzugen. Eissalat: 'Resi', 'Timo'.

Grünkohl für den Winter kann noch Anfang Juni gesät werden. Man wähle niedrige krause Sorten, wie die besonders frostharte 'Frosty'.

Kohlrabi: 'Delikatess', blau oder weiß, 'Sperlings Blaukopf, 'Blaro', 'Pollux', lange zart bleibende Sorten; 'Optimus', 'Lanro', weiß.

Blumenkohl, schnellwüchsige Sorten für den Sommer: 'Alpha' mit Typen, wie 'Balanza', 'Fortados', 'Brendo', 'Delira', 'Lecerf', 'Super-Master'.

Winterendivie für die Herbsternte kann auf einem Saatbeet vorgezogen werden. Über geeignete Sorten siehe Kapitel vorher unter „Zichoriensalate...".

Porree winterharter Sorten wird Mitte Juni gesät und Mitte August gepflanzt. Er überwintert dann am besten. Geeignet sind 'Alaska', 'Blaugrüner Winter', 'Carentan', 'Genita', 'Grenevilliers', 'Siegfried', 'Suprella'.

Erdraupen dürfen nicht zur Plage werden

An jungen Gemüsepflanzen, besonders Salat, Endivien, Kohl, können Erdraupen innerhalb kurzer Zeit großen Schaden anrichten. Die *schmutziggrauen, walzenförmigen Raupen* sind die Larven verschiedener Eulenschmetterlinge. Ein Weibchen legt ab Ende Mai bis in den Herbst hinein etwa 1000 Eier ab, aus denen die Raupen schlüpfen. Während der ersten vier Wochen halten sie sich auf den Pflanzen auf, danach nur noch nachts und fressen tagsüber an den Wurzeln. Sobald erste Schäden auftreten, Raupen sofort absammeln oder mit einem zugelassenen Mittel stäuben oder spritzen, um die Tiere in der empfindlichen Jugendphase zu treffen.

Wird Mitte Juni bis Mitte Juli in Abständen von 5–7 Tagen reichlich beregnet, so werden Eier und Larven in großer Zahl abgetötet.

Nach der Spargelernte ist die Düngung wichtig

Im 1. Stechjahr ist zwischen dem 1. und 10. Juni letzter Stechtag, bei mehrjährigen Anlagen der 24. Juni (Johannistag). Um die nächstjährige Ernte zu sichern, wird sofort gedüngt. Vorteilhaft verwendet man einen organischen NPK-Volldünger, wie z.B. Fertofit-Gartendünger und berücksichtigt im 1. und 2. Stechjahr 6–8 g, danach 10–12 g/m² Stickstoff. An einem trüben Tag streut man den Dünger bei *Grünspargel* breitflächig aus und arbeitet ihn in die Ober-

schicht flach ein. Bei *Bleichspargel* düngt man mit der Hälfte der Düngermenge zunächst die Gräben und lockert den festgetretenen Boden. Nun werden die Dämme auseinander gezogen, sehr vorsichtig, um Spargeltriebe nicht abzubrechen, und die restlichen Streifen (Reihen) gedüngt. Abschließend wird die gesamte Fläche gewässert und Kompost etwa 2 cm hoch aufgebracht.

Auf stark verunkrautetem Land wendet man besser Einzeldünger an. Phosphat und Kali werden mit 75–100 g/m² Thomaskali gegeben. Als Stickstoffdünger bietet sich Spezial-Kalkstickstoff an, da er mit einem Arbeitsgang die Unkräuter bekämpft und dem Boden noch Kalk zuführt. Empfohlen werden 30–40 g je m² und etwa 2–3 Wochen später nochmals die gleiche Menge, die man 2–3 cm tief mit dem Boden vermischt.

Zusätzliche Anmerkungen

Bohnenpflege. Bis zur Blüte 2-mal schwach *düngen*, während der Blüte und des Fruchtansatzes reichlich *wässern*. Trockenheit führt zu Blütenabfall und verkrüppelten Hülsen. Nach jeder Ernte häufelt man an.

Topinambur wuchert stark. Wo man ihre Ausbreitung nicht durch Einlassen von Platten (80 cm tief) gestoppt hat, zieht man Anfang Juni die aus der Reihe „tanzenden" Bodentriebe heraus.

Löwenzahn zum Treiben im Winter (im Keller oder im Frühjahr draußen) wird im Juni gesät. Damit sich kräftige Wurzeln bilden, bereitet man den Boden wie für Mohrrüben vor. Die Pflanzen brauchen 30 cm Reihenabstand und werden auf 5 cm verzogen.

Bodenparasiten, insbesondere **Nematoden** (Fadenwürmer) sind am Werk, wenn *Möhren* usw. „beinig" werden, *Sellerieknollen* verkrüppeln, *Petersilie* vergilbt und *Erdbeeren* nicht recht wachsen wollen. *Hauptursache für das Auftreten der Bodenälchen ist zu geringer Fruchtwechsel.* Wo diese Pflanzen im nächsten Jahr stehen sollen, hilft zur Bodengesundung Einsaat von Tagetes oder der Spezialmischung „Sperli-Bodenkur Gartendoktor" in der Zeit von Anfang Juni bis Mitte Juli. Die zahlreichen Wurzeln befreien den Boden gründlich von Nematoden. Die oberirdischen Pflanzenteile werden kompostiert oder untergegraben.

Schwarzwurzeln *ab Ende Juni* 2-3-mal in monatlichen Abständen mit etwa 30 g/m² Volldünger (kalireich) versorgen, damit sich dicke Rüben bilden, Wasserbedarf hoch.

Bei gelbem, fahlem Laub, wenn das Aussehen der Pflanzen nicht befriedigt, kann durch eine Spritzung mit einem Blatt-(voll-)Dünger, wie Bayfolan, rasch Abhilfe geschaffen werden. Der übliche Weg über den Boden ist zu lang und zu unsicher, wenn es auf schnellste Nährstoffversorgung ankommt. Darüber hinaus vermag zusätzliche **Blattdüngung** im Nutzgarten zur Ertrags- und Qualitätssteigerung zu führen.

Chinakohl kann bereits ab Mitte Juni in Direktsaat angebaut werden (siehe S. 249).

Schlupfwespen, deren Larven viele Raupen vernichten, brauchen zur Nahrung in Blüte stehende **Doldengewächse.** Am besten bedient werden sie mit *Dill, Fenchel, Kümmel, Kerbel, Petersilie.* Es lohnt sich, ein paar überständige Gewächse bis zum Abblühen stehen zu lassen. Damit locken wir dieses nützliche Insekt in unseren Garten.

Juli

Allgemeines

Der Garten vor und in der Urlaubszeit

Wer seine Urlaubsreise antritt, soll keine Gartensorgen mitführen. Eingedenk der Erfahrung: „im Sommer will der Garten jeden Tag seinen Herrn sehen", sollte man den Garten auf die Reisezeit gründlich vorbereiten. Die letzten Tage vor dem Urlaub brauchen die Gartenpflanzen eine Sonderkur um zu überleben, aber auch, um hilfsbereiten Nachbarn die Zusatzarbeit zu erleichtern.

Vor allem kommt es darauf an, **Unkrautwuchs** einzuschränken und den Boden vor **Austrocknung** zu bewahren. Beides lässt sich durch eine *Bodendecke* oder durch *geschlitzte Schwarzfolie* erreichen. Dem Austrocknen allein kann man vorbeugen mit Frisch-, Grob- oder Mulchkompost. Eine 5 cm hohe Bodendecke schützt nicht nur gegen Verdunstung, sondern unterdrückt auch Samenunkräuter und gibt Nährstoffe an die Wurzeln der Kulturpflanzen ab. Vorher aber ist der Boden noch mit 25–30 Ltr. Wasser/m² zu durchtränken. Da Nährstoffe gebraucht werden, streut man am nächsten Tag je m² 75 g Fertofit-Garten-Dünger, den man anschließend eingrubbert, was auf leichteren Böden entbehrlich ist. Anschließend wird der vorbereitete Gartenboden gemulcht. Der Grobkompost bleibt auf dem Boden liegen, Pflanzenteile nicht bedecken.

Im **Blumengarten** und zwischen **Rosen** sieht Rindenmulch am saubersten aus. Die Wirkung ist dann am besten, wenn man auf den Boden vorher 75 g/m² Azet-Rosendünger oder Fertofit. Darauf kommt dann der Rindenmulch 2–3 cm hoch.

Werden bei **Beetrosen** die *Knospen weggeschnitten,* dann ist nach der Urlaubsreise mit vollem Blütenflor zu rechnen. Auch bei **Einjahrsblumen** und **Sommerstauden** kann so verfahren werden. Außerdem entfernt man, was im Verblühen und kurz vor dem Erblühen ist, auch um Samenbildung zu verhüten.

Im **Nutzgarten** sollte jemand mit dem **Ernten** betraut werden. Wo in den nächsten Wochen zu ernten ist, unterbleibt das Düngen. Gut eingewurzelte Kulturen kommen auf bedecktem, nicht zu leichtem Boden in Trockenzeiten ohne Zusatzbewässerung aus. Fehlt eine Bodendecke, so ist auf leichtem Boden mindestens alle 7 Tage, auf schwerem alle 10–12 Tage einmal 2–3 Stunden zu sprengen.

Rasen kurz vor der Reise auf 3–4 cm mähen, gründlich wässern. Am nächsten Tag streut man etwas (Rasen-)

Einjahrsblumenbeet am Rasenrand vor einer Gehölzkulisse. Zwischen beiden befindet sich der Zugangsweg. Gießen der blühenden Sommerblumen und alle 14 Tage düngen ist wichtig.

Dünger (mit Unkrautvernichter) sehr gleichmäßig aus. Größere Unkräuter noch ausstechen. Ist jemand bereit, den Rasen inzwischen zu schneiden, so wird der Mäher vorsorglich auf 5–6 cm eingestellt, damit der nächste Schnitt erst bei 10 cm Grashöhe fällig ist. Obwohl Gräser flach wurzeln, kommen sie bei **Trockenheit** besser als andere Kulturen ohne Bewässerung aus. Zwar wird der Rasen fahl, doch bleiben die Wurzeln fast immer am Leben, so dass sie nach stärkerer Beregnung bald wieder frischgrün sprießen.

Unkräuter zeigen Nährstoffzustand an

Garten-Unkräuter geben Aufschluss über Bodenverhältnisse. Hinsichtlich des Nährstoffzustandes ist kritische Betrachtung angebracht. Hinweise der „Zeigerpflanzen" reichen zum richtigen Düngen nicht aus, doch können sie Anlass für eine Bodenuntersuchung sein.

Ertragsmindernde **Bodensäure** für Gartenpflanzen zeigt folgendes Unkraut an: *Kleiner Sauerampfer* mit knaufförmigen Blättern, die in einer Rosette stehen; *Acker-Spörgel*, erkennbar an nadelartiger Belaubung, der Lärche ähnlich; *Hasenklee* fällt durch zahlreiche kätzchenähnliche, kleeartige Blüten an stark verzweigten Trieben auf; *Sand-Stiefmütterchen*, eine allgemein bekannte Pflanze; *Hasenlattich*, dem Löwenzahn sehr ähnlich; ferner: *Saatwucherblume, Rainfarn, Vogelknöterich.* – Im Herbst kalken.

Auf **guten Kalkzustand** weisen hin: Ackerdistel, Ackerwinde, Feldrittersporn, Flockenblume, Huflattich, Hundspetersilie, Leinkraut, Lichtnelke, Ringelblume, Sandmohn.

Stickstoffarm ist *Rasen*, wo **Weißklee** auftritt. Wenn Gräser darben, weil ihnen Stickstoff fehlt, kann sich Klee, der zu den *Stickstoffsammlern* gehört,

richtig ausbreiten. Wird stickstofffrei gedüngt, verschwindet Klee.

Stickstoffreich sind Böden, wo sich folgende Unkräuter entwickeln: Breitwegerich, Kleine Brennnessel, Erdrauch, Gänsedistel, Gartenwolfsmilch, Hirtentäschel, Kletten-Labkraut, Malve, Gewöhnliche Melde, Wilde Möhre, Schwarzer Nachtschatten, Quecke, Sauerampfer, Storchschnabel, Stengelumfassende Taubnessel u. a.

Allgemein **nährstoffarm** sind Böden mit Acker-Glockenblume, Acker-Schachtelhalm, Hasenklee, Hungerblümchen, Johanniskraut, Vergissmeinnicht, Zypressen-Wolfsmilch.

Gute Nährstoffversorgung zeigen folgende Unkräuter an: Stechapfel, Schwarzes Bilsenkraut, Bittersüß (alle 3 giftig), Erdrauch, Fingerkraut, Gundelrebe, Huflattich, Löwenzahn, Melde, Quecke, Sauerampfer, Spitzwegerich, Breitwegerich, Taubnesseln, Winden.

Als **mäßig stickstoffhaltig** gelten Böden mit folgenden Unkräutern: Acker-Gänsedistel, Acker-Gauchheil, Acker-Schachtelhalm, Acker-Stiefmütterchen, Feld-Löwenmaul, Franzosenkraut, Feldsalat, Hundspetersilie, Mohn, Vogelmiere.

Gründüngung aktiviert den Gartenboden

Unter Gründüngung versteht man das Untergraben grüner Pflanzen, die gesät wurden, um den Boden mit Humus anzureichern. Zu bevorzugen sind Schmetterlingsblütler (Stickstoffsammler, Leguminosen), vor allem Lupinen und als Untersaat Seradella, da sie dem Boden Stickstoff zuführen. Ihre Wurzeln beherbergen Knöllchenbakterien, die Luftstickstoff in den Wurzeln speichern. Deshalb sollten auch reichlich Bohnen und Erbsen angebaut und die Wurzeln im Boden belassen werden.

Die große Brennnessel hält den Garten gesund. Sie ist ein Stickstoffzeiger und kann für Jauchen verwendet werden.

Für **leichte bis mittlere Böden** gibt es „Grünhumus" der Sperli-Bodenkur (Packung für 40 m²). Andernfalls wählt man zwischen gelber Lupine (Aussaatmenge 1,8 kg/100 m²), Seradella (500 g), Weißklee (100 g); von den Nichtleguminosen Rübsen oder Phacelia (150 g).

Für **schwere Böden** berücksichtige man die Mischung „Grünaktiv" der Sperli-Bodenkultur an erster Stelle. An Einzelarten stehen zur Wahl: Blaue Lupine (2 kg), Felderbse (2 kg), Platterbse 'Bodenfreund' (1,2 kg), Sommerwicke (1 kg), Inkarnatklee (150 g); Nichtleguminosen: Gelbsenf (150 g), Phacelia (125 g), Sonnenblumen (300 g).

Große Vorteile bringt die **Gründüngung bei Neuanlage** von Gärten auf rohem, extremem Sand- oder Lehmboden. Auch verunkrautete, vernachlässigte Flächen lassen sich mit Gründüngungspflanzen in kurzer Zeit wieder kulturfähig machen.

Zusätzliche Anmerkungen

Unkraut mit Blüten oder Samen kann man dem *Humusbereiter* einverleiben, der daraus unkrautfreien Humus bereitet. Auf den *Komposthaufen* dürfen solche Unkräuter nur, wenn sie in die Mitte kommen, mit Spezial-Kalkstickstoff bestreut und mit Erde bedeckt werden. Im Haufeninnern ist die biologische Erwärmung *(Heißvergärung)* am stärksten, so dass Unkrautkeime hier am sichersten vernichtet werden.
Grüne Algen machen Plattenwege schmierig und erhöhen die Rutschgefahr. **Platten** sollen nach Regen rasch abtrocknen. Dazu brauchen sie einen durchlässigen Untergrund und etwas Gefälle. Beseitigen lassen sich Algen durch Dimanin A spezial. Anwendung: 100 ml (cm³) auf 10 l Wasser. Platten

gleichmäßig anfeuchten, $1/2$ Liter/m², einige Stunden einwirken lassen, dann nachspülen. Auch mit Wurzelbürste und Wasser plus 1 Esslöffel Soda auf 1 Ltr. Wasser wird man die Algen los.
Kieswege sollen zu den anschließenden Beeten oder Rasenflächen leicht abfallen. Zur **Einfassung** eignen sich liegende Platten aus Natur- oder Kunststein, flachgelegte Klinker, mit sanftem Gefälle zu den Beeten. Unschön und gefährlich sind über Eck gestellte Ziegel, umgekehrte Flaschen, senkrechte Platten, gewellte Streifen usw.
Ältere Hügelbeete kann man durch Einsaat von Gründüngungspflanzen - bis Mitte Juli - auffrischen. Vor dem Frost abmähen, als Bodendecke liegen lassen, im Frühjahr den Rest flach einarbeiten oder abharken.

Zur Gesunderhaltung des Bodens empfiehlt es sich, regelmäßig in der Zeit von April bis Juli zwischen die Kulturfolgen (im Gemüsegarten) eine Gründüngung einzuschalten. Bei Bodenmüdigkeit bevorzuge man „Sperlings Gartendoktor", der schädliche Bodenälchen *(Nematoden)* vernichtet und dem Land zu neuer Fruchtbarkeit verhilft.
Vor der Aussaat gibt man etwas **Dünger,** damit sich die Gründüngungspflanzen gut entwickeln können. Für Leguminosen auf 100 m² 5-6 kg Fertofit, für andere Pflanzen 6-7 kg. Bei Humusarmut lohnt sich die Zufuhr von 100-150 g/m² FulHumin.
Leguminosen wünschen kalkhaltigen Boden, ausgenommen gelbe Lupinen. Ihre Wurzeln dringen tief ein und schließen Bodennährstoffe auf.
Gesät wird in Rillen mit 20 bis 25 cm Abstand, kleine Samen 2 cm, große 3-5 cm tief. Samen stets bedecken, Boden bis zur Keimung feucht halten. Später begnügen sich die meisten

Gründüngungspflanzen mit Bodenwasser und Regen.
Beste Zeit zum **Unterbringen** ist bei Blühbeginn. Dann mäht man die Pflanzen, verwendet sie zur Bodenbedeckung oder zum Kompostieren mit Schredder-Material. Späte Saat abfrieren lassen und im Frühjahr flach einarbeiten hat sich im Obstgarten bewährt. Im Gemüsegarten empfiehlt sich das Abharken der groben, oberirdischen Bestandteile.

Im Blumen- und Ziergarten

So übersteht der Rasen die Sommerhitze

Wer den Rasen ab Juli tiefer als 3-4 cm schneidet, muss damit rechnen, dass sich Kahlstellen, Vermoosung und Unkrautwuchs einstellen. Wenn das Sprengen behördlicherseits verboten ist und große **Hitze und Trockenheit**

herrschen, ist erst bei 8-10 cm Höhe auf 5-6 cm zu schneiden. Schnittabfall bleibt als Verdunstungsschutz liegen. (Über Urlaubszeit siehe 1. Kapitel im Juli unter „Allgemeines", S. 228.)
Leichte Dürre kann von Vorteil sein, da sich die Gräser dann gut verzweigen (bestocken). Bei anhaltender Trockenheit sollte die Fläche möglichst beregnet werden. Flüchtiges **Besprengen** kommt den Wurzeln nicht zugute, so dass der Rasen hungern muss; denn die Nährstoffe können nur mit dem Wasser aufgenommen werden. So sieht der Rasen bald fahl und grau aus. Bei älteren Gräsern sind die Wurzeln oft derart verfilzt, dass es eine Weile dauert, bis das Wasser tief genug eingedrungen ist. Erforderlich wären wöchentlich circa 20-30 l/m².
Verliert der Rasen im Sommer sein Grün, indem sich die Gräser von den Blattspitzen her verfärben, so kann auch Mangel an **Nährstoffen** vorliegen, besonders *Stickstoff.* Je nach Düngeprogramm (siehe S. 139) kann man Einzel- oder Mehrnährstoffdünger anwenden.
Gut *mit Nährstoffen versorgter Boden hilft Wasser sparen.*
Schwer bekämpfbare **Rasenunkräuter,** besonders *Ehrenpreis,* können zum Problem werden. Der Gartenfreund wird jedoch damit fertig, wenn er ein Spezialmittel nach Gebrauchsanweisung anwendet und nur in großen Abständen wässert.
Auf manchen Rasenflächen erscheinen im Sommer kleine braune Hutpilze, die sich in Ringform („Hexenringen") ausbreiten. Es treten essbare *Schwindlinge* auf, aber auch *Trichterlinge,* zum Teil giftig. Sie ernähren sich von moderndem Gras, Laub oder Holz, wenn der Boden zu nass ist. Auch zu reichliche Humusgaben können bei Nässe zur Entwicklung solcher Pilze beitragen. Ihre sofortige Entfernung ist wichtig, um Sporenflug und damit

Ausbreitung zu verhüten. Ehe die Pilzhüte erscheinen, **wuchern im Boden** schon seit längerer Zeit die Pilzfäden, das *Myzel*, männliche und weibliche Fäden. Sobald sie ineinander wachsen, bilden sich Pilzhüte (Sporenträger).

Der **mechanischen Bekämpfung** ist der Vorzug zu geben. Zunächst alle Pilzschirme entfernen und vernichten. Auf keinen Fall beim Mähen über die Fläche verteilen, sonst verseucht man den ganzen Rasen. Empfohlen wird wiederholtes Eintreten eines Spatens am Außenrand des „Hexenringes", wo das Gras durch dunkleres Grün auffällt, um das Pilzgeflecht zu zerstechen. Allgemeinpflege verbessern: vertikutieren, Grasschnipsel abkehren, stickstoffreich düngen (z. B. mit Azet-Rasen-Dünger, 50 g/m^2), keine Humuszufuhr.

Wo diese Maßnahmen nicht ausreichen, muss noch ein Pilzmittel hinzugenommen werden. Heben Sie aber vorher die geschädigten und sattgrünen Rasensoden ab und durchlöchern

den Boden mit der Grabegabel. Nach intensiver Bewässerung wird das Präparat entsprechend der Gebrauchsanweisung ausgebracht. Eine Behandlung genügt in den meisten Fällen. Eine Woche später 50 g/m^2 Azet-Rasen-Startdünger eingrubbern. Mischung aus Mutterboden und Komposterden auffüllen, entweder für Einsaat oder für Rasensoden. Statt Komposterde können auch 50 g/m^2 Azet-Rasen-Dünger eingemischt werden.

Blumenpracht braucht ihre Pflege

Nach zwei Monaten Entwicklungsdauer bereitet sich die **Gladiole** auf ihre Blüte vor. Da der Nährstoffverbrauch noch hoch ist, sollte eine (dritte) Düngergabe – z. B. 50 g/m^2 Azet-Blumenzwiebeldünger – gegeben werden. Ersatzknolle und Brutknöllchen kommen dann auch nicht zu kurz. Wasserbedarf mittelhoch.

Bei trockenem, warmem Wetter vermag der **Gladiolenblasenfuß** oder

-thrips manche Blütenfreuden zu zerstören. Die etwa 1 mm kleinen *Schwarzen Fliegen* und ihre gelblichen Larven saugen an Blättern, Knospen, Blüten und verursachen silbergraue Fleckchen und Streifen, die unter Bräunung absterben. Blüten bekommen vom Rand her trockene Stellen und verkrüppeln, stark geschädigte Knospen bleiben stecken. Schwarze Kotpünktchen sind ein weiteres untrügliches Zeichen für Thripsbefall. Vor der Blüte eignen sich zur Bekämpfung Blauleimfallen oder Spruzit flüssig (0,1%), das wiederholt in Abständen von 10 Tagen gespritzt wird. Auch *Abessinische Gladiole, Pfauenblume, Zwiebel-Iris, Montbretie* und andere Knollenblüher können befallen werden. Während der Blüte sind bienenungefährliche Stäubemittel am Platz, wie Neudosan AF oder Neudosan 2%ig.

Für die Vase schneidet man die Blütenstiele bereits, wenn die unterste Blüte Farbe zeigt, da sich alle Knospen öffnen. Blätter werden möglichst nicht mitgeschnitten.

Dahlien brauchen im Juli und August einige *Düngergaben;* einseitige Stickstoffdüngung ist zu vermeiden, da die Laubentfaltung dann zu stark ist und die Knollen sich auf dem Winterlager schlecht halten. Günstige Nährstoffzusammensetzung hat z. B. Fertofit-Garten-Dünger blau. Davon genügen alle 14 Tage 25 g/m^2. Ausstreuen, einfräsen, einwässern. Der *Wasserbedarf* ist hoch. *Unkraut* als Konkurrenz darf nicht groß werden. Es ist mehrmals *nachzubinden* und *Verblühtes* regelmäßig zu entfernen, damit der Blütenflor bis zum Herbst anhält.

Der Blütenflor der **Sommerstauden** setzt ein. Hohe *Beetstauden*, wie Phlox, Glockenblumen, Malven, Herbst-Astern und andere, müssen beizeiten aufgebunden werden. Entbehrlich ist das Aufbinden bei *Wildstauden*, besonders Fingerhut, Königskerze usw.

Türken-Mohn, Papáver orientále, wird nach der Blüte handbreit über dem Boden zurückgeschnitten. Anschließend entfernt man Stützmaterial und Blätter am Boden.

Die Flammenblume, Phlóx paniculáta*, wird leicht vom Echten Mehltau befallen. Erkrankte Blätter sofort entfernen und einmal wöchentlich ein Mehltaumittel anwenden.*

Mehr Tulpen durch Brutzwiebeln

Für die Anzucht blühfähiger Tulpen eignen sich Brutzwiebeln am besten. Mutterpflanzen bereits im Frühjahr gut wässern, mehrmals düngen, damit sich reichlich Brut bildet, und *kurz vor dem Verblühen köpfen.* Stiel und Blätter bleiben stehen. Es empfiehlt sich, Gartentulpen nicht länger als etwa 3 Jahre im Boden zu lassen. Nach dem Laubvergilben werden Tulpen vorsichtig ausgegraben, zunächst warm und schattig gelagert, damit sie nachtrocknen und nicht vorzeitig austreiben. Nach 14 Tagen „putzt" man die Zwiebeln, indem man Erde, Stängel, Wurzeln entfernt, nicht aber die braune Schale. Brut wird abgenommen und sortiert.

Zwiebeln der meisten Tulpenklassen über 10 cm Umfang, an der dicksten Stelle gemessen, bilden sich bei kühler Lagerung im August und September

Rittersporn, Delphinium elatum.
Durch einen sofortigen Rückschnitt nach der Blüte sichert einen zweiten Flor im Spätsommer.

Ältere Stauden mit dichtem Wurzelfilz haben bei **Trockenheit** eher unter Wassermangel zu leiden als jüngere. Zusätzlich zur üblichen Bewässerung mit dem Schlauch sollten größere Exemplare noch einen kräftigen Schluck aus der Gießkanne erhalten. Der **Nährstoffbedarf** der im Sommer und Herbst blühenden Beetstauden ist noch hoch. Gut verwertet werden noch 75 g/m² eines organischen Staudendünger (z.B. Azet) oder des Ferto-fit-Garten-Düngers, den man flach eingrubbert. **Rückschnitt** der Beetstauden *handbreit über dem Boden* ist nach der Blüte nötig bei Rittersporn, Türken-Mohn, Flockenblume, Bunter Margerite, Sommer-Salbei, Lupinen, Katzenminze, Feinstrahl usw. Gleichzeitig entfernt man das Stützmaterial. Bei folgenden nur *Blütenstände abschneiden:* Astilbe, Brennende Liebe, Pfingstrosen, Nelken, Island-Mohn, Akelei und vielen Polsterstauden. Wo **Aussamen** erwünscht ist, wie bei *Akelei,* lässt man einzelne Samenträger stehen. Sämlingspflanzen sollte

man später vorübergehend eintopfen. Die Blätter vieler Stauden und Gehölze werden mitunter von **Echtem Mehltau** zerstört. Schon beim ersten Anzeichen ist sofort ein Mehltaumittel wie Bio-Blatt-Mehltau-Spray in Abständen von einer Woche anzuwenden. Anfällig sind: Rosen, Hortensien, Flieder, Ilex usw., von den krautigen Gewächsen: Begonien, Rittersporn, Phlox, Astern, Erigeron, Anemonen, Löwenmaul, Ringelblume, Sommerastern usw. Das Auftreten des Mehltaus hängt nicht nur von der *Witterung,* sondern auch von der *Pflanzenanfälligkeit* ab. Inzwischen gibt es **widerstandsfähige Sorten,** die weniger Aufwand erfordern, besonders bei Rosen.

Kolonien von **Blattläusen** siedeln sich bei warmem Wetter gern an Dahlien, Margeriten und vielen anderen Sommerblumen an. Befallene Pflanzenteile kann man wegschneiden oder behandeln, z.B. mit dem nützlingsschonenden Neudosan 2%ig oder Neudosan AF (Spray).

blühfähig aus. Ende September werden sie wärmer (20–24 °C) gelegt und ab Mitte Oktober truppweise etwa 20 cm tief gepflanzt. – Für die Brut genügt eine Tiefe von wenigen Zentimetern. Auf diesem Vermehrungsbeet werden sie ein Jahr oder länger kultiviert.

In der Vegetationszeit für Bewässerung, Düngung, unkrautfreien Boden sorgen. Auch Narzissen und Hyazinthen lassen sich so vermehren. Letztere sind nach vier Jahren blühfähig.

Rosenvermehrung durch Okulation

Wo der Wunsch besteht, eine besonders schöne Rose im Garten zu vermehren, kann das von Mitte Juli bis August durch Einsetzen von Edelaugen in fingerdicke Triebe einer Wildrose geschehen. Eine **Unterlage** zur Veredlung ist die Hundsrose, *Rósa canína* 'Pollmers' (= *R. x pollmeriána*), für schwere Böden *R. láxa*. Wegen starker Wildtriebbildung sind *R. c.* 'Heinsohns Record' und 'Kokulinski' abzulehnen. Man erkennt die Hundsrose leicht an ihren Stacheln. Sie hat ein dauerhaftes, gesundes und triebkräftiges Wurzelwerk und verleiht den Edelsorten starken Wuchs, Winterhärte und lange Lebensdauer. Auch *R. multiflóra* eignet sich als Unterlage und beeinflusst außer der Pflanzengröße vor allem den Blütenreichtum günstig.

Okuliert wird mit **schlafendem Auge.** Die Unterlage muss im Boden gut eingewurzelt sein, ehe man veredelt. Eine Woche vor dem Okulieren gießt man die Unterlage durchdringend an, damit sie später voll im Saft steht und sich die Rinde leicht löst. Bei Buschrosen erfolgt die Okulation mit einem Auge am Wurzelhals, bei Stammrosen in 50–120 cm Höhe mit drei Augen, 1 cm übereinander in verschiedenen Richtungen. Acht Tage vor der "Opera-

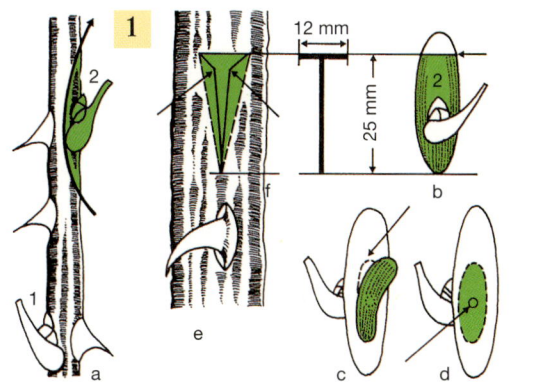

Okulieren von Rosen, dazu das benötigte Werkzeug.

tion" ist der Edeltrieb, von dem das Auge genommen werden soll, etwas zu kürzen. Dadurch erreicht man ein besseres Ausreifen der Edelaugen.

Die *Technik des Okulierens* soll an Hand der Abb. 1 erläutert werden. Gute Arbeit leistet dabei ein **Okuliermesser** mit Rindenlöser aus Horn. Bevor man das Edelreis (a) abschneidet, muss es entblättert werden. Es bleiben nur 1 cm lange Blattstiele stehen (a, 1 + 2). Verdunstung wird hierdurch herabgesetzt.

Um das **Edelauge** zu gewinnen, schneidet man mit dem Okuliermesser aus dem Mittelteil des (hier nur im Ausschnitt gezeigten) Edelreises ein etwa 3 cm langes Rindenschildchen heraus (a 2 und b), bei dem das Auge mit dem Blattstiel etwa in der Mitte sitzt. Der Pfeil bei a 2 zeigt die Schnittrichtung an.

Auf der Unterseite des Schildchens muss noch ein dünner **Holzspan** anhaften, da er die Rückseite des Auges schützt. Man löst ihn aber mit dem Rindenlöser heraus (c). Dabei darf das kleine grün durchscheinende Knöpfchen des Auges nicht verletzt werden (d).

An der **Wildlingsunterlage** (e) macht man nun einen T-Schnitt (f) und hebt mit dem Rindenlöser die beiden Rindenlappen (Pfeile!) vorsichtig hoch. Dann schiebt man das Auge mit dem

Rindenschildchen von oben unter die Rindenlappen des Wildlings. Das oben überstehende Ende des Schildchens b wird an der oberen Kante glatt abgeschnitten (Pfeil!), so dass die beiden Schnittränder dicht aneinander liegen. Danach drückt man von unten nach oben zu beiden Seiten des Auges mit dem Daumen die Rinde der Unterlage gegen das Schildchen und legt einen Bastverband (g) fest um die **Okulationsstelle,** wobei das Edelauge freizulassen ist. Besteht Gefahr, dass die Okuliermade auftritt, so verwende man Fäden mit Duftstoffen zum Verbinden. Am Schluss streicht man Baumwachs oder Bayleton-Rindenwundverschluss lückenlos über die ganze Stelle, ohne das Auge zu bedecken. Nur wenn die Okulationsarbeit in wenigen Sekunden durchgeführt werden kann, so dass die Kambiumschichten feucht bleiben, hat die Okulation Erfolg. Man wähle deshalb einen trüben Tag.

Das **Edelauge** soll noch in diesem Jahr anwachsen, aber nicht austreiben. Deshalb nicht zu feucht halten. Wenn sich der Blattstiel nach etwa zwei Wochen durch Berührung leicht löst, ist die Veredlung geglückt. Haftet der Blattstiel dagegen fest, dann ist die Okulation misslungen. Eine sofortige Wiederholung wäre an anderer Stelle möglich. Verband nach einigen Wochen durch einfaches Durchschneiden lösen. Er fällt später ab.

Hochsommerliche Rosenpflege

Abgeblühtes wird weiterhin gleich weggeschnitten (s. Juni), fürs Verbrennen gesammelt oder aus dem Garten entfernt. Zwischen Rosen darf auch der kleinste Schnittabfall nicht liegen bleiben, sonst siedelt sich darauf bei feuchtem Wetter Grauschimmel (Botrytis) an und zieht Knospenfäule nach sich. Bei Spritzungen gegen Botrytis mit Neudo-Vital 2%ig, sind stets die Knospen mitzubehandeln.

Wo der Wunsch nach langer, reicher Blüte besteht, sollten Beetrosen nach dem ersten Hauptflor eine **3. Düngung** erhalten. Man streut 50 g/m² organischen NPK-Dünger wie z.B. Azet-Rosendünger auf den Boden, arbeitet ein und wässert.

Plötzlich *welkende Rosentriebe* sind von der Larve der **Rosenbohrblattwespe** befallen, die im Mark einen

Sommerschnitt der Rosen: Abgeblühtes wird sofort über einem großen Blatt abgeschnitten und in den Hausmüll entsorgt.

Fraßgang abwärts (bis Juni) oder aufwärts (bis August) herstellt. Die gelbliche Afterraupe, die bis 1,5 cm lang wird, bekämpft man durch sofortiges Wegschneiden und Vernichten der welkenden Triebe unterhalb des Bohrgangs.

Kein schönes Bild ergeben *gekrümmte Rosentriebe* mit abwärts geneigten Knospen. Ist der Trieb unterhalb der Knospe bandartig flachgedrückt, so liegt eine erhebliche **Verbänderung** vor, wozu z.B. 'Baccara' neigt. Solche Pflanzen sind zu entfernen.

Fehlt die Verbänderung bei *gekrümmten Rosenstielen*, so kommt der Schaden meist auf das Konto der kleinen gelben **Bürstenhornwespe.** Sie legt ihre Eier an junge Rosentriebe ab, die sich dann zur Einstichstelle hin krümmen. Gekrümmte Teile vernichten.

Rosen haben unter einer großen Zahl von Schädlingen und Krankheiten zu leiden. Die üblichen **Pflanzenschutzmaßnahmen** gegen Mehltau, Sternrußtau, saugende und beißende Schädlinge sind auch in diesem Monat weiterzuführen.

Vermehren kann man Rosen durch **Grünstecklinge.** Hierfür verwendet man Triebspitzen, die in Wasser sicher Wurzeln schlagen. Bald darauf tropft man ein, damit die Würzelchen im Wasser nicht zu lang werden. Die Gefahr der Verletzung ist dann groß. Man hält die Töpfe über Winter kühl und kann im März auspflanzen. Auch durch **Ableger** und **Absenker** ist die Vermehrung gut möglich.

Pflege frühblühender Waldreben

Die am vorjährigen Holz blühenden Waldreben haben ihre Blütezeit bereits hinter sich und werden unmittelbar nach der Blüte, Juni/Juli, geschnitten.

Bei **großblumigen Sorten,** wie der

Patens-Hybride 'Lasurstern', sind die abgeblühten Seitentriebe bis zu kräftigen Wachstumsknospen zurückzunehmen. Es bilden sich dann willig Jungtriebe, die bis zum Herbst verholzen und überwintern.

Kleinblütige Arten, besonders *Clématis alpína* und *C. montána*, brauchen den Schnitt weniger, doch empfiehlt es sich, Seitentriebe auf Hand- bis Fingerlänge zu kürzen und bei begrenztem Platz die Pflanzen auf Form zu schneiden. Auch ein stärkerer Rückschnitt zur Verjüngung ist möglich.

Gute Wasserversorgung und etwas organischer Azet-Kletterpflanzendünger, 50 g/m² unterstützen die Jungtriebbildung. Einseitige Stickstoffgaben sind oft schuld daran, dass sich nur Blätter und keine Blüten bilden.

Blüten können auch ausbleiben, wenn die Edelsorte abgestorben ist und die Unterlage, eine kleinblättrige Wildpflanze, sich üppig entfaltet. Diese müsste ersetzt werden, da Veredlung nicht mehr möglich ist.

Im Hochsommer blühende Ziergehölze

Die Gehölzblüte braucht nicht mit dem Gartenflieder oder dem Falschen Jasmin zu enden und sich nur noch auf den späten Flor der Gartenrosen zu beschränken.

Auch für den Hochsommer gibt es blühende Sträuchlein, Sträucher, Klettergehölze, Bäume, die Beachtung verdienen. Ihr Rückschnitt erfolgt erst im Nachwinter. Zwar kann man die Sträucher im Herbst und Winter auslichten, aber nicht zurückschneiden. Die Pflanzzeit für Wurzelware ist das Frühjahr. Ballenware kann noch zur Blütezeit gepflanzt werden, ohne den Ballen zu stören.

Die Symbole bedeuten: ○ = sonnig, ◑ = halbschattig, ● = schattig, ◉ = absonnig.

Herbst-Heide, Callúna vulgáris, *30 cm, rosa, Juli bis September, kalkarm.*

Kletter-Hortensie, Hydrangéa áspera *ssp.* sargentiána, *interessanter Strauch, gr., flache Blüten.*

Rispen-Hortensie, Hydrangéa paniculáta 'Grandi-flora', 1,5 m, weiße Blüten in langen Rispen.

Fingerstrauch, Potentílla fruticósa, *bis 1 m, viele Sorten, meist in Gelb. Blüht 6–10.*

Maiblumenstrauch, Déutzia x magnífica, *2 m, weiße, gefüllte Blüten.*

Bunter Spierstrauch, Spiráéa x bumálda 'Anthony Waterer', karmin, 80 cm.

TABELLE DER IM HOCHSOMMER BLÜHENDEN ZIERGEHÖLZE I

Deutsche und botanische Namen	Höhe in m	Lage	Blüte (Farbe, Monat) und Besonderes (i = immergrün)
Busch-Kastanie, *Âésculus parviflóra*	3–4	○	weiß, 7–8, ebenso breitwüchsig
Schmetterlingsstrauch, *Buddléja davídii*	2–3	○	lila, weiß, rötlich, 7–10, Winterschutz
Schönfrucht, *Callicárpa*-Arten	1–2	◑ ☉	lilarosa, 6–7, Fruchtschmuck
Heidekraut, *Callúna vulgáris*-Sorten	0,4	○	rosa, weiß, 7–9, kalkarm, sandig
Gewürzstrauch, *Calycánthus flóridus*	1,5	○ ◑	rotbraun, 6–7, Rinde duftet
Trompetenwinde, *Cámpsis radícans*	6–8	○ ◑	orange-rot, 7–9, Windschutz
Trompetenbaum, *Catálpa bignonioídes*	15	○	weiß, kastanienähnlich, 6–7
Säckelblume, *Ceanóthus*-Hybriden	1	○	hellblau, rosa, 7–9, Humusboden
Waldrebe, *Clématis*-Hybriden	2–4	○ ◑	viele Farben, 6–9 · Boden humos,
– , *C x jackmánnii*	3–4		violettblau, 7–10 · durchlässig
Gelbe Waldrebe, *C. tangútica*	3	○ ◑	goldgelb, 6–7, 9–10 · federige
Gemeine Waldrebe, *C. vitálba*	8–12	○ ◑ ●	weiß, 7–9, wuchert · Fruchtstände
Kleinblütige Waldrebe, *C. viticélla*	2–3	○ ◑	violett, rosa, weiß, 6–8
Scheineller, *Cléthra*-Arten	2–3	○ ◑ ●	rosa, weiß, 7–10, feucht, sauer
Blasenstrauch, *Colútea arboréscens*	3–4	○ ◑ ☉	gelb, 6–8, anspruchslos, gesund
Perückenstrauch, *Cótinus coggygria*	3–4	○ ◑	Schmuck: federige Fruchtstände
Geißklee, *Cytisus austríacus*	1	○	gelb, 7–8, verträgt Kalk
Glanzheide, *Daboécia cantábrica*	0,2	○	lila, weiß, 6–9, sauer, humos
Maiblumenstrauch, *Déutzia*-Arten	1–2	○ ◑	weiß, 6–7, frischer Boden, gesund
Glockenheide, *Eríca tetrálix*	0,3	○	rosa, weiß, 7–9, brauchen saure, nasse Humus- oder Moorböden

TABELLE DER IM HOCHSOMMER BLÜHENDEN ZIERGEHÖLZE II

Deutsche und botanische Namen	Höhe in m	Lage	Blüte (Farbe, Monat) und Besonderes (i = immergrün)
Sommer-Heide, *E. vágans*-Sorten	0,3	○	brauchen saure, nasse Humus- oder Moorböden
Freiland-Fuchsie, *Fúchsia magellánica*	1–2	◐ ● ☼	rot, 7–10, Rückschnitt, Winterschutz
Scheinbeere, *Gaulthéria procúmbens*	0,2	◐ ● ☼	rosa, 7–8, sauer, Früchte rot, i
Färber-Ginster, *Genísta tinctória*	1	○	goldgelb, 6–8, anspruchslos
Scheinspiere, *Holodíscus díscolor*	3	○ ◐	kremweiß, 7–8, feucht, kühl
Garten-Hortensie, *Hydrangéa macrophylla*	0,7	◐	rosa, rot, 6–8, kalkarm, auf sehr saurem Boden: blaue Blüte
Raue Hortensie, *H. aspera*	1,5–2,5	◐ ●	weiß-lila, 7–9, Blätter 35 cm
Rispen-Hortensie, *H. paniculáta*	1–2	◐	weiß, 7–9, kalkarm, feucht, humos
Kletter-Hortensie, *H. anómala* ssp. *petioláris*	10	◐ ● ☼	weiß, 6–7, auch Bodendecker
Johanniskraut, *Hypericum x moseránum*	0,4	○ ◐	goldgelb, 7–8, zur Bodenbegrünung
Lorbeerrose, *Kálmia angustifólia*	1	◐	rosa-rot, 6–7, sauer, humos, i
Blasenbaum, *Koelreutéria paniculáta*	10	○	gelb, 7–8, für warme Gebiete
Buschklee, *Lespedéza bícolor*	2–3	○	violett-rot, 7–9, anspruchslos
Rainweide, Liguster, *Ligústrum*-Arten	1–4	○ ◐ ● ☼	weiß, 6–7, schwarze Beeren giftig
Kletter-Geißblatt, *Lonícera x brównii*	2–3	○ ◐ ☼	granatrot, 6-8-10 ⎱ Boden frisch,
–, *L. x heckróttii*	3	◐	gelb-purpur, 6–9 ⎰ gehaltvoll
–, *L. japónica* 'Aureo-Reticulata'	2	○ ◐	gelblichweiß, Laub geadert, i
Blasenspiere, *Physocárpus opulifólius*	3	◐ ☼	weiß, rot, gelb, 6–7, feucht
Fingerstrauch, *Potentílla fruticósa*	0,7	○	gelb-weiß, 6–10, Breite 1 m²
Roter Fingerstrauch, *P. f.* 'Red Ace'	0,5	○	rotorange, 6–10, anspruchlos
Essigbaum, *Rhus typhina*, Sorten	3–5	○ ◐	gelblich grün, 6–7, Solitärpflanze
Dufthimbeere, *Rúbus odorátus*	2	◐ ●	karminrot, 6–8, Ausläufer, frisch
Schwarzer Holunder, *Sambúcus nígra*	4–5	○ ◐ ● ☼	weiß, 6–7, Nutz- und Schmuckwert
Fiederspiere, *Sorbária aitchisónii*	2–3	○ ◐ ☼	gelblich weiße Rispen, 6–7
Spierstrauch, *Spiráéa bumálda*-Sorten	1	○ ◐	karminrot, 7–9, anspruchslos
Wild-Flieder, *Syrínga microphylia*	1,7	○	rosarot, 6–10, Solitär, feucht
Tamariske, *Támarix pentándra*, Sorten	3–5	○ ☼	rosa, 7–8, verträgt Trockenheit
Weigelie, *Wéigela*-Hybriden	1–2	○ ◐	rosa, rot, 5–7, Nachblüte 9

Zierliche Knollenblüher für den Herbstflor

An sonnigen Stellen können uns im September und Oktober Herbstkrokusse in zarten Farben erfreuen. Wichtige Arten: *Crócus kotschyánus (zonátus)* lila mit gelbem Schlund, *C. pulchéllus* lavendel, *C. satívus*, der echte **Safran,** rosalila, *C. speciósus*, **Prachtkrokus,** je nach Sorte lila, violettblau, weiß. Man legt die Knöllchen im Juli je nach Größe 6-8-10 cm tief (Abb. 2 K). Alle fünf Jahre, nach dem Einziehen der Blätter, kann man die Brutknöllchen abnehmen.

Genauso zierlich ist die **Sternbergie** oder **Gewitterblume,** auch **Goldkrokus** genannt. Die gelbe Blütenfarbe bildet einen hübschen Kontrast zu

Herbst-Krokus, Crócus speciósus, *muss im Juli gepflanzt werden, wenn er noch im selben Jahr (Sept./Okt.) blühen soll. Karl Foerster nennt ihn einen Frühaufsteher.*

Herbstzeitlose, Cólchium*, ist in allen Teilen giftig. Die Knollen im Hochsommer legen oder blühend pflanzen, nachdem sie als Trockenblume gehalten wurde.*

Die Hohe Bart-Iris, Iris-Barbata-Elatia, *gilt als Orchidee des kleinen Mannes.*

Herbst-Krokussen und Herbstzeitlosen. Bei *Sternbérgia clusiána* erscheint das Laub zusammen mit der Blüte, bei *S. lútea* erst im Frühling. Nur bei Julipflanzung kommen die dunkelhäutigen Zwiebeln zur Blüte. Man wählt einen sonnigen, geschützten Platz auf ebenem oder leicht abfallendem durchlässigen Boden. Versorgung mit etwas Kalkschutt und einem Handels-Humusträger (FulHumin) ist vorteilhaft. Man pflanzt etwa 12 cm tief (Abb. 2).
Die **Herbstzeitlose** (giftig), einfach oder gefüllt blühend, ist etwas wüchsiger als vorstehende Arten. Ab Ende August blüht die Balkanzeitlose, *Cólchicum bornmúélleri*, reinviolett. Etwas

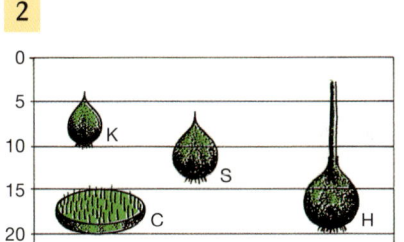

Pflanztiefe bei Knollenpflanzen.

später: *C. agrippínum,* auf weißem Grund lila gemustert; *C. byzantínum* var. *cilícicum,* lilarosa, gefüllt; *C. autumnále* 'Albiflorum', weiß, und 'Plenum', lilarosa. Außerdem gibt es schöne Hybriden. Alle lieben etwas feuchten, mehr schwereren, nahrhaften Boden und passen gut zu kleinen Gräsern, wie *Festúca ovína* und *F. scopária*. Pflanztiefe (Abb. H) und Pflanzabstand 15–20 cm. Pflanzung von Juli bis September, auch in voller Blüte.
Von September bis November blüht das **Efeublättrige Alpenveilchen,** *Cýclamen hederifólium,* rosa mit karminrotem Auge über grün-weiß gezeichneten Blättern. Hübsch ist auch die reinweiße Sorte 'Album'. Pflanzzeit Ende Juli/Anfang August. Da die breite, flache Knolle ihre Wurzeln an der rauen Oberseite ausbildet, legt man die Knollen 15–20 cm tief (Abb. C). Das Herbstalpenveilchen verlangt Halbschatten, lehmig-humosen, etwas kalkhaltigen Boden, mäßig feucht und gut durchlässig. Hier kann es sehr alt werden.

Prachtiris mit kleinen Sonderwünschen

Die im Mai (s. Seite 165) und Juni blühende Hohe Bart-Iris, *Iris-Barbata-Elatia* genannt, kann von Ende Juli bis Ende September gepflanzt werden. Vier Wochen nach der Blüte ist der günstigste Pflanztermin.
Zur vollen Entwicklung brauchen diese Beetstauden einen sonnigen bis halbschattigen, windgeschützten Platz und sandig-lehmigen, gut durchlässigen, nährstoffreichen, mineralischen Boden, der nicht zu feucht sein darf. Dagegen bekommt der Iris hohe Luftfeuchtigkeit – wie in Wassernähe – besonders gut.

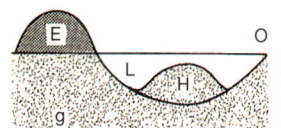

Pflanzung von Prachtiris.

Zusätzliche Anmerkungen

Wenn Seerosen schlecht wachsen, fehlt es an Wärme oder Nährstoffen. *Kalte Witterung* begünstigt oft pilzliche Blattflecken, deren Bekämpfung nur durch Wegschnitt der befallenen Blätter möglich ist. Zur *Nährstoffversorgung* gibt es Spezialdünger für Seerosen. Bei einer anderen Methode wird Nährlösung mit Lehm zu einem dicken Brei verrührt. Davon geformte Kügelchen werden nach Betrocknen in die Erde gedrückt. - Nach Bildung des 3.-5. Blattes beginnen Seerosen im Allgemeinen zu *blühen.*

Seerosen auslichten. Es ist nicht ratsam, dass die Blätter die ganze Wasseroberfläche bedecken und der reizvolle Gegensatz zwischen Wasser und Pflanze fehlt. Bei Bedarf verringert man den Wasserstand, tastet sich bis an die Mitte der Seerosenpflanze heran, wo sich die ältesten Rhizome befinden. Von diesen schneidet man mit starkem Messer einige heraus. Das ideale Verhältnis von Wasserpflanzen zur Wasseroberfläche ist 1:3.

Blühendes Wasser, das sich grün, blau oder rötlich verfärbt, ist kein Anlass zur Sorge. Zur Wasserblüte kommt es durch starke Algenvermehrung bei sehr warmem Wetter. Nach einigen Tagen klärt sich das Wasser wieder von selbst. Es braucht nicht abgelassen zu werden, da es weder Pflanzen noch Fischen schadet.

Gehölzvermehrung ist im Sommer auf verschiedene Weise möglich. Man kann z. B. *Absenker* von Hartriegel und Zwergmandel machen, *Ableger* von Rhododendron und zur Gewinnung von *Abrissen* Zierquitten, Pfeifenstrauch, Heidekraut und viele andere behäufeln. Pflanzenteile, die in den Boden kommen, sind vorher zu entlauben.

Fliederveredlung kann Anfang bis Mitte Juli durch Okulation erfolgen, bei Wurzelschösslingen 10 cm über dem Boden. Im Winter kürzt man die Unterlage handbreit über dem angewachsenen Auge ein. Der stehengebliebene Zapfen dient im Frühjahr zum Anheften des Edeltriebes, den man im darauf folgenden Frühjahr auf vier Augen einkürzt, während der Zapfen schon im August entfernt wird (siehe Rosenokulation).

Blumen in Kübeln und Schalen sind zur Blütezeit alle 8-14 Tage zu düngen, z. B. mit Bio-Trissol oder Mannalin F, reichlich zu gießen und gelegentlich zu überbrausen. Blütenreste und Samenanlagen müssen alle paar Tage abgenommen werden, da sie unnötig Baustoffe verbrauchen und die Blütezeit abkürzen. Von den Kübelpflanzen vertragen alle Sommerblüher wie Agapanthus, Oleander und andere noch bis August Dünger. Oleander braucht für überzeugende Blütenpracht außerdem Sonne und Wärme. Gießwasser darf deshalb nie zu kühl sein. Gegen Schädlinge hilft rasch Neudosan AF oder nachhaltig Pirimor-Granulat.

Engelstrompete *(Brugmansia)* und andere **Kübelpflanzen** blühen sehr reich, wenn sie ausgepflanzt werden. Im September wieder in Kübel setzen, Rückschnitt auf die Hälfte der Blattmasse, kühl und frostfrei überwintern.

Trockenheit macht allen **Gehölzen** zu schaffen. **Sommergrüne,** die ihr Laub vorzeitig abwerfen, begrünen sich im nächsten Jahr meist wieder. **Immergrüne** dagegen tragen oft schwere Schäden davon. Kann in Dürreperioden nicht gewässert werden, sollte dies bei Beginn der Trockenzeit einmal sehr gründlich (40 l/m²) erfolgen und der Boden über dem Wurzelbereich eine dicke Bodendecke (etwa 10 cm hoch) erhalten. Als Ersatz kann Schwarzfolie verwendet werden.

Kleine Fichten und Tannen können während der ganzen Vegetationsperiode mit gutem Ballen versetzt werden. Günstigste Zeit April/Mai und September/Oktober.

Bei der Glyzine, die nicht wuchern soll, schneidet man nach Mitte Juli die langen Seitentriebe auf 4 bis 5 Blätter zurück. Man darf dann größere Blütenstände erwarten.

Trockener Rasen. Wassermangel zeigt Gräser durch *Blaustich* an. Es ist dann Zeit zur Beregnung. Hält die Trockenzeit länger an, so vergilben die Blätter, werden braun und trocken. Wer das Farbsignal nicht erkennt, steche zur Kontrolle einen 10 cm dicken Rasenziegel aus. Ist die Hälfte der Erde trocken, sollte bewässert werden.

Ältere Blumenzwiebeln nach dem Laubvergilben aufnehmen, von Brutzwiebelchen befreien und große Zwiebeln sofort wieder pflanzen. Boden vorher mit Komposterde oder Humobil auffrischen. Brut in einem Anzuchtbeet wenige Zentimeter tief setzen. Tulpen kann man übersommern und im Herbst wieder auslegen. **Hyazinthen, Narzissen** und **Tulpen** können 3-5 Jahre, Narzissen auch länger, am selben Platz bleiben. Entscheidend ist ein Nachlassen im Blühen. Beim Umsetzen wird die Brut abgenommen und für sich kultiviert.

Kaiserkrone (siehe S. 261) sollte, falls erforderlich, bald nach dem Absterben der Blätter, im Juni/Juli, verpflanzt werden, keinesfalls später als Ende September. Dies gilt auch für Neupflanzungen.

Rhododendron. Der Blütenansatz lässt sich entscheidend beeinflussen, wenn Ende Juli/ Anfang August stickstoffreich gedüngt wird, je m² z. B. mit 15 g schwefelsaurem Ammoniak oder 20 g Alkrisal oder 75 g/m² Azet-Rhododendrondünger. Boden 14 Tage gut feucht halten, danach trockener.

Die **Rhododendron-Wanze,** die etwas größer als eine Blattlaus ist, befällt ab Mitte Juli großblumige Sorten mit unbehaarter Blattunterseite. Durch Saugschäden wird die Oberseite gelb gesprenkelt, der Blattrand rollt sich nach unten, Blätter vertrocknen und fallen ab. Man kann versuchen, die klammen Tierchen abzusammeln oder spritzt, vor allem blattunterseits. Zur Vorbeugung weder kalkhaltig noch stickstoffreich düngen, möglichst mit Regenwasser gießen und zur Humusanreicherung Boden mit Laubkompost bedecken.

Pflanzstelle (Abb. 3) wenigstens einen Spatenstich tief graben, mit fehlendem Lehm oder Sand verbessern und in 20-25 cm Tiefe mit Vorratsdüngern versorgen, wie Thomaskali mit Magnesium, 75 g/m². Unter die Pflanzerde (E) kann man gesiebte Komposterde mischen. Pflanzabstand je nach Sorte 40-70 cm.

Auf schwerem, undurchlässigem Boden hat sich ein Zuschlag von Kiessplitt (10-15 mm Ø), Lavalitt oder Hesa-Porit Typ G gut ausgewirkt, und zwar in die untere Schicht.

Für jede Irispflanze macht man ein weites, mäßig tiefes *Pflanzloch* (L), formt in der Mitte einen kleinen Hügel (H), setzt hierauf den kriechenden Wurzelstock, das Rhizom (R), breitet die Wurzeln nach allen Seiten aus, bedeckt sie mit Erde (E), drückt fest an und füllt das Pflanzloch ganz. Dabei darf das dicke Rhizom kaum fingerstark unter die Bodenoberfläche (O) kommen. Bewässerung reichlich in einen Gießring (G).

Zur Staudenteilung ist oft Gelegenheit

Stauden, die mit der Zeit zu umfangreich geworden sind oder wegen Bodenmüdigkeit mit dem Blühen nachgelassen haben, kann man durch Teilung verjüngen und vermehren. Die beste Zeit dafür liegt etwa 14 Tage nach Abschluss der Blüte.

Teilen lassen sich alle *Stauden mit faserigem Wurzelwerk*. Man wählt dafür einen Tag mit trübem Wetter. Zunächst ist das alte Laub etwa handbreit über dem Boden abzuschneiden, jede Pflanze mit einem Spaten zu umstechen und mit viel Wurzeln aus dem Boden zu heben. Eine Anzahl von Stauden lässt sich mit den Händen leicht auseinander ziehen. Bei anderen muss man ein Messer zu Hilfe nehmen oder sogar den Spaten.

Besonders vorsichtig verfahre man bei *Stauden mit fleischigen Wurzeln*, wie Päonie, Hohe Bart-Iris und dergleichen. Um Fäulnisherde zu verhüten, sind die Wunden an den fleischigen Wurzeln glatt zu schneiden und möglichst mit Holzkohlepulver zu bestäuben. Faserwurzeln werden kaum eingekürzt, auch bleibt soviel Erde wie möglich dazwischen.

Auch *Zwiebel- und Knollenblüher* sind Stauden. Die kleinen Zwiebelgewächse, wie Schneeglöckchen, Winterling, Blaustern, Schneestolz usw., teilt man nach etwa 10 Jahren im Juni/Juli. Teilgruppen sind sofort wieder in aufgefrischten Boden zu pflanzen. Geeignet hierfür ist reife Komposterde, Plantahum oder NeudoHum Pflanzerde.

Im Obstgarten

Beerenobst zur richtigen Zeit ernten

Am besten erntet man an trockenen Tagen in den Vormittagsstunden. Beerenobst ist möglichst frisch zu verwerten. Ausgewählte Früchte eignen sich auch zum Tiefgefrieren. Möchte man frische Beeren kurz (bis zu 2 Tage) lagern, dann kühl, trocken und schattig bis dunkel. Doppelt so schnell ernten lassen sich Beeren vom Strauch bei Verwendung eines *Pflückbeutels*, wie ihn der Fachhandel anbietet. Ein englisches Patent heißt „Dixie Bag".

Die Ernte der einmaltragenden großfrüchtigen **Erdbeeren** geht Anfang Juli zu Ende, und es schließen sich Ende Juli die mehrmalstragenden Sorten an, die den ganzen Sommer über bis zum Herbst blühen und fruchten. Erdbeeren, vor allem dunkle, feste, mittelgroße Früchte, lassen sich durch *Tiefgefrieren* haltbar machen. Sie sollten dazu reif, aber nicht überreif sein und ohne Kelch verarbeitet werden.

Stachelbeerstämmchen lassen sich bequem abernten. Ein Vorteil, den besonders ältere Menschen mehr nutzen sollten.

Wer von **Stachelbeeren** bereits im grünen oder halbreifen Zustand die Hälfte oder mehr geerntet hat, kommt nun zu schönen großen Früchten für den Rohgenuss. Man lasse sie jedoch nicht überreif werden, da sie sonst platzen. Vor dem *Tiefgefrieren* sind Stielchen und Blütenreste sorgfältig zu entfernen.

Johannisbeeren reifen im Juli bis Mitte August. Zum Rohgenuss besonders geeignet und empfehlenswert sind weißfrüchtige und frühe rote Sorten. Die späten roten Sorten liefern das beste Gelee, wenn sich die untersten Beeren noch nicht völlig gerötet haben. Zur Saftgewinnung braucht man reife Beeren, ebenso zum Einfrosten. Hierfür sind große Früchte mit weicher Haut und kleinen Samen zu bevorzugen.

Bei **Schwarzen Johannisbeeren** ist kurz vor der Vollreife der Gehalt an Vitamin C am höchsten. Beim Ernten der Trauben beachte man, dass die

Rote Johannisbeere, großfrüchtig und langtraubig. Bieten Ihre Sorten das nicht, empfiehlt sich eine Neupflanzung im Herbst: 'Rovada' bringt sehr lange Trauben.

kleinen Laubblätter am Ansatz des Fruchtstiels am Strauch bleiben; aus den Achselknospen bilden sich im nächsten Jahr wieder Blüten.

Die Ernte der **Himbeeren** dauert bis zu vier Wochen. Ihre Früchte schmecken vollreif am besten, werden vom Fruchtboden abgezogen und in kleine, glattwandige Gefäße gelegt. Dreimal wöchentlich sollte mindestens durchgepflückt werden, denn überreife Beeren fallen leicht zu Boden. Wo der Erdboden zu trocken ist, bröckeln Früchte auseinander, und die Ernte geht früher zu Ende. Zum Tiefgefrieren eignen sich nur vollreife, trocken geerntete Früchte ohne Kelch.

Mit den ersten **Brombeeren** ist noch im Juli zu rechnen, doch beginnt die Haupternte erst Mitte August. Brombeeren sind festfleischiger als Himbeeren und sollten deshalb nur vollreif geerntet werden. Es genügt, wöchentlich einmal durchzupflücken, wobei man die Früchte vom Kelchboden abnimmt und in kleine Gefäße legt.

Erdbeerbeete nach der Ernte

Großfrüchtige **einmaltragende Sorten** befriedigen im allgemeinen nur 3–4 Jahre, bei Zwischenkultur von Gemüse (Spinat, Petersilie, Gartenkresse, Tagetes usw.) auch länger. Je Quadratmeter sollte man wenigstens 1 kg Früchte ernten. Andernfalls ist es besser, die Pflanzen zerkleinert unterzugraben, die Fläche für Gemüse oder Gründüngungspflanzen zu nutzen und an anderer Stelle neue Beete anzulegen. Zu empfehlen ist, *jährlich eine kleinere Fläche zu erneuern.* Auf dasselbe Beet dürfen Erdbeeren frühestens nach 3–4 Jahren wieder gepflanzt werden.

Will man ältere Erdbeerpflanzen noch ein Jahr nutzen, so sind spätestens gleich nach der Ernte die **Ausläufer** („Ranken") abzuschneiden (!). Unkraut wird gejätet oder ganz flach weggehackt, um Erdbeer-Wurzeln nicht zu verletzen.

Hauptdüngezeit ist nach der Ernte bis spätestens Anfang August. Damit sich *reichlich Blütenanlagen* für das künftige Jahr bilden können, brauchen Erdbeeren je m^2 und Jahr 6–10 g Stickstoff, 5–8 g Phosphat, 9–15 g chloridfreies Kali, etwas Magnesia und die wichtigsten Spurennährstoffe. Diesem Nährstoffverhältnis entspricht der mineralische Mehrnährstoffdünger Euflor-Volldünger blau, der chloridfrei ist, rasch und nachhaltig wirkt. Auch der organische Azet-Beerendünger ist geeignet.

Jetzt erhalten Erdbeeren mindestens 6 g/m^2 Stickstoff, entsprechend 75 g/m^2 Erdbeerdünger, dazu die anderen Nährstoffe usw. Der Dünger wird auf die Zwischenstreifen gestreut, nicht in die Pflanzen hineingeworfen und mit Fräsen oder Wiesel flach eingearbeitet. Bei fehlendem Regen ist zu wässern. (Auf leichten Böden düngt man im September nochmals; siehe dort.)

Erdbeeren in gelochter oder geschlitzter **Schwarzfolie** muss man flüssig düngen. **Mehrmalstragende Sorten,** die jetzt nicht entrankt werden, erhalten nach der ersten Ernte Nährstoffzufuhr, aber keine Jauche. Bleiben wir wegen des hohen Kaligehalts beim Azet-Beerendünger und geben jetzt 50 g/m^2, im September nochmals. Gegen **Erdbeermehltau,** der zum Herbst hin oft größere Probleme bringt als Graufäule, helfen jetzt vorbeugend Spritzungen mit Neudo-Vital 1%ig und bieten den besten Schutz gegen frühen Befall.

Wo sich **Blattmissbildungen** zeigen, wütet die **Erdbeermilbe.** Bei **Einmaltragenden** lohnt es, nach der Ernte die Blätter abzuschneiden oder abzumähen und dreimal im Abstand von 8 Tagen mit Neudosan Neu ins Herz der Pflanzen zu spritzen. Da die alten Erdbeerblätter die Vorbildung von Blütenanlagen durch Hemmstoffe stören, ist das **Abmähen** bei einmaltragenden Sorten zu befürworten.

Solche Spritzungen helfen auch gegen die weit verbreitete **Rosenzikade.** Das gelbgrüne, blattlausähnliche, im erwachsenen Stadium geflügelte Insekt hält sich blattunterseits auf, von Mai bis Juli, August/September oft in Massen, und schwirrt bei Berührung der Pflanzen sprunghaft auf. Durch die Saugtätigkeit geht Blattgrün verloren, so dass die Blattoberseite **blassgelbe Flecke** bekommt. Am erfolgreichsten ist die Bekämpfung, wenn im ungeflügelten Larvenzustand gespritzt wird, die Blattunterseite besonders intensiv (siehe oben).

Umveredelte Obstbäume weiter behandeln

Wo **Bastverbände** an einem im Frühjahr umveredelten Obstbaum noch nicht gesprengt oder gelöst sind, muss man sie Anfang Juli durchschneiden, ohne die Rinde zu beschädigen. Man lässt den Verband am Pfropfkopf haften und legt darüber eine neue Bindung an, weder zu fest noch zu lose, damit die Edelreiser nicht ausbrechen können. Außerdem sollten die Verlängerungstriebe an Stäbe geheftet werden, um die bisher gelungene Umveredlung nicht durch Unwetter oder Vögel zu gefährden. Dabei gibt man den Leittrieben gleich eine günstige Richtung.

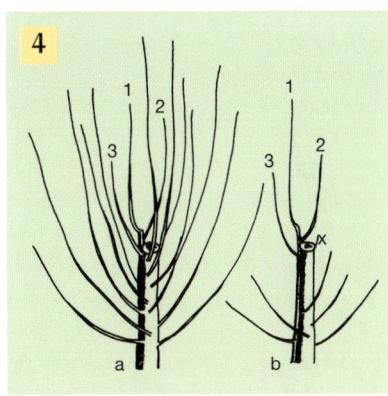

Korrekturschnitt nach Veredlung.

Weiterhin kommt es darauf an, die **Edeltriebe** im Hinblick auf die neue Krone zu korrigieren. Aus einem Pfropfreis gehen meist 3 (bis 4) Edeltriebe hervor (Abb. 4 a, 1–3; der besseren Übersicht wegen wurden die Blätter weggelassen). Benötigt wird jeweils nur ein Edeltrieb (1) als Mittel- oder Leitast. Alle übrigen Seiten-Edeltriebe (2+3) – ausgenommen flach gerichtete – werden etwas eingekürzt, damit sie die Entwicklung der Reisverlängerung nicht hemmen (Abb. 4 b).

Anfang Juli sind deshalb die oberen **Wildtriebe** (a) bis etwa 25 cm unterhalb der Veredlungsstelle ohne Rest wegzuschneiden und die tieferstehenden einzukürzen. Diese werden noch so lange gebraucht, bis eine ausreichend große Krone herangewachsen ist.

Wildtriebe unmittelbar *am Pfropfkopfrand* (Abb. 4 b, x) lässt man stehen und hält sie kurz, da sie bei der Verheilung der großen Wunde mithelfen .

Im nächsten Jahr ist mit *üppiger Edeltriebbildung* zu rechnen (Abb. 5 A). Zu eng stehende Edeltriebe werden abgespreizt (Abb. 5 B, 3), zu steile auf einen flacher stehenden Außentrieb abgesetzt (2). *Ende Juli* sollten möglichst alle Seitentriebe **waagerecht** gestellt werden, einschließlich der Konkurrenztriebe (Abb. 5 B), um zu einer Triebberuhigung zu kommen und die Blütenknospenbildung einzuleiten. Im Frühjahr erfolgt ein mäßiger Rückschnitt der Leitastverlängerungen. Bei Bedarf sollte etwas ausgelichtet werden.

Ist ein stärkerer *Pfropfkopf mit mehreren Reisern* besetzt worden, so werden sie bis auf ein Pfropfreis Ende Juli durch Abwärtsbinden untergeordnet. Steilgerichtete Austriebe auf den Zweitreisern muss man zusätzlich waagerecht binden. Dann sind schon früh Blütenknospen zu erwarten.

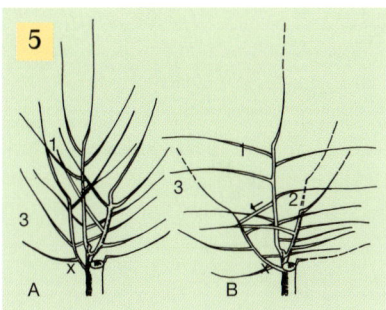

Edeltriebentwicklung im zweiten Jahr. Seitentriebe Ende Juli waagerecht stellen.

Die kurz gehaltenen Triebe am Pfropfkopf (x) werden gebraucht, bis die großen *Wunden* überwallt sind. Bis dahin sind sie mit Malusan Wundverschluss geschützt zu halten.

Kirschenzeit – köstliche Zeit

Wir stehen mitten in der Kirschenernte. Die Reife der mittelspäten Süßkirschen beginnt. Wenn es gelungen ist, **Schadvögel** und **Kirschfliegenmaden** bis jetzt abzuwehren, stehen uns köstliche Früchte zur Verfügung, deren Wohlgeschmack nur noch von späten Sorten übertroffen wird. Ausgereift schmecken Kirschen am besten.

Plötzlicher **Regen** kann zum **Platzen** von Früchten und zur **Monilia-Fruchtfäule** führen. Weniger betroffen sind geschnittene Bäume, die regelmäßig mittelstark gedüngt und im Herbst mit etwas Kaliumchlorid versorgt wurden. Bei einer sehr reichen Ernte lassen sich Süßkirschen, die meist mit Stiel abgenommen werden, unter bestimmten Voraussetzungen einige Zeit roh aufheben. Diese pflückt man dann vor der Vollreife. **Haltbarkeit im Kühlschrank** (3–6 °C) etwa 7 Tage, im Gefrierschrank (–18 °C) 8–12 Monate. Dies gilt auch für anderes Gartenobst.

Sauerkirschen sind sorgfältig zu pflücken, damit die Rinde nicht einreißt. Oft wird deshalb empfohlen, die Stiele mit einer Schere durchzuschneiden. Das ist nicht nur sehr mühsam, sondern hat auch zur Folge, dass viele Kirschen von Stielen aufgespießt werden. Besser ist es, Sauerkirschen für den eigenen Bedarf abzuzupfen. Die Fruchtstiele fallen später zu Boden.

Nun reifen die ersten Pflaumen

Frühe Sorten, wie 'Ruth Gerstetter' und 'Ersinger Zwetsche', die saftreich und süß sind, werden vom Feinschmecker geschätzt. Gegen Monatsende reift die 'Lützelsachser Frühzwetsche', die sich als erste für *Pflaumenkuchen* eignet.

Pflaumen zeigen ihre Reife durch Abfallen unbeschädigter Früchte an. Nur von Schädlingen besiedelte Früchte werden vorzeitig abgeworfen. *„Die ersten Pflaumen sind madig"*, ist ein charakteristisches Wort dafür. Solche Früchte nicht kompostieren, auch die nicht mit **Monilia-Fruchtfäule**. Verhütung durch Spritzen im Juni/Juli alle 12 Tage mit Euparen oder Teldor.

Da die Früchte eines Baumes nicht gleichzeitig reifen, lohnt es sich, die bestgefärbten und größten herauszupflücken oder (nicht zu großfrüchtige Sorten) abzuschütteln. Einige Sorten kann man überreif werden lassen, bis zum leichten *Einschrumpfen am Stielende;* sie sind dann voller Süße und Aroma.

Überreife darf nicht mit der **Halswelke** verwechselt werden. Solche Früchte schmecken fade und widerlich. Ursache ist starker Läuse- und Rußtaubefall bei reichem Fruchtbehang, so dass die Blätter den Bedarf an Wasser und Nährstoffen nicht mehr decken können. Deshalb: Zwetschenblattläuse und Mehlige Pflaumenlaus sofort bekämpfen! Mit Neudosan Neu ist das noch kurz vor der Ernte möglich. Im Übrigen darf man es an der nötigen Bewässerung nicht fehlen lassen.

Störend in den Früchten sind mitunter **Gummiherde.** Sie entstehen bei wechselvollem Wetter, bei Ernährungsstörungen oder nach zu starkem Schnitt in einem nachfolgenden nassen Sommer. Versorgung mit allen Nährstoffen im Frühling und Frühsommer ist genauso wichtig wie rechtzeitige Bewässerung in Trockenperioden. Treten Gummiherde jährlich auf, dann steht der Baum entweder auf tonigem Boden oder ist schwankendem Grundwasserstand stark ausgesetzt. – Aus Früchten austretender Harz lässt auf Schädlingsbefall schließen.

Pflaumen und Zwetschen ohne Maden

Mit der „Vermadung" der **späteren Sorten,** aber auch der **Aprikosen,** ist von *Mitte Juli bis Mitte August zu* rechnen. Urheber ist der **Pflaumenwickler,** ein mottenähnlicher Kleinschmetterling mit kaum 1,5 cm Flügelspannung. Die graubraunen Vorderflügel sind an den Enden durch bleigrau-glänzende Querbänder gezeichnet.

Ein Weibchen legt ab Mitte Juli etwa 600 Eier einzeln an die Unterseite der Früchte ab. Die nach wenigen Tagen ausschlüpfenden Räupchen müssen sofort bekämpft werden, da sie

Die Zwetsche 'Hanita' bringt große, blaue Früchte mit goldgelbem Fleisch, das großartig schmeckt. Sie reifen in der ersten Septemberwoche und sind zum Backen geeignet.

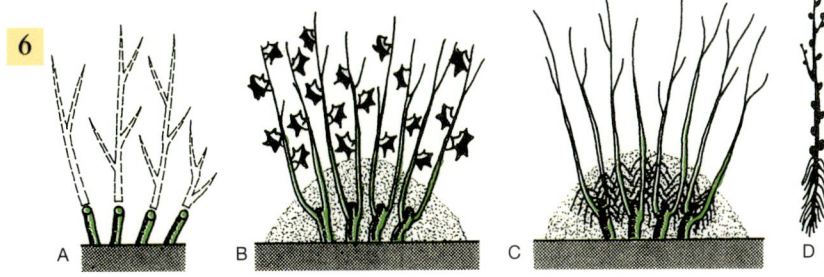

Rückschnitt und Vermehrung von Beerensträuchern.

sich schon nach kurzer Zeit in die Frucht einbohren. Hier wachsen sie zu den fleischfarbenen Räupchen heran, die sich mitsamt ihren Kotkörnern in reifen Pflaumen befinden. Wichtig ist, zeitgerecht zu spritzen und die Unterseite der Früchte zu treffen. Man achte auf den *Warndienst des Pflanzenschutzamtes,* das den Falterflug beobachtet und einen relativ günstigen Spritztermin angibt. Der Gartenbesitzer kann aber auch selbst die *Eiablage beobachten.* Da jedes winzige Ei das Sonnenlicht wie ein Spiegelchen zurückwirft, braucht man die Früchte nur der Sonne entgegenzuhalten. Werden durch punktartige Licht-Reflexe Eier festgestellt, ist sofort zu spritzen. Neuerdings gibt es *Sexfallen,* um den Beginn des Falterfluges zu ermitteln. Für die **Bekämpfung** eignen sich Mittel gegen beißende Insekten, wie Spruzit flüssig (Wartezeit 7 Tage). Spritzung nach 10–14 Tagen oder in der 1. Augustwoche wiederholen. Höchstens drei Anwendungen.

Neue Beerensträucher durch Anhäufeln

Stachel- und Johannisbeersträucher lassen sich durch Anhäufeln mit NeudoHum-Pflanzerde, die man feucht hält, leicht vermehren. Man zwingt dadurch die Triebe zu nachträglicher Wurzelbildung und kann so auf engem Raum eine größere Anzahl von

Nachkommen gewinnen, die der Mutterpflanze entsprechen.
Im Spätherbst des Vorjahres empfiehlt es sich, (ältere) Sträucher, ganz oder teilweise auf etwa 10 cm über dem Boden zurückzuschneiden (Abb. 6 A). Im Frühling entstehen zahlreiche Jungtriebe, die man im Juni/Juli anhäufelt, damit sie Wurzeln schlagen (B + C). Herbst oder Frühjahr, je nach günstiger Pflanzzeit, häufelt man vorsichtig ab und gewinnt durch **Abrisse** (D) Jungpflanzen.

So vermehrt man Rankbrombeeren

Wenn die Spitze eines diesjährigen Brombeertriebes im Sommer den Erdboden berührt, schlägt sie Wurzeln, und es entsteht eine neue Pflanze. Diese besondere *Art des Absenkens* sollte um Juli/August genutzt werden.

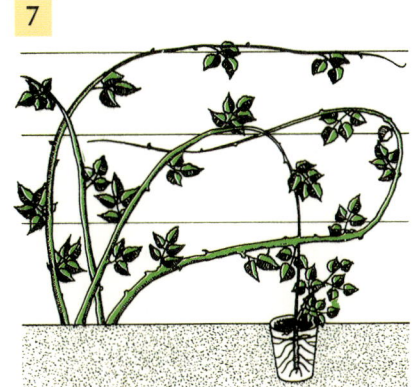

Vermehrung von Brombeeren.

Am besten leitet man die Triebspitze in einen eingegrabenen, größeren Tontopf (Abb. 7) mit torffreier Erde, die mäßig feucht gehalten wird. Im nächsten Frühjahr trennt man die Jungpflanze ab und setzt sie mit Topfballen an ihren Platz.
Diese Methode des Absenkens kommt nicht nur für ausläuferlose Brombeeren wie 'Theodor Reimers' in Betracht, sondern auch für **Himbeerkreuzungen,** wie 'Shaffers Colossal', 'Loganbeere', 'Boysenbeere', 'Youngbeere' usw.

Voraussetzungen für den Erdbeeranbau

Länger als drei bis vier Jahre sollten Erdbeerkulturen nicht genutzt werden. Es hat sich bewährt, jährlich etwa ein Viertel der Erdbeeranlage umzustechen und eine entsprechend große Fläche an anderer Stelle zu bepflanzen.
Neben dem mehrjährigen Anbau hat auch der einjährige seine Vorzüge. Voraussetzung ist zeitige Pflanzung, damit die jungen Setzlinge gut einwurzeln, was sie zu höchster Ertragsleistung befähigt.
Frühe Sorten sollten etwa *Ende Juli,* mittelspäte bis späte *Anfang August* an Ort und Stelle kommen; wenn möglich, nicht viel später. Pflanzgut aus dem eignen Garten kann bereits zeitig zur Verfügung stehen. Es genügt, wenn die Setzlinge drei Blätter normal ausgebildet haben und die Wurzeln etwa 5 cm lang sind.
Was die Erdbeerpflanzen schon im nächsten Jahr so leistungsfähig macht, sind ihre *Tiefenwurzeln!* Nur in den Monaten Juli und August werden sie gebildet. Sicher wird mancher Gartenfreund darüber verwundert sein, dass Erdbeeren tief wurzeln sollen. Dies ist aber unwiderlegbar erwiesen. Darüber hinaus werden im Herbst

Die Erdbeerernte geht zu Ende. Ab Mitte Juli gibt es bereits wieder getopfte Pflanzware. Früher Pflanztermin bringt Höchsternten, z.B. von 'Primera' früh, 'Rosella' mittelfrüh oder 'Laroma' mittelspät.

und Frühling noch reichlich flache Wurzeln in 5 bis 40 cm Tiefe gebildet. Die ersten Wurzeln der Ausläuferpflänzchen streben *senkrecht* in die Tiefe, bis zur Juli-August-Wende mit zunehmender, danach mit abnehmender Wuchsgeschwindigkeit. Da Tiefenwurzeln die Voraussetzung für eine hohe Ertragsleistung bilden, ist es sinnvoll, Jungpflanzen nicht unnötig lange auf dem Anzuchtbeet stehen zu lassen. Nachteilige Wurzelverluste wären die Folge. Zeitige Pflanzung bringt schon im ersten Jahr die besten Erträge.

Verfügt man über keine leistungsfähigen Erdbeerpflanzen, dann sollte man *ertragreiche Sorten* kaufen. Da sie nicht immer zum günstigsten Pflanztermin erhältlich sind, fällt die erste Ernte schmal aus, dafür bilden sich aber reichlich Ausläufer, die man zur Vermehrung im eigenen Garten auch von geschützten Hochzuchtsorten verwenden darf. Im zweiten Jahr

ist auch von den zugekauften (nach Mitte August gesetzten) Pflanzen mit Besterträgen zu rechnen.

Ansprüche und Pflanzung der Erdbeeren

Erdbeeren lieben sonnigen, luftigen Stand, Halbschatten wird auf leichteren Böden besser vertragen als auf schwereren, wo die Gefahr der Graufäule groß ist. Um **Bodenmüdigkeit** mit Ertragsminderung auszuschalten, wähle man eine Fläche, die mehrere Jahre keine Erdbeeren getragen hat.

Das Land wird 8 bis 14 Tage vor der Pflanzung einen Spatenstich tief umgegraben und die Unterschicht mit einem Sauzahn gelockert; denn Erdbeeren sind nicht nur Flach-, sondern auch Tiefwurzler.

Zur **Humus-** und **Nährstoffversorgung** kann man Humus- oder Komposterde verwenden und/oder von

Euflor den organisch-mineralischen NPK-Erdbeerdünger (7 + 7 + 7). Davon gibt man vor dem Pflanzen 50–60 g/m² in die Oberschicht und mischt ihn gut ein. Erdbeeren wollen nur schwach gedüngt werden, brauchen chlorid- und siliziumfreien Dünger. Fehlt es noch an Humus, besonders auf Sandböden sind Bentonit und FulHumin zusätzlich geeignet.

Auf **verunkrautetem** Land genügt es nicht, nur Unkrautwurzeln auszusammeln, sondern man sollte auch gegen Unkrautsamen energisch vorgehen, z.B. mit einem Robin-Unkrautschutz-Vlies. Mit der Bodenbearbeitung wird dann 14 Tage vor der Pflanzung begonnen. Nach dem Einbringen der Humusstoffe streut man 75 g/m² Azet-Erdbeerdünger gleichmäßig aus, arbeitet ihn nur 2–3 cm in die Krume ein und hält den Boden feucht. Innerhalb von 14 Tagen gehen keimende Unkräuter zugrunde.

Bewährt hat sich ein **Reihenabstand** von 70–90 cm, in der Reihe für frühe Sorten 20 cm, spätere Sorten 30–40 cm Zwischenraum. Stehen reichlich Setzlinge zur Verfügung, kann fürs erste Jahr doppelt so dicht gepflanzt werden. Nach der ersten Ernte jede zweite Pflanze entfernen.

Die **Pflanzarbeit** kann mit einer Pflanzkelle oder einem Hohlpflanzer ausgeführt werden. Ein übliches Pflanzholz ist ungeeignet. Am besten pflanzt man jedoch mit den Händen. Nach dem Festlegen der Reihen und Abstände macht man das Pflanzloch, setzt die Pflanze mit gutem Erdballen bis zum *Stielansatz* hinein, schließt das Pflanzloch, drückt die Erde an und formt eine Vertiefung zum Angießen. Ein **Hügelbeet,** mit Früh-Erdbeeren (30 x 75 cm) bepflanzt, lässt ungewöhnlich hohe Ernten köstlicher Früchte erwarten, wenn auch ausreichend organischer Dünger zur Verfügung stehen, damit die Pflanzen gesund bleiben.

Durch die Verwendung geschlitzter **Schwarzfolie,** der *Anti-Unkraut- und Mulchfolie,* kommt man im Erdbeeranbau zu erheblichen Ertragssteigerungen. Außerdem wird die Pflege vereinfacht und die Ernte verfrüht. Die Folie hemmt den Unkrautwuchs, hält den Boden warm, biologisch aktiv, ermöglicht eine starke Bewurzelung auch des obersten Bodenbereichs, verhindert Bodenverschlämmung und Verkrustung, bewahrt die Früchte vor Bodenkontakt, Verschmutzung und Fäulnis.

Die besten Erdbeersorten in den Garten

Beim Kauf von Jungpflanzen achte man auf das **Gütezeichen** für *„Deutsche Landwirtschaftliche Markenware".* Es garantiert Sortenechtheit, Gesundheit und andere für Qualitätspflanzgut wichtige Eigenschaften. Aus einem Test gingen als beste Sorten hervor: 'Elvira', 'Splendida' und 'Petrina'. Am sichersten wachsen **Pflanzen mit Topfballen** an; Lieferung Mitte Juli bis Mitte August. Ungetopfte Pflanzen werden meist im August versandt. Abgepackte Ware (im Kaufhaus usw.) sollte nicht älter als acht Tage sein. Für den Eigenanbau sind bei der Sortenwahl entscheidend: geringe Anfälligkeit (um Spritzungen einzusparen), Geschmacksrichtung und Verwertungseignung. Für einen Haushalt mit Gefriertruhe sind Sorten zu empfehlen, die sich für Frostung eignen.

Das Hauptangebot bezieht sich auf **einmaltragende großfrüchtige Sorten.** Wer frühe, mittelfrühe, mittelspäte und späte Sorten pflanzt, kann über einen Zeitraum von rund acht Wochen (Ende Mai bis Mitte Juli) ernten. Ideal sind **mehrmalstragende mittelfrüchtige Erdbeeren.** Sie bringen

im Juni eine Vorernte und von August bis zum Frost den Haupertrag. Hauptpflanzzeit August/September (s. dort).

Folgende *Übersicht* nennt wichtige **Sorten** für den Privatgarten und ermöglicht es dem Hobbygärtner, „seine" Sorten auszuwählen. Man beginnt meist mit 25 Setzlingen, die im nächsten Jahr für eigene Zwecke weitervermehrt werden können.

Einmaltragende großfrüchtige Sorten, frühreifend: 'Aphrodite', Spitzenerträge, Frucht glänzend dunkelrot, wohlschmeckend, für Frischverehr, Konfitüre, Saft. 'Deutsch Everns Frühe', recht gesund, leuchtend rot, süß-aromatisch, Frischverzehr. 'Fraroma' (beste Neuheit aus Senga Sengana x Moneoye), *sehr gesund,* verträgt auch große Hitze, keine Fungizidspritzungen nötig. Hoher Zuckergehalt, *Walderdbeerengeschmack.* 'Hummi-Silva', sehr ertragreich, Frucht ziemlich groß, durchgefärbt kräftig rot, gutes Erdbeeraroma, robust. 'Hummi-aroma', hoher Ertrag, mittelgroß, außergewöhnlich gutes Aroma, gesunder Wuchs, eine moderne 'Mieze Schindler'.

Mittelfrüh: 'Frantz Splendida', gesund, glänzend rot, sehr guter Geschmack, Frischverzehr, Frostung. 'Macherauchs Marieva', Fruchtfäule wenig, mittelgroße lackrote Früchte an starken Stielen, vorzüglicher Erdbeergeschmack, für alle Zwecke. 'Sommertraum', Pflanzen starkwüchsig, Frucht groß mit feinem Ananasaroma und ausgeprägter Süße. Wurzelware. 'Polka', mittelfrüh bis mittelspät, ertragreich, großfrüchtig, purpurrot, sehr gutes Erdbeeraroma, wenig anfällig für Pilzkrankheiten. 'Eros', 'Elsanta x Allstar', mittelgroße Früchte, großartiger Geschmack, widerstandsfähig gegen Krankheiten. 'Hakras Appetita', sehr groß, wohlschmeckend, reichtragend, für alle Zwecke.

Mittelspät: 'Senga Sengana', alte, ertragreiche Sorte, sehr anfällig gegen Graufäule, Frucht dunkelrot, weinsäuerlich, wenig aromatisch, für Frostung und Konservierung. 'Asieta', robust, auch für schwere Böden, dunkelrote, durchgefärbte Früchte, gutes Erdbeeraroma, für alle Verwendungszwecke. 'Deutsch Everns Bromba', lange Erntezeit, Frucht purpurrot, aromatisch wie Waldbrombeere, mittelgroß, für Frischverzehr, Frostung, Bowle. 'Symphonie', schottische Neuheit, durchgefärbt, groß, sehr wohlschmeckend. Wuchs stark, robust, widerstandsfähig.

Spät: 'Senga Dulcita', enorm ertragreich, süßsäuerlich-aromatisch, zum Frischverzehr und Einkochen. 'Peltata', gesund, wüchsig, stickstoffarm düngen, gutes Erdbeeraroma, Frischverzehr, Frostung, Konservierung. 'Deutsch Everns Famosa', gesund, riesenfrüchtig, purpurrot, würzig, zum Rohessen, Verarbeiten. 'Senga Fructarina', Massenträger, Frucht groß, kegelförmig, wohlschmeckend, Frischverzehr, Frostung. 'Mieze Schindler', ältere Sorte, unübertroffen im Geschmack, braucht, da nur weibliche Blüten, eine Befruchtersorte, wie 'Peltata' oder 'Ostara', für Frischverzehr.

Mehrmalstragende mittelgroßfrüchtige Sorten: 'Hummi Gento', Pflanzweite 90 x 40 cm. Werden die ersten Blüten abgeschnitten, bilden sich kräftige Ausläufer, die noch im selben Jahr fruchtbar sind. Ernte Mitte August bis Oktober. Früchte dunkelrot, aromatisch. 'Ostara', gesund, Frucht sehr gut im Geschmack, nach Entfernung der ersten Blüten erntet man ab August das Doppelte. Für viele Zwecke. 'Senga Remonta', Pflanzen gesund, sehr ertragreich, Frucht rot durchgefärbt, säuerlich-aromatisch. Vorernte im Juni, Haupternte ab August. 'Imtraga-Selecta', Massenträger, sehr große aromatische Früchte.

Die Spalier-Erdbeere, auch „Kletter"-Erdbeere genannt, obwohl sie nicht klettert, ist als Liebhaberei anzusehen. Pflanzung ab August. 'Hummi' entwickelt im nächsten Jahr bis 1,5 m lange Ausläufer, die man durch ein *Drahtgitter* leitet oder an *Stäben* aufbindet. Bequem ist die Bepflanzung einer *Hängeschale,* von der die Ausläufer herunterhängen können. An ihnen bilden sich zahlreiche Rosetten mit Blüten und Früchten. Eine spezielle Hängesorte ist 'Roter Diamant'. Nährstoffanspruch sehr hoch: 4 Wochen nach der Pflanzung 50 g/m^2 Azet-Beerendünger, bis Oktober wöchentlich Flüssigdüngung, 1 g/l Wasser; März/April 2. Düngergabe und Flüssigdüngung bis Ende Mai.

Kleine Süßkirschenkrone durch Schnitt

Von einem großen, oft riesigen Süßkirschenbaum ernten die Stare meist mehr als sein Besitzer, denn sicherer

Die Kapuzinerkresse, Tropáeolum május, schützt den Boden und Süßkirschen vor der Schwarzen Bohnenlaus.

Schutz ist hier nicht möglich. Die enorme Wuchskraft lässt sich nicht nur auf die *Unterlage* zurückführen, sondern auch auf *unterlassenen Schnitt.* Die Ansicht, Schnitteingriffe würden Gummifluss auslösen, entbehrt jeder Grundlage.

Wird regelmäßig geschnitten, kann man die Krone so klein und niedrig halten, dass Kirschen durch Vogelschutznetze leicht und sicher zu schützen sind. Der Schnitt, der auch verjüngend wirkt, fördert die Entstehung längerer Jungtriebe, an denen eine bessere Fruchtqualität zu erwarten ist als an rasch vergreisenden Bukettknospen.

Vom 5. Standjahr an kann nach der Ernte geschnitten werden. Je früher dies geschieht, desto mehr wird der Schnitt – infolge geringerer Wurzelausdehnung – zur Wachstumsbremse. Im Frühjahr ist dagegen erst spät zu schneiden, also kurz vor Vegetationsbeginn, wenn die Knospen zu schwellen beginnen. Wunden sofort mit Bayleton-Rindenwundverschluss oder Malusan abdichten.

Nach der Aufbauzeit, also *nach dem 5.-6. Standjahr,* empfiehlt es sich, die Mittelastverlängerung über einem schwachen Seitentrieb zu entfernen, um den Höhenwuchs zu bremsen und den Lichteinfall zu verbessern. Bis zum 10. Standjahr ist der Verlängerungstrieb der Leitäste mäßig einzukürzen. Konkurrenz- und starke Oberseitentriebe werden regelmäßig entfernt.

Bei alten hohen Bäumen muss man den Verjüngungsschnitt anwenden. Im ersten Jahr setzt man die Krone um etwa 2 m zurück, im darauf folgenden nochmals um diese Höhe. Jedesmal werden starke obere Äste der Restkrone entfernt, einen 50 cm langen Stumpf belassen, und es wird ausgelichtet. Ein Jahr später beginnt dann das Wegschneiden der Bukettknospen, jährlich etwa ein Drittel.

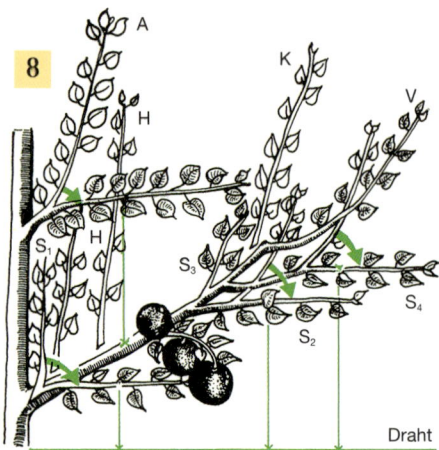

Binden von Fruchttrieben.

Waagerecht gestellte Triebe fruchten früher

Zu stark wachsende jüngere Apfel- und Birnbäume sind in den ersten Jahren meist schlechte Träger. Es gibt aber Möglichkeiten, diese Bäume zu früherem Blühen zu veranlassen. Man braucht die diesjährigen Seitentriebe nur *in die Waagerechte zu binden oder zu klammern.* In dieser Lage bilden sogar Langtriebe einzelne Blütenknospen. Allerdings darf man dieses Seitenholz nicht einkürzen. Tragen die langen Triebe später erste Früchte, dann bilden sie natürliche Fruchtbögen, die man erst zurückschneidet, wenn sie 3–4-mal ertragreich waren.

Zum Binden nimmt man Bast, Bindefolie, Isolierdraht usw. Man legt eine weite Schleife im unteren Drittel um den Trieb, zieht diesen bis zur Waagerechten herunter und bindet ihn dann an einem Ast, Draht, Pfahl oder Stamm an (Abb. 8). Steile Oberseiten- oder Holztriebe (H) und Konkurrenztriebe (K) werden entfernt, wüchsige Langtriebe als Seitenholz (S_{1-4}) und Ausschläge am Mittelast (A), soweit sie Platz haben, waagerecht gebunden. Rascher von der Hand geht die Arbeit – nach gewisser Übung – durch Anlegen von Zweigkrümmern. Diese lassen sich aus 3 mm starkem verzinktem Spanndraht leicht selbst herstellen. Man schneidet etwa 18 cm lange Stücke und biegt die Enden, je 3,5 cm lang, rechtwinklig ab, einmal nach unten, einmal nach rechts oder links. Hierfür verwendet man zweckmäßig ein Stück Kantholz mit einem entsprechenden Bohrloch von 4 mm Weite (Abb. 9, unten).

Die **Klammer** hält man wie ein „Satteldach", legt sie mit der inneren Ecke basisnahe auf den Trieb, biegt diesen über den langen „First"-Mittelteil der Klammer und steckt den Trieb unter die andere, äußere Ecke der Klammer, wodurch er annähernd in die Waage-

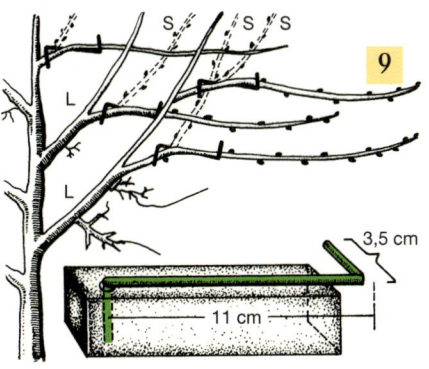

Anlegen von Zweigkrümmern.

rechte gedrückt wird. Plastikummantelte Zweigkrümmer können über Winter dranbleiben, nackte Metallkrümmer nimmt man ab.

Der günstigste *Termin* fürs Binden oder Klammern liegt **Ende Juli bis Anfang August.** Die meisten Apfel- und Birnensorten sprechen positiv auf diesen Eingriff an. Älteren Bäumen bringt das Waagerechtstellen des steilen Seitenholzes nach einem starken *Verjüngungsschnitt* oder einer *Umveredlung* ebenfalls Gewinn. *Verlängerungstriebe (V) der Leitäste dürfen nicht waagerecht gestellt werden.*

Nach-Ernte-Schnitt früh oder spät?

Nach der Ernte können alle Obstbäume geschnitten werden. Dafür steht ein Zeitraum von Mitte Juli bis Mitte September zur Verfügung. Bei Spätsorten sollte bis nach dem Laubfall gewartet werden. Ganz allgemein fördert dieser Sommerschnitt den Fruchtansatz und bremst das spätere Wachstum. Den ersten Punkt wird wohl jeder begrüßen und deswegen bemüht sein, den Sommerschnitt nicht zu versäumen, sofern die Ernte bis Mitte September beendet ist.

Für die Beeinflussung des nächstjährigen Wachstums spielt aber der frühe oder späte Termin eine entscheidende Rolle. Warum ist das so? Verliert der Baum durch den Schnitteingriff schon früh einen Teil seiner Blätter, so werden in der belaubten Zeit schon früh Saugwurzeln abgestoßen und nicht mehr so viel gebildet, als wenn der Schnitt erst später erfolgt.

Beim sehr wüchsigen Süßkirschenbaum tut die Bremse gut; beim schwachwüchsigen sollte erst im August oder noch später geschnitten werden. Da Sauerkirschen mittelstark wachsen, darf das Wachstum kaum gebremst werden, also ist ein später Schnitt ratsam. Noch einmal die **Faustregel:** Früher Schnitt ist Wachstumsbremse, später Schnitt ist wachstumsfördernd.

Im Gemüsegarten

Auf den Erntetermin kommt es an

Wer seine Beete termingerecht bestellen konnte, hat schon seit einiger Zeit Frischgemüse aus dem Garten zur Verfügung. In diesem Monat nimmt die Ernte an Umfang zu. Was im Überfluss anfällt, sollte haltbar gemacht werden.

Frühkartoffeln werden nur bei Bedarf geerntet, da die Knollen in diesen Wochen an Gewicht noch zunehmen. Man nimmt jeweils nur die größten seitlich heraus und häufelt danach wieder an. Ist das Laub abgestorben, so werden die restlichen Kartoffeln herausgenommen, kühl, luftig und trocken gelagert, aber alsbald verbraucht.

Dicke Bohnen pflückt man, wenn die grünen Hülsen 12-15 cm lang sind. Verarbeitet werden die halbreifen Körner. Bei unterschiedlicher Reife gibt es mehrere Teilernten. Für zweite Haupternte: Pflanzen handlang über dem Boden abschneiden, düngen, wässern. - **Grüne Erbsen** schmecken am besten, wenn die Körner noch weich sind. Man erntet bei trockenem Wetter, möglichst nachmittags. **Zuckererbsen,** die mit Schalen gegessen werden, sind pflückreif, sobald sich die Samen an der Hülse deutlich abheben. **Grüne Bohnen,** die hauptsächlich als Brech- und Schnittbohnen Verwendung finden, werden wöchentlich durchgepflückt, das fördert die Anlage neuer Blüten. Der günstigste Erntetermin ist gekommen, wenn die Hülsen beim scharfen Knicken glatt durchbrechen. Unreife rohe Bohnen enthalten **Giftstoffe** und dürfen nur gekocht gegessen werden.

Speisemöhren. Man zieht die größten Wurzeln heraus und schließt die Löcher hinterher, um der Möhrenfliege die Eiablage zu erschweren. Bei guter Durchfeuchtung lassen sich selbst auf schwerem Boden die längsten Möhren leicht herausziehen.

Kohlrabi wird laufend verbraucht. Damit überständige Knollen nicht holzig werden, hilft Behäufeln bei trocknem Wetter. - **Blumenkohl** darf nicht zu lange stehen, sonst lockert und verhärtet sich die Blume, und man möchte sie doch zart und weiß haben, weil sie uns so feine Gerichte gibt. Vor dem Verfärben bewahrt man den Kopf, indem man ein Blatt darüber knickt. - **Brokkoli.** Hat sich der Hauptkopf ausgebildet, wird er herausgeschnitten. Man darf damit nicht zu lange warten, sonst werden Knospen locker und beginnen zu blühen. Anschließend wird gedüngt und gewässert, damit sich bald Nebenköpfe bilden. - **Früher Kopfkohl** hält sich nicht zu lange auf dem Beet. Er platzt leicht nach stärkerem Regen. Deshalb sofort mit dem Spaten ein Teil der Wurzeln abstechen.

Zucchini sollte bei 20-25 cm Länge geerntet werden, um so mehr wächst zu. Für Patisonkürbis günstiges Erntestadium bei 10 cm Durchmesser. Verwendung mit Schale, sehr zart. Gute Wasserversorgung nach Teilernten und kleine Flüssig-Düngergaben, Bio-Trissol, 5 ml/1l Wasser lassen die Früchte rasch heranwachsen.

Gurken sind gleichfalls ertragreicher, wenn man die Früchte nicht zu groß werden lässt. Früchte abschneiden, nicht abreißen, sonst leiden die Pflanzen.

Vom **Neuseeländer Spinat** handlange Seitentriebe bis aufs unterste Blatt abschneiden, Haupttriebe etwas einkürzen. Nach jeder 2. Ernte mäßig düngen.

Schalotten zeigen durch Blattwelke den Reifebeginn an. Nach dem Vergilben der Schalotten hebt man die Büschel mit einer Grabegabel aus dem Boden, lässt sie betrocknen und nachreifen. Abgetrennt werden nur so viel Zwiebeln, wie man gerade braucht.

Gewürzkräuter stehen zur Ernte an. Das Aroma ist nach Sonnenuntergang am besten. Vor der Blüte schneidet man: Beifuß, Deutschen Estragon, Dill, Pfefferminze, Pimpinelle, Salbei, Wermut. Zu Beginn der Blüte: Basilikum, Bohnenkraut, Russischen Estragon, Salbei, Ysop, Zitronenmelisse. Während der Blüte: Majoran, Rosmarin, Lavendel. Von Kümmel erntet man die Samen, wenn sie braun werden. Die Kräuter bündelt und trocknet

Die Einlege- und Salatgurke 'Sperlings Mervita' wird 25 cm lang und ist überwiegend bitterfrei. Sie wächst platzsparend und ist resistent gegen Gurkenkrankheiten.

man im Schatten. Trockengut bewahrt man am besten in Weißblechdosen, Papiertüten oder Beuteln auf, Samen in verschließbaren Gläsern. – **Einfrieren** ist bei vielen Kräutern möglich. Sie werden gewaschen, zerkleinert, portionsweise in Alufolienbögen von etwa 15 mal 15 cm durch Falten verpackt und in Tüten gesteckt.

Rhabarber braucht neue Kraft

Über die erste Juliwoche hinaus sollte Rhabarber nicht geerntet werden. Die Pflanzen müssen mit Hilfe neuer Blätter die Vorratskammern im Wurzelstock wieder auffüllen. Je besser die Versorgung, desto kräftiger kommt im Frühjahr der Austrieb.
Die Pflanzen brauchen vor allem reichlich **Feuchtigkeit** und **humusreiche Düngung.** *Stallmist* wird in ziemlicher Menge vertragen und ausgewertet; flaches Einarbeiten mit einer Grabegabel ist ratsam. Ein guter Ersatz ist *Frisch-*

kompost, den man 5 cm stark als Bodendecke aufbringt. Fehlt es hieran, so verwende man einen organischen Humus-Dünger oder Fertofit-Garten-Dünger, 100 g/m², den man flach, bis 10 cm tief, in den Boden einarbeitet. Anschließend wässern, Boden feucht halten.
Bald entwickeln sich neue Blätter an kräftigen Stielen, doch darf man nicht erneut ernten. Der Wert des Rhabarbers liegt in der Frühlingsernte. Spättreibende Samenstände schon in der Knospe entfernen. Übrigens braucht Rhabarber volle Sonne, damit der Nitratwert nicht zu hoch ansteigt.

Knollenfenchel, ein magenfreundliches Gemüse

Der Gemüse- oder Knollenfenchel wurde so weit verbessert, dass es sich lohnt, ihn im Garten anzubauen. Großknollige **Sorten:** 'Finale', 'Orion', 'Selma'. Die sich über dem Erdboden

bildenden knolligen Stengelverdickungen eignen sich als Salat und Kochgemüse, das selbst Magenempfindlichen bekommt. Da nitratreich, nicht aufwärmen, 'Zefa Fino' kann schon ab Juni gesät werden.
Lockerer, humoser, nährstoffreicher, feuchter **Boden** sorgt für *schnelle Knollenbildung,* wodurch die Schosserneigung gering bleibt. Vor der Saat gesiebte Humuserde oder torffreie NeudoHum-Pflanzerde 5–6 cm tief einarbeiten. 14 Tage nach dem Auflaufen setzt die Versorgung mit Nährstoffen ein.
Günstige **Aussaatzeit** erste Julihälfte. Mit 40 x 25 cm Abstand drückt man 2–3 Samen 2 cm tief in den Boden, hält feucht und vereinzelt bald nach dem Auflaufen durch Wegkneifen der schwachen Pflänzchen. Bei feuchtem Wetter sind die zarten Keime durch **Nacktschnecken** gefährdet, so dass man zwischen den Pflanzen Ferramol-Schneckenkorn ausstreut oder Schädlingsschutz-Netze über das Beet legt.
Da Fenchel eine Pfahlwurzel bildet, lässt er sich schlecht verpflanzen. Versorgung mit abgestandenem Wasser und durch mehrere Düngergaben.

Chinakohl bringt milden Salat

Chinakohl, eine Kurztagspflanze, gedeiht nur in der zweiten Vegetationsperiode, bildet 50 bis 60 cm hohe, schlanke Köpfe und kann roh oder gekocht zubereitet werden. Er ist leicht verdaulich, nicht blähend und ohne den bekannten Kohlgeschmack. Von den F_1-Hybriden reifen in 60 Tagen z.B. 'Nippon F_1', 'Chorus-F_1', in etwa 75 Tagen 'Monument F_1'. Neu hinzugekommen ist der Chinesische Senfkohl 'Pak Choy', der wie Chinakohl kultiviert und verwertet wird. Auffallend sind die breiten weißen Stengel (Stielgemüse) mit dunkelgrünen Blättern. Gesät wird zwischen dem 15. und 25. Juli. Man zieht Reihen im Abstand von 40 cm und legt alle 30 cm einzelne Saatkörner aus. Nach dem Keimen bleibt immer nur das kräftigste Pflänzchen stehen, überzählige werden abgekniffen. Die Ansprüche an den Boden sind sehr hoch. An Wasser darf kein Mangel eintreten. Außerdem ist wiederholt flach zu hacken. Sind die Pflanzen handbreithoch, so gibt man erste Kopfdüngung und wiederholt sie dreimal alle zwei Wochen, z. B. Ferto-fit-Garten-Dünger, je 50 g/m².

Gegen Lochfraß durch Erdflöhe Schnitt- und Pflücksalat zwischensäen und Boden feucht halten; dann Düngergaben erhöhen, Kohlfliegenbefall lässt sich verhüten durch das Schädlingsschutznetz oder Vlies. Bedeckung bis Ende August genügt meistens. Dadurch lassen sich auch Kohlweißlingsraupen und Eigelege verhindern. Der Zubereitung als grüner Salat ist gegenüber dem Kochgemüse der Vorzug zu geben.

Folgesaaten, die sich lohnen

Abgeerntete Flächen werden sofort gesäubert, tief gelockert, ohne den Boden zu wenden. Humusbildende Stoffe kann man in begrenzter Menge noch flach einarbeiten, z. B. 3 l/m² Komposterde oder 100 g/m² FulHumin. Es ist auch möglich, Pflanzenrückstände unterzugraben, nicht aber für nachfolgendes Wurzelgemüse. In der Sommerhitze ist besonders aufmerksam zu wässern, damit die Keimung nicht ins Stocken gerät. Flachfolie bedeutet hier eine große Hilfe, besonders die „wachsende" Folie.

Für **Zichorie 'Zuckerhut'** ist die Saat Anfang Juli in vielen Gebieten am günstigsten. (Näheres siehe S. 225.)
Buschbohnen, in der ersten Julihälfte gesät, stehen zur Grünpflücke an,

wenn Stangenbohnen abgeerntet sind (Näheres S. 193). Bis Mitte Juli kann man noch 'Sperlings Annabel' mit feinen Gourmet-Böhnchen oder 'Golddukat', Nebelung (Kiepenkerl), säen.

Aussaat von **Spinat** ab Ende Juli ist aussichtsreich bei Verwendung einer Sommersorte, wie 'Atlanta' und 'Monnopa', sind gegen zwei Erreger des Mehltaus tolerant. Beide winterhart. Reihenabstand 20 cm, Saattiefe 3 cm, Samenbedarf 5 g/m².

Halblange **Möhren** vom Typ 'Nantaise' wie 'Laila' entwickeln sich noch voll bis zum Winter. 'Sperlings Frühbund' kann den ganzen Monat über gesät werden, ist für Folienverfrühung und kurze Einlagerung geeignet. Zur Aussaat runder Karotten der Sorte 'Kundulus' (verbesserte 'Pariser Markt') besteht Anfang Juli noch die Möglichkeit. Besonders kräftig entwickelt sich 'Nantaise 2' von Kiepenkerl. Reihenabstand 20-30 cm, in der Reihe 1-2 cm, Saattiefe 2,5-3 cm, Pillensamen und Saatband (vorkeimen!) 1-1,5 cm. Bei 2-3 cm hohen Pflanzen

gegen *Möhrenfliege* Bio-Gemüse-Streumittel anwenden. Nach 14 Tagen wiederholen, oder Neudorffs Schädlingsschutz-Netz einsetzen.

Rettiche aller Sorten können gesät werden. Früh- und Sommersorten brauchen etwa 2, Herbst- und Wintersorten 4 Monate. Saat in Reihen mit 20-30 cm Abstand, Saattiefe 2 cm, verziehen auf 5-10-15 cm. Empfehlenswert sind 'Münchener Bier' oder 'Runder schwarzer Winter' (Kiepenkerl). Gegen die *große Kohl-oder Rettichfliege* siehe bei Möhren.

Radieschen sollten bis Anfang September alle 2-4 Wochen gesät werden, jetzt nur *Sommersorten*, die sich lange halten, aber auch Eiszapfen.

Eissalat für die Herbsternte kann mit der sehr guten Sorte *'Rocco'* Ende Juli gesät, Mitte August gepflanzt werden. Lagerung bei + 1 °C, 95 % rel. Luftfeuchtigkeit; Köpfe halten sich bis zehn Tage.

Porree kann in milden Lagen noch gesät werden, am besten gleich in handbreite und -tiefe Furchen. Wo es auf

Sobald die Ernte von Radieschen beginnt, empfiehlt sich an anderer Stelle eine Folgesaat, damit immer ein paar Radieschen zur Verfügung stehen. Jetzt die Sommersorten säen!

Winterhärte ankommt, ist Sperlings 'Genita' (verbesserte 'Winterriesen') angebracht. Reihenabstand 30–40 cm, in der Reihe auf 10 cm verziehen. Spinataussaat für Herbsternte kann beginnen. Bis zur Ernte 75 Tage.

Gemüsepflanzung für die späte Ernte

Folgepflanzungen von Kopfsalat, Winterendivie, Kohlrabi und Blumenkohl kann man noch alle 2–3 Wochen vornehmen. Hinzu kommen Kohlrüben, Grünkohl, Porree und Wirsing für die Wintermonate. Boden tief lockern.

Kohlrüben oder gelbe Wruken sind bei guter Zubereitung ein wohlschmeckendes, sehr gesundes Gemüse, so dass der Anbau (in größeren Gärten) vertretbar ist. Obwohl die Pflanzen bescheiden sind, brauchen sie doch alle Nährstoffe, besonders Bor. Dies ist in Thomaskali enthalten, davon sind 50 g/m² 10–20 cm tief einzuarbeiten, sonst entstehen glasige Stellen oder hohle Rübenkörper. Für die weitere Ernährung verwende man Fertofit-Garten-Dünger, von dem man mehrmals 50 g/m² berücksichtigt. Gepflanzt wird Anfang Juli mit 40 x 50 cm Abstand, nur so tief, wie die Setzlinge im Saatbeet gestanden haben, sonst wird die Knollengröße beeinträchtigt.

Grünkohl, Blätter-, Kraus- oder Winterkohl gedeiht in jedem Garten, auf jedem Boden, am besten in sonniger Lage. Er liefert ein gesundes Kochgemüse. Nach einer Grunddüngung, z. B. mit 100 g/m² Manna Spezial, wird gepflanzt, möglichst erste Julihälfte. Mittelhohe Sorten brauchen 40 x 50–60 cm, niedrige 40 x 30–40 cm Abstand. Hilft man mit Wasser und kleineren Kopfdüngungen nach, so ist mit prachtvoller Entwicklung der Pflanzen zu rechnen.

Winterporree kommt möglichst bis Mitte Juli in 10 cm tiefe Furchen, die 30 cm voneinander entfernt gezogen werden. In der Reihe hält man 10–12 cm Abstand. Gute Frosthärte besitzen 'Sperlings Genita' (verb. 'Winterriesen'), und 'Lerchenzungen'. Düngung wie bei Grünkohl.

Winterwirsing (s. Seite 395) wird in günstigen Lagen bis Ende Juli mit 60 x 50 cm Abstand gepflanzt. Die Setzlinge kommen tiefer in den Boden, als sie im Saatbeet gestanden haben. Bei Trockenheit ist reichlich zu gießen (bis 30 l/m²). Blattläuse, die an den gekrausten Blättern gern unterschlüpfen, muss man sofort mit Neudosan Neu bekämpfen. Die Ansprüche an Bodenqualität und Nährstoffvorrat sind etwas höher als bei Grünkohl.

Gemüse braucht auch im Sommer Pflege

Jäten, Hacken, Wässern, Düngen, Mulchen, Pflanzenschutz gehören zur Sommerpflege. **Unkraut** ist möglichst schon im Keimstadium durch Hacken, Fräsen oder Wieseln zu vernichten. Die Bodenoberfläche nicht tiefer als 1–3 cm bearbeiten.

Gemüse muss zügig wachsen und braucht **Wasser** zur rechten Zeit. Im Anschluss an Trockenperioden sind kleine Wassergaben besser als anfangs zuviel. Sprengwasser, das durch die Luft gesprüht wird, erwärmt sich etwas. *Frische Saaten und Pflanzungen* brauchen täglich etwas *Wasser.* Bedeckung des Bodens mit Mulchmaterial verringert die Pflege wesentlich.

14 Tage nach dem Auflaufen oder Auspflanzen mit dem **Düngen** beginnen. In der Entwicklung stehendes Gemüse braucht je nach Anspruch alle 2–4 Wochen eine **Volldüngung,** jedesmal 3–5 g/m² Stickstoff. Eine zusätzliche Gabe Kalimagnesia, 20–30 g/m², sorgt z. B. bei *Tomaten* dafür, dass Früchte

Winterporree bis Mitte Juli pflanzen. Eine langschäftige Sorte bringt den größten Ertrag.

nicht so leicht platzen. *Sellerie* ist dankbar für chloridhaltiges Kali, wie 40er oder 50er Kali. Hinterher reichlich wässern. Letzte Düngung 3 Wochen vor einer Ernte.

Mit **Gurkenmehltau** ist bei manchen Sorten ab Ende Juli zu rechnen. Vorbeugende Behandlungen, z. B. mit Neudo-Vital 1%ig, alle 8–10 Tage, verlängern die Ernteperiode um etwa drei Wochen (Mehrertrag von mindestens 50%). Gegen *Rote Spinne* Blattunterseite mit Neudosan AF behandeln.

Stabtomaten sind wöchentlich auszugeizen und nachzubinden. Bei Verwendung der Dachschlitz-Tomatenhaube öffnet man die Schutzfolie oben und bindet sie hinterher wieder zusammen. Ohne Folienschutz leiden Tomaten in nassen Jahren oft unter der Kraut- und Braunfäule. Vorbeugende

Spritzungen, z.B. mit Neudo-Vital 1%ig, in Abständen von 10–14 Tagen, schützen.

Gegen die **Blattfleckenkrankheit** mancher *Selleriesorten* helfen Spritzungen Anfang und Ende Juli mit Antracol WG oder einem entsprechenden Mittel.

Kohlgewächse leiden oft unter *Raupen*. Spätestens beim ersten Lochfraß absammeln, einschließlich der Eigelege, oder ein geeignetes Präparat wie Neudorffs Raupenspritzmittel N anwenden. Gegen die *Mehlige Kohlblattlaus* hilft Neudosan Neu.

Vereinzelt *welkende Kohlpflanzen* lassen im Wurzelbereich **Kohlfliegenmaden** oder **Kohlhernie** vermuten. Sofortiges Ausgraben ermöglicht die Feststellung der Ursache. – Im Juli ist mit der zweiten Generation der Möh-ren-, Zwiebel- und Kleinen Kohlfliege zu rechnen. Die Große Kohl- oder Rettichfliege hat ihren ersten Auftritt. Vermadung durch Schädlingsschutz, Streu- oder Gießmittel.

Maulwurfsgrille, schädliches Großinsekt

Das krebsähnliche, braune, bis 5 cm lange Insekt, auch als *Erdkrebs, Erdwolf* oder *Werre* bekannt, kann auf leichteren, humosen Böden empfindliche Schäden verursachen. Die Grille wirft daumendicke Gänge auf und entwurzelt dabei junge Pflanzen. Zwar ernährt sie sich hauptsächlich von Bodenlarven und Regenwürmern, doch werden auch Wurzeln abgebissen, besonders dort, wo sich das Nest für die Brut befindet.

Für die *mechanische Bekämpfung:* Nestklumpen ausfindig machen, Eier oder Larven vernichten. In bewachsenem Boden befinden sich die Nester meist unter welkenden Pflanzen. Auf freien Stellen mit dem Zeigefinger die Gänge abtasten, bis man einen abwärts führenden Gang findet. – Ein mit Werren stark besetzter Garten wird abends mit Wasser gesprengt, um die Gänge einzuebnen. Am nächsten Tag schon wühlt der Schädling über dem Nest neue Gänge. Hier kann man dann nachgraben.

Nachts umherlaufende Grillen lassen sich in steilwandigen Gefäßen (Erbsenbüchsen) fangen, die man bis zum Rand in den Boden einlässt. Eine Bekämpfung durch Kleie-Köder wie bei den Erdraupen beschrieben hat nur großräumig Erfolg.

Zusätzliche Anmerkungen

Winterendivie kann man bis Mitte Juli säen. Üblicher Abstand 30–40 x 30 cm. Bei einem Anbau von 25 x 25 cm wird das äußere Laub hochgedrückt und die Selbstbleichung unterstützt. Aussaathinweise S. 225. – 'Sperlings Jeti' und 'Bubikopf' sind besonders widerstandsfähig gegen nasskalte Witterung.

Speisezwiebeln sollen auf natürliche Weise ausreifen. Unterstützen lässt sich die Haltbarkeit auf dem Winterlager durch gute Kaliversorgung. Anfang Juli kann man noch 20 g/m² Kalimagnesia flach einbringen. Wenn Zwiebeln auf schwerem nassen Boden mit dem Wachstum nicht rechtzeitig abschließen, sollte man Ende Juli oder im August mit einem Spaten schräg unter die Reihen stechen, um durch Abtrennen von Wurzeln die Wasseraufnahme einzuschränken.

Steckzwiebeln für Saatzwecke beim Vergilben aufnehmen. 2–3 Wochen nachtrocknen. Trocknes Laub dann abdrehen. Die nächstjährige Schosserneigung der haselnussgroßen Zwiebelchen wird durch kühle, luftige Lagerung und durch Darren im Winter verhindert.

Spargel soll neue Kräfte sammeln. Das grüne Kraut muss deshalb gegen Windbruch, Krankheiten und Schädlinge geschützt werden. Auch darf man nichts für Bindezwecke abschneiden. Gegen die gefährlichste Spargelkrankheit, den **Rost,** helfen Spritzungen, z.B. Kupferkalk-Atempo 0,3%ig oder Neudo-Vital 2%ig, in Abständen von 10–14 Tagen zur Vorbeugung. Gegen das bunte **Spargelhähnchen** und den zwölfgepunkteten **Spargelkäfer** und ihre Junglarven, die ganze Anlagen kahl fressen können, spritzt oder stäubt man mit Rücksicht auf die sich lange hinziehende Spargelblüte ein *bienenungefährliches Mittel,* wie Neudosan Neu. Bei ge-ringem Auftreten Schädlinge frühmorgens absammeln und vernichten. Da die **Beeren** unnötig Nährstoffe verbrauchen, beizeiten abpflücken.

Erdraupen (siehe auch S. 226), die in der 1. Julidekade noch schlüpfen, können durch starke Beregnung größtenteils vernichtet werden. Sonst helfen Köder. – Treten erste Schäden auf, so gräbt man die betroffene Pflanze mit reichlich Erde aus und wird hier auch die Raupe finden, die man zertritt. Wo sich Erdraupen stark bemerkbar machen oder ein unbedingter Schutz erwünscht wird, gieße man *es-Nematoden* (Nützlinge, S. 201 und 254).

Speiserüben für die Herbsternte werden Ende Juli/Anfang August gesät. Je nach Sorte ist ein Reihenabstand von 20–40 cm einzuhalten. In der Reihe ist auf 20–25 cm zu verziehen. Zur Rübenentwicklung sind mindestens acht Wochen erforderlich. Zweimal mit je 50 g/m² Fertofit-Gartendünger.

August

Allgemeines

Was ist von den Nützlingen zu erwarten?

Nützliche Tiere, die sich von schädlichen ernähren, helfen Schädlingsplagen vermeiden. Allerdings darf man an ihre Hilfe keine übertriebenen Erwartungen knüpfen. Oft sind **Nützlinge** erst in größerer Zahl vorhanden, wenn sich Schädlinge bereits stark vermehrt und größeren Schaden verursacht haben, was man vermeiden wollte. Vögel unterscheiden zudem nicht zwischen schädlichen und nützlichen Insekten. Insgesamt liegen jedoch beachtliche Teilerfolge vor. *Unsere Aufgabe ist es, Nützlinge zu schonen und zu fördern.* Nützlingsschonende Pflanzenschutzmittel helfen uns dabei.

Singvögel, besonders *Meisen, Finken, Ammern, Rotschwanz, Rotkehlchen,* stiften durch Verzehr **schädlicher Insekten** mehr Nutzen als Schaden.

Der **Marienkäfer** („Glückskäfer"), 0,5–1 cm, fast halbkugelig, ist als **Siebenpunkt** (Abb. 1 a 1) und als Zweipunkt weit verbreitet. Käfer und insbesondere Larven (a 2) fressen vorzugsweise **Blatt-** und **Schildläuse,**

täglich bis zu 100 Stück. Die **Florfliege** (Abb. b 1) - 2 cm lang, Augen goldgrün („Goldauge"), Flügel grün, durchsichtig, Fühler lang, dünn – und die aus *gestielten weißen Eiern* (b 2) schlüpfenden *Larven* (b 3), die überaus gefräßig sind, ernähren sich hauptsächlich von **Blattläusen, Blattflöhen und Milben.** Von den wespenähnlichen, etwa 1,3 cm langen **Schweb-** und **Schwirrfliegen** (Abb. c 1), die meist auffallend schwarzgelb gefärbt sind und im *Schwirrflug* in der Luft fast bewegungslos stehen können, sind nur die *egelartig aussehenden Larven* (c 2) als **Blattlausvertilger** nützlich. Wenn den Larven schon im III/IV Blattläuse (an Gehölzen) zur Verfügung stehen, können sie der starken Blattlausvermehrung im Frühsommer besser entgegentreten. Den Namen „**Blattlauslöwen**" haben sich die räuberischen Larven dieser drei Insekten zurecht eingehandelt.

Schlupfwespen sind am Zusammenbruch mancher **Raupenplage** in Kohlfeldern beteiligt und parasitieren die schädlichen **Gemüsefliegen** wie Kohl-, Möhren- und Zwiebelfliege, doch ist darauf allein kein Verlass. Auch räuberische **Laufkäfer, Raubmilben** und **Spinnen** sind wichtige

Gegenspieler von **Schadinsekten** und -**milben.**

Kröten und **Igel** halten den Garten frei von **Schnecken** und **Asseln.** *Igel* vertilgen auch Bodeninsekten und Mäuse.

Der **Maulwurf** unterliegt strengen Naturschutzbestimmungen und darf allerhöchstens vertrieben werden.

Weitere Nützlinge sind: *Spitzmaus, Eidechse, Wiesel, Fledermaus, Amsel, Star, Specht, Krähe* und andere; auch sie unterscheiden nicht zwischen nützlichen und schädlichen Insekten und verursachen manchen Schaden. Außerdem muss festgehalten werden, dass es *nicht für alle Pflanzenschädlinge geeignete natürliche Feinde* gibt.

Auch unter **Bakterien,** niederen **Pilzen, Viren** und parasitischen **Einzellern** gibt es *Organismen, die Pflanzenschädlinge vernichten* können; doch ist dieses Gebiet noch weitgehend unerforscht. In *humusreichen Böden* tötet z. B. ein mikroskopischer Bodenpilz **Bodenälchen** ab. Durch den industriell hergestellten *Bacillus thuringiensis* lassen sich schädliche **Raupen** vernichten. Hierher gehören auch Verfahren der Selbstvernichtung und der Einsatz von Sexual-Lockstoffen, die die Geschlechter trennen und die Vermehrung verhindern.

Die biologische Abwehr von **Pilzkrankheiten** steckt in den Anfängen. Man sorge deshalb für beste Kulturbedingungen, widerstandsfähige Sorten und mechanischen Schutz.

Die schlechtesten Früchte sind es nicht, woran die Wespen nagen

Beginnen frühe Birnen und Pflaumen zu reifen, so stellen sich die schwarzgelb gezeichneten Wespen ein. Mit kräftigen Kiefern nagen sie sich in die süßesten Früchte ein. Die Fruchtfäule (Monilia) setzt dann oft den

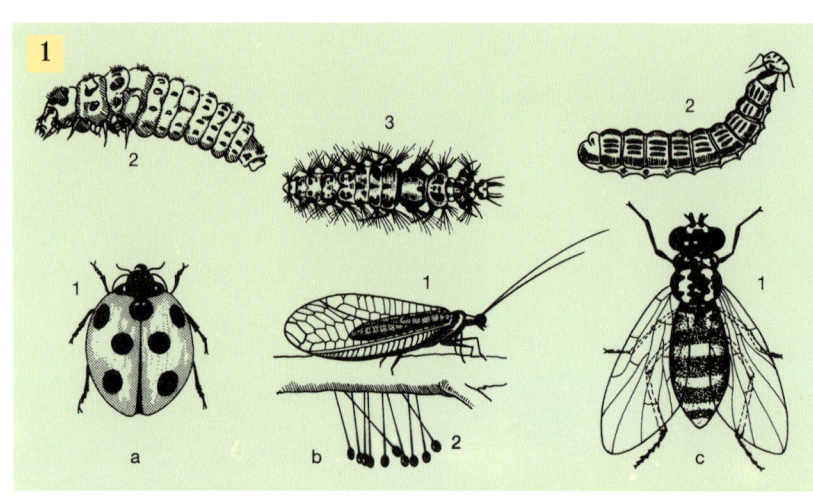

Die wichtigsten Nützlinge im Garten.

*Wespen nagen Birnen am Stielende an,
wo die Reife zuerst einsetzt, und öffnen so die
Frucht der Monilia.*

Schlusspunkt. Beträchtliche Verluste an Obst sind das traurige Ergebnis. Wespen werden auch lästig, besonders bei Kaffee und Kuchen und nicht nur im Garten. Größte Gefahr droht Kindern, die in eine Frucht mit einer Wespe beißen. Kommt es dabei zu einem Stich in den Mund, besteht Lebensgefahr. Erste Linderung bringt das Zerkauen einer Speisezwiebel, dann ist ein Arzt aufzusuchen.

Solche Schäden und Gefahren gehen auf das Konto Staaten bildender Wespen. Ihre grauen, faustgroßen Nester befinden sich an Dachsparren und in Erdhöhlen von Komposthaufen, Steingärten und Trockenmauern. Im Sommer enthält das Nest mindestens 2000 Tiere (1 Königin, Arbeiterinnen, Männchen). Die Brut wird mit schädlichen, aber auch nützlichen Insekten gefüttert. Der geringe Nutzen, der sich vielleicht ergibt, rechtfertigt keinen allgemeinen Schutz dieser Wespen. Im Herbst geht das Wespenvolk zugrunde. Nur befruchtete Weibchen überwintern als Königinnen und gründen im Frühling neue Staaten. Das ist der günstigste Zeitpunkt, sie zu fangen.

Wer jetzt jedoch ein Wespenvolk vernichten will, sei zuvor gewarnt. Bei Neststörungen gehen Wespen sofort zum Gegenangriff über. Ohne nötigen Schutz besteht für Menschen Lebensgefahr. Direkte Bekämpfung sollte auch nur spätabends oder frühmorgens erfolgen; denn infolge der Kühle sind die Wespen flugbehindert. Bei einem hängenden Nest im Gebälk sprayt oder spritzt man ein Insektizid in die untere runde Flugöffnung. Wird am Tage kein Wespenflug mehr beob-

achtet, schneidet man das Nest ab und entsorgt es. Bei Erdnestern muss das Insektengift ebenfalls ins Flugloch gelangen.

Ungefährlich dagegen ist das Ködern. Im Sommer lässt sich damit jedoch die Wespenplage nicht beseitigen. Es lohnt sich aber, die Fängigkeit auszuprobieren, um im Herbst und Frühling erfolgreich Königinnen zu ködern.

1. Enghalsige Flaschen zu $\frac{1}{3}$ mit vergorener Fangflüssigkeit füllen, z. B. leicht gesüßtem Bier oder Fruchtsaft mit einem Schuss Essig, um Bienen fernzuhalten. Flaschen aufstellen oder in Baumkronen hängen. Eingedrungene Wespen können sich fliegend nicht mehr befreien. Bei nachlassender Lockwirkung Flüssigkeit erneuern.

2. Eine Büchse Obstcocktail geöffnet eine Woche zum Gären der Sonne

Staudensonnenblume, Heliánthus decapétalus 'Meteor', bildet 120 cm hohe Büsche mit reingelben Blüten.

Zusätzliche Anmerkungen

Ernterückstände und andere Grün- und Gehölzschnitt-Abfälle ergeben zerkleinert und gemischt ein sehr gutes Kompostmaterial. Durch schichtweises Aufsetzen und Zugabe von BioKompost-Flocke und etwas Gartenboden kommt die Verrottung rasch in Gang, so dass bereits im Spätherbst wertvoller Mulchkompost zur Bodenbedeckung unter Sträuchern und zwischen Stauden zur Verfügung steht. Über Winter genügt eine Schicht von

3 cm Höhe. Verstärkt wird die Bodenbedeckung dann wieder Ende Mai, wofür der Winterkompost geeignet ist.

Lärmschutzwände aus Decksträuchern brauchen oft mehrere Jahre, bis sie an der Grundstücksgrenze die erwünschte abschirmende Wirkung übernehmen können. Wer sofort Abhilfe braucht, verwende fertige *Ornamentsteine*, die in unterschiedlichen Mustern und Größen von der Betonindustrie für diesen Zweck entwickelt wurden.

*Prachtspiere, Astilbe-Arendsii-Hybride 'Glut', mit leuchtend feuerroten Rispen, 80 cm hoch.
Sie verträgt Halbschatten, Sonne nur auf feuchtem Boden.*

aussetzen. Danach erhöht in einen hellen Eimer stellen. Diesen mit Wasser bis zum Büchsenrand füllen. Wespen fallen ins Wasser und kommen um.

3. Permanent-Wespen-Falle ist ungefährlich und einfach zu handhaben.

Im Blumen- und Ziergarten

Gepflegte Stauden blühen länger

Bitte überlassen Sie die prachtvoll blühenden Beetstauden nicht sich selbst. Es sind stark durchgezüchtete Pflanzen, die nur bei pfleglicher Behandlung entsprechend aussehen. Schon das alsbaldige **Wegschneiden** verblühter Blumen regt viele Stauden zu weiterer Blüte an und strafft den Wuchs. **Samenansatz** muss ausbleiben. Er schwächt die Pflanzen und verkürzt ihr Dasein. Selbstaussaat sollten Sie unbedingt verhindern, sie bringt minderwertige Qualität. Von reichblühenden Stauden empfiehlt sich, öfter einen **Strauß für die Vase** zu schneiden, besonders von Stauden, die einen Nachflor bringen, wie Sommer-Margerite, Mädchenauge, Rittersporn, Feinstrahl, Kokardenblume, Nelkenwurz, Sonnenbraut, Lupine usw.

Was beim **Rittersporn** verblüht ist, nimmt man sofort auf 30 cm zurück. Zeigt sich dann der Neutrieb, können Sie die alten Stiele bis auf 10 cm wegschneiden, Feinstrahl und Lupine sind nach dem Verblühen bis dicht über dem Boden zurückzuschneiden. Bei der **Brennenden Liebe** werden die (obersten) verblühten Dolden entfernt. In den Blattachseln entstehen bald neue Blüten. Höhere Stiele sind an Stäbe zu heften. Das schlechte Aussehen dieser Staude wird oft durch Wurzelläuse verursacht, die Sie durch Angießen mit Spruzit flüssig vernichten können. Möchten Sie bisweilen die **Staudenblüte verlängern?**

Dazu ein Kniff: Wenn Sie ein Teil der Triebe von Herbst-Astern, Sonnenbraut, Mädchenauge und Phlox kurz vor Knospenbildung um 10 cm kürzen, werden Seitentriebe gebildet, die drei Wochen später blühen als die nicht gekürzten Stiele. Schneiden Sie dann z. B. bei Phlox die ersten abgeblühten Stiele sofort um ein Drittel zurück, dürfen Sie noch einen dritten Flor erwarten.

Nicht genügend standfeste Stauden bewahren Sie vor unschönen Verkrümmungen durch Beistecken von Stäben und lockeres Umbinden. Nicht mehr benötigtes Stützmaterial ist bei zurückgeschnittenen Stauden regelmäßig zu entfernen.

Den Boden zwischen Beetstauden sollten Sie locker und unkrautfrei halten. Es empfiehlt sich auch nicht, den Boden mit Polsterstauden völlig zu bedecken. Wohl aber ist eine Mulchdecke aus Grobkompost, 5 cm stark, günstig. Sie düngt den Boden und hält Unkraut zurück. Ausreichende Wasser- und Nährstoffversorgung verbessert die Blühwilligkeit. Bei anhaltender Trockenheit ist ein paar Tage später zu wässern, bei bedecktem Boden nicht zu früh. Stauden, die noch blühen sollen, können Sie bis zum Blühbeginn mit ein bis zwei Düngergaben auf den Boden versorgen, z. B. mit je 50 g/m² Fertofit-Garten-Dünger.

Trotz fürsorglicher Pflege lassen sich Krankheiten und Schädlinge nicht immer verhindern. Halten Sie den Schaden möglichst klein. Lassen Sie zuerst die Nützlinge wirken und verwenden Sie notfalls ein nützlingsschonendes Spritz- oder Stäubemittel wie z. B. Neudosan Neu oder Spruzit. Mehltaukranke Blätter sofort wegschneiden und die Pflanze mit Bio-Blatt-Mehltaumittel im Abstand von acht Tagen behandeln.

Die letzten abgeblühten Triebe der Beetstauden sind noch vor dem Winter abzuschneiden. Bei Wildstauden und -gräsern erfolgt der Rückschnitt erst im Frühjahr.

Eine reiche Staudenblüte liegt vor uns

Sommerstauden stehen noch in Blüte, und zögernd beginnt bereits der Herbstflor. Gelb in vielen Abstufungen ist beim Sommerblumenflor reich vertreten. Darunter mischt sich eine ganze Symphonie anderer Farben. Die nachfolgende Tabelle vermittelt einen Eindruck von dieser Vielfalt. Wo Standorthinweise fehlen, vertragen die Pflanzen übliche Gartenböden. Pflanzzeit für Sommerstauden ist der frühe Herbst oder bei spätem Abblühen der April.

Die Symbole bedeuten: ○ = sonnig, ◑ = halbschattig, ● = schattig, ☉ = absonnig.

Ein pflegeleichtes Staudenbeet

Zur Ausgestaltung des Gartens vermag eine Staudenrabatte viel beizutragen. Damit sie vom Frühjahr bis zum Herbst eine Augenweide und pflegeleicht ist, bedarf es guter Planung und Vorbereitung. Abb. 2 A (Seite 260) gibt einen Überblick; der stark umgrenzte Teil wurde vergrößert in Abb. 2 B mit einem Bepflanzungsvorschlag dargestellt.

Wie in der freien Natur Stauden oft in Verbindung mit Gehölzen anzutreffen sind, so sollten auch im Staudenbeet einzelne **Gehölze** als „Gerüstbildner" auftreten. Ist die Staudenpflanzung nach zwei Seiten offen, so setzt man kleinere Sträucher in die Mitte; entlang einer Wand, einer Gehölzgruppe oder Hecke mehr in den Hintergrund.

Danach wählt man ein paar **Leitstauden** aus, um im gehölzfreien Teil weitere Schwerpunkte zu bilden. Rittersporn, Pfingstrose, Phlox, Sonnenhut, Sonnenbraut, auch größere Gräser, wie *Miscánthus*, sind geeignet. Verwendet werden nur wenige Arten, die

TABELLE ÜBER SOMMERSTAUDEN – TEIL I

Deutsche und botanische Namen	Lage	Höhe (cm)	Blüte (Farbe, Monat), Besonderes	Stück je m²
Beetstauden				
Gold-Garbe, *Achilléa filipendulína* 'Parker'	○	100	goldgelb, VI–IX, ⎱ anspruchslos, für	5
Rote Schaf-Garbe, *A. millefólium* 'Kirschkönigin'		60	tiefdunkelrot, ⎰ Trockensträuße	9
Eisenhut, *Aconítum napellus* 'Nanum'	○ ◑	80	blau, violett, VII–VIII, giftig	7
Stockrose, *Alcéa rósea* 'Pleniflora'	○	200	bunt, VII–IX, sofort Rückschnitt	5
Ochsenzunge, *Anchúsa itálica*	○	100	blau, VI–IX, starker Rückschnitt	
Herbst-Anemone, *Anemóne hupehénsis*	○ ◑	50	rosarot, VII–X, ⎱ Humusboden,	5
– , *A.*-Japonica-Hybr., viele Sorten	○ ◑	80	rosa, rot, weiß ⎰ lehmig, frisch	
Sommer-Aster, *Áster améllus*-Sorten	○	30–60	blau, rosa, VII–IX, guter Boden	7
Prachtspiere, *Astílbe*-Arendsii-Hybr.	◑	70	bunt, VII–IX, ständig feucht	7
Glockenblume, *Campánula lactiflóra*	○ ◑ ● ☉	90	lilarosa, violett ⎱ Rückschnitt dicht	9
Karpaten-Glockenblume, *C. carpática*	○ ☉	25	lila, weiß, VI–IX, ⎰ über dem Boden	12
Margerite, *Chrysánthemum*-Maximum-Hybr.	○	75	weiß, Mitte gelb, VII–IX, Sorten	7
Mädchenauge, *Coreópsis grandiflóra*	○	25–80	goldgelb, VI–IX, sofort Rückschnitt	9
– , *C. verticilláta* 'Grandiflora'	○	60	gelb, VI–IX, Blätter nadelförmig	9
Kugeldistel, *Echínops*-Arten	○	100	blau, VII–IX, dekorative Pflanze	4
Rittersporn, *Delphínium* (Pacific)	○	150	blau, weiß, VIII–X, guter Boden	3
Kokardenblume, *Gaillárdia*-Hybriden	○	20–70	gelb-rot, VII–IX, Rückschnitt sofort	12
Schleierkraut, *Gypsóphila paniculáta*	○	100	weiß, rosa, VII–VIII, dekorativ	3
Sonnenbraut, *Helénium*-Hybriden	○	150	gelb, rotbraun, VII–IX, aufbinden	5
Sonnenblumen, *Heliánthus*-Arten	○	175	gelb, VIII–IX, sehr wirkungsvoll	3
Sonnenauge, *Heliópsis scábra*	○	125	gelb, VII–IX, frischer Boden	5
Taglilie, *Hemerocállis*-Hybriden	○ ◑	90	gelb, rotbraun, VI–IX, feucht	4
Fackellilie, *Kniphófia*-Hybriden	○	100	gelb, orange, VII–IX, Winterschutz	5
Prachtscharte, *Líatris*-Arten	○	40–90	violett, VI–IX, Boden durchlässig	12
Indianernessel, *Monárda*-Hybriden	○ ◑	120	rot, rosa, VII–IX, Boden frisch	7
Nachtkerze, *Oenothéra missouriénsis*	○	15	hellgelb, VII–IX, breitwüchsig	5

August

TABELLE ÜBER SOMMERSTAUDEN – TEIL II

Deutsche und botanische Namen	Lage	Höhe (cm)	Blüte (Farbe, Monat), Besonderes	Stück je m²
Beetstauden				
Bartfaden, *Penstémon*-Hybriden	○ ◐	60	rot, blau, VI–IX, Winterschutz	12
Flammenblume, *Phlox*-Paniculata-Hybr.	○	80	bunt, VII–IX, kräftiger Boden	5
Gelenkblume, *Physostégia virginiána*	○ ◐	70	rot, weiß, VIII–X, Boden frisch	9
Ballonblume, *Platycódon grandiflórus*	◐	50	blau, weiß, perlmutt, VII–VIII	12
Sonnenhut, *Rudbéckia fúlgida* var. *sullivánti* 'Goldsturm'	○ ◐	60	goldgelb, dunkle Mitte, VIII–X, genügsam, willig blühend	9
– , *R. nítida* 'Herbstsonne'	○ ◐	200	gelb, VIII–IX, Solitärstaude	3
Salbei, *Sálvia nemorósa* 'Ostfriesland'	○	50	nachtblau, VII–X, Rückschnitt	9
Skabiose, *Scabiósa caucásica*	○	80	blau, violett, weiß, VI–IX 9	
Fetthenne, *Sédum spectábile*	○	35	rosa, violett, VIII–IX, genügsam	7
Silene, *Siléne scháfta* 'Splendens'	○ ◐ ☉	10	rot, VIII–IX, frischer Boden	12
Goldrute, *Solidágo*-Hybriden	○	70	gelb, VII–IX, Verblühtes abschneiden	5
Dreimasterblume, *Tradescántia* – Andersoniana-Hybr.	◐	50	bunt, VI–X, **-Sorten, bevorzugt kalkarmen, feuchten Boden	7
Ehrenpreis, *Verónica longifólia* 'Blauriesin'	◐	80	blaue Blütenkerzen, VII–VIII	9
2. Wildstauden				
Bärenklau, *Acánthus longifólius*	○	80	weißlich rosa, VII–VIII, dekorativ	3
Eisenhut, *Aconítum napellus*	○ ◐ ☉	120	blau, VII–VIII, Boden feucht	7
Stockrose, 5 *Alcéa ficifólia*	○	200	meist gelb, einfach, VII–IX	3
Herbst-Anemone, *Anemóne vitifólia*	◐	100	rosa, VIII–X, Humusboden, frisch	5
Goldhaar, *Áster linósyris*	○	60	goldgelb, VII–X, sehr wertvoll	9
Waldspiere, *Astílbe chinensis* var. *púmila*	○ ◐ ● ☉	25	lilarosa, VIII–IX, dichtwachsend	12
Färberhülse, *Baptísia austrális*	○	60	lilablau, lupinenähnlich, VII–VIII	3
Bleiwurz, *Ceratostígma plumbaginoldes*	○ ◐	20	azurblau, VIII–X, Winterschutz	16
Silberkerze, *Cimicífuga*-Arten	◐ ☉	180	weiß, VII–IX, Humus, Waldboden	4
Edeldistel, *Eryngium*-Arten	○	70	blau, VII–VIII, Trockensträuße	5
Mädesüß, *Filipéndula*-Arten	◐	100	rot, weiß, VII–VIII, Gehölzrand	5
Enzian, *Gentiána asclepíadea*	◐	50	dunkelblau, VII–IX, Humusboden	7
Kreuz-Enzian, *G. cruciáta*	◐	25	blau, VII–IX, kalkliebend 12	
Sommer-Enzian, *G. septémfida* var. *lagodechiána*	○ ☉	15	leuchtend blau, VIII–IX	16
Storchschnabel, *Geránium*-Arten	○ ◐	20–50	lilarosa, VI–VIII, genügsam	12
Taglilie, *Hemerocállis*-Arten	◐	70	gelb, braun, VII–VIII, frisch	5
Funkie, Herzlilie, *Hósta*-Arten	◐ ☉	50	lila, weiß, VII–VIII, genügsam	9
Alant, *Ínula*-Arten	○	–	gelb, VII–VIII, 20–200 cm hoch	3–12
Wachsglocke, *Kirengeshóma palmáta*	◐ ●	80	mattgelb, VIII–IX, feucht, humos	5
Staudenwicke, *Láthyrus latifólius*	◐	200	rötlich, weiß, VII–IX, klettert	
Buschmalve, *Lavatéra thuringíaca*	○ ◐	150	rosa, weiß, VII–IX, prachtvoll	1–3
Greiskraut, *Ligulária*-Arten	◐	120	gelb, VII–IX, kühl, feucht	3
Federmohn, *Macláya cordáta*	○ ◐	300	hellrosa, VII–VIII, wuchert	5
Katzenminze, *Népeta* x *faassénii*	○	30	lila, VI–IX, Laub weißfilzig	12
Teppich-Knöterich, *Polygonum affíne*	◐ ☉	15	tiefrosa, VII–IX, wuchert	12
Flieder-Knöterich, *P. weyríchii*	○ ◐	100	kremweiß, VIII–IX, wuchert	3
Braunelle, *Prunélla grandiflóra* 'Rosea'	○ ◐	20	karminrosa, VII–IX, Boden feucht	16
Heiligenkraut, *Santolína*-Arten	○	40	gelb, VII–VIII, trockene Lage	
Helmkraut, *Scutellária baicalénsis*	○	70	blau bis violett, VII–IX	9
Herbst-Silene, *Siléne scháfta*	○ ◐ ☉	10	rot, VIII–IX, Steingarten, frisch	5
Goldrute, *Solídágo cáesia*	○	60	goldgelb, VIII–IX, anspruchslos	7
Ziest, *Stáchys grandiflóra*	○ ◐	40	purpurrosa, VII–VIII, genügsam	9
Gamander, *Téúcrium chamáédrys*	○	30	rosapurpur, VII–VIII, Einfassung	16
Raute, *Thalíctrum dipterocárpum*	◐	120	purpurlila, VII–IX, feucht	3
Krötenlilie, *Tricyrtis*-Arten	◐ ●	60	matte Farben, VII–IX, kalkarm	9
Königskerze, *Verbascum*-Hybriden	○	150	gelb, bernstein, VI–IX, Sorten	3
Ehrenpreis, *Verónica virgínica*	○ ◐	180	blau, weiß, rosa, VII–IX, frisch	5
Palmlilie, *Yúcca filamentósa*	○	150	kremweiß, VII–VIII, Gehölz	3

Staudenrabatte im Sommer:
Ballonblume (Platycódon), Áster x frikártii,
Mädchenauge (Coreópsis grandiflórum).

sich in 1 bis 2 Sorten wiederholen und von denen man an jede Stelle 1 bis 3 Stück pflanzt.

Frühblüher, die nach der Blüte hässlich werden und meist kahle Stellen hinterlassen, gehören in den Hintergrund, am besten in unmittelbare Nähe von Bäumen und Sträuchern, wo sich auch die frühen Zwiebelblüher heimisch fühlen.

Vorsommerblüher schließen sich gleich an; denn sie verhalten sich im Verblühen kaum anders. Damit der Hintergrund im Sommer nicht leer ist, werden Lilien angesiedelt.

Sommer- und **Herbststauden** sind ideale Pflanzen für den Vordergrund und die Wegseite, da sie bis zum späten Verblühen einen sauberen Eindruck machen und die Frühlings- und Vorsommerblüher nach dem Flor verdecken, so dass keine übereilten Pflegemaßnahmen notwendig sind. Damit auch im Frühling hier etwas blüht, pflanzt man horstweise Gartenkrokusse, Tulpen, Hyazinthen dazwischen, in lichten Gehölzschatten wüchsige Narzissen.

Man setzt zwischen höhere Stauden mittelhohe und niedrige, in unregelmäßiger **Abstufung.** Wo benachbarte Stauden zur gleichen Zeit blühen, ist auf passende, kontrastreiche Farbtöne zu achten (siehe Abb. 2 B S. 260).

Bei höheren und mittelhohen Stauden ist mit Tuffs zu 3-4 Stück/m² auszukommen; **Pflanzenabstand** 60-90 cm. Von den niedrigen Stauden braucht man je m² 6-9, Polster- und Teppichstauden 10-18. Enger sollte nicht gepflanzt werden. Kahle Stellen in den ersten Jahren lassen sich mit Ein- und Zweijahrsblumen füllen.

Der **Boden** sollte für höhere Beetstauden 50 cm (2 Spatenstiche) tief gegraben werden. Es genügt auch, 25 cm tief und die Furchensohle mit einem Kultivator zu lockern. Steine, Unkrautwurzeln usw. entfernen. Stark verunkrauteten Boden einige Wochen vor Pflanzbeginn graben, um keimende Unkräuter nach und nach vernichten zu können.

Die Ansprüche an den **Humuszustand** des oberen Bodens sind hoch. Nach der Unkrautbekämpfung oder dem Graben streut man vor allem gesiebte Komposterde, 3 l/m², oder Ful-Humin, 100 g/m², da sein Anteil an Dauerhumus das An- und Weiterwachsen der Stauden wesentlich fördert. Humusspender etwa 5 cm tief einarbeiten. Bald danach kann gepflanzt werden. Im nächsten Frühjahr organisch düngen, z. B. mit Fertofit-Garten-Dünger, 100 g/m².

Nach guter **Planung** auf dem Papier legt man die Stauden aus, stellt sich ihre spätere Wirkung vor und kann nach Bedarf ändern. Damit die Wurzeln nicht vertrocknen, wählt man einen trüben Tag oder die Abendstunden. Alle mit der **Pflanzung** verbundenen Arbeiten sind vom Weg oder Rasen, von Pflegeplatten oder von einem Brett aus vorzunehmen, damit der Boden nicht festgetreten wird.

Das **Pflanzloch** macht man so tief, dass alle *Wurzeln* Platz haben, in ihrer natürlichen Lage, meist senkrecht in den Boden kommen, nicht umgeknickt oder gestaucht werden. Bei *Ballenware* scheidet dieses Problem aus. Im Allgemeinen wollen Stauden bis zum Blattansatz gepflanzt werden. Beim Einsetzen hält man die Staude etwas höher, füllt Pflanzerde ringsum ein, drückt mit den Händen

Staudenbeet im Sommer mit Dahlien, hohem Staudenphlox und anderen blühenden Stauden.
Lücken sind mit einjährigen Sommerblumen abwechslungs- und kontrastreich gefüllt.

an, ohne die Wurzeln zu stauchen, sieht einen Gießring vor und gießt durchdringend an. Hinterher kann man die Anlage überbrausen, um die Pflanzen zu säubern, doch dürfen Blätter nicht am Boden kleben bleiben. Bei Trockenheit an jedem weiteren Tag gießen, auf leichtem Boden mehr als auf schwerem.

Pflanzzeiten für Stauden

Hauptversand erfolgt in den Ruhezeiten, im Frühling und Frühherbst. Wer zur Blütezeit pflanzen will, ist auf Containerware angewiesen, die inzwischen in großer Auswahl in allen Gartencentern erhältlich ist. Ab **August** werden hauptsächlich *Frühsommerblumen* der Tabelle S. 210 gepflanzt. Aber auch *Frühlingsstauden* (s. S. 117) wurzeln noch ein. Einige Stauden mit besonderen Ansprüchen werden in den folgenden Kapiteln vorgestellt.
Umpflanzungen innerhalb des Gartens kann man schon 14 Tage nach der Blüte vornehmen, ältere Stauden dabei teilen und verjüngen. Die meisten Beetstauden halten 5 bis 10 Jahre

Pflanzplan für ein pflegeleichtes Staudenbeet, siehe auch Abbildung oben.

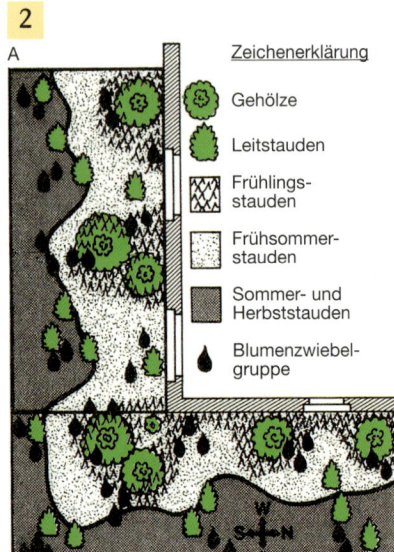

2

A

Zeichenerklärung

- Gehölze
- Leitstauden
- Frühlingsstauden
- Frühsommerstauden
- Sommer- und Herbststauden
- Blumenzwiebelgruppe

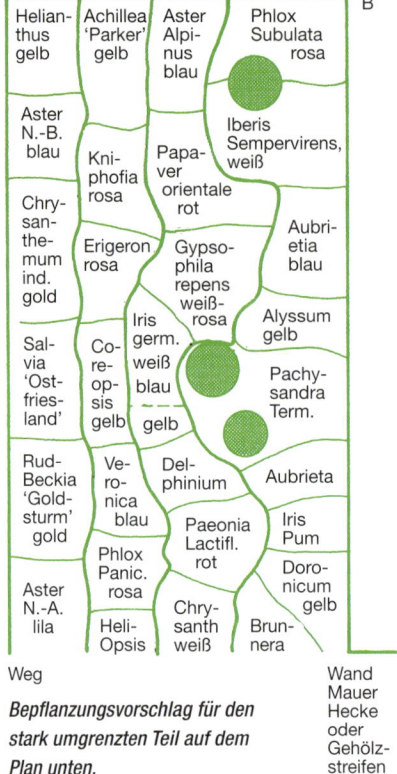

HERBST · SOMMER · VOR- · FRÜHLING SOMMER

			B
Helianthus gelb	Achillea 'Parker' gelb	Aster Alpinus blau	Phlox Subulata rosa
Aster N.-B. blau	Kniphofia rosa		Iberis Sempervirens, weiß
Chrysanthemum ind. gold	Erigeron rosa	Papaver orientale rot	Aubrietia blau
		Gypsophila repens weiß-rosa	
Salvia 'Ostfriesland'	Coreopsis gelb	Iris germ. weiß blau gelb	Alyssum gelb
			Pachysandra Term.
Rud-Beckia 'Goldsturm' gold	Veronica blau	Delphinium	Aubrieta
	Phlox Panic. rosa	Paeonia Lactifl. rot	Iris Pum
Aster N.-A. lila	Heli-Opsis	Chrysanth weiß	Doronicum gelb
			Brunnera

Weg

Wand Mauer Hecke oder Gehölzstreifen

Bepflanzungsvorschlag für den stark umgrenzten Teil auf dem Plan unten.

am selben Platz aus, wenn der Boden *humusreich* ist.
Kurzlebige Stauden, die schon nach 2 bis 3 Jahren in ihrer Gartenwirkung nachlassen, kann man durch zeitiges Verpflanzen viele Jahre halten. Das gilt für *Margeriten, Islandmohn, Rote Federnelken, Kokardenblume, Hornveilchen, Alpenaster, Mädchenauge, Purpurglöckchen, Prachtscharte, Gartenlupine, Primeln, Brennende Liebe, Hornkraut, Polster-Phlox* und andere.
Zu den **langlebigen Stauden** gehören *Astilben, Tränendes Herz, Pfingstrosen, Bart-Iris, Kaiserkrone, Trollblume, Kugeldistel, Schneerose, Funkie, Silberkerzen, Herbstzeitlose, Seerosen, Miscánthus-Gräser* und andere mehr.
Bei guter Versorgung mit organischen Stoffen lässt sich manche Staude auch länger halten. Denn *Humus* wirkt der *Bodenmüdigkeit,* deren

Haupturheber *Nematoden* sind, stark entgegen. (Über Bodenvorbereitung usw. siehe Kapitel vorher.)

Christ- oder Schneerosen jetzt pflanzen

Wegen der ungewöhnlichen Blütezeit verdient die Christrose *(Helléborus níger)* ein Plätzchen in unseren Gärten. Als Staude der bewaldeten Kalkalpen liebt sie frischen, kalk-, lehm- und humushaltigen Boden sowie geschützte Stellen im lichten Gehölzschatten. Beste Pflanzzeit ist der August, auch für geteilte ältere Schneerosen. Mit Topfballen kann in jedem Monat gepflanzt werden. Vorher wird der Boden umgegraben. Dabei sollte man der Unterschicht 75 g/m² Thomaskali mit Magnesium beimischen, sandigem Boden gleichzeitig mürben Lehm oder Bentonit. In die Oberschicht ist Laubkompost, Komposterde, FulHumin oder Fertofit-GartenDünger einzugrubbern. Ein paar Tage später kann gepflanzt werden, eher etwas tiefer als zu flach. Vor und nach der Pflanzung Boden feucht halten. Zu *Helléborus níger* gehören mehrere schöne, weiß blühende Sorten, die zwischen Weihnachten und März blühen. Die Sorte 'Praecox' erscheint schon ab November mit cremeweißen, rosa überhauchten Blüten. Die zahlreichen *Helléborus-nigercors* blühen von Februar bis April mit matten Farben in Rosa, Rot, Braun, Gelb, Purpur. Sie rechnen zu den Wildstauden und werden 20 bis 30 cm hoch. Brauchen Wasser und Nährstoffe bis Juli.
Nieswurz, *Helléborus orientális,* ist eine wertvolle Wildstaude. Obwohl sie in der Heimat feucht steht, verträgt sie auch trockenere Plätze im Halbschatten von Gehölzen, wo sie durch Selbstaussat dauerhaft ist. Blüten cremeweiß, nickend, im Februar bis April, 50 cm hoch.

Nieswurz, Helléborus orientális, ist sehr variabel, gut 50 cm hoch, Blüten groß, cremeweiß, nickend. Verträgt trockenen Boden unter Gehölzen. Durch Selbstaussaat dauerhaft.

Kaiserkronen möglichst im August legen

Die im April blühende stattliche Kaiserkrone ist ein Schmuckstück sondergleichen. Außer *Fritillária imperiális*, die ziegelrot blüht, gibt es schöne Sorten, wie 'Aurea' und 'Lutea', gelb blühend; 'Sulphura', schwefelgelb; 'Rubra', braunrot. Ihre Blüten duften stark-würzig. Alle brauchen nahrhaften, kühlen, genügend feuchten, durchlässigen Boden, den man mit Komposterde (5 l/m²) oder FulHumin (150 g/m²) vorbereiten kann.

Den **Standort** wählt man etwas halbschattig in Gehölznachbarschaft, in einer Blumenrabatte, im Steingarten oder am Teichufer. Die große, gelbe Zwiebel mit Mittelloch ist im August 25 cm tief zu pflanzen. Trupps mit 3–5 Pflanzen wirken bereits gut. Beim Verpflanzen im Sommer, alle 5–6 Jahre, wird man die kleinen Brutzwiebeln abnehmen und flach in den Boden legen, damit sie sich entwickeln.

Auch der beliebte **Märzbecher** *(Leucójum vérnum)* sollte noch in diesem Monat in den Boden kommen. Man achte darauf, dass die kleinen Zwiebeln nicht austrocknen. Die Häute müssen straff und feucht sein, sonst gibt es keine Blüten. Verwendung zwischen Gehölzen, halbschattig, in feuchtem, mittelschwerem Waldhumusboden. Frühe Pflanzung bevorzugen ebenfalls **Schneeglöckchen, Frühlingslichtblume, Hundszahn,** aber auch andere frühe Blüher. (Näheres siehe im September S. 288.)

Madonnen-Lilien enttäuschen nicht

Besonders beliebt unter den echten Lilien ist die wachsweiß blühende Madonnen-Lilie, *Lílium cándidum* (candidum = weiß). Obwohl aus dem Mittelmeerraum, verträgt sie unser Klima durchaus. Im Gegensatz zu anderen Lilien muss Anfang August gepflanzt werden. Nur wenn sich bis zum Herbst noch ein grüner Blattschopf bilden kann, bleibt die Zwiebel am Leben und öffnet im Juni ihre prachtvollen, duftenden Blüten.

Die Zwiebel braucht guten, lehmhaltigen, durchlässigen Boden in ge-

schützter, sonniger Lage, kommt 10 cm tief und wird nur 2–3 cm hoch mit Erde bedeckt (Abb. 3). In Gruppen von 5–7 Stück darf mit guter Wirkung gerechnet werden. Abstände 20–30 cm. Sonst ist die Lilie wenig anspruchsvoll und leicht zu pflegen. Dünne Humusdecke aus Kompost ist jetzt zweckmäßig. Gedüngt wird im Frühjahr. Der Boden sollte beschattet sein, durch Polsterpflanzen oder Mulch.

Die prachtvolle Steppenkerze stellt Ansprüche

Die Steppenkerze *(Eremúrus)*, auch **Kleopatranadel** oder **Lilienschweif** genannt, treibt aus einer Blattrosette im Juni/Juli 1–2 m hohe Blütenschäfte von imposanter Wirkung. Schon länger bekannt sind die Shelford- und Ruiter-Hybriden. In den letzten Jahren entstanden aus der Ende Mai blühenden *E. elwésii* und der noch im August blühenden *E. ólgae* weitere **Hybriden,**

Der stattliche Blütenstand der Kaiserkrone, Fritillária imperiális. Zwiebel im August 25 cm tief pflanzen.

Steppenkerzen, Eremúrus-Hybriden, bringen prachtvolle Blütenstände hervor.
Sie bevorzugen eine warme, sonnige Lage, sandig-lehmigen, humosen, durchlässigen Boden.

Rosenpflege im Hochsommer

Abgesehen von den wenigen sich selbst reinigenden Sorten, gehört das Entfernen abgeblühter Rosen zu den Hauptarbeiten im Sommer. **Verblühtes** wird mit wenig Holz weggeschnitten, vorteilhaft bis zu einem großen Blatt. Je tiefer man schneidet und je kürzer das Holz, desto länger muss man auf Blüten warten.

Schnittrosen mit langem Stiel muss man allerdings tief abschneiden, doch sollten wenigstens zwei große Blätter stehen bleiben. Man entnimmt einem Stock jeweils nur einzelne Stiele, um die Form nicht zu sehr zu beeinträchtigen.

Von **Krankheit** befallene Triebe werden sofort entfernt und vernichtet. **Wildtriebe,** die von der Unterlage aus dem Boden kommen und meist an ihren siebenteiligen Fiederblättern zu erkennen sind, werden an der Ursprungsstelle, die man freilegen muss, ohne Rest ausgerissen. Vorsorglich führt man einen Behälter *(Eimer)* mit, in den auch der kleinste **stachelige Trieb** geworfen wird. Der Schnittabfall wird verbrannt oder aus dem Garten entfernt.

Ausreichende und kalireiche **Düngung** (s. S. 234) trägt wesentlich zu gesundem Wuchs und reicher Blüte bei und lässt die Blütenfarben kräftig leuchten. Wo die Farben blass sind, kann man noch 20 g/m² Kalimagne-

die über zehn Wochen blühen. Die Farbskala der Arten und Kreuzungen reicht von Weiß, Gelb, Orange über Rosa, Rot bis Lederbraun.

Beste *Pflanzzeiten:* August und September, weniger das Frühjahr. Wurzeln werden triebbereit, wenn man sie fast ein halbes Jahr niedrigen Temperaturen (2-5 °C) aussetzt.

Nach Süden offene, warme, sonnige Plätze bevorzugen. Wie in ihrer Heimat braucht die Steppenkerze sandiglehmigen, gut durchlässigen, humosen Boden, der im Winter ziemlich trocken ist.

Schwerer, nasser **Boden** erfordert *Dränage* (Abb. 4). Dazu hebt man eine 50 cm breite und tiefe Grube aus, gibt groben Kies, Schotter, Scherben oder Schlacke 20 cm hoch hinein und bedeckt die Stoffe mit leichtem Boden, 10 cm stark. Aus scharfem Sand formt man einen kleinen Pflanzhügel, setzt das Knollenbüschel drauf und breitet die fleischigen Wurzeln strahlenförmig aus (Vorsicht, brüchig!). Innerhalb einer Gruppe sind 60-100 cm **Abstand** günstig. Abschließend füllt man das Loch mit humusreicher Erde (dunklem Mutterboden oder NeudoHum Pflanzerde). Eine dicke Bodendecke (auch über Winter) gibt hinreichend Schutz.

Nach einigen Jahren Steppenkerzen aufnehmen; denn die neuen Knospenkuchen überwachsen die alten und erreichen schließlich die Erdoberfläche. Nach dem Laubvergilben gräbt man die Pflanzen aus und entfernt die alten Wurzelteile. Zu umfangreiche Wurzelsterne durch Zerschneiden der Knospenkuchen teilen und wieder pflanzen.

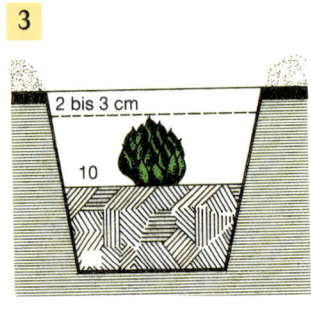

Pflanzung von Madonnenlilien.

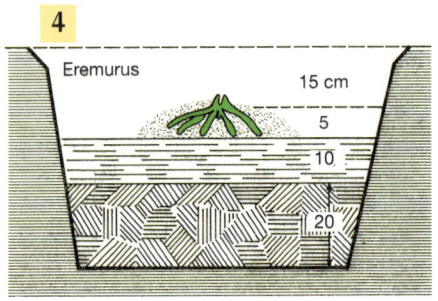

Pflanzung auf nassem Boden.

Vielblütige Beetrose 'Märchenland'. Wo sich Rosen nach der Blüte nicht selbst reinigen, wird Verblühtes mit wenig Holz und über großem Blatt weggeschnitten.

sia geben. Dieser Dünger fördert gleichzeitig die Holzreife, so dass die Rosen gut überwintern.

Als Tiefwurzler vertragen Rosen **Trockenheit,** wachsen und blühen aber in feuchtem Boden und in feuchter Luft am schönsten. Wer genügend Wasser zur Verfügung hat, sollte deshalb bei Trockenheit wöchentlich 1–2-mal durchdringend wässern, in den Vormittagsstunden, damit die Blätter bis zum Abend abtrocknen und der *Sternrußtau,* der zu frühem Blattfall führt, keine Chance hat. Geschwächte Rosen sollten zur raschen Kräftigung mehrmals mit Algan gespritzt werden.

Festgetretener oder verschlämmter **Boden** ist von Zeit zu Zeit flach zu lockern, von Unkraut zu befreien, was sich günstig auf die Gesamtentwicklung der Rosen auswirkt.

Hohe Tagestemperatur und Kühle bei Nacht begünstigen den **Echten Mehltau.** Viele Rosensorten werden davon betroffen. Ehe sich der weiß-

graue Belag zeigt, verlieren junge Blätter ihren natürlichen Glanz, werden beulig und falten sich nach oben. Wer Rosen aufmerksam beobachtet, erkennt den Rosenmehltau schon sehr früh; *an Kletterrosen, die an besonnten Wänden stehen, zuerst.* Dann sofort alle Rosen mit einem geeigneten Mittel, wie Bio-Blatt-Mehltaumittel, spritzen. Man darf auch mit guter Wirkung gegen **Rost** und **Sternrußtau** rechnen.

Sind **Blattläuse, Rosenzikaden** oder **Spinnmilben** zu bekämpfen, so eignet sich dafür das nützlingsschonende Neudosan Neu. Gespritzt wird abends, um **Bienen** nicht zu gefährden. Im Laufe des Sommers sind mehrere Behandlungen notwendig. Rosen wachsen dann gesund weiter und blühen noch lange.

Hecken brauchen den Sommerschnitt

Im August werden bei sommer- und immergrünen Hecken die Diesjahrestriebe stark eingekürzt. Je wüchsiger eine Hecke ist, desto früher kann geschnitten werden. Wo allerdings Vö-

gel brüten, macht man den Schnitt nicht vor Mitte August. Das gilt auch bei schwächerem Wuchs, damit die Assimilationsfläche nicht zu früh verkleinert und die Saugwurzelbildung nicht beeinträchtigt wird. (Näheres S. 212 f.) Den Schnitt brauchen: *Berberitze, Buche, Hainbuche, Heckenkirsche, Liguster, Weißdorn, Sanddorn.*

Junge Laubhecken, die sich noch im Aufbau befinden, lässt man allmählich zur gewünschten Größe heranwachsen, in der Höhe jährlich um 25–30 cm. Die Hecke muss von Anfang an bis zum Boden gut verzweigt sein und dicht bleiben.

Nadelholzdecken, z. B. aus Eibe, Douglasie, Fichte usw., werden erst dann zurückgeschnitten, wenn sie über die erforderliche Höhe hinausgewachsen sind.

Neuer Rasen erfordert sorgfältige Vorbereitung

Eine geschlossene Rasenfläche wirkt nicht nur wohltuend, sondern ist auch pflegeleicht. *Schmale Streifen* oder kleine Flächen verursachen viel Arbeit, wenn sie ordentlich aussehen

Bodenvorbereitung für eine Rasenanlage. Mit der Harke lässt sich bei flacher Stielhaltung der Boden leicht verschieben. Das darf nur vor der Düngung geschehen.

sollen. *Hohe Mähkanten*, die in jedem Jahr abgestochen werden müssen, sind höchst unpraktisch. Besser ist eine **Einfassung** aus Klinkerstreifen, Beton- oder Steinplatten, über die der Mäher hinwegrollen kann. Der Rasen sollte auch *nie bis ans Haus* oder an eine Mauer herangehen, da hier kein Mäher das Gras schneiden kann.

Für die **Aussaat** sind die Monate *August und September* oder *April und Mai* günstig. Ein Rasenteppich von Dauer ist nur bei allerbester *Bodenvorbereitung*, bei richtiger Wahl des *Saatguts* und ständiger Pflege zu erreichen. Bevor die eigentlichen Arbeiten in Angriff genommen werden, empfiehlt sich eine *Bodenuntersuchung*.

Auf lehmigem Sand fühlt sich Rasen recht wohl. Da die Wurzelmasse nur 10 cm tief eindringt, muss sich in der oberen Schicht von Anfang an **humusreicher** Boden befinden, der **alle Nährstoffe** – Stickstoff mindestens 5–6 g/m² – enthält, auch Spurennährstoffe. *Schwachsaure* Bodenreaktion (pH 5,6–6,5) ist für die feineren Gräser am günstigsten.

Das Land wird *gesäubert* und einen Spatenstich tief *gegraben*. Bodenschädlinge, Steine, sonstige harte Gegenstände und Wurzeln von Dauerunkräutern werden sorgfältig entfernt. Beim Umgraben hat man es in der Hand, den Sand- oder den Lehmanteil dem Idealzustand (1:1) anzupassen. Statt Sand kann man auch Urgesteinsmehl, statt Lehmerde Bentonit beimischen oder entsprechende Stoffe.

Auf das gegrabene, grob geebnete Land streut man je m² z. B. 5 l Komposterde plus 100 g Azet-Rasen-Aktivator (oder FulHumin) und 60 g Azet-Rasen-Dünger oder entsprechende Stoffe. Bis etwa 10 cm tief einarbeiten. Dabei Erdklumpen noch zerkleinern, Bodenschädlinge, Steine, Wurzeln usw. aussammeln.

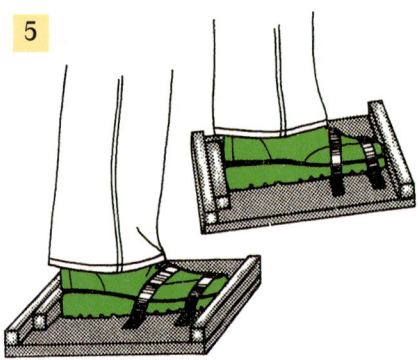

Fußbretter zum Einebnen kleiner Flächen.

Nun wird die Fläche **gewalzt oder festgetreten,** möglichst aus zwei verschiedenen Richtungen. Man findet Vertiefungen heraus, die man einebnet. Zu schwere *Walzen* sind ungeeignet. Für kleine Flächen genügen zwei rechteckige *Fuß- oder Tretbretter*, 50 x 25 cm. Diese schnallt oder bindet man sich unter die Schuhe (Abb. 5), oder schraubt an jede Ecke eine Ringschraube, zieht starke Bindfäden hindurch, die man in die Hände nimmt, um auf den Brettern vorwärtszuschreiten.

Anschließend werden **Bodenunebenheiten** mit einer *Harke* eingeebnet. Auch ein 3–4 m langes *Brett*, das man über den Boden schleift, leistet hierbei gute Dienste. Dann lässt man die vorbereitete Fläche wenigstens 14 Tage ruhen, um keimende **Unkräuter** beseitigen zu können. Bei Trockenheit wässern.

Bei älteren **Obstbäumen** kann man auf eine grasfreie **Baumscheibe** verzichten, da eine geschlossene Rasenfläche die Pflege vereinfacht. Baumwurzeln sollten aber einen Vorrat an Phosphorsäure und Kali erhalten. Beim Graben streut man deshalb auf die Grabesohle je m² 100 g Thomassulfatkali im Bereich der Baumwurzeln. Kurzgehaltener Rasen kommt mit seinen Wurzeln an diese Nährstoffe nicht heran.

Raseneinsaat und erste Pflege

Am Tag vor der Einsaat muss man gut wässern, insgesamt mit 20 Litern/m², mäßig beginnend. Zur Aussaat wählt man einen *windstillen, trockenen Tag mit bedecktem Himmel*. Schon geringe Luftbewegung führt zu stärkerer **Entmischung** des Saatguts, da leichtere Körner weiter weggeweht werden. Überhaupt ist es notwendig, Grassamen vor der Saat nochmals gründlich zu mischen, da längerer Transport zur Entmischung beiträgt, bei granuliertem Saatgut jedoch nicht, da jedes **Granulat** Samen aller (3–4) Arten und Sorten enthält. Aussäen kann man mit der Hand oder einem Düngerstreuer(wagen). Je m² rechnet man **15–20 g herkömmliches Saatgut** oder **50–60 g in granulierter Form.** Zunächst wiegt man sich diese kleine Menge ab und streut sie auf ein *Probequadrat*, damit man sieht, wie dicht die Körner fallen sollen. Für **Handsaat** empfiehlt es sich, die Fläche in 2 m breite Streifen zu teilen und sie aus zwei verschiedenen Richtungen zu besäen, jeweils mit der Hälfte des Saatguts. Um eine deutliche Rasenkante zu erhalten, sät man in eine flache Rille 50% mehr Samen. Hinterher wird das Saatgut dünn mit gesiebter Komposterde bedeckt oder mit der obersten Erdschicht, bis 1,5 cm tief, innig vermischt, entweder mit der *Harke* im Kreuz- und Querschlag **eingehackt** (nicht eingeharkt!) oder mit dem *Gartenwiesel*, was am leichtesten geht. Danach wird gewalzt oder festgetreten und fein überbraust oder besprengt.

Die Fläche bis zum Auflaufen, auch der feinen Untergräser, etwa 2 Wochen täglich 3–5mal *fein* **beregnen,** damit die Keimung in Gang kommt und die Keime nicht absterben. Wenn Ober- und Untergräser wachsen, wird in täglichen Abständen *stärker* ge-

Rasendüngung mit einem Streuwagen erfolgt bei gleichmäßiger Geschwindigkeit und ohne Überlappung der Ränder.

wässert. Oftmals muss keimende Saat gegen **Vögel** geschützt werden. Geeignet sind Neudorffs Vogelschreck-Streifen, Fäden mit eingebundenen Papierstreifen.

Sind die Gräser 2–3 cm lang, sollte leichter Boden gewalzt werden. Nach und nach richten sich die Halme wieder auf. Bei 6–7 cm Höhe erfolgt **der erste Schnitt.** Neuzeitliche **Rasenmäher** schneiden *mit gut geschärften Messern* auch jungen Rasen ohne Ausrupfen. Rasenmäher anfangs auf 4–5 cm Schnitthöhe einstellen, später auf 3–4 cm. *In trocknem Boden haben Gräser den besten Halt.* Einen Tag nach dem Schnitt bei Bedarf wässern.

Die „richtige" Rasenmischung

Grassamenmischungen setzen sich in den meisten Fällen aus 3–4 verschiedenartigen Gräsern zusammen, wozu schwachwüchsige *Untergräser* und stärkere *Obergräser* gehören. Ob man nun eine übliche Standardmischung kauft oder eine spezielle Mischung, die auf Standort, Zweck, Belastbarkeit, Pflege usw. Rücksicht nimmt, stets ist auf die Zusammensetzung und prozentualen Anteile der Grasarten zu achten. Deshalb folgen zunächst **die wichtigsten Grasarten** mit kurzer Charakterisierung.

Straußgras, *Agróstis ténuis,* ausläufertreibend, schnittarm, wenig belastbar, regeneriert sich gut, neigt zum Verfilzen, braucht mehr Wasser als andere Gräser, feinstsamig (15 000 Korn/g), für feinen Zierrasen, verträgt tiefen Schnitt.

Rotschwingel, *Festúca rúbra fállax,* horstbildend, trittfest, *F. r. genuina,* Ausläufer, schließt Lücken, verträgt Trockenheit, grob (1000 Korn/g), Zierrasen.

Wiesenrispe, *Póa praténsis,* horstbildend, trittverträglich, unterirdische Ausläufer, regeneriert sich rasch, wenig trockenheitsempfindlich, feinsamig (3000 Korn/g), pH-Wert 6–7, schattenverträglich, strapazierfähiger Teppichrasen.

Deutsches Weidelgras, *Lólium perénne,* horstbildend, raschwüchsig, trittfest bei Schnitthöhe von 2–4 cm, strapazierfähig, regeneriert sich nur langsam, verträgt Trockenheit, grobsamig (500 Korn/g), in Billigsamenmischungen viel verwendet, pH-Wert 6–7, verdrängt zarte Unkräuter, gibt keinen guten Zierrasen.

Kammgras, *Cynosúrus cristátus,* horstbildend, strapazierbar, die harten Stängel sind schwer zu schneiden, regeneriert sich nur langsam, schattenverträglich.

Zu allen Arten hat die Züchtung **Sorten** geschaffen, die besser, aber auch teurer sind und den Vorzug verdienen. **Fertige Rasenmischungen** werden nach dem Verwendungszweck angeboten. Verlass ist auf solche Mischungen, die das *„Qualitätszeichen für Rasenmischungen"* tragen, es garantiert: hohe Qualität, geeignete Arten und Sorten und die günstigen (prozentualen) Anteile. Folgende **Rasentypen** werden empfohlen. (Auswahl) bietet der Fachhandel an:

Neuere **Rasensortenmischungen,** wie „mimi-green-standard" oder „Smaragd", die einen feinen, strapazierfähigen, niedrigen Rasen in sonniger Lage bilden und nur etwa halb so oft zu schneiden sind wie Rasen aus herkömmlichen Mischungen. Aufwandmenge 15–20 g/m².

Für **Rasenerneuerung ohne Umgraben** haben sich neuere Züchtungen wie 'Loretta' (20 g/m²) oder 'Majestic' (25 g/m²) bestens bewährt. Die Sorten keimen rasch, wurzeln gut ein, bleiben flach im Wuchs, wodurch sie wenig Pflege verursachen.

Übliche **Mischungen aus herkömmlichem Saatgut,** die recht preiswert sind, erfordern meistens hohen Schnittaufwand. Hierzu drei Beispiele (Mengen in g gelten für 1 m²).

Gebrauchsrasen (Wohngarten): 25% (4–5 g) *Festúca rúbra* + 25% *Festúca nigreseens* + 35% (5–7 g) *Póa praténsis,* zwei Sorten + 15% (2–3 g) *Lólium perénne.*

Feiner Zierrasen: 45% (7–9 g) *Festúca rúbra,* zwei Sorten + 45% (7–9 g) *Festúca nigrescens,* zwei Sorten + 10% (1–2 g) *Agróstis ténuis* oder *stonolífera, palústris* oder *canína.*

Spiel- und Sportrasen (ganzjährig bespielbar): 25% (4–5 g) *Festúca rúbra* + 45% (7–9 g) *Póa praténsis,* zwei Sorten + 25% (4–5 g) *Lólium perénne* + 5% (½–1 g) *Phléum nodósum* (Lieschgras).

Eine sehr gute Saathilfe bedeutet **granulierte Grassamenmischung** ('Granusat'), die es ermöglicht, aus Feinstsamen **schnittarmen** Zierrasen zu bekommen. Jedes Granulat von 3–4 mm Länge enthält alle verwendeten Grassorten, so dass ein Entmischen – wie bei naturbelassenen Grassamen – nicht möglich ist.

Durch **Vorquellen** der Granulate lässt sich die Keimdauer von sonst etwa 2 Wochen wesentlich abkürzen. 1 kg Granulat wird in $1/2$ l Wasser 2–3 Tage eingeweicht und danach sofort ausgesät. Granulate bieten gleichzeitig Schutz gegen Vögel.

Unser Rasen nach der Sommerreise

Bleibt die Rasenfläche ein paar Wochen ohne Pflege, dann gibt es lange Gräser, starken Unkrautwuchs, Fehl- oder Trockenstellen.

Der **Rasenmäher** sollte sofort in Aktion treten. Man stellt ihn *auf die halbe Höhe* der höchsten Gräserspitzen ein. Bei dieser Schnitthöhe wird etwa ein Drittel der Blattoberfläche entfernt. Wer sofort kürzer schneidet, schafft Kahlstellen und begünstigt den Unkrautwuchs. Wird mehrmals *im Abstand von 4–6 Tagen* nach den obigen Empfehlungen geschnitten, wobei die Schnitthöhe jedesmal etwas tiefer kommt, dann kann man schon nach einem Monat seinen schönen kurzen Rasen wieder zurückhaben.

Schimmert der Rasen bläulich oder sieht er gelb und welk aus, dann ist der Boden stark ausgetrocknet, und es muss durchdringend gewässert werden. Die Bodenart entscheidet über die **Wasserversorgung.** Sandboden mit wenig Humus vermag nur geringe Wassermengen festzuhalten. Hier wird man den Sprenger – grobe Düse – etwa alle 3–4 Tage eine halbe Stunde laufen lassen. Mittlere Böden lässt man alle 5–7 Tage beregnen und stellt den Sprenger mit möglichst feiner Düse für eine Stunde ein. Dies muss aber mit sehr feiner Düse und niedrigem Druck geschehen; hier kann der Sprenger 2–3 Stunden arbeiten. Ist der Boden jedoch bis zu einer Tiefe von 4–5 cm trocken, so beregnet man das erstemal so lange, bis der Kontakt mit der feuchten Unterschicht wiederhergestellt ist. Die besten Zeiten sind abends bis morgens und bei trübem Tageswetter. Am nächsten Tag beginnt die **Unkrautbeseitigung,** mechanisch mit Distelstecher, Jätekralle usw. Die chemische Unkrautbekämpfung darf erst ein paar Tage später erfolgen; man wartet nämlich ab, bis die Unkräuter wieder mehr Blätter gebildet haben, damit sie das Gießmittel reichlicher aufnehmen können. (Siehe Mai.) Nach der (chemischen) Unkrautbekämpfung wird der Rasen etwa eine Woche nicht geschnitten. Danach streut man, dem Düngeprogramm entsprechend (siehe Mai), einen Rasendünger.

Bleiben im Anschluss an die ersten Pflegemaßnahmen einige Stellen kahl, so muss neu eingesät werden. Kleine **Fehlstellen** lassen sich auch durch Rasensoden „flicken".

Im Obstgarten

Erste Äpfel und Birnen sind reif

Anfang August kann man die ersten frühen Äpfel und Birnen ernten, in klimagünstigen Lagen und in sonnenreichen Jahren schon Ende Juli.

Die **Pflückreife,** die etwa eine Woche vor der Genussreife liegt, ist gekommen, wenn sich die Grundfarbe nach Gelbgrün aufhellt und die Deckfarbe nach Leuchtendrot oder Leuchtendgelb umfärbt. Ein anderer wichtiger

---

Zusätzliche Anmerkungen

Sind **Koniferen umzupflanzen,** so ist dafür die 2. Augusthälfte günstig. Nadelgehölze sind stets mit gutem Wurzelballen umzusetzen. Um den Ballen Pflanzerde anfüllen, die das Wachstum der Saugwurzeln fördert.

Kiefernschütte, eine Pilzkrankheit, die besonders Berg-Kiefern und die Österreichische Schwarz-Kiefer befällt. Nadeln bräunen sich und werden zwischen Winter und Frühling abgeworfen, zusammen mit abgestorbenen Kurztrieben. Entnadelte Kiefern begrünen sich meist wieder und brauchen Schutz. Abgefallene Nadeln alsbald zusammenkehren, vernichten. Ende Juli/Anfang August und Ende August/Anfang September je einmal spritzen, z.B. mit Neudo-Vital oder einem Rostmittel. Besonders gefährdet sind jüngere Kiefern.

Einjahresblumen sollten jetzt nochmals gedüngt werden. Sie blühen dann bis in den Herbst. Selbstverständlich ist Samenbildung zu unterdrücken. Wo der Blütenflor jetzt zu Ende geht, ist der Rückschnitt kurz vor dem Abblühen hilfreich. Löwenmaul, Schleifenblume, Lobelie, Duftsteinrich, Mittagsblume, Sanvitalie u. a. treiben dann wieder durch und blühen nochmals, etwas Pflege vorausgesetzt. Zur Schädlingsbekämpfung bei blühenden Pflanzen eignen sich nur bienenungefährliche Mittel, wie Neudosan Neu oder Neudosan AF Neu.

Gladiolen, *Canna, Knollenbegonien* und *Dahlien* brauchen zur Vollblüte noch 50 g/m^2 Azet-Blumenzwiebeldünger, damit die Jungknollenbildung nicht zu kurz kommt. Beim Gladiolenschnitt viele Blätter an der Pflanze belassen, nicht tiefer als 30 cm über dem Boden schneiden. Abgeblühtes ohne Blätter entfernen. So wird die Knospenbildung immer wieder angeregt.

Samenstände lässt man nur dann stehen, wenn Selbstaussaat gewünscht wird, wie bei Wildstauden, oder wenn Früchte Zierwert haben bzw. Nutzwert, wie bei Sonnenblumen, oder aber, wenn Saatgut für Aussaat gewonnen werden soll.

Sonnenblumen für die Vase schneidet man, wenn die äußeren beiden Ringe der Mittelscheibe erblüht sind. Es ist dann mit langer Haltbarkeit zu rechnen, doch muss der hohe Wasserbedarf berücksichtigt werden.

Ranunkeln, deren Blüte meist im Juli zu Ende geht, werden nach dem Laubvergilben bei trockenem Wetter aus dem Boden genommen, nach genügendem Abtrocknen geputzt und in Torf gebettet. Hier hält man sie bis zum Frühjahr kühl, frostfrei und trocken. Gleiche Behandlung bekommt auch der **Gartenanemone** (Anemóne coronária) gut. In leichterem Boden kann sie aber auch unter einer Laubdecke überwintern, sie blüht dann früher. Alle 3 Jahre sollte man die Erdstämme aufnehmen und die Brut entfernen.

Lilienjungzwiebeln. Manche Lilienarten setzen in den Blattstielachseln knospenähnliche Zwiebelchen an. Diese kann man Ende August ausbrechen und auf ein Saatbeet pflanzen.

Das Lilienhähnchen, ein kleiner Käfer, und seine Larven, im Sommer in zweiter Generation, zerfressen Blätter und Stängel, Blüten und Knospen. Man sammle die Schädlinge ab oder spritze mit Neudosan Neu.

Echter Mehltau befällt nicht nur *Rosen*, sondern auch *Begonien, Clematis,* *Dahlien, Rittersporn* und andere Zierpflanzen. Im vorgeschrittenen Stadium sehen die Blätter wie bemüllert aus, vertrocknen und müssen vernichtet werden. – Vorbeugende Bekämpfung mit einem Mehltaumittel (wie Bio-Blatt-Mehltaumittel o.a.) ist möglich. Sofort beim ersten Anflug müssen die jungen Blätter und Triebspitzen gespritzt werden, anfangs 1–2-mal wöchentlich, später alle 10–14 Tage. Auch Blattunterseite benetzen. Ältere Blätter sind nicht mehr gefährdet.

Stecklinge von Fuchsien, Pelargonien, Lantanen, Heliotrop können im August/ September in Vermehrungssubstrat mit bestem Erfolg zur Bewurzelung gebracht werden. Hält man die Anzuchttöpfe hell, mäßig feucht und warm, so folgt die Bewurzelung innerhalb von zwei bis drei Wochen. Fuchsienstecklinge von Seitentrieben sind besonders blühwillig.

Rhododendron setzen williger Blütenknospen an, wenn man sie im August mit Wasser knapp hält. Danach und auch im Herbst ist wieder mehr Wasser nötig.

Ohrwürmer, die Dahlienblüten und -knospen nachts zerfressen, finden tagsüber sicheren Unterschlupf in hohlen Stängelresten. Diese sollten entfernt und durch künstliche Schlupfwinkel ersetzt werden, z.B. kleine Blumentöpfe oder Jogurtbecher. Sie werden zur Hälfte mit Holzwolle, Moos usw. gefüllt und auf die Dahlienstäbe gestülpt. Am Vormittag bringt man die Gefäße in den Obstbaumkronen unter (Umsiedlung der Ohrwürmer).

Säulen-Wacholder, *Scheinzypressen* und *Lebensbaum* können, um dichte Verzweigungen zu bekommen, im August leicht zurückgeschnitten werden. *Kriech-Wacholder* verträgt Wegschnitt störender Zweige. Schnittstellen so anbringen, dass sie nicht auffallen.

Fichten, Tannen, Kiefern von höherem, ebenmäßigem Wuchs möglichst vor Ende August pflanzen oder umpflanzen. Sie wurzeln dann bis zum Frühling gut ein und können den jungen Austrieb normal versorgen. Wird später oder erst im Frühling gepflanzt, verkümmern junge Triebe oft, da zu wenig Saugwurzeln vorhanden sind.

Stecklinge von Nadelgehölzen, besonders zwergigen Formen, im August stecken. Viele bewurzeln sich noch vor dem Winter, nur Fichten brauchen länger. Man verwendet letztjährige Triebe mit etwas altem Holzansatz. Säulenformen wachsen nur aus Gipfeltrieben heran. (Weitere Angaben über Stecklinge im Juni, S. 208–209.)

Europäische Freiland-Orchideen, insbesondere **Knabenkraut** (*Órchis*), **Kerfstendel** (*Óphrys*) u.a. pflanzt man am besten im August bis Ende September. Sie wünschen Halbschatten und gleichmäßige Feuchtigkeit. Je nach Größe der knolligen Wurzelstöcke beträgt die Pflanztiefe 4–8 cm. Gute Erdmischung: Gartenboden, Sand und Lehm zu gleichen Teilen und ein Zuschlag von kohlensaurem Kalk. – Es sei noch darauf hingewiesen, dass diese Pflanzen nicht in der freien Natur gesammelt, sondern nur in seriösen Betrieben gekauft werden dürfen.

Anhaltspunkt für den Pflücktermin ist das mühelose Lösen des Fruchtstieles vom Fruchtholz. Baumreife Früchte sind voll ausgebildet und weisen den typischen angenehmen Fruchtgeruch auf.

Wichtig ist, Frühobst *nicht zu spät zu* pflücken. Pflückt man erst bei Vollreife, dann sind die Früchte mehlig und saftarm. Das volle Aroma und ihre saftige Frische erhalten sie nur, wenn im günstigsten Stadium gepflückt und das Obst zur Ausreifung noch *ein paar Tage gelagert* wird.

Bei Frühsorten fällt auf, dass die Früchte unterschiedlich groß sind und auf der Sonnenseite zuerst reifen. Hier wird man zuerst ernten. Nach mehreren Tagen kommen auch die anderen Früchte zur Baumreife.

Diese Art des **Auspflückens** bringt besonders beim Frühobst eine Ertragssteigerung, verbunden mit einer Verbesserung der Fruchtqualität.

Zur **Erntetechnik:** Man fasst die Frucht mit der ganzen Hand, hebt an und dreht sie gleichzeitig etwas hin und her oder drückt mit einem Finger gegen den Stielansatz am Fruchtholz. Löst sich der Stiel nicht, sondern bricht durch, so ist die Baumreife für diese Frucht noch nicht gekommen.

Himbeeren nach der Ernte sofort schneiden

Abgeerntete Ruten sind *dicht am Boden* abzuschneiden, sowohl bei einmal- wie bei mehrmalstragenden Sorten, und zu entsorgen, damit sich die gefürchtete Erkrankung, das **Rutensterben,** nicht ausbreiten kann. Stummel dürfen nicht stehen bleiben, da auch sie als Infektionsquelle in Frage kommen. Abschließend sorgt eine Bodendecke für weiteren Schutz. Von den *diesjährigen Bodentrieben* belässt man nur die kräftigsten, da von ihnen die besten Erträge zu erwarten sind. Je Pflanze genügen 5 bis 7, je laufenden Meter Reihe 10 bis 12 Neutriebe.

Aus der Reihe herausgewachsene Schösslinge sticht man mit einem Spaten 5–10 cm tief im Boden ab. Allgemein kürzt man *zu lange Ruten* nicht ein, denn auch von der Spitzenregion sind gute Früchte zu erwarten. Gegen ein Herunterbinden ist nichts einzuwenden. Durch zeitigen Schnitt wird die Belichtung verbessert, so dass sich mehr Blütenknospen bilden können.

Als Waldpflanze liebt die Himbeere ganzjährige **Bodenbedeckung.** Nach dem Schnitt werden festgetretene Stellen flach gelockert, Unkräuter beseitigt und eine Bodendecke aus humusbildenden Stoffen aufgebracht, möglichst Frischkompost oder Grünabfälle, die man durch klein geschnittene Triebe vom Sommerschnitt auflockert, keinesfalls jedoch Himbeerruten. Als Ersatz bietet sich Rindenhumus an, den man ausstreut und mit Schredder-Material bedeckt. Aufrecht wachsende **Brombeeren** werden wie einmaltragende Himbeeren behandelt.

Pflege der Stachel- und Johannisbeeren

Wo sich die **Blattfallkrankheit** zeigt, spritzt man sofort nach der Ernte mit Antracol oder Neudo-Vital, wodurch der Laubfall gestoppt wird. Schwarze Johannisbeeren haben unter einer ähnlichen Krankheit, dem Säulchenrost, zu leiden. Man behandelt diese Sträucher in gleicher Weise und spritzt 14 Tage später nochmals, vor allem die Krankheitserde an der Blattunterseite. Als Dünger dient Azet-Beerendünger, 60 g/m^2, flach einfräsen.

Für den sommerlichen **Schnitttermin** gilt Folgendes: Früher Schnitt schränkt den Wuchs ein, später Schnitt (Mitte September) erhöht ihn. Da **Stachelbeeren** die besten Früchte am 2–3jährigen Holz bilden, muss der Schnitt dafür sorgen, dass aus dem Wurzelhals immer wieder kräftige Jungtriebe hervorgehen. Sind die Sträucher 3 Jahre alt, dann beginnt der *Auslichtungsschnitt.* Älteste Zweige werden dicht am Boden weggeschnitten. Von den kräftigsten Jungtrieben aus dem Boden bleiben einzelne als Ersatz stehen. Ein älterer Strauch kann etwa 8 Bodenzweige ausreichend versorgen. Bei *Sträuchern am Spalier* bleiben nur drahtnahe Zweige und Triebe stehen und werden angebunden.

Stämmchen sind ähnlich zu schneiden wie Sträucher. Das Herausschneiden ältester Zweige muss nahe über der Veredlungsstelle erfolgen. Bogenartig überhängende Zweige nimmt man auf einen Oberseitentrieb zurück, auch bei Sträuchern.

Was Stachelbeersträucher meist *zu dicht* macht, sind die zahlreichen *Seitentriebe.* Sie sind je nach Erfordernis einzukürzen, auch schon bei jüngeren Sträuchern. Bei Stämmchen schneidet man zweckmäßig auf 3 bis 4 Augen zurück. Nach dem Schnitt sollen Stachelbeergehölze so licht sein, dass

Wer von August bis Oktober Himbeeren ernten möchte, der braucht eine Sorte wie 'Zefa-Herbsternte' oder die Neuheit 'Autum Bliss', die auch für Kübel geeignet ist.

*Vergreister Johannisbeerstrauch.
Einzelne dicke Bodenzweige und schwache
Bodentriebe herausschneiden, andere kürzen.*

man mit der Hand bequem hineinfassen kann, ohne sich stärker zu verletzen. Bei Stämmchen, die grundsätzlich einen **Pfahl** brauchen, ist die *Bindung in der Krone jährlich zu erneuern.* Der **Schnittabfall** wird in einem Behälter gesammelt und verbrannt oder für ein Hügelbeet verwendet.

Johannisbeersträucher, rot- und weißfrüchtige, werden vom 4. Standjahr an jährlich ausgelichtet. Auch hier sind älteste Bodenzweige herauszuschneiden, desgleichen schwache oder überzählige Jungtriebe. Gesamtzahl der Bodenzweige und -triebe 6 bis 8. Bei kahl wirkenden Sträuchern kürzt man die Endtriebe um ein Drittel, um Verzweigung und Fruchtbarkeit zu fördern.

Bei *Stämmchen* muss der Wegschnitt alten Holzes an der Veredlungsstelle erfolgen. Jungtriebe mindestens auf halbe Länge zurücknehmen, damit die Krone nicht zu umfangreich wird. *Spalierjohannisbeeren* behalten nur Zweige in Drahtnähe.

Der Schnitt der **Schwarzen Johannisbeeren** ist einfacher. In den ersten beiden Standjahren sind schwache Bodentriebe zu beseitigen. Da vom Seitenholz 3-jähriger Bodenzweige die längsten Trauben zu erwarten sind, sollte 3-jähriges Holz nach der Ernte am Boden weggeschnitten werden. Von den Jungtrieben kann man 5–7 stehen lassen. Jeder weitere Schnitt erübrigt sich dann. – **Schnittabfälle** von Johannisbeeren eignen sich, in kurze Stücke geschnitten oder geschreddert, zum Mulchen und Kompostieren. Düngung mit 60 g/m² Azet-BeerenDünger wirkt sich gesund aus.

An alten Sträuchern stellt man am Grund der Zweige mitunter einen zähen, konsolartigen **Baumschwamm** (Schichtporling) fest, der sich vom Erdboden kaum abhebt. Der Pilz gelangt über Wunden ins Gewebe und hat, wenn Fruchtkörper erscheinen oder festgestellt werden, die Zweige bereits durchwuchert. Befallene Sträucher kümmern, sind alsbald auszugraben und mit den Holzschwämmen, auch kleinsten Stückchen, zu verbrennen. – Um das Eindringen von Sporen zu verhüten, sollten Wunden in Bodennähe z. B. mit Bayleton-Rindenwundverschluss verstrichen werden.

Hinweise für das Erdbeerquartier

Bei den **mehrmalstragenden** (mittelgroßen) Erdbeersorten beginnt die Haupterntezeit, die sich bis in den Oktober hinziehen kann. Die Erträge befriedigen aber nur bei bester Pflege. Wichtig ist die Wasserversorgung: mittelhoch und ziemlich regelmäßig. Es wird **nicht entrankt.** Gegen Krankheit (Mehltau) und Schädlinge (Milben, Zikaden) sofort vorgehen.

Einmaltragende Sorten sind zur *Ertragssteigerung* fähig, wenn sie im August nicht zu feucht gehalten werden. Hohe Bodenfeuchtigkeit beeinträchtigt die Blütenknospenansätze. *Neuanlagen* brauchen bei Trockenheit gewisse Zusatzbewässerung. *Ausläufer immer wieder abschneiden. – Werden die alten Blätter* spätestens bis Mitte August weggeschnitten oder abgemäht, so steigen die Ernteaussichten; denn das alte Laub hemmt die Blütenknospenentwicklung. Nach der *Entblätterung* ist die *Erdbeermilbe,* falls vorhanden, leichter zu bekämpfen. Durch *Blattkräuselung* der Herzblätter verrät sich der Schädling. Seine Bekämpfung ist möglich durch 2 Spritzungen im Abstand von 4–5 Tagen, z. B. mit Neudosan Neu oder Spruzit.

Neupflanzungen alsbald durchführen (siehe S. 244). – Eine *einfache Art der Erdbeervermehrung:* alte Pflanzen abstechen, Jungpflanzen auf den Zwischenstreifen mit einer Hacke auf 20–30 cm auslichten. Sie wurzeln ungestört ein und bringen im nächsten Jahr eine Vollernte. Im Anschluss an die Erneuerung muss gedüngt werden, z. B. mit Azet-Beerendünger.

Monatserdbeeren können aus *Samen* herangezogen werden. Man richtet eine kleine Fläche als Saatbeet feinkrümelig her, arbeitet einen Handels-Humusträger flach ein, durchfeuchtet gründlich, sät weitläufig aus, drückt mit einem Brettchen an. Da die *Keimung im Dunkeln* am günstigsten verläuft, deckt man für 14 Tage Anti-Unkraut- und Mulchfolie oder einen nassen Sack darüber. Bei beginnendem Auflaufen wird der Schutz an einem trüben Tag entfernt. Die Fläche wird sparsam überbraust, gejätet und möglichst mit „wachsender" Folie bedeckt. Die Entwicklung ist zu beobachten, zu dicht stehende Pflänzchen muss man ausdünnen. Nach Ausbildung von etwa acht Laubblättern wird an Ort und Stelle verpflanzt (s. April, S. 147)

August

269

Haupternte der Brombeeren beginnt

Die köstlichen schwarzen Früchte reifen zuerst bei der aufrecht wachsenden Sorte 'Wilsons Frühe'. Ihre Beeren eignen sich für Saft und Gelee. Während der Fruchtausbildung für Bodenfeuchtigkeit sorgen. Nach der Ernte werden die abgetragenen Ruten *wie bei Himbeeren* weggeschnitten (siehe Seite 243).

Die wichtigste Art für den Rohgenuss ist die Sandbrombeere mit der Sorte 'Theodor Reimers'. Da die jungen Bodentriebe zahlreiche lange Seitenoder Geiztriebe gebildet haben, die das Spalier schlecht zugänglich machen, wird empfohlen, spätestens Anfang August die Geiztriebe (G) auf 1 kräftiges Auge (Abb. 6) zurückzuschneiden, in feuchten Lagen besser auf 3–4.

Geerntet werden die Früchte vollreif. Sie sind dann intensiv schwarz gefärbt und lösen sich leicht vom Zap-

Frühe Brombeersorten bringen die ersten reifen Früchte schon ab Mitte Juli.

fen, der nicht mehr weiß, sondern etwas dunkler ist. Die Früchte der stachellosen Sorten ('Thornless Evergreen', 'Thornfree') sind ziemlich fest und eignen sich zum Tiefgefrieren. Erntereif sind sie erst eine Woche nach beginnender Schwarzfärbung. Die Ernte zieht sich bis Oktober hin.

Brombeeren wachsen im Allgemeinen recht gesund, doch mehren sich die Klagen, dass **Früchte zur Reifezeit teilweise rot** bleiben und unangenehm sauer schmecken. Dieser Schaden wird durch die winzige **Brombeermilbe** verursacht, die in großer Zahl vom zapfenförmigen Fruchtboden aus an den Beeren saugt und das Ausreifen verhindert. Solche Früchte in keiner Weise verwerten! Fruchtstände abschneiden und verbrennen. Vorbeugende Maßnahmen: Weite Pflanzabstände, genügendes Lichthalten, im Frühling mit Neudo-Vital-Obstpilzschutz spritzen.

Auch wo sich **Graufäule** bemerkbar macht, stehen die Pflanzen zu dicht oder zu schattig, und es muss rigoros ausgelichtet und streng auf 2–3 Augen entgeizt werden.

Entgeizen und Entgipfeln am Spalierwein

Die Qualität der Trauben, die Frosthärte der Triebe und gute Ausbildung der Winterknospen hängen von der Behandlung der Sommertriebe ab. Bei Arbeiten am Weinspalier sei man auf eine gleichmäßige und gute Belichtung der Blätter bedacht. (Siehe S. 220.)

Nach dem Entspitzen brechen aus den Blattachseln vorzeitige Triebe hervor, sogenannte Geize. Meist werden die Geize, solange sie noch klein sind, bis auf ein Blatt entfernt. Es ist jedoch nicht richtig, alle **Achseltriebe** gleich zu behandeln. Wichtig ist, dass bei den ungekürzten Trieben die Geize erst *Anfang August* besei-

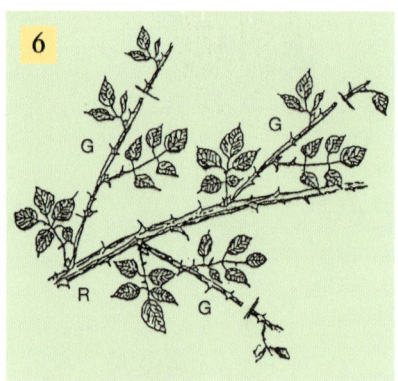

Rückschnitt der Geiztriebe bei Brombeeren.

tigt werden dürfen, damit die für das nächste Jahr angelegten Knospen nicht vorzeitig austreiben.

Während man an den eingekürzten Tragruten, die nach der Ernte überflüssig sind, **Geiztriebe** an ihrer Basis ausbricht, sofern die Belaubung zu dicht ist, sollte man bei ungekürzten Sommerruten (Abb. 7) die Geize (g) bis auf 1–2 Blätter einkürzen (s). Sie entwickeln sich dann gut und tragen zu einer besseren Ausbildung der Winterknospen (k) bei. Bei wüchsigeren Weinsorten ist es sogar angebracht, 2 oder 3 der höher stehenden Geiztriebe unbehandelt zu lassen, damit sich keine Nachteile für die nächstjährigen Knospen ergeben. Wo die Geiztriebe klein bleiben oder nur in geringer Zahl auftreten, braucht man sie nicht zu entfernen.

Mitte August hört das Triebwachstum auf. Was bisher nicht eingekürzt wurde, ist nun zu **entgipfeln.** Die *Verlängerungstriebe* der Schenkel sind um ein Drittel ihrer Länge zurückzunehmen. Bei den *Ersatzreben* ist unterschiedlich zu verfahren. Zukünftige *Zapfen* kürzt man jetzt auf 5–6, *Strecker* auf 10–12, *Bogreben* auf 14–16 Blätter. Den rückwärtigen kleinen Winterknospen fließen dann noch Nährstoffe zu. Wo sich eine Spalierrebe zu breit und zu hoch entwickelt hat, kann man Ende August

7

Entgeizen bei Spalierwein.

ohne Bedenken mit einer Garten- oder Heckenschere die weit überragenden Triebe auf angemessene gleiche Höhe zurückschneiden. Durch dieses allgemeine *Entgipfeln* wird erreicht, dass die Triebe besser ausreifen.

Sommerveredlungen sind bequem

Die Jahreszeit ist für solche Arbeiten besonders günstig, und man kann die Edelreiser unmittelbar vor der Veredlung schneiden. Stehen nur we-nige Reiser zur Verfügung, dann ist es möglich, auf die Augenveredlung (Okulation) auszuweichen. Die Reiserveredlung ist jedoch vorzuziehen. Sind Unterlage und Edelreis gleich stark, dann ist die Kopulation angebracht. Bei dicken Ästen pfropft man hinter die Rinde. Hier verdient das Wenck-Rindenpfropfen den Vorzug vor dem älteren Dickrinden- oder Tittelpropfen. Die Edelreiser sollten bereits vor dem Schnitt entblättert werden, wobei 1 cm lange Stielreste stehen bleiben.

Bei **Kirschbäumen** (Sauerkirschen) verspricht das Rindenpropfen in der zweiten Augusthälfte den besten Erfolg. Bei anderen Obstarten beachte man folgende Termine: **Pflaumen** und Zwetschen Ende Juli bis Anfang August, Birnen und Quitten Mitte August, Äpfel Ende August. Die Okulation ist an dieselben Termine gebunden. **Pfirsich** und **Aprikose** sollten nur durch Okulation auf einjährige fingerstarke Jungtriebe, auch Wasserschosse, umveredelt werden, und zwar Ende Juli/Anfang August. Das hat jedoch nur Sinn bei noch jungen, gesunden Bäumen. Holzpfropfungen sind an diese engen Termine nicht gebunden. Vor der Veredlung schneidet man die *Krone* stark zurück oder kürzt bei misslungener Frühjahrsveredlung die

Pfropfköpfe um mehrere cm ein, macht die Rindenschnitte und setzt die Edelreiser ein. Jungtriebe, die sich im Lauf des Frühlings gebildet haben, eignen sich sowohl zur Kopulation wie zur Okulation. Man lichtet vorher aus und veredelt die kräftigsten Jungtriebe. *Rasches Arbeiten verhindert ein Austrocknen* der Wunden und trägt zum Erfolg bei. Schon nach 14 Tagen lässt sich feststellen, ob die Veredlung geglückt ist. Der Stielrest muss sich dann beim Berühren leicht lösen.

Bei der Sommerveredlung ist mit vier Verfahren auszukommen. Das Wenck-Rindenpropfen wurde bereits im April (s. S. 148) erläutert. Hier folgen die drei anderen Methoden.

Tittelpfropfen (Abb. 8): a) Edelreis mit Kopulationsschnitt versehen und seitliche Rindenkanten durch zwei parallele Schnitte 3-4 mm voneinander entfernt, abnehmen. b) Rückseitig unterhalb des Auges Rindenstreifen bis aufs Kambium entfernen. c) Pfropfkopf (Unterlage) wird neu angeschnitten und erhält seitlich zwei parallele Schnitte in der Breite des zugeschnittenen Edelreises, Rindenfuge lösen und etwas einkürzen. d) Edelreis, bis unter die kleine Zunge eingeschoben, muss seitlich dicht anliegen. Bastverband von unten nach oben gewickelt und Wundverschluss mit Malusan.

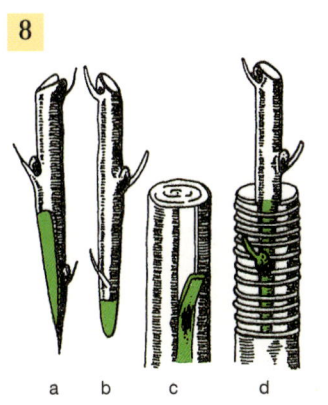

8

Tittelpfropfen

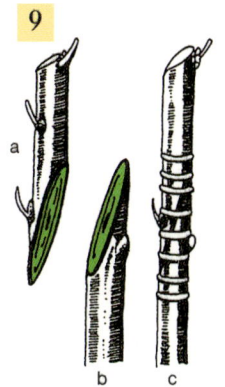

9

Kopulation

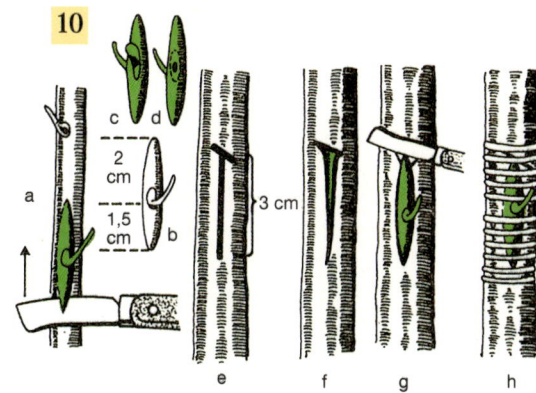

10

Okulation

Das Wetter lockt zum Schnitt, nicht nur nach der Ernte, sondern auch während des Fruchtbehanges. Hier sind die 1¹/₂ Jahre alten Wasserschosse zu entfernen.

Kopulation (Abb. 9): a) Edelreis, auf drei Augen nebst Blattstielen zugeschnitten, erhält gegenüber dem unteren Auge einen etwa 4 cm langen schrägen Schnitt. b) Unterlage (jungen Trieb, auch Wasserschoss) von gleicher Stärke versieht man ebenfalls mit einem 4 cm langen Schrägschnitt, und zwar stets auf der Oberseite. c) Schnittflächen genau zusammenfügen (Rinde auf Rinde), Bastverband umlegen, Schnittränder verstreichen.

Okulation (Abb. 10): a) Mit dem Okuliermesser ein 3,5 cm langes Rindenstückchen mit Auge und kleinem Holzspan herausschneiden, und zwar von unten nach oben, b) Genaue Längen. c) Holzspan auf der Unterseite vorsichtig herauslösen, Wunde nicht berühren. d) Knöpfchen des Auges muss unbeschädigt bleiben. e) T-Schnitt, oben leicht schräg, in die Rinde des veredelten Triebes. f) Rindenlappen mit Rindenlöser vorsichtig lösen. g) Schildchen von oben fest einschieben, überstehenden Teil wegschneiden. h) Bastverband; abschließend Wunden mit Baumwachs oder Bayleton verstreichen und gegen Okuliermade vorbeugend mit Spruzit-Staub einpudern. Siehe auch Okulation von Rosen auf S. 233.

Das Wetter lockt zum Baumschnitt

Von Anfang August bis Mitte September besteht die Möglichkeit, Obstbäume zu schneiden. Das angenehme Sommerwetter und die Tatsache, dass Wunden bis zum Herbst noch Abschlusszellen bilden, sollten Veranlassung sein, die Sommermonate für den Baumschnitt stärker zu nutzen. Im Winter sind die Schnittarbeiten dann geringer.

Durch Wegschnitt wird die Blattfläche verkleinert; es wachsen weniger Wurzeln zu, und der nächstjährige Austrieb kommt schwächer. Je früher der Schnitt erfolgt, desto stärker wirkt er sich als Wachstumsbremse aus. Daraus folgt: *starkwüchsige Bäume so zeitig wie möglich im August schneiden, weniger wüchsige erst im September.*

Durch **Auslichten** werden verbleibende Triebe und Blätter besser belichtet, so dass sich viele Blütenknospen bilden können und die Triebe gut ausreifen.

Nicht geschnitten werden jetzt sehr reich tragende oder sehr schwach wachsende Bäume. Sie können kein Blatt entbehren und sollten durch *eine schwache Düngergabe* unterstützt werden, mehr Reservestoffe einzulagern.

An jüngeren, wüchsigen Apfel- und Birnbäumen entfernt man Konkurrenz- und Oberseitentriebe und bindet Anfang August lange, aufwärts strebende Seitentriebe waagerecht, um den Anfangsertrag zu steigern.

Bedeutung hat der Sommerschnitt auch bei Apfelbäumen, die zur **Stippe** neigen. Bei mäßigem Fruchtbehang und starker Neutriebbildung reißen Langtriebe zuviel Calcium (Kalk) an sich, so dass Kalkmangel in den Früchten die Stippe auslöst. Nach Wegschnitt wird Calcium im Baum besser verteilt. Auch durch kleine (Stickstoff-) Gaben, z.B. 50 g/m² Hornmehl, im Au-

Der August-Schnitt sorgt allerdings für viel Fallobst. Die Früchte lassen sich jedoch gut verwenden.

gust und September können Wurzeln mehr Kalk aufnehmen.

Steinobst verträgt nicht nur Auslichten, sondern auch stärkeres Verjüngen. Große Süßkirschen schon im Juli schneiden, Sauerkirschen etwa in der 2. Augusthälfte, Pfirsiche und Pflaumen im August/September. Die Krone ist oben dem Licht zu öffnen, so dass der Mittelast um die Hälfte oder mehr herausgesägt wird.

Abgeerntete **Kernobstbäume** können im gleichen Zeitraum ausgelichtet werden. Unbeachtet bleiben oft *Obstbäume ohne Fruchtansatz.* Gerade sie vertragen jetzt stärkste Schnitte. Sägewunden sorgfältig mit Malusan-Wundverschluss verstreichen.

Ein Baumteil mit vielen $1\frac{1}{2}$ Jahre alten Schösslingen. Als starke Zehrer bremsen sie den Blütenansatz.

Dieselbe Baumkrone nach Entfernung der $1\frac{1}{2}$ Jahre alten Schösslinge. Sommerschnitt fördert die Fruchtbarkeit.

Anderthalb Jahre nach einem starken Winterschnitt

Stark ausgelichtete oder verjüngte Kernobstbäume treiben im ersten Jahr kräftige Steiltriebe oder Wasserschosse auf den Astoberseiten und oben am Mittelast. Im zweiten Jahr verlängern und verzweigen sich die Schösslinge und bilden sog. Ständer (2-jährige Wasserschosse).

Nach insgesamt $1\frac{1}{2}$ Jahren, etwa Mitte August, ist der beste Schnitttermin für diese Ständer. Dieser Sommerschnitt beruhigt selbst wüchsige Apfel- und Birnbäume, so dass frühestens nach zwei Jahren erneut auszulichten ist. Dies kann im Winter geschehen. Obwohl es schwierig ist, die mit Obst behangenen Bäume zu schneiden, gibt es für den August-Schnitt keinen Ersatz. Das reichliche Fallobst, das die Folge ist, lässt sich jedoch gleich zu wohlschmeckendem Mus verarbeiten.

Der Schnitt sollte im Spitzenbereich beginnen, also oben am Mittelast. Bei direktem Wegschnitt sind die Schösslinge auf Astring zu entfernen. Manchmal ist es günstiger, den Mittel-

ast bis zu einem tiefer stehenden Schössling zu kürzen. Mit einem Schnitt lässt sich dann bereits viel erledigen. Von den tieferen Schösslingen bleiben einzelne schwächere als zukünftiges Fruchtholz stehen. Diese sind auf eine äußere Abzweigung zurückzunehmen.

Steilschösslinge auf der Oberseite der Leit- und Nebenäste werden mit Astring entfernt, wodurch sich der Nachwuchs unterdrücken lässt. Außerdem kann zu langes Seitenholz, das eingeengt steht, auf eine nach außen gerichtete Abzweigung zurückgeschnitten werden. Mehr darf am Fruchtholz jetzt nicht beseitigt werden.

Nur die Astenden sollen auf einen Trieb eingekürzt werden, der die klare Führung bekommt. Um dem Baum sein Breitenwachstum zu nehmen, empfehlen sich Schnitte im Spitzenbereich auf Abzweigung. Untere oder flach gerichtete Äste sind auf einen ansteigenden Trieb zu schneiden, höhere oder ansteigende Äste auf einen

flach gerichteten, um die Wachstumsunterschiede auszugleichen.

Sommerschnitt der Sauerkirsche

Sauerkirschbäume, insbesondere Schattenmorellen, fruchten überwiegend an einjährigen Trieben. Bringen sie außer Früchten nur eine Triebverlängerung und keine Seitentriebe, so ist 2 Jahre altes Holz bereits kahl; das ist bei etwas älteren, ungeschnittenen Bäumen die Regel.

Die fruchtbare Zone entfernt sich immer weiter vom Leitast, so dass der Weg für den Ernährungsfluss ungünstig lang wird. Herunterhängende **kahle Ruten** („*Peitschentriebe*") füllen bald die Krone, und der junge Zuwachs am Ende der „Peitschen" nimmt ständig ab. Man erntet verhältnismäßig kleine, zahlenmäßig aber sehr viele Kirschen. Diese schwächen den Baum weiterhin, so dass sich starke Anfälligkeit gegen *Holzmonilia* und

Gummifluss – auf nassen, kalten Böden – zeigt. Durch regelmäßigen Schnitt lassen sich die Nachteile weitgehend vermeiden.

Im **Haupttertragsalter** genügt mittelstarkes *Auslichten*, damit sich kräftige Jungtriebe bilden und ein günstiges Verhältnis zwischen Fruchtgröße und Ertragsmenge erreicht wird. Auf eine Frucht kommen dann etwa 6 große Blätter gegenüber 4 kleineren bei ungeschnittenen Kronen. Zu licht braucht die Krone nicht zu sein. *Während junge Bäume nur wenig Schnitt erfordern, muss dieser mit zunehmendem Alter verstärkt werden.* Bester Schnitttermin: Ende August (bis Mitte September).

Vom 8. –10. Standjahr an ist es ratsam, die Sauerkirschenkrone nicht größer werden zu lassen. Dazu schneidet man jedes Jahr die Leitastverlängerung bis ins vorjährige Holz zurück, indem man bei stärkeren oder oberen Ästen auf einen mittelstarken bis schwachen Trieb ableitet,

bei schwächeren oder unteren Ästen auf einen mittelstarken bis starken Trieb aufleitet (s. S. 93, Abb. 12). Bei einem Mittelast ist es ratsam, ihn alljährlich bis auf einen schwachen Seitentrieb zurückzuschneiden (S. 94, Abb. 14, 15). Konkurrenz-, Reiter- und 4–5-jährige Peitschentriebe laufend entfernen. (Vergleiche hierzu Sauerkirschenschnitt, S. 93.) In einzelnen Fällen, wo stärkere Triebe zu dicht stehen, ist der Rückschnitt auf 3 bis 4 Knospen ratsam.

Wer **große Kirschen** ernten möchte, muss regelmäßig stark auslichten. Vom Rückschnitt der Diesjahrstriebe, etwa auf halbe Länge, ist abzusehen. Dieser sogenannte *Fruchtholzschnitt* war früher weit verbreitet. Für die Schattenmorelle ist er jedoch ungeeignet, da nach dem Rückschnitt die Endtriebe oft ausbleiben und viele angesetzte Früchte vertrocknen. So erntet man entschieden zu wenig. Auslichten ist die einfachste Methode, um zu großen Früchten und hohen Erträgen zu kommen. Dieser Schnitt bietet auch genügend Schutz gegen *Holzmonilia*.

Vom 12. –15. Standjahr, bei Nachlassen der Triebkraft und Zunahme der Verkahlung, kann man die Leitäste um ein Drittel ihrer Länge zurücksägen, und zwar auf einen nach außen gerichteten Zweig. Leitäste sollen möglichst in gleicher Höhe enden. In den nächsten Jahren vervollständigt man die Krone und lässt den Baum nicht größer werden als nach der ersten Teilverjüngung im 8.–10. Standjahr. – Weitere Verjüngungen in Abständen von 5–6 Jahren. (Hinweise auf Verjüngungsschnitt im November, S. 365, Abb. 13.)

Vernachlässigte, ungeschnittene Sauerkirschenbäume mit aufgekahlten Ästen und einem Gestrüpp an Peitschentrieben lohnen nur dann eine *Verjüngung*, wenn Stamm und Äste gesund sind. Der Rückschnitt erfolgt auf halbe Astlänge (starke Verjüngung!). Außerdem ist mäßiges Auslichten der überalterten, kahlen Peitschentriebe erforderlich. Zunächst beseitigt man „Peitschen" ohne Verzweigungen. Es kann auf 3 cm lange Stummel geschnitten werden, um aus dem Astring Neutriebe hervorzulocken. Wo sich starke Knospen oder junge Triebe gebildet haben, wird bis zu diesen zurückgeschnitten. Das Herausschneiden hängender Ruten wird man auf 2–3 Jahre verteilen, damit Ernteausfall und Triebzuwachs nicht übermäßig sind.

An Ästen und Zweigen dürfen **keine Stummel** stehen bleiben. Eingetrocknete Stummel an vorjährigen Trieben schneidet man mit scharfer Schere auf einen tieferen Seitentrieb zurück. Bei großen Wunden nur Kambium und Splintholz mit Bayleton-Rindenwundverschluss oder Malusan-Wundverschluss behandeln (beugt durch ein zugefügtes Fungizid gegen eine

Ein Schnitt, den ältere Schattenmorellen brauchen: Die verzweigte Leitastspitze kürzen, den oberen Ast auf schwachen Außentrieb, den unteren auf einen Oberseitentrieb.

Apfelbaumzweige sind stark befallen von der Blutlaus, die sich durch weiße Wachsausscheidungen schützt. Durch ihr Saugen an Wunden und der Rinde entstehen Wucherungen, die nicht verheilen und zu Blutlauskrebs führen.

Pilzinfektion vor), da sich Wundgewebe jetzt nur langsam bildet.

Ertragreiche oder stark zu schneidende Bäume sollten Mitte August zur Auffüllung ihrer Reserven rasch wirkenden mineralischen Dünger erhalten, z.B. Volldünger blau oder Blaukorn, 20 g/m². Auf leichten Böden düngt man organisch, z.B. mit 60 g/m² Fertofit-Gartendünger. Düngungen zu dieser Jahreszeit erhöhen die Widerstandskraft des Baumes und die Winterhärte. Der Dünger wird flächig ausgestreut, auch über die Kronentraufe hinaus, eingearbeitet oder eingeharkt und eingewässert.

Erfolgreich gegen Obstbaumkrebs

Für Apfelbäume – seltener Birnen – bedeutet Krebs eine gefährliche Krankheit, die aber heilbar ist, wenn sich mehrere Maßnahmen ergänzen. Der Erreger ist der Pilz *Nectria galligena*. Gelangen seine Sporen in eine Baum-

wunde, so entsteht eine eingesunkene, weiterfressende Stelle, die meist ringförmige Gestalt annimmt.

Der Baum versucht, die Wundränder zu überwallen, doch werden sie durch den Pilz meist wieder zerstört. Man spricht dann vom **offenen oder brandigen Krebs.** Gelingt es einem wüchsigen Baum, die Wunde durch Überwallung zu schließen, dann hat man es mit dem **geschlossenen oder knolligen Krebs** zu tun, der weniger auffällt.

Unmittelbar nach der Ernte bräunliches, krankes **Krebsgewebe** herausschneiden, -fräsen oder -stemmen, bis ins gesunde Holz. Knollige Stellen sägt man dazu aus, dünne krebsige Triebe schneidet man weg. Abfall verbrennen oder aus dem Garten wegschaffen. *Wunden,* auch gesunde vom Baumschnitt, verschließen, z.B. mit Malusan-Wundverschluss oder Bayleton.

Einlasstor für die Sporen – auch aus krebsverseuchten Nachbargärten – bilden im Herbst selbst *kleinste Wun-*

den, wie sie durch Ernte und Blattfall entstehen. Damit keine weitere Ansteckung erfolgt, ist es ratsam, dreimal (sofort nach der Ernte, nach halber Entlaubung und nach beendetem Blattfall) mit Fungoran oder Maneb gefährdete Apfelbäume zu spritzen.

Durch **Stummelschnitt,** Frostrisse und -platten Blutlausbefall (Blutlauskrebs) usw. entstehen Wunden, auf die bei krebsanfälligen Bäumchen besonders zu achten ist.

Obstbaumkrebs befällt bestimmte **Sorten an ungünstigen Standorten,** vor allem *auf nassen, schweren Böden.* Entweder schließt man solche Sorten bei ungünstigen Bodenverhältnissen aus oder sorgt für Dränage. Zu empfehlen sind **Dränagestäbe** aus Kunststoff von 10–16 cm Durchmesser. Die dauerhaften, druckfesten Stäbe kommen 75 cm tief senkrecht in den Boden und lassen Luft und Wasser ungehindert durch. (Hersteller: Fränk. Isolier- und Metallwarenwerk, Gebr. Kirchner, 97486 Königsberg/ Bayern).

Krebsanfällig sind: 'Berlepsch', 'Bohnapfel', 'Cox Orange', 'Champagner Renette', 'Goldparmäne', 'Ingrid Marie', 'James Grieve', 'Kaiser Wilhelm', 'Klarapfel', 'Oldenburg', 'Ontario', 'Zuccalmagnio'. Bei 'Ingrid Marie' können durch Krebs auch Fäulnisverluste an Früchten entstehen.

Gummifluss, Verhütung und Heilung

Wenn sich an Stämmen und Ästen von Aprikosen, Pfirsichen, Kirschen und Pflaumen bräunliche, zähflüssige, klumpige Ausscheidungen zeigen, spricht man von Gummi- oder Harzfluss (Gummose), der bei älteren Bäumen nur schwer zu heilen ist.

Zunächst sind die **Ursachen** festzustellen. Sie können verschiedener Art sein: Unverträglichkeit von Unterlage und Edelsorte, zu reichliche Stickstoffdüngung, zu viel Bodennässe, durch hohen Grundwasserstand, stauende Nässe, Mangel an Kalk, Kali oder Phosphorsäure, durch falsche Wahl der Schnittzeit (Winter), unzureichende Wundbehandlung, Überalterung der Krone, Trockenschäden im Stamm oder bakterielle Rindenkrankheit.

Zu viel **Stickstoff** erhalten die Bäume, wenn sie viel gejaucht werden. Vom Beginn der Behandlung sind Stickstoffgaben für ein Jahr einzustel-

len. Im Herbst streut man vor allem kohlensauren Kalk (200–300 g/m²). Auch Thomassulfatkali 50–60 g/m² können gegeben werden. Ein Jahr später folgt eine Humusdüngung. *Auf schweren Böden* wird man mit **Wassergaben,** besonders im Spätsommer, sehr zurückhaltend sein. Bei anhaltendem Regenwetter sollte die Baumscheibe mit Gärtnerfolie bedeckt werden, um ein Zuviel an Wasser abzuleiten. Bei zu hohem Grundwasserstand ist die Hügelpflanzung zu empfehlen.

Der **Schnitt** ins ältere Holz muss für eine Wachstumsperiode eingestellt werden. Sofern erforderlich, ist das Einkürzen junger Triebe möglich. Die beste Schnittzeit für diese Bäume ist zweifelsfrei das *Frühjahr*, also der März.

Liegt eine **bakterielle Erkrankung** vor, die an eingesunkener Rinde und einer Bräunung des Gewebes zu erkennen ist, so müssen erkrankte Stellen bis ins gesunde Gewebe ausgeschnitten oder ausgefräst werden. Es folgt Rindenwundverschluss mit Ma-

Zusätzliche Anmerkungen

Astbrüche sind vermeidbar, wenn schwächere Leitäste mit reichem Behang gestützt werden. Um Scheuerstellen an Ästen zu vermeiden, bekleidet man die Stützen (Abb. 6, S. 303) mit Gummi oder Plastik. Angebrochene Äste wachsen wieder zusammen, wenn man die noch frischen Wundflächen aneinander presst, fest verbindet und die Wundränder mit Malusan-Rindenwundverschluss oder einem Wundwachs verstreicht.

Obstmaden gefährden noch späte Äpfel, Birnen und Pflaumen, besonders bei trockenem Wetter. 1–2 Spritzungen, z. B. Spruzit schützen vor zu starkem Befall.

Aprikosen und Pfirsiche lässt man voll ausreifen, muss dann aber darauf achten, dass Früchte nicht mehlig und in ihrer Qualität gemindert werden.

Kultur-Heidelbeeren sind pflückreif, wenn sie etwa eine Woche ihre blaue Farbe zeigen. Bei zu früher Ernte schmecken die Beeren sauer. Die Reifezeit einer Sorte erstreckt sich über etwa *drei Wochen. Schutz gegen Vögel* ist nicht zu umgehen.

Die Apfelbeere, die im Juli/August reift, wurde als Heilpflanze schon von den Indianern geschätzt. Sie stärkt Leber und Galle, beruhigt Magen und Darm, scheidet Schwermetalle wie Strontium und

Cäsium aus, beseitigt Ablagerungen in den Adern, senkt den Blutdruck und ist reich an Vitaminen C und B.

Frühjahrsveredlungen erfordern Nachbehandlung. Zweige, die man als sog. „Zugäste" hat stehen lassen, kann man nun stark auslichten, besonders in der Nähe der Veredlung. Bis 40 cm unterhalb der Veredlungsstellen müssen „Wildtriebe" entfernt werden, da sie die Entwicklung der Edelreiser hemmen. Befinden sich an einem Pfropfkopf mehrere Edelreiser, so erhält nur das günstig stehende die Führung als Astverlängerung, während man die Übrigen durch Herabbinden unterordnet. Im zweiten Jahr ist Anfang August viel waagerecht zu binden und wenig zu schneiden (Abb. 5, S. 241).

Blutläuse an Apfelbäumen vermehren sich im Spätsommer noch einmal stark. Sie sitzen meist in Kolonien zusammen und fallen durch weißliche Wachsausscheidungen auf. Durch Saftentzug und Reizung des Rindengewebes entstehen Wucherungen *(Blutlauskrebs).* Der Name Blutlaus wurde diesem Schädling gegeben, weil er einen roten Saft enthält. August und September mit scharfem Strahl eine Mischung aus Promanal 2%ig plus Neudosan Neu spritzen.

Fruchtmonilia wehrt der biologische Gartenbau dadurch ab, indem er moniliakranke Früchte vergärt und die Jauche

auf die Baumscheiben der gefährdeten Bäume gießt. Diese Maßnahme soll einer Impfung gleichkommen, die den Baum widerstandsfähiger macht.

Fallobst ist möglichst täglich aufzusammeln. Was man nicht verwerten will, wird am besten tief vergraben. Wo ein *Humusbereiter* zur Verfügung steht, können diese Abfälle hier genutzt werden.

Kragenfäule an Apfelbäumen, die durch *krankes Fallobst* entstehen kann, führt zum Wegfaulen der Rinde an der Veredlungsstelle. Erkrankte Bäume zeigen hier zunächst violett verfärbte, weiche, feuchte Rindenstellen. Sie werden später glasig, reißen auf und bringen die Rinde rings um den Stamm zum Wegfaulen. Macht sich ein solcher Schaden bemerkbar, ist die Wunde sofort auszuschneiden und zu verstreichen. Außerdem sind mehrere Spritzungen mit Euparen zu empfehlen. Wichtig auch: Schadstelle vom unteren bis oberen Rindenrand durch Einspitzen mehrerer junger Triebe vom selben Baum überbrücken (siehe Abb. 7, S. 148).

Walnussbaumkronen sind locker aufgebaut und kommen fast ohne Schnitt aus. Sind Schnittmaßnahmen erforderlich, so ist dafür der Spätsommer August bis Mitte September am günstigsten. Wichtig nach dem Schnitt ist sofortiger Rindenwundverschluss mit Malusan.

Zuckermais entwickelt einen besonders süßen Geschmack, wenn er ohne Fremdbefruchtung heranwächst. In der Milchreife wird er gedünstet oder geröstet serviert.

Tomaten munden am besten, wenn man sie kurz vor der Vollreife abnimmt. Sie haben sich dann orangerot bis rot umgefärbt und sind noch fest. Hochreif eignen sie sich nur noch zur Gewinnung von Tomatenmark. Durch Anheben löst sich die Frucht leicht vom Fruchtstand. Soll zur Lagerung mit Stiel gepflückt werden, so drückt man gleichzeitig auf die natürliche Bruchstelle am Stiel.

Speisepaprika hat den besten Geschmack bei beginnender Umfärbung. Zu späte Ernte ist für nachwachsende Früchte unvorteilhaft. **Auberginen** erntet man vollreif: Die violette Schale glänzt dann, und die Samen sind noch weiß und weich.

Zuckermais ab Ende August ernten, wenn die heraushängenden, noch grünen Haarschöpfchen an der Spitze eingetrocknet sind. Kolben ruckartig seitlich ausbrechen. – Von **Artischocken** Blütenknospen ernten, sobald die blauen Staubfäden sichtbar, Blütenköpfe aber noch geschlossen sind. **Cardy** behandelt man wie Bleichsellerie (S. 278).

lusan, da es auch Pilzkrankheiten abwehrt. Außerdem sind drei Spritzungen (August, September, Oktober) des ganzen Baumes mit Euparen ratsam.

Im Gemüsegarten

Die Ernte nimmt an Umfang zu

Die Ernte sollte erfolgen, wenn die Pflanzen ihre beste Entwicklung erreicht haben. Sind chemische Pflanzenschutzmittel angewendet worden, so achte man auf Einhaltung der **Wartezeiten.** Sollen Krankheiten oder Schädlinge wenige Tage vor der Ernte bekämpft werden, dann wähle man Präparate mit kurzer Wartezeit.

Gurken verwendet man in verschiedenen Entwicklungsstadien. Werden sie jung abgenommen, so ist mit weiterem Ansatz zu rechnen. Lässt man Salat- und Schälgurken ausreifen, dann hört die Blütenbildung bald auf. Salatgurken sollten nicht ganz ausreifen. – Da *Triebverluste* den Gesamtertrag schmälern, darf an Trieben nicht herumgerissen werden. Da Gurken fest haften, benutze man zur Ernte Messer oder Schere. Dabei drückt die freie Hand die Blätter behutsam beiseite, ohne die Triebe in ihrer Lage zu verändern. Der bittere Geschmack mancher Gurken ist auf beschädigte Triebe zurückzuführen.

Winterendivie 'Wallone' für die Herbsternte. Fein- und dichtgekrauster Salat speichert mehr Nitrat als glattblättriger. Deshalb grundsätzlich bei Sonnenschein ernten.

Rote Rüben aus Aprilsaat sind im August/September erntefähig. Rüben werden an den Blättern aus der Erde gezogen, wobei man auf hartem Boden mit der Grabegabel nachhilft. Die Blätter werden abgedreht. An den Wurzeln nichts schneiden, sonst können die saftigen Knollen verbluten.

Stangen- und **Feuerbohnen** werden ab August geerntet. Bei **Sojabohnen** setzt die Ernte gleichfalls ein. Auspalen gelingt gut nach kurzem Aufkochen.

Möhren bringen höhere Erträge, wenn man stets die dicksten herauszieht. Damit das Kraut nicht abreißt, ist fester Boden vorher durchdringend zu wässern. Löcher sind sofort mit Erde zu füllen, um der Möhrenfliege die Eiablage zu erschweren.

Bleichsellerie. Sind die Blattstiele etwa 1,5 cm breit, so beginnt das Bleichen. Pflanzgräben werden geschlossen. 14 Tage danach, an einem trocknen Tag, fasst man einzelne Blattschöpfe zusammen und umbindet sie, oben beginnend, recht fest. Wichtig ist, dass von oben keine Nässe eindringen kann. Auf leichtem Boden wird 20 cm hoch angehäufelt, auf schwerem umgibt man die Stiele mit Wellpappe, Packpapier, Schwarzfolie oder Tonröhren. Man kann das Beet auch mit Brettern umbauen und mit Schwarzfolie überspannen. Vier Wochen Verdunklung genügen.

Nichtselbstbleichende **Winterendivien** werden bei trockenem Wetter schopfartig zusammengebunden, damit sie bleichen, und nach etwa 14 Tagen verbraucht.

Gewinnung haltbarer Speisezwiebeln

Speisezwiebeln aus *Steckzwiebeln* werden im August, die aus Samen im September geerntet. Wenn Zwiebeln auf natürliche Weise ausreifen können, bilden sie sich nicht nur groß aus, sondern halten sich auch länger. Zwiebellauch darf deshalb weder umgeknickt noch niedergetreten werden. Wenn Zwiebeln infolge anhaltender *Regenfälle* nicht zum Ausreifen kommen, ist es angebracht, mit einem Spaten schräg unter die Reihen zu stechen und so einen Teil der Wurzeln abzutrennen, jedoch nicht vor Ende Juli.

Wenn der **Reifevorgang** beginnt, knickt das Laub von selbst um. Es darf dann nicht mehr gegossen werden. *Erntereif* sind Speisezwiebeln, wenn die Schlotten größtenteils vertrocknet sind, nur am Grund (Hals) sollen sie noch etwas frisch sein. An einem trockenen Tag beginnt dann die Ernte. Um fest eingewurzelte Zwiebeln beim Herausnehmen nicht zu beschädigen, Boden mit einer Grabegabel lockern.

Zum **Nachreifen** kann man das Erntegut für etwa 8 Tage auf dem Beet liegen lassen. Besser ist es, die Schlotten zusammenzubinden und an geschützter, luftiger Stelle über eine Leine zu hängen. Nach 3-4 Wochen dreht man das Laub ab und entfernt verschmutzte Schalen. Verletzte oder starkhalsige Zwiebeln sind nicht lagerfähig. Lagerfähige Zwiebeln halten sich gut in *Netzen,* die kühl und luftig hängen.

Wichtige Gemüsepflanzungen im August

Zu dieser Jahreszeit wird das Land nach der Ernte gesäubert, tief gelockert, geharkt und sofort wieder bestellt. Pflanzungen gelingen jetzt am besten, wenn sie nach dem Angießen mit dem Gemüsefliegennetz locker bedeckt werden. 1. Düngung 14 Tage danach. 50 g/m² Fertofit-GartenDünger 1-2 mal nachdüngen.

Kohlrabi raschwüchsiger Sorten bildet sich bei Pflanzung bis Mitte August für die Ernte im Oktober zartfleischig aus. Abstand bis 30 cm.

Blumenkohl, der nur noch in den ersten Augusttagen gepflanzt werden kann, braucht 60 x 60-70 cm Abstand. Für die Ernte Anfang Oktober eignen sich Sorten der 'Alpha'-Typen, 'Mechelner' und 'Neckarperle', für spätere Ernte noch 'Flora Blanca'.

Grünkohl für die Winterzeit kann noch in der ersten Augusthälfte gepflanzt werden, bevorzugt 'Niedriger Krauser' mit 50 x 35-40 cm Abstand.

Kopfsalat und **Winterendivie** pflanzt man bis Mitte August. Pflanzweiten 30 bzw. 40 cm. Durch weite Abstände weniger *Grau-* und *Blattfäule.*

Gemüseporree, der in 10 cm tiefe Furchen und auf 40 x 12 cm gepflanzt wird, bringt im Mai eine beachtliche Ernte. Gute Winterhärte besitzt 'Sperlings Genita'. Pflanztermin Mitte August.

Feldsalat, eine wertvolle Nachfolgesaat

Feldsalat, auch Ackersalat, Mausohr, Nüsschen, Nüssli, Rapünzchen oder Rapunzel genannt, übertrifft an Vitaminen, Mineralien und ätherischen Ölen Kopfsalat, schmeckt würzig, ist leicht verdaulich und nervenberuhigend. Nitrat meist hoch.

Zur Herbsternte kann man den 'Holländischen breitblättrigen' säen. Will man Freilandsaaten gleichzeitig überwintern, muss man winterharte Sorten wählen, wie 'Dunkelgrüner vollherziger 2', 'Hilds Felma' oder 'Sperlings Pokal' (Saatband). Anbau unter Folie gelingt am besten mit mehltaufesten Sorten wie: 'Jade' (v. Clause), 'Juwahit', 'Gala', 'Vit' oder andere.

Feldsalat bevorzugt sonnige Lage und humose, weder zu feuchte noch zu nährstoffhaltige Böden. Stickstoff unter 10 g/m² senkt den Nitratgehalt. Nicht abends überbrausen (Bakterienblattflecke). Vor der Saat 5 l/m² gesiebte Komposterde oder 100 g FulHu-

Herbstspinat wird von September bis November geerntet. Aussaaten dafür Juli bis August. Wer schon im Juni sät, erntet kaum Blätter, sondern reichlich Blütentriebe.

min flach einmischen. 2-3 Wochen nach dem Auflaufen und nach weiteren 2-3 Wochen etwas düngen.

Bis Mitte August sät man für die Herbsternte, danach für den Winter. Aussaat in Reihen mit 12-15 cm Abstand bevorzugen (Samenbedarf 2 g/m²), günstig zwischen Grün- und Rosenkohl. Auf unkrautfreiem Boden und kleinen Flächen kann breitwürfig gesät werden (3 g/m²). Saattiefe 1-1,5 cm. Bis zum Auflaufen Boden gut feucht halten. Wird das eingesäte Beet 6 bis 7 Tage mit geschlitzter Schwarzfolie (Anti-Unkraut- und Mulchfolie) bedeckt, so darf mit einem besseren Keimergebnis gerechnet werden, da Feldsalat *Dunkelkeimer* ist.

Weitere Freilandaussaaten sind möglich

Für Nachfolgesaaten bei Anwendung von Mischkultur eignen sich Feldsalat, Schnittsalat, Herbsträbchen, Chinakohl, Spinat, Sauerampfer, Radies, Rettich, Petersilie, Frühlingszwiebeln, Schwarzwurzeln. Gemüseflie-

gen-Netz schützt vor vielen Schädlingen, die von außen kommen.

Herbsträbchen, die nach jeder Gemüseart, außer Kohl, angebaut werden können, sind Anfang August zu säen. Reihenabstand 30 cm, in der Reihe nach dem Auflaufen auf 15 cm verziehen. Danach gibt man je m² 25 g Volldünger blau.

Chinakohl kann in milden Lagen bis Mitte August gesät werden (siehe S. 249). 14 Tage nach dem Auflaufen wird vereinzelt, so dass nur das kräftigste Pflänzchen stehen bleibt, die schwächsten *kneift* oder *schneidet* man ab. Anschließend wird gedüngt, wozu 50 g/m² Fertofit ausreichen. In Abständen von 14 Tagen sind 2 bis 3 weitere Düngergaben erforderlich, damit sich gute Köpfe bilden. Maßnahmen gegen *Erdflöhe, Kohlfliegen, Raupen* lassen sich oftmals nicht umgehen (siehe S. 251).

Winter-Wirsingkohl oder Adventswirsing der Sorte 'Endenicher Advent' muss Anfang August gesät werden. Verpflanzt wird Anfang Oktober mit 50 x 25 cm Abstand, da sich nur kleine Köpfe bilden. Saat feucht halten.

Spinat kann den ganzen Monat über gesät werden. Reihenabstand 20-25 cm, Saattiefe 2-3 cm, Aussaatmenge 6-10 g/m². Damit sich viel Blattmasse bildet, gibt man 14 Tage nach dem Auflaufen einen organischen NPK-Dünger (z. B. 50 g/m² Fertofit) und auf armen Böden drei Wochen später noch 20 g/m² blauen Volldünger und sorgt für feuchten Boden.

Rettiche raschwüchsiger Sorten bringen noch eine Herbsternte, wenn in der ersten Augusthälfte gesät wird. Die bis 40 cm langen F_1-Hybriden 'Milder September' und 'Sommerwunder' brauchen 40 x 20 cm Abstand. Herkömmliche Sorten, wie 'Mainkrone', 'Halblanger weißer Sommer und Herbst', 'Hilds blauer Herbst und Winter', kommen mit 25 x 10 cm aus. Je Saatstelle 2 Korn 1,5 cm tief eindrücken. Rettiche brauchen nährstoffreichen, feuchten Boden und Schutz gegen *Erdflöhe* und die große *Kohl- oder Rettichfliege.*

Radieschen der *Sommersorten*, wie 'Carnita', 'Champion', 'Cherry-Belle', 'Parat' (auch als Sperli-Saatband) und Eiszapfen können bis Mitte des Monats gesät werden. Danach noch *frühe Sorten*, wie Haubners 'Frühwunder', 'Saxa', Sperlings 'Knacker' und andere. Für Aussat *unter Folie:* 'Prinz Rotin', 'Kutara'. Reihenabstand 10-15 cm, in der Reihe 3-5 cm, Saattiefe 1 cm. - Beste Entwicklung auf humosen, wasserhaltenden, etwas kühlen Böden. Ein Gemüsefliegennetz schützt vor Vermadung.

Petersilie lohnt dort die Aussaat, wo viel gebraucht wird. Pflänzchen überwintern unbeschadet und bringen im späten Frühling das oftmals fehlende Petersiliengrün. Es steht nach Aberntung der alten vorjährigen Pflanzen zur Verfügung. Es genügt glatte Schnittpetersilie. (Siehe S. 107).

Frühlingszwiebeln werden im August gesät. 'Frühlingszwiebel silberweiße' reift 14 Tage vor den gelben Sorten 'Frühkugel Typ Express' und 'Zwaans Große Winter'. Aussaat in Reihen von 20 cm Abstand recht weitläufig (2–3 cm). Zu dichte Saat nach dem Auflaufen auf 3–4 cm verziehen. Außer etwas Schutz gegen kalte Winde sind keine weiteren Vorkehrungen nötig. Ab März gibt es frisches Zwiebellauch, später durch Verziehen auf 8–10 cm auch kleine Zwiebeln mit Grün. Bis Mai/Juni sind die Zwiebeln zu verbrauchen.

Schwarzwurzeln kommen im August/ September zur Aussaat, wo einjährige Kultur (ab März) zu dünne Wurzelstangen bringt, was auf leichtem Boden der Fall sein kann. Reihenabstand 30 cm, Saattiefe 1–2 cm, Abstand in der Reihe 4–6 cm.

Gartensauerampfer bringt im Frühling erste Ernte. Aussaat in Reihen mit 25 cm Abstand. Später auf 15 cm verziehen. In der Wachstumszeit reichlich wässern. Erstmals kann gepflückt werden, wenn sich 4–5 Blätter gebildet haben. Junge Blätter enthalten weniger Oxalsäure als ältere. Sauerampfer eignet sich als Blattspinat und in Verbindung mit Kerbel sowie anderen Kräutern für leckere Frühlingssuppen. Nach einigen Jahren durch Teilung verjüngen.

Winterkopfsalat sät man (versuchsweise) in günstigen Lagen im August/September an Ort und Stelle mit 25–30 cm Abstand. Sorte: 'Maiwunder Typ Perle von Schwaben'.

Welche Pflege braucht Gemüse noch?

Der **Bodenpflege** kommt hohe Bedeutung zu. Wo der Boden mit Frischkompost oder Grünabfällen bedeckt wird, gedeihen die Pflanzen am besten, und die Pflegearbeiten sind nur noch gering. In offenem Boden muss gehackt werden, nur etwa 2 cm tief, um das *Unkraut* schon im Keimstadium zu vernichten.

Mit **Wasser** ist Gemüse rechtzeitig und ausreichend zu versorgen. Auf leichteren Böden soll in Trockenzeiten etwa alle vier, auf schwereren alle sechs Tage durchdringend gesprengt oder gegossen werden. *Fruchtgemüse* bevorzugt abgestandenes Wasser. *Keimende Saat und frische Pflanzungen* sind täglich auf Wassergaben angewiesen.

Bei wachsenden Kulturen darf die **Düngung** nicht zu kurz kommen. Entweder düngt man flüssig, z. B. mit Mannalin, Bio Trissol oder wendet Streudünger an wie „COMPO Blaukorn-Nitrophoska perfekt".

Stab-Tomaten werden noch bis Mitte August entgeizt, danach lässt man alle

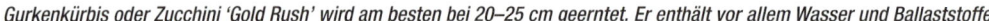

Gurkenkürbis oder Zucchini 'Gold Rush' wird am besten bei 20–25 cm geerntet. Er enthält vor allem Wasser und Ballaststoffe.

Triebe wachsen und entfernt neue Blütenstände. Eintriebige Pflanzen bringen – ohne Schutz –4 Fruchtstände zur Reife. Unter der „mitwachsenden" Tomatenhaube von Kiepenkerl werden die Pflanzen über dem 5. Fruchtstand *geköpft.* Haube wird der Höhe der Pflanze angepasst, am Haltestab wieder festgebunden. Früchte benötigen keine Besonnung, sondern nur Wärme.

Radies und **Rettich** können beim Aufgehen von *Erdflöhen* der 2. Generation heimgesucht werden. Sie zerfressen die zarten Blättchen, so dass sich keine Knollen bilden können. Oft hilft schon Feuchthalten der Kulturen. Bei trockener Witterung kann man die Pflanzen mit Spruzit-Staub leicht einstäuben, Wartezeit entfällt. Außerdem sind beide Pflanzenarten noch gegen *Kohlfliegenmaden zu* schützen. Sobald Radieschen aufgelaufen sind und Rettiche das 2. bis 3. Blatt ausgebildet haben, streut man – bei fehlendem Netzschutz – Bio-Gemüse-Streumittel.

Da **Spätmöhren** immer noch durch die *Möhrenfliege* bedroht sind, sollten junge Aussaaten bei Handhöhe mit einem Mittel wie bei Rettich geschützt werden. Bei Spätmöhren empfiehlt es sich, vor dem Schließen der Reihen ein Streumittel auf den feuchten Boden zu streuen und leicht einzuarbeiten. Auch ein Schädlingsschutznetz hilft.

Gurken, Kürbis, Zucchini und **Melone** sind durch *Echten Mehltau* gefährdet. Sobald sich die ersten weißen Tupfen zeigen, sofort Netzschwefel (25 g/10 l) oder BioBlatt-Mehltaumittel spritzen. Wiederholen im Abstand von 7–10 Tagen.

Die *Lauchmotte* wird dem **Porree** oder **Lauch** gefährlich. Man achte auf helle Miniergänge in den Blättern und spritze sofort mit Spruzit (1,5 ml/5 l Wasser), 3 Tage Wartezeit. Noch an-

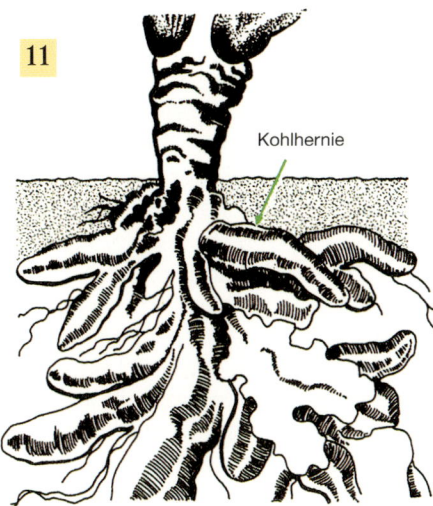

Kohlhernie bei Kohlgewächsen.

häufeln, um den Schaft zu bleichen. Netzschutz verhütet Befall.

Maßnahmen gegen Kohlschädlinge

Die **Raupenplage** beginnt im August. **Kohlweißlinge** haben ihre Eier an die äußeren Kohlblätter abgelegt. Ausschlüpfende Raupen sind äußerst gefräßig. Zur Plage kann es nicht kommen, wenn die *Pflanzen regelmäßig jede Woche abgesucht* werden. Chemisch bekämpft man Raupen z. B. mit Decis. Dieses Mittel hilft auch gegen die noch gefährlicheren Raupen der **Kohleulen** und -**schaben,** die sich ins Innere der Kohlköpfe einfressen und dann nicht mehr erreichbar sind. Bekämpfung muss beginnen, solange die Raupen noch klein sind und an den äußeren Blättern fressen.

Die **mehlige Kohlblattlaus** kann sich bei trockener Witterung und zu geringer Bodenfeuchtigkeit stark vermehren. *Wirsingkohl* wird bevorzugt. Wegen der weißen Wachsausscheidungen schwer zu bekämpfen, doch wird man mit Neudosan Neu Erfolg haben (abends spritzen).

Feuchte Witterung sagt der fußlosen

Acker- oder **Kohlschnecke** besonders zu. Sie schädigt durch Annagen der Kohlköpfe bis in den Herbst hinein. Die graubraunen, bis 6 cm langen, walzenförmigen Schädlinge absammeln oder mit Schneckenkorn Ferramol wirksam ködern.

Humusbakterien fressen Kohlhernie-Erreger

Kohlhernie oder Kropfkrankheit kann sich bei Kohlgewächsen verheerend auswirken. Ihr Erreger, ein Schleimpilz, der im Boden lebt, bringt die Wurzeln zu kropfartiger Verdickung, mit weißem Gewebe voll ausgefüllt (Abb. 11). Mindererträge sind die Folge. Wenn das kranke Gewebe im Boden zerfällt, verseucht es diesen für Jahre. Die Krankheit tritt vor allem *bei zu enger Fruchtfolge* auf humusarmen, sauren Böden auf. Durch entsprechende Gegenmaßnahmen ist es möglich, die Krankheit in zwei Jahren wieder loszuwerden. Folgende Maßnahmen sind durchzuführen:

1. Von der Kohlhernie **befallene Pflanzen** müssen aus dem Garten weggeschafft werden. Im „Humusbereiter" ist die Vernichtung auch möglich.

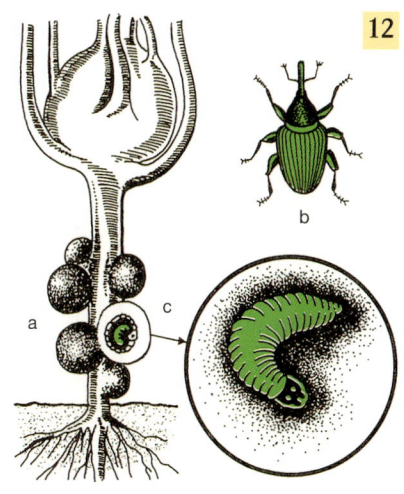

Befall mit Kohlgallenrüssler.

2. Da **Kreuzblütler,** zu denen Kohlgewächse gehören, als **Wirtspflanzen** die Krankheit verschleppen, dürfen sie in der Zwischenzeit weder angebaut noch geduldet werden. Das gilt für *Gemüse:* Kohl, Radies, Rettich, Meerrettich, Gartenkresse, Kohl- und Herbstrüben; *Gründüngungspflanzen:* Senf, Raps, Rüben; *Blumen:* Schleifenblume, Levkoje, Goldlack, Blaukissen, Gänsekresse, Steinkraut; *Unkräuter:* Hirtentäschel, Steintäschel, Hellerkraut, Hederich.

3. **Humusbakterien** sind in der Lage, den Schleimpilz innerhalb von zwei Jahren zu vernichten. Dazu braucht der Boden reichlich **Nährhumus,** also organische Substanz in Form von strohigem Stallmist, Kompost. Humobil hat für Nachkulturen den Vorteil, dass ohne Verzögerung gesät und gepflanzt werden kann.

4. Da eine günstige **Bodenreaktion** die Arbeit der Humusbakterien unterstützt, ist der Kalkhaushalt im Herbst in Ordnung zu bringen. Anzustreben ist ein pH-Wert auf leichterem Boden von 6,5–7, auf schwererem von 7–7,5.

Verwechseln kann man die Kohlhernie möglicherweise mit den *kugeligen Wucherungen am Wurzelhals* (Abb. 12 a). Urheber ist ein kleiner Rüsselkäfer, der **Kohlgallenrüssler** (b). Schon im Saatbeet werden Setzlinge befallen. Die aus den Eiern schlüpfenden *Larven* (c) üben auf das Pflanzengewebe einen Reiz aus, der zu erbsen- bis haselgroßen Wucherungen führt. Befallene Setzlinge vernichten. Wo der Schaden gering ist, erübrigen sich weitere Maßnahmen (siehe „Saatbeet" S. 150).

Zusätzliche Anmerkungen

Zwischen Erdbeeren ist oft Platz. Bei Aussaat von Feldsalat, Frühlingszwiebel, Ringelblume, Spinat, Radies, Petersilie usw. werden Wurzelschäden durch Nematoden vermindert, so dass Erdbeerpflanzen länger gesund bleiben.

Meerrettich liefert glatte „Stangen", wenn man die Wurzeln Anfang August freilegt, Nebenwurzeln abschneidet, außer am untersten Wurzelende, und den Boden wieder einebnet.

Gründüngung als Nachkultur, wichtiges Mittel zur Gesunderhaltung und Leistungssteigerung des Bodens, sollte in die Fruchtfolge eingeschaltet werden. Für den Garten besonders geeignet sind Gründüngungspflanzen der Sperli-Bodenkultur; 'Grünhumus' für leichte und mittlere Böden, 'Grünaktiv' für schwere Böden, 'Gartendoktor' für kranke Böden, 'Schnellgrüner' zu rascher Bodenbegrünung als „provisorischer Rasen". Vorher 50 g/m² Fertofit-Gartendünger einarbeiten.

Rhabarber soll sich jetzt kräftig entwickeln, wozu Wasser und Nährstoffe beitragen. Wo das Wachstum nicht befriedigt, streut man um jede Pflanze nochmals 50–60 g Volldünger, arbeitet ihn flach ein und wässert durchdringend.

Ausgereifter Kopfkohl auf den Beeten neigt bei stärkerem Regen zum **Platzen.** Sobald das oberste Blatt aufzureißen beginnt, fasst man den Kopf mit beiden Händen von unten und hebt ihn mit kurzem Ruck etwas hoch. Dabei reißt ein Teil der Saugwurzeln ab, und das Platzen hört auf.

Schnittlauch zum Treiben darf nicht zu dünnröhrig sein. Ab Mitte August gräbt man einzelne wüchsige Stöcke aus, lagert sie etwa ¼ Jahr im Freien. Trockenheit und Frost machen die Zwiebelchen triebbereit. Große Ballen kann man später teilen.

Petersilie für Winter und Frühjahr kann in einen Blumenkasten oder größeren Blumentopf mit Frux-Aussaaterde gesät werden, wofür sich glatte Schnittpetersilie eignet. Zunächst bleiben Saatgefäße im Freien, möglichst unter Folienschutz zwecks besserer Keimung. Im Winter braucht man einen Fensterplatz nach Süden, frostfrei, nicht zu warm.

Die Chikoree-Minierfliege verursacht Minierfraß in Blättern und Wurzeln von Zichorie. Bekämpfung ab Mitte August durch drei Spritzungen in 14-tägigen Abständen mit Dimethoat 10 cm³/ 10 l Wasser, ausreichend für eine 20 m lange Reihe.

Brokkoli kann man noch im August anbauen. Die Pflanzen, die in der warmen Jahreszeit leicht schießen, entwickeln sich im Spätsommer und Frühherbst ohne Schwierigkeiten, selbstverständlich muss für ausreichende Feuchtigkeit und Düngerzufuhr gesorgt werden.

Beinwell oder **Comfrey** (*Symphyum x uplándicum*), auch als Futter-Beinwell angebaut, wächst 1 m hoch, bildet große Blätter aus und ist eine gute Grundlage für wirksame Kräuter- oder Pflanzenjauche, zur Wurzel- und Blattdüngung. Pflanzung im Herbst oder Frühjahr, Aussaat im März günstig. Die wüchsige Staude, die sich auf feuchtem Boden und im Schatten wohlfühlt, blüht von Juni bis August ansehnlich und eignet sich bestens für Wildgartenpartien. – Zur Verwendung als Spinat wird wegen der nitratreichen Blätter abgeraten. – Heilzwecken dient S. officinále (Gemeine Schwarzwurz, Echte Wallwurz, Beinwell) mit großer Heilkraft, z. B. bei offenen Beinwunden.

September

Allgemeines

Wenn es ein guter Kompost werden soll

Wenn im Spätsommer alles im Garten üppig sprießt, dann beschert uns die Natur viel Biomasse, die wir gut weiter verarbeiten können.

Als **Kompostmaterial** kann fast alles verwendet werden, was an zersetzbaren organischen Stoffen in Garten, Haus, Hof und Stall anfällt und was sonst noch Düngerwert hat. (Über Kompostierungsmethoden siehe auch S. 110 und S. 312 f.)

Völlig ungeeignet sind Steine, Draht, Büchsen, Glas, Plastik, Farbkunstdrucke, starke Knochen, dickes Holz und Zweige mit Dornen oder Stacheln. (Nur in einem Hügelbeet, das 6 Jahre benutzt wird, können solche Zweige mitverwendet werden, sonst verbrennt man sie.)

Geeignet sind: Gesunde Gemüse- und Obstreste, Rasenschnitt, Falllaub, Triebe von Baum- und Sträucherschnitt, holziges Schredder-Material, Staudenreste, Sommerblumen usw.; Haus- und Küchenabfälle, Schalen von Kartoffeln, Obst, auch Südfrüchten, Eierschalen, Essensreste, Kaffee- und Teesatz, Aschenbecher- und Staubsaugerinhalt, Kehricht aller Art, Schnittblumen, Zeitungspapier, Wellpappe, Brikettasche; Geflügel- und Kleintierdung, Stroh, Jauche, Federn, Haare, Wollreste, Sägemehl, Holzwolle, zerschlagene Knochen und vieles mehr.

Unkraut mit Samen sollte möglichst nur dann kompostiert werden, wenn das Verfahren (Mücke-Komposter, Thermo-Komposter) oder der Zusatz (Bio-Komposter-Flocken, Biorott, Spezial-Kalkstickstoff) unkrautfreien Kompost gewährleistet. Im Stapelinnern ist der Abbau am sichersten. – *Dauerunkräuter* mit Wurzelstöcken (Rhizomen) müssen erst aus-

Thermo-Komposter von Neudorff. Er verrottet organische Abfälle aus Garten und Haus, feuchte und trockene, nährstoffarme und -reiche. Gut vermischen!

trocknen, ehe man sie kompostiert. Durch Heißvergärung werden auch frische Rhizome abgebaut.

Kranke Pflanzenteile, von Schorf, Rost, Mehltau oder ähnlichen Schadpilzen befallen, kann man bei Verwendung von Kalkstickstoff, Biorott oder eines entsprechenden Mittels in vielen Fällen kompostieren.

Pflanzenteile mit **gefährlichen Krankheiten,** wie Früchte mit *Monilia,* durch *Kohlhernie* deformierte Wurzeln von Kohl und anderen Kreuzblütlern, welkekranke Gurken- und Tomatenpflanzen, Bohnen mit *Fettfleckenkrankheit* usw., sind aus dem Garten zu entfernen oder dem „Humusbereiter" einzuverleiben.

Von **Schädlingen** befallenes Obst *(Obstmaden)* oder Wurzelgemüse *(Fliegenmaden)* eignet sich noch für den Humusbereiter oder ist 60 cm tief zu vergraben.

Rasenschnitt und andere Grünmasse enthält genug Wasser und Nährstoffe in günstigem Verhältnis, so dass zusätzliches Befeuchten und einseitige

Düngergaben fehl am Platz sind. Bewährt hat sich Beimischen von trocknem Laub, Schredder-Material, Wellpappe (ohne Vorweichen) und anderen trocknen Abfällen. Verrottung im Mücke-Silo in 2 Monaten.

Falllaub jeder Art ist geeignet auch von Walnuss, Kastanie, Obstgehölzen. Große, harte Blätter sollten gehäckselt werden. Günstig ist es, Blätter zu mischen und frischem Rasenschnitt beizugeben. Wird Laub für sich kompostiert, dann nur in dünnen Lagen. Jede Schicht muss durchfeuchtet, mit Spezial-Kalkstickstoff bestreut und Erde bedeckt werden.

Eine schnellere Zersetzung von Herbstlaub kann durch das flüssige Kompost-FIX (Enzyme und Mikroorganismen)erreicht werden.

Papier und Wellpappe, die keinen Stickstoff und wenig Phosphat enthalten, sind mehrere Tage in (stickstoffhaltigem) Wasser vorzuweichen, zerrissen oder geknüllt unter Zusatz eines Stickstoff-Phosphat-Düngers (z. B. Mannarit, 1,5 kg auf 10 kg Papier) zwischen

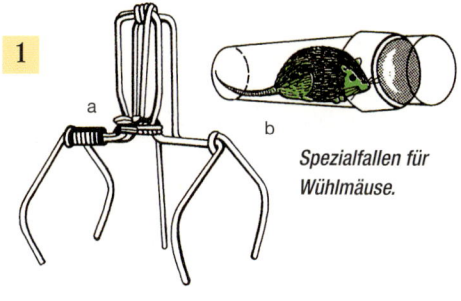

Spezialfallen für Wühlmäuse.

andere Abfälle im Mücke-Komposter zu bringen. Der Landwirt kann Zeitungen und Wellpappe nach Vorweichen in Jauche auf den Misthaufen werfen.

Sägemehl und **Holzwolle** sind ausgesprochen arm an *Kalk, Stickstoff* und *Phosphat* und sollten bei größerer Menge unter Zusatz von Spezial-Kalkstickstoff (5 kg/100 kg) und Thomasphosphat (5 kg) 1 Jahr vorkompostiert, mehrmals umgesetzt, gut durchfeuchtet und bedeckt gehalten werden. Danach hat man einen guten Zusatz zum Kompost. Auch angerotteter Mist (1 Teil auf 3 Teile Sägemehl) fördert den Umsatz.

Asche kann in geringer Menge mitkompostiert werden, besonders *Braunkohlenasche.* Erforderlich ist *Stickstoffzusatz:* 1 kg Hornspäne auf 2 kg Asche, gut **mischen und überbrausen.** – *Holz- und Papierasche* eignen sich zur direkten Düngung.

Rasche Verrottung wird erreicht durch Zerkleinern der Abfälle, *richtige Mischung,* lockere Stapelung und mäßige Feuchtigkeit. *Grünmasse, Rasenschnitt, Stallmist, Küchenabfälle usw. sollten durchsetzt werden mit Laub, gehäckseltes Stroh, Schreddermaterial vom Gehölz- und Staudenschnitt, Papier, Wellpappe usw.*

Kompostierungsmittel sorgen im Komposthaufen und im offenen Silo für stürmische Vermehrung der Bakterien, so dass es zu Heißvergärung und zur Beschleunigung der Rotte kommt. COMPO Schnellkomposter, Neudorff Kompost-Vererder oder Bio Komposter-Flocken von Neudorff sind geeignet. Bei stickstoff- und kalkarmen Abfällen erfüllt Spezial-Kalkstickstoff diese Aufgabe ebenfalls. Er liefert die fehlenden Nährstoffe und tötet durch Heißvergärung Unkraut- und Krankheitskeime ab.

Weitere **Zusätze** zur Qualitätsverbesserung: Kompost, Gartenboden, Sand, Teich- und Grabenaushub, Urgesteins-

mehl zur Gesundung ausgezehrter Böden, Lehm oder Bentonit-Tonmehl bei Sandböden, Sand bei schweren Lehmböden, Wildkräuter (Brennnessel, Schachtelhalm, Baldrian usw.), Stallmist, Jauche, Algenkalk, kohlensaurer Kalk, Stickstoff und Phosphat in Form von Horn- und Knochenmehl (Hornphos) usw., je nach Erfordernis.

Wühlmausschäden sind vermeidbar

Kaum eine Gartenpflanze wird von der unterirdisch lebenden, dunkelbraunen *Wühl- oder Schermaus* verschont. Ihr Körper erreicht etwa 20 cm, ihr Schwanz die halbe Länge. Als Futter dienen Wurzeln aller Art und die meisten Blumenzwiebeln. Vom Herbst bis zum Frühjahr sind Wurzeln junger und schwachwachsender Obstbäume besonders gefährdet. Da die Wühlmaus im Herbst häufig in größerer Zahl auftritt, ist sie auch für tierliebende Gartenfreunde eine arge Belastung.

Auf der Futtersuche legt sie ein *ausgedehntes Gangsystem* mit Vorratskammern und ausgepolsterten Nestern an. Die Gänge, die breitoval (beim Maulwurf dagegen rund) sind, werden überwiegend flach, zum Winter jedoch tiefer angelegt. Meist ver-

Fraßschäden durch Wühlmäuse.

rät der flache, seitliche Erdauswurf den Gangverlauf.

Da nicht alle Gänge von oben zu erkennen sind, sucht man die Gartenfläche mit stumpfem Stock oder dünnem Eisenstab (verstärkte Spitze) ab. Wird er schon nach kurzer Zeit (15–20 Min.) von innen wieder zugeschoben, so ist er von der Wühlmaus bewohnt. Auf kleinen Flächen ist das Fangen mit **Spezialfallen** die billigste Methode, erfordert jedoch Erfahrung und Zeitaufwand. Einfache Modelle genügen. Für leichte Böden eignet sich z. B. eine *Röhrenfalle* (Abb. 2 b), für schwere Böden eine Zangenfalle, wie die *Attenkofer Falle* (a), die doppelfängig ist. Mit **Köder** (Möhre, Johannisbrot usw.), den man am Auslöser aufspießt, gibt es die besten Erfolge. Da die Wühlmaus eine feine Witterung hat, muss man Handschuhe anziehen, die man mit feuchter Erde einreibt. – Man schiebt die Falle in den wieder geöffneten, befahrenen Gang ein und

Fraßschäden durch Wühlmäuse.

deckt ein größeres Blatt oder eine umgekehrte Rasensode rüber. Der Abschluss soll licht-, aber nicht luftdicht sein. Da Luftzug stört, fängt die Wühlmaus bald an, die Öffnung zuzuwühlen und gerät in die Falle. Dazu muss diese mindestens 30 cm tief im Gang stehen, um nicht mit verwühlt zu werden. Eine Falle, die mehrere Stunden oder über Nacht erfolglos steht, kann man entfernen, da der Gang nicht mehr bewohnt ist.

Der **Wühlmaus-Fänger** von Neudorff ist neueren Datums und mit ausgezeichneten Fangergebnissen bis in den Winter. Zunächst wird der Fänger mit Erde abgerieben. Mit einem Handgriff lässt er sich spannen. Durch Beköderung wird die Wühlmaus angelockt und vom Fangbügel erschlagen. Die gefangene Wühlmaus lässt sich ohne Berührung entfernen.

Zum Schutz der Wurzeln von Bäumen, Sträuchern usw. kann man gleich *bei Neupflanzungen* spezielle **Duft-Kegel** (z. B. Wühlmaus-Schreck) eingraben, deren abweisende Duftstoffe den Boden meterweit durchziehen.

Auch das soll helfen: Lässt man rings um den Garten **Flaschen** soweit in den Boden ein, dass der Hals noch etwas herausschaut, dann verursacht der darüber streichende Wind Pfeiftöne, die die Wühlmaus vertreiben.

Auf bestimmte **Pflanzengerüche** reagiert das Tier empfindlich. **Knoblauchzehen,** im Abstand von 5 cm ausgelegt, schützen gefährdete (Gemüse-)Beete; **Kaiserkronen,** je Meter eine Pflanze, halten Wühlmäuse von anderen Blumenzwiebeln ab. Entlang der Grenze lässt sich durch Aussaat der **Kreuzblättrigen Wolfsmilch** *(Euphórbia láthyris)* oder der **Hundszunge** *(Cynoglóssum officinalis)* eine Duftzone schaffen, von der die Wühlmaus Abstand hält. Beide Pflanzen sind zweijährig und setzen keimfähigen Samen an. Längerfristig sind dies in gefährdeten Gebieten sicherlich die naheliegendsten Abwehr-Methoden.

Im Blumen- und Ziergarten

Abschiedsblühen der Sommerstauden

Der Blütenflor der Sommerstauden geht im Allgemeinen zu Ende. Nach der Blüte werden Beetstauden (Tabelle im August und Oktober) über dem Boden abgeschnitten. Neu- oder Umpflanzung der im August tabellarisch aufgeführten Stauden ist im frühen Herbst möglich. Dabei kann man ältere Stauden teilen.

Zu den beliebtesten Stauden im **sonnigen Blumenbeet** gehören einige

Zusätzliche Anmerkungen

Im September, einem Monat der *Reife und Ernte,* nähert sich das Gartenjahr langsam dem Ende. Gleichzeitig bedeutet dieser Monat aber einen Beginn durch Einsetzen der *Pflanzzeiten.* Die Nächte werden nun bereits kühler, in ungünstigen Lagen gibt es die ersten leichten *Bodenfröste,* worauf sich der Gartenbesitzer einstellen muss.

Der Komposthaufen vom Vorjahr kann – zwecks Gewinnung reifer **Humuserde** – Anfang September zum 2. Mal im Jahr umgesetzt werden, wenn Luftmangel besteht. Reifender Kompost darf mit Jauche nicht übersättigt und auch nicht zu stark durchnässt werden, sonst faulen die unteren, dicht lagernden Stoffe.

Schnecken führen bei tau- und regenreichem Wetter ein Leben im Überfluss und bleiben lange an ihren Futterplätzen. Ködermittel (wie Ferramol) können sie weglocken und vernichten. So wird späte Eiablage, je Tier bis 400 Stück, verhindert, so dass im nächsten Frühjahr kaum Schnecken erscheinen werden. Unter Kistchen und Folie mit Vorliebe abgelegte Eier unbedingt zertreten.

Ratten und Mäuse suchen menschliche und tierische Behausungen auf, stiften großen Schaden und verbreiten gefährliche Krankheiten. Bekämpfung durch Fallen, Fertigköder und Streupulver.

Marienkäfer und Florfliege stellen ihre nützliche Tätigkeit im Garten nun ein und suchen geschützte Räume auf, auch unsere Behausungen, wo man sie dulden sollte.

Tauben sind so zu halten, dass sie vom 25. September bis zum 24. Oktober Gärten und Felder nicht aufsuchen können.

Für Hügelbeete Reisig vom Baum-, Strauch- und Heckenschnitt sammeln. Verwenden lassen sich bis daumenstarke Zweige, auch solche, die bestachelt oder bedornt sind.

Sonnenblumen-Samen beginnen zu reifen. Die Körner sind ein willkommenes Winterfutter für unsere Vögel. Damit sie nicht schon jetzt, in einer Zeit des noch reichen Angebots, die „Körbe" plündern, umgibt man sie mit Gaze, und zwar locker, um Fäulnis auszuschließen.

bekannte gelb blühende Vertreter, wie Schaf-Garbe *(Achilléa filipendulína)*, Mädchenauge *(Coreópsis grandiflóra)*, Kokardenblume *(Gaillárdia grandiflóra)*, Sonnenbraut *(Helénium)*, Sonnenblumen *(Heliánthus)*, Sonnenauge *(Heliópsis)* und Goldrute *(Solidágo)*.

Von den weißen Margeriten blühen unentwegt *Leucánthenúm vulgare* in einfachen, halbgefüllten oder gefüllten Sorten. Vielfarbige Pracht bieten Fackellilien *(Kniphófia)*, Hohe Stauden-Phloxe *(Phlox paniculáta)* später Sorten, der zweite Flor der stattlichen Rittersporne und bunten Lupinen. Eine liebliche lang blühende Rabattenstaude in Weiß, Hell- oder Dunkelblau ist *Scabiósa caucásia*, in Hell-Lila *Scabiósa graminifólia*. Von den höheren Arten der Fetthenne verdient *Sédum spectábile* besondere Beachtung. Die Sorte 'Carmen' wird 40 cm hoch und trägt dunkelkarminrosa Blütendolden.

Einige bevorzugen **Halbschatten,** vertragen aber auch Sonne, wie die aparte Indianernessel *(Monárda)*, rot, rosa oder violett blühend, die prachtvolle Buschmalve *(Lavátera thuringíaca)* in leuchtendem Hellrosa und der anspruchslose Knöterich *(Polygonum affíne)*, tiefrosa. An überwiegend schattigen Plätzen klingt bei Herbstbeginn der Blütenflor der späten Prachtspieren *(Astílbe aréndsii)* aus. Beste Sorten sind 'Cattleya', cattleyenrosa, 100 cm hoch; 'Serenade', rosarot, 40 cm; 'Feuer' ' lachsrot; 'Glut', feuerrot, beide 80 cm. Bewährter Bodenbegrüner mit goldgelben Blüten ist *Hypéricum calycinum*. Eine Verwandte der frühsommerlichen Wiesenraute, *Thalíctrum dipterocárpum*, blüht purpurlila.

Zu den Stauden zählen auch winterharte **Zwiebel-** und **Knollenblumen.** Die 100 cm hohen Goldband-Lilien *(Lílium aurátum)*, die Pracht-Lillen *(L. speciósum)* und die aus beiden gewonnenen

Fackellilien, Kniphófia, *gibt es in mehreren Arten und Sorten, die zwischen Juni und September blühen. Der Blütenkolben ist sehr dicht, ein- oder zweifarbig.*

Kreuzungshybriden, wie 'Imperial Crimson' mit großen, weit geöffneten Blüten, auf weißem Grund karminrot, bevorzugen leichten Halbschatten. Eine schöne Bereicherung des sonnigen Staudenbeets sind die 30 cm hohen Montbretien mit vielblütigen Rispen in Orange. Mit der Blüte der **Herbstzeitlosen** beginnt der Frühherbst.

Im **Steingarten** überraschen uns: Schaf-Garbe *(Achilléa millefólium)*, dunkelrot; Blauminze *(Népeta* x *faassénii)*, hellblau; Nachtkerze *(Oenothéra missouriénsis)*, hellgelb; Fetthenne *(Sédum teléphium)*, rot; Leimkraut *(Siléne scháfta)*, rosa; Zwerg-Astilbe *(Astílbe chinénsis* var. *púmila)*, rosa; Enzian *(Gentiána septémfida* var. *lagodechiána)*, blau. Pflanzwünsche im Steingarten erfüllt man sich am besten im April und Mai.

Pfingstrosen bevorzugen kräftigen Boden

In der ersten Septemberhälfte ist **Pflanzzeit;** denn die Wurzelbildung beginnt. Nur auf tonhaltigem Boden wartet man besser bis zum Frühjahr. – Alte Stauden, die in der Blüte stark nachgelassen haben, gräbt man aus, schneidet sie zurück und teilt die Wurzelbüschel mit dem Spaten. Jede Teilpflanze braucht mindestens zwei Triebaugen und einzelne Wurzeln.

Etwas lehmiger, tiefgelockerter, nährstoffreicher, schwachsaurer **Boden** in sonniger Lage sagt der Pfingstrose am meisten zu. Die Pflanzstellen sind beizeiten 50 cm tief zu lockern, wobei die Unterschicht unten bleibt. Sandboden braucht Lehmzuschlag oder Bentonit-Sandbodenverbesserer, schwerer, nasser Boden Sandbeimischung oder Urgesteinsmehl für die gesamte Tiefe.

Die Oberschicht verbessert man außerdem mit gesiebter Komposterde oder gut verrottetem Stallmist oder torffreier NeudoHum Pflanzerde, je Pflanzloch, auf kalkhaltigem Boden auch feuchter Düngetorf.

Für Neupflanzungen wählt man Züchtungen der **Chinesischen Garten-Pfingstrose** *(Paeónia-lactiflóra)* mit gefüllten Blüten in Rot, Rosa oder Weiß. Diese Edelpäonien werden 70–90 cm hoch, ebenso breit und eignen sich wegen ihrer Schönheit und Langlebigkeit als *Leitstauden.* Hauptblütezeit Mai/Juni. Auf einem breiten Staudenbeet gehören sie in die Mitte oder etwas weiter zurück. Nachdem sich der Boden gut gesetzt hat, pflanzt man mit Wiederholung einzeln oder in Tuffs mit 1 m Abstand untereinander. Blühbeginn nach 3 Jahren.

Die starken **Wurzeln** kommen senkrecht in den Boden, Triebaugen 4–5 cm unter die Erdoberfläche. Die Erde ist gut anzudrücken und anzugießen. Bei zusagender Pflege befriedigen Päonien 20 Jahre und mehr am selben Platz.

Die wieder mehr gepflanzte Europäische **Bauern-Pfingstrose** *(P. officinális),* besonders die dickgefüllte, tiefrote Sorte 'Rubra Plena', wird nur 50 cm hoch, wünscht etwas Halbschatten, kalkhaltigen Boden und Gehölznähe. Pflanzweite 60 cm. Die Blüte beginnt zwei Wochen vor der Edelpäonie.

Was sich Blumenzwiebeln wünschen

Viele Vorfrühlingsblumen wachsen aus Zwiebeln und Knollen hervor und werden zu den *Wildstauden* gerechnet. Wer sie früh einkauft und alsbald pflanzt, darf im nächsten Frühjahr schon mit buntem Blütenflor rechnen. Eine gute Wirkung ist jedoch nur dann zu erwarten, wenn die Zwiebeln in großer Zahl in Gruppen gesteckt werden und sich einige Farben wiederholen. Dabei pflanzt man ziemlich dicht, d. h. knapp so weit auseinander wie die Zwiebeln tief liegen. Damit immer ein anderes **Pflanzenbild** entsteht, wirft man eine Anzahl Zwiebelchen etwas in die Höhe und pflanzt sie etwa dort, wo sie hingefallen sind. Beliebte **Pflanzstellen** sind lichte Gehölzränder, Rosenbeete, Staudenrabatten. Hier pflanzt man die frühen kleinen Blüher zwischen Vorfrühlingsstauden, die größeren wie Tulpen und Hyazinthen zwischen Sommer- und Herbststauden, auch unter Polster. Rasenflächen sind weniger günstig; entweder leiden die Gräser oder die Zwiebelblüher.

Da Blumenzwiebeln alle Kräfte für die erste Blüte mitbringen, ist vor der Pflanzung hauptsächlich für einen leicht durchwurzelbaren Boden zu sorgen, er muss locker, gut durchlüftet und in der oberen Schicht humusreich sein. Solche Pflanzstellen können sich bei Sonneneinstrahlung im Frühjahr rasch erwärmen.

Die **Lockerung** des Bodens erfolgt individuell. Freie Flächen kann man graben, humusreichen Boden bearbeitet man besser mit einem Kultivator. Soviel Boden wie über die Zwiebel kommt, sollte auch unter ihr gelockert sein. Einarbeitung von *Sand in schweren Boden* ist oft lebenswichtig. Für die **Ernährung** eignen sich jetzt langsam wirkende Dünger, wie der rein organische Azet-Blumenzwiebeldünger. Empfohlen werden für Kleinblumenzwiebeln 75 g/m², für Tulpen, Hyazinthen, Lilien 120 g/m². Einarbeitung in die Oberschicht.

Für größere **Gruppenpflanzungen** hebt man die Oberschicht ab, lockert den Unterboden, verbessert ihn bei Bedarf, steckt die Zwiebeln und bedeckt sie wieder. Von Kleinblumenzwiebeln sind mindestens 25, von größeren 10 Zwiebeln erforderlich. Für **Pflanzlöcher** eignet sich ein Hohlpflanzer, Blumenzwiebelpflanzer genannt, oder ein Handspatel. Allgemein setzt man Zwiebeln 3–4-mal so tief, wie sie selber stark sind, und bedeckt sie mit Mutterboden.

Gegen **Mäusefraß** Pflanzstellen mit engem Maschendraht umgeben. Zwischenpflanzung von Knoblauch und Kaiserkrone hilft schützen.

Pflanzenschalen mit Schlitzen im Boden, durch die Wurzeln und Wasserüberschuss ins Erdreich gelangen, vereinfachen den Umgang mit Blumenzwiebeln, besonders mit Tulpen und Hyazinthen. Nach der Blüte: Schale mit Zwiebeln aus dem Boden nehmen und an anderer Stelle zum fast störungsfreien Nachreifen einschlagen. Vorteilhaft ist z.B. NeudoHum-Blumenerde.

Zwiebelblumen für einen bunten Frühling

Die Auswahl ist groß, ja sehr groß. Zu den hier genannten winterharten Zwiebel- und Knollengewächsen aus 20 Gattungen oder Arten bietet der Handel noch viele weitere Farbensorten an. Die Übersicht enthält die wichtigsten Angaben für die Pflanzung. Die Zahlen in Abb. 3 entsprechen den laufenden Nummern.

1. **Blumen-Lauch,** *Állium,* für Frühling und Sommer. Pflanzzeit bis November, Pflanztiefe je nach Zwiebelgröße 8–15 cm. Die meisten bevorzugen Sonne und sandig-humosen Boden. Lichten Schatten lieben: Blauzungenlauch, *A. karataviénse,* und Goldlauch, *A. móly.*

2. **Berg-Anemone,** *Anemóne blánda,* im September 6–8 cm tief. Für leichtere, humose, kalkhaltige Böden im Steingarten oder zwischen lichtem Gesträuch, auch Beetrosen.

Die Traubenhyazinthe oder Träuble, Muscári armeníacum*, ist eine der schönsten Arten und tiefviolettblau mit weißen Spitzen.*

3. **Schneestolz,** *Chionodóxa,* breitet sich an sonnigen Plätzen stark aus. Pflanztiefe 6–8 cm, Pflanzzeit bis Oktober. Boden sandig-humos; konkurrenzempfindlich. *C. lucíliae* u.a. Arten brauchen offenen Boden, sommerwarme und -trockene Plätze. Vertragen dann auch den Wurzelfilz von Hecken, Flieder, Eichen usw. Falllaub entfernen, im Spätwinter Volldüngung.

4. **Frühlingslichtblume,** *Bulbocodium vernum,* sieht man selten. Knollen im August/September 15 cm tief legen, Boden humos, kalkhaltig, warm, sonnig.

5. **Krokusse,** *Crócus.* Man pflanzt sie im September in dichten Tuffs 8–10 cm tief, sonnig bis halbschattig. *Botanische* oder *Wildkrokusse* bevorzugen Steingärten und Gehölzränder. Starke Ausbreitung zeigt der Elfen-Krokus, *C. tommasiniánus,* auch auf schütter bewachsenen Flächen, z.B. zwischen *Omphalódes vérna.* Die grö-

ßeren *Gartenkrokusse (C. vérnus*-Sorten) eignen sich für Rabatten und Rasen, hier nicht ganz so tief.

6. **Winterling,** *Eránthis hyemális,* mit gelben Schalenblüten. Knollen an sonnigen Stellen im September 5–7 cm tief. Die Kreuzungsart *E. x tubergénii,* 10–13 cm tief, bevorzugt kräftigen, lehmhaltigen, humosen, frischen Boden, leichten Schatten.

7. **Hundszahn,** *Erythrónium,* blüht ähnlich wie ein Alpenveilchen. Halbschattig bis absonnig, leichter Humusboden, August/September 10–15 cm tief. Für Gehölzränder.

8. **Kiebitzei,** *Fritillária meleágris,* verwandt mit der stattlichen **Kaiserkrone,** *F. imperiális,* die man bereits im August pflanzen muss (siehe S. 261). Das zierliche Kiebitzei kommt im September 8–10 cm tief in frischen Humusboden, halbschattig.

9. **Schneeglöckchen,** *Galánthus nivális.* Pflanzung zeitig, halbschattig, 7–8 cm tief, in Sonne 10–11 cm. Braucht wenig bewachsenen Gartenboden, verträgt Feuchtigkeit und Falllaub. Das Große Schneeglöckchen, *G. elwésii,* möchte Sonne, im Sommer Wärme und Trockenheit.

10. **Hyazinthen,** *Hyacínthus,* einzeln oder in Tuffs, haben sich als Beetstauden durchgesetzt. Wünschen warmen, durchlässigen Boden in sonniger Lage. September/Oktober Wild-

arten 8–10, größere Orientalis-Sorten 10–15 cm tief, anspruchsvoll.

11. **Zwiebeliris** pflanzt man im Steingarten in warmen, durchlässigen, sonnigen Boden. In schwerem Boden unter die Zwiebeln eine 1 cm starke Sandschicht geben. Pflanztiefe: *Íris danfórdiae* 6–8, *I reticuláta* 10 cm, beide im Oktober.

12. **Märzbecher,** *Leucójum vérnum,* liebt lehmig-humosen, feuchten Boden, in kühlem, lichtem Gehölzschatten. August/September 8–10 cm tief. **Sommertürchen,** *L. áestivum,* bringt mehrere Blüten an einem Stiel im Mai/Juni, stellt ähnliche Ansprüche, verträgt leichteren Boden, 10–12 cm tief. Zwiebeln nicht betrocknen lassen!

13. **Lilien,** *Lílium,* sind Sommerblüher. Eine dunkelrote, prächtige Neuheit ist 'Monte Negro' von Kiepenkerl. Man pflanzt im September oder im Frühjahr 15–25 cm tief an sonniger Stelle und sorgt für beschatteten Fuß. Einige wenige bevorzugen lichten Gehölzschatten (Näheres im Oktober S. 315 und März S. 78).

14. **Traubenhyazinthe,** *Muscári armeníacum,* und Straußhyazinthe, *M. botryóides,* beide genügsam, ausdauernd, passen zu Narzissen. Im September/Oktober 10–12 cm tief in mittelschweren, warmen, nicht zu feuchten Boden pflanzen, möglichst sonnig.

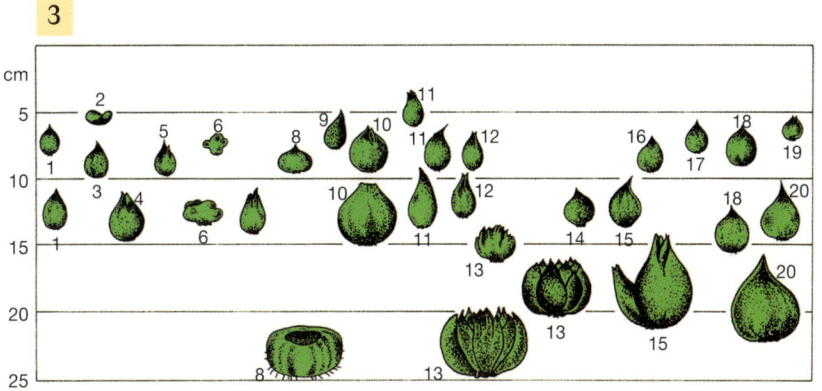

Pflanztiefen für Blumenzwiebeln.

Die Puschkinie oder Scheinszilla, Puschkínia scilloides, *blüht weiß mit blauer Mittelader der Blüten.*

15. **Narzissen,** *Narcíssus,* fühlen sich im lichten Schatten, an Gehölzrändern oder am Wasser, besonders wohl. Boden sandig-lehmig, humos, nicht zu trocken. Im August/September hohe Gartenformen 20 cm, Zwerggarten wie *N. cyclamíneus, N. jonquílla, N. mínor, N. tazétta* und die **Reifrocknarzisse,** *Narcíssus bulbocódium,* 10-15 cm tief legen. Von den Gartenformen sind besonders beliebt großkronige **Trompeten-Narzissen** oder **Osterglocken,** *N. pseudonarcíssus,* und die späten weißen **Dichter-Narzissen,** *N. poéticus.* Im Rasen pflanzt man nicht so tief.

16. **Milchstern,** Stern von Bethlehem, *Ornithógalum umbellátum,* liebt Sonne und leichten Boden. September/Oktober 10 cm tief pflanzen. Völlig anspruchslos.

17. **Scheinszilla,** Puschkinie, *Puschkínia scilloídes,* weiß-blau, jeder normale, unbewachsene Gartenboden, sonnig bis halbschattig. Pflanztiefe 8-10 cm. Breitet sich willig aus.

18. **Blaustern,** *Scílla bifólia* und *S. sibírica,* mit sattblauen Blüten, pflanzt

man bis Oktober 8-10 cm tief. Verträgt Halbschatten und Feuchtigkeit, breitet sich auf offenem Boden rasenartig aus. Die stattliche **Glockenszilla,** *S. hispánica,* die im Mai rosa, blau oder weiß blüht, braucht 12-15 cm Pflanztiefe.

19. **Dreiblatt,** *Tríllium grandiflórum,* hübscher Schattenblüher für Humusboden. September bis November 6-8 cm tief legen. Bevorzugt lichte Gehölzränder.

20. **Tulpen,** *Túlipa.* Frühe Wildtulpen brauchen warme Plätze, Gartentulpen nährstoffreichen Boden in Sonne bis leichtem Halbschatten. Pflanztiefe für Wildtulpen 12-15 cm, Gartentulpen etwa 20 cm. Pflanzung im Oktober (s. Seite 317).

Blumenzwiebeln zu Rasen und Rosen

Damit das **Rosenbeet** im März/April keinen so nüchternen Eindruck macht, hilft Unterpflanzung mit Berganemone, Blaustern, Traubenhyazinthe, Winterling, Wildtulpen, mindestens 10 cm tief. Im Lauf der Jahre breiten

sich die Pflanzen teppichartig aus. Vergilbendes Laub wird von Rosenblättern verdeckt.

Im **Rasen** können Gartenkrokusse und Narzissen sehr reizvoll sein. Außer der Dichternarzisse sind folgende Trompetennarzissen recht ausdauernd und über viele Jahre blühwillig: 'Bersheba', 'Mrs. R. 0. Backhouse', 'Milo', 'Mrs. E. H. Krelage', aber auch einige großkronige: 'Daisy Schäffer', 'Flamming Sun', 'Orange Glow', 'Silver Standard', 'Stolberg', 'White Duchness'. Lässt man das Zwiebellaub ausreifen, muss der erste Rasenschnitt bis Juni aufgeschoben werden, was dem Rasen nicht bekommt. Schneidet man dagegen termingerecht, dann war die Zwiebelblumenpracht nur für einen Frühling. Jeder muss hier selbst entscheiden.

Ein nicht zu großes Rasenstück wird an drei Seiten umstochen und mit einer Grabegabel scharnierartig hochgedrückt. Man steckt Knollen und Zwiebeln in den geöffneten Boden, klappt das Rasenstück hinunter und tritt fest, an den Rändern zuerst.

Narzisse, Narcíssus *'Scarlett ó Hara', eignet sich hervorragend für den Rasen, wohin die Zwiebeln (giftig!) ab August unter die Grasnarbe gelegt werden.*

Zierrasen verträgt Herbstlaub schlecht.
Deshalb sollte öfter abgeharkt werden,
am besten mit dem Stahldrahtbesen.

Die Möglichkeit zur Anlage einer Blumenwiese – im Gegensatz zu einem Blumenrasen – besteht meist nur in größeren Gärten. Erhältlich im Fachhandel ist Wiesenblumensamen, mit oder ohne Grassamen

Rasenpflege im September

Von einem gepflegten Zierrasen wird Falllaub besonders schlecht vertragen. Deshalb sollten die auf den Rasen gefallenen Blätter öfter abgeharkt werden; bei Nässe noch häufiger als bei Trockenheit. Herbstfalllaub dient zur Bedeckung offener Böden, kann aber auch, vermischt mit Grünabfällen kompostiert werden. Gräser wachsen noch und brauchen den **Schnitt.** Es wird kürzer geschnitten als im Sommer, Zierrasen auf 2–3, Gebrauchsrasen auf 3–4 cm. **Mährückstände** müssen am selben Tag abgekehrt werden, um *Fäulnis zu* vermei-

den und einer stärkeren Vermehrung des *Regenwurmes* vorzubeugen.

Junger Rasen ist erstmals zu schneiden, wenn die Gräser 6–7 cm hoch sind (siehe S. 136 ff. und S. 264).

Eine **Volldüngung** sorgt dafür, dass sich die Narbe rasch schließt. Wurde der Rasen bisher nur wenig versorgt, fördert man zunächst mal die Wurzelbildung durch den mit Phosphor angereicherten Azet-Rasen-Start-Dünger, 50 g/m², oder bei zufriedener Entwicklung düngt man mit Azet-Rasen-Dünger.

Für die **Bodenbelüftung** (s. S. 84) festgetretener oder sonst verfestigter Rasenflächen mit lichten Stellen ist der September wieder günstig. Die Gräser bilden dann noch im Herbst eine geschlossene Grasfläche und kommen frischgrün durch den Winter. Nach dem Vertikutieren eine Gabe Rasen-Sand, 0,5 cm hoch, ausstreuen. Falls **Tau** den Rasen nicht ausreichend mit *Wasser* versorgt, stellt man wenigstens einmal in der Woche morgens den Rasensprenger an. Mittags sollten Gräser abgetrocknet sein. Rasenflächen, die *nach Südwesten offen* bleiben, also weder durch Gebäude noch Gehölzpflanzungen begrenzt werden, trocknen ziemlich rasch ab. Wo sich noch hartnäckiges Unkraut wie **Ehrenpreis** breit macht und Gräser verdrängt, bringt die Bekämpfung mit einem Spezialmittel (Ehrenpreis-Vernichter) im Frühherbst den besten Erfolg. Man achte genau auf die Gebrauchsanleitung. Meist ist auch noch eine gute Wirkung gegen Gundermann, Hahnenfuß, Hornkraut u. a. zu erwarten.

Zweijahrsblumen jetzt auspflanzen

Zweijährige Blütenpflanzen sind in ihrer Entwicklung nun so weit gediehen, dass sie an Ort und Stelle ge-

pflanzt werden können. *Die höheren Arten* versetzt man ab Anfang September mit gutem Ballen auf gedüngten, humusreichen Boden.

Die kleinen Blüher, wie Stiefmütterchen, Tausendschön, Vergissmeinnicht, pflanzt man für sich oder gemischt im September/Oktober mit 20–25 cm Abstand an sonnige Plätze. Anschließend kann man noch *Tulpen* dazwischenlegen.

Die **Marienglockenblume** kann im Staudenbeet als Füllerpflanze in größerer Zahl verwendet werden. Der Flor reicht von Juni bis August. Pflanzabstand 30 cm.

Land- und Bart-Nelken, in Farbensorten zu Gruppen zusammengestellt, lassen sich an vielen Stellen unterbringen. Pflanzung in Reih' und Glied nur auf Schnittblumenbeeten. Sonne und Halbschatten werden vertragen. Pflanzabstand 25–30 cm.

Fingerhut liebt Halbschatten in Gehölznähe und humosen Boden. Man setzt die Pflänzchen einzeln mit 30–50 cm Abstand in nicht zu große Trupps.

Stockmalve oder -rose, Álcea rósea, *eine altbewährte Zweijährige, die einfach oder gefüllt blüht, wird im September gepflanzt.*

Die Zwergkiefer, Pínus múgo ssp. púmilio, *wächst langsam, wird bis 0,5 m hoch und ist dicht verzweigt. Sie bevorzugt kalkhaltigen Boden. Geeignet für Gehölzgruppen.*

Stockrosen oder -malven, bis 2 m hoch, wünschen sonnige, geschützte, etwas luftige Plätze. Heiße Standorte vor Wänden meiden, da Blätter sonst vom *Malvenrost* befallen werden. Auch trockene, leichte Böden können die Krankheit begünstigen. Auf nährkräftigem, etwas feuchtem Boden bleiben Malven meist gesund. Pflanzweite mindestens 30 cm. In rauen Lagen wird besser im Frühjahr gepflanzt. Malvenrost ist durch eine Spritzung mit Baycor oder Neudo-Vital-Pilzschutz zu stoppen.

Goldlack blüht im kommenden Frühling reich und schön, wenn er unbeschadet durch den Winter kommt. Hauptfeinde sind *Frost* und *Wildkaninchen.* Wo mit ihnen zu rechnen ist, topft man jetzt die erstarkten Pflänzchen einzeln oder zu mehreren ein und überwintert sie ab Dezember in einem hellen, sehr kühlen Raum. Im Frühjahr stehen dann die Pflanzen für Beete und Schalen zur Verfügung. Sonnige Lage und gehaltvolle Erde sind die wichtigsten Voraussetzungen für weitere gute Entwicklung. **Garten- und Kissen-Primeln** wer-

den (wie Zweijahrsblumen) gepflanzt, wünschen Halbschatten, humusreichen Boden, den man mit Garten-Komposterde oder mit Neudo-Hum-Pflanzerde schaffen kann. Für gesunde Entwicklung ist entscheidend, dass man nicht jedes Jahr an dieselbe Stelle pflanzt.

Pflanzzeit für Nadelgehölze

Günstige Pflanzmonate sind September bis Oktober und April bis Mai. Höhere, ebenmäßig wachsende Fichten, Tannen oder Kiefern sollten frühzeitig versetzt werden, möglichst schon Ende August.

Um **gefällige Bilder** zu bekommen, lockert man Koniferen durch Laubgehölze auf. Zu Fichten und Wacholder passen Birken, zu Eiben: Forsythien und Ginster, zu Wacholder oder Berg-Kiefern: Rosen, aber auch andere Laubgehölze. Damit es kein zu starkes Durcheinander gibt, verwende man Koniferen nicht nur einzeln, sondern auch in Gruppen, jede Gruppe aus einer Art.

Während sich auf durchlässigen Bö-

den die Vorbereitungsarbeiten auf das begrenzte **Pflanzloch** beschränken können, bedürfen schwere, verdichtete Böden einer *breitflächigen Bearbeitung,* wenigstens zwei Spatenstiche tief, 10–14 Tage vor der Pflanzung. Undurchlässiger **Untergrund** sollte durchstoßen und mit Sand durchlässig gemacht werden oder bei einer mächtigeren Schicht durch *Dränage* kulturfähig. Versäumnisse in dieser Richtung zeigen Koniferen nach ein paar Jahren durch Kümmern an, wenn ihnen der Lebensraum des Pflanzlochs nicht mehr ausreicht und verdichteter Boden, gegen den Koniferen besonders empfindlich sind, die Wurzelausbreitung verhindert.

Die Ansprüche an die **Bodenreaktion** sind unterschiedlich. Die meisten Koniferen gedeihen auf normalen, nicht zu trockenen, **schwachsauren** Böden. Lebensbaum (*Thúja*) bevorzugt sandig-lehmigen Boden und gute Feuchtigkeit. Etwas **mehr Kalk** brauchen: *Ábies koreána, Cédrus atlántica* 'Glauca', *Juníperus sabína* 'Femina' und 'Tamariscifolia', *Pícea ábies, Pínus leucodérmis, P. nígra* ssp. *nígra* (var. *austríaca*), *Táxus baccáta.* **Saurere** Böden (bei pH 5) erfordern: *Ábies procéra* 'Glauca' (Edeltanne, Silbertanne), *A. véitchii, Juníperus chinénsis* 'Pfitzeriana', *Pícea sitchénsis, Pínus cémbra, P. múgo* ssp. *pumilio.* Auf **stark sauren** Böden (pH 4) haben die beste Entwicklung: *Chamaecyparis lawsoniána* 'Ellwoodii, *Pícea púngens* 'Glauca', *Táxus baccáta* 'Fastigiata'.

Nadelgehölze werden mit festem **Erdballen** geliefert, in *Sackleinen,* in dünnem *Maschendraht* oder in *Kunststofftöpfen* (Containern). Diese sind kurz vor der Pflanzung zu entfernen, das Ballentuch wird während der Pflanzung nur aufgeknotet und ausgebreitet. Drahtballierung bleibt ganz erhalten, die Wurzeln können durch die

Maschen hindurchwachsen. Draht und Tuch zersetzen sich allmählich. (Einballierung in Drahtkörbe stellt sich billiger als in Jutestoff.) – Containerpflanzen werden gut angegossen und nach etwa 12 Stunden gepflanzt. Gehölze mit Ballentuch oder -draht stellt man 10–15 Minuten in Wasser und pflanzt danach sofort. Ist das nicht möglich, so hält man die Pflanzen schattig, windgeschützt, das Grün feucht, den Erdballen bedeckt.

Das **Pflanzloch** (Abb. 4 a) hebt man unmittelbar vor der Pflanzung so tief aus, wie der Ballen hoch ist, aber doppelt so breit. Fester Untergrund wird, falls Flächenbearbeitung fehlt, spatentief gelockert. Den Aushub befreit man von Wurzeln und Steinen und entfernt ihn zur Hälfte. Der Rest dient als *Pflanzerde,* die man wie folgt verbessert. Die Düngung muss auf den pH-Anspruch der einzelnen Koniferen Rücksicht nehmen. Grundsätzlich kann man für alle Rindenhumus verwenden und für die meisten Azet-KoniferenDünger, 100 g/m². Der saure Anspruch lässt sich durch

Planta-Rhodo und 50 g/m² Azet-RhododendronDünger erreichen. Dünger und Pflanzzusätze werden in die Aushuberde eingemischt. Zu empfehlen ist noch ein Zuschlag gesiebter, reifer Komposterde oder FulHumin.

Pflanzarbeit: Das Gehölz wird ins Pflanzloch gestellt und dies bis zu $^2/_3$ mit Pflanzerde gefüllt, die man gut andrückt und so lange angießt, bis das Wasser stehen bleibt. Nach dem Versickern löst man das Ballentuch (Abb. 4 b) und breitet es nach allen Seiten aus. Das Pflanzloch wird geschlossen, der Wurzelballen oben zweifingerstark mit Erde bedeckt. Eine Gießmulde kann mit dem Spatenblatt angeklopft werden. Größere Gehölze sind gegen *Winddruck* zu verankern, entweder an einen schräg eingeschlagenen Pfahl (S. 294, Abb. 5 A) oder mit Hilfe von drei Spanndrähten (5 B). Die Bindung bzw. Verankerung erfolgt in der Mitte des Mittelastes, den man durch Umlegen eines Streifens (Fahrradmantel usw.) gegen Verletzung schützt. Abschließend Pflanzstelle dick bedecken und bei Trockenheit gut wässern.

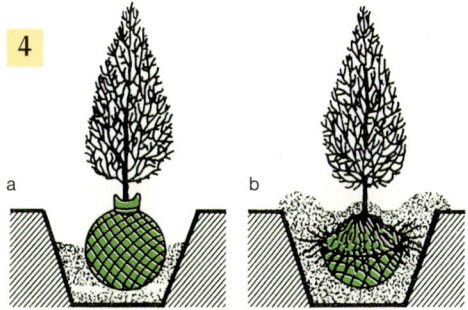

Pflanzung von Nadelgehölzen.

Sehr groß ist die **Auswahl** (siehe Dezember). Als **besonders widerstandsfähig gegen Hitze und Dürre gelten** folgende: Kolorado-Tanne (*Ábies cóncolor*), **Nikko-Tanne** (*Á. homólepis*), Blau-Zeder (*Cédrus atlántica* 'Glauca'), Serbische Fichte (*Pícea omórika*), Orientalische Fichte (*P. orientális*), Stech-Fichte (*P. púngens*), Blaufichte (*P. p.* 'Glauca'), Österr. Schwarz-Kiefer (*Pínus nígra* ssp. *nígra*), Weymouths-Kiefer (*P. stróbus*), Douglasfichte (*Pseudotsúga menziésii* 'Caesia'). Hinzu kommen die meisten Wacholderarten (*Juníperus*) und die Europäische Lärche (*Lárix decídua*).

Welche Immergrünen kann man jetzt pflanzen?

Immergrüne Laubgehölze, kurz Immergrüne genannt, gehören mit den Koniferen zu den wertvollsten Gehölzen im Garten. Obwohl die Hauptpflanzzeit im April (siehe S. 132) liegt, können im September/Oktober robuste, winterfeste Immergrüne gepflanzt werden. Grundsätzlich wünschen sie windgeschützte, leicht beschattete Plätze, auch und gerade im Winter. Boden wie für andere Gehölze vorbereiten, ausgenommen bei *Rhododendron.*

Anzucht und Lieferung erfolgen meistens in Containern. **Containerpflanzen** sind sehr reichlich anzugießen, damit das Wasser alle Teile des

Zwergkiefer, Pínus múgo *'Gnom'. Eine neuere Form der Bergkiefer, sehr dichter, breitkugeliger Wuchs, bis 1,5 m hoch, dunkelgrüne Benadelung. Einzelstellung, für Steingärten.*

September

Erdballens durchzieht. Bis zum Herausnehmen der Pflanze muss man mehrere Stunden warten. Die Erde darf weder zu nass noch zu trocken sein, sonst zerfällt der Erdballen. Für ein ungestörtes Anwachsen ist es jedoch wichtig, dass der Ballen vollständig erhalten bleibt und ohne Wurzelschäden in den Boden kommt (siehe auch Kapitel vorher).

Robuste immergrüne Laubgehölze:
Berberitzen *(Bérberis x stenophylla, B. candídula),* Zwergmispel *(Cotoneáster congéstus, C. dámmeri* var. *radícans, C. sternianus),* Pfaffenhütchen oder Spindelbaum *(Euónymus fortúnei),* Schneeheide *(Eríca cárnea),* Johanniskraut *Hypéricum calycinum, H. x moseránum),* Schleifenblume *(Ibéris sempérvirens),* Stechpalme *(Ilex aquifólium),* Heckenkirsche *(Lonícera pileáta),* Mahonie *(Mahónia aquifólium),* Feuerdorn *(Pyracántha coccinea* und *P. crenatoserráta* 'Orange Glow' und 'Bad Zwischenahn', beide schorffrei), Stranvaesie *(Stravéasia davidiána),* Schneeball *(Vibúrnum x*

burkwóódii, V. rhytidophyllum), Immergrün *(Vínca mínor).*
Für die meisten immergrünen Laubgehölze kann man zur Bodenverbesserung gesiebte Komposterde und Fertofit-GartenDünger, 50 g/m², verwenden.
Zu den wichtigsten immergrünen Laubgehölzen gehören **Rhododendron.** Geeignete **Standorte** finden sich an der Ostseite einer Gehölzgruppe oder im milden Schatten größerer Bäume, ohne Mittagssonne. Langjähriges Gedeihen wird durch humusreichen und lockeren Boden von saurer Reaktion gesichert. Da üblicher Gartenboden zuviel Kalk enthält, ist besondere Vorbereitung erforderlich. **Die Fläche darf nicht zu klein bemessen werden,** sonst leiden die Gehölze schon nach wenigen Jahren durch den Nachbarkalk zur Chlorose.
Pflanzstellen 50 cm tief ausheben, Untergrund lockern, bei hartem Lehm 10 cm hohe Dränage aus Splitt und Kies einbringen. Als *Pflanzerde* dient eine Mischung aus Mutterboden und

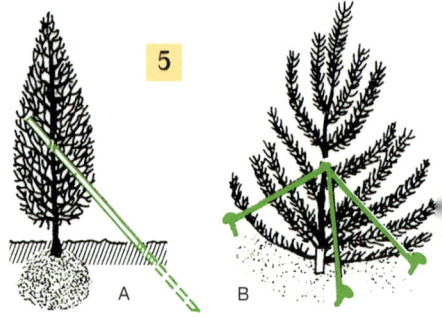

Verankerung zur Vorbeugung von Windschäden.

Düngetorf (1:1), auf schwerem, nassem Boden von Edeltorf und Planta-Rhodo (1:1). Anstelle von Torf kann auch Holzschredder-Material oder Holzfasersubstrat verwendet werden (ein Beitrag zur Erhaltung der Moore). Nach dem Pflanzen gut antreten und stark wässern. Im Frühjahr düngen, z. B. mit Azet-Rhododendron-Dünger, 75 g/m², ausstreuen und einwässern (weitere Ausführungen S. 333 ff.).
Besonders **pflegeleicht** wird der Platz für Rhododendron, wenn man die Mulde mit einer festen *Folienplane* auslegt. Man hat dann sogar die Möglichkeit, in der Mitte echte Moorbeetpflanzen unterzubringen. Einmal im Frühjahr wird gedüngt und bei Bedarf gewässert. Weitere Bodenpflege ist kaum erforderlich.

Im September blühende Gehölze

Nachstehende Gehölze, meist **Halbsträucher,** die für einen starken Rückschnitt im Frühjahr dankbar sind, sind wegen ihrer späten Blüte im Frühherbst von besonderem Reiz und können im Frühjahr gepflanzt werden. Zum Teil brauchen sie im Winter Schutz: auf den Boden Falllaub, über die Zweige etwas Koniferenreisig. In ungünstigen Wintern lassen sich Frostschäden nicht immer ausschließen. Die Gehölze sind jedoch nicht verloren. Nach einem star-

Die Stechpalme, Ílex 'I. C. van Tol', ist mit dunkelgrünen Blättern bekleidet. Getrennt geschlechtlich. Weibliche Sträucher tragen rote Beeren im Herbst.

TABELLE ÜBER IM SEPTEMBER BLÜHENDE GEHÖLZE

Deutsche und botanische Namen	Lage	Höhe in m	Blüte und Besonderes (WS = Winterschutz)
Schlingknöterich, *Fallópia aubertii*	○ ◑	10	weiß, VII–X, alle 2–3 Jahre Rückschritt im II/III
Schmetterlingsstrauch, *Buddléja davídii*, Sorten	○	2–3	lila, blau, rot, weiß, VII–IX, Bodendecke als Winterschutz
Besenheide, *Callúna vulgáris*, Sorten	○	0,2–0,4	lila, rosa, rot, weiß, VII–X, saurer Heideboden
Trompetenwinde, *Cámpsis radícans*	◑	6–8	orangerot, VII–IX, WS
Bartblume, *Caryópteris x clandonénsis*	○ ◑	1	violettblau, VIII–IX, Laubduft, WS
Säckelblume, *Ceanóthus* 'Gloire de Versailles' und andere Sorten	○	1	hellblau, rosa, VII–IX/X, nicht für schwere Böden, Winterschutz
Bleiwurz, *Ceratostígma willmottiánum*	○ ◑	0,7	leuchtend blau, IX–X, breitwüchsig, WS, Triebe frieren im Winter oft zurück
Garten-Waldreben, *Clématis*	○ ◑	2–3	blau, weiß, rot, rosa, VII–IX, großblütig, beliebte Klettergehölze für Wände u. Pergolen
Weiße Waldrebe, *C maximowicziána*	○ ◑	8–10	weiß, IX–X, Duft, passt gut zum Herbstrot des Wilden Weins
Gemeine Waldrebe, *C vitálba*	○ ◑	5–6	weiß, VII–IX, nur für Wildgärten
Kamm-Minze, *Elshóltzia stauntónii*	○	1–1,5	karminrosa, IX–X, in Rispen, Laubduft, WS
Fuchsie, *Fúchsia magellánica* 'Gracilis'	◑ ● ☉	0,5–1	karminrot, VII–X, WS
Zaubernuss, *Hamamélis virginiána*	○ ◑	4–5	gelb, IX–X, Unterholz
Eibisch, *Hibíscus syríacus*, Sorten	○	2	rosa, rot, blau, weiß, VII–IX, milde Lage
Rispen-Hortensie, *Hydrangéa paniculáta*	◑ ☉	1,5	weiß, VII–IX, saurer Humus
Johanniskraut, *Hypéricum pátuluum* 'Hidcote Gold'	○ ◑	0,8–1	goldgelb, VII–IX, wünscht durchlässigen Boden
Indigostrauch, *Indigófera gerardiána*	○	1	purpurrosa, VII–IX, Boden durchlässig, WS
Buschklee, *Lespedéza thunbérgii*	○ ◑	1	purpurrosa, IX–X, anspruchslos, WS
Silberstrauch, *Peróvskia atriplicifólia*	○	1–1,5	violettblau, VII–IX, Boden durchlässig, WS
Rosenakazie, *Robínia híspida* 'Macrophylla'	○	1–2	purpurrosa, VI und IX, WS
Rosen, *Rósa*, Arten und Sorten	○ ◑	0,5–3	rosa, rot, weiß, gelb, bis X/XI
Spierstrauch, *Spiráéa*-bumalda	○ ◑	0,5–0,7	dunkelrosa, VII–IX, Hecken
Edel-Gamander, *Téucrium chamáédrys*	○	0,3	karminpurpurn, VIII–X, immergrün

ken Rückschnitt im Frühjahr darf bald wieder mit starkem Durchtrieb gerechnet werden, der im Spätsommer zum Blühen kommt.

Die Symbole unter „Lage" bedeuten: ○ = sonnig, ◑ = halbschattig, ● = schattig, ☉ = absonnig.

Zierfrüchte als später Gartenschmuck

Einige Ziergehölze fallen durch ihren farbigen Fruchtbehang angenehm auf. Weiß, Rosa, Rot, Orange und Gelb sind die Farben, die sich besonders abheben und weithin leuchten. Aber auch blaue und violette Beeren können den Zierwert mancher Sträucher erhöhen. Tritt zur Farbenpracht noch eine längere Haltbarkeit der Früchte hinzu, so sind diese Gehölze für den Garten besonders wertvoll. Bei der Pflanzung sollten sie Berücksichtigung finden.

Zum **Fruchtansatz** kommt es bekanntlich durch Übertragung des männlichen Blütenstaubs auf den weiblichen Blütenteil. Bei den meisten Gehölzen ist die Befruchtungsmöglichkeit gesichert, weil sich beide Geschlechter auf einer Pflanze befinden (einhäusig), meist sogar in einer Blüte (Zwitterblüte).

Ausnahme machen die **zweihäusigen Gehölze.** Ihre Blüten sind eingeschlechtig auf zweierlei Pflanzen verteilt. Mit Früchten (am weiblichen Strauch) ist nur dann zu rechnen, wenn zur Befruchtung wenigstens eine männliche Pflanze derselben

Schönfrucht, Callicárpa bodiniéri.
Die leuchtend violetten Beeren werden auch Liebesperlen genannt.

Sanddorn, Hippóphaë rhamnoídes.
Ein bis 4 m hoher Zierstrauch mit silbrigen Blättern und orangefarbenen Früchten.

Gattung oder Art hinzugesetzt wird oder sich in der Nachbarschaft befindet. Das gilt für **Sanddorn, Essigbaum, Skimmie, Eibe, Stechpalme** (als selbstfruchtbar gelten: 'Polycarpa', 'J. C. van Tol', 'Pyramidalis'), **Baumwürger** (teils), **Strahlengriffel** *(Actinídia)* und **Kiwi.**

Reich fruchtend sind **Zwergmispeln** *(Cotoneáster)* mit **leuchtend roten Beeren.** Die vielgestaltigen, teils immergrünen Sträucher wachsen flach *(C. adpréssus, C. microphyllus),* breit und mittelhoch *(C. dámmeri* 'Skogsholm', *C. horizontalis)* oder überhängend *(C. salicifólius* var. *floccósus).* Sie fruchten reich, wenn mehrere beisammenstehen.

Der immergrüne **Feuerdorn** *(Pyracántha)* bringt einen reichen **orangeroten** Fruchtbehang, der lange haftet. Wertvoll sind Formen, die nicht unter Schorf leiden, wie *P. crenatoserràta* 'Orange Glow' und 'Bad Zwischenahn'. – Noch mehr fallen die hellroten

Fruchtstände der immergrünen **Stranvaesie** auf, eines 2–3 m hohen Strauches. Vögel meiden die erbsengroßen Früchte, so dass sie lange zieren.

Purpurrot färben sich die Früchte der 1,50 in hohen **Korallenbeere** *(Symphoricárpos orbiculátus)* und der nur 50 cm hohen, wesentlich breiteren *S. chenáúltii* 'Hancock'. Beide sind mit der Schneebeere verwandt und anspruchslos. – Mit zierlichem, **rotem** Fruchtbehang erfreuen uns viele laubabwerfende **Berberitzen,** wie *Bérberis rubrostílla, B. thunbérgii, B. vilsóniae.*

Auch folgende Gehölze tragen schöne rote Früchte: Eibe (Táxus), **Stechpalme** *(Ílex), geflügelter* **Spindelbaum** *(Euónymus),* Eberesche *(Sórbus),* werden allerdings rasch von Vögeln geplündert, verschiedene **Wildrosen,** wie *Rosa rugosa* mit ihren Hagebutten, **Scheinbeere** *(Gaulthéria procúmbens)* und **Skimmie** *(Skímmia japónica),* zwei Kleingehölze für sauren Boden, erstes für Sonne, zweites für Schatten.

Der **Sanddorn** *(Hippóphaë rhamnoídes)* ist an seinen starren Zweigen mit **orangefarbenen** Beeren dicht besetzt und als Vasenschmuck gefragt. Wegen ihres hohen Gehalts an Vitamin C werden die saftigen Früchte gern genutzt. Bei richtiger Reife lassen sie sich auf ausgebreitete Tücher herunterschütteln. Sanddorn braucht mageren Boden. Baumschulen sind bemüht, männliche und weibliche Sträucher auseinander zu halten, können dies aber bei jungen Sträuchern nicht garantieren. Erst bei dreijährigen Sträuchern ist der Unterschied im Herbst festzustellen. Männliche Knospen sind rundlich und ziemlich dicht angeordnet, weibliche länglich geformt und nicht so nahe beisammen. Weibliche Sträucher blühen mit länglichen Blüten, während männliche aus kugeligen Blüten stäuben. In beiden Fällen sind die Blüten recht klein,

so dass Sanddorn zur Blütezeit im März/April, vor der Belaubung, nicht sonderlich auffällt.

Die weibliche Pflanze des **Baumwürgers** *(Celástrus)* trägt erbsengroße **gelbe** Früchte mit karmesinrotem Samenanhängsel (giftig). Genügsam. Nicht zu übersehen sind die walnussgroßen **Zierquitten** *(Chaenoméles)* an 1–2 m hohen Sträuchern. Die Früchte sind von hohem Nutz- und Schmuckwert. – **Zieräpfel** *(Málus)* tragen zahlreiche gelbe, gelb-rote oder rote Früchte, die sich im Haushalt verwerten lassen. Nur die Buschform sollte man pflanzen.

Weißfrüchtig sind außer der bekannten **Schneebeere** der **Hartriegel** *(Córnus álba, C. hémsleyi),* eine **Eberesche** *(Sórbus koehneána)* und der **Maulbeerbaum** *(Mórus álba).* – **Wirkungsvolle** **blaue** bis **violette** Farben sind wegen ihrer Seltenheit wertvoll. Die sehr zahlreichen violetten

Eberesche oder Vogelbeerbaum, Sórbus aucupária, *4 bis 5 m hoch, sommergrün. Typisch die korallenroten Früchte.*

Der Roseneibisch, Hibíscus syríacus, *ist ein wertvoller Herbstblüher mit großen rosa, roten oder blauen Blüten. Wuchshöhe 1,5 m. Wünscht Sonne, guten feuchten Boden.*

Früchte haben der **Schönfrucht** (*Callicárpa*) den Namen „Liebesperlenstrauch" eingetragen. Die tiefblauen Beeren der **Mahonie** stehen in malerischem Kontrast zu den oft im Spätherbst rot gefärbten Blättern.

Ungewöhnlich und sehr zierend sind die **fedrigen** Fruchtstände des **Perückenstrauchs** (*Cotinus*) und der kleinblütigen **Waldreben** (*Clematis*). Die dicken roten, später dunkelbraunen Fruchtkolben erhöhen die Schönheit des **Essigbaums** (*Rhus*).

Fruchtzweige sind beliebter **Vasenschmuck.** Haltbarkeit wird erhöht, wenn man die Zweige 3 Wochen in Wasser mit Glyzerin (2:1) stellt.

Herbst- und Winterastern blühen farbenfroh

Herbst-Astern der Gattung *Áster* und Winter-Astern der Gattung *Dendranthema* sind Herbstblüher, die durch reiches Farbenspiel begeistern.

Kissen-Astern (*Áster dumósus*). Beste Sorte: 'Prof. A. Kippenberg', lavendelblau, 40 cm. 'Herbstgruß vom Besserhof', rosa; 'Lady in Blue', sattblau, 25 cm; 'Nesthäkchen', dunkelrosa, 25 cm; 'Rosemarie Sallmann', mittelrosa.

Die **Myrten-Aster** (*Áster ericoídes*), 120 cm, fällt durch Eleganz und die Vielzahl kleiner Blüten in Weiß oder Hellviolett besonders auf. Die 120–150 cm hohen **Raublatt-Astern** (*A. nóvae-ángliae*) zeichnen sich durch endständige Doldentrauben aus. Sorten: 'Andenken an Paul Gerber', karminrot; 'Harrington Pink', lachsrosa; 'Rudelsburg', tieflachsrosa; 'Septemberrubin', rubinrot. Die **Glattblatt-Aster** (*A. nóvi-bélgii*) trägt Blüten in lockeren, verzweigten Rispen: 'Crimson Brocade', blüht dunkelrot, 120 cm; 'Dauerblau', dunkellilablau, 150 cm; 'Fellowship', rosa, 90 cm; 'Marie Ballard', rot, 90 cm; 'Royal Blue', tiefblau, 120 cm.

Von den **Winterastern** oder Garten-Chrysanthemen (Chrysánthemum indicum = Dendranthema x grandiflorum), verdienen frühe und mittelfrühe Freilandsorten allgemein den Vorzug. Spätblühende Sorten enttäuschen oft. Im September/Oktober blühen: 'Clara Curtis', leuchtend rosa, einfach, 60 cm; 'Felbacher Wein', weinrot, halbgefüllt, 60 cm; 'Ordensstern', leuchtend goldbraun, 80 cm; 'Red Velvet, dunkelkarmin, 70 cm; 'Schwabenstolz', dunkelbraunrot, 60 cm; 'Schweizerland', altrosa, 80 cm. Rückschnitt im Frühjahr. An Robustheit kaum zu übertreffen ist die 30 cm hohe **Herbstmargerite,** *Arctanthemum arcticum*, mit weißen Sternblüten; Züchtungen: 'Roseum', rosa, und 'Schwefelglanz', schwefelgelb. Etwa 150 cm hoch wird die **Oktobermargerite** (*Leucanthemella serótina*) mit großen, weißen Blüten. – Pflanzzeit April.

Chrysanthemen, die man während der Blüte mit gutem Ballen für Gefäße verwenden kann, sind kühl zu

Die Glattblatt-Aster, Áster nóvi-bélgii *'Schöne von Dietlikon', blüht dunkelblau mit leuchtend gelber Mitte.*

überwintern, im April wieder auszupflanzen.

Staudengräser erstrahlen im Silberfahnenschmuck

Einige hohe Staudengräser blühen im Frühherbst mit besonders auffallenden, prächtigen Blütenähren. Einem *Steckenbleiben* kann man im Juli/August, wenn Blütenstände durchzutreiben beginnen, mit genügend Wassergaben leicht vorbeugen.

Das 1,5 m hohe **Silberfahnengras** *(Miscánthus sacchariflórus)* schmückt seine Blütenschäfte mit silbrigen Büscheln. Unterstützt wird die Blütenwirkung durch das rostrote Herbstlaub. Wuchert.

Pampasgras, Cortadéria selloána, *wird über 2 m hoch. Die reinweißen Blütenwedel sind von großer Schönheit.*

Die Blüte des verwandten chinesischen **Stielblütengrases** *(M. sinénsis* 'Silberfeder') bildet eine breite, fächerförmige Rispe mit seidig behaarten, 20–30 cm langen Ähren an etwa 2 m hohen Stielen. Blätter zierlich zurückgebogen.

Am prachtvollsten, aber auch anspruchsvollsten ist das **Pampasgras** *(Cortadéria selloána).* Nur wenige Pflanzen können sich mit dem über 2 m hohen Busch messen. Weibliche Pflanzen bringen größere, schönere, haltbarere Blütenstände hervor als männliche. Bei der Sorte 'Sunningdale Silver' sind die Rispen reinweiß. Die Blütenrispen der Sorte 'Rosea' sind rosa überlaufen. Die Schönheit dieser hohen Gräser kommt am besten an freien Stellen zur Geltung. Während man Blütenstiele im Herbst abschneiden kann, folgt der Rückschnitt der Halme erst im Frühling. (Über weitere Arten und Pflanzung siehe S. 122).

Arbeiten im Steingarten

Steingärten erfordern durch dichte Bewachsung mehr Arbeit und Mühe als andere Gartenteile. Besonders wichtig ist **sorgfältiges Jäten.** Es gibt zahlreiche Unkräuter, die nicht wie Kleinstauden Winterruhe halten, sondern sich an jedem frostfreien Wintertag um Millimeter höher recken. Deshalb sollte jetzt das kleinste Unkrautpflänzchen mit Wurzelwerk entfernt werden. Dazu sind manchmal Steine und Stauden fortzunehmen, um mehrjährige Unkrautwurzeln herauszubekommen. Ebenso selbstverständlich ist, *alles Verblühte, Trockene und Absterbende von den Stauden wegzuschneiden.*

Unberührt bleibt das frische Grün überwinternder Stauden, die zugleich von **Laubverwehungen** frei zu halten sind.

An vielen Stellen ist **Erde nachzufüllen.** Manche Kleinstauden haben durch Jäten ein Teil ihrer wurzeldeckenden Bodenoberfläche eingebüßt, oder durch Regengüsse sind Wurzeln freigespült worden. Hier bringt man Komposterde auf und verteilt sie gleichmäßig.

Schließlich richtet man sein Augenmerk auf die **Steine.** Sie wirken nur, wenn sie natürlich lagern, als Stütze für die Erde. Bei Gefälle müssen sie dem Hang zugeneigt sein, damit der Boden genügend Regenwasser erhält. Auf ebener Fläche sollen sie etwa ein Drittel im Boden liegen. Nicht hochkant stellen! Fugen geschichteter Steine, aus denen Pflanzen herauswachsen, sind aufzufüllen. Erde lässt sich von einer Schaufel gut zwischen die Steine schieben. Außen werden kleinere Steinstücke als „Riegel" in die Fugen geklemmt.

Hauptpflanzzeit im Steingarten ist das späte Frühjahr, doch können robuste Gewächse und solche, die früh austreiben, auch jetzt gepflanzt werden, und zwar mit Topfballen und Blumenzwiebeln.

Gladiolenknollen zeitig aufnehmen

Gladiolen bleiben nur so lange in der Erde, wie das Laub noch grün ist. Vor dem vollständigen Vergilben sind die Knollen herauszunehmen. Um recht viele Brutknöllchen zu gewinnen, gräbt man Gladiolen aus und schüttelt die Erde vorsichtig ab. Bei *Thripsbefall* werden die krautigen Teile sofort 1 cm über der jungen Knolle abgeschnitten und die Knollen vom Beet weggeschafft, damit der Schädling nicht auf den Knollen überwintern kann.

Gladiolenknollen sind an einem trockenen, sehr warmen Platz zum *schnellen Abtrocknen* auszubreiten. Nach etwa 14 Tagen soll das erste

Trocknen beendet sein. Dann putzt man die Knollen, indem man die eingeschrumpfte Mutterknolle entfernt, die Brut abnimmt, lose Hüllen der blühfähigen, großen Knollen beseitigt, die tauglichen von den untauglichen trennt und den gesunden Bestand noch einmal nachtrocknet. Danach lagert man die Knollen bei etwa 5–10 °C in einem frostfreien Raum, möglichst auf Holzrosten.

Zur Bekämpfung des **Gladiolenblasenfußes** *(Thrips)* sollten die Knollen vor dem Einlagern z. B. mit Spruzit-Staub eingepudert werden, nach 14 Tagen nochmals.

Ab Ende September nimmt man auch **Sterngladiole, Tigerblume** und ähnliche Knollengewächse auf und behandelt sie wie Gladiolen. Auch sie brauchen Schutz gegen den *Gladiolenthrips,* der diese Gewächse im Sommer befallen kann.

Montbretien können im Allgemeinen im Boden bleiben, doch gibt man im Spätherbst eine dicke Laubdecke als Bodenschutz. Nur in schwerem, nassem Boden sollte mindestens die Hälfte aufgenommen und frostfrei überwintert werden. – **Freiland-Freesien** sind besonders präparierte Knollen, deren Überwinterung bei 20 °C in Torf angeraten wird. Die Zwiebeln des afrikanischen **Milchsterns** *(Ornithógalum thyrsoídes)* kommen nicht wieder zur Blüte; Überwinterung erübrigt sich.

Kübelpflanzen ins Winterquartier

In Kübeln gehaltene Pflanzen aus südlichen Ländern, meistens dem Mittelmeergebiet, sind frostempfindlich und müssen eingeräumt werden, sobald Boden- oder **Nachtfröste** drohen. Haltung in Kübeln macht den Umzug in geschützte Räume leicht.

Bis zum Einräumen sonnig stellen und vor starkem Regen schützen.

Kübelpflanzen wie Leucadéndron linifólia, Cephaélis capénsis, Phóénix reclináta, Agapánthus africánus *werden gesäubert fürs Winterquartier.*

Herbstsonne und kühle Nächte fördern das Ausreifen der Triebe. Nicht mehr düngen, wenig gießen, Staunässe meiden.

Vor dem Einräumen werden Pflanzen und Gefäße mit Wasser gesäubert. Man lässt sie gut abtrocknen und bringt sie dann an den vorgesehenen Ruheplatz. Das braucht nicht unbedingt im Keller zu sein, auch jeder andere **ungeheizte Raum,** wie Treppenflur oder Wintergarten ist geeignet.

Es wird nicht mehr gedüngt und nur in großen Abständen gegossen, die Erde also ziemlich trocken gehalten. Die Pflanzen werden dadurch auch blühwilliger. Ein wachsames Auge muss man auf tierische Schädlinge haben, insbesondere Schildläuse. Es ist dann sofort mit einem ungefährlichen Mittel (z. B. Spruzit flüssig) vorzugehen. Mindestens zwei Behandlungen in wöchentlichem Abstand.

In einen **kühlen,** lüftbaren, einigermaßen hellen Raum kommen Ende September bis Anfang Oktober: Bougainvillee, Engelstrompete, Hibiskus,

Margeritenbäumchen, Passionsblume, Samtpflanze (Tibouchina), Schönmalve, Zitrone (weiter Oktober).

Im Obstgarten

Auf den Pflücktermin kommt es an

Äpfel und Birnen müssen eine bestimmte Reife erlangen, ehe man sie pflückt. Geschmack, Aussehen, Größe, Lagerzeit hängen von der *Baum- oder Pflückreife* ab. Wird zu **früh** geerntet, neigen Früchte zum Schrumpfen, zu Hautbräune und Stippigkeit, sind mangelhaft ausgefärbt, erreichen nicht das sortentypische Aroma und schmecken fade. Wird zu **spät** geerntet, ist das gleichfalls nachteilig. Überreife Äpfel und Birnen fallen ab oder sind beim Pflücken empfindlich. Auf dem Lager werden sie mehlig-weich und sind gegen Fäule, Schalenflecke und Glasigkeit anfällig. Größere **Schäden** lassen sich ver-

Zusätzliche Anmerkungen

Garten- oder Kronen-Anemone, *Anemóne coronária,* die bei Herbstpflanzung ab Juni blüht, braucht mildes Klima, Halbschatten, durchlässigen, mäßig feuchten Boden mit guter Humusversorgung. Man legt die knolligen Erdstämme mit 10-20 cm Abstand 6-8 cm tief.

Rosen sind infolge Temperaturwechsels zwischen Tag und Nacht durch *Echte und Falsche Mehltaupilze* sowie *Sternrußtau,* gefährdet. Deshalb noch ein Rosenspritzmittel (z. B. Baymat) anwenden. Durch die Wirkstoffkombination können verschiedene Pilzkrankheiten gleichzeitig bekämpft werden. Damit das *Wachstum* nicht zu spät abschließt, sollte bei ungünstigen Bedingungen Anfang September Kalimagnesia grob, 20 g/m², um die Rosen ausgestreut und flach eingearbeitet werden. Kali verringert die Stickstoffaufnahme, verhindert damit unerwünscht späte Triebbildung, sorgt für gutes Ausreifen des Holzes und verbessert die Winterhärte.

Die Einjährige Sonnenblume, *Heliánthus ánnuus,* ist eine dekorative Schmuckpflanze mit Nutzwert. Sie liefert vor allem Grünmasse und Samen, denen Vögel gern nachstellen. Im Winter sind die Kerne wertvoller Bestandteil des Vogelfutters. Leider werden **in den Samen reichlich Schwermetalle gespeichert,** wie aus neuesten Untersuchungen hervorgeht. Das dürfte die bisher hohe Verwendung der Samen für die menschliche Ernährung einschränken.

Stauden für Trockensträuße. Die gelb blühende **Schaf-Garbe** *(Achilléa filipendulína* 'Parkers') wird vollerblüht geschnitten. Seltene Blautöne darf man von der **Alpen-Edeldistel** *(Eryngium alpínum* 'Amethyst') und der **Kugeldistel** *(Echínops)* erwarten. Man schneidet die Stiele, wenn die rundlichen oder länglichen Blütenköpfe zur Hälfte aufgeblüht sind. Gleiches gilt für die zweijährige **Karde** *(Dípsacus).* Besonders leicht trocknen lassen sich **Silberimmortelle** *(Anáphalis margaritácea)* und **Schleierkraut** *(Gypsóphila);* Schnitt in der Blüte. Staudengräser sind von ungewöhnlich langer Haltbarkeit; geschnitten wird während oder nach der Blüte. Für Trockenblumenarrangements, zum Teil auch für größere -gestecke sind die Fruchtstände einiger abgeblühter Stauden geeignet und vielfach leicht zu trocknen. Gedacht ist an **Bärenklau** *(Acánthus),* **Zier-Lauche** *(Állium),* Silberkerzen *(Cimicifúga),* **Iris**-Arten, Mohn-Kapseln *(Papáver),* **Rohrkolben** *(Typha),* **Königskerze** *(Verbáscum).* **Rohrkolben** zeitig schneiden und sicherheitshalber mit Haarspray dicht ansprühen, damit der Kolben nicht aufbrechen kann. – An anderer Stelle wurden bereits **Silberblatt** *(Lunária redivíva)* und *Lampionpflanze (Physalis)* erwähnt.

Dahlien etikettieren, solange sie noch blühen. Auf ein Etikett, das an einem Stengel dicht über dem Boden zu befestigen ist, werden alle Merkmale kurz aufgeschrieben, die für die Pflanzung im nächsten Jahr von Bedeutung sind, wie Klasse, Sorte, Farbe, Höhe usw. – Sind **Fröste** zu erwarten, so lohnt es sich, die schönsten Dahlienbüsche durch Bedecken zu schützen. Meist ist nur mit wenigen Frostnächten zu rechnen. Danach können uns Dahlien noch ein paar Wochen erfreuen.

Zimmerpflanzen beenden im September ihre Sommerfrische im Garten, wärmeliebende Topfgewächse zuerst. Ausgepflanzte Arten werden Anfang September unter Schonung der Wurzeln wieder eingetopft und über Mittag schattig gehalten, damit sie den Eingriff besser überstehen. (Weiteres bei „Kübelpflanzen", s. Seite 299.)

---

hüten, wenn Herbstsorten (siehe Sortenbeschreibung im Oktober) im Stadium beginnender Baumreife gepflückt werden. Wintersorten kann man auch noch später abnehmen. Bei ungleichmäßiger Reife sollte 2-3-mal durchgepflückt werden. Wichtige **Merkmale der Pflückreife** sind: leichte Aufhellung der blaugrünen Grundfarbe zu Hellgrün bis Grüngelb und bei rothäutigen Sorten von Braunrot zu leuchtendem Rot; erstes Abfallen voll entwickelter, gesunder Früchte bei windstillem Wetter; Braunwerden der Kerne und leichtes Lösen des Stiels vom Fruchtholz, allerdings nicht bei allen Sorten.

Durch wechselvolle **Witterung** kommt es jedes Jahr zu *Reifeverschiebungen* bis zu einer Woche oder mehr. Von jungen oder schwachwachsenden Bäumen pflückt man früher als von älteren oder starkwüchsigen. Außerdem tritt die Reife bei schwachem Behang zeitiger ein als bei vollbehangenen und dichten Kronen. Früchte an der Süd- bis Ostseite und in der Kronenspitze reifen früher. Geerntet wird bei trockenem, frostfreiem Wetter, möglichst am Vormittag. Früchte dürfen weder gefroren noch zu stark erwärmt sein. Jede Frucht wird beim **Pflücken** mit der Hand etwas angehoben, damit sich der Stiel vom Fruchtholz löst. Birnen und langstielige Äpfel fasst man am Stiel. Man drückt die Früchte nicht, verletzt sie nicht mit Fingernägeln und legt sie behutsam einzeln in den (gepolsterten) Pflückkorb. Auch mit dem *Obstpflücker* sollte immer nur eine Frucht abgenommen und in den Korb gelegt werden.

Beim **Entleeren des Pflückbehälters wird** Obst *einzeln* in flache Obstkisten *umgelegt.* Von niedrigen Bäumen kann hier direkt hineingepflückt werden. Eine Lage ermöglicht die beste Übersicht, doch können notfalls bis zu drei Schichten übereinander kommen.

Wichtig ist, an Ort und Stelle sofort **vorzusortieren:** Zum Einlagern eignen sich nur normal ausgebildete, einwandfreie Äpfel und Birnen; zu große oder zu kleine und fehlerhafte Früchte werden alsbald verbraucht. Je weniger wir Obst in die Hand nehmen, desto haltbarer bleibt es.

Quittenfrüchte sind baumreif, sobald sie sich gelb gefärbt haben und der Flaum verschwunden ist. Wird der günstige Zeitpunkt überschritten, so werden Früchte überreif; der Abbauprozess beginnt durch Bräunung des Fruchtfleisches. Manchmal

Zu den praktischen Pflückgeräten gehören eine Bockleiter, ein gepolsteter Pflückkorb und Obstkisten.

kann die Ernte schon Ende September beginnen.

Praktische Geräte für die Kernobst-Ernte

Für das lagerfähige Herbst- und Winterobst braucht man praktische Erntegeräte, um die Früchte schonend ins Lager zu bekommen.

Während man bei kleineren Bäumen ohne **Leiter** auskommen kann, sind für herangewachsene Buschbäume Bockleitern zweckmäßig, die nach oben spitz zulaufen. Auch Haushaltsleitern lassen sich verwenden. Damit die Holme nicht in den Boden einsinken, legt man starke Bretter darunter. Für hohe Bäume eignet sich eine zweiholmige Anlegeleiter, bei der ein Holm mit einer Eisenspitze versehen sein sollte, um das Abrutschen zu verhindern.

Als **Pflückbehälter** braucht man gepolsterte, möglichst runde Körbe mit Bügel und Haken. Polsterung aus Stoff, Packpapier oder Schaumstoff verhindert Druckstellen an Früchten. Statt eines Flechtkorbes kann man auch einen Plastikkorb oder -eimer verwenden, der in sich stabil ist.

Wird von der Leiter aus gepflückt, so hängt man den Pflückbehälter unter Zuhilfenahme eines starken S-Hakens an eine Leitersprosse oder an einen Ast, um beide Hände freizuhaben. Erntet man vom Boden aus, so stellt man den Korb etwas höher auf oder pflückt in Obstkisten. Mit der Hand nicht erreichbare Früchte können mit einem **Obstpflücker** geerntet werden.

Walnüsse ernten und aufbereiten

Die Ernte beginnt im September und zieht sich bei späten Sorten bis Oktober hin. Die **Reife** ist da, sobald die grüne Hülle *geplatzt* ist und sich

Mit einem Obstpflücker lassen sich einzelne schöne Äpfel und Birnen aus der Krone schadlos ernten.

schwarz umzufärben beginnt. Zu diesem Zeitpunkt fallen Nüsse leicht zu Boden **(Fallernte).** Durch *Schütteln* kann man nachhelfen, besonders dort, wo Eichhörnchen und Vögel den Baum plündern wollen. Zum Schütteln geeignet sind lange Stangen mit einem Haken am oberen Ende. Durch *Frühfröste* lasse man sich nicht zu vorzeitiger Ernte drängen: Haltbar sind nur ausgereifte Nüsse mit dicht geschlossener Schale.

Abgeschlagene Nüsse, die noch fest in der grünen Hülle sitzen, sind **unreif** und halten sich nicht, da der Kern eintrocknet oder schimmelt. Schadhafte oder zu früh geerntete Nüsse mit hellem Kern sind sofort zu verbrauchen. *Verfärbte, verschimmelte, aber auch geschrumpfte Kerne muss man wegwerfen,* da sie **gesundheitsschädlich** sind.

September

Walnüsse: zwei normal, vier nach einem Krankheitsjahr. Können die Reservekammern im Vorjahr nicht mehr ausreichend gefüllt werden, dann bleiben die Nüsse klein.

Nach dem Einsammeln werden Walnüsse in eine mit kaltem Wasser gefüllte Wanne geschüttet, mit scharfer Bürste oder Piassavabesen bearbeitet und von anhaftenden Resten ihrer Hüllen befreit. Anschließend kann man sie kurze Zeit in 2–3%iges Salzwasser legen. Nach dem Trocknen bleibt die Schale hell. Vom Schwefeln dagegen ist aus gesundheitlichen Gründen abzusehen. Trocknen soll man die Nüsse weder auf noch in Öfen, weil dann ihr Kern braun und ranzig wird oder stark schrumpft. Am besten ist *natürliche Trocknung* an einem luftigen, trockenen Ort. Dazu schüttet man die Nüsse auf den mit engmaschigem Draht in dünner Lage, wendet sie in den ersten Wochen mehrmals täglich, danach täglich einmal. Luft soll von allen Seiten Zutritt haben. In nassen Jahren endet das Trocknen erst nach 3–5 Wochen. Danach schüttet man die Nüsse in netzartige Beutel und hängt sie mäusesicher auf. Geöffnete Fenster müssen mit Maschendraht bespannt sein, damit weder Mäuse noch Eichhörnchen herankommen. *Schimmelbildung* an der Schale lässt auf unzureichendes Trocknen oder zu feuchte Räume schließen.

Haselnüsse schütteln, aber auch pflücken

Haselnüsse reifen hauptsächlich im September. Erkennbar ist die Reife an der Bräunung der unteren Schalenhälfte und der hellbraunen Verfärbung der Hülle. *Zellernüsse* lösen sich dann leicht aus ihrer kurzen Hülle und können abgeschüttelt werden. *Lambertnüsse* muss man pflücken und ihren langen Hüllen entnehmen. Damit die Früchte genügend haltbar sind, lagert man sie zunächst an luftiger Stelle auf engmaschigem Draht, wendet sie täglich, damit sie betrocknen, was 3 bis 4 Wochen dauert. Lagerung am günstigsten bei 4 °C.

Spätsommerschnitt des Pfirsichs

Nach der Ernte kann man einen **starken Schnitt** durchführen. Zunächst sind *tote oder absterbende Äste* bis ins gesunde Holz wegzuschneiden. Hat man bei sehr dichten Kronen zu viele Leitäste, so entfernt man die ungünstig stehenden. 9 bis 12 Leitäste einschließlich der starken Vergabelungen genügen. Vor allem wird man *zu hoch stehende Äste* entfernen und das *Gleichgewicht* der Krone in Ordnung bringen. Man strebe eine mehr breite als hohe Baumkrone an.

Abgeerntete Zweige sind bis zu einem starken Jungtrieb in Basisnähe zurückzunehmen. Auch zwei kräftige Jungtriebe können bei genügendem Platz hier genutzt werden.

Ist man bisher nicht dazu gekommen, schwache, zu dicht stehende Jungtriebe oder wüchsige *Wasserschosse* wegzunehmen, so wird das nun nachgeholt. Verbleibende Jungtriebe werden nicht eingekürzt. Dies kann vor der Blüte geschehen.

Die *Verlängerungstriebe der Leitäste* sind an Bäumen bis zum 5. Standjahr auf die Hälfte einzukürzen, bei älteren ganz zu entfernen, einschließlich der stärksten 2–3 Folgetriebe (Konkurrenztriebe). Dann darf auch im Innern mit der Bildung kräftiger (wahrer Frucht-) Triebe gerechnet werden.

Ältere, innen kahl gewordene Pfirsichbäume lassen sich durch starken Rückschnitt der Leit- und Nebenäste **verjüngen.** Man kann die Äste bis auf etwa 1 m Länge zurückschneiden, stets auf Abzweigungen. Wasserschosse (zum Neubau der Krone) sind in entsprechende Richtung zu binden und etwas einzukürzen.

Wunden am zweijährigen und älteren Holz sorgfältig verschließen, z. B. mit Malusan-Wundverschluss.

Pflaumenbäumchen tut der Schnitt gut

Vom Schnitt oft ausgenommen werden Pflaumen, Zwetschen, Renekloden, Mirabellen, die etwa in gleicher Weise zu behandeln sind. Immer noch vertreten Gartenfreunde die irrige Auffassung: Pflaumen brauchen keinen Schnitt oder vertragen ihn schlecht. Das Gegenteil ist richtig. Auch diese Gehölze unterliegen der Spitzenförderung, der Kronenverdichtung und dem Altern, so dass *nur der Schnitt* helfen kann.

Im **Ertragsalter,** *ab 5. Standjahr,* schneidet man von Ende August bis Mitte September. Erfolgt dies sachgemäß (ohne Zapfen), so ist Gummifluss nicht zu befürchten. Bäume, die *älter als 10 Jahre* sind, können ohne Bedenken auch im Winter geschnitten werden. Da die Holzknospen nur 1 bis 2 Jahre lebensfähig sind, verkahlen die Zweige ohne Schnitt schon bald von innen heraus.

Im Hauptertragsalter muss deshalb durch **Auslichten** und durch **Rückschnitt** des Fruchtholzes die Triebbildung ständig angeregt werden. Der Baum kann mit Mittelast, mit Hohlkrone oder kombinierter Krone weiterbehandelt werden.

Grundsätzlich sind *Konkurrenztriebe, Reitertriebe* und nach innen wachsende und zu dicht stehende Triebe zu entfernen. Junge Seitentriebe kann man bei Bedarf einkürzen, ohne dass es zu einer Verzögerung des Fruchtbeginns kommt. Ältere Fruchtholzzweige sollten auf Jungtriebe abgeleitet werden. Zur Astspitze hin ist Seitenholz möglichst kürzer zu halten als zur -basis hin. Nur jeweils ein Trieb darf die Leitäste verlängern, um starke Vergabelungen zu vermeiden.

Alte Bäume, deren Äste und Stamm gesund sind, vertragen *mittelstarke Verjüngung.* Im ersten Jahr kann man den Mittelast bis auf 1,5–2 m Rest heraussägen und obere Äste mäßig einkürzen, stets auf Abzweigung. Schwaches Triebwerk an der Astunterseite sollte ebenfalls entfernt werden. Ein Jahr später wird die Krone weiterhin ausgelichtet. Man beseitigt senkrechte Schösslinge von den Ästen, lichtet das Seitenholz aus, besonders stark in den Spitzenbereichen, und schont junge Triebe weitgehend, sofern sie seitlich stehen. Sägewunden sorgfältig verstreichen. (siehe Wundverschlussmittel, November, S. 366)

Weiterbehandlung von Umveredlungen

Mitte September sollte man unter den *Wildtrieben* weiter auslichten: starke Schösslinge entfernen, schwächere nach außen gerichtete erhalten. Der eine oder andere kräftige Wildtrieb kann im Frühjahr durch Kopulation nachträglich umveredelt werden, falls altes Holz mit der neuen Sorte garniert werden soll. Wasserschosse und stärkere „Zugäste" werden von Jahr zu Jahr reduziert. Nach 3 bis 4 Jahren kann man meist den Rest entfernen.

Ebenfalls Mitte September sollten die *Edeltriebe* wiederum behandelt werden. Für den Aufbau der neuen Krone ist es am besten, wenn nur ein Edeltrieb als Verlängerung stehen bleibt und die übrigen Triebe am selben Pfropfkopf entfernt werden, da sie zu steil gerichtet und zu stark sind. Bei Birnen sollte man den Verlängerungstrieb etwas einkürzen, bei Äpfeln ist das entbehrlich. Man darf trotzdem damit rechnen, dass alle Augen austreiben, oben stark, unten schwächer. Steile Konkurrenztriebe (jeweils 2 bis 3) müssen entfernt werden, dagegen bleiben mittelstarke und schwächere als Seitenholz ungekürzt stehen, um die so wichtige Triebberuhigung zu erreichen. Zu steile Seitentriebe sollten bereits Anfang August waagerecht gestellt werden. Die nächstjährigen Austriebe an den Astverlängerungen werden in gleicher Weise behandelt. Bei sehr stark wachsenden Bäumen sind zu steile Leitastverlängerungen auf einen nach außen gerichteten, weniger steilen Seitentrieb abzuleiten.

Durch *Erhaltung von reichlich Seitenholz,* das bei Bedarf noch waagerecht gestellt werden sollte, bringt man die umveredelte Krone schon nach 3 bis 4 Jahren dazu, Früchte zu tragen. Danach muss unter zu dicht stehendem Seitenholz ausgelichtet werden.

Umpflanzen großer Bäume vorbereiten

Muss ein seit Jahren eingewurzelter Obstbaum seinen Platz wechseln, so ist für Apfel, Birne, Pflaume und Kirsche der Oktober die rechte Zeit. Bis Mitte September sollte man die Krone zurückschneiden, mindestens um $^3/_4$ (s. S. 57, Abb. 10) um den späteren Wurzelverlust auszugleichen.

Zum Verpflanzen braucht leichter Boden mehr Feuchtigkeit als schwerer, damit die Erde besser haftet. Vor dem Verpflanzen hebt man in genügendem Abstand vom Stamm einen Ringgraben aus, um den Ballen seitlich freizulegen (Abb. 6). Abgestochene

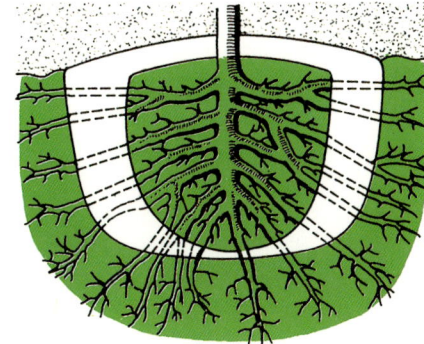

6 *Umpflanzung großer Bäume.*

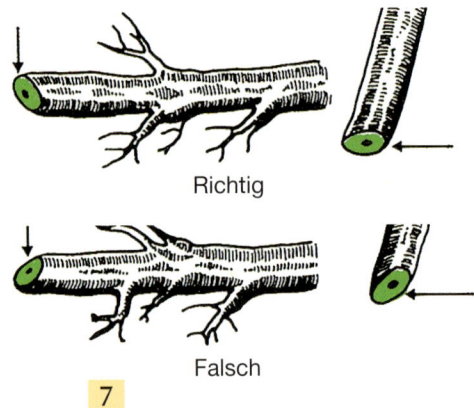

Richtig

Falsch

7

Richtiges Abstechen von Wurzelenden.

Wurzelenden werden glatt geschnitten. Wunden sollen abwärts zeigen, sind möglichst klein zu halten. (Abb. 7 zeigt, worauf es ankommt.)
Zum Schluss stößt man das untere Wurzelwerk durch, so dass jede Verbindung mit dem tieferen Boden gelöst wird. Dazu muss der Ringgraben an zwei gegenüberliegenden Stellen nach außen schräg geweitet werden. Ist der Ballen zu schwer, so sticht man obere Erde ab. Er wird vorsichtig transportiert, damit der Restballen unzerstört bleibt.
Vorher ist bereits ein entsprechend tiefes Pflanzloch herzustellen, die Sohle zu lockern und die Einfüllerde, die außerhalb lagert, mit FulHumin und Thomaskali mit Magnesium locker und gehaltvoll zu machen. An Vorratsdüngern kann man für einen älteren Baum 100 g Fertofit-Gartendünger verwenden. – Ist der Boden sehr gut und will man die Wuchskraft des Baumes hemmen, dann füllt man den Graben mit geringwertiger Erde.

Neue Johannisbeersträucher durch Steckholz

Die günstigste Zeit, von Johannisbeeren Steckholz zu schneiden, ist Ende September und Oktober. Vermehren sollte man nur gute Sorten.

Bestes Steckholzmaterial geben diesjährige Langtriebe, von unten aus dem Strauch herausgeschnitten. Jeder Trieb wird sofort entblättert, um die große Verdunstungsfläche zu beseitigen. Dann schneidet man ihn in Stücke mit je 6 Augen, mit scharfem Messer dicht unter einem Auge, im oberen Teil etwas darüber. Es wird sofort auf ein gelockertes Beet gesteckt. $^2/_3$ der Länge kommen in die Erde, $^1/_3$ ragt heraus. 2 Knospen über dem Boden genügen. Steckholz-Abstand 20–25 cm (Abb. 8 A).
Beim Stecken dürfen weder Rinde noch Augen beschädigt werden. Am besten sind Einstiche mit dem Spaten, die man etwas weitet, und hier setzt man die Steckhölzer hinein. Die Erde braucht man nur festzutreten. Wählt man den Platz halbschattig, bestehen bis zum Frühjahr kaum Kümmernisse. Der Boden darf allerdings nicht pulvertrocken werden. Zweckmäßigerweise bedeckt man ihn mit Torf, das Steckholz muss freibleiben, oder noch besser: Boden und Steckholz mit dem Robin Frostschutz-Vlies windsicher bedecken.
Im Frühling beginnt das Wachstum, da sich im Winter Wurzeln bilden konnten. Man pflegt die Jungpflanzen und darf bis zum Herbst mit Austrieben rechnen (Abb. 8 B). Kommt nur ein

8

Einschlag

A   B

C

Triebspitzen
nach unten

Johannisbeervermehrung durch Steckholz.

Trieb, sollte er über dem 5. Blatt entspitzt werden. Man erhält dann bis zum Herbst 5-triebige Büsche. Im Herbst wird verpflanzt und im Frühjahr auf 3–5 Augen zurückgeschnitten. Nach einer anderen Methode (C) kommen die Steckhölzer zunächst gebündelt in einen frostsicheren **Wintereinschlag.** Günstig ist ein sonnengeschützter Platz im Garten. Man gräbt ein entsprechend tiefes Loch, vermischt den Aushub von schwerem Boden mit Sand, steckt das Bündel mit den Spitzen nach unten in das Loch und schließt es wieder, wobei man gut andrückt. Drohender Frost ist durch eine dicke Laubaufschüttung abzuhalten. Im März wird gesteckt, wie vorher angegeben.

Winteräpfel sollen sich lange halten

Bester Aufbewahrungsort ist ein kühler, sauberer, keimfreier **Obstkeller.** Bei 2–5 Grad C und 85–90% relativer Luftfeuchtigkeit ist die Haltbarkeit am besten. Thermometer und Hygrometer (Feuchtigkeitsmesser) sind zur Kontrolle wichtig.
Praktisch ist die Lagerung in flachen **Obsthorden** oder -steigen, übereinander gestellt. Bei großen Mengen lohnt sich ein Gerüst mit herausziehbaren Einzelhorden, das schnelle Übersicht ermöglicht. Früchte sollten nur ein- bis höchstens dreischichtig gelagert werden, Äpfel auf dem Stiel, Birnen auf der Seite oder dem Kelch. Vor ihrem Einbringen ist der Obstkeller gründlich zu *säubern* und *zu desinfizieren,* zweckmäßigerweise mit einer Lösung von 50 g (in feuchten Kellern 100 g) Diamin A spez./10 l Wasser, womit man Decke, Wände, Boden und Gestelle schrubbt oder einsprüht. Weitere Behandlungen erübrigen sich. Kisten, Obsthorden oder Steigen taucht man in eine Lösung aus 20 g

Dimanin A pro 10 Liter Wasser, ausreichend für 5–10 Kisten. – Bei **Vorratsschädlingen,** wie *Asseln, Tausendfüßern, Silberfischchen,* empfiehlt es sich, die Schlupfwinkel am Boden z. B. mit Blattanex einzusprühen oder zu bestäuben.

Lagerfähig sind nur völlig gesunde Früchte. Andere sortiert man möglichst schon beim Pflücken aus. Lagerfähiges Obst kommt zunächst 3 Tage an einen luftigen, überdachten Ort, ehe man es in den Lagerraum bringt. Rauschalige Sorten sollten sofort in

einen geschlossenen Raum gebracht werden, da sie leicht schrumpfen.

Bei zu geringer Luftfeuchtigkeit helfen mäusesichere Belüftungsschächte. Besprengen des Bodens, Aufstellen mit Wasser gefüllter Gefäße oder direkter Schutz der Früchte. Man kann Äpfel in Seidenpapier einzeln einwickeln, mit Packpapier oder Haushaltsfolie bedecken oder in Folienbeuteln lagern. Ziegelboden lässt besser als Beton Feuchtigkeit aufsteigen.

Bei *zu hoher Luftfeuchtigkeit* ist verstärkt mit Fruchtschalenbräune, Schalenflecken, Schorf und Fruchtfäule zu rechnen und durch Lüftung bei trockener Außenluft eine gewisse Regulierung möglich.

In wärmeren Räumen geben Früchte zu rasch Feuchtigkeit ab, so dass sie schrumpfen und der Geschmack nicht voll ausgebildet wird. Bis zu einer Temperatur von 8–10 °C hat sich die *Lagerung* in *Folie* bewährt. Unter einer Folienstärke von 0,03–0,05 mm lagern günstig: 'Berlepsch', 'Roter Boskoop', 'Golden Delicious', 'Glockenapfel', 'Jonathan', unter 0,03 mm 'Boskoop' und 'Cox', andere Sorten sind hierfür weniger geeignet.

Dafür werden Äpfel eine Woche früher geerntet und acht Tage offen im Lagerraum gelagert, damit sie seine Temperatur annehmen und später unter Folie weniger Kondenswasser bilden. In Flachbeuteln mit einem Fassungsvermögen von 2–2,5 kg werden sie am wenigsten gedrückt. Man kann auch Obsthorden durch Foliensäcke schützen, die oben zugebunden werden. Lochfolie erübrigt sich, da bei der oben genannten Folienstärke ausreichend Gasaustausch gewährleistet ist. Lagerzeit 2–5 Monate.

Kleingärtner ohne günstige Lagermöglichkeit sollten Winterobst möglichst in der Laube lagern und bei stärkerem Frost ausreichend bede-

Die Apfelernte von Spätsorten beginnt im September. Gleich beim Pflücken wird sortiert. Lagerfähiges Pflückgut kann direkt in die Obstkisten gelegt werden.

Zusätzliche Anmerkungen

Mehrmalstragende Erdbeeren (Sorten s. S. 245), die im Juni und ab Mitte Juli bis Oktober fruchten, werden vorteilhaft Ende August bis September mit 80 x 30 cm Abstand gepflanzt. Verwendung finden gesunde, bewurzelte Ausläuferpflanzen. Sie müssen frei sein von **Blattälchen** (kurze, dicke Stiele mit gekräuselten Blättern), **Milben** (Blattkräuselung, weiße Tierchen an jungen Herzblättchen), **Mehltau** (weißer Belag auf Blättern und Früchten) und **Viren** (z. B. Blattrand gelb). Da die Pflanzen Enormes leisten müssen, brauchen sie beste Bodenvorbereitung, tiefe Lockerung und zur Humusversorgung in die Oberschicht Komposterde oder 100 g/m² FulHumin, ein Dauerhumus-Konzentrat, und organische Düngung wie z.B. Fertofit-Garten-Dünger, 50 g/m².

Fallobst möglichst täglich aufsammeln und beseitigen. Was jetzt fällt, ist meist krank, durch Schorf- oder Moniliapilze infiziert oder von Obstmaden bewohnt. Der Abfall darf deshalb nicht auf den Komposthaufen kommen, sondern wird entweder tief vergraben oder mit dem Müll beseitigt, falls kein „Humusbereiter" zur Verfügung steht.

Astbrüche lassen sich vermeiden, wenn schwächere Leitäste mit reichem Fruchtbehang rechtzeitig gestützt werden, wozu sich *starke Stangen* mit einer Gabelung oder einem Rundeisen eignen. Hierzu versieht man die Stangen oben mit einem 3–4 cm tiefen Bohrloch (Abb. 9 a). In die Bohrung setzt man ein (geschmiedetes) Rundeisen gemäß Abb. (b) und befestigt es durch Umwickeln mit Draht (c). Ein *angebrochener Ast* wächst wieder zusammen, wenn die frischen Wundstellen sofort aneinander gepresst, gut abgestützt, fest umbunden und die Wundränder verstrichen werden.

Der Birnenknospenstecher (Abb. 10 a), der sich in der Septembermitte an Birnbäumen aufhält, ist zu dieser Zeit sicher zu bekämpfen. Gelingt es dem Weibchen etwa Anfang Oktober, Eier abzulegen, so vernichtet jede geschlüpfte Larve mit einer Knospe ein ganzes Blütenbüschel. Befallene Knospen (b) sind bis April vertrocknet und von einer Larve (c) bewohnt. Wo größere Schäden beobachtet wurden, empfiehlt sich die Anwendung eines Insektizids gegen beißende Insekten. Blüten und Früchte (d) sind nur aus gesunden Knospen zu erwarten.

Auslichten kann man abgeerntete Obstbäume, auch Kernobst, bis Mitte, spätestens Ende September. Dafür gelten die Regeln für den Auslichtungsschnitt (s. Dezember, S. 387 f.).

Festgetretene Baumscheiben sollten nach der Ernte oder dem Schnitt mit einer *Ziehhacke* (Grubber) flach gelockert werden. Beschädigte Wurzeln bilden bis Anfang Oktober noch *Wundgewebe* (Kallus), aus dem zahlreiche Saugwurzeln hervorgehen, so dass die Wuchskräfte nicht vermindert werden. Spätere Bodenbearbeitung mit Wurzelbeschädigungen, auch im Frühjahr, schließt Kallusbildung aus, so dass die Bäume geschwächt werden und bei jährlicher Wiederholung frühzeitig vergreisen.

Erdbeeren der einmaltragenden großfrüchtigen Sorten beginnen mit der Anlage der Blütenknospen. Die Pflanzen werden fruchtbarer, wenn es ihnen in der zweiten Septemberhälfte an *Feuchtigkeit* nicht mangelt. Bei Trockenheit sind wöchentlich etwa 20 Liter Wasser je Quadratmeter günstig. Außerdem ist Ende des Monats eine *Nachdüngung* angebracht, je nach Wüchsigkeit der Pflanzen 60–75 g/m² Azet-Beerendünger oder Fertofit-Garten-Dünger, besonders auf leichten Böden.

Keinen Stickstoff mehr. Von Ende September bis Ende Oktober dürfen **Obstgehölze** keinerlei rasch wirkenden Stickstoffdünger mehr erhalten. Die Wurzeln sind noch so rege, dass sie zuviel Stickstoff aufnehmen und dadurch die Frosthärte des Holzes und der Knospen ungewollt herabsetzen.

Die Blutlaus-Zehrwespe, 2 mm groß, ist in günstigen Gebieten zu einem wichtigen Nützling gegen die Blutlaus geworden und bedarf des Schutzes. Eier werden einzeln in junge Blutläuse abgelegt und überwintern hier. So kann es im Frühsommer zu keinem starken Blutlausbefall kommen. Spätsommer-Spritzungen sollten deshalb nach Möglichkeit unterbleiben. Kleine Zweige mit Blutlausherden sollten vor der Austriebsspritzung abgeschnitten in einen Karton gelegt und an ungefährdete Stellen gebracht werden. Einige Tage nach der Austriebsspritzung stellt man den geöffneten Karton wieder in die Nähe des befallenen Baumes. So werden zahlreiche Zehrwespen gerettet.

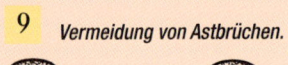

9 *Vermeidung von Astbrüchen.*

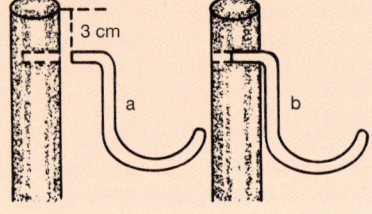

3 cm

a   b   c

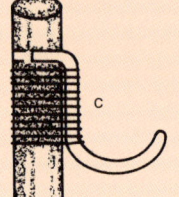

10

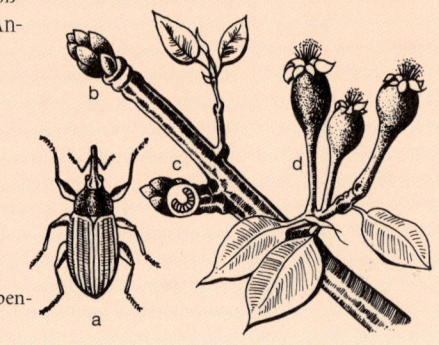

Birnenknospenstecher

b   c   d

a

cken. Die Temperatur sollte im Obststapel nicht unter 1 °C sinken. Auch im offenen, vollschattigen Vorraum ist die Lagerung den ganzen Herbst über möglich. Man umkleidet die Kisten mit Packpapier, alten Tüchern und Folie, um Wind und Kälte abzuhalten. Einige Minusgrade schaden nicht, bei länger anhaltendem strengen Frost sollte das Obst im Haus gelagert werden.

Hallimasch: Gefahr für unsere Bäume

Der Hallimasch gehört zu den gefährlichsten *Baumschwämmen,* da er vom Boden aus angreift, besonders in waldnahen Gärten. Nachdem das *braunschwarze Pilzgeflecht* (Myzel), das derben Wurzelsträngen gleicht, schon jahrelang zwischen Rinde und Holz gewuchert hat, brechen plötzlich im Herbst am Stammgrund gelb- oder rotbraune Fruchtkörper hervor, die wie Hutpilze aussehen. Abgekocht ist der Hallimasch *genießbar,* besonders der rotbraune (an Nadelgehölzen). Man verwende nur junge, noch gewölbte Hüte und das obere Stieldrittel. Auf ungenießbare Doppelgänger (Schüppling, Stockschwämmchen, Schwefelkopf) achten.

Wo der Hallimasch wütet, gibt es für den Baum *keine Rettung* mehr. Solange er noch Früchte bringt, kann man ihn nutzen. Er siecht jedoch dahin und stirbt schließlich ab. Wichtig ist, dass die Sporenträger (Hüte) beim Erscheinen sofort beseitigt werden, um die Ausbreitung durch Sporen zu verhindern. Befallene Bäume sind mit möglichst viel Wurzelwerk zu roden. Einige Jahre darf an derselben Stelle kein Baum gepflanzt werden. Alte Bäume sind besonders gefährdet. *Stammwunden, die dem Hallimasch ermöglichen, Fuß zu fassen, sollten sachgemäß behandelt werden.* Der Pilz bevorzugt ein Klima mit gleichbleibend hoher Luftfeuchtigkeit. (Näheres siehe unter Wundverschluss auf S. 366.)

Im Gemüsegarten

Dem Zugriff des Frostes entziehen

Klare Nächte können im September/Oktober die **ersten Fröste** bringen. Frostempfindliches Gemüse ist vorher zu ernten oder ausreichend zu schützen.

Tomaten werden durch die („mitwachsende") Tomatenhaube so weit gefördert und geschützt, dass noch viele Früchte heranreifen. Was bei stärkerem Frostbeginn dann noch an grünen Früchten an den Pflanzen hängt, wird mit Stiel abgenommen und zum Nachreifen in einen warmen Raum gebracht. Er braucht nicht hell zu sein. Vom Aufhängen ganzer Pflanzen im Keller usw. ist abzulassen: Die Fruchtqualität wird nicht besser, der Raum mit Pilzsporen verseucht.

Gemüsepaprika wird in halbreifem Zustand abgenommen und verbraucht, da er dann milder ist als vollreife Früchte roter und gelber Sorten. Diese enthalten zwar mehr Vitamin C, doch sind auch halbreife, noch grüne Früchte vollwertig. Mit Rücksicht auf nachwachsende Paprikaschoten ist frühe Ernte vorzuziehen. Sind Anfang September noch viele Früchte angesetzt, so lohnt sich der Einsatz von Tomatenhauben oder eines Folienzeltes, um die Entwicklung zu beschleunigen. – **Auberginen** sind reif, wenn sie völlig umgefärbt sind und ihr Fettglanz einem stumpfen Ton gewichen ist. Man kann sie eine Woche lagern.

Von den **Gurken,** die in verschiedenen Reifestadien Verwendung finden, müssen *Senfgurken* ausgereift (meist gelb) sein. Große Gurken kann man bis zu 10 Tagen lagern, kleinere sind sofort zu verbrauchen. – Bei **Melonen** zeigt sich die Reife etwa Anfang September durch Rissigwerden der Fruchtschale am Stielansatz. Duft und Aroma lassen sich durch kurze Lagerung noch verbessern.

Grüne Bohnen, die frostempfindlich sind, können schon in recht jungem Zustand abgenommen werden. Abgeerntetes Bohnenkraut sollte man dicht über dem Boden abschneiden und kompostieren. Die Wurzeln im Boden liefern Humus und Stickstoff, so dass Blattgemüse hier später vorzüglich gedeiht.

Zuckerhutsalat verträgt leichte Fröste und braucht nicht übereilt geerntet zu werden. – **Eissalat** ist frostempfindlich; unter einem Folienzelt lassen sich einige Frostgrade abwehren. Geerntet, kann er einige Zeit kühl gelagert werden.

Ernterückstände (mit dem Spaten) zerteilen und (unter Zusatz von Bio-Komposter-Flocken) lagenweise *kompostieren.* Gefährliche kranke Pflanzenabfälle aus dem Garten wegschaffen, falls kein Thermo-Komposter zur Verfügung steht.

Im September noch Gemüse säen

Freigewordene Flächen säubern und mit Radieschen, Feldsalat, Spinat und Winterportulak einsäen. Das ist schnell gemacht und dürfte auch gelingen.

Anfang September ausgesäte **Radieschen** früher Sorten, wie 'Sperlings Cyros' oder 'Wagners Juwasprint', sind ab Mitte Oktober erntereif. Dazu muss das Beet vollsonnig liegen. Die Samen werden in 15 cm entfernte Reihen einzeln mit 3 bis 4 cm Abstand in flache Rillen gelegt und nur 1 cm hoch mit Erde bedeckt, die man an-

Tomaten vertragen keinen Frost. Droht dieser, so sind alle Früchte zu pflücken, auch die grünen. Diese reifen bei Wärme nach.

drückt. Tritt außerdem an Feuchtigkeit kein Mangel auf, dann setzt die Knollenbildung früh und sortentypisch ein. Schutz gegen Vermadung erübrigt sich jetzt. 2 Wochen nach dem Aufgehen kann man noch mit 50 g/m² Ferto-fit-Garten-Dünger nachdüngen.

Für die salatarme Zeit kann **Feldsalat,** auch Ackersalat oder Rapunzel genannt, bis Mitte September gesät werden. Zur Herbst- und Winternutzung eignen sich 'Dunkelgrüner Vollherziger', 'Elan' und 'Verte de Cambrai'. Werden abgeerntete Flächen sofort bearbeitet und eingesät, ist keine Grunddüngung erforderlich. In 15 cm entfernte Rillen sät man 1 cm auseinander und 2 cm tief (2 g Samen je

m²) und sorgt für gleichmäßige Feuchtigkeit. Bei einigermaßen mildem Herbst kann man im November bereits ernten. Man schneidet nur die größten Blätter ab und lässt das Herz unbehelligt, damit die Pflanzen weiter wachsen. Zu empfehlen ist auch die Aussaat in einen Frühbeetkasten für die Ernte im Winter. Eventuell nachdüngen wie bei Radieschen.

Spinat zur Überwinterung kann noch den ganzen September über gesät werden. Geeignet sind Sorten wie 'Atlanta', 'Sperlings Monnopa' und 'Rico F_1', letztere ist gegen alle Mehltauarten resistent. Für eine Bodenverbesserung gilt, was bei Feldsalat gesagt wurde. 2 bis 3 Wochen nach

dem Auflaufen kann man einmal wie bei Radieschen düngen. Je Quadratmeter werden 8 bis 10 g Samen benötigt. Gesät wird in Rillen von 20 cm Abstand und der Samen 2 bis 3 cm mit Erde bedeckt und diese angedrückt. Überwinterter Spinat ist wegen seines geringeren Oxalsäuregehalts von hohem gesundheitlichen Wert. Die Erntezeit liegt Ende April bis Anfang Mai.

Anfang September ist der letzte günstige Aussaattermin für weiße *Frühlingszwiebeln* und für die neue *Salatrauke*, Ende September für *Winterportulak* der Sorte 'Sperlings Postelein'. Auch zur Aussaat von Pflücksalat ist der September noch geeignet.

Spätgemüse braucht noch Pflege

Für Winterkopfkohl, einschließlich China- und Grünkohl, Knollensellerie, Winterporree, Lagermöhren, Winterrettich, Kürbis usw. ist die Entwicklung nicht abgeschlossen. Im September ist noch *mit beachtlichem Zuwachs zu* rechnen. Auf Fraßschäden durch *Raupen* von Kohlweißling, Kohlschabe und Gemüseeulen muss man nach wie vor achten und schon sehr frühzeitig mit Unden spritzen oder stäuben.

Voraussetzung für gute Entwicklung sind mildes Wetter, feuchter Boden und ein mobiler Vorrat an **Nährstoffen.** 1–2-mal nachdüngen, entweder mit einem (blauen) Volldünger, je 20 g/m², oder organisch mit Fertofit-Garten-Dünger, je 50 g/m².

Schwerer, scholliger Boden, der durch Regen leicht verkrustet und undurchlässig wird, sollte etwa wöchentlich einmal an der *Oberfläche gelockert* werden. *Unkraut* ist frühzeitig zu unterdrücken, durch Hacken, Jäten oder Mulchen.

Ab Ende September wird Folienschutz wieder hochaktuell, um kühle, nasse Witterung und erste Fröste abzuwehren. Völlig wartungsfrei ist „wachsende" Folie von Euflor/Fabromont, die locker über die Beete gebreitet und an den Rändern festgelegt wird. Folientunnel können für höheres Gemüse angebracht sein.

Rosenkohl nicht winterharter Sorten sollte entspitzt werden. Dazu schneidet man die *Vegetationsspitze* über einem großen Blatt weg, wenn die untersten Röschen im Durchmesser 1 cm messen. Dadurch fällt die Ernte im November/Dezember besser aus. Bei späten, genügend winterharten Sorten wird vom *Köpfen* abgeraten.

Bleichgemüse wird durch Bleichen besonders zart und bekömmlich und gewinnt an Wohlgeschmack. **Gemüseporree** ist wiederholt anzuhäufeln, am besten nach einem Regen, um schöne lange, gebleichte Stangen zu bekommen.

Bei **Bleichsellerie** werden an einem trocknen Tag die Blätter zusammengebunden, die Stiele mit Schwarzfolie verdunkelt, nur soviel, wie man nach 3–4 Wochen ernten möchte. Auch bei **Endivien,** die nicht selbstbleichen, muss man nachhelfen um Bitterstoffe zurückzudrängen. *Bedecken mit Schwarzfolie* ist besser als Zusammenbinden.

Sobald bei **Knollenfenchel** die knolligen Verdickungen eine Mindestgröße von Speisezwiebeln erreicht haben, bedeckt man sie gegen Frost mit Erde oder Laub. Erntereife Knollen sind breiter als hoch.

Sellerie leidet in nassen Jahren unter der *Septoria-Blattfleckenkrankheit.* Wo bisher gegen die Ausbreitung nur wenig geschehen ist, vermag eine Spritzung (z. B. mit Antracol oder Neudo-Vital 1%ig) den Befall noch zu stoppen, so dass sich wieder gesunde Blätter ausbilden können, die das Knollenwachstum fördern.

Nitratminderung vor der Ernte nutzen

Zum Herbst hin nimmt die Ernte an Umfang zu. Im Gemüse steigt aber auch der Nitratgehalt an, gegenüber den Sommermonaten bis zu 50%. Das ist Grund genug, für Nitratminderung im Erntegut beizeiten zu sorgen. In den letzten Wochen vor der Ernte ergeben sich hierfür mehrere Möglichkeiten und sollten von Hobbygärtnern ebenso wie von Gemüseanbauern weitgehend genutzt werden. Niedriger Nitratgehalt im Gemüse verbessert den gesundheitlichen Wert unserer Nahrungsmittel, zumal Ernährungsfachleute immer wieder fordern, den Gemüseverbrauch zu vergrößern. Das ist aber nur vertretbar, wenn nitratärmeres Gemüse auf den Tisch kommt. Dazu folgt unser 7-Punkte-Programm:

1. Letzte Düngung vor der Ernte nicht später als 3 Wochen (organisch), 2 Wochen (organ.-miner.), 1 Woche (mineralisch). Dann ist zur Erntezeit der größte Teil der leicht löslichen Bodennährstoffe aufgebraucht.

2. Die letzte Woche vor der Ernte stärker bewässern als vorher, um die Stickstoffaufnahme durch die Wurzeln zu beschleunigen.

3. Sonniges Wetter erhöht Aufnahme und Verbrauch von Nitrat. Die Vorratskammern in Rüben, Stielen und Blättern bevorraten dann weniger Nitrat, was bei der Ernte wesentlich ist. Deshalb sonniger Standort.

4. Letzte Bewässerung am Tag vor der Ernte. Am Erntetag ist in erster Linie trockenes Wetter günstig, da dann kaum noch Nitrat aufgenommen wird.

5. Wichtig ist außerdem sonniges Wetter, mindestens am Erntetag. Es sorgt weiterhin dafür, noch vorhandene Nitratvorräte aus den Speicherorganen in die Blätter zu befördern, wo die Umwandlung zu organischen Baustoffen erfolgt.

6. Wurzelgemüse, besonders auf humusreichen und stickstoffhaltigen Böden, sollte am Erntetag noch eine Sonderbehandlung erhalten. Mit einem Spaten sticht man neben den Reihen von einer Seite aus schräg unter die Pflanzen. Dabei werden die meisten Saugwurzeln abgetrennt, was die Nitrataufnahme stark einschränkt.

7. Günstige Erntetermine sind nicht mehr die Vormittagsstunden, sondern erst ab Mittag, bei Wurzelgemüse gegen 17 Uhr.

Wer diese sieben Punkte berücksichtigt, erntet das für seine Gesundheit wichtige nitratarme Gemüse, wie es die Weltgesundheitsbehörde (WHO) fordert.

Pflanzzeit für Rhabarber beginnt

Als Frühgemüse ist Rhabarber wertvoll. Kann bereits im September gepflanzt werden, dann bilden sich bis zum Frühjahr reichlich Saugwurzeln, so dass der Austrieb kräftig kommt und eine kleine Ernte bereits im ersten Jahr zu erwarten ist.

Ältere Pflanzen, die 8-10 Jahre an ihrem Platz stehen, lassen sich durch Teilung verjüngen. Eine Teilpflanze sollte wenigstens 1 kg wiegen und eine gut entwickelte Triebknospe haben. Wer eine Sorte kaufen will, wähle rotstieligen, rotfleischigen Rhabarber. Er schmeckt milder und enthält weniger Oxalsäure als grüne Sorten. Zu den leistungsfähigsten **Sorten,** die sich auch zur Ernteverfrühung durch Folie eignen, zählen: 'Holsteiner Blut', früh, rot-grün; 'Timperley Early', hellfarbig; 'Loher Blut', rötlich-grün; 'The Sutton', früh bis mittelfrüh, hellrotgrün; 'Frau Rood', wie vorige Sorte, jedoch wüchsiger, 'Goliath', spät, grün, dicke Stengel in Massen, sehr wüchsig. Vor der Pflanzung wird der **Boden** zwei Spatenstiche tief gelockert und mit angerottetem Stalldung, Kompost- oder NeudoHum Pflanzerde verbessert. Fehlt es hieran, so arbeite man 150 g/m² FulHumin-Dauerhumus und 100 g/m² organischen NPK-Dünger, wie z.B. Ferofit-Garten-Dünger in die Krume ein. Rhabarber braucht einen großen Nährstoffvorrat. Man hält den Boden feucht und **pflanzt** eine Woche später mit knapp 1 m Abstand. Erkennbare Triebknospen kommen 2-3 cm unter die Erde. Die Erde ist seitlich anzudrücken und bei Trockenheit anzugießen. Abschließend bedeckt man den Boden mit Laub, Mist oder Grobkompost, bis 5 cm hoch. Je Person rechnet man zwei Stauden.

Zusätzliche Anmerkungen

Schnittlauchpflanzen, zu umfangreiche oder zu triebschwache, können geteilt und mit 20 cm Abstand in frischen, gehaltvollen Boden gepflanzt werden. Für **Treibzwecke** eignen sich am besten zweijährige grobröhrige Pflanzen, die einige Zeit nicht mehr geschnitten wurden. Sie stecken voller Reserven. Man nimmt einzelne Klumpen im September/Oktober heraus, lässt sie auf dem Beet abwelken, auch etwas durchfrieren, damit sie um so besser treiben. Ein Teil kann ins Frühbeet oder Gewächshaus gepflanzt werden, um im November/Dezember Schnittlauch zur Verfügung zu haben.

Spargel auf sandigem Boden sollte in der ersten Septemberhälfte eine Spätdüngung erhalten, besonders nach regenreichem Sommer. Geeignet ist z.B. Fertofit-GartenDünger, 50 g/m². Der Dünger wird ausgestreut und flach eingearbeitet. Dabei werden Unkräuter bekämpft.

Freie Beete braucht es über Winter nicht zu geben. Hierfür können noch *Gründüngungspflanzen* ausgesät werden. Außer der Sperli-Bodenkur kommen Sommerraps, Schwarzer und Weißer Senf und Ölrettich in Betracht. Da alle drei Kreuzblütler sind, dürfen sie weder nach Kohl noch nach Rettich und Radies angebaut werden. Für diese Fruchtfolge sollte Roggen gewählt werden, der mit keiner dieser Gemüsearten verwandt ist. Startdüngung mit 50 g/m² Fertofit-GartenDünger einmischen.

Rosmarin ist nicht überall winterhart. In ungünstigen Gebieten topft man bei Monatsbeginn mit gutem Ballen in einen geräumigen Topf ein. Solange es frostfrei bleibt, kann der Topf im Freien stehen, in den Boden eingesenkt. Später stellt man die Pflanze kühl, hell und lässt die Erde nicht austrocknen. Während des ganzen Jahres können Blättchen und Triebspitzen zum Würzen entnommen werden. – Wie Rosmarin behandeln kann man auch *Bergbohnenkraut* und *Wilden Majoran*, je eine Pflanze genügt.

Anis und Fenchel sind öfter zu ernten, damit Samen nicht ausfallen. Zuerst reift die Hauptdolde; das zeigt sie durch Braunfärben der Samen an. Man schneidet sie heraus. Da Nebendolden ungleichmäßig nachfolgen, muss man öfter ernten. Zum Trocknen legt man die Dolden auf Packpapier. Aufbewahrt werden die Samen in verschlossenen Gläsern.

Ausdauernde Würzkräuter, die im Wuchs nicht mehr befriedigen, können geteilt und neu aufgepflanzt werden. Vorher schneidet man sie zurück. In Betracht kommen Beifuß, Berg-Bohnenkraut, Estragon, Liebstöckel, Pfefferminze, Salbei, Thymian, Wermut, Zitronenmelisse. Vor dem Pflanzen gräbt man die sonnig liegenden Teilflächen und arbeitet reichlich Komposterde oder Humobil bis 300 g/m² ein. Kann schon Anfang September gepflanzt werden, so wurzeln die Kräuter gut ein.

Winter-Steckzwiebeln werden im September bis Oktober mit 20 x 7 cm 5 cm tief gepflanzt, bei schwerem Boden höher und angehäufelt. Ernte Juni/Juli, 2-3 Tage trocknen lassen. Von 1 kg für 7 Quadratmeter können bis 50 kg reife Zwiebeln gewonnen werden. Pflege wie übliche Speisezwiebeln.

Oktober

Allgemeines

Herbstabfälle durch Kompostierung nutzen

Zu dieser Jahreszeit häufen sich die **Abfälle.** Sie in *Mülltonnen* oder *Laubsäcken* verschwinden zu lassen, ist in jeder Hinsicht falsch, für den ökologisch eingestellten Gartenfreund undenkbar. Denn dem Garten gehen wertvolle organische Stoffe verloren. Durch Kompostierung können sie zu neuer **Pflanzennahrung** umgewandelt werden.

Herbstabfälle, die nicht zur Bodenbedeckung dienen, bringt man am besten in einem *Komposthaufen* unter, von dem keinerlei Geruchsbelästigung auszugehen braucht.

Kompostbehälter sollten mit Herbstabfällen nicht gefüllt werden, ja, es empfiehlt sich, Behälter für den Winter freizumachen, insbesondere geschlossene Behälter, deren Inhalt vor Ratten und Mäusen sicher ist. Solche Behälter nehmen dann Küchenabfälle, Papier usw. auf.

Der im Herbst aufgesetzte Komposthaufen liefert im Frühling Frischkompost fürs Land, so dass der Platz dann wieder frei wird.

So wird ein Komposthaufen gestapelt

Vom Nachbargrundstück hält man wenigstens 50 cm Abstand. Schattenlage ist günstig, wenn der Haufen einen Erdmantel, wenigstens 5 cm stark, er-

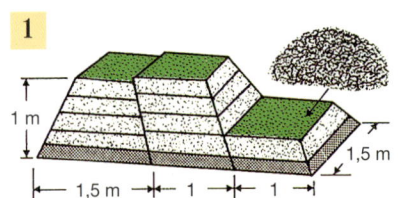

Komposthaufen: Schichtung.

hält oder unbedeckt bleibt, was ungünstig ist. Sonnenlage bietet bei Folienbedeckung manche Vorteile, vor allem schreitet die Verrottung rascher voran.

Damit die **innere Belüftung** nicht zu kurz kommt, beachte man folgende Maße: Sohlenbreite 1,2–1,5 m, Firstbreite 0,7–1 m, Höhe 1–1,2 m (Abb. 1). Bei senkrechten Wänden alle Maße 1 m. Länge beliebig, jedoch nicht weniger als 1 m.

Angelegt wird der Haufen *auf gewachsenem Boden zu ebener Erde,* damit Rottebakterien und Regenwürmer Zugang finden. *Betonierte Gruben* sind ungeeignet.

Auf den Boden kommt 10 cm hoch *sperriges Material,* wie Staudenstengel, Schnittreisig usw., grob geschnitten. Es gewährleistet die Luftzufuhr von unten und das Versickern des Wasserüberschusses, so dass Fäulnis verhütet wird.

Wer Rasenschnitt und Herbstlaub kompostieren will, sollte auch andere Grünabfälle und Schreddermaterial oder

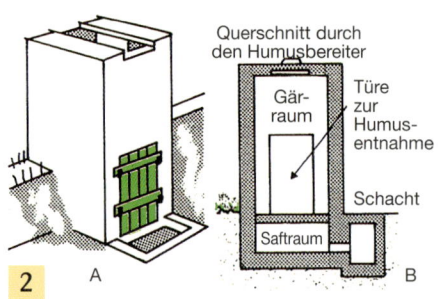

Humusbereiter, ein Massivbehälter verwertet alle organischen Abfälle.

Holzhäcksel beimischen, damit das oft zu dicht liegende Gras gut verrottet.

Abfälle gut *mischen,* grobe *zerkleinern* und in Schichten von 15–20 cm *stapeln.* Frische Grünabfälle brauchen keine Befeuchtung, andere dagegen ja. Mischungen wohl stets.

Auszuschließen von der Kompostierung im Winter-Komposthaufen sind *aussamende und kranke Pflanzen,* sofern der Kompost bereits im Frühling Verwendung finden soll. Für den *Humusbereiter* bedeuten solche Abfälle dagegen kein Problem.

Auf jede Abfallschicht streut man

Zum Kompostieren mischt man trocknes Schreddermaterial mit frischen Grünabfällen sowie Rasenschnitt und streut auf leichtem Boden noch lehmhaltige Erde oder Bentonit ein. Auf schweren Böden Urgesteins-Mehl. In jedem Fall Bio-Komposter-Flocken zugeben!

zweckmäßig einen Spezial-Kalkstickstoff, 150 g/m², und etwas Kompost (aus dem Kompostsilo) oder Gartenboden. Für die Rotte ist günstig, jeden **Teilstapel** möglichst ohne Unterbrechung bis zur günstigen Höhe hochzubringen, anfangs über einer Fläche von 1,5 x 1,5 m, anschließend über einer solchen von 1,5 x 1 m usw.

Die *Oberseite* des Kompoststapels wird waagerecht geglättet und erhält keine Gießmulde, da das Innere sonst vernässt und zu leicht in Fäulnis übergeht.

Gegen Austrocknung und zu starke Belüftung muss der Haufen bedeckt werden, am besten mit gelochter oder geschlitzter **Schwarzfolie,** die fest anliegt und gegen Wind gesichert wird. Folienschutz fördert eine gleichmäßigere Verrottung.

Bewässerung überlässt man überwiegend der Winterfeuchtigkeit. Da der Haufen mit der Zeit sackt, ist die Folie nachzuziehen.

Die vielen Herbstabfälle lassen sich durch sog. **Flächenkompostierung** in den natürlichen Kreislauf leicht und gut wieder einfügen. Nicht nur

Der Leise-Häcksler „Brill 2000 ESK" mit Sicherheits-Fangkorb erleichtert die nutzbringende Verarbeitung der Schnittabfälle zu wertvollem Kompost.

leer gewordene Beete, sondern auch Gehölz- und Staudenpflanzungen können mit den Rückständen, die man gut zerkleinert, bedeckt werden, ohne jeden Zusatz. Witterungseinflüsse und Bodenleben arbeiten ständig am Abbau, so dass bis zum Frühjahr ein Teil der Pflanzennährstoffe bereits freigesetzt wird. Gegen Windverwehungen oder einen störenden Anblick hilft Koniferenreisig.

Der Humusbereiter leistet mehr, als der Komposthaufen schafft (Abb. 2). Es werden alle organischen Abfälle verwertet. Dazu dient ein Massivbehälter (siehe S. 312).

Neue Häcksler zur Verarbeitung der Schnittabfälle

Um die Abfälle des Spätsommerschnitts (wie auch die des Winterschnitts) nutzbringend wegzuschaffen, haben sich viele Gartenbesitzer einen eigenen Häcksler angeschafft, teils auch in nachbarschaftlicher Kooperation. Mit ihm lassen sich holzige Schnittabfälle bis zu 4 cm Durchmesser mühelos zerkleinern. Wenn diesem kalkarmen Häckselmaterial organischer Grünabfall hinzugegeben wird, beispielsweise stickstoffreicher luftundurchlässiger Rasenschnitt, so entsteht ein hochwertiger Kompost. Er eignet sich vorzüglich als Bodenbedeckung unter Sträuchern und (Obst-)Bäumen.

Neue Häcksler-Modelle (wie z. B. die Leise-Häcksler des Herstellers „Brill" arbeiten mit einer Schneide-Quetsch-Technik, weil ein aufgequetschter Zweig schneller verrottet. Ein wesentlicher Vorteil gegenüber früheren Modellen besteht auch in der geringen Lautstärke. Nicht nur der Nachbar wird es danken, auch der Gesprächspartner während der Gartenarbeit, mit dem nun wieder Gespräche möglich sind.

Die Quetsch-Schneide-Technik der modernen „Brill"- Häcksler verbessert die Rotte.

Die neuen Häcksler sind sicher. Der aufgesetzte Trichter verhindert den Eingriff von oben, und bei „Brill"-Geräten schaltet eine Automatik aus, wenn die transportable Sicherheits Fangbox herausgezogen wird, so dass niemand bei laufendem Motor von unten hineingreifen kann. Insgesamt ein lohnendes Gerät in modernen Gärten.

Bodenuntersuchung ermittelt Düngerbedarf

Wie der Gartenboden beschaffen ist und wieviel Nährstoffe er enthält, kann eine Bodenuntersuchung feststellen. Sie sollte bei Übernahme eines Gartens und jetzt vor Herbstpflanzungen vorgenommen werden. Man kann sich an ein Bodenuntersuchungs-Institut wenden (worüber das zuständige Pflanzenschutzamt Auskunft geben kann) oder in eigener Regie mit Hilfe eines im Handel angebotenen Bodentest-Set den Calcium-, Stickstoff-, Phosphat- und Kaligehalt bestimmen. Es ist dann leicht, aus Tabellen die bedarfsgerechte Düngung abzulesen.

Der Test basiert auf einer Farbreaktion und kann von jedermann ohne chemische Kenntnisse in wenigen Minuten durchgeführt werden.

Bodenproben entnimmt man verschiedenen Stellen im Garten, etwa alle 25-50 m. Dabei ist möglichst eine *gesamte, von Wurzeln genutzte Bodentiefe* zu erfassen. Für eine Bodenprobe stellt man mit dem Spaten ein entsprechend tiefes Loch mit 4 senkrechten, glatt abgestochenen Wänden her. Dann kratzt man mit einem Spatel oder Esslöffel an allen 4 Wänden von unten nach oben etwas Erdboden ab, den man mischt.

Davon verwendet man eine kleine Probe für den eigenen Test oder verpackt eine bestimmte Menge für die Untersuchungsstelle. Hier ist der Vermerk auf jeder Probe wichtig, was angebaut wurde und was vorgesehen ist. Die Institute bestimmen auch Bodenart, Humusgehalt und Spurennährstoffe.

Im Blumen- und Ziergarten

Mehr Herbstfärbung in die Gärten

Im Oktober kann man die Herbstfärbung sommergrüner Gehölze beobachten. Bei sonnigem Wetter leuchten die Farben intensiv. Es lohnt sich, einzelne dieser Arten bei der **Herbstpflanzung** zu berücksichtigen, um von der letzten gewaltigen Farbenpracht des Herbstes ein wenig im Garten bewundern zu können.

Umfärbung bedeutet nicht Absterben, sondern erhöhte Leistung. Während grüne Sommerblätter langwelliges Sonnenlicht insbesondere zur Zuckerproduktion nützen, ist zum Herbst hin eine Umstellung auf Bildung stabilerer Reservestoffe notwendig. Hierzu wird zusätzliche Energie dem kurzwelligen Licht entnommen, das *gelb- und rotverfärbte Blätter* auf-

nehmen. *Braun* ist ein Zeichen für abgestorbenes Laub, das z. B. Hainbuche und Eiche noch bis zum Frühjahr festhalten.

Die **rote Farbe** zeigt von Gehölz zu Gehölz andere Tönungen. Ahorn (*Ácer japónicum*) färbt sich brennend rot bis orangescharlach um, Fächer-Ahorn (*Ácer palmátum*) rosa bis rot, Felsenbirne (*Amelánchier láevis*) orangescharlach, Berberitzen lachs-, feurig- oder purpurrot, Zwergmispeln (*Cotoneáster*) hoch-, rosa-, orange-, scharlach- oder braunrot, der Spindelbaum (*Euónymus aláta*) flammend-karminrot, die Genter Azaleen (*Rhododéndron-Ponticum*-Hybriden) blutrot, Gartenschneeball (*Vibúrnum ópulus 'Sterile'*) rosa bis weinrot, Wilder Wein (*Parthenocíssus quinquefólia*) hochrot bis purpurn, die Rebe (*Vítis coignétiae*) prachtvoll scharlachrot.

Besonders pflanzwürdig ist der buntlaubige Hartriegel *Cornus alba 'Spaethii'*, mit rosa bis weinroten Herbstblättern. Seine Schönheit zeigt er bereits beim bronzegelben Austrieb. Im Sommer ist das Laub goldgelb gerandet. Der Baum wächst kaum über 2 m

hoch. Zur Gattung Cornus gehören viele interessante Arten und Formen. Noch leuchtkräftiger sind **gelbe Farben,** so bei Scheinhasel (*Corylópsis*), Ranunkelstrauch (*Kérria japónica*), Zaubernuss (*Hamamélis japónica*), Strauchkastanie (*Áesculus parviflóra*), Strahlengriffel (*Actinídia argúta*). Orangegelb leuchtet die Zaubernuss (*Hamamélis móllis*). – In schönes Gelb färben sich Fächerblattbaum (*Gínkgo*), Trompetenbaum (*Catálpa*), Lärche (*Lárix*), Goldlärche (*Pseudólarix*).

Hübsch ist das Zusammenspiel von **Gelb und Rot,** so bei Perückenstrauch (*Cótinus coggygria*), Scheineller (*Cléthra barbinérvis*), Spindelbaum (*Euónymus europáeus*), Prachtglocke (*Enkiánthus campanulátus*) und anderen.

Weitere Steigerung bringt das Nebeneinander von **Gelb, Orange und Rot** bei Berberitze (*Bérberis thunbérgii*), Federbuschstrauch (*Fothergílla montícola*), Eisenholzbaum (*Parrótia pérsica*), Wildem Wein (*Parthenocíssus tricuspidáta*).

Herbstfarben gewinnen noch, wenn man immergrüne Laub- und Nadelgehölze und Herbstblumen benachbart.

Herbststimmung mit Pampasgras und Ahorn. Nach Rot färbt sich das Herbstlaub vieler Gehölze um, z.B. Ahorn, Berberitze, Zwergmispel, Genter Azaleen, Spindelbaum, Wilder Wein, Felsenbirne und andere.

Zu Rot passen weiße Japan-Anemonen, Chrysanthemen und *Áster ericoídes,* zu Gelb und Orange das Blau und Violett von Herbstaster und Bleiwurz. Wer als **Vasenschmuck** Zweige mit buntem Herbstlaub haltbar machen will, muss sie schneiden, solange die Blätter noch fest sitzen, und 3–4 Wochen in eine Flüssigkeit aus 2 Teilen Wasser und 1 Teil Glyzerin stellen.

Späte Gehölzblüte und Bodenpflege

Einige wenige Gehölze blühen noch im Oktober. Darunter ist nur ein höherer Strauch, die *Virginische Zaubernuss* mit gelben Fadenblüten, duftend, zwischen vergilbendem Laub. Sie bevorzugt Baumschatten und feuchten Boden. Alle übrigen Oktoberblüher werden nur etwa 1 m hoch (siehe Tabelle S. 295).

Ausgesprochene **Langblüher** sind einige *Rosen* (ab Juni), *Besenheide* (ab Juli), nur 20–30 cm hoch, einzelne *Säckelblumen* (ab Juli), hellblau oder rosa, *Edelgamander* (ab August), karminpurpurn. – Folgende Sträucher entfalten ihren Flor im September und Oktober: *Chinesische Kamm-Minze,* hellpurpurn bis karminrosa; *Gartenfuchsie,* karminrot; *Strauch-Bleiwurz,* leuchtend blau; *Buschklee,* purpurrosa; *Bartblume* und Sorten, blau bis violett. Meist handelt es sich um **Halbsträucher,** die im Winter zurückfrieren und im zeitigen Frühjahr einen sehr starken Rückschnitt brauchen oder vertragen.

Zwei **Klettergehölze** sind wichtig: *Schling-Knöterich* mit weißen Blütchen in üppigen Rispen und die *Duft-* oder *Weiße Waldrebe* mit weißen, duftenden Blüten in lockeren Rispen.

Unkrautbeseitigung durch Hacken, Mulchen oder Graben steht bei Gehölzgruppen im Vordergrund. Zwischen *jüngeren Sträuchern* kann man

noch graben, jedoch vor dem Laubfall. Von den Wurzeln muss man weit genug wegbleiben oder hier mit einer Grabegabel sehr flach arbeiten. Falllaub bleibt über Winter liegen, gibt den Wurzeln Schutz und wird im Frühjahr untergearbeitet. *Nach etwa 3 Jahren,* wenn die Gehölze gut im Wuchs stehen und den Boden durchwurzelt haben, unterbleibt jedes Umgraben, und man lässt das Laub wie im Wald liegen. Unkrautwuchs wird dadurch stark unterdrückt. – Frostempfindliche Halbsträucher brauchen zur natürlichen Laubdecke noch eine *dicke Laubaufschüttung,* damit der Strauchgrund nicht erfriert.

Stauden prunken noch im Festgewand

Milde Tage lassen uns die Herbstfarben von Laub und Früchten so recht genießen. *Dahlien, Knollenbegonien, Pelargonien, Fuchsien* entfalten noch eine verschwenderische Blütenpracht, wenn es gelingt, sie vor den ersten Frösten zu schützen. Weniger empfindlich sind winterharte **Stauden.** Unter ihnen gibt es schöne Herbstblüher, die in nachstehender Tabelle (s. S. 216), zusammengestellt sind. Weitere farbige Überraschungen bringt der „Bodenherbst" mit *Herbst-Krokussen, Sternbergien, Herbstzeitlosen* und *Efeu-Alpenveilchen. (*Symbole s. S. 205.)

Pflanzzeit für Lilien nutzen

Wegen der überwältigenden Pracht gehören echte Lilien der Gattung *Lílium* zu den begehrten Gartenblumen. Viele, an bestimmte Klima-, Standort- und Bodenverhältnisse gewöhnte Wildarten sind durch Auslese und Kultivierung zu guten Gartenpflanzen geworden. Noch größere Pracht geht von vielen Sorten aus.

Die Winteraster oder Garten-Chrysantheme, Dendránthema x grandiflora *'Twinkle', ist ein besonders schöner Vertreter der zahlreichen Sorten.*

Die meisten Arten und Sorten bevorzugen **sonnigen bis halbschattigen Standort und „kühlen Fuß",** d. h. bewachsenen Boden, so dass sie sich zwischen Stauden, Gräsern, mäßig hohen und bodendeckenden Gehölzen usw. wohl fühlen. – Überwiegend **Schatten** brauchen: Goldtürkenbund (*L. hansónii*), Türkenbund (*L.-hansonii*-Sorten, *L. mártagon*), Amerikanischer Türkenbund (*L. supérbum*), Tsingtaulilie (*L. tsingtauénse*). Im Staudenbeet den Hintergrund mit Gehölzen und Frühlingsstauden bevorzugen.

Die **Bodenansprüche** sind hoch, aber erfüllbar. Lilien bevorzugen leichtere bis mittelschwere, nahrhafte, frische **Humusböden mit gutem Wasserabzug.** In schweren, nassen Böden bedürfen die Zwiebeln in 30–35 cm Tiefe einer 10 cm starken Dränageschicht aus Kies und Schotter, scharfem Sand oder Urgesteinsmehl (Abb. 114).

Einige wenige Lilien brauchen **sauren Humusboden,** wie Goldband-Lilie (*L.*

TABELLE DER STAUDEN

Deutsche und botanische Namen	Lage	Höhe (cm)	Blüte (Farbe, Monat), Besonderes	Stück je m²
1. Beetstauden				
Eisenhut, *Aconítum x aréndsii*	◐ ● ☉	80	blau, IX–X, Humus, feucht, kühl	7
Japan-Anemone, *Anemóne hupehénsis*	◐ ● ☉	50	rosa, IX–X } Lage geschützt, Boden	5
–, *A.-Japonica-Hybr.*	◐ ● ☉	70	rot, weiß } humos, frisch-feucht	5
Kissen-Aster, *Áster*-Dumosus-Hybr.	○	30	bunt, VIII–X, genügsam, wuchert	9
Myrten-Aster, *A. ericoídes*-Sorten	○	100	lila, weiß, IX–XI, anspruchslos	5
Raublatt-Aster, *A. nóvae-ángliae*	○	120	bunt, IX–X, blüht nur bei Sonne	3
Glattblatt-Aster, *A. nóvi-bélgii*	○	100	bunt, IX–X, bevorzugte Art, feucht	5
Winteraster, *Chrysánthemum*-Indicum-Hybr.	○	60	bunt, VIII–X, kräftiger Boden	5
Pampasgras, *Cortadéria selloána*	○	200	weiß, rosa, VII–X, Winterschutz	1
Rittersporn, *Delphínium*, Pacific-Hybr.	○	160	blau, weiß, VIII–X, Aussaat März	3
Prachtscharte, *Líatris spicáta*	○	40	lila, VII–X, Boden durchlässig	12
Chinagras, *Miscánthus* 'Silberfeder'	○	180	weiß, IX–X, jeder Gartenboden	3
Gelenkblume, *Physostégia virginiána*	○ ◐	60	weinrot, IX–X, normaler Boden	9
Sonnenhut, *Rudbéckia* 'Goldsturm'	○ ◐	60	goldgelb, Mitte schwarz, VIII–X	9
–, *R. laciniáta* 'Goldquelle'	○ ◐	80	gelb, IX–X, beide genügsam	3
Hain-Salbei, *Sálvia nemorósa* 'Ostfriesland'	○	50	violett, VII–X, Rückschnitt nach der 1. Blüte	9
Fetthenne, *Sédum sieböldii*	○	20	rosa, IX–X, liebt Trockenheit	16
–, *S. teléphium* 'Herbstfreude'	○	40	braunrot, IX–X, kräftiger Humus, im Herbst nicht zurückschneiden	5
Veronica spicata 'Alba'	○	30	VII–VIII, weiß, verträgt Hitze und Trockenheit	
Veronica spicata 'Rosea'	○	30	VII–VIII, rosa, verträgt Hitze und Trockenheit	
2. Wildstauden				
Eisenhut, *Aconítum wilsónii*	◐	160	hellblau, VIII–X, Humus, feucht	7
Bleiwurz, *Ceratostígma plumbaginoídes*	○ ◐	20	azurblau, VIII–X, Bodendecker	16
Polarmargente, *Dendranthema árcticum*	○ ◐	40	weiß, rosa, gelb, IX–X, robust	12
Oktobermargerite, *Leucanthemella serótina*	○ ◐	150	weiß, X, Boden frisch-feucht	3
Silberkerze, *Cimicífuga cordifólia*	◐ ●	200	weiß, VIII–X } zwischen Gehölzen	3
–, *C símplex* 'Armleuchter'	◐ ●	140	weiß, IX–X } in feuchtem Humus	5
China-Enzian, *Gentiána síno-ornáta*	◐ ● ☉	10	blau, IX–XI, saurer Humusboden	20
Sonnenblume, *Heliánthus salicifólius*		250	gelb, IX–X, Wassernähe, feucht	3
Christrose, *Helléborus niger* 'Praecox'	◐ ●	20	weiß, X–XII, lehmhaltiger Humus	9
Zier-Ysop, *Hyssópus aristátus*	○	30	blau, IX–X, für Heidegärten	
Kreuzkraut, *Ligulária tangútica*	○	160	gelb, IX–X, humus-lehmig-feucht	5
Heidegünsel, *Oríganum laevigátum*	○ ◐	40	rosa, VIII–X, Boden durchlässig	16
Sonnenhut, *Rudbéckia laciniáta*	○ ◐	180	gelb, VII–X, nahrhaft, feucht	3
Steinbrech, *Saxífraga cortusifólia* var. *fortúnei*	◐ ☉	30	weiß, IX–X, saurer Waldhumus- oder Moorboden, Winterschutz	
Goldrute, *Solidágo cáesia*	○ ◐	60	gelb, IX–X, sofort Rückschnitt	7
Krötenlilie, *Tricyrtis hírta*	◐ ● ☉	50	lilarot, VIII–X saurer Humus	9
Vernonie, *Vernónia criníta*	◐	200	purpurn, VIII–X, kräftiger Boden	3

aurátum), Panther-Lilie *(L. pardálinum)*, Pracht-Lilie *(L. speciósum)*, Amerikanischer Türkenbund und alle Sorten aus diesen Arten, insbesondere die orientalischen Hybriden. – **Kalkhaltigen** Humus- bis Waldhumusboden erfordern *L. hansonii*-Sorten, *L. mártagon* (s. o.).

Die **Pflanzzeit** beginnt im Oktober und reicht bis März/April. Nur *Zwiebeln mit prallen Schuppen* sind pflanzwürdig. Kommt man nicht gleich zum Pflanzen, so lagert man die Zwiebeln in feuchtem Torf. Am schönsten wirken Gruppen zu wenigstens 3 bis 5 Lilien, deren Zwiebeln

mit 25–30 cm Abstand gepflanzt werden (S. 317, Abb. 3).
Für die **Pflanztiefe** gibt es die Faustregel: 3-mal so tief wie die Zwiebel hoch ist. Dadurch ergeben sich meistens Pflanztiefen von 15–20 cm. Goldband- und Davids-Lilien sowie ihre Hybriden und den Mandarintür-

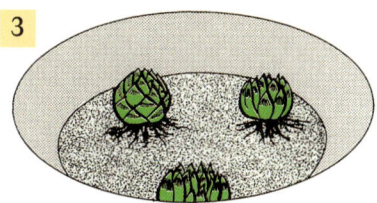

Weites Pflanzloch für eine Liliengruppe.

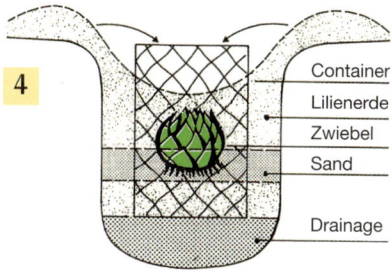

Container
Lilienerde
Zwiebel
Sand

Drainage

Bodenvorbereitung und Containerkultur zum Schutz vor Mäusen.

kenbund (*L. hénryi*) muss man etwa 25 cm tief legen.

Da Lilien viele Jahre am selben Platz bleiben, zahlt sich gute Vorbereitung der **Pflanzstelle** aus. Der Boden wird etwa spatentief (25–35 cm) ausgehoben, entweder für ein (weites) Pflanzloch (Abb. 3) oder einen (längeren) Streifen. Unter der Zwiebel sollte sich genauso viel lockerer Boden (Lilienerde) befinden wie darüber. Man lockert den Untergrund und bringt bei schwerem, nassem Boden eine *Dränage* ein. Vom Aushub wird nur ein Teil zur Herstellung sogenannter Lilienerde verwendet, die locker, krümelig und humos sein soll, aber auch für torffreie NeudoHum-Pflanzerde gilt, dass die Zwiebeln nicht ausfaulen können.

Lilienerde kann wie folgt hergestellt werden: Leichter Boden erhält Kompost- oder Humuserde (2:1), mittelschwerer Boden Sand und Humuserde (1:1:1), schwerer Boden reichlich Sand und Komposterde (1:2:1). Anstelle von Komposterde eignet sich torffreie NeudoHum-Pflanzerde, plus

Bentonit zu Sandboden, Sand zu Lehm.

Nach dem **Auslegen der Zwiebeln** drückt man die Wurzeln an, füllt nach und nach das Pflanzloch mit Lilienerde. Es ist gut anzugießen und gegen stärkeren Frost eine Bodendecke zu geben, möglichst aus Falllaub und Grobkompost oder Mutterboden. – Wo *Mäuse* auftreten, wende man die Container-Kultur an (Abb. 4).

Frühlingspracht durch Tulpen

Zu den farbenprächtigsten *Blumen des Frühlingsgartens* gehören Tulpen (botanisch *Túlipa*, dichterisch Tulipanen). Werden entsprechende Arten, Klassen und Sorten im Oktober, dem Monat des Triebbeginns, gepflanzt, so kann ihr Blütenzauber von Februar/März bis Mai/Juni in immer wechselnden Farben und Formen die Gärten erfüllen.

Zur Geltung bringen lassen sich Tulpen in verschiedenen **Anordnungen.** Von der früheren Auffassung ist man abgerückt, dass die etwas steifen Tulpen in Reih' und Glied am besten wirken. Heute bevorzugt man Gruppen von mindestens 15 bis 25 Stück, auch

kleinere Tuffs, jede Sorte für sich oder in anderer Gemeinschaft.

Unterschieden werden *Wild- oder botanische Tulpen* und *Gartentulpen*. **Wildtulpen,** die im März und April blühen, eignen sich besonders für **Steingärten,** nehmen sich aber auch vor Blütensträuchern, Koniferen und Bäumen gut aus. Vorteilhaft sind *Bodendeckstauden*, die die Wirkung erhöhen und Kälte abhalten.

Gartentulpen, die im April und Mai ihre hohe Zeit haben, sind im **Staudenbeet** am besten aufgehoben. Hier können sie auch aus Polsterstauden herausblühen. Steigerungen bringen Gartentulpen zwischen **Zweijahrsblumen** in Gegenfarben. Zuerst pflanzt man mit 20–25 cm Abstand Stiefmütterchen, Tausendschön, Vergissmeinnicht oder Primeln und dazwischen Tulpen. Im Juni machen die Zweijährigen den Sommerblumen Platz.

Tulpen können 5–8 Jahre am selben Platz blühen. Jedoch muss man sie tiefer pflanzen als gewöhnlich: Wildtulpen mindestens 15 cm, Gartentulpen mindestens 20 cm, in leichterem Boden 5 cm tiefer. So lassen sich die Flächen zwischendurch auch bearbei-

Lilien, Líllium-Asiatische-Hybriden 'Feuer und Rauch'. An den Kreuzungen ist eine Unzahl von Lilien beteiligt. Die Sortenzahl geht mittlerweile in die Hunderte.

Kaufmann-Tulpe, Túlpia kaufmanniána 'Shakespeare'. Die aus dem Bergland Turkestans stammende Art gehört zu den schönsten Wildtulpen.

ten, ohne dass Zwiebeln gestört werden.

Bevorzugte **Standorte:** Überwiegend sonnige, freie, aber doch windgeschützte Plätze und sandig-lehmige, nährstoffhaltige, humose Böden mit durchlässigem Untergrund. Leichtere Böden werden besser vertragen als schwere.

Die **Pflanzstellen** sind einen Spatenstich tief zu graben. Auf die Grabesohle streut man 50 g/m² Thomassulfatkali, grubbert die Vorratsdünger ein, wobei gleichzeitig die Unterschicht gelockert wird. Nach dem Graben streut man auf die Oberschicht reichlich gesiebte Humuserde oder NeudoHum-Pflanzerde und 50 g/m² Fertofit-GartenDünger und vermischt alles innig mit der Krume. Für kleinere Tuffs ist die *Lochpflanzung* mit Handspatel (Pflanzkelle) oder Hohlpflanzer zu empfehlen. Zur Pflanzung größerer Tulpengruppen hebt man zweckmäßig die *Krume bis zur Pflanztiefe* ab, lockert die Sohle, mischt schwerem Boden scharfen Sand usw. bei, streut die Zwiebeln aus,

damit sie sich ungezwungen verteilen, steckt sie dann im Abstand von 10–20 cm, bedeckt sie mit der verbesserten Krume und breitet bei offenem Boden Grobkompost darüber. Diese *Bodendecke* schützt gegen Austrocknen und zu tiefes Gefrieren. Der Boden muss im Herbst und Winter gut feucht sein. Gegen **Feld- und Wühlmäuse,** für die die Tulpenzwiebeln Leckerbissen sind, helfen im Handel angebotene Gitterkörbe. Auf schweren Böden droht als tulpenzerstörende Krankheit das **Tulpenfeuer** *(Botrytis tulipae).* Schweren Boden deshalb mit reichlich Sand oder Urgesteinsmehl vermischen, Oberschicht mit FulHumin.

Bekannteste Vertreter der Wildtulpen

Botanische oder Wildtulpen blühen als erste, *Túlipa kaufmanniána* bereits 14 Tage nach der Schneeschmelze. Aber auch im April und Mai sind einige Arten wertvoll und können sich mit den frühen Gartentulpen durchaus messen.

Túlipa kaufmanniána und *T.*-Kaufmanniana-Hybriden, die **März-** oder **Seerosen-Tulpen,** 15–25 cm hoch, blühen meist zweifarbig von Rot über Gelb bis Weiß. Bekannte hybride Sorten: 'The First', 'Johann Strauß', 'Stresa', 'Shakespeare' (aprikosenfarbig). In der Sonne öffnet sich die Blüte weit, ähnlich einer Seerose.

Túlipa práestans, mehrblütig (2–5), April, 25 cm. Für Steingarten und Blumenbeet. 'Füsilier', leuchtend rot, übertrifft die Art.

Túlipa fosteriána und *T.*-Fosteriana-Hybriden, großblütiges Tulpenwunder, April, 30–40 cm. Leuchtendstes Rot: 'Roter Kaiser', 'Red Emperor', 'Madame Lefèbre'. Gegenstücke: 'Gelbe Kaiserin', 'Golden Emperor', 'Purissima', reinweiß.

Túlipa greígii und *T.*-Greigii-Hybriden, **Schmuckblatt-Tulpe,** April bis Mai, 20–25 cm, Blätter braun gestreift. Bewährte Sorten: 'Rotkäppchen', scharlachrot mit schwarzem, gelbgerandetem Grund, 'Cap d'Or', gelb mit rot.

Túlipa eíchleri, schlanke Blüte, die bei trübem Wetter geschlossen bleibt. April bis Mai, 30 cm hoch. Besonders für Blumenbeete.

Túlipa sylvéstris, **Weinberg-Tulpe,** gelb, Mai, für trockene Böden. Knospen überhängend, blühen nur in der Sonne.

Gartentulpen der wichtigsten Klassen

Die Fülle der Sorten macht eine Gliederung nach Klassen notwendig, innerhalb jeder mit vielen Sorten, deren Verfügbarkeit man einem Blumenzwiebelkatalog oder den Auslagen der Fachgeschäfte entnimmt. Für den Garten werden nachstehende Klassen, nach der Blütezeit geordnet, empfohlen. (Nicht aufgeführte dünnstielige *Mendel-Tulpen* und *gefüllte*

Sorten, deren Blüten fürs Freiland zu schwer sind, eignen sich gut für Treiberei.)

Einfache frühe Tulpen, April, 25–30 cm hoch, in fast allen Farben.

Triumph-Tulpen, Mitte April bis Anfang Mai, 40–50 cm, starkstielig und robust, triumphieren selbst über Aprilwetter.

Mehrblütige Tulpen, aus *Túlipa práestans* hervorgegangen, April/Mai.

Pfauen-Tulpen, Kreuzung aus *Túlipa kaufmanniána* und *Túlipa gréigii,* April.

Darwin-Hybrid-Tulpen (Darwin-Tulpen mal *Túlipa fosteriána),* Ende April bis Mitte Mai, größte Blüten auf mittellangen Stielen. Repräsentative Sorten: 'Spring Song', rot, lachs schattiert; 'Jewel of Spring', mattgelb; 'Apeldoorn', orangescharlach; 'Gudochnik', gelb, rot getuscht; 'Diplomat', klatschmohnrot.

Darwin-Tulpen, Anfang bis Mitte Mai, auf 50–70 cm hohen Stielen

Einfache frühe Tulpe, Túlpia *'Hollywood-Star'. Blüte rot-grün, Laub grün, gelb gerandet, ein seltener Anblick.*

formvollendete Blüten in reinen Farben, die auch bei praller Sonne erhalten bleiben.

Rembrandt-Tulpen, 60–70 cm, Mitte bis Ende Mai, geflammte Darwintulpen.

Breeder-Tulpen unterscheiden sich von den Darwin-Tulpen durch braune, bronzene, kupfrige oder orangerote Farbtöne. Auch *absonnig* verwendbar.

Lilienblütige Tulpen, Mai, 40–60 cm, elegante Blüten mit schmalen Blumenblättern.

Einfache späte Tulpen oder **Cottage-Tulpen,** Mitte bis Ende Mai, 40–60 cm, meist ovale Blüten, die sich bei keiner anderen Klasse einordnen lassen.

Papagei-Tulpen, Ende Mai, 40–60 cm. Bizarr geformte Blüten mit phantastischen Farben werden zu einem Blickfang. Man achte auf Sorten mit festem Stiel.

Vorkultur von Zwiebelblühern für Pflanzgefäße

Mit Zwiebelblumen besetzte Schalen sind im Frühling gern gesehen. Hyazinthen, frühe Tulpen und größere Narzissen sind besonders geeignet. Pflanzzeit Oktober.

Gepflanzt wird direkt in Gefäße mit 10 cm Abstand, oder in Blumentöpfe. Man säubert die Pflanzgefäße, verwendet torffreie NeudoHum-Blumenerde oder frux-Einheitserde, da sie Fäulnis unterbindet, und steckt die Zwiebeln doppelt so tief wie sie stark sind. Im Blumentopf muss unter den Zwiebeln wenigstens 5 cm Erde zum Durchwurzeln sein. Es ist gut anzugießen.

Aufstellung über Winter kühl, frostfrei. Unbedeckte Gefäße von Zeit zu Zeit gießen. Die Erde darf nicht austrocknen. Blumentöpfe lässt man am besten in den Gartenboden ein und bedeckt sie wenigstens 10 cm hoch

mit Sand oder Gartenboden. Bei zunehmendem Frost verstärkt man die Decke und verringert sie zum Frühjahr hin. Auch Zwiebelblumen in Schalen könnte man in dieser Weise gut über den Winter bringen.

Sobald sich der Trieb zeigt, kommen die Gefäße an ihren Platz oder werden bepflanzt. Zu Tulpen passen gut Stiefmütterchen in Gegenfarben.

Knollengewächse beziehen Quartier

Knollenbegonien, Dahlien, Canna und Gladiolen (s. September) brauchen ein frostsicheres Winterquartier. Bleibt das Wetter den Monat über frostfrei, so sollten die Knollengewächse spätestens Ende Oktober herausgenommen werden, um für Zweijahrsblumen und Zwiebelblüher Platz zu haben.

Bei **Knollenbegonien** kann das Kraut abfrieren. Man nimmt die Pflanzen mit Erdballen aus dem Boden und stellt sie in einem kühlen Raum (gegen 10 °C) dicht nebeneinander, um sie vor völligem Austrocknen zu schützen. Nach dem Abtrocknen – etwa einen Monat später – werden Stengel, Erde und Wurzeln entfernt und die Knollen in Torf gelagert.

Dahlien wird man etikettieren. Nach dem Abblühen der Blumenpracht beginnt an einem schönen Tage das Einräumen. Stiele werden etwa 15 cm über dem Boden abgeschnitten. Durch Frost weich gewordene Stiele kürzt man nach dem Ausgraben so weit ein, wie das Angefrorene reicht, damit Fäulnis nicht auf die Knollen übergreifen kann. Man umsticht jedes Knollenbüschel an allen vier Seiten und hebt es aus dem Boden, wobei die Grabegabel von unten drückt. Lose Erde wird abgeschüttelt und jedes Knollenbüschel auf die hohlen Stiele gestellt, damit das Wasser her-

Für das Indische Blumenrohr, Cánna-indica-Sorten, geht das Gartenjahr zu Ende. Eintopfen und mäßig warm überwintern.

ausfließt und die Knollen abtrocknen. Wegen Frostgefahr lässt man ausgegrabene Dahlien über Nacht nicht im Freiland.

Überwinterung bei 5 °C, möglichst dunkel, auf Brettunterlage. Schichtet man Dahlien übereinander, so hilft Zwischenstreuen von Torf Fäulnis verhüten. Er schützt auch vor dem Austrocknen. Ist der Raum wärmer, sind die Knollen in zugebundenen Folienbeuteln am besten aufgehoben. Aus Samen gezogene Miniaturdahlien sollten nur so gelagert werden.

Fehlt ein geeigneter Raum, so kann in einer 50 cm breiten und tiefen **Erdgrube** überwintert werden. Auf die Sohle legt man Bretter und Stroh. Hierauf werden die Knollen dicht nebeneinander gestellt und 20 cm hoch mit Stroh bedeckt. Dann legt man Bretter quer über die Grube und verteilt die ausgehobene Erde mie-

tenförmig darüber. 20 cm vom Erdhügel entfernt sind Wasserabzugsrinnen mit leichtem Gefälle zu graben. Frost setzt der wärmeliebenden **Canna** für dieses Gartenjahr ein Ende. Die Triebe werden 10 cm über dem Boden abgeschnitten. Man gräbt die Pflanzen mit Erdballen aus, schafft sie mit anhaftender Erde sofort in den Überwinterungsraum, setzt sie nebeneinander in eine Kiste oder füttert die Erdballen in Torf ein. Zunächst ist noch viel frische Luft nötig, damit die Wunden betrocknen. Bis Februar, bei 10–15 °C, darf der Wurzelstock nicht eintrocknen.

Überwinterung weiterer Sommerblüher

Einige beliebte krautige bis strauchige Sommerblüher, die zwar ausdauernd, aber nicht frosthart sind und *alljährlich zur* Bepflanzung von Schalen, Kästen und Schmuckbeeten bevorzugt Verwendung finden, müssen vor Boden- und Nachtfrösten geschützt werden. Wichtige Vertreter dieser Gruppe sind *Pelargonien* oder *Geranien, Fuchsien, Pantoffelblume, Strauchmargerite, Wandelröschen, Heliotrop* u. a.

Jungpflanzen aus Stecklingen spätestens Anfang Oktober ins Zimmer stellen, hell, mäßig warm und feucht, damit sie noch wachsen. November und Dezember werden sie bei 6–10 °C hell und mäßig feucht gehalten, um nicht weiterzuwachsen (Geilwuchs) oder ihr Laub zu verlieren. Stecklingspflanzen vom Fleißigen Lieschen und von Heliotrop lieben es warm. Wer genügend junge Pflanzen hat, braucht ältere nicht zu überwintern.

Ältere Pflanzen lässt man so lange wie möglich im Freien, da sie hier oft besser aufgehoben sind als im Überwinterungsraum. Allerdings muss

man für Frostnächte Schutzmaterial bereithalten oder die Pflanzen in einen Raum stellen. Vor dem endgültigen Umräumen entfernt man Blüten- und Knospenstiele, weiche Triebspitzen und abgestorbene Blätter. Die Pflanzen bleiben in ihren Gefäßen. Kübelbäumchen werden dicht aneinander gesetzt. Bis zur Entlaubung – etwa Dezember – braucht man nicht zu gießen, sofern der Raum kühl genug ist.

Winterschutz für Wasserpflanzen

Seerosen, deren Blätter nun vergilben, sind frostempfindlich und brauchen Schutz. In schrägwandigen Becken und natürlichen Teichen, die genügend tief sind, kann man sie im Wasser lassen, doch darf es nicht bis zum Grund frieren. Dies kann wie folgt verhindert werden: Nachdem sich eine tragfähige Eisfläche gebildet hat, schlägt man ein Loch ein, schöpft oder pumpt so viel Wasser heraus, bis der Abstand zwischen Eis und Wasser etwa 15 cm beträgt und verschließt das Loch mit einem Stroh- oder Reisigbüschel oder deckt eine Styroporplatte darüber. Die Luftschicht zwischen Eis und Wasser bekommt Pflanzen und Fischen gut.

Teiche mit **senkrechten** Wänden muss man entleeren. *Ausgepflanzte Seerosen* können hier unter einer 30 cm hohen Laub- oder Strohschicht, über die man Reisig deckt, überwintern. *Seerosen in Gefäßen* behandelt man in gleicher Weise oder schafft sie in einen kühlen, frostfreien Keller, doch darf die Erde nicht austrocknen. Wo die Gefahr besteht, kann man die Behälter auch in den Gartenboden einlassen und bedecken.

Die aus der gemäßigten Zone stammenden **Sumpf- und Wasserpflanzen** sind genügend winterhart. Blätter und Triebe sterben im Herbst meist ab. Die Wurzeln brauchen nur an flachen Stellen, die bis zum Grund gefrieren, etwas Reisigschutz. Pflanzen in Gefäßen können auch in einem behelfsmäßigen Einschlag in Garteboden kommen und werden leicht beschattet. Die Halme der Gräser dürfen erst im Frühjahr zurückgeschnitten werden.

Einheimische **Schwimm- und Unterwasserpflanzen** bilden Überwinterungsformen, sinken zu Boden und überstehen hier die kalte Jahreszeit.

Auch im Winter schönes Rasengrün

Wichtig ist, die Fläche von Falllaub und faulenden Früchten sauber zu halten, vor allem bei nassem Wetter. Im Oktober wird man noch etwa zweimal **mähen** (s. September) und den Abfall abkehren, desgleichen alte Mährückstände ausharken.

Zeigt sich **Moos,** so ist der Boden nährstoffarm oder verhärtet. Zunächst muss Moos aus- und abgeharkt oder ein Moosvertilger gegossen werden. Gegen Bodenverhärtung hilft Vertikutieren oder Ärifizieren und San-

den. Ausgesprochener Nährstoffmangel sollte behoben werden. (Vgl. Rasenwinke im September, S. 291.)

In schneearmen Gebieten kann der Graswuchs durch stickstoffbetonte Düngung (ohne Humus!) angeregt werden. Man gibt dann vorteilhaft einen Spezial-Rasendünger wie Sanguano. *In schneereichen Gebieten* darf man nur phosphat- und kalibetont düngen, z.B. mit Cornufera-Combi. Solche Kombination kräftigt die Wurzeln der Gräser und wird sie gegen **Schneeschimmel** widerstandsfähiger machen.

Im Obstgarten

Erntearbeiten im Oktober

Vollreife **Haus-Zwetschen** werden gepflückt, zum Teil geschüttelt, Kletterbrombeeren, zweimaltragende Himbeeren mehrmals durchgepflückt, späte Apfel- und Birnensorten sorgsam abgenommen, sortiert und eingelagert.

Bei der frostempfindlichen **Sand-Brombeere** ‘Theodor Reimers’ sind

vorjährige Ruten nach der Ernte dicht am Boden abzuschneiden und im Spalier zu belassen. Das Laub trocknet an und gibt den diesjährigen Trieben, die sich entlauben, Winterschutz. Der Boden wird gelockert, der **Wurzelhals** 20 cm hoch behäufelt, um im Fall eines Zurückfrierens den Neutrieb zu sichern. **Fruchtstände,** an denen Früchte rot geblieben sind, sollten abgeschnitten und verbrannt werden, um Schlupfwinkel der *Gallmilbe* weitgehend zu beseitigen.

Äpfel und Birnen für die Lagerung erntet man nicht zu früh, denn die Sonne verbessert noch den Wohlgeschmack, was sich durch Aufhellung der Fruchtfarbe zeigt. Durch *Stippe* gefährdete Äpfel 7–10 Tage später als ortsüblich abnehmen und sofort kühl lagern. **Nachtfröste** bis minus 3 °C schaden meist nicht. Allerdings darf man erst pflücken, wenn die Früchte aufgetaut sind.

Für die Ernte des Lagerobstes empfiehlt es sich, **Handschuhe** anzuziehen, um Druckstellen zu vermeiden. Aus dem Pflückkorb wird einzeln umgelegt, nicht geschüttet.

Baumreife Früchte lösen sich beim Anheben vom Fruchtholz, andernfalls hilft leichter Druck mit dem Daumen auf die Verbindungsstelle von Stiel und Fruchtholz. Bricht der Stiel dennoch durch, so ist mit der Ernte noch einige Tage zu warten. (Siehe auch im September.)

Spätreife Äpfel sollten nicht mit **Herbstobst** in einem Raum lagern, da reifende Früchte ein Gas ausscheiden, das bei Spätäpfeln reifebeschleunigend wirkt. **Winterobst** gehört in erster Linie in einen frostsicheren Keller, während man **Herbstsorten** auf dem Dachboden oder in einem ungeheizten Zimmer unterbringen kann, jedoch nicht in einem Raum, wo *Kartoffeln* oder *Gemüse* lagern, da Äpfel fremde Duftstoffe rasch aufnehmen.

Seerosen, Nymphάéa, sind frostempfindlich. In natürlichem, tiefem Teich bleiben sie im Wasser. Bei senkrechten Wänden Teich entleeren und 30 cm hoch Winterschutz aufbringen.

Zusätzliche Anmerkungen

Pflanzarbeiten, die im September begonnen wurden, können fortgeführt werden. Für die meisten *Blumenzwiebeln,* deren Blüte in den Frühling oder Sommer fällt, ist der Oktober als Pflanzmonat noch günstig. Das gilt auch für *Sommer- und Frühherbststauden, immergrüne Nadelgehölze* und in milden Lagen auch immergrüne *Laubgehölze.* Für laubabwerfende Gehölze beginnt nach Mitte Oktober die Pflanzzeit. (Näheres im November, ab S. 350.)

Sommerblumen-Beete mit Einjahrsblumen kommen in diesem Monat meist zum Abblühen. Früher wurden solche Beete durch Ausziehen der Pflanzen abgeräumt. Aus Umweltgründen empfiehlt sich das Abschneiden der Pflanzen am Boden, so dass die Wurzeln als Humus- und Nährstoffdünger im Boden bleiben. Wird das Beet nicht sofort bepflanzt, benutzt man die abgeschnittenen Pflanzen zur Bodenbedeckung, zusammen mit Falllaub. Dadurch lassen sich die Reserven bis zum Frühjahr größtenteils konservieren.

Weitere **Kübelpflanzen** einräumen, etwa Mitte Oktober, sobald das Thermometer unter minus 5 °C sinkt: Bleiwurz, Dattelpalme, Fuchsie, Hortensie, Oleander, Palmlilie. Bis minus 8 °C vertragen noch: Aukube, Granatapfel, Hanfpalme, Lorbeer, Rosmarin. Gegen Ende Okotber kühl stellen.

Freiland-Orchideen kann man im Herbst oder im Frühjahr pflanzen. Die meisten wünschen Halbschatten und die Nähe von Birken und Koniferen. Ansprüche an den Boden sind verschieden. In normalem Gartenboden gedeihen: *Pleíone, Bletílla* und *Cypripédium pubéscens.* Kalkliebend: *Cypripédium calcéolus, C. acáule, Cordígerum japónicum.* Kalkfliehend: *Cypripédium regínae, C. parviflórum, C. speciósum.* Kulturanweisung liegt Sendungen meist bei.

Einjahrsblumen, im Herbst ins Freiland gesät, entwickeln sich meist kräftiger und blühen bis zu 6 Wochen früher als April-Aussaaten. Zu dieser Jahreszeit ist Aussaat im Oktober/November möglich. Je später die Herbstsaat, desto mehr wird der Blühbeginn verschoben. Über Arten s. „Einjahrsblumen", S. 125f.

Falllaub im Teich. Zur Zeit des Laubfalls müssen Herbstblätter immer wieder aus dem Becken oder Teich herausgefischt werden, da das Wasser sonst durch Verwesung verschmutzt und sich nicht klären kann, was biologisch notwendig ist.

Tulpen aus Brutzwiebeln. An sonniger Stelle hebt man den Boden 10 cm tief ab, markiert Reihen in 10–15 cm Abstand, setzt die Brutzwiebeln mit 5–10 cm Zwischenraum darauf, Spitze nach oben, und bedeckt sie mit Erde. Bei kaltem Frühjahr sorgt eine 3–5 cm hohe Torfdecke für späteren Austrieb, damit Blätter nicht geschädigt werden.

Wässern der Immergrünen ist im Herbst bei Trockenheit dringend erforderlich, auf leichtem Boden mehrmals in wöchentlichem Abstand. Boden mit organischen Stoffen bedecken!

Waldmeister *(Gálium odorátum),* zur Bodenbegrünung zwischen Gehölzen, kann man auf ein Freilandbeet säen und im Frühjahr verpflanzen.

Abgeblühte Beetstauden werden handbreit unterhalb der Blüten abgeschnitten, um das Aussamen zu verhüten; denn Sämlingsstauden entsprechen nicht der Mutterpflanze. Durch den Erhalt noch gesunder Pflanzenblätter bleiben die Stauden weiterhin lebensfähig und bewahren ihre Wurzeln vor Teilverlusten und Nährstoffauswaschung. Bei Wildstauden einschließlich Ziergräsern und Farnen erfolgt der Rückschnitt erst im Frühjahr.

Rittersporn im Herbst bei Mehltaubefall 30 cm über dem Boden zurückschneiden, Stiele umknicken, damit kein Regenwasser eindringen kann. Bei kurzem Rückschnitt sprengt gefrierendes Stengelwasser den Wurzelstock, so dass er durch Fäulnis absterben kann. Gesunde Pflanzen möglichst wenig zurückschneiden.

Wacholderbeeren (beerenartige Zapfen) reifen ab Oktober. Träger ist der Gemeine Wacholder *(Juníperus commúnis),* auch Heide- oder Säulen-Wacholder, Machandel oder Kranewitt genannt. Da sich männliche und weibliche Blüten auf getrennten Pflanzen befinden, braucht man beide Geschlechter, damit zur Blütezeit im Mai der männliche Pollen auf die weiblichen Blüten gelangen kann, wo sich Beerenzapfen bilden. Im ersten Jahr sind sie grün und länglich, im zweiten reifen sie und werden dann blauschwarz und kugelrund.

Fallobst nach der Ernte sofort verwerten, z. B. vermosten. Wer Fallobst liegen lässt, zieht *Mäuse* aufs Grundstück. Kranker Abfall eignet sich nur für den massiven Humusbereiter und gehört nicht auf den Komposthaufen. 50 cm tiefes Vergraben ist noch möglich, sonst muss man den Abfall in die Mülltonne schütten.

Für die Pflanzzeit im Obstgarten richtig wählen

Etwa ab Mitte Oktober können Beerenobstgehölze gepflanzt werden, etwas später auch die meisten Obstbäume. Für die **Herbstpflanzung** eignen sich Himbeere, Johannisbeere, Stachelbeere, Jostabeere, Heidelbeere, Haselnuss; vom Baumobst Apfel, Birne, Kirschen, Pflaume, Zwetsche, Reneklode, Mirabelle, Walnuss auf Schwarznuss.

In rauem Klima, bei frühem Wintereinbruch oder auf schwerem, nassem Boden, der nicht mehr durchlässig gemacht werden kann, zieht man die **Frühjahrspflanzung** vor. Die Gehölze werden dann eingeschlagen. Für den **Einschlag** hebt man an schattiger, windgeschützter Stelle einen 50 cm tiefen, genügend breiten, beliebig langen Graben aus, stellt die Gehölze *senkrecht* und mit den Wurzeln dicht nebeneinander hinein, deckt Erde darüber und vor Frosteinbruch noch Laub oder Torf.

Pflanzgehölze rechtzeitig in der Baumschule bestellen oder aussuchen. Man kann Gehölze vom Rhein z. B. in Bayern, Berlin oder Schleswig-Holstein pflanzen und umgekehrt, ausgenommen klimatisch empfindliche Arten.

Pflanzware muss gesund, virusfrei, sortenecht und wüchsig sein. Hierfür bieten „*Markenbaumschulen*" am ehesten die Gewähr. Sie unterziehen sich alljährlich einer strengen Kontrolle durch eine Fachkommission und sind nach Anerkennung berechtigt, das **Markenetikett** zu führen, womit sie Pflanzware der Güteklasse A versehen. *Der Kunde hat Anspruch darauf, dass jedes Gehölz mit einem Etikett versehen ist.* Es nennt Sorte, Unterlage, Zwischenveredlung, Herkunftsbaumschule. Über den *Virusstatus* gibt die Etikettfarbe Auskunft: Weiß = ungetestet, gelb = virusgetestet, rot = virusfrei.

Vor dem Besuch einer Baumschule sollte sich der Gartenbesitzer darauf vorbereiten. Wichtig sind Kenntnisse über gewünschte *Sorten, Befruchtungsverhältnisse,* günstige *Partner, Unterlagen* und *Baumformen,* damit nichts unnütz gekauft wird.

Zu bevorzugen sind **niedrige Stämme und junge Pflanzbäume.** Walnuss und Eberesche bezieht man möglichst als *Heister,* Sauerkirsche auf Mahaleb als *1-2-jährige Veredlungen,* Apfel, Birne, Pflaumen usw., Kirsche auf Vogelkirsche als *Bäumchen mit 1-2-jähriger Krone. Zweijährige Kronen* sind vorteilhaft bei wüchsige-

Rote Johannisbeere 'Jonkheer van Tets', triebstarke Wurzelware.

ren Bäumen, damit der Ertrag nicht zu spät einsetzt. Junge Pflanzbäume haben eine kaum geschmälerte Wurzelkrone, bilden willig Saugwurzeln und wachsen deshalb leichter an als zu alte, überständige Pflanzbäume mit 3-4-jähriger Krone. Leider fällt der Unerfahrene auf solche „Ladenhüter" oft herein.

Früh und mittelfrüh reifendes **Beerenobst** ist für den Garten am wertvollsten. Spätreifende Sorten finden meist weniger Beachtung, weil anderes Obst zur Verfügung steht.

Beim **Transport** sind die Wurzeln vor dem Austrocknen unbedingt zu schützen. Gehölzsendungen von außerhalb packt man sofort aus und stellt die Gehölze mit den Wurzeln 12 bis 24 Stunden in Wasser. Sind *Trockenschäden* zu befürchten, dann legt man die Gehölze in der ganzen Länge in Wasser. Eine vom *Frost* überraschte Sendung lässt man erst in einem kühlen Raum auftauen, ehe man sie auspackt. Im Schatten dann in Wasser stellen und am nächsten Tag pflanzen.

Rote Johannisbeere 'Rovada', starke Pflanzware mit vorzeitigen Trieben.

Rot- und weißfrüchtige Johannisbeeren

Im Juli reifende rote und weiße Johannisbeeren schmecken mildsäuerlich und sind für alle Zwecke geeignet, während späte Sorten mit hohem Säuregehalt für Gelees usw. genutzt werden. Im Herbst ist Pflanzzeit. Dafür stehen **Sträucher** und **Stämmchen** zur Verfügung. *Sträucher* bringen höhere Erträge und lassen sich leichter pflegen als Stämmchen. Diese benötigen einen Pfahl, an den die Krone angebunden wird.

Pflanzabstände für Rundsträucher 1,2-1,5 m, Stämmchen und Hecken 1 m. Außerdem muss man 1 m von der Grenze entfernt bleiben. Gute Pflanzware braucht nicht mehr als 6 kräftige Triebe zu haben. Bei **Heckenpflanzung,** die während der ersten 6 Jahre die höchsten Erträge bringt, braucht man eine Stützvorrichtung. Man setzt alle 5 m einen 1,60 m langen Pfahl 60 cm tief, den äußeren mit Innenstrebe, und spannt dazwischen alle 30 cm

Oktober

übereinander 3 Drähte. Hierfür eignet sich besonders Atlasdraht aus Nylon, an den die Bodentriebe geheftet werden. Die schmalen Sträucher nehmen wenig Platz ein, lassen sich durch Netze leicht gegen *Vogelfraß* schützen und bringen vorzügliche Fruchtqualität.

Den **Standort** wähle man sonnig und luftig, vorzugsweise am Rand des Gartens. Johannisbeeren brauchen mittelschweren, eher etwas leichteren **Boden,** der schwachsauer (pH 6) und nährstoffreich sein soll. Bei der Bodenvorbereitung gräbt man die Fläche zwei Spatenstiche tief. In die Unterschicht gibt man Thomasphosphat und Kalimagnesia je 75 g/m^2, und in die Oberschicht gesiebte Komposterde oder FulHumin und Pflanzerde, auf leichten, armen Böden noch etwas organischen Dünger, z. B. 75 g/m^2 Fertofit. Nach inniger Vermischung hält man den Boden feucht und kann eine Woche später pflanzen. *Sträucher kommen 10 cm tiefer in den Boden,* als sie in der Baumschule gestanden haben. Fest pflanzen, angießen, Boden bedecken, z. B. mit Mulchkompost.

Obwohl Johannisbeeren **selbstfruchtbar** sind, wirkt Fremdbestäubung ertragssteigernd. Deshalb *mehrere Sorten* abwechselnd pflanzen. Anbauwürdige **Sorten** reifen von Ende Juni bis Mitte August. Wohlschmeckendste Frühsorte ist 'Red Lake' ('Roter See'). Es folgen 'Weiße aus Jüterbog', 'Weiße Versailler', 'Rote Vierländer', 'Stanza' und 'Mulka', beide reich tragende, dunkelrote wohlschmeckende Züchtungen. Ab August reifen säurereiche Einmachsorten, wie 'Heinemanns rote Spätlese', 'Macherauchs Riesentraube' und 'Rosetta', die sich durch lange Trauben auszeichnen, besonders bei 'Rovada' wird die großartige Fruchtqualität hervorragend bewertet. Sehr große Beeren an langen Trauben, mittelrot, glänzend, intensives Aroma, stabiler Stand des Stammes.

Schwarze Johannisbeeren, Träger wichtiger Vitamine. Für die Pflanzung wähle man krankheitsresistente Sorten wie die Neuheit 'Titania' als Busch und Stamm.

Schwarze Johannisbeere: Träger wichtiger Vitamine

Die Früchte sind reich an Vitaminen (C, P, A, B) und vielseitig zu verwenden. Zu bevorzugen ist die **Strauchform.** Am besten wachsen einjährige Pflanzen an, die man 10 cm tiefer setzt, als sie in der Baumschule standen. Die Stammform ist ungünstig, da sie zu große und schwere Kronen bildet. Wird entlang des Grenzzaunes gepflanzt, so bleibe man 1 m entfernt. Untereinander brauchen Sträucher 1,7–2,2 m **Abstand,** Hecken und Stämmchen 1,2–1,5 m. Hat man verschiedene Sorten, so pflanzt man sie abwechselnd.

Jeder mittlere, genügend feuchte **Boden** in *halbschattiger Lage* ist zusagend. Vorübergehende Nässe wird vertragen. Schwerem Boden sollte man Sand beimischen. Im Übrigen ist der Boden wie für rote Johannisbeeren (s. Kapitel vorher) vorzubereiten.

Von den angebotenen **Sorten** verdienen selbstfruchtbare, wie 'Roodknop' und 'Invigo', den Vorzug. Erstere reift Anfang Juli, letztere Anfang August.

'Invigo' hat nicht den strengen Geschmack üblicher Sorten. Beide abwechselnd pflanzen. – Wo nur teilweise selbstfruchtbare Sorten, wie 'Rosenthals schwarze Langtraubige', 'Wellington XXX' und 'Daniels September', verfügbar sind, sollte zur Bestäubung die selbstfruchtbare Sorte 'Silvergieters Schwarze' benachbart werden. Allerdings ist die Blüte von 'Silvergieter' und 'Wellington' frostempfindlich. Besondere Beachtung verdient die neuere, befriedigend selbstfruchtbare Sorte 'Strata': Höchsterträge, Frucht sehr groß, aromatisch-süßsauer. Auch die neue Sorte 'Ometa' mit starkem Wuchs und hoher Widerstandsfähigkeit ist selbstfruchtend. Sie bringt im Juli regelmäßig hohe Erträge an langen Trauben, süßsäuerlich. Als besonders vitale Pflanze gilt die schwedische Neuzüchtung 'Titania', mehltauresistent und gegen Spätfröste unempfindlich, große, feste Beeren, die sich lange am Strauch halten, zum Frischverzehr geeignet, und durch hohen Pektin-Gehalt besonders günstig zur Marmeladen- und Gelee-Verwertung.

Stachelbeerstämmchen verdienen den Vorzug

Obwohl Sträucher höhere Erträge bringen und sich länger verjüngen lassen, sind im Haus- und Kleingarten Stachelbeerstämmchen beliebter. Sie sind leichter zu pflegen, abzuernten, zu schneiden und bieten gewissen Raum für Unterkulturen; sie brauchen allerdings einen Pfahl, der bis in die Krone reicht und hier angebunden werden muss. Gute **Pflanzware** hat 5-8 kräftige Triebe. Stämmchen pflanzt man mit etwa 1-1,2 m *Abstand*, Sträucher mit 1-1,5 m, bei Hecken etwas enger. Sträucher aufrecht wachsender Sorten kommen kaum tiefer in den Boden als in der Baumschule; überhängende Sorten sind als Strauch weniger geeignet.

Im Gegensatz zu anderem Beerenobst, das noch mit leichteren Böden vorlieb nimmt, brauchen Stachelbeeren kräftigen, lehmhaltigen **Boden** in sonniger, auf leichten Böden in halbsonniger, etwas kühler Lage. Bei der Vorbereitung der Pflanzstellen ist wie bei roten Johannisbeeren zu verfahren (2 Kapitel vorher).

Gerade bei Stachelbeeren ist besonders sorgfältig auf *mehltaufeste Sorten* zu achten, da die Bekämpfung des Amerikanischen Stachelbeermehltaus sehr mühevoll und zeitraubend ist. Außerdem dringt der Pilz in die Früchte ein, wo er Giftstoffe entlässt, wodurch die Früchte gesundheitsschädlich werden. Insofern wird hier nur auf weitgehend resistente Sorten verwiesen, die im Handel noch in der Minderzahl sind. Wichtig: Boden in der Anfangszeit feucht genug halten.

Um die Ernte für den Frischgenuss zu verlängern und die Befruchtungsverhältnisse zu verbessern, wählt man Sorten unterschiedlicher Reifezeit. Außerdem hat man die Möglich-keit, Früchte unreif (Grünpflücke) und halbreif zu verwerten. Von den **älteren Sorten** sind folgende wenigmehltauanfällig: 'Weiße Neckartaler', wächst aufrecht, reift früh, Frucht mittelgroß, grüngelb, säuerlich-süß-aromatisch. 'Rote Orleans', überhängend, mittelfrüh, Frucht sehr groß, süß-säuerlich-aromatisch. 'Rote Triumph', aufrecht, Reife Mitte Juli, Frucht groß, borstig, süß-säuerlich, wenig Aroma.

Neuere Züchtungen, (ziemlich) mehltaufest: 'Risulfa', Wuchs halbaufrecht, früh, mittelgroß, gelb, süß-säuerlich. 'Remarka', überhängend, früh, Frucht groß, rot, etwas säuerlich. 'Reverta', aufrecht, mittelfrüh, Frucht mittelgroß, gelbgrün, süß-säuerlich, etwas Aroma. 'Reflamba', Stamm auf eigener Wurzel, robust, mittelfrüh, Frucht mittelgroß, grün, weiß geadert, süß-säuerlich, feines Aroma.

Letzte mehltauresistente Sorten: 'Invicta', wächst stark, trägt reich, Anfang Juli, hellgrün bis hellgelb, sehr wohlschmeckend. 'Resistenta', starkwüchsig, überhängend, Frucht mittelgroß, gelb, honigsüß, aromatisch. 'Rexrot', aufrecht, sehr ertrag-reich, dunkelrot, süß, aromatisch. 'Rolanda', überhängend, Massenträger, Mitte Juli, Frucht mittelgroß, dunkelrot, süß-säuerlich-aromatisch. 'Hinnomäki' aus Finnland, robust, reif mittelfrüh, Frucht groß, weiß geadert, aromatisch, süß-säuerlich.

Jostabeere

Diese neuartige Beerenobstart ist aus einer Kreuzung zwischen Schwarzer Johannisbeere und Stachelbeere entstanden. Da Merkmale beider vorhanden sind, hat der Züchter, Dr. Rudolf Bauer (ehemals Mitarbeiter für Beerenobst-Züchtungen im Max-Planck-Institut), ihr den Namen Jostabeere gegeben.

Die Früchte haben die *Größe von Stachelbeeren*, sind glatthäutig und tiefschwarz, wachsen traubenartig und haben das erfrischende Aroma beider Elternteile. Der Strauch ist wüchsig wie Schwarze Johannisbeeren, *frei von Dornen*, gegen Blattfallerreger sowie Mehltau völlig resistent. Der Ertrag wird als hoch bezeichnet. Die Früchte eignen sich zum Rohgenuss und zur Verwertung in der Küche.

Der Jostastrauch 'Bauers Jostine' ist sehr wüchsig, gesund und reichtragend. Durch Kreuzung von Schwarzer Johannisbeere und Stachelbeere entstand ein stachelfreier Strauch.

Oktober

Der Jostastrauch, der völlig winterhart ist, stellt keine höheren **Ansprüche** als Johannis- und Stachelbeere. Der Ertrag ist insbesondere bei der besten Neuzüchtung hoch. Hauptpflanzzeit: Herbst. Pflanzweite siehe Schwarze Johannisbeere. Die beste Sorte 'Dr. Bauers Jostine' ist bereits eine Neuzüchtung, die gegenüber der ersten Jostabeere bis 50% größere Früchte und höhere Erträge bringt. (Vertrieb: Schlüter; 25335 Bokholt-Hanredder.)

Himbeeren sind anspruchsvoll

Ihre Früchte eignen sich zum Rohessen, zur Tiefkühlung und Herstellung von Gelee, Saft usw. Da der Markt unterversorgt ist, hat der Anbau im eigenen Garten Bedeutung.

Himbeeren gehören zu den **Halbsträuchern,** treiben jährlich neue Ruten, die bei *einmaltragenden* Sorten im zweiten Jahr fruchten und dann absterben. *Zweimaltragende Sorten* bringen bereits im September Früchte und nochmals im nächsten Juli. Dann haben auch diese Triebe ausgedient.

Es gibt hell- bis dunkelrote, gelbe und schwarze *Kultursorten*, letztere haben Liebhaberwert. Alle sind selbstfruchtbar, bringen aber bei Benachbarung verschiedener Sorten durch Fremdbestäubung größere Früchte. Bienenflug darf nicht fehlen.

Herbstpflanzung ist zu bevorzugen, für zweimaltragende Sorten das Frühjahr. Man verwende virusfreie, gut bewurzelte Ruten mit mindestens *zwei kräftigen Wurzelknospen.* Zu den schwer bekämpfbaren Krankheiten gehört das **Rutensterben,** durch das ganze Anlagen eingehen. **Kranke Setzlinge, deren Rinde verfärbt, eingerissen, abgestorben, losgelöst ist, darf man deshalb nicht pflanzen.**

Ansprüche an den **Standort:** Himbeeren bevorzugen warme, möglichst sonnige, windgeschützte Plätze. Der

Boden muss locker, humusreich, frisch bis feucht sein, schwachsauer reagieren (pH 5,5–6,5), mit Nährstoffen gut versorgt werden und eine Decke aus groben organischen Stoffen tragen. Nach 10 Jahren ist der Boden himbeermüde, so dass man – bei Versagen – andere Stellen braucht.

Der **Boden** ist 1 bis 2 Spatenstiche tief zu graben und zu versorgen mit gesiebter Komposterde, verrottetem Stallmist und/oder torffreie Neudo-Hum-Pflanzerde. Für jede Himbeerreihe sollte ein Streifen von 0,8 –1 m Breite verbessert werden.

Pflanzabstände für *Einmaltragende* in der Reihe 40–60 cm, zwischen den Reihen 150 cm, für *Zweimaltragende* 75 cm. Von den **Wurzeln** wird nichts weggeschnitten. So tief pflanzen, dass Wurzelknospen 5 cm hoch mit Erde bedeckt werden. Man drückt oder tritt *vorsichtig* an, damit die Setzlinge fest stehen. Danach wird angegossen und der Boden mit organischem Material bedeckt.

Zweimaltragende Sorten werden etwa 1 m hoch, brauchen keine Stützvorrichtung und sind für den Privatgarten interessant. Wegen der starken Ausläuferbildung sollte man die Standfläche durch eingelassene Platten so begrenzen, dass die Wurzeln andere Beete nicht durchwuchern. Man darf im Herbst und im Sommer je eine Ernte erwarten. Meist wird die Herbsternte vorgezogen; einjährig bleiben die Ruten gesund und die Beeren madenfrei. Durch Schnitt im Winter, am besten 1 cm tief in die Erde, verzichtet man auf die schwache, gefährdete Ernte im Sommer, wo anderes Beerenobst reift.

Bewährte **Sorte:** 'Hoco-Herbsternte' ('Zefa 3') mit großen, dunkelroten, saftigen Früchten ab September. Robuste Himbeer-**Neuheiten:** 'Autumn Bliss' und die Weiterentwicklung 'Himbo-Top' bringen August–Oktober

reichlich große, schmackhafte Beeren.

Einmaltragende Himbeeren, gut 2 m hoch: Bewährte Frühsorte 'Multiraspa', ein Massenträger. Mittelfrüh 'Himbo-Star' mit leuchtend roten, aromatischen, süßen Früchten. Noch mehr Beachtung verdienen die Neuheiten: 'Tulameen', neue Standardsorte mit hoher Fruchtqualität, sehr großen Beeren und bestem Geschmack. Trägt ab erstem Jahr. Gleichgut wird 'Himbo-Queen' beurteilt, reift ab Juli. Die mittelspäte 'Rubaca' ist eine sehr gesunde Pflanze mit reichlich wohlschmeckenden Früchten. 'Meeker' wächst bis 3,5 m hoch.

Einmaltragende Himbeeren brauchen ein **Spalier,** von der Nachbargrenze mindestens 1 m entfernt. Die (mit Holzfluid) imprägnierten Eckpfähle sollten 2 m lang sein und eine Mindeststärke von 8 cm aufweisen. Im Winkel von 45 Grad wird die Innenstrebe mit Querholz angesetzt (Abb. 5). Dünne Pfosten erhalten außen 70–80 und 140–150 cm über dem Boden je einen Querriegel von etwa 50 cm Länge. Von hier aus werden 2 mal 2 Drähte gespannt (Abb. 6), so dass die Ruten später dazwi-

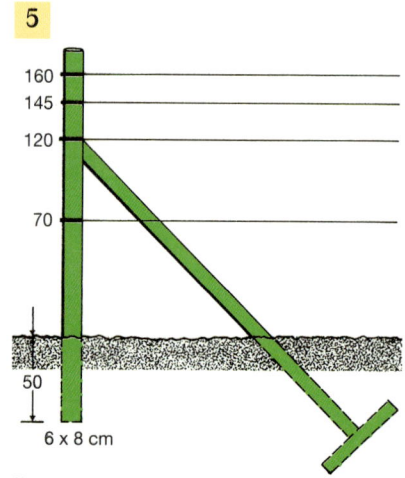

Konstruktion eines Himbeerspaliers.

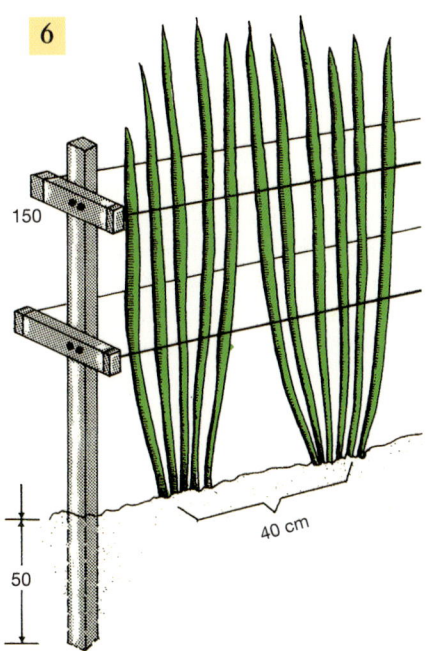

6

150

40 cm

50

Anbringung der Drahtbespannung.

schen Halt finden. Man kann auch Einzeldrähte spannen; zu empfehlen sind dann Drähte mit folgenden Abständen vom Boden: 70, 120, 145, 160 cm. Werden die Ruten abwechselnd links und rechts der Drähte hochgeführt, dann erspart man sich das Anheften.

Schwarze Apfelbeere für Diabetiker

Der Beerenfruchtstrauch (*Aronia melanocarpa* 'Rubina') wächst buschartig bis 2 m hoch und treibt Ausläufer. Seine tiefschwarzen Früchte enthalten dreimal so viel Farbstoff wie Schwarze Johannisbeeren. Geeignet für Marmelade und Fruchtsaft, der wegen seiner Wirkstoffe und seines relativ niedrigen Fruchtzuckergehaltes besonders für Diabetiker zu empfehlen ist. Riesenerträge im Juli und August. Im Herbst färben sich die 3 bis 6 cm langen Blätter leuchtend rot, was sehr zierend ist.

Heidelbeeren als Gartenpflanzen

Die Garten- oder Kulturheidelbeere ist eine Liebhaberpflanze. Die 1-2 m hohen Sträucher tragen an vorjährigen Trieben dunkelblaue Früchte, die größer sind als die heimische Blau- oder Heidelbeere. Das helle Fruchtfleisch hat nur wenig Aroma.
Gute Entwicklung der Sträucher ist zu erwarten auf **sauren Humusböden** (pH 3,5-5) in sonniger Lage. Gewöhnlicher Gartenboden muss wie für Rhododendron hergerichtet werden (s. S. 135 f.). Auch in größeren Kübeln gedeiht die Kulturheidelbeere.
Gepflanzt wird Oktober/November. Vorteilhaft wählt man 2-3-jährige, wüchsige Sträucher mit gutem Erdballen. Früchte dürfen sich erst im zweiten Jahr nach der Pflanzung ausbilden. Die Sträucher sind selbstfruchtbar. - **Zur Sortenwahl:** 'Bluecrop' mit sehr großen, süßen, aromatischen Beeren brachte im August den höchsten Ertrag, gefolgt von 'Goldtraube'. 2 Wochen früher reift 'Duke', hellblau, köstlich! Letzte Neuheiten gedeihen auf Humusböden bis pH 6: 'Sunshine Blue', hellblau, großbeerig, köstlich, 1 Meter. Leichten Humus: Rotfrüchtige Heidelbeere. *Vaccinium parviflorum.* 'Toro' für schwere Böden. Je nach Wüchsigkeit berücksichtigt man einen **Pflanzenabstand** zwischen 0,75 und 1,50 m. Soll eine Bodendecke aus Torf und organischen Abfallstoffen gegeben werden (sehr zu empfehlen), sind die Sträucher so tief zu pflanzen, wie sie vorher standen, andernfalls 5 cm tiefer.

Haselstrauch nützt und schützt

Klimatisch gedeiht die Haselnuss bei uns überall, auch in Höhenlagen bis 1000 Meter. Um gute Nusserträge zu bekommen, sind geschützte Süd- und

Südwestlagen zu vermeiden, da die männlichen Kätzchenblüten den weiblichen Blüten dann zu weit vorauseilen und der Pollen schon gestäubt hat, ehe die weibliche Narbe empfangsfähig ist. Während das Holz frosthart ist, erfriert die Blüte manchmal durch Spätfrost.
Bewährt haben sich **Pflanzungen** in Gruppen und in Reihen an hellen, luftigen, nicht zu windigen Plätzen. Abstände in der Gruppe 4-5 m, in der Reihe 3-4, als dichte Sichtschutzhecke, die auch einem strengen Schnitt unterworfen werden kann, 2-2,5 m. Empfehlenswerter Grenzabstand 2 m. Gepflanzt wird im Herbst, in Ausnahmefällen im Frühjahr. Humusreiche, etwas lehmhaltige, nährstoffreiche, genügend feuchte **Gartenböden** sind zusagend. Wegen der *flach verlaufenden Wurzeln* genügt es, die Fläche zwei Spatenstiche tief zu lockern. Dabei arbeitet man an Vorratsdüngern je 100 g/m² Knochenmehl und Kalimagnesia und reichlich Komposterde ein. Man pflanzt zweckmäßig etwas höher, als die Sträucher in der Baumschule standen. Für Strauchpflanzung verwende man möglichst zweijährige Ablegerpflanzen, für Haselnussbäume einjährige Veredelungen auf die Baumhasel (*Córylus colúrna*). Veredelungen sollen früher fruchten als Sträucher und keine lästigen Bodenschösslinge treiben. 4-5 Leitäste lässt man eine Hohlkrone bilden.
Für den Garten kommen nur großfrüchtige **Edelsorten** in Betracht. 'Cosford' ist zum Teil selbstfruchtbar, im Übrigen sind alle Edelsorten auf Fremdbestäubung angewiesen, so dass man immer mehrere Sorten zusammenpflanzen soll. Dabei setzt man gute Pollenspender, wie 'Hallesche Riesen' und 'Wunder von Bollweiler' (alles Zellernüsse mit kurzer Hülle), an die Windseite. Lambertnüsse haben eine lange Hülle, wie

Oktober

'Lambert Filbert', 'Webbs Preisnuss', 'Nottinghams Fruchtbare', 'Rotblättrige Lambert' **(Bluthasel),** zugleich Zier- und Nutzstrauch. Zellernüsse werden vom Haselnussbohrer gemieden (siehe Mai). – Die **Wald-Hasel** eignet sich nicht zur Befruchtung. Bei guter Pflege ist vom 6. Standjahr ab mit mindestens 2 kg getrockneter Haselnüsse zu rechnen. Die Erträge steigen in den folgenden Jahren auf mehr als das Doppelte an.

Die echte **Blut-Hasel** (C. máxima 'Atropurpurea') behält während der ganzen Vegetationszeit ihre dunkelpurpurrote Belaubung. Dagegen vergrünt die **Rotblättrige Zellernuss** (C. avelláná 'Fuscorubra') im Laufe des Frühlings und ist längst nicht so schön.

Vorteilhafte Abstände für Obstbäume

Da zu enges Pflanzen das Auftreten von Krankheiten und Schädlingen begünstigt und deren Bekämpfung erschwert, wird empfohlen, nachstehend aufgeführte Baumabstände nicht zu unterschreiten. Von der Grenze ist mindestens die Hälfte des hier angegebenen Abstandes einzuhalten, sofern örtliche Bestimmungen des Nachbarrechts nicht anders lauten.

Apfel:

Hochstamm auf Sämling	7–8 m
Halb- und Viertelstamm auf Sämling	6–7 m
Viertelstamm und Buschbaum auf M 11, A/2	4–5 m
Buschbaum auf M 4, 2, 7, MM 104, 111	3–4 m
Spindel auf M 9, 26, 7, 4, MM 106	1,5–2,2 m
Senkr. Schnurbaum auf M 9 mit langem Fruchtholz	1–1,2 m
Senkr. Schnurbaum auf M 9 mit kurzem Fruchtholz	0,6–0,7 m

Birne:

Hoch- und Halbstamm auf Sämling	6–7 m
Viertelstamm und Buschbaum auf Sämling	4–5 m
Bauschbaum auf Quitte MA	3–4 m
Spindel auf Quitte MA	2–2,5 m
Senkr. Schnurbaum auf Quitte mit langem Fruchtholz	1,5–2 m
Senkr. Schnurbaum auf Quitte mit kurzem Fruchtholz	0,7–1 m

Pflaume:

Hoch- und Halbstamm, Viertelstamm und Buschbaum	5–6 m
Schwachwüchsige Sorten	3–4 m

Sauerkirsche:

Halbstamm auf Vogelkirsche	5–6 m
Hochbusch auf Mahaleb	3,5–4 m
Fächer (auf Mahaleb)	4–5 m
Süßkirsche auf Vogelkirsche (geschnitten: 4–6 m)	8–9m
Walnuss auf Schwarznuss	6–7 m

Pflanzstellen für Obstbäume gründlich vorbereiten

Anwachsen und Entwicklung der Pflanzbäume hängen von der Bodenvorbereitung ab. Da sich die früher üblichen *tiefen Baumgruben nicht* bewährt haben, wird **Flächenbearbeitung** bevorzugt, je Baum 1–4 m². Grabetiefe 2 Spatenstiche, ein weiterer Spatenstich bei hartem Untergrund.

Zu Beginn der **Flächenbearbeitung** (Abb. 7) wirft man einen 25 cm tiefen und 40 cm breiten Graben (a)

Flächenbearbeitung

Vorbereitung einer Obstbaumpflanzung.

aus, um an die Unterschicht (b) heranzukommen. Dann stellt man sich auf die Grabensohle, gräbt die **Unterschicht** und verbessert die Struktur. *Schwerer Boden braucht Sand oder je m² 250 g Neudorffs Urgesteinsmehl, leichter Boden lehmhaltige Erde oder 250 g Bentonit, Sandboden-Verbesserer.* Auf die bearbeitete Unterschicht streut man als *Vorratsdünger* 100 g/m² Thomaskali mit Magnesium oder Thomassulfatkali und vermischt diese Dünger mit der Unterschicht (b).

Dann gräbt man oben weiter (c) und bedeckt mit den gewendeten Schollen die bearbeitete Unterschicht. Auch die **Oberschicht** bedarf der Strukturverbesserung (c). In dieser Weise bearbeitet man die Pflanzstelle insgesamt. Man streut aufs gegrabene Land Ful-Humin, gesiebte Kompost- oder verrottete Misterde (ersatzweise torffreie NeudoHum-Pflanzerde) und arbeitet alles 5–8 cm tief ein.

Bis zum Pflanzen wartet man vorteilhaft 8 bis 10 Tage, damit sich der tiefbearbeitete Boden setzt. Sind bei der Strukturverbesserung oder Humusversorgung z. B. 10 l Zuschläge in den Boden gekommen, so muss die gleiche Menge aus Unterschicht oder Oberboden entfernt werden, damit das Bodenprofil erhalten bleibt.

Auf guten, gepflegten Böden und bei Einzelpflanzung sind meist keine größeren Umstände erforderlich. Man gräbt die Oberschicht ab, lockert die Unterschicht, bringt Vorratsdünger ein, vermischt den Aushub mit Humusstoffen und hat gleichzeitig gute Pflanzerde. *In diesem Fall kann sofort gepflanzt werden.*

Ein Baum wird gepflanzt

Treffen Obstbäume aus der Baumschule ein, so stellt man sie mit den **Wurzeln einige Stunden in Wasser.** Vorher *beschädigte, angefaulte stärke-*

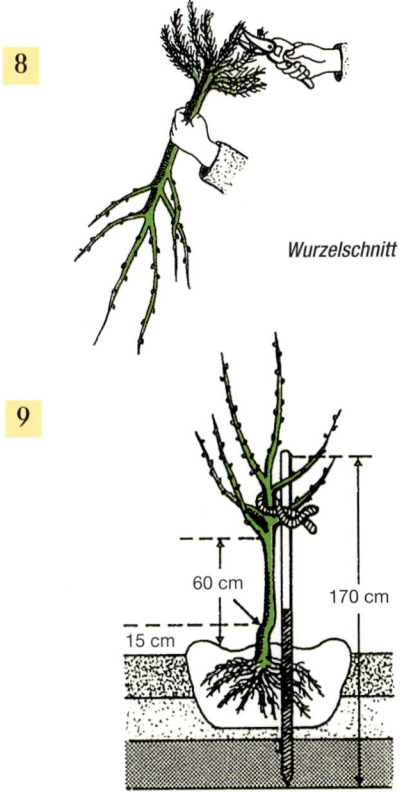

Wurzelschnitt

Obstbaumpflanzung

re Wurzeln bis ins gesunde Holz glatt schneiden (Abb. 8). Die Schnittfläche soll klein und abwärts gerichtet sein (Abb. 106). Es wird so wenig wie möglich an Substanz weggeschnitten. Vor dem Pflanzen hebt man ein genügend großes **Pflanzloch** aus und schlägt einen **Pfahl** ein (Abb. 9), den Stämmchen auf schwächer wachsenden Unterlagen (M 9, 2, 4 und Quitte MA) und Hochstämme benötigen. Der Pfahl gibt Halt und schützt den Stamm vor Prallsonne. Darum setzt man den Baum an die Nordseite des Pfahles. Bei Hoch- und Halbstämmen endet er 10 cm unter der Krone, bei Spindel und Buschbaum reicht er in sie hinein (Abb. 9). Der Haltbarkeit wegen sollte der Pfahl (mit Holzfluid) imprägniert werden.

Die eigentliche **Pflanzarbeit** wird am besten von 2 Personen ausgeführt. Eine Person stellt den Baum, zurück-

gebliebene Wurzelseite nach Süden, senkrecht ins Pflanzloch dicht an den Pfahl, die andere Person wirft Pflanzerde auf die Wurzeln. Durch wiederholtes leichtes Anheben und Rütteln des Baumes gelangt Erde unter die Wurzeln und schließt die Hohlräume. Dadurch kommt der Baum jedesmal etwas höher. Er steht richtig, wenn sich die *Veredlungsstelle* (Pfeil!) 10-15 cm über dem Boden befindet, bei Birnen auf Quitte mit der Bodenoberfläche abschneidet. Als Anhalt kann man eine **Latte** über das Pflanzloch legen. Nun wird nochmals Erde auf die Wurzeln geworfen und vorsichtig angetreten, Fußspitze zeigt zum Stamm. Dann füllt man die restliche Erde auf, verteilt sie und klopft mit dem Spatenblatt eine Gießmulde an. Mit 10-15 l/m² Wasser angießen. Nach dem Versickern Komposterde auf die Baumscheiben bringen, wobei eine Handbreit vom Stamm frei bleibt, um einer möglichen Rindeninfektion (*Kragenfäule*) vorzubeugen.

Anschließend wird der Baum mit einem Kokosstrick oder einer Weidenrute *lose* in Form einer liegenden 8 an den Pfahl gebunden. Die **Bindung** soll am Baum höher liegen als am Pfahl. So kann der Baum dem Setzen der Erde folgen: unter den Wurzeln entstehen keine Hohlräume, das Anwachsen wird nicht beeinträchtigt. Pflanzschnitt folgt im März.

Machen sich *Mäuse* bemerkbar, sollte die Pflanzstelle erst bedeckt werden, nachdem der Boden 5 cm tief gefroren ist, damit sich die Nager nicht im Schutz der Bodendecke einwühlen können. Mäuse müssen bekämpft werden.

Der Apfel – unser wichtigstes Baumobst

Die schöne Apfelfrucht schmeckt immer wieder, lässt sich vielseitig verwenden, ist reich an Vitaminen und

Mineralien, hat hohen gesundheitlichen Wert und eine ungewöhnlich lange Reifefolge. Jeder Apfelbaum ist eine Veredlungskombination aus *Edelsorte* und *Unterlage*, manchmal mit *Zwischenveredlung* als Stammbildner.

Die **Unterlage** entscheidet (u. a.) über Wuchsstärke, Baumform, Ertragsbeginn und Bodenansprüche des Baumes. Fast alle Wuchsstärken stehen beim Apfel zur Verfügung, doch sollten nur *schwächerwachsende* Unterlagen bei der Baumwahl Berücksichtigung finden. Extrem schwach, für Kübelobst: M 27, sehr schwach: M 9, mehr oder weniger schwach: M 26, M 7, kaum mittelstark: MM 106, mittelstark: M 4, M 2, MM 104, MM 111, stark: MM 109, M 11, A/2, sehr stark: Sämlingsunterlagen. – MM 104, 106, 111 sind gegen *Blutlaus* widerstandsfähiger als andere Unterlagen. Höchste Erträge sind auf M 9, MM 106 und 111 zu erwarten. M 9 braucht zeitlebens einen Pfahl. Bei M 4 kann es zu stärkeren Ausfällen und größeren Krebsschäden kommen. **Schwacher Wuchs** ist im Allgemeinen mit kleinen Baumformen (niedrigem Stamm) und frühem Ertragsbeginn (ab 2. Standjahr) gekoppelt. **Je schwächer die Wuchskraft der Unterlage, desto besser muss der Boden beschaffen sein.** Auf gutem, lehmhaltigen Boden und bei regelmäßiger Düngung wählt man Pflanzbäume auf sehr schwach bis schwach wachsenden Unterlagen. Dagegen brauchen mittelstark wachsende Unterlagen nur Boden mittlerer Güte, der jedoch mäßig feucht, humushaltig und nährstoffreich sein muss. Beste **Baumformen** für diese Unterlagen sind **Spindel** und **Busch**. Für den Liebhaber gibt es Kunstformen und säulenförmige **Ballerina**-Apfelbäume. Apfelbäume sind **selbstunfruchtbar** und auf Blütenstaub geeigneter Partner zur Befruchtung angewiesen. **Für**

'Ontario-Äpfel': Der linke hat Sonne genossen und sich orangerot gefärbt; von der Nordseite kommt der rechte. Er ist grüngelb geblieben. Fazit: Die Krone auslichten.

jede Muttersorte rechnet man 2–3 Vatersorten, die in der Nähe stehen und zur gleichen Zeit blühen.

Für wenig Platz gibt es **Zwillings- und Drillings-Apfelbäume** mit 2 oder 3 Sorten je Buschbaum.

Zu den stark eingeschränkten, aber sehr beliebten **Standardsorten** sind zahlreiche **neue Züchtungen** gekommen, geeignet, den privaten Apfelanbau auszuweiten. Darüber hinaus sollten ältere, geschmacklich gute Sorten, wie sie in vielen Gärten anzutreffen sind, durch *Umveredelung* erhalten werden. Die folgenden Sorten sind nach der *Pflückreife* geordnet, die *Genussreife ist in Klammern hinzugefügt.* Bei entsprechender Sortenwahl kann man sich fast das ganze Jahr über mit Äpfeln versorgen.

1. Weißer Klarapfel. Ernte Mitte bis Ende Juli (Genussreife August). Mittelgroß, gelb, erfrischend, fein säuerlich, mäßig süß. Ertrag früh, hoch, etwas periodisch. Braucht nahrhaften, feuchten Boden, Windschutz. Für Niederstämme auf mittelstark-wachsenden Unterlagen. Braucht ständigen Überwachungsschnitt. Anfällig für Mehltau, Schorf, Blutlaus, Krebs (bei stauender Nässe). Blüte früh. Befruchtersorten: 3, 8, 12, 15, 16, 21.

2. George Cave. Mitte Juli/Anfang August (Genussreife bis September). Ersatz für Klarapfel, widerstandsfähig gegen Frost, recht gesund, trägt reich, regelmäßig. Frucht ansprechend rot, saftig, von frischem, würzigem Geschmack, erinnert an Cox. Wenig anspruchsvoll. Mit guten Befruchtersorten zusammenpflanzen.

3. Stark Earliest ('Starks Allerfrühester'). Ende Juli (August). Frucht kaum mittelgroß, schwach bläulichgelb, rotbackig bis ganz rötlich, süßsäuerlich, erfrischend, wird schnell mehlig. Wuchs stark, breitkronig. Schnitt nicht zu streng. Blüte früh. Befruchtersorten: 1, 8, 15, 21, 26, 29, 30.

4. Piros. Ende Juli (August). Frühapfel aus Dresden-Pillnitz. Mittel bis groß, Schale leuchtend rot, guter, erfrischender Geschmack. Ertrag setzt langsam ein, ist später hoch und regelmäßig. Auf Typ 7. Wuchs klein. Widerstandsfähig gegen Baumkrankheiten. Befruchter: 'Pinova'.

5. Mantet (aus Kanada). Ende Juli bis Mitte August (bis Ende August). „Pfirsich unter den Äpfeln". Kaum mittelgroß, hell-gelblich-grün, sonnenseits schwach orangerot; Geschmack recht gut, sehr saftig, fein säuerlich, aromatisch. Ertrag mittel, starken Behang ausdünnen, sonst periodisch. Wuchs mittelstark, fruchtet an mittellangen Trieben. Mehltau, Krebs, etwas Schorf. Gute Pollenspender zupflanzen.

6. Discovery. Anfang bis Mitte August. Englische Sorte. Frucht bis 7 cm Durchmesser, auf gelbgrünem Untergrund leuchtend rot, süß mit feiner Säure, aromatisch, knackigfest, 3 Wochen lagerfähig. Wuchs mittelstark, gesund. Gute Pollenspender zupflanzen.

7. Retina (resistenter Spätsommerapfel). Anfang September (bis Anfang Oktober). Frucht groß, saftig, süßsäuerlich, wohlschmeckend. Erträge regelmäßig. Auf Typ 7 veredelt. Widersteht Schorf und Spinnmilben, zum Teil auch Echtem Mehltau. Befruchtersorten: 'Reglindis', 'Remo'.

8. James Grieve. Anfang September (bis Oktober). Vorzügliche schottische Sorte, *kann 'Gravensteiner' ersetzen.* Mittelgroß bis groß, gelbgrün, sonnenseits gestreift; saftreich, süß, fein aromatisch. Junifruchtfall bei jüngeren Bäumen ziemlich stark. Für nährstoffreiche, feuchte Böden in windgeschützter Lage. Wächst schwach bis mittelstark, braucht starken Schnitt. Schorf, auf nassem Boden Krebs. Blüte mittelspät. Befruchtersorten: 1, 3, 15, 16, 19, 20, 21, 26. **Roter James Grieve, Neumann** und andere Mutationen reifen zum Teil zehn Tage später.

9. Alkmene ('Cox' x 'Oldenburg'). Anfang bis Mitte September (Mitte September bis November). Mittelgroß bis klein, gelb, rotbackig, Schale etwas hart. Fleisch knackig, saftig, feinsäuerlich, süß, aromatisch, *erinnert an 'Cox', 'Oldenburg' und 'Goldparmäne'.* Kerngehäuse zierlich. Geringe Stippigkeit. Wuchs mittelstark, Austrieb spät. Anpassungsfähig an Klima und Lage. Blüte mittelfrüh. Befruchtersorten: 8, 10, 15, 16, 25.

10. Lobo ('McIntosh'-Sämling). Anfang bis Mitte September (September/November). Frucht mittelgroß, grüngelb, intensiv rot überzogen, Schale fest; Fleisch saftig, knackend, süßlich, mildsäuerlich, wenig würzig. Wuchs mittelstark bis schwach. Schnitt muss Trieb anregen. Schorf, Krebs. Nicht zu warme bis raue Lagen. Blüte mittelspät. Befruchtersorten: 7, 8, 14, 15, 16, 21, 26.

11. Remo (resistenter Herbstapfel aus Dresden-Pillnitz). Ernte September (Oktober). Mittelgroße Frucht, weinrot mit zum Teil netzartiger Berostung der Schale. Fruchtfleisch saftig, angenehm süß-säuerlich. Trägt früh, regelmäßig und reich. Auf Typ 7. Resistent gegen Baumkrankheiten. Befruchter: 'Reglindis', 'Retina', 'Rewena'.

12. Gala-Typen (aus Neuseeland) bringen mittelgroße, rotbackige Herbstäpfel von süßem, aromatischem Geschmack. Regelmäßig hohe Erträge. Veredlung auf Typ 9. Leider sind die Bäume anfällig für Mehltau, Schorf, Feuerbrand und Krebs. Befruchter: 'Elstar', 'Golden Delicious' u. a. Günstige Ausfärbung zeigen: 'Galaxy Selekt', 'Schniga', 'Brookfield' (dunkel), 'Amaglo'.

13. Regia, Ende September bis Anfang Oktober (November – Februar). Neuheit um 2000, mittelhohe Erträge, gute Qualität, stabile Resistenz gegen Schorf, Mehltau, Feuerbrand. Wuchs mittelstark, breit, Fruchtäste setzen flach an. Unterlagen M 9 (gute Böden), M26 (leichte). Blüht früh bis mittelfrüh, Spätfrostlagen meiden. Malus pumila 'Regia' stammt aus der Kreuzung 'Clivia' mal ('Oldenburg' x 'Cox'). Gute Befruchter benachbarn.

14. Ingol ('Ingrid Marie' x 'Golden Delicious'). Ende September bis Anfang

Oktober (bis Januar haltbar). Groß, grünlichgelb, rot überlaufen; saftig, wohlschmeckend, gutes Zucker-Säure-Verhältnis. Für viele Zwecke. Anspruchslos. Befruchtersorten: 7, 15, 19.

15. Cox Orangen Renette. Ende September bis Anfang Oktober (November bis März). Edelster Tafelapfel. Klein bis mittelgroß, gelbgrün bis goldgelb, braunrot getuscht und gestreift, süß, feinsäuerlich, angenehm würzig. Ertrag nur hoch bei mehreren Befruchtersorten. Trägt an langem Fruchtholz. Braucht nahrhaften, mäßig feuchten, humosen Boden in geschützter Lage und Pflege. Wuchs mittelstark. Blutlaus, Mehltau, Stippe, auf M 9 krebsanfällig, für kleine Baumform besser M 7 oder MM 106. Blüte mittelspät. Befruchtersorten: 1, 3, 6, 7, 8, 9, 12, 16, 19, 20, 21, 25, 26, 27, 29, 30, Spartan.

Roter Cox, Crimson Cox, intensiver gefärbt, Vitamingehalt niedriger.

16. Goldparmäne. Ende September bis Anfang Oktober (bis Januar). Mittelgroß, orange mit braunroten Streifen; süßlich, würzig, mit schwachem Nussaroma. Vitamin-C-Gehalt hoch. Ertrag sehr hoch (ausdünnen!). Braucht warmen, nährstoffreichen, feuchten Boden, sonst blutlausanfällig. Wuchs mittelstark. Jährlich auslichten, beizeiten verjüngen. Schorf, Krebs auf nassem Boden. Pollen sehr gut. Blüte mittelspät. Befruchtersorten: 8, 15, 17, 19, 20, 21, 23, 25, 26, 29, 30.

17. Zuccalmaglio ('Renette'). Ende September bis Anfang Oktober (Dezember/März). Mittelgroß bis klein, grünlichgelb, sonnenseits rötlich, rostartig gepunktet; fein weinsäuerlich, von edlem Aroma. Neigt zur Stippe. Auf nährstoffreichem, mäßig feuchtem, warmem Boden ziemlich gesund. Wächst schwach bis mittelstark, jährlich auslichten, wiederholt mäßigstark

verjüngen. Blüte mittelfrüh, Pollen gut. Befruchtersorten: 4, 8, 15, 16.

18. Jonagold ('Jonathan' x 'Golden Delicious'). Ende September bis Mitte Oktober (Oktober/November). Nicht zu spät ernten, sonst wird Fruchtfleisch mehlig. Groß, gelb, sonnenseits orangerot; saftig, locker, süßlich-feinsäuerlich, mehr Aroma als Delicious. Kerngehäuse klein. Etwas Stippe auf trockenem Boden. Wuchs stark, breit, fruchtet gut an ein- und zweijährigen Langtrieben. Warmes Klima. Mehltau, Krebs. Blüte mittelspät. Befruchtersorten: 6, 8, 12, 14, 15, 16, 21, 27, 29, Spartan.

19. Ingrid Marie. Anfang bis Mitte Oktober (November bis Februar). Dänische Sorte, stammt von Cox ab, ersetzt diese in rauen Lagen. Frucht etwas größer und intensiver gefärbt, nicht ganz so aromatisch, kaum Stippe. Wünscht nährstoffreichen Boden und Luftfeuchtigkeit. Wuchs mittelstark. Blüte mittelspät. Schorf, Monilia, Krebs. Regelmäßig auslichten. Befruchtersorten: 1, 8, 15, 16, 21, 26. – **Karin Schneider,** strahlend rot gefärbt, ist eine vorzügliche Auslese.

20. Berlepsch. Anfang bis Mitte Oktober (November bis März). Mittelgroß, rötlichgelb bis orange, dunkelrot marmoriert und gestreift; sehr saftig, erfrischend, fein süß-säuerlich, edelaromatisch, wie Zuccalmaglio. Neigt zu Ernteschalenbräune. Lagert am besten bei 90% Luftfeuchtigkeit. Vitamin-C-Gehalt sehr hoch. Kaum Stippe. Braucht guten Boden, bei Trockenheit früher Fruchtfall. Mulchen günstig. Wuchs stark bis mittelstark. Frosthärte gut. Blüte mittelfrüh. Befruchtersorten: 1, 15, 16, 17, 21, 27. – **Roter Berlepsch** besitzt ein schöneres Rot, beliebt.

21. Jonathan. Anfang bis Mitte Oktober (Dezember bis April). Mittelgroß, grünlichgelb, kräftig rot überzogen, dunkelrot gepunktet; süß, ausreichend sauer, parfümiert aromatisch; kaum Stippe, für warme Lagen. Ertrag hoch. Braucht guten Boden, viel Sonne, Pflege. In geschlossener Lage Mehltau und Schorf. Wuchs mittelstark bis schwach, Unterlage M 4 oder 2. Regelmäßig schneiden. Blüte mittelspät. Befruchtersorten: 1, 3, 8, 12, 15, 16, 19, 20, 23, 25, 26, 29, 30. – **Roter Jonathan** Typ Heines ist lebhaft rot verwaschen.

22. Rewena (resistenter Winterapfel aus Dresden-Pillnitz). Anfang Oktober (November bis Februar). Fruchtfleisch saftig, säuerlich-süß, aromatisch. Resistent gegen Echten Mehltau und Schorf, teils gegen Blütenfrost. Veredlung auf Typ 7. Hält sich gut auf dem Lager. Befruchter: 'Reglindis', 'Remo'.

23. Champagner Renette. Anfang bis Ende Oktober (Januar bis Mai). Hervorragende Spezialsorte. Mittelgroß, flach, wachsgelb, angenehm süßweinsäuerlich, schwach gewürzt. Ertrag sehr reich (ausdünnen!). Stippe. Gute Böden, warme Lage. Auf kalten Böden Krebs. Mehltaufrei. Wächst mittelstark bis schwach, am besten M 4. Regelmäßig auslichten, rechtzeitig verjüngen. Blüte spät. Befruchtersorten: 16, 21, 25.

24. Schöner von Boskoop. Mitte bis Ende Oktober (Dezember bis April). Mittelgroß bis groß, grünlichgelb, bis zur Hälfte orange bis braunrot überzogen, süßsäuerlich, mit kräftigem Renettengeschmack. Ertrag spät, mittelhoch, unregelmäßig. Braucht guten, feuchten Boden, Windschutz. Bevorzugt Küstennähe. In ungünstiger Lage Schorf, Blutlaus, Frostschäden. Wuchs stark, vorzugsweise auf M 9. Regelmäßig auslichten. Blüte mittelfrüh. Befruchtersorten: 1, 3, 7, 8, 14, 15, 16, 17, 19, 20, 21, 25, 27, 29. **Roter Boskoop,** dunkelrot überzogen, angenehm säuerlich, Blenheimgeschmack.

25. Ontario-Apfel. Mitte bis Ende Oktober (Dezember bis April). Groß

bis sehr groß, flachrund, hellgrüngelb bis rötlichgelb, sonnenseits rotbackig und streifig, lila überhaucht; saftreich, säuerlich, wenig Aroma. Reich an Vitamin C. Ertrag hoch. Milde Lage, Holz frostempfindlich. Mehltau, Krebs. Mittelstarker Wuchs, jährlich Überwachungsschnitt, wiederholt verjüngen. Teilselbstfruchtbar. Blüte mittelspät. Befruchtersorten: 15, 16, 21, 23.

26. Golden Delicious. Mitte Oktober, Frucht muss sich vor dem Pflücken leicht gelb färben (Dezember bis April). Mittelgroß, auf gelbem Grund schwach rot verwaschen; saftig, fein gewürzt, süß; nur voll ausgereifte, gut gefärbte Früchte haben ein vorzügliches Aroma. Kaum Stippe. Braucht warmen, sonnigen Standort und Pflege. Ertrag sehr hoch (ausdünnen!). Wuchs mittelstark, gut auslichten, beizeiten verjüngen. Schorf, Lentizellenkrankheit. Blüte mittelspät. Befruchtersorten: 3, 7, 8, 12, 15, 16, 19, 21, 29.

Auvil Super-Golden, ein Spur-Typ, unterscheidet sich nur durch seinen schwachen Wuchs mit spornreichen Zweigen. Bringt auf stärker wachsen-

den Unterlagen kleine Bäume. Früchte müssen zur vollen Ausfärbung 14 Tage länger hängen.

27. Gloster 69 ('Glockenapfel' x 'Richared Delicious'). Nach Mitte Oktober (Dezember bis April). Mittelgroß bis groß, intensivrot bis bläulichrot; saftig, säuerlich, schwach aromatisch. Kernhaus groß. Fruchtet an ein- und zweijährigen Langtrieben. Steiltriebe waagerecht binden! Schorf, Krebs. Blüte mittelspät. Befruchtersorten: 7, 15, 19, 21, 26.

28. Mutsu ('Golden Delicious' x 'Indo', aus Japan). Mitte bis Ende Oktober (November/April), bei Überreife gäriger Beigeschmack. Groß, hoch, grünlichgelb, rotbackig; sehr saftig, erfrischend, süßfruchtig, schwach gewürzt. Wuchs stark. Reichlich Fruchtholz. Braucht warme Lage, viel Sonne. Schorf. Blüte mittelspät. Befruchtersorten: 15, 19, 21, 27.

29. Idared ('Wagenerapfel' x 'Jonathan'). Mitte bis Ende Oktober (November, Dezember/April). Groß, ähnlich 'Morgenduft', gelb, rot überzogen; sehr saftig, süßsäuerlich, schwach gewürzt, fast wie Jonathan. Schale hart.

'Gloster-Äpfel' sind mittelgroß bis groß und glockenförmig. Grüne Grundfarbe wird mit Dunkelrot überzogen. Das Fleisch ist fest, saftig, säuerlich, die Blüte frosthart.

Wuchs mittelstark, steil. Fruchtholz hängend. Wegen Mehltau einjährige Langtriebe entspitzen. Ansprüche an Klima hoch, an Boden mittel. Pollenspender: 1, 3, 16, 20, 21, 26, 30.

30. Maigold ('Fraurotacher' x 'Golden Delicious', Schweiz). Ende Oktober (Winter). Ziemlich groß, gelb, sonnenseits hell- bis orangerot; saftig, knackend, feinsäuerlich-süß, birnenähnlich. Schale hart. Stippe. Wuchs mittelstark, dichttriebig. Fruchtholz altert rasch. Für wärmere Klimazonen. Blüte mittelfrüh. Pollenspender: 8, 15, 16, 21, 29.

31. Pinova (Winterapfel aus Dresden-Pillnitz). Wurde 2002 zum 2. Mal zum „Apfel des Jahres" gekürt. Oktober/November (bis April genussreif). Mittelgroß, länglich, leuchtend hellorange bis zinnoberrot geflammt. Festes, knackiges, angenehm schmeckendes süß-säuerliches Fruchtfleisch. Obwohl Blüten etwas frostempfindlich sind, ist der Ertrag immer noch hoch. Auf Typ 7. Für günstige Lagen. Widerstandsfähig gegen Baumkrankheiten. Befruchter: 'Elstar', 'Pilot'.

32. Elstar, wertvolle, neuere Spitzensorte. Oktober/November (Oktober bis März). Exzellenter, feiner, süß-säuerlicher Geschmack. Unterlage Typ 4. Für wärmere Lagen ohne Spätfrost. Leicht anfällig für Mehltau, Schorf, Krebs. Befruchter: 'Delbarestivale', 'Cox'.

33. Pilot (aus Dresden-Pillnitz). Ende Oktober (November bis April). Mittelgroß, intensiv rot, knackig, spritzig, süß-säuerlich, aromatisch. Ertrag reich. Befruchter: 'Elstar', 'Pinova', 'Remo'.

Birnen verlangen viel Sonnenwärme

Wegen ihres Wohlgeschmacks sind Birnen hoch geschätzt. Damit sie ihr Fruchtfleisch zart (vollschmelzend), ihr feines Aroma und ihre Saftfülle ausbilden können, brauchen sie meist

'Williams Christ', eine edle Ess- und Einmachbirne, reift ab Ende August. Schale grüngelb oder rot; saftig und mild säuerlich. Auf leichtem, gut feuchtem Boden schmelzend.

guten, mehr leichteren, tiefgründigen, **warmen Boden** in geschützter, trockner, **sonniger Lage,** ganz besonders Spätsorten französischer Herkunft. Für sie sollte man in weniger günstigen Gebieten *Süd-, Südwest-* oder *Südostwände* nutzen. Das herüberragende Hausdach hält Niederschläge ab, so dass die Gefahr der Schorferkrankungen geringer ist, und schützt die Blüte vor Spätfrösten.

Zu bevorzugen sind **kleine Baumformen** mit etwa 80 cm Stammhöhe. Niederstämme (Busch, Spindel, Spalierfächer) auf *Quitte MA* wachsen schwächer als auf *Birnensämling* und tragen früher. Sorten, die sich mit der **Quittenunterlage nicht vertragen, werden mit Zwischenveredlung** herangezogen. Als Unterlage hat sich in den letzten Jahren 'OHF' ('Old Home' und 'Farmingdale' in Illinois/USA) durchgesetzt. Sie induziert ähnlich schwach wie die Quitte 'MA 29', hat jedoch gegenüber der artfremden Quitte den Vorteil des störungsfreien Wuchses.

Da die Quitte bei jungen Bäumen gegen starken Frost empfindlich ist, pflanzt man sie in ungünstigen Lagen bis zur Veredlungsstelle ein und bedeckt die Baumscheibe im Winter. Für leichte Böden bevorzugt man die **Sämlingsunterlage,** dazu mäßig wachsende Edelsorten, die als Viertelstamm erhältlich sind.

Da Birnen größtenteils **selbstunfruchtbar** sind, wählt man Sorten, die sich gegenseitig befruchten. Bei wenig Platz empfiehlt es sich, **Drillings- und Zwillings-Birnbäume** mit 3 oder 2 sich gegenseitig befruchtenden Sorten zu pflanzen. Es folgen die geschmacklich besten Sorten, nach der Pflückreife geordnet.

1. Frühe aus Trévoux. Anfang bis Mitte August (Genußreife bis Ende August). Frucht mittelgroß (**Super-Trévoux:** groß), hellgelb, rot gestreift, schwach süßsäuerlich, mäßig aromatisch, fast schmelzend. Wuchs mittelstark, Busch bis Halbstamm. Regelmäßig auslichten. Befriedigt auch in weniger günstigen Lagen und auf geringen Böden. Holz etwas frostempfindlich. Blüht früh, trägt reich. Wird befruchtet von 2, 3, 5, 6, 7, 8, 9, 11, 12.

2. Clapps Liebling. Mitte August, etwa 10 Tage vor Baumreife (Ende August). Ziemlich groß, grüngelb, rotbackig, vollschmelzend, saftig, süßsäuerlich, fein gewürzt. Muss bald verbraucht werden. Busch bis Halbstamm. Wuchs stark, aufrecht, später überhängend. Regelmäßig auslichten, öfter verjüngen. Holz frostempfindlich, Blüte kaum. Bevorzugt nährstoffreichen, offenen, etwas feuchten Boden, verträgt geschützte Höhenlagen. Trägt hoch, blüht mittelspät, guter Pollenspender. Wird befruchtet von: 1, 3, 4, 5, 6, 7, 8, 9, 11, 12.

3. Williams Christ und **Rote Williams.** August, grün ernten (Ende August/Anfang September). Groß, gelb bzw. rot, schmelzend (nicht auf schwerem Boden), saftig, mild süßsäuerlich, muskatartig gewürzt. Edle Ess- und Einmachbirnen. Wuchs anfangs stark, später schwach. *Spindel auf Sämling.* Stark schneiden, mehrmals verjüngen. Standort warm, geschützt, nicht eingeengt (sonst Schorf), Boden nährstoffreich, humos. Holz frostempfindlich. Ertrag mittelhoch. Blüte mittelfrüh bis mittelspät. Befruchter: 2, 5, 6, 7, 8, 9, 11, 12, 13.

4. Triumph aus Vienne. Anfang September (bis Mitte September). Sehr groß, hellgelb, goldig berostet, saftreich, fein gewürzt, fast schmelzend. Wächst mittelstark. Warmer Boden, geschützte Lage, da stark frostempfindlich, vor allem auf Quitte. Ertrag ziemlich hoch. Blüht mittelspät, schlechter Pollenspender. Wird befruchtet von: 1, 2, 3, 5, 6, 9, 10, 11, 12, 13.

5. Gute Luise. Anfang bis Mitte September (bis Anfang Oktober). Ziemlich groß, Schale etwas fest, strohgelb, rotbackig. Fleisch sehr saftig, süß, fein gewürzt, schmelzend. Vorzügli-

che Ess-, Einmach- und Dörrbirne. Wuchs stark. Beizeiten verjüngen. Braucht nahrhaften, feuchten, nicht kalten Boden. *Sehr schorfanfällig,* deshalb offene Lage, weder Regengebiete noch feuchte Gebirgstäler. Früchte sturmfest. Blüht mittelspät, kurz. Wird befruchtet von: 1, 2, 4, 6, 7, 8, 9, 11, 12, 13.

6. Gellerts Butterbirne. Mitte September (September/Oktober). Groß, olivgrün, braunberostet, sehr saftreich, süßsauer, schwach aromatisch, schmelzend. Baum wächst sehr stark, hoch. Holz frosthart, Blüte weniger. Bei Nässe schorfanfällig. Stellt keine besonderen Ansprüche, bevorzugt jedoch kräftigen, nicht zu trockenen Boden, milde, windgeschützte Lage. Ertrag spät, periodisch. Blüht mittelspät. Wird befruchtet von: 1, 2, 3, 5, 6, 7, 8, 9, 12.

7. Köstliche aus Charneux. Mitte bis Ende September (Oktober bis November, im Kühllager länger). Mittelgroß bis groß, grüngelb, gepunktet. Fleisch schmelzend, saftig, süß, schwachsäuerlich, aromatisch. Wächst ziemlich stark, steil, gelegentlich auslichten, alle 4–5 Jahre köpfen. Bevorzugt nährstoffreiche, feuchte Böden. Geringe Ansprüche an den Standort. Blüht mittelfrüh, trägt mittelhoch. Wird befruchtet von: 1, 2, 3, 5, 6, 8, 11, 13.

8. Bosc's Flaschenbirne. Mitte bis Ende September (Oktober/November). Groß, länglich, süß, zart säuerlich, kräftig aromatisch. Baum wächst ziemlich stark, Zweigspitzen überhängend. Holz frostempfindlich. Warme geschützte Lage, sonst ziemlich anspruchslos. Trägt früh, gleichmäßig, mittelhoch. Blüte spät. Wird befruchtet von: 2, 3, 5, 6, 7, 9, 11, 12, 13.

9. Conference. Mitte bis Ende September (Oktober bis Mitte November). Mittelgroß, flaschenförmig lang, grüngelb, braun berostet. Fleisch etwas rosa, saftreich, schwachsüß,

feingewürzt, vollschmelzend. Baum wächst mittelstark, aufrecht. Mäßige Ansprüche, bewährt in Höhen- und Windlagen. Braucht auf Quitte gute Düngung. Blüht mittelfrüh, trägt hoch. Wird befruchtet von: 1, 2, 3, 4, 5, 6, 7, 8, 11. Neigt zu Jungfernfrüchtigkeit.

10. Alexander Lucas. Mitte September (in Windgegenden) bis Anfang Oktober (November/Dezember). Groß bis sehr groß, gelb, gepunktet, sonnenseits gerötet, saftig, süßsäuerlich, schwach aromatisch, halbschmelzend, in ungünstigen Jahren grob. Wächst mittelstark, überhängend. Junge Bäume stark schneiden. Warme, windgeschützte Lage, für *Südwände*. In ungünstigen Lagen schorfanfällig. Liebt humosen, lehmigen Sandboden. Trägt hoch. Blüht mittelfrüh, schlechter Pollenspender. Wird befruchtet von: 1, 2, 3, 4, 5, 6, 7, 8, 9, 11, 12.

11. Vereins-Dechantsbirne. Ende Oktober (bis Ende November). Groß, mattgelb, saftreich, edel süßsäuerlich, würzig, vollschmelzend, besonders von Südspalieren. Wächst mittelstark. Anspruchsvolle Sorte für warmen, nährstoffreichen, genügend feuchten Boden in warmer, auch windiger Lage. Blüht mittelspät. Ertrag spät, mittelhoch, periodisch. Wird befruchtet von: 1, 2, 3, 4, 5, 6, 7, 8, 9. Neigt zu Jungfernfrüchtigkeit.

12. Madame Verté. Mitte Oktober (Ende Dezember bis Februar). Mittelgroß, saftreich, angenehm süßsäuerlich, fein aromatisch, schmelzend. Wuchs kaum mittelstark, Überwachungsschnitt. Braucht warmen Stand, feuchten, warmen Boden. Blüht mittelspät, trägt mittelfrüh, gut. Feinste Winterbirne. Wird befruchtet von: 1, 2, 3, 6, 7, 8, 11, 13.

13. Gräfin von Paris. Ende Oktober (Dezember/Februar). Mittelgroß bis groß, saftig, wenig Aroma, bei viel Sonne süß. Einmachbirne. Wächst

Die 'Schattenmorelle' gehört zu den besten Sauerkirschen, dazu mehrere Weiterzüchtungen. Ernten durch Abschneiden verletzt viele Kirschen. Besser: Ohne Stiel pflücken, das erleichtert auch die Arbeit in der Küche. Beides hilft auch Zeit sparen.

stark. Überwachungsschnitt. Trägt früh, hoch, periodisch. Blüht früh. Befruchter: 1, 2, 3, 5, 6, 8, 12.

14. Nashi, asiatische Birne. Der aus Fernost stammende Nashi-Birnbaum gedeiht überall dort, wo Birnen reifen. Die bergamottförmigen, knackigen Früchte schmecken schwach süß, aromatisch. Für Rohgenuss und Obstsalat. Büsche in Containern zur Frühjahrspflanzung.

15. Benita (Rafzas) entstand durch Kreuzung einer Nashi-Sorte mit einer Europäer-Birne. Die großen, eiförmigen Früchte (6,5–7,5 cm) sind gelb, fein berostet und knackig-saftig. Spindelbusch auf Quitte pflanzen. Blüht in Büscheln, deshalb ausdünnen. Befruchter: Nashis, Köstl. v. Charneu, Williams Christ. Baumschule Schlüter, 25335 Bokholt-Hanredder.

Neue Birnensorten aus Dresden-Pillnitz. Für den Handel wurden freigegeben: 'Isolde', eine Frühsorte; 'Hortensia', Herbstsorte; 'Uta', Frühwintersorte, haltbar gut bis Januar;

'David', Spätwintersorte, hält sich bis März. Diese und weitere neun Sorten zeichnen sich durch hohe Fruchtqualität, gute Erträge, zum Teil Schwachwüchsigkeit aus und sind für den Selbstversorger geeignet, mindestens als Alternative zu gängigen Sorten, die oft schon älter als 100 Jahre sind.

Sauerkirschen sind für den Haushalt unentbehrlich

Im Juli reifen hellfrüchtige, säuerlich-süße Glaskirschen (Amarellen), etwas später dunkle, saure Weichselkirschen (Morellen), deren Ernte sich bis Mitte August hinzieht. Sauerkirschen haben für Konservierung und Saftgewinnung größten Wert. Deshalb macht sich die Anpflanzung einzelner Sauerkirschbäume, möglichst als Hochbusch, im Garten bezahlt. Vorzug verdienen selbstfruchtbare Sorten, die gegen niedrige Temperaturen um die Blütezeit genügend widerstandsfähig sind. Kultursorten gelten

als anspruchsvoll, wünschen nahrhaften, genügend feuchten, etwas kalkarmen Boden in mehr oder weniger geschützter, vorwiegend sonniger Lage. Obwohl alle Sorten Mängel aufweisen, schneiden Schattenmorelle, Morellenfeuer und Ludwigs Frühe am besten ab. Für leichtere Böden wählt man als Unterlage die Steinweichsel (*Mahaleb*) oder den *Typ Heimanns 10;* für bessere Böden, wie ihn die Schattenmorelle bevorzugt, die Vogelkirsche (*Prúnus ávium*). Beste Pflanzzeit Herbst.

Reifezeit wird nach Kirschwochen (abgekürzt: KW) – zu je 10 Tagen – angegeben. Erste Kirschwoche je nach Witterung Anfang bis Mitte Juni.

Ludwigs Frühe. 3.–4. KW. Hellfrüchtig, kaum mittelgroß, süß-säuerlich, erfrischend. Ertrag hoch. Baum wächst mittelstark, aufrecht, ohne Mittelast, gesund. Holz frostempfindlich. Nahrhafter, durchlässiger Boden. Gelegentlich stärker auslichten. Selbstfruchtbar.

Köröser Weichsel. KW. Heimat Ungarn. Groß, dunkelbraunrot, fest, saftarm, schwachsauer, feinaromatisch. Ertrag bei zusätzlicher Befruchtung hoch und regelmäßig. Wuchs stark, fruchtet an altem und jungem Holz. Überwachungsschnitt. Frosthart, gesund. Liebt durchlässigen Boden. Selbstfruchtbar. Weitere Pollenspender: Ludwigs Frühe, Schattenmorelle und einige Süßkirschen.

Cerella. 4. KW. Weiterzüchtung der Schattenmorelle. Frucht schwarzrot, groß, mit kleinem Stein, ziemlich platzfest, aromatisch, Saft dunkler als von Schattenmorellen. Auch für Frischgenuss. Ertrag hoch. Wuchs mittelstark, gute Verzweigung. Kaum moniliagefährdet. Blüte gegen niedrige Temperaturen unempfindlich. Guter Pollenspender und selbstfruchtbar.

Morellenfeuer ('Kelleriis 16'). 5.–6. KW. Dänische Weiterzüchtung der

335

Süßkirschen fruchten am mehrjährigen Holz. Vorzugsweise die sogenannten Buketttriebe bringen viele Früchte sowie Blätter hervor. Während ältere Süßkirschensorten riesig wachsen und Fremdbefruchtung erfordern, gibt es nunmehr kleinwüchsige und teils selbstfruchtbare Bäume.

Schattenmorelle. Frucht dunkelrot, mittelgroß, dünnhäutig, mildaromatisch, säuerlich-süß, mit färbendem Saft. Kann ohne Stiel gepflückt werden. Ertrag gut. Wuchs mittelstark, breitkegelförmig. Äste und Zweige überhängend, etwas moniliaanfällig. Holz, Knospen, Blüten frosthart. Selbstfruchtbar.

Schattenmorelle. 6. KW. Am meisten angebaute Sauerkirsche, in viele Typen aufgespalten, deren Erträge zwischen 20–80 kg liegen. Gute Baumschulen bieten ertragreiche Selektionen an. – Frucht mittelgroß bis groß, dunkel- bis schwarzrot. Vorwiegend säuerlich, in sonnigen Lagen angenehm aromatisch. Vielseitig verwertbar. Saft färbt leider braun. Fruchtansatz befriedigt, wenn die mittlere Temperatur vor der Blüte mindestens plus 10 °C beträgt und während der zweiwöchigen Blütezeit warmes, schwüles Wetter die Nektarbildung begünstigt und Bienen anlockt. Mög-lichst windgeschützt, sonnig ohne extreme Südlage. Nahrhafter, genügend feuchter Boden. Mittelgroßer Baum mit überhängenden, dünntriebigen Zweigen, die stark aufkahlen und moniliaanfällig sind. Jährlich auslichten, alle fünf Jahre mäßig verjüngen. Baumform: Hochbusch. Selbstfruchtbar. Feuerbrandresistent.

Karneol 5.–6. KW. Diese Neuheit ist eine Kreuzung aus ‘Köröser Weichsel’ x ‘Schattenmorelle’, des Instituts für Obstforschung Dresden-Pillnitz und befindet sich seit 1990 im Handel. Der breitkronige Wuchs ist etwas stärker als bei der Schattenmorelle. Große dunkelrote bis braunrote Früchte mit mittelfestem Fruchtfleisch, relativ süßer Geschmack, zum Verzehr und als Verarbeitungsfrucht geeignet. Teilweise selbstfruchtbar.

Morina 6. KW. Die Neuheit des Instituts für Obstforschung Dresden-Pillnitz hat Sortenschutz seit 1995. Mittelstark wachsend mit mittleren bis großen, braunroten, sauren Früchten. Wenig anfällig für Spitzendürre. Teilweise selbstfruchtend.

Süßkirschen entwickeln sich in kalkarmem Boden gesünder

Süßkirschen gehören zum ersten Baumobst des Jahres und sind sehr beliebt. Ein Süßkirschenbaum, als Viertelstamm gepflanzt, lässt sich durch regelmäßigen Schnitt klein halten, so dass die Früchte leicht geschützt werden können.

Süßkirschen gedeihen in fast allen Gebieten Deutschlands. Spätfrostlagen gefährden mitunter die Blüte. Meist in der zweiten Aprilhälfte. **Unterlagen:** Vogelkirsche *(Prúnus ávium)*, wächst stark, fruchtet spät; ‘Gisela’, schwachwüchsig, trägt früh. Bevorzugt wird mittelschwerer, etwas lehmhaltiger, nährstoffreicher, warmer, durchlässiger Boden, der weder zu nass noch zu trocken ist. Bei zu hohem Grundwasserstand tritt leicht *Gummifluss* auf.

An den **Kalkgehalt** des Bodens werden *keine* hohen Ansprüche gestellt. Bei übermäßigem Kalkgehalt mit Werten von pH 7 oder mehr tritt oft Chlorose auf, die zum Absterben des Baumes führen kann. Nach neueren Erkenntnissen bleiben Kirschbäume auf kalkarmen Böden gesünder und werden älter.

Neben Lokalsorten gibt es ein **Standard-Sortiment.** Reifezeit wird in „Kirschwochen" angegeben (siehe vorher, Sauerkirschen). Frühe Sorten bevorzugen wärmste Gebiete. Mittelspäte bis späte Sorten sind geschmacklich am besten, erfordern aber Maßnahmen gegen Vermadung. Alte Sorten sind **selbstunfruchtbar,** also auf Fremdbestäubung angewiesen. Befindet sich in der Nachbarschaft (bis 70 m entfernt) kein geeigneter Pollenspender, so lässt sich die Befruchtung durch *Aufpfropfen* einer 2. oder 3. geeigneten Sorte in die Krone sichern. Baumschulen sollten derartige Kombinationen anbieten.

1. Primavera (1. KW). Wertvolle Neuzüchtung, ersetzt 'Früheste der Mark'. Groß, herzförmig, dunkel- bis schwarzrot, fest, süß mit milder Säure. Ertrag mittelhoch. Wächst mittelstark, breitkronig. Frosthart. Mit guten Pollenspendern zusammenpflanzen.

2. Sekunda (1.-2. KW). Frucht mittelgroß, stumpf, dunkelkirschrot, Haut dünn, Fleisch mäßig fest, saftreich, süß, würzig, steinlösend. Steinanteil 8–9%. Regenempfindlich, ertragreich, frostwiderstandsfähig. Widerstandskraft gegen Schrotschuss, Hexenbesen, Monilia, Gummifluss. Wuchs stark. Befruchtung durch 1, 3, 7, 10, 12.

3. Kassins Frühe (2. KW). Wertvolle Frühkirsche. Großfrüchtige, schwarzrote Herzkirsche, weich, wohlschmeckend; wind- und regenempfindlich, platzt leicht. Ertrag früh, hoch. Wächst stark, braucht nährstoffreichen Boden, anpassungsfähig, frostempfindlich. Auf schwerem Boden Gummifluss. Blüte mittelfrüh. Befruchtersorten: 4, 7, 9, 10, 11, 12.

4. Maibigarreau (2.-3. KW). Mittelgroße, rotgelbe, weichfleischige, vorwiegend süße Herzkirsche, windempfindlich. Ertrag früh, hoch. Blüte mittelfrüh. Baum wächst stark, ist robust und frosthart, gedeiht auf fast jedem Boden. Pollenspender: 3, 7, 9, 10, 11, 12.

5. Knauffs Herzkirsche (3. KW). Große, blauviolette, weichfleischige Herzkirsche mit aromatischem Geschmack. Regenempfindlich. Ertrag regelmäßig, hoch. Wuchs mittelstark. Frosthart. Verlangt warmen, durchlässigen Boden. Sichere Befruchtung durch 4.

6. Teickners schwarze Herzkirsche (3. KW). Mittelgroß bis groß, braunschwarz, wohlschmeckend. Trägt früh, regelmäßig, reich. Wächst mittelstark.

Verlangt nahrhaften Boden. Frosthart. Blüte mittelspät. Befruchtersorten: 4 und 'Werdersche Braune'.

7. Große Prinzessinkirsche, Typ 'Diemitz' (4. KW). Großfrüchtige Knorpelkirsche, gelb-rot, fest, fein gewürzt, Ertrag mittel. Wuchs mittelstark. Braucht nahrhaften Boden, weder für zu hohe noch für Niederungslagen, da hier Gummifluss und Spitzendürre auftreten. Blüte mittelfrüh. Wird befruchtet durch 3, 4, 10, 12, 'Kelleriis Nr. 14'.

8. Dönissens gelbe Knorpelkirsche (5. KW). Groß, hellgelb, fest, süß, angenehm würzig. Wegen der gelben Farbe nur wenig von Vögeln befallen. Wuchs stark, aufrecht. Auch für leichte Böden. Befruchtersorten: 3, 4, 7, 9, 10, 12.

9. Büttners rote Knorpelkirsche (4.-5. KW). Frucht groß, leuchtend rot, fest, würzig, wohlschmeckend. Trägt sehr reich. Etwas regenempfindlich. Wuchs stark, aufstrebend. Auf warmen Böden gesund. Blüte mittelfrüh, Befruchtung durch: 3, 4, 10, 11, 12.

10. Hedelfinger Riesen, Typ 'Diemitz' (4.-5. KW). Große, dunkelbräunlichviolette, feste, dunkelsaftige Knorpelkirsche, die bei Regen leicht platzt. Wuchs stark. Für fast alle Böden, auch höhere Lagen. Blüte spät. Befruchter: 3, 7, 9, 12, 'Ostheimer Weichsel'.

11. Große Schwarze Knorpelkirsche (5.-6. KW). Groß, dunkelbraunviolett, aromatisch, süß; regenempfindlich. Baum wächst mittelstark. Frostempfindlich. Verlangt warme Lage, leichtere Böden. Spitzendürre, Gummifluss, Kirschfliege. Blüte mittelspät. Befruchter: 3, 4, 7, 10, 12.

12. Schneiders späte Knorpelkirsche, Typen 'Diemitz' und 'Geisenheim' (5.-6. KW). Groß, dunkelrot, sehr wohlschmeckend; regenempfindlich. Zur Konservierung geeignet. Die genannten Typen tragen sehr gut. Wächst stark, etwas moniliaanfällig. Für mittlere, durchlässige Böden, ge-

ringe Ansprüche. Blüte mittelspät. Befruchtersorten: 3, 4, 7, 9, 10, 11.

13. Erika 3.-4. KW. Neuere Züchtung der Obstbau-Versuchsanstalt Jork bei Hamburg. Auf der schwachwüsigen Unterlage 'Gi5' bleibt sie kleinwüchsig. Bringt besonders große, schwarzrote, süße Früchte mit guter Steinlöslichkeit hervor. Befruchtersorte: 12, 14.

14. Regina 7.-8. KW. Neuheit, Zwergwuchs-Süßkirsche auf der schwachwüchsigen Unterlage 'Gisela 5', sehr große, dunkelrote und süße Früchte. Befruchtersorte: 12, 13.

15. Karina 7. KW. Neuheit, Zwergwuchs-Süßkirsche auf der schwachwüchsigen Unterlage 'Gisela'. Sehr große dunkelrot - schwarze Früchte. Befruchtersorte: 13.

16. Lamberts Compact 6. KW. Auch hier ist das Zuchtziel einer kleinwüchsigen Süßkirsche mit großen Früchten erreicht. Die schwarzroten Früchte nicht zu früh vom Baum nehmen. Befruchtersorte: Die Sauerkirsche 'Morellenfeuer'.

17. Sunburst 5.-6. KW. Selbstfruchtbare Neuheit auf schwachwachsender Unterlage 'Gisela 5'. In einer Anbauprüfung von 70 Sorten wurde sie als ertragreichste ermittelt, neigt zu Fäulnis und Platzen. Frucht dunkelrot, sehr groß, wohlschmeckend. Kräftiger Kleinwuchs. Anpflanzung als Einzelbaum ohne Befruchtersorte. Umworben als Mini mit Maxi-Kirschen.

18. Lapins 7. KW. Selbstfruchbare Neuheit, ebenfalls auf der schwachwüchsigen Unterlage 'Gisela 5' veredelt. Anpflanzung als Spindelbusch ohne Befruchtersorte möglich. Rotbraune, sehr große, platzfeste Früchte mit ausgezeichnetem Geschmack. Stamm bis 3,5 m ohne Anschnitt, doch Konkurrenztriebe entfernen.

19. Sylvia 3. KW. Säulenkirsche mit süßen, roten Früchten. Auf 'Gisela' veredelt. Sich bildende Seitentriebe stark kürzen. Befruchter: 'Sunburst'.

Pflaumen, Zwetschen, Renekloden und Mirabellen

Zusagend sind fast alle Böden, die humos, feucht, nährstoffhaltig und warm sind. Durch die Vielzahl des Angebots können verschiedene Geschmackswünsche berücksichtigt werden. *Pflaumen* haben eine mehr rundliche Form und eignen sich hauptsächlich zum Rohessen. Bei *Zwetschen* (auch Zwetschken oder Zwetschgen) werden Halbzwetschen und Echte Zwetschen unterschieden. *Halbzwetschen* schmecken roh sehr süß, gekocht aber sauer. *Echte Zwetschen* gewinnen dagegen durch Kochen an Süße. Die aromatischen *Renekloden* (Edelpflaumen) und die kleineren *Mirabellen* sind als Kompottfrüchte begehrt.

Am ertragsichersten sind **selbstfruchtbare Sorten.** *Für eine selbstunfruchtbare Sorte sollte man zur Befruchtung 2 Sorten benachbarter Blühgruppen in die Nähe pflanzen.* Angaben hierzu in der Sortenbeschreibung, nach der Pflückreife geordnet. Empfohlen werden *Viertelstamm* auf St. Julien (mittelstarkwachsend) und *Halbstamm* auf Myrobalane (starkwüchsig, für leichte Böden). Ertrag nach etwa 3–4 Jahren. Kleinwuchs auf Pixy.

1. Ersinger Zwetsche (Halbzwetsche). Mitte bis Ende Juli. Frucht groß, rötlich-violett, mit deutlicher Naht. Fleisch grünlich-gelb, schwachsüß, sehr saftig, steinlösend. Baum wächst mittelstark, trägt früh. Blüte mittelfrüh. Selbstfruchtbar.

2. Blutpflaume Unika Anfang August. Groß, rotblau, leicht bitter, Fleisch blutrot, saftig, süß, mäßig aromatisch, Ess- und Einmachfrucht. Unterlage: St. Julien. Wegen früher Blüte geschützter Standort. Pollenspender: *Prúnus myrobalána* (Kirschpflaume), 3, 7.

Die Qualität von 'Kirkes Pflaume' ist unübertroffen. Ernte Anfang September. Die Frucht ist sehr groß und violett, das Fleisch goldgelb und süß-aromatisch, steinlösend. Achtung: Sägewespe.

3. Zimmers Frühzwetsche (Halbzwetsche). August. Mittelgroß, eiförmig, dunkelblau, Fleisch goldgelb, fest, aromatisch. Fruchtfäule. Baum wächst schwach, braucht guten Boden, geschützte Lage. Blüte mittelfrüh. Befruchtung durch 4, 6, 9, 13, 15, 'Ruth Gerstetter', 'Victoria'.

4. The Czar (Halbzwetsche). Anfang bis Mitte August. Mittelgroß, blauviolett, weißlich bereift, Fleisch gelb, saftig, süß-säuerlich, aromatisch, steinlöslich. Früchte fallen leicht. *Sägewespen*, Monilia. Guter, feuchter Boden. Blüte mittelfrüh. Selbstfruchtbar.

5. Ontario (Pflaume) Anfang bis Mitte August. Groß, gelb, weich, saftig, schwach säuerlich, leicht würzig, vollreif steinlösend. Zum Kochen und Rohessen. Wespen! Wächst stark, breit. Trägt fast alljährlich. Blüte mittelspät. Selbstfruchtbar.

6. Oullins Reneklode Mitte August. Groß, grünlich- bis orangegelb, vorwiegend süß, schwach säuerlich, in feuchtwarmen Jahren aromatisch, saftreich, mäßig steinlösend. Fruchtmonilia, Wespen! Wächst ziemlich stark, gesund. Blüte mittelfrüh. Schwach selbstfruchtbar.

7. Bühler Frühzwetsche oder „Blaue Königin" (Halbzwetsche). Mitte August. Mittelgroß, blau, Fleisch rötlichgelb, süß, wenig aromatisch, an warmen Standorten steinlösend. Essfrucht. Baum wächst stark. Für wärmere Lagen. Blüte mittelspät. Selbstfruchtbar.

8. Mirabelle von Nancy Mitte August. Klein, gelb, sonnenseits rot gepunktet, Fleisch süß, mäßig gewürzt, steinlösend. Einlegefrucht. Baum wächst mittelstark, braucht guten Boden, etwas feucht, und viel Sonne. Jährlich auslichten, Triebe einkürzen. Ertrag wechselt. Blüte mittelspät. Selbstfruchtbar, zusätzlich: 7.

9. Wangenheimer Frühzwetsche (Halbzwetsche). Ende August. Mittelgroß, blauschwarz, hell bereift. Fleisch gelb, fest, saftig, aromatisch, süßweinig, steinlösend. Baum wächst stark, liebt kräftigen, trockneren Boden. Fruchtmonilia. Blüte spät. Selbstfruchtbar.

10. Große grüne Reneklode Ende August bis Anfang September. Mittelgroß, gelbgrün, sehr saftig, süß, feinsäuerlich, köstlich gewürzt, genügend steinlösend. Vielseitig zu verwenden. *Pflaumensägewespe*, Fruchtfäule, Wespen. Wächst mittelstark, braucht warmen Boden. Trägt unterschiedlich. Blüte mittelspät. Befruchtung durch: 4, 6, 7, 8, 11, 12, 13, 15, 'Victoria'.

11. Althanns Reneklode Ende August bis Anfang September. Groß, rötlich-blau bis violett, Fleisch gelb, sehr saftig, süß-säuerlich, aromatisch, steinlösend. Reift nacheinander. Zum Essen und Einkochen. Wächst ziemlich stark, braucht feuchten, warmen Boden. Wespen. Blüte mittelfrüh. Befruchtung durch: 6, 10, 'Lützelsachser', 'Victoria'.

12. Kirkes Pflaume Anfang bis Mitte September. Sehr groß, dunkelviolett-blau, Fleisch goldgelb, sehr süß, von edlem Aroma, gut steinlösend. Wächst stark. Trägt knapp mittelhoch. *Pflaumensägewespe.* Blüte mittelspät. Befruchtung durch: 3, 4, 6, 10, 11.

13. Italienische Zwetsche oder Doppelte Hauszwetsche (Echte Zwetsche). Mitte September. Groß, langoval, Fleisch gelblichgrün, fest, saftreich, süßweinig, fein gewürzt, steinlösend. Vielseitig zu verwenden. Wuchs mittelstark, Überwachungsschnitt, da starker Endtriebzuwachs. Feuchter Boden. Blüte spät. Gering selbstfruchtbar. Fremdbestäubung: 3, 6, 10, 11, 15.

14. Feys Gelbe Hauszwetsche (Echte Zwetsche). September. Frucht ziemlich groß, länglich, Fleisch gelb, von eigenem säuerlichen Geschmack. Selbstfruchtbar. Zusätzlich: 3, 7, 15.

15. Hauszwetsche oder „Bauernpflaume" (Echte Zwetsche). Anfang September bis Mitte Oktober, je nach Typ. Frucht dunkelblau, weißblau bereift. Fleisch goldgelb, fest, saftig, süß, feinsäuerlich, edelgewürzt, gut steinlösend. Reift in Höhenlagen selten aus. Für alle Zwecke. Wächst ziemlich stark. Trägt meist sehr hoch. Blüte spät. Selbstfruchtbar.

16. Anna Späth (Pflaume) Ende September bis Oktober. Groß, dunkelblau, ziemlich fest, saftig, süß, fein

säuerlich, würzig, mäßig steinlösend. Blüte mittelspät. Selbstfruchtbar.

17. Empress Ab Mitte August, eine der größten Pflaumen, stark und aufrecht wachsend, grünlichgelbes bis goldgelbes Fruchtfleisch, fest, leicht steinlösend, aromatisch, ertragreich. Selbstfruchtend.

18. Hanita, seit 1990, steht auf dem 1. Platz. Guter Geschmack, hohe, regelmäßige Erträge. Blüht schon am einjährigen Holz. Ausdünnen auf 40-50 Zwetschen/lfd. Meter. Reife Anfang September. Frucht groß, dunkelblau, saftig, süß, steinlösend. Für Frischverzehr, Konfitüre, Kuchen. Selbstfruchtbar. Wegen des Steilwuchses Erziehung mit Hohl- oder Tellerkrone oder als breiter Spindelbusch.

19. Spätzwetsche-Top reift 14 Tage nach der 'Hauszwetsche'. Robuster, recht gesunder Baum, selbstfruchtbar. Die großen Früchte sind saftig, würzigsüß, angenehm säuerlich.

Grüne Leimringe ohne Gefahr für Nützlinge

Mit Leimringen fängt man im Herbst und Winter die an Baumstämmen hochkriechenden, flugunfähigen Frostspanner-Weibchen. Dadurch wird vermieden, dass sie ihre Eier, je bis 300, an Triebspitzen und Knospen ablegen. Die im Frühjahr schlüpfenden grünen und braunen Spannerraupen würden Knospen, Blätter und Früchte befressen, mit erheblichen Schäden!

Nutzen Sie die umweltfreundliche Leimringaktion!

Besonders auf leichten Böden, in Eichen- und Waldnähe. Fertige Raupenleimringe wie fix-fertig oder Rekord sind selbst hergestellten vorzuziehen. Anfang Oktober anlegen. Um Obstbaumstämme (außer Pfirsich) nicht zu tief oder um Leitäste und Baumpfähle unterhalb der Bindung.

Wichtig ist, dass Leimringe bis Fe-

Der grüne Leimring schützt Nützlinge und soll die Frostspannerweibchen, die am Stamm hochkriechen, leimen. Dazu muss der Ring dicht anliegen. Prüfen Sie genau!

bruar fängig bleiben. Beachten Sie genau die Gebrauchsanleitung. Der Leimring muss dicht anliegen, hauptsächlich am unteren Rand. Die Enden greifen etwas übereinander und liegen gegenüber der Hauptwindrichtung, damit der Leimring nicht aufgebläht wird. Zuerst wird oben fest umbunden und nach dem Zurechtrücken auch unten. Zerklüftete Borke vorher glätten, Vertiefungen mit Lehm oder Knete ausfüllen. Sitz genau überprüfen, öfter kontrollieren. Angewehte Blätter und Schnee entfernen. Weibchen haben Flügelstumpen.

Im Gemüsegarten

Fruchtgemüse kommt zuerst vom Beet

Milde Tage treiben die Reife wärmeliebender Fruchtgemüse, wie Tomate, Bohne, Kürbis usw., noch voran. Nachtfröste dauern meist nicht lange und lassen sich abwehren. Danach gibt es oft noch schönes Wetter, das dem Fruchtgemüse bekommt.

Tomaten reifen an der Pflanze am wohlschmeckendsten aus. Gegen Nässe und Kühle bringt die „mitwachsende" Tomatenhaube, z.B. von Kiepenkerl, ausreichenden Schutz, so dass sich viele Früchte noch gehaltvoll ausbilden können. Hält die kalte Witterung jedoch zu lange an und droht Frost, dann hilft der Folienschutz nicht mehr. Über Mittag sind dann alle Früchte mit Stiel abzunehmen, möglichst in flache Kisten zu legen, mit klarer Folie zu umgeben und in einen warmen, hellen Raum zu stellen, wo die Umfärbung 3 bis 5 Wochen dauert, an einem kühlen Platz doppelt so lange.

Busch- und Stangenbohnen sind bis zum Frosteintritt abzuernten. Was zwischen Grün- und Vollreife liegt, kann man durch Sterilisieren haltbar machen. Für *Trockenbohnen* werden ausgereifte Pflanzen frostgeschützt zum Nachreifen aufgehängt.

Kürbis ist reif, wenn der Stiel einschrumpft und die Schale knackt, falls man sie mit dem Fingernagel eindrückt. Werden Fröste angesagt, ist Schutz erforderlich. Reife Kürbisse nimmt man mit Stiel ab, transportiert sie vorsichtig in einen Raum, der kühl und frostfrei ist, wo sie sich mehrere Monate halten.

Grüner Salat aus dem Garten

Kopf- und **Eissalat** halten sich gut unter'm Folienzelt. Letzteren jetzt mehr verwenden, auch **Winterendivie.** Ihre Blätter sind aber derber, so dass sie als Frostschutz auch eine Aufschüttung aus trocknem Laub, bis 5 cm hoch, vertragen. Ende Oktober sollten Endivien mit Wurzelballen aus dem Boden genommen und dicht an dicht in Torf frostgeschützt eingeschlagen und etwa alle 10–14 Tage gegossen werden. Sich noch bildende Herbstblättchen sind knackigfrisch und gelblich. – Bei einem anderen Verfahren legt man abgeschnittene Köpfe umgekehrt auf Beton, wo sie lange frisch bleiben.

Zusätzliche Anmerkungen

Erdbeerbeete sollten im Oktober, falls es an Regen fehlt, noch reichlich gewässert werden. Dadurch lässt sich ein beachtlicher Mehrertrag erzielen.

Blutläuse beziehen Winterquartier. Jungläuse, noch ohne weißen Wachsschutz, suchen am Stammgrund Schlupfwinkel auf. Eine Spritzung der befallenen Bäume, z.B. mit Neudosan AF, kann wirksam sein. Jede Blutlaus, die überwintert, bedeutet im nächsten Jahr eine Million Nachkommen. (Siehe Zehrwespe.)

Die **Hippe,** das gekrümmte Gärtnermesser, ermöglicht einen ziehenden, ebenen Schnitt. Nur die stark gekrümmte, schwere Hippe schneidet mit einem Ansatz ohne Quetschung, wovon keine Schere ausgenommen ist. Auch der Nachschnitt unzureichender Säge- und Scherenschnitte lässt sich mit der Hippe einwandfrei ausführen. Große Vorsicht ist aber geboten!

Weißer Polsterschimmel an Obst, als **Fruchtmonilia** bekannt, befällt nahezu alle Obstarten. Direkte Bekämpfung ist schwierig. Pilzsporen gelangen über die Blüten in die Früchte und wachsen beim Steinobst sogar durch Blütenstiele ins junge Holz, wo sie die gefürchtete Spitzendürre hervorrufen. In der Vegetationszeit gelangen Sporen durch Wunden in die Früchte. Moniliakrankes Obst deshalb entweder 50 cm tief vergraben oder in den Humusbereiter schütten. Spitzendürre Zweige bis ins gesunde Holz zurückschneiden, alsbald verbrennen.

Walnuss auf Schwarznuss (*Júglans nígra*). Diese Veredlungskombination, die nicht ganz so wüchsig ist wie Veredlungen auf *J. régia*, ist möglichst im Herbst zu pflanzen, da die Unterlage gute Winterfestigkeit besitzt und längere Zeit zum Anwachsen braucht. Als Pflanzbäumchen wähle man eine Nummern-Sorte (s. S. 143).

Frostempfindliche Obstgehölze, wie Pfirsich, Aprikose, Fruchtquitte, Walnuss auf *Júglans régia*, Brombeere, Weinrebe, kann man in günstigen Lagen auch im Herbst pflanzen. Dann sind aber die Gehölze in Langstroh, Schilf, Fichtenreisig mit Folienumkleidung einzupacken. Entfernung erst im April. Auch Baumscheiben brauchen eine dicke Laubdecke.

Baumbänder zum Anbinden junger Obstbäume aus festem Plastikmaterial verursachen leider Scheuerstellen, die Rindenkrankheiten zur Folge haben. Außer Kokosstricken eignen sich ausgediente Damenstrümpfe aus Kunststoff.

Zuckerhut-Salat, dem Fröste bis minus 8 °C nichts ausmachen, kann meist bis November im Garten bleiben. – Schikoreewurzeln zum Treiben Ende Oktober/Anfang November mit der Grabegabel im Boden lockern, etwas herausziehen und so belassen, bis Blätter welk sind. Wertvolle Stoffe fließen in die Wurzeln zurück. Jedoch nur dort zu empfehlen, wo das üppige Kraut nicht verfüttert werden kann.

Für Kohl ist gute Haltbarkeit wichtig

Bei Kohl auf leichteren Böden ist so zu ernten, dass die gesunden Wurzeln über Winter im Boden bleiben und ihre Nährstoffe bis zum Frühjahr größtenteils bewahren können. Von allen Kohlgewächsen ist **Blumenkohl** am kälteempfindlichsten, doch kann er bei mildem Oktober noch im Garten bleiben. Was bis Frosteintritt zurückgeblieben ist, kommt unter Folie, in einen Frühbeetkasten oder in den Keller in feuchte Erde. Diesmal mit Wurzeln. Bei genügend Licht wächst die Blume heran.

Obwohl späte **Rot-** und **Weißkohlsorten** geringe Fröste vertragen, ist es ratsam, bei Frostgefahr die untersten Blätter abzubrechen und über die Kohlköpfe zu decken. Sind stärkere Fröste zu erwarten, schneidet man die Köpfe so aus der Pflanze heraus, dass 2 bis 3 lose Blätter am Kopf verbleiben. Nach gutem Abtrocknen stapelt man sie im *Keller* in 3 bis 4 Lagen übereinander. In feuchten Kellern kann man die Köpfe auch an den Strünken aufhängen, dann bleiben alle Umblätter dran. In trocknen, wenig kühlen Räumen hat es sich bewährt, die Köpfe in gelochte Folienbeutel zu stecken. Auch das Einschlagen mit Wurzeln in feuchten Torf kommt in Frage. Überreife oder geplatzte Köpfe alsbald verbrauchen.

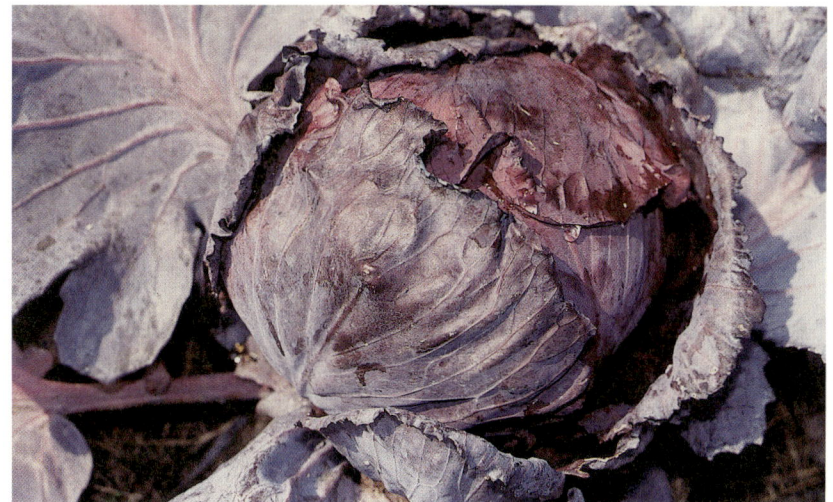

Rotkohl, der feste Köpfe bildet, lässt sich einige Monate lagern. Eine Sorte, wie z. B. 'Rodima F1', bringt auch einen guten Geschmack mit. Aussaat im April. Die Köpfe dürfen nicht die größte Festigkeit erreichen, sonst platzen sie leicht.

Lagern in Gräben mit Erde-Zwischenschichtung: Gräben 50 cm tief, bis 100 cm breit und beliebig lang machen. Hier hinein kommt der Kohl mit eingekürztem Strunk, Kopf nach unten. Hohlräume mit Gartenboden ausfüllen. Durch Zwischenschichten und Bedecken mit Erde kommt es zur Konzentration von Kohlendioxyd, das Fäulnis unterbindet. Weißkohl hält sich so vier Monate.

Wirsing früher Sorten wird am besten im Keller aufgehoben. **Winterwirsing** kann dagegen auf den Beeten bleiben (siehe hierzu S. 395).

Wird **Chinakohl,** der leichte Fröste verträgt, Ende Oktober hereingenommen, entfernt man schlechte Umblätter, wickelt die Köpfe einzeln in (Zeitungs)Papier ein, stellt sie dicht nebeneinander, damit sie nicht so rasch austrocknen.

Kohlrabi ist gegen Frühfröste weniger empfindlich als Kopfkohl, so dass die Ernte nicht drängt. Lagerfähig sind nur großknollige Spätsorten. Knollen kommen ohne Laub und mit Strunk, der mit einer Gartenschere

eingekürzt wird, in den Keller, wo sie sich in trockenem Sand gut halten. Bewährt hat sich auch der *Grabeneinschlag im* Freien. Man sticht einen schmalen, 15 cm tiefen Graben, schlägt die Knollen mit Wurzeln und ohne Blätter ein, bedeckt sie handbreithoch mit Erde, bei stärkerer Kälte noch mit trockenem (Walnuss-)Laub. – Knollen von 'Superschmelz' kann man in gelochten Folienbeuteln kühl lagern und in Etappen verwerten.

Bei **Rosenkohl** von Herbstsorten beginnt die Ernte, sobald die unteren Röschen entwickelt sind. Dabei werden lockere und angefaulte „Rosen" entfernt. Jede weitere Pflücke kann 2–3 Wochen später erfolgen. Abgeerntet wird jedesmal bis zum Ansatz der großen Blätter. Auf Vorrat gepflückte Röschen friert man ein.

So bleibt Wintergemüse lange haltbar

Lagergemüse, das leichte Fröste teilweise verträgt, kann in vielen Gebieten bis Ende Oktober oder Anfang

November im Freien bleiben, um gut auszureifen. Treten plötzlich Nachtfröste auf, bieten Frostschutz-Vlies-Folientunnel bis minus 5 °C oder Doppelfolie bis minus 10 °C hinreichend Schutz. Ganz wichtig ist, dass Lagergemüse im Herbst nicht zu früh geerntet wird, sondern ausreifen kann. Geerntet wird bei frostfreiem, möglichst trockenem Wetter in der Zeit von 13–15 Uhr, da dann der Nitratspiegel nicht zu hoch liegt, Kopfkohl vor Wurzelgemüse. Gegen 9 Uhr ist leichter Bodenfrost meist verschwunden, und das Gemüse wieder aufgetaut. Nur so darf es geerntet werden. Vormittags geerntetes Gemüse soll noch am selben Nachmittag in abgekühltem Zustand ins Winterlager gebracht werden. Bleibt Gemüse zu lange draußen in Haufen liegen, so erwärmt es sich zu stark und verliert an Haltbarkeit.

Zur Gemüseeinwinterung eignet sich ein kalter, frostsicherer, nicht zu trockener **Keller,** der lüftbar ist, notfalls auch die Laube. Ein Frühbeetkasten ist weniger zu empfehlen, da er durch Krankheitskeime verseucht wird. Günstig ist eine Lagertemperatur von 0–1 °C. Ist es wärmer, so muss gelüftet werden, tags oder nachts. Kellerräume in jedem Herbst desinfizieren, z. B. mit Dimanin A spezial.

Möhren sicher durch den Winter bringen

Bevor Sie das Wurzel- und Knollengemüse zur frostsicheren Einlagerung aus dem Boden nehmen, kann noch einiges getan werden, um den **Nitratspiegel** erheblich zu **senken.** Düngen Sie den Boden die letzten 10 Tage nicht mehr, unterlassen Sie auch jede Bodenlockerung und wässern Sie etwas stärker als bisher, um den mobilen Nährstoffvorrat des Bodens so rasch wie möglich zu verbrauchen.

Möhren wie 'Sperlings Laila' kann man noch im Herbst ernten. Die Sorte ist abgestumpft, glattschalig und 20 cm lang. Sie hat einen hervorragenden aromatisch-süßen Geschmack.

Warten Sie ein paar sonnige Tage vor der Ernte ab, damit die Nitratverarbeitung in der Pflanze rasch abläuft. Auch am Erntetag sollte die Sonne scheinen. Stechen Sie dann morgens entlang des zu erntenden Wurzel- und Knollengemüses an einer Seite die Saugwurzeln ab und drücken Sie die Reihe etwas hoch, damit weitere Saugwurzeln abreißen. Damit wird die Nitrataufnahme aus dem Boden gestoppt und gespeichertes Nitrat noch tüchtig verbraucht. Mit der Ernte muss deshalb bis zum Nachmittag gewartet werden. So erreichen Sie eine deutliche Senkung der Nitratwerte. Vor Frostbeginn sollte die Ernte abgeschlossen sein.

Mohrrüben, die wenig Nitrat mitbringen sollen, erntet man erst, wenn sich das *Laub rotbraun* verfärbt. Ist die Reife bis zum Frosteintritt noch nicht erfolgt, dann hilft das *Übertunneln* bis weit in den November hinein.

Leicht zu **ernten** sind Möhren *mit Hilfe einer Grabegabel.* Man tritt sie frühmorgens an je einer Seite der Reihen, nicht zu nahe, in den Boden, drückt sie behutsam nach außen und lockert dadurch den Boden, so dass

die meisten Saugwurzeln abreißen. Gegen 15.00 Uhr, auch wenig früher, zieht man sie heraus. Kraut sofort abdrehen. Feuchter Boden vom Vortage erleichtert die Ernte.

Überwinterung kühl, frostfrei, luftfeucht. Am meisten leiden Möhren durch *Trockenheit und Mäuse.* Deshalb wird empfohlen, die grobgesäuberten Wurzeln zusammen mit feuchtem Torf in mäusesichere Gefäße einzuschichten, also nicht in Holzkisten. Torf eignet sich besser als Sand, da jener nicht so leicht austrocknet und fäulnishemmend wirkt. Nach einigen Wochen Torf wieder durchfeuchten.

Ein Verfahren zum *Ausprobieren:* Möhren waschen, bürsten, ab- und nachtrocknen, in einen **Steintopf** einschichten, diesen mit Zeitungspapier zubinden und kühl stellen. Bei Mäusegefahr zusätzlich Fliegendraht verwenden.

Fehlt ein geeigneter Raum, so ist Überwinterung in einer 20–30 cm tiefen und breiten **Grabenfurche** an schattiger Stelle im Garten leicht möglich. Die Möhren werden nur grob gesäubert, mit Torf durchsetzt, portionsweise in Fliegendraht abgepackt und im Graben mit Erde beworfen. Hat man schweren Boden, so legt man vorher auf die Grabensohle Latten und Zweige als Dränage. Gegen stärkere Fröste schützt man die Stelle durch wallartige Erdaufschüttung und Bedecken mit Stroh und Falllaub, besonders vom Nussbaum.

Hat man keine Mäuse im Garten, können Möhren (zum Teil) *im Beet* bleiben. Kraut abschneiden, ausbreiten. Bei Frostgefahr Falllaub bis 30 cm hoch aufschütten.

Späte Ernte fürs übrige Lager-Wurzelgemüse

Rote Rüben sind erntereif, wenn die Blätter zu altern beginnen. Derart ausgereifte Rüben halten sich gut im Kellereinschlag und verlieren nicht an Geschmack. Beim Ernten darauf achten, dass die Hauptwurzel nicht beschädigt wird. Abgeschnitten wird sie erst nach dem Kochen, auch schält man die Rüben dann, um Saftverlust zu vermeiden.

Knollenfenchel verträgt zwar Frost, doch sollte er vor Frostbeginn geerntet werden. Die Standzeit auf dem Beet lässt sich nur verlängern, wenn man die Knollen mit trockenem Sand bedeckt oder einen Folien-Doppeltunnel über die Pflanzen setzt. Bei der Ernte Wurzel unter der Knolle kurz abschneiden, Blattstiele auf 10 cm kürzen, Herzblättchen erhalten. In kühlem Einschlag bis acht Wochen haltbar.

Rettiche sind frostempfindlich. Damit sie sich im Einschlag recht lange halten, kommen sie sofort in Gefäße mit Gartenboden, den man feucht hält. Schwarze Rettiche können unter einer dicken Laubdecke auch im Boden bleiben.

Schwarze Rettiche halten sich im Boden unter einer dicken Laubschicht den ganzen Winter über frisch, doch darf man keine *Mäuse* im Garten haben.

Sellerieknollen dürfen keinen Frost bekommen. Die Wurzeln werden abgeschnitten, die Blätter mit Ansatz sauber entfernt. Gesunde Blätter kann man für Würzzwecke verwenden. Knollen mit Herzblättchen werden in Sand eingeschlagen und lagern am besten kühl.

Freigewordene Flächen einebnen, ohne den Boden tief zu bearbeiten und mit Ernteabfällen bedecken. Falls erforderlich, wird vorher gekalkt. Günstig wirkt sich Kohlensaurer Magnesiumkalk der Sorte Dolomit (z. B. von Euflor) aus. Jährlich sind davon je Quadratmeter erforderlich: Sandböden 50, mittlere Böden 100, schwere Böden 150 g, macht auf 100 m² 5, 10 oder 15 kg. Wird nur alle drei Jahre gekalkt, ist die dreifache Menge erforderlich. Schwere Böden kann man zu dieser Jahreszeit noch gründlich bearbeiten, ohne dass mit Nährstoffauswaschungen zu rechnen ist. So kann der Boden bereits fürs Frühjahr saatfertig gemacht und bedeckt werden.

Von den **Gelben Kohlrüben** (Wruken) werden die Blätter mit einem 1 cm hohen Rübenteil abgeschnitten und die Wurzeln stark eingekürzt.

Wintergemüse bleibt auf den Beeten

In älteren Gartenbüchern findet sich der Rat: Gemüsebeete vor dem Frost restlos räumen, tief umgraben und in rauer Scholle über Winter offen liegen lassen. Aus heutiger Sicht ist das nicht mehr vertretbar. Es kommt zu stärkerem Abbau der Nährstoffvorräte im Boden, die dann im Laufe des Winters zu 50 bis 75% versickern und das Grundwasser belasten. Außerdem werden die Bodenschichten durcheinander gebracht, was sich für das Bodenleben nachteilig auswirkt, besonders auf leichten bis mittelschweren Böden. Die auch heute noch oftmals gemachten Fehler lassen sich wie folgt vermeiden.

1. Gemüsebeete sollten möglichst viel **winterhartes Gemüse** tragen, um Nährstoffe im Boden über Winter zu binden. Bleiben die Wurzeln bis zum

Wirsingkohl 'Endenicher Advent', eine winterharte Sorte mit grünen, krausen Umblättern. Nach der Aussaat im August kann jetzt gepflanzt werden. Kleine Ernten ab Advent.

Frühjahr aktiv, speichern sie viele Nährstoffe, die dann den Folgekulturen zur Verfügung stehen, so dass in den meisten Fällen auf eine Grunddüngung im Frühjahr verzichtet werden kann. Auch an Humus mangelt es dann meist nicht.

2. Durch die moderne **Tiefenbearbeitung** mit dem Bio-Bodenlüfter oder Sauzahn bleibt die natürliche Schichtung abgeräumter Beete erhalten. Diese Bearbeitung darf jedoch erst im Frühjahr erfolgen und ist im Herbst völlig fehl am Platz. Denn jede Bodenbearbeitung regt das Bodenleben zur Tätigkeit an, also zu früh.

3. **Freigewordene Beete** sollten alsbald noch mit Wintergemüse oder Gründüngungspflanzen eingesät bzw. bepflanzt werden. Offen sollte keine Fläche unbebaut liegen bleiben. Notfalls bedeckt man sie mit Grünabfällen, schwere Böden auch mit Grobkompost, nicht aber leichte bis mittlere Böden, da hier die Nährstoffauswaschung besonders groß ist.

4. Ausdauernde **Küchen- und Heilkräuter,** die meist zu den Wildstauden gehören, sollten im Herbst nicht zurückgeschnitten werden. Einmal ist es nicht ratsam, zu so später Jahreszeit das nitratreiche Kraut noch zu ernten. Bleiben die Pflanzen ungeschnitten, behalten sie auch ihre Wurzeln und speichern viel Nährstoffe, die dadurch vor dem Versickern bewahrt werden.

5. Nach **Winterernten** sollten die Wurzeln im Boden bleiben; durch sofortige Bodenbedeckung lassen sich die meisten Nährstoffe noch in Reserve halten. Bei Schwarzwurzeln und Pastinaken bleiben lediglich die Faserwurzeln zurück. Je später die Ernte im Winter erfolgt, desto mehr verschiebt sich auch ihr Abbau, wodurch Nährstoffe löslich werden und versickern. Säen Sie jetzt noch auf freie Flächen Feldsalat, Spinat, Mangold, Winterportulak und Barbarakraut ein, in milden Lagen geht das auch noch Anfang Oktober in etwa 20 cm ent-

fernte Reihen. Damit der Boden gut durchwurzelt wird, besteht die Möglichkeit, die Zwischenstreifen für Frühlings-, Schalotten- und Überwinterungszwiebeln zu nutzen. Auch Schalotten vertragen den Freilandaufenthalt im Winter. In der Reihe hält man 15 cm Abstand. Mit gleichem Abstand kommt Knoblauch 5 cm tief in den Boden.

Wo **Salate und Spinat** zwischen Kohl gesät werden, was für die Bodenausnutzung günstig ist, so sind beschattete Pflanzen der menschlichen Ernährung nicht zuzuführen, da die **Nitratbelastung** ungünstig hoch liegt. Nach dem Aberntten der Röschen und Köpfe erhält auch die Untersaat reichlich Sonne, so dass jene für unsere Ernährung dann möglich ist. Sonst sollte man Spinat usw. als Gründüngungspflanze ansehen. Und noch ein Tip: Ernten Sie im Winterhalbjahr nur an milden, sonnigen Tagen in den frühen Nachmittagsstunden.

Zusätzliche Anmerkungen

Unkrautbeseitigung und Bewässerung gehören im Oktober noch zu den üblichen Pflegemaßnahmen im Gemüsegarten. Auf schwerem Boden kommt Lockerung hinzu. Wenn verkrautete Brache über Winter nicht weiter genutzt wird, ist es besser, der Wildwuchs bleibt bis zum Frühjahr stehen (zur Nährstoffkonservierung).

Ernterückstände und abgestorbene Pflanzenteile, die laufend zu beseitigen sind, kann man nicht nur kompostieren, sondern auch zur Bodenbedeckung nutzen. Solche Böden verlieren über Winter verhältnismäßig wenig Nährstoffe aus der organischen Reserve. (Siehe Flächenkompostierung S. 313.)

Adventswirsing wird in milden Lagen im Oktober gepflanzt. Da nur kleine Köpfe gebildet werden, genügen Abstände von 50 x 25 cm. Mit der Ernte ist im Mai/Juni zu rechnen. Bei engerer Pflanzung lässt sich bereits vor der Kopfbildung ein vitaminreicher Schnittwirsing gewinnen. Bei wechselndem Winterwetter ist Reisigschutz erforderlich.

Schnittlauch zum Treiben ist nur dann geeignet, wenn von ihm längere Zeit nicht geschnitten wurde. Vor Frosteinbruch roden, durchfrieren und abtrocknen lassen. Ab Dezember und in den Wintermonaten bringt man jeweils ein Teil in einen überdachten Raum zum Auftauen, gibt ihn in ein Wasserbad von 30 °C und topft nach 12 Stunden ein. 1 bis 2 Töpfe kommen sofort ans sonnige Fenster, damit der Nitratspiegel niedrig bleibt; die anderen hält man kühl.

Wintererbsen können Mitte Oktober wie übliche Markerbsen gesät werden, Reihenabstand 15–30 cm. Die Erntezeit wird gegenüber Frühjahrsaussaat um 6–14 Tage vorverlegt. Die Samen keimen noch im Herbst, überwintern mit kleinen Trieben, vertragen Frost bis minus 12 °C und verzweigen sich im Frühjahr stark. Wuchshöhe der Sorte 'Sperlings Winfrida' 50 cm, Reife bis Mitte Juni. Sehr ertragreich.

Knollen der Topinambur können ab Oktober geerntet werden, alle auf einmal oder in Raten, da sie völlig frosthart sind. Im Gartenboden bleiben sie besonders frisch. Man schneidet die Stengel über dem Boden ab und bedeckt ihn dick mit trocknem Laub. Bei Bedarf kann dann geerntet werden. Auf Wühlmäuse achten!

November

Herbstlaub ist nutzbar und schön bunt zugleich. Mit vielen Farben verabschiedet der Maler Herbst die sommergrünen Gehölze. Holen Sie sich einzelne in Ihren Garten!

Allgemeines

Herbstlaub hat Goldwert für den Garten

Die jetzt von Bäumen und Sträuchern zu Boden fallenden Blätter lassen sich vielfach nutzen. Zwischen Gehölzgruppen und unter Hecken sollte Herbstlaub als natürliche **Bodenbedeckung** liegen bleiben. Sie schützt vor allem die Wurzeln vor zu frühem und tiefem Eindringen des Frostes und vermindert stark die direkte Wasserverdunstung. Gegen unerwünschte Laubverwehungen kann man etwas Reisig darüberdecken oder Gartenboden streuen. Viele Bodendeckpflanzen im Gehölzbereich „schlucken" das Fallaub ohne Bedenken. Im Laufe des Winters und Frühjahrs vollzieht sich der Abbau, so dass Nähr- und Humusstoffe an den Boden zurückgegeben werden. Das hilft Dünger sparen.

Was um die Stauden herum, auf den **Rabatten** und im **Steingarten** an Herbstlaub zusammengeweht ist, kann ebenfalls liegen bleiben. Nur Pflanzen mit frischgrünen Blattrosetten, wie Madonnenlilie, Fingerhut, Königskerze u. a., dürfen nicht unter nassem Laub überwintern, sie könnten ausfaulen. Auf Schwarzwurzel- und Porreebeeten hält eine dicke Laubdecke den Boden frostfrei. Fallaub auf dem Rasen, zwischen Beetrosen und auf Wegen kehrt man zusammen (Experten warnen vor **Laubblasgeräten**: Gefahr durch Keime!) und setzt einen Laubhaufen auf, den Tiere nutzen.

Gewisse Vorsicht ist bei **Obstbaumlaub** geboten. An ihm haften meist Erreger verschiedener **Pilzkrankheiten,** deren Sporen hier den Winter überdauern und im Frühling das junge Grün infizieren. Vielfach wird deshalb empfohlen, solches Laub unter Zusatz von Spezial-Kalkstickstoff sachgemäß zu kompostieren, unterzugraben oder aus dem Garten wegzuschaffen. Letzteres bedeutet jedoch den Verlust wertvoller organischer Stoffe. Über Winter kann Obstbaumlaub im Freien offen liegen bleiben. Den Wurzeln bietet es einen ausgezeichneten Schutz. Im Frühjahr muss man es jedoch beizeiten in offenen Boden einarbeiten, also völlig bedecken, oder kompostieren. Wird es dem üblichen Komposthaufen zugesetzt, muss es in der Mitte untergebracht und mit Spezial-Kalkstickstoff und etwas Erdboden bestreut werden.

Fallaub in größerer Menge kann man auch für sich kompostieren und nach rund 18 Monaten gute Blumentopferde gewinnen. Wer sich einen solchen Laubkomposthaufen zulegen will, berücksichtige, dass Herbstlaub stickstoffarm ist und für den Verrottungsprozess stickstoffhaltige Zusätze braucht, damit die Verrottung gut in Gang kommt. Außerdem ist zu beachten, dass Laub nicht zu dicht liegt. Deshalb empfiehlt es sich, Schichten von 5 cm Stärke mit 100 g/m² Hornspänen, Horngrieß oder Spezial-Kalkstickstoff zu überstreuen und mit Erde leicht zu bedecken. Günstige Höhe des Laubkomposthaufens 75 cm. Jede Schicht wird bei Bedarf gut durchfeuchtet. Abschließend erhält der Haufen Schutz durch Schwarzfolie, die gelocht oder geschlitzt sein sollte, wodurch sich die Feuchtigkeit auf natürliche Weise reguliert. Hartlaubige Blätter möglichst schreddern. Im Mai des nächsten Jahres sollte einmal umgesetzt werden. Dabei sind alle Bestandteile gut zu vermischen; der Haufen wird wiederum mit Schwarzfolie bedeckt. Nach einem weiteren Jahr steht reife Balkon- und Topferde zur Verfügung. Man lasse dann vor Verwendung Sonne auf die Erde einwirken, damit sich die restlichen Regenwürmer in den kühlen Boden zurückziehen.

Kalkmangel im Herbst beheben

Die Fruchtbarkeit der Gartenböden hängt in erster Linie vom zusagenden Gehalt des Kalkes oder Calciums ab. Jedes Zuwenig oder Zuviel an Calcium ist nachteilig für Boden und

BODENREAKTION UND PH-WERTE (VEREINFACHTE DARSTELLUNG)

Bodenreaktion	pH-Wert	günstiger Reaktionsbereich	Pflanzen
	7,5		
neutral	7	schwerer Boden pH 6,5–7	für die
	6,5	mittelschwerer Boden pH 6–6,5	meisten
schwach sauer	6	leichter Boden pH 5,5–6	Gartenpflanzen
	5,5		
sauer	5		für Rhododendron
	4,5	saurer Humusboden pH 4–5	und andere
stark sauer	4		Moorbeetpflanzen
	3,5	(Düngetorf pH 3,5)	
sehr stark sauer	3	(Hygromull Holzhäcksel, Sägemehl pH 3)	

Pflanze. In zweiter Linie sind dann Humus, die übrigen Hauptnährstoffe, Neben- und Spurennährstoffe zu berücksichtigen. Nur bei ausreichendem Kalk können die übrigen Nährstoffe gut genutzt werden. Somit ist Kalk der Schlüssel zum Erfolg.

Der Spätherbst ist die günstigste Zeit, den Calciumgehalt zu überprüfen. Hierfür bietet der Fachhandel den Calcitest an. Als Maßeinheit hat die Wissenschaft den pH-Wert eingeführt. Für starksaure Böden gilt pH 4, für saure 5, schwachsaure 6, neutrale 7, alkalische (mit Kalküberschuss) ab pH 8. Während sich Heide- und Moorbeetpflanzen im pH-Bereich 4–5 wohlfühlen, brauchen die meisten Kulturpflanzen im Nutz- und Ziergarten schwachsauren bis neutralen Boden (pH 6–7). Auf leichteren Böden ist der schwachsaure, auf schweren der neutrale Bereich zu bevorzugen. Schwerere Böden erfordern also mehr Kalk als mittelschwere bis leichte Böden.

Die Bezeichnung pH leitet sich her vom Gewicht *(pondus)* der freien Wasserstoff-*(Hydrogenium-)*Ionen in 1 Liter Bodenlösung. Gewichtsmäßig sind das nur Bruchteile eines Gramms, die der Wissenschaftler durch die Grundzahl 10 mit negativer Hochzahl ausdrückt (z.B. 10^{-7}, 10^{-6} usw.) Diese Hochzahlen sind die pH-Werte.

Aus der Übersicht geht hervor: In mittelschwerem, lehmig-sandigem bis sandig-lehmigem Boden finden bei schwachsaurer bis neutraler Reaktion (pH 6–7) die meisten Gartenpflanzen günstige Entwicklung, auf leichten, sandigen Böden bei pH 5,5–6,5, auf schweren Lehm- oder Lössböden bei pH 6,5–7,5. Für Humuswurzler (Moorbeetpflanzen) wie Rhododendron und viele andere Heidekrautgewächse ist pH 4–5 günstig. Mit Torf (Düngetorf) lässt sich Kalk binden und der Boden ansäuern.

Obwohl man in Gärten mit humusreichen Böden den Kalkhaushalt nicht so wichtig zu nehmen braucht wie in der Landwirtschaft mit ihren humusarmen Flächen, ist es doch ratsam, auch im Garten die Bodenreaktion alle 2–3 Jahre im Herbst zu kontrollieren und den Pflanzen anzupassen, zumal Kalk die Krümelstruktur und das Pufferungsvermögen verbessern hilft.

Ist die unterste Grenze erreicht oder unterschritten, dann sollte aufgekalkt werden *(Erhaltungskalkung)*. Stark vernachlässigte Böden, die säurekrank sind, brauchen, um zu gesunden, größere Kalkmengen, die im Laufe von 2–3 Jahren gegeben werden *(Gesundungskalkung)*.

Zur Anhebung des pH-Wertes um eine Stufe ist eine bestimmte Kalkmenge erforderlich, deren Höhe von der Bodenart und dem Kalkdünger abhängig ist und der nachstehenden

Der Kalkzustand des Bodens lässt sich mit Hilfe eines Calcitests leicht ermitteln. Danach können Sie den benötigten Kalk, z.B. in Form von Azet-VitalKalk oder Kohlesaurem Kalk, ausstreuen.

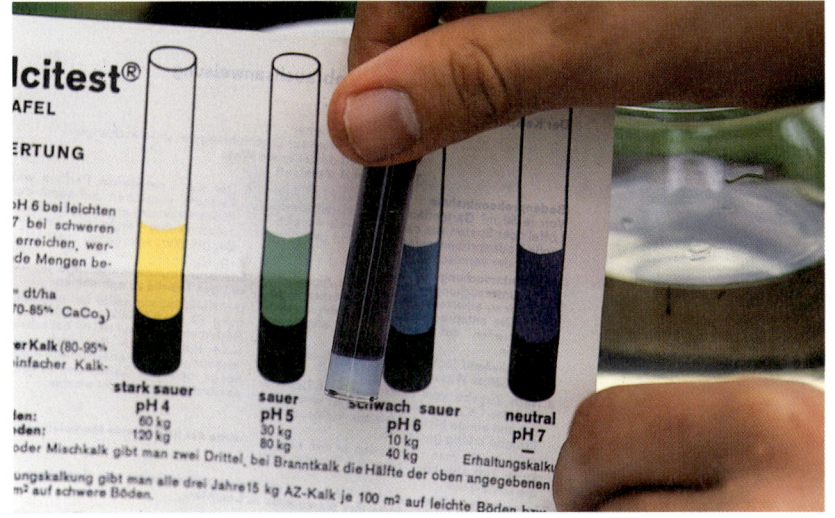

Übersicht entnommen werden kann, wobei es sich um mittlere Werte handelt.

„Primus Calcitest" enthält 10 Test-Tabletten, 1 kleines Reagenzglas, 1 Fläschchen destilliertes Wasser, 1 Farbtafel. Bodenproben beschafft man sich aus dem Garten. Jeweils von einer Fläche bis 50 m² entnimmt man aus 20 bis 50 cm Tiefe mehrere gleichgroße Teilproben und vermischt sie miteinander. Die Bodenreaktion ermittelt man mit 6 weiteren Schritten:

1. In das Gläschen 1 cm hoch Erde einfüllen.

2. Hinzugießen 2 ml destill. Wasser, bis zur Gesamthöhe 2,5 cm.

3. Eine Calcitest-Tablette in das Glas geben.

4. Glas mit einem Finger verschließen und einige Minuten kräftig schütteln, bis zur Auflösung der Tablette.

5. Danach lässt man den Boden in der Lösung absetzen, bis diese klar ist, was etwa drei Minuten dauert.

6. Der sich einstellende Farbton wird mit der Farbtafel verglichen. Bei Zwischentönen lassen sich die Werte leicht schätzen. Der so ermittelte pH-Wert entspricht der Bodenreaktion.

Ziel der Kalkung auf leichten Böden sollte pH 6 sein, auf mittleren 6,5, auf schweren wenigstens 7. Für die verschiedenen Kalkdünger ergibt sich dann folgende Übersicht:

Für alle humushaltigen Gartenböden mit und ohne Pflanzenwuchs am besten geeignet ist ein **milder Kalk-dünger,** wie Azet-Vitalkalk, kohlensaurer Kalk, Hüttenkalk, Konverterkalk, Korallenkalk. Ist ein solches Produkt nicht erhältlich, so kann ausnahmsweise auf *Mischkalk* ausgewichen werden. Gemahlener *Branntkalk* sollte dagegen nur auf schweren, rohen Lehm- bis Tonböden verwendet werden, auch für eine Untergrunddüngung. Die genannten Mengen können auf einmal gegeben werden.

Bei gleichzeitigem Magnesiummangel ist kohlensaurer *Magnesiumkalk* zu bevorzugen, wie Biokalk-Granulat oder Nordweiß-Perle-Gartenkalk.

Nach dem Ausstreuen soll Kalk alsbald in die oberste Schicht (Krume) eingearbeitet werden, damit er über Winter auf den Boden wirken kann. *Kohlensaurer Kalk kann auf der Oberfläche liegen bleiben,* da er den Boden weder verschmiert noch verkrustet. Man kann ihn sogar auf Schnee streuen. *Branntkalk ist nur bei trockenem Boden auszustreuen und noch am selben Tag unterzugraben.*

Kieselsaure Kalke (in Hütten-, Konverter- und Thomaskalk, Thomasphosphat und Th-Mischdüngern) wirken mild, schnell und nachhaltig, können auf allen Böden Verwendung finden, wegen der zahlreichen Spurennährstoffe besonders aber auf leichten Böden, die vielfach Nährstoffmangel aufweisen.

Erfordert die pH-Messung höhere Gaben, so sollten z. B. bei AZ-Kalk auf leichtem Boden 30 kg, auf schwerem 60 kg/100 m² im selben Jahr nicht überschritten werden. Um das pH-Ziel zu erreichen, wird der Mehrbedarf in den folgenden Jahren ausgebracht.

Nicht gegeben werden darf Kalk mit Stallmist, Jauche, Gülle, ammoniakhaltigen Düngern, da dann Nährstoffverluste eintreten. Wird Mist jedoch untergegraben, kann man Kalk auf den Boden streuen.

Bei reichlicher Verwendung von **Frischkompost** braucht man den Garten nur noch alle 4 Jahre mäßig zu kalken, mit etwa 100–200 g/m² Reinkalk. Für **Kohlgewächse** empfiehlt sich, eine Gabe Spezial-Kalkstickstoff 3 cm tief einzumischen.

Bodenbearbeitung durch Rigolen

In verwilderten Gärten oder auf verunkrautetem Öd- oder Brachland, wo man eine gepflegte Anlage schaffen will, steht die **Beseitigung der Unkrautnarbe** und der in Massen ausgestreuten Unkrautsamen im Vordergrund. Wollte man sich hier mit üblichem Graben, einen Spatenstich tief, begnügen, dann würden bereits beim nächsten Umgraben unzählige Unkrautsamen wieder an die Oberfläche kommen und günstige Keimbedingungen erhalten. Um dies zu verhüten, ist eine andere Bearbeitungsweise nötig, das Rigolen.

Hierunter versteht man *ein 3 Spatenstiche tiefes Umsetzen des Bodens.* Dabei wird die Unkrautnarbe versenkt, so dass sie nicht wieder in die Kulturschicht gelangen kann. Selbstverständlich muss man beim Abheben der Unkrautschicht sehr sorgfältig arbeiten, damit möglichst wenig Unkrautsamen auf den darunter befindlichen Mutterboden fallen.

Das Land wird (Abb. 1) in Streifen von 50–75 cm Breite eingeteilt. Die

AUFKALKUNG UM 1 PH*

Bodenart	Azet-VitalKalk	Hüttenkalk	kohlensaurer Kalk	Mischkalk	Branntkalk
leicht	25	20	22	16	–
mittel	50	40	44	32	–
schwer	75	60	66	48	37,5

*Mengen in kg/100 m²

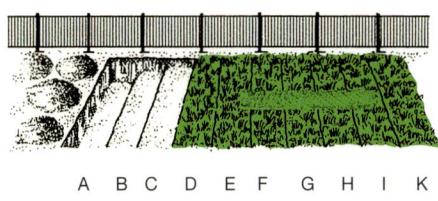

A B C D E F G H I K

1 *Rigolen*

Arbeit beginnt mit dem Auswerfen des Bodens von Streifen A auf 75, B auf 50 und C auf 25 cm Tiefe. Man lagert die einzelnen Bodenschichten getrennt, bei a die *Unkrautnarbe*, b den *Mutterboden*, c die *Ausgleichsschicht*, d die *Unterschicht*. Aus Abb. 2, die einen senkrechten Bodenschnitt zeigt, ist das stufenförmige Abtragen der Streifen A, B und C, durch gestrichelte Linien dargestellt, zu erkennen.

Der Fortgang des Rigolens wird in Abb. 2 durch Pfeile verdeutlicht. Die Unkrautnarbe a des Streifens D kommt auf die Grabesohle des Streifens A. Darauf verlagert man durch stufenweises Abtragen Boden des Untergrundes (d), der Ausgleichsschicht (c) und des Mutterbodens (b). Arbeitsvorgänge 2, 3 und 4 wiederholen sich, bis die Grabensohle B für die Unkrautnarbe frei ist. So arbeitet man bis zum Streifen (K). Den dann fehlenden Boden holt man vom ersten Aushub und fügt ihn in die entsprechende Schicht ein.

Zur **Tiefenlockerung** braucht der erste Streifen nur 50, der zweite 25 cm tief ausgehoben zu werden. Unter-

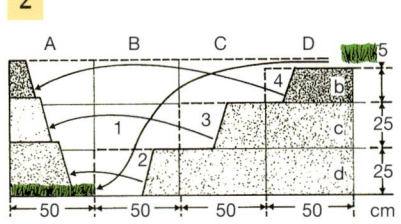

2

A   B   C   D

Arbeitsschritte beim Rigolen.

grundschicht lockert man an Ort und Stelle, Ausgleichsschicht und Mutterboden bleiben in derselben Höhe und kommen gewendet auf gelockerten Boden.

Durchgreifende Bodenverbesserung

Leichte oder schwere Gartenböden bringen aufgrund ihrer schlechten Struktur keinen zufriedenstellenden Pflanzenwuchs hervor und bedürfen deshalb der Verbesserung. Im Herbst, nach dem Abräumen der Beete, hat man beim Graben die beste Gelegenheit, Strukturmängel solcher Extremböden durchgreifend zu beheben, zugleich in der Unterschicht.

Schwere, lehmig-tonige Böden sind zu dicht, zu nass, nicht durchlässig genug, unzureichend durchlüftet und damit zu kalt. Sie lassen sich nur schwer bearbeiten. Humusbildende Stoffe allein reichen nicht aus.

Für Strukturverbesserung und gleichzeitiger Gesundung schweren Bodens sorgt einmal der Branntkalk durch Krümelbildung. Bei einem pH-Wert von beispielsweise 6 kann mit 500 g/m² (Höchstmenge) bis pH 7,2 aufgekalkt werden. Gestreut wird auf die schrägen Schollen und in die verbreiterte Grabefurche. Darauf kommt scharfer (Fluss-) Sand- oder Neudorfs Urgesteins-Mehl, 100–500 g/m². Sofort einarbeiten in die Unterschicht mit Sauzahn oder durch Umgraben. Genauso macht man es mit den Folgereihen. Nach Abschluss der Grabearbeit: Steige und Beete abstecken; diese intensiv mit Sauzahn bearbeiten, harken, je m² 100 g FulHumin-Dauerhumus und 75 g Fertofit-Garten-Dünger eingrubbern. So überwintert der schwere Boden; im Frühjahr ist er saatfertig, nachdem noch einmal geharkt wurde, ohne die Erde stark zu verschieben.

Leichte, sandige Böden sind wohl gut durchlüftet, doch fehlt es oft an Wasser und Nährstoffen. Sie lassen sich jederzeit leicht bearbeiten und erwärmen sich rasch. Durch Zusätze kommt es darauf an, den Boden bindiger zu machen, damit er für die Wurzeln Wasser und Nährstoffe länger bereithält. Humusbildende Stoffe sind stets sehr vorteilhaft, werden aber rasch abgebaut. Nachhaltiger wirken mürber, durchgefrorener *Lehm* bzw. *lehmhaltiger Boden*.

Zunächst den Kalkgehalt testen. Von pH 5–6 sind je m² 250 g AZ-VitalKalk oder 220 g kohlensaurer Kalk nötig, den man auf die Schollen streut. Darauf lehmigen Boden oder Bentonit-Sandboden-Verbesserer. Unter Laub überwintern. Im Frühjahr abharken. Beete mit FulHumin und Fertofit versorgen. Alles mit Sauzahn mischen.

Mäuse drängen in die Gärten

Unter Gehölzen und auf Staudenbeeten entdeckt man jetzt oft röhrenförmige Löcher. Zweifellos schlüpfen hier Mäuse ein und aus. Während *Wühlmäuse* jedes Loch in ihrem Gangsystem sorgfältig verschließen, halten *Feldmäuse* ihre Ein- und Ausläufe offen. Tritt man die Löcher zu, so sind bewohnte Gänge oft schon am nächsten Tag wieder geöffnet. Zum Schutz der Pflanzen ist etwas zu unternehmen.

In jedes Loch werden für Feldmäuse nur einzelne Giftkörner ausgelegt, schon zwei sind tödlich für eine Maus. Außerdem empfiehlt es sich, ungefährliche, für Mäuse aber giftige *Futterstellen* anzulegen, vor allem in der Nähe junger Bäume; denn mit Vorliebe nagen Feldmäuse die *Rinde am Stammgrund* ringförmig ab, so dass Bäume eingehen. Auch sonst sind solche Plätze angebracht. Giftkörner werden hier in Hohlsteine oder enge Dränageröhren geschoben,

Zusätzliche Anmerkungen

Kompostbehälter, die rattensicher sind, nun für den Winter frei machen. Siloinhalt eignet sich zum Bedecken der Abfälle im Komposthaufen. Leeren Behälter wie den Thermo-Komposter „Handy 230 l" in Küchennähe stellen. Er ist mäuse- und rattensicher und eignet sich zur Aufnahme organischer Küchenabfälle, aber auch von Zeitungspapier.

Katzen und Hunde lassen sich von Mitte Mai bis zum Herbst mit der „*Verpiss-dich*"-*Pflanze*, einer fremdländischen Buntnessel, von Freibrütern, Vorgärten, Beeten usw. fernhalten. Der verströmte Duft der Nessel wird von Hund und Katze in einem Umkreis von ein bis anderthalb Metern als sehr unangenehm empfunden, von Menschen etwas beim Reiben der Blätter. Stecklingspflanzen sind von der Gärtnerei Stegmeier in 54570 Essingen zu beziehen. Nach den Eisheiligen auspflanzen. Vorkehrung gegen Schnecken. Kühl überwintern. Stecklingsanzucht warm. Bei 10 ˚C weiterpflegen, 2-mal stutzen.

Versetzbare Frühbeetkästen aus Holz kommen unter Dach, um sie vor zu raschem Verwittern zu bewahren. Durch Schutzanstrich mit Holzfluid lässt sich ihre Lebensdauer wesentlich verlängern. Der Frühbeetplatz im Garten wird gegraben und etwa 30 cm hoch mit Laub oder Pflanzenrückständen bedeckt, damit der Boden darunter frostfrei bleibt und das Frühbeet zeitig genug wieder in Betrieb genommen werden kann. Wo der Kasten in den Boden eingelassen ist, füllt man ihn mit trockenem Laub und Kompost. Mistbeetkästen sind vorher auszuräumen. Die alte Humuspackung kann auf Gartenland ausgebreitet und untergegraben werden. Nicht benötigte Frühbeetfenster vor Witterungseinflüssen schützen. Als *Lagerraum für Gemüse* sollte das Frühbeet nur in Ausnahmefällen genommen werden, da sich bei Fäulnis viele Pilzsporen festsetzen, die die späteren Kulturen gefährden.

Quecke, Ungräser und andere einkeimblättrige Unkräuter zwischen Ziergehölzen und Kernobst ab 1. Standjahr lassen sich chemisch vernichten, z. B. durch Ustinex CN Streumittel. Da es leicht verdampft und in den Boden eindringt, wird es in der kalten Jahreszeit (November bis Februar) angewendet.

Der Feuerbrand, eine Bakterienkrankheit, durch die es bei Birn- und Apfelbäumen zu verheerenden Ausfällen kommt, hat unter Ziergehölzen eine größere Anzahl Wirtspflanzen. Sie gehören, wie Kernobst, zur Familie der Rosengewächse. Als anfällig erwiesen sich: *Cotoneáster, Chaenoméles, Cratáegus, Cydónia, Málus, Pyracántha, Pyrus* und *Stranváesia*. Den weitaus höchsten Anfälligkeitsgrad zeigten Züchtungen der großblättrigen, schnellwüchsigen Cotoneasterarten. Keine Symptome traten auf bei: *Amelánchier, Potentílla, Prúnus, Rósa, Sorbária, Sórbus* und *Spiráea.* Wo der Kernobstbau im Vordergrund steht, sollten anfällige Ziergehölze nicht gepflanzt oder mit einem der neuen Bakterizide behandelt werden. – Untrügliches Zeichen für Feuerbrand ist das *hakenförmige Abwärtsbiegen von Triebspitzen.* Nach ausgedehnter Chlorose kommt es im Folgejahr zum Absterben. Melden Sie diese gefährliche Krankheit Ihrem Pflanzenschutzamt.

---

die man mit Reisig leicht bedeckt. Neudorffs Köder-Box und Köder-Depot nehmen die Giftstoffe in kleinen Kammern auf, die mit Deckeln verschlossen sind. Nur Mäuse haben Zugang.

Im Blumen- und Ziergarten

Pflanzzeit für laubabwerfende Gehölze

Für sommergrüne Sträucher und Bäume beginnt die Pflanzzeit mit dem Laubfall im Oktober und endet im Frühjahr vor Austriebsbeginn, doch darf der Boden weder gefroren noch zu nass sein. Zeitige **Herbstpflanzung** ist besonders vorteilhaft, weil die Gehölze dann gut einwurzeln und im Frühling kräftig austreiben. Nur klimaempfindliche Gehölze soll man im Frühjahr pflanzen. (Siehe S. 80, über „Ballenpflanzen" S. 132.) Auch in klimatisch ungünstigen Lagen oder auf schweren, durchnässten Böden gibt man dem März/April den Vorzug. Gepflanzt werden jetzt hauptsächlich solche *Gehölze, die im Frühling und (frühen) Sommer blühen* (Tabellen Mai und Juli) und mit gewissen Einschränkungen auch *Rosen* (siehe folgendes Kapitel und S. 81). Die Jahreszeit ist außerdem günstig zur Anlage von *Schnitthecken, Blütenhecken* und *Gehölzstreifen* (siehe anschließend).

Reiflich zu überlegen ist, ob man auch **giftige** Ziergehölze in den Garten aufnehmen will. Wo sich kleine Kinder im Garten tummeln, geht von den sehr dekorativen, aber giftigen Zierfrüchten die größte Gefahr aus. Auch andere Pflanzenteile führen oft Giftstoffe (s. hierzu über Giftpflanzen).

Pflanzstellen 8–14 Tage vor Pflanzbeginn vorbereiten. Da sich die Wurzeln meist flach ausbreiten, muss der Boden auch seitlich weit genug gelockert werden. Bodenlockerung 2 Spatenstiche (50 cm) tief. Dabei entfernt man Steine, Scherben, Metallstücke und Unkrautwurzeln.

Bei *Hangpflanzung* gräbt man etwas Boden vom Hang ab (Abb. 3 a) und

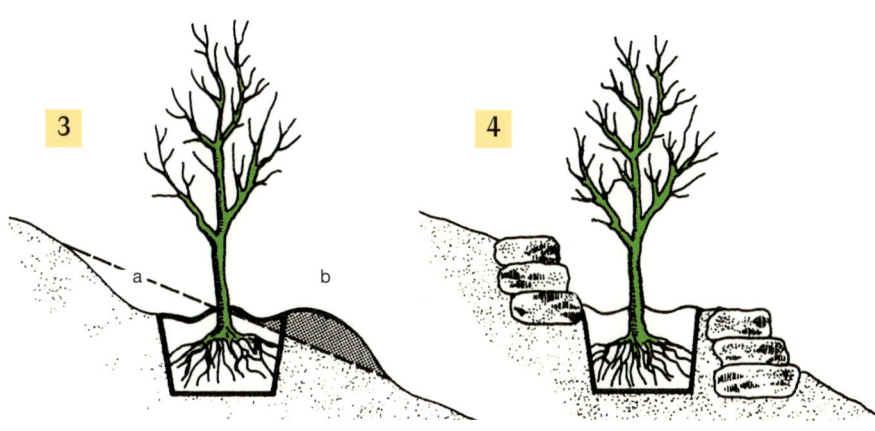

3 | **4**

Pflanzen am Hang. | *Abstützung am Hang.*

schüttet ihn an den tieferen Stellen auf (b). Man kann die Kanten hier nach der Pflanzung mit Rasensoden belegen, damit keine Erde abgespült wird. Die Oberfläche der Pflanzstelle soll leicht zum Hang geneigt sein, damit den Wurzeln der gepflanzten Gewächse das Hangwasser zufließt. Abb. 4 zeigt, wie man den Hang nach Art einer Trockenmauer (mit Bruchsteinen) abstützen kann.

Bei schwerem Lehm- oder Tonboden lohnt es sich, scharfen (Fluss-)Sand oder Urgesteins-Mehl einzuarbeiten, auch in die Unterschicht. Für schöne Blütengehölze ist eine Vorratsdüngung mit Thomaskali mit Magnesium, 75 g/m², in die Unterschicht ratsam.

Die *Oberschicht* ist mit organischen Stoffen zu versorgen. Geeignet ist gesiebte Komposterde oder FulHumin, auf leichten Böden noch etwas organischen Dünger (z.B. Fertofit). Die Stoffe werden flach eingearbeitet.

Für *Moorbeetpflanzen,* wie Azaleen und Rhododendron (gemeint sind hier nur laubabwerfende), gibt man in die Unterschicht Superphosphat und Kalimagnesia, je 75 g/m². Für die Oberschicht braucht man humusreiche Erde, die zu je einem Drittel aus Mutterboden, Humuserde und Edeltorf oder Planta-Rhodo bestehen kann. Zwei Hände voll Hornspäne je m² sorgen für den höheren Stickstoffbedarf.

Besonderheiten für die Rosenpflanzung

In jedem Herbst werden Rosen zur Pflanzung angeboten. Darf man jetzt pflanzen, oder wartet man besser bis zum Frühjahr? Sicherer ist die Frühjahrspflanzung, doch Baumschulen erheben einen Überwinterungsaufschlag. Im Herbst gekaufte Rosensträucher sind etwas billiger, weil der Gartenbesitzer selbst das Winterrisiko trägt. In geschützten, weniger frostgefährdeten Lagen, hat die Herbstpflanzung ihre Vorteile. Rosen bringen bis zum Frühjahr viele Saugwurzeln hervor und können sich schon im ersten Jahr prachtvoll entwickeln. Jetzt hat man auch mehr Zeit zum Pflanzen und kann alle damit verbundenen Arbeiten sorgfältiger erledigen als im Frühjahr. Außerdem bestehen im Garten gute Möglichkeiten, die Rosen zu schützen, damit sie starken Frösten widerstehen.

Bei Herbstpflanzung sind Rosen sobald wie möglich im November zu setzen, aber nicht zurückzuschneiden. Anschließend häufelt man sofort 20 cm hoch an und deckt immergrüne Zweige darüber. So kann den Rosen im Winter nichts passieren, wenn auch der Boden über Winter genügend Feuchtigkeit bereithält. Stämmchen, etwas schräg gepflanzt, werden am besten niedergelegt, mit

Erde beworfen und mit Reisig bedeckt. (Näheres im März, Arten und Sorten S. 168 f. und S. 204 ff.)

Schnitthecken schützen und schmücken

Schnitthecken lassen sich ziemlich schmal halten und sind vor allem dort angebracht, wo für natürlich wachsende *Gehölzstreifen* von mindestens 2–3 m Breite kein Platz ist. Niedrige Einfassungen (bis 1 m) werden hauptsächlich innerhalb des Gartens zur räumlichen Aufteilung, aber auch zur Begrenzung von Vorgärten verwendet. Höhere Schnitthecken (bis etwa 2 m) eignen sich als Sichtschutz entlang der *Grundstücksgrenze.* Von ihr ist *1 m Abstand* einzuhalten, *bei niedrigen Hecken 50 cm.* Günstig ist es, wenn beide Nachbarn übereinkommen, eine gemeinsame Hecke auf die Grenze zu setzen und den Schnitt zu bestimmten Zeiten auszuführen. Maschendrahtzäune kann man von der Hecke umwachsen lassen.

Höhere Hecken bieten nicht nur *Sichtschutz,* sondern schützen auch vor starken *Winden* sowie *Straßenstaub* und bieten Vögeln Nistgelegenheit. Bei dornigen oder stacheligen Hecken ist jedoch zu bedenken, dass man sie mit eigener Hand pflegen muss! Welchem Zweck eine Schnitthecke auch dient, als Dauerschmuck muss sie gut gepflegt, gewässert, gedüngt und regelmäßig geschnitten werden.

Zur *Pflanzzeit* bieten Baumschulen verschiedene laubabwerfende Heckenpflanzen an. Jeweils **eine Art wird gewählt,** um ein ruhiges Bild zu wahren. Wer auch im Winter eine grüne Heckenwand wünscht, muss sich für ein immergrünes Laub- oder Nadelgehölz entscheiden und einen Monat früher oder im April pflanzen. Der *Pflanzenbedarf* bei einreihiger Pflanzung schwankt zwischen 3-5-7

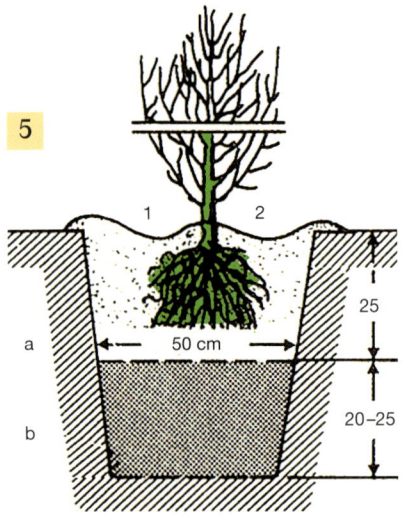

Heckenpflanzung

Verflechten von Seitentrieben.

Gehölzen auf den laufenden Meter und ist von Art, Größe und Alter abhängig. Gute *Bodenvorbereitung* ist erforderlich, da die nahe beieinander stehenden Sträucher den Boden stark auszehren.

Zunächst hebt man entlang einer Schnur einen Pflanzgraben (Abb. 5) 50 cm breit und etwa 25 cm tief aus (a) und streut auf die Unterschicht auf den laufenden Meter 40 g Tho-

maskali. Nun wird die Unterschicht (b) gegraben oder mit einem Kultivator 20 cm tief gelockert, wobei Vorratsdünger in den späteren Wurzelbereich gelangen. Aushuberde (a) verbessert man mit NeudoHum-Pflanzerde, gesiebter Humuserde oder verrottetem(!) Stallmist. Danach wird sofort *gepflanzt*. Eine Person hält oder stellt die Heckenpflanzen nacheinander in den Graben, so dicht, dass sich die Triebe etwas berühren, eine zweite Person bedeckt die Wurzeln mit vorbereiteter Pflanzerde, tritt fest und füllt weitere Erde locker auf. Nach dem Einpflanzen mit dem Spatenblatt an beiden Seiten (1 + 2) je eine *Gießrille* anklopfen. An den Stämmchen bleibt Erde erhöht liegen. Es wird in jedem Fall angegossen. *Höhere Gehölze* brauchen **Halt**. Dazu schlägt man einzelne kräftige Pfähle ein, verbindet sie mit einer Querlatte und heftet hier die Heckenpflanzen an. Der notwendige *Pflanzschnitt* auf mindestens halbe Höhe folgt erst **im Frühjahr**. Ballenware braucht diesen

Rückschnitt nicht, sondern nur einen Korrekturschnitt auf gleiche Höhe. Sind besonders *dichte Hecken* erwünscht, dann schneidet man den Haupttrieb auf einen knapp fingerlangen Zapfen zurück. Es entwickeln sich kräftige Seitentriebe, die kreuzweise miteinander verflochten und zum Teil umbunden werden. Zu empfehlen ist das Verflechten z. B. bei Weißdorn (Abb. 6).

Blühende Hecken ohne strengen Schnitt

An Schönheit übertreffen sie die strenggeschnittenen Hecken, wachsen schneller hoch, erfordern weniger Pflege, brauchen aber mehr Platz.

Niedrige Schnitthecken

Zwergblutberberitze (*Bérberis thunbérgii* 'Atropurpurea Nana'), 20–40 cm, sonnig bis halbschattig, leichtere, kalkarme Böden. Laub dunkelrot, Triebe bedornt.
Zwerg-Liguster (*Ligústrum vulgáre* 'Lodense'), bis 50 cm, sehr schmal, sonnig bis schattig, anpassungsfähig, dichtzweigig und kleinlaubig.
Japanquitte (*Chaenoméles japónica*, 50 cm; **Chinaquitte** (*C. speciósa*, 1 m), bedornt, sonnig bis halbschattig, meist rötliche Blüten, gelbe Früchte, zum Einmachen geeignet.
Fingerstrauch (*Potentílla fruticósa*), bis 60 cm hoch und breit, sonnig, völlig anspruchslos, viele gelbe Blüten den ganzen Sommer hindurch, kleinlaubig.

Berberitze (*Bérberis thunbérgii*), grünlaubig, und **Blut-Berberitze** (*B. t.* 'Atropurpurea'), tiefweinrot, 50–80 cm, sonnig bis halbschattig, vertragen Dürre.

Mittelhohe bis hohe Schnitthecken

Feld-Ahorn oder Maßholder (*Ácer campéstre*), sonnig bis schattig, bis 2,5 m, bevorzugt sandig-lehmige, kalkhaltige Böden. Gelbes Herbstlaub.
Gemeiner Liguster (*Ligústrum vulgáre*), auch Rainweide genannt, 1–2 m, sonnig bis halbschattig, verbreitete Heckenpflanze, verträgt trockene Böden.
Kornelkirsche oder Herlitze (*Córnus mas*), 1,5–2,5 m, sonnig bis halbschattig, blüht gelb vor dem Austrieb, lang-

sam wachsend, dichtzweigig, Vogelschutzgehölz.
Weißdorn (*Cratáegus monógyna*), 1,5–2,5 m, schattenverträglich, genügsam, hat unter Raupen und Feuerbrand zu leiden. Für Obstgärten nicht zu empfehlen, außer es wird regelmäßig gespritzt.
Hain- oder **Weißbuche** (*Cárpinus bétulus*), 1,2–3 m, sonnig bis schattig, auf kalkhaltigen, feuchten Böden gesund, hält das braune Herbstlaub über Winter, Vogelschutzgehölz. Im Frühjahr pflanzen, mit Ballen auch im Herbst.
Rot-Buche (*Fágus sylvática*), 1,8–3 m, sonnig bis halbschattig, kalkhaltiger Boden mit guter Wasserversorgung. Laub haftet über Winter. Frühjahrspflanzung.

Freiwachsende Blütenhecken können sowohl innerhalb des Gartens wie auch als Abschlusspflanzung zu Teilen des Nachbargrundstücks wegen ihres übervollen Blütenreichtums hier und da angebracht sein.

Solche blühenden Gehölzgürtel bestehen entweder aus nur einer Pflanzenart oder aus verschiedenartigen Blütengehölzen, die sich in Wuchs, Blütenfarbe, Blütezeit unterscheiden. Während man bei einer Art mit einreihiger Pflanzung auskommt, sollte bei Verwendung verschiedenartiger Gehölze 2–3-reihig gepflanzt werden, wozu allerdings eine 3–5 m breite Fläche benötigt wird.

Da die Randbepflanzung meist auch als Sichtschutz dient, braucht man dafür mindestens 2 m hochwachsende Gehölze. Die höheren Sträucher kommen an die Außenseite, wofür man auch anspruchslose Decksträucher – vielleicht nur an bestimmten Stellen – verwenden kann, die niedrigeren Blütengehölze nach innen auf Luke. Werden zur Unterteilung des Gartens niedrige Blütenhecken gepflanzt, so kann man hier noch am ehesten jeweils eine Gehölzart wählen, die einen Blütenhöhepunkt im Jahr bringt. Bei der **Bodenvorbereitung** hebt man entlang einer gespannten Schnur einen Pflanzgraben 50 cm breit und 30–40 cm tief aus, streut auf die Sohle je laufenden Meter 50 g Thomaskali und vermischt es durch Graben oder Grubbern mit der Unterschicht. Aushuberde wird zu $1/3$ entfernt und mit Kompost- oder Misterde oder mit torffreier NeudoHum-Pflanzerde vermischt. Es kann sogleich *gepflanzt* werden. Man setzt die Gehölze so tief, dass die obersten Wurzelansätze zwei Finger breit unter die Erde kommen. Je nach Größe der Gehölze braucht man in der Reihe bei Hecken ohne strengen Schnitt 1–3 Stück auf den laufenden Meter. Der *Schnitt* be-

Etwa 1 m hohe und breite Blütenhecken

Japanquitte (*Chaenoméles japónica* und Sorten) mit rötlichen bis orangefarbenen Blüten im April und gelben, kleinen, apfelähnlichen, verwertbaren Früchten im Herbst.

Maiblumenstrauch (*Déutzia grácilis*), 80 cm, Mai/Juni, weiß. Boden kräftig, feucht.

Falscher Zwergjasmin (*Philadélphus*-Lemoinei-Hybriden), weiß, Mai/Juni.

Fingerstrauch (*Potentílla fructicósa* und Sorten) blüht von Juni bis zum Herbst mit hell- bis dunkelgelben Blüten. Tiefwurzler, übersteht Trockenheit, Boden durchlässig.

Kartoffel-Rose (*Rósa rugósa*-Sorten), rötliche oder weiße Blüten von Juni bis September, große Früchte (Hagebutten) zum Herbst, vielseitig verwertbar.

Hohe Blütenhecken für 1–2 m breite Fläche

Chinaquitte (*Chaenoméles* speciósa und Sorten), bis 2 m hoch, meist rötliche Blüten im April, mittelgroße, apfelähnliche, gelbe Früchte, die sich verwerten lassen.

Goldglöckchen (*Forsythia x intermédia* 'Spectabilis'), bis 3 m hoch, goldgelb, April/Mai.

Pfeifenstrauch, Falscher Jasmin (*Philadélphus*-Hybriden), 2 m hoch, weiße, duftende Blüten im Juni, abends auffallend stark.

Feuerdorn (*Pyracántha crenatoserráta*), bis 3 m hoch, schorffrei, immergrün, kleine weiße Blüten im Mai, orangefarbene Früchte im Herbst, lange haftend.

Spierstrauch (*Spiráéa x vanhóuttei*), im Mai/Juni überreich weiß blühend. Genügsam.

Noch mehr Platz brauchen **Flieder** (*Syrínga vulgáris*) und der **Pfeifenstrauch** (*Philadélphus coronárius*-Sorten), die 3–4 m Höhe erreichen. Beide stark duftend.

Liguster oder Rainweide, Lingústrum vulgáre, *blüht im Juni/Juli sehr reich an ungeschnittenen Sträuchern. An Schnitthecken selten, es sei denn, man wartet mit dem Schnitt.*

Aus der Vielzahl der Decksträucher werden vorgestellt: Blühender Schneeball (Vibúrnum) *und Sauerdorn* (Bérberis).

schränkt sich im ersten Frühjahr auf einen Rückschnitt auf halbe Höhe, später alle 2–3 Jahre in der Hauptsache auf mäßiges Auslichten.

„Wildhecken" aus Decksträuchern

Wo es auf *Staub- und Lärmschutz, Sicht- und Windschutz* ankommt, helfen Strauchpflanzungen entlang der Grenze. Fast ohne Pflege kommen sogenannte Decksträucher aus, urwüchsige Gehölze mit Wildcharakter, gartenwürdig, aber sehr genügsam, Sonne und Halbschatten vertragend. Über Pflanzung an der Grenze zum Nachbargrundstück beachte man die örtlichen Pflanzabstände.

Sollen Staub und Lärm genügend abgewehrt werden, müssen Sträucher *zwei- bis dreireihig* stehen. Man braucht mindestens einen 3–4 m breiten Streifen. Hier kann das Falllaub liegen bleiben, so dass jede weitere Bodenbearbeitung entfällt.

Bei gemischter Anordnung sollten auch *Fichten, Douglasien, Eiben* usw., einzeln oder in kleinen Gruppen, in den Gehölzstreifen eingegliedert werden.

Je nach Wüchsigkeit pflanzt man mit 1–2 m Abstand und in den anderen Reihen auf Luke. Günstig für das Anwachsen ist in jedem Fall eine Bodenbearbeitung 1 bis 2 Spatenstiche tief.

Über 4 m Höhe erreichen: Eschen-Ahorn *(Ácer negúndo* 'Variegatum'), Kornelkirsche *(Córnus mas),* Rotdorn *(Cratáegus laevigáta* 'Pauli'), Fichte *(Pícea omórika),* Schwarzer Holunder *(Sambúcus nigra).*

Höhen von 2–4 m sind zu erwarten von: Feuerdorn *(Pyracántha coccínea),* Erbsenstrauch *(Caragána),* Blasenstrauch *(Colútea arboréscens),* Hartriegel *(Córnus álba),* Haselnuss *(Córylus avellána),* Perückenstrauch *(Cótinus coggygria),* Pfaffenhütchen *(Euónymus europáeus),* Kolkwitzie *(Kolkwítzia amábilis),* Rainweide *(Ligústrum vulgáre),* Pfeifenstrauch *(Philadélphus coronárius),* Schwarzdorn oder Schlehe *(Prúnus spinósa),* Schneeball *(Vibúrnum plicátum* f. tomentósum), Eibe *(Táxus baccáta).*

1–2 m hohe Sträucher eignen sich für den Vordergrund: Berberitze *(Bérberis thunbérgii),* Scheinquitte *(Chaenoméles),* Heckenkirsche *(Lonícera xylósteum),* Alpen-Johannisbeere *(Ríbes alpínum),* Blut-Johannisbeere *(Ríbes sanguíneum),* Schneebeere *(Symphoricárpos álbus),* Mahonie *(Mahónia aquifólium),* Fingerstrauch *(Potentílla fruticósa).*

Pflanzenschönheiten auf saurem Boden

Bevor der Boden im Herbst gekalkt wird, ist zu bedenken, dass einige Gartenpflanzen starksaure bis saure Bodenreaktion (pH 4–5,5) brauchen und deshalb weder Kalk- noch kalkhaltige Dünger erhalten dürfen.

Saurer Humusboden hat vor allem Bedeutung für **Humuswurzler,** also Moorbeetpflanzen und Heidekrautgewächse (außer *Erica cárnea).* Hierzu rechnen Freilandazaleen und Rhododendron (außer *R. hirsútum, x práecox, williamsiánum,* Inkarho-Rhododendren), Lavendelheide *(Andrómeda* und *Píeris),* Besenheide *(Callúna),* Moorheide *(Eríca tetrálix),* Prachtglocke *(Enkiánthus),* Scheinbeere *(Gaulthéria procúmbens),* Lorbeerrose *(Kálmia),* Torfmyrte *(Pernéttya),* Blauheide *(Phyllódoce),* Säulen-Eibe *(Táxus baccáta* 'Fastigiata'), Scheinzypresse *(Chamaecýparis lawsoniána* 'Ellwoodii'), Blaufichte *(Pícea púngens* 'Glauca'). Kalküberschuss im Boden verursacht bei Rhododendron und anderen Moorbeetpflanzen Kalkchlorosen und schwächt die Gehölze. Als Gegenmaßnahme ist zu empfehlen, im Herbst den Boden bis zu den Wurzeln vorsichtig abzutragen und mit Holzhäcksel aufzufüllen. Die Säure wirkt dem Kalküberschuss entgegen. Auch Gartenheidelbeere und Gartenpreiselbeere stellen gleich hohe Bodenansprüche.

Die Lavendelheide, Píeris japónica, *blüht von März-Mai weiß in hängenden Rispen. Sie gesellt sich gut zu Rhododendron.*

Die Lorbeerrose, Kálmia latifólia, *ist ein prachtvoller Blüher mit großen, karminrosa Dolden im Juni/Juli. Höhe 1,5 m. Für sauren Humusboden in schattiger Lage.*

Mehr oder weniger sauren Boden (ph 5–6) wünschen folgende Gehölze: Fächer- und Schlitz-Ahorn *(Ácer palmátum)*, Felsenbirne *(Amelánchier láévis)*, Berberitze *(Bérberis thunbérgii)*, Birke *(Bétula)*, Schönfrucht *(Callicárpa)*, Scheineller *(Cléthra alnifólia)*, immergrüne Steinmispeln *(Cotoneáster)*, Besenginster oder Geißklee *(Cýtisus scopárius* und -Hybriden), Blumen-Hartriegel *(Córnus flórida)*, Federbuschstrauch *(Fothergílla)*, Ginster *(Genísta)*, Schneeglöckchenbaum *(Halésia carolína)*, Zaubernuss *(Hamamélis)*, Hortensien *(Hydrangéa áspera, macrophýlla, paniculáta, quercifólia)*, Magnolien *(Magnólia)*, Fingerstrauch *(Potentílla)*, Scheinkamelie *(Stewártia)*, Gartenbambus *(Sinarundinária)*, Weigelie *(Wéigela middendorffiána)*.

Einige **Steingartenstauden,** meist hochalpiner Herkunft, und Humuswurzler gedeihen am besten in **saurem Boden** (pH 5). Manche wünschen moorigen Boden (*), der sich mit Holzhäcksel schaffen lässt. In

Frage kommen Liebhaberstauden: *Zwerg-Hartriegel *(Córnus canadénsis)*, *Frauenschuh *(Cypripédium acáúle, C. regínae)*, Enzian *(Gentiána sinoornáta)*, Habérlea, Bruchkraut *(Herniária-Arten)*, *Porzellansternchen *(Houstónia caerúlea)*, Jap. Pracht-Iris *(Íris*

káémpferi), Lewísia-Arten, Lilien (Lílium *aurátum, L. speciósum)*, Steinsame *(Lithodóra diffúsa)*, Alpen-Pechnelke *(Lýchnis alpína)*, Zwerg-Narzisse *(Narcíssus cyclamíneus)*, Polster-Phlox *(Phlox amóéna)*, Felsteller *(Ramónda*-Arten), *Blutwurz *(Sanguinária canadénsis)*, Steinbrech (Saxífraga *cotylédon, S. muscoídes)*, Krötenlilie *(Tricýrtis*-Arten).

Auch folgende **Farne** lieben es sauer: *Rippenfarn *(Bléchnum*-Arten), *Königsfarn *(Osmúnda*-Arten), Engelsüß *(Polypódium vulgáre)*, Schildfarn *(Polýstichum)*.

Rasenpflege vor dem Winter

Im nebelfeuchten November ist es wichtig, den Rasen ständig sauber zu halten, *Maulwurfshaufen* noch *vor dem Winter zu verteilen. Wurmhäufchen* abzukehren.

Bei mildem Wetter sollte Rasen zum letzten Mal auf 3–4 cm *geschnitten* werden. Kurzes Gras vermindert die *Gefahr des Schneeschimmels. Der* Schnittabfall ist selbstverständlich sauber zu entfernen. Rasengräser be-

Torfmyrte, Pernéttya mucronáta *'Alba', mit weißen Beeren im Herbst. Nicht ganz frosthart. Als Kübelpflanze hat man besonders lange Freude an ihrem Beerenschmuck.*

vorzugen schwachsaure *Bodenreaktion* (pH 5,5–6,5). Zur Überprüfung (alle drei Jahre) entnimmt man etwas Boden aus 0–20 cm Tiefe. Hat sich die Reaktion stark nach der sauren Seite (unter pH 5) verschoben, so helfen, z.B. 120–150 g/m² Azet-Vitalkalk, den man gleichmäßig ausstreut, auch auf eine dünne Schneedecke, ein Jahr später nochmals, falls erforderlich.

Zeit der matten Farben

Nun ist die Zeit leuchtender Herbstfarben im Garten allgemein vorbei. Die wenigen Nachblüher wirken meist blasser; willkommene Ergänzung erfahren sie durch strohgelbe bis silberweiße Blütenstände einiger Staudengräser. Immergrüne mit ihren verschiedenen Grün-, Blau- oder Gelbtönen und Rasenflächen kommen jetzt besonders zur Geltung.

Auf den Blumenbeeten sorgt man immer wieder für Ordnung, putzt die Stauden aus, schneidet *Verblühtes*, Trockenes, Welkes bis zum Boden ab und entfernt es.

Bei Stauden mit jungem, *wintergrünem Austrieb*, wie bei Winterastern, sollte man die alten Pflanzenteile als Winterschutz stehenlassen. Auch andere *Spätblüher*, wie Herbst-Astern oder Japan-Anemonen und Staudengräser werden zum Winter *nicht zurückgeschnitten*. Verwehte Blätter unterstreichen die Novemberstimmung.

Zwischen älteren Stauden *lockert* man den Boden ganz flach, um Wurzeln und Blumenzwiebeln nicht zu beschädigen. Auf humusarmen Böden empfiehlt es sich, eine 3–5 cm starke Decke aus Frischkompost einzuarbeiten, damit der Frost nicht zu tief eindringen kann. – Unkraut ohne Blüten und Samen über Winter dulden! Abgeblühte *Einjahrsblumen* werden zerkleinert, untergegraben oder kompostiert, zusammen mit Rasenschnitt und Falllaub. Bio-Komposter-Flocken fördert die Verrottung.

Winterblüher verbreiten duftigen Herbstflor

Während der Blütenflor im Allgemeinen ausklingt, beginnt bereits die Vorblüte einzelner reizender Winterblüher, die ihre hohe Zeit im Februar und März haben.

Aus dem Reich der Stauden erscheint die **Vorläuferschneerose** *(Helléborus níger* 'Praecox') mit rahmweißen, mittelgroßen Blüten. In kalkhaltigem, sandig-lehmigem, humosem, frisch-feuchtem Boden, der über Sommer im Laubschatten liegt, ist sie ein sicherer Blüher. Gepflanzt wird im August oder Frühjahr, mit Topfballen auch zur Blütezeit.

Unter den winterblühenden Gehölzen gibt es mehrere Arten und Formen, deren Blütenflor beginnt, wenn die Natur zur Ruhe geht, und so lange anhält, bis er vom Frost unterbrochen wird. Der **Duft-Schneeball** *Vibúrnum x bodnanténse* 'Dawn' hat tiefrosa Knospen und hellrosa Blüten, *Vibúrnum fárreri* rosaweiße Röhrenblüten. – Für eine weitere Überraschung sorgt die **Schmuck-Kirsche** *(Prúnus subhirtélla* 'Autumnalis') mit halbgefüllten, weißen Blüten. Der **Echte Jasmin** *(Jasmínum nudiflórum),* dessen gelbe primelartige Blüten weithin leuchten, wird sowohl als Klettergehölz an Südwänden wie als Einzelstrauch mit überhängenden Zweigen verwendet. Alle diese Gehölze wünschen Sonne und begnügen sich mit jedem mittleren Gartenboden.

Die **Winterblüte** *(Chimonánthus praécox)* mit duftenden, wachsgelben, innen rot gezeichneten Glockenblüten stellt hohe Anforderungen an das Klima, so dass man sie nur gelegentlich in Weinbaugebieten antrifft. Winterblüher werden im Frühjahr nach der Blüte und vor dem Austrieb gepflanzt, als Containerpflanzen auch sonst.

Der Duft- oder Winterschneeball, Vibúrnum fárreri, *bringt den ersten Flor im Spätherbst. Wenig später blüht V. x bodnanténse. Die feintriebigen Sträucher werden 2 m hoch.*

Winterschutz von Pampasgras.

Stauden gut durch den Winter bringen

Mit Stauden hat man wenig Arbeit, da die meisten winterhart sind. Empfindliche brauchen Schutz. Ideal wäre eine 10–20 cm hohe, lockere Schneedecke auf leicht gefrorenem Boden. Wo darauf kein Verlass ist, trifft man entsprechende Vorkehrungen, um Auswinterungsschäden zu vermeiden.

In erster Linie, falls noch nicht geschehen, bedeckt man den Boden aller **Neupflanzungen** dieses Jahres. Man darf dann mit besserem Anwachsen rechnen. *Grüne Pflanzenteile*, z. B. bei Madonnen-Lilie und Garten-Chrysanthemen, werden zusätzlich mit Fichtenreisig dünn bedeckt.

Eine etwa 20 cm starke **Laubdecke** erfordern u. a.: Japan- und Kronen-Anemonen, Ochsenzunge *(Anchúsa)*, Inkalilie *(Alstroeméria)*, Bergenie, Frauenschuh, Edeldistel *(Eryngium)*, Sonnenbraut, Sonnenblume *(Heliánthus atrórubens)*, Christrose, Freilandgloxinie *(Incarvíllea)*, Fackellilie, Tibetorchidee *(Pleióne)*, die meisten Primeln. Auf schwerem Boden auch noch einige weitere Stauden. Oberirdische Triebe und Blätter dürfen nicht unter die Schutzschicht kommen. Zweckmäßig bindet man lange, hängende Blätter vorher zusammen, z. B. bei der **Fackellilie.**

Auch einige **Staudengräser** brauchen eine Laubaufschüttung, vor allem Pfahlrohr *(Arúndo)*, Pampasgras, Chinaschilf, Lampenputzergras. **Pampasgras** erfordert besonders sorgfältigen Schutz gegen Frost und Nässe (Abb. 7). Bei Frostbeginn schneidet man die Blütenstiele ab und bindet die Blätter an einem trocknen Tag im oberen Drittel schopfartig fest zusammen, um Niederschläge nach außen abzuleiten. Der Boden ringsum wird 30–40 cm hoch mit Falllaub bedeckt, das man gegen Windverwehung mit Reisig schützt.

Viele **Zwiebelblüher** sind für eine Bodendecke dankbar. An natürlichen Standorten sorgt Falllaub der Nachbargehölze für Schutz, so bei Alpenveilchen, Winterling, Schneeglöckchen, Märzbecher, Blaustern usw. Fehlender Schutz sollte alsbald aufgebracht werden. Lebenswichtig ist es auch für Montbretien, Steppenkerze, Holländische, Englische und Spanische Iris *(Íris hollándica, latifólia, xíphium)*, Lilien (besonders *Lílium aurátum* und *speciósum*), Goldkrokus *(Sternbérgia)* und alle Neupflanzungen.

Steingärten und Trockenmauern in Südlage sind in den Wintermonaten vor starken Temperatur- und Wetterschwankungen zu schützen. Besonders gefährdet sind winter- und immergrüne Stauden, wie Stachelnüsschen, Igelpolster *(Acantholímon)*, Blaukissen, Andenpolster *(Azorélla)*, Sonnenröschen *(Heliánthemum)*, Schleifenblume, Feigenkaktus, Steinbrech der meisten Arten und einige mehr. Als Schutz eignen sich am besten *größere Fichtenzweige, die man mit dem unteren Ende in den Boden steckt,* damit der Wind sie nicht so leicht wegwehen kann.

Im Gartenteich empfiehlt es sich, die absterbenden Teile der Schwimmblatt-, Unterwasser- und Sumpfpflanzen zusammen mit dem Herbstlaub zu entfernen. Das entzieht dem Teich dauerhaft die störenden Nährstoffe.

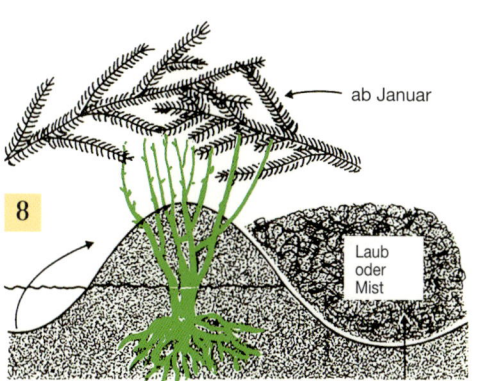

ab Januar

Laub oder Mist

ab November

ab Dezember

Winterschutz für Buschrosen.

Winterschutz der Gartenrosen

So spät wie möglich, jedoch vor Frosteinbruch und stärkerem Schneefall, erhalten Rosen ihren Winterschutz. Es ist tröstlich, zu wissen, dass Rosen viele Kältegrade vertragen, ehe der Tod eintritt. Der empfindlichste Teil ist die Veredlungsstelle, die es gegen extremen Witterungswechsel zu schützen gilt. Je weniger im Herbst geschnitten wird, desto unempfindlicher sind Rosenstöcke im Winter.

Bei **Buschrosen** befindet sich die empfindliche Veredlungsstelle nur 3 bis 5 cm unter der Erdoberfläche. Ein sicherer Schutz ist das 15–20 cm hohe Anhäufeln mit Mutterboden vom selben Beet. Die Furchen kann man mit Laub, Stallmist oder Holzhäcksel füllen (Abb. 8). Rosenbeete mit Unterpflanzung oder mit Blumenzwiebelbesatz können durch Bedecken mit Fichtenreisig ausreichend beschattet werden, wodurch sich die Witterungsgegensätze an der Veredlungsstelle abschwächen lassen.

Kletterrosen sind für Behäufeln des Zweiggrundes dankbar. Empfindliche Sorten sollten in ungeschützten Lagen vom Spalier gelöst, auf den Boden gelegt und mit Reisig (nicht mit Erde!) bedeckt werden.

Stammrosen, die sich noch umlegen lassen, sind bereits gegen Anfang

November vom Stab zu lösen und bei frostfreiem Wetter vorsichtig (mit leichter Längsdrehung des Stammes um $^1/_4$) zum Erdboden niederzubiegen und in Kronennähe mit einem Holzhaken zu befestigen. Frühestens Ende November – bei frostfreiem Winter – säubert man die Krone und den Boden vom Laub, bindet die Kronentriebe zusammen, hakt die Krone nun ganz nahe am Boden fest und bewirft sie mit Erde, die über der Kronenbasis und Veredlungsstelle mindestens 10 cm hoch sein muss (Abb. 9 a). Die Spitzen der Triebe brauchen keinen Erdschutz. – Gegen starke Sonnenbestrahlung deckt man etwas Koniferenreisig über die gefährdeten Stellen.

Ältere Stammrosen, die beim Niederbiegen brechen könnten, schützt man am sichersten durch Einbinden der Kronentriebe und der Veredlungsstelle (dicht unterhalb der Krone) mit Fichtenzweigen (Abb. 9 b) oder Einbinden in Langstroh (c). Ölpapier und Folienbeutel haben sich nicht bewährt.

Auch **Rosen in Kübeln** (Abb. 10) auf der Terrasse oder dem Balkon dürfen nicht ohne Schutz bleiben. Vor allem muss man verhindern, dass die Erde völlig durchfriert, da die Rosen dann vertrocknen. Man stellt darum das Pflanzgefäß in einen Behälter und füllt die Zwischenräume mit isolierendem Material aus, je mehr, um so besser. Gegen Sonnenbestrahlung schat-

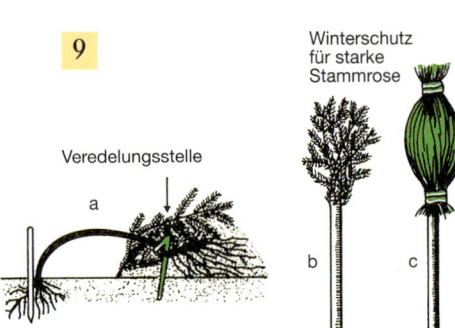

Winterschutz für Stammrose.

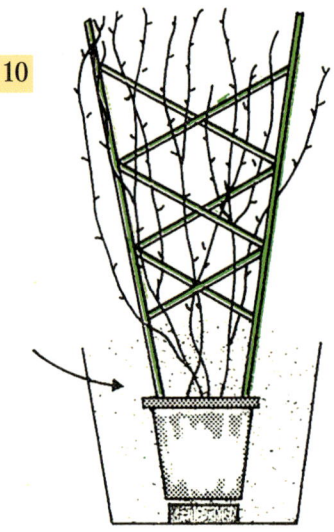

Balkonrose im Herbst.

tiert man die Triebe mit Koniferenreisig. Vorher muss noch einmal durchdringend angegossen werden. Auch die Rosen im Garten dürfen nicht in trockenem Boden überwintern.

Neue Rasenfläche noch vorbereiten

Sorgfältigste Vorbereitung ist nötig, wenn es ein guter Rasen werden soll. Bei trockenem, frostfreiem Wetter kann man den *Boden grob bearbeiten.* Zunächst werden Pflanzenreste, Strauchwerk, harte Gegenstände usw. abgeräumt. Bevor man die Fläche knapp einen Spatenstich tief gräbt, breitet man die für die Bodenstruktur notwendigen Verbesserungsstoffe aus. Rasen bevorzugt lehmig-sandigen, mehr leichteren als schweren, nahrhaften, schwachsauren Boden mit gutem Humusgehalt und der Fähigkeit, Wasser und Nährstoffe für die Wurzeln zur Verfügung zu halten und starke Niederschläge bald versickern zu lassen.

Auf *Sandboden* haben sich Zuschläge von lehmigem Boden bzw. Bentonit bewährt, *auf schwerem Lehm- bis Ton-*

boden dagegen scharfer Sand oder Urgesteinsmehl. Erforderliche Menge 100–500 g/m². Wer die Arbeit jetzt nicht scheut, spart später viel Mühe und Verdruss.

Beim *Umgraben* verteilt man die Verbesserungsstoffe auf die gesamte Grabetiefe. Bodenschädlinge, Unkrautwurzeln (auch von Quecke), Steine usw. werden ausgesammelt. *Regenwürmer,* die in einem guten Rasen unerwünscht sind, kommen in ein besonderes Gefäß mit Erde und später aufs Gemüseland oder Beerenobstquartier.

Anschließend streut man für die *Humusversorgung* reife Komposterde, 5 l, oder Azet-Rasen-Aktivator, 100 g/m², plus Rasen-Start-Dünger, 50 g/m², aus und vermischt diese Stoffe bis etwa 7 cm tief mit dem Oberboden. Gleichzeitig wird grob eingeebnet. Man entfernt auch weiterhin, was vorher übersehen wurde. Die Fläche bleibt über Winter liegen und ist im April/Mai nach Unkrautbeseitigung und Feinplanierung saatfertig.

Wenn es das Wetter im November/Dezember erlaubt und nicht gerade alter Rasen umgebrochen wurde, kann die **Einsaat** nach Feinplanierung noch *vor Winterbeginn* erfolgen. Bis zum Auflaufen im Frühjahr hat man fast keinerlei Arbeit, da dem Samen genug Winterfeuchtigkeit zur Verfügung steht.

Im Wurzelbereich von *Obstbäumen* streut man auf die Sohle der Grabefurche je m² 75 g Thomaskali als Vorrat für die nächsten drei Jahre.

Lilien gedeihen auch in Töpfen

Lilienzwiebeln, die *bei gefrorenem Boden* eintreffen, lässt man nicht liegen, sondern pflanzt sie sogleich in Töpfe, um Trockenschäden zu vermeiden. Im Frühling können vorbewurzelte Pflanzen an ihren Platz gesetzt werden. – Die Zwiebeln kann man auch als Topflilien zur Blüte bringen. Für eine bessere Wirkung setzt man möglichst drei Stück in einen 15–20 cm weiten Topf. Als *Lilienerde* mischt man Gartenboden, Torf mit Sand (2:2:1) oder kauft torffreie NeudoHum-Blumenerde.

Zur *Wurzelbildung* kommen die Töpfe an einen kühlen Platz, bei 4–7 °C. Ist der Raum etwas wärmer, werden Tontöpfe in eine Kiste oder Wanne gestellt und in nassen Torf eingefüttert, damit die Erde gleichmäßig feucht bleibt. Bei Bedarf muss man gießen. Sobald sich der neue Trieb zeigt, sind die Töpfe hell zu stellen. Wer Lilien im Topf *treiben will*, erhöht die Temperatur nun auf 10–12 Grad, später tags auf 20, nachts auf 15 °C. Alle 10 Tage können belaubte Pflanzen etwas gedüngt werden. Außerdem ist für gleichmäßige Erd- und hohe Luft-

feuchtigkeit zu sorgen. Nach der Blüte entfernt man den Blütenstand und versorgt die Pflanzen so lange weiter, wie die Blätter grün sind, damit die Zwiebeln neue Kräfte speichern können.

Für **Topfkultur** eignen sich Goldband-Lilie, Pracht-Lilie, Midcentury-Hybriden, und auch andere. Zwiebeln für spätere Treiberei packt man in Plastikbeutel mit feuchtem Torf, bindet locker zu und kann sie bis zu sechs Wochen im Kühlschrank aufheben.

Im Obstgarten

Zur Düngung der Obstbäume

An **Hauptnährstoffen** brauchen Obstbäume im Jahr je m² Baumscheibe 10 bis 12 g Stickstoff, 6 bis 8 g Phosphorsäure, 12 bis 16 g Kali, 3 bis 4 g Magnesium, auf besseren Böden

bis zu einem Drittel weniger, auf leichten, ärmeren Böden bis zu einem Drittel mehr. Außerdem ist bei der Düngung wieder mehr Schwefel zu berücksichtigen, zum Beispiel als Sulfate, da die Schlote neuerdings zu wenig Schwefel in die Luft blasen.

Im Spätherbst ist der Boden mindestens alle drei Jahre mit kohlensaurem Kalk oder Azet-Vitalkalk mit Magnesium, Spurenelementen, Azotobacter-Bakterien. Leichte Sandböden erfordern etwa 150 g, mittlere, sandig-lehmige Böden 300 und schwere Lehm-Tonböden bis 450 g/m². Kohlensaurer Kalk kommt im Spätherbst zuletzt aufs Land und kann bis zum Frühjahr oben liegen bleiben. Keinesfalls darf er mit Stallmist oder mit stickstoffhaltigen Mineraldüngern in Berührung kommen. Zuerst werden diese Dünger eingearbeitet, und hernach kann Kalk gestreut werden.

Zusätzliche Anmerkungen

Stauden pflanzen kann man noch im November. Da die Wurzelneubildung jedoch immer langsamer wird, sollten junge oder geteilte Stauden nur mit Wurzelballen versetzt werden. Bei Trockenheit gut angießen. Hinterher bedeckt man den Boden.

Pflanzschalen und Kübel auf der Terrasse, dem Dachgarten oder am Eingang brauchen im Winter nicht unbepflanzt zu bleiben. Winterheide, Zwergkiefern, Zwergwacholder und Scheinzypressen schaffen reizvolle Bilder. Pflanzung alsbald im November mit Erdballen. Bei frostfreiem Wetter reichlich Wasser geben. Pflanzerde darf nicht völlig durchfrieren.

Nadelverfärbungen bei Fichten und anderen Koniferen haben verschiedene Ursachen. Sind älteste Nadeln betroffen und werden sie abgeworfen, so ist meist nichts zu befürchten, da sie 5–7 Jahre

alte Nadeln regelmäßig abstoßen. Verbräunen von Nadeln oder Schuppen im Innern sehr dichter Koniferen ist eine Folge fehlenden Lichtes, also natürlich. Verfärben sich junge Nadeln, so kann es sich um Schädlinge, Pilzbefall oder Nahrungsmangel handeln. Fehlt z.B. Magnesium, so wäre eine Düngung mit Bittersalz (Kieserit) zu empfehlen. Im Zweifelsfall sollte eine Bodenuntersuchung durchgeführt werden. Damit es im Frühjahr nicht zu Schäden kommt, ist die *Spätherbstbewässerung* und *-düngung* mit 75 g/m² Azet-Koniferen-Dünger sehr wichtig (s. Spezialkapitel S. 130 im April).

Trockenschäden an immergrünen Laub- und Nadelgehölzen, aber auch an Hecken aller Art, sind Ursache fürs Absterben vieler Gehölze im Frühling und Sommer. Vor Frosteinbruch sind die Wurzelscheiben deshalb ausgiebig zu bewässern. Nachdem der Frost den Boden mit dünner Kruste überzogen hat,

bedeckt man ihn rings um die Gehölze handbreithoch mit Düngetorf, Laub, Stroh oder einer Mischung. Zusätzlichen Kronenschutz gegen Sonne und Wind brauchen nur jüngere, noch nicht genügend eingewurzelte Gehölze. Dazu stellt man ab Januar einen Rahmen mit einer Rohrmatte oder mit Juteleinen an der Südseite auf.

Riesen-Miscanthus, *Miscánthus japónicus,* ein über 2 m hohes Gras, das leider nicht zum Blühen kommt, ist völlig winterhart, doch fällt das Laub im Dezember bereits von den Halmen ab. Deshalb sollten die Blätter vorher abgeschnitten werden. Die Halme nimmt man erst im Frühjahr zurück.

Knollenbegonien sind einen Monat nach dem Hereinnehmen so weit abgetrocknet, dass sie „geputzt" werden können. Entfernt werden Stängel, Erde und Wurzeln, ohne die Knollen zu beschädigen. Einlagerung der Knollen in mäßig feuchtem Sand hat sich bewährt.

Die Düngung im Herbst mit den anfangs genannten 4 bis 5 Hauptnährstoffen ist in letzter Zeit zurückgegan-
gen, um Auswaschungen und damit
Grundwasserbelastungen zu vermeiden. Es gibt jedoch noch Ausnahmen.
1. Sehr wichtig Anfang November ist
die **Blattfalldüngung.** Es konnte beobachtet werden, dass zur Zeit des
herbstlichen Laubfalls die Obstbäume
ungewöhnlich viel Saugwurzeln bilden. Es ist klar, dass sie noch vor dem
Winter reichlich Nährstoffe in die Reservekammern des Holzkörpers einlagern wollen. Das trägt zur Stärkung
der Frosthärte bei und zur Verbesserung der Fruchtbarkeit. Frühsorten haben nach der Ernte reichlich Zeit ge-
habt, Reservestoffe aufzunehmen.
Nicht aber späte Apfel- und Birnensorten, die Quitte und späte Pflaumen und
Zwetschgen, wenn sie einen Vollertrag
gebracht haben. Die Blattfalldüngung
ist deshalb in diesen Fällen notwendig.
Es kommt auf rasche Wirkung an, und
diese erzielt man nur mit einem mineralischen Stickstoff- oder einem stickstoffhaltigen Mehrnährstoffdünger wie
Volldünger blau. Hiervon genügen bereits 15 bis 20 g/m² Baumscheibe.
Streuen Sie den Dünger vor allem im
Bereich der Kronentaufe (K, Abb. 11
und 12), da hier die meisten Wurzeln
sind. Auf offenem Boden wird der Dünger eingegrubbert, auf Rasen hilft das
Aufrauen des Bodens mit einer Harke
oder einem Stahldrahtbesen beim Versickern.
2. Da **Obstbäume im Rasen** von den
Düngern in der Vegetationszeit kaum
etwas abbekommen und die aktiven
Rasenwurzeln zuerst an die Nährstoffe rankommen, hat sich die Winterdüngung bewährt. Sie muss jedoch
zwei- bis dreimal erfolgen, auf schweren Böden im Januar bis Februar, auf
mittleren Böden im Februar, auf leichten Böden im Februar bis März. Mineralische Dünger sind vorzuziehen, da

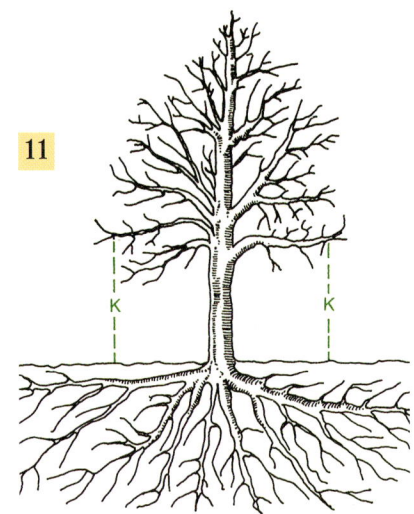

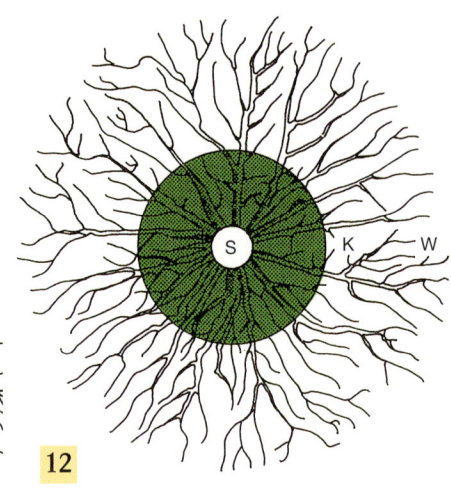

Obstbaum-Ansicht: Im Bereich der Kronentraufe (k) befinden sich die meisten Wurzeln. Darüber nur sollte gedüngt werden, was meist ausreicht.

Obstbaum-Draufsicht: Nicht dicht am Stamm (S) düngen, sondern auf die äußere Hälfte des grünen Ringes und gleichbreit über K hinaus.

sie besser durch die Grasnarbe versickern. Es dürfen dann je Quadratmeter immer nur 25 g gestreut werden,
Wiederholung im Abstand von zwei
bis vier Wochen. Günstig ist ungefro-
rener Boden; eine dünne Schneedecke
ist nicht von Nachteil.

Pflege offener Böden im Obstgarten

Durch Ernte und Schnitt festgetretene Baumscheiben bedürfen der Lockerung, damit der **Luftaustausch**
im Boden gewährleistet ist. Wurzelschäden sind zu vermeiden. Kommt
es jedes Jahr dazu, dann vergreisen
die Gehölze rascher als sonst. Gelockert wird deshalb nur der nicht
durchwurzelte Oberboden. Das sind
bei Beerenobst und Spindelbüschen
nur die oberen 5 cm Boden. Darunter
befinden sich bereits viele Faserwurzeln, die geschont werden müssen.
Bei starkwüchsigen Apfel- und Birnbäumen beginnen die Wurzeln im
Bereich der Kronentraufe in 15 bis
20 cm Tiefe, zum Stamm hin in 10
bis 5 cm.
Zur flachen **Bodenlockerung** eignet
sich gut eine dreizinkige Ziehhacke
wie Grubber oder Kultivator ohne

Scharren. Damit durchzieht man vom
Stamm aus vorsichtig die Krume.
Wurzeln, die vom Gerät erfasst werden, können oft abgleiten, ohne verletzt zu werden.
Konkurrenzpflanzen (Unkräuter)
können nach der Bodenlockerung
größtenteils abgeharkt werden. Die
übrigen jätet man oder schneidet sie
z. B. mit einer Pendelhacke 2 bis 3 cm
tief ab. Wildpflanzen, die keinen Samen streuen, können auch über Winter stehen bleiben, weil sie dann Bodennährstoffe binden.
Wer den Boden unter und zwischen
Obstbäumen für Blumen und Gemüse
noch nutzt, meint verschiedentlich, es
müsse **umgegraben** werden. Diese
Arbeit mit Spaten oder Grabegabel
bringt für Obstgehölze jedoch größere
Nachteile. Auch darf die Grabegabel
nicht wie im Gemüsegarten zur Tiefenlockerung eingesetzt werden.
Denn bei jedem starken Hin- und Herbewegen des Stieles zerreißen unzählige feine Wurzeln, wodurch die Näh-
stoffaufnahme eingeschränkt und die
Vergreisung der Bäume beschleunigt
wird. Nur ganz flaches Umgraben mit
der Grabegabel im Bereich der Kronentaufe wäre vertretbar.
Die noch viel zu wenig angewendete

Bodenbedeckung verbessert die Humusversorgung, schützt vor zu frühem Eindringen des Frostes in den Wurzelbereich und unterbindet das Versickern mineralisierter Nährstoffe aus Wurzelresten. Zur Bodenbedeckung geeignet sind grob zerkleinerte Gartenabfälle einschließlich Falllaub, dem man etwas geschreddertes Reisig beimischt, damit die Decke luftdurchlässig bleibt. Frischer Stallmist eignet sich nur auf schweren Böden zur Bedeckung, da sonst viel Stickstoff versickert. Für Beerenobst aber ungeeignet. – Mit der Bedeckung wartet man so lange, bis der Boden etwas gefroren ist. Mäuse können dann nicht im Schutz der Mulchdecke Schlupflöcher anlegen, von denen aus sie die Rinde junger Obstgehölze schädigen.

Pflanzzeit noch im November

Im Oktober (s. dort) nicht erledigte Pflanzarbeiten sind möglichst bald nachzuholen, bis spätestens Mitte November, in klimatisch günstigen Gebieten und auf leichteren Böden auch noch später. *In schwerem, nassem Boden,* dessen Klumpen am Spaten kleben bleiben, kann der Erfolg fraglich sein, besonders bei fehlender Bodenbearbeitung. Man gibt dann wenigstens trocknen groben Torf und abgetrocknete Humuserde in den Boden, der die Wurzeln umgibt, unterlässt das Angießen und bedeckt die Pflanzstelle mit trockenem Laub, das man mit kurz geschnittenem Reisig auflockert, oder mit strohigem Stallmist. So gelangt über Winter genügend Luft an die Wurzeln.

Wer **Obst an Wänden** ziehen möchte, kann an Südwänden Herbst- und Winterbirnen unterbringen. Vor Westwänden gedeihen Herbstbirnen wie 'Alexander Lucas'. Für die Ostseite eignen sich Frühbirnen, Äpfel und 'Schattenmorellen'.

Die dornige Japanische Scheinquitte *und die* Chinesische Scheinquitte (Chaenomeles) *sind seit Jahrhunderten in vielen Gärten als Nutz- und Ziersträucher anzutreffen. Neu herausgezüchtet wurde 1999 die dornenlose* Lettische Scheinquitte (C. speciosa 'Cido'), *auch* Nordische Zitrone *genannt. Alle tragen im Herbst verwertbare, quittengelbe Früchte, die im November geerntet werden.*

Bei **Beerenobst** kann man die Pflanzung frühzeitig, aber auch ziemlich spät vornehmen, da die Gehölze anspruchslos sind und unter einer dicken Bodendecke noch einwurzeln.

Kann eine sachgemäße Pflanzung nicht mehr erfolgen, sei es, dass die Fläche noch nicht frei ist, die Vorarbeiten nicht vorgenommen werden konnten, der Boden gefroren bzw. hoch verschneit ist oder schlechtes Wetter anhält, dann wartet man besser bis zum Frühjahr. Die Gehölze kommen in einen **Einschlag,** also an eine schattige, windgeschützte Stelle, die man dafür vorsorglich „offen" halten muss.

Wildfrüchte haben auch ihre Liebhaber

Für die Pflanzung von Wildgehölzen, deren Früchte man verwerten kann, allein für sich oder zusammen mit anderem Obst, sollen noch einige Anregungen gegeben werden. Solche Pflanzen können sowohl im Obst- als auch im Ziergarten stehen. Höhere Arten eignen sich vorzüglich für Windschutzpflanzungen.

Die **Scheinquitte** oder Japanische Zierquitte wird als Einzelstrauch und Heckenpflanze verwendet. Durch die starke Bedornung wird der Heckenschutz erhöht. Wo im April/Mai die rötlichen Blüten saßen, findet man im Herbst gelbe, apfelähnliche *Quittenfrüchte*, die zu einem vorzüglichen Gelee verarbeitet werden können. Die Art *Chaenoméles japónica*, 0,5 bis 1 m hoch, trägt 3–4 cm große Früchte. *C. speciósa* (mit vielen Sorten) 1,5–2 m hoch, bringt noch etwas größere Früchte. Die Sträucher sind anspruchslos, wachsen in sonniger bis teilschattiger Lage und bevorzugen etwas feuchten Gartenboden. Man erntet die Scheinquitten im November, bevor stärkere Fröste einsetzen, und

Die Schlehe, Prúnus spinósa, *wird 3 bis 4 m hoch, blüht im April/Mai weiß und trägt im Herbst blaue, sehr saure Pflaumen.*

lässt sie noch etwas nachreifen. Der **Schwarze Holunder** (*Sambúcus nígra*) liefert die „*Fliederbeeren*", aus denen sich Holundersuppe, Mus und Saft zubereiten lässt. Nur vollreif sind die Beeren gesundheitlich wertvoll. Die Blüten kann man für erfrischende Getränke verwerten. Wer Holunder schätzt, kann ihn im Herbst oder Frühjahr pflanzen. Durch Auslese konnten großfrüchtige Typen gewonnen werden, wie 'Riese von Voßloch', deren Früchte zur gleichen Zeit reifen. Der bis 8 in hohe Strauch kann überall dort gepflanzt werden, wo andere Gehölze nicht gedeihen wollen, auch an schattigen und sehr windigen Stellen. Besonders gut entwickelt er sich neben dem Kompostplatz.

Der **Traubenholunder** (*S. racemósa*), ein 2–3 m hoher Strauch, hat durch großtraubige Züchtungen, wie 'Holly Geneva', als Nutz- und Ziergehölz Gartenwert erlangt. Die scharlachroten Früchte eignen sich zur Saftgewinnung und zum Einkochen in Verbindung mit anderem Obst. *Roh sind sie schwachgiftig.* Hervorzuheben ist der hohe Gehalt an Eisen und Vitaminen. Es sollte im Herbst gepflanzt werden.

Im Gegensatz zur **Vogelbeere** *(Sórbus aucupária)* hat die **Echte** oder **Mährische Eberesche** *(S. a.* var. '*Edulis*') als Wirtschaftsfrucht Bedeutung, z. B. die Sorten 'Konzentra', 'Rosina', 'Kubovaja'. Die süßen, mildsäuerlichen Früchte eignen sich wegen des hohen Gehalts an Vitamin C zur Herstellung von erfrischendem Kompott, kandierten Früchten (rosinenähnlich), Säften usw. 'Kubovaja' und 'Noveshinsker' glänzen durch hohen Sorbitgehalt. Der 6–8 m hohe strauchartige Baum kann als Heister (oder Hochstamm) gepflanzt werden und gedeiht noch auf geringen Böden, auch in Höhenlagen. Abgetragene Fruchtzweige regelmäßig entfernen, Jungtriebe schonen.

Die **Schlehe,** auch Schwarzdorn genannt *(Prúnus spinósa)*, ein bis 3 m hoher Strauch mit bedornten Zweigen, eignet sich auf leichten Böden als Deck- und Vogelschutzgehölz. – Als Wirtspflanze der *Scharka-Krankheit,* einer Virose, wird auf dieses Gehölz besser verzichtet. Beste Pflanzzeit ist der Herbst; junge Setzlinge wachsen leicht an. Vor der Laubentfaltung erscheinen die weißen Blüten, meist ab Ostern. Fraßschäden durch Schlehenspinner, im Sommer Spruzit spritzen. Die schwarzblauen, runden Steinfrüchte verlieren ihre herbe Säure etwas, wenn sie erst nach den Herbstfrösten geerntet werden. Beim Konservieren von Äpfeln und Birnen können Schlehen bis zu einem Drittel zugesetzt werden. Früchte über Nacht in kaltem Wasser lassen.

Windschutz für Kernobst

In starken Windlagen ist der Anbau von Apfel und Birne recht problematisch. Nicht nur, dass Früchte vorzeitig abgeworfen werden, sondern es entstehen auch Schäden an Trieben und Knospen. Die Blütenbildung wird genauso beeinträchtigt wie der Bienenflug. Der größte Verlust entsteht zweifellos durch das Abwerfen noch unreifer Früchte.

Durch Windschutzhecken, vor allem im Norden und Osten des Grundstücks, erhält der Gartenbesitzer ein gutes Mittel zur Ausschaltung stärkerer Windschäden und damit gleichzeitig zur Ertragssteigerung. Allgemein beträgt die **Schutzwirkung** einer Hecke in ebenem Gelände etwa das 15fache der Heckenhöhe, d. h. eine vier Meter hohe Hecke bietet etwa 60 m weit ausreichend Windschutz. In völlig offenen Windlagen darf allerdings nur eine Schutzwirkung erwartet werden, die der fünf- bis zehnfachen Höhe der Schutzpflanzung entspricht.

Da Windschutzpflanzungen den Boden stark ausbeuten, ist es zweckmäßig und wirtschaftlich, an erster Stelle *Obstgehölze für den Windschutz zu* verwenden. Geeignet sind Sauerkirschen und Hauszwetschen. Man pflanzt sie mit 4 m Abstand als Niederstamm und Hochstamm, jede Obstart für sich oder abwechselnd Sauerkirsche und Hauszwetsche. Bei Zwetschen muss allerdings mit verstärktem Fruchtfall gerechnet werden.

Andere *Windschutzgehölze* sind Robinie, Kirschpflaume, Vogelbeere, Hainbuche, aber auch Fichte, Tanne und Kiefer. Für sehr hohe Pflanzungen kommen frühaustreibende Pappeln in Betracht, besonders *Pópulus x berolinénsis* 'Houtzanger', allerdings zehren sie den Boden sehr stark aus. Sinnvoll ist es, Windschutzhecken schon einige Jahre vor der Obstbaumbepflanzung anzulegen.

Winterschnitt kann beginnen

Wenn Obstbäume ihr Laub abgeworfen haben und guten Einblick in die Krone gestatten, kann mit dem Schnitt älterer Bäume begonnen werden, besonders der **Verjüngung** vergreister *Apfel- und Birnbäume*, die in diesem Jahr nur geringe Ernten gebracht haben. Da noch keine Reservestoffe verbraucht sind, weitere eingelagert werden und die Entwicklung der Knospen fortschreitet, regt der Spätherbstschnitt zu starker Trieberneuerung an.

Die **Vergreisung** hat begonnen, wenn ein mehr oder weniger starkwüchsiger Baum nicht mehr 20-30 cm lange Seitentriebe hervorbringt. Im Verlauf der nächsten Jahre kommt es zum Verkümmern und Absterben von Knospen und Trieben und schließlich zum Aufkahlen der unteren Äste, von innen nach außen fortschreitend. Vielfach sieht man Obstbäume, deren Hauptäste auf einer Länge von 1-2 m und mehr völlig kahl und damit sehr stark vergreist sind.

Gleichzeitig nimmt die **Fruchtqualität** ab. Früchte, die im unteren und mittleren Kronenteil noch angesetzt werden, bleiben infolge Beschattung und unzulänglicher Laubentwicklung nur klein, wenig ausgefärbt und geschmacklich minderwertig. Die besten Früchte befinden sich in den Spitzenregionen, sind bei hohen Bäumen oft unerreichbar und nur als Fallobst einzubringen. Ernten werden immer unregelmäßiger, so dass auf eine Obstschwemme oft ein, zwei unfruchtbare Jahre folgen.

Eine **Verjüngungskur** ist möglich, sofern die Vergreisung noch nicht zu weit vorgeschritten ist. *Zu alte Bäume*, deren Stamm und Äste mürbe und brüchig sind, lohnen die Verjüngung nicht mehr. Das gilt gleichermaßen für rinden- oder holzkranke Bäume, sogenannte Baumruinen. In diesem Fall hilft nur alsbaldige Rodung.

Unter Verjüngung versteht man einen stärkeren Rückschnitt der Krone, vor allem in den oberen und äußeren Partien. Bei beginnender Vergreisung Krone um ein Drittel, bei stärkerer Vergreisung (wenn Äste meterlang aufgekahlt sind) bis zur Hälfte verkleinern. Mit dem Rückschnitt nicht zu lange warten.

Verjüngungsschnitt der Spindel

Bei 8 bis 10 Jahre alten Bäumen ist bereits eine Verjüngung notwendig. Der *Mittelast* wird um $1/3$ eingekürzt, die Krone dadurch niedriger. Der *Kronenwinkel* ist so groß zu wählen, dass die oberen Fruchtzweige stark zurückgeschnitten werden können, die unteren (die aus der einjährigen Krone entwickelt wurden) dagegen nur wenig an Länge einbüßen.

Für das *Seiten- und Fruchtholz* können die gleichen Regeln gelten wie beim Schnitt der Pyramidenkrone (siehe Kapitel vorher). Nur stärkere Triebe (Wasserschosse) auf den unteren Ästen sollten möglichst waagerecht gebunden werden, wenn es an Seiten- oder Fruchtholz fehlt. Günstig Juli/August. Nach weiteren 4-5 Jahren wird abermals verjüngt. Dabei kürzt man den Mittelast und die Leitäste unterhalb der früheren Schnittstellen ein. Insgesamt lohnt sich 2-3-maliges Verjüngen.

Schnitt der Himbeeren

Diesjährige Ruten der *zweimaltragenden* Sorten haben ab September ihre erste Ernte gebracht. Wird auf eine zweite Ernte im nächsten Sommer Wert gelegt, dann bleiben die Ruten stehen, andernfalls werden alle bis zum Boden zurückgeschnitten. Im nächsten Frühling wachsende Triebe lassen dann eine sehr reiche Herbsternte erwarten. - Wurde der Schnitt an den *einmaltragenden* Sorten bisher versäumt, so ist er unverzüglich nachzuholen. Ruten grundsätzlich vernichten. Die **Bodendecke** sollte vor Frosteintritt verstärkt werden. Dadurch wird der Frost länger vom Boden abgehalten, und es können sich mehr Saugwurzeln bilden, die zu stärkerem Austrieb befähigen.

Gartenheidelbeere vergreist schnell

Die hohe Fruchtbarkeit führt schnell zur Vergreisung, die sich durch regelmäßigen Schnitt gewisse Zeit aufhalten lässt. In den ersten 3-4 Jahren wachsen die Sträucher zu endgültiger Größe heran. Danach ist ein mittelstarker Auslichtungsschnitt, ähnlich dem bei Johannisbeeren, erforderlich. Überalterte Bodenzweige werden entfernt. Es genügt, wenn ein Strauch 6-8 *Gerüstzweige* besitzt. Als Ersatz für weggeschnittene lässt man kräftige Neutriebe stehen. Älter als 4-5 Jahre sollten Bodenzweige nicht werden. Außerdem werden buschig stehende Seitentriebe ausgelichtet. Bis 30 cm über dem Boden ist das Seitenholz zu entfernen.

Schwachwachsende Sorten, wie 'Zuckertraube', die sich nach 6-8 Jahren erschöpfen, können durch Rückschnitt handbreit über dem Boden *verjüngt* werden. Im Frühling darf dann mit starkem Durchtrieb und im folgenden Jahr mit gutem Ertrag gerechnet werden. Bei wüchsigeren Sorten ist dieser Schnitt nach etwa 15 Jahren sinnvoll. Nach dem Schnitt Boden lockern, mit Holzhäcksel bedecken. Schwache Bodentriebe auslichten.

November

Stachelbeerstämmchen mit Bodentrieben aus der Unterlage des Wildlings.

Dasselbe Stämmchen nach dem Wegschnitt der Wildlinge, Kronentriebe wurden gekürzt.

Stachelbeerschnitt

Im belaubten Zustand ist der Schnitt der Stachelbeergehölze schwierig. Deshalb sollte – mit Rücksicht auf den frühen Austrieb – bald nach dem Laubfall geschnitten werden. Gepflegt werden Stämmchen und Sträucher. Diese werden durch Bodenkontakt leicht von Krankheiten und Schädlingen befallen. Die Ernte ist mühevoll, der Schnitt allerdings einfacher als bei Stämmchen. Die Stammform wird wegen der bequemen Pflege und Ernte bevorzugt, obwohl der Schnitt mehr Überlegungen erfordert als bei Sträuchern, wo die ständige Verjüngung durch junge Bodentriebe leicht ist.

Bei **Stämmchen** muss man mit dem Kronengerüst lange leben, da es an basisnahen Verjüngungstrieben meist fehlt. Bietet sich mal im unteren Drittel ein steiler Jungtrieb an, sollte der Leitzweig bis hier weggeschnitten werden. Die Krone sollte aus nicht mehr als 7 bis 10 Leitzweigen mit ihren Verzweigungen bestehen. Nach Bedarf ist auszulichten. An der Draufsicht eines vierjährigen Leitzweiges (L) lässt sich der Ertragsschnitt am ehesten klar machen.

Verlängerungstriebe der Leitzweige werden nun nicht mehr angeschnitten. Zu lange Zweige leitet man auf einen Seitentrieb ab. So lässt sich die Kronenausdehnung immer wieder einschränken. Bei Stachelbeermehltau müssen alle Triebe im Winter entspitzt werden.

Um das Kroneninnere licht zu halten, sind störende Seitentriebe entweder wegzuschneiden oder einzukürzen. Jede erforderliche Länge des Seitenholzes ist möglich. Kann es ungekürzt bleiben, erhöht sich der Ertrag und verringert sich die Verzweigung, gekürzt dagegen gewinnt die Qualität, aber auch die Verzweigung. Nach innen wachsendes Seitenholz muss in jedem Fall stärker gelichtet und kürzer gehalten werden als das an der Außenseite. Mitunter hilft es, Seitentriebe abwechselnd lang und kurz zu halten. Ein wichtiges Ziel ist es, leicht ernten zu können.

Sträucher. Vom 4. Standjahr an sind die ältesten Bodenzweige nach der Ernte zu entfernen, bodennah oder bis zu einem kräftigen Steiltrieb. Dieses ist notwendig, wenn es an den jungen Ersatztrieben aus dem Boden fehlt. Mehr als 3 bis 4 Ernten sollte ein Bodenzweig nicht bringen.

An kräftigen, aufrecht wachsenden Jungtrieben werden jährlich 1 bis 3 gebraucht. Alle Übrigen beseitigt man. Ein älterer Stachelbeerstrauch sollte nach dem Schnitt nicht mehr als 8 bis 10 locker verteilte Bodenzweige und -triebe besitzen.

Zu lange oder zu ungleich gewachsene Leitzweige werden abgeleitet und überhängende lässt man auf ansteigenden Trieb aufgleiten. Bodennahe Zweige sind jederzeit basisnah anzuschneiden. Zu dicht stehendes Seitenholz nimmt man auf kürzere und günstig stehende Seitentriebe höherer Ordnung zurück. Teils ist Wegschnitt erforderlich. Zur Basis hin sind Verzweigungen länger zu halten als zur Spitze, falls das räumlich möglich ist. Wird jedes Jahr so verfahren, kommt man ohne stärkere Verjüngung 15–20 Jahre aus und darf gute Ernten erwarten.

So wird ein Obstbaum verjüngt

Hat man sich zur Verjüngung entschlossen, so überlegt man zunächst den Grad des Rückschnittes ($\frac{1}{3}$, $\frac{2}{5}$, $\frac{1}{2}$, je nach Vergreisung) und die Art des beginnenden Eingriffs. Dazu drei von mehreren Möglichkeiten.

1. Hohlkronen sind nach maßvollem Auslichten entsprechend zu verkleinern, indem man die Leitäste möglichst auf gleiche Höhe zurücksetzt und dabei die Astenden bis auf einen Verlängerungstrieb auslichtet, falls möglich, sonst in den nächsten Jahren.

2. Eine zu *dichte Pyramidenkrone* mit ziemlich steilen Leitästen wird wesentlich lichter, wenn man den gesamten Mittelast über den Leitästen herausschneidet. Die Leitäste behandelt man

etwa wie bei der Hohlkrone. Bei mehr als 8 cm Astdurchmesser bleibt möglichst ein 50 cm langer Stumpf stehen.
3. Die übliche *Rund-* oder *Pyramiden-krone* (Abb. 13 A) ist unter einem bestimmten Kronenwinkel zu verkleinern, wobei der Mittelast eine geringe Führung behält (B). Der Kronenwinkel hängt von der Kronenform, aber auch vom Maß des Rückschnittes ab. Als Anhalt gelten für Apfel, Zwetsche und Sauerkirsche 90–120 Grad, für Birnen und steile Pflaumen 70–90 Grad.
Zur Festlegung und Einhaltung des **Kronenwinkels** visiert man den Baum unter einem bestimmten Winkel aus 10–20 m Entfernung und aus verschiedenen Richtungen wiederholt an. Als Hilfsmittel verwendet man einen selbst gebogenen *Drahtwinkel* (C) oder die zu einem Winkel (D) aneinander gelegten *Zeigefinger* (und Daumen). Bei Halb- und Hochstamm wird die Winkelspitze am Mittelast so tief angelegt, dass die Schenkel des Winkels die vorgesehenen Endtriebe der unteren Leitäste et-

Dieser Birnbaum ist ca. 50 Jahre alt und vergreist. Ein Verjüngungsschnitt ist notwendig!

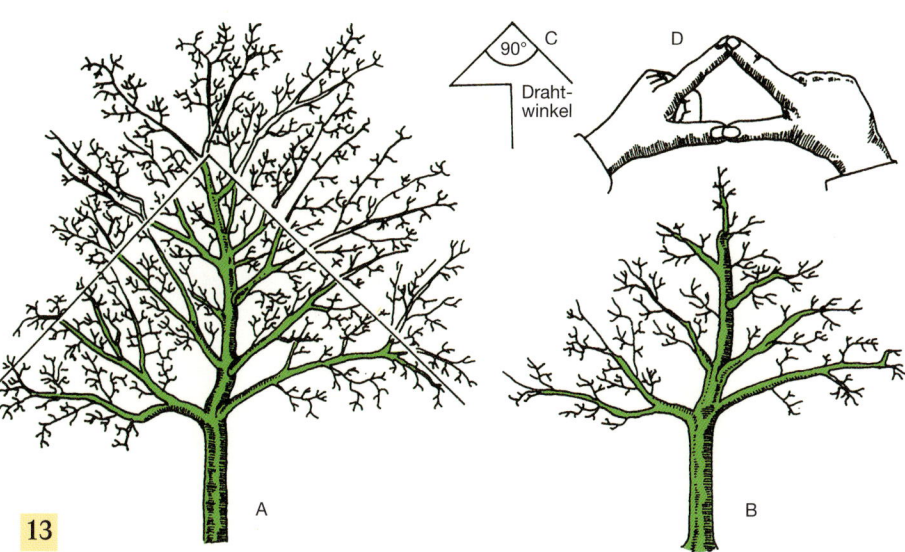

13

Vergreiste Krone mit Rückschnittwinkel (A) und nach dem Verjüngungsschnitt (B). Der Kronen- oder Rückschnittwinkel wird aus einiger Entfernung ermittelt mit Hilfe des Drahtwinkels (C) oder durch Daumen und Zeigefinger beider Hände (D).

was schneiden, beim Buschbaum das letzte Astdrittel. Die Kreuzungsstellen sind gleichzeitig die Rückschnittstellen der Leit- und Nebenäste und des Mittelastes. – Am besten ist es, wenn *eine erfahrene, zweite Person den Schnitt vom Boden aus dirigiert.*
Mit der Herausnahme des oberen oder gesamten **Mittelastes** beginnt man im Gipfel, indem man Stück für Stück durch schnelle Schnitte absägt und ohne Gefährdung der darunter befindlichen Verzweigungen abwirft. Der endgültige Schnitt erfolgt leicht schräg über einem schwachen Zweig. Nach dem Entgipfeln ist es sinnvoll, die Krone **auszulichten.** Dabei beachte man die unterschiedliche Wuchskraft in der Krone.
Im oberen Drittel, wo es am stärksten wächst, dürfen keine langen, dicken Äste geduldet werden. Beim Hochstamm können einzelne starke, beim Halbstamm schwächere **Zweige** stehen bleiben, die möglichst waagerecht auslaufen.
Im mittleren Kronenteil behält man bei Halb- und Hochstamm nur 3–4 mittelstarke und mittellange Neben- bzw. Leitäste, die zu den unteren auf

Luke stehen. Rückschnitt jeweils auf einen flach verlaufenden Endtrieb.
Die untere Astserie aus 3–4 Leitästen mit 1–2 flach gerichteten Gabelästen entspricht dem Grundgerüst einer jeden Pyramidenkrone, auch beim Buschbaum. Muss hier ausgelichtet werden, so entfernt man die schwächsten Äste. Der Rückschnitt der Leitäste erfolgt mäßig, nur beim Buschbaum um etwa $1/3$. Stets sollte ein aufwärts gerichteter Trieb oder Zweig die Leitastführung erhalten.
Geeignete **Verlängerungstriebe** wird man nicht überall finden. Sie wachsen aber in der nächsten Vegetationsperiode zu, so dass dann Korrekturen möglich sind. Schon im Sommer sollten geeignete Triebe ausgewählt und auf ihre neue Aufgabe vorbereitet werden, indem man störende Nachbartriebe wegschneidet.
Nach dem Auslichten und Einkürzen der Äste entfernt man Zweige und Triebe auf der **Oberseite der Äste,** desgleichen schwaches Holz an der *Unterseite.*
Seitlich stehendes Fruchtholz wird nur mäßig verjüngt, damit es wenigstens eine mittelhohe Ernte gibt. Vor

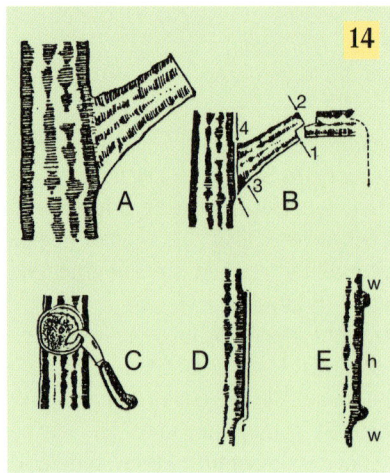

allem bei dichtem Seitenholz sind einige Eingriffe erforderlich: 1. Zur *Astspitze* hin sollen stärkere Verzweigungen zurückgeschnitten werden. 2. *Lange Fruchtbögen* (hängendes Seitenholz) sind etwa um die Hälfte auf einen aufwärts gerichteten Jungtrieb einzukürzen. 3. Zu dichtes *Quirlholz* muss man auslichten.

Äste richtig absägen und Wunden behandeln

Das Herausnehmen eines starken Astes über 8–10 cm Durchmesser an der Basis sollte nicht mehr auf Astring (verbreiterte Stelle), sondern auf Stumpf oder Stummel von 50 cm Länge erfolgen (Abb. 14 A). Werden solche starken Äste auf Astring entfernt, so schafft es der Baum nicht mehr, eine derart große Wunde völlig zu überwallen (verheilen), so dass der innere Holzkörper schließlich vermorscht, selbst bei Wundverschluss. Wird dagegen ein Stumpf stehen gelassen, der allmählich verrottet, so bleibt die Astbasis länger geschützt als beim Schnitt auf Astring. Mit Stumpf hat der Baum länger Zeit, eine Sperre zu bilden, die die Verrottung des Kernholzes aufhält.

Bei dünneren Ästen, deren Durchmesser in Basisnähe weniger als 8 cm beträgt, ist bei Schnitt auf Astring mit vollständiger Überwallung zu rechnen. Vom Astring bleiben einige Millimeter stehen. Dadurch wird die Verheilung der Wunde gefördert. Die Beiaugen an der Basis erhalten eine Chance zum Austrieb.

Bevor man den endgültigen Sägeschnitt macht, muss das Übergewicht des Astes beseitigt werden, mit Säge und Langarmschere, jeweils auf Stücke, die man abwerfen kann. Fallen sie auf untere Äste, so brechen wertvolle Verzweigungen ab, die nur schwer wieder nachwachsen. Wird

das Übergewicht nur unwesentlich beseitigt, sind 50 cm von der Ansatzstelle 2 Sägeschnitte erforderlich (B): Zunächst von unten bis zur Mitte (Pfeil 1), anschließend von oben (Pfeil 2). Dieser Schnitt muss zur Astspitze hin einige Zentimeter versetzt werden, damit die Wucht des stürzenden Astes keine Auflage zum Ausschlitzen des Restastes findet.

Beim Schnitt auf Stumpf erfolgt dann in dem Nähe ein Nachschnitt senkrecht zum Ast. Beim Schnitt auf Astring ist Feinarbeit gefordert. Vorsichtshalber trennt man bei 3 die Bastschicht durch. Dann setzt man die Säge in der Astgabel (4) an der tiefsten Stelle an und schneidet zügig, leicht schräg nach außen, um nicht zu lang in den Astring zu schneiden. Ist man fast durch, fällt der Stumpf ab. Es verbleibt nur noch der kleine dunkle Teil. Dieser wird zurückhaltend abgesägt. Am Schluss darf auf die Rinde kein Druck ausgeübt werden; denn eine gelockerte Bastschicht heilt schlecht (Doppelpfeil).

Werden Äste oder Zweige ohne Zwischenschnitt (Nr. 3) weggesägt, so führe man die letzten Sägeschnitte sehr vorsichtig aus und stütze dabei den Ast(rest) mit der anderen Hand

sorgfältig ab, damit die Rinde unten nicht einreißt. Gelingt ein Sägeschnitt nicht, so muss nachgesägt oder mit scharfer *Hippe* (C) nachgeschnitten werden. Das früher übliche Glätten einer jeden Sägewunde ist entbehrlich, da auch raue Wunden überwallen.

Sägewunden, möglichst alle, sollte man, bevor sie eintrocknen oder durch Niederschläge befeuchtet werden, alsbald mit einem geeigneten **Wundenverschlussmittel** behandeln, das vor Infektion durch holzzerstörende Pilze schützt und die Verheilung fördert. Zu bevorzugen ist Bayleton-Rindenwundverschluss oder Malusan-Wundverschluss. Pilzabwehrende Stoffe beugen Infektionen des Kambiums vor.

Der **Wundverschluss** alsbald nach dem Schnitt, muss gut decken und am Rand (r in Abb. D) wenige Millimeter übergreifen, um feinste Einrisse auch hier zu verschließen. (In Abb. D ist der Wundverschluss durch eine dünne Linie gekennzeichnet.) – Steht Bayleton oder Malusan zur Verfügung, empfiehlt es sich, damit nur den Rindenteil, d. h. Kambium und Splintholz, zu verstreichen. Vom Kambium geht die Verheilung (Wulstbildung E, w) aus. Für das Kernholz (h) genügt *entsäuerter Baumteer,* auch in den folgenden Jahren, bis die Wunde verheilt (überwallt) ist. Handelspräparate sind z. B. Propfes Wachsteer und Widder Baumteer.

Obstbäume in Kübeln erfordern Winterschutz

Zwergig wachsende Obstbäume können als Kübelbepflanzung oder in Töpfen gehalten werden. Die Kleinheit ist die Folge einer schwach bis sehr schwach wachsenden Unterlage. So gibt es Apfelbäume, die nur 1,5 bis 2 m hoch werden, Spindelschnitt erfordern und normal große Früchte bringen.

Astschnitt und Wundbehandlung.

Im Handel befinden sich auch sog. säulenförmige **Ballerina**-Apfelbäume, die über 2 m Höhe erreichen, 30 cm breit wachsen und dazu ganz wenig Schnitt benötigen. Etwa alle zwei Jahre im Frühjahr sollte verpflanzt werden. Kernobst gehört in schwachsaure, lehmhaltige Erde, Steinobst mehr in kalkhaltigen Boden. Geeignet ist torffreie NeudoHum-Pflanzerde oder Kübel- und Zitruserde oder Mutterboden unter Zusatz von FulHumin und 1 Löffel voll Fertofit-Garten-Dünger. Töpfe stets etwas größer wählen. Sonnige Standorte auf Balkon oder Terrasse; Äpfel stehen optimal vor einer Ostwand, Birnen vor einer Westwand.

Bei Kernobst ist es erforderlich, auf gute Befruchtersorten in der Nähe zu achten. Bei Steinobst sind selbstfruchtbare Sorten zu bevorzugen. Bei genügend feuchter Erde und zweiwöchentlicher Düngung in der Vegetationszeit erreichen sie ein Alter von etwa 15 Jahren.

Obwohl die Bäume von Natur aus frosthart sind, benötigen sie in Kübeln oder Töpfen etwas Aufmerksamkeit. So sollten sie im Winter an geschützter, besonnter Stelle stehen. Ab Laubfall bis Laubaustrieb darf die feucht gehaltene Erde nicht durchfrieren. Am sichersten ist das Einlassen der Kübel in den Boden und das großzügige Bedecken mit Herbstlaub. Gegen zu starke Sonneneinwirkung und zu tiefe Nachttemperaturen hilft das Einbinden der Kronen mit Fichtenzweigen. Auf Terrasse und Balkon sind die Kübel gut einzupacken.

Ohne Schnitt ist bei den üblichen Sorten nicht auszukommen. In den meisten Fällen hat sich ein verstärkter Spindelbuschschnitt bewährt. Schon beim 3. März - (oder Winter-) Schnitt ist die Höhe jährlich zu begrenzen. Der Aufbau erfolgt stets pyramidal.

Zusätzliche Anmerkungen

Der Wasserhaushalt im Obstgarten wird zu wenig beachtet. Um regelmäßig gute Erträge zu bringen, brauchen Obstbäume im Winterhalbjahr mehr als die Hälfte des Jahresbedarfs an Wasser. Im November sollte deshalb noch tüchtig gewässert werden.

Obstbäume können ab November **gejaucht** werden, wenn man Jauche unterbringen muss. Stickstoff wird im Winter von den Wurzeln aufgenommen und im Holzkörper gelagert, was die Widerstandskraft erhöht und den Austrieb verbessert.

Geerntet wird Kiwi etwa Anfang November. Das subtropische Klettergehölz ist sehr *schutzbedürftig,* da es bereits bei minus 10-14 °C erfriert. Schutz bietet das Einpacken dick in Zeitungspapier, wenigstens der unteren Partien, von November bis März, damit im Fall eines Zurückfrierens der Austrieb von unten gesichert bleibt.

Dem Verderb vorbeugen. *Äpfel und Birnen* sollten alle 8-14 Tage durchgesehen werden, um Fäulnisherde zu entfernen. Man beachte, dass in zu warmen Räumen die Lagerzeit verkürzt wird, ja dass es oft nicht gelingt, das Winterobst über Weihnachten hinaus einwandfrei zu erhalten. Durch Lüften lässt sich der Ausgleich oft erreichen. Bei Frost schließt man die Fenster oder verstopft die Lüftungskanäle mit Stroh.

Erdbeerstauden, die mehrere Jahre an ihrem Platz stehen, vertragen und verwerten Ende November/Anfang Dezember noch einen organischen NPK-Dünger, wie z. B. Azet-Beeren-Dünger, 30 g/m², oder Fertofit-Garten-Dünger. Er wird flach eingearbeitet. Derart versorgte Erdbeerpflanzen sind im nächsten Jahr fruchtbarer. Eingewurzelte Erdbeeren brauchen keinerlei Winterschutz .

Schnitt der Obststräucher. Im August/September versäumter Schnitt kann noch nachgeholt werden. Das gilt vor allem für Johannis- und Stachelbeeren.

Kalkbedarf sollte alle drei Jahre festgestellt werden. Obstbäume gedeihen am besten bei schwachsaurer Bodenreaktion. Anzustreben ist im Mittel auf leichteren Böden pH 6 auf mittleren pH 6,5, auf schweren pH 7. Geeignet ist kohlensaurer Kalk, Korallenalgenkalk, Hütten- oder Konverterkalk und Azet-VitalKalk.

Offene Baumscheiben im Rasen brauchen neu gepflanzte Bäume etwa zwei Jahre. 50-75 cm vom Stamm hält man somit grasfrei, um Belüftung und Anwachsen zu verbessern. Die kleine freie Fläche dient zum Düngen und Wässern. Gut ist es, den Boden mit Komposterde zu bedecken.

Brombeeren ohne Dornen können schon im November gepflanzt werden. Je früher die Pflanzung erfolgt, desto besser. Über Sorten und Anbau siehe S. 144.

Allseitige Windschutzpflanzungen in ebenem Gelände bringen keinen *Frostschutz.* In klaren, windstillen Nächten dringt Kälte nicht vom benachbarten Gelände in eine Obstanlage ein, sondern entsteht hier und kann um 1-2 °C niedriger liegen als auf freien Flächen. Wo Schutzpflanzungen eine Durchmischung verschiedener Luftschichten verhindern, kann sich die stark unterkühlte Luft zwischen Obstgehölzen stauen („Kältesee").

Beerensträucher, von denen man im nächsten Jahr hohe Erträge erwartet, brauchen auf schwerem Boden bereits im November/Dezember eine erste Düngergabe, z. B. Azet-Beeren-Dünger, 75 g/m², oder Fertofit-Garten-Dünger. Auf mittleren Böden und bei spätem Frühjahr sollte mit der Düngung im Januar begonnen werden (s. S. 87).

November

Wichtig ist außerdem der Sommerschnitt in der zweiten Julihälfte. Dann wird entspitzt, um die Bildung von Basisknospen zu Blütenknospen anzuregen. Nach etwa vier Jahren ist schwaches Fruchtholz zu entfernen, und zwar bei Winterausgang, wodurch der Wuchs angeregt wird.

Im Gemüsegarten

Ernte im November fortsetzen

Erntearbeiten werden an trockenen Vormittagen fortgeführt oder durch Übertunnelung der Beete hinausgezögert. In offenem Boden lassen sich Mohrrüben, Rettiche, Wruken, Rote Bete und Sellerie mit einer Grabega-

Eine Feige im Kübel lässt sich leicht umräumen. Ausgepflanzt braucht sie im Freien unbedingt Winterschutz.

Chinakohl braucht nicht übereilt geerntet zu werden, wenn die ersten Fröste auftreten. Kurzfristig schaden −5 °C noch nicht. Auf dem Winterlager genügen +5 °C.

bel lockern. Dies geschieht vormittags, geerntet wird nachmittags. Das Kraut wird sogleich entfernt. Noch am selben Tag kommt Wurzelgemüse in einen Überwinterungsraum. Günstig 0 bis 1 °C.

Spät gesäte Sommermöhren können im Boden bleiben, überwintern unter Laub und stehen im Frühjahr knackfrisch zur Verfügung. Mäuse müssen abgewehrt werden.

Chikoreewurzeln, die man in einem Raum treiben will, werden (14 Tage nach der Lockerung, s. Oktober) herausgenommen, die Blätter 2–3 cm über dem Rübenkopf abgeschnitten. Wurzeln, nach der Stärke sortiert, schlägt man senkrecht in sandige Erde ein, in Treibgefäße im Keller oder in einen Frühbeetkasten, frostsicher.

Zuckerhutsalat kann bis −8 Grad im Freien bleiben. Droht stärkerer Frost, so nimmt man die Köpfe an einem trockenen Tag früher aus dem Boden und schlägt sie in einem kühlen Raum ein. In feuchten Kellern kann man die Köpfe an den Wurzeln auch aufhängen. Das Innere bleibt bis in den Winter frisch.

China- und Wirsingkohl braucht man kaum vor Ende November zu ernten,

da bis minus 5 Grade kurzfristig vertragen werden. Frostharter Wirsing kann bis nach Weihnachten im Freien bleiben. In den Einschlag kommen lockere Köpfe mit Wurzeln. Feste Köpfe kann man auch auf Brettern lagern.

Bei **Herbst-Rosenkohl** lässt sich der Ertrag steigern, wenn 2- oder 3-mal, unten beginnend, gepflückt wird. Die oberen Sprosse wachsen dann besser.

Feldsalat aus Septembersaat liefert die erste Ernte. Man schneidet die größten Blätter ab. Zu dicht stehende Pflanzen sind *tief herauszuschneiden*.

Über Winter im Freien bleiben später Rosenkohl, Grünkohl, Winterwirsing, Schwarzwurzel, Pastinake, Winterporree, Spinat, Feldsalat, Winterportulak, Petersilie, Frühlings- und Winterzwiebeln. Nach Bedarf und Platz erntet man einen Vorrat.

Bodenpflege im Gemüsegarten

Im Anschluss an die Ernte erhebt sich die Frage: Ist es sinnvoll, in jedem Herbst umzugraben, oder gibt es leichtere, bessere Methoden der Bodenpflege?

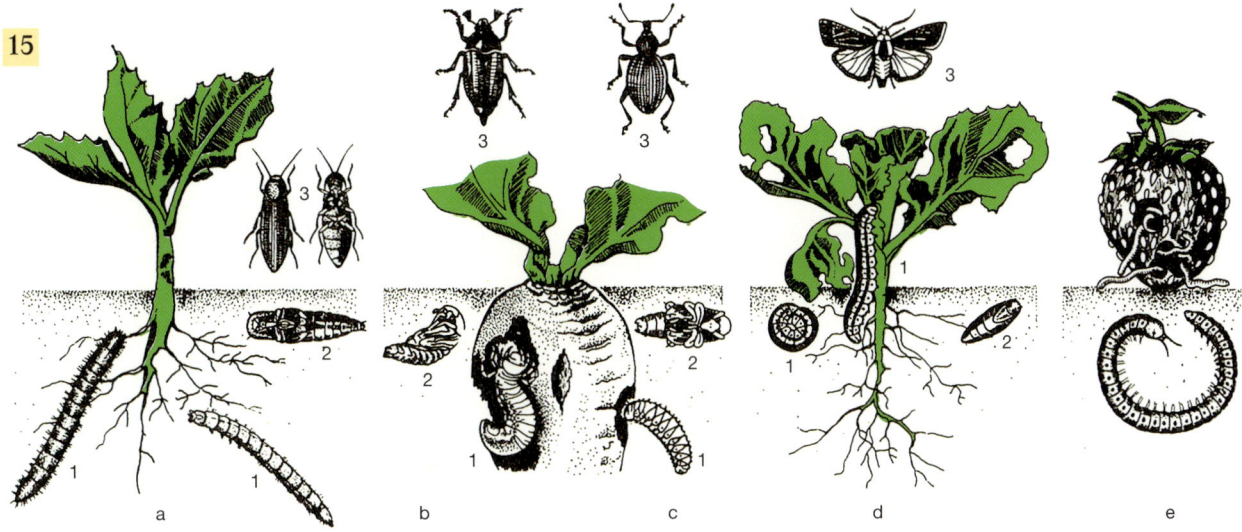

15

a   b   c   d   e

Bodenschädlinge

Gepflegter Gartenboden mit dunkler, humoser Oberschicht (Krume) braucht weder durch Umgraben noch durch Frosteinwirkung gelockert zu werden. Dies besorgen viel besser Regenwürmer, Urtierchen, Algen, Pilze, Bakterien. Auf biologischem Weg entsteht so eine beständige Krümelstruktur, die *echte Bodengare.*

Auf garem Boden kommt es darauf an, den biologischen Prozess vor Frost zu schützen. Das Land wird deshalb weder gegraben noch dem Frost ausgesetzt. Vielmehr gibt man eine **Bodendecke** aus Ernterückständen, Falllaub, unfertigem Kompost, strohigem Stallmist. Im Frühjahr harkt man die groben Reste ab oder arbeitet sie in die Krume ein. Dabei wird der Boden nicht gewendet.

Das **Umgraben** hat Bedeutung, wenn der Boden *Mängel* aufweist. Diese sind gegeben bei schweren Extremböden, rohem, steinhaltigem Land, starkem Besatz durch Dauerunkräuter, äußerstem Nährstoffmangel in der unteren Schicht. (Siehe nächstes Kapitel.) – Wo unter Obstbäumen Bodenschösslinge stark auftreten, sollte nicht gegraben werden.

Für die Grabearbeit braucht man einen **Spaten** mit rechteckigem Blatt (und T-Griff). Ist das Spatenblatt zugespitzt oder stark abgerundet, so lässt sich die Sohle nicht gleichmäßig genug lockern. In Baumnähe und durchwurzeltem Boden verwendet man eine **Grabegabel.** Unkrautwurzeln, die nicht zerstochen werden, lassen sich leichter aussammeln.

Mit dem Umgraben beginnt man etwa Anfang November, um alles zu schaffen. Vorher spannt man ringsum Schnüre und umsticht die Fläche, damit sich die **Randschollen** vom Nachbarboden glatt abheben. *Weder gefrorener Boden noch Schnee dürfen untergegraben werden*, da im Frühjahr dann die Saat schlecht keimt.

Bei gleichmäßigem Graben lässt sich das Land im Frühjahr leicht einebnen. Man gräbt deshalb möglichst *eine geschlossene Fläche* einschließlich Tretsteige. Ein Spatenstich tief, etwa 25 cm, genügt im Allgemeinen. Nur bei festem Untergrund ist die Grabesohle mit einem Kultivator zu lockern oder einem Spaten umzugraben.

Eine größere Fläche teilt man zweckmäßig in *zwei gleich breite Streifen,*

gräbt auf dem einen hin und dem anderen zurück. Man beginnt (an einer Hälfte) mit dem Ausheben einer Furche und sticht beim Weitergraben möglichst dünne Schollen nebeneinander ab, arbeitet also reihenweise, wendet sie vollständig und legt sie dicht nebeneinander, immer gleich hoch, damit eine deutliche Furche, die das Graben erleichtert, erhalten bleibt. Nach jedem Spatenstich werden *Steine, Scherben, Metallstücke* und **Wurzeln von Dauerunkräutern** wie Winden, Quecken usw. sorgfältig ausgelesen und in ein bereitstehendes Gefäß geworfen. Selbst kleinste Wurzelstückchen darf man nicht unterschätzen, da aus ihnen neue Unkrautpflanzen entstehen.

Zu vernichten sind alle **Bodenschädlinge,** wie die dicken, *weißlichen Engerlinge*, die *bräunlichen Drahtwürmer, dunkelgrauen Erdraupen* und *bräunlichen Puppen*. Auch *Tausendfüßer* schaden (Abb. 15).

Drahtwürmer (a 1) und ihre Puppen (a 2) sind Entwicklungsstadien von (Saat-) **Schnellkäfern** (a 3): Links Käferoberseite, rechts Rückenlage. Käfer vermag sich hieraus durch Em-

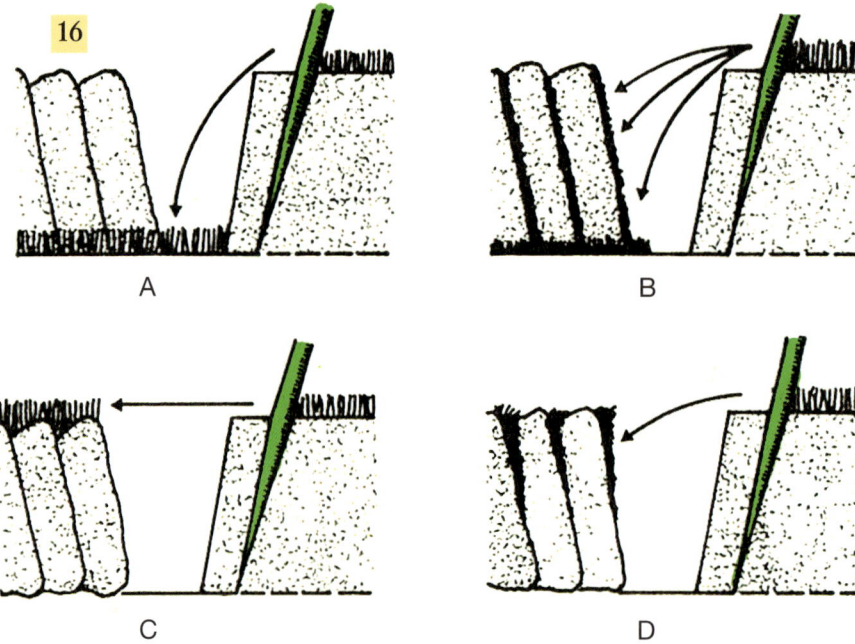

Bodendüngung und -aufbereitung.

porschnellen mit hörbarem Knipsen leicht zu befreien. Drahtwürmer fressen Wurzeln, bohren sich in Knollen, Rüben und Zwiebeln ein und machen diese wertlos. Zur Eiablage wird Grasland bevorzugt. Wird es zum Gemüseanbau umgebrochen, so droht 3 Jahre starker Wurzelfraß, falls es an Gegenmaßnahmen fehlt.

Als **Engerlinge** bezeichnet man nicht nur die braunköpfigen Larven (b 1) vom **Maikäfer** (b 3) und **Junikäfer,** sondern auch die weniger gekrümmten Larven (c 1) vom **Dickmaulrüssler** (c 3), die sich alle über das Puppenstadium (2) zum Vollinsekt entwickeln. Bekämpfung durch *nützliche Nematoden*, die man auf den Boden gießt. Hersteller: e-nema, Klausdorfer Str. 28–30, 24225 Raisdorf.

Die bis zu 5 cm langen **Erdraupen** (d) verschiedener **Eulenfalter** (Nachtschmetterlinge), wie der Saateule (d 3), sind schwer zu bekämpfen. Junge Raupen fressen oberirdisch, ältere halten sich tags nahe

der Bodenoberfläche verborgen, oft eingerollt (d 1), bei Gefahr stets, und fressen nachts am Wurzelhals und an Blättern wozu sie an den Pflanzen hochkriechen (d 1). Rotbraune Puppen (d 2) flach im Boden.

Tausendfüßer, die als Gliederfüßer nicht zu den Insekten gehören, lieben Feuchtigkeit und bleiben tags verborgen. Einige leben von verwesenden Pflanzen oder räuberisch von Insekten – und sind dadurch nützlich; andere (e) von zarten Pflanzenteilen, Wurzeln, Keimlingen und bohren sich in Rüben oder Erdbeeren ein, wodurch erheblicher Schaden entsteht. Diese Tausendfüß(l)er muss man vernichten.

Bei gleichzeitiger Bearbeitung des Untergrundes braucht man eine breite Furche. **Schwerer Lehmboden** lässt sich nur bearbeiten, wenn er *genügend feucht* ist. Die letzte Furche wird mit dem Aushub der Anfangsfurche geschlossen. Größerer Erdtransport wird dadurch vermieden. Das

Land bleibt **in rauer Scholle** liegen, damit es viel Winterfeuchtigkeit speichert und der Frost eine große Angriffsfläche zum Aufknacken der Bodenteilchen hat; dadurch entsteht die *Frostgare.*

Neue Kraft für das Gemüseland

Beim Umgraben lassen sich Boden- und Nährstoffmängel am besten beheben. Die meisten Gartenböden brauchen zusätzlich zur üblichen **Düngung** eine Zufuhr von Phosphat, Kali, Magnesium und wichtigen Spurenelementen. Auf Beeten, die ohne Pflanzenwuchs in den Winter gehen, lassen sich jetzt beim Umgraben Bodenmängel am besten beseitigen. Mittelschwere und schwere Böden kann man bereits im Herbst mit Phosphat, Kali, Magnesia und Spurenelementen im späteren Wurzelbereich versorgen. Geeignet ist dafür Thomaskali mit Magnesium, 75 g/m². Kurz vor dem Umgraben wird der Dünger ausgestreut und gelangt beim Wenden der Schollen auf die Untergrundschicht (Abb. 16 A). Im Frühjahr düngt man organisch, z.B. Horngrieß, 50 g/m².

Extremböden bringen auf Grund ihrer schlechten Struktur keinen zufriedenstellenden Pflanzenwuchs hervor. Hier kommt es auf eine dauerhafte Verbesserung durch Zusatz mineralischer Erden und synthetischer Bodenhilfsmittel an (s. S. 349 „Durchgreifende Bodenverbesserung"). Karger *Sandboden* braucht meistens lehmige Erde oder Bentonit. Schwierigkeiten bei *schwerem Boden* lassen sich durch Sand und Urgesteinsmehl beheben. *Moorboden* erfordert Zusätze von Sand und Lehm zu gleichen Teilen. Verbesserungsstoffe (2–4 m³/ 100 m²) auf die gesamte Grabetiefe, evtl. zusammen mit Düngern, verteilen (Abb. 16 B).

Humusbildende Stoffe tragen wesentlich zur Bodenlockerung und Fruchtbarkeit bei. *Stallmist* kann untergegraben werden, doch nicht auf Land, das für Erbsen, Wurzelgemüse und Zwiebeln vorgesehen ist. Für diese nimmt man *andere Humusträger*, wie z.B. FulHumin, Komposterde, angerotteten Stallmist usw.

Die **Verrottung** schreitet vorwärts, wenn Humusspender als *Bodendecke* ausgebreitet werden und über Winter liegen bleiben (Abb. 16 C). Im Frühjahr harkt man die groben Teile ab und arbeitet die verrotteten mit einem Grubber usw. in den Boden ein.

Auch *flaches Untergraben* ist möglich. Man breitet die organischen Stoffe vor dem Graben gleichmäßig aus und bringt sie auf die obere Hälfte der gewendeten Schollen (Abb. 16 D).

Beschleunigen lässt sich der Abbauprozess bei Gründüngung, Ernterückständen, Falllaub usw. durch Überstreuen mit Spezial-Kalkstickstoff oder Biorott. FulHumin und Gesteinsmehl haben ihre beste Wirkung, wenn sie flach in den Boden kommen.

Alle 2–3 Jahre ist der **Kalkhaushalt** in Ordnung zu bringen; Gemüse braucht schwachsaure bis neutrale Bodenreaktion (pH 6–7). Falls keine Überprüfung erfolgt ist, rechnet man je m² 100–200 g *kohlensauren Kalk* oder Azet-Vitalkalk, den man auf die raue Scholle gleichmäßig streut und über Winter liegen lassen kann, da der Boden weder verschmiert noch verkrustet. Auf schwerem, tonigem Boden hat sich das Untergraben von *Branntkalk* bewährt, da er den Boden entsäuert und lockert. (Hierfür gilt Abb. B.)

Rhabarber, eine wertvolle Frühkultur

Damit Rhabarber im Frühjahr zeitig in Trieb kommt, muss verhindert werden, dass der Boden im Winter zu tief auskühlt und gefriert. Es lohnt sich deshalb, einzelne Rhabarberstauden mit einer dicken Decke aus Gartenabfällen zu versehen, für jede Pflanze 1 m². Wird der Schutz im Frühjahr nach der Frostperiode entfernt und durch „wachsende" Folie (von Euflor) bedeckt, dann kommt der Trieb besonders zeitig.

Überalterte Rhabarberstöcke, die auf den Komposthaufen wandern sollen, können vorher noch zu einer Früh-

Rhabarber ist ein wertvolles Frühgemüse und ein starker Zehrer. Der Boden sollte jetzt dick bedeckt werden, damit der Trieb zeitig kommen kann. Die Ausbildung von Blütenstielen geht immer zu Lasten der Blattstängel. Deshalb schon frühzeitig jung ausbrechen.

November

ernte veranlasst werden. Bei offenem Boden gräbt man die Rhabarberpflanzen aus, stellt die Klumpen draußen auf Bretter oder Folie und füttert sie in lockeren Torf ein. Hier überlässt man sie bis gegen Ende Dezember der Frosteinwirkung. Danach kommen sie in den Keller in feuchten Gartenboden oder in ein Kompost-Sand-Gemisch, das man gut feucht hält. Bei geringer Wärme wächst Rhabarber, so dass bereits im Spätwinter mit ersten Stielen zu rechnen ist.

Die Echte Kamille

Schon seit frühester Zeit wird die Echte Kamille (Matricaria recutita) als Heilpflanze genutzt, da sie mancherlei Entzündungen zu bessern vermag. Zu erkennen ist sie am typischen Kamillenduft (beim Reiben der Blätter) und an den weißen Blütenblättern mit dem gewölbten gelben Blütenboden, der hohl ist. Leicht verwechselt werden kann die Echte Kamille mit der für Heilzwecke ungeeigneten Geruchlosen Kamille, deren hochgewölbter Blütenkopf gefüllt ist. Wer Echte Kamille anbauen will, berücksichtige, dass sie wegen der hohen Samenproduktion (10 000) schnell zum einjährigen Unkraut und damit zum starken Konkurrenten der Kulturpflanzen werden kann. Die Pflanze entwickelt sich am besten auf kalkarmen, humus- und lehmhaltigem Boden in sonniger Lage. Zu den empfehlenswerten Sorten gehört 'Bodegold'. Sie liefert reichlich Blüten mit besonders hohem Gehalt an ätherischen Ölen zur Herstellung von Kräutertees, Aufgüssen und Badezusätzen. Für eine Tasse Tee überbrühe man nur einen Teelöffel voll Blüten, lasse kurz ziehen und siebe durch. Zu hohe Dosierung belastet die entzündeten Stellen noch mehr, statt zu helfen.

Nach guter Durchfeuchtung des Bodens sät man im Spätherbst bis März dünn in Reihen von 20 cm Abstand. Samen (Lichtkeimer) weder bedecken noch angießen. Im Frühjahr laufen die Samen bald auf. 14 Tage später düngen, z. B. mit 75-100 g/m^2 Fertofit-GartenDünger. Bei anhaltender Trockenheit vormittags wässern. Zu Beginn der Vollblüte, Mai bis August, alle Blüten kurz ernten, frisch verwenden oder trocknen.

Zusätzliche Anmerkungen

Ernterückstände werden zerkleinert, kompostiert. Wird Spezial-Kalkstickstoff über die Abfälle gestreut, dann kann man auch das kranke Kraut von Gurken, Bohnen, Tomaten, Sellerie usw. mit verwenden. Größte Vorsicht geboten ist bei Kohlstrünken, deren Wurzeln von der Klumpenkrankheit (Kohlhernie) befallen sind. Ihre Dauersporen werden im *Komposthaufen* nicht vernichtet, wohl aber im *Humusbereiter* (siehe S. 312 Abb. 2).

Haupternte des Meerrettichs fällt in die Monate mit „r". Vom 2. Jahr an kann man schon einzelne Wurzeln abschneiden oder wegstechen; die Pflanze nimmt das kaum übel. Bei einjähriger Kultur gräbt man im November, wenn die Blätter abgestorben sind, den Meerrettich mit einer Grabegabel aus und bewahrt ihn in feuchtem Sand auf. Die dicken Wurzeln werden verbraucht, die dünnen *(Fechser)* im Frühjahr wieder gepflanzt.

Artischocken können bei ausreichendem Winterschutz im Freien bleiben. Man schneidet die großen Blätter weg, bindet die Herzblätter zusammen, umstellt sie mit Fichtenzweigen und schaufelt 30 cm hoch Erde heran. In rauen Lagen gräbt man die Pflanzen mit großem Ballen aus und schlägt sie im Keller oder Frühbeet frostfrei ein.

Spargelkraut schneidet man oder sticht es (mit einem Spaten) 5-10 cm tief im Boden ab und verbrennt es sofort, um Wintersporen des Spargelrostes oder Schädlinge zu vernichten. *Hohle Stengel* sind von der **Spargelfliege** befallen. Sie überwintert im Puppenstadium tief in den Stängeln. Man schneidet diese dann zurück, bis man die Tönnchenpuppen gefunden hat, um sie zu vernichten.

Winterkartoffeln brauchen eine Lagertemperatur von 3-5 °C, damit sie nicht vorzeitig auskeimen. Liegt die Temperatur etwas höher und lässt sich durch Lüften nicht der Ausgleich schaffen, dann streut man ein Keimhemmungsmittel zwischen die trockenen Kartoffeln. Anschließend bedeckt man den Vorrat mit Säcken und starkem Packpapier. Gegen Fäulnis schützt das Mittel allerdings nicht.

Mit Stallmist gedüngte Flächen eignen sich nicht für alle Gemüsearten. Mit guter Entwicklung darf bei Kopfkohl, Blumen- und Rosenkohl, Sellerie, Porree, Gurken, Kürbis, Tomaten gerechnet werden. Erfolgt die Humusdüngung dagegen mit Komposterde, verrottetem Stallmist oder einem rein organischen Humusdünger, dann kann man jedes Gemüse anbauen, und bei Misch- und Zwischenanbau entstehen keine nachteiligen Einflüsse. Schon im Herbst streut man auf schwere Böden 5-6 l/m^2 Komposterde und arbeitet sie flach ein.

Dezember

Allgemeines

Vom Vogelschutz im Garten

Gesunde Ernten gibt es nur bei aufmerksamer Pflege und intensiver Schädlingsbekämpfung. Wer die nützlichen Vögel durch **Nistkästen** und winterliche **Fütterung** in seinen Garten lockt, wird weniger über Schädlinge zu klagen haben.

Wenn man bedenkt, dass ein *Meisenpaar* bei seiner Jungenaufzucht täglich Hunderte von Raupen, Insekten, Larven, Puppen und Eiern als Futter sammelt, so ist die Förderung des Brutgeschäfts der Vögel auch aus diesem Grund ein Gebot für jeden Gartenbesitzer. Deshalb sollten die Nistkästen im Herbst gesäubert, neue aufgehängt werden, damit sie über Winter Wetterfarbe annehmen, Vögel sich mit ihnen vertraut machen und sie zum Übernachten aufsuchen können.

Jede Vogelart beansprucht ihren besonderen Nistkasten in Bezug auf Größe, Fluglochweite usw. Für **Höhlenbrüter** gilt unten stehende Übersicht.

Der nützlichste Gartenvogel ist wohl die *Blaumeise*. Sie braucht wie Tannen-, Hauben- und Sumpfmeisen den kleinsten Kasten (Abb. 1), wie den hölzernen Bayerischen Dreiecksnistkasten der Staatlichen Vogelschutzwarte Garmisch-Partenkirchen. Vorder- und Rückwand haben Dreiecksform (Maße siehe Zeichnung). Brettstärke etwa 2 cm. Das Bodenbrett erhält mindestens zwei Ablauflöcher und wird von unten eingeschoben. Man schraubt oder nagelt die Einzelteile zusammen. Die Vorderwand ist durch zwei seitliche kleine Scharniere aufklappbar (x und y), so dass man den Kasten leicht reinigen oder – bei größerem Flugloch – von Spatzenbrut befreien kann. Die Flugöffnung ist etwas schräg nach oben gebohrt, die scharfen Kanten der Rundung feilt man ab. *Ein Sitzstänglein wird an Meisen- und Starkästen nicht angebracht, weil sich der von vorn anfliegende Vogel daran stoßen kann.* Kästen aus ungehobelten Brettern werden bevorzugt.

Man hängt die Kästen mit dem Flugloch nach Südosten, Osten oder Süden und nach vorn etwas übergeneigt auf. Das Flugloch darf nicht durch überhängende Zweige verdeckt sein. Aufhängehöhe 2 bis 3 Meter. Um zu verhindern, dass **Katzen** die Vögel und ihre Brut aus den Kästen holen, bindet man um die Baumstämme in Brusthöhe dichte, bedornte *Schlehdornäste* fest. Im Handel gibt es fertige *Drahtkragen* mit spitzen Enden. Für die Aufhängeleiste sollte wetterbeständiges Holz (Buche, Eiche,

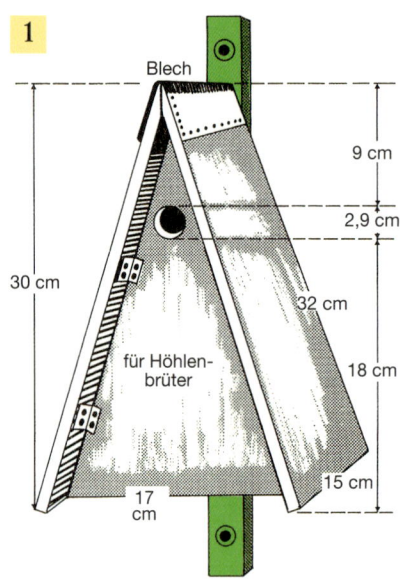

Konstruktion eines Nistkastens für Blaumeisen.

Esche) genommen werden. Oben und unten erhält die Aufhängeleiste je ein Nagelloch. Beim Annageln vergrößert man die Nagelköpfe durch untergelegte Lochscheiben aus Eisen, damit beim Dickerwachsen des Baumes die Nägel nicht durch die Leiste hindurchgezogen werden und der Kasten herunterfällt.

Halbhöhlenbrüter, wie Hausrotschwanz, Grauer Fliegenschnäpper, Bachstelze, verlangen einen viereckigen Kasten (Abb. 2). Das Bodenbrett wird von unten eingeschoben und ist

NISTKASTENMASSE

Vogelart (Höhlenbrüter)	Kastenhöhe in cm	Bodenbrett in cm	Seitenbretter in cm	Flugloch	
				Durchmesser	Dachabstand
Blau-, Tannen-, Sumpf- und Haubenmeisen	30	17 x 10,5	31 x 15,5	2,9 cm	9 cm
Gartenrotschwanz und Kohlmeise	30	17 x 10,5	31 x 15,5	3,4 cm	9 cm
Star	36	19 x 15	37 x 20	4,6 cm	12,5 cm
Wiedehopf	44	22 x 19	45 x 24	6 cm	18 cm
Hohltaube	44	22 x 19	45 x 24	8,5 cm	18 cm

14 x 6 cm groß. Das Dachbrett, 24 x 25 cm, ragt seitlich und vorn über die Seitenflächen hinaus, so dass Regenwasser gut ablaufen kann. Die Vorderwand reicht nicht bis zum Dach, sondern lässt einen 15 cm langen und 6 cm hohen Spalt zum Einflug offen. Das Dachbrett deckt man mit teerfreier Dachpappe ab oder bestreicht es mit Firnis.

Da natürliche Nistkästen in Astlöchern von Bäumen *Baumerde* enthalten, kann man diese auch in die Nistkästen geben. Fehlt es an Baumerde, so dienen *Sägemehl* als Ersatz. Der Vogel formt eine kleine Mulde, so dass die Eier darin liegen. *Jeden Herbst entfernt man die alten, meist von Ungeziefer wimmelnden Nester.*

Bei Schnee und Frost sollten unsere Singvögel, die uns im Kampf gegen das Heer der Schädlinge unterstützen, im Futterhäuschen ihre Nahrung als Körner- und Weichfutter finden.

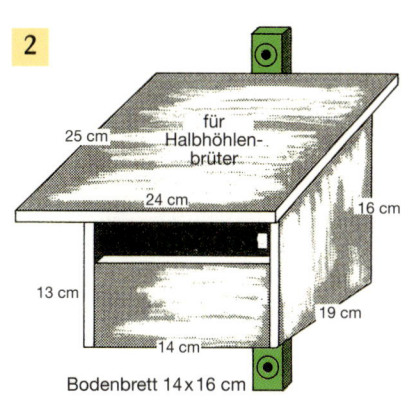

für Halbhöhlenbrüter

25 cm · 24 cm · 16 cm · 13 cm · 19 cm · 14 cm

Bodenbrett 14 x 16 cm

Nistkasten für Halbhöhlenbrüter.

Buchfink, Gimpel, Grünfink, Kernbeißer, Stieglitz, Amsel, Singdrossel, Nachtigall, Hänfling, Grasmücke, Gelbspötter, Neuntöter, Zaunkönig und andere sind **Freibrüter,** die im Gebüsch, in Hecken, Ziersträuchern und Baumkronen ihre Nester bauen. Man biete ihnen gute Nistmöglichkeiten durch Heckenpflanzungen, vor allem bedornte und bestachelte Sträucher, wie Weiß- und Rotdorn, Heckenrose, Stachel- und Brombeere, Robinie, aber auch Liguster, Weißbuche, Fichte, Hartriegel, Spiräe, Schneebeere.

Beim Beschneiden von Sträuchern lasse man **Astquirle** stehen oder schaffe durch besonderen Schnitt die Heranbildung neuer. Hier werden Vögel vorzugsweise Nester bauen. Alte Nester entfernt man im Herbst.

Winterfütterung gehört zum Vogelschutz

Finden Vögel nach Schneefall, Raureif, Glatteis bei Tagesanbruch keine Nahrung, so genügen wenige Stunden, um sie zu entkräften. Zum Schutz unserer Singvögel gehört deshalb richtiges Füttern, bei Schnee und Frost. An frostfreien Tagen sollen sich Vögel ihre Nahrung selbst suchen, um sich nützlich zu machen. Futterstellen sollten bereits vor Frosteinbruch hergerichtet werden. In **Futterhäuschen** finden sich vor allem *Körnerfresser* ein, wie Finken, Gimpel, Goldammer, aber auch Meisen. Letztere bevorzugen in Talg eingeschmolzene Sämereien, wie man sie als **Futterglocke, Meisenring** usw. selbst herstellen oder kaufen kann.

Für **Körnerfresser** beschickt man Futterhäuschen mit Sonnenblumenkernen, Nüssen, Hanf-, Kürbis- und Gurkensamen, Apfelkernen, Salatsamen, Hirse, Reis, Samen von Unkräutern, Laub- und Nadelgehölzen, auch mit Fleischabfällen und ungesalzenem Speck.

Für *Weichfresser,* wie Amsel, Drossel, Rotkehlchen, Baumläufer, Goldhähnchen, Zaunkönig, eignet sich als **Futterplatz** am Boden eine freiliegende Stelle, damit die Vögel heranschleichende Katzen zeitig wahrnehmen und sich in Sicherheit bringen können.

Weichfresser schätzen getrocknete Wildbeeren, z.B. von Eberesche, Holunder, Weißdorn, Wildrosen, Hartriegel, Liguster usw., ferner Weinbeeren (Rosinen, Korinthen, zerkleinerte Sultaninen), angefaulte Äpfel und Birnen, Apfelstückchen, gemahlene Nüsse, Haferflocken oder Semmelbrösel.

Gartengeräte sind am besten in trockenen, gut lüftbaren Räumen aufgehoben, in denen es kein Schwitzwasser gibt; Feuchtigkeit schadet den Geräten.

Um Futter vor Nässe zu schützen, kann man eine kleine Fläche überdachen. Es genügen vier Eckpfähle. Zwei ragen an der Wetterseite 25 cm aus dem Boden, die Übrigen an der anderen Seite etwa 50 cm. Darauf befestigt man aus Holzplatten, Folie, Dachpappe usw. ein *Schrägdach*. Nur soviel Futter streuen, wie die Vögel an einem Tag verzehren.
Nicht gegeben werden dürfen: Gesalzener Speck, gesalzene Speisereste, mit Sauerteig gebackenes Brot; weder Wasser zum Trinken noch zum Baden.

Wasserleitungen und Wassergefäße entleeren

Die ersten leichten Fröste mahnen, rückständige Arbeiten noch nachzuholen, für Bodenbedeckung und Winterschutz zu sorgen. Sobald stärkere Fröste angesagt werden, stellt man die *Wasserleitung* ab, entleert die *Rohre* und schöpft die *Wassergefäße* mit überwiegend senkrechten Wänden aus. Dann deckt man sie zu oder füllt sie mit z.B. Laub. Plastikbehälter werden an geschützter Stelle aufbewahrt, *Tonnen* aus Holz oder Metall umgekehrt auf drei Steine gestellt, damit die Behälter hohl stehen.
Auch **Gartenteiche** mit senkrechten Wandungen müssen ausgeschöpft werden, sonst können Frostschäden entstehen. **Fische** setzt man in ein frostfreies Aquarium um. Der *Gartenschlauch* ist vom Schlauchkarren abzutrommeln, völlig zu entleeren, außen trocken abzuwischen, *Gummi* mit Talkum einzureiben, damit er keine Risse bekommt. Man rollt den Schlauch zu großen Ringen auf, bindet ihn zusammen und bringt ihn in einen kühlen, frostfreien Raum. Beim Aufhängen wird er am besten über einen *Wandschlauchhalter* oder mehrere entsprechend angebrachte Pflöcke gehängt, damit er nirgends einknicken kann. Der Schlauchwagen ist nötigenfalls zu entrosten, einzufetten und bleibt über Winter leer. – Der *Sprenger* wird gesondert gelagert. *Gießkannen* entleert und stülpt man um. Brausen werden abgenommen.

Gartengeräte winterfertig machen

Geräte zur Bodenbearbeitung, wie Spaten, Harke, Hacke usw., die in diesem Winter nicht mehr gebraucht werden, sollte man nicht verrosten lassen, sondern säubern und in einem trockenen Raum unterbringen. Abgeraten wird davon, Eisenteile mit Wasser abzuwaschen. Sie trocknen meist zu langsam und setzen Rost an. *Roststellen* entfernt man mit Stahlbürste und Schmirgelpapier oder einem Entrostungsmittel. Hinterher Metallteile mit einem ölgetränkten Lappen einfetten, Holzteile mit Firnis abreiben. *Was stumpf oder reparaturbedürftig, alsbald instand setzen.*
Geräte mit langem Stiel stellt man in einen *Geräteständer* oder hängt sie zwischen Holzpflöcken auf. *Spaten und Grabegabel* dürfen mit den Schneiden auf Holz stehen, nicht aber auf Beton, da sie hier stumpf werden.
Für die zahlreichen Kleingeräte und manches Zubehör schraubt man ein *Gurtband* so an die Wand, dass eine Reihe Schlaufen entsteht. In diese steckt man die kleinen Handgeräte übersichtlich hinein und schafft gleichzeitig Ordnung. Auch ein „Clipboard"-System (von Gardena) kann diese Aufgabe übernehmen.
Oft bleiben **Pflanzenschutzgeräte** unbeachtet. Sie sind zu entleeren und auszuspülen. Die Spritze oder der Spritzkopf mit Zerstäuberdüse ist einige Stunden in warmes Wasser zu legen

und gründlich durchzuspülen. **Auf keinen Fall darf die Düse mit dem Mund durchgeblasen werden.** Lederdichtungsscheiben sind mit Vaseline einzufetten, damit sie nicht eintrocknen. Rostanfällige Teile werden leicht eingeölt. Gartenspritzen mit Messingteilen muss man vor Frost schützen. *Sägen, Scheren, Messer usw.* werden nach Abschluss des frühen Winterschnitts weder verschmutzt noch stumpf weggelegt. Man kann sie selbst schärfen oder lässt diese Arbeit beizeiten von einem Fachmann ausführen. Danach ist leicht einzufetten.

Der Rasenmäher ist nicht nur ein sehr teures Gerät, sondern bei fehlender Pflege technisch auch anfällig. Damit die Winterruhe sich nicht nachteilig auswirkt, muss das Mähgerät nach Gebrauchsanweisung konserviert werden. Im nächsten Jahr ist der Mäher dann sofort wieder einsatzbereit.

Um **Unfälle** von vornherein auszuschließen, schraubt man zuerst die Zündkerzen aus oder unterbricht die Stromzufuhr.

Vor allem müssen die *Messer* überprüft und notfalls geschärft werden. Messer mit tiefen Scharten lässt man möglichst in einer Werkstatt überholen. Spindelmäher soll nach Schärfung und richtiger Einstellung zwischen Messer und Schneidbalken ein Blatt Papier glatt durchschneiden.

Beim *Benzinmäher:* Tank entleeren, Luftfilter und Zündkerzen säubern. *Elektromäher:* Zuleitungskabel auf Schadstellen prüfen. *Akkugerät:* mit voller Ladung überwintern. – *Motor mit Folie gut bedecken.*

Im Blumen- und Ziergarten

Winterliche Gartenschönheit

Wenn Bäume und Sträucher ihr Laubkleid abgelegt haben und die letzten Lockenköpfe der Gartenchrysanthemen im Herbstnebel versunken sind, braucht der winterliche Garten noch lange *nicht traurig und eintönig* auszusehen. Es kommt dann immer darauf an, was man im Garten pflegt. Gewiss sitzt der Gartenfreund jetzt *an Abenden* im warmen Zimmer, blättert in Samen- und Pflanzenkatalogen, liest seine Gartenzeitschrift und neuzeitliche Gartenbücher. Im Geist stellt er sich seinen Garten bereits mit leuchtenden Frühlingsblumen, blühenden Obstbäumen und sommer-

Zusätzliche Anmerkungen

Pflanzarbeiten, die durch Fröste unterbrochen wurden, können bei frostfreiem Wetter und offenem Boden beendet werden. Voraussetzung ist, dass man die Pflanzstellen entsprechend vorbereitet und vor Frosteinbruch mit Falllaub usw. dick bedeckt hat. Späte Pflanzung erfordert hinterher eine besonders dicke, lockere Bodendecke, um Frost lange abzuhalten und das Einwurzeln zu ermöglichen.

Der Winterschutz muss von Zeit zu Zeit kontrolliert werden, besonders *nach stürmischem Wetter.* Verwehtes Laub und Reisig kommen an ihren Platz zurück. Fehlender Schutz kann sich bei Kahlfrost und Sonneneinstrahlung lebensgefährlich für die Pflanzen auswirken. *Kontrollgänge durch den Garten gehören deshalb zum Winterprogramm.*

Küchen- und Papierabfälle sollten im Hausgarten auch im Winter für die Humusgewinnung genutzt werden. Dafür eignen sich besonders gut die *Thermo-*

Komposter von Neudorff. Es ist erstaunlich, wieviel an Winterkompost durch diese Abfälle zusammenkommt.

Gegen Eisglätte auf Wegen hat sich scharfer **Sand** als Streumittel am besten bewährt. Auch Euflor-Streusplitt oder feine Koksschlacke ist geeignet. *Nicht dagegen Viehsalz!* Gelangt es mit dem Schmelzwasser an die Wurzeln der Gartenpflanzen, dann gehen diese ein. Haustiere, die mit dem Salz in Berührung kommen, tragen oft schmerzhafte Entzündungen davon.

Stechmücken, die an Kellerdecken usw. oft in großer Zahl überwintern, sollte man alsbald durch Einsprühen der Decken und Wände, z. B. mit Blattanex, vernichten. Gegebenenfalls kann man Mücken und sonstiges Ungeziefer auch mit dem Staubsauger absaugen und vernichten.

Madige Südfrüchte können einen besonders gefährlichen Schädling beherbergen: die Maden der *Mittelmeerfruchtfliege.* Sie befällt in südlichen Gebieten alle Obstarten (außer Feigen) und verur-

sacht durch dicke, weiße Maden einen so unappetitlichen Schaden wie kein anderes Insekt. Madige Südfrüchte gehören nicht auf den Komposthaufen, da die Larven hier überwintern und unser Obst, besonders Aprikose und Pfirsich, befallen könnten. Mit Spritzungen ist dem Schädling kaum beizukommen (Fliege: 0,5 cm lang, schwarz, gelbgefleckt, gelbrote Querbinde auf braungefleckten Flügeln.)

Thomassulfatkali wurde entwickelt, weil für die Düngung wieder mehr Schwefel gebraucht wird. Leichte Böden haben den größten Bedarf. Der Dünger enthält: 8% Phosphat, 14% Kali als Kaliumsulfat, 4% Magnesia, 21% basisch wirksamer Reinkalk, der mit Kieselsäure verbunden ist; 6% Kieselsäure, die nährstoffmobilisierend und pilzhemmend sind, und viele Spurennährstoffe, die für die Pflanzenernährung ebenfalls förderlich sind. Aufwandmenge: 100g/m², gut einarbeiten. Im Frühjahr wird nur noch Stickstoff gebraucht, wie z. B. Hornspäne oder Horngrieß.

licher Flora vor. Ein Buch wie dies vermag die Planung zu erleichtern, da es nach Monaten und Sachgebieten gegliedert ist.

An freien Wochenenden gehört ein *Gang durch den Garten zu* den angenehmen Pflichten. Man schaut nach dem Rechten und bringt den Winterschutz in Ordnung. Ist **Raureif** gefallen, dann bieten sich besonders in den Morgenstunden märchenhafte Bilder, und es lohnt, die feine, weiße Filigranarbeit des Raureifkleides aus der Nähe zu bewundern. Rieselt Schnee und bedeckt Koniferen, Sträucher, Hecken und Zäune wie mit weißer Watte, dann schlägt das Herz jedes Gartenbesitzers höher, weil die Pflanzen nicht nur verzaubert aussehen, sondern nun ihren natürlichen Schutz erhalten.

Bei schneearmem Wetter soll der Garten viel „Grünes" bieten. So dürfen **immergrüne Laub- und Nadelgehölze** nicht fehlen. Eine immergrüne Hecke aus Kirschlorbeer, Liguster, Heckenkirsche *(Loníccera pileáta)* oder *Bérberis juliánae* erhöht den Schmuckwert. Wer stattdessen Nadelholz wählen möchte, bevorzuge Säulen-Eibe oder Lebensbaum.

Hohen Gartenwert haben Immergrüne mit lange haftendem, leuchtendem **Beerenschmuck,** wie Zwergmispeln, Feuerdorn, Stechpalme, Skimmie. Ein paar schöne **Zapfenträger,** wie Korea- und Silber-Tanne, sind sehr geschätzt.

Bei der **Bodenbepflanzung,** auf die großer Wert gelegt werden sollte, darf Schneeheide, *Eríca cárnea,* nicht fehlen, da ihre Knospen schon jetzt die zukünftige Blütenfarbe zeigen. Flächig anpflanzen lassen sich einige wintergrüne Stauden, wie Haselwurz, Bergenie, Hornkraut, Schleifenblume, Immergrün, Waldsteinie und einige mehr. Nicht zuletzt gehören einzelne **Winterblüher** in den Garten, wie Christ-

rose, Duftschneeball, Winterjasmin, Zaubernuss.

Koniferen-Zwerge sind beliebt

Zwergig wachsende Nadelgehölze *(Koniferen = Zapfenträger)* bieten in ihren Formen und Farben viel Abwechslung. Sie können fast überall Verwendung finden, im Vorgarten, im Staudenbeet, vor, zwischen (oder unter) laubabwerfenden Ziergehölzen, auf der Terrasse, an Böschungen und Hängen. Manche eignen sich für niedrige Hecken, besonders schöne Exemplare für Einzelstellung.

Sehr formenreich ist **Wacholder.** Ganz flach, dem Boden aufliegend, wachsen *Juníperus commúnis* 'Hornibrookii' (silbrig-hellgrün) und 'Repanda' (dunkelgrün). Etwas höher und breitwüchsig: *J. chinénsis* 'Blaauws Var.', Hauptzweige nach einer Seite bis 1,5 m ansteigend, graublau; 'Hetzii', Zweige nach allen Seiten aufstrebend, blaugrün; 'Pfitzeriana', grün, etwa 2 m

Der Pfitzer-Wacholder, Juníperus chinénsis *'Pfitzeriana', etwa 3 m breit und hoch, die Spitzen sind überhängend und robust.*

hoch und breit, während gelbe und blaue Farbsorten wesentlich schwächer wachsen; 'Plumosa Aurea', 1–2 m, goldgelb; *J. sabína* 'Tamariscifolia', 60 cm, blaugrün; *J. horizontális* 'Glauca', 25 cm hoch, kriechend, stahlblau.

Die **Berg-Kiefer** (*Pínus múgo*) ist im Flachland wüchsiger, als man erwartet, und im Alter zu stark und zu sperrig. Niederliegend wachsen *P. m.* ssp. *múgo* und ssp. *pumílio,* bis 3 m breit. Noch schwächeren Wuchs zeigen 'Gnom', bis 1,5 m, und 'Mops', kugelförmig, niedrig. Besonders hübsch durch lange bläulichgrüne Nadeln ist die **Zwerg-Weymouthskiefer** (*P. stróbus* 'Nana'), über 1 m hoch und breit. Alle benötigen viel Licht.

Die Gattung **Fichte** weist viele Formen auf. Die Nestfichte (*Picea ábies* 'Nidiformis'), bis 70 cm, hellgrün, gleichmäßig rund ohne Mittelast; die **Igel-Fichte** (*P. a.* 'Echiniformis'), bläulichgrün, halbkugelförmig; ähnlich im Wuchs, nur stahlblau, ist *P. gláuca* 'Echiniformis'. Eine regelrechte Kegelform bildet die Zuckerhutfichte (*P. gl.* 'Conica') mit weicher Benadelung, die oft von einer Spinnmilbe befallen wird.

Von den **Tannen** kann die **Korea-Tanne** (*Ábies koreána*) empfohlen werden; sie wächst langsam, wird über 2 m hoch, trägt schon jung sehr zierende Zapfen. Besonders wertvoll ist die neue Form 'Blauer Pfiff' mit glänzend blaugrünen Nadeln, dichterem, regelmäßigem Wuchs (Baumschule Wittbold-Müller, Verden-Eitze). Die **Zwerg-Balsamtanne** (*Á. balsámea* 'Nana') ähnelt der Nestfichte. Für teilschattige Plätze eignet sich die **Zwerg-Hemlockstanne** (*Tsúga canadénsis* 'Nana'), gedrungen flachkugelig, hellgrün.

Kugelförmig, gelbnadelig wächst der **Zwerg-Lebensbaum** (*Thúja occidentális* 'Sunkist'). Zur farblichen Auflockerung eignet sich auch der gelbe

Korea-Tanne, Ábies koreána. Nur ein veredelter Baum (kein Sämling) setzt die besonders reizvollen, purpur gefärbten Zapfen an. Wuchs sehr langsam, Höhe 3–4 m.

Lebensbaum (*T. o.* 'Ellw. Rheingold'), stumpfrunde Kegelform, goldgelb, im Winter rotbraun.

Unter den **Scheinzypressen** findet man sehr gefällige zwergige Formen, die im Alter 1–2 m hoch werden: *Chamaecyparis lawsoniána* 'Ellwoodii', blaugrün, kegelförmig, *Ch.* obtúsa 'Nana Gracilis', olivgrün, erhält ihr besonderes Aussehen durch tütenartig gedrehte Zweige; *Ch. pisífera* 'Filifera Nana Aurea', goldgelb, mit fadenförmig herabhängenden Trieben. Die Auswahl ist wesentlich größer.

Den meisten Schatten vertragen dunkelgrüne Eiben (giftig!), wie die **Tafel-Eibe,** *Táxus baccáta* 'Repandens' (50 cm hoch, gut doppelt so breit), **Goldgelbe Zwerg-Eibe,** 2 m; 'Semperaurea'; mittelgrüne Zwergeibe: *T. cuspidáta* 'Nana' (1 m hoch, 3 m breit); **Goldsäulen-Eibe,** 3 m, *T. b.* 'Fastigiata Aurea'; frischgrüne **Säulen-Eibe:** *T.* x *média* 'Hicksii', 2,5 m für Hecken, sonnig bis halbschattig.

Hohe Nadelbäume wünschen keine Einengung

Nach dem Laubfall sind immergrüne Nadelgehölze wichtigste Gestaltungselemente im Garten. Durch Formenreichtum und farblich unterschiedliche Benadelung von Grün über Blau bis Gelb bieten sie viel Abwechslung, besonders im Winter.

Höhere Koniferen eignen sich als *Einzelgehölze* (Solitärs) für besondere Blickpunkte, als *Hintergrund* (Kulisse) zur Hervorhebung blühender Pflanzen, für kleinere *Gruppen* als Sicht- und Windschutz, aber auch als natürliche *Hecken.* Auf Grund ihres vorwiegend schlanken, meist kegelförmigen Wuchses lassen sich selbst hohe Koniferen leicht einfügen. Am schönsten entwickeln sie sich in Einzelstellung. *Bei Einengung werden sie unten bald kahl.*

Am billigsten ist die **Gemeine Fichte** (Pícea *ábies* = ex*célsa*), die als Weihnachtsbaum auch mit Topfballen angeboten wird, so dass Weiterverwendung im Garten möglich ist, vor allem in Gebirgslagen, da sie an die Luftfeuchtigkeit hohe Anforderungen stellt. Der Baum, für Schnitthecken geeignet, ist raschwüchsig und wird 30 m hoch.

Die schmal wachsende, bis 20 m hohe Serbische oder **Omorika-Fichte** *(P. omórika),* ein Einzel- und Gruppenbaum, der Wind verträgt, eignet sich für kali- und kalkarmen Boden am besten (magnesiumhaltig!). – Ein Prunkstück ist die **Mähnen-Fichte** *(P. breweriána)* mit mähnenartig herabhängenden Seitentrieben. Sie bevorzugt sonnige, feuchte, ruhige Lagen.

Die aus Samen gezogene blaue **Stech-Fichte** *(P. púngens* 'Glauca'), blaugrün, ist preiswert, aber nicht so farbintensiv wie die veredelte *„Blautanne",* richtiger **Blau-Fichte** ('Glauca Koster'). Diese alte Form wächst in der Jugend unregelmäßig, muss aufgebunden werden und wird von neueren, ebenmäßig wachsenden, silberblauen Veredlungen, wie 'Glauca Hoopsii', übertroffen.

Tannen *(Ábies),* deren Zapfen aufrechtstehen, sind schöne Einzelkoniferen. Bis auf die anspruchslose Grau- oder **Colorado-Tanne** *(Á. cóncolor)* mit langen, einfarbigen Nadeln (sehr dekorativ!) wünschen alle anderen kräftigen, feuchten Boden.

Die Hemlocktanne, Tsúga canadénsis, eine malerische Konifere mit hellgrüner Benadelung. Sie benötigt Winterschutz.

Dezember

Die Tränen-Kiefer, Pínus wallichiána, *ist mit ihren 20 cm langen Nadeln in hängenden Büscheln, fast wie ein Traum aus 1001 Nacht.*

Anspruchsvolle stattliche Solitärs sind: **Kork-Tanne** (*Á. arizónica* 'Glauca'), bläulich-weiß; **Nordmanns-Tanne** (*Á. nordmanniána*), dunkelgrüne, unten weiß gebänderte Nadeln; **Nikko-Tanne** (*Á. homólepis*), frischgrün, dicht benadelt; **Weißtanne** (*Á. véitchii*) mit grünen, unterseits silberweißen Nadeln, die überwiegend hoch stehen und dem Baum weißlichen Schimmer verleihen.

Als *Tannen oder Fichten angesprochen* werden einige weniger bekannte Gehölze anderer Gattungen. So die **Hemlockstanne** (*Tsúga canadénsis*), eine malerische Konifere mit kurzer, hellgrüner Benadelung. Sie braucht Windschutz und bevorzugt Nord- bis Osthänge oder andere luftfeuchte, teil schattige Lagen. – Durch lange, kiefernähnliche Benadelung fällt die **Schirmtanne** (*Sciadópytis verticilláta*) auf; 'Sternschnuppe' wächst pyramidal, Nadeln sind dicker. Sie braucht kalkarmen Boden, Schutz vor Wind und Mittagssonne. – Windunempfindlich ist die dunkelgrün benadelte **Douglasie** oder

Douglastanne (*Pseudotsúga menziésii = douglásii*). Als Einzelbaum (über 30 m) ist sie meist zu raschwüchsig und verkahlt von unten bald, doch als schnellwüchsige Hecke hat sie Vorzüge. Verträgt Trockenheit, Schnitt und jeden nicht zu kalkhaltigen Boden. Auch auf ziemlich armem Sand ist der Wuchs zufriedenstellend.

Als anspruchslos gilt die **Kiefer**, vor allem die Gemeine **Wald-Kiefer** oder **Föhre** (*Pínus sylvéstris*), die noch auf leichtesten, trockenen Böden vorkommt und in manchen Gärten als Baumriese geduldet werden muss. Eine hübsche Kegelform hat die **Arve** oder **Zirbel-Kiefer** (*P. cémbra*), die sich in normalem Gartenboden wohl fühlt. Die dekorative **Mädchen-Kiefer** (*P. parviflóra*) entwickelt sich nur gesund auf saurem, feuchtem, lehmhaltigem Boden. Beide erreichen langsam 10 m Höhe. Ein besonderes Schmuckstück, bis 20 m, ist die **Tränen-Kiefer** (*P. wallichiána*) mit 15 bis 20 cm langen Nadeln in hängenden Büscheln. Sie braucht Schutz vor Sturm und Wintersonne, tiefgründigen, etwas feuchten Boden. Zu üppig entwickelt sich die anspruchslose **Österreichische Schwarz-Kiefer** (*P. nígra* ssp. *nígra* var. *austriaca*).

Wo wenig Platz zur Verfügung steht, lassen sich Säulenformen leicht unterbringen. Gern verwendet werden **Schein- oder Lebensbaumzypressen,** wie *Chamaecýparis lawsoniána* 'Columnaris Glauca', stahlblau, und 'Lanei', goldgelb. – Noch schlanker wächst der Abendländische **Lebensbaum** (*Thúja occidentális*). Während sich die Art im Winter rotbraun verfärbt, behält die Sorte 'Columna' auch im Winter ihr grünes Kleid. Das gilt gleichermaßen für den **Riesen-Lebensbaum** (*T. plicáta = gigantéa*). Sie brauchen viel Bodenfeuchtigkeit.

Die heimische **Eibe** (*Táxus baccáta*), dunkelgrün, besitzt mittelstarken,

strauch- bis baumartigen Wuchs (6–10 m), ist anspruchslos, schattenverträglich, braucht durchlässigen Boden. **Irländische Säule** 'Fastigiata' 4 m, **Pyramiden-Eibe** 'Overeyndri' 3–5 m hoch. 'Fastigiata' ist salzempfindlich und wünscht sauren Boden. Der **Säulen-Wacholder,** der besonders schlank wächst, wird 4–5 m hoch und eignet sich nicht nur für Heidegärten, sondern für viele Verwendungszwecke. Die irländische Form (*Juníperus commúnis* 'Hibernica') ist silbrig-blaugrün und der virginische **Raketen-Wacholder** (*J. virginiána* 'Skyrocket') silberblau, rasch- und starkwüchsig.

In wintermilden Gebieten als Solitärs beliebt sind die starkwüchsigen **Zedern** (*Cédrus*). Die Blau- oder **Atlas-Zeder** (*C. atlántica* 'Glauca') hat stahlblaue Nadeln und wird gern als Charakterbaum gepflanzt. Dagegen macht die **Himalaja-Zeder** (*C. deódora*) mit ihrem graugrünen Nadelkleid weniger her.

Ähnlich den Scheinzypressen wachsen **Echte Zypressen** (*Cupréssus*). In Gebieten mit mildem Weinbauklima sind sie es wert, gepflanzt zu werden.

Auch Stamm und Äste sind Gartenschmuck

Bei einigen Bäumen und Sträuchern können Farbe und Form der Rinde und Zweige zur Gartenschönheit beitragen. Ein besonderes Beispiel gibt der **Hartriegel:** Die Rinde junger Triebe von *Córnus álba* 'Sibirica' leuchtet korallenrot, von *C. serícea* 'Flaviramea' gelblich. Wo die Farben benachbart sind, kommen sie besonders zur Geltung.

Auch folgende Gehölze setzen farbige Akzente: **Streifen-Ahorn,** *Ácer pensylvánicum* und *A. rufinérve,* weiß gestreift; **Gold-Erle,** *Álnus incána* 'Aurea', junge Triebe rötlich gelb; **China-Birke,** *Bétula álbo-sinénsis,* orange;

Sand- oder Weiß-Birke, *B. péndula,* weiß, abblätternd, im Alter borkig schwarz durchzogen, **Ölweide,** *Elaeágnus angustifólia,* Zweige silbrig; **Winter-Jasmin,** *Jasmínum nudiflórum,* und **Ranunkelstrauch,** *Kérria japónica,* grün; **Hänge-Weide,** *Sálix álba,* 'Tristis', gelbe, hängende Triebe; **Sommer-Tamariske,** *Támarix pentándra,* purpurrot.

Der **Spindelstrauch,** *Euónymus alátus,* der sich bereits durch feurigrotes Herbstlaub auszeichnet, bildet an den Trieben ungewöhnliche, vierflügelige Korkleisten. Auch der **Amberbaum,** *Liquidámbar styracíflua,* mit seinem roten bis kupferfarbenen Laub einer der schönsten Herbstbäume, begeistert durch aparte, verkorkte Triebe.

Besonders im unbelaubten Zustand bieten die korkenzieherartig gedrehten Zweige der **Korkenzieher-Hasel,** *Córylus avellána* 'Contorta', einen interessanten Anblick, desgleichen das Gezweig der **Zickzack-Weide,** *Sálix matsudána* 'Tortuosa'.

Blühende Mauern und Steingärten vorbereiten

Gärten am Hang lassen sich mit alpinen Stauden und Gehölzen reizvoll bepflanzen. Entweder behält man die schräg abfallende Bodenfläche bei

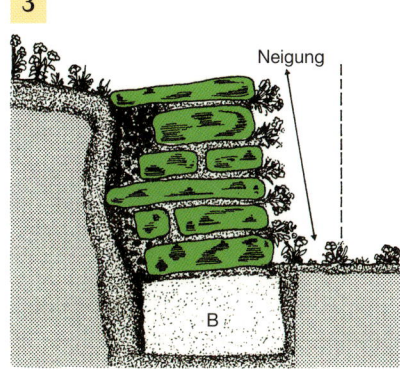

3

Neigung

B

Betonfundament (B) für Trockenmauer.

und legt einen *natürlichen Steingarten* an, oder man entschließt sich zu einer terrassenförmigen Anlage, indem man die Böschung durch *Trockenmauern* abfängt.

Fehlen natürliche Gegebenheiten, können Liebhaber der Gebirgsflora kleine Höhenunterschiede künstlich schaffen, zu einem *Steingartenbeet* oder einem *Trockenmauerwall* (Ost-West-Richtung). Höhe etwa 60, untere Breite 120, obere 100 cm.

Mit den Vorbereitungen kann begonnen werden, sofern das Wetter trocken und frostfrei ist. Da auch Steingartenpflanzen mit Topfballen geliefert werden, kann man *vom Frühling bis zum Herbst pflanzen.*

Mit Trockenmauern Höhenunterschiede überwinden. Da abfallendes Gelände schwer in Ordnung zu halten ist, sollte man Böschungen und Hänge durch Trockenmauern (terrassenartig) anlegen. Man erhält dann ebene Pflanzflächen (Kronenbeete) bzw. mäßig ansteigende Flächen und Mauerfugen, die sich bepflanzen lassen.

Trockenmauern stellt man am besten aus großen, mehr breiten als hohen, lagerfesten **Schicht-Steinen** derselben Art her, z. B. *Schiefer-, Sand- oder Kalksteine.* Bei Mauern bis 80 cm Höhe gibt man ihnen als Bindemittel weder Mörtel noch Zement, sondern eine gut *zwei Finger breite Erdschicht* aus lehmigem Boden, grobem Sand und FulHumin, zu gleichen Teilen. Für kalkliebende Pflanzen mischt man noch kohlensauren Kalk bei, 1 kg/l m³ Erdmischung. Senkrechte Fugen können 4–5 cm breit sein und sind mit Erde gut zu füllen, bis zum hinteren Boden.

Wo eine 50–80 cm hohe Trockenmauer hingesetzt werden soll, ist ein **Betonfundament** (Abb. 3 B) erforderlich, bei 70 cm hoher Mauer mindestens 30 cm tief. Fundament und Steine werden etwas schräg angeordnet,

4

Eckverzahnung

so dass die Vorderseite zum Hang hin etwa 20 cm Neigung hat (Schrägpfeil!). Lagerfugen verlaufen waagerecht und möglichst durchlaufend, senkrechte Fugen sind versetzt. Dadurch wird die Standfestigkeit erhöht (siehe Eckverzahnung, Abb. 4).

An der Rückseite der Trockenmauer greifen einige Steine als **Verankerung** weit ins Erdreich hinein, um die Stabilität zu verbessern. Damit *Wasser* bei starkem Regen versickert, füllt man Schottersteine hinter. Bei schwerem Boden und höheren Mauern sind auf der unteren Sohle *Dränageröhren* einzubauen.

Höhere Mauern, die Steilböschungen abstützen, sind mit Mörtel oder Zement auszufugen oder in Beton auszuführen und, falls möglich, mit Natursteinen zu verkleiden. Zur Aufnahme von Fugenpflanzen werden enge, nach hinten etwas geneigte Röhren eingemauert oder einbetoniert.

Böschungen für Steingärten nutzen. In den Hang werden *Feldsteine,* größere *Bruchsteine* oder *Steinplatten* terrassenförmig eingelagert, zum Hang hin etwas geneigt, um Abschwemmen von Erde zu verhindern. Zweckmäßig wählt man nur eine Gesteinsart. Steine sollen *flach* (Abb. 5 a), also natürlich liegen, nicht hochkant (b) gestellt werden, damit der Eindruck einer „gewachsenen" Anlage entsteht. Einbuchtungen und

Dezember

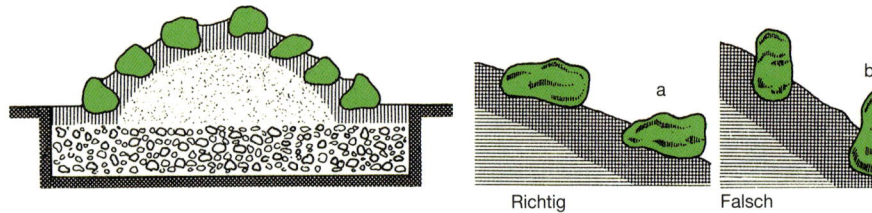

5 *Schema eines Steingartens und Absicherung vor Abschwemmung.*

Vorsprünge wechseln miteinander ab, desgleichen kleine und größere Pflanzflächen. Feuchtigkeitsliebende Pflanzen so setzen, dass ihnen von den Steinen möglichst viel Regen- oder Sprengwasser zufließt!

Die Masse der Bergpflanzen gedeiht auf *wasserdurchlässigem Untergrund,* den man auch im Garten schaffen kann. Während leichte Böden genügend durchlässig sind, brauchen schwere eine **Dränage** (Geröll, Schotter, Koksschlacke, Styromull oder eine Mischung). Sie kommt 10–15 cm unter die Pflanzerde.

Der Steingarten braucht einen **Hintergrund.** Steht das Haus erhöht, so ist dieses Problem gelöst. Auch der Himmel kann durchaus der Hintergrund sein. Andernfalls sollte man eine Kulisse aus Nadelgehölzen vorsehen, die den Steingarten nach hinten abschließen. Zur Vereinfachung der Pflege legt man *Trittplatten* aus, für die am Hang ebene Flächen vorzusehen sind.

Verwilderte Ziersträucher schneiden

Allgemein gilt, dass Frühlings- und Frühsommerblüher, die ihre Blütenknospen im Vorjahr ausbilden, *nach der Blüte* geschnitten werden. Dabei handelt es sich um regelmäßige, kleinere Eingriffe. Muss eine Ziergehölzpflanzung, die *seit Jahren ohne Pflege* ist, sozusagen durchforstet werden, dann ist der *frühe Winter* dafür günstig. Wo die Blühwilligkeit in

den unteren Partien abgenommen hat und die Sträucher zu dicht geworden sind, bringt frühwinterliches Auslichten Vorteile.

Beim Auslichten (Abb. 6 A) sind älteste Zweige am Boden wegzuschneiden, desgleichen schwache junge Bodentriebe. Überhängende Zweige können ganz oder bis zu einem kräftigen Scheiteltrieb (Abb. B) zurückgeschnitten werden. Letztjährige Triebe weitgehend schonen, da an ihnen bereits Blütenknospen vorgebildet sind, entweder an der Spitze (z. B. *Flieder*) oder auf der ganzen Länge (z. B. *Forsythie*). Deshalb Sträucher nicht köpfen (Abb. C), sondern so auslichten, dass ihre typische Form gewahrt bleibt. Was an Jungtrieben mit abfällt, lässt sich für die Vase (Barbaratriebe) nutzen.

Ausnahmen machen **stark vergreiste Gehölze,** die unten weit aufgekahlt sind oder dickichtartigen bzw. spär-

lichen Wuchs zeigen. Hier ist Erneuerung durch Auslichten und starken Rückschnitt, auf etwa 30 cm über dem Boden, zu empfehlen. Im Übrigen können zu breite oder zu hohe Gehölze mehr oder weniger verkleinert werden. So verträgt z. B. *Goldregen,* der mit den Jahren sehr hoch und unten kahl geworden ist, regelmäßigen Wegschnitt der stärksten Schösslinge im oberen Drittel, wodurch er sich unten wieder verjüngt.

Was die einzelnen Sträucher an **Schnitt** brauchen und vertragen, nicht nur *in der Ruhezeit,* sondern auch *nach der Blüte,* soll kurz dargelegt werden.

Regelmäßig, zum Teil scharf auszulichten sind solche Frühlingsblüher, die entlang der vorjährigen Triebe blühen. Einige der ältesten Zweige werden möglichst nahe am Boden herausgeschnitten. Zu dieser Gruppe gehören Deutzie, Forsythie, Geißblau, Kolkwitzie, Hänge-Weide, Frühlings-Spiräe, Frühlings-Tamariske, Schneeball, Weigelie.

Bei Frühlingsblühern, die an den Triebspitzen blühen, genügt es, **gelegentlich** einzelne Zweige herauszunehmen, bei dichtwachsenden Arten wie Flieder jedoch öfter. Hartriegel-Arten sind jährlich vom älteren Holz

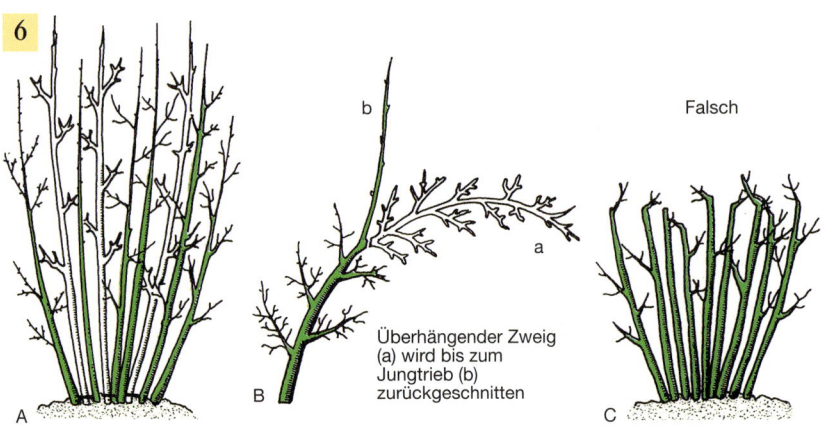

Falsch

Überhängender Zweig (a) wird bis zum Jungtrieb (b) zurückgeschnitten

Auslichtungsschnitt bei Ziersträuchern.

zu befreien, da nur die Rinde junger Triebe farbkräftig ist. Weitere Arten dieser Gruppe sind: Gewürzstrauch, Haselnuss, Pfaffenhütchen, Rosmarinheide, Garten-Schneeball.

Im Abstand von 4–6 Jahren solche Gehölze auslichten, die am zwei- und mehrjährigen Holz blühen, wie Felsenbirne, Berberitze, Scheinquitte, Zwergmispel, Rot- und Weißdorn, Prunkspiere *(Exochórda)*, Goldregen, Zier-Johannisbeere.

Auch einige **Sommerblüher,** deren Blütentriebe sich erst im Frühling bilden, können in der Ruhezeit ausgelichtet werden. Das geschieht nach Bedarf und ist von Art zu Art verschieden. Genannt seien: Perückenstrauch, Scheinspiere *(Holodíscus),* Ranunkelstrauch, Traubenspiere *(Néillia),* Pfeifenstrauch, Strauch- und Wildrosen, Fiederspiere *(Sorbária),* Kranzspiere *(Stephanándra).*

Starken Rückschnitt vertragen, falls verjüngt werden soll: Kraftwurz *(Acanthópanax),* Freilandaralie, Perückenstrauch, Zwergmispel, starkwüchsige Deutzien, Strauchrose, Zaubernuss, Sanddorn, Holunder, Fiederspiere, Flieder, Tamarisken und andere.

Für **entbehrlich** gehalten wird der Schnitt bei Fächer-Ahorn, Freiland-Aralie, Winterblüte, Blumen-Hartriegel, Kornelkirsche, Scheinhasel, Seidelbast, Prachtglocke, Zaubernuss, Eibisch, Magnolie, Strauch-Päonie, Feuerdorn, Essigbaum, Trompetenbaum *(Catálpa)* und anderen. Sie vertragen aber meist den Schnitt, so dass Schäden oder störende Zweige entfernt werden können.

Rückschnitt älterer Hecken

Laubholzhecken, die die gewünschte Höhe erreicht haben, werden trotz Sommerschnitts jährlich ein paar Zentimeter höher und breiter. Wer das nicht möchte, muss im Abstand

Rainweide, Liguster, Ligustrum vulgáre, *ist kleinlaubig, schnittverträglich und eignet sich als Schnitthecke. Alte Hecken vertragen einen sehr starken Rückschnitt zur Verjüngung.*

von 5 Jahren oder mehr seine Hecke um 20–30 cm zurückschneiden. Werden dabei endständige Quirle entfernt, wirkt der Schnitt bis ins älteste Holz verjüngend. Die beste Zeit sind milde Wintertage. Ohne Langarmschere oder Stichsäge wird man nicht auskommen.

Der **schrägwandige Schnitt** entspricht der natürlichen Wuchsform und verhindert zu frühes Aufkahlen der untersten Zweige. Wer seine Hecke auf diese Form umstellen möchte, wähle die Wintermonate. (Siehe S. 212, Abb. 2 A.)

Eine alte, **vernachlässigte Laubholzhecke,** die unten aufgekahlt ist, kann durch kräftigen Rückschnitt auf halbe Höhe oder tiefer zur Trieberneuerung in den untersten Partien angeregt werden. Seitenwände werden am besten schrägwandig zurückgeschnitten, so dass die Hecke oben schmaler als unten ist. Der Schnitt ins alte Holz wird jetzt von fast allen Heckensträuchern vertragen.

Bei sehr alten Hecken, deren Stämme ziemlich weit über dem Boden kahl sind, führt meist nur ein Schnitt auf 40–50 cm lange Stümpfe zum

Ziel. Damit der Frühlingstrieb kräftig kommt, sorgt man für *Auffrischung des ausgezehrten Bodens* durch Ausstreuen von Komposterde oder einem Dünger wie z.B. Fertofit-Garten-Dünger, 100 g auf den lfd. m. Gedüngt wird links und rechts der Hecke je ein Streifen von etwa 50 cm Breite. Mit Rücksicht auf die Wurzeln lockert man den Boden danach nur flach.

Starker Rückschnitt, Düngung und Bewässerung bewirken meist Massenaustrieb von Schösslingen, die im ersten Jahr in der Vegetationszeit nicht geschnitten werden. In der Ruhezeit, diesmal am besten im Spätwinter, beginnt die *individuelle Behandlung.* Zunächst wird mäßig ausgelichtet. Dabei entfernt man zu hoch angesetzte starke Triebe. Je tiefer sich ein Neutrieb befindet, desto wertvoller ist er für die kräftige Verzweigung an der Basis. Verbleibende Triebe schneidet man um ein Drittel bis zur Hälfte ihrer Länge auf gleiche Höhe zurück. Wird die verjüngte Hecke dann allmählich schrägwandig wieder hochgeführt, so präsentiert sie sich in einer dichten Wand bis zum Boden.

Die Garten-Hortensie, Hydrangéa macrophýlla *'Altona', erhält über den Winter eine Laubaufschüttung auf den Boden. An sonniger Stelle werden zur Beschattung Fichtenzweige gesteckt.*

Schnee, ein Helfer im Garten

Wenn Schnee den Garten verzaubert, finden Gartenpflanzen unter der weißen Decke besten Schutz gegen Frost, Wind und Austrocknung. Am günstigsten ist trockener **Pulverschnee,** der sich bei einigen Frostgraden bildet. Auf Grund seiner Eigenwärme und der zu 80% eingeschlossenen Luft entsteht eine gewaltige isolierende Kraft. So wird man unter einer 30–40 cm hohen Schneedecke, selbst bei minus 30 °C Außentemperatur, kaum mehr als minus 1–3 °C messen. Für die Pflanzen muss Schnee *locker und luftdurchlässig* sein. Großflockiger Schnee, wie er bei 0 Grad rieselt, pappt leicht zusammen. Auch verharschter Schnee, der durch wiederholtes Auftauen und Gefrieren entsteht, lässt zu den verschneiten Pflanzen nicht genügend Luft hindurch. Wichtig ist dann, die verkrustete Schneedecke mit einer Ziehhacke aufzureißen.

Schnee reinigt die Luft und hilft **dün-**gen. Im Hochgebirge, wo Schnee meterhoch liegt, reicht das aus, nicht aber in der Ebene bei geringem Schneefall. *Wer Schnee in seinen Garten schaufelt, verbessert* (minimal) *die Düngewirkung* und sorgt für mehr Schmelzwasser: 100 Liter sind von 1 Kubikmeter Schnee zu erwarten.

Bei stärkerem Schneefall, besonders wässerigem Schnee, können Gehölze ihre gute Form einbüßen. Säulenwacholder sollte immer wieder abgeschüttelt werden, da schon eine kleine Schneehaube die Zweige auseinander drückt. Aber auch Hecken und höhere Tannen und Fichten von ebenmäßigem Wuchs haben unter Schneelast zu leiden. Wiederholtes Abklopfen der *Schneelast* ist deshalb notwendig. **Säulen-Wacholder** und Säulen-Eiben sollte man schon im Herbst zusammenbinden. Auch von anderen Gehölzen, wie Rhododendron, muss man Schnee manchmal abschütteln. Auf Berg-Kiefern kann er liegen bleiben.

In **schneereichen Gebieten** Zier-sträucher mit einem Pfahl versehen und zusammenbinden, Koniferen aufbinden und als weiteren Schutz mit einer Pfahlpyramide versehen, damit die Äste von Schneemassen und tauendem Schnee nicht heruntergedrückt werden.

Winterschutz für klimaempfindliche Ziergehölze

Immergrüne Laubgehölze, besonders Rhododendron, Lorbeer-Kirsche und andere, brauchen eine etwa 20 cm hohe **Laubaufschüttung** ringsum. Vorher ist bei trockenem, nicht gefrorenem Boden mehrmals **gründlich zu wässern** (Abb. 7). Jüngere Gehölze bei Kahlfrost und an sonnigen, windigen Stellen (Steingarten, Trockenmauer) von Januar bis März mit **Koniferenreisig** bedecken oder an der Südseite durch Rohrmatte oder **Sonnensegel** (Abb. 8) vor Mittagssonne schützen.

Andere **Immergrüne,** besonders jüngere, die in Mittel- und Norddeutschland im Winter nicht sicher sind, muss man einpacken. Sehr anspruchsvoll sind Berberitze (*Bérberis linearifólia*), Zistrose (*Cístus laurifólius*), Ölweide (*Elaeágnus macrophylla*), Torfmyrte (*Pernéttya mucronáta*), *Prúnus lusitánica, Stranváésia davidiána var. unduláta, Yúcca filamentósa.* Auch einige **Nadelgehölze** bedürfen eines besonderen Schutzes:

7 *Gründliches Wässern.*   **8** *Winterschutz*

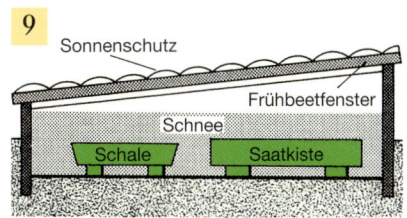

Winteraussaat von Frostkeimern.

Schmucktanne *(Araucária araucána)*, Spießtanne *(Cunninghámia lanceoláta)*, Mammutbaum *(Sequóia sempérvirens)*, Nusseibe *(Torréya grándis)*. Man richtet die Zweige bei frostfreiem Wetter nach oben, bindet sie lose zusammen, legt langes Stroh, Schilf oder Koniferenäste herum und bindet so das Gehölz ein. Auf die Wurzelzone kommt eine dicke Laub-Torf-Schicht.

Folgende **laubabwerfende Ziergehölze** benötigen Schutz der Wurzeln und des Wurzelhalses: *Abélia grandiflóra, Ácer palmátum* 'Dissectum', *Buddléja davídii, Cámpsis radícans, Caryópteris, Catálpa bignonioídes, Ceanóthus, Chimonánthus, Cytisus decúmbens, Hibíscus syríacus, Hydrangéa macrophylla, Indigófera, Lespedéza, Paeónia suffruticósa, Paulównia.* Wenn möglich, lockert man den Boden flach, wässert und bedeckt ihn dick mit Herbstlaub, das man gegen Verwehung mit Reisig beschwert.

Frost leitet die Keimung ein

Auf verschiedene Staudensamen müssen Temperaturen um 0 °C einwirken, damit sie im Frühjahr keimen. Der Fachmann spricht von „Frostkeimern". In der Mehrzahl handelt es sich um *alpine Wildstauden*, die im Garten Verwendung finden. Bei den meisten Arten genügt schon feuchte Kühle winterlicher Witterung ohne Frost, um den Keimvorgang einzuleiten, andere keimen bes-

ser, wenn man die Saatgefäße einschneien lässt.

Ausgesät wird von Dezember bis Februar/März in Schalen, die mit NeudoHum-Aussaaterde gefüllt sind. Die Saatgefäße stellt man in einen kalten Kasten und deckt Fenster darüber (Abb. 9) oder unter ein Folienzelt, damit die Erde feucht bleibt und die Samen quellen, was sehr wichtig ist. Bei Schneefall nimmt man den Schutz ab und lässt die Saatgefäße *einschneien.* Hinterher deckt man Fenster oder Folie wieder darüber, sorgt für Schatten bei sonnigem Wetter und lässt den Schnee recht lange auf die Samen einwirken. Im März/April stellt man die Saatgefäße halbwarm (10–15 °C), ins Frühbeet, Gewächshaus oder Wohnzimmer, und behandelt sie wie andere Aussaaten unter Glas.

Dunkelkeimer (D) müssen dann dunkel stehen, **Lichtkeimer** (L) hell; ihre Samen dürfen kaum mit Erde

bedeckt sein. **Schwerkeimer** erfordern Geduld, oft laufen sie erst im 2. Jahr auf. Beste Keimergebnisse hat man mit frischem Samen.

Folgende **niedrige Stauden** können herangezogen werden: Alpine Glockenblumen, Hungerblümchen (L), Wolfsmilch, Primeln (D), Seifenkraut, Steinbrech. – Schwer *keimend:* Frühlings-Adonis (L), Silberwurz, Enzian (D), Berg-Hahnenfuß u. a.

Höhere und **hohe Wildstauden** für naturnahe Pflanzungen: Frauenmantel (L), Arnika, Geißbart (L), Seidenpflanze (L), Astilbe, Bergenie, Kaukasus-Vergissmeinnicht, Taglilie, Hartheu, Funkie, Schwertlilien, Fackellilie, Staudenwicke, Scheinmohn, Phlox, Ballonblume, Schaublatt, Skabiose, Königskerze. – *Schwer keimend:* Bärenklau, Eisenhut (D), Christophskraut, Wetterdistel, Silberkerze, Tränendes Herz (September säen), Diptam (D), Steppenkerze, Edeldistel (L), Trollblume.

Prachtspiere, Astilbe x aréndsii, purpurlila Rispen mit großen Blüten, 100 cm hoch. Die Heranzucht aus Samen gelingt erst nach Frosteinwirkung.

Zusätzliche Anmerkungen

Verblühte Winter-Astern oder Chrysanthemen in Gefäßen lassen sich ab März/April im Garten weiterverwenden. Nach der Blüte werden alte Stiele etwa 5 cm über dem Topf weggeschnitten. Man bringt die Pflanzen in einen kühlen, hellen Raum. Da sich die neuen Triebe bereits zeigen, darf die Erde nicht austrocknen.

Trockenschäden sind die Hauptursache beim Versagen immergrüner Laub- und Nadelgehölze im Anschluss an einen strengen Winter. Selten ist der Frost allein schuld. Im Spätherbst sollte darum noch gründlich gewässert werden, auf leichteren Böden mehrmals, in offenen, windigen Lagen auch noch im Winter, sofern der Boden vorübergehend aufgetaut ist. Danach lohnt sich eine Bodendecke.

Rasen soll kurz in den Winter gehen und in dieser Zeit nicht mehr wachsen. Regt warmes Wetter den Wuchs an, so sollte der Mäher nochmals tätig und der Abfall entfernt werden.

Durch Wurzelstöcke vermehren lassen sich einige Stauden, wie *Edeldistel, Königskerze, Pfingstrose, Kugel-Primel, Ochsenzunge, Türken-Mohn, Flockenblume* u. a. Man schneidet von stärkeren Wurzeln fingerlange Stücke und steckt sie senkrecht in die Erde, wobei der obere Schnittteil etwas herausschaut. Während die Wurzelstöcke in der Erde Saugwurzeln bilden, entwickeln sich an der oberen Schnittstelle neue Augen. In etwa 4 Monaten hat man Jungpflanzen, die auf besondere Beete versetzt werden können.

Gehölzvermehrung durch Steckholz. Dazu schneidet man zwischen Dezember und Januar bei frostfreiem Wetter letztjährige Triebe von sommergrünen Ziersträuchern. Ein Steckholz soll etwa sechs Augen haben. Die Triebe werden auf diese Länge geschnitten, gebündelt (locker) bis zum Frühjahr in feuchtem Sand sehr kühl, aber frostfrei aufbewahrt, entweder an schattiger Stelle im Freien oder im kalten Kasten und ausreichend mit Erde oder Sand bedeckt. Folgende Gehölze lassen sich vermehren: Blasenspiere, Deutzie, Hartriegel, Holunder, Liguster, Forsythie, Heckenkirsche, Pfeifenstrauch, Kletterrose, Spiräe, Tamariske, Wilder Wein, Zier-Johannisbeere und andere.

Barbarazweige. Ab 4. Dezember (Barbaratag) können von Blütengehölzen Zweige geschnitten und im Zimmer zur Blüte gebracht werden. Die Gehölze haben bis dahin meist schon soviel vom Winter abbekommen, dass sie in der Wohnung willig blühen. Barbarazweige, die zu Weihnachten blühen, nimmt man von folgenden Gehölzen: *Forsythie, Hasel, Weidenkätzchen, Kornelkirsche, Gold-Erle, Hamamelis, Winter-Jasmin, Süßkirsche.* Später in Blüte kommen Mandel, Pfirsich und Spiräen. Legt man die Zweige zunächst 12 Stunden in Wasser von 35 Grad Wärme, dann blühen sie um so sicherer. Im Anschluss an das Bad stellt man sie ins Wohnzimmer in Wasser, erneuert dies öfter und nebelt täglich 1–2-mal fein ein. Noch günstiger ist eine Folienhaube. Holzkohle im Wasser verhütet Fäule.

Wildschäden an Laub- und Nadelgehölzen können in schneereichen Wintern in Waldnähe nicht ausgeschlossen werden. Bietet der Zaun nicht genug Schutz, so hilft das Auftragen eines Mittels mit abweisenden Duftstoffen, wie Aplidal oder Wildverbissschutz-Spray.

Winterschutz für Rosen. Durch Anhäufeln entstandene Furchen füllt man im Dezember/Januar bei fehlendem Schnee mit Falllaub, Düngetorf oder strohigem Mist. Junge Pflanzen noch mit Fichtenreisig vor dem Austrocknen schützen.

Kübelpflanzen brauchen mäßig feuchte Erde; bei Bedarf gießen, entlaubte weniger als belaubte. *Kasten- und Schalenpflanzen*, wie Pelargonien und Fuchsien, die ihr Laub abwerfen, vertragen trockenere Erde. **Pelargonien** (Geranien) können in feuchten Kellern sogar ohne Erde überwintern. **Fuchsien** und Kübelpflanzen würden dabei eingehen. Bei milder Witterung Überwinterungsräume lüften.

Wurzelläuse haben schon manche **Kübelpflanze** zugrunde gerichtet. Durch Saftentzug werden die Pflanzen nicht mehr richtig ernährt, bekommen braune Blattspitzen und verlieren Blätter. Angießen mit Neudo-Vital Neu, vorschriftsmäßige Verdünnung, macht dem „Spuk" ein Ende. Wegen der Brut ist nach 8–10 Tagen eine nochmalige Behandlung erforderlich. Wurzelläuse sind als weiße Pünktchen an den Wurzeln zu erkennen.

Knollen im Winterquartier nachputzen und so lagern, dass sie verlustlos überwintern. *Dahlien* lagern günstig bei +5 °C auf Holz. Bei höherer Temperatur bedeckt man die Knollen mit Torf und steckt sie in Folienbeutel, besonders dünne junge Knollen, damit sie nicht zu sehr einschrumpfen. Alte Stielreste bleiben dran. – *Gladiolen* von Hüllblättern, alten Wurzelböden, Stengelresten und Erde säubern, mit Spruzit-Staub einpudern und trocken überwintern. Brutknöllchen in Torf lagern. Günstig 5–10 °C. – *Knollenbegonien* befreit man von Erde und alten Stielresten und überwintert sie bei 10 °C in Torf. Für frische Luft sorgen.

Weiße Roll-Kiesel bleiben am ehesten sauber, wenn sie auf gelochter Folie liegen. Wasser kann abfließen und Unkraut nicht aufkommen.

Im Obstgarten

Jetzt Jagd auf Obstbaumparasiten

Ehe die feuchtkalten Herbstnebel fallen, beziehen Schädlinge Winterquartiere, in vielen Fällen an den Obstbäumen. Überwinterung erfolgt in verschiedenen Stadien. Eiablagen, gegen häufigen Temperaturwechsel anfällig, sind gut verpackt und unserem Auge weitgehend entzogen (Blattlaus, Milbe).

An dünnen Zweigen zeigen sich mitunter *ringförmige, graue, harte Gebilde mit perlartigen Punkten:* die Eier des **Ringelspinners.** Sie sind sorgfältig abzukratzen oder mit dem Trieb abzuschneiden und ins Feuer zu werfen.

Der **Schwammspinner** hat unter Astgabeln bis zu 400 Eier in ovalen Häufchen abgelegt, die von brauner Wolle umgeben sind und einem kleinen Schwamm ähnlich sehen. Werden die Eigelege nicht entdeckt und beseitigt, so schlüpfen im Frühjahr gefräßige Räupchen aus, die nur schwer zu bekämpfen sind.

Leichter ausfindig zu machen sind die kleinen Räupchen des **Goldafters** in vertrockneten, zusammengesponnenen Blättern an Triebspitzen. Ein solches *„großes Raupennest"* ist vor Nässe, Frost und Spritzmitteln geschützt. Das gilt auch für das *„kleine Raupennest"*. In nur einem umsponnenen Blatt überwintern Raupen des kleinen **Baumweißlings.** Das Blatt hängt an einem Faden wie eine Troddel herab. Im Frühling werden größere Gespinste angelegt, aus denen die Räupchen um die warme Mittagszeit ihre Ausflüge in die Baumkrone unternehmen und Knospen und junge Blätter so stark befressen, dass Kahlfraß nicht selten ist – wie beim Goldafter. **Trockene Blätter grundsätzlich abnehmen und wo erlaubt verbrennen!**

Fruchtmumien am Apfelbaum überwintern mit keimfähigen Sporen, die im Frühling Blüten und Früchte infizieren. Mumien deshalb im Herbst mit Blühholz entfernen.

Große Gefahr geht von **Blutläusen** aus, den sommerlichen unersättlichen Apfelbaumvampiren. *Jungläuse* haben sich zum Wurzelhals in die Erde begeben. *Muttertiere*, die durch weiße Wachsausscheidungen auffallen, befinden sich noch an Stamm und Ästen. Wurzelhals im März freilegen und z. B. mit Promanal gründlich spritzen. Gegen Muttertiere hilft die Austriebsspritzung.

Nicht übersehen darf man zusammengeschrumpfte Früchte in den Baumkronen und am Boden. Solche **Fruchtmumien** beherbergen Pilzkrankheiten, vor allem die gefürchtete Fruchtringfäule oder *Fruchtmonilia*. Als weißer, ringförmiger *Polsterschimmel* befällt sie fast alle Obstarten und ist mit chemischen Mitteln nur schwer zu bekämpfen; denn die Pilzsporen gelangen einmal über die Blüte in die Frucht und später durch Fruchtverletzungen, wozu *Obstmaden, Fruchtschalenwickler* und *Wespen* die Voraussetzung schaffen; ihre Bekämpfung muss deshalb energisch erfolgen.

Beim Schnitt *schorfanfälliger Birnbäume* achte man auf junge Triebe mit schorfigem **Zweiggrind** und entferne sie. Unter **Apfelmehltau** leidende *Apfelbäume* zeigen lockere Endknospen, in denen der Pilz überwintert. Auch diese sind abzuschneiden und zu verbrennen, damit sich der erste Austrieb möglichst ungestört entwickeln kann.

Lichte Kronen bringen bessere Früchte

Zu dicht sind Obstbaumkronen, wenn das Kroneninnere im Vollschatten liegt. Erhalten Blätter zu wenig Licht, erntet man minderwertige **Schattenfrüchte:** klein, schlecht gefärbt, arm an Zucker, an Aromastoffen und Vitaminen, fade und sauer schmeckend. Durch Schnitt kann man die schattenwerfenden Kronenteile, insbesondere in den oberen Partien, entfernen und die Krone so dem Sonnenlicht öffnen. Außer der Höhe sollte auch die Seitenausdehnung eingeschränkt werden. Fehler im Kronenaufbau lassen sich dabei beseitigen. Älteres, schwaches Fruchtholz muss jüngerem Platz machen.

Dezember

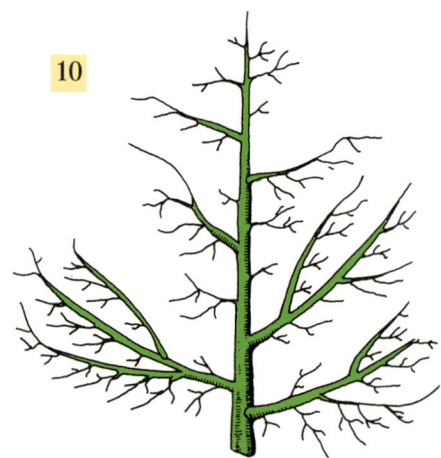

10

Halbstamm, Ansicht: Krone mit 1 Mittelast, je 1–2 Nebenäste sowie 3 Nebenäste am Mittelast (obere Hälfte).

11

Halbstamm, Aufsicht: Zeigt gute Verteilung von Leit- und Nebenästen sowie der Nebenäste am Mittelast (gestrichelt).

Für das Auslichten älterer **Apfel- und Birnbäume,** die mindestens 10–12 Jahre am selben Platz stehen, kommen die Monate Dezember bis Februar in Betracht. Je wüchsiger ein Baum ist, desto später sollte man schneiden. Man sucht sich dafür **trockene, frostfreie** Tage aus. *Stark ausgelichtet werden nur solche Bäume, die im letzten Jahr geringe Erträge gebracht* haben.

Ein **Buschbaum** mittlerer Wuchskraft sollte nur im unteren Kronenteil 3 Leitäste mit je 2 Gabelästen (insgesamt 9 Leitäste) haben, die möglichst in gleicher Höhe enden. Der Mittelast darüber weist nur kürzere Zweige (Fruchtholz) auf. Gibt es unten weniger Gabeläste, so kann der Mittelast darüber noch Nebenäste tragen.

Ein **Halbstamm** (Abb. 10), dessen Krone höher und breiter wird, kann zusätzlich zum unteren Leitastkranz (L 1–9) im mittleren Kronenteil noch weitere Leitäste, besser Nebenäste (N 1–3), tragen und versorgen. Sie dürfen sich nicht vergabeln, sollen zu den unteren Leitästen auf Luke stehen, größere Abstände untereinander aufweisen, schwächer und kürzer sein, was die Draufsicht (Abb. 11) veranschaulicht.

Bei **Hochstämmen,** besonders steil-

wachsenden Birnbäumen, können auch im obersten Kronenteil 3–4 schwache und kurze Nebenäste erhalten bleiben.

Diese **Rangordnung der Äste** hat fürs Gleichgewicht der Triebkraft innerhalb der Krone allergrößte Bedeutung. Je dicker oder länger ein Ast ist, je höher oder steiler er steht, desto stärker ist die Triebkraft. Der Schnitt muss hierauf Rücksicht nehmen und dem naturbedingten Wachstumsgesetz entgegenwirken, damit der Jung-

triebzuwachs auch am alten Holz lange erhalten bleibt. (Vgl. S. 54.)

Im **unteren Kronenteil,** wo das Wachstum stets zu fördern ist, sind starke Äste nach Möglichkeit zu schonen. *Ein aufsteigender Trieb am Astende* ist günstig. Hängende Zweige sollten auf einen aufstrebenden Trieb eingekürzt werden.

Im **Mittelteil** der Krone muss das Holz in seiner Stärke, Länge und Steigung gegenüber unten abnehmen, im obersten Kronenbereich noch mehr. Nebenäste und Fruchtzweige sollten hier *in einem flach gerichteten Trieb enden.* Büschelartiger Endwuchs ist weitgehend zu beseitigen. Was in einem Jahr nicht geschafft werden kann, sollte in den nächsten Jahren fortgeführt werden. Wundverschluss, z.B. mit Malusan, nicht versäumen.

So werden verwilderte Kronen ausgelichtet

Zunächst nimmt man den Baum von allen Seiten kritisch in Augenschein und bestimmt die Äste, die herausgesägt werden sollen. An erster Stelle sind es die zu *starken, steil gerichteten*

Die zahlreichen Verzweigungen an den Astenden verhindern den Lichteinfall. Hier muss deshalb stärker ausgelichtet werden.

Die Verzweigungen werden auf schwache äußere Triebe zurückgenommen. Ein Trieb am Ende der Äste soll deutliche Führung haben.

Verwilderter Apfelbaumriese. Die Krone muss niedriger werden, indem das hohe Oberseitenholz ganz entfernt wird.

Äste oder Nebenäste am Mittelast, damit mehr Licht in die Krone gelangt und diese wieder ins Gleichgewicht kommt. Nicht übersehen werden dürfen die *Überlagerungsäste,* die die darunter befindlichen stark beschatten. Man neigt dazu, den zurückgebliebenen, unteren Ast entweder ganz oder bis zu einer Gabel abzusägen. Soll die Krone jedoch nicht höher werden, so kann man auch den zurückgebliebenen Ast erhalten, der durch Freistellung wieder besser gefördert wird.

Sind **mehrere größere Äste** herauszusägen, so verteilt man diese Arbeit besser *auf 2 Jahre* und entfernt zunächst die obersten, meist stärksten Äste. Werden wüchsige Bäume auf einmal zu stark ausgelichtet, so gibt es unnötig viele Wasserschosse, die alle wieder weggeschnitten werden müssen, und zu wenig wertvolles Seiten- oder Fruchtholz. (Beim Verjüngungsschnitt muss man dagegen stark schneiden, damit auch untere Augen zum Austrieb angeregt werden.)

Das **Seiten- oder Fruchtholz** ist nach so starkem Auslichten zunächst *weitgehend zu schonen.* Nur wo es sehr dicht steht, lichtet man mäßig aus. Dabei entfernt man altes, schwaches Fruchtholz und schneidet mehrjährige Fruchtzweige sowie Fruchtbögen auf einen Jungtrieb zurück. Muss zwischen jungem Seitenholz ausgelichtet werden, so beseitigt man die kräftigsten Schösslinge, da sich die besten Früchte an Trieben bis zu 30 cm Länge entwickeln. – Größere Schnitte verlegt man besser in den Sommer.

Bei Sägewunden verstreicht man, z. B. mit Bayleton- oder Malusan-Rindenwundverschluss, nur das Kambium, das für Verheilung sorgt, und das Splintholz.

Junges Fruchtholz trägt die besten Früchte

Beim Schnitt älterer Apfel- und Birnbäume ist es nicht damit getan, nur einige Äste und Zweige herauszusägen, sondern man muss sich auch mit dem Fruchtholz auseinandersetzen. Dazu sind ausreichende Kenntnisse der Blatt- und der Blütenknospen sowie der verschiedenen Formen des Fruchtholzes erforderlich, um beurteilen zu können, wo und in welchem Maße der Fruchtholzschnitt zweckmäßig ist. Während ein einjähriger Langtrieb beim Kernobst meist nur schlanke, spitze Blatt- oder Holzknospen hervorbringt, bilden sich vom zweiten Jahr an zunehmend Blüten- oder Fruchtknospen, die dick und rundlich sind. Den kürzesten Fruchttrieb bezeichnet man als **Fruchtspross** (Abb. 12 a). Bei 5–10 cm Länge spricht man vom **Fruchtspieß** (b) und bei 15–30/40 cm von der **Fruchtrute** (c). Stets ist hier die Endknospe eine starke, rundliche Blütenknospe. Kommt eine Frucht zur Entwicklung, dann verdickt sich die Ansatzstelle

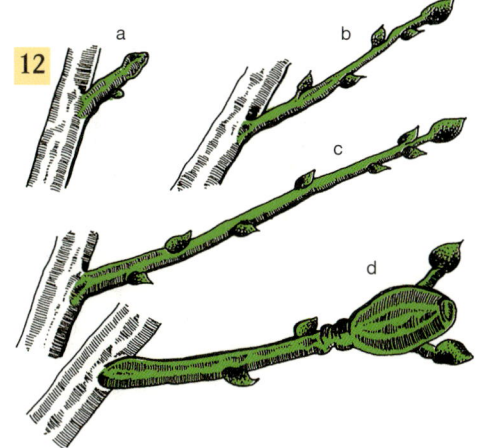

Unterschiedliche Fruchtholzformen.

durch Ablagerung blütenfördernder Stoffe zum **Fruchtkuchen** (d), aus dem sich wieder neue Fruchttriebe entwickeln. Solange die Fruchtorgane jung sind, beim Apfel bis vier Jahre, bei Birnen etwas mehr, bilden sich qualitativ gute Früchte aus und sind deshalb zu schonen. Junges Fruchtholz erkennt man an der meist glatten Rinde. Ist die Rinde dagegen narbig bis borkig, so hat man es mit altem Fruchtholz zu tun. Es blüht unregelmäßig und trägt Früchte, deren innere und äußere Güte zu wünschen übrig lässt. Zum älteren Fruchtholz gehört der **Ringelspieß** (Abb. 13 A). Er besitzt im Sommer rosettig angeordnete Blätter und wächst immer nur um wenige Millimeter weiter. Durch den jährlichen Blattfall bleiben kleine, ringelartige Narben zurück. Ringelspieße dürfen nicht zu alt werden, da sie dann nicht mehr blühen und den Baum nur belasten. Man schneidet sie auf Astring weg. Dies geschieht um so früher, je tiefer sie am Ast stehen, oder wenn

Ringelspieß und Quirlholz.

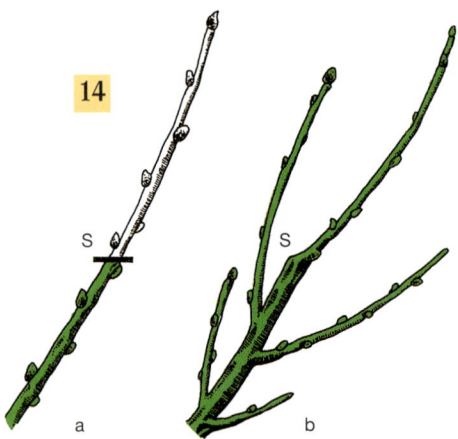

Rückschnitt eines Holztriebes (a) bei S regt b zur basisnaher Verzweigung an, verzögert aber die Blütenknospenbildung. Dadurch wird jedoch Aufkahlung an der Basis vermieden.

sich ein Jungtrieb (z. B. Fruchtrute) als Ersatz anbietet.

Da Fruchtspross, Fruchtspieß, Fruchtrute und Fruchtkuchen von Jahr zu Jahr weitere Fruchttriebe bilden, entsteht nach und nach das **Quirlholz** (B). In den ersten Jahren bilden sich die Früchte an ihm noch zufriedenstellend aus. Später jedoch nicht mehr. Dieser Zustand tritt im Allgemeinen ein, wenn mehr als 20 Fruchtknospen auf verhältnismäßig engem Raum stehen. Man schneidet dann das Quirlholz stark zurück und lässt nicht mehr als fünf Knospen stehen. Aus dem restlichen Fruchtholz werden sich dann wieder junge Triebe bilden.

Als zukünftiges Fruchtholz oft falsch behandelt werden **längere junge Holztriebe** (Abb. 14 a), die sich seitlich an Leitästen oder aus Fruchtorganen bilden. Wer diese Triebe (z. B. bei S) zurückschneidet, regt den Holztrieb weiterhin an (14 b) und verzögert die Blütenknospenbildung. Unterbleibt der Rückschnitt (Abb. 15), so darf bei nicht zu steilem und mäßig wüchsigem Trieb ab zweitem Jahr aus der Endknospe und einzelnen Mittelknospen mit ersten Blüten und damit Früchten gerechnet werden. Durch den Fruchtbehang senkt sich der Trieb und

bildet einen natürlichen **Fruchtbogen.** In den nächsten Jahren ist mit größerer Fruchtbarkeit zu rechnen. Außerdem entsteht auf dem Scheitel oft ein Trieb zur Verjüngung des Fruchtbogens (Abb. 15 B). Man sollte diesen, nachdem er dreimal Ertrag gebracht hat, in der Ruhezeit bis zum Jungtrieb (Pfeil) zurückschneiden, also das hängende Holz entfernen. Der Jungtrieb wird bald wieder blühen, Frucht tragen und überhängen. Sein Rückschnitt auf einen Jungtrieb erfolgt beim Apfel nach etwa 4 Jahren, bei der Birne nach 5–6 Jahren. Wer diesen *Fruchtbogenschnitt* regelmäßig durchführt, hält seine Obstbäume auf der Höhe ihrer Leistungskraft.

Nachschnitt stark ausgelichteter Baumkronen

Nach dem Auslichtungsschnitt ist eine Anzahl junger Triebe zu erwarten. Viele stehen zu dicht, manche falsch, so dass ausgelichtet werden muss.

Zum **Grundgerüst** eines Baumes gehören Leit- und Nebenäste, meist auch ein Mittelast. Jeder dieser Äste soll nur einen jungen **Verlängerungstrieb** mit deutlicher Führung behalten, für die unteren Äste jeweils einen kräftigen, aufstrebenden Endtrieb. Dieser soll im Mittel- bis Oberteil der Krone schwächer sein und möglichst waagerecht auslaufen. Als Mittelastverlängerung sucht man sich einen schwächeren Trieb aus, der recht tief steht.

Bei **Buschbäumen** hat es sich bewährt, die *Verlängerungstriebe* etwa auf halbe Länge zurückzunehmen, um die Verzweigung anzuregen. Bei **wüchsigeren Bäumen** kann darauf meist verzichtet werden.

Stärkere **Oberseitentriebe** auf Leit- und Nebenästen sind *mit Astring* zu entfernen, auch *Konkurrenztriebe.* Einzelne *Oberseitentriebe* an aufgekahlten Stellen der ältesten Astpartien kann man erhalten. Vorteilhaft schneidet man die Schösslinge jetzt auf 3–4 Augen zurück und verwendet später nur die untersten Austriebe, da sie flach stehen und sich als Fruchtholz eignen. Die starken **Senkrechtschösslinge** *im obersten Kronenteil* sind ziemlich radikal wegzuschneiden. Besprochen wurde bereits, dass man als Mittelastverlängerung einen schwächeren Neutrieb auswählt und bis zu dessen Ansatzstelle den Gipfel mit den starken Trieben wegsägt.

Die wichtigsten Jungtriebe stehen seitlich an Leit- und Nebenästen und an deren Abzweigungen. Jungholz ist hier weitgehend zu schonen, da es als **späteres Fruchtholz** das beste Obst bringt. Muss ausgelichtet werden – zur Spitze hin mehr als zur Basis! –, dann entfernt man zunächst altes und hängendes Fruchtholz, insbesondere *Ringelspieße* und alte *Fruchtbögen.* Der Schnitt erfolgt bis zu einem Jungtrieb, damit dieser am Ende des Fruchtzweigleins steht. Viele Jung-

Fruchtbogenbildung (A): Nach mehrjähriger Nutzung Verjüngungsschnitt (B).

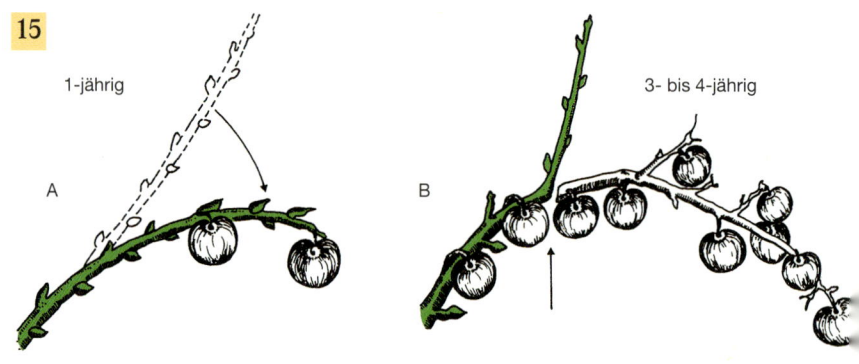

1-jährig

A

3- bis 4-jährig

B

triebe entspringen älterem Fruchtholz und verjüngen es gleichzeitig. Falls Platz vorhanden ist, können z. B. an einem *Quirlholz* mehrere Jungtriebe bleiben. Die jungen Seitentriebe machen anfangs oft den Eindruck, als handle es sich um wertlose Wasserschosse. Diese Triebe stehen aber auf schwachem Holz und sind in fast allen Fällen schwächer als Oberseitentriebe starker Äste. *Wichtig ist, junge Triebe (langes Fruchtholz) nicht einzukürzen.* Durch angepassten Schnitt blühen die Bäume nicht nur regelmäßiger, sondern tragen auch besseres Obst und werden gegen Krankheiten und Schädlinge widerstandsfähiger. **In den nächsten Jahren** wird der Schnitt verringert, doch sollten Konkurrenztriebe, Wasserschosse und vergreisendes Fruchtholz laufend entfernt werden. - Bei Apfel- und Birnbäumen empfiehlt es sich, mit diesem Schnitt bis zum nächsten August zu warten.

Formschnitt entarteter Spindeln

Jahrelang ungeschnittene Spindeln werden in der Spitzenregion immer höher und breiter, während die unteren Fruchtzweige dahinkümmern und schließlich absterben, so dass aus der Spindel ein Baum mit ungünstig hohem Stamm wird.

Bei kopflastigen Spindeln sollte man sich zu einem sehr starken Eingriff entschließen und den „Kopf" in Gestalt der Überkrone mit all ihren starken Zweigen beseitigen. Man führt den **Schnitt unterhalb der Überkrone** aus, auch wenn der Baum dadurch auf halbe Höhe zurückgesetzt wird. Im oberen Teil der Restkrone braucht man dann meist nur noch geringfügige Korrekturen vorzunehmen.

Was an Zweigen tiefer als 40 cm über dem Boden ansetzt, ist zu entfernen. Im Übrigen wird bei Bedarf noch *mä*

ßig ausgelichtet und dabei auf eine gewisse *Rangfolge* in der Verteilung der Fruchtzweige geachtet. Unten sollen sich die stärkeren, oben die schwächeren Zweige befinden. Hat man mehrere Bäume, so nimmt man sich in einem Jahr nur jeden zweiten Baum vor, im nächsten Jahr die übrigen.

Reiser zum Umveredeln beschaffen

Mitte Dezember bis Ende Januar werden Edelreiser für die Frühjahrsveredlungen geschnitten, und zwar letztjährige bleistift- bis fingerstarke, gesunde Triebe eines qualitativ guten Baumes, möglichst von der Südseite. Die geschnittenen Reiser, die sich noch in voller Ruhe befinden, müssen in diesem Zustand bis zum Anwachsen verharren. Man schlägt sie deshalb einzeln nebeneinander an einer schattigen, windstillen Stelle im Freiland oder auch in einem sehr kühlen Keller in feuchten Sand ein, der nicht austrocknen darf. Vorübergehender Frost bringt keine Nachteile. Wichtig ist, dass die Reiser weder eintrocknen noch ausschlagen. Werden sie sachgemäß gelagert, dann darf man später auch mit gutem Anwachsen rechnen. Hat man keine geeignete Sorte zur Verfügung, so wende man sich rechtzeitig an eine Baumschule. Manchmal kann auch der Nachbar oder ein bekannter Gartenfreund aushelfen. Es muss sich jedoch um starke und keine schwächlichen Triebe handeln.

Frühzeitig dem Knospenfraß vorbeugen

Vögel lassen sich von manchen Knospen nicht abhalten, denn sie bieten ihnen Nahrung und Vitamine. Besonders gefährdet sind Johannisbeeren, Kirschen, aber auch anderes Stein- und Kernobst. Bäume und Sträucher

lassen sich durch bunte Aluminium-Streifen (Vogelschreckstreifen) ausreichend schützen. Sie schrecken die Vögel schon von weitem ab.

Auch Wildverwitterungsmittel (z. B. Aplidal) bieten Schutz vor Knospenfraß. Dazu werden in den Bäumen Lappen befestigt, die öfters mit dem Mittel getränkt werden.

Junge Obstbäume nicht schutzlos lassen

Strenge, schneereiche Winter treiben die Tiere des Waldes in die Obstgärten. Gelingt es Hasen, Kaninchen, Rehen oder Rotwild, die Rinde eines Baumes ringsum abzunagen, so ist der Baum meist zum Eingehen verurteilt. Deshalb brauchen junge Obstanlagen ausreichenden Schutz. Ein dichter Zaun ist am sichersten.

Wo die Einfriedung undicht ist oder fehlt, lässt man den **Schnittabfall** unter den Bäumen liegen, um die Tiere, die sich über die jungen Triebe am Boden hermachen, von den Baumstämmen abzulenken. Praktiker behaupten, dass Stämme, die mit **Zeitungs- und Packpapier** in mehreren Lagen umgeben wurden, von den Nagezähnen verschont geblieben sind.

Bewährt hat sich das Einbinden der noch nicht borkigen Stämme in Dornengeflecht. **Schwarzdornzweige** schützen durch Dornen und abweisenden Geruch. Abzuraten ist vom Umhüllen mit Stroh, Schilf oder Sonnenblumenstengeln! Die Rinde wird dadurch verweichlicht, und es nisten sich Mäuse ein.

Umgibt man die Stämme mit 4 cm weitem **Maschendraht** („Drahthosen"), so muss er gegen Hasen und Kaninchen bis 1 m, gegen Rotwild bis 1,80 m hoch sein. Wer reichlich Stäbe (Rund- oder Kanthölzer) zur Verfügung hat, fertige sich **3–4-teilige Gitter** an und setze sie um die Stämme;

auf Viehweiden werden Obstbäume in dieser Weise geschützt. Wer seine Obstbäume recht schnell schützen möchte, bediene sich der **Baumschutz-Spirale,** die einfach anzulegen ist. Das gilt auch für die neuere Kunststofffolie oder -manschette. Die **Röhrenmanschette** ist an der Längsseite offen, auf der gesamten Fläche perforiert und kann leicht um dünne Stämme gelegt werden.

In offenen Anlagen kann man die Baumstämme mit einem **Wildverbissschutzmittel** (Aplidal) anstreichen oder ansprayen. Es schützt gegen Nageschäden durch Hasen, Wildkaninchen, Rehe und Rotwild.

Entrümpelung im Obstgarten

Im Winter ist die beste Zeit, **Baumruinen,** die eine Gefahr für die ganze Umgebung bedeuten, zu fällen, zu zerkleinern und zu verbrennen, auch Stubben und starke Wurzeln. An ihnen siedelt sich gern der *Hallimasch* an und geht von hier aus auf andere Laub- und Nadelgehölze über.

Bei zeitigem Roden kann nach *Auffrischung des Bodens* im Frühjahr neu gepflanzt werden. Wo bisher ein Baumriese gestanden hat, ist Platz für eine größere Zahl kleinerer Bäume, besonders *Spindeln.* Auf **Fruchtwechsel** darf man jedoch nicht verzichten, d. h. die gleiche Obstart darf nicht ohne weiteres wieder an denselben Platz kommen, also nicht Apfel nach Apfel, Kernobst nach Kernobst usw. Wo dies jedoch nicht zu umgehen ist, muss man den *Boden gegen anderen Gartenboden austauschen,* für einen jungen Baum eine Fläche von 1 m² 50 cm tief, für Beerensträucher $\frac{1}{2}$ m² etwa 30 cm tief. In die Unterschicht bringt man Thomaskali oder Thomassulfatkali ein, je 75–100 g/m². In die Oberschicht Humus bildende Stoffe und Bodenhilfsstoffe, wie FulHumin, Fer-

tofit-Gartendünger; Bentonit (für leichte Böden) oder Urgesteins-Mehl.

Obstvorräte öfter kontrollieren

Äpfel und Birnen sollten alle 8 bis 14 Tage durchgesehen werden, um Fäulnisherde zu beseitigen. In zu warmen Räumen wird die Lagerzeit verkürzt, so dass es oft nicht gelingt, Winterobst über Weihnachten hinaus einwandfrei zu erhalten. Günstig sind 2–5 °C. Der fehlende Ausgleich lässt sich durch wiederholtes Lüften oftmals erreichen. Bei Temperaturen zwischen –1 und +2 °C kommt es zum Auftreten von **Fleischbräunen.** Zwei weitere nichtparasitäre Schädigungen, Stippigkeit und Glasigkeit, können zu erheblichen Verlusten führen. Bei der **Stippigkeit** zeigt die Schale rundliche, etwas eingesunkene Flecke. Schneidet man einen solchen Apfel durch, werden braune, abgestorbene Gewebenester unter der Schale sichtbar. Bei der **Glasigkeit** sind Teile beim Apfel durchscheinend wässerig.

Derartige Früchte enthalten weniger Säure als gesunde und haben infolgedessen einen faden Geschmack. Die Ursachen sind in beiden Fällen etwa die gleichen. Von großem Einfluss ist das Wetter, vor allem bei stärkeren Schwankungen von Temperaturen und Niederschlägen. Kalkarme Böden, schlechte Wasserführung, zu wenig Humus verstärken den Schaden ebenso wie zu dichte Kronen (Schattenfrüchte), übermäßiges Triebwachstum und geringer Fruchtansatz (zu große Früchte).

Die **Monilia**-Fruchtfäule äußert sich als weißer **Polsterschimmel,** aber auch als **Schwarzfäule.** Die Infektion tritt während der Blüte und der Fruchtausbildung ein. Wichtig ist, bei der Pflege der Obstbäume moniliakranke, eingetrocknete Früchte an und unter den Bäumen zu vernichten, auch das Holz. Im Herbst die Fruchtmumien abschneiden, wo der Moniliapilz überwintert.

Eine andere häufige Lagerkrankheit ist der **Lagerschorf,** der auf Infektionen am Baum oder während der

Schwarzfäule an Lageräpfeln. Infiziert werden bereits die Blüten. Da dieser Moniliapilz an Fruchtmumien überwintert, sind diese im Herbst abzuschneiden. Alle schwarzfaulen Früchte vernich-

Zusätzliche Anmerkungen

'Cido', Nordische Zitrone, Zitronenquitte, dornenlos, wurde nach 40jähriger Züchtung in Lettland gewonnen. Der neue Obststrauch wächst langsam 1,5 m hoch und breit, blüht ab 3. Jahr im Mai/Juni und trägt im September/Oktober orangegelbe Früchte für ein feinsäuerliches Gelee. Pflanzzeit Herbst. Bezug: Baumschule Schlüter, 25335 Bokholt-Hanredder.

Bodenfeuchtigkeit. Obstbäume brauchen im Winterhalbjahr (Oktober bis März) mehr als die Hälfte des Jahresbedarfs an Wasser, um regelmäßige und gute Ernten zu bringen. Im Spätherbst sollte deshalb nochmals tüchtig gewässert werden. In feuchtem Boden können sich mehr *Saugwurzeln* bilden, und es treten weniger Frostschäden auf.

Frostschutz brauchen junge **Rebstöcke** durch Beistecken von Fichtenreisig an den Fuß der Rebe und Anhäufeln mit Erde. Auch die **Sandbrombeere** sollte angehäufelt werden, damit in einem ungünstigen Winter, wenn die „Ranken" erfrieren, wenigstens der Wurzelstock verschont bleibt. Im Übrigen sind alle im Herbst gepflanzten Bäume und Sträucher für eine Bodendecke dankbar, die auf mäßig gefrorenen Boden kommt. Junge Pfirsiche, Birnbäume auf Quitte und Fruchtquitten sind die ersten Jahre ebenfalls darauf angewiesen.

bei der **Stecklenberger Krankheit** an Sauerkirschen, wodurch die Blüten stecken bleiben.

Damit viruskranke Pflanzen frühzeitig erkannt werden, wurde die *Etikettfarbe über den Virusstatus* eingeführt: rot = virusfrei, gelb = virusgetestet, weiß = ungetestet. Man achte bei Pflanzbäumen darauf.

Im Gemüsegarten

Aufbau eines Hoch- oder Hügelbeetes

Biogärtner sind nicht nur die echten Erfinder, sondern auch die ernsthaften Verteidiger des Hügelbeets. Es verwertet umweltschonend viel Schnittreisig von Bäumen und Sträuchern im eigenen Garten. Das auf Handlänge zerschnittene Strauchwerk kommt zuunterst in die Mitte des Hügelbeets und liefert nach vier bis sechs Jahren pflanzenverfügbare Nährstoffe. Damit die Verrottung in Gang kommt, streut man Grobkompost oder Mutterboden mit etwas Schnittgras mit ein.

Ein 25 cm tiefer, 1,50 in breiter und beliebig langer Aushub liefert den erforderlichen Mutterboden für das Hügelbeet. Je laufenden Meter ist ein halber Kubikmeter Erde zu bewältigen. Auf einen 50, besser 90 cm breiten Mittelstreifen wird das Reisig mit Zuschlägen verteilt, in der Mitte 25 cm hoch, von den Stirnseiten 40 bzw. 30 cm entfernt.

Bedeckt wird der Reisighaufen 10 cm hoch mit Rasensoden oder Mutterboden. Darauf kommt dann 15 cm hoch Falllaub plus 5 cm Mutterboden, eingemischt oder als Decke. Herbstlaub wird so einer guten Verwertung zugeführt, auch erkranktes Laub der Obstgehölze. Für die nächsten 10 cm wird Grob- oder Monatskompost benötigt.

Ernte zurückzuführen ist und erhebliche Qualitätsminderung hervorruft: Schwarze Flecke auf der Schale dehnen sich allmählich aus. Dadurch schrumpft der Apfel und wird oft noch von anderen Schaderregern befallen. Hierzu zählen **Graufäule** *(Botrytis)* und **Grünfäule,** die weit verbreitet sind. Sporen gelangen schon durch geringfügige Verletzungen (Schorfflecke, Bohrlöcher oder Obstmade, Schalenverletzungen durch Raupen und Wespen) in die Frucht hinein. Bei Berührung stecken kranke Äpfel gesunde an. Deshalb sollte man nur einwandfreies Obst einlagern und wiederholt kontrollieren.

Viruskrankheiten noch nicht heilbar

Viren bedeuten eine ernste, oft tödliche Gefahr für unsere (Obst-)Gehölze. Das Virus, das sich nur im Stoffwechselablauf lebender Zellen vermehrt, besteht aus Eiweiß und Kernsäure und greift als allerkleinster Schaderreger in den Stoffwechsel seiner Wirtszellen ein und funktioniert sie um.

Infizierte Zellen erzeugen nur noch Virusteilchen, die sich in der ganzen Pflanze ausbreiten können. Folgende Erscheinungen lassen auf eine **Viruskrankheit** oder Virose schließen: Gelbe Flecken, Linien, Ringe und Bänder auf Blättern, Missbildungen an Blättern (Auswüchse, Schmalblättrigkeit), Steinfrüchtigkeit der Birnen, Sternrissigkeit der Apfelschale, verschiedene Wachstumsdepressionen und Wuchsabnormitäten (Besenwuchs), verzögerte Blütenentwicklung, Absterbeerscheinungen und anderes mehr.

Chemische, bakterielle oder andere Mittel, wie sie der Pflanzenschutz verwendet, gibt es nicht. Demnach sind *viruskranke Pflanzen noch nicht zu heilen.* Baumschulen, Muttergärten und Pflanzenschutzämter bemühen sich um virusfreies Pflanzgut. Da manche Virus-Symptome aber längere Zeit hindurch nicht auffallen, kann es trotz virusgetesteter Pflanzen später zu Virosen kommen, wie

Senkrechter Schnitt durch ein Hügelbeet

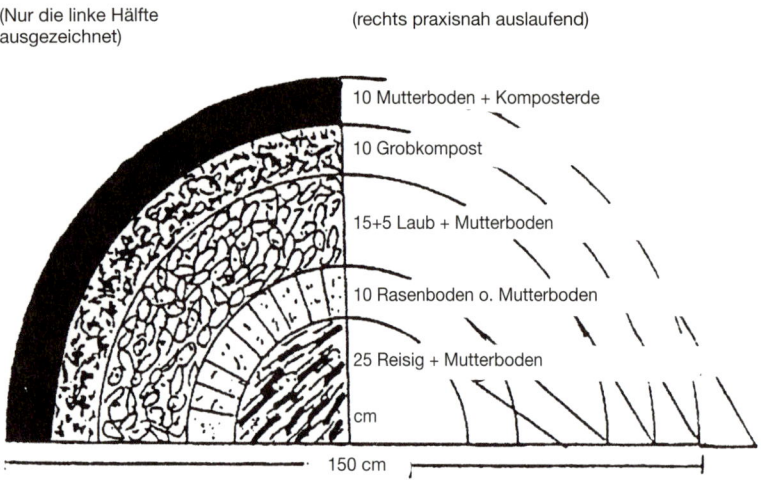

(Nur die linke Hälfte ausgezeichnet)　　　　(rechts praxisnah auslaufend)

10 Mutterboden + Komposterde

10 Grobkompost

15+5 Laub + Mutterboden

10 Rasenboden o. Mutterboden

25 Reisig + Mutterboden

cm

150 cm

16 *Aufbau eines Hügelbeetes.*

Den Abschluss bildet nochmals in gleicher Höhe Aussaat- oder Pflanzerde in Form von Mutterboden mit $1/3$ gesiebter Komposterde. Es geht auch mit Mutterboden und 100 g/m^2 Fertofit-Gartendünger oder 50 g Thomasphosphatkali mit Magnesium plus 100 g/m^2 Hornspäne oder Horngrieß.

An den vier Seiten muss der Zugang auf 60 cm erweitert werden. Durch diese breiten, notwendigen Tretsteige büßt der Nutzflächengewinn den Vorsprung wieder ein. Man kann also nicht sagen, dass durch Erweiterung der Anbaufläche höhere Erträge erzielt werden. Verbessert werden die Ernten lediglich durch den sehr hohen Humusanteil der Hügelbeete und die durch biologischen Abbau entstehende Wärme. Mitunter sind bis zu vier Ernten möglich.

Von Nachteil ist, dass auf Grund des sehr hohen Stickstoffangebots in den ersten drei Jahren für die menschliche Ernährung weder Salat noch Spinat angebaut werden sollte, da der Nitratgehalt sehr hoch ansteigen kann. Dagegen bietet das Hügelbeet in dieser Zeit ideale Anbauverhältnisse für Tomaten, Paprika, Gurken und Zucchini; denn dieses Fruchtgemüse vermag im Erntegut nur wenig Nitrat zu speichern.

Wer herausstellt, dass man sich beim Hügelbeet weniger zu bücken braucht als sonst, sollte berücksichtigen, dass man sich viel mehr als sonst recken und strecken muss, um das Hügelbeet zu bedienen. So müssen die seitlichen Aussaaten oder Pflanzungen in Furchen erfolgen, da sonst eine Bewässerung unzureichend ist. Sie ist ohnehin ein Problem. Nicht zuletzt dürfte die Sysiphusarbeit beim Aufbau eines Hügelbeetes noch über Jahre nachwirken.

Hügelbeete sind deshalb nur dort angebracht, wo reichlich Schnittreisig, auch von dornigen und stacheligen Gehölzen, und Falllaub zur Verfügung steht und im Garten nutzbringend und umweltfreundlich verwertet werden sollen.

Geht es nur um vermindertes Bücken bei der Gartenarbeit, dann käme das **Hochbeet** in Betracht, 60 cm hoch, 1,50 m breit, 3 bis 4 m lang. Der Aufbau kann wie beim Hügelbeet erfolgen, doch geht es auch ohne Reisig und Laub. Durch den Rahmen stellt sich ein Hochbeet teurer als ein Hügelbeet, ist aber auch leichter in Ordnung zu halten.

Durch den starken biologischen Abbau sackt das Hügelbeet von Jahr zu Jahr mehr zusammen. In jedem Frühjahr erfordert es eine Auffrischung der obersten Schicht durch gesiebte Komposterde, durch einen Humusdünger oder auch durch Thomassulfatkali bzw. Thomaskali mit Magnesium und Hornspänen. Thomasdünger sind sehr reich an Kieselsäure und Spurennährstoffen, woran es im Gemüsebau oftmals mangelt. Was die Nutzdauer eines Hügelbeetes anbetrifft, so rechnet man im Allgemeinen sechs Jahre. Was dann noch übrig bleibt, füllt die anfangs hergestellte Grube meist völlig aus. Die Nutzung als Flachbeet ist dann weiterhin möglich.

Freilandkohl, der dem Winter trotzt

Gemüse frisch aus dem Garten sorgt auch im Winter für gesunde und preiswerte Ernährung. In gefrorenem Zustand ist Kohl druckempfindlich; Berührungsstellen gehen schon nach kurzer Zeit in Fäulnis über. Gefrorenes Gemüse muss deshalb alsbald verbraucht werden. Will man auf Vorrat ernten, muss Gemüse aufgetaut sein.

Rosenkohl später Sorten kann, wenn der Winter es nicht zu arg treibt, an windgeschützten Stellen bis Januar/ Februar draußen bleiben. Mit Hilfe der großen Blätter, die für den Freilandaufenthalt nicht entfernt werden dürfen, reguliert Rosenkohl sozusagen seine „Körperwärme". Je kälter es ist, desto enger hängen sich die Blätter schützend vor die kleinen Röschen. *Schlecht vertragen wird wiederholtes Auftauen und Gefrieren:* Die Außenblätter der Röschen beginnen dann oft zu faulen, so dass sofortige Ernte notwendig ist. Bei Teilernten beginnt man stets mit der Abnahme der untersten Röschen oder Sprosse. In freien, schneearmen Lagen mit scharfen Ostwinden nimmt man **Rosenkohl** besser im Dezember aus dem Boden, entfernt den Kopf und alle großen Blätter und schlägt ihn im Schuppen, Frühbeet oder Keller in feuchten Gartenboden ein. Die Röschen lassen sich auch in einer Gefriertruhe einfrosten.

Grünkohl braucht im Allgemeinen keinen Winterschutz. In schneereichen Gebieten sind niedrige Sorten zu bevorzugen. Stark gekrauste Sorten wie 'Lerchenzungen' sind besonders ergiebig, obwohl sie nicht ganz so frosthart sind wie Sorten mit grober Blattkräuselung. Da Grünkohl noch wächst, erntet man mehrmals, unten beginnend. Der Geschmack wird durch einige Frosttage verbessert.

Winterkohl muss *vor Hasen und Wildkaninchen* geschützt werden. Ist der Zaun nicht dicht, so umgibt man das Beet mit Maschendraht, mindestens 1,25 m hoch. Bleiben *kahle Strünke* stehen, treiben sie im Frühling vitaminreiches *Frühgemüse*.

Noch wenig bekannt ist **Winterwirsing**. 'Marner Grüfewi' verträgt bis minus 15 °C und kann in günstigen Lagen den ganzen Winter über vom Beet geerntet werden. 10 Grad Frost überstehen noch 'Blaugrüner Winter', 'Winterfürst', 'Ice Prince' (F_1-Hybride). Bei strengerem Frost gibt man geringen Reisigschutz oder wirft einen Wall ringsum auf, den man mit Fenstern, Brettern und Tüchern bedeckt.

Wintersalat aus dem Freiland

Vom Herbst bis zum Frühjahr liefert **Feldsalat** einen hochfeinen, würzigen grünen Salat. Für Freilandüberwinterung eignen sich nur widerstandsfähige Sorten. Bei Kahlfrost kann den größten Pflanzen die Sonne gefährlich werden, so dass es ratsam ist, das Beet durch Strohmatten, die man auf Pflöcke und Leisten legt, zu beschatten, nicht aber mit Fichtenreisig, da man sonst später die Nadeln mit auf den Teller bekommt.

Bei **Feldsalat unter Glas oder Folie** muss mit *falschem Mehltau* gerechnet werden, falls man keine widerstandsfähige Sorte (z. B. 'Vit') ausgesät hat. Bei mildem Wetter sollte ausgiebig gelüftet werden. In kritischen Fällen könnte man vorbeugend mit Neudo-Vital 1%ig spritzen.

Hochbeet mit Pflücksalat, Sommerporree, Kohlrabi und Kopfsalat sowie einem Gemüsefliegen-Netz gegen viele Schädlinge von außen.

Winterendivie verträgt etwa minus 5 °C und kann im Freien besser aufgehoben sein als im dumpfen Keller, wo sie bald zu faulen beginnt. Bei Frost sollte man das Beet mit einem Folientunnel oder mit Matten bedecken. Bei genügender Verdunklung werden die Blätter auch ohne Zusammenbinden gebleicht. Übrigens verträgt Winterendivie auch eine 10 cm hohe Aufschüttung aus trockenem Fallaub.

Zuckerhutsalat, wie 'Sperlings Kristallkopf', übersteht Fröste bis minus 8 °C und kann uns aus dem Freiland in vielen Gegenden mit frischem Salat lange versorgen. Im Einschlag und im Kühlschrank hält er sich bis zum Frühjahr. *Ernte ab Mittag bei Sonne.*

Roter Zichoriensalat, *Radicchio*, zeigt bessere Haltbarkeit auf dem Beet. Geerntet wird, sobald sich die runden Köpfe gebildet haben. Die Sorte 'Roter Veroneser' eignet sich zum Überwintern. Strünke im Boden treiben im Frühjahr wieder aus.

Wurzelgemüse direkt vom Beet

Schwarzwurzeln sind winterhart und halten sich im Boden besonders frisch. Einen kleinen Vorrat sollte man vor Frosteinbruch einsanden. Das gilt auch für **Pastinake, Winterporree, Meerrettich** usw. Das Schwarzwurzelbeet wird nach jeder Teilernte dick mit Laub bedeckt, um bei frostfreiem Wetter sofort ernten zu können.

Da Schwarzwurzeln leicht brechen, hebt man handbreit neben einer äußeren Reihe einen 40 cm tiefen Graben aus und sticht auf der anderen Seite der Reihe den Spaten senkrecht in den Boden, kippt die Erde mit den Schwarzwurzeln in den Graben und kann die Wurzeln unversehrt herausziehen. Hinterher schützt man den noch nicht abgeernteten Beetteil sofort wieder gegen spätere Fröste.

Soll schon im Herbst *das Beet freigemacht werden*, dann nimmt man alle Wurzeln aus dem Boden, entlaubt sie und schichtet sie zu einem runden oder langen Haufen auf, der mit trockenem Sand oder leichter trockner Gartenerde durchsetzt und mit einer wasserdichten Plane bedeckt wird. Hier halten sich Wurzeln länger frisch als im Keller.

Während *Herbstporree oder -lauch* nur geringe Winterfestigkeit besitzt und bis Ende Dezember zu verbrauchen ist, hält **Winterlauch** bis zum Frühjahr im Freien aus. Die Pflanzen brauchen keinen Frostschutz. Will man aber vom Beet ernten, so muss man durch eine dicke Bodendecke aus Fallaub oder Stroh den Frost abhalten.

Starkröhriger Schnittlauch für den Winter

Schnittlauch, der ab Oktober ausgegraben werden kann, muss *nachtrocknen, bis die grünen Röhrchen verdorrt sind*. Sie werden dann abgebürstet. Zu *starke Klumpen muss man teilen*. Eingepflanzt wird in geräumige Töpfe, wofür gewöhnliche Gartenerde meist ausreicht. Man gießt mit handwarmem Wasser an, stellt ein Teil der *bepflanzten Gefäße ans Fenster* eines sonnigen Raumes und den Rest als *Reserve in einen kühlen Keller*. – Damit der Trieb rasch kommt, legt man einzelne Schnittlauch-Klumpen *12 Stunden vorher in Wasser von 40–45 °C*. Bei genügend Erdfeuchtigkeit ist der erste Schnitt nach drei Wochen möglich. Sind alle Röhrchen geschnitten, düngt man flüssig mit BioTrissol und darf noch mit zwei weiteren Schnitten rechnen. Beizeiten holt man Nachschub aus dem Keller und pflanzt weitere Klumpen ein. Abgetriebener Schnittlauch kann im Frühjahr in den Garten gepflanzt werden, damit er sich kräftigt.

Da der Trieb im Winter schwächer ist als im Sommer, braucht man mindestens eine mittelstark-, besser eine *dickröhrige Sorte*, z. B. 'Sperlings Grolau', der zu dieser Jahreszeit in Töpfen zum Schnitt erhältlich ist. Fehlt es an einer geeigneten Schnittlauchsorte, so lohnt sich als Ersatz *Zwiebelaussaat*, doch ist viel Licht und Luftfeuchtigkeit erforderlich.

Durchgehend grüne Petersilie

Wer die Möglichkeiten seines Gartens mit Frühbeet, Folientunnel, Kleingewächshaus usw. nutzt, braucht im Winter an frischem Grün keinen Mangel zu haben. *Ernte ab Mittag bei Sonne.*

Um **Petersiliengrün vom Beet** lange ernten zu können, ist wenigstens ein Teil mit einem (Doppel-)Folientunnel oder Wanderkasten zu überbauen. Gegen Fäulnis hilft Unterschieben von Reisig an beiden Seiten der Reihen. Kasten in Frostnächten zusätzlich durch Matten schützen. Als Kastenrahmen eignen sich auch 25–30 cm hohe Erdwälle, auf die man Latten und Fenster legt.

Ungeschützt stehende Petersilie, glatte wie krause, deren Blätter vergilben, bringt im Frühling wieder junges Grün, das bis zum Anschluss an die neue Ernte reicht.

Wurzelpetersilie eignet sich zum Treiben an einem sonnigen Platz bei 10–15 °C. Bevor der Boden gefriert, gräbt man ein Teil der Wurzeln aus, pflückt die Blätter bis auf wenige Herzblättchen ab und pflanzt die stärksten Rüben im Abstand von 4–5 cm in tiefe Töpfe oder Kistchen, die man mit torfhaltiger Garten- oder torffreier Neudo-Hum-Pflanzerde füllt. Die Köpfe der Petersilienwurzeln lässt man herausschauen, zu lange Wurzeln sind unten einzukürzen. Auch ein Frühbeet und Gewächshaus lässt sich hierfür nutzen. Zuviel Feuchtigkeit ist zu vermeiden. Unter Glas hat man sehr hohe Nitratwerte, leider.

Frische Küchenkräuter auch im Winter

Als Ersatz für fehlendes frisches Bohnen- oder Pfefferkraut bietet sich **Berg-Bohnenkraut** an, das sowohl auf dem Kräuterbeet als auch im Stein- und Ziergarten stehen kann. Gleiches gilt für **Wildmajoran** oder Dost, der im Aroma dem einjährig gezogenen Majoran wenig nachsteht, doch sollte jetzt die Frische Vorrang haben. – **Salbei, Thymian** und **Rosmarin** liefern ebenfalls einige Blättchen.

In rauen, schneelosen Lagen brauchen alle diese Pflanzen Winterschutz aus Koniferenreisig. *Rosmarin* überwintert am sichersten in einem kühlen, hellen Raum. *Berg-Bohnenkraut, Wildmajoran* und andere können gleichfalls eingetopft unter Dach genommen werden, wo man sie bei 10–15 °C hell stellt. Flüssig düngen, z. B. mit BioTrissol.

Um die vitaminarme Zeit besser zu überbrücken, können ohne Schwierigkeiten alle 2–4 Wochen folgende Aussaaten vorgenommen werden: **Gartenkresse** aller Sorten, **Gartenkerbel** und **Dill** (z. B. 'Sperlings Elefant'). Erforderlich sind einzelne Saatschalen mit NeudoHum-Blumenerde. Während man von Kresse, die sehr dicht gesät wird, reichlich Saatgut braucht, kommt man bei Kerbel und Dill, die größere Abstände erfordern und sparsamer verbraucht werden, mit je einer Portion aus. Die Samen werden 1 cm stark mit Erde übersiebt, und man sorgt bis zum Auflaufen für mäßige Feuchtigkeit. Danach braucht Kresse mehr Wasser (s. auch S. 39). *Nur am sonnigen Fenster ziehen.*

Besonders vitaminreich sind **Keim-Sprosse** von Kresse, Soja, Kichererbsen, Senf, Linsen, Weizen und Keim-

Linsensprosse keimen in 4 Tagen.

Lunjasprosse benötigen etwas länger zur Keimung.

Mungosprosse keimen in 4–6 Tagen.

Bleichschikoree treibt im Keller dieser weißen, nitratarmen Spindeln.

lingssalat (z. B. 'Alfalfa'). Im Handel erhältliche **Sets** enthalten alles, was man für die Kultur braucht. So geht's am schnellsten: Etwa 1 Esslöffel Samen in die Keimschale geben, 12 Stunden in handwarmem Wasser vorquellen. Dann durch Deckelschlitze Wasser ablaufen lassen, 2-mal täglich mit Wasser kurz durchspülen, bis zur Verwendung als Salat in 4–6 Tagen. Keimlinge von Soja, Erbsen und Kichererbsen enthalten Giftstoffe, so dass Blanchieren empfehlenswert ist. Dazu werden sie 1–2 Minuten in kochendes Wasser gegeben und anschließend sofort in kaltem Wasser abgekühlt.

Bleich-Chikoree im Keller treiben

Zichorienwurzeln oder Chikoree kann man im Winter treiben, um einen

wohlschmeckenden Salat zu gewinnen. Hat man die rübenartigen Wurzeln nicht schon bei der Ernte für die Treiberei vorbereitet, so holt man es nun nach.

Die besten Blattschöpfe bringen Wurzeln mit 3–4,5 cm starkem Kopf, so dass man sie zuerst treibt. Aber auch dünnere und dickere Wurzeln sind nicht wertlos. Unter Schonung der Herzknospe entfernt man die Blattreste und kürzt die Wurzeln, falls nötig, auf einheitliche Länge von 15–20 cm ein.

Die **Treiberei ohne Deckerde** (z. B. der Sorte 'Mira') bedeutet eine Arbeitserleichterung. Die Wurzeln kommen in einen tiefen Eimer mit sandigem Gartenboden, den man feucht hält. Ein Deckel sorgt für die nötige Luftfeuchtigkeit. Man kann die Wurzeln auch in einen größeren (Kunststoff-)Blumentopf einschlagen und durch einen zweiten, den man darüberstülpt, schützen.

Für die **Treiberei mit Deckerde** eignen sich etwa 40 cm tiefe Kisten oder Eimer. Nachdem man den Boden mit ein paar Löchern versehen hat, legt man hohlliegende Scherben darüber und füllt frische *Gartenerde mit Torfbeimischung* handbreithoch ein. Nun schlägt man mit 5 cm gegenseitigem Abstand die Wurzeln senkrecht ein und füllt die Erde bis zur Höhe der Herzknospen auf. Zwischendurch wird das Gefäß mehrmals aufgestoßen, damit sich die Erde sackt. Trockene Erde muss vorher durchfeuchtet werden. Der Gefäßraum über den Wurzeln wird 20 cm hoch mit *sandiger Erde* gefüllt, die frei von Torf sein muss, da sonst die Torffasern an den Blattschöpfen hängen bleiben und zusätzliche Säuberungsarbeiten erfordern. Auch scharfer Sand ist von Nachteil, da er die zarten Blätter ritzt, so dass Fäulnis entstehen kann.

Günstig für warme Treiberei ist eine *Temperatur* von etwa 15 °C, die in den ersten beiden Wochen auch höher sein kann. Es empfiehlt sich, die Treibgefäße mit Lochfolie zu überziehen, damit die Erde gleichmäßig feucht bleibt. Bei Bedarf ist zu gießen. Zeigen sich nach 5 Wochen die ersten Sprosse, so beginnt die Ernte.

Die Wurzeln können noch *einen 2. Trieb* machen, wenn man den Spross etwa 3 cm über dem Wurzelkopf abschneidet. Wird alle 14 Tage ein kleiner Satz aufgestellt, so kann man sich bis zum Frühjahr mit Zichoriensalat selbst versorgen. Lobenswert ist der sehr niedrige Nitratgehalt.

Zusätzliche Anmerkungen

Vogelmiere und andere Samenunkräuter werden zwischen Spätherbst und Frühjahr bekämpft, indem man Spezial-Kalkstickstoff, 50 g/m², auf die feuchten Pflanzen streut. Durch Verätzung werden die Pflanzen abgetötet, später auflaufende Samen durch den Umwandlungsprozess dieses Spezialdüngers. Damit Gemüsesaatgut unbehelligt bleibt, ist eine Wartezeit von mindestens drei Wochen einzuhalten.

Winterspinat aus Septembersaat braucht bei Kahlfrost etwas Reisigschutz, um die Wintersonne abzuhalten. Ernte erst nach genügender Entwicklung im Frühjahr.

Lagergemüse sollte etwa wöchentlich einmal durchgesehen werden. Angefaultes wird sofort aussortiert. Bei Temperaturen von 0–1 °C gibt es die geringsten Verluste. Bei kühlem, frostfreiem Wetter lüften. Vor allem muss der dumpfe Kellergeruch abziehen, da Blattgemüse ihn leicht annimmt. Einschlagerde für Chinakohl usw. gut feucht halten, damit die Blätter nicht welken.

Vorratsschädlinge, besonders Kellerasseln, die feuchte Räume bevorzugen und an Vorräten fressen, sollen Vorliebe für Orangenstücke haben, so dass man sie durch Auslegen ködern und vernichten kann. Ein anerkanntes Mittel ist z. B. Permanent Ungeziefer-Spray. Damit sollten Schlupfwinkel am Boden besprüht werden, ohne Gemüse- und Obstvorräte zu benetzen. – Wo Mäuse zu bekämpfen sind, gibt es z. B. folgende Möglichkeiten: Die „Sugan-Mausefalle", „Sugan-Mäuse-Box" und „Sugan-Mäuseköder Storm".

Pfefferminze, die von **Rost** befallen ist, wird durch Verbrennen vernichtet. Dazu packt man zwischen die Reihen etwas Stroh, trockenes Laub, Reisig und zündet das ganze Beet an. Im Frühjahr wird an andrer Stelle eine rostfeste Sorte ('Mitcham') gepflanzt.

Im Herbst-Komposthaufen hört die Verrottung bei mildem Wetter und genügender Feuchtigkeit im Innern des Haufens nicht auf. Der Grad der Feuchtigkeit lässt sich überprüfen. Greifen Sie einfach mit der bloßen Hand ins Innere des Haufens, nehmen etwas Rohkompost heraus und drücken ihn zusammen. Spüren Sie etwas Feuchtigkeit zwischen den Fingern, dann ist das für den Rotteprozess gerade richtig. Läuft dagegen Wasser heraus, ist der Kompost zu nass und sollte mit gelochter Schwarzfolie bedeckt werden, um ihn vor weiteren starken Niederschlägen zu schützen. Ende Mai kann dann bereits Grob- oder Mulchkompost zum Bedecken der Beete entnommen werden.

Pflanzenregister

Sachregister

Impressum

Bibliografische Information
Der Deutschen Bibliothek
Die Deutsche Bibliothek verzeichnet
diese Publikation in der Deutschen
Nationalbibliografie; detaillierte
bibliografische Daten sind im Internet über http://dnb.ddb.de abrufbar.

Die im Buch veröffentlichen
Ratschläge wurden von Autor und
Verlag sorgfältig erarbeitet und
geprüft. Eine Garantie kann dennoch
nicht übernommen werden. Ebenso
ist die Haftung der Autoren bzw. des
Verlages und seiner Beauftragten für
Personen-, Sach- und Vermögens-
schäden ausgeschlossen.

Bei der Verwendung im Unterricht
ist auf dieses Buch hinzuweisen.

© 2003 Knaur Ratgeber Verlage
Ein Unternehmen der Droemerschen
Verlagsanstalt Th. Knaur Nachf.
GmbH & Co. KG, München

Fachliche Beratung: Thorsten Will-
mann, FH Weihenstephan
Illustration: Manfred Lindner:
S. 18, 19, 20; alle anderen:
Ingrid T. Oehrlein, Berlin
Umschlaggestaltung:
Zero Werbeagentur, München,
Umschlagfotos: FinePic, München
Herstellung:
Hartmut Czauderna, München
Reproduktion:
Uhl + Massopust, Aalen und
Repro Ludwig, Zell am See
Satz: Uhl + Massopust, Aalen
Druck und Bindung: Printer Trento,
S.r.l., Trient
Gedruckt auf 135 g umweltfreundlich
chlorfrei gebleichtem Papier.

ISBN 3-426-66801-7
Printed in Italy

Bitte besuchen Sie uns im Internet:
www.droemer-knaur.de